Sieder / Steinert / Tálos (Hg.)

# Österreich 1945 – 1995

Österreichische Texte zur Gesellschaftskritik, Band 60

Herausgegeben vom Verein Kritische Sozialwissenschaft und Politische Bildung

# ÖSTERREICH 1945-1995

## GESELLSCHAFT    POLITIK    KULTUR

REINHARD SIEDER
HEINZ STEINERT
EMMERICH TÁLOS (HG.)

VERLAG FÜR GESELLSCHAFTSKRITIK

Druck gefördert durch das Bundesministerium für Wissenschaft, Forschung und Kunst sowie das Kulturamt der Stadt Wien.

Die Deutsche Bibliothek – CIP-Einheitsaufnahme

**Österreich 1945 – 1995** / Reinhard Sieder ...
– Wien : Verlag für Gesellschaftskritik, 1995
(Österreichische Texte zur Gesellschaftskritik ; Bd. 60)
ISBN 3-85115-215-8
NE: Sieder, Reinhard [Hrsg.]; GT

ISBN 3-85115-215-8

Redaktion: Ulrike Döcker
Bildredaktion: Ernst Haslacher
Technische Leitung: Peter Horn
Grafische Gestaltung des Umschlags: Bernd Pavlik, Wien

© 1995. Verlag für Gesellschaftskritik Ges.m.b.H. & Co.KG
A–1070 Wien, Kaiserstraße 91
Druck: MANZ, Wien.

# INHALT

Reinhard Sieder / Heinz Steinert / Emmerich Tálos

# Wirtschaft, Gesellschaft und Politik
# in der Zweiten Republik
Eine Einführung

Jede klassische Geschichtserzählung beginnt damit, einen Anfang zu setzen. Und was liegt näher, als die Geschichte der Zweiten Republik am 27. April 1945, wie immer noch üblich, mit einer »Stunde Null« beginnen zu lassen? Auch den Politikern jener dramatischen Tage fehlte es nicht an pathetischen Formeln, in jeder Hinsicht einen Neuanfang zu beschwören. Leopold Figl formulierte in der Regierungserklärung der Dreiparteienregierung am 21. Dezember 1945, das »Österreich von morgen« werde »ein neues, ein revolutionäres Österreich« sein. Doch heute, im Rückblick, wissen wir, daß es politisch-ideologisch kein radikaler Neubeginn war. Es gab auch keine neuen Eliten, die dieses Neue hätten schaffen können. Die älteste Politiker-Generation von Renner, Körner und Kunschak hatte schon den politischen Eliten der Ersten Republik angehört, und auch die nächste Generation von Figl, Raab und Schärf war schon vor 1938 politisch sozialisiert worden. Von jenen, die später in die politische Elite einrückten, waren etliche in der Hitlerjugend, in der Wehrmacht und in der SS geprägt worden, und auch dies hinterließ in der Zweiten Republik seine Spuren.

Die Rede vom »Neuanfang« bedeutete für einen Teil der Politiker, nach ihren Erfahrungen von politischer Verfolgung, Lager und Exil einen Schlußstrich unter die Konflikte der Zwischenkriegszeit ziehen zu wollen. Bei anderen entsprang sie aber dem Wunsch, nicht mehr über die austrofaschistische Diktatur und die Nazizeit reden zu müssen. Die Erfahrungen der politischen Akteure, ihre dazugehörigen Ängste, überkommenes Mißtrauen gegenüber den politischen Gegnern, unreflektierte Gegnerschaften und Abneigungen im eigenen Lager sowie die daraus erwachsenen Verfälschungen der jüngsten Geschichte wirkten weiter und bestimmten das »historische Gedächtnis« der politischen Eliten wie der Bevölkerung. Noch viel weniger als bei den Akteuren der Politik konnte es einen radikalen Neuanfang im Bereich der wirtschaftlichen Verhältnisse geben, denn die Zweite Republik begann wirtschaftlich dort, wo das »Dritte Reich« aufgehört hatte, die Wirtschaftsstrukturen auszubauen und zu modernisieren.

## Wirtschaftliche Kontinuitäten, Krisen, Konjunkturen

Die Zeichen des Zusammenbruchs im Frühjahr 1945 dürfen uns nicht darüber hinwegtäuschen, daß auch auf jenen Betriebs-, Produktions- und Verwaltungsstrukturen aufgebaut wurde, die das »Dritte Reich« auf österreichischem Boden hinterlassen hatte. Was im Sommer 1945 begann, war die Fortführung und die erfolgreiche Durchsetzung einer Form von Kapitalismus, wie sie sich seit der Jahrhundertwende in allen Industrie-

ländern der Welt angebahnt hatte: eine Wirtschaftsweise mit immer wiederkehrenden
Schüben der Rationalisierung durch technische und logistische Innovation, mit steigender Produktivität und immer kostengünstiger hergestellten Massengütern und
Dienstleistungen – und den lohnabhängig Erwerbstätigen als der breiten Masse der
Konsumenten. Diese Produktionsweise, von Sozialwissenschafter/inne/n die fordisti-
sche Produktionsweise genannt, ist die entscheidende Kontinuität des 20. Jahrhunderts.
Menschen sind nicht mehr nur Arbeitskräfte, die sich unter knappsten Bedingungen
recht und schlecht am Leben erhalten und für die Wohlhabenden und Reichen produzieren, sie sind auch selbst Konsumenten; ihre Kaufkraft und ihre Nachfrage nach
Gütern und Dienstleistungen bestimmen maßgeblich das Wachstum der Wirtschaft. Die
Durchsetzung dieser Produktionsweise im Lauf des Jahrhunderts veränderte das Leben
der Menschen in allen Facetten: Sie veranlaßte sie zu immer disziplinierterer Arbeit,
sie verlangte mehr Bildung und Ausbildung, erforderte – und ermöglichte – eine bessere
Ernährung, eine erholsamere Gestaltung der Freizeit und eine sorgfältigere Organisation des Familienlebens, sie steigerte die Konsummöglichkeiten und die an sie gebun-
denen Glückshoffnungen der Menschen.

Die Politik sah sich aufgerufen, diesen Veränderungen der Produktionsweise Rechnung zu tragen, und zwar besonders dort, wo es dem Staat und den Gemeinden
überlassen blieb, für die nötigen öffentlichen Einrichtungen zu sorgen: für Schulen,
Fürsorge, Versicherungen, Krankenhäuser und Altenheime und für jene, die vor der
Zeit aus dem Arbeitsprozeß ausgeschieden wurden, die Arbeitslosen. Aus der politischen Regelung dieser Bereiche erklärt sich die relative Stärke der Sozialdemokratie
in diesem Jahrhundert, das deshalb auch als das sozialdemokratische Jahrhundert
bezeichnet wird. Darin liegen aber auch die Grenzen ihrer politischen Gestaltungsfä-
higkeit: Sie verwaltet – oft besser als andere Parteien – die Gesellschaft im Kapitalismus und achtet dabei auch auf die Interessen der ›kleinen Leute‹.

In den späten 1920er Jahren hatte der Fordismus mit einer gewissen Verspätung
auch in Österreich eine erste kurze Blüte erlebt. Doch in der ideologisch so extrem
polarisierten Ersten Republik wurden genau jene sozialpolitischen Gesetze, die die
Arbeiter und Angestellten in die Lage versetzen sollten, besser zu arbeiten, besser zu
wohnen und mehr zu konsumieren, zum zentralen Streitthema der verfeindeten politischen Lager. Exemplarisch verwirklichten die Sozialdemokraten nach ihrem Ausscheiden aus der Regierung im Sommer 1920 nur im Roten Wien eine Gesellschaft, die der
Produktionsweise des Fordismus annähernd entsprach. Das bürgerliche Lager hingegen, ab 1920 in diversen Koalitionen an der Macht und ab 1933/34 mit autoritärer
Regierungsgewalt ausgestattet, baute sozialpolitische Errungenschaften aus den sozialdemokratisch dominierten Gründungsjahren der Republik wieder ab und enthielt sich
wirtschaftspolitisch peinlich jeder Einmischung in den Markt. Als die austrofaschistische Diktatur – in Konkurrenz mit dem Faschismus des »Dritten Reichs« – 1935
zaghaft mit Beschäftigungsprogrammen (Bau der Großglockner-Hochalpenstraße, der
Wiener Höhenstraße etc.) begann, kamen die Investitionen zu spät und waren in ihrer
Art nicht geeignet, der Wirtschaft nachhaltige Impulse zu verleihen. Die Folgen sind
bekannt: Die Arbeitslosigkeit sank nur geringfügig, die Bevölkerung gewann kein
Vertrauen in diesen Staat, und schließlich erfolgte im März 1938 der »Anschluß« an
das »Deutsche Reich« nicht nur militärisch von außen, sondern auch politisch von

innen, nicht nur von oben, sondern auch von unten, von den vielen Menschen, die sich vom »Anschluß« vor allem einen wirtschaftlichen Aufschwung versprachen.

Die Zweite Republik begann wirtschaftspolitisch mit einem neuen Kompromiß von Arbeit und Kapital (siehe den Beitrag von E. Tálos und B. Kittel). Ab 1947 traten Lohn- und Preisabkommen an die Stelle der »gleitenden Lohnskala« der Ersten Republik. Damit sollte die »Lohn-Preis-Spirale«, die der Wirtschaft in der Hyperinflation nach dem Ersten Weltkrieg so sehr zu schaffen gemacht hatte und maßgeblichen Politikern und Gewerkschaftern noch in Erinnerung war, unterbunden werden. An dieser neuen Wirtschaftspolitik waren die Vertreter des Kapitals und der Arbeit gleichermaßen beteiligt. Die Vertreter des neu gegründeten, zentralisierten Gewerkschaftsbundes und der Kammern traten regelmäßig zusammen und einigten sich von 1947 bis 1951 auf fünf »Lohn- und Preisabkommen«. Damit sollte die Wirtschaft kostendeckende Preise erzielen und Kapital akkumulieren. Etwa 70 Prozent aller konsumierten Güter und Dienstleistungen wurden auf diese Weise preisgeregelt. Doch die Löhne und Gehälter blieben deutlich hinter der Preisentwicklung zurück. Die daraus resultierende Legitimationskrise dieser Wirtschaftspolitik spitzte sich 1950 im »Oktoberstreik« zu.

In den ersten Nachkriegsjahren stand die Wirtschaftspolitik also zunächst unter einem prä-fordistischen Motto: Verzicht der Arbeiter, Angestellten und Beamten auf Einkommen und Konsum. Doch im Argument des ersten Präsidenten des Gewerkschaftsbundes, Johann Böhm, zeichnete sich der künftige Weg bereits ab: »Wir müssen erst etwas erwirtschaften, ehe wir etwas verteilen können.« Die Gewerkschaft verzichtete auf eine prinzipielle Umverteilung des Volkseinkommens und auf jede grundlegende Veränderung der kapitalistischen Eigentumsordnung. Sie beschränkte sich auf die Verteilung von Produktionszuwächsen. Die Interessenvertretungen des Gewerbes, des Handels und der Industrie stellten – gleichsam im Gegenzug – den Sektor der »öffentlichen Wirtschaft« nicht in Frage. Dieser Sektor entstand durch die »Verstaatlichung« großer Teile der Grundstoff- und Maschinenindustrie, der Energiewirtschaft und der großen Bankinstitute in den Jahren 1946 und 1947. Österreichs Wirtschaft startete also im System einer mixed economy (siehe dazu den Beitrag von F. Weber).

Es gibt dabei einen auffälligen semantischen und inhaltlichen Unterschied zum Beginn der Ersten Republik. Anfang der 1920er Jahre zielte die Arbeit der »Sozialisierungskommission« unter der Leitung von Otto Bauer gerade nicht auf »Verstaatlichung«, sondern auf »Sozialisierung«. »Verstaatlichung« tendiere, so warnte Otto Bauer, zur Verbürokratisierung und zur Schwerfälligkeit der Unternehmen. Stattdessen sollte eine elastische Form der Betriebsführung unter Mitbestimmung der Belegschaften entwickelt werden. Allerdings blieb es weitgehend bei Konzepten auf dem Papier. »Sozialisiert« wurden nur einige schon in der Monarchie verstaatlichte, »ärarische« Betriebe. Die meisten von ihnen überlebten die Weltwirtschaftskrise zu Beginn der 1930er Jahre nicht. Doch daß Otto Bauers Warnung vor der zu geringen Flexibilität einer zentralistisch und bürokratisch gelenkten verstaatlichten Industrie berechtigt war, stellte sich spätestens in ihrer Krise ab Anfang der 1980er Jahre heraus.

1946/47 wurde, wie gesagt, der Weg der »Verstaatlichung« beschritten, der vor allem von den beiden Großparteien unterstützt wurde. Der Grund für diesen Konsens war die drohende Inbesitznahme der Betriebe ehemals »deutschen Eigentums« durch die Alliierten. Aber es gab noch ein weiteres pragmatisch-ökonomisches Argument, das die regierenden Parteien überzeugte: Die verstaatlichte und von der öffentlichen Hand subventionierte Grund- und Schwerindustrie und die ebenfalls verstaatlichte Elektrizitätsindustrie sollten die privaten Wirtschaftsunternehmen mit niedrigpreisigen Produkten bedienen und damit der Privatwirtschaft auf die Sprünge helfen. Über die Kapitalzufuhr aus dem ERP-Fonds (European Recovery Program, auch »Marshallplan«) konnte aus den bestehenden Industrieanlagen und angefangenen Großbaustellen des »Dritten Reichs« die Verstaatlichte Industrie rasch aufgebaut werden. Die internationale Aufrüstung in der Phase des Koreakrieges und der Boom in der Schwerindustrie boten gute Wachstumschancen. Auch in Österreich selbst brachten die Fertigstellung von Großkraftwerken sowie die Wiederherstellung und der weitere Ausbau des Eisenbahnnetzes gewichtige Aufträge.

Die Marshallplanhilfe hatte nicht nur finanztechnisches Gewicht, sie veränderte auch das wirtschaftspolitische Denken der politischen Eliten in Österreich: Sie machte die Lenkung von Investitionen durch staatliche Stellen in allen Parteien konsensfähig, denn Planung und Wirtschaftslenkung waren mit dem Marshallplan zwangsläufig verbunden. Die wichtigsten Ziele waren die Einschränkung des privaten Konsums zugunsten der Investitionen, die Steigerung der Exporte, Investitionen in den öffentlichen Verkehr, besonders in den Straßenbau und in öffentliche Bauten, die Fertigstellung von Großbauprojekten, die von den NS-Wirtschaftsplanern begonnen worden waren, und die Förderung des Fremdenverkehrs.

Nun, unter den Bedingungen der Marshallplanhilfe, entzogen sich auch die Politiker der Volkspartei, der Nachfolgepartei der Christlich-Sozialen, nicht länger einer aktiven staatlichen Wirtschaftspolitik, ablesbar am sogenannten Raab-Kamitz-Kurs. Julius Raab folgte Leopold Figl als Bundeskanzler, Reinhard Kamitz, in der Technokratie des Nationalsozialismus ausgebildet, wurde sein Finanzminister. Der Raab-Kamitz-Kurs unterschied sich von der Wirtschaftspolitik in der Zwischenkriegszeit fundamental. Er sah sowohl nachfrageorientierte als auch angebotsorientierte Maßnahmen vor: Erstmals investierte der Staat auch, um die Konjunktur zu beleben. Die Regierung finanzierte den Bau der Westautobahn und die Fertigstellung der Großkraftwerke in den Hohen Tauern und in Ybbs-Persenbeug; sie erleichterte die Kreditpolitik, förderte den Export und machte 1954 eine Steuerreform. Sie senkte die Steuern für kleinere Einkommen und für Familien und verstärkte damit die Konsumnachfrage; und sie senkte die Gewerbesteuer, um die Betriebe zu entlasten. Wenn es erforderlich war, machte der Staat auch Schulden, um investieren zu können. Finanzminister Kamitz erstellte ein »Investitionsprogramm« für zehn Jahre, um Straßen, Brücken, Bundesgebäude, Post, Wohnungen zu bauen und die verstaatlichte Industrie zu modernisieren.

In den 1970er Jahren erfolgte die volle Ausbildung dieses policy mix unter der politischen Hegemonie der Sozialdemokraten zum sogenannten Austrokeynesianismus (siehe den Beitrag von G. Tichy). Die ihn begründende und rechtfertigende zentrale These war ihrerseits eine Mischung aus politischen und wirtschaftlichen Argumenten: Arbeitslosigkeit produziere mit hoher Wahrscheinlichkeit einen politischen Rechtsruck und eine Gefährdung der Demokratie; Vollbeschäftigung sei deshalb, wenn nötig, mittels öffentlicher Investitionen zu erhalten. Der Bezug dieses Arguments auf die Erste Republik und ihr gewaltsames Ende (1934) im Schatten massenhafter Arbeitslosigkeit ist evident. Das »austromarxistische« Erbe der Sozialdemokratie begünstigte die Ausformulierung einer »austrokeynesianischen« Wirtschaftspolitik in den Brain-Trusts von Arbeiterkammern und Gewerkschaftsbund. Bruno Kreiskys Aussage am Ende der Hochkonjunktur Mitte der 1970er Jahre ist ein bekanntes Diktum geworden: »Mir sind ein paar Milliarden Schilling Schulden lieber als ein paar tausend Arbeitslose.« Hannes Androsch als Finanzminister und Stefan Koren als Präsidenten und Heinz Kienzl als Generaldirektor der Österreichischen Nationalbank setzten zugleich auf Hartwährungspolitik und banden den Schilling (nach dem Zusammenbruch des Währungssystems von Bretton Woods mit dem Dollar als Leitwährung) an die Deutsche Mark. Das bewirkte in der Folge eine relativ niedrige Inflationsrate, gedämpften Preisanstieg und mäßige Lohnabschlüsse. Auch deshalb war »Austrokeynesianismus« ein policy mix: Er band sozialpartnerschaftliche Lohn- und Preispolitik ein und kombinierte sie mit Hartwährungspolitik.

Von 1968 bis 1974 erlebte Österreich die bisher längste wirtschaftliche Hochkonjunktur der Zweiten Republik. Das Ende dieser Hochkonjunktur kam mit dem »Ölpreisschock« 1973, der in allen Industrieländern zu einer drastischen Steigerung der Rohmaterial- und Energiepreise und damit zu schlechteren Leistungsbilanzen, verschärften Verteilungskämpfen und wachsender Inflation führte. In den folgenden Jahren sank auch das österreichische Bruttosozialprodukt. Dennoch wuchs die Wirtschaft stärker als in anderen europäischen Ländern, auch die Arbeitslosigkeit war mit etwa zwei Prozent deutlich geringer als in anderen Industrieländern. Ein Grund: die »austrokeynesianische« Wirtschaftspolitik der Regierung und der hohe Anteil der Verstaatlichten Industrie. Während die Gesamtzahl der Industrie-Arbeitsplätze in den 1970er Jahren um sieben Prozent sank, stieg sie in der Verstaatlichten um zwei Prozent. Die Konjunkturschwäche erforderte eine neuerliche Erhöhung der staatlichen Nachfrage. Die Kosten dieser Wirtschaftspolitik belasteten den Staatshaushalt, das Budgetdefizit stieg, konnte aber in den folgenden Jahren wieder auf 2,6 Prozent des Bruttoinlandsprodukts (1981) gesenkt werden. Diese insgesamt erfolgreiche Wirtschaftspolitik war ein wesentlicher Grund für den bisher höchsten Wahlerfolg der SPÖ in der Zweiten Republik bei den Wahlen des Jahres 1979 (siehe den Beitrag von H. Eder) .

Doch in der ersten Hälfte der 1980er Jahre bahnte sich eine Wende an. Ausgelöst durch die zweite Ölpreiserhöhung 1979 kam es zu einer internationalen Wirtschaftskrise. Auch in Österreich brach eine Reihe von Firmen zusammen. Die Regierung versuchte zunächst erneut, die Arbeitslosigkeit mit den bewährten Mitteln des »Austrokeynesianismus« niedrig zu halten, doch zunehmend erfolglos. Das Budgetdefizit stieg, die Arbeitslosigkeit auch, sie verdoppelte sich bis 1983 auf 4,4 Prozent. Hinzu kam die Aufdeckung von Korruptionsfällen und der Verfilzung von Politik und öffentlichem Sektor, etwa im AKH-Skandal. Mit der »Affäre Androsch« geriet ausgerechnet ein führender Exponent der Wirtschaftspolitik der SPÖ ins Zwielicht. Androschs Rücktritt erfolgte 1981. Die Verstaatlichte Industrie erwies sich zunehmend als ein »Faß ohne Boden«, da die Grundstoffindustrien von der internationalen Krise besonders betroffen waren (»Stahlkrise«). 1982 arbeitete Kreisky mit dem neuen Finanzminister Salcher ein Sparpaket aus, das sogenannte Mallorca-Paket (Anhebung der Beiträge zur Arbeitslosenversicherung, Besteuerung des 13. und 14. Monatsgehalts, Einführung einer »Quellensteuer« auf Sparzinsen). Kreiskys Kalkül, die Wähler noch vor den Wahlen auf diesen Sparkurs einzuschwören, ging nicht auf: Am 24. April 1983 verlor die SPÖ die absolute Mehrheit, blieb aber stärkste Partei. Noch in der Wahlnacht gab Kreisky seinen Rücktritt bekannt.

Der »Austrokeynesianismus« verlor in der Folge seinen Rang als bestimmende wirtschaftspolitische Philosophie. Der Beginn der Restrukturierung der Verstaatlichten Industrie und erste Privatisierungsschritte fielen schon in die Übergangszeit der Kleinen Koalition von SPÖ und FPÖ, die Kreisky noch vor seinem Abgang eingefädelt hatte. Nach Sinowatz, der nicht nur an Waldheims Affäre scheiterte, trat 1986 mit Franz Vranitzky eine neue Politikergeneration an, die sich nicht mehr im selben Maße wie ihre Vorgänger der politisch-ökonomischen Orientierung des »Austrokeynesianismus« verpflichtet fühlte. Nicht zuletzt aufgrund fehlgeschlagener Spekulationsgeschäfte (Intertrading) kam es zur Revision der Politik gegenüber der Verstaatlichten Industrie. Teile der Verstaatlichten Industrie sollten an die Börse gebracht werden, einzelne Firmen wurden privatisiert, andere neu gruppiert (siehe den Beitrag von K. Aiginger).

Sozialwissenschafter/innen sprechen vom Ende des »Fordismus« Anfang der 1980er Jahre und von einer neuerlichen Modernisierung der Produktionsweise im Übergang zum »Postfordismus«. Seine Merkmale auf seiten der Produktion sind die weitere Flexibilisierung (technisch ermöglicht durch den Einsatz von Mikroprozessoren), Internationalisierung und Optimierung der Zulieferung der Rohstoffe und Halbfertigprodukte, lean-production, zuletzt auch die Ablösung der fordistischen Fließarbeit in einem Teil der Maschinen- und Automobilindustrie durch kleine Produktionsteams von Facharbeitern, die die Möglichkeiten der Rationalisierung der Fertigungs- und Montageprozesse vor Ort erkunden und exekutieren. Dies dünnt die Ebene des unteren Managements aus, verschafft Facharbeitern größere Dispositionsspielräume, aber auch neuerlich erhöhten Leistungsdruck. Die darüber einsparbaren, wenig qualifizierten Arbeitskräfte und jene, die dem erhöhten Leistungsdruck nicht standhalten können, werden entlassen. Trotz Wirtschaftswachstum entsteht eine »strukturelle Arbeitslosigkeit«, in Österreich seit 1982/83. Die Realeinkommen stagnieren (siehe den Beitrag von I. Karazmann-Morawetz). Die sozialen Folgekosten tragen vor allem die materiell Schwachen, die schlecht Ausgebildeten, die sozial Randständigen, Ausländer/innen: Sie werden »abgebaut«, »frühpensioniert« oder »heimgeschickt«, müssen Arbeiten akzeptieren, die sozialrechtlich ungesichert oder – wie Teilzeitarbeit und Leiharbeit – mit verminderten Ansprüchen auf Pension und Arbeitslosengeld verbunden sind, die arbeitszeitlich ungünstig sind oder der Qualifikation der Arbeitskraft nicht entsprechen (siehe den Beitrag von E. Tálos).

Die Veränderungen in der Wirtschaftsweise schlagen seither auf die politische Kultur im Lande durch. Mit dem Arbeitsmarkt spaltet sich auch die Gesellschaft. Der in Arbeit stehende Teil der Arbeitskräfte und ihre Angehörigen leben weiter nach den Prinzipien des Fordismus: Arbeite und konsumiere. Die Verlierer in diesem Prozeß müssen sich mit einem geringeren Konsumniveau bescheiden und entwickeln Ängste, die sie auf alte und neue Feindbilder projizieren. In diesem Klima gedeihen Ausländerfeindlichkeit und primitive sozialdarwinistische Sichtweisen wie jene von den »Sozialschmarotzern«, die die Maxime des Fordismus in ihr Negativ verkehrt: Du arbeitest nicht, also sollst du auch nicht konsumieren.

## Alltag, Bildung, Freizeit, Urlaub, Familienleben

Wie reagierte die Gesellschaft auf die skizzierten Veränderungen in der Wirtschaft? Eine bis heute maßgebliche Weichenstellung erfolgte schon ganz zu Beginn der Ersten Republik. Mit der sozialpolitischen Gesetzgebung in den Jahren 1919 und 1920 (»Normalarbeitstag«, Unfall- und Krankenversicherung, Betriebsrätegesetz etc.) wurden die Weichen für den modernen Wohlfahrtsstaat gestellt. Im Roten Wien errichteten die Sozialdemokraten ein viel bestauntes Modell für die Modernisierung der Gesellschaft. Dazu zählen der kommunale Wohnungsbau, der Ausbau des öffentlichen Verkehrs, der Aufbau eines dichten Fürsorgewesens, die Familienpolitik, nicht zuletzt auch die Schulreform Otto Glöckels. All diesen Reformbemühungen lagen die skizzierten Veränderungen in der Wirtschaftsweise zugrunde. Die fordistische Produktionsweise brauchte besser gebildete, besser erholte und besser motivierte Arbeitskräfte als der menschenverschleißende Kapitalismus des 19. Jahrhunderts. Die Produktionsverhältnisse in den Fabriken, Betrieben und Geschäften selbst wurden hingegen auch im Roten Wien kaum reformiert. Nach einigen Ansätzen zu einer »Sozialisierung« der Produktion wurde die »Sozialisierung« des Bodens, der Lebensmittel- und Grundstoffindustrien und der privaten Miethäuser schon nach den ersten Gemeindewahlen 1919 fallengelassen. Die Etablierung von Betriebsräten (1919) hatte auch das Ziel und die Wirkung, die Arbeitenden in die ökonomische Verantwortung einzubinden.

Die Annahme liegt nahe, diese Konzentration aller Reformpolitik auf die Lebensweise hätte zu einer Emanzipation der Frauen geführt. Doch wie bei allen Modernisierungsprozessen waren die Auswirkungen widersprüchlich: Zwar erleichterten viele Reformen (wie die bessere Ausstattung der Wohnungen im Gemeindebau, Zentralwaschküchen, Kindergärten etc.) den Frauen die körperliche Arbeit in den Haushalten. Zugleich aber wurde der Standard der häuslichen Arbeiten und der Kindererziehung gehoben, ohne an der überkommenen Arbeitsteilung zwischen den Geschlechtern etwas zu ändern. Diese Reformen waren ideologisch mit der Hoffnung auf die Hervorbringung eines »neuen Menschen«, eines »sozialistischen Menschen« verbunden. Die »austromarxistische« Rhetorik überhöhte damit noch idealistisch, was dann in der Zweiten Republik, besonders in den 1970er Jahren, in vergleichsweise nüchterner Sprache fortgesetzt wurde: eine Politik der »Modernisierung« der Lebensverhältnisse der Bevölkerung.

Die ersten Jahre nach dem Zusammenbruch des »Dritten Reichs« waren – wie gesagt – noch durch die Maxime des Verzichts gekennzeichnet. In den ersten Monaten nach Kriegsende war die Arbeitsteilung der Industriegesellschaft außer Kraft: Regulärer Handel und Dienstleistungen, öffentlicher Verkehr und Kommunikation waren zusammengebrochen. An ihre Stelle trat der direkte Tausch unter Nachbarn, traten »Plünderungen« und das »Organisieren« von Lebensmitteln und Brennstoffen und die »Hamsterfahrt« auf das Land. Städte wie Wien zerfielen in ihre kleinsten Einheiten (siehe den Beitrag von E. Hornung und M. Sturm). Auch der zuvor schon erreichte Grad der Organisation der Erziehung in Schulen, Kindergärten und Horten war für Monate außer Kraft gesetzt. Kinder und Jugendliche durchstreiften die Viertel, spielten auf Schutthalden, die väterlichen Autoritäten waren abwesend oder physisch und psychisch beschädigt, viele Ehen zerbrachen. Kurz: Nicht nur die großen Systeme der

Gesellschaft (Verkehr, Ökonomie etc.), auch das System der privaten Reproduktion in den Haushalten, Ehen und Familien war aus den Fugen – »Trümmerzeit«.

In den Dörfern auf dem Land, die von den Zerstörungen durch den Bombenkrieg selten betroffen und insgesamt weitaus weniger arbeitsteilig organisiert waren, normalisierten sich die gesellschaftlichen Verhältnisse rascher als in den großen Städten und in den großteils zerstörten Industriegebieten (siehe den Beitrag von E. Langthaler). Allerdings ließ die »Modernisierung« der Lebensweise hier länger auf sich warten. Erst ein bis zwei Jahrzehnte später als in den Städten und Industriegebieten zogen mit der Tiefkühltruhe oder dem ersten Bad auch auf dem Land die Zeichen der »modernen« Lebensweise ein. Bei den Bauern gingen unter dem Druck des wachsenden Arbeitskräftemangels (»Landflucht«) Investitionen in die Mechanisierung, Technisierung und Chemisierung der landwirtschaftlichen Produktion vor (siehe den Beitrag von W. Bittermann). Dies führte in der Folge zu einer wachsenden Intensivierung der Landwirtschaft, zu einem ständig gesteigerten Landschaftsverbrauch, zu einem sich ständig erweiternden und immer kostspieligeren Maschinenpark, intensivierter Düngung, zur Spezialisierung der »Hörndlbauern« und »Körndlbauern« und zunehmenden »Monokulturen«. Die solcherart technisierte und intensivierte Landwirtschaft setzte – bei weitgehend ›traditioneller‹ Lebensweise der Bauern – immer weitere Arbeitskräfte frei, die in anderen Wirtschaftssektoren, vor allem im Baugewerbe und in der Industrie, dringend benötigt wurden (siehe den Beitrag von J. Krammer).

In diesem Szenario nehmen sich daher die Jahre des wirtschaftlichen Aufschwungs ab 1949/50 vor allem in den Städten und Industriegebieten auch in bezug auf die Lebensweise als »Wiederaufbau« aus. Die sichtbaren Zeichen des Aufschwungs: das Moped, der Motorroller, bald das Kleinauto, eine neue Küche nach amerikanischer Art mit Kühlschrank, die erste Waschmaschine, Mixer und Staubsauger. Die neuen Errungenschaften betrafen die Hausarbeit, die Erholung und die Freizeit. Was sich damit nach der Zeit des Mangels und des Verzichts auf höherem Niveau wiederherstellte, war die Konsumseite der fordistischen Produktionsweise.

Ideologisch standen die 1950er Jahre in einer eigentümlichen Spannung zwischen der politischen Restauration (s.u.) durch die alt/neuen Eliten der Ersten Republik und der austrofaschistischen Diktatur und der »Verwestlichung« des Alltags nach amerikanischem Vorbild. Die Andockstelle zwischen spezifischen Elementen der Ideologie des Austrofaschismus und der Zweiten Republik war zunächst ein facettenreicher Prozeß der »Re-Austrifizierung«: Schulkinder, Gendarmen, Verwaltungsbeamte wurden auf die rot-weiß-rote Fahne eingeschworen. Im Bildungs- und Kultursektor wurde vor allem jene Kunst und Kultur protegiert, die als genuin »österreichisch« galt. Kunst und Kultur wurden in den Dienst genommen, sie sollten das spezifisch Österreichische ausdrücken. Von der damit verbundenen Provinzialisierung des Kulturbetriebs war die kritische Intelligenz betroffen. Die Beispiele sind bekannt: Brecht wurde boykottiert, Marc Chagall durfte den Eisernen Vorhang in der Wiener Staatsoper nicht bemalen, stattdessen bemalte ihn ein ehemaliger Nationalsozialist etc.

In weiten Teilen der Bevölkerung begann eine schrittweise Schuldumkehr: Aus den Tätern und Sympathisanten des »Dritten Reichs« wurden die »Opfer« der »Entnazifizierung«; die »Entnazifizierung« mündete in die »Entregistrierung«, in die Streichung von den »Registrierungslisten«. Die Regierung benützte die im Moskauer Memorandum

1943 attestierte Halbwahrheit, daß Österreich das erste Opfer der Hitlerschen Aggression gewesen sei, außenpolitisch und mit Blick auf den Staatsvertrag (siehe den Beitrag von M. Rotter). Die Bevölkerung benützte diese Halbwahrheit sozusagen innen-politisch, um die eigene Vergangenheit zu ›normalisieren‹. Der Nationalsozialismus wurde politisch exterritorialisiert und psychisch externalisiert: Das waren nicht wir, das waren »die Deutschen«. Der Prozeß der »Re-Austrifizierung« war psychologisch auch ein Prozeß der Infantilisierung: Wir übernehmen keine Verantwortung, materielle Entschädigungen leisten wir nicht; die Vertriebenen holen wir nicht zurück (siehe den Beitrag von W. Manoschek). So verwundert es auch nicht, daß Teile der Bevölkerung mit Denk-Mälern, die sie an die Verbrechen im »Dritten Reich« gemahnen sollen, bis in die jüngste Zeit Probleme haben (siehe den Beitrag von J. Seiter).

Im Nationalepos *Sissy* (1955), zugleich ein Familienroman, wurde die Unordnung, die Faschismus, Krieg und Nachkrieg in die politische und in die private Ordnung gebracht hatten, wieder aus der Welt geschafft. Im österreichischen Heimatfilm, dessen Produktion 1954 einsetzte, waren die Protagonisten »typische Österreicher« in »typisch österreichischen« Landschaften. Die heimischen Filmproduzenten betrieben, von raren Ausnahmen wie dem 1951 produzierten Film *Wienerinnen – Schrei nach Liebe* abgesehen (siehe den Beitrag von G. Jutz), was die Kulturpolitik von ihnen erwartete: Sie waren »Heimatmacher«.

In der Logik des »Fordismus« wurde auch Heimat zur Ware, die sich verkaufen läßt. In den Fremdenverkehrsgebieten wurden die Einheimischen selber zur Ware: Fremdenführer, Musikanten, Pensionswirte, Liftwarte und Schistadelkellner auf romantisierten Almen. Bald prägten die erzeugten Werbebilder mit den Bergspitzen, Seen, Schlössern und Barockbrunnen auch das Bild der Österreicher/innen von ihrem Land (siehe den Beitrag von W. Kos).

Das Fortleben der Ästhetik des Austrofaschismus und des Nationalsozialismus in der kulturellen Landschaft der 1950er Jahre ist unverkennbar. Im Wohnbau war der ideologische Streit zwischen »Neuem Bauen« und »Heimatschutzarchitektur« (»Flach- oder Steildach?«) längst entschieden: Die Zweite Republik erbte das Satteldach, die Architektur der Moderne hingegen störte in den Augen vieler in der »österreichischen« Landschaft (siehe den Beitrag von I. Nierhaus). Aber so präsent er ästhetisch und ideologisch zunächst noch war, der Faschismus wurde nicht thematisiert, geschweige denn die Verstrickung in seine Verbrechen:»Man nimmt Urlaub von der Geschichte und wirbt für Urlaub in Österreich« (siehe den Beitrag von K. Luger u. F. Rest). Als dann 1961 Helmut Qualtingers *Herr Karl* erstmals über die Bildschirme lief, wurde dem Publikum der Spiegel vorgehalten: Im Herrn Karl verdichteten sich die Phrasen der Heimatmacher, die Opfer-Lüge und die Schuldumkehr zum »Original«:»I woa a Opfer. Die andern san reich wuan. I woa a Idealist!« Nach einigen Publikumsprotesten wurde selbst dieses »häßliche Zerrbild« integriert: als wienerischer Urtyp des kleinen Mannes, über den man nur lachen kann (siehe die Analyse von F. u. H. Steinert).

Schon die Vorboten des künftigen Wohlstands waren aus den USA gekommen: Carepakete. Die politisch gebrannten Kinder nahmen die neuen Angebote der Konsumindustrie dankbar an: Leben wie die Amerikaner. Stück für Stück verwirklichte sich der westliche Traum. Die USA als die kulturell und ideologisch bei weitem aktivste Macht unter den Alliierten unterstützten diesen Prozeß mit allen Mitteln: Radio, Film,

Zeitungen, Musik, Literatur, Schallplatten standen unter amerikanischem Einfluß oder kamen direkt aus dem Land der unbegrenzten Möglichkeiten.

1955, im Jahr des Staatsvertrags, wurde der Versuchsbetrieb des Österreichischen Fernsehens aufgenommen (siehe den Beitrag von M. Bernold). Die Übertragungen der Wiedereröffnung von Burgtheater und Wiener Staatsoper im Herbst 1955 markieren den Anfang der österreichischen Fernsehgeschichte. Bald wurde sie, noch stärker als die der Printmedien, durch Inhalte und Formen der amerikanischen Unterhaltungsindustrie bestimmt. Doch bis in die 1960er Jahre war Fernsehen in Österreich noch kein Massenkonsum. Zunächst konnte das österreichische Fernsehprogramm nur in den Umgebungen der großen Städte Wien, Graz, Linz und Salzburg empfangen werden.

1960 sah erst ein Zehntel der Jugendlichen täglich fern, aber die Hälfte aller Jugendlichen ging mindestens einmal in der Woche ins Kino. »Harte Filme«, vor allem Western und »Gangsterfilme«, zog die Mehrzahl der Jugendlichen vor. Es verwundert nicht, daß die »Verwestlichung« bei den Jugendlichen am schnellsten vorankam. Über Filmstars wie Marlon Brando oder James Dean wurde ein neues Lebensgefühl importiert: Man arbeitet, um zu leben, und nicht umgekehrt. Das ist der fordistische Mensch.

Die »Verwestlichung« verlief allerdings nicht ohne Konflikte. In der zweiten Hälfte der 1950er Jahre bildete sich auch in Österreich, vor allem in den Städten und besonders in der Metropole Wien, eine neue, in vielen Ländern verbreitete Jugendkultur; nur im deutschen Sprachraum gab man ihr einen alten Namen: »die Halbstarken«. Sie kamen überwiegend aus der Arbeiterschaft, waren meist Lehrlinge und Facharbeiter. Ihr Traum war das Motorrad, ihre Wirklichkeit das Moped, Rock 'n' Roll ihre Musik (siehe den Beitrag von K. Luger). Das war der Versuch, sich die neuen Konsummöglichkeiten schon in jugendlichen Jahren anzueignen, mit den begrenzten Möglichkeiten, die Lohn, Gehalt oder Taschengeld boten. Die überaus heftigen Reaktionen der Eltern, Lehrer, Jugendschützer und Polizisten, die die »Halbstarken« argwöhnisch und wohl auch ein wenig neidisch betrachteten und sie disziplinieren wollten, lassen sich als Auseinandersetzung um Arbeitsmoral verstehen. Zur Diskussion stand die Maxime des »Fordismus«: Arbeite und konsumiere. Die »Halbstarken« bildeten gewissermaßen eine Avantgarde des »Fordismus«. Viele Erwachsene hingegen waren noch der Moral der Selbstaufopferung verpflichtet, die ihnen die Krise der 1930er Jahre, der nationalsozialistische Opfer- und Leistungskult, die Jahre des Krieges und Nachkrieges abverlangt hatten. Und auch zur alten Arbeiterbewegungskultur und ihren asketischen Werten traten diese Arbeiterkinder in schroffen Gegensatz. Angst und Aggression lösten insbesondere die körperbetonten Formen des Tanzes und der Kleidung und die ziellose Mobilität der »Halbstarken« auf ihren »Schlurfraketen« aus. Damit griffen sie jene Lustfeindlichkeit an, die sowohl ein Element des sozialdemokratischen Asketismus als auch des klerikalfaschistischen und des nationalsozialistischen Persönlichkeitstypus gewesen ist und nicht zuletzt die Projektion verbotener sexueller Lüste auf »die Juden« im »katholischen« wie im »rassischen« Antisemitismus hervorgebracht hat. So erwies sich in den späten 1950er Jahren ein erstes und nicht das letzte Mal in der Zweiten Republik, daß eine Jugendkultur vor der Zeit ausdrückte, was bald die Gesellschaft durchdringen sollte.

Bevor Mitte der 1960er Jahre die »Beatlemania« auch österreichische Städte, Konzertsäle, Kinos und Jugendzimmer erreichte, beherrschte für die Masse der Bevölkerung der »deutsche Schlager« die Szene – ein Plagiat der amerikanischen, englischen und auch französischen Unterhaltungsmusik. Der Wiener Freddy Quinn begeisterte mit seinem Millionenhit *Heimweh* junge Mädchen ebenso wie Kriegerwitwen, ehemalige »Afrikakämpfer« und Vertriebene aus dem »Sudetenland«: »Brennend heißer Wüstensand, fern, so fern das Heimatland«. Auf die Avantgarde der »Halbstarken« folgte die »Teenager«-Kultur der 1960er Jahre. Die Szene wurde breit und erfaßte bald das Gros der Jugendlichen und der »Twens«, der jungen Erwachsenen. Man ging tanzen, Rock 'n' Roll war zwar schon alt, aber noch immer gut, Twist war neu, aber etwas eckig, man flirtete und träumte von einem Italienurlaub. Der Süden stand für Liebe, Romantik und Erotik. Sonnenbräune, Faulsein, Nichtstun, die romantische Liebe wurden zum kollektiven Wunschbild einer Generation, die in ihrem Alltag gesteigertem Arbeits- und Leistungsdruck standhalten mußte. Die fordistische Arbeitsmoral bedurfte der Spaltung in die Orte der Arbeit und in ein Land der Träume: »Steig in das Traumboot der Liebe, fahre mit mir nach Hawaii«.

»Re-Austrifizierung«, »Heimatmachen«, »Rekonstitution der Kleinfamilie« und »Schuldumkehr« sind analytische Begriffe für gesellschaftliche Prozesse, die einander wechselseitig unterstützten. Die »Verwestlichung« des Alltags und das neue, über Film und Fernsehen vermittelte »Fernweh« erscheinen auf den ersten Blick als Gegentendenzen. Doch in einer real existierenden Metapher der 1960er Jahre zeigt sich der paradoxe Zusammenhang von neuer Heimeligkeit und Mobilisierung: Auf dem Fernseher, der nun zum neuen Leitmöbel wurde und vor dem sich immer mehr Familien allabendlich zusammenfanden, stand das beleuchtete Segelschiff – ein Zeichen der Ferne, des Südens. Stand es zunächst nur für die Sehnsucht, wurde es bald zum Zitat des ersten Urlaubs an der nördlichen Adria oder an einem Kärntner See. Über die Weckung der Wünsche nach Reisen und Urlaub wurde die Leistungsbereitschaft mobilisiert. Über die »Familialisierung« wurden die Produzenten »im Interesse ihrer Kinder« zu fleißiger Arbeit und regelmäßigem Leben diszipliniert. Jener Überschuß an Wünschen, der im eigenen Leben nicht mehr realisierbar erschien, wurde der nächsten Generation als »Aufstiegsprogramm« weitergegeben: Lerne fleißig, um über den besseren Job sozial aufzusteigen und materiell besser zu leben. Jugendlichen wie ihren Eltern, so zeigen Umfragen aus den 1960er Jahren, galt der Eintritt in den »Staatsdienst« als besonders erstrebenswert. Aber um Angestellter oder gar Beamter mit Aussicht auf »Pragmatisierung« zu werden, mußte man in Bildung und Ausbildung investieren.

Die Obstruktion der Reformierung des Schulsystems von seiten des »bürgerlichen Lagers« in der Ersten Republik und der Austrofaschismus haben der Zweiten Republik krasse strukturelle Mängel im Schulbereich hinterlassen. Die neuerlichen Anstrengungen um eine Reform der Schule sollten sich als ein langwieriges Unterfangen erweisen (siehe den Beitrag von L. Lassnigg). Neben den alten ideologischen Differenzen zwischen den beiden politischen Hauptlagern behinderte die notorische Unterausstattung des Bildungsbudgets die Reform des Bildungssystems. Die Politiker erfaßten zunächst die Bedeutung des Bildungssektors für die Produktionsweise nicht und behandelten ihn wie »die Kultur«, als konsumptiven Bereich. Strukturmängel bestanden vor allem auf dem Land, wo die Volksschule als die Schule der Sechs- bis Vierzehnjährigen den Anforderungen der Wirtschaft nicht mehr entsprach. Erst Anfang der 1960er Jahre zogen, aus den USA kommend, bildungsökonomische Theorien in das politische Denken ein. Man begann den Zusammenhang von Schulbildung, Ausbildung und Produktionsweise zu realisieren. In der Regierungserklärung der Großen Koalition 1961 war erstmals von einer »Mobilisierung des geistigen Kapitals« die Rede. Man propagierte das Projekt der »Bildungsexpansion«: mehr Maturanten, mehr Universitätsstudenten, mehr Studenten in Naturwissenschaften und Technik, Senkung der »Drop-out-Rate« und Beschleunigung des Studiums. Das Projekt »Bildungsexpansion« wurde nicht – wie das Schulreformprojekt Otto Glöckels – von Schulleuten, sondern 1957 vom Österreichischen Institut für Wirtschaftsforschung formuliert. Daher auch seine andere Rhetorik: Es ist sozialtechnokratischer Klartext.

Anfang der 1960er Jahre begann der flächendeckende Aufbau der Allgemeinbildenden Höheren Schulen (AHS) unter dem Motto »Jedem Bezirk eine höhere Schule«. Die Zahl der mittleren und höheren Schulen verdoppelte sich bis 1973. Die Schülerzahlen wuchsen enorm. Bis Ende der 1970er Jahre überholten die Mädchen die Burschen in der Zahl der Maturanten – die Ausschöpfung einer gigantischen »Begabungsreserve«. Politiker und Technokraten waren überrascht, wie viele Kinder (und deren Eltern) das neue Bildungsangebot annehmen wollten. Die quantitative Expansion des Bildungssektors begünstigte die Ausbildung einer massenhaften, nicht mehr nur minoritären Jugendkultur. Auf dieser neuen Massenbasis einer lernenden und konsumierenden Jugend beiderlei Geschlechts entstand dann ab Mitte der 1960er Jahre eine neue Jugendavantgarde, die Schüler- und Studentenbewegung, die »Achtundsechziger Bewegung« (siehe die Beiträge von R. Schwendter und K. Stocker).

Die Durchsetzung der fordistischen Produktionsweise ›verschüttete‹, so scheint es, den manifesten Klassenkonflikt. Je weiter sich diese Produktionsweise perfektionierte, umso mehr konnten auch Arbeiter, Angestellte und Beamte ihr kleines Glück schmieden, so fragil es auch immer war. An die Stelle des manifesten Klassenkonflikts trat ein verschärfter Generationenkonflikt. Das hatte sich in Ansätzen schon in der »bürgerlichen Jugendbewegung« nach der Jahrhundertwende gezeigt, die gegen die von der technischen Revolution bedrohte humanistische Bildungselite ihrer Väter revoltierte. Das hatte sich in den 1930er und 1940er Jahren an den proletarischen »Schlurfs« und an der bürgerlichen »Swingjugend« gezeigt, die der Nationalsozialismus wegen ihrer »westlichen« Konsumorientierung mit terroristischen Mitteln bekämpfte. Das hatte sich in den späten 1950er Jahren in den Auseinandersetzungen um die »Halbstarken« als »proletarische« Avantgarde des »Fordismus« gezeigt, und das zeigte sich nun – unter den neuen Bedingungen einer medial vernetzten Weltgesellschaft – noch deutlicher an der Schüler- und Studentenbewegung.

In der »Achtundsechziger Bewegung«, die in Österreich vor allem in Wien und in Graz ihre Anfänge hatte, wurde thematisiert, was in der »Trümmerzeit« und im »Wiederaufbau« nicht hatte gesagt werden dürfen, was in den genannten Prozessen der »Re-Austrifizierung«, der »Exterritorialisierung« und »Externalisierung« des Nationalsozialismus, der »Schuldumkehr«, der »Familialisierung« und des gesteigerten Konsums an Widersprüchen und kollektiven Amnesien entstanden war. Es ist kein Zufall, daß die Schüler- und Studentenbewegung in Österreich 1965 mit der Auseinandersetzung um einen antisemitischen Professor an der Hochschule für Welthandel und mit dem Totschlag an einem alten Kommunisten durch einen Rechtsradikalen begann. Doch der Konflikt wurde in den folgenden Jahren nicht mehr zwischen der Arbeiterbewegung und ihren Gegnern, sondern zwischen den Generationen ausgetragen. »Was bist Du in Hitlers

Reich gewesen?« war die oft gedachte, selten wirklich gestellte Frage der »Achtundsechziger« an ihre Eltern. Erst danach wurden dann der Vietnamkrieg und die Reform-
wünsche an Schulen und Universitäten zu neuen politischen Themen.

Insgesamt war die »Achtundsechziger Bewegung« in Österreich weniger theoretisch als in der Bundesrepublik Deutschland und – anders als etwa in Frankreich – kaum
in Arbeitskämpfe der Gewerkschaften eingebunden. Sie war, von einer sehr kleinen
Minorität getragen, die in wenigen Wiener und Grazer Kaffeehäusern Platz hatte, eher
künstlerisch-aktionistisch und wirkte vor allem »kulturrevolutionär«: Sie veränderte
die Lebensweise der studierenden Jugendlichen. Mit gewisser Verspätung drangen ihre
Ideen und Lebensformen auch in die kleineren Städte in der Provinz (siehe den Beitrag
von K. Stocker). Mit der Reform des Österreichischen Rundfunks wurde 1967 auch
ein Pop-Sender, Österreich 3, ins Leben gerufen. Immer mehr Jugendliche konsumierten englische und amerikanische Popmusik. Deutsche Schlager zu spielen war auf Ö3
verpönt. (In den 1970er Jahren wurde die anglisierte Musikwelt der Jugendlichen mit
der Etablierung des »Austropop« und mit der »Dialektwelle« teilweise »re-ethnisiert«;
siehe den Beitrag von A. Smudits.) Aber trotz ihrer theoretischen Schwäche formulierten »Achtundsechziger« auch hierzulande erstmals jene neuen politischen Themen, die
dann die Wahlkämpfe der Sozialdemokraten 1970 und 1971 und die folgende Reform-
ära mitbestimmen sollten: Abrüstung, Friedenspolitik und Bundesheerreform, Hoch-
schul- und Bildungsreform, Frauenemanzipation, Demokratisierung auf allen Ebenen.
Ein Teil der »Achtundsechziger« machte sich auf den »Marsch durch die Institutionen«
und wirkte in Ministerbüros, Hochschulen, Arbeiterkammern und Parteizentralen an
der Reformpolitik mit. Ehemalige »Achtundsechziger« zählten dann auch zu den
Aktivisten der »Alternativ-« und »Ökologiebewegung« in den 1970er und 1980er
Jahren.

Während die Studentenfunktionäre 1968 oft noch weißes Hemd und Krawatte
getragen hatten, bildeten die Jugendlichen in den 1970er Jahren einen neuen Stil: Mit
ihren langen Haaren, »Hippie«-Kleidung und ostentativer »Unordentlichkeit« im
Jugendzimmer und in der »Wohngemeinschaft« provozierten sie die sexuelle und
körperliche Ordnung des »Establishments«. Darin fand, analytisch gesprochen, die
hedonistische Seite des fordistischen Modells in neuer Weise ihren rebellischen Ausdruck: mehr Freiheit im Reisen (Autostopp), mehr Freiheit im Sexuellen, mehr Freiheit
in der Kleidung, beim Essen und Wohnen. Man könnte auch sagen, ihre Maxime war
die demokratisierte und nur von Minoritäten radikalisierte Variante der fordistischen
Arbeitsmoral: Fordere deine politischen Rechte als mündiger Bürger, und sei ein
kompetenter Schüler und Student, der ineffiziente Strukturen an Schulen und Universitäten reformiert und die traditionellen Autoritätsansprüche von Eltern, Politikern,
Lehrern und Professoren in Frage stellt.

Nach der quantitativen »Bildungsexpansion« in den 1960er Jahren (unter Unter-
richtsministern der ÖVP), in der die Zahl der Schulgebäude, Klassenzimmer und
Lehrer nicht mit der rasch wachsenden Zahl der Schüler/innen Schritt halten konnte,
kam es in den 1970er Jahren unter der Kanzlerschaft Bruno Kreiskys zu Bemühungen
um eine qualitative Reform der Schulen und Universitäten. Nicht zuletzt die Demonstrationen, »Sit-ins« und »Go-ins« der »Achtundsechziger« hatten den Reformbedarf
bewußt gemacht. Die Reformen im Bildungssektor standen nun unter dem Schlagwort

»Chancengleichheit« und schlossen in mancher Hinsicht an die Ideen der Glöckelschen Schulreform in der Ersten Republik an. Schon Glöckel hatte die Entscheidung über den weiteren Bildungs- und Ausbildungsweg auf einen späteren Zeitpunkt im Leben der Schülerinnen und Schüler hinausschieben wollen und deshalb eine gemeinsame Schule der Zehn- bis Vierzehnjährigen propagiert. Diese Forderung wurde nun unter dem Titel »Gesamtschule« wieder aufgegriffen und in der Folge zum zentralen Streitthema in der österreichischen Bildungspolitik. Die Schulreform der 1970er Jahre war jedoch nur zum Teil erfolgreich: Die Schülerzahlen stiegen weiterhin stark an, und auch die Zahl der Lehrer, Klassen und Schulen verdoppelte sich zwischen 1973 und 1983. Doch das Kernstück der geplanten Reform, die »Gesamtschule«, wurde 1983 – wieder wegen des anhaltenden Widerstands des »bürgerlichen Lagers« – durch eine Reform der Hauptschule ersetzt.

1970 wurde im ersten Kabinett Kreisky erstmals ein eigenes Ministerium für Wissenschaft und Forschung eingerichtet, 1972 wurden alle Studiengelder abgeschafft. Die Verwaltung der Universitäten wurde 1975 mit Hertha Firnbergs »Universitätsorganisationsgesetz« (UOG) neu organisiert (»Drittelparität« in allen Gremien), wohl die einschneidendste Universitätsreform seit 1848. In der zweiten Hälfte der 1970er Jahre erreichten die ›demographische Welle‹ (siehe den Beitrag von H. Faßmann) und die Schüler/innen-›Welle‹ der ›Bildungsexpansion‹ die Universitäten. Deren Ausstattung blieb räumlich und personell hinter dem Wachstum der Studentenzahlen zurück: Schlagwort »Massenuniversität«. Das technokratische Ziel, die Zahl der Absolventen vor allem im naturwissenschaftlichen und technischen Bereich zu erhöhen (s.o.), wurde verfehlt. Es stiegen vor allem die Studenten- und Absolventenzahlen in den Geisteswissenschaften, was dann in den 1980er Jahren erstmals zu Lehrerarbeitslosigkeit führte. An die Stelle des Mangels an Absolventen der Schulen und Hochschulen trat der »Überfluß«: Begriffe wie »Jugendarbeitslosigkeit« und »Akademikerschwemme« prägen seither die Diskussion (siehe die Beiträge von L. Lassnigg und G. Biffl).

Die »Modernisierung« der Gesellschaft in den 1920er Jahren hatte zwar – vor allem im Roten Wien – zu einer Entlastung der Frauen von physischer Hausarbeit, aber auch zu einer Steigerung der Standards in der Hausarbeit und in der Kindererziehung geführt. In der Zeit des Austrofaschismus und des Nationalsozialismus waren die traditionellen Geschlechteridentitäten noch einmal propagandistisch verstärkt worden. In der Phase des »Wiederaufbaus« hatte sich mit der Heimkehr der Ehemänner und Väter, die Krieg, Gefangenschaft und NS-Terror überlebt hatten, die patriarchalische Kleinfamilie mit Schwierigkeiten rekonstituiert. Doch nun, in der neuerlichen Modernisierungsphase der 1970er Jahre, wurde das traditionelle Geschlechterverhältnis zunehmend »problematisch«: Es paßte nicht mehr zur Produktionsweise. Immer häufiger kehrten erwerbstätige Frauen, nachdem sie Mütter geworden waren, wieder an ihre Arbeitsplätze zurück, führten zugleich einen immer anspruchsvolleren Haushalt und trugen nach wie vor die Hauptlast der Kindererziehung. Nimmt man bezahlte und unbezahlte Arbeit zusammen, arbeiteten Frauen als Arbeiterinnen oder Angestellte zu Beginn der 1970er Jahre pro Woche 26 Stunden mehr als die nur berufstätigen Männer (siehe den Beitrag von M. Fischer-Kowalski).

Die sozialdemokratische Reformpolitik in den 1970er Jahren versuchte, auf die daraus entstehenden Probleme zu reagieren. Die politische Antwort war sowohl konven-

tionell als auch reformatorisch. Einerseits wurde eine geburtenfördernde Bevölkerungs-
politik mit neuen Mitteln weitergeführt:»Heiratsgeld« und »Geburtenbeihilfen« sollten
dazu motivieren, zu heiraten und Kinder zu kriegen. Andererseits begannen die Staatssekretariate von Johanna Dohnal und Franziska Fast eine durchaus offensive Politik
gegen die Diskriminierung von Frauen in der Arbeitswelt, in der Öffentlichkeit und im
Privatleben. Die aus der »Achtundsechziger Bewegung« hervorgegangene »Neue Frauenbewegung« hatte den Blick für diese Fragen geschärft. War in den 1920er Jahren selbst
im Roten Wien nie davon die Rede gewesen, daß sich Frauen und Männer die Arbeit im
Haushalt und in der Kindererziehung teilen könnten, wurde dies nun zu einer zunehmend
anerkannten gesellschaftspolitischen Forderung. Doch die praktischen Erfolge der
neuen »Frauenpolitik« waren begrenzt: Trotz steigenden Bildungs- und Ausbildungsni-
veaus (s.o.) konnten Frauen ihre Qualifikationen nur bedingt in eine Verbesserung ihrer
beruflichen Positionen und in Einkommenszuwächse umsetzen. Die Einkommensunterschiede zwischen Männern und Frauen blieben gleich: Frauen verdienen heute nach wie
vor etwa ein Drittel weniger als Männer. Auch ihre Pensionen liegen deutlich unter jenen
der Männer. Indirekte und direkte Diskriminierungen von Frauen bestehen weiter (siehe
die Beiträge von S. Rosenberger und E. Cyba).

Ein großer Teil der Reformen der Ära Kreisky – von der »kleinen« und »großen«
Strafrechtsreform« Christian Brodas (siehe den Beitrag von A. Pilgram), den Reformen
des Ehe- und Familienrechts bis zu den nur teilweise gelungenen Reformen im Schul-
und Hochschulbereich oder im Bundesheer – können als »liberale« Anpassungen
gesetzlicher Regelungen an die Veränderungen in der Gesellschaft und in ihrer Wirtschaftsweise verstanden werden. Insofern erfüllte die Sozialdemokratie damit ein
Reformprogramm, das ideologisch eher dem »liberalen« als dem »sozialistischen«
Denken zuzurechnen ist. Anton Pelinka brachte es auf den Punkt: »Die SPÖ ist die
beste liberale Partei Österreichs, die es je gab.« Sie »verzichtete auf weiterführende
(...) systemsprengende Reformen; und eben deshalb wurde sie zur stärksten Sozialdemokratie Europas.« Daß dabei »sozialistische« Zielsetzungen – wie schon in der Ersten
Republik – zu kurz kamen, zeigen die Daten der Einkommens- und Besitzentwicklung:
Die Besitzeinkommen sind seit den 1970er Jahren weit stärker gewachsen als die
Einkommen aus lohnabhängiger Erwerbsarbeit. Genuin »sozialdemokratische« Reformen wurden vor allem im weiteren Ausbau der Sozialpolitik realisiert: von der
Einführung der »Gesundenuntersuchung«, der Neugestaltung des »Karenzurlaubs«,
der Verbesserung der Leistungen aus der Arbeitslosenversicherung bis hin zur Einführung des »Pflegeurlaubs«, einer vierten Urlaubswoche, der »Entgeltfortzahlung« und
der »Abfertigung« für Arbeiter/innen. Mit diesen bemerkenswerten sozialpolitischen
Leistungen wurde der Standard der Reproduktion der Arbeitskräfte neuerlich gehoben:
Mutterschaft und Erwerbsarbeit sollten leichter vereinbar werden, die Lohnabhängigen
auch in Fällen von Krankheit und Arbeitslosigkeit nicht unter ein bestimmtes (damit
angehobenes) Maß an Konsumfähigkeit fallen.

Mit dem Ende der Hochkonjunktur Mitte der 1970er Jahre und der Verlangsamung
des Wirtschaftswachstums kam das Ende der Reformperiode. Die »sozialliberale«
Reformpolitik wandelte sich zu »Krisenmanagement«. In der Wirtschaftskrise der
1980er Jahre löste die verschärfte Konkurrenz auf den Weltmärkten und auf den
Binnenmärkten einen neuerlichen Schub an Rationalisierungen aus. Erstmals stieg die

Arbeitslosigkeit auch unter qualifizierten Arbeitskräften und unter Hochschulabsolventen. Der Wettbewerb zwischen den Arbeitskräften verschärfte sich: Besonders Personen mit niedrigem Bildungsniveau, mit gesundheitlichen Beeinträchtigungen oder in höherem Alter laufen seither Gefahr, ihren Arbeitsplatz zu verlieren. Der »Wohlfahrtsstaat« sieht sich wachsenden Finanzierungsproblemen gegenüber. Mit der von den Regierungsparteien der Großen Koalition erklärten Priorität der »Budgetkonsolidierung« geht ein teilweiser »Sozialabbau« einher. Die mangelnde »Treffsicherheit« sozialer Leistungen ist zum aktuellen Schlagwort geworden (siehe den Beitrag von E. Tálos).

Die Gesellschaft beginnt sich zu »spalten« in jene, die sich zu den »Gewinnern« dieser wirtschaftlichen und gesellschaftlichen Prozesse zählen, und in jene, die sich als »Verlierer« fühlen müssen, weil sie nach Schule und Ausbildung keine Arbeitsstelle finden, weil sie entlassen oder frühpensioniert werden. Die »postfordistische« Produktionsweise produziert also nicht – wie der »Fordismus« in den 1960er und 1970er Jahren – eine »Modernisierung« der Gesellschaft, die insgesamt als materieller und sozialer »Fortschritt« erfahren wird, sondern neue soziale Spannungen, auf die es sehr verschiedene politische Antworten gibt.


Von der »Proporzdemokratie« zur politischen »Spaltung«

Daß die Gründung der Zweiten Republik in politisch-institutioneller Hinsicht kein völliger Neuanfang war, sondern weitgehend in den Bahnen des politischen Systems und der politischen »Lager« der Ersten Republik erfolgte, haben wir eingangs schon erwähnt. Die Verfassung von 1920 in der Fassung von 1929 steckte den politischen Rahmen ab. Zweifellos war die Bereitschaft der politischen Eliten, über die politischen Fronten hinweg neue Formen der Konsensbildung zu suchen, nun viel ausgeprägter als vor 1933. Dazu trug auch bei, daß sich die Katholische Kirche offiziell aus der Politik zurückzog (siehe den Beitrag von P. Zulehner) und die Christlich-Sozialen sich in »Volkspartei« umbenannten, womit das alte Feindbild von den personell und ideologisch in den »Kleriko-Faschismus« (1934 bis 1938) verstrickten Christlich-Sozialen verblaßte. Auf sozialdemokratischer Seite vollzog sich eine analoge Entideologisierung durch die Distanzierung von der Rhetorik des »Austromarxismus«, was wiederum das Feindbild von »den Roten« allmählich verschwinden ließ.

Nach der kurzen Phase einer »Konzentrationsregierung« mit Vertretern von ÖVP, SPÖ und KPÖ bis 1947, dem Jahr der zweiten Währungsreform, bildeten die politischen Eliten der beiden Großparteien SPÖ und ÖVP ein dauerhaftes »Duopol«, das das politische System der Zweiten Republik über das Ende der Großen Koalition im Jahr 1966 hinaus bestimmen sollte. Dies war eine wesentliche Voraussetzung für die Etablierung der ›Sozialpartnerschaft‹ und jener Wirtschaftspolitik, von der schon die Rede war. Politikwissenschafter sprechen von einer »Proporzdemokratie«: ÖVP und SPÖ teilten sich Posten im Bereich der Ministerien und der Verstaatlichten Industrie nach dem Verhältnis ihrer Mandatsstärke (»Proporz«) auf. Ausgestattet mit dem Zugriff auf Ressourcen und Posten, gelang es beiden Parteien, ihre Klientel dauerhaft und fest an sich zu binden. Ein stabiles Arrangement, das infolge seiner Prägekraft als »Zweiparteiensystem« und (nach der Gründung von VdU und FPÖ) als »hinkendes Dreiparteiensystem« bezeichnet wird. Seine Stabilität bezog dieses politische System aus der relativ klaren sozialen Struktur der beiden großen Parteien: Arbeiter und Angestellte bildeten das Gros im »Lager« der SPÖ, Bauern, gewerblich Selbständige und das »christliche« Kleinbürgertum das Gros im »Lager« der ÖVP (siehe den Beitrag von G. Enderle-Burcel).

Die Teilnahme der Bevölkerung am politischen Leben war bis Ende der 1960er Jahre durch ihren formell-institutionellen Charakter geprägt. Sie beschränkte sich auf die Wahlakte in der repräsentativ-indirekten Demokratie, und dies, wie gesagt, in hoher Konstanz. Die politischen Eliten der Parteien, der Gewerkschaften und Kammern sahen ihre Aufgabe darin, ihre Mitglieder und Anhänger für genau diese Wahlakte zu mobilisieren – und nicht mehr. Das Parlament war in dieser Konstellation kein Kontrollorgan, sondern bloß der Zuarbeiter und eine Tribüne für die Regierung. Der Einfluß der Wähler/innen auf die Entscheidungsfindung in den Gremien und auf die Formulierung politischer Themen und Inhalte in den Parteien und Interessenvertretungen blieb sehr gering. Zugleich lag die Wahlbeteiligung in dieser Phase mit durchschnittlich 90 Prozent – auch im internationalen Vergleich – extrem hoch. Nicht zur Wahl zu gehen war noch keine übliche Form der Meinungsäußerung (siehe den Beitrag von Ch. Haerpfer).

Mit dem überraschenden Wahlerfolg der ÖVP bei den Wahlen des Jahres 1966 endete diese Phase der stabilen Konfiguration der politischen »Lager« genau besehen noch nicht, denn die Verschiebung im Wählerspektrum der beiden großen Parteien war gering. Die ÖVP gewann bei diesen Wahlen nur 2,8 Prozentpunkte hinzu, die SPÖ verlor nur 1,4 Prozentpunkte. Doch mit dem Wahlkampf der ÖVP zeichnete sich eine inhaltliche Veränderung der Politik ab: Sie wurde zunehmend technokratisiert. Ihre Legitimität stellte sie fortan nicht mehr nur über die bislang bewährten paternalistischen Parteiführer her, denen ihre Stammwähler vertrauten (Figl, Raab), sondern zunehmend über wissenschaftlich begründete Reformprogramme. Josef Klaus kündigte am ÖVP-Bundesparteitag 1965 an, daß führende Wissenschafter (es waren nur Männer) die Leitlinien für eine Reformpolitik der ÖVP erarbeiten würden. Im Wahlkampf 1966 präsentierte die ÖVP dann die »Aktion 20«, ein Reformkonzept, an dem die Professoren Karl Fellinger, Günther Winkler, Hans Tuppy, Leopold Rosenmayr, Stephan Koren u.a. mitgearbeitet hatten. Die alte Form der »Politik beim Weinglas und durch das Weinglas« (J. Klaus) sollte durch Politik auf wissenschaftlicher Grundlage ersetzt werden. Dies mag den Wahlerfolg der ÖVP 1966 mit begünstigt haben. In der Folge aber gelang es nicht, den wissenschaftlichen Beratern hinreichenden Einfluß gegen die traditionellen »bündischen« Strukturen in der ÖVP zu verschaffen. Die meisten Programme der »Aktion 20« konnten nicht realisiert werden. Eine Ausnahme bildete nur der »Koren-Plan« für die Budgetpolitik. Zudem entfaltete die SPÖ erstmals eine intensive und effektive Oppositionspolitik (siehe den Beitrag von A. Nevlacsil).

Die Versuche beider Großparteien, ihrer Politik mit wissenschaftlich autorisierten Programmen mehr technokratisches Profil zu verleihen, entsprachen dem Zeitgeist des anbrechenden Computerzeitalters und einer weiteren Verschiebung zwischen den Wirtschaftssektoren: Der landwirtschaftliche Sektor und der Anteil der »Selbständigen« (Bauern und Gewerbetreibende, die Hauptklientel der ÖVP) schrumpften stark, der »tertiäre Sektor« (Handel und Dienstleistungen) und die Zahl der »Angestellten« und der »Beamten« im öffentlichen Dienst wuchsen rapid. »Angestellte« und

»Beamte« wurden zum »Leittypus« der 1960er und 1970er Jahre. Damit aber begann sich die Erosion der beiden politischen »Hauptlager« abzuzeichnen. Die beiden Groß-parteien versuchten, mit ihren Reformprogrammen auf diese Veränderungen zu reagie-ren. Im nächsten Wahlkampf 1969/70 präsentierte Bruno Kreisky bereits die Pro-grammarbeit von »1.400 Experten«. Der Unterschied zur »Aktion 20« der ÖVP: Kreiskys Experten waren zwar kaum bekannt, kamen aber großteils aus der SPÖ; die erarbeiteten Konzepte wurden in den Sektionen breit diskutiert und stießen hier nicht auf Widerstand; zudem wurden sie medial ungleich besser präsentiert: »Acht Pläne für ein modernes Österreich« (siehe den Beitrag von H. Eder).

Am Beginn der Ära »sozialliberaler« Reformen modernisierten sich nicht nur die Präsentationsformen der Regierungspolitik, sondern auch die ihnen korrespondieren-den Medien: 1966/67 erfolgte eine Rundfunkreform; das Österreichische Fernsehen wurde zur Repräsentationsinstanz von Öffentlichkeit schlechthin (siehe den Beitrag von M. Bernold); 1970 wurde das Nachrichtenmagazin *profil* gegründet, andere Magazine folgten. Im Bereich der Printmedien entfaltete sich – neben dem florierenden Boulevard – erstmals ein kritischer Journalismus, nach Jahrzehnten der weitgehenden Einbindung der Medien in die »Proporzdemokratie« (siehe den mediengeschichtlichen Überblick von H. Fabris). Die Präsenz der Politik in den Wohnzimmern der Nation erhöhte sich vor allem durch das Fernsehen. Immer mehr Menschen verbrachten ihren Feierabend vor dem Fernsehgerät. Doch nicht alle führenden Politiker wußten dies schon für sich zu nutzen: Bundeskanzler Josef Klaus wirkte hölzern, nach seinen eigenen Worten hatte er eine »lähmende Scheu vor dem Interviewer, vor dem Mikro-phon und der Fernsehkamera«. Kreisky hingegen beherrschte die Spielregeln der Medien; schon als Außenminister unterhielt er beste Kontakte zu ausgewählten Jour-nalisten. Später nannte man ihn den »Medienkanzler«.

Nach seiner Wahl zum Parteivorsitzenden 1967 begann Kreisky mit der Öffnung der Partei. Er realisierte die soziologischen Veränderungen in den Strukturen der alten politischen »Lager« und zog daraus die Konsequenzen. Er forderte »bürgerliche« Wählerinnen und Wähler auf, »ein Stück Weges« mit ihm zu gehen. Seine Wahlerfolge bestätigten die Richtigkeit dieser Strategie: Der Zugewinn von 300.000 Stimmen, vor allem bei Teilen des gebildeten Bürgertums, bei den Jungwählern und bei den Ange-stellten, brachten 1970 der SPÖ eine relative Mehrheit und 1971, 1975 und 1979 wachsende absolute Mehrheiten.

Nach dem Zwischenspiel der Kleinen Koalition von SPÖ und FPÖ (siehe dazu den Beitrag von A. Pelinka) wurde das Jahr 1986 zu einem »Wendejahr« der österreichi-schen Innenpolitik. Der Präsidentschaftswahlkampf 1986 und die »Affäre Waldheim« rückten die Versäumnisse in der Auseinandersetzung mit der NS-Vergangenheit in das Licht der internationalen Öffentlichkeit. Sie führten sowohl zu einer Polarisierung zwischen den Parteien als auch zu Solidarisierungs- und Oppositionseffekten über die alten »Lager«-Grenzen hinweg (siehe den Beitrag von M. Gehler und H. Sickinger). Der relativ erfolgreiche Wahlkampf der Grün-Alternativen (mit Freda Meissner-Blau als der ersten Kandidatin für das Amt des Bundespräsidenten) stellte die Weichen für die Bildung einer grünen Wahlpartei und den Einzug der Grün-Alternativen in das Parlament nach den Nationalratswahlen im November 1986. An der Spitze der SPÖ vollzog sich der Wechsel von Sinowatz zu Vranitzky, womit in der Folge eine noch dezidiertere Abkehr vom wirtschaftspolitischen Kurs des »Austrokeynesianismus« verbunden sein sollte. Im September 1986 übernahm Jörg Haider die Führung der Freiheitlichen Partei und trimmte sie – nach dem erfolglosen, eher liberalen Norbert Steger – auf einen rechtspopulistischen Protestkurs. Mit der vorzeitigen Aufkündigung der Kleinen Koalition durch Vranitzky und der Bildung einer neuen Großen Koalition begann 1986 die Ära einer »Sanierungspartnerschaft« der beiden Großparteien (siehe den Beitrag von H. Dachs).

1986 leitete also in mehrfacher Hinsicht die Umgestaltung der politischen Landschaft in Österreich ein. Es war das Jahr der bis dahin größten Verschiebungen in der Wählerschaft (»Jahr der Wechselwähler«). An die Stelle des »hinkenden Dreiparteiensystems« trat ein aus vier und bald aus fünf im Parlament vertretenen Parteien bestehendes System, in dem absolute Mehrheiten weitgehend ausgeschlossen waren und sich neue Koalitionsmöglichkeiten boten. Doch die nun als prioritär gesetzten Ziele der Regierungspolitik führten die beiden geschrumpften Großparteien in eine Große Koalition und auf den Kurs einer »Sanierungspartnerschaft«: »Sanierung« des Staatshaushalts (»Steuerreform«), »Pensionsreform«, »Deregulierung« und »Privatisierung« der Verstaatlichten Industrie, der staatlichen Verkehrs- und Energiebetriebe und Großbanken, »Agrarreform«, »Autonomisierung« von Schulen und Universitäten, volle Integration Österreichs in die Europäische Union. Im Unterschied zur Reformperiode der 1970er Jahre waren und sind dies überwiegend unpopuläre oder zumindest umstrittene Vorhaben. Die politische Zustimmung der Wählerinnen und Wähler ist hierfür ungleich schwerer zu erlangen als für die Reformen der 1970er Jahre; zudem führte die rechtspopulistische Opposition der FPÖ zu einer Mobilisierung der Modernisierungsverlierer und »neokonservativer« Mittelschichten; die ökologische Kritik der Grünen sowie die liberale Kritik des Liberalen Forums (seit 1993) zogen Stimmen bürgerlich-liberaler und intellektueller Wähler/innen ab, die in den 1970er Jahren noch Kreiskys Angebot einer »sozialliberalen Wählerkoalition« angenommen hatten. Die Zahl der Wechselwähler stieg und erreichte bei den Nationalratswahlen 1994 mit 20 Prozent einen vorläufigen Höhepunkt.

Ab 1990/91 wurden – im Zusammenhang mit der »Ostöffnung« – die neuen Wanderungsströme in Europa auch in Österreich zu einem heißen politischen Thema. 1989 kennzeichnete europaweit das »Ende der Nachkriegszeit«. In Österreich häuften sich Anzeichen einer tiefen Orientierungskrise: Mit dem Abbruch des Eisernen Vorhangs verlor Österreich seine »Zwischenlage«; die Rede von der »Brücke zwischen Ost und West« verliert seither an Bedeutung. Nach einer kurzen Renaissance alter »Mitteleuropa«-Ideen (Bezugnahmen auf einen imaginären »Gedächtnisraum« der Habsburger-Monarchie) fiel dann das Votum für die volle Integration des Landes in die (West-)Europäische Union im Sommer 1994 überraschend eindeutig aus. Neben dem Kalkül, aus der »Ostöffnung« wirtschaftliche Vorteile zu ziehen, nährte eine alt/neue Angst vor dem »Osten«, vor der Konkurrenz der »Niedriglohn-Länder« ebenso wie vor den Wanderungsströmen aus dem »Osten« die Bereitschaft, sich möglichst rasch auf die Seite des wirtschaftlich starken »Westens« zu schlagen (siehe die Beiträge von Ch. Reinprecht und G. Falkner).

Die FPÖ verschärfte die Auseinandersetzung im Zuge von Wahlkämpfen und einem Volksbegehren »Österreich zuerst« im Jänner 1993 und versuchte im Vorfeld der

EU-Abstimmung, EU-Skeptiker und jene, die für sich Nachteile aus der Integration befürchteten, durch eine abrupte Kehrtwende (gegen den »Brüsseler Zentralismus«, gegen den »Ausverkauf Österreichs« etc.) zu mobilisieren. Diese Kehrtwendung der ehemaligen »Europa-Partei« und wiederkehrende ›rechte Sprüche‹ ihres Obmannes, die offenbar das deutschnationale Segment der Klientel bei der Stange halten sollen, führten 1993 zur Abspaltung des Liberalen Forums unter Heide Schmidt. Seither instrumentalisiert die FPÖ fortgesetzt und verstärkt die Vorurteile eines Teils der Bevölkerung in bezug auf die (zu Unrecht unterstellte) Konkurrenz von In- und Ausländern auf dem angespannten Stellen- und Wohnungsmarkt; von einem Massenblatt journalistisch unterstützt, schürt sie die Angst vor »Kriminalität« und »Überfremdung«. Damit gelingt es ihr in einem permanenten Wahlkampf, auch immer weiter in die Kernschichten der SPÖ in industriellen Problemregionen und großstädtischen Arbeitervierteln einzudringen, die von den Folgen der »radikalen Modernisierung« (Giddens) negativ betroffen und/oder für die alten und neuen Feindbilder empfänglich sind. In der so insgesamt aufgeheizten Atmosphäre gedeiht – wie auch in anderen europäischen Ländern – die Gewaltbereitschaft rechtsextremistischer Gruppen gegen »Ausländer« und »Minderheiten« (siehe den Beitrag von W. Neugebauer u. B. Bailer zum Rechtsextremismus und den Beitrag von G. Baumgartner u. B. Perchinig zu Minderheitenpolitik und Bombenterror).

1979 hatte die SPÖ unter Bruno Kreisky mit 51 Prozent der Stimmen den höchsten Wahlsieg einer Partei in der Zweiten Republik erzielt. Doch zur selben Zeit begann sich eine Veränderung in der politischen Partizipation abzuzeichnen: Kreiskys fulminantem Wahlsieg von 1979 ging seine Niederlage in der Volksabstimmung über das Atomkraftwerk Zwentendorf 1978 voraus. Dies ist nicht nur aus ökologischer Sicht eine Wendemarke, sondern auch das erste deutliche Indiz für die tendenzielle Veränderung der politischen Partizipation: Der Trend führt von der Erosion der traditionellen Parteibindung über eine loyale (oder zweckmäßige) Parteiorientierung zu anlaßbezogenem Engagement und problemspezifischer Entscheidung. Die in Milieu- und Familientraditionen und in politische Institutionen eingebundene Form der politischen Partizipation wurde zunehmend durch »informelle« Formen der Partizipation abgelöst. Es ist also ein Prozeß der »Informalisierung« des politischen Handelns der Bürgerinnen und Bürger.

Im Vorfeld zur Abstimmung über die Inbetriebnahme des Atomkraftwerks in Zwentendorf (1978) standen einander erstmals Teile des etablierten politischen Systems, SPÖ, Gewerkschaften und Kammern, und eine »neue soziale Bewegung« gegenüber. (In diesem Fall in Abstimmungskoalition mit einer ÖVP, der eine Niederlage Kreiskys wichtiger schien als die sonst von ihr vertretenen Wirtschaftsinteressen.) Die »neuen sozialen Bewegungen« haben nicht mehr die klassischen Parteistrukturen. Um relativ kleine Organisationskerne gruppieren sich viele einzelne, mit starker Unterstützung des kritischer und unabhängiger gewordenen Teils der Medien. Die Auseinandersetzungen um Hainburg im Jahr 1984 – also schon zur Zeit der Kleinen Koalition unter Sinowatz und Steger – brachten eine weitere Konfrontation zwischen dieser neuen informellen Bürger- und Medienallianz und dem politischen Establishment. Das »Lichtermeer« gegen Haiders »Anti-Ausländer-Volksbegehren« (Anfang 1993) oder die jüngsten Aktionen gegen das Atomkraftwerk in Mochovce (1995) sind weitere Beispiele.

Neu an dieser »informalisierten« Partizipation an Politik ist auch, daß die Eliten der politischen Parteien darin nicht mehr eingebunden sind. Diese Bürger- und Medienallianzen vereinen, da sie problem- oder anlaßbezogen sind, Personen unterschiedlicher parteipolitischer Orientierung, von Anlaß zu Anlaß auch in wechselnder Zusammensetzung. Ein weiteres Charakteristikum dieser neuen Bürgerallianzen ist, daß sie von überdurchschnittlich Gebildeten getragen werden (siehe die Beiträge von Ch. Haerpfer und H. Dachs). Doch eben darin liegt auch ein gewichtiges demokratiepolitisches Problem: Es könnte für diese Republik verhängnisvoll sein, bliebe für die schlechter Qualifizierten – die ja auf dem Arbeits- und Wohnungsmarkt zu den Verlierern der jüngsten Rationalisierungsschübe zählen – nach der Erosion des »Duopols« von SPÖ und ÖVP und nach der Parteibildung der Grünen und der Liberalen (die besser gebildete Wähler/innen ansprechen), weiterhin nur der Weg in die rechtspopulistische »F-Bewegung«. Dies wäre – nach der wirtschaftlichen und sozialen Spaltung in Gewinner und Verlierer (s.o.) – die politische Spaltung in jene Parteien und Bürgerallianzen, die in den Grundkonsens der Zweiten Republik eingebunden sind, und in die zornigen, enttäuschten Heerscharen einer neurechten »F-Bewegung« andererseits, die der Zweiten Republik den Rücken kehren. Diese Spaltung hat bereits eingesetzt und könnte sich weiter vertiefen, wenn sie uns auch nicht gänzlich unrevidierbar erscheint.

Während die neuen Wähleralliancen gegenüber Führern zunehmend skeptisch sind, hat die rechtspopulistische FPÖ seit 1986 einen Führer-Typus mit alten und neuen Merkmalen hervorgebracht (siehe den Beitrag von J. Berghold u. K. Ottomeyer). Sportlich-modisch und mediengerecht gekleidet, repräsentiert Jörg Haider einerseits junge Erfolgreiche im verschärften Wettbewerb und die ihren Interessen entsprechende Ideologie eines neu/alten Wirtschaftsliberalismus. Andererseits lenkt er die Aggressionen auf »die da unten«, von denen sich die »in der Mitte« immer schon geekelt und gefürchtet haben: die »Sozialschmarotzer«, die »Ausländer«, die »Fremden«. Die Verachtung von Schwachen, Armen und »Versagern«, die die unerbittliche kapitalistische Konkurrenz produziert, bleibt offenbar nur in Phasen hoher wirtschaftlicher Prosperität und Liberalität politisch ohne Wirkung. Eine sozial und materiell gespaltene Gesellschaft hingegen findet ihre Sündenböcke, und wenn sie sie, wie den berühmten türkischen Hammel im Hinterhof, erfinden muß. Schließlich, und das ist das dritte Element, lenkt die FPÖ die aus der verschärften Konkurrenz am Arbeits- und Wohnungsmarkt resultierenden Ängste, Neidgefühle und Ressentiments auch auf die regierenden Eliten. Die politischen Parteien, die Abgeordneten und der Parlamentarismus insgesamt verlieren in einem Teil der Bevölkerung rasch an Ansehen und Legitimation. Um aus dem von ihr maßgeblich forcierten Imageverlust der politischen Parteien nicht selbst Nachteile zu ziehen und um weitere Parteiverdrossene anzulocken, nennt sich die Freiheitliche Partei seit kurzem »F-Bewegung« und suggeriert damit, keine Partei »alten« Typs zu sein. Mit den Gründungsparteien der Zweiten Republik versucht sie nun, auch diese selbst zu diskreditieren und eine »Dritte Republik« herbeizuführen.

Diese Verknüpfung einer neoliberalen Wirtschaftsphilosophie mit dem rechten Populismus gegen »die da oben« und »die da unten« begründete den Erfolg der Haider-FPÖ bei den letzten Landes- und Bundeswahlen. Sie brach Segmente des Wirtschaftsbürgertums aus der Klientel der ÖVP und einen Teil der Modernisierungsverlierer aus der

Klientel der SPÖ. Mit wiederkehrenden rhetorischen Bezugnahmen auf das »Dritte
Reich«, die »Deutsche Wehrmacht« und die SS hielt sie die Reste des alten deutschnationalen »dritten Lagers« und den nachgewachsenen rechten Rand bei der Stange; mit
der pauschalen Entschuldigung der Wehrmachtssoldaten einschließlich der Waffen-SS
fand sie auch in den Reihen der Weltkriegsteilnehmer unter den älteren SPÖ- und
ÖVP-Wählern Zustimmung. Neuerdings mehren sich die Anzeichen für eine Liaison
mit reaktionären Kräften in der Katholischen Kirche (siehe den Beitrag von P. Zulehner).

Es ist also eine ungewöhnlich »vermischte« Politik, die einerseits den wirtschaftlichen Gewinnern einen weiteren Abbau der »Soziallasten« verspricht und andererseits
die frustrierten Verlierer der wirtschaftlichen Entwicklung gegen die regierenden Eliten
mobilisiert, auf junge Arbeitslose wie auf verunsicherte Pensionisten zielt, auf antiklerikale Altnazis wie auf reaktionäre Katholiken, auf neokonservative Jungunterneh-
mer wie auf Kleinhandels- und Gewerbetreibende, die sich von der verschärften Konkurrenz bedroht fühlen. Diese diffus »vermischte« Politik funktioniert vor allem unter
den Bedingungen einer oppositionellen Protestbewegung in einer Phase beschleunigter
wirtschaftlicher Modernisierung und erhöhter sozialer Modernisierungskosten.

Die skizzierten polarisierenden Tendenzen – das Anwachsen einer neurechten »F-
Bewegung« einerseits und die Neubildung grün-linker und liberaler Wähleralllianzen
andererseits – führten dazu, daß die Parteizentralen der beiden zu »Volksparteien«
entideologisierten Mittelparteien ÖVP und SPÖ an Mobilisierungskraft verloren und
sich in vielen Politikfeldern zunehmend auf eine reaktive Rolle reduziert sahen. Gelegentlich versuchten sie, auf fahrende Züge aufzuspringen (siehe »Lichtermeer« und
»SOS-Mitmensch«). Mit einer restriktiven Einwanderungs-, Aufenthalts- und Flüchtlingspolitik wollten sie der rechtspopulistischen FPÖ den Wind aus den Segeln nehmen,
beteiligten sich damit ihrerseits aktiv an der rhetorischen Herstellung eines »Ausländer-
problems«, von welcher letztlich nur der rechte Populismus profitierte, und verloren
zugleich kritische Teile ihrer eigenen Klientel. Ob künftig aus der »Sanierungspartnerschaft« von SPÖ und ÖVP noch eine »Reform-Partnerschaft« werden kann, ob die
beiden Regierungsparteien willens und fähig sind, Ressentiment-Wähler und frustrierte
Modernisierungsverlierer durch eine überzeugende »Solidaritätspolitik« aus der »F-Bewegung« zurückzuholen, und ob sich diese auch zurückholen lassen, wird sich zeigen.

Die »Antiatom-« und die »Ökologiebewegung« hoben – beginnend in den 1960er
Jahren – die Probleme des Landschafts- und Ressourcenverbrauchs (siehe die Beiträge
von W. Bittermann sowie von M. Fischer-Kowalski u. H. Payer) in das Bewußtsein der
Bevölkerung. Indikatoren für das sich neu herausbildende Umweltbewußtsein waren
vor allem die Ablehnung der Inbetriebnahme des Kernkraftwerks Zwentendorf (1978)
im Rahmen einer Volksabstimmung und die Verhinderung eines Kraftwerksbaus in den
Donauauen bei Hainburg (1984) durch Umweltschützer, denen sich prominente Künst-
ler/innen und Wissenschafter/innen anschlossen (siehe den Beitrag von W. Bittermann).
Dies führte Mitte der 1980er Jahre zur Parteigründung und zu ersten Wahlerfolgen der
Grünen. Als eine Folge dessen wurden Umweltprobleme, auch stark beeinflußt durch
die Debatte in anderen Ländern, zu einem neuen Leitthema der Politik, dem sich auch
die anderen Parteien nicht mehr gänzlich entziehen konnten. Seither haben sich die
Grün-Alternativen von einer »single-issue-Bewegung« (die nur ein Thema kennt,
nämlich den »Umweltschutz«) zu einer grün-linksliberalen Partei erweitert, die für eine

wachsende Zahl von politischen Themen kompetente Konzepte entwickelt: Aus der »ökologischen Nische« wird die »Ökologisierung von Politik«.

Daß die überwiegend weiblichen Spitzenfunktionäre der Grünen derzeit in dieser Hinsicht (»Ökologisierung« der Wirtschafts- und Steuerpolitik etc.) intellektuelle Pionierarbeit leisten, zeigt die verzögerte Anpassung der noch immer männerdominierten ehemaligen »Großparteien« an die neuen Gegebenheiten einer »postfordistischen« Produktionsweise. Wer seine Klientel ausschließlich über die sozialpartnerschaftliche Verteilung von Modernisierungsgewinnen im Konkurrenzkapitalismus und bei abnehmender politischer Bildungsarbeit in der eigenen Klientel (ein Aspekt der »Entideologisierung«) herangezogen hat, tut sich schwer, diese Klientel nun auf die ökologische Korrektur des »Wachstumsfetischismus«, auf »postmaterialistische« Werte und auf »Solidarität« als zentralen politischen Grundwert einzuschwören. Die drohende Geste der Bauarbeitergewerkschaft gegenüber den Demonstrant/inn/en in der Hainburger Au hat dieses politische Dilemma der SPÖ eindrucksvoll vor Augen geführt. Die ÖVP hat ihre schärfste Zerreißprobe im Zusammenhang mit der (auch ökologisch problematischen) Agrar- und Wirtschaftspolitik der Europäischen Union wohl noch vor sich.

Daß im fünfzigsten Jahr der Republik das Feiern nicht so recht in Gang kommen will, hat nicht nur mit den aktuellen Turbulenzen der Großen Koalition und mit den personellen Problemen der beiden derzeitigen Regierungsparteien zu tun. Es ist auch Ausdruck dessen, daß die Grundstrukturen des politischen Systems einer beschleunigten Veränderung unterliegen, die auf die beteiligten Akteure insgesamt verunsichernd wirkt. Der Wandel des politischen Systems betrifft nicht nur die Parteien, sondern auch die Verknüpfung von Regierungspolitik und Interessenvertretungen: Die akute Legitimationskrise der Träger der Sozialpartnerschaft erscheint uns vor allem als eine Folge ihrer verringerten Problemlösungskapazität in einem veränderten ökonomischen und sozialen Umfeld. Dieser Legitimitätsverlust zeigte sich in der dramatisch sinkenden Wahlbeteiligung bei Kammerwahlen. Der Kompetenzverlust wurde zuletzt darin offenkundig, wie die Regierung die Verhandlungen um das »Sparpaket« geführt hat. Die Legitimitätskrise der Träger der Sozialpartnerschaft hat zwar ihre wirtschaftspolitische Handlungsfähigkeit noch nicht beseitigt, doch das Kritikpotential wächst und die Handlungsspielräume werden kleiner.

Was aber könnte an die Stelle des bestehenden politischen Systems treten? Die »Dritte Republik«? Die von der Freiheitlichen Partei unter der Führung Jörg Haiders zunehmend betriebene Abwertung der repräsentativen Demokratie, die Aufwertung plebiszitärer Politikformen und die Forderung nach Abschaffung der Pflichtmitgliedschaft in den Kammern liefen auf den Abbau repräsentativ-demokratischer Politikformen und der sozialpartnerschaftlichen Instrumente des Interessenausgleichs hinaus. Dem ist, so meinen wir, nur die solidarische »Verteilung« der Lasten zwischen den Einkommens- und Bevölkerungsgruppen durch eine ausgleichende Finanz-, Budget- und Sozialpolitik, die umfassende »Ökologisierung« der Steuer- und Wirtschaftspolitik, die weitere Demokratisierung aller politischen Institutionen und Politikformen und die Demokratisierung der Gesellschaft insgesamt entgegenzusetzen.

Unser Überblick über die Themen dieses Bandes hat gezeigt, daß wirtschaftliche Strukturen und Entwicklungen – trotz aller berechtigten Kritik an deterministischen Erklärungsmodellen – auch in der bisherigen Geschichte der Zweiten Republik maßgeblich für die gesellschaftlich-kulturellen und politischen Verhältnisse sind. Sie sind es deshalb, weil sie das Maß an Lebenssicherung und das Maß an Unsicherheit und Ängsten, das Maß der Identifikation mit dem politischen System und an Protestbildung bestimmen. Sie sind es auch deshalb, weil Entwicklungen auf den Weltmärkten Auswirkungen auf den Arbeitsmarkt, auf die Umwelt und auf Wanderungsbewegungen haben, die eine nationale Politik nur begrenzt beeinflussen kann. Die internationale wirtschaftliche Verflechtung hat in diesem Jahrhundert beständig zugenommen. Die Integration Österreichs in die Europäische Union erhöhte zuletzt diese gegebene Verflechtung vor allem auf der Ebene der politischen Administration, steigerte damit die Chancen der politischen Mitbestimmung im Konzert der Mitgliedsländer (Verkehrs- und Umweltpolitik etc.), zwingt den einzelnen Ländern aber auch wirtschaftspolitische Konzepte und Maximen (wie die »Konvergenzkriterien«) auf, die für die innerstaatliche Politik, nicht zuletzt für die Interessenvertretungen, verschärfte Legitimitätsprobleme schaffen und so politisch destabilisierend und spaltend wirken. Ob etwa in den nächsten Jahren unter Berufung auf die »Konvergenzkriterien« für ein europäisches Währungssystem ein zunehmend »neoliberaler« Kurs gefahren wird, der auch Österreich die wesentlich höheren Arbeitslosenzahlen anderer EU-Länder bescheren könnte, wird eine der entscheidenden Fragen sein.

Freilich, die Zukunft der Europäischen Union und ihre Auswirkungen auf Österreich sind derzeit nur beschränkt vorherzusehen. Denkbar ist, daß sich in den nationalen Gesellschaften der Widerstand gegen weitere Integrationsschritte verschärfen wird, insbesondere dort, wo regionale Interessen (Transit, Landwirtschaft) und nationale Identifikationssymbole betroffen sind. Nicht ausgeschlossen ist, daß Europa nach einer Phase der (Teil-)Integration in eine Phase der »Re-Nationalisierung« zurückfallen könnte. Zu fürchten ist, daß dies in einigen Ländern mit einer ideologischen Rückwärtsbewegung zu Chauvinismus und Nationalismus verbunden wäre. Führt gegen Ende des Jahrhunderts eine »Krümmung der Geschichte« (Baudrillard) Europa in die Konflikte des 19. Jahrhunderts zurück?

Hier endet die fachliche Kompetenz der Geschichts- und Sozialwissenschaften. Ihre Fähigkeit zur Prognose ist sehr begrenzt. Die historisch-sozialwissenschaftliche Analyse läßt uns nicht wissen, wie die Zukunft sein wird. Aber sie kann uns motivieren, die aktuellen Entwicklungen mit erhöhter Aufmerksamkeit zu verfolgen und unseren je persönlichen Einsatz in der politischen Auseinandersetzung zu leisten.

*Postskriptum*
Die Herausgeber danken den Mitarbeiterinnen und Mitarbeitern des Verlags für ihr hohes Engagement, ohne welches dieser Band nicht zustandegekommen wäre: Ulrike Döcker für die Koordination des Lektorats und die Betreuung der Autorinnen und Autoren, Ernst Haslacher für die Bildredaktion, Doris Jagersbacher, Ursula Kubes-Hoffmann, Alexander Mejstrik, Angela Riedmann und Ekkehard Wolf für das Lektorat, Bernd Pavlik für die Bild-Digitalisierung, Uschi Lichtenegger für die mühevolle Eingabe der Korrekturen, Silvia Gumpenberger und Michael Hubich für die Bearbeitung der Bibliographie, Marianne Unterluggauer für die Erstellung der Grafiken, und, last but not least, Peter Horn für Layout und Koordination der technischen Herstellung.

# Teil 1

## Trümmerzeit, Wiederaufbau, ›goldene Jahre‹
## 1945 – 1980

Ernst Langthaler

# Umbruch im Dorf?

## Ländliche Lebenswelten von 1945 bis 1950[1]

Die Farben der an der Nordseite des Frankenfelser Gemeindesaals in den Mörtel gekratzten Szenerie leuchten nicht mehr so kräftig wie noch 1948; Wind und Wetter haben dem Sgraffito während der vergangenen Jahrzehnte merklich zugesetzt. Überraschenderweise ist im alltäglichen Diskurs der DorfbewohnerInnen die Bedeutung dieser Zeichen kaum verblaßt; die offizielle, durch Lokalpolitiker, Lehrer und Eltern konstruierte Lesart zieht ihre Spuren bis in heutige Schüleraufsätze: »Viele Soldaten waren schon gefallen. Die Franken gaben sich (den Awaren) beinahe geschlagen, denn ihr Fahnenträger lag tot am Boden. Die Männer waren verzweifelt, weil sie nicht wußten, wo sie hinlaufen sollten. Plötzlich kam der Soldat Hermann, riß dem Toten die Fahne aus der Hand, hob sie hoch und stürmte vor. Jetzt bekamen die Krieger wieder Mut und kämpften weiter, bis sie gewannen.«[2] Dieser lokale Gründungsmythos beherrschte bereits 1948 die Festreden anläßlich der feierlichen Eröffnung des Bauwerks im Rahmen des Erntedankfests: »Der Sage nach sollen zur Zeit Karls des Großen hier in dieser Gegend sich Franken den anstürmenden Awaren entgegengestellt und wie ein Fels ihrem weiteren Vordringen Einhalt geboten haben. Zum Danke dafür belehnte der Kaiser einen Franken mit der Herrschaft Weißenburg.«[3] Daß 1948 ausgerechnet diese Geschichte aus dem kulturellen Gedächtnis in den Mittelpunkt der dörflichen Inszenierung gerückt wurde, konnte nicht völlig unabhängig von der Logik der daran Beteiligten geschehen. Lesen wir diesen Mythos als Spur zu jenen Bildern, die sich die Angehörigen der Dorfgesellschaft – genauer: der Klassen, der Geschlechter, der Generationen usw. – in der zweiten Hälfte der 1940er Jahre von ihrer Welt gemacht haben und durch die sie diese Welt mitgestaltet haben. Vielleicht gelingt es dann, diesen steinernen Zeichen einen anderen – den historischen Akteuren nicht immer bewußten, in deren alltäglicher Praxis jedoch umso wirksameren – Sinn abzuringen.[4]

### Produzenten und Konsumenten

Troadschneidn – das Foto aus den 1950er Jahren ermöglicht uns Einblicke in eine vergangene Welt; es ist eine bäuerliche Welt, die das Fühlen, Denken und Handeln der in ihr lebenden Menschen – nicht nur der Bauern – zu lenken versucht. Auch im kühlen Licht der amtlichen Statistik spiegelt sich der bäuerliche Charakter des Dorfs wider: Von den 1.732 Einwohnern zählen 1951 noch knapp die Hälfte – 834 Männer, Frauen und Kinder – zur Kategorie Land- und Forstwirtschaft; fast zwei Drittel der 856 Berufstätigen – 553 Personen – arbeiten in land- und forstwirtschaftlichen Betrieben.

Doch besser als diese dürren Zahlen erschließt uns die sommerliche Arbeitsszene – der Oberhofstatt-Bauer, der mit der Sense das Getreide schneidet, sowie die Bäuerin, die Tochter und der Sohn, die dahinter die Garben binden – die bäuerlichen Lebenswelten. Obwohl die Frankenfelser Bauern in erster Linie von der Viehzucht leben – was in der Statistik im hohen Anteil ständiger Arbeitskräfte zur Versorgung der Tiere seinen Niederschlag findet –, pflanzen sie nach wie vor Weizen, Roggen, Gerste, Hafer und Kartoffeln auf etwa einem Fünftel ihrer Gründe. Die dabei anfallende Arbeit muß nahezu zur Gänze von den Familienangehörigen bewältigt werden, denn Dienstboten sind rar geworden; 1951 arbeiten nur mehr 36 Mägde und Knechte bei Frankenfelser Bauern. Wer sich den täglichen Arbeitsverpflichtungen bedingungslos fügt, gilt als »brav«; wer seine persönlichen Gefühle artikuliert, rührt an den ungeschriebenen Gesetzen des Hofs. Ständig ermahnen die immergleichen Worte zum Gehorsam: »Da gehst her! Dort bleibst! Ruhig bist!« Was das idyllische Foto nicht zeigt, ist der Schweiß, den die alltägliche Anstrengung kostet; besonders viel Mühe bereitet das Ackerführen, bei dem alle paar Jahre das auf den zahlreichen Steilhängen vom Regen abgeschwemmte Erdreich wieder bergauf gekarrt wird. Die Antworten der Bezirksbauernkammer auf die wachsende Kluft zwischen Produktionserfordernissen und Arbeitskräftemangel klingen ähnlich wie die Aufbauappelle vor 1945: »Der große Mangels an Arbeitskräften in der Landwirtschaft zwingt die bäuerlichen Betriebe zur Anschaffung von Maschinen und zur Mechanisierung, und dazu sind Bodenseilwinden mit den verschiedenen Geräten ein wertvoller Behelf.«[5] Für die meisten Bauern bedeutet die Mechanisierung Anfang der 1950er Jahre noch eine Fiktion. Daher richtet sich die Präsentation von Bodenseilwinden 1951 in Frankenfels auch nicht in erster Linie an

*Sgraffito von Josef Zöchling an der Außenwand des Frankenfelser Gemeindesaals (1948)*

die Bauern selbst, sondern an die dörflichen ›Multiplikatoren‹: die Bürgermeister und Kammerfunktionäre. Zwar haben bereits die ersten Motormäher in den größeren Höfen Einzug gehalten; fast die gesamte Arbeit erfolgt jedoch tatsächlich noch – im wörtlichen Sinn – händisch. Die bäuerlichen Familien reagieren auf die sich verschärfenden Widersprüche zunächst mit erhöhtem Fleiß und größerer Genügsamkeit. Dennoch reicht besonders für die »Kleinen« der Ertrag nicht zum Überleben. 1951 zählen von den 236 Betrieben gut ein Drittel – 90 überwiegend unter fünf Hektar liegende Wirtschaften – zur Kategorie der nebenberuflichen Landwirte. Hinter dieser beschönigenden Formulierung verbirgt sich in der Praxis eine ungleiche Arbeitsteilung zwischen den Geschlechtern: Während die Männer im Sägewerk, bei der Eisenbahn oder als Hilfsarbeiter ihr Geld verdienen, müssen die Frauen gemeinsam mit den Kindern die unbezahlte Arbeit im Haus, im Stall und auf den Feldern bewältigen; in der Statistik zieht dies seine Spur als erhöhter Frauenanteil der Klein- und Kleinstbetriebe.[6]

Für die in Bewegung geratenen bäuerlichen Lebenswelten bedeutet der politische »Umbruch« des Jahres 1945 keinen wirklichen Einschnitt; im Gegenteil: Die Verpflichtung zur Ablieferung der wegen Mangels an Arbeitskräften, Dünger und Zugtieren schrumpfenden Überschüsse bleibt zunächst ebenso aufrecht wie die bäuerlichen Widersetzlichkeiten dagegen. Der Appell des Frankenfelser Vizebürgermeisters (ÖVP) aus dem Jahr 1945 bringt diese doppelte Kontinuität zum Ausdruck: Die Bewältigung der gegenwärtigen Probleme setze voraus, »daß jeder landwirtschaftliche Erzeuger allen Überschuß an Getreide, Kartoffeln, Milch, Butter, Eiern usw. auch wirklich den von der Behörde berufenen Stellen zuführt, wo auch dann die Gewähr gegeben ist, daß

*»Troadschneidn« (Getreideernte) auf dem Ober-Hofstatt-Hof (um 1955)*

diese gelieferten Artikel auch dorthin kommen, wo sie sollen, nämlich in die hungrigen Mägen der Bevölkerung, gleich und gerecht verteilt.« Schließlich beklagt er die Moral jener Bauern, die »in der Nazizeit fast Rekorde im Liefern« aufgestellt hätten: »Wenn solche Kapazitäten jetzt auf einmal trotz des gleichen Viehbestandes in den Lieferungslisten mit keinem Tröpfchen Milch, mit keinem Deka Butter aufscheinen, dann muß man schon mehr tun, als den Kopf schütteln. Denen kann man nur sagen: Habt ihr so wenig Verständnis oder überhaupt keines übrig für unser neues Österreich, für seinen Wiederaufbau und für die ausgeplünderten und notleidenden Menschen?«[7] Ein Blick in die Statistik bestätigt die vom Vizebürgermeister bemängelte Kluft zwischen bäuerlichen und öffentlichen Interessen; die tatsächlich erbrachten Leistungen hinken den Liefervorschreibungen 1947 je nach Produkt und Betriebsgröße bis zur Hälfte nach. Doch wir sollten den Worten des Politikers nicht bedingungslos trauen: Daß er den angeblich Lieferunwilligen politische Motive unterstellt, entspringt wohl eher der Logik des zwischen Deutschnationalismus und Österreichpatriotismus schwankenden Lehrers; wenn wir die Logik der Bauern verstehen wollen, müssen wir sie selbst zu Wort kommen lassen.

Im Sommer 1948 legt der 24-Hektar-Bauer Franz der Bezirkshauptmannschaft in holprigen Sätzen dar, warum er das vorgeschriebene Schlachtrind nicht liefern kann: »Bin voriges Jahr mit meinen Viehstand so unglücklich gewesen, habe 4 Stück verloren u. zw. sind mir eingegangen: 1 vierjähriger Ochse, 1 dreij. Jungochse und 2 Jungkälber. Mit Hinblick diesen schweren Verlustes bin mit meinen lebenswichtigen Viehstand ganz in Rückstand gekommen. Als Zug in der Land- u. Ackerwirtschaft hab nur 2 Jungochsen von denen ich keinen weggeben kann und sonst auch nichts Passendes. Somit bitte ich, mit Rückblick meiner sehr bedrängten Lage, wie geschildert, heuer von der Ablieferung Schlachtvieh zu befreien und daß sich der Stand von den schweren Verlust wieder erholt.« Der Viehverlust, bemerkt der Bürgermeister, habe den Aufbringungsausschuß bereits zur Reduzierung der Schlachtviehvorschreibung auf 500 Kilogramm bewogen. Da der Bauer im heurigen Jahr noch keine Milch geliefert habe, könne er bei einem Viehstand von vier Kühen ohne weiteres ein Stück liefern. Er habe überdies bei der Viehzählung seinen Rinderstand nicht richtig angegeben und gelte als »lieferunwillig«. In ihrem ablehnenden Bescheid stützt sich die Bezirkshauptmannschaft auf die Argumentation des Bürgermeisters und droht im Fall der Weigerung, »sofort, spätestens jedoch innerhalb von 8 Tagen« ein Stück Rind abzuliefern, mit der Erhöhung der Lieferverpflichtung. Das Protokoll, in dem sich Franz im Zug eines Strafverfahrens wenig später wegen seiner geringen Milchlieferung verantworten muß, leitet der Bürgermeister ohne Kommentar weiter: »Im zweiten Halbjahr 1947 hatte ich 3 Kühe. Von diesen 3 Kühen standen 2 Kühe trocken, außerdem züchteten wir ein Kalb auf, ferner waren 8 Personen zu versorgen. Infolge des trockenen Sommers hatten wir fast kein Futter für die Tiere. Ferner waren alle 3 Kühe an Scheidenkatarrh erkrankt und standen in tierärztlicher Behandlung. Ich konnte beim besten Willen nicht mehr Milch liefern.«[8]

In all diesen Geschichten um »Falschmeldungen«, »Lieferunwilligkeit« oder »Schleichhandel« betreten immer wieder dieselben Akteure die Bühne: die Bezirkshauptmannschaft, das Gemeindeamt und die Bauern. Die mit den staatlichen Zwangsmaßnahmen – etwa der Kontrolle der bäuerlichen Ressourcen, der Festsetzung der abzuliefernden Lebensmittelkontingente oder der Eindämmung des freien Verkaufs zu erhöhten Preisen – in Konflikt geratenen Bauern erweisen sich als widerspenstige Gegner; sie verteidigen in ihren Stellungnahmen hartnäckig ihr Kapital – ihre Ehre, ihre Beziehungen, ihren Besitz. Meist führen sie ›unabwendbare Ereignisse‹ – etwa ungünstige Witterung, Erkrankungen oder Versorgung von Kleinkindern – gepaart mit ›moralischen Verpflichtungen‹ – etwa der Unterstützung hilfsbedürftiger »Hamsterer«, den Verpflichtungen als Pate oder althergebrachte Tauschbeziehungen mit Stammkunden – an, um ihren oftmals betonten »besten Willen« zur Erfüllung der meist akzeptierten, manchmal jedoch als überhöht reklamierten Lieferpflichten zu unterstreichen.[9] Diese Figur setzt sich in den heutigen Erzählungen fort; Rosa (geboren 1917), damals Magd am Hof ihrer Eltern, erinnert sich: »Jo, mein Gott, do woa amoi oane, die woan evakuiert, des woa eh a Wienerin, und die hot recht schene Goiserer Schuh, wies domois woan, anghobt. (...) Hot mei Muatter gsogt: So schene Schua. (...) Do hots a so a Tratschwetter ghobt. Waunns a Kilo Schmalz kriegat für die Schuach, ziagt sas aus und geht in die Strümpf zum Pögner obi. Jo, d Muatter hot ihrs oft gebn, oba net daß bloßfüßig obi geh hot miassn, eintauscht um a Schmalz (lacht).«[10] Mit ihren Geschichten erzählen die Bauern auch ihre Mythen: Fast jeder weiß über einen geizigen Nachbarn, der Lebensmittel zu überhöhten Preisen »schwarz« verkauft hätte, zu berichten; selbst habe man mit den »Hamsterern« durchwegs faire Geschäfte ausgehandelt. Wie die Grundstücke liegen auch die bäuerlichen Wahrnehmungs-, Denk- und Handlungsweisen im Gemenge: Die Vorstellung vom richtigen und guten Leben, die die Bauern zur Unterstützung Hilfesuchender verpflichtet, verbindet sich mit der Strategie, seinen Profit durch »Schwarzgeschäfte« zu steigern, zu einem für uns schwer entwirrbaren Geflecht; der gute und der geizige Bauer sind nicht selten ein und dieselbe Person.

Ein Blick in die Agrarstatistik vom Jahr 1947 ermöglicht uns zumindest, die Spielräume etwas genauer nachzuzeichnen. Die Viehstände und Anbauflächen sind nach dem kriegsbedingten Rückgang wieder ansatzweise im Steigen begriffen. Die »Kleinen« mit höchstens fünf Hektar Grundbesitz können wohl kaum im »Schwarzverkauf« groß mitmischen. Die Erträge dieser Nebenerwerbsbauern reichen kaum für

*Tabelle 1: Viehbestand und Anbauflächen in Frankenfels 1940 bis 1951 (Index 1940 = 100)*

|              | 1940 | 1941 | 1942 | 1943 | 1944 | 1945 | 1946 | 1947 | 1948 | 1949 | 1950 | 1951 |
|--------------|------|------|------|------|------|------|------|------|------|------|------|------|
| Pferde       | 100  | –    | –    | –    | –    | 96   | –    | 148  | 164  | 152  | –    | 168  |
| Rinder       | 100  | –    | –    | –    | 96   | 79   | –    | 77   | 76   | 79   | –    | 88   |
| Schafe       | 100  | –    | 112  | –    | 106  | 73   | –    | 88   | 90   | 93   | –    | 101  |
| Schweine     | 100  | 96   | 93   | 84   | 76   | 32   | –    | 82   | 77   | 83   | 103  | 108  |
| Ziegen       | 100  | –    | –    | –    | –    | –    | –    | 95   | 91   | 93   | –    | 102  |
| Kaninchen    | 100  | –    | –    | –    | –    | –    | –    | 195  | –    | 100  | –    | 432  |
| Geflügel     | 100  | –    | –    | 82   | –    | 39   | –    | 61   | 57   | 65   | –    | 90   |
| Bienenstöcke | 100  | –    | –    | –    | –    | –    | –    | 39   | 28   | 40   | –    | 58   |
| Weizen       | 100  | 93   | 93   | 114  | 77   | 72   | 89   | 81   | 76   | 82   | 84   | 87   |
| Roggen       | 100  | 95   | 69   | 57   | 69   | 56   | 66   | 67   | 63   | 61   | 65   | 69   |
| Gerste       | 100  | 104  | 99   | 99   | 97   | 59   | 125  | 58   | 52   | 45   | 47   | 56   |
| Hafer        | 100  | 92   | 77   | 81   | 70   | 69   | 57   | 63   | 61   | 60   | 66   | 70   |
| Kartoffeln   | 100  | –    | 80   | –    | 77   | 49   | 69   | 63   | 55   | 54   | 58   | 77   |

Quellen: Gemeindearchiv Frankenfels, 1/21/1940–1951, 1/22/1940–1951; eigene Berechnung

den Eigenbedarf; darüber hinaus lasten auf ihnen erhebliche und – wie die niedrigen Lieferraten zeigen – kaum zu erfüllende Ablieferungspflichten. Die mittleren Betriebe, die zwischen fünf und 20 Hektar ihr eigen nennen, sind die am stärksten belastete und gleichzeitig »lieferwilligste« Gruppe; da viele ihrer Besitzer darüber hinaus Nebenerwerbsbauern sind, bleibt auch ihnen für dunkle Geschäfte in großem Ausmaß wohl nur wenig. Am ehesten können die »Großen«, die über 20 bis 100 Hektar Grundbesitz verfügen, mit »Hamsterern« und »Schleichhändlern« profitable Geschäfte in größerem Umfang machen; ihre Ablieferungspflichten, die sie darüber hinaus bei Fleisch nur unterdurchschnittlich erfüllen, fallen gemessen an ihrem Besitz auffallend niedrig aus. Doch auch sie überschreiten in der Regel guten Gewissens die Grenze zur Illegalität; ihr im Kontrast zu den »raffgierigen Landbauern« konstruiertes Selbstbild stärkt ihnen dabei den Rücken: »Do woan ihnen (den Hamsterern) die Gebirgsbauern lieber.«

*Tabelle 2: Frankenfelser Agrarstrukturen 1947*

|  | Betriebsgrößenklassen | | | | | alle |
|---|---|---|---|---|---|---|
|  | 0,5-2 ha | 2-5 ha | 5-20 ha | 20-100 ha | › 100 ha | Betriebe |
| Betriebe (Anzahl) | 34 | 28 | 57 | 106 | 3 | 228 |
| Betriebe (%) | 14,9 | 12,3 | 25,0 | 46,5 | 1,3 | 100,0 |
| Gesamtfläche (ha) | 36,1 | 102,2 | 548,7 | 4119,4 | 653,9 | 5460,4 |
| Gesamtfläche (%) | 0,7 | 1,9 | 10,0 | 75,4 | 12,0 | 100,0 |
| Ackeranteil (%) | 18,0 | 22,7 | 22,3 | 21,2 | 1,2 | 18,9 |
| Arbeitskräfte 1951 (Anzahl) | 99 | 89 | 233 | 668 | 7 | 1096 |
| Arbeitskräfte 1951 (%) | 9,0 | 8,1 | 21,3 | 60,9 | 0,6 | 100,0 |
| Anteil ständ. Arbeitskräfte 1951 (%) | 71,7 | 61,8 | 73,0 | 69,9 | 85,7 | 70,2 |
| Frauenanteil 1951 (%) | 60,6 | 66,3 | 54,1 | 50,9 | 57,1 | 53,7 |
| Fleischvorschreibung (kg/GVE)* | 53,1 | 173,1 | 85,8 | 133,2 | 72,0 | 117,6 |
| Fleischlieferung (kg/GVE)* | 37,4 | 84,0 | 79,0 | 99,0 | 60,0 | 89,9 |
| Lieferrate Fleisch (%) | 70,4 | 48,5 | 92,0 | 74,3 | 83,3 | 76,4 |
| Brotgetreidevorschreibung (kg/ha)** | 0,0 | 0,0 | 2,4 | 3,3 | 0,0 | 3,1 |
| Brotgetreidelieferung (kg/ha)** | 0,0 | 0,0 | 2,3 | 3,3 | 0,0 | 3,1 |
| Lieferrate Brotgetreide (%) | – | – | 93,3 | 99,2 | – | 98,6 |
| Hafervorschreibung (kg/ha)** | 0,0 | 21,6 | 41,6 | 23,7 | 24,9 | 25,7 |
| Haferlieferung (kg/ha)** | 0,0 | 18,1 | 41,2 | 22,8 | 24,9 | 24,8 |
| Lieferrate Hafer (%) | – | 84,0 | 99,0 | 96,2 | 100,0 | 96,5 |
| Kartoffelvorschreibung (kg/ha)** | 61,5 | 77,6 | 112,7 | 63,8 | 49,8 | 69,8 |
| Kartoffellieferung (kg/ha)** | 46,2 | 69,0 | 102,0 | 57,0 | 37,4 | 62,4 |
| Lieferrate Kartoffel (%) | 75,0 | 88,9 | 90,6 | 89,3 | 75,0 | 89,4 |
| Gesamtvorschreibung (kg/ha)*** | 16,0 | 33,8 | 50,0 | 29,7 | 24,4 | 32,0 |
| Gesamtlieferung (kg/ha)*** | 11,8 | 26,5 | 47,2 | 27,4 | 21,6 | 29,6 |
| Gesamtlieferrate (%) | 73,9 | 78,3 | 94,4 | 92,3 | 88,4 | 92,3 |

* Die Angaben beziehen sich auf das Lebendgewicht des Schlachtviehs. Die Zahl der Großvieheinheiten (GVE) wurde berechnet aus der Zahl der Rinder minus der Zahl der Milch- und Zugrinder plus einem Drittel der Zahl der Schweine.
** Zur Berechnung wurde nicht die Gesamt-, sondern die Ackerfläche herangezogen.
*** Die Fleisch-, Getreide- und Kartoffelkontingente wurden gemäß dem »Umrechnungsschlüssel für Ersatzlieferungen« aus dem Jahr 1949 in Brotgetreidekontingente umgerechnet und durch die Ackerfläche dividiert. Nicht enthalten sind die Milch- und Eierkontingente, für die Angaben nur auf Gemeindeebene vorliegen.
Quellen: Gemeindearchiv Frankenfels, Kontroll- und Aufbringungsausschuß/1948; land- und forstwirtschaftliche Betriebszählung 1951, Arbeitskräfte, Niederösterreich, Bd. 17, o.O. o.J.; eigene Berechnung

Welchen Ausgang das Drama zwischen den Zwangsmaßnahmen der Behörden und dem Eigensinn der Bauern nimmt, hängt nicht zuletzt von den Entscheidungen in der Gemeindestube ab. Die Mitglieder des 1945 eingerichteten Kontrollausschusses beziehungsweise des 1947 bestellten Aufbringungsausschusses – neben dem Bürgermeister gehören ihm zwei Produzenten-, zwei Konsumenten- und ein Verarbeitervertreter an – agieren offiziell als verlängerter Arm der Bezirkshauptmannschaft. Doch mit ihrem täglichen Kontrollieren, Vorschreiben und Stellungnehmen setzten sie ihr Ansehen im Dorf aufs Spiel; wollen sie ihre Ehre behalten, müssen sie wohl oder übel auf die Interessen der Bevölkerung – genauer: der Bauern, der Nachbarn, der Wähler – Rücksicht nehmen. In der überwiegenden Zahl der schriftlichen Stellungnahmen übernimmt das durch bäuerliche Interessen dominierte Gremium die Rolle eines Anwalts der mit der Staatsgewalt konfrontierten Bauern; dabei findet ein feines Instrumentarium, das von der kommentarlosen Weiterleitung über die Bekräftigung der vorgebrachten Argumente bis zur Betonung der »Gutwilligkeit« des Klienten reicht, seine Anwendung.[11] Zu wessen Gunsten die Dorfelite den Kompromiß zwischen den bürokratischen Zwängen und den lokalen Verpflichtungen täglich wiederherstellt, bringt kaum etwas treffender zum Ausdruck als die ironischen Verse der Silvesterzeitung 1948:

»Unser Viehlieferungsreferent, a tüchtiger Mau' /
Leitet dieses Referat in der Gemeinde sehr genau /
Leicht is's jo net – weil er kan wehtuan will /
Drum sagt er jeden sei Lieferstück in der Still /
'Und geht's net glei, so liefer in 14 Tag oder später' /
Das wissen die G'moaleut – drum tuats a jeder.«[12]

Frauen und Männer

»Die fallenden Blätter sollen den toten Kameraden, die fern der Heimat ruhen, die Grüße aus der Heimat überbringen und zuflüstern, daß ihre Namen wie helle Sterne in einem neuen schöneren Tag der Menschenversöhnung, geachtet und geehrt, herüberleuchten.«[13] Mit diesen Worten sagt der Redner am Heimkehrerfest der Gemeinde Frankenfels 1950 wohl mehr, als er im Moment sagen will; mit dem Totengedenken, mit der Kranzniederlegung am Kriegerdenkmal und mit den »ergreifenden« Ansprachen verleihen die aus dem Krieg zurückgekehrten Männer ihren Erfahrungen öffentlich Sinn. Während die Männer im Saal noch große Reden schwingen, bereiten die Frauen inzwischen das Festessen. Sie können ihre Erinnerungen an die »schweren« Zeiten höchstens im privaten Kreis artikulieren; die Dorföffentlichkeit bietet ihnen kaum Anknüpfungspunkte für ihre Erfahrungen während der 1940er Jahre. In den Lokalzeitungen nach 1945 findet man(n) die männlichen Mythen allwöchentlich bestätigt: Männer lenken die Geschicke der Gemeinde, Männer wirken in den Vereinen, Männer werden über den Tod hinaus durch Nachrufe geehrt; Frauen finden als Köchinnen, Dekorateurinnen oder bestenfalls als »Ehrendamen« in Nebensätzen Erwähnung. Lassen wir einmal die schweigende, aber keinesfalls sprachlose Mehrheit zu Wort kommen.

Maria (geboren 1918) übersteht die ungewissen Tage des »Umbruchs« unversehrt; aus Angst vor Vergewaltigung flüchtet sie beim Herannahen von »Russen« zu den Nachbarn. »Einmal kamen zwei Russen in der Nacht in mein Zimmer, ich habe Todesängste ausgestanden. Auf jeder Seite eines meiner Kinder, so haben wir gebetet, und einer hat immer auf den anderen eingeredet, bis sie nach einer Stunde abgezogen sind.« Bei bekannten Bauern versteckt sie ihre »besseren« Kleider; von dort holt sie auch zweimal die Woche Milch: »Einmal ging unsere E. mit der Kanne mit den Bauernkindern nach der Schule um die Milch. Beim Abstieg rutschte sie aus, und die Milch war pfutsch, da haben wir halt dann Tee getrunken, kaum gesüßt, denn Zucker war rar.« Da die 130 Reichsmark Unterstützung der »Kriegerwitwe« für den fünf-köpfigen Haushalt »trotz Sparen und bescheidener Lebensweise« nicht reichen, sucht sie Arbeit in einer Wiener Schuhfabrik: »Mutter versorgte die Kinder, und ich kam Samstag mit einem Lastwagen nach Hause. Montag früh gings wieder los mit ein wenig Kartoffeln.« Nun kann sie ihren Kindern zu Weihnachten Schuhe schenken; für die dringend benötigten »Strapazschuhe« muß sie »schweren Herzens« das am Dachboden versteckte Motorrad ihres gefallenen Ehemanns eintauschen: »Ich bekam ja keinen Bezugsschein dafür, der war nur Bauern und Schwerarbeitern vorbehalten.« Weil die Mutter mit der Versorgung der kränkelnden Tochter überfordert ist, gibt sie ihren Job auf, denn: »Meine Familie ging doch bevor.« 1947 erhält sie die Trafik eines ehemali-gen »Illegalen« zugesprochen; das nötige Geld für die erste Lieferung Tabakwaren borgt sie sich von drei guten Freunden. Entsprechend bescheiden fällt das Weihnachts-fest aus: »Am Christbaum haben wir ein halbes Zuckerstück eingewickelt und aufge-hängt, und trotzdem haben sich die Kinder gefreut, denn es brannten auch einige Kerzerl.« Glücklich, Familie und Beruf vereinen zu können, zieht sie dennoch ein positives Resümee: »Mußte zwar ganz unten anfangen, aber es tröpfelte langsam.«[14]

Maria verknüpft die Fäden ihrer Überlebens-Geschichte an für sie und für viele ländliche Frauen während des »Umbruchs« bedeutsamen Knotenpunkten: den Erfah-rungen mit den Alltagsdingen, den eigenen und fremden Männern, der Familie, dem Arbeitsplatz und den Behörden. Durch »Verstecken«, »Organisieren« und »Tauschen« schaffen sie es, ihr Hab und Gut zu retten und sich selbst und ihre Angehörigen durch die Versorgung mit den Dingen des täglichen Bedarfs »durchzubringen«. Bei dieser Überlebensarbeit bleiben sie vielfach auf sich allein gestellt: Von den 273 zur Deut-schen Wehrmacht eingerückten Männern sind bis Oktober 1946 erst 102 aus dem Krieg zurückgekehrt; 60 gelten als gefallen, und über die restlichen 111 herrscht quälende Ungewißheit.[15] Doch auch an den Heimkehrern hat der Krieg seine Spuren hinterlassen – nicht nur an den Körpern, sondern auch in den Köpfen. Nach der jahrelangen Verstrickung in die autoritäre Welt des Militärs können es viele nicht verstehen, daß sich ihre Frauen und die herangewachsenen Kinder während ihrer Abwesenheit ihre Position als Ernährer, Erzieher und Oberhaupt angeeignet haben. Auch die Frauen sind oft nicht dieselben geblieben; viele haben gelernt, ihre Geschicke selbst in die Hand zu nehmen. Sie sind anstelle der zu Soldaten gewordenen Männer in deren Arbeits-plätze eingerückt: Sie haben die Leitung der bäuerlichen Wirtschaft übernommen, als Schulleiterin oder Gemeindesekretärin bisher Männern vorbehaltene Stellen im öffent-lichen Dienst besetzt, und sogar die Feuerwehr – der männlichste aller Vereine – kommt nicht ohne »Feuerwehr-Helferinnen« aus. Darüber hinaus übernehmen sie die politi-

sche Vertretung der Familie – traditionell eine Sache der Männer – gegenüber den
Behörden: Sie intervenieren für ihre Männer, sie bewerben sich um Posten und sie
erheben Einspruch gegen die Liefervorschriften. Je mehr Männer aus dem Krieg
zurückkehren, desto stärker sehen sich die Frauen öffentlicher Kritik an ihren Positionen ausgesetzt; so urteilt der Bürgermeister 1947 über zwei Bäuerinnen: »Herr W. ist
vermißt. Die Wirtschaft wird zur Zeit von seiner Mutter und Schwester sehr mangelhaft
geführt.«[16] Zusätzlich zu den veränderten weiblichen und männlichen Identitäten
erzeugt der meist unausgesprochene gegenseitige Verdacht auf Untreue während der
Jahre der Trennung ein Klima der Verunsicherung. Die Versorgung der körperlichen
und seelischen Verwundungen bringt viele Familien in krisenhafte Situationen. Besonders jene Ehen, die kurz vor oder während des Kriegs geschlossen wurden und nicht
durch die Zwänge einer gemeinsamen Betriebsführung gekittet werden, drohen zu
zerbrechen: »Und durchs Militär, net, er woa jo gaunzn Kriag dabei, haumma uns
eigentlich mehr auseinandergelebt, net. I hob die Kinder gaunz allan aufzogn, und er
woa furchtboa, die haum si jo sche gfiacht, waunn er kumma is«,[17] erklärt Grete
(geboren 1915) das Scheitern ihrer Ehe. Zur bedrückenden Abwesenheit der eigenen
Männer kommt die Angst vor sexueller Gewalt von seiten der fremden Männer.
Während eine kaum bestimmbare Anzahl Frankenfelserinnen Opfer von Vergewaltigungen wird – acht »Schändungen durch Personen in russischer Uniform« lassen sich
von Juni bis September 1945 in den Akten nachweisen[18] –, gehen die meisten Frauen
unversehrt aus gefährlichen Situationen hervor. In ihren Erzählungen können sie durch
Abwehrhandlungen wie Davonlaufen, Sichwehren, Verkleiden, Bekochen, Kinder-zu-
sich-Nehmen, Beten, Reden oder Sichverstecken ihr eigenes Durchkommen sichern.
Doch nicht immer erweisen sich diese Maßnahmen als wirksam, wie der Gendarmeriebericht über einen Überfall auf eine Inwohnerin drastisch vor Augen führt: Während
der 26jährige Bruder mit einer Maschinenpistole bedroht wird, »versuchte ein russischer Soldat die E. zu notzüchtigen, was ihm jedoch allein nicht gelang, da sich die E.
mit allen Kräften diesem zur Wehr setzte. Hierauf kam ein zweiter russischer Soldat
herbei, worauf es diesen gelang, die E. zu notzüchtigen.«[19] In dieser Extremsituation
kehrt sich das Bild von den passiven Frauen und den aktiven Männern um: Die Frau
riskiert durch ihre Gegenwehr ihr Leben; der Mann ordnet sich aus Furcht um sein
Leben der Gewalt unter. Die Gewalt der Männer gegen die Frauen findet nach der Tat
ihre Fortsetzung. Die Opfer gelten in ihrer männerorientierten Welt, deren Werte –
Opferbereitschaft, Verausgabung, Durchhalten – sie verinnerlicht haben, als »Geschändete«; sie müssen ihre traumatischen Erfahrungen meist stillschweigend hinnehmen.


## Einheimische und Fremde

Im Mai 1945 scheint der Krieg doch noch Einzug in das Dorf zu halten: »Die letzten
Kriegstage waren schrecklich, soviele KZler durchgetrieben, Flüchtlinge und Militärkolonnen, es war wie in einem Wespennest und das furchtbare Ungewisse, was werden
die nächsten Stunden bringen. Es war der 8. Mai 45, 16 Uhr, der ganze Spuk war vorbei,
die Russen kamen. Wieder haben wir gezittert und gebangt. Es war schon 8 Uhr abends,
als der erste russische Panzer beim Nachbarn stehenblieb. Wir trauten uns nicht aus

den Häusern, nur eine weiße Fahne (Leintuch) hißten wir vom Dach.«[20] Der Krieg hat nicht nur die eigenen Männer in die Fremde geholt; er hat auch viele Fremde ins Dorf gebracht. Die »Fremdarbeiter«, die »Flüchtlinge«, die »KZler«, die »SSler« und schließlich die »Russen« verknoten sich in der Erzählfigur vom »Wespennest« zu einem bedrohlichen Geflecht; versuchen wir die Erinnerungsfäden etwas zu entwirren.

Während Maria am 8. Mai 1945 vorsichtig hinter dem Vorhang hervorlugt, feiern die im Sägewerk eingesetzten »Ostarbeiter« ihre Befreier.[21] Bereits 1939 verzeichnet das Dienstbotenbuch die Ankunft der ersten »fremdvölkischen Arbeitskräfte«; bis 1945 werden rund 100 ausländische ZivilarbeiterInnen und Kriegsgefangene bei Bauern und Gewerbetreibenden zur Arbeit zwangsverpflichtet.[22] Die Erinnerungen an »Alex« und »Olga« bewegen sich zwischen den Figuren des treuen Arbeiters und des rücksichtslosen Plünderers. Der bäuerliche Mythos, »Ich war immer gut zu meinem Fremdarbeiter«, wird gebrochen durch die auf fremden Höfen angesiedelten Mißhandlungsgeschichten, die sich zum Teil in den Akten bestätigen. Dennoch: Die vom NS-Regime verordnete rassistische Ausgrenzung der ZwangsarbeiterInnen scheint an der bäuerlichen Logik weitgehend gescheitert zu sein. Die Bauern sehen in den Frauen und Männern in erster Linie Mägde und Knechte, denen man für ihre Arbeitsleistung gerechte Behandlung schuldet; in den meisten Häusern sitzen sie – entgegen den wiederholten Protesten der Gendarmen – am gemeinsamen Tisch, erhalten ein anständiges Essen und müssen nicht mehr oder weniger Schläge befürchten als einheimische Dienstboten. Darüber hinaus erzeugt die Sorge um die eingerückten Ehemänner, Söhne und Väter eine eigentümliche Logik: »Mia haums behandelt, wia mia gwesd san, weil mia haum uns gsogt: Waunn unsere Buam draußn warn und die (Fremden) dadn mit ea so draußt, uns dadns a daboama.«[23] Nach dem »Umbruch«, als aus ihnen Displaced Persons (DPs) geworden sind, verschwinden die ausländischen ZivilarbeiterInnen langsam aus der Dorföffentlichkeit. Die Geschichten über den »brutalen« Ostarbeiter, der sich an einem als fanatischen Nazi geltenden Bauern rächt, und über den »treuen« Ostarbeiter, der sich den Rückwanderungstransporten widersetzt und weiterhin am Hof bleibt, markieren die veränderten Handlungsspielräume.

Im Kontrast zur langen Präsenz der »Fremdarbeiter« treten die »KZler« und »SSler« – um es mit den Worten Marias zu sagen – wie ein »Spuk« in das Leben der FrankenfelserInnen. »Die Leut, bloßfiaßig, nimmer mehr können, die san gwotn im Dreck, net, do hots gregnet und gschneibt, fost nix au« – so sind die sich auf dem Weg zur Vernichtung befindenden Menschen in der Erinnerung präsent. Während einzelne den hageren Gestalten ein Stück Brot zustecken, wenden die meisten den Blick ab: »Waunnst aussigaunga wast, meiliaba, do wast glei draukumma«, lautet die Rechtfertigung.[24] Genauso schnell wie diese Todesmärsche auftauchen, verschwinden sie auch wieder; neben der Straße bleiben 14 ausgezehrte Körper liegen. Die Aussagen der mit der Beerdigung beauftragten Volkssturmmänner lauten stereotyp: »Tod durch Genickschuß.«[25] 1946 werden die Leichen exhumiert und im Rahmen einer Trauerfeier auf dem Friedhof beigesetzt; der Pfarrer, »welcher selbst vier Jahre als politischer Häftling in Dachau festgehalten worden war, widmete seinen toten KZ-Kameraden würdige Worte des Abschieds.« Unter den Kränzen des KZ-Verbands, der Gemeindevertretung und der Schulkinder werden auch vier 1945 in Frankenfels »gefallene Soldaten« beigesetzt; es handelt sich – und das verschweigt die Zeitung – um SS-Männer.[26] Der

Platzmangel am Friedhof allein erklärt wohl nicht die Beisetzung von ›Opfern‹ und ›Tätern‹ in einem gemeinsamen Grab; vielmehr hat ihr Tod bereits ein Jahr nach dem »Umbruch« eine neue Bedeutung erhalten: Aus den ehemaligen »KZlern« und »SSlern« sind anonyme »Kriegsopfer« geworden.

Bereits vor den Todesmärschen sind die Flüchtlingskonvois gekommen. Von den Angehörigen der 16 im Sommer 1945 in den Ausländerlisten registrierten Haushalte befinden sich rund zwei Drittel als ethnisch Deutsche aus Südosteuropa auf der Flucht; die übrigen sind als Bombengeschädigte aus Deutschland evakuiert worden. Wovon ihre Akzeptanz im Dorf abhängt, zeigen die Stellungnahmen des Bürgermeisters. Die Aufenthaltsanträge von »tüchtigen« Arbeitskräften zur Einbringung der Ernte, von Frauen mit Säuglingen, Gebrechlichen und Personen mit Spezialkenntnissen werden – sofern ihr »Leumund« sowie ihre »politische Führung« entsprechen – in der Regel wohlwollend beurteilt. Die Heirat mit einer Frankenfelserin verschafft manchem sogar die Chance, die österreichische Staatsbürgerschaft zu erlangen. Doch nicht alle Antragsteller entsprechen den amtlichen Kriterien: Ältere Alleinstehende, die dem Ideal der tüchtigen Arbeitskraft kaum mehr entsprechen können, versucht man mit dem Hinweis auf die »schwierige Ernährungslage« möglichst bald loszuwerden. Mißtrauisch überwacht das Gemeindeamt auch die Privatsphäre der Familien: »Eheste Abreise wäre erwünscht, denn der Gemeinde Frankenfels wurde bekannt, daß sich die Familie mit den russ. Soldaten unterhält und mit ihnen verkehrt.«[27]

Dieses Mißtrauen kommt nicht von ungefähr; die NS-Propaganda hat das Bild vom »primitiven, gewalttätigen und trunksüchtigen Bolschewiken« konstruiert, das das Image des Sowjetsoldaten bis heute wesentlich mitbestimmt. Doch es hält den Erfahrungen der Frauen und Männer mit den »Russen« nur teilweise stand. Freilich: Nach den ersten Begegnungen mit den korrekten Kampftruppen – fast jede/r weiß eine Geschichte über die kinderfreundlichen Panzerbesatzungen zu erzählen – scheinen sich die schlimmsten Befürchtungen zu bestätigen. Der distanzierte Amtsjargon der zahlreichen Berichte über Übergriffe aus den ersten Nachkriegsmonaten erscheint demgegenüber bizarr: »Am 15.8.1945 nachmittags wurde der Bäuerin B. (...) 1 Schwein mit 40 – 50 kg weggeführt. Die Bäuerin, die mit einer Magd L. allein ist (Mann eingerückt und seit 1944 vermißt), wurde von den russischen Soldaten in Gegenwart der Kinder vergewaltigt. Ebenso die Magd L., die zur Zeit schwer krank zu Bett lag.«[28] Doch die Berichterstatter unterscheiden strikt zwischen den marodierenden, meist auswärtigen Plünderungstrupps und der korrekten, in der Nachbargemeinde stationierten Militärbehörde. Diese Spannung zwischen Fremdheit und Vertrautheit beherrscht etwa den Bericht eines Frankenfelser Gendarmen, der gegen die wiederholten Plünderungen im abgelegenen Weißenbachtal die Stationierung eines »russischen Militärpostens zum Schutze der Bevölkerung sowie zur Unterstützung der Gendarmerie und Ortspolizei« vorschlägt.[29] Nicht nur an den Schreibtischen, sondern auch im alltäglichen Umgang mit den Rotarmisten bestimmt dieses widersprüchliche »Russen«-Bild die Praxis. So erzählt der damalige Ortspolizist Heinrich (geboren 1920), daß es durchaus möglich gewesen sei, mit den Sowjetsoldaten zu »reden«: »Zwei russische Soldaten waren ins Haus gekommen und wollten 5 kg Butter sowie hunderte Eier. Ich mußte den Russen erklären, daß es sich hier um einen kleinen Bauernhof handle, der höchstens 1 kg Butter und 20 Eier hergeben konnte.« Auch die Frankenfelser Orts-

polizei meldet die gewaltsame Entwaffnung eines Funktrupps der Roten Armee sofort
der zuständigen Kommandantur; obwohl der sowjetische Offizier die Erklärung der
Verhafteten, sie hätten die Rotarmisten irrtümlich für »Wlassow-Leute« gehalten,
zunächst akzeptiert, müssen sie vor ihrer Freilassung eine mehrwöchige Haft absitzen.
Ab Ende 1945 verstummen die Berichte über sowjetische Übergriffe; selbst der »Fall
Josefsberg« – ein Musiker kommt bei einer Schießerei amoklaufender Rotarmisten
1948 ums Leben – kann kaum etwas daran ändern, daß die FrankenfelserInnen mit den
»Russen« zu leben gelernt haben.[30]

## Jugendliche und Erwachsene

Schlagen wir die Lokalzeitung – eines der wichtigsten Medien dörflicher Selbstdarstellung nach 1945 – auf, dann lesen wir immer wieder von »der Jugend«: Die »Jugend
des Dekanates feiert den Bekenntnistag«; die »saubere Vortragsweise der Schuljugend«
bei Festen wird gelobt; der »Erfassung unserer Jugend« gilt die Sorge der Bauernbund-
funktionäre.[31] Doch wir sollten dabei zwei Dinge auseinanderhalten: Es ist nicht
schlichtweg die Generation der Jugendlichen, die in diesen Artikeln Erwähnung findet;
unter der »Jugend« verstehen die Berichterstatter vielmehr die organisierte Jugend: die
Katholische Jugend, die Schuljugend, die Landjugend. Die beiden Parteien wagen sich
nach den widersprüchlichen Erfahrungen mit der Hitlerjugend als nationalsozialistischer Staatsjugend noch nicht an die politische Jugendpflege heran; daher treten die
alten Autoritäten – die Kirche, die Schule, die Vereine – zur Erfassung der jugendlichen
DorfbewohnerInnen an. Der Oberlehrer faßt 1946 ihre Vorstellungen in Worte: Nach
den Jahren der nationalsozialistischen »Wühlarbeit« könne nur ein »sittlicher Aufschwung« eine »neue Blütezeit« ermöglichen.[32]

Dabei setzen die dörflichen Autoritäten unterschiedliche Schwerpunkte: Während
sich der Pfarrer der sittlichen und die Lehrer der staatsbürgerlichen Erziehung widmen,
versuchen die Vereine, die Jugendlichen in das traditionelle Brauchtum einzubinden.
So vernehmen die SchülerInnen 1946 anläßlich der Feier »950 Jahre Österreich« aus
dem Mund des Oberlehrers, der noch acht Jahre zuvor die »Heimkehr ins deutsche
Mutterland« bejubelte, patriotische Worte: »Der Österreicher hat ein Vaterland, er liebt
es und hat auch allen Grund es zu lieben.« Doch so leicht kann man sich von seinen
Wurzeln nicht lösen: Die Redefiguren – Wien als »die schönste aller deutschen Städte«,
die »Mark im Osten« als »Schild« gegen die »berittenen Völkerscharen«, Österreich
als »verstümmelter Rest von der einstigen Großmacht« – deuten auf die Verstrickung
des ehemaligen Funktionärs der Vaterländischen Front in die deutschtümelnde Österreichideologie des Ständestaats hin.[33] Vor diesem Hintergrund erscheinen die schulischen Aktivitäten zum Tag der Roten Armee als bloße Pflichtübung.[34]

Doch die kirchlichen und weltlichen Autoritäten kommen einander bald in die
Quere. Bereits 1949 bemerkt der Pfarrer mißmutig: »Lediglich ein Teil der Intelligenz-
ler, der Bürger, welche tonangebend sein wollen, und der Eisenbahner, zusammen etwa
50, hielten sich von der Mission gänzlich ferne.« Seit November 1950, als einige Lehrer
im Klassenzimmer die Fotos des Bundespräsidenten und des Bundeskanzlers »an
würdiger Stelle« in der Nähe des Kreuzes anbringen, entwickelt sich in den Pausen ein

immer heftigerer Streit mit dem Pfarrer. Dieser droht, sollten die »zwei Halawachln« nicht in »respektabler Entfernung« angebracht werden, mit der Vermeldung von der Kanzel – einer seiner schärfsten Waffen. Für die Kontrahenten steht viel auf dem Spiel. Der Pfarrer, für den der kritisierte Zustand »schlechter als der in der Nazizeit« erscheint, macht sich zum Anwalt der »verletzten religiösen Gefühle« der Bevölkerung. Die Lehrer wollen vor ihren Schülern, die den Streit gespannt aus den Zuschauerrängen mitverfolgen, keine Niederlage erleiden. Im Konflikt geht es nur vordergründig um Zentimeter; tatsächlich steht die Herrschaft über die Symbole auf dem Spiel. In diesem Kampf eröffnet der Pfarrer bald darauf eine Nebenfront: Er durchkreuzt den Plan der Gemeinde, im neuerrichteten Gemeindesaal ein Kino einzurichten, indem er für das 1948 errichtete Pfarrheim um eine Lichtspielkonzession ansucht. In beiden Konflikten kann der Pfarrer durch die Intervention übergeordneter Behörden – im Dorf tuschelt man: durch seine »KZ-Freunde« – seinen Eigen-Sinn durchsetzen. Ab Schulbeginn 1951 hängen die Politikerfotos an der Seitenwand; im selben Jahr wird dem Pfarrer die Kinokonzession für Frankenfels erteilt. Die Kontrolle über die stehenden und die laufenden Bilder stärkt seine Position im Kampf um die Köpfe der Jugendlichen.[35]

*Buben als Wappenträger und Mädchen als Austria anläßlich der Schulfeier »950 Jahre Österreich« (1946)*

Schenken wir den Zeitungsberichten Glauben, dann ist die Jugend dank der dörflichen Jugendpflege allerorts präsent: In der Schule, im Pfarrheim, im Gemeindesaal, in
den Wirtshäusern und auf der Straße wirken die Katholische Jugend, die Schuljugend
und das Ländliche Fortbildungswerk unter ihren erwachsenen Leitern regelmäßig bei
Weihnachtsspielen, Muttertagsfeiern, Theateraufführungen, Festzügen, Prozessionen
und Ehrenfeiern mit und ernten dafür meist öffentliches Lob. Doch neben den Organi-
sierungsversuchen von oben erobern sich die Jugendlichen auch Orte, an denen sie
unter sich sein können – etwa bei Tanzveranstaltungen. Beim Tanz versichern sich die
Burschen durch Alkoholgenuß ihrer Männlichkeit, beim Tanz bahnen sich Kontakte
zwischen den Geschlechtern an, beim Tanz im Fasching sind allerlei Verrücktheiten
erlaubt. Die Musik trägt den Vorlieben des jugendlichen Publikums Rechnung: »Für
flotte Tanzmusik sorgt die beliebte Kapelle Hölzl mit gemütlichen Walzern und
Ländlern; auch Tango und Fox werden nicht fehlen.«[36] Wenn der Pfarrer 1951 zufrieden notiert, daß das diesjährige Erntedankfest, »bei dem zum erstenmal in unserer
Gemeinde um 12 Uhr Mitternacht Schluß gemacht wurde«, nicht in eine »end- und
zügellose Tanzerei« ausgeartet sei, dann gilt dies wohl als Ausnahme von der Regel.[37]


»Parteigenossen« und »Unbelastete«

Irgendwann im Sommer 1945 dringt aus den Räumen des Frankenfelser Gemeindeamts
das monotone Tippgeräusch einer Schreibmaschine. Eine »Liste der Mitglieder der
NSDAP, die sich in der Zeit vom März 1938 bis 1945 besondere Verdienste erwarben«
wird zusammengestellt. Die »Verdienste« reichen vom »Entzug der Gemeindeunter-
stützung des Organisten«, der daraufhin Selbstmord beging, über die »Absetzung des
Oberlehrers« im März 1938 bis zur Brutalität »bei Einrückungen zum Volkssturm und
zur Wehrmacht«; die 15 Personen – elf Männer und vier Frauen – beschreibt der
Verfasser als »verbissene«, »begeisterte«, »rachsüchtige«, »parteiische«, »verdiente«,
»ehrgeizige«, »brutale« und »aktive Nazis«. Die amtliche Erfassung der ehemaligen
NSDAP-Mitglieder dient zur Durchführung der Entnazifizierungsmaßnahmen. 87
FrankenfelserInnen – vier Fünftel davon sind Männer – scheinen 1947 in der Registrie-
rungsliste auf; gemessen am Anteil an der Wohnbevölkerung sind Freiberufler, Kauf-
leute, öffentliche und private Angestellte und Beamte deutlich überrepräsentiert. In den
Berufungsschreiben an die Registrierungsbehörden versuchen sich die mehr oder
›(Minder-)Belasteten‹ zu entlasten: Der Beitritt zur NSDAP wird nicht durch ideologische Motive erklärt, sondern auf die wirtschaftliche Notlage – »Verschuldung«,
»geringer Lohn«, »schlechte Lebenssituation« –, auf die »Überredung« durch »schöne
Versprechungen« oder auf die »automatische Überstellung« in die NSDAP zurückgeführt. Die »Illegalen« betonen, zwischen 1933 und 1938 keine Mitgliedsbeiträge
bezahlt und sich »nicht für die Partei betätigt« zu haben. Während die einen beteuern,
während der NS-Herrschaft ihren »Dienst stets gewissenhaft und unparteiisch versehen« und »niemand Schaden zugefügt« zu haben, führen die anderen »untrügliche
Zeichen« ihrer »negativen Einstellung zum nationalsozialistischen Regime« an: Auseinandersetzungen mit dem Ortsgruppenleiter, Fernbleiben von NSDAP-Versammlun-
gen, Erfüllung der »Sonntagspflicht als Katholik«, offene Einstellung als »Österrei-

cher«, Gegnerschaft gegen das »straffe Liefersystem«, Abhören von »Feindsendern«
oder Verstecken von »politischen Häftlingen« oder »flüchtigen Soldaten« in den letzten
Kriegswochen. Die Schlußformeln sind nahezu identisch: »Hinzufügen möchte ich
noch, daß ich meine ganze Kraft daransetzen werde, um am Wiederaufbau Österreichs
tatkräftigst mitzuarbeiten.«[38] Hier sind jene Entlastungsgeschichten eingeübt worden,
die die Erinnerung an die NS-Zeit noch heute dominieren.

*Ein Frankenfelser (stehend, zweiter v.l.) mit Kameraden in britischer Gefangenschaft in
Ägypten (um 1945)*

Die im Mai 1945 eingesetzte neue alte Dorfelite – der Bürgermeister und die meisten
Gemeinderäte saßen bereits vor 1938 an den Schalthebeln der Macht, zwei Gemeinderäte wurden bereits 1944 bestellt[39] – zeigt den ehemaligen Parteigenossen anfangs die
Zähne: Polizeiaufsicht, kurzfristige Verhaftung, Einteilung zu Aufräumarbeiten, Entlassung aus dem öffentlichen Dienst, Beschlagnahme von Vermögen und Aberkennung
der Gewerbeberechtigung. Doch nach einem Explosionsunfall, der vier zur Beseitigung der herumliegenden Munition verpflichteten »Parteigenossen« im August 1945
das Leben kostet, agieren die um ihr öffentliches Ansehen besorgten Amtsträger
auffallend zahnloser. Die Entnazifizierung mündet in den bürokratischen Prozeß der
Entregistrierung – sprich: der Streichung aus der Liste. Verfolgen wir diesen Einstel-
lungswandel an einem Beispiel. Während der Bürgermeister im August 1945 einen
»Illegalen« als »begeisterten und scharfen Nazi« kennzeichnet, wird im September
1947 berichtet, dieser habe »seine Zugehörigkeit zur NSDAP, soweit bekannt, nicht
mißbraucht« und seine »Einstellung zur unabhängigen Republik Österreich« könne
»derzeit als positiv« bezeichnet werden. Neben der Unterschrift des Bürgermeisters

finden sich auch die Namen des ÖVP- und des SPÖ-Obmanns. Daß hinter den durchwegs positiven Stellungnahmen zu Eingaben von unten und Anfragen von oben auch der Eigen-Sinn der Gemeindepolitiker steht, verdeutlicht folgende Beschwerde an die Bezirkshauptmannschaft 1947. Es mute »ziemlich befremdend« an, daß der Bezirksschulrat einem Lehrer – der nun öffentlich der Gemeinde und den politischen Parteien die Schuld für seine Suspendierung anlaste – eine vertrauliche Beurteilung ausgefolgt habe; da dadurch das »Ansehen der Gemeinde sowie der politischen Parteien herabgesetzt« werde, droht der Bürgermeister in Zukunft mit Auskunftsverweigerung.[40] Die Dorföffentlichkeit hat offenbar das Interesse an der Entnazifizierung verloren; aus den Parteigenossen von 1945 sind spätestens 1949 potentielle Wähler und Parteimitglieder geworden. Das Ergebnis der Nationalratswahlen 1949, als erstmals seit 1945 auch die »Minderbelasteten« zu den Urnen gerufen werden, gibt den Bemühungen der Parteien recht: Der offen um die Stimmen der »Ehemaligen« buhlende VdU bleibt mit zwölf Stimmen (1,3 Prozent) ebenso auf der Strecke wie die »4. Partei« mit acht Stimmen (0,8 Prozent); von den Parteien, die bereits 1945 kandidierten, geht die ÖVP mit 561 Stimmen (143 Stimmen beziehungsweise 1,6 Prozent Gewinn) vor der SPÖ mit 242 Stimmen (16 Stimmen Gewinn beziehungsweise 4,4 Prozent Verlust) und der KPÖ mit 11 Stimmen (7 Stimmen beziehungsweise 0,6 Prozent Gewinn) als Wahlsieger hervor.[41] Dem Oberlehrer fällt ein Stein vom Herzen: »Das Dorf wurde nicht rot, wie man uns prophezeite.«[42] Der Großteil der »Minderbelasteten« scheint 1949 die ÖVP gewählt zu haben; die übrigen Parteien verzeichnen nur unwesentliche Zuwächse. Vor diesem Hintergrund überrascht es nicht, daß in den 1950er Jahren zahlreiche ehemalige Parteigenossen – unter ihnen auch der frühere NSDAP-Bürgermeister – als ÖVP-Mandatare im Gemeinderat sitzen.[43]

*Tabelle 3: Sozialstruktur der 1947 registrierten NSDAP-Mitglieder*

| | Registrierte NSDAP-Mitglieder 1947* | | Wohnbevölkerung über 14 Jahre 1949 | | NS-Anteil |
|---|---|---|---|---|---|
| | Anzahl | Prozent | Anzahl | Prozent | Prozent |
| Bauern | 15 | 17,2 | 363 | 30,5 | 4,1 |
| Landarbeiter | 14 | 16,1 | 247 | 20,8 | 5,7 |
| Beamte und öffentliche Angestellte | 13 | 14,9 | 46 | 3,9 | 28,3 |
| Privatangestellte | 5 | 5,7 | 9 | 0,8 | 55,6 |
| Arbeiter | 14 | 16,1 | 161 | 13,5 | 8,7 |
| Gewerbetreibende | 3 | 3,4 | 56 | 4,7 | 5,4 |
| Kaufleute | 3 | 3,4 | 8 | 0,7 | 37,5 |
| Freie Berufe | 2 | 2,3 | 3 | 0,3 | 66,7 |
| Pensionisten und Rentner | 3 | 3,4 | 89 | 7,5 | 3,4 |
| Haushalt | 8 | 9,2 | 185 | 15,6 | 4,3 |
| Sonstige | 7 | 8,0 | 22 | 1,9 | 31,8 |
| Summe | 87 | 100,0 | 1189 | 100,0 | 7,3 |
| Frauen | 16 | 18,4 | 575 | 48,4 | 2,8 |
| Männer | 71 | 81,6 | 614 | 51,6 | 11,6 |
| Summe | 87 | 100,0 | 1189 | 100,0 | 7,3 |

* Die Berufsangaben beziehen sich auf den Zeitpunkt der Registrierung nach 1945.
Quellen: Gemeindearchiv Frankenfels, 0/5/1949, 1/7/1945–1947; Bezirkshauptmannschaft St. Pölten, GR XI/1945–1947; eigene Berechnung

Resümee: Der Mythos als Männerphantasie

Zurück zu unserer Eingangsfrage: Was sagt uns das Sgraffito am Gemeindesaal über
die dörflichen Lebenswelten gegen Ende der 1940er Jahre? Auf den ersten Blick wenig,
denn die Szene aus grauer Vorzeit wirkt der Gegenwart des Jahrs 1948 entrückt. Sehen
wir genauer hin, dann zeigt das Bild eine Welt von Männern – genauer: von germani-
schen Männern –, die Schulter an Schulter kämpfen, um ihren Grund und Boden gegen
die heranstürmenden »Horden aus dem Osten« zu verteidigen. Damit gewinnt das Bild
eine verblüffende Aktualität für die dörfliche Welt der späten 1940er Jahre: Wir sehen
plötzlich anstelle der kämpfenden Ritter die enttäuschten Heimkehrer, die ihre
»Heimat« gegen den »Feind im Osten« zu verteidigen glaubten. Ihre Niederlage ist
eine doppelte: Der Gegner hat nicht nur sie selbst, sondern auch ihre Frauen besiegt.
Durch die »Heldenehrungen« verleihen sie dem Tod ihrer gefallenen »Kameraden«
und damit gleichzeitig ihren eigenen Kriegserfahrungen nachträglich Sinn. Die durch
gemeinsame Riten ständig erneuerte Sinngebung überwindet gleichzeitig ideologische
Barrieren zwischen den Männern; man(n) sieht sich nun als Österreicher, freilich – und
das ist eine unausgesprochene Selbstverständlichkeit – als deutscher Österreicher. Der
deutschnationale Unterton der steinernen Szenerie kommt nicht von ungefähr; die
Sage, deren Kern sich bis ins frühe 19. Jahrhundert zurückverfolgen läßt, wurde
vermutlich im ersten Drittel des 20. Jahrhunderts in ein deutsches Heldenepos umgedeutet. So spricht eine Lesart aus den 1930er Jahren, die Frankenfels als »einen der
ältesten deutschen Orte Österreichs« bezeichnet, von einem »Knecht namens
Hermann«, der die »führerlosen Abteilungen« der »Deutschen« gegen den »fanatischen Ansturm der Awaren« zum Sieg geführt habe; zum Dank für seine Heldentat sei
der »tapfere Franke« zum »Ritter von Frankenfels« geadelt und mit dem »Pielachgau«

*Die Männer und ihre Maschinen beim Erntedankfest (um 1960)*

belehnt worden.[44] Diese germanische Erfolgsstory bietet den Männerphantasien der
späten 1940er Jahre zahlreiche Anknüpfungspunkte; gerade deshalb ziert das von
Männern für Männer geschaffene Denk-Mal das erste öffentliche (Wiederauf-)
Bauwerk nach 1945. Übrigens: Die Mauern, die das Sgraffito tragen, bestehen aus den
Trümmern des 1944 durch Bomben beschädigten und 1946 abgerissenen Gemeinde-
hauses. Damit finden die Baupläne des neuen Gemeindesaals ihre Entsprechung in den
Bauplänen der dörflichen Lebenswelten: Die DorfbewohnerInnen bauen sich nach
1945 eine neue Welt; doch sie errichten diese Welt aus den Trümmern der alten. Nichts
bringt diesen Doppelcharakter des »Umbruchs« treffender zum Ausdruck als die
skeptische Frage des Oberlehrers 1948: »Die Trümmer des abgerissenen Gemeinde-
hauses zieren noch immer den Marktplatz. Wird neues Leben daraus erblühen?«[45]


## ANMERKUNGEN

1  Die folgenden Bemerkungen sind Teilergebnisse einer Mikrostudie zur ländlichen Gesellschaftsgeschichte im 20. Jahrhundert am Beispiel der niederösterreichischen Gemeinde Frankenfels (vgl.
   Langthaler, Thesen, in: Mitteilungen des Instituts für Wissenschaft und Kunst 4 (1991), 22–38;
   Langthaler, Einzelne, in: Unsere Heimat 63 (1992), 80–98; Langthaler, Flut, in: Unsere Heimat 65
   (1994), 13–41; Langthaler, Normalität, in: Zeitgeschichte 21 (1994), 183–202; Langthaler, Heinrich,
   in: Österreichische Zeitschrift für Geschichtswissenschaften 5 (1994), H. 4, 517–546).
2  100 Jahre Volksschule Frankenfels, Frankenfels 1993, 33.
3  Volksschule Frankenfels, Schulchronik, Bd. 3, 1948/49.
4  Eine ländliche »Gesellschaftsgeschichte« (zum Konzept vgl. Sieder, Sozialgeschichte, in: Geschichte
   und Gesellschaft 20 (1994), 445–468) der 1940er Jahre stellt für den österreichischen Raum noch
   immer ein Desiderat der Forschung dar; den programmatischen Entwürfen in den Vorworten
   einschlägiger Studien folgt meist eine konventionelle Darstellung (vgl. Krenn, Umbruch, 1991). Zu
   neueren Forschungstrends vgl. Langthaler, Mythen, in: Österreichische Zeitschrift für Geschichtswissenschaften 5 (1994), H. 4, 581–585. Dennoch konnte sich der vorliegende Aufsatz auf einige
   anregende Lokal- und Regionalstudien stützen (vgl. Baumgartner, Mythos, in: Unsere Heimat 64
   (1993), 73–108; Baumgartner, Zeiten, 1994; Bezemek, Weg, in: Bezemek u.a. Hg., Vergangenheit,
   1993, 210–246; Erker, Revolution, in: Broszat u.a. Hg., Stalingrad, 1988, 367–425; Erker, Ernährungskrise, 1990; Kaser u.a., Leben, 1986–1988; Niethammer, Privat-Wirtschaft, in: Niethammer
   Hg., Nachkriegserfahrungen, 1983, 17–105; Winkler, Dorf, in: Jagschitz u.a. Hg., fünfziger Jahre,
   1985, 30–40).
5  St. Pöltner Zeitung, 18.10.1951, 9.
6  Vgl. Österreichisches Statistisches Zentralamt Hg., Ergebnisse der Volkszählung vom 1. Juni 1951
   7 (1952), 38f; Land- und forstwirtschaftliche Betriebszählung 1951, Arbeitskräfte, Niederösterreich,
   Bd. 17, o.O. o.J.
7  Sammlung Langthaler, Nachlaß Karl Weber.
8  Gemeindearchiv Frankenfels, 1/1/1948, Kontroll- und Aufbringungsausschuß/1948.
9  Ebd., 1/1/1945–1950.
10 Sammlung Langthaler, Interview mit Rosa (Pseudonym) vom 5.1.1993, 8.
11 Gemeindearchiv Frankenfels, 1/1/1945–1950.
12 Sammlung Langthaler, Silvesterzeitung der Freiwilligen Feuerwehr, Frankenfels o.J. (1948).
13 St. Pöltner Zeitung, 12.10.1950, 5.
14 Maria (Pseudonym), In groben Umrissen mein Lebenslauf. Manuskript, Frankenfels 1994, 4.
15 Gemeindearchiv Frankenfels, 1/10/1946.
16 Ebd., Kontroll- und Aufbringungsausschuß/1947.
17 Sammlung Langthaler, Interview mit Grete (Pseudonym) vom 9.12.1993 und 23.3.1994, 35.
18 Bezirkshauptmannschaft St. Pölten, GR XI/1–900/1945; Gemeindearchiv Frankenfels, 1/10/1945.

19 Ebd.
20 Maria (Pseudonym), In groben Umrissen mein Lebenslauf. Manuskript, Frankenfels 1994, 4.
21 Vgl. Volksschule Frankenfels, Schulchronik, Bd. 3, 1944/45.
22 Vgl. Gemeindearchiv Frankenfels, Dienstbotenbuch 1939–1945.
23 Sammlung Langthaler, Interview mit Theresia (Pseudonym) vom 26.8.1992, 1.
24 Sammlung Langthaler, Interview mit Grete (Pseudonym) vom 9.12.1993 und 23.3.1994, 45.
25 Gemeindearchiv Frankenfels, Standesamt, Sonderakt Kriegsgräber/1946.
26 St. Pöltner Zeitung, 19.12.1946, 5f.
27 Gemeindearchiv Frankenfels, 1/2/1945.
28 Ebd., 1/10/1945.
29 Bezirkshauptmannschaft St. Pölten, GR XI/1–900/1945.
30 Vgl. ebd.; Heinrich Fahrngruber, Erinnerungen an die erste Zeit nach dem 2. Weltkrieg 1945. Manuskript, Frankenfels o.J. (um 1985), 1.
31 St. Pöltner Zeitung, 31.10.1946, 4f; ebd., 6.5.1948, 5; ebd., 27.5.1948, 5.
32 Volksschule Frankenfels, Schulchronik, Bd. 3, 1946/47.
33 Ebd.; St. Pöltner Zeitung, 31.10.1946, 4f.
34 Vgl. Volksschule Frankenfels, Klassenbücher 1945/46.
35 Pfarrarchiv Frankenfels, Pfarrchronik 1948–1951; Gemeindearchiv Frankenfels, Gemeinderatsprotokolle, Bd. 3, 179ff; Franz Stöckl, Schulchronik bis 1986. Manuskript, Frankenfels 1993, 37ff.
36 Niederösterreichische Nachrichten, 7.1.1950, 6.
37 Pfarrarchiv Frankenfels, Pfarrchronik 1951.
38 Gemeindearchiv Frankenfels, 0/11/1945, 1/7/1945–1947.
39 Ebd., Gemeinderatsprotokolle, Bd. 2.
40 Ebd., 1/7/1945–1947.
41 Eigene Berechnungen nach St. Pöltner Wochenpost, 15.10.1949, 5.
42 Volksschule Frankenfels, Schulchronik, Bd. 3, 1949/50.
43 Gemeindearchiv Frankenfels, Gemeinderatsprotokolle, Bde. 4 u. 5.
44 Franz Xaver Schweickhardt von Sickingen, Darstellung des Erzherzogthums Oesterreich unter der Enns, Viertel Ober-Wienerwald. Bd. 6, Wien 1837, 271ff; Hanns Kristian, Frankenfels. Eine Sage aus dem Pielachgaue. Manuskript, o.O. o.J. (um 1935). Für wertvolle Hinweise danke ich Heinrich Fahrngruber.
45 Volksschule Frankenfels, Schulchronik, Bd. 3, 1947/48.

Ela Hornung / Margit Sturm

# Stadtleben. Alltag in Wien 1945 bis 1955

Es bestehen untrennbare, aber oft schwer sichtbare Zusammenhänge zwischen regionaler Alltagsgeschichte und politischer Weltgeschichte. Die Jahreszahlen 1945 bis 1955 stehen für historische Wendepunkte auf der nationalstaatlichen Ebene – vom Ende der nationalsozialistischen Herrschaft bis zum Abschluß des Staatsvertrages und zum Abzug der alliierten Truppen aus Österreich. Diese Periodisierung beruht auf politischen Ereignissen von weltgeschichtlicher Tragweite. Doch politische Rahmenbedingungen haben auch unmittelbare Bedeutung für den Alltag der Bevölkerung. Verfolgung, Vertreibung und Kriegsgefangenschaft sind einleuchtende Beispiele, wie Menschen aus ihrem Alltag, aus ihrer Familie, ihrem Freundeskreis und aus ihrer Arbeit gerissen werden. Aber auch ›alltägliche‹ politische Regelungen, wie zum Beispiel Preis- oder Steuerfestsetzungen, haben mittelbar oder unmittelbar Auswirkungen auf die Gestaltung der Lebensumstände und damit auf den Alltag von Menschen.

Erst am Ende der nationalsozialistischen Herrschaft kam die Wiener Zivilbevölkerung kurzfristig, in manchen Gegenden intensiv, mit Krieg in Berührung. Für diejenigen, die während der NS-Zeit nicht verfolgt wurden, eine neue bedrohliche Erfahrung. Die Ängste, besonders vor »den Russen«, waren von den Nationalsozialisten zuvor propagandistisch massiv und gezielt vorbereitet worden. Das Bild vom bolschewistischen, slawischen Untermenschen, der kulturlos, raubend, mordend, plündernd und vergewaltigend hereinbricht, hat in einem stark emotional gefärbten Antikommunismus seinen Fortbestand gefunden, eine Konditionierung, die durch die weltpolitische Polarisierung im Kalten Krieg unterstützt wurde.[1]

Im Alltag der Wiener Bevölkerung spielten die alliierten Besatzungstruppen nicht während der gesamten Dauer ihrer Anwesenheit die gleiche Rolle. Alltag hat einen anderen ›Rhythmus‹. Die Erinnerungen der Bevölkerung an Zeiten, in denen auf politischer und militärischer Ebene die Welt neu aufgeteilt wurde, kreisen oft in erster Linie um scheinbar banale, damals aber (über)lebensnotwendige Aktionen. Je ›bedeutender‹ ein Geschichtsabschnitt, umso kleiner scheinen die Zeugnisse des einzelnen Menschen zu sein. Je wirrer das Rundherum, umso wichtiger scheint für ihn die Aufrechterhaltung eines ›normalen‹ Tagesablaufes.[2] Die Beschaffung von Nahrungsmitteln und Heizmaterialien wird in der Nachkriegszeit zum Abenteuer. Die Historizität und damit die unterschiedlichen Phasen von Geschichte im Alltag werden bestimmt vom Hungern und Essen, Heizen und Frieren, von Arbeit und Arbeitslosigkeit, von Wohnen und Wohnungslosigkeit, von Lieben und Verlusten, von Konflikten und Solidarität, von Ängsten, Hoffnungen und Träumen. Aspekte des Alltags sind wie

Mosaiksteinchen von Geschichte und ergeben doch nie ein vollständiges Bild. ›Den‹ Alltag gibt es nicht. Es gibt daher auch nicht den Alltag ›des Wieners‹ beziehungsweise ›der Wienerin‹.

Einen groben Raster der sozialen Hierarchie in der Stadtbevölkerung bilden die in konzentrischen Kreisen um die Innere Stadt angeordneten Bezirke. Nur in wenigen Ausnahmen (Döbling, Hietzing) drückt die steigende Entfernung vom Zentrum nicht auch zunehmende sozial-strukturelle Unterschiedlichkeit zum Zentrum aus. Die Bevölkerung einer Großstadt spiegelt in ihrer Sozialstruktur die Vielfalt der Funktionen und Aufgaben wider. In Wien, als Zentrum von Verwaltung, Kultur und Politik, Handel und Gewerbe, sind dementsprechend unterschiedliche Berufsgruppen angesiedelt. Den vielfältigen Differenzierungen und Beziehungen der sozialen, nationalen und politischen Milieus und ihrer Entwicklung im Nationalsozialismus können wir im Folgenden nicht Rechnung tragen. Wir geben bei den ausgewählten Interviewpassagen Beruf und damaligen Wohnort an, um eine ungefähre Orientierung im Sozialraum der Stadt zu ermöglichen. In der unmittelbaren Nachkriegszeit differenzieren sich Alltagserfahrungen außerdem wesentlich nach der Zugehörigkeit zu einer Generation. Denn schon geringe Altersunterschiede führten zu völlig unterschiedlichen Erfahrungsmöglichkeiten und Handlungsspielräumen in der jeweiligen Lebensphase. So hatten ungebundene Frauen in der Nachkriegszeit andere Chancen, aber auch andere Schwierigkeiten als junge Mütter, die alleine für ihre Kinder und für ältere Angehörige sorgen mußten. Schon geringe Altersunterschiede können angesichts dynamischer Veränderungen von Lebensbedingungen unterschiedliche Generationen begründen. Schließlich spielt das Geschlecht für den Alltag in der Nachkriegszeit eine große Rolle, worauf wir im Folgenden genauer eingehen werden.

Der Krieg hinterläßt seine Spuren nicht nur im Stadtbild, sondern auch in den Menschen. Karl K.[3] (Jg.1908, gelernter Autosattler, später Hilfsarbeiter, 15. Bezirk, Französische Besatzungszone), erzählt von den Nachwirkungen des Kriegs: »Ich hab ja Jahre hindurch vom Krieg geträumt, man hat es verdrängen müssen, um zu überleben.« Die fremden, häufig gewaltsamen Dimensionen der ›großen‹ Geschichte entfalten sich nicht fern von der Geschichte des Alltags, sie sind häufig sogar deren vergessener, verdrängter Teil.[4] So zeigte sich in Interviews, daß Kriegserfahrungen weder von der Front noch von der ›Heimatfront‹ in der unmittelbaren Nachkriegszeit im öffentlichen oder im privaten Rahmen entsprechend thematisiert wurden. Die Überlebenssicherung in der unmittelbaren Nachkriegszeit, der Wiederaufbau in den frühen 1950er Jahren und nicht zuletzt die politische Kultur, die Österreich generell zum Opfer des Nationalsozialismus erklärte, scheinen den Betroffenen dafür weder Zeit noch Raum gelassen zu haben.

Soziale und politische Veränderungen entfalten ihre Dynamik und ihre Wirksamkeit oft in widersprüchlichen Prozessen, selten in linearer Eindeutigkeit. So kam es nach einer Phase des Zurückgeworfenseins auf ältere Strukturen bei Kriegsende unmittelbar zu einem Nebeneinander von Kontinuitäten und Neuanfängen. Kontinuitäten bestehen im Anknüpfen an die von den Nationalsozialisten initiierten Modernisierungsbestrebungen in der Wirtschaft und in der Realisierung von Stadtplanungsprojekten. Auf politischer Ebene kam es zu einem Neuanfang durch die Zusammenarbeit der beiden mächtigen gegnerischen politischen Lager der Ersten Republik.

Die sozialen Beziehungsnetze der Vorkriegszeit haben durch Nationalsozialismus und Krieg Risse davon getragen. Die in der Zwischenkriegszeit im Roten Wien dominierende Sozialdemokratie hat ihren in alle Lebensbereiche reichenden Einfluß auf die Wiener Arbeiterschaft eingebüßt. Die Milieus der Zwischenkriegszeit sind durch Vertreibung, Verfolgung und Vernichtung »rassisch« und politisch mißliebiger Personen zerfallen beziehungsweise zerstört worden. Die Überlebenden trennen vorerst unterschiedlichste Erfahrungen stärker, als sie ihre soziale Herkunft oder ihre Zugehörigkeit zu einem politischen Milieu verbindet. Wir werfen im Folgenden einige Schlaglichter auf signifikante Aspekte des Alltags in Wien.


## (Groß)Stadt

Die Stadt Wien wurde durch die Gebietserweiterungen im »Dritten Reich« zu einem aufgeblähten und an seinen Rändern in Agrargemeinden ausgefransten Gebilde, zu »Groß-Wien«.[5] An den unscharfen Stadtgrenzen sollte die kleinbürgerliche Vorstellung der Nationalsozialisten vom idealen Wohnen im Eigenheim im Grünen in Siedlungen mit dem Charakter ländlicher Kleinstädte verwirklicht werden.[6] In jeder Großstadt haben Machthaber mehr oder weniger erfolgreich ihre architektonischen und gestaltenden Spuren hinterlassen. Die Nationalsozialisten haben im Zentrum Wiens, das die WienerInnen die »Stadt« nennen, kaum bauliche Spuren hinterlassen. Städtebauliche Ambitionen der Nationalsozialisten wurden in Wien nicht während ihrer Herrschaft, sondern in der Nachkriegszeit realisiert. An der Peripherie des »Deutschen Reiches« war Wien zur Provinz geworden. Die Provinzialität der Randlage und die Provinzialisierung durch die Eingemeindung agrarischer Randbereiche ergaben das Bild einer großen Stadt, die nicht den Charakter einer Großstadt hatte. Treffend für diese Situation scheint der aus einem anderen Zusammenhang stammende Satz von Peter Sloterdijk: »Wien ist zwar eine Stadt, die ein Zentrum hat, aber weiß, daß sie kein Zentrum mehr ist.«[7] Nur in wenigen Metropolen weist das Stadtzentrum eine derartige funktionale Überlagerung auf wie in Wien. Die Innere Stadt ist die beste Adresse, sind doch hier Zentren von Politik, Bürokratie, Luxuskonsum, Kultur und Kirche angesiedelt. Die verhältnismäßig massiven Zerstörungen in der Inneren Stadt haben zwar wenig unmittelbare Alltagsrelevanz für die nicht in diesen Sektoren beschäftigte Bevölkerung, aber umso größere symbolische Bedeutung.

Insbesondere Männer sind zeitgenössische Kommentatoren dieser Zerstörungen. So schildert Hofrat Rudolf Verosta in seinem Tagebuch: »Wer die Innere Stadt nicht gesehen hat, kann sich keine Vorstellung von den Verwüstungen machen. Sie zu tilgen, wird kaum möglich sein. Eine Katastrophe, wie nach einem Erdbeben, ist über Wien hereingebrochen.«[8] Ein besonders eindrucksvolles Beispiel für die große Symbolkraft, die dem Wahrzeichen der Stadt Wien – dem Stephansdom – zukommt, läßt sich an Interpretationen seines Brandes zeigen.

Je nach politischer Orientierung werden die Sowjets oder die SS als diejenigen, die den Stephansdom in Brand geschossen haben, genannt. Die regionale Identität der StadtbewohnerInnen stellt sich auch durch Stolz auf Wahrzeichen her. Der Sozialdemokrat Hans Riemer schreibt 1946 zynisch: »Die Perle Wiens in Hitlers Fassung. St.

Stephan, das Wahrzeichen Wiens, der ehrwürdige Zeuge einer stolzen Vergangenheit war das Ziel deutscher Brandgranaten«.[9] Josef Schöner, ein Berufsdiplomat während des Austrofaschismus, schreibt in seinen Erinnerungen: »Vom Graben der erschütterndste Anblick: Das wundervolle Steildach des Domes mit dem eingelegten Adler ist verschwunden, der linke, unvollendete Turm ausgebrannt, die Giebel und Fialen starren schwarz und traurig gegen den Himmel. Einzig der Turm steht noch aufrecht, das Wahrzeichen meiner geliebten Stadt. Menschen stehen mit Tränen in den Augen davor, etwas zwingt mich, den Hut abzunehmen. Die Nazis haben direkt hineingeschossen. Ich kann es nicht unterscheiden, doch höre ich, daß die Decke des Kirchenschiffes eingestürzt ist. Nach 500 Jahren, nach den Stürmen der Türkenzeit, ist es endlich den Nazischweinen gelungen, dieses Kleinod zu zerstören.«[10]

Aufgrund sowjetischer Filmberichte und Photographien wird heute angenommen, daß bei den Feuergefechten zwischen den deutschen und den sowjetischen Truppen einige Granaten der SS in das Dach des Stephansdoms eingeschlagen haben. Umliegende Häuser waren, wie einige Augenzeugen berichten, von österreichischen Plünderern in Brand gesetzt worden. Durch die Löcher im Dach des Stephansdoms sei ein starker Luftzug entstanden, der den Funkenflug der umliegenden Häuser angezogen habe.[11]

## Kriegsende

Viele der in der Stadt zumeist ohne ›männlichen Schutz‹ lebenden Frauen, denen sich die Möglichkeit bot, verließen die Großstadt angesichts der Bombenangriffe. Die Konzentration von Menschen, vor allem aber von Industrie und Infrastruktur, hat Städte im Zweiten Weltkrieg zu besonders gefährdeten Zielen von Luftangriffen werden lassen. Wien galt lange Zeit als »der Luftschutzkeller des Deutschen Reiches« und wurde vergleichsweise spät, nämlich erst ab 1943, von der alliierten Luftwaffe unter Beschuß genommen. Dennoch waren die Zerstörungen in Wien, etwa im Vergleich zu Wiener Neustadt, wo kriegswichtige Industrie angesiedelt war, relativ gering. Für Gertrud Z. (Jg. 1919, Berufschullehrerin, 19. Bezirk, später Amerikanische Zone) und ihre zwei kleinen Kinder waren die Luftangriffe in Wien 1944 zu einer unerträglichen Belastung geworden: »Da waren starke Angriffe auf Wien und da mußten wir schon in den Luftschutzkeller. Ich bin vom Spital nach Haus, und im Luftschutzkeller hab ich das Kind stillen müssen und wickeln, und die hat natürlich rinnende Augen kriegt, weil da war es viel zu kalt für so ein kleines Baby – es war furchtbar damals.« Aufgrund der für eine Mutter mit kleinen Kindern immer schwieriger werdenden Lebensumstände beschloß sie, zu Verwandten aufs Land zu ziehen.

Viele hatten diese Möglichkeit nicht und mußten auch die letzten Monate im umkämpften Wien verbringen. Am Ende des Kriegs hatten 270.000 Menschen in Wien ihre Wohnmöglichkeit verloren,[12] sie waren ausgebombt und lebten mit Verwandten oder Freunden in provisorischen Unterkünften, oft auf engstem Raum.

Ein Großteil der Zerstörungen war die Folge des Kampfes um Wien in den allerletzten Kriegstagen im April 1945 gewesen. Bei Kriegsende lagen in den Straßen rund 850.000[13] Kubikmeter Schutt, aber auch die Symbole der NS-Zeit, die zuvor die

Wohnungen ›geschmückt‹ hatten, versuchten viele Menschen in Schutt und Asche zu begraben. Dieser ›Entrümpelung‹ der Häuser entsprach nicht automatisch ein Bruch mit der Ideologie und den Werten des Nationalsozialismus. Rudolf Verosta schreibt am 4. April 1945 in sein Tagebuch: »Auf den Gassen sieht man viel ›Literatur‹ weggeworfen und es fehlen auch nicht ›Bilder‹.«[14] Margarete Bajez vermerkt am 9. April 1945 in ihren tagebuchartigen Aufzeichnungen: »Vor unserem Haus türmten sich die Misthaufen. Es gibt ja natürlich keine Kehrichtabfuhr mehr. Es sind aber ganz seltsam geschmückte Misthaufen. Führerbilder gibt es da in allen Größen und Ausführungen. Parteiabzeichen und Abzeichen sämtlicher Formationen. Die Partei hat sich natürlich aufgelöst.«[15]

135 Brücken waren zerstört oder beschädigt, das Wiener Kanalnetz wies an 1.681 Stellen Beschädigungen auf.[16] Wien hatte sein ›Gesicht‹ durch diese Zerstörungen nachhaltig verändert. Die Innere Stadt und Wieden hatten prozentuell die meisten beschädigten Häuser[17]. In Ottakring und Hernals war hingegen relativ wenig zerstört. Heinrich K. (Jg. 1918, Gartentechniker, 16. Bezirk, Französische Besatzungszone) erzählt von Entwaffnungsaktionen in diesen Bezirken, die dazu führten, daß diese Gebiete den Sowjets kampflos übergeben werden konnten: »Wir haben in Sandleiten mit der Entwaffnungsaktion begonnen. Das war die sogenannte Spinnstoffsammelstelle der SS, da haben die Leute Kleider hingebracht. Wir haben den versprengten Soldaten die Gewehre weggenommen, haben ihnen gesagt, geht's dahin, sucht's euch ein Gewand und geht's heim. Und die waren froh, daß sie heim gehen haben können. Weil das war in einer Zeit, da waren die russischen Truppen noch gar nicht da (...) Eine zweite Entwaffnungsstelle war im Türkenritthof in Hernals und eine dritte war oben im Pirquethof. (...) Dadurch haben wir mindestens zwei- bis dreitausend Soldaten entwaffnet. Wir sind überall, wo wir Leute gekannt haben, durch den Bezirk gefahren und haben gesagt: ›Rote und weiße Fahne auße.‹ Auf einmal waren die roten und weißen Fahnen überall draußen. Zwei, drei Stunden später waren sie wieder weg. – Na was ist passiert? Damals sind die Nazi ja zum Teil noch da gewesen, die Russen waren ja noch nicht da und da haben sie gesagt, überall, wo rote und weiße Fahnen sind, die SS wird vom Gürtel und von Währing kommen, und es wird überall hineingeschossen, da haben die Leute die Fahne wieder eingezogen. Das ist ein paar Mal so hin und her gegangen. Inzwischen ist dann ein Spähtrupp von den Russen gekommen, das waren fünf Leute, die haben ein Maschinengewehr gehabt, und wir sind da hinuntergefahren die Thaliastraße bis zur Brunnengasse, und vor dem Gürtel haben sie gesagt, umdrehen. Denn unterm Gürtel war noch die SS verschanzt. Aber bei uns über dem Gürtel war überhaupt nichts.«

Die sowjetischen Truppen kämpften sich bis in die Innere Stadt vor. An den Nahtstellen – Gürtel, Ring, Kai, Donaubrücken –, an denen die Stadt in verschiedenen Phasen der Gebietserweiterung zusammengewachsen war, kam es zu besonders heftigen Kämpfen.

In den ersten Monaten nach Kriegsende kann man Wien nicht als eine funktionierende Großstadt bezeichnen. Die übergreifenden Organisations-, Kommunikations- und Infrastrukturen der Stadt waren zusammengebrochen. Das bedeutete, daß in großen Teilen Wiens Strom- und Wasserversorgung ausgefallen waren, es gab kein Radio, keine Zeitung, keine offizielle Nachricht, es fehlte jegliche Information, manchmal selbst über Vorgänge im Nebenhaus. Die Stadt zerfiel in ihre kleinsten Bestandteile. Käthe B. (Jg. 1921, ungelernte Arbeiterin, im 10. Bezirk, Sowjetische Zone) schildert diesen Zustand so: »Du hast nicht gewußt, was mit der Mutter oder mit der Schwester ist, wenn'st nicht unmittelbar beinand warst. Das war ja der Grund, warum wir eben geschaut haben, daß wir beisammenbleiben. Und die Tante ist nicht einmal ins neue Haus hinübergegangen.«

In einer solchen Krise, in der moderne Infrastrukturen nicht mehr funktionierten, konnte in Glücksfällen auf ältere Strukturen der Stadt zurückgegriffen werden. Ein Beispiel gibt Berta N. (Jg. 1905, gelernte Schnittzeichnerin, verheiratet mit einem Schuhmachermeister, 16. Bezirk, Französische Besatzungszone), die erzählt, daß beim Versiegen der Hochquellenwasserleitung eine alte Wasserleitung reaktiviert werden konnte: »Die Wasserleitung war abgesperrt, da ist nichts herausgeronnen; na, ein altes Wasser kann man nicht nehmen, das ist gesundheitsschädlich, das trauen sie sich nicht. Vom Ottakringer Wald geht eine alte Wasserleitung herein, ob sie noch geht, kann ich nicht sagen, die Albertinische Wasserleitung; auf der Thaliastraße hat es Häuser gegeben, noch damals im 45er Jahr, die einen Auslauf gehabt haben, einen Brunnen, eine Pumpe, die gespeist war von der Albertinischen Wasserleitung. Warum man die verkommen hat lassen, weiß ich nicht. In Ottakring ist noch weiter draußen so ein Pavillon, da ist ein Bründl, und da waren auf der Thaliastraße (...) noch drei Häuser, die haben die Wasserleitung, jetzt haben die Leute auch gebangt um ihren Brunnen, die haben auch nicht jeden hineingelassen.«

Hier wird deutlich, daß der oft erzählte harmonische Zusammenhalt und die Hilfsbereitschaft der Bevölkerung in der Not des Kriegsendes bestenfalls auf überschaubare Hausgemeinschaften beschränkt blieben. In dieser Phase wurden Wohnhäuser aus Not zur Organisationseinheit. Nahrungsmittel, Wasser und Brennmaterial wurden hausweise organisiert, es wurde gemeinsam gekocht und gegessen. Berta N., deren Mann aufgrund seines Alters nicht mehr zur Deutschen Wehrmacht eingezogen worden war, erzählt, wie ihr Mann die kollektive Organisierung von Brot in ihrem Haus übernahm: »Mit dem Handwagel, in den großen Milchkannen haben sie Wasser geholt, und da haben sie gebacken. Und da hat jedes Haus so eine Liste gehabt, und mit der Hausliste, da haben wir keine Karten gehabt, da haben wir nur die Hausliste gehabt, und mit dem sind wir hinaufgegangen, da hat er einem jeden ein Hakel gemacht, der kriegt ein Brot, der kriegt ein Brot.« Die langsame Rekonstruktion der Stadt vollzog sich also bottom up über die Häuser, Grätzel und Bezirke.

Überleben

Als die deutsche Wehrmacht bereits abgezogen und die Sowjets noch nicht etabliert waren, entstand ein Machtvakuum, das für manche so bedrohlich schien, daß sie sich nicht aus dem Haus wagten. Andere aber nützten diesen Zeitraum, um Fabriken und Geschäfte zu plündern.

Zwischen 9. und 14. April nahmen die provisorischen Bezirksverwaltungen ihre Tätigkeit auf, im 18. Bezirk gab es eine seit 9. April aktive »Wirtschaftsabteilung des Bürgermeisteramtes Währing«, im 1., 8., und 9. Bezirk nahmen die Bezirksbürger-

meister am 12. April ihre Tätigkeit auf, im 12. Bezirk zwei Tage später.[18] Die
bürokratische Organisation der Lebensmittelaufbringung und -verteilung wurde größtenteils von den verhältnismäßig wenigen in Wien anwesenden Männern, Sozialdemokraten und Kommunisten, übernommen. Frauen dagegen sicherten mit großem
Zeit- und Arbeitsaufwand das Überleben ihrer Familien: Sie stellten sich stundenlang
vor Geschäften um Lebensmittel an, tauschten im Privaten, fuhren in die ländliche
Umgebung Wiens »hamstern« und versuchten, aus den wenigen Lebensmitteln ge-
nießbare Mahlzeiten zu kochen. Oft schlossen sich Frauen in kleinen Gruppen
zusammen, um gemeinsam »hamstern« zu gehen. Helga E. (Jg. 1927, Lehrerin, 5.
Bezirk, Englische Zone) erzählt: »Na, wir waren dann hamstern. Ach Gott, ich sag
Ihnen! Meine Freundin und ich, wir haben ein Leiterwagerl genommen, und da hat
es dann geheißen, im Mai, Juni ist der Salat in Kaiserebersdorf, kriegt man Salat, und
in Seyring waren dann die Erdäpfeln über der Donau, ja? Na, Fahrgelegenheiten hat
es kaum gegeben, höchstens Pferdewagen oder alte Lastwagen, na, wir haben ein
Handwagerl genommen, und sind zu Fuß losmarschiert; über die Donau, über die
Reichsbrücke, hinaus nach Seyring. (...) Und wir zwei sind ins Dorf und haben
angepumpert, und überall waren Russen drinnen, und – Bramburi, oder Kartoschki,
oder was immer haben sie verstanden, und da haben sie gesagt, wir sollen uns nehmen,
und wir haben uns das Wagerl, ein paar Säcke auf, und dann ist es uns einmal passiert,
hat ein Russe so einen Zorn gehabt, hat die Erdäpfeln wieder genommen und haut sie

*Frauen mit Handwagen 1946*

am Boden und hat gesagt, dawai! Und bei einem anderen Bauern haben wir dann doch welche bekommen.« Hausarbeit, die sonst zum größten Teil in der von außen unsichtbaren Privatsphäre stattfindet, fand in der unmittelbaren Nachkriegszeit nicht nur in Wohnungen, sondern auch vermehrt an öffentlichen Orten, beim Anstellen oder Hamstern statt. Auch die Frauen selbst haben noch heute ein Bewußtsein über ihre ungewöhnlichen, oft abenteuerlichen Erlebnisse bei der Nahrungsbeschaffung und sind noch heute stolz, daß es ihnen gelungen ist, in dieser schwierigen Zeit ihre Familien zu erhalten.[19]

Nur der Resselpark – der größte und von professionellen ›Schleichhändlern‹ dominierte Schwarzmarkt in Wien – galt wegen der häufigen Polizeirazzien als gefährlicher Ort, den Frauen, wenn sie die Wahl hatten, lieber mieden. In dieser Zeit, wo weder die staatliche Infrastruktur noch die Stadtverwaltung, weder die Arbeitsteilung noch die Marktmechanismen funktionierten, traten quasi vorindustrielle Mechanismen des Tauschhandels wieder in Kraft.

Der Kontakt zwischen Stadt- und LandbewohnerInnen war in der ersten Nachkriegszeit eng, personalisiert und konfliktbeladen. Berta N. schildert den für sie als Städterin unglaublichen Überfluß in Schweinbarth: »Da bin ich dann mit dem Kind rausgekommen, da war der Krieg schon vorbei, ja, da weiß ich, daß sie bei den Bauern, wo ich gewohnt hab, weil ich war nicht bei den Verwandten, ich war bei einem Bauern, und da ist die Bäuerin gekommen mit einer Schüssel, da hat sie Kalbsleber draufgehabt und hat gesagt: ›Frau N., wollen Sie die Kalbsleber, sonst müssen wir sie den Sauen geben, weil unser Hund frißt's nicht.‹«

Viele LandbewohnerInnen machten lukrative Tauschgeschäfte. Es schien, als wären die Stadtgrenzen poröser als sonst. Da sich die zentrale Verwaltungsbürokratie erst langsam konsolidierte, griffen StadtbewohnerInnen zur Selbsthilfe. Die Machtverhältnisse zwischen Bauer und Bürger waren für kurze Zeit umgekehrt: Nun bestimmten die Bauern den Preis der knappen Nahrungsmittel. Obwohl auch die landwirtschaftlichen Gemeinden in der Umgebung Wiens Plünderungen erlebten, besserte sich die Situation auf dem Land dennoch schneller. Insgesamt war die Ernährungskrise in Städten aufgrund fehlender Möglichkeiten zur Selbstversorgung gravierender als in landwirtschaftlichen Gemeinden. So entfielen auf Wien 28 Prozent des gesamten Kalorienbedarfs der Nichtselbstversorger Österreichs, die Stadt war daher zu über 80 Prozent auf ausländische Zuschüsse angewiesen.[20] Wien zerfiel in besser und schlechter versorgte Stadtteile. Im Juli 1945 wurde Wien in vier Besatzungszonen aufgeteilt. Dabei wurde die Innere Stadt von allen vier Besatzungsmächten gemeinsam verwaltet und kontrolliert. Die westlichen Alliierten konnten auf Grund ihrer ökonomischen Potenz für eine bessere Versorgung der ihnen zugeteilten Besatzungszonen sorgen als die Sowjets. Bis 1946 hatte jede Besatzungszone eigene Lebensmittelkarten, die nur zonenweise eingelöst werden konnten, was vor allem für jene, die Wohnung und Arbeitsplatz nicht im selben Bezirk hatten, mühsam war. Das Ungleichgewicht in der Versorgung, das vielen als »Unglück, in der Russenzone zu wohnen« in Erinnerung ist, wurde durch den gemeinsamen ›Kalorientopf‹ überwunden: 1946 beschlossen die vier Besatzungskommandanten, die gesamte Lebensmittelaufbringung der städtischen Selbstverwaltung zur zentralisierten Verteilung an die Bevölkerung zu übergeben.[21]

Beziehungen

Die kriegswichtigen Betriebe waren entweder zerstört oder wurden bei Kriegsende eingestellt und erst nach und nach auf zivile Produktion umgestellt. Viele der während des Kriegs zwangsverpflichteten Frauen verloren ihre Arbeitsplätze. In der unmittelbaren Nachkriegszeit hatte Erwerbsarbeit, wie schon erwähnt, nicht den entscheidenden Stellenwert für die Überlebenssicherung. Den Frauen blieb in den ersten Nachkriegsmonaten als Vollzeitbeschäftigung die Organisation des täglichen Lebens, die Beschaffung von Nahrungsmitteln und Heizmaterial. Zu Kriegsende lebten fast doppelt so viele Frauen wie Männer in Wien,[22] viele befanden sich notgedrungen in anderen Wohnungen als vor Kriegsbeginn, hatten ihre Wohnungen durch Bombenschäden verloren, lebten in Wohngemeinschaften mit FreundInnen oder bei Verwandten. Zu der allgemeinen Wohnungsnot kam noch das Problem der Einquartierungen durch die Alliierten.[23]

Die Erzählungen über das allererste Zusammentreffen mit den Sowjets reichen von rassistischen Wahrnehmungen, Vergewaltigungen und Plünderungen bis zu positiven Erinnerungen an die kinderfreundlichen und attraktiven sowjetischen Offiziere.[24] Nach einiger Zeit trat eine Art Normalität in den Beziehungen zu den Sowjets wie zu den anderen alliierten Soldaten ein. Die Alliierten wurden Arbeitgeber, Beschützer, Liebhaber und/oder Ernährer. Diese vielfältigen Beziehungen stellten ein Krisenpotential in Familien und Partnerschaften dar.

*»Alliiertes Bad« in Schönbrunn (Ende der 1940er Jahre)*

Bis 1948 waren alle Österreicher aus amerikanischen, britischen und französischen Kriegsgefangenenlagern entlassen worden, die meisten der 335.270 Kriegsgefangenen kehrten in den Jahren 1945 und 1946 zurück. Bis 1949 entließen die Sowjets 136.270 Kriegsgefangene, die verbliebenen 4.808 wurden nach und nach bis 1955 entlassen.[25] Das Wiedersehen nach Jahren der Trennung warf vielfältige Probleme auf. Mit der Dauer der Trennung, aber auch mit der Unterschiedlichkeit der Erlebnisse, stieg die Schwierigkeit, wieder zueinander zu finden: Die Männer erhofften sich Geborgenheit, Ruhe, eine liebevolle Frau, die sie nach all den körperlichen und seelischen Strapazen ›aufbauen‹ sollte. Männer kehrten aus einer militärischen Männergesellschaft in einen fremd gewordenen Alltag zurück. Es fehlte ihnen Orientierungswissen und sehr oft auch das Verständnis für die geänderte politische Situation, die sich weder mit der vor 1938 noch mit jener vor 1934 vergleichen ließ. Adolf L. (Jg. 1921, Textiltechniker, 17. Bezirk) über seine Probleme nach der Heimkehr: »Das war ja nicht so einfach, das muß man sich vorstellen, jahrelang haben sie das autorisierte Töten gehabt. Es waren nicht alle bei der Infanterie, aber die bei der Infanterie waren, für die war das Töten offizieller Auftrag, erlaubt, erwünscht. Da war auf einmal der Krieg aus, und da waren schon Ohrfeigen verboten, das ist nur ein Beispiel, das muß man erst verkraften; zuerst darf ich alles tun, im Rang meiner Uniform, (...) auf einmal ist alles aus und ich darf nichts mehr machen. Ich darf als Soldat ins Feindesland. Jetzt ist alles verboten, zu Hause geht nichts.«

Männer, die die Grausamkeiten und Strapazen des Kriegs und die Entbehrungen der Kriegsgefangenschaft hautnah mitgemacht hatten, konnten diese existentiellen Erfahrungen kaum vermitteln, geschweige denn verarbeiten. Auch die Frauen hatten große Erwartungen an die Männer: Von den Heimkehrern erhofften sie sich vor allem Entlastung. Doch mit solchen idealisierten und unrealistischen Erwartungen waren Enttäuschungen vorprogrammiert. Viele Frauen und Männer entsprachen nicht den erinnerten Bildern. Dazu kam, daß das langersehnte Wiedersehen unter Bedingungen von Hunger und Wohnungsnot stattfand. Die zurückgekehrten Männer brachten oft nicht die ersehnte Unterstützung für ihre Frauen. Ehen gingen in Brüche, weil sich die Ehepartner nach der langen Trennung auseinandergelebt hatten, sich über die inner-familiäre Machtverteilung nicht einigen konnten und viele Kriegsheimkehrer mit ihren Kindern Probleme hatten. Gertrude Z., deren Mann 1946 heimkehrte: »Ja, na das, das Lustigste war, meine Tochter war doch da, die war doch noch so klein, und die hat immer gesagt, die hat kaum reden können: ›Geh weg, fremder Mann.‹ Die hat ihn immer weggestoßen. Die ist immer zu mir kommen, ich hab sie in die Höh heben müssen: geh weg, fremder Mann. Dann hat sie gesagt: ›Wozu brauchen wir den Mann? Wir haben ja die Mama, wir brauchen keinen Mann!‹«

Viele zurückgekehrte Väter hatten ihre Kinder gar nicht oder nur im Säuglings- oder Kleinkindalter kennengelernt, und daher wurden diese Väter oft als fremde Eindringlinge erlebt.[26]

Für die Chancen, die Krise gemeinsam zu bewältigen, war es mit ausschlaggebend, wie lange eine Partnerschaft schon vor der kriegsbedingten Trennung bestanden hatte. Denn im Krieg wurden viele Ehen schon nach sehr kurzer Bekanntschaft geschlossen. Für die Frauen war der zurückgekehrte Ehemann vorerst oft eine zusätzliche Belastung. Männer, die krank oder kriegsinvalid waren, mußten versorgt werden. Aber auch mit gesunden Männern gab es erhebliche Schwierigkeiten, wenn diese von ihren Frauen, die unter schwierigen Bedingungen erfolgreich die Verantwortung für die Familie getragen hatten, verlangten, daß sie sich wieder unterordnen sollten. Für viele begann das Ehe- und Familienleben in einer zerbombten Wohnung. Ende 1947 waren am Wiener Wohnungsamt über 31.000 anspruchsberechtigte wohnungssuchende Familien gemeldet. Die Wohnungen wurden nach einem Punktesystem vergeben: Drei Dringlichkeitsklassen wurden nach Punktezahl unterschieden. 40.000 Menschen waren nach dem Punktesystem ohne Chance, sie waren nicht obdachlos, lebten bei Eltern, Verwandten, Freunden oder irgendwo in Untermiete.[27] Nicht zufällig kursierten damals Erzählungen über die von Männern besonders begehrten ›Wohnungswitwen‹, Frauen, deren Männer gestorben und die im Besitz einer Wohnung waren. Nicht selten lebten Ehepaare jahrelang getrennt.

Für die Reintegration der Männer in die Familien und für die Realisierung der phantasierten Idylle ›Familie‹ war die Schaffung von Wohnungen notwendig. Mit Hilfe des Wiederaufbaufonds wurden Wohnhäuser wieder instandgesetzt. Die Gemeinde Wien vollendete zunächst die in der NS-Zeit begonnenen Bauvorhaben. 1947 wurde als erstes großes kommunales Projekt die Per-Albin-Hansson Siedlung im 10. Bezirk begonnen. Die kubischen Baukörper in Reihen aufgefädelt, mit Satteldächern und den biedermeierlichen Proportionen, unterscheiden sich kaum von der austrofaschistischen »Heimatschutzarchitektur« und der in der NS-Zeit für den Siedlungsbau kanonisierten Form. Außerdem wurden 1947 Siedlungen in Kagran, Stadlau und Hirschstetten gebaut. In den Jahren 1950 bis 1953 wurden rund 80 Prozent der neuen Wohnungen von der Gemeinde errichtet, in den folgenden Jahren immerhin noch 60 Prozent. Mit Hilfe der Wiederaufbauanleihe von 1949 sollte der Wiederaufbau beschleunigt werden.[28]

Der wirtschaftliche Wiederaufbau bot insbesondere der jüngeren Generation von Männern die Chance eines beruflichen Neubeginns. Adolf L., der bereits 1946 gesund und ungebunden wieder in Wien war, erzählt: »Den Staatsdienst haben wir damals ausgeschlossen, der war damals nicht so beliebt, die Bezahlung war wahnsinnig schlecht, und als junger Mensch denkt man ja noch nicht so weit. Aber in der Privatindustrie war es wesentlich besser, da waren schon sehr gute Aufstiegsmöglichkeiten. Man hat damals alle Chancen gehabt, nur hat man sie wahrnehmen müssen. Sicherlich, die Spätheimkehrer, die 1955 zurückgekommen sind, die waren arm dran, die waren meistens krank, und da war 1953/54 doch noch ein Konjunkturrückschlag. Aber 1947/48 waren wirklich sehr, sehr viele Chancen; natürlich hat man sich dahinterklemmen müssen. Vor dem Krieg hab ich Textiltechnik gelernt, aber da waren sechs Jahre dazwischen, und ich hab ja 95 Prozent vergessen. Ich bin wieder zurück in meinen Beruf und hab gemerkt: Ich weiß ja nichts mehr. (...) Ich bin in die Spengergasse in Abendkurse gegangen, hab mir die ganzen Fachbücher, die in dem Betrieb waren, zusammengeholt. Ich hab im Laboratorium gearbeitet. (...) Es waren zuwenig Leute da, und es waren verschiedene Fachgebiete und Abteilungen, die waren überhaupt nicht besetzt. Es sind Arbeiten hereingekommen, die hätte man gar nicht machen können, weil niemand da war, der sie gekonnt hätte, ich konnte sie auch nicht. Ich hab gesagt: Das ist ja nicht etwas, was als Wunder vom Himmel fällt, da muß man sich dahinterklemmen!«

Männer, die für Familien zu sorgen hatten, bemühten sich eher um Sicherheit, die ihnen der Staatsdienst zu gewährleisten schien. Konrad S. (Jg.1920, gelernter Schlosser, 16. Bezirk, Französische Besatzungszone) erzählt: »Also ich kam Ende 1947 heim, versuchte im Gaswerk unterzukommen, bei der Straßenbahn in der Werkstätte: Nichts zu machen! Post und Telegraphen: Nichts zu machen!«

Die Vergabe von Arbeitsplätzen bei Bund, Ländern und Gemeinden sowie speziell in Wien auch von Wohnungen wurde für die beiden Großparteien der Nachkriegszeit zu einer Möglichkeit, ihre Klientel zu versorgen und damit an sich zu binden. Patronage gab es keineswegs nur in Wien, aber sie war in Wien besonders ausgeprägt.[29]

Karl K., seit den zwanziger Jahren Mitglied der Sozialdemokratischen Partei, wurde nach seiner Rückkehr aus Krieg und Gefangenschaft in seinen Erwartungen an die Partei enttäuscht: »Es könnt's mi endgültig gern haben! Ich hab ja nix gekriegt, ich hab nicht einmal eine Wohnung gekriegt von ihnen, ich bin abgewiesen worden am Wohnungsamt.«

Ein Parteibuch stellte noch keine Garantie für Protektion dar, auch persönliche Kontakte waren erforderlich. Die Sozialdemokratie baute die an den Wohnort gebundene Sektionsstruktur wieder auf und nahm Parteilokale aus der Zwischenkriegszeit wieder in Besitz, die zwischen 1934 und 1945 von vaterländischen und nationalsozialistischen Organisationen in Beschlag genommen worden waren. Die Loyalitäts- und Vertrauensbeziehungen in den sozialen und politischen Milieus waren von Krieg und Nationalsozialismus überschattet, Freundeskreise waren zerrissen und in alle Winde zerstreut. Einstige politische Gegner kooperierten in der Regierung, oftmals zum Unverständnis vieler alter Parteimitglieder.

Im Alltag verloren die Alliierten in den frühen 1950er Jahren mehr und mehr an Bedeutung. 1954 stimmten die Alliierten dem vom Wiener Gemeinderat schon 1946 eingebrachten Antrag auf Rückgliederung von 80 der 1938 an Wien angeschlossenen Gemeinden an Niederösterreich zu. 1946 hatten dies die Alliierten noch abgelehnt, um das Gleichgewicht der Zoneneinteilung nicht zu verschieben. Solche Überlegungen spielten 1954 keine Rolle mehr. Die Wiener Kommunalpolitik hatte für die Alliierten ihre strategische Bedeutung verloren.

Für die Wiener Bevölkerung stellte die Abschaffung der Lebensmittelkarten 1953 einen entscheidenden Schritt zur Verbesserung und ›Normalisierung‹ der Lebensverhältnisse dar. Der allmähliche Aufschwung manifestierte sich im Alltag nicht zuletzt in den angeschafften Konsum- und Gebrauchsgütern. Soziale Unterschiede drücken sich im Zeitpunkt der Anschaffung und in der Auswahl der Konsumgüter aus. Kühlschrank und Motorrad wurden zu typischen Statussymbolen der 1950er Jahre. Maria K. (Jg. 1919, Sekretärin, verheiratet mit einem leitenden Angestellten, 4. Bezirk, Sowjetische Zone) erzählt: »Da haben wir uns einen Eiskasten gekauft. Das muß so Anfang der fünfziger Jahre gewesen sein. In den fünfziger Jahren, da ist es dann schon viel besser geworden. Wir haben uns ein Fahrzeug, einen Roller damals gekauft, einen Puchroller, und ich bin dann mit dem Puchroller herumgefahren, ja das Geld haben wir dann schon gehabt.«

Der größere Teil der Wiener Bevölkerung konnte derartige Konsumwünsche erst bei dauerhafter Vollbeschäftigung und Etablierung des Sozialstaates in den 1960er Jahren realisieren.

## Geschichtetes

›Alltag‹ und ›Stadt‹ sind vielschichtige Phänomene. In jede Großstadt mit ihren hochkomplexen, teils städtebaulich geplanten, teils wild gewachsenen Strukturen haben sich historische Prozesse eingeschrieben. Der originalgetreue Wiederaufbau zerstörter Prunkbauten erfolgte gleichzeitig mit zaghaften Adaptionen internationaler urbaner Architekturkonzepte. Auch im Alltag kommen solche Gleichzeitigkeiten von Ungleichzeitigem zum Tragen. Für Alte und Junge, Männer und Frauen und je nach sozialem und politischem Hintergrund bot die Nachkriegszeit unterschiedliche Lebensbedingungen und -chancen. Die jeweilige politische Grundeinstellung drückt sich auch in den verwendeten Begriffen aus: So sprechen die einen von »Umbruch« oder »Zusammenbruch«, andere von der »Stunde Null« und manche von »Befreiung«. Der langsame, mehrfach unterbrochene Aufschwung in den 1950er Jahren wird in den Erzählungen weniger anschaulich thematisiert. Nicht alltägliche Begebenheiten werden deutlicher erinnert als andauernde Perioden langsamer, kontinuierlicher Veränderungen. So wird die Bewältigung des außergewöhnlichen Alltags zu Kriegsende und in der unmittelbaren Nachkriegszeit in elaborierten ›Abenteuergeschichten‹ erzählt. ›Opfer‹ schwieriger Verhältnisse und dennoch mit ›Glück und Schmäh‹ durchgekommen zu sein, ist eine Leitidee in vielen lebensgeschichtlichen Erzählungen. Eine solche ambivalente Berufung auf den Opferstatus, die wesentlich zur Entlastung von (Mit-)Verantwortung diente, ist auch für die politische Kultur im Nachkriegsösterreich bezeichnend. Die folgenden Jahre werden zumeist als linearer Aufschwung dargestellt. Kurzfristige ökonomische Rückschläge oder vorübergehende Phasen der Arbeitslosigkeit Anfang der 1950er Jahre sind einerseits durch die markante Krisensituation 1945 und andererseits durch die spätere Etablierung eines sozialpartnerschaftlichen Wohlfahrtsstaates überlagert. Doch in diese überlagerten und verworfenen Schichten der Erinnerung vorzudringen, ist eine andere Geschichte.

## ANMERKUNGEN

1  Mitscherlich, Unfähigkeit, 1983, 42.
2  Vgl. Hareiter, fleischfarben, in: Wächter-Böhm Hg., Wien, 1985, 36.
3  Die Interviews entstammen dem »Modell Ottakring« – Gespräch zwischen jung und alt an der VHS-Ottakring, durchgeführt von Blaumeiser, Blimlinger, Hornung, Sturm, Wappelshammer und dem Projekt Frauen im Wien der Nachkriegszeit, durchgeführt von Bandhauer-Schöffmann und Hornung.
4  Medick, Missionare, in: Lüdtke Hg., Alltagsgeschichte, 1989, 69.
5  Durch die nationalsozialistische Gebietsreform 1938 wurde die Gesamtfläche des Stadtgebietes von 278,4 km$^2$ auf 1.215,4 km$^2$ vergrößert, wodurch Wien zur flächenmäßig größten Stadt des »Deutschen Reiches« und nach der Bevölkerung zur sechstgrößten Stadt der Welt wurde. Wien erfuhr dabei eine Erweiterung vor allem um agrarische Gebiete: 68,3 Prozent der Fläche wurden landwirtschaftlich genutzt. Das erweiterte Gemeindegebiet wurde in 26 Bezirke eingeteilt, wobei es auch zu Grenzveränderungen in sogenannten ›alten‹ Bezirken kam (vgl. Mayer, Gebietsreform, in: Czeike Hg., Wien, 1978; Botz, Großwien, in: Österreich, 1973).
6  Sterk, Wohnbau, in: Wächter-Böhm Hg., Wien, 1985, 124.
7  Sloterdijk, Zukunft, in: Swoboda Hg., Wien, 1990, 102.

8   Tagebuch von Rudolf Verosta vom 7. April bis 18. August 1945, 22.
9   Riemer, Perle, 1946, 8.
10  Schöner, Tagebuch, 1992, 160.
11  Portisch u.a., Österreich II, 1985, 105ff.
12  Vocelka, Trümmerjahre, o.J., 11ff.
13  Verwaltungsbericht, 1948, 270.
14  Verosta, Tagebuch.
15  Bajez, Tagebuch.
16  Verwaltungsbericht, 1948, 279.
17  Ebd., 240.
18  WrStLA. Nachlaß Körner. Vgl. ausführlich dazu: Bandhauer-Schöffmann u. Hornung, Trümmerfrau,
    in: L'Homme 2 (1991), 77ff.
19  Ausführlicher zur Überlebensarbeit vgl.: Bandhauer-Schöffmann u. Hornung, Mythen, in: dies. Hg.,
    WIEDERAUFBAU-WEIBLICH, 1992, und Bandhauer-Schöffmann u. Hornung, Reich, in: Maynes
    u.a. Hg., Frauen, 1994.
20  Die Ernährungslage Österreichs im Wirtschaftsjahr 1946/47, 7ff.; vgl. Bandhauer-Schöffmann u.
    Hornung, Erbswurst, in: Albrich u.a. Hg., Österreich, 1995 (im Erscheinen).
21  Verwaltungsbericht, 1949, 393; vgl. Bandhauer-Schöffmann u. Hornung, Trümmerfrau, in: L'homme
    2 (1991), 90.
22  WrStLA. Kleine Bestände 1945, Laut Angaben vom Leiter der MA-Abt. f. Statistik wurden am
    23.9.1945 511.823 Männer und 905.475 Frauen gezählt.
23  Die USA beschlagnahmten 750 Wohnungen, 148 Villen, 19 Hotels, 38 Geschäftslokale, 29 Garagen,
    2 Schulen und 67 sonstige Objekte; GB: 380 Wohnungen, 159 Wohnräume, 86 Villen, 5 Hotels, 17
    Geschäftslokale, 31 Garagen, 15 Schulen und 32 sonstige Objekte; Frankreich: 722 Wohnungen, 329
    Wohnräume, 15 Villen, 10 Hotels, 23 Geschäftslokale, 14 Garagen, 1 Schule und 32 sonstige Objekte;
    UdSSR: 3.292 Wohnungen, 1.456 Wohnräume, 9 Villen, 7 Hotels, 32 Geschäftslokale, 28 Garagen,
    4 Schulen und 43 sonstige Objekte (vgl. Vocelka, Trümmerjahre, o.J., 12).
24  Vgl. Bandhauer-Schöffmann u.a, Topos, in: DÖW Jahrbuch, 1995, 28–44; Baumgartner, Mythos, in:
    Unsere Heimat 64 (1993), 73ff.
25  BMI Hg., Buch, 1949, 61.
26  Preuss-Lausitz u.a. Hg., Kriegskinder, 1983, 15ff.
27  Vocelka, Trümmerjahre, o.J., 11ff.
28  Sterk, Wohnbau, in: Wächter-Böhm Hg., Wien, 1985, 124.
29  Dieses System hat bis weit in die Monarchie zurückreichende Wurzeln und wurde von den jeweils
    Mächtigen adaptiert und fortgeführt, auch im Roten Wien der Zwischenkriegszeit. Denn »die
    Sozialdemokratie brauchte das Wiener Patronagesystem als Aufstiegs- und Überlebenshilfe für das
    eigene unterprivilegierte Lager. ›Solidarität‹ bedeutete tatsächlich gegenseitige Hilfe, auch im
    Alltag.« Heinrich, Wien, in: Swoboda Hg., Wien, 1990, 132ff.

Fritz Weber

# Wiederaufbau zwischen Ost und West

Der bekannte österreichische Ökonom Gottfried Haberler hat einmal Österreichs wirtschaftliche Entwicklung nach 1918 als »Spiegelbild der Weltwirtschaft«[1] bezeichnet. Daran ist soviel wahr, als die Alpenrepublik als ein extrem außenhandelsabhängiges Gebilde von den Verhältnissen am Weltmarkt in eminenter Weise betroffen war. Nach 1918 wurde das neu entstandene Österreich in eine turbulente weltwirtschaftliche Entwicklung hineingerissen, deren Höhepunkt die Depression der frühen 1930er Jahre bildete; nach dem Zweiten Weltkrieg zog es hingegen von einer globalen ökonomischen Schönwetterperiode Nutzen und konnte – am Ende des Wiederaufbaus – gleichsam in einen weltweiten Boom hineinwachsen. Just zu dem Zeitpunkt, als im Gefolge einer durch die Stabilisierung der Währung ausgelösten Rezession auch die Arbeitslosigkeit alarmierende Werte erreichte (1952/53), befreite der Korea-Boom die Verantwortlichen von ihren konjunkturpolitischen Sorgen.[2]

Aber auch wenn Österreich nur als Sonderfall der europäischen Entwicklung begriffen würde, die dadurch charakterisiert werden kann, daß der alte Kontinent insgesamt in der Zwischenkriegszeit schlechter abschnitt als die Weltwirtschaft, während in den beiden ersten Jahrzehnten nach 1945 die Zuwachsraten sowohl in West- als in Osteuropa viel höher ausfielen als etwa in den USA,[3] bliebe die Frage zu beantworten, warum Österreich beide Male einen *Sonderfall* bildete: Zwischen 1918 und 1938 wuchs die heimische Wirtschaft langsamer als der europäische Durchschnitt, während der Zuwachs des Bruttonationalprodukts (BNP) nach 1945 stärker ausfiel als im Westen des Kontinents (siehe Tabelle 1).

*Tabelle 1: Vergleich des österreichischen und des europäischen Wirtschaftswachstums 1913–1975 (durchschnittliches jährliches reales Wachstum des BNP)*

| Zeitraum | Durchschnitt der europäischen OECD-Staaten | Österreich |
|---|---|---|
| 1913–1938[*] | 1,2 | - 0,4[**] |
| 1953–1962 | 4,8 | 6,3 |
| 1962–1967 | 4,4 | 4,3 |
| 1967–1974 | 4,6 | 5,2 |

[*] Wachstum pro Kopf; für die folgenden Perioden: Reales Wachstum
[**] 1913–1937.
Quellen: Österreichs Volkseinkommen 1913–1963, 14; Butschek, Wirtschaft, 119, 129, 144

Für diese Abweichungen können sowohl ›subjektive‹ als auch ›objektive‹ Faktoren namhaft gemacht werden. Unter die Kategorie ›subjektiv‹ fielen dabei die österreichische wie die Österreich tangierende Wirtschaftspolitik internationaler Faktoren; unter

›objektiv‹ wollen wir die Tatsache subsumieren, daß Österreich zweimal in diesem Jahrhundert im Epizentrum kriegerischer und politischer Erschütterungen lag und daß seine Wirtschaft zweimal von strukturellen Schocks getroffen wurde, die von der politischen Sphäre ausgingen: Sie betrafen den Zusammenbruch von Großreichen am Ende verlorener Kriege, von Großreichen, in deren Rahmen Österreich auch ökonomisch eine integrale Funktion ausgeübt hatte.

Beide Male stand der Sprung ins Kleinstaaten-Dasein an der Tagesordnung. Die Nachbeben des Zusammenbruchs der Habsburgermonarchie im Herbst 1918 waren die gesamten nächsten zwei Dekaden lang zu spüren, die in größerer historischer Perspektive nichts anderes darstellten als ein kurzes Intermezzo zum Zweiten Weltkrieg. 1918 brach ein ökonomischer Großraum mit einer über Jahrhunderte gewachsenen regionalen Arbeitsteilung auseinander. Das neue Österreich stellte auch ökonomisch nur jenen Torso dar, der nach den bekannten Worten des französischen Staatsmannes Clemenceau nach der Konstituierung der anderen Nationalstaaten als »Rest« von der Monarchie übrigblieb. Die österreichische Wirtschaft konnte in den Jahren bis 1938 nie an die neuen wirtschaftlichen Umweltbedingungen in Mittel- und Gesamteuropa angepaßt werden. Weder gelang es, in den 1920er Jahren ein neues strukturelles Gleichgewicht für eine Wirtschaft zu finden, die nach dem Urteil eines zeitgenössischen Experten im emphatischen Sinn gar nicht als »Volkswirtschaft« bezeichnet werden konnte,[4] noch konnte sich Österreich in den 1930er Jahren von den Wunden der Weltwirtschaftskrise erholen. Seine Wirtschaft wies für die ganze Periode 1913 bis 1937 als einziges europäisches Land ein ›Minuswachstum‹ auf.

Der zweite große Strukturschock traf Österreich 1945, als das Land nach sieben Jahren erzwungener Zugehörigkeit zum »Großdeutschen Reich« seine Selbständigkeit wiedererlangte und in der Folge in die Frontlinie des Kalten Krieges zwischen den um die USA gescharten westlichen Großmächten und der UdSSR geriet. Mochte es 1945 auch scheinen, als sei Österreich vom Krieg mehr in Mitleidenschaft gezogen als 1918, mochte die auch ökonomische Spaltung des alten Kontinents das Land noch rigider von seinen traditionellen Absatzgebieten und Handelspartnern im Donauraum abschneiden als dies die neomerkantilistische Handelspolitik der Nachfolgestaaten in der Zwischenkriegszeit getan hatte: Ein Jahrzehnt nach Kriegsende befand sich Österreich mitten in einem stürmischen wirtschaftlichen Aufschwung.

1945 lag diese Entwicklung noch in weiter Ferne: Was die Zeitgenossen wahrnahmen, waren die großen Zerstörungen, die der Krieg insbesondere im Osten hinterlassen hatte, die Demontagen von Produktionsanlagen, die Behinderung des Wirtschaftslebens durch Zonentrennung und militärische Besatzung, die über der entgüterten Wirtschaft lauernde »Geldwolke«[5], die jeden Augenblick eine Hyperinflation auslösen konnte.

Für eine Auseinandersetzung mit dem dritten Strukturschock, dem Österreich durch die Rekapitalisierung des ehemals ›realsozialistischen‹ Osteuropa und den – epochenhistorisch verstanden – gleichzeitig erfolgten Beitritt zur EU ausgesetzt wurde, ist hier nicht der Platz. Die Veränderungen im Osten haben die internationalen Konkurrenzverhältnisse umgewälzt – es genügt, auf die Auswirkungen im Textilsektor hinzuweisen –, gleichzeitig aber durch die Wiederbelebung der traditionellen Handelswege mit dem Donauraum auch Österreich neue Absatzchancen eröffnet. Die Nachkriegsordnung ist so auch auf ökonomischem Gebiet in eine Phase der Revision eingetreten, mit allen Chancen, aber auch allen Risiken für ein Land, das sich gleich nahe an einem Integrationspol (BRD) wie an der Peripherie der europäischen Einigung befindet.

Vierzig Jahre zuvor lagen solche Probleme noch in weiter Ferne. Doch muß man dem Jahr 1949 zumindest eine wichtige psychologische Bedeutung zumessen. Damals überschritt das Bruttonationalprodukt – für die Zeitgenossen überraschend – die magischen Werte von 1913 und 1937 – und zwar auf Dauer. (In der Zwischenkriegszeit war das Vorkriegsniveau nur kurz in den Jahren 1928 bis 1930 übertroffen worden; 1937 war das Volkseinkommen geringer als 1913.) 1952/53 wurde die Währung endgültig stabilisiert und die Inflationsgefahr beseitigt. Da dies mit den ›orthodoxen‹ Mitteln der Geldmengenbeschränkung und Zinsfußerhöhung geschah, kam es zu einer Rezession, die aber – wie bereits erwähnt – durch eine Belebung vom Weltmarkt her rasch überwunden wurde.

Mitte der 1950er Jahre erreichten auch der Außenhandel und die Agrarproduktion die Werte von 1913. 1960 hatte sich das Niveau der ökonomischen Aktivität gegenüber der Zeit vor dem Ersten Weltkrieg verdoppelt; der Wiederaufbau war erfolgreich abgeschlossen, und es begannen die Jahre der sogenannten Strukturkrise (siehe Tabelle 1), die sich in der Rezession von 1958 angekündigt hatten. Betroffen davon waren vor allem Sektoren wie die Schwerindustrie und der Bergbau, die sich in den ersten fünfzehn Jahren nach Kriegsende einer besonders ausgeprägten Konjunktur erfreut hatten.

Bevor wir uns mit einigen Aspekten des Wiederaufbaus – insbesondere mit den mutmaßlichen Ursachen für sein Gelingen und den Hindernissen, die sich ihm entgegenstellten – auseinandersetzen, wollen wir nur der Vollständigkeit halber einige bekannte Argumente aufzählen, die als allgemeine Erklärungsansätze für das brillante Wirtschaftswachstum der Nachkriegsperiode angeführt worden sind: den Schumpeterianischen Diskurs um die ›langen‹ Wellen der Konjunktur; Svennilsons Idee eines aus der Zwischenkriegszeit ererbten, nichtgenutzten Wachstumspotentials; die Stabilität des mit dem Namen Bretton Woods assoziierten internationalen Währungssystems mit dem US-Dollar als Leitwährung; den bewußten Abbau von Handelsbarrieren im Zeichen von Marshallplan und GATT und, nicht zuletzt, die »Keynesianische Revolution«, das heißt die Orientierung der staatlichen Wirtschaftspolitik(en) am Ziel der Vollbeschäftigung. Nichts könnte diese wirtschaftspolitische Wende besser dokumentieren als der Konflikt zwischen den amerikanischen Marshallplanbehörden und der BRD-Regierung in der Phase nach der deutschen Währungsreform im Jahr 1948, der die – wie immer an monetären Idealen orientierte – deutsche Seite dazu zwang, dem neuen Geist zumindest in Form eines verwässerten Beschäftigungsprogramms Tribut zu zollen.[6]

Je nach ideologischer Positionierung wird man das eine oder andere dieser Argumente in den Vordergrund rücken, dabei aber immer im Auge behalten müssen, daß auch die jeweils anderen Hypothesen zur Erklärung des europäischen »Wirtschaftswunders« der Nachkriegszeit herangezogen werden müssen. Denn im Unterschied vom Nationalökonomen kann sich der Wirtschaftshistoriker auf die salomonische Position der Betonung der Einmaligkeit und Multikausalität historischer Ereignisse und Entwicklungen zurückziehen.

Zerstörung oder Modernisierung?
Folgen der NS-Ära für die Wirtschaftsentwicklung

Auch wenn sich Österreich im April 1945 als zerstörtes und besetztes Land auf den ersten Blick in einer viel weniger vorteilhaften Position befand als im Herbst 1918, so wies doch eine wichtige Determinante der längerfristigen Entwicklung in eine günstigere Richtung: 1918 war das Land aus einem quasi naturwüchsigen übergreifenden ökonomischen Zusammenhang herausgerissen worden; 1945 fiel es zwar auch aus einem wirtschaftlichen Großraum heraus, doch hatte die siebenjährige Zwangsgemeinschaft mit dem Großdeutschen Reich zu wenig mehr gereicht als zum Zusammenschweißen des Rüstungssektors: Österreich war nach 1938 zum wichtigen Lieferanten von Panzern, Flugzeugen, Lokomotiven, aber auch von Rohstoffen und Energieträgern, insbesondere von Erdöl und – eher potentiell denn aktuell – von Elektrizität aufgestiegen.

Die improvisierte Rüstungsgemeinschaft überlagerte die ungelösten Integrationsprobleme. Was unter den verzerrten Verhältnissen einer auf die Nutzung *aller* Kapazitäten angewiesenen totalen Kriegsproduktion ›Konkurrenzfähigkeit‹ bedeutet, ist ebenso wenig leicht auszumachen wie die Kriterien der Allokation in einer Welt administrierter knapper Investitionsgüter. Dennoch kann als sicher gelten, daß zumindest in allen unmittelbar und mittelbar auf den Krieg bezogenen Sparten – dies gilt auch für die Bauindustrie, die nach 1938 zuerst in Österreich, dann in den von Deutschland okkupierten Ostgebieten ein breites Betätigungsfeld fand – bis zum Umschlagen der Kriegskonjunktur in eine Kultur der unterirdisch betriebenen Improvisation ein deutlicher Modernisierungsschub zu verzeichnen war.

Insgesamt könnte man die Zeit von 1938 bis 1945 auf wirtschaftlichem Gebiet als erzwungene Modernisierung von semi-kolonialem Zuschnitt charakterisieren. Ähnlich wie im Fall der wirtschaftlich entwickelten Regionen der Tschechoslowakei war die Integration der vorhandenen industriellen Kapazitäten in die deutsche Rüstungswirtschaft kombiniert mit der rücksichtslosen Ausbeutung der Rohstoffe: Die Investitionstätigkeit der deutschen Staatsbetriebe und privaten Unternehmen konzentrierte sich fast ausschließlich auf den Rüstungs- und den Grundstoffsektor, den Bergbau, die Ölgewinnung und den Ausbau der Elektrizitätswirtschaft. Österreich war – wie die Tschechoslowakei – ein wirtschaftlicher Ergänzungsraum, dessen Kapazitäten dort am stärksten in Anspruch genommen wurden, wo die Engpässe im »Altreich« am gravierendsten waren.

Sichtbare Meilensteine dieser Strategie waren die Errichtung überdimensionierter Rüstungsbetriebe wie der Hermann-Göring-Werke in Linz (der späteren VÖEST), des energieverschlingenden Aluminiumwerkes in Ranshofen, der Flugzeugproduktion in Wiener Neustadt, die gewaltige Steigerung der Erdölförderung im Marchfeld und die Inangriffnahme von Großprojekten im Energiesektor wie des Tauernkraftwerks Kaprun.

Diese Integration Österreichs in die deutsche Wirtschaft wurde jedoch bereits ab 1944, als auch Österreich verstärkt in den alliierten Bomberkrieg hineingeriet, konterkariert durch Desintegrationserscheinungen infolge der gezielten Zerstörung der Transportwege. Die tendenzielle regionale Autarkie innerhalb des zusammenbrechenden

Großraums kann als Vorstufe zur späteren nationalen Selbständigkeit gedeutet werden, deren erste Aufgabe darin bestand, die industriellen Ruinen der Kriegswirtschaft in den Dienst des Wiederaufbaus zu stellen und die zentrifugalen Tendenzen innerhalb Österreichs abzuschwächen.

Auch hier kam der ›Vervolkswirtschaftlichung‹ der Wirtschaft eine Entwicklung zu Hilfe, die schon während der Kriegszeit wirksam geworden war: Der ›Austrifizierung‹ des ›westlich‹ orientierten Sektors der Industrie stand eine ähnliche Entwicklung im ›östlich‹ ausgerichteten ›zivilen‹ Sektor zur Seite. Dieser (unter dem hier die konsumorientierte Exportindustrie der »Ostmark« zu verstehen ist) war seit Kriegsbeginn weitgehend vernachlässigt worden. Oder anders ausgedrückt: Unter der Oberfläche der deutschen Wirtschaftshegemonie in Ost- und Südosteuropa schritten die desintegrativen Tendenzen im Donauraum weiter fort. Der relativ hohe Anteil der Tschechoslowakei am österreichischen Außenhandel im ersten Nachkriegsjahr (August 1945 bis Mai 1946) darf darüber nicht hinwegtäuschen: In ihm drückte sich weniger eine Tendenz zur Revitalisierung alter Handelsverbindungen mit den Nachfolgestaaten aus, als vielmehr handelspolitische Improvisation im Gefüge einer Wirtschaft, die durch Rohstoffmangel und Brennstoffknappheit am ›normalen‹ Handelsaustausch gehindert war: In dieser Periode entfielen zwei Drittel des österreichischen Außenhandels auf die drei Nachbarländer Tschechoslowakei, Schweiz und Italien. 1937 hatte dieser Anteil nur 23 Prozent ausgemacht; 1951 betrug er 18,5 Prozent, 1959 19,5 Prozent. Auch die Zusammensetzung der Exporte spiegelt außerordentliche Verhältnisse wider: Mehr als ein Drittel der Ausfuhren bestand in Erzen und Mineralien, darunter Magnesit mit einem Anteil von über 15 Prozent an den gesamten Exporten (gegenüber weniger als 1 Prozent im Jahr 1937).[7]

1945 waren also Österreichs Beziehungen zum Donauraum loser als in der Zwischenkriegszeit; und die Integration in die deutsche Ökonomie wies einen kriegsbedingten Bias auf, der sich mit dem Ende des Krieges gleichsam von selbst auflöste oder zumindest auflockerte. In dieser von Anfang an gegebenen relativen ökonomischen Autonomie liegen die Grundlagen der handelspolitischen Orientierung Nachkriegsösterreichs: der Abwendung von Osteuropa, dessen sozialistische Planwirtschaften wahrscheinlich auch unter anderen als den Bedingungen des Kalten Krieges die Exportmöglichkeiten in die ehemaligen Nachfolgestaaten eingeengt hätten; und der Hinwendung zu einer allgemein gefaßten Westorientierung, in deren Rahmen die deutschen Westzonen nur *einen* Partner unter anderen bildeten.

Neben dieser den Außenhandel betreffenden geänderten Startposition hatte die Zeit des Nationalsozialismus vier weitere wichtige Strukturveränderungen mit sich gebracht:

- eine regionale Gewichtsverlagerung innerhalb der österreichischen Industrie weg vom Osten hin zum Westen (wenn wir zum Westen Oberösterreich, Kärnten und die restlichen alpinen Bundesländer mit Ausnahme der Steiermark zählen wollen);
- eine Prädominanz der Investitionsgüter-Industrie über den traditionell vorherrschenden Konsumgütersektor;
- ein beträchtliches Anwachsen der Großbetriebe; und
- dramatische Eigentumsverschiebungen, die mit dem Ausdruck »Germanisierung« adäquat beschrieben werden können:

1945 gab es kaum einen österreichischen Großbetrieb (die Großbanken miteinge-schlossen), dessen Aktienmajorität nicht in öffentlichen oder privaten deutschen Händen gelegen wäre. Der deutsche Anteil am gesamten Kapital der österreichi-schen Aktiengesellschaften war von neun Prozent (Februar 1938) auf 57 Prozent (April 1945) gestiegen; in strategischen Bereichen wie bei den Banken oder in der Eisen- und Stahlerzeugung lag er bei 70 Prozent und darüber.[8]

Die »German Assets« sollten bald eine wichtige Rolle in den innen- und außenpoliti-schen Auseinandersetzungen spielen: Nicht nur konnten die Alliierten auf Grund der Potsdamer Beschlüsse Reparationsansprüche auf das »Deutsche Eigentum« erheben; auch die österreichischen Behörden standen vor dem Problem, was mit diesen zum Teil halbfertigen oder schon wieder zerstörten und mit den Dimensionen eines Kleinstaates nicht in Einklang stehenden Riesenbetrieben geschehen sollte: Wer sollte der künftige Eigentümer dieser Unternehmen sein? Sollte man einen Teil der Überkapazitäten schleifen? Einige der Wirtschaftsexperten, die sich im Österreichischen Institut für Wirtschaftsforschung (WIFO) zusammenfanden, scheinen dieser Lösung anfangs zu-mindest nicht abgeneigt gewesen zu sein.[9] Und in der Tat verkauften die Linzer Stahlwerke einen Teil ihrer Produktionsanlagen im Ausland oder wurden an der Verfol-gung solcher Absichten nur durch Interventionen der für diese Region zuständigen amerikanischen Besatzungsmacht gehindert.[10] In der sowjetischen (und weniger ausge-prägt, aber doch spürbar auch in der französischen) Zone nahmen die Siegermächte den Österreichern einen Teil der Sorgen ab, indem sie Produktionsanlagen demontierten: Der Gesamtbestand an Werkzeugmaschinen in der österreichischen Investitionsgüterindu-strie, der sich zu Kriegsende gegenüber Ende 1937 stark vermehrt hatte, fiel bis Jänner 1946 auf ein Niveau ab, das niedriger war als vor dem Krieg (siehe Tabelle 2).

*Tabelle 2: Veränderungen im Bestand an Werkzeugmaschinen*[*] *in der österreichischen Investitionsgüter-Industrie 1937–1946*

|  | Dezember 1937 | April 1945 | Jänner 1946 |
|---|---|---|---|
| Zahl | 60.700 | 92.200 | 49.600 |
| Veränderung (in Prozent) | - | + 51,9 | - 46,2 |
| Veränderung gegenüber Dezember 1937 (in Prozent) | - | - | - 18,3 |

*) Gerundet
Quelle: WIFO-Monatsbericht 1–3 (1947), 29

Daß ein Großteil der Demontagen im Osten Österreichs (inklusive der anfangs von der Roten Armee besetzten Teile der Obersteiermark) erfolgte, war nur *ein* Symptom der schlechteren Ausgangsposition der östlichen Bundesländer. Es bildete sich ein Un-gleichgewicht heraus, das bis zum Ende der Besatzungszeit aus politischen wie wirtschaftlichen Gründen nicht beseitigt werden konnte. Auch in dieser Hinsicht knüpfte die Zweite Republik an die vom Nationalsozialismus ererbten Strukturen an.
  Die Benachteiligung des Ostens war in jeder Hinsicht zu spüren. Die östlichen Landesteile waren von den Kriegszerstörungen weitaus stärker betroffen als der Westen. Allein der Anteil Niederösterreichs an den gesamtösterreichischen Zerstörun-

gen an Industriebauten machte 70 Prozent aus. Wien und Niederösterreich verloren durch Kriegseinwirkungen oder Nachkriegsdemontagen 60 Prozent der Kapazität im Eisen- und Stahlbau; in der Maschinenbauindustrie betrug der Abfall sogar 70 Prozent. In den westlichen Bundesländern waren hingegen nur 30 Prozent der Kapazität verlorengegangen.[11]

Im Transportwesen waren die Unterschiede ähnlich gravierend. Während im Osten fast 60 Prozent der Bahnstrecken – inklusive der Donaubrücken – unpassierbar waren, betrug diese Quote im Westen nicht einmal 30 Prozent. Darüber hinaus verfügte der Westen über elektrifizierte Linien, die nach der Reparatur der Oberleitungen rasch wieder dem Verkehr übergeben werden konnten, während der Dampfbetrieb in Ost- österreich noch jahrelang unter dem Mangel an (zu importierender) Steinkohle litt.[12]

Auch auf dem Energiesektor war der Osten benachteiligt: Da die Wasserkraftwerke in den Alpentälern mit Blick auf die Versorgung des »Altreiches« errichtet worden oder in Errichtung begriffen waren, fehlten Vorrichtungen zum Transport der elektrischen Energie nach Ostösterreich. Die Wiener Energieversorgung laborierte nicht nur an den Folgen von Demontagen, sondern war darüber hinaus auf Kohle angewiesen.[13] Die Liste der Benachteiligungen des österreichischen Ostens ließe sich beliebig fortführen. Eine Zahl für die Landwirtschaft mag dies illustrieren: Während der Viehbestand in Westen nur um 12 Prozent abgenommen hatte, erreichten die Verluste im Osten 28 Prozent.[14]

Welche Daten wir auch immer betrachten, das Bild ändert sich nicht: Ostösterreich war vom Krieg und den unmittelbaren Nachkriegsereignissen weit stärker in Mitlei- denschaft gezogen als der Westen des Landes.

Wie sehr hat die Zonentrennung den Wiederaufbau behindert?

Die Frage, ob die Zonentrennung den Wiederaufbau behindert habe, wurde von den Zeitgenossen und der österreichischen Geschichtsschreibung der ersten Nachkriegs- jahrzehnte bejahend beantwortet. Diese Hypothese spiegelte eher den psychologischen Zustand des Landes und seiner Wirtschaftssubjekte wider, denn den tatsächlichen Gang der Ereignisse: Sie ist Reflex einer durch ein Klima der Unsicherheit gekennzeichneten Situation, in welcher potentielle Barrieren leicht mit realen Hindernissen verwechselt werden konnten. Die Zonentrennung war in jener Zeit am rigidesten, als der Handels- verkehr auf Grund der kriegsbedingten Zerstörung der Transportwege, des Fehlens von Transportmitteln und des Mangels an Treibstoffen auf ein Minimum geschrumpft war – in den ersten Monaten nach dem Ende des Krieges bis zum Beginn des Jahres 1946.

In dieser Phase des unmittelbaren Wiederaufbaus war die Versorgung mit Grund- nahrungsmitteln wie Milch auf die jeweiligen Zonen beschränkt; inländische Mineral- ölprodukte standen nur in der sowjetischen Zone zur Verfügung. Mit dem Anlaufen der Industrieproduktion machten sich anfangs auch zonen-egoistische Tendenzen bemerk- bar, vergleichbar jenem Länder-Separatismus, wie er nach dem Ende des Ersten Weltkriegs als existentielle Grundhaltung aufgetreten war. Während zum Beispiel in der sowjetischen und französischen Besatzungszone ein empfindlicher Papiermangel herrschte, exportierten die britische und die amerikanische Zone, in denen die Papiererzeugung konzentriert war, Papier ins Ausland. Ähnliches gilt für den Austausch von oberösterreichischem Soda gegen böhmisches Glas im Herbst 1945, zu einer Zeit, als die niederösterreichische Glasindustrie unter einem empfindlichen Mangel an Soda litt.[15]

Wie der gesamte Außenhandel bediente sich auch der innerösterreichische Handelsverkehr zwischen den Zonen bis Anfang 1946 einer modernen Form des Naturaltausches. Dabei ging der verarmte Osten oft leer aus, weil er keine Kompensationsgüter anzubieten hatte.[16]

Die Exempel dieses »latenten Handelskrieges«[17] zwischen den Zonen fallen ins Endstadium der ersten Phase des Wiederaufbaus – des sprichwörtlichen Schuttwegräumens –, als die industrielle Produktion im eigentlichen Sinn langsam wieder in Gang kam. Bis zum Beginn des Jahres 1946 gab es kaum anderes zu ›exportieren‹ als zonen-heimische Rohstoffe (wie Holz oder Magnesit) und – im besten Fall – daraus herstellbare Güter. Aber genau zu diesem Zeitpunkt, als die unmittelbaren Schwierigkeiten überwunden zu werden begannen, wurden auch die Zonenbarrieren Schritt für Schritt beseitigt. Dies geschah explizit zwar erst mit dem Zweiten Kontrollabkommen vom 26. Juni 1946; aber bereits im Mai war, um nur ein Beispiel zu nennen, die Mineralölbewirtschaftung auf ganz Österreich ausgedehnt worden.[18]

Die wirklichen Hindernisse von Handel und Produktion lagen von Anfang an nicht in der Zonentrennung, sondern im Mangel an Brennstoffen, Rohmaterialien, Facharbeitern und – im besonderen – von Transportmitteln. Noch im Österreichischen Jahrbuch für das Jahr 1947 hieß es dazu: »Die Engpässe der industriellen Entwicklung liegen nach wie vor in dem Mangel an Energie, Rohstoffen und Investitionsgütern begründet.«[19]

Die Wiederingangsetzung der Produktion änderte aber nichts am Ungleichgewicht zwischen der sowjetischen und der westlichen Besatzungszone. Schon in den Jahren 1945 und 1946 waren die Produktionsfortschritte im Westen größer als im Osten: Zu Beginn des Jahres 1947 wurde die Kapazitätsauslastung der Industrie in ganz Österreich auf etwa 30 bis 35 Prozent geschätzt. Während aber diese Quote im Westen auf mehr als 50 Prozent veranschlagt wurde, lag sie im Osten bei 20 bis 25 Prozent.[20] Das hatte weniger mit der Zonenteilung zu tun als mit der vorteilhafteren Position der westlichen Bundesländer in bezug auf die Ernährung, die Energieversorgung und die raschere Wiederherstellung des Transportsystems. Bis Ende 1946 waren die elektrifizierten Strecken vollkommen repariert, während der Dampfbetrieb im Osten des Landes wiederholt auf Grund von Kohlenmangel behindert war. Versuche der Eisenbahnverwaltung, die Elektrifizierung auch in Ostösterreich rascher voranzutreiben, scheiterten weniger an der Finanzierungsfrage, als vielmehr am Mangel an benötigten Gütern.[21]

In diesem Zusammenhang ist auch eine zweite Grundhypothese der Wiederaufbaugeneration zu hinterfragen: ob die USIA-Betriebe und die Sowjetische Mineralölverwaltung (SMV), die im Zusammenhang mit dem Ersten Verstaatlichungsgesetz vom 26. Juli 1946 von den sowjetischen Besatzungsbehörden zur Zusammenfassung der als »Deutsches Eigentum« requirierten Betriebe gegründet wurden, die Versorgung des österreichischen Binnenmarktes entscheidend beeinträchtigten. Sicherlich gehörten zum sowjetischen Industriekomplex wichtige Unternehmen der elektrotechnischen

Industrie und des Maschinen- und Lokomotivbaus. Sie bildeten, wie es ein amerikanischer Experte ausdrückte, »einen wichtigen Bestandteil des produktiven Systems des
Landes«.[22] Dennoch scheint auch in diesem Fall der psychologische Effekt größer
gewesen zu sein als der ökonomische: Der Anteil der USIA an der gesamten österreichischen Industrieproduktion machte etwa fünf Prozent aus; die entsprechende Quote
für Wien und Niederösterreich lag bei 30 Prozent.[23] Aber nach amerikanischen Schät-
zungen fanden – zumindest im Jahr 1949 – rund 70 Prozent der USIA-Produktion den
Weg auf den österreichischen Binnenmarkt.[24] Der schädliche Effekt des sowjetischen
Wirtschaftsbereichs in Österreich zeigte sich hauptsächlich im Entfall dringend benö-
tigter Exporterlöse: Für das Jahr 1954 wurde geschätzt, daß die – statistisch nicht
erfaßten – USIA-Exporte von Maschinen rund ein Drittel der österreichischen Ausfuhr
dieser Waren ausmachten.[25] Wenn die sowjetischen Aktivitäten im österreichischen
Industriesektor Schaden anrichteten, dann traf dies viel eher auf Demontagen unmittelbar nach Kriegsende zu, durch welche empfindliche Lücken in hintereinanderge-
schaltete Fertigungsprozesse gerissen wurden.[26]

Das Jahr 1946 und insbesondere der Winter 1946/47 zeigten die wahren Krisen-
herde auf: Im Frühjahr 1946 brach eine Ernährungskrise, begleitet von sozialen
Unruhen (»Ernährungsstreiks«), aus; im Sommer beeinträchtigte der Mangel an Kohle
den Eisenbahnverkehr und im darauffolgenden Winter brachte – ähnlich wie in
Deutschland[27] und anderen westeuropäischen Staaten – eine verheerende Energiekrise,
verursacht durch den kombinierten Mangel von weißer und schwarzer Kohle, die
Industrieproduktion fast zum Stillstand und machte einen Großteil der bis dahin
erzielten Fortschritte wieder zunichte.[28] Noch während des gesamten Jahres 1947 hing
die Energieversorgung (und damit die industrielle Produktion) an einem dünnen Faden.
Erst nach Überwindung der Energiekrise konnte der Wiederaufbau zügig voran-
schreiten.

Das entscheidende Stadium des Wiederaufbaus:
Die Implementierung des Marshall-Plans, 1947/1948

1947 war ein Krisenjahr. Die industrielle Produktion stieg gegenüber dem Vorjahr nur
geringfügig an. Sie betrug 55 Prozent des Vergleichswertes von 1937 gegenüber 47
Prozent im Jahr 1946. Die strategisch wichtige Baustoffindustrie produzierte wegen
des Mangels an Kohle sogar weniger als im vorangegangenen Jahr. Die Ernährung
verharrte weiterhin auf einem ungenügenden Stand – wie überhaupt die landwirtschaftliche Produktion in den ersten Nachkriegsjahren nur sehr langsame Fortschritte machte.
Die Inflation beschleunigte sich und zwang Gewerkschafter und Politiker zum
Handeln: Im Sommer 1947 wurde das erste von fünf Lohn-Preis-Abkommen geschlossen; durch das Währungsschutzgesetz vom November wurde der Notenumlauf nach
den ersten Restriktionsmaßnahmen des Jahres 1945 erneut reduziert.

Auch auf internationaler Ebene bahnte sich eine entscheidende Wende an. Die USA,
die schon bisher die Hauptlast der Unterstützung Österreichs mit Hilfslieferungen
getragen hatten, bedachten das Land auf Grund seiner geopolitischen Lage im Rahmen
der verschiedenen Post-UNRRA-Hilfsmaßnahmen (War Department Aid, Congress

Aid usw.)[29] mit weiteren Lieferungen. Aber all diese Hilfen konzentrierten sich auf die Zur-Verfügung-Stellung von Lebensmitteln; sie trugen – anders ausgedrückt – einen konsumtiven Charakter und leisteten keinen Beitrag zur Lösung der dringenden ökonomischen Probleme in längerfristiger Perspektive: der Ingangsetzung der Investitionen im großen Stil und der Festlegung strategischer Wiederaufbauziele.

Bis 1947 war es weder bei den halbfertigen Wasserkraftbauten wie Kaprun noch in der Stahl-Industrie in Linz zu großangelegten Wiederaufbauanstrengungen gekommen. Im Vordergrund standen – wie in der Industrie überhaupt – die dringendsten Aufräumungs- und Instandhaltungsarbeiten. 1947 stellten sich – nach der Wiederherstellung des Transportwesens – die Fragen des Wiederaufbaus auf einer gleichsam höheren Ebene: in Form der Rohstoff- und Maschinenbeschaffung aus dem Ausland (zu welchem Zweck die VÖEST und andere Unternehmen erste Kredite der amerikanischen Exim-Bank in Anspruch nahmen) und des weiteren Entwicklungsweges.

Genau an diesem Punkt setzte der Marshall-Plan ein, dessen Konturen im Lauf des Sommers und Herbstes 1947 Gestalt annahmen. Er brachte österreichische Aktivitäten und internationale Überlegungen zusammen. Während die US-Planer in gesamteuropäischer Dimension dachten, konnte die österreichische Seite auf verschiedene Vorarbeiten zurückgreifen, die im Ministerium für Verstaatlichung und Vermögenssicherung für jene Branchen entworfen worden waren, die von der Verstaatlichung von 1946 betroffen waren (Kohleplan, Eisen- und Stahl-Plan, Elektrizitätsplan usw.).[30]

Die Konkordanz der Interessen war geradezu atemberaubend. Beide Seiten schienen von der Idee der investiven Verwendung der Wirtschaftshilfe fasziniert. Beide – auch die österreichischen Experten – hatten dabei eine Bevorzugung des Investitionsgüter- vor dem Konsumgütersektor im Visier. Die Sozialisten und Gewerkschafter konnten dem Marshall-Plan umso eher zustimmen, als ein Großteil der Mittel in den eben erst geschaffenen verstaatlichten Wirtschaftssektor floß: Die Elektrizitätsfirmen erhielten rund ein Viertel der ERP-Gelder[31]; an die Eisen- und Stahlindustrie gingen zehn Prozent. Die verstaatlichte Industrie, die Wasserkraftwerke und die Eisenbahnen zogen zusammen 60 Prozent der Gesamtsumme an sich, die im Rahmen der Marshallplanhilfe nach Österreich floß.[32] Die Bedeutung der ERP-Gelder für die Ankurbelung der Investitionen im verstaatlichten Bereich kann Tabelle 3 entnommen werden.

*Tabelle 3: Anteil der ERP-finanzierten Investitionen an den Gesamtinvestitionen in der verstaatlichten Industrie und in der Elektrizitätswirtschaft im Wiederaufbau (in Prozent)*

|  | Verstaatlichte Industrie | Elektrizitätswirtschaft |
|---|---|---|
| 1951 | 60 | 87 |
| Insgesamt | 45[*] | 44[**] |

[*] 1945–1953
[**] 1947–1955
Berechnet nach folgenden Quellen: März, Ost und West, 113;
Nemschak, Zehn Jahre, 30; 10 Jahre ERP, 67

Die regionale Verteilung der ERP-Mittel schrieb die Bevorzugung der westlichen Bundesländer weiter fest. Diese erhielten 81 Prozent der Gelder, während sich die traditionellen Industriestandorte Wien und Niederösterreich (samt dem bäuerlichen Burgenland) mit 19 Prozent zufriedengeben mußten. Obwohl dabei sicherlich auch politisches Kalkül im Spiel war, müssen diese Zahlen doch auch mit Blick auf die branchenspezifische wirtschaftspolitische Strategie des Wiederaufbaus interpretiert werden: Sowohl die Wasserkraftwerke als auch die größten Stahlwerke lagen außerhalb der sowjetischen Besatzungszone. Das Areal des Donaukraftwerks Ybbs-Persenbeug war 1945 von der Roten Armee besetzt worden; erst nach langen Verhandlungen konnte im Jahr 1953 ein Abkommen geschlossen werden, das es der österreichischen Seite erlaubte, mit den unter dem Nationalsozialismus kaum begonnenen Arbeiten fortzufahren.[33]

Der Marshall-Plan hat die regionale Schwerpunktverschiebung nach Westen verstärkt. Einer Erhebung aus dem Jahr 1958 zufolge hatte sich die Zahl der in der Industrie Beschäftigten in Oberösterreich, Salzburg und Tirol gegenüber 1936 mehr als verdreifacht; in der Steiermark, Vorarlberg und Kärnten hatte sie sich verdoppelt. In Wien war sie 1,75 mal so hoch, in Niederösterreich Betrug der Wert 1,69 und das Burgenland nahm mit 1,52 die letzte Stelle ein.[34]

Dieses Zurückbleiben Ostösterreichs am Ende der Wiederaufbau-Periode muß als gemeinsames Produkt verschiedener Entwicklungen interpretiert werden: Die Grundlagen dazu wurden bereits in der Zeit des Nationalsozialismus gelegt. Nach 1945 trug die Nähe zum »Eisernen Vorhang« ebenso zum langsameren Wachstum bei wie die psychologische Investitionsbremse, die durch die Präsenz der Roten Armee bis 1955 gegeben war, und die Bevorzugung des österreichischen Westens im Rahmen des Marshall-Plans. In den gesamtwirtschaftlichen Wachstumsraten hat dieses Zurückbleiben Ostösterreichs kaum Niederschlag gefunden. Man könnte, im Gegenteil, die Frage stellen, ob ein den Vereinigten Staaten ›sicheres‹ Österreich mit einer ebenso großzügigen Hilfe bedacht worden wäre wie ein teilweise von der Roten Armee besetztes Land. Ein Vergleich mit der deutschen Bizone legt eine solche Vermutung nahe: Während Österreich eine Pro-Kopf-ERP-Hilfe von 132 Dollar erhielt, mußte sich die Bizone mit 19 Dollar begnügen; der Anteil der ERP-Hilfe am Bruttonationalprodukt in den Jahren 1948/49 betrug in Westdeutschland 2,9 Prozent, in Österreich aber 14 Prozent.[35]

Daß die reichlich fließenden amerikanischen Gelder teilweise eine Kompensation für die offenen und versteckten Reparationsleistungen Österreichs an die Sowjetunion darstellten, ist ein neues Argument, zu dessen Diskussion und Beantwortung ein eigener Beitrag nötig wäre.[36]

## ANMERKUNGEN

1   Haberler, Development, in: Arndt Hg., Economy, 1979, 61ff.
2   Vgl. Butschek, Wirtschaft, 1985, 109ff.
3   Vgl. dazu die Diskussion der verschiedenen Erklärungsansätze bei Abelshauser, Wirtschaftsgeschichte, 1983, 85ff.
4   Bayer, Strukturwandlungen, 1929, 89.
5   Nemschak, Jahre, 1955, 66.
6   Abelshauser, Wirtschaftsgeschichte, 1983, 65ff.
7   WIFO 1–3 (1947), 35; Der Außenhandel Österreichs in der Zeit zwischen den beiden Weltkriegen, Wien 1946, 20.

8   Klambauer, Frage, in: Jahrbuch für Zeitgeschichte (1978), 148.
9   Vgl. März u.a., Stagnation, in: Wirtschaft und Gesellschaft 2 (1982), 232.
10  Vgl. Einwitschläger, Wirtschaftspolitik, 1985, 54ff.
11  Böck-Greissau, Industrie, in: Festschrift, 1950, 41.
12  WIFO 1–6 (1946), 91; 10–12 (1946), 234; 1–3 (1947), 5; Österreichisches Jahrbuch (ÖJB) 1945–1946, 1947, 375ff.
13  ÖJB 1945–1946, (1947), 351ff.
14  Ebd., 246f.
15  WIFO 1–2 (1945), 10f und 30f; 1–6 (1946), 26ff.
16  Siehe zu dieser Problematik auch: ÖJB 1945–1946, 262, 299, 320.
17  WIFO 1–2 (1945), 30.
18  ÖJB 1945–1946, (1947), 320, 374.
19  ÖJB 1947, (1948), 305.
20  ÖJB 1945–1946, (1947), 297.
21  Ebd., 383f; 1947, 364, 372f.
22  Zit. nach Einwitschläger, Wirtschaftspolitik, 1985, 74.
23  Brusatti, Entwicklung, in: Weinzierl u.a. Hg., Österreich, 1972, 428ff.
24  Einwitschläger, Wirtschaftspolitik, 1985, 145.
25  Ausch, Licht, 1965, 97f.
26  WIFO 1–6 (1946), 79f.
27  Abelshauser, Wirtschaftsgeschichte, 1983, 40ff.
28  ÖJB 1947, (1948), 347.
29  Die UNRRA-Hilfe wurde im Rahmen der Vereinten Nationen zur Verfügung gestellt. Die Hilfslieferungen des Jahres 1947 wurden von den USA ohne den Umweg der UNO organisiert.
30  Hollerer, Verstaatlichung, 1974, 168ff.
31  ERP: European Recovery Program war die offizielle Bezeichnung für den Marshall-Plan.
32  Langer, Verstaatlichungen, 1966, 275.
33  Vas, Wasserkraft- und Elektrizitätswirtschaft, 1956, 16, 32ff.
34  Ausch, Licht, 1965, 242.
35  Milward, Reconstruction, 1984, 96ff.
36  Ein Versuch einer derartigen Berechnung wurde gemacht von: Fisch, Reparationen, 1992, 226ff. Fisch zufolge entsprach die amerikanische Hilfe im wesentlichen den reparationsähnlichen Leistungen, die Österreich an die Sowjetunion zu zahlen hatte.

Gertrude Enderle-Burcel
# Die österreichischen Parteien 1945 bis 1955

»Wir können nicht warten, bis uns die anderen diktieren« umreißt der Finanzminister der Provisorischen Regierung Renner, Georg Zimmermann[1], im Juni 1945 seine Vorstellung von den Aufgaben der Regierung und charakterisiert damit die Grundposition, die die Parteien in den Beziehungen zu den Befreiern einnahmen, die sehr bald als Besatzungsmächte empfunden wurden. Die Vielfalt der Probleme der ersten zehn Jahre der Zweiten Republik wird unter folgenden Gesichtspunkten aufgezeigt: An Hand der Rahmenbedingungen bei der Gründung der Parteien 1945; der Entwicklung der Österreichischen Volkspartei (ÖVP), der Sozialistischen Partei Österreichs (SPÖ) und der Kommunistischen Partei Österreichs (KPÖ); ihrer Bereitschaft zu Konzentrations- und Koalitionsregierungen; der Entstehung des für Österreich so typischen Proporz-Systems; der Konflikte in den Wahlkämpfen, des Buhlens um die Stimmen der ehemaligen Nationalsozialisten; der unterschiedlichen Haltungen beim Wiederaufbau der österreichischen Wirtschaft und der schwierigen Verhältnisse unter der vierfachen Besatzung.


## Neubeginn und Kontinuität

Die drei Parteien konstituierten sich im April 1945 – nach zwölf Jahren der Unterbrechung der demokratischen Tradition – »im wesentlichen so, wie es der Vergangenheit entsprach«[2]. Auffallend unverändert hatten die politischen Lager die Zeit des Austrofaschismus und des Nationalsozialismus überdauert. Das christlichsozial-konservative, das sozialistische und das nationale Lager zeigten eine starke Kontinuität zur Ersten Republik, ja sogar zur österreichisch-ungarischen Monarchie[3], wenngleich das nationale Lager bis 1949 ausgeschaltet blieb. Durch die Haltung der vier Besatzungsmächte (England, Frankreich, USA und die Sowjetunion) hatten bis 1949 die Großparteien ÖVP und SPÖ sowie die KPÖ das politische Monopol. Mehrere Versuche und Anläufe, neue Parteien zu errichten, scheiterten am Widerspruch der Alliierten. 1949 begann mit der Zulassung einer vierten Partei – dem Verband der Unabhängigen (VdU), dem Sammelbecken der »Ehemaligen«, wie Altnazis verschleiernd bezeichnet wurden, ein neuer Abschnitt in der österreichischen Parteiengeschichte.

Trotz des Fortbestehens der »Lagermentalität« aus der Ersten Republik und der Tendenz bei ÖVP und SPÖ, sich jedes organisierbare Interesse auch parteimäßig einzuverleiben,[4] hatte sich aber im Bewußtsein und im Verhalten der politischen Eliten eine grundlegende Änderung vollzogen,[5] die es den einst bitter verfeindeten Bürgerkriegsgegnern von 1934 ermöglichte, eine Regierungsallianz zu schließen, die bis 1966 halten sollte.[6] So verschieden die geistigen Traditionen der beiden großen Parteien 1945 noch waren, lassen sich doch starke Kooperationsbemühungen der Parteispitzen am Anfang der Zusammenarbeit feststellen.[7] Der Burgfriede, den die gemäßigten Kräfte der ehemaligen Bürgerkriegsparteien 1945 schlossen, wurde im Laufe der Jahre durch äußere und innere Faktoren verfestigt und zu einer relativ stabilen großen Koalition ausgebaut.

Dabei bildete eine »feste nationale Abwehrfront« die äußere Klammer für die Zusammenarbeit gegenüber den alliierten Besatzungsmächten. Leidvolle Erfahrungen aus »Parteihader« und Klassenkampf der Ersten Republik, die im Terror des national-sozialistischen Reiches endeten, schufen einen neuen Verständigungswillen und eine positive Einstellung zur Zusammenarbeit. Noch in den nationalsozialistischen Konzentrationslagern und in der Widerstandsbewegung hatten Persönlichkeiten des gemäßigten Flügels der christlich-sozialen und der sozialdemokratischen Partei die Wiederer-stehung der Republik Österreich vorbereitet.[8] Das Fehlen jeglicher revolutionärer Situation nach Kriegsende überließ den revitalisierten Partei-Eliten die Führung.

*Wahlplakate (1945)*

In Österreich ging man 1945 an die »Errichtung einer Demokratie, die auf Zusammen-arbeit aller antinazistischen Strömungen« basierte.[9] Von der Staatsgründung im April 1945 bis zu den ersten Wahlen im November 1945 schlossen sich ÖVP, SPÖ und die KPÖ zu einer von den sowjetischen Besatzungsbehörden zugelassenen Allparteienre-gierung zusammen, in der alle drei Parteien noch annähernd gleich vertreten waren.

Diese provisorische »Dreieinigkeitsregierung«[10] war mit ungeheurer Machtfülle ausgestattet. Die Regierung legitimierte sich selbst zur Staatsgründung und vereinigte
durch das Fehlen eines Parlaments Gesetzgebung und Vollziehung. Alle wesentlichen
Entscheidungen – etwa über Entlassungen, Neueinstellungen oder Beförderungen in
der Verwaltung und in weiten Bereichen der Wirtschaft – erfolgten nur auf Grund von
Parteienvereinbarungen.

   Dieser Kooperationswille blieb nicht auf die Spitzen beschränkt. 1945 kam es noch
zu engeren Zusammenschlüssen zwischen Vertretern von SPÖ und KPÖ, vereinzelt
auch unter Einbeziehung von ÖVP-Funktionären, die in einer Art Einheitsfront lokale
Probleme an der Basis lösen wollten.[11] Solche Versuche, eine Art sozialistische
Einheitsorganisation herzustellen, wurden allerdings von der SPÖ-Zentrale abgebro-
chen. Für die Parteieliten stellte ein Parteienkartell aller antifaschistischen Parteien
keine Alternative dar.[12] Das Verständnis von Demokratie als Wettstreit von Parteien
um die Stimmen der Wähler führte in Österreich zu einem sehr frühen Termin für die
ersten Wahlen im November 1945.[13] Zu diesem Zeitpunkt waren die ideologischen
Weichen bei den Parteien bereits gestellt und dies nicht nur für die ersten Wahlen,
sondern für die Entwicklung der gesamten Zweiten Republik.


ÖVP – antimarxistische Sammelpartei

Die ÖVP war nach dem Willen ehemaliger Parteigänger der christlich-sozialen Partei
im April 1945 bewußt eine neue »Partei der Mitte«. »Christlich-sozial« wurde im
Parteinamen gegen »Volkspartei« ausgetauscht. Das Fehlen des Prädikats christlich
signalisierte zugleich ein Abrücken von der ehemaligen engen Verbindung mit der
katholischen Kirche. Nicht zuletzt aus Rücksicht auf den Koalitionspartner SPÖ, dem
das ständestaatlich-autoritäre System der Jahre 1933 bis 1938 verhaßt war, wurde
vermieden, bei der christlich-sozialen Partei der Ersten Republik anzuknüpfen.[14]

   Die ÖVP ging als erste Partei bereits im Juni 1945 mit einer Art Programm,
allerdings lediglich 15 kurzen Leitsätzen, an die Öffentlichkeit. Neu gegenüber der
Ersten Republik war neben dem Verzicht auf die religiöse Etikettierung auch das
eindeutige Bekenntnis zur österreichischen Nation. Weiters enthielten die Leitsätze
den Wunsch »zur ehrlichen Zusammenarbeit mit allen Österreich bejahenden Parteien
und ritterlichen Austragung grundsätzlicher und taktischer Meinungsverschiedenheiten«[15].

   Konzept und Selbstverständnis der ÖVP waren die einer bürgerlichen und antimar-
xistischen Sammelpartei, die in Form von Bünden – Österreichischer Arbeiter- und
Angestelltenbund, Österreichischer Bauernbund, Österreichischer Wirtschaftsbund,
Österreichische Frauenbewegung und Österreichische Jugendbewegung – nicht nur
verschiedene Berufsgruppen, sondern auch verschiedene ideologische Strömungen –
Konservativismus, Liberalismus, katholische Soziallehre und Teile des deutschnationalen Lagers – vereinen sollte. Neben der bündischen Struktur wies die Partei noch
stark föderalistische Elemente auf. Auf Bundes- und Landesebene bestand ein kompli-
ziertes Nebeneinander aus Parteiorganen, die von Vertretern der Bünde besetzt waren.[16]
Der Versuch des ersten Generalsekretärs der ÖVP, Felix Hurdes, die Partei mehr

zentralistisch zu gestalten, scheiterte bereits im September 1945 mit einem »Putsch der Bünde«[17].

Der Zusammenhalt der verschiedenen Berufsgruppen und ideologischen Strömungen erfolgte durch starke Führungspersönlichkeiten.[18] Die politische Elite der ÖVP hatte ihre Wurzeln eindeutig in der christlich-sozialen Partei und im »Ständestaat«. Die personelle Kontinuität zeigte sich an Männern wie Leopold Kunschak, Lois Weinberger, Leopold Figl, Felix Hurdes und Julius Raab, die die Politik der Nachkriegsjahre bestimmten. Sie hatten neben ihren öffentlichen Ämtern gleichzeitig hohe Funktionen in der Partei inne. Die Parteileitung sollte als Clearingstelle den Ausgleich wirtschaftlicher, sozialer, politischer und föderalistischer Interessen leisten.[19]

## SPÖ – Austromarxismus, das ungeliebte Erbe

Die SPÖ knüpfte bei ihrer Gründung als einzige Partei »bewußt an die Vergangenheit der sozialdemokratischen Partei an« und beließ auch das Linzer Parteiprogramm von 1926, ein klassisches Dokument des Austromarxismus[20], als offizielles Parteiprogramm. Die Gründung der Partei ging im April 1945 weitgehend konfliktfrei vonstatten, obwohl der reformistische Parteiflügel und der seit der Illegalität 1934 bestehende linke Parteiflügel erst wieder zusammenfinden mußten. Der Kompromiß zeigte sich schon im neuen Parteinamen, der offiziell »Sozialistische Partei Österreichs (Sozialdemokraten und Revolutionäre Sozialisten)« lautete. Der Zusatz zum Parteinamen wurde allerdings bereits im Herbst 1945 stillschweigend gestrichen.[21]

Verantwortlich für die Verkümmerung des »austromarxistischen Erbes«, für einen »elastischen Parteikurs«, für den »Prozeß einer allmählichen Entideologisierung« war der rechte Parteiflügel[22] – allen voran Karl Renner, der 1945 unbestrittene politische Führer der SPÖ.[23] Der sogenannte »Renner-Flügel«, zu dem Männer wie Adolf Schärf und Oskar Helmer gehörten, propagierte einen demokratischen Sozialismus, trat für die Aufgabe der in der Ersten Republik eingenommenen Oppositionsrolle ein, setzte sich für die Übernahme politischer Verantwortung und die Überwindung von Klassenkampfstandpunkten ein und distanzierte sich deutlich von der KPÖ.[24]

Dieses geänderte Verhalten der Parteieliten stieß beim linken Flügel der SPÖ und bei Teilen der sozialistischen Jugend auf scharfe parteiinterne Kritik, die 1948 zu dem Parteiausschluß des prominentesten Vertreters dieser Gruppe, Erwin Scharf, führte.[25] Die Diskussionen um die ideologische Neuorientierung, um »die großen Visionen des Austromarxismus« gingen auf den Parteitagen noch bis 1949 weiter.[26]

Theoretische Positionen und Zielsetzungen wurden von der SPÖ-Parteispitze den Koalitionsinteressen untergeordnet. Die SPÖ wurde zur staatstragenden Regierungspartei[27] – ein Vorgang, der für die gemäßigten Sozialisten die Erfüllung eines alten politischen Traumes bedeutete.[28]

In beiden Parteien waren ab 1945 gemäßigte Kräfte in hohen Partei- und Regierungsfunktionen, die die Koalition als adäquate Regierungsform ansahen. Ausgehend von der Fiktion der Stunde Null 1945 wurde alles Belastende aus der Zwischenkriegszeit – wie etwa kulturkämpferische Streitfragen um Kirche, Schule und Ehe[29] – beiseite geschoben. Die Führungskräfte beider Parteien stellten die Weichen weg von einer Klassenpartei, weg von ideologisch pointierten Positionen, hin zu Volksparteien, um Mitglieder, Anhänger und Wähler möglichst aus allen Schichten zu gewinnen.

Auf die noch vorhandene Lagermentalität und das Demokratieverständnis der Basis nahmen die führenden Vertreter der beiden großen Parteien keine Rücksicht.[30] Allerdings mußten die Parteimitglieder und Anhänger auf diese neue politische Kultur – die positive Einstellung der Parteieliten zur Zusammenarbeit – erst langsam eingestimmt werden.[31]

Die Besatzungssituation bis 1955, die extremen wirtschaftlichen Probleme und nicht zuletzt der Wandel in der österreichischen Sozialstruktur – Abnahme der bäuerlichen Bevölkerung und der Arbeiter, Zunahme der Angestellten und Beamten – hatte die Entwicklung zu Allerweltsparteien zusätzlich gefördert.[32] Die »permanente Koalition« wurde für 21 Jahre zur Regierungsform.[33]

## KPÖ – Gescheiterte Einheitsfront

Die Grundpositionen der zwei großen Parteien brachte die Kommunistische Partei Österreichs rasch in Konfrontation zu ÖVP und SPÖ. 1945 stellte die KPÖ scheinbar ein drittes Lager dar, das aber trotz Unterstützung durch die sowjetische Besatzungsmacht bereits bei den ersten Wahlen im November 1945 auf den Status einer Kleinpartei absank.[34] Nur in der kurzen Zeit von April bis November 1945 war die KPÖ annähernd gleich stark wie SPÖ und ÖVP in der Provisorischen Regierung Renner vertreten.

Die Partei erfuhr durch ihre Widerstandtätigkeit im Nationalsozialismus und durch die Unterstützung durch die sowjetische Besatzungsmacht zwar eine wesentliche Aufwertung, doch hatte sie von Anfang an mit organisatorischen Problemen und parteiinternen ideologischen Spannungen zu kämpfen. Die Schwierigkeiten bei der Umstellung von einer illegalen Bewegung auf eine legale Partei wurden durch unterschiedliche Zielsetzungen zwischen ehemals illegalen Parteianhängern und einer aus der Sowjetunion heimkehrenden Parteiführung noch verschärft.

Der zentrale politische Programmpunkt 1945 war eine »Aktionseinheit« oder »Einheitsfront« aller Parteien. Dies wurde allerdings von ÖVP und SPÖ »biegsam aufgefangen«. Ebenso scheiterten Versuche, mit der SPÖ eine marxistische Einheitspartei zu gründen.[35] Im Juli 1945 gab es zwar kurzfristig ein Aktionskomitee zwischen diesen beiden Parteien, das aber auf Grund der antikommunistischen Haltung der SPÖ-Führung zum Scheitern verurteilt war.[36] Lediglich auf lokaler Ebene kam es zu gemeinsamen Aktionen von SPÖ und KPÖ, fallweise auch von allen drei Parteien.[37]

Die KPÖ, die sich selbst als revolutionäre Partei, als eigentliche Erbin der revolutionären Sozialdemokratie beziehungsweise des Austromarxismus, als nationale österreichische Kraft und Teil der internationalen kommunistischen Bewegung sah,[38] hatte als langfristige Strategie die Errichtung einer »wahren Volksdemokratie«, um so »neue Wege zu einem sozialistischen Österreich« zu erschließen. Der Frage, um welche Form der Demokratie es sich dabei handeln sollte – ob im bürgerlich-demokratischen Sinn oder im Sinn der Arbeiterklasse – wich die Partei aber aus.[39]

Als kurzfristige Strategie versuchte die KPÖ, Positionen in den etwa 6.000 Betrieben aufzubauen, die durch die Flucht von Nationalsozialisten ›herrenlos‹ geworden waren und unter öffentlicher Verwaltung standen. Diese Taktik verfolgte die Partei auch später in den Großbetrieben und stellte sich 1947 bis 1950 – in den wirtschaftlich schwierigen Jahren – an die Spitze zahlreicher Demonstrationen und Streiks.[40] Sogenannte Lohn-Preis-Abkommen – dabei handelte es sich um umfassende Wirtschaftsabkommen, die von den Spitzenvertretern der Regierung, des Österreichischen Gewerkschaftsbundes und den Unternehmerorganisationen ausgehandelt wurden – hatten laufend zu Reallohnverlusten geführt. Nach Bekanntgabe des vierten Lohn-Preis-Abkommens Ende September 1950 kam es zu Streiks und Massendemonstrationen in den großen Industriegebieten.[41] Die Streikbewegung, die bis heute gerne fälschlich als kommunistischer »Putsch« bezeichnet wird, sie konnte von SPÖ und ÖGB nur mit größter Mühe in Grenzen gehalten werden.[42]

In den großen Betrieben spielte die KPÖ als unmittelbare Konkurrenz der SPÖ zwar eine stärkere Rolle als in der Ersten Republik, sie konnte aber in der gesamten Zweiten Republik keine politische Kraft von Bedeutung werden. Ihre Bedeutung, die sich in der Regierungsbeteiligung 1945 zeigte, ergab sich lediglich aus der besonderen Beziehung der KPÖ zur sowjetischen Besatzungsmacht,[43] ein Naheverhältnis, das sich letztlich aber negativ auf die Entwicklung der Partei auswirkte. Übergriffe der sowjetischen Besatzungsmacht sowie ein im Lauf des Kalten Krieges noch stark zunehmender Antikommunismus und Antisowjetismus führten zur »bruchlosen Übertragung antisowjetischer Ressentiments auf die KPÖ«[44].

Das Scheitern der Konzentrationsregierung

Zu Konflikten kam es schon in der provisorischen Regierung. Besonders deutlich zeigten sich die Unterschiede zwischen den beiden großen Parteien und der KPÖ in der Verfassungsfrage. ÖVP und SPÖ traten für die Übernahme der Verfassung von 1920 in der Fassung von 1929 ein, während die KPÖ eine breite Diskussion über neue, demokratische Verfassungsinhalte anstrebte.[45] Dies hätte aber nicht zuletzt eine Auseinandersetzung mit der Verfassungsentwicklung der Ersten Republik bedeutet, ein Thema, das zu den Tabus der Parteispitzen der beiden Großparteien gehörte. Die Tabuisierung bestimmter Themen, und damit die für Österreich spezifische Verdrängung der jüngsten Geschichte, war aber eine der Grundlagen für die Stabilität der Jahrzehnte andauernden Koalition.

Das Kräfteverhältnis der beiden Großparteien war bei den Wahlen 1945, 1949 und 1953 annähernd gleich.[46] Die ÖVP und in noch stärkerem Ausmaß die SPÖ konnten, im Vergleich zu anderen westeuropäischen Staaten, einen hohen Prozentsatz ihrer Wähler als Mitglieder ständig an sich binden.[47] Mandatsstärkste Partei war stets die ÖVP, die damit auch den Bundeskanzler stellte.

Nur ein Mal, 1945 bei den ersten Wahlen, erreichte die ÖVP sogar die absolute Mehrheit der Mandate, doch hatte es schon vor den Wahlen geheime Koalitionsabmachungen zwischen SPÖ und ÖVP gegeben. Die KPÖ, die sich viel mehr erwartet hatte, konnte damals nur fünf Prozent der Stimmen erringen, wurde aber dennoch von den beiden großen Parteien zur Teilnahme an einer Konzentrationsregierung eingeladen. Der Ministerposten für Energiewirtschaft und Elektrifizierung gab der KPÖ eine bescheidene Kontrollmöglichkeit der Regierungspolitik.[48]

Im Juni 1947 war es zu Geheimbesprechungen zwischen dem ÖVP-Bundeskanzler Leopold Figl und dem führenden Kommunisten Ernst Fischer über eine mögliche stärkere Regierungsbeteiligung der Kommunisten gekommen. Teile der ÖVP glaubten damit eine großzügigere Unterstützung für Österreichs Wirtschaft und für den Abschluß des Staatsvertrages durch die Sowjets erreichen zu können. Gegen eine engere Zusammenarbeit mit der KPÖ sprach sich aber der ÖVP-Bundesparteivorstand aus. Als die Gespräche in der Öffentlichkeit bekannt wurden, erfand die bis dahin uninformiert gewesene SPÖ den Begriff »Figl-Fischerei« für die Affäre.[49] Kurz darauf – im November 1947 – verweigerte der kommunistische Minister, Karl Altmann, die Zustimmung zur Regierungsvorlage über die Währungsreform und schied aus der Regierung aus.[50]

## Koalition in Permanenz

Der Übergang von der krisenbedingten Konzentrationsregierung zur Zweiparteienkoalition erfolgte ebenso nahtlos und konfliktfrei wie die Anpassung der Parteiprogramme an die Regierungsform Koalition. 1947 veröffentlichte die ÖVP »Grundsätze und Ziele der Österreichischen Volkspartei«, in denen vor allem »Solidarismus« propagiert wurde. Diese Mischung von beschaulichen Grundregeln für das Zusammenleben, voll sozialromantischer Elemente, zeigte zwar von theoretischem Dilettantismus, sollte aber das Parteivolk auf die Koalition einstimmen.

Auch die SPÖ legte 1947 ihr neues »Aktionsprogramm« vor, das sich neben wirtschaftlichen und sozialen Programmen »zum freien Kräftespiel politischer Parteien« bekannte.[51]

Ein Bekenntnis zum Mehrparteiensystem legte auch die ÖVP in ihren programmatischen Grundsätzen »Alles für Österreich« im Jahr 1952 ab. Kulturkämpferische Streitfragen wie Kirche, Schule, Ehe wurden von beiden Parteien gemieden.[52] Der Wandel von Klassen- und Weltanschauungsparteien zu entideologisierten Volks- bzw. Allerweltsparteien ging bei ÖVP und SPÖ unaufhaltsam voran. Die Bereitschaft zu Kompromissen und die Vermeidung von Konflikten sicherte die Koalition, zusätzlich noch untermauert durch das System der Sozialpartnerschaft.[53]

Der erste Koalitionspakt im Dezember 1945 war nur mündlich abgeschlossen worden, während die Vereinbarungen von 1949 und 1953 schriftlich festgelegt wurden, wobei keine Veröffentlichung vorgesehen war. 1953 ist der Inhalt allerdings auf Grund einer Indiskretion bekannt geworden.[54] Der Inhalt aller schriftlichen Koalitionsverträge enthielt einige stets gleichbleibende Elemente. Grundsätze der Zusammenarbeit wurden ebenso festgelegt wie die Zusammensetzung der Regierung entsprechend den Wahlergebnissen, von denen auch die Zusammensetzung anderer staatlich kontrollierter Organe abhing. Nur kurz wurde jeweils auf Sachprobleme und Projekte eingegangen. 1953 hieß es noch zusätzlich: »Der koalitionsfreie Raum wird gesondert vereinbart.« Bemerkenswert und nicht unumstritten war bei diesem Koalitionssystem, daß die Parteiführungen von ÖVP und SPÖ die Pflicht der Nationalratsklubs zur Disziplin gegenüber Regie-

*Vereidigung der Regierung (28.10.1952)*

rungsbeschlüssen festlegten.[55] Das Parlament war somit nicht Kontrollorgan, sondern Instrument, Kulisse, Tribüne und Erfüllungsgehilfe der Koalitionsregierungen.[56] Die Abhängigkeit der Parlamentarier von ihren Parteien war daher besonders stark.[57]

Proporzdemokratie im Alltag

Dies bedeutete aber nicht, daß alle Entscheidungen nur in dem relativ kleinen Gremium der Regierung fielen. Wichtige Vereinbarungen wurden zwischen den Sozialpartnern ausgehandelt. Es kam laufend zu politischen Verträgen zwischen den parteigebundenen Interessensvertretungen, so etwa zwischen der Bundeskammer der Gewerblichen Wirtschaft und der Präsidentenkonferenz der Landwirtschaftskammern auf seiten der ÖVP und dem Österreichischen Arbeiterkammertag und dem Gewerkschaftsbund auf seiten der SPÖ.[58] Für Österreich trifft daher die Bezeichnung »Parteien- und Verbandsdemokratie« beziehungsweise »Proporzdemokratie« in besonderem Maße zu.[59] Die Aufteilung aller Machtpositionen im Staat sowie in den verstaatlichten Betrieben entsprechend den jeweiligen Wahlergebnissen hatte zum sogenannten Proporzsystem geführt. Dieses für Österreich typische Proporzsystem kann für das Gleichgewicht der politischen Kräfte positiv gesehen werden. Negativ wird es wegen der Beschlagnahme aller wesentlichen Positionen im Staat durch die beiden Großparteien interpretiert. Besonders die Praxis der Ämter- und Stellenbesetzung bei Bund, Ländern und Gemeinden sowie in der verstaatlichten Wirtschaft rief Kritik hervor.[60] Die Aufteilung von Einflußsphären, das ›Packeln‹, wirkte sich aber nicht nur in der Personalpolitik, sondern auch bei der Aufteilung von Subventionsgeldern und Steuermitteln aus.

Gesteuert wurde das Proporzsystem von den Funktionärskadern beider Parteien, die nicht zuletzt durch Ämterkumulierung und Funktionshäufung dem Ansehen der Politiker schadeten.[61]

Die zahlreichen Übereinstimmungen bei den beiden Großparteien wie der Wille zur Vermeidung von Fehlern der Vergangenheit, zu Konfliktvermeidung, zu Kompromissen und sozialem Frieden, das Bekenntnis zur Parteiendemokratie, zur großen Koalition, zur Errichtung eines Patronagekartells, ihr Wandel von Klassen- in Allerweltsparteien, der strikte Antikommunismus und die außenpolitische Westorientierung dürfen aber nicht darüber hinwegtäuschen, daß die Zusammenarbeit von kleineren, aber auch größeren Konflikten begleitet war. In der Zeit der großen Koalitionen wurde der Nationalrat mit einer einzigen Ausnahme stets *vor* Ablauf der Legislaturperiode aufgelöst. Dieser Ausnahmefall war die Periode 1945 bis 1949.[62]

Die Wahlkämpfe wurden von den Koalitionsparteien regelmäßig in gehässiger Form geführt. Die ÖVP präsentierte die SPÖ als Vorbotin des Kommunismus und malte in ihren Plakaten regelmäßig das Schreckgespenst einer »roten Diktatur« an die Wand. Die SPÖ hingegen hielt die Erinnerung an die Bürgerkriegszeit wach, unterstellte der ÖVP in der gesamten Verwaltung Cliquenwirtschaft, griff zum Bild des »Rentenklaus« und schwarzen »Arbeitslosenrabens«.[63]


## Das nationale Lager formiert sich

Nicht zuletzt hatte das Buhlen um Wählerstimmen 1949 zur Wiedererrichtung des dritten politischen Lagers geführt. Bei den Wahlen 1945 waren alle ehemaligen Mitglieder und Anwärter der Nationalsozialistischen Partei und der SA durch die sogenannten Nationalsozialistengesetze als »Registrierte« ausgeschlossen, insgesamt rund 536.000 Personen. 1949 versuchten nun ÖVP-Abgeordnete Kontakte zu »Ehemaligen« herzustellen und mit ihnen einen Teil der ehemaligen Nationalsozialisten als Wähler zu gewinnen.

Die SPÖ kritisierte dieses Vorgehen zwar lautstark, doch ermöglichte der sozialistische Innenminister, Oskar Helmer, daß sich der Verband der Unabhängigen als wahlwerbende Gruppe (Wahlverband der Unabhängigen) an den Nationalratswahlen beteiligen konnte. Bis dahin untersagten die Alliierten alle Versuche, neue Parteien zu gründen – wie zum Beispiel die 1948 in Kärnten geschaffene Demokratische Union oder die Verfassungstreue Vereinigung. Erst als sich Vertreter des nationalen Lagers mit liberalen Journalisten des Salzburger Kreises um Herbert Kraus und Viktor Reimann verbanden, die nationalsozialistisch unbelastete Kritiker der Nationalsozialistengesetze waren, war die Gründung einer vierten Partei möglich.

Durch die Aufhebung der NS-Gesetze und die Integration der »Registrierten« war der einigende Faktor zwischen Liberalen und »Nationalen« rasch weggefallen. Die Partei, nach ihrer inneren Struktur stark auf lokale Persönlichkeiten aufgebaut, rieb sich bald in innerparteilichen Streitigkeiten auf, die zunehmend zur Stärkung des »nationalen« Teiles und zum Parteiausschluß von liberalen Vertretern führte. Der Wahlkampf 1953 und das 1954 beschlossene Bad Ausseer Programm ließen an der betont nationalen Orientierung des VdU nicht mehr zweifeln. Die Zersplitterung des VdU, durch

Wahlverluste 1953 noch beschleunigt, endete schließlich 1956 mit der Gründung der Freiheitlichen Partei Österreichs[64], einer betont deutschnationalen Partei.

Das Wahlergebnis 1949, das dem VdU 16 Mandate auf Kosten der beiden Großparteien gebracht hatte, steigerte die Bereitschaft der Großparteien zur Koalition, »die geradezu voreilig und mit Selbstverständlichkeit sanktioniert« wurde.[65]

*VdU-Wahlversammlung (1949)*

Für die ÖVP bedeutete diese vierte Partei in weiterer Folge so sehr eine Konkurrenz, daß sie sich immer mehr nach rechts öffnete. Das erfolgreiche Bemühen um die Aufhebung der NS-Gesetze, die Eingliederung ehemaliger Nationalsozialisten in die ÖVP, die stärkere Betonung der sozialen Marktwirtschaft nach dem Vorbild der deutschen CDU und ein autoritärer Führungsstil unter dem Bundeskanzler Julius Raab ab 1953 waren die Folgen.[66] 1953 war es auch erstmals zu Gesprächen zwischen ÖVP und VdU über eine Regierungsbeteiligung gekommen. Gleichzeitig hatte die ÖVP der SPÖ eine Dreierkoalition vorgeschlagen, die an der entschiedenen Ablehnung des von der SPÖ gestellten Bundespräsidenten Theodor Körner scheiterte. Die SPÖ befürchtete vor allem eine Neuauflage der Bürgerblock-Regierungen nach dem Muster der Ersten Republik und daß es von sowjetischer Seite Einwendungen und damit eine Verzögerung bei den wieder einmal hoffnungsvoll anlaufenden Staatsvertragsverhandlungen geben könnte.[67]

Konflikte wurden aber nicht nur in den Wahlkämpfen ausgetragen. Auch im politischen Alltag kam es laufend zu Reibereien. Die Koalitionspakte legten nur die politischen Grundzüge fest. Die pragmatische Politik der Parteispitzen von ÖVP und

SPÖ wurde im Koalitionsausschuß und in den Gremien der Sozialpartnerschaft oft nur mühsam ausgehandelt.[68]

## Die »Verstaatlichte« im Parteienhader

Vor allem bei den Grundlagen für den wirtschaftlichen Wiederaufbau Österreichs – gleichbedeutend mit der Erneuerung kapitalistischer Produktionsverhältnisse – kam es zu größeren Konflikten.[69] Der Aufbau eines staatswirtschaftlichen Sektors, das heißt die Verstaatlichung der Grundstoffindustrie, der Großbanken und der Elektrizitätswirtschaft wurde zwar im Einvernehmen aller Parteien durchgeführt,[70] jedoch um die Beschlagnahme des »Deutschen Eigentums« durch die vier Besatzungsmächte zu verhindern. Die Verstaatlichung der ehemaligen deutschen Großbetriebe sollte eine Entwicklung in Richtung sozialistischer Gesellschaftsordnung einleiten, wie Teile der KPÖ und SPÖ erwarteten. Verstaatlichungen und die Ansätze zur Planwirtschaft, die es in der Wiederaufbauphase gab, führten aber nicht automatisch zu einer neuen demokratischen Gesellschafts- und Wirtschaftsordnung.[71] Die ÖVP sah in der Verstaatlichung nämlich nur eine realpolitische Notwendigkeit, da die zerstörte Grundstoffindustrie nicht aus privaten Mitteln aufgebaut werden konnte und die Verstaatlichung den Zugriff der Besatzungsmächte auf die betroffenen Unternehmungen verhinderte.[72]

Das Verstaatlichungsgesetz von 1946 war zwar von allen Parteien getragen worden, doch war mit diesem Grundkonsens die zukünftige Verwaltungsform der verstaatlichten Industrie noch in keiner Weise festgelegt. In der Praxis wurde die Kompetenz für die verstaatlichte Industrie von den beiden großen Parteien als »Besitzstand« angesehen und als ständiger Zankapfel, je nach Wahlergebnis und Machtverteilung, zwischen »schwarzem« und »rotem« Minister hin und her geschoben. Auch alle Leitungsfunktionen der verstaatlichten Industrien wurden entsprechend dem Wahlproporz besetzt.[73] Die Verfügung über die verstaatlichte Industrie galt somit als Gradmesser der politischen Machtverschiebungen.[74]

Die gemeinsam getragene Verstaatlichung einzelner Schlüsselindustrien, der Verzicht auf Klassenkampf, eine Politik der Lohn- und Preisabkommen in den Jahren 1947 bis 1951, das bedingungslose Bekenntnis zum Marshallplan, der die Eingliederung Österreichs in das kapitalistische System des Westens maßgeblich förderte, waren das einigende Band der beiden Großparteien bei der Rekonstruktion der österreichischen Wirtschaft. Anders als in Deutschland die SPD hatte die SPÖ dem Marshallplan und somit der Westorientierung vorbehaltlos zugestimmt und auf eine Neuordnung der Wirtschafts- und Besitzverhältnisse verzichtet.[75]

## Gemeinsam gegen die Alliierten

Zur Festigung der großen Koalition trug aber auch wesentlich »die vierfache Klammer des Besatzungsregimes« bei.[76] Bei den Parteien herrschte Einigkeit darüber, daß nur ein geschlossenes Auftreten gegenüber den Besatzungsmächten die innere Handlungsfreiheit der Bundesregierung und ein unabhängiges Österreich wiederherstellen könnte. Nur ein gemeinsames Vorgehen konnte die Abhängigkeit der österreichischen Bundesregierung von den Alliierten in Grenzen halten.

In Ostösterreich konnte die Regierung Renner unter der sowjetischen Besatzungsmacht bis Juli 1945 durch eine große Anzahl von Gesetzen Wirtschaft und Verwaltung rasch wieder in Gang setzen. Erst mit Eintreffen der drei Westalliierten in Wien und dem Ersten Kontrollabkommen im Juli 1945 sowie der Schaffung eines eigenen Kontrollorganes im September 1945, wurde der Alliierte Rat zu einer – wie es Karl Renner formulierte – Art »Ersatz- oder Super-Parlament«.[77] Die Zeit zwischen der Errichtung des Alliierten Rats und dem Zweiten Kontrollabkommen im Juni 1946 war durch eine »totale Kontrolle« der vier Alliierten gekennzeichnet.[78] Erst das zweite Kontrollabkommen brachte für Österreich wesentliche legislative und politische Erleichterungen,[79] da Einsprüche der Alliierten gegen einen Gesetzesbeschluß des österreichischen Parlaments, wenn es nicht um Verfassungsgesetze ging, nur einstimmig gefaßt werden konnten. Eine Einstimmigkeit, die unter den Alliierten im Zuge des Kalten Kriegs und zunehmender Isoliertheit der Sowjets unter den Alliierten immer seltener und unwahrscheinlicher wurde. Darüberhinaus hatte die österreichische Regierung noch die Möglichkeit, selbst wichtige Gesetze – wie etwa das Verstaatlichungsgesetz – als einfaches Gesetz im Parlament einzubringen, um so die notwendige Bestätigung durch den Alliierten Rat zu umgehen.[80]

Es blieben aber noch genug Probleme. So etwa die Südtirol-Frage, die Abwehr wirtschaftlicher Ansprüche der einzelnen alliierten Mächte und nicht zuletzt die langwierigen und oft unterbrochenen Verhandlungen des Staatsvertrags 1955. In beiden Großparteien herrschte die Auffassung, daß nur die große Koalition den Wiederaufbau leisten und die Unabhängigkeit Österreichs durchsetzen könne. Selbst der Abschluß des Staatsvertrages brachte keine Änderung des Regierungssystems, denn es blieb die Überzeugung, »daß die nach dem Staatsvertrag aufgetretenen und in der Zukunft noch zu erwartenden Probleme eine solche Zusammenarbeit auch weiterhin verlangen werden«[81].

## ANMERKUNGEN

1  Kabinettsratsprotokolle der Zweiten Republik, in: Enderle u.a. Hg., Protokolle, 1995, 297.
2  Pelinka, Aspekte, in: Rettinger u.a. Hg., Zeitgeschichte, 1982, 243.
3  Ebd.
4  Kafka, Regierung, in: Wort und Wahrheit 6/7 (1962), 595.
5  Pelinka, Konkurrenz, in: Rettinger u.a. Hg., Zeitgeschichte, 1982, 84.
6  Mommsen-Reindl, Proporzdemokratie, 1976, 12, 28.
7  Ebd., 14.
8  Mommsen-Reindl, Proporzdemokratie, 1976, 27ff; Mommsen-Reindl, Österreich, in: Wende Hg., Lexikon, 1981, 444.
9  Prader, Angst, 1975, 14.
10  Mommsen-Reindl, Proporzdemokratie, 1976, 30.
11  Beispiele dazu finden sich im Wiener Stadt- und Landesarchiv, Bestand: Akten des Bürgermeisteramtes, 1945.
12  Pelinka, Aspekte, in: Rettinger u.a. Hg., Zeitgeschichte, 1982, 244f.
13  Ebd., 242.

14 Mommsen-Reindl, Proporzdemokratie, 1976, 36f.
15 Berchtold, Parteiprogramme, 1967, 377.
16 Kafka, Regierung, in: Wort und Wahrheit 6/7 (1962), 596.
17 Gottweis, Entwicklung, in: Gerlich u.a. Hg., Koalition, 1983, 56.
18 Müller, ÖVP, in: Dachs u.a. Hg., Handbuch, 1991, 227.
19 Gottweis, Entwicklung, in: Gerlich u.a. Hg., Koalition, 1983, 56.
20 Berchtold, Parteiprogramme, 1967, 247.
21 Weber, Rechtsvorrang, in: Maimann Hg., Jahre, 1988, 243.
22 Mommsen-Reindl, Proporzdemokratie, 1976, 41f.
23 Buchegger u.a., Anspruch, in: Gerlich u.a. Hg., Koalition, 1983, 21.
24 Mommsen-Reindl, Proporzdemokratie, 1976, 42; Jagschitz, Österreichplanungen, in: Rettinger u.a. Hg., Zeitgeschichte, 1982, 304f.
25 Weber, Krieg, 1986.
26 Buchegger u.a., Anspruch, in: Gerlich u.a. Hg., Koalition, 1983, 21.
27 Pelinka u.a. Hg., Weg, 1988.
28 Weber, Rechtsvorrang, in: Maimann Hg., Jahre, 1988, 244.
29 Pelinka u.a., Demokratie, 1971, 281.
30 Pelinka, Konkurrenz, in: Rettinger u.a. Hg., Zeitgeschichte, 1982, 91.
31 Mommsen-Reindl, Proporzdemokratie, 1976, 73.
32 Gerlich, Parteien, in: Gerlich u.a. Hg., Koalition, 1983, 6ff.
33 Buchegger u.a., Anspruch, in: Gerlich u.a. Hg., Koalition, 1983, 23.
34 Pelinka, Aspekte, in: Rettinger u.a. Hg., Zeitgeschichte, 1982, 248f.
35 Jagschitz, Österreichplanungen, in: Rettinger u.a. Hg., Zeitgeschichte, 1982, 305.
36 Ehmer u.a., Kampf, in: Historische Kommission Hg., Partei, 1987, 337.
37 Beispiele dazu finden sich im Wiener Stadt- und Landesarchiv, Bestand: Akten des Bürgermeisteramtes, 1945.
38 Lichtblau u.a., Entwicklung, in: Gerlich u.a. Hg., Koalition, 1983, 97.
39 Ehmer u.a., Kampf, in: Historische Kommission Hg., Partei, 1987, 338, 351.
40 Ehmer, Partei, in: Dachs u.a. Hg., Handbuch, 1991, 276.
41 Ehmer u.a., Kampf, in: Historische Kommission Hg., Partei, 1987, 369, 379.
42 Ucakar, Entwicklung, in: Fischer Hg., System, 1974, 418.
43 Müller, Parteiensystem, in: Dachs u.a. Hg., Handbuch, 1991, 189.
44 Ehmer u.a., Kampf, in: Historische Kommission Hg., Partei, 1987, 341f.
45 Ebd., 342.
46 1945: SPÖ 76 Mandate/ ÖVP 85/ KPÖ 4; 1949: SPÖ 67 Mandate/ ÖVP 77/ VdU 16/ Linksblock 5; 1953: SPÖ 73 Mandate/ ÖVP 74/ VdU 14/ Volksopposition 4 (vgl. dazu Fischer, Fraktion, in: Fischer Hg., System, 1974, 115).
47 Leser, Entwicklung, in: Fischer Hg., System, 1974, 34f; Kafka, Regierung, in: Wort und Wahrheit 6/7 (1962), 593.
48 Ehmer u.a., Kampf, in: Historische Kommission Hg., Partei, 1987, 349.
49 Reichold, Geschichte, 1975, 177ff.
50 Pelinka u.a., Demokratie, 1971, 192.
51 Mommsen-Reindl, Proporzdemokratie, 1976, 35–44.
52 Pelinka u.a., Demokratie, 1971, 278, 281.
53 Vgl. den Beitrag Tálos u. Kittel in diesem Band.
54 Mommsen-Reindl, Proporzdemokratie, 1976, 49.
55 Kafka, Regierung, in: Wort und Wahrheit 6/7 (1962) 601f.
56 Pelinka u.a., Demokratie, 1971, 66.
57 Lehmbruch, Proporzdemokratie, 1967, 36.
58 Kafka, Regierung, in: Wort und Wahrheit 6/7 (1962), 604.
59 Kafka, Verfassung?, in: Wort und Wahrheit 6/7 (1962), 530.
60 Kafka, Regierung, in: Wort und Wahrheit 6/7 (1962), 606ff.
61 Leser, Entwicklung, in: Fischer Hg., System, 1974, 29.
62 Pelinka u.a., Demokratie, 1971, 272.
63 Mommsen-Reindl, Proporzdemokratie, 1976, 74f.
64 Perchinig, National, in: Gerlich u.a. Hg., Koalition, 1983, 71–78.
65 Mommsen-Reindl, Proporzdemokratie, 1976, 49.

66 Müller, ÖVP, in: Dachs u.a. Hg., Handbuch, 1991, 239.
67 Botz, Körner, in: Weissensteiner Hg., Bundespräsidenten, 1982, 204.
68 Beispiele für Parteienverhandlungen vgl. Institut für Zeitgeschichte, Nachlaß Lois Weinberger, Karton 614.
69 Ucakar, Entwicklung, in: Fischer Hg., System, 1974, 418.
70 Kramer u.a., Jugend, in: Fischer Hg., System, 1974, 543.
71 Prader, Angst, 1975, 19.
72 Heindl, Arbeit, 1970, 38.
73 Dobler, Proporz, in: Gerlich u.a. Hg., Koalition, 1983, 321f.
74 Kafka, Regierung, in: Wort und Wahrheit 6/7 (1962), 609.
75 Prader, Angst, 1975, 57.
76 Mommsen-Reindl, Proporzdemokratie, 1976, 51.
77 Stourzh, Regierung, 1966, 328.
78 Ebd., 333f.
79 Tschögl, Tagespresse, 1979, 110.
80 Beiträge zur Geschichte der KPÖ, 1976, 98.
81 Mommsen-Reindl, Proporzdemokratie, 1976, 58.

Walter Manoschek

# Verschmähte Erbschaft
Österreichs Umgang mit dem Nationalsozialismus 1945 bis 1955

Der 27. April 1945 war der Geburtstag der Zweiten Republik Österreich. Drei Monate zuvor hatten sowjetische Truppen Auschwitz befreit, vier Wochen zuvor waren sie auf österreichisches Gebiet vorgedrungen. Die Stellungs- und Befestigungsanlagen – bombastisch »Ostwall« genannt –, die im Winter 1944/45 zwischen Bratislava und Maribor von Hitler-Jugend, Volkssturm und verschleppten jüdischen Zwangsarbeitern aus Ungarn eilig errichtet worden waren, wurden dabei mühelos überrannt. Beim Herannahen der sowjetischen Truppen im Frühjahr 1945 trieben die örtlichen Wachmannschaften die »Ostwall-Juden« in Gewaltmärschen quer durch das Burgenland, die Steiermark, Niederösterreich und Oberösterreich in Richtung Mauthausen. Mindestens 80.000 ungarische Juden und Jüdinnen kamen auf diesen Märschen vor den Augen der örtlichen Bevölkerung zu Tode: Sie verhungerten, erfroren, wurden von ihren Bewachern erschossen oder erschlagen und entlang der Straßen in unzähligen Massengräbern verscharrt.

Am 27. April 1945 gab die provisorische österreichische Regierung unter Staatskanzler Renner die Unabhängigkeit von Deutschland und die Gründung der Zweiten Republik Österreich bekannt. Zu diesem Zeitpunkt herrschte im Westen Österreichs Vernichtungskrieg: Am 28. April 1945 ließ der österreichische Lagerleiter des KZ Mauthausen, SS-Standartenführer Franz Ziereis, auf Anordnung des oberösterreichischen Gauleiters und Reichsverteidigungskommissars August Eigruber 33 kommunistische Widerstandskämpfer in der Gaskammer von Mauthausen vergasen. Es war die letzte Vergasungsaktion, die im »Dritten Reich« stattfand.

In den ersten zehn Tagen der Zweiten Republik fielen im KZ-Komplex Mauthausen noch über 8.000 InsassInnen den nationalsozialistischen Endphaseverbrechen zum Opfer. Am 5. und 6. Mai 1945 wurden die etwa 64.000 Gefangenen des KZs Mauthausen und der noch bestehenden Außenlager von amerikanischen Truppen befreit. Am 2. Februar 1945 – zwei Monate vor der Befreiung von Mauthausen – hatten etwa 500 sowjetische Kriegsgefangene einen verzweifelten Fluchtversuch gewagt. 419 gelang es, aus dem KZ-Gelände lebend zu entkommen. Nur eine Handvoll erlebte das Kriegsende: Zwei wurden von der Familie Langthaler, jeweils ein Geflüchteter von den Familien Wittberger und Mascherbauer versteckt. Mit wenigen Ausnahmen wurden alle anderen innerhalb weniger Tage vom Volkssturm, von der Gendarmerie und von der kreuzbraven Mühlviertler Bevölkerung aufgestöbert, erschlagen, erschossen oder der SS zur Liquidierung übergeben. Die Suchaktion nach den Geflohenen ging als »Mühlviertler Hasenjagd« in die Annalen der Regionalgeschichte ein.

Am 8. Mai 1945 war der Zweite Weltkrieg zu Ende. Die Bilanz der siebenjährigen Teilhaberschaft Österreichs am »Tausendjährigen Reich«: Mehr als eine Million Österreicher waren in die Wehrmacht eingezogen worden oder hatten sich zur SS gemeldet – etwa 250.000 von ihnen »starben den Heldentod fürs Vaterland« (so lautet, stellvertretend für unzählige andere, die Inschrift am Kriegerdenkmal im Tiroler Ort Holzgau) –, nahezu 700.000 ÖsterreicherInnen waren Mitglieder der NSDAP[1]. Dem gegenüber stehen mehr als 60.000 österreichische Jüdinnen und Juden, etwa 11.000

*Collage von John Heartfield für die Arbeiter-Illustrierte-Zeitung (1936)*

österreichische »ZigeunerInnen« und zehntausende Euthanasieopfer, die dem rassistischen Vernichtungsprogramm der deutschen und österreichischen Nationalsozialisten zum Opfer fielen. Etwa 25.000 ÖsterreicherInnen wurden als politische Regime-
gegner ermordet. Bei weitem nicht alle politischen Opfer waren Widerstandskämpf-
erInnen. Die Verfolgungen von kollektiven oder individuellen Widerstandshandlun-
gen und abweichendem Verhalten von der NS-Norm wurden in den letzten Kriegs-
jahren immer ähnlicher: Oftmals genügten ein politischer Witz, das Abhören eines
Auslandssenders oder der Geschlechtsverkehr mit »Fremdrassigen«, um von den
Richtern des Volksgerichtshofes zum Tode verurteilt zu werden. Die tragisch hohe
Opferzahl spiegelt zu einem nicht unbeträchtlichen Teil die Geschichte des Denunzi-
antentums in Todesziffern wider. Der organisierte und militärische Widerstand in
Österreich war heldenhaft, dennoch marginal. Er beschränkte sich politisch im we-
sentlichen auf KommunistInnen und auf Kärntner und Steirische SlowenInnen, die in
der jugoslawischen Partisanenarmee auf österreichischem und jugoslawischem
Gebiet kämpften. Der Versuch des Aufbaus eines organisierten nationalen Wider-
standsnetzes konnte von der Gestapo mangels ausreichender sozialer Basis in Österreich systematisch zerschlagen werden. Ernüchtert mußte der von Italien in Richtung
Kärnten vorrückende britische Armeekommandant, Feldmarschall Alexander, im
Jänner 1945 zur Kenntnis nehmen, daß in Österreich kein militärisches Widerstands-
netz existierte, mit dem seine Truppen hätten kooperieren können: »Indigenous
resistance in Austria was negligible. (...) Alexander concluded that an Austrian
resistance would not be operational soon enough.«[2] Und selbst die sowjetische
Nachrichtenagentur TASS, die nach 1945 bemüht war, den Widerstand der österreichischen KommunistInnen zu einem österreich-patriotischen umzuinterpretieren,
schrieb: »Von einem österreichischen ›Widerstand‹ war selbst während des Sturmes
der Sowjetarmeen auf Wien kaum etwas zu merken.«[3]


Die Geburtsstunde des österreichischen Opfermythos

Die Geburtsstunde der Zweiten Republik Österreich war keine »Stunde Null«, sondern
die aktive Grundsteinlegung zum Aufbau einer nationalen Identität, die mit der historischen Realität und der kollektiven Erfahrung des überwiegenden Teils der österreichischen Bevölkerung nur sehr partiell übereinstimmte. Zentraler Angelpunkt des
Argumentationskonstrukts war die ins Gründungsdokument der Zweiten Republik
aufgenommene und als Staatsgesetzblatt Nr. 1 verrechtlichte »Tatsache, daß der
Anschluß des Jahres 1938 nicht, wie dies zwischen zwei souveränen Staaten selbstverständlich ist, zur Wahrung aller Interessen durch Verhandlungen von Staat zu Staat
vereinbart und durch Staatsverträge abgeschlossen, sondern durch militärische Bedrohung von außen und den hochverräterischen Terror einer nazifaschistischen Minderheit
eingeleitet, einer wehrlosen Staatsleitung abgelistet und abgepreßt, endlich durch
militärische und kriegsmäßige Besetzung des Landes dem hilflos gewordenen Volke
Österreichs aufgezwungen worden ist«.[4] Auf dieser völkerrechtlichen Okkupationstheorie konnte fortan die staatstragende Selbstinfantilisierung zum »ersten Opfer der
nationalsozialistischen Expansionspolitik« betrieben werden. Ausgeblendet blieb

dabei vor allem der originäre österreichische Nationalsozialismus: Bei den letzten freien Landtagswahlen im April 1932 in Wien, Niederösterreich und Salzburg hatte die NSDAP insgesamt 336.000 Wählerstimmen (16 Prozent der Gesamtstimmenzahl) erzielt und war zu einer Mittelpartei aufgestiegen.[5] Auch nach dem Verbot der NSDAP im Juni 1933 war die Attraktivität der NS-Bewegung ungebrochen: Trotz (halbherziger) Verfolgung in der austrofaschistischen Ära zwischen 1933/34 und März 1938 konnte die Partei beim Anschluß stolze 90.000 illegale Parteimitglieder vorweisen. Nicht nur durch sie gestaltete sich »die militärische und kriegsmäßige Besetzung des Landes« durch das »Deutsche Reich« zu einem ›Blumenkrieg‹, der selbst die deutschen ›Besatzer‹ verblüffte.

Mag diese Interpretation des Anschlusses durch alle staatstragenden Parteien noch als realpolitische Option interpretiert werden, so sind die weiteren ›Tatsachenfeststellungen‹ im Gründungsdokument der Zweiten Republik vor der Folie der Partizipation der österreichischen Gesellschaft an der nationalsozialistischen Herrschaftsausübung kaum noch mit der historischen Wirklichkeit in Übereinstimmung zu bringen: Angesichts dessen, daß in Österreich bereits im März 1938 die ersten Pogrome gegen die jüdische Bevölkerung stattfanden und in einem Ausmaß geraubt, geplündert und ›arisiert‹ wurde, daß die NSDAP disziplinierend eingreifen mußte, angesichts dessen, daß Österreicher zentrale Positionen im nationalsozialistischen Vernichtungsapparat bekleideten (zum Beispiel Eichmann, Kaltenbrunner, Globocnik, Seyß-Inquart, Rauter, Meyszner, Novak, Lerch, Murer, Sammern-Frankenegg, Wächter – um nur einige Spitzen eines Eisbergs auch im heutigen Österreich teils kaum noch bekannter Namen zu nennen), angesichts dessen, daß 1,2 Millionen Österreicher in einer Wehrmacht »ihre Pflicht erfüllten«, die keineswegs abseits vom Nationalsozialismus einen »sauberen Krieg zur Verteidigung der Heimat«, sondern im Osten und Südosten Europas auch einen rassistisch motivierten Vernichtungskrieg gegen Juden, sowjetische Kriegsgefangene und gegen die Zivilbevölkerung führten,[6] nehmen sich die weiteren Absätze der Unabhängigkeitserklärung als pathetisch formulierte Negation der historischen Realität aus:

»(...) angesichts der Tatsache, daß die nationalsozialistische Reichsregierung Adolf Hitlers kraft dieser völligen politischen, wirtschaftlichen und kulturellen Annexion des Landes das macht- und willenlos gemachte Volk Österreichs in einen sinn- und aussichtslosen Eroberungskrieg geführt hat, den kein Österreicher jemals gewollt hat, jemals vorauszusehen oder gutzuheißen instand gesetzt war, zur Bekriegung von Völkern, gegen die kein wahrer Österreicher jemals Gefühle der Feindschaft oder des Hasses gehegt hat, in einen Eroberungskrieg, der von den Eisfeldern des hohen Nordens bis zu den Sandwüsten Afrikas, von der stürmischen Küste des Atlantiks bis zu den Felsen des Kaukasus viele Hunderttausende der Söhne unseres Landes, beinahe die ganze Jugend- und Manneskraft unseres Volkes, bedenkenlos hingeopfert hat, um zum Schlusse noch unsere heimatlichen Berge als letzte Zuflucht gescheiterter Katastrophenpolitiker zu benützen und kriegerischer Zerstörung und Verwüstung preiszugeben (...), erlassen die unterzeichneten Vertreter aller antifaschistischen Parteien Österreichs ausnahmslos die nachstehende Unabhängigkeitserklärung«.[7]

Die drei antifaschistischen Gründungsparteien der Zweiten Republik (ÖVP, SPÖ, KPÖ) waren nicht bereit, das nationalsozialistische Erbe anzutreten. Eine Hilfestellung für die Durchsetzung der Opferthese bot die selektive Interpretation eines weiteren zentralen Dokuments für die erste Dekade der Zweiten Republik: der Moskauer Deklaration der Alliierten vom 1. November 1943. Die prägnante – gleichzeitig aber auch zwiespältige – Erklärung besagte,

a) daß Österreich das erste freie Land war, das der Angriffspolitik Hitlers zum Opfer gefallen sei,

b) daß die Besetzung Österreichs durch Deutschland als null und nichtig zu betrachten sei,

c) daß Österreich allerdings für die Teilnahme am Krieg an der Seite Hitler-Deutschlands Verantwortung trage, der es nicht entrinnen könne.[8]

Mit den beiden ersten Punkten der Deklaration konnten sich die drei staatstragenden Parteien vollinhaltlich identifizieren. Einer vollen Durchsetzung der österreichischen ›Opferthese‹ stand allerdings der dritte Punkt sperrig im Weg. Buchstäblich bis zur letzten Minute vor Abschluß des Staatsvertrags im Mai 1955 bemühte sich die österreichische Regierung – letztlich mit Erfolg – diesen Stolperstein österreichischer Mythenbildung endgültig zu eliminieren.

Schuld und Mitverantwortung an den Taten des nationalsozialistischen Herrschaftssystems wurden externalisiert, indem der Anschluß Österreichs an Deutschland völkerrechtlich als Okkupation definiert wurde. Während in der Bundesrepublik Deutschland die Übernahme der Rechtsnachfolge des »Dritten Reichs« neben dem Anspruch auf die Wiedervereinigung Deutschlands auch die Bürde der Verantwortung für das nationalsozialistische Regime beinhaltete, avancierte in Österreich die Okkupationstheorie (die nicht nur die gesellschaftliche Realität Österreichs in der Phase 1938 bis 1945 negierte, sondern auch völkerrechtlich höchst umstritten ist) zur Zauberformel, mit der die Zweite Republik »aus der Asche dieses Krieges«[9] wie ein Phönix auferstehen wollte.

## Entnazifizierung

Zweifellos herrschte im Jahre 1945 bei den österreichischen Gründungsparteien ein antifaschistischer Geist. Die Entnazifizierungsmaßnahmen, die noch im Lauf des Jahres 1945 in Kraft traten, wurden von den drei im Parlament vertretenen politischen Parteien und von den vier Besatzungsmächten gemeinsam getragen. Sie umfaßten zwei Bereiche: die Entnazifizierung nach formalen Kriterien mittels des noch heute in novellierter Form bestehenden Verbotsgesetzes (Registrierung der NSDAP-Mitglieder, Entziehung ihrer politischen Rechte, Berufsverbote, finanzielle Sühneleistungen usw.) und die strafrechtliche Verfolgung jener, die nationalsozialistische Verbrechen begangen hatten, nach dem bis 1957 geltenden Kriegsverbrechergesetz. Dieses Gesetz wurde nur von Sondergerichten angewendet, den Volksgerichten, die aus zwei Berufsrichtern und drei Schöffen bestanden und gegen deren Urteil es keinen Einspruch gab. Bis zur Auflösung der Volksgerichte 1955 wurden 13.600 Schuldsprüche, darunter 43 Todesurteile und 34 lebenslängliche Haftstrafen, gefällt.[10] In breiten Teilen der österreichischen Bevölkerung wurde die Entnazifizierung nicht als notwendiger demokratischer (Selbst-)Reinigungsprozeß empfunden, sondern schlicht und einfach als Strafe der

Sieger. Diese Haltung belegen empirische Erhebungen zur Entnazifizierungsgesetz-gebung: Als es 1947 zu einem neuen Entnazifizierungsgesetz kam, das nunmehr zwischen »belasteten« Nationalsozialisten und sogenannten »Mitläufern« unterschied (von den 537.000 registrierten NSDAP-Mitgliedern galten nur noch 42.000 als »bela-stet«), stimmten diesem Gesetz nur 14 Prozent der Befragten zu, 24 Prozent lehnten es ab, und 44 Prozent äußerten keine Meinung.[11] Die Gründe dafür werden in einer Umfrage deutlich, die im Zusammenhang mit der 1948 erlassenen weitreichenden Amnestie für sogenannte »Minderbelastete« durchgeführt wurde:[12] Dabei verlangten in den US-Zonen Wiens und Linz 25 Prozent und in Salzburg 33 Prozent eine Generalamnestie für alle ehemaligen Nationalsozialisten.[13] Daß diese Haltungen kaum als liberaler Ausdruck eines gereiften Demokratieverständnisses zu interpretieren sind, zeigt eine Langzeit-Studie, die zwischen September 1946 und Februar 1948 von den amerikanischen Besatzern durchgeführt wurde: Auf die Frage, ob der Nationalsozia-lismus eine schlechte Idee gewesen sei oder eine nur schlecht durchgeführte Idee,

*1941 erhielt der Maler Reinhold Klaus den Auftrag, »Das schaffende und feiernde Waidhofen« in Öl zu setzen. Nach 1945 wurden freilich die Hakenkreuzfahnen und andere Attribute des »Dritten Reichs« »entnazifiziert«. Die Blumen- und Portraitmalerin Hilde Kaltenbrunner-Leutgeb wurde während der folgenden Jahrzehnte immer dann von den Stadtvätern gerufen, wenn die Hakenkreuze das Rotweißrot zu durchdringen drohten. Vgl.: Gabriele Petricek, Unter der blühenden Linde. Die patriotische Übermalung eines Gemäldes in Waidhofen an der Ybbs, in: Jan Tabor Hg., Kunst und Diktatur, Bd. 2, Baden 1994, 944–949 (Ausschnitt)*

meinten jeweils zwischen 27 und 51 Prozent der Befragten, daß der Nationalsozialismus eine gute Idee gewesen sei, die lediglich schlecht durchgeführt worden wäre.[14] Auffallend dabei ist, daß das kollektive Bewußtsein und der offizielle Opfermythos auch nach drei Jahren Zweite Republik noch gehörig auseinanderklafften. Das »österreichische Gedächtnis« funktionierte eben bei weitem noch nicht so, wie es von Staats wegen vorgesehen war.

## Wiedergutmachung für die Opfer

Die mit dem kategorischen Imperativ »Erstes nationalsozialistisches Opfer« verbundene politische Bewußtseinsspaltung machte auch vor den politischen Eliten des Landes nicht halt. Wie wenig das ideologische Konglomerat aus bewußter Verzerrung, Sublimierung, Instrumentalisierung und Segmentierung der Erinnerung mit Verdrängung im sozialpsychologischen Sinn zu tun hat, beweist, wie instinktiv virtuos diese scheinbare politische Schizophrenie zum jeweiligen innen-, außen- und staatspolitischen Vorteil eingesetzt wurde.

Die Diskussionen über das Opferfürsorgegesetz, über Wiedergutmachungszahlungen und über die Rückstellung jüdischen Vermögens gewähren uns dabei einen Blick auf die eine Seite der Medaille. Die Usurpation der Opferrolle durch die Zweite Republik brachte nicht unbeträchtliche finanzielle Vorteile für den österreichischen Staat. Auf den finanziellen Punkt gebracht heißt das: Österreich sah und sieht sich nach wie vor nicht zu materiellen Wiedergutmachungsleistungen verpflichtet. Die wenigen Leistungen an die Verfolgten des NS-Regimes werden noch heute vom österreichischen Staat als moralischer Akt angesehen, da »Österreich grundsätzlich zu einer Wiedergutmachung von Unrechtshandlungen gegenüber politisch, religiös oder abstammungsmäßig Verfolgten des NS-Regimes nicht verpflichtet sein kann, weil nach den allgemeinen Grundsätzen des Völkerrechts ein Unrecht von dem gutzumachen ist, der es veranlaßt hat.«[15] Als erstes Opfer des NS-Regimes war und ist Österreich rechtlich nicht gezwungen, Wiedergutmachungsleistungen für seine im Nationalsozialismus verfolgten BürgerInnen zu erbringen.[16] Folgerichtig gipfelte im Jahre 1947 die ›Opferthese‹ in der Forderung nach Wiedergutmachungszahlungen Deutschlands an Österreich. Diese österreichische Sicht der Dinge – »a curious mix of morality, opportunism, realism and veiled antisemitism«[17] – war den Alliierten nun doch zu viel, und sie lehnten diesen etwas zu kuriosen Anspruch glattweg ab.

Auch die sehr zögerliche Rückerstattung des von den Nationalsozialisten geraubten jüdischen Eigentums erfolgte nicht aufgrund eines wie immer gearteten österreichischen Verantwortungsbewußtseins, sondern basierte auf der Londoner Erklärung der Alliierten vom Jänner 1943. Im Jahre 1952 hielt die Völkerrechtsabteilung im Bundeskanzleramt fest, daß »alle Judenverfolgungen vielmehr durch die deutschen Behörden angeordnet oder von ihnen zumindest zugelassen worden sind, die daher auch allein dafür verantwortlich sind«.[18] Der ÖVP-Abgeordnete und spätere Handelsminister Ernst Kolb hatte die österreichische Grundhaltung zu diesem Problem bereits Mitte 1946 auf den Punkt gebracht: »Österreich hat aber nichts gutzumachen, weil es nichts verbrochen hat.«[19]

Fürs Zahlen war nach österreichischem Selbstverständnis die ›Täterrepublik‹ Deutschland zuständig, fürs Kassieren etwa des sogenannten erblosen jüdischen Vermögens[20] hingegen erklärte sich die ›Opferrepublik‹ Österreich als zuständig. Seit Ende 1953 lehnten Bundeskanzler Raab und Finanzminister Kamitz die Rückgabe des erblosen jüdischen Vermögens an Israel ab. Die Folge war, daß die 1953 begonnenen Verhandlungen um Reparationszahlungen an Israel erst neun Jahre später abgeschlossen wurden. Österreich zahlte sechs Millionen Dollar plus zehn Prozent Verwaltungskosten an Israel – zum Vergleich: die BRD zahlte insgesamt 855 Millionen Dollar an Israel.[21]

## »Im günstigen Sinne für die Nazi geregelt«

Spätestens ab 1947 ging es jeder der beiden Koalitionsparteien ÖVP und SPÖ vermehrt darum, sich als jeweils eifrigste Verfechterin einer rechtlichen und gesellschaftlichen Amnestie der ›kleinen‹ Nazis auszuweisen. Die ÖVP war 1945 mit Forderung nach einer Wahlzulassung für einfache NSDAP-Mitglieder bei den ersten Nationalratswahlen im Dezember 1945 noch am Widerstand von SPÖ und KPÖ gescheitert. Zwischenzeitlich hatte auch die SPÖ festgestellt, daß im ›Land der NS-Opfer‹ kaum Stimmen mit der Forderung nach Bestrafung von Nazis zu gewinnen waren. Der politische Pragmatiker Karl Renner erkannte umgehend die für einen Wahlausgang entscheidenden Implikationen der polit-soziologischen Tatsache, daß »es fast keine Familie, auch keine sozialistische Arbeiterfamilie gibt – ich gebrauche dieses Wort für sozialdemokratisch und kommunistisch – die nicht in der näheren und ferneren Verwandtschaft Leute hat, die mit den Nazis mitgegangen sind«.[22] So trat die SPÖ in ihrem Aktionsprogramm von 1947 zwar noch für die »Sühne der faschistischen und nationalsozialistischen Verbrechen« ein, im selben Absatz verlangte das Programm aber die »Eingliederung der früheren Mitläufer der beiden faschistischen Parteien[23] in die Gemeinschaft der Staatsbürger«.[24]

Die ÖVP hatte bereits 1945 größtes Problemverständnis für dieses zukünftige Wählerpotential aufgebracht und »grundsätzlich eine persönliche Diffamierung unbelasteter Parteigenossen«[25] abgelehnt. Das schon 1945 deutlich werdende Mitgefühl der ÖVP für die ›Ehemaligen‹ entwickelte sich in den folgenden Jahren zu einer immer stärkeren Parteinahme für die Ex-Parteigenossen. Am zweiten ÖVP-Landesparteitag in Salzburg 1946 wurde die Wiedergutmachung zur »Frage brennendster Dringlichkeit« erklärt – allerdings nicht die Wiedergutmachung für die Geschädigten des Nationalsozialismus, sondern für ehemalige Nationalsozialisten. Im Forderungskatalog hieß es: »Die Wiedergutmachung für politisch Gemaßregelte wird gefordert, besonders auch für die Pensionisten, die heute ihr Dasein noch immer mit widerrechtlich gekürzten Pensionen fristen«.[26] Und in Blickrichtung auf die Stimmen der für die Nationalratswahlen von 1949 wieder wahlberechtigten Nationalsozialisten, unterstützte die ÖVP seit Ende 1948 offen die Ariseure, die sich in einem Verband der »Rückstellungsbetroffenen« zusammengeschlossen hatten.[27] Ganz offen wurde nunmehr um Nazi-Stimmen gebuhlt: Staatssekretär Graf erklärte auf dem vierten ÖVP-Landesparteitag 1948 die NS-Frage zum »wichtigsten Problem« und brüstete sich, daß »die ÖVP ein Hauptverdienst an der Schaffung des Amnestiegesetzes für die NS (hatte), dessen

Durchführung von den Behörden jedoch oft sabotiert würde.«[28] Und der Salzburger ÖAAB forderte auf derselben Sitzung, daß getrachtet werden müßte, »die Ungerechtigkeiten und Härten des NS-Gesetzes auf gesetzlichem Wege zu beseitigen. Dies gilt auch für die sogenannten ›Belasteten‹, die infolge der formalen Bestimmungen des NS-Gesetzes in vielen Fällen, obwohl außer der Innehabung einer Funktion nichts gegen sie vorliegt, die härtesten Sühnefolgen zu tragen haben.«[29]

Geheimtreffen führender ÖVP-Politiker mit Vertretern der sogenannten ›Ehemaligen‹[30] zur Einbindung des nationalen Lagers in die ÖVP scheiterten. Die Strategie der SPÖ, die Gründung einer vierten Partei, des VdU, und damit die Spaltung des bürgerlichen Lagers zu erreichen, war erfolgreicher. Nach VdU-eigenen Angaben waren zumindest 80 Prozent seiner Mitglieder ehemalige Nationalsozialisten.[31] Dennoch gab es auch unter den sogenannten Registrierten Stimmen, die – wenn auch halbherzig[32] – unter der Parole: »Für die Einheit gegen die rote Gefahr!«[33] für eine ÖVP-Stimmabgabe mit der Begründung warben, die ÖVP habe »seit fast zwei Jahren eine konsequente Linie der Wiederherstellung des Rechtes und des Abbaues der NS-Gesetze eingeschlagen.«[34] Zudem hoben sie positiv hervor, daß die ÖVP »im Rahmen des Sozialen Hilfswerkes die Möglichkeit gegeben (hat), an unsere in Not geratenen Kameraden hunderttausende Schillinge als Unterstützung zu vergeben, Inhaftierte zu betreuen usw.«.[35]

Aber auch die SPÖ kümmerte sich um die »doppelten Parias«[36]. Mit dem Hinweis, daß »die österreichischen sogenannten ›Illegalen‹ zusammen mit den sozialistischen Aktivisten in den Kerkern dieses klerikalen Regimes gesessen« sind »und diese gemeinsame Not und dieser gemeinsame Freiheitswille, der nicht zufällig war, auch heute und in Zukunft (verdient) als eine politische Realität festgehalten zu werden«,[37] versuchte sie, ehemalige Nazis als SPÖ-Mitglieder anzuwerben. Die SPÖ hatte im Bund Sozialistischer Akademiker bundesweit die Mehrzahl der freiheitlichen und nationalen Akademiker integriert.[38] Und selbst die KPÖ konnte der Versuchung nicht widerstehen, über die ihr nahestehende Gruppierung Nationale Liga aus dem Potential ›Ehemaliger‹ Wählerstimmen zu gewinnen.[39]

Die österreichische Form der Auseinandersetzung mit der nationalsozialistischen Periode schien mit dem Staatsvertrag endgültig beendet. Die Entnazifizierung war de facto mit der Minderbelastetenamnestie von 1948 bereits abgeschlossen worden. Von den über 13.000 nach dem Kriegsverbrechergesetz Verurteilten befanden sich 1951 nur mehr 54 in Haft, bei Abschluß des Staatsvertrags waren es gar nur noch 14. Unmittelbar nach der Unterzeichnung des Staatsvertrags war Österreich endlich frei, das zu tun, was man schon immer wollte: Der Nationalrat verabschiedete ein Gesetz, das eine Amnestie für den Großteil der von den Volksgerichten verurteilten NS-Verbrecher brachte, denen auch noch die Bezüge nachbezahlt wurden und deren Haftzeit als Dienstzeit angerechnet wurde. Ebenso wurde die Dienstzeit von SS-Männern voll für den Pensionsanspruch gewertet. Im Oktober 1955 zog die oberösterreichische ÖVP stolz Bilanz über ihre Erfolge bei der sozialen Reintegration ehemaliger NSDAP-Mitglieder: Unter der Führung der ÖVP seien in Oberösterreich die Sühnemaßnahmen gegenüber den Nationalsozialisten viel früher als in den anderen Bundesländern de facto aufgehoben worden. Die Entlassungen von Beamten, die Nationalsozialisten gewesen wären, seien schon im Jahre 1947 rückgängig gemacht, die Zwangspensionierten wieder in den Dienst gestellt worden. Alliierte Verfügungen, insbesondere die Einsprüche gegen die Nazibegünstigungsgesetze, seien umgangen worden, Oberösterreich habe auf administrativem Weg schon im Jahre 1953 durch Personalzulagen den ehemaligen Nazibeamten den Verlust, den sie durch die Hemmung von Vorrückungen erlitten hätten, ersetzt. Auch die Zeiten der Außerdienststellung seit dem Jahre 1945 seien ihnen angerechnet worden. Die Frage der Illegalität sei im günstigen Sinne für die Nazis geregelt worden.[40]

## »Die ›kalte Mauer‹, die kaum zu durchbrechen ist«

Die soziale und politische Reintegration der Nationalsozialisten in die Zweite Republik ging einher mit der Ignoranz gegenüber jenen Opfern des Nationalsozialismus, die nicht aus politischen, sondern aus rassistischen Gründen verfolgt worden waren. Diese ließen sich nicht friktionsfrei für die staatstragende Legende von der ›österreichischen Opfergemeinschaft‹ instrumentalisieren. Aus dieser Konstellation heraus folgte fast zwingend die umfassende »gesellschaftliche und geistige Isolation« der Opfer des Holocaust. Während im Nachkriegsdeutschland das Verhalten gegenüber Juden zum »Prüfstein wahrhaft demokratischer Gesinnung«, ja geradezu zum »kategorischen Imperativ«[41] erhoben wurde, kamen die politischen Eliten Österreichs nicht einmal auf die Idee, die 120.000 österreichischen Jüdinnen und Juden, die von den Nationalsozialisten vertrieben worden waren, wieder in ihre ehemalige Heimat zurückzubitten.

Folgendes Zitat eines Funktionärs der jüdischen Kultusgemeinde beschreibt das Empfinden der Juden in Österreich nach dem Ende der Besatzung. Für andere vom Nationalsozialismus aus rassistischen Gründen verfolgte Opfergruppen – Sinti und Roma, Homosexuelle, ›Asoziale‹ und Zwangssterilisierte – dürften diese Worte in noch größerem Ausmaß Gültigkeit gehabt haben:

»Ganz still und stillschweigend werden die Juden in Österreich abgelehnt, übergangen und in eine gesellschaftliche und geistige Isolation gedrängt. Es gibt keinen lauten oder gar rabiaten Antisemitismus, keine Ausschreitungen, aber es gibt die ›kalte Mauer‹, die kaum zu durchbrechen ist. Diese ›kalte Mauer‹, gepaart mit dem Widerwillen, die Geschehnisse der Zeit von 1938 bis 1945, in manchen Fällen auch die Zeit von 1933 bis 1938, zu analysieren und hieraus die Lehren zu ziehen, läßt eine moralische Wiedergutmachung den Juden gegenüber unmöglich erscheinen. Man macht sich in Österreich heute wahrlich keine Sorgen, wie man ein gutes Verhältnis zu den Juden schaffen, ihnen das Gefühl einer inneren und moralischen Sicherheit im Schoße der österreichischen Demokratie geben soll.«[42]

In der Nacht vor der Unterzeichnung des Staatsvertrags war es Außenminister Figl noch gelungen, die Klausel von der Mitschuld Österreichs an den Verbrechen des Nationalsozialismus aus dem Staatsvertragstext streichen zu lassen. Freudestrahlend teilte Figl diesen Erfolg der Öffentlichkeit mit den Worten mit: »Jetzt haben wir's!«[43] Kurze Zeit später wurde in Wien-Ottakring eine Gedenktafel enthüllt. Der zweifelhaften Behauptung von Bundeskanzler Julius Raab: »Unsere Freiheit wurde durch die Standhaftigkeit des österreichischen Volkes errungen«, folgt ein patriotisches Gedicht des beliebten österreichischen Heimatdichters Anton Wildgans:

»Unendlich ist, was dieses Volk gelitten,
Erniedrigung, Verfolgung, Hunger, Leid
Und trug es stark und trugs
Mit sanftem Bitten
In Stolz und Demut
Seiner Menschlichkeit«

Und der abschließende Satz:

»Erbaut im Jahre der Freiheit 1955«.

*Gedenktafel zur Befreiung Österreichs, Wien, 16. Bezirk, Liebhartstalgasse*

# ANMERKUNGEN

1 Mit 11 Prozent der Gesamtbevölkerung war der relative Anteil von NSDAP-Mitliedern in Österreich etwas höher als im »Altreich«.

2 Zit. nach Smith, The Shadow, 1983, 300.

3 Zit. nach Dokumentationsarchiv des österreichischen Widerstandes Hg., Widerstand, 1975, Bd. III, 397.

4 Unabhängigkeitserklärung Österreichs. Proklamation vom 27. April 1945, in: Staatsgesetzblatt Nr. 1.

5 Mit über 200.000 Stimmen in Wien hatte die NSDAP ihr Ergebnis gegenüber den Wahlen von 1930 verachtfacht. Die NSDAP drang tief in die christlich-sozialen Wählerschichten ein: So etwa stammte in Wien ein Viertel der Nazi-Stimmen aus den Reihen der Christlich-Sozialen. Allgemein wurde gerechnet, daß bei Neuwahlen die NSDAP etwa ein Fünftel der Nationalratsmandate erreichen würde. Das hätte etwa dem Wahlergebnis der deutschen NSDAP vom September 1930 entsprochen (16 Prozent).

6 Zu den Verbrechen der Wehrmacht vgl. Heer u.a. Hg., Vernichtungskrieg, 1995; zur Beteiligung der Wehrmacht am Judenmord in Serbien vgl. Manoschek, Serbien, 1993; ders. Hg., Judentum, 1995.

7 Unabhängigkeitserklärung.

8 Das Dokument ist abgedruckt bei Stourzh, Staatsvertrag, 1985, 214.

9 Carl Hollenburg, »Wir und der Nationalsozialismus«, in: Österreichische Monatshefte. Organ der ÖVP-Bundesparteileitung 1 (November 1945), 10.

10 Nur der Bundespräsident konnte im Wege eines Gnadenaktes Amnestien aussprechen. Davon wurde auch ausgiebig Gebrauch gemacht. Detailliertes Zahlenmaterial etwa über Anklagepunkte, Urteile und tatsächlich verbüßte Haftstrafen liegt bis dato nicht vor. Eine umfassende wissenschaftliche Bearbeitung des größten politischen Verfahrenskomplexes in diesem Jahrhundert steht noch aus.

11 Vgl. Rathkolb, NS-Problem, in: Meissl u.a. Hg., Schuld, 1986, 74.

12 Von dieser Amnestie waren 90 Prozent aller registrierten NSDAP-Mitglieder, also über 480.000 Menschen, betroffen. Zurück blieb der harte Kern von etwa 40.000 »Belasteten«, deren Strafen und Sühnefolgen in den 1950er Jahren entweder ausliefen oder die von den weitreichenden Amnestien 1955 und 1957 profitierten.

13 Rathkolb, NS-Problem, in: Meissl u.a. Hg., Schuld, 1986, 76.

14 Ebd., 74f.

15 Bundespressedienst Hg., Maßnahmen der Republik Österreich zugunsten bestimmter politisch, religiös oder abstammungsmäßig Verfolgter seit 1945, Wien 1988, 5f. Warum die Kriegsopferrenten für die österreichischen Wehrmachtsangehörigen – die nach offizieller österreichischer Lesart in die Wehrmacht »gepreßt« wurden – nicht von der Bundesrepublik Deutschland, sondern vom Staat Österreich bezahlt werden, bleibt angesichts dieser Argumentation ein Rätsel.

16 Ganz zu schweigen von Nicht-Österreichern, etwa ausländischen ZwangsarbeiterInnen, die insbesondere in der zweiten Kriegshälfte zu Hunderttausenden unentgeltlich für einen wirtschaftlichen Modernisierungsschub Österreichs sorgten.

17 Knight, Restitution, in: Leo Baeck Institute Hg., Year Book (1991), 422.

18 Zit. nach Rathkolb, Kontinuität, in: Zeitgeschichte 5 (1989), 177.

19 Zit. nach Bailer, Staat, in: Zeitgeschichte 11/12 (1993), 368.

20 Dabei handelte es sich um jenes Vermögen, das ›herrenlos‹ war, da die Eigentümer oder deren Erben im Holocaust ermordet worden waren.

21 Die DDR, die sich wie Österreich nicht als Rechtsnachfolger des »Dritten Reiches« verstand, zahlte bis 1989 gar nichts.

22 Zit. nach Mitten, Sühne, in: Bergmann u.a. Hg., Schwieriges Erbe, 1995, 108.

23 Damit waren die NSDAP und offensichtlich die »Vaterländische Front« gemeint. Auf die spezifische Form, mit der die SPÖ die Nationalsozialistenfrage mit der Frage nach dem Umgang mit ehemaligen austrofaschistischen Funktionären und nunmehrigen ÖVP-Mitgliedern koppelte, kann im Rahmen dieses Beitrags nicht näher eingegangen werden.

24 Zit. nach Mitten, Sühne, in: Bergmann u.a. Hg., Schwieriges Erbe, 1995, 108.

25 Carl Hollenburg, »Wir und der Nationalsozialismus«, in: Österreichische Monatshefte 2 (November 1945), 10.

26 Protokoll des 2. Landesparteitages der ÖVP-Salzburg vom 8.11.1946, in: Schausberger, u.a. Hg., Protokolle, 1986, 26f.

27 Vgl. Bailer, Staat, in: Zeitgeschichte 11/12 (1993), 372f.

28 Protokoll des 4. Landesparteitages der ÖVP-Salzburg vom 20.11.1948, in: Schausberger u.a. Hg., Protokolle, 1986, 69.

29 Ebd., 79.

30 Julius Raab, Alfred Maleta und Karl Brunner trafen sich unter anderem mit Wilhelm Höttl (stellvertretender Gruppenleiter des Amt Ausland des SD), Taras Borodajkewycz, Erich Führer (Anwalt des Juli-Putschisten Otto Planeta und von Robert Jan Verbelen), Theo Wührer (Adjutant von Kaltenbrunner) in Oberweis zu Verhandlungen: SS-Brigadeführer und Oberbürgermeister von Linz, Franz Langoth, sollte in die ÖVP-Führungsschicht eingebaut, 25 Mandate sollten für die Ex-Nazis reserviert und der deutschnationale Anwalt Egbert Mannlicher sollte Justizminister werden.

31 Infodienst der Reformisten im VdU 13 (Herbst 1949), 1.

32 Zwischen September und Anfang Oktober 1949 erschienen acht hektographierte Nummern der Blätter *Die Parole*, in denen Nationalsozialisten u.a. unter dem Motto: »Das Gefühl muß schweigen! Der Verstand hat das Wort!« für eine ÖVP-Stimmabgabe warben.

33 Ebd., 2 (September 1949).

34 Ebd., 3 (Oktober 1949).

35 Ebd., 4 (Oktober 1949). Gemeint war die Stiftung Soziales Friedenswerk, die vom Salzburger Erzbischof Rohracher führend mitbegründet worden war. Das »usw.« bezieht sich offensichtlich auf die Involvierung des Sozialen Friedenswerkes in die Organisierung von Fluchthilfen ins Ausland für schwerst belastete NS-Täter (vgl. dazu Svoboda, Partei, 1993, 58–59; Aarons u.a., Ratlines, 1991, 132).

36 So die Selbstbezeichnung der Ex-Nazis in: Das Signal. Österreichische Hauszeitung 5 (Mai 1954), 3. *Das Signal* war eine von der SPÖ finanzierte Monatszeitschrift. Sie erschien von 1952 bis 1960 und hatte die Aufgabe, ehemalige Nazis vom VdU – ab 1956 von der FPÖ – für die SPÖ zu gewinnen.

37 Ebd., 8 (August 1954), 2.

38 Ebd., 10 (Oktober 1954), 2.

39 Zum Umgang der KPÖ mit Nationalsozialismus und Antisemitismus nach 1945 vgl. Reiter, Antifaschismus, in: Bergmann u.a. Hg., Schwieriges Erbe, 1995, 176–193.

40 Vgl. Heimatruf. Wahlzeitung der ÖVP-Linz, 17.10.55, zit. nach Iskult 47 (31.10.1955), 7.

41 Stern, Anfang, 1991, 84.

42 Referat bei der Generalversammlung des *Bundesverbandes der Israelitischen Kultusgemeinden Österreichs* vom 17.6.1956, zit. nach IPN, Beilage zu 67 (31.7.1956), 1.

43 Zit. nach Bock Fritz, Zum 11. März 1938, in: Österreichische Monatshefte 2, hg. von der Bundesparteiorganisation der ÖVP, (1983), 65.

Emmerich Tálos / Bernhard Kittel

# Sozialpartnerschaft
## Zur Konstituierung einer Grundsäule der Zweiten Republik

Die Hochblüte der Sozialpartnerschaft ist heute unübersehbar vorbei. Daß sich der österreichische Korporatismus – wie dieses spezifische Muster der Interessenvermittlung und Interessenpolitik sozialwissenschaftlich genannt wird – im Vergleich zu anderen Ländern allerdings so lange Zeit als stabil erwiesen hat, hängt nicht zuletzt mit seinen spezifischen Rahmen- und Bestandsbedingungen zusammen. Als zentral dafür halten wir:
– die spezifische Weise der Institutionalisierung und der inhaltlichen Ausrichtung der Interessenpolitik, die Privilegierung der großen Interessenorganisationen im Prozeß der politischen Willensbildung und Entscheidungsfindung sowie das Naheverhältnis zwischen Interessenorganisationen und Großparteien;
– den Aufbau eines stabilen horizontalen Netzwerks der Interaktionen zwischen den monopolartigen Interessenorganisationen und der Regierung.
Damit haben Interessenorganisierung und Interessenpolitik in der Zweiten Republik Konturen bekommen, die sich in wesentlichen Punkten von der Entwicklung in der Ersten Republik[1] unterscheiden. Das damalige Verbändesystem war durch eine beträchtliche institutionell-organisatorische und ideologische Aufsplitterung auf Arbeitnehmer- wie auch Unternehmerseite geprägt. Der primären Ausrichtung an den je spezifischen Gruppeninteressen und dem Fehlen eines inhaltlichen Grundkonsenses über wirtschafts-, budget- und sozialpolitische Ziele entsprachen Konkurrenzbeziehungen und Konfliktstrategien. Eingebettet zum einen in ein politisches Umfeld, das durch steigende Polarisierung gekennzeichnet war, zum anderen in einen ökonomischen Kontext, der Verteilungskämpfe förderte, blieben die wenigen realisierten Ansätze einer Zusammenarbeit auf eine ›Kooperation auf Abruf‹ beschränkt. Oder anders gesagt: Vor 1933 konnte ein dauerhaftes Muster der Kooperation und Interessenabstimmung zwischen Verbänden und Staat nicht etabliert werden.

Dies heißt allerdings nicht, daß es an jeglicher Kontinuität für die Zeit nach 1945 gefehlt hat. Hier ist auf die wichtige Rolle der Regierung und ihrer Administration im Prozeß der politischen Willensbildung und Entscheidungsfindung zu verweisen. Darüber hinaus sind Ansätze der Privilegierung der großen Interessenverbände im Gesetzgebungsprozeß ebenso schon konstatierbar wie die Herausbildung von Beziehungsgeflechten zwischen Verbänden und jeweils nahestehenden Parteien. Diese Tradition bildete allerdings keine ausreichende Basis für die Herausbildung eines Musters der Interessenpolitik à la Sozialpartnerschaft. Und zudem: Deren Etablierung in der Zweiten Republik war durchaus ein langwieriger Prozeß, in dem es weder an Konflikten noch an Rückschlägen mangelte.

Im Folgenden werden wir in einem ersten Punkt die Charakteristika der Interessenorganisierung, die für die Herausbildung sozialpartnerschaftlicher Interessenpolitik
eine notwendige Rahmenbedingung bilden, darstellen. Der Prozeß der Herausbildung
selbst ist Gegenstand des zweiten Teiles, reichend vom Beginn der Zweiten Republik
bis in die erste Hälfte der 1960er Jahre.

## Kennzeichen des österreichischen Systems der Interessenorganisierung und Interessenvermittlung nach 1945

Die Zeit des Austrofaschismus sowie auch des »Anschlusses« und der NS-Herrschaft
war ein tiefer Einschnitt in der Entwicklung des österreichischen Verbändewesens. Die
Zerschlagung der freien Gewerkschaften und die Errichtung eines Gewerkschaftsbundes durch Verordnung der Regierung vom 2. März 1934 bedeuteten das Ende der in
der Ersten Republik bestehenden Struktur gewerkschaftlicher Organisation. Ebenso
wurden die in der Ersten Republik stark fragmentierten Unternehmerorganisationen in
der Zeit des Austrofaschismus gebündelt, ablesbar an der Einrichtung verschiedener
Unternehmerbünde (Gewerbebund, Bund der Industriellen, Handels- und Verkehrs-
bund). Nach dem Anschluß Österreichs an das »Deutsche Reich« wurden die Interessenorganisationen in das nationalsozialistische Regime integriert. Mit dem Ende des
Kriegs brachen die nationalsozialistischen Organisationen zusammen.

So konnten die Gründer des Österreichischen Gewerkschaftsbundes (ÖGB) und die
Unternehmervertreter in den ersten Nachkriegsjahren neue Interessenverbände schaffen, ohne bei der Verwirklichung ihrer Intentionen auf bestehende Institutionen auf
diesem Gebiet Rücksicht nehmen zu müssen. Es wurden Organisationen angepeilt, die
sowohl nach außen handlungsfähig sein als auch getroffene Vereinbarungen nach innen
durchsetzen können sollten. Mit dem Ziel der Vergrößerung verbandlicher Handlungsfähigkeit und zwischenverbandlicher Kompromißfähigkeit korrespondierte die Option
für eine möglichst geringe Zahl von Akteuren, die letztlich nicht miteinander in
Konkurrenz stehen. Zugleich sollte verhindert werden, daß diese Vereinbarungen durch
einzelverbandliche Strategien unterlaufen werden können. Diese zwei Problembereiche werden mit den Begriffen der Konzentration und der Zentralisation erfaßt.

Konzentration bezeichnet die Zusammenfassung einer möglichst großen Zahl von
Aufgabenbereichen und aller hierdurch definierten potentiellen Mitglieder in einem
Verband. Ein hoher Konzentrationsgrad bewirkt eine hohe Legitimation des Verbandes
gegenüber anderen Akteuren im politischen System, da dieser dann den Anspruch
erheben kann, für alle potentiell Betroffenen zu sprechen. Eine breite Organisations-
basis bedeutet aber, daß viele verschiedene und oft widersprüchliche Interessen in
einem Verband integriert werden und daher die Wahrscheinlichkeit des innerverbandlichen Konfliktes steigt, der wiederum die Handlungsfähigkeit nach außen reduziert.
Diese kann nur durch Zentralisation gesichert werden: Wenn der Dachverband die
Macht hat, sich gegenüber Einzelverbänden durchzusetzen, dann kann er auch Vereinbarungen gegen deren unmittelbare Interessen eingehen. Eine solche Vorgangsweise
ist aber nur dann erfolgreich, wenn Interessen langfristig sowohl zwischen den Verbänden als auch innerhalb jedes Verbandes ausgeglichen werden. Das heißt, alle Beteilig-

ten müssen bereit sein, kurzfristige Nachteile in Kauf zu nehmen, um längerfristig Vorteile zu lukrieren. Dies ist ein wesentlicher Grund, warum die spezifische Organisationsstruktur des österreichischen Verbändewesens so wichtig ist für die spätere Herausbildung des sozialpartnerschaftlichen Politikmusters. Aus diesem Grund besteht für stark konzentrierte und zentralisierte Verbände ein interner Anreiz, langfristig ein forciertes Wachstum der Wirtschaft anzustreben. Im Folgenden soll gezeigt werden, daß die österreichischen Verbände besonders ausgeprägte Beispiele konzentrierter und zentralisierter Interessenorganisationen darstellten, die den unmittelbaren Nachkriegskonsens vor dem Hintergrund des Wiederaufbaues in eine längerfristige Kooperation überführen konnten.[2] Neben diesen organisationsstrukturellen Bedingungen stellen die Privilegierung der Dachverbände, deren ideologisches Selbstverständnis mit der ausgeprägten Orientierung am Gemeinsamen sowie das jeweils enge Naheverhältnis zwischen Dachverbänden und Großparteien wesentliche Kennzeichen des Verbändesystems der Nachkriegsjahrzehnte dar.

### Konzentration der Interessenvertretung

Das österreichische Verbändesystem ist von Vertretungsmonopolen geprägt. Die Arbeitnehmerseite wird von einem einzigen Gewerkschaftsbund repräsentiert, der nach mehreren Einzelgewerkschaften gegliedert ist, sowie von den Kammern für Arbeiter und Angestellte als öffentlich-rechtliche Körperschaften. Zwischen den beiden Institutionen besteht insofern eine Aufgabenteilung, als die Gewerkschaft die interessenpolitische Linie absteckt und die Arbeiterkammern die notwendige Expertise beisteuern. Auf Arbeitgeberseite vereinigen die Kammern der gewerblichen Wirtschaft beide Funktionen. Obwohl es neben den Handelskammern ein breites Spektrum von Unternehmerverbänden gibt, ist aber nur die Vereinigung Österreichischer Industrieller (VÖI) in der Lage, eine eigenständige Politik zu verfolgen. Allen anderen kommt de facto lediglich der Status einer Vorfeldorganisation der Bundeswirtschaftskammer (BWK) zu.[3]

Die Kammern als gesetzlich eingerichtete, öffentlich-rechtliche Organisationen der Interessenvermittlung auf gesamtstaatlicher Ebene sind ein weltweit beachtetes Spezifikum Österreichs. Ihren hohen Konzentrationsgrad erreichen sie durch die gesetzlich festgelegte Mitgliedschaft. So erstreckt sich der Wirkungsbereich des Arbeiterkammergesetzes (von wenigen Ausnahmen abgesehen, §1 des Gesetzes aus 1945) auf alle beschäftigten DienstnehmerInnen. Analog sind die Mitglieder der Kammer der gewerblichen Wirtschaft definiert als »alle physischen und juristischen Personen sowie offenen Handelsgesellschaften (...), die zum selbständigen Betrieb von Unternehmungen (...) berechtigt sind« (§3 des Gesetzes aus 1946). Das Prinzip der Pflichtmitgliedschaft gilt auch für die Landwirtschaftskammern.

Die gewerkschaftliche Konzentration wurde durch die Gründung des Österreichischen Gewerkschaftsbundes am 15. April 1945 noch vor der Konstituierung der provisorischen Regierung Österreichs durchgesetzt. Die spezifische Gestalt der gewerkschaftlichen Organisation läßt sich als Ergebnis der Situation zum Zeitpunkt der Gründung des ÖGB erklären. Erstens fand sie in einem quasi ›institutionenfreien‹

Raum‹ statt. Das heißt, daß bei der Gründung weder die Struktur des politischen Systems noch jene des Verbändesystems bereits fixiert war. Zweitens konnte der ÖGB die Spannweite gewerkschaftlicher Organisation hierdurch zumindest dem Anspruch nach schon umfassend abdecken, bevor sich nach der Gründung der Zweiten Republik noch andere Gruppierungen formieren konnten. Die Monopolisierung der Gewerkschaftsbewegung durch den ÖGB war damit ein Fait accompli, das in der Zweiten Republik bisher nicht mehr ernsthaft in Frage gestellt wurde.[4] Da der ÖGB aber ein Verein ist, kann er nur auf eine freiwillige Mitgliedschaft rekurrieren. Er muß daher auf andere Mechanismen zur Sicherung seines faktischen Vertretungsmonopols zurückgreifen.

Ein Beispiel dafür ist der wichtige Bereich der Kollektivvertragspolitik. Bei der Formulierung des Gesetzes wurde das Kollektivvertragsrecht grundsätzlich den auf freier Mitgliedschaft beruhenden Berufsvereinigungen zuerkannt. Die Bestimmung wurde aber so gestaltet, daß auf Arbeitnehmerseite der ÖGB de facto keine Konkurrenz zu befürchten hatte. Denn nur solche Berufsvereinigungen bekamen die Kollektivvertragsfähigkeit zugesprochen, deren »Wirkungskreis sich über einen größeren fachlichen und räumlichen Bereich erstreckt und ihnen wirtschaftlich nach der Zahl ihrer Mitglieder maßgebliche Bedeutung zukommt«.[5] Und dies sprach eindeutig für den ÖGB und gegen mögliche Alternativen.

Die Konzentration auf dem Gebiet der Kollektivvertragspolitik gibt es auch auf Unternehmerseite – allerdings in einer anderen Konstellation: Da die bundesweite Zusammenfassung der Interessenvertretung nicht auf vereinsrechtlicher Basis wie bei den Gewerkschaften erfolgte, war die BWK bei der Etablierung des Tarifvertragssystems die einzige Organisation, die dem ÖGB auf gleicher Ebene gegenübertreten konnte. Die VÖI ist lediglich für die Industrie zuständig und kann somit – angesichts der vorwiegend kleinbetrieblich-gewerblichen Wirtschaftsstruktur Österreichs – keinen umfassenden Repräsentationsanspruch erheben. Die Tarifverhandlungen auf Arbeitgeberseite werden von den Fachgruppen der BWK – also von öffentlich-rechtlichen Institutionen – geführt, während ihnen auf Arbeitnehmerseite in erster Linie die Fachgewerkschaften gegenüberstehen.

Dieses Monopol der BWK sollte provisorisch solange aufrechtbleiben, bis sich freie Verbände gebildet haben.[6] Da dies in der Folgezeit nicht geschehen ist, blieb das Provisorium bestehen.[7]


## Zentralisation

Das zweite Merkmal des österreichischen Verbändesystems ist ein hohes Ausmaß an Zentralisation sowohl der innerverbandlichen Entscheidungsstruktur als auch der zwischenverbandlichen Vereinbarungen.

Daß es möglich war, die Entscheidungskompetenzen des ÖGB im Dachverband zu bündeln, ist darauf zurückzuführen, daß zum Zeitpunkt seiner Gründung keine gewerkschaftlichen ›Basisorganisationen‹ existierten. Hierdurch konnte die Gründung von der Spitze aus durchgeführt und erst anschließend mit der Mitgliederwerbung begonnen werden. Die Konstituierung der Gewerkschaft erfolgte also auf dem ›grünen Tisch‹

nach den Vorstellungen der zukünftigen Führung. Beruflich ist der ÖGB in damals 16, (heute 14) vornehmlich nach dem Industriegruppenprinzip definierte Gewerkschaften gegliedert. Diese Einzelgewerkschaften verfügen allerdings über keine eigene Rechtspersönlichkeit und sind daher für die Ausübung ihrer autonomen Handlungsbereiche von den ihnen zur Verfügung gestellten Finanzmitteln des ÖGB abhängig. Eine solche Struktur ergibt eine klare Vorrangstellung des ÖGB. Dieser formuliert überdies die politischen Grundpositionen. Die Entscheidungsfindung erfolgt formell in den Gremien des ÖGB, beruht aber gewöhnlich auf der vorhergehenden informellen Abstimmung unter den Gewerkschaften sowie zwischen den politischen Fraktionen. Letztere sind vor allem für die grundsätzliche Orientierung des ÖGB von herausragender Bedeutung.[8]

Die Arbeiterkammern[9] sind als öffentlich-rechtliche Vertretungsorgane der Arbeitnehmerinteressen nach Bundesländern organisiert. Bundesweit werden sie durch die Dachorganisation des Österreichischen Arbeiterkammertages (seit 1992 von der Bundeskammer für Arbeiter und Angestellte) zusammengefaßt, in dem die Abstimmung der Positionen der Landeskammern hinsichtlich bundespolitischer Fragen erfolgt.[10]

Obwohl schon das Arbeiterkammergesetz 1945 stark zentralisierte Züge aufwies, wurde dieser Aspekt im Zeitverlauf noch verstärkt. Die Neufassung des Arbeiterkammergesetzes 1954 führte zum Beispiel zu einer detaillierteren Regelung der Rechte und Funktionsweise des Österreichischen Arbeiterkammertages. Während im Arbeiterkammergesetz 1945 unter den Aufgaben des Kammertages festgelegt wurde, daß seine Aufgabe in der »Beratung und Durchführung gemeinsamer Angelegenheiten« liegt (§23, Abs. 1, BGBl. 95/1945), obliegt ihm nach der Neufassung 1954 »die Besorgung aller in den Aufgabenbereich der Arbeiterkammern fallenden Angelegenheiten, soweit sie das gesamte Bundesgebiet oder mehrere Bundesländer gemeinsam betreffen« (§22, Abs. 2, BGBl. 105/1954). Wird diese Änderung mit der Tatsache kombiniert, daß die Neufassung 1954 den bisher unter den Präsidenten der Landeskammern rotierenden Vorsitz des Kammertages dem Präsidenten der Wiener Arbeiterkammer zuschreibt (§24, Abs. 1, BGBl. 105/1954), so ergibt sich eine Konzentration von Entscheidungskompetenzen in der Zentrale in Wien.

Die Bundeswirtschaftskammer ist die Spitzenorganisation der öffentlich-rechtlichen Unternehmerorganisationen. Ihre Struktur ist weniger streng hierarchisch als jene des ÖGB, da auch Kammern auf Landes- und Fachebene über eine eigene Rechtspersönlichkeit verfügen.[11] Allerdings gilt im Gesamtsystem der Kammern der gewerblichen Wirtschaft, daß eine Kompetenz derjenigen Organisationseinheit zukommt, deren Zuständigkeitsbereich alle interessierten Mitglieder abdeckt. Daraus folgt, daß im Zweifelsfall die übergeordnete Einheit die Kompetenz zu übernehmen hat. Obwohl also die einzelnen territorial und fachlich gegliederten Einheiten eigenständig Tarifverhandlungen führen können, werden sie von der BWK koordiniert, um gesamtwirtschaftlich unerwünschte Präjudizierungen einzelner Tarifverträge zu unterbinden.

Die faktische Zentralisierung der Handelskammern ist als sehr hoch zu bezeichnen. Dennoch ist sie gegenüber dem ursprünglichen Entwurf, der von der Unternehmerfraktion der ÖVP (Raab) vorgelegt wurde, relativiert worden. Dieser Initiativantrag zum Handelskammergesetz 1946[12] zeigte eine deutlich stärker zentralisierte

Struktur als der Gesetzesantrag, der schlußendlich im Plenum des Nationalrates diskutiert wurde. So wurde beispielsweise der Modus der Einberufung eines Sektionstages dahingehend abgeändert, daß nicht das Präsidium der Wirtschaftskammer, wie im Antrag (§13) geplant, sondern die Leitung der Sektion dieses Recht erhielt. Weiters wurde eingefügt, daß ein Sektionstag auch auf Verlangen eines Fünftels seiner Mitglieder einberufen werden muß (§13, BGBl. 182/1946). Diese Änderung bedeutete eine Stärkung der Selbstverwaltung auf niedrigerer Ebene gegenüber dem ursprünglichen Entwurf, der, wie auch aus der Stellungnahme des Berichterstatters Kolb im Nationalrat hervorgeht, den Vorwürfen der Diktatur, der Totalität und des Zentralismus ausgesetzt war.[13]

Im Zuge des Begutachtungsverfahrens und der Stellungnahmen zu Gesetzesentwürfen der Regierung erfolgt die Meinungsbildung in einem schrittweise von unten nach oben fortschreitenden Vereinheitlichungsprozeß.[14] Schlußendlich legt die BWK die in diesem Prozeß gewonnene Position der Regierung vor.[15] Auch die Beziehungen zwischen den Verbänden sind der Kontrolle durch die Zentrale unterworfen. Ein Beispiel für diese zentralisierte Willensbildung ist ein im Jahr 1955 aktenkundig gewordener Briefverkehr.[16] Nachdem das Handelsministerium von seiten des Sozialministeriums informiert worden war, daß die Wiener Innung der Bauhilfsgewerbe mit dem zuständigen Fachausschuß der Wiener Arbeiterkammer die Gründung eines paritätischen Ausschusses in Aussicht genommen hatte, ersuchte es die Bundeswirtschaftskammer um eine Stellungnahme. Diese bat die Wiener Handelskammer, die Innung zu einem Widerruf ihrer Zusage zu bewegen, da sie die damalige Politik der BWK zu unterlaufen drohte. In einer Besprechung in der Wiener Handelskammer legte der Sekretär der Innung die Gründe des Vorgehens der Innung dar. Er wurde aber angewiesen, die Zusage zu widerrufen. Anschließend teilte die Wiener Handelskammer der Bundeswirtschaftskammer den Erfolg der Intervention mit. Schließlich schickte die Bundeswirtschaftkammer dem Handelsministerium ein Schreiben, in dem sie ihre Interpretation des Geschehenen darlegte, ohne die Begründung der Innung zu berücksichtigen.

Die Landwirtschaftskammern sind ebenso wie die Arbeiterkammern nach Bundesländern gegliedert. Sie haben aber kein übergreifendes Organ mit öffentlich-rechtlichem Status. Dies liegt darin begründet, daß die meisten landwirtschaftlichen Fragen Landessache sind und daher auf dieser Ebene entschieden werden. Um trotzdem an politischen Entscheidungsprozessen auf Bundesebene beteiligt zu sein, haben sich die Präsidenten der Landwirtschaftskammern in der als Verein konstituierten Präsidentenkonferenz der Landwirtschaftskammern Österreichs zusammengeschlossen. Aus dieser Konstruktion folgt aber eine tendenziell stärkere Stellung der Landesebene als in den anderen Interessenorganisationen.[17] Obwohl also die Landwirtschaftskammern auf Landesebene ebenso zentralisierte Strukturen aufweisen wie die anderen Kammern, sind sie durch die Dominanz der Landeskammern und die zwischen diesen bestehenden Interessenunterschiede als Gesamtheit etwas stärker diversifiziert.

Insgesamt ist das System der österreichischen Interessenorganisationen geprägt von den Prinzipien der Delegation von Entscheidungen nach ›oben‹, wodurch Minderheitenpositionen selten eine Chance haben, im Aggregationsprozeß zu überleben.[18] Diese Struktur ermöglicht der zentralen Führung, ihre Optionen relativ unabhängig von der

Basis auszuwählen und als Position der Organisation in den politischen Entscheidungsprozeß einzubringen.

Die Etablierung zentralisierter und monopolistischer Strukturen der Interessenvertretung zu Beginn der Zweiten Republik ist eine institutionelle Vorbedingung der engen Kooperation zwischen Regierung und Verbänden sowie zwischen den Verbänden untereinander. Da die Dachverbände nicht in Konkurrenz zueinander stehen, besteht weder die in anderen Ländern übliche Notwendigkeit, individuelle Vorteile vor allem durch Lobbyismus zu erreichen, noch der Zwang, Mitglieder durch radikale Partikularstrategien an sich zu binden. Die geringe Zahl der Akteure sowie die relative Unabhängigkeit der Entscheidungen des Vorstandes gegenüber der ›Basis‹ in allen einbezogenen Organisationen ermöglichen den die spätere »Wirtschafts- und Sozialpartnerschaft« kennzeichnenden ›intimen‹, konsensorientierten Politikstil.

## Politische Privilegierung der Dachverbände

Die bereits am Tarifvertragssystem angedeutete Sonderstellung der Dachverbände ist Ausdruck eines weiteren Charakteristikums des Verbändesystems der Zweiten Republik: die Privilegierung der vier Dachverbände hinsichtlich Interessenorganisierung und Interessenvermittlung. Nicht nur, daß durch die Kammergesetze die Mitgliedschaft und die Finanzierung der Kammerorganisationen geregelt sind. Die monopolartigen Interessenorganisationen hatten von Beginn der Zweiten Republik an eine privilegierte Position bei der Lohn- und Preisregelung. Sie sind in ein Netzwerk von Interaktionen mit der staatlichen Administration eingebunden.[19] Hier sei exemplarisch für den Zeitraum bis Mitte der 1960er Jahre auf den Beirat der Bewirtschaftungsstellen, auf den Invalidenfürsorgebeirat, den Rohstofflenkungsausschuß, den Kraftfahrbeirat, den Beirat nach dem Außenhandelsgesetz, die Preiskommission oder die Kommission nach dem Marktordnungsgesetz verwiesen. Neben den Dachverbänden waren darin in erster Linie Repräsentanten verschiedener Ministerien vertreten.

Die Möglichkeiten zur Interessenvermittlung reichten über derartige formelle Kontakte und über das in den Kammergesetzen verankerte Begutachtungsrecht (betreffend Ministerialvorlagen) hinaus: Die Kooperation zwischen Dachverbänden und Regierungsadministration erfolgte in Zusammenhang mit Gesetzesvorhaben vor allem auch auf informeller Ebene.[20]

## Ideologisches Selbstverständnis

Im Vergleich mit der Ersten Republik läßt sich ein bemerkenswerter Wandel der gesellschaftspolitischen Perspektiven und Zielsetzungen der involvierten Akteure feststellen. Vor allem an den Gewerkschaften ist dieser Wandel exemplarisch ablesbar. Das neue Verständnis der Zusammenarbeit hat Gewerkschaftspräsident Böhm im (keineswegs von ihm geprägten) Bild von der »Astgemeinschaft« skizziert: »Der wirtschaftliche Zusammenbruch, den der Krieg mit sich gebracht hat, die so weitgehende Entgüterung unseres Landes hat uns wohl beiden (gemeint sind die Interessenorgani-

sationen der Unternehmer und der Arbeiter und Angestellten) gezeigt, daß wir, mögen
wir noch so viele Differenzen miteinander haben, zum Teil vielleicht auch eingebildete,
doch auf einem Ast sitzen, von dem wir beide – wenn einer von uns ihn durchsägt –
herunterfallen müssen. Ich will in diesem Zusammenhang nicht mißverstanden werden.
Ich weiß sehr genau, daß es Differenzen zwischen Arbeitgebern und Arbeitnehmern
gibt, die immer wieder aufscheinen werden (...) ich weiß aber auch ebenso genau, daß
wir manche gemeinsame Interessen haben.«[21]

Mindestens ebenso wichtig ist die gleichzeitig erfolgte perspektivische Erweiterung
des Blickfeldes: die Mitberücksichtigung von Gesamtinteressen. Dazu heißt es in einer
Erklärung der Vorständekonferenz des ÖGB vom 17. November 1949: »In der gegenwärtigen kritischen Situation unserer Volkswirtschaft fordert daher der Gewerkschaftsbund die verantwortliche und tatkräftige Mitarbeit der Regierung, der Bundeskammer
und der Landwirtschaftskammern als Voraussetzung des Gelingens der geplanten
Maßnahmen. Die volle Verantwortung für alle unserer Wirtschaft erwachsenden
schweren Schädigungen würde jene Kreise treffen, die nicht bereit sind, bei einer den
Interessen des gesamten Volkes dienenden Wirtschaftspolitik mitzuwirken.«[22]

Zehn Jahre später ist dieses konkret im Kontext des wirtschaftlichen Wiederaufbaus
formulierte Selbstverständnis zum Kernbestandteil der Gewerkschaftsdefinition geworden: »Eines der wichtigsten Merkmale der fortschrittlichen Gewerkschaftspolitik,
aber auch eine Quelle des Unmutes und Mißverständnisses der Gewerkschaftsmitglieder ist die sich in den Gewerkschaftsführungen immer mehr durchsetzende Überzeugung von der Verantwortung gegenüber der Wirtschaft als Ganzem.«[23]


Vertikale Vernetzung

Nicht zuletzt seien die spezifischen Beziehungsgeflechte zwischen den Dachverbänden
und jeweils nahestehenden Großparteien als Kennzeichen des Verbändesystems der
Nachkriegsjahrzehnte erwähnt. Das tradierte Naheverhältnis zwischen sozialdemokratischer Partei und Gewerkschaften fand nach 1945 – auch ungeachtet der Konstruktion
als überparteilicher Gewerkschaftsbund – eine Fortsetzung. Die dominante Fraktion
des ÖGB, die Fraktion sozialistischer Gewerkschafter, ist im Parteivorstand der SPÖ
vertreten. Diese Gruppe trat ebenso als wahlwerbende Fraktion bei den Arbeiterkam-
merwahlen an. Signifikanter Ausdruck dieses Naheverhältnisses ist das bekannte
Phänomen der Funktionskumulierung.[24] Exemplarisch dafür sei ÖGB-Präsident
Johann Böhm angeführt: Er hatte diese Funktion von 1945 bis 1959 inne, war zur
gleichen Zeit Mitglied des SPÖ-Vorstandes, Abgeordneter zum Nationalrat und zweiter
Präsident des Nationalrates. Kurze Zeit bekleidete er auch das Amt des Staatssekretärs
für soziale Verwaltung.

Dieses Phänomen der Kumulierung gab es auch auf Unternehmerseite – wie das
Beispiel des Präsidenten der Bundeswirtschaftskammer, Julius Raab, zu verdeutlichen
vermag. Im Zeitraum von 1945 bis 1964 hatte er folgende, zum Teil überlappende
Funktionen inne: Abgeordneter zum Nationalrat, Bundesparteiobmann der ÖVP, Präsident des Wirtschaftsbundes, Präsident der Bundeskammer der gewerblichen Wirtschaft und Bundeskanzler.

# Etappen der Herausbildung der Sozialpartnerschaft

Während die verbandlichen Vorbedingungen für sozialpartnerschaftliche Politik im wesentlichen bereits in der Nachkriegszeit geschaffen worden waren, erfolgte die Ausfaltung der Sozialpartnerschaft als Politikmuster erst geraume Zeit später. Die verbreitete Behauptung, daß die Gründung der Sozialpartnerschaft mit der Errichtung der Paritätischen Kommission für Lohn- und Preisfragen im Jahr 1957 identisch sei, trifft nicht zu. Nach Ansätzen in der Zeit des wirtschaftlichen Wiederaufbaus verlor die praktizierte Politik der Zusammenarbeit in der ersten Hälfte der 1950er Jahre vorerst an Bedeutung. Die befristete Einführung der Paritätischen Kommission im Jahr 1957 bildete ein deutliches Signal für eine Wiederbelebung der Kooperation. Doch kann unseres Erachtens erst mit den Veränderungen in der ersten Hälfte der 1960er Jahre von einem entfalteten Muster der Sozialpartnerschaft die Rede sein.

### Zusammenarbeit in der Zeit des wirtschaftlichen Wiederaufbaus

Auch wenn die Ansätze zur Kooperation in der Nachkriegszeit noch instabil und in ihrer politischen Bedeutung begrenzt blieben, sind doch bereits zwei Grundmerkmale deutlich erkennbar.[25] Die Zusammenarbeit ist eine exklusive. Sie ist im wesentlichen auf die wenigen, nach 1945 gebildeten Dachverbände beschränkt. Neben den Interessenorganisationen der Arbeitgeber und Arbeitnehmer ist die Regierung beziehungsweise die staatliche Administration der dritte Akteur im Rahmen der Sozialpartnerschaft. Die Kooperation erfolgt auf Ebene der Eliten – bei weitgehendem Ausschluß der

*Von links: Franz Olah, Alfons Gorbach, Julius Raab (1962)*

aktiven Mitwirkung der Vertretenen. Ein zweites Charakteristikum besteht in der
Orientierung an einem Ausgleich widersprüchlicher Interessen – erreicht auf dem Weg
der Berücksichtigung allgemeiner Ziele bei der Verfolgung der jeweils besonderen
Interessen. Die diesbezüglichen politischen Anwendungsbereiche sind neben der
Lohn- und Preispolitik vor allem die Wirtschafts- und Sozialpolitik.

*Demonstration gegen das vierte Lohn- und Preisabkommen (1950)*

Die Exklusivität auf Ebene der Akteure zeigte sich vor allem daran, daß in der
Nachkriegsentwicklung die Beziehungen zwischen den neu- (beziehungsweise wie-
der-)gegründeten Dachverbänden eine zentrale Rolle spielten. Die Arbeiterkammer
Wien trat beispielsweise schon Ende September 1945 mit dem Vorschlag an die Wiener
Handelskammer heran, gemeinsam ein permanentes Komitee zur Beratung dringlicher
Probleme auf sozialpolitischem Gebiet zu bilden. Der Vorschlag stieß auf Zustimmung.
Ebenso wie in der Zentrallohnkommission, die für die Lohnentwicklung bis 1950
entscheidendes Gewicht besaß, waren – wie bereits erwähnt – die Dachverbände der
Kammern wie auch der ÖGB in einer Reihe von Beiräten und Kommissionen privile-
giert und paritätisch vertreten.

Von daher ist es keineswegs überraschend, daß eine der ersten großen Zusammen-
arbeitsaktionen von diesen Dachverbänden ausging: die Gründung einer Wirtschaftskommission 1947 – mit dem Ziel, »die wirtschaftliche Entwicklung zu beobachten und
zur Gesundung der Wirtschaft entsprechende Vorschläge an die Regierung auszuarbeiten« (Handelskammerarchiv). Konkretisiert wurde diese Option im Abschluß des ersten
Lohn- und Preisabkommens, dem noch weitere vier Abkommen bis 1951 folgen sollten.

Das damit verfolgte Ziel war es, »Löhne und Preise wieder in ein gesundes Verhältnis zu bringen und dadurch eine weitere ungezügelte Steigerungsbewegung zu verhindern. Zu diesem Zweck war es einerseits erforderlich, die Löhne und Gehälter an die im Zuge dieser Neuregelung eintretende Steigerung der Lebenshaltungskosten anzupassen und andererseits der Landwirtschaft und der gewerblichen Wirtschaft Preise zu sichern, die eine Fortführung und Steigerung ihrer Produktion ermöglichten.«[26]

Das dieser Zusammenarbeit bereits zugrundeliegende Selbstverständnis von der »Verantwortung gegenüber der Wirtschaft als Ganzem« stieß nicht auf ungeteilte Zustimmung. Kritik und Widerstand haben sich im Zeitraum der letzten 50 Jahre wohl am eindrücklichsten im sogenannten Oktoberstreik 1950 manifestiert.[27] Den Hintergrund dafür bildete das vierte Lohn- und Preisabkommen, das Erhöhungen von Lebensmittelpreisen und Tarifen ohne ausreichende Kompensationen im Rahmen der Lohnerhöhungen enthielt. Durch massive Gegenmaßnahmen seitens der Regierung, der Regierungsparteien und des Gewerkschaftsbundes wurde die breiteste Bewegung gegen die im Wiederaufbau praktizierte Politik der Kooperation und Interessenabstimmung gebrochen.

Nicht zuletzt wurde damit auch dem Modell der Elitenkooperation – verbunden mit dem Ausschluß der Mobilisierung und mit der Marginalisierung der Mitwirkung der Vertretenen – zum Durchbruch verholfen. In der Phase des wirtschaftlichen Wiederaufbaus bis Beginn der 1950er Jahre galt dies neben der Lohn- und Preispolitik vor allem auch für die Sozialpolitik.[28] In einem sozialpolitischen Rückblick beim ersten Gewerkschaftskongreß 1948 vermerkte der damalige Sozialminister Maisel, daß der ÖGB bisher mit Geschick und größter Zähigkeit gekämpft habe, »um das Bestmögliche für die

*Demonstration gegen das vierte Lohn- und Preisabkommen (1950)*

Gewerkschaftsmitglieder und darüber hinaus für alle Arbeiter und Angestellten in Österreich zu erreichen; wobei es nicht egal ist, welche Mittel aufgewendet werden mußten, um einen Erfolg zu erringen. Alle bisher erflossenen Gesetze wurden ausschließlich mit den Mitteln der Verhandlungsmethode erreicht, kein einziger Streiktag mußte dafür aufgewendet werden. Allerdings gibt es Kollegen unter uns, die gerne sehen würden, wenn man auf den Verhandlungsweg verzichten und bei jedem Anlaß zum letzten Mittel, zum Streik, greifen würde. Dieser Forderung ist der Gewerkschaftsbund nicht nachgekommen (...) Er hat es verstanden, ohne die Mitglieder jede Woche in einen anderen Streik zu führen, soziale Gesetze zu erwirken, die mindestens so gut sind wie in jenen Ländern, in denen die Streikparolen immer wieder verwirklicht wurden.«[29]

Mit dem Abschluß der Wiederaufbauphase am Beginn der 1950er Jahre ging die Auflösung der Akkordierung im Bereich der Lohn- und Preispolitik einher. Der Abschluß eines weiteren Lohn- und Preisabkommens wurde vor allem seitens der Unternehmervertretungen abgelehnt. Die Distanz zwischen den Dachverbänden wurde größer. Dies zeigt sich exemplarisch daran, daß das Bemühen der Gewerkschaften um eine Novellierung des sogenannten Antiterrorgesetzes aus 1930, mit dem unter anderem der Abzug des Gewerkschaftsbeitrages vom Lohn untersagt war, eine Zeitlang auf Ablehnung bei der Bundeskammer stieß. Erst 1954 gelang die Novellierung. Das veränderte Klima zeigt sich ebenso daran, daß die Arbeitnehmervertretungen mit ihrem Versuch, an der Koordinierung der Maßnahmen betreffend Wirtschaftslenkung zu partizipieren, nicht sehr erfolgreich waren. Das 1951 eingerichtete diesbezügliche Instrument, das sogenannte Wirtschaftsdirektorium, wurde schon bald wieder abgeschafft (1954). Die von Gewerkschaftsseite bevorzugte Institutionalisierung einer politischen Mitwirkung, die über Kommissionen und Begutachtungsrecht hinausging, kam nicht nur ins Stocken. Zudem wurde am Beispiel des Wirtschaftsdirektoriums deutlich, daß es für eine derartige Institutionalisierung nicht unbeträchtliche verfassungsrechtliche Blockaden gegen eine gesetzlich abgesicherte Ausweitung des Einflusses gesellschaftlicher Interessenorganisationen gibt. Die daraus für den weiteren Entwicklungsprozeß kooperativer Beziehungen gezogene Konsequenz bestand in der Orientierung an Informalität.

## Ausbau der Kooperation und Etablierung der Sozialpartnerschaft als dominantes Muster der Interessenvermittlung und Interessenpolitik

Den Hintergrund zum Ausbau der Kooperation bildete zum einen die Verschärfung ökonomischer Problemlagen. Dazu zählen Inflationstendenzen, die anstehende wirtschaftliche Integration in Europa, Anzeichen einer Wachstumsschwäche, Arbeitskräfteknappheit und gestiegener Lohndruck. Auf der anderen Seite hatte sich auch das politische Umfeld verändert: Zugleich mit dem Abzug der Befreier- und Besatzungsmächte 1955 verstärkte sich der politische Dissens auf Ebene der Koalitionsparteien. Mit der Problemlösungskompetenz der Großen Koalition war es zunehmend schlechter bestellt. Innerhalb der ÖVP gewann der Wirtschaftsbund, und in diesem wieder der Gewerbeflügel, gegenüber dem Bauernbund und dem ÖAAB an Bedeutung. In den Beziehungen zwischen SPÖ und Gewerkschaften erfuhren letztere im Hinblick auf wirtschaftspolitische Kompetenzen eine Aufwertung.[30]

In diesem Kontext ergriffen die Gewerkschaften erneut die Offensive zum Ausbau der Zusammenarbeit und der politischen Mitwirkung der Interessenorganisationen. Nach Präsident Böhm, der diesbezüglich für die Schaffung einer eigenen Institution plädierte, sollte »im Interesse der gemeinsamen Verantwortung für die Zukunft des Staates und seines Volkes der Versuch gewagt und ein mutiger Schritt nach vorwärts getan werden«.[31] Nicht die Idee gemeinsamer Beratungen, sondern die der Institutionalisierung der Zusammenarbeit stieß auf keine Gegenliebe bei Bundeskammer und Landwirtschaftskammern. Kritische Vorbehalte verdichteten sich damals bereits im Begriff »Nebenregierung«.

In Reaktion auf Preisauftriebstendenzen und erneute Vorschläge des ÖGB in Richtung Institutionalisierung und Verfestigung gemeinsamer Aktivitäten hinsichtlich Kontrolle der Lohn- und Preisentwicklung kam es dann doch im März 1957 zur Errichtung der Paritätischen Kommission für Lohn- und Preisfragen. Das Muster selektiver Elitenkooperation auf Ebene der Dachverbände und der Regierung kam dabei höchst anschaulich zum Tragen. Nach Bericht des Bundeskanzlers über das im Rahmen der alten, 1956 reaktivierten Wirtschaftskommission erreichte Beratungsergebnis faßte der Ministerrat am 12. März 1957 selbst einen Beschluß. In diesem heißt es unter anderem: »An die Bundeskammer der Gewerblichen Wirtschaft, den Österreichischen Arbeiterkammertag, den Österreichischen Gewerkschaftsbund und die Präsidentenkonferenz der Landwirtschaftskammern wird das dringende Ersuchen gerichtet, in ihrem Bereich alle Vorkehrungen zu treffen, um im laufenden Jahr die Aufrechterhaltung eines stabilen Preisgefüges zu gewährleisten«.[32] Die Konstituierung der Kommission erfolgte am 27. März 1957 unter dem Vorsitz des Bundeskanzlers Raab. Gemäß Absprache zwischen diesem und dem Gewerkschaftspräsidenten Böhm setzte sich die Kommission aus vier Vertretern der Bundesregierung (Bundeskanzler, die Bundesminister für Inneres, für Handel und Wiederaufbau sowie für Soziale Verwaltung), je zwei Vertretern der Kammern (Bundeskammer der Gewerblichen Wirtschaft, Österreichischer Arbeiterkammertag und Präsidentenkonferenz der Landwirtschaftskammern) und zwei Vertretern des ÖGB zusammen. Die Erledigung von Preisangelegenheiten erfolgte im ständigen Preisunterausschuß, die Behandlung von Lohnforderungen vorerst in der Paritätischen Kommission selbst. Dem informellen und freiwilligen Charakter dieser Kommission entsprechend war kein formal verbindliches Sanktionspotential vorgesehen.

Der begrenzte Stellenwert dieser Einrichtung zeigt sich nicht nur daran, daß es sich laut Ministerratsbeschluß nur um ein bis Ende des Jahres befristetes Provisorium handeln sollte. Wenn auch die ›Partner‹ auf Unternehmerseite im weiteren Verlauf dem Fortbestand dieser Kommission zustimmten, so vorerst noch nicht deren Ausbau. Die von der Bundeskammer eingenommene Position, »daß sie gegen einen Fortbestand der Paritätischen Kommission keine Einwendung erhebt, gegen jede Ausdehnung ihres Wirkungskreises jedoch entschieden Stellung nehmen müsse«, wurde von den Länderkammern einhellig geteilt.[33]

Wenn auch die Ausbaupläne des ÖGB nicht gänzlich aufgingen, so kam es angesichts der Verdichtung der angesprochenen wirtschaftlichen und politischen Probleme Ende der 1950er, Beginn der 1960er Jahre doch zur Erweiterung der Zusammenarbeit und Mitwirkung der Interessenverbände am politischen Willensbildungsprozeß und an der Entscheidungsfindung. Die Dachverbände erzielten nicht zuletzt Konsens darüber, daß eine sinnvolle Zusammenarbeit zur Erreichung eines beschleunigten Wachstums und einer Steigerung des Volkseinkommens beitragen könne. Konkreten Niederschlag fand diese Vorstellung im sogenannten Raab-Olah-Abkommen, das Ende 1961 abgeschlossen und im Februar 1962 von der Paritätischen Kommission beschlossen wurde. Die damit vollzogene Perspektivenänderung hinsichtlich der Zusammenarbeit wird an der Option erkennbar, daß die Paritätische Kommission sich »in Zukunft auch mit einschlägigen Grundsatzfragen der Wirtschaftspolitik befassen« werde.[34] Gegenstand des Abkommens war auch die Regelung der Bedingungen für die Inanspruchnahme der vereinbarten »Fremdarbeiterkontingente«. Zugleich beinhaltete dieses Abkommen Veränderungen hinsichtlich des Prozedere und der institutionellen Gestaltung der Paritätischen Kommission. So wurde beispielsweise analog zum bereits bestehenden Unterausschuß für Preisfragen einer für Lohnfragen eingeführt. Institutionell von Interesse sind die genauen Festlegungen der Verfahrensweise in diesen beiden Unterausschüssen.

Das Echo auf diese Erweiterung der Zusammenarbeit und Mitwirkung der Interessenorganisationen war geteilt. Das Naheverhältnis zwischen den Dachverbänden und Großparteien hat aber zur Abschwächung der Kritikerfront beigetragen.

Divergierende Ansichten zwischen den Verbändeakteuren gab es allerdings in der Frage, auf welchem Weg die notwendig gewordene Koordination von Wirtschafts- und Sozialpolitik gewährleistet werden könne. Seitens der Bundeskammer gab es zwar ein Veto gegen die Etablierung einer neuen Institution. Sie trat jedoch dafür ein, daß »die Träger der österreichischen Wirtschafts- und Sozialpolitik selbst ihre Tätigkeit viel sorgfältiger als bisher aufeinander abstimmen und auf die gesamtwirtschaftlichen Zielsetzungen, vor allem Geldwerterhaltung, Wirtschaftswachstum und Vollbeschäftigung abstellen«.[35]

Umgesetzt sollte dies durch einen eigenständigen Unterausschuß der Paritätischen Kommission mit dem Namen Beirat für Wirtschafts- und Sozialfragen werden. Der damit erfolgte endgültige Durchbruch zu einer Zusammenarbeit und politischen Mitwirkung der Interessenverbände, die die Grenzen einzelner Politikfelder auf der Ebene von Makropolitik übersteigen, findet exemplarisch in der Definition der Aufgabenstellung dieser neuen Einrichtung seinen Ausdruck: »Untersuchungen anzustellen, deren Ziel es ist, wirtschafts- und sozialpolitische Fragen unter gesamtwirtschaftlichem Aspekt zu behandeln und jene Empfehlungen auszuarbeiten, die zur Stabilisierung der Kaufkraft, zu einem stetigen Wirtschaftswachstum und zur Vollbeschäftigung beitragen«.[36]

Die Folgezeit war gekennzeichnet durch einen institutionellen Ausdifferenzierungsprozeß (zum Beispiel Einführung der Präsidentenvorbesprechung, des Verbändekomitees, der wirtschaftspolitischen Aussprache) zum einen, durch die Umsetzung sozialpartnerschaftlicher Interessenpolitik vor allem in den Bereichen Einkommens-, Wirtschafts- und Sozialpolitik zum anderen. Sozialpartnerschaft hat gesellschaftliche Konflikte ebensowenig wie partikulare Interessenpolitik aus der Welt geschafft. Sie bildete aber lange Zeit hindurch im Vergleich zu anderen Ländern ein relativ stabiles Muster der Interessenpolitik, das durch Kooperation und Interessenabstimmung gekennzeichnet ist. Diese Stabilität unterliegt allerdings ebenso wie die für die Herausbildung der Sozialpartnerschaft zentralen Rahmen- und Bestandsbedingungen jüngst merkbaren Erosionstendenzen.

# ANMERKUNGEN

1  Vgl. Tálos u.a. Hg., Handbuch, 1995.
2  Vgl. Traxler, Gewerkschaften, in: Dachs u.a. Hg., Handbuch, 1991, 347.
3  Ebd., 337.
4  Bis zum Oktoberstreik 1950 hatten kommunistische Betriebsräte noch eine gewisse Bedeutung, und die kommunistische Fraktion des ÖGB versuchte, eine eigenständige Politik zu betreiben (vgl. Mulley, ÖGB, in: Ludwig u.a. Hg., Oktoberstreik, 1991).
5  Diese Formulierung wurde anläßlich einer Besprechung im BMfsV am 23.11.1946 von Sektionschef a.D. Wlcek, der als Vertreter der Handelskammer teilnahm, vorgeschlagen (GZ III/78346–9/1946, ÖStA, AdR, BMfsV, Soz.Pol., SA 1, 1946 (Karton 27)).
6  Auszug aus dem Beschlußprotokoll Nr. 49 über die Sitzung des Ministerrates am 11.12.1946, Punkt 28. GZ III/86893–9/1946, ÖStA, AdR, BMfsV, Soz.Pol. SA 1, 1946 (Karton 27).
7  Die Formulierung der entsprechenden Bestimmung des Kollektivvertragsgesetzes (§§ 3 und 4, BGBl. 76/1947) bewirkt, daß es de facto eine Ermessensentscheidung des Gesetzgebers ist, ob die Bedingungen von einem Verband erfüllt werden. Die VÖI kann durchaus als Zweifelsfall angesehen werden. Eine Erklärung, warum sich keine umfassenden Unternehmerverbände gebildet haben, kann darin gesehen werden, daß die Existenz der BWK die Kollektivgutproblematik solcher Verbände zusätzlich verschärft hat (vgl. Traxler, Gewerkschaften, in: Dachs u.a. Hg., Handbuch, 1991).
8  Vgl. Traxler, Evolution, 1982; Traxler, Gewerkschaften, in: Dachs u.a. Hg., Handbuch, 1991.
9  Wenn im Folgenden auf ›die Arbeiterkammer‹ verwiesen wird, dann ist damit, gemäß dem österreichischen Gebrauch, der Arbeiterkammertag beziehungsweise die Bundeskammer für Arbeiter und Angestellte gemeint.
10 Vgl. Weissel, Arbeiterkammer, in: Dachs u.a. Hg., Handbuch, 1991.
11 Vgl. Traxler, Gewerkschaften, in: Dachs u.a. Hg., Handbuch, 1991.
12 Antrag 23/A, 1946, Parlamentsarchiv.
13 Vgl. Sten. Prot. NR., V, 28, 24. Juli 1946.
14 Vgl. den Briefverkehr zwischen der Bundeswirtschaftskammer, der Wiener Handelskammer und den Sektionen, in: HK-Archiv E39.848, V/866/65.
15 Vgl. Traxler, Gewerkschaften, in: Dachs u.a. Hg., Handbuch, 1991.
16 HK-Archiv 2158/55.
17 Vgl. Krammer, Interessenorganisation, in: Dachs u.a. Hg., Handbuch, 1991, 366ff.
18 Vgl. Marko, Verbände, in: Mantl Hg., Politik, 1992, 442–7.
19 Vgl. Karisch, Staat, in: Wirtschaftsordnung, 1965.
20 Vgl. Tálos u.a., Verbände, in: Tálos Hg., Sozialpartnerschaft, 1993, 150f.
21 Arbeit und Wirtschaft 8 (1948/49), 3.
22 Vgl. Klenner, Gewerkschaften, 1953, 1452.
23 ÖGB, Stellungnahme zur Wirtschaftspolitik, Sozialpolitik, Kulturpolitik am 4. Gewerkschaftskongreß, Wien 1959, 18.
24 Vgl. Informationen dazu in: Biographisches Handbuch 1993.
25 Vgl. Tálos Hg., Sozialpartnerschaft, 1993.
26 Rundschreiben Nr. 40 des ÖGB.
27 Vgl. Mulley, ÖGB, in: Ludwig u.a. Hg., Oktoberstreik, 1991.
28 Vgl. Tálos, Sozialpolitik, in: Ludwig u.a. Hg., Oktoberstreik, 1991.
29 Sten. Prot. des Ersten Kongresses des ÖGB, 4/128.
30 Vgl. Müller, Rolle, in: Gerlich u.a. Hg., Sozialpartnerschaft, 1985, 171ff.
31 Zit. in: Materialien zur Sozial- und Wirtschaftspolitik 2 (1966), 141.
32 Beschlußprotokoll Nr. 30, Sitzung des Ministerrates vom 12.3.1957.
33 Vgl. HK-Archiv, AE 3848.
34 Zit. in: Materialien zur Sozial- und Wirtschaftspolitik 2 (1966), 175.
35 Ebd., 185 f.
36 Ebd., 191.

Manfred Rotter

# Der Staatsvertrag

Die Topographie des »Staatsvertrags betreffend die Wiederherstellung eines unabhängigen und demokratischen Österreich«, so die offizielle Bezeichnung, weist völkerrechtlich keine formalen Besonderheiten auf. Seine 38 Artikel sind zu neun »Teilen« zusammengefaßt und um die Bestimmungen zweier Annexe ergänzt. Der Vertrag wurde am 15. Mai 1955 im Schloß Belvedere zu Wien von den Außenministern Frankreichs, Großbritanniens, der UdSSR und der USA einerseits und Österreichs andererseits feierlich unterzeichnet. Gemäß Artikel 38 ist er am 27. Juli 1955 völkerrechtlich verbindlich geworden. Innerstaatlich ist er, der Bundesverfassung entsprechend, wenige Tage später, am 31. Juli, in Kraft getreten. Zur Abrundung des Bilds gehören noch drei sogenannte Memoranden, die zwar nicht Teil des Vertrags, für seinen Regelungsbereich dennoch von einer gewissen Bedeutung sind.

Entstehung und Aufbau

Das wohl bekannteste ist das Moskauer Memorandum vom 15. April 1955.[1] Es faßt die Ergebnisse jener Besprechungen zwischen einer österreichischen und einer sowjetischen Regierungsdelegation vom 12. bis 15. April in Moskau zusammen, in denen die Bedenken der sowjetischen Führung gegen den Abschluß des Staatsvertrags endgültig ausgeräumt werden konnten. Die verschiedenen Dimensionen der Ursachen des sowjetischen Zögerns lassen sich für den Bereich dieses Beitrags auf ökonomische Interessen und Sicherheitsbedenken reduzieren, ohne der Realität allzu große Gewalt anzutun.

Die ökonomischen Interessen der Sowjetunion an Österreich sind nichts anderes als die Spätfolgen des im Grunde genommen ungelöst gebliebenen Reparationsproblems im Gefolge des Zweiten Weltkriegs. In seiner Projektion auf Österreich verdichtete es sich auf die Verfügungsgewalt über das sogenannte Deutsche Eigentum auf dem Territorium der Republik Österreich. Die Sowjetunion hatte dieses als Reparationspfand[2] in Anspruch genommen und auf dem Gebiet ihrer Besatzungszone auch unter ihre Kontrolle gebracht. Seine Restitution an die ursprünglichen Eigentümer beziehungsweise an die Republik Österreich wurde daher an Bedingungen geknüpft, die einen wesentlichen Teil des Besprechungsergebnisses von Moskau ausmachen. Sie finden sich in Artikel 22 des Staatsvertrags wieder. Allerdings wird dort der Form halber auch von den Interessen der anderen Alliierten an ehemaligen deutschen Vermögenswerten gesprochen. Der weitaus überwiegende Teil dieser Regelungen ist aber den sowjetischen Wünschen gewidmet. All dies hat aber bloß historische Bedeutung, weil die Vorschriften des Artikel 22 zur Gänze erfüllt sind,[3] einschließlich des sogenannten Annexes II, in welchem sich die UdSSR und Österreich auf besondere Maßnahmen zur Erfüllung des Artikel 22 verständigt haben.[4] Die letzte, über diese Bestimmungen hinausreichende, und daher noch geltende Verpflichtung (Artikel 22, Absatz 13), nämlich Vermögenswerte, die von den Alliierten an Österreich überstellt wurden, nicht in deutsches Eigentum übergehen zu lassen, wurde im Jahre 1990 für obsolet erklärt.[5]

Der sicherheitspolitische Teil des Moskauer Memorandums hat mehr Prominenz erlangt. Er enthält jene berühmte Verwendungszusage der Mitglieder der österreichischen Regierungsdelegation,[6] »eine Deklaration in einer Form ab(zu)geben, die Österreich international dazu verpflichtet, immerwährend eine Neutralität der Art zu üben, wie sie von der Schweiz gehandhabt wird«. Eine Aufnahme der Verpflichtung zur dauernden Neutralität in den Staatsvertrag wurde Österreich – ich sehe das als ein Entgegenkommen – erspart.

Aus österreichischer Sicht waren dafür zwei Gründe maßgebend: Einerseits sollte sichergestellt sein, daß die beabsichtigte Neutralitätserklärung wenigstens formal aus freien Stücken, also in voller Unabhängigkeit, erklärt wird und andererseits vermieden werden, daß die Handhabung der dauernden Neutralität durch die österreichische Bundesregierung unter das Regime des Artikel 35 des Staatsvertrags fällt. Dieser sieht vor, daß im Falle von Meinungsverschiedenheiten über die Auslegung oder Umsetzung des Staatsvertrags die Botschafter der vier Hauptsignatarstaaten ihr Vorgehen gegenüber Österreich akkordieren. Kommt es dabei zu keiner Einigung, wäre in letzter Konsequenz die Einberufung einer Schiedskommission vorgesehen. Österreich wollte sich nicht in allen Details seiner Neutralitätspolitik dem Odium eines solchen Verfahrens aussetzen.[7]

Das zweite, das sogenannte Wiener Memorandum vom 10. Mai 1955, befaßt sich mit Vermögensinteressen der USA und Großbritanniens. Vom selben Tag stammt dann auch noch das Österreichisch-Französische Memorandum, das insofern bemerkenswert ist, als es deutliche Bezüge zur Reparationsproblematik aufweist.[8]

## Vertragsparteien

Wird von den Parteien des Staatsvertrags gesprochen, so denkt man im Grunde genommen immer nur an Frankreich, Großbritannien, die UdSSR, die USA und natürlich Österreich. Weniger bekannt ist, daß die Zahl der Vertragsparteien mittlerweile auf insgesamt zwölf angewachsen ist. Gemäß seinem Artikel 37, Absatz 1, steht der Staatsvertrag allen Staaten zum Beitritt offen, die am 8. Mai 1945, dem offiziellen Waffenstillstand des Zweiten Weltkriegs in Europa, im Kriegszustand mit Deutschland waren.[9] Von dieser Möglichkeit haben Jugoslawien und die Tschechoslowakei (noch 1955), Polen (1956), Mexico (1957), Brasilien (1958), Neuseeland und Kanada (1960), und schließlich Australien (1961) Gebrauch gemacht. Im Sinne des Vertrags sind diese sieben hinzugekommenen Staaten als »Assoziierte Mächte« anzusehen. Dabei ist anzumerken, daß Österreich auf den Beitritt dieser oder anderer Staaten keinen Einfluß hatte beziehungsweise hat, solange sie die gestellten Bedingungen erfüllen.

*»Vorbereitungen zum Staatsvertrag« im Schloß Belvedere (1955)*

Diese besondere Formulierung des Artikel 37 ist eine der ebenso zahlreichen wie selbstverständlichen Querverbindungen zwischen dem Staatsvertrag und der Verwicklung Österreichs in den Zweiten Weltkrieg, wovon im Folgenden noch zu sprechen sein wird. Ihre Bedeutung für die Gegenwart liegt darin, daß sie Staaten von der Teilnahme am Vertrag ausschließt, die nicht auch Parteien dieses Kriegs an der Seite der Alliierten waren. Das gilt vor allem auch für Staaten, die erst nach 1945, etwa aus der Entkolonialisierung oder aus anderen Zusammenhängen, entstanden sind.

Solcherart kam zum Beispiel das neu entstandene Slowenien[10] für einen Beitritt nicht in Frage. In Übereinstimmung mit der Haltung der EU und der Vereinten Nationen geht Österreich im übrigen davon aus, daß die frühere Föderative Republik Jugoslawien untergegangen und auch die aus Serbien und Montenegro gebildete Bundesrepublik Jugoslawien ein neuer Staat ist, dem die Anerkennung verweigert wird.[11] Anders sieht es im Falle der Auflösung der Tschechoslowakei aus. Nach österreichischer Auffassung ist sie mit ihrem Zerfall untergegangen. Die beiden Nachfolgestaaten sind als neue Staaten zu betrachten und kommen ebenfalls aus den dargelegten Gründen für einen Beitritt zum Staatsvertrag nicht in Frage.[12] Es ist daher davon auszugehen, daß, jedenfalls aus österreichischer Sicht, sowohl Jugoslawien als auch die Tschechoslowakei aus dem Kreis der Assoziierten Mächte des österreichischen Staatsvertrags ausgeschieden sind.

Klarerweise ist die Frage der Rechtsnachfolge in die Position einer Assoziierten Macht nur von beschränkter Bedeutung. Anders sieht es im Falle eines Signatarstaates, wie zum Beispiel der UdSSR, aus. Die Sowjetunion wurde nach fast siebzigjährigem

*Trauerzug in Innsbruck gegen die Panzerdurchfuhr während der Golfkrise (1991)*

Bestehen endgültig mit Wirkung vom 26. Dezember 1991 aufgelöst. An ihre Stelle traten die Russische Föderation und die übrigen zehn sogenannten GUS-Staaten.[13] Aus der Sicht der Staatengemeinschaft stellte sich damit die Frage, ob die GUS als ganze oder nur die Russische Föderation den Platz der Sowjetunion einnehmen soll. Besonders dringlich war die Nachfolge als ständiges Mitglied des Sicherheitsrates der UNO. Eine Kollektivlösung scheiterte allerdings daran, daß sich die GUS weder als Staat noch als supranationale Organisation verstand. Dadurch konzentrierte sich die Nachfolgefrage im wesentlichen auf die Russische Föderation und allfällige Teilnachfolger der ehemaligen Einzelrepubliken. In der Nacht vom 24. auf den 25. Dezember 1991 akzeptierte der Sicherheitsrat der UNO ohne formellen Beschluß die russische Föderation als Nachfolgerin der UdSSR als sein ständiges Mitglied. Österreich[14] hat sich diesem stillschweigenden Konsens übrigens angeschlossen.[15]

Dessen ungeachtet qualifiziert Österreich die Russische Föderation als neuen Staat, der die UdSSR keineswegs automatisch als Signatarstaat des Staatsvertrags abgelöst hat. Im Gegenteil. Das offizielle Österreich scheint davon auszugehen, daß die UdSSR ersatzlos aus dem Verband des Staatsvertrags ausgeschieden sei. So deutlich, wie sich dies hier liest, findet sich die österreichische Haltung freilich in keinem der veröffentlichten Dokumente. Es ist auch nicht so ganz klar, wer eigentlich die offizielle Haltung Österreichs formuliert beziehungsweise repräsentiert.

Fest steht, daß der damalige österreichische Außenminister Dr. Alois Mock am 15. Jänner 1992 an seinen russischen Amtskollegen eine Note gerichtet hat, in der er die Russische Föderation als »unabhängiges und souveränes Mitglied der Staatengemeinschaft« begrüßt. Gleichzeitig erklärt er die Bereitschaft Österreichs, die seinerzeit zur

UdSSR gepflogenen diplomatischen Beziehungen nunmehr im Verhältnis zur Russischen Föderation fortzuführen. Was die von der UdSSR abgeschlossenen völkerrechtlichen Verträge anlangt, nimmt Österreich zur Kenntnis, »daß die Mitgliedstaaten der Gemeinschaft Unabhängiger Staaten gemäß ihren verfassungsmäßigen Vorschriften die Erfüllung der internationalen Verpflichtungen, die sich aus den Verträgen und Vereinbarungen der früheren UdSSR ergeben, garantieren.«[16] Der hier erweckte Eindruck der Zustimmung Österreichs zum Eintreten der Russischen Föderation in die Vertragsverpflichtungen der UdSSR wird durch die Erläuternden Bemerkungen[17] zu einem zwischen der Republik Österreich und der Russischen Föderation vorgenommenen Notenwechsel[18] relativiert, wonach zwischen Österreich und der Russischen Föderation deutliche Meinungsunterschiede über die Nachfolge in völkerrechtliche Verträge bestehen. Darin setzt sich Österreich deutlich gegen die russische Rechtsauffassung ab, wonach eine Nachfolgeautomatik in die Vertragsbeziehungen der ehemaligen UdSSR bestünde. Für diese Haltung des Außenministers muß allerdings ins Treffen geführt werden, daß selbst innerhalb der GUS-Staaten durchaus Unschärfen hinsichtlich der Kompetenz der Russischen Föderation als Nachfolgerin der UdSSR bestanden und bestehen, weil sie naturgemäß davon ausgehen, daß ein Teil des Erbes der UdSSR, jedenfalls seine Aktiva, auch auf sie übergegangen sein müßte.[19]

Neuerdings läßt Bundeskanzler Vranitzky erkennen, daß jedenfalls für ihn die Frage der Rechtsnachfolge der Russischen Föderation in den Staatsvertrag zumindest offen ist. In einem Gespräch mit der Tageszeitung *Die Presse* meinte er: »Es spricht viel für eine solche Anerkennung.«[20]

Der Analytiker ist auf Indizienketten angewiesen, denen zufolge vieles dafür spricht, daß der Staatsvertrag neben Österreich derzeit nur mehr Großbritannien, Frankreich und die USA als Signatarstaaten aufweist. Die vage Dokumentenlage hält aber den Verantwortlichen jederzeit die Ausflucht in eine gegenteilige Interpretation offen.

Freilich muß unterstrichen werden, daß die völkerrechtlichen Regeln für die sogenannte Staatennachfolge mehr Probleme aufgeben, als sie zu lösen in der Lage sind.[21] Je allgemeiner die hier anzuwendenden Völkerrechtsnormen, desto weiter der politische Spielraum der betroffenen Staaten. Die österreichische Haltung in der Frage der Nachfolge in die Stellung der untergegangenen UdSSR liegt zweifelsfrei innerhalb der Grenzen völkerrechtlicher Entscheidungsfreiheit. Das entzieht sie allerdings nicht einer Kritik nach den Kriterien politischer Vernunft.

## Staats- kein Friedensvertrag

Die rechtliche und die politische Bedeutung des Staatsvertrags ruhen auf drei Fundamenten: Wiederherstellung der Republik Österreich, Achtung ihrer Unabhängigkeit, Abzug der Besatzungsmächte.[22] In Artikel 1 anerkennen die Alliierten und Assoziierten Mächte, »daß Österreich als ein souveräner, unabhängiger und demokratischer Staat wiederhergestellt ist«. Sie verpflichten sich, die Unabhängigkeit und territoriale Unversehrtheit Österreichs zu achten (Artikel 2). Wie schon im offiziellen Titel des

Staatsvertrags ausgedrückt, geht es um die »Wieder«herstellung und nicht um die Gründung eines unabhängigen Österreichs. Damit schließt der Staatsvertrag an die für das österreichische Selbstverständnis durchaus komfortable Erklärung der Außenminister Großbritanniens, der UdSSR und der USA vom 30. Oktober 1943 an, wonach Österreich das erste Opfer der »typischen Angriffspolitik Hitlers« war, und »die Besetzung Österreichs durch Deutschland am 15. März 1938 null und nichtig« sei.[23] Solcherart wird der Staatsvertrag zum nachträglichen Beleg dafür, daß Österreich vom »Deutschen Reich« nicht annektiert, sondern bloß okkupiert gewesen sei. Es sei bis 1945 rechts-, aber nicht handlungsfähig gewesen.[24]

Die österreichische Unabhängigkeitserklärung vom 27. April 1945 spricht zwar in ihrer Präambel noch von »Annexion«, deklariert aber durchaus folgerichtig in ihrem Artikel I die Wiederherstellung der demokratischen Republik Österreich. Artikel III der Unabhängigkeitserklärung stattet die durch sie eingesetzte provisorische Staatsregierung mit der vollen Gesetzgebungs- und Vollzugsgewalt allerdings »vorbehaltlich der Rechte der besetzenden Mächte« aus. Die hier genannten Rechte der besetzenden Mächte wiederum wurden in einem Vertrag zwischen den Besatzungsmächten (ohne Österreich), dem sogenannten Zweiten Kontrollabkommen vom 28. Juni 1946, festgelegt. Darin ging es um durchaus substantielle Eingriffe in die Regierungs-, Gesetzgebungs- und Verwaltungskompetenzen Österreichs. Der Regelungsbedarf des Staatsvertrags ergab sich daraus, daß die Republik Österreich zwar existierte, aufgrund des Besatzungsstatuts aber nicht über die volle völkerrechtliche Souveränität verfügte. Folgerichtig wird das ursprünglich am 4. Juli 1945 errichtete, im Jahr 1946 aber modifizierte Besatzungsstatut mit Artikel 20 des Staatsvertrags in allen Details aufgehoben und der Abzug der Besatzungstruppen vereinbart.

Alles in allem wird aus diesen Hinweisen deutlich, daß der Staatsvertrag formalrechtlich keinen Kriegszustand beendet, sondern die in seiner Folge aufgrund des Besatzungsstatuts verhängte Souveränitätsbeschränkung aufgehoben hat. Das führte zu einer gewissen Entrückung des Zusammenhangs zwischen dem 13. März 1938, dem »Anschluß« an das nationalsozialistische »Deutsche Reich«, und dem Abschluß des Staatsvertrags. Dieser Umstand wurde noch dadurch begünstigt, daß es dem damaligen österreichischen Außenminister Leopold Figl gelungen war, buchstäblich in letzter Minute die Entfernung einer Art Kriegsschuldklausel aus der Präambel des ursprünglichen Entwurfes zu erreichen. Darin war festgeschrieben worden, daß Österreich als integraler Bestandteil Hitler-Deutschlands mit seinen Ressourcen am Krieg gegen die Alliierten beteiligt war, und somit »eine Verantwortlichkeit, die sich aus dieser Teilnahme am Kriege ergibt, nicht vermeiden kann«[25]. Aus heutiger Sicht mag man sich fragen, ob die Alliierten mit dieser versöhnlichen Geste den Bemühungen um einen geordneten Zugang zur österreichischen Vergangenheit einen guten Dienst erwiesen haben. So wird bereits in den Erläuternden Bemerkungen zur Regierungsvorlage über den Staatsvertrag der Verzicht auf die »Kriegsschuldklausel« hervorgehoben und deutlich darauf verwiesen, daß Österreich von 1945 an einen Rechtsanspruch auf die Wiederherstellung seiner Unabhängigkeit gehabt habe. Auf diese Weise wurden die den materiellen Teil des Staatsvertrags ausmachenden Auflagen der Alliierten für die endgültige Entlassung Österreichs in die volle Unabhängigkeit von vornherein mit dem Hauch einer unverdienten Strafe ausgestattet.

Die militärischen Auflagen und ihre Aufhebung

In Teil II des Staatsvertrags haben die Alliierten Österreich mit viel Liebe zum Detail Rüstungsbeschränkungen auferlegt. Das souveräne Recht Österreichs, eigene militärische Einrichtungen zu schaffen, wurde nicht in Frage gestellt, wohl aber die Bandbreite seiner Nutzung beschränkt. Viele der Bestimmungen sind aus heutiger Sicht unverständlich. Ihr Sinn ergibt sich aus den besonderen Verhältnissen der damaligen Zeit, wobei auch noch zu berücksichtigen ist, daß ihre Formulierungen im Kern auf das Jahr 1947 zurückgingen. So wurde viel Mühe darauf verwandt, die Verwendung von Angehörigen der Deutschen Wehrmacht bestimmter Dienstgrade und sonstiger Funktionäre des NS-Regimes im Österreichischen Bundesheer auszuschließen (Artikel 12). In Artikel 13 wurden gewisse Spezialwaffen verboten, worunter vor allem das Raketenwaffenverbot[26] von Österreich als besonders hinderlich empfunden wurde.

Eine nähere Analyse weiterer Einzelheiten lohnt heute nicht mehr, weil sich Österreich einseitig ihrer Verbindlichkeit entledigt hat. Dem finnischen Beispiel folgend, hat die österreichische Bundesregierung am 6. November 1990 beschlossen, die Artikel 12 bis 16 des Staatsvertrags für obsolet zu erklären. Sie hat dies mit dem Hinweis begründet, daß die Vereinigung der beiden deutschen Staaten und ihre völkerrechtliche Absicherung im sogenannten 2+4 Vertrag zwischen der Bundesrepublik Deutschland und der Deutschen Demokratischen Republik auf der einen und den vier Alliierten auf der anderen Seite vom 12. September 1990[27] den genannten militärischen Bestimmungen des Staatsvertrags ihre ursprüngliche Bedeutung genommen habe. Zur weiteren Untermauerung wurde auch auf die Prinzipien der (KSZE-)Charta von Paris, 23. November 1990, verwiesen. Noch am selben Tag wurde dieser Beschluß den vier Signatarstaaten in Form einer Note mitgeteilt. Da das österreichische Vorgehen informell abgesprochen war, erfolgten die Antworten unverzüglich. In einem Aide-Mémoire erklärt die sowjetische Regierung ihr Einverständnis mit dem österreichischen Vorgehen. Allerdings unterstreicht sie, daß der Staatsvertrag »nach wie vor ein wichtiger Bestandteil der Nachkriegsregelung in Europa ist und bleibt und seine grundlegenden Bestimmungen auch jetzt für die Erhaltung des Friedens und der Stabilität auf dem Kontinent von Bedeutung sind.« Ähnliches findet sich in der französischen Note. Die USA notifizieren ohne besonderen Kommentar Verständnis und Zustimmung. Die britische Regierung läßt dem österreichischen Botschafter anläßlich der Überreichung der Note der Bundesregierung mündlich mitteilen, daß keine Einwände bestehen.[28]

Formalrechtlich war der von der Bundesregierung gewählte Weg durchaus problematisch, weil Artikel 17 des Staatsvertrags ein eigenes Verfahren, zum Beispiel unter Einbeziehung des UN-Sicherheitsrates, für die Aufhebung seiner Militärbestimmungen vorsieht. Dieses Verfahren erschien zu aufwendig, ebenso der dort vorgesehene Abschluß eines Sonderabkommens mit den Signatarstaaten. Ebensowenig hätten die Verfahrensschritte des Artikels 17 die Löschung der Verpflichtungen des Artikels 22, Absatz 13 (siehe oben) abgedeckt. Was aber die völkerrechtliche Seite anlangt, kann davon ausgegangen werden, daß die Zustimmung der vier Hauptsignatarstaaten allfällige Verfahrensmängel abdeckt.[29] Problematischer ist sicherlich die verfassungsrechtliche Seite dieser Vorgangsweise.[30] Konkrete Konsequenzen werden sich nach meiner Einschätzung daraus allerdings nicht ergeben.

Den Artikel 13, Absatz 1, lit a hat Österreich allerdings von der Obsoleterklärung der Militärischen- und Luftfahrtbestimmungen des Staatsvertrags ausdrücklich ausgenommen. Darin hat sich Österreich zum Verzicht auf Atomwaffen verpflichtet. Dieser Verzicht ist allerdings auch im Artikel 2 des sogenannten Atomsperrvertrags enthalten, dem Österreich mit Wirkung vom 4. Juni 1969 beigetreten ist.[31]

## Die geltenden Bestimmungen des Staatsvertrags

Die hier angesprochenen militärischen Auflagen waren aber nur ein Teil jener für die Wiederherstellung eines unabhängigen Österreichs von den Alliierten aufgestellten Bedingungen. Die unter ihnen wohl prominenteste ist das sogenannte Anschlußverbot. Wir finden es in Artikel 4 des Staatsvertrags. Darin wird »eine politische oder wirtschaftliche Vereinigung zwischen Österreich und Deutschland verboten«. In Ausführung dieses Verbots verpflichtet sich Österreich, alle erdenklichen Maßnahmen zu unterlassen, die eine solche Vereinigung zur Folge haben könnten. Darüber hinaus wird Österreich die Tätigkeit jeglicher Organisation verhindern, welche die politische oder wirtschaftliche Vereinigung mit Deutschland zum Ziel hat.

Der Zusammenhang mit Artikel 88 des Staatsvertrags von St. Germain ist unverkennbar. Allerdings ging es dort um die Erhaltung der Unabhängigkeit Österreichs an sich und nicht nur um das Verbot eines Anschlusses an das »Deutsche Reich«.[32]

Hier ist nicht der Platz, das Anschlußverbot in allen seinen Dimensionen auszuleuchten. Bundeskanzler Vranitzky ist wohl zuzustimmen, wenn er festgestellt hat, daß ein Anschluß an Deutschland »wirklich kein Thema« mehr ist.[33] Ein Jahr davor erlebte es allerdings eine späte Renaissance. In einem Aide Mémoire hat die Sowjetische Regierung Österreich im Zusammenhang mit der Übergabe des österreichischen Beitrittsantrags deutlich an den Staatsvertrag und das Anschlußverbot erinnert.[34] Schon vorher, am 21. November 1988, hatte allerdings das Völkerrechtsbüro des Außenministeriums lakonisch festgestellt, daß das Anschlußverbot des Artikel 4 des Staatsvertrags mit einer EG-Mitgliedschaft nicht im Widerspruch stünde.[35] Dem ist zuzustimmen. Deutschland ist zwar ohne Zweifel ein gewichtiges, aber doch nur ein EU-Mitglied unter nunmehr 15. So verfügt Deutschland im Rat der EU bei der sogenannten gewogenen Abstimmung nur über zehn von insgesamt 87 Stimmen. Von einem Anschluß an Deutschland kann daher im Zusammenhang mit Österreichs EU-Mitgliedschaft keine Rede sein.

Artikel 7 des Staatsvertrags regelt die besondere rechtliche Stellung der slowenischen und kroatischen Minderheiten in Österreich. In seiner Vollziehung erging eine Reihe österreichischer Gesetze, von denen hier das Minderheitenschulgesetz für Kärnten[36] und das Volksgruppengesetz erwähnt seien.[37]

In Artikel 9 verpflichtet sich Österreich, alle nationalsozialistischen Organisationen aufzulösen und dafür zu sorgen, daß es zu keinen Nachfolgebewegungen kommt. Die gesetzliche Grundlage dafür wurde schon vor Inkrafttreten des Staatsvertrags im sogenannten Verbotsgesetz vom 8. Mai 1945 getroffen.[38] In einer Novellierung dieses Gesetzes vom 19. März 1992[39] wurde das ursprüngliche Strafausmaß herabgesetzt, weil sich herausgestellt hat, daß die im Verbotsgesetz vorgesehenen Geschworenensenate wegen der als zu hoch empfunden Strafen eine deutliche Scheu vor Verurteilungen gezeigt haben. Mit derselben Novellierung wurde im übrigen auch die sogenannte Auschwitzlüge zu einem eigenen Straftatbestand erhoben.

Der Vollständigkeit halber seien noch die Festlegung der österreichischen Grenzen nach dem Stand vom 1. Jänner 1938 (Artikel 5), Österreichs Verpflichtung zum Menschenrechtsschutz (Artikel 6) und, vielleicht als Kuriosum, Österreichs Verpflichtung zur Aufrechterhaltung des Habsburgergesetzes[40] (Artikel 10) erwähnt.

## Zukunft des Staatsvertrags

Bei einer Veranstaltung im Volksgruppenzentrum in Wien hat Bundespräsident Thomas Klestil am 19. Mai 1994 ein Forderungsprogramm der österreichischen Volksgruppen entgegengenommen. Dieses Programm bezog sich vor allem auf die dort behauptete mangelhafte Erfüllung des Artikel 7 des Staatsvertrags. Der Bundespräsident hat bestimmte Probleme eingeräumt, im übrigen aber darauf verwiesen, daß der Staatsvertrag erfüllt sei. Um das Verhältnis zu seinen Minderheiten zu regeln, brauche Österreich keinen Staatsvertrag mehr. Sonst wäre es ja der einzige Staat Europas, dessen Souveränität durch ein internationales Abkommen eingeschränkt sei.[41] Daß der Schutz der deutschsprachigen Volksgruppe in Südtirol ebenfalls auf einem internationalen Abkommen basiert, welches eben die Souveränität Italiens beschränkt, wurde dabei offenbar übersehen.

Auf dem Bundesparteitag der FPÖ vom 15. Jänner 1995 wurde die Aufhebung des Staatsvertrags in das Programm der nunmehr als Freiheitliche Bewegung firmierenden ehemaligen FPÖ aufgenommen.[42]

Anläßlich einer Sondersitzung des Ministerrates zum 40. Jahrestag der Unterzeichnung des Staatsvertrags hat Bundeskanzler Vranitzky am 15. Mai 1995 erklärt: »Österreich steht daher zu diesem Staatsvertrag, selbstverständlich auch zu den Verpflichtungen, die sich daraus ergeben. Ich sehe derzeit keinen Anlaß, ihn zu ändern oder außer Kraft zu setzen.«[43]

Diese drei Positionen beleuchten, wie ich meine, durchaus repräsentativ die in Österreich verbreiteten Einschätzungen der aktuellen Bedeutung des Staatsvertrags im 40. Jahr seines Bestehens. Nach meiner Überzeugung sollte man ihn belassen wie er ist. Er ist mit Sicherheit keine drückende Last. Die verbliebenen Verpflichtungen sind längst zum fixen Bestandteil des österreichischen Selbstverständnisses geworden. Jeder Versuch der Annulierung des Staatsvertrags wäre unvermeidlicherweise mit dem Verdacht belastet, Österreich wolle sich dem Minderheitenschutz, dem NS-Verbot und nicht zuletzt dem Anschlußverbot entziehen. Es kommt hinzu, daß Österreich sich mit einem solchen Schritt, und zwar ohne Not, der Begehrlichkeit nach Gegenleistungen aussetzte.

## ANMERKUNGEN

1   Eine amtliche Veröffentlichung des Textes ist nie erfolgt. Er fand aber Eingang in eine Reihe von Dokumentationen. Zitiert nach Mayrzedt u.a., Jahre, Bd. I, 1976, 74 u. 690.

2  Gemäß Artikel 21 wurden von Österreich offiziell keine Reparationen verlangt. De facto blieb es Österreich aber nicht erspart, wenn auch unter einem anderen Titel, einen Beitrag zur Wiedergutmachung der Kriegsschäden zu leisten.

3  Es bleibt eine Residualverpflichtung aus Artikel 22 Absatz 13, wonach bestimmte Vermögenswerte, die auf Grund dieser Vorschriften in österreichisches Eigentum übergeführt werden, nicht in deutsches und manche überhaupt nicht in ausländisches Eigentum weitergegeben werden dürfen. Diese Verpflichtung ist aber mittlerweile durch die weiter unten behandelte Obsoleterklärung der sogenannten »Militärischen und Luftfahrtbestimmungen« außer Kraft getreten.

4  Dazu gehören die Erdöllieferungen und andere Geld- und Sachwerte, mit deren Hilfe sich Österreich von bis zu 30 Jahre währenden Dauerverpflichtungen loskaufen konnte.

5  Siehe das Kapitel: Die militärischen Auflagen und ihre Aufhebung.

6  Bundeskanzler Raab, Vizekanzler Schärf, Außenminister Figl und Staatssekretär Kreisky.

7  Da die dauernde Neutralität Österreichs somit nicht zum sachlichen Geltungsbereich des Staatsvertrages gehört, bleibt sie im Folgenden unberücksichtigt.

8  Amtsblatt zur Wiener Zeitung, Nr. 280, 2.12.1955.

9  Der in Artikel 37 des Staatsvertrages verwendete Begriff eines Mitgliedes der Vereinten Nationen bezieht sich ursprünglich auf die durch die »Erklärung der Vereinten Nationen« vom 1. Jänner 1942 im Kampf gegen Hitler-Deutschland, Italien und Japan zusammengeschlossenen 26 Staaten, denen sich bis Kriegsende noch weitere 21 Staaten angeschlossen haben. Die Gründung der Organisation der Vereinten Nationen erfolgte erst mit Wirkung vom 24. Oktober 1945 (vgl. dazu Simma u.a. Hg., Charta, 1991, XIX; Weber, Völkerbund, 1987, 132 u. 179ff.

10  Außenminister Mock, in: Österreich-Bericht (Bundes Presse Dienst) 15 (1992).

11  Österreichische Außenpolitische Dokumentation – Sonderdruck: Jugoslawische Krise loc.mult., insbesondere Dokumente Nr. 111, 112, 171, 172, 182.

12  Jahrbuch der Österreichischen Außenpolitik, Außenpolitischer Bericht 1992, 123ff; Österreich und die Teilung der CSFR. Österreichische Außenpolitische Dokumentation, Texte und Dokumente, Nr. 1, Februar 1993, Dokument 14, 15.

13  Gemeinschaft Unabhängiger Staaten. Nicht alle ehemaligen Sowjetrepubliken sind ihr auch tatsächlich beigetreten, was hier aber nicht weiter von Belang ist.

14  Österreich gehörte zweimal dem UN-Sicherheitsrat als sogenanntes nichtständiges Mitglied an: 1973/74; 1991/92.

15  Jahrbuch der Österreichischen Außenpolitik, Außenpolitischer Bericht 1991, 160.

16  Österreichische Außenpolitische Dokumentation, Texte und Dokumente Nr. 1, Februar 1992, Dokument 14.

17  Beilagen zu den Stenographischen Protokollen des NR GP XVIII, Rv 1193.

18  BGBl. 1994/257.

19  Tichy, State Succession, in: Austrian Journal of Public and International Law 44 (1992), 117–136.

20  Die Presse, 20.1.1995.

21  Vgl. Seidl-Hohenveldern, Staaten, in: Neuhold u.a. Hg., Handbuch, Bd.1, 2. Aufl., Rz. 749ff; Verdross u.a., Völkerrecht, 3. Aufl., 1984, 607ff.

22  Was die Ausleuchtung des historischen Hintergrundes des Staatsvertrages anlangt, vgl. Stourzh, Geschichte, 1980. Mit vielen Dokumenten. Vgl. Weinzierl u.a. Hg., Österreich, Bd. 1, 1972; vgl. Österreichische Bundesregierung u.a. Hg., Staatsvertrag, 4 Bde., 1981f.

23  Zitiert nach Neuhold u.a. Hg., Handbuch, Bd. 2, 2. Aufl., Dok. 347, 1991.

24  Das ist die sogenannte Okkupationstheorie. Dazu die Erklärung des Vorsitzenden des Außenpolitischen Ausschusses des österreichischen Nationalrates in der Wiener Zeitung, 9.3.1947, in: ebd., Dokument 349.

25  Vgl. Stourzh, Geschichte, 1980, 243.

26  Vetschera, Heinz, Die Rüstungsbeschränkungen des österreichischen Staatsvertrages aus rechtlicher und politischer Sicht, in: Österreichische Militärische Zeitschrift 23 (1985), 500–505; Stadlmeier, Neutralität, 1991, 179.

27  dBGBl. 1990 II, 1318.

28  Alle Texte in: Österreichische Außenpolitische Dokumentation, Texte und Dokumente, Dezember 1990, Dokument 4, 5.

29  Ermacora, Obsoleterklärung, in: Austrian Journal of Public and International Law 42 (1991), 319–339; Hafner, Obsolecence, in: Annuaire Français de Droit International 37 (1991), 239–257.

30  Hecht u. Muzak, Staatsvertrag, in: Juristische Blätter 116 (1994), 720–732.

31 Vertrag über die Nichtweiterverbreitung von Atomwaffen vom 1. Juli 1968, BGBl. 1970/258. Detail am Rande: Der Vertrag läuft gemäß seinem Artikel 10 im Jahre 1995 aus.
32 StGBl. 1920/303.
33 Interview, in: Die Zeit, 26.10.1990.
34 Salzburger Nachrichten, 11.8.1989.
35 Kunnert, Spurensicherung, 1992, Dokument 10.
36 BGBl. 1959/101.
37 BGBl. 1976/396.
38 StGBl. 1945/13.
39 BGBl. 1992/148.
40 Gesetz betreffend die Landesverweisung und die Übernahme des Vermögens des Hauses Habsburg-Lothringen, StGBl. 1919/209; BGBl. 1963/172.
41 Salzburger Nachrichten, 20.5.1994.
42 Salzburger Nachrichten, 16.1.1995.
43 Die Presse, 16.5.1995.

Gabriele Jutz

# Ein Spielfilm zwischen Tradition und Innovation

Wienerinnen – Schrei nach Liebe (Kurt Steinwendner, 1951)[1]

*Für Georg Schmid*

Lange Zeit galt *Der Rabe*[2] (von Kurt Steinwendner und Wolfgang Kudrnofsky) als Beginn der österreichischen Filmavantgarde. 1951, im Jahr seiner Fertigstellung, existierte dieser Begriff allerdings noch nicht. Die wenigen künstlerisch ambitionierten Filme, die damals außerhalb des kommerziellen Produktionssystems hergestellt wurden, nannte man Außenseiterproduktionen – eine Bezeichnung, die den expressionistischen Charakter der Edgar Allen Poe-Verfilmung vielleicht treffender charakterisiert. Auf jeden Fall war *Der Rabe* auf formaler Ebene interessant genug, daß man Steinwendners erstem Spielfilm mit Neugier entgegenblicken durfte.

Als *Wienerinnen* – der Film trug damals noch den Untertitel *Vier Frauenschicksale* – im Februar 1952 im Wiener Haydn Kino seine Uraufführung erlebte, reagierte die heimische Kritik jedoch äußerst ungehalten auf die neue Arbeit des jungen Regisseurs. Man warf den *Wienerinnen* »gemeine Sensation« und »ordinäre Sentimentalität« vor, seinen Herstellern »unschöpferischen Nihilismus«, auf den sich diese »nichts einzubilden« brauchten. Am meisten aber mißfiel dem namentlich nicht genannten Verfasser dieser Kritik die Darstellung der Hauptstadt beziehungsweise seiner Bewohnerinnen: »Wenn Österreicher ein solches Bild von Wien entwerfen, so müssen sie mit leidenschaftlichem Protest zurechtgewiesen werden. Und das hat die Wiener Presse ausnahmlos getan.«[3]

Diese Aussagen, die stellvertretend für viele andere stehen, spiegeln nicht nur die kulturkonservative Haltung der frühen 1950er Jahre im Zeichen der Schmutz- und Schund-Debatte wider, sondern auch die Mißachtung der künstlerischen Avantgarde.[4]

Doch welche Filme waren dem österreichischen Publikum zu diesem Zeitpunkt überhaupt zugänglich? Welche ›Seherfahrungen‹ konnte es in vor-televisionären Zeiten eigentlich sammeln? In den Jahren nach dem Zweiten Weltkrieg gelang es Hollywood sehr rasch, direkt oder indirekt weite Bereiche des österreichischen Kinowesens zu kontrollieren.[5] So stammten 1952 rund 50 Prozent der insgesamt 392 ausländischen Filmimporte aus den USA, österreichische Produktionen gab es hingegen nur 19.[6] Hand in Hand mit dem Triumph Hollywoods ging der Sieg des traditionellen Erzählkinos mit seiner geschlossenen narrativen Form, seinen sich ›wie von selbst‹ erzählenden Geschichten. Bedingt durch die unterentwickelte österreichische Filmkultur (beispielsweise sollte es eine reguläre staatliche Spielfilmförderung erst 1981 geben!) und die völlige finanzielle Abhängigkeit der heimischen Produktion vom deutschen Vertrieb und Verleih vertraute Österreich auf Altbewährtes. Obwohl die Heimatfilmwelle erst 1954 (mit *Der Förster vom Silberwald* von Alfons Stummer) einsetzte, verließ man sich auch zu Beginn des Dezenniums auf devisenfreundliche Sujets: Operetten- und Kaiserfilme, Historisch-

Biographisches, Lustspiele und Schwänke machen das Gros der österreichischen Produktionen der frühen 1950er Jahre aus.[7] Was die Themen, aber auch die Machart dieser Filme anbelangt, so erscheint es gerechtfertigt, von einer gewissen Kontinuität gegenüber der Ersten Republik, dem Austrofaschismus und der Zeit des Nationalsozialismus zu sprechen. Für die Jahre 1950 bis 1955 zählt der Filmhistoriker Walter Fritz gerade zehn zeitkritische beziehungsweise zeitbezogene Filme[8]. Ein realistisches Bild der Gegenwart zu zeichnen, schien nicht opportun.

*Titelseite der Wiener Film Revue (10/1951)*

Kurt Steinwendner, Mitbegründer des Wiener Art-Clubs und somit in ständigem Austausch mit der künstlerischen Avantgarde Österreichs, nennt für *Wienerinnen* zwei Inspirationsquellen: zum einen das Buch des ungarischen Filmtheoretikers Béla Balázs, *Der Film* (1949), zum anderen den italienischen Neoverismus, jenen repräsentativen Stil des Nachkriegseuropas also, dessen entscheidende Impulse aus dem Kampf gegen den Faschismus stammten.[9] Was war nun ›neu‹ und ›wahr‹ an Steinwendners Film?

*Jacqueline (Elfe Gerhart) und Therese (Anni Weltner) in der nur mehr teilweise erhaltenen Episode »Therese« beim Sängerinnenwettstreit*

Aus dem Rahmen fiel sicherlich die Erzählform. Nach italienischem Vorbild entschied man sich für einen Episodenfilm. Die vier in sich abgeschlossenen Geschichten tragen Frauennamen, in der ursprünglichen Fassung »Anni« – »Olga« – »Gabriele« – »Therese«. Da die letztgenannte Episode – sie spielt beim Heurigen – nur auf ausdrücklichen Wunsch der Schönbrunn-Film zustandegekommen war und man sie letztendlich als mißglückt angesehen hat, wurde im Nachhinein Therese durch Helene, die Geschichte einer Puppenspielerin, ersetzt. Aus zeitgenössischen Kritiken geht allerdings hervor, daß der Film – nun hieß er *Wienerinnen im Schatten der Großstadt* – für kurze Zeit auch mit allen fünf Episoden im deutschen Verleih auftauchte.[10] In Österreich war der Film seit 1952, dem Jahr seiner Uraufführung, nicht mehr gespielt worden und galt lange Zeit als verschollen. Anfang der 1980er Jahre schließlich gelangte der Nachlaß der Schönbrunn-Film ins Österreichische Filmarchiv. Und es ist der Initiative Johann Böhms, eines Mitarbeiters des Filmarchivs, zu verdanken, daß *Wienerinnen* heute noch existiert. Über die bei den Restaurationsarbeiten auftauchenden Probleme schreibt Böhm: »Im Herbst 1988 begann das Österreichische Filmarchiv intensiv Material zu diesem Film zu sichten. (...) Im Filmarchiv fand ich etliche Rollen und Röllchen zu diesem Film – Negativ- und Positiv-Material, alles natürlich Nitro-Material. Dieses Filmmaterial hatte zum Teil verschiedene Titel und konnte nicht als Bestandteil eines *einzigen* Fimes erkannt werden. (...) Allmählich gelang es mir, einen Überblick über das vorliegende Material zu gewinnen, und schließlich schaffte ich es, vier von fünf gedrehten Episoden zu rekonstruieren.«[11]

Die restaurierte Fassung, bestehend aus den Episoden »Anni« – »Helene« – »Gabriele« – »Olga«, war unter dem Titel *Wienerinnen – Schrei nach Liebe* (was laut Böhm dem ursprünglichen Arbeitstitel entspricht) erstmals bei den Filmtagen in Wels im Oktober 1989 zu sehen.

Nach diesem Exkurs zur Geschichte des Films nun wieder zurück zur Frage nach seinem innovativen Potential. Sicher ist, daß *Wienerinnen* dem Neoverismus mehr als nur seine episodische Struktur verdankt. Wie auch das italienische Nachkriegskino richtet Kurt Steinwendner sein Interesse auf die zeitgenössische Wirklichkeit, das Ausgegrenzte, Tabuisierte. *Wienerinnen* verzichtet auf offizielle Wien-Klischees, auf fremdenverkehrstaugliche Themen zugunsten der Darstellung eines urbanen Österreichs. Wenngleich die Entscheidung für Drehorte außerhalb der Filmateliers primär aus Kostengründen erfolgt sein mag (Steinwendner verfügte über kaum ein Zehntel der üblichen Produktionsgelder), trug sie ganz wesentlich zum realistischen Charakter des Films bei. »Anni«, die erste Episode, spielt im Milieu der Wienerberger Ziegeleiarbeiter, »Gabriele«, die Geschichte vom Aktmodell, das in einen Mordfall verwickelt wird, zum Großteil auf dem Rangiergelände des Franz-Josefs-Bahnhofs. »Olga« schließlich ist am östlichen Stadtrand zwischen dem Prater, dem Friedhof der Namenlosen und dem Alberner Hafen angesiedelt. Heute noch stehen dort die zwölf Stock hohen Getreidespeicher, in denen die Prostituierte Olga durch ihren Zuhälter beinahe zu Tode kommt. Für Innenaufnahmen griff man auf kostengünstige Lokalitäten zurück: »Helene« wurde in einer Volksschule im zweiten Wiener Gemeindebezirk gedreht (die Kinder wirkten als Statisten mit), Teile von »Gabriele« in der Taborstraße im Atelier des Künstlers Wolfgang Hutter, der auch den Maler in der Geschichte mimte. Das Engagement von Stars wäre mit dem begrenzten Budget unvereinbar gewesen. So verpflichtete man, gleichfalls in bester neorealistischer Tradition, teils Laiendarsteller, teils Nachwuchs. Nur Maria Eis und Heinz Moog, die Eltern in der Episode »Anni«, waren arrivierte Theaterschauspieler. Wie groß das Engagement der Beteiligten für dieses Experiment war, läßt sich am Verzicht auf Gagen erkennen.

Das Bemühen des Films um soziale Authentizität und Wirklichkeitsnähe, wie es in der Auswahl der Sujets, der Drehorte und der Darsteller zum Ausdruck kommt, wird allerdings durch die melodramatische Handlungskonstruktion der einzelnen Episoden untergraben. *Wienerinnen* präsentiert eine Mischung aus neorealistischen und spektakulären Momenten, aus Innovation und Tradition, was sowohl für seine Inhalte, als auch für seine formal-gestalterischen Prinzipien gilt. Zu den Inhalten zählt das motivisch-thematische Spektrum des Films, konkret: die Geschichten der vier Frauen. Damit gewinnt die Frage nach der *Art* des hier entworfenen Frauenbildes besondere Relevanz. Wenn, vor einigen Jahren noch, in Österreich von ›feministischer Filmanalyse‹ die Rede war, so konnte man fast sicher sein, daß damit das Aufzeigen geschlechtsspezifischer Rollenklischees gemeint war. Neuere Forschungsansätze, wie sie vor allem von amerikanischen Filmwissenschafterinnen entworfen wurden, betonen hingegen die Dringlichkeit, reine Inhaltsanalysen aufzugeben und mehr auf die formale Konstruktion von Frauenbildern (zum Beispiel durch Kameraführung, Schnitt usw.) zu achten. Dieser Perspektivenwechsel, im Fachjargon als ›theoretische Wende‹ bezeichnet, führte nicht nur zu einer Fülle von Publikationen, sondern auch zu einer Aufwertung von weiblicher Forschungsarbeit. Der Begriff ›feministische Filmtheorie‹ gilt inzwischen international als Synonym für eine innovative Auseinandersetzung mit dem Medium. Auf der Basis dieser methodischen Voraussetzungen wird sich der nun folgende analytische Teil nicht mit den erzählten Geschichten (der Inhaltsebene) allein begnügen, sondern die Frage nach dem Erzählen selbst (den formalen Gestaltungsprinzipien) in den Mittelpunkt stellen. In weiterer Hinsicht soll *Wienerinnen* und insbesondere sein ›Frauenbild‹ unter den Aspekten Bruch mit der Tradition und/oder Kontinuität betrachtet werden. Erst dies gestattet eine angemessene Bewertung dieses Films als Quelle der Zeitgeschichte.

## Bitterer Ziegel

Der Filmbeginn könnte traditioneller nicht sein. Die ersten Einstellungen zeigen bekannte Ansichten der Stadt (Oper, Schönbrunn ...), untermalt von vertrauten Walzerklängen. Ein Bruch mit dem Klischee kündigt sich allerdings an, als die Kamera auf das steinerne Gesicht einer weiblichen Statue mit blinden, himmelwärts gerichteten Augen schwenkt und ein immer lauter werdender Trommelwirbel die Walzermelodie überlagert. Die nächste Einstellung – ein gequältes Mädchengesicht in Großaufnahme – markiert den wenig pittoresken Anfang der ersten Episode.

Anni (Elisabeth Stemberger), die Protagonistin dieser Geschichte, ist Arbeiterin in einem großen Ziegelwerk am Stadtrand. Sie verliebt sich in Fritz, den Sohn des Werkmeisters, der, wie sich am Ende herausstellt, ihr Halbbruder ist. Annis Eltern sind gegen die Verbindung und lauern dem Paar beim abendlichen Rendezvous am Ziegelteich auf. Die Auseinandersetzung zwischen den beiden Männern endet tödlich – sie ertrinken im brackigen Wasser des Teichs.

Die erste Episode ist besonders geeignet, die stilistischen Merkmale des Films zu verdeutlichen. Wie bereits erwähnt, eröffnet diese Geschichte mit einer leinwandfüllenden Aufnahme der Protagonistin. Darauf folgen verschiedene Ansichten ihrer Arbeitsstätte, des Ziegelwerks am Wienerberg: Von einem flachen Fabriksgebäude mit hohem Schlot wird auf eine nähere Einstellung der Anlage überblendet. Von hier aus dokumentiert die Kamera – teils mit Schwenks, teils in statischen Einstellungen – den Weg der Förderkörbe auf der Materialseilbahn. Sie verweilt auf dem großen Schwungrad und erreicht mit den Lastenwägelchen das Innere der Fabrik, wo diese von einem Arbeiter mit rhythmisch-kraftvollen, an einen Maschinentanz erinnernden Bewegungen entladen werden. Dem Ort der Handlung, dem sozialen Umfeld Annis also, kommt auf diese Weise überdurchschnittliche Aufmerksamkeit zu. Auf der Tonspur hören wir dazu eine männliche Erzählstimme aus dem *Off*: »Anni. – Anni war Ziegeleiarbeiterin im anderen Wien. – Die riesigen Fabrikanlagen mit ihren hochragenden Schloten, die Seilbahnen und Schwungräder, die Häuser der Arbeiter bilden eine eigene Stadt. – Der rote Ziegelstaub bedeckt alles. Auch das Brot, das dort gegessen wird.«

*Vom steinernen Antlitz aus dem Prolog ...*

*... wird auf das Gesicht von Anni (Elisabeth Stemberger) in Großaufnahme geschnitten (Beginn der Episode »Anni«).*

Die Einstellungen besitzen hier deutlich performative Funktion, das heißt sie
›vollziehen‹ beziehungsweise bestätigen, was der Kommentar behauptet.[12] Im Inneren
der Fabrikshalle: Schienen, Laufbänder, Metallgestelle zum Trocknen der Ziegel. Die
Bewegungen der dort Arbeitenden, es sind vor allem Frauen, gehorchen dem gnaden-
losen Rhythmus der Maschinen. Kamera und Schnitt verfahren hier ganz ähnlich wie
in der Eröffnungssequenz: erst wird das Umfeld erkundet, dann widmet man sich dem
Detail. Mit der gleichförmigen Bewegung eines Automaten legt Anni feuchte Ton-
brocken in die Matrize der Ziegelpresse, immer und immer wieder, bis endlich die
Fabrikssirene das Ende des Arbeitstages verkündet. Als Anni die Maschine abstellt und
sich umwendet, erblickt sie Fritz, der sie seinerseits seit einiger Zeit betrachtet. Er will
sie an sich ziehen, doch das Mädchen entwischt ihm auf den Dachboden. Nach einer
spielerischen Verfolgungsjagd nach der Art von Verliebten läßt sich Anni, noch immer
widerstrebend, küssen. Bestürzt über die Intensität ihrer Gefühle hastet sie davon.
Kamera und Lichtstil in dieser Sequenz lassen ein für *Wienerinnen* typisches Muster
erkennen. Während das klassische Erzählkino à la Hollywood, welches mehr oder
minder auch das Modell für den österreichischen Spielfilm bereitstellt, an einer
vollständigen (›guten‹) Repräsentation der Handlungsträger interessiert ist, setzt *Wienerinnen* den flüchtigen Anblick an die Stelle des vollen Blicks. In der Sequenz auf
dem Dachboden sind Anni und Fritz nur partiell ausgeleuchtet, ihre Körper werden
sowohl durch Lichtmuster als auch durch den gewählten Bildausschnitt fragmentiert.
Beim Kuß sind die Füße der Protagonisten in Dunkel gehüllt, sie scheinen buchstäblich
im Bodenlosen zu stehen. Als Anni aus den Armen ihres Geliebten flieht, sehen wir
bloß ihre laufenden Beine und eine flüchtige Silhouette von Fritz. Elio Carniels mobile
Handkamera verzichtet in expressiver Manier weitgehend auf Totalen. Sie heftet sich
an die Darsteller und läßt diese oftmals nur ausschnitthaft ins Bild kommen.

Auch bei der Einführung der Figur des Vaters wird uns der volle Blick nur zögernd
gewährt. Ein horizontaler Kameraschwenk kadriert zuerst Beine, dann einen Oberkörper und zuletzt ein Gesicht, das wir als das von Heinz Moog identifizieren, der auf
einer Küchenbank, halb sitzend, halb liegend, vor sich hin döst. Dieser Darstellungsstil,
der als Verweigerung einer ›idealen‹ Repräsentation beschrieben werden kann, findet
sich auch zu Beginn einer Duschszene, in der Annis Körper auf ein flaches Schattenbild
reduziert ist; oder in jenem schwindelerregenden Gegenschuß in den Himmel, der auf
einen Blick der Protagonistin aus dem Fenster folgt. Was sich der österreichische
Avantgardefilm in den folgenden Jahren wiederholt zum Thema machen sollte, nämlich
die Kritik am figurativen Bild, an der Abbildung von Wirklichkeit, findet sich in dieser
Außenseiterproduktion bereits in Ansätzen realisiert. Ein verlängertes Verweilen an der
Peripherie der Körper, das Fragmentieren der Darsteller durch Kadrage oder Licht, ihre
Wiedergabe als bloße Schatten, ein ›verwackeltes‹ Bild mag das an pralle Fülle
gewöhnte Auge zwar enttäuschen, trägt aber gerade durch diese Irritation dazu bei, die
Funktion des Films als Wiedergabeinstrument von Realität zu überdenken.

Doch diese diskursiven Momente bewahrten *Wienerinnen* nicht davor, mit einem
dokumentarischen Abbild von Wirklichkeit verwechselt zu werden. Gerade die erste
Episode gab Anlaß zu heftigem Protest von seiten der Wienerberger Ziegeleiarbeiter:
»Da unsere Wienerberger Kollegen als Säufer, Lumpen und sexual entartete Menschen
bezeichnet werden, wird es wohl angebracht sein, wenn die Filmgesellschaft noch

einmal im Bereich der ›Wienerberger‹ auftaucht, diese ganz einfach zu verjagen. Die Fabrikanten des Films ›Bittere Ziegel‹ werden dann dahinter kommen, daß Ziegelbrocken harte Gegenstände sind.«[13]

Der Ausdruck »Bittere Ziegel« ist eine Anspielung auf Giuseppe de Santis' *Riso Amaro* (*Bitterer Reis*, 1949) mit Silvana Mangano in der Hauptrolle. Dieser zu Beginn der 1950er Jahre äußerst populäre Film galt hierzulande als Inbegriff des italienischen Neoverismus. De Santis kombiniert in *Riso Amaro* eine sozialkritische Reportage über die Situation der ausgebeuteten Reisarbeiterinnen in der Poebene mit einer melodramatischen Romanze. Silvana verliebt sich in einen kleinen Gauner, der mit ihrer Hilfe die Reisernte stehlen will. Als sie ihr Unrecht einsieht, beendet sie freiwillig ihr Leben. *Riso Amaro* hat aber auch an der Etablierung eines neuen weiblichen Körperideals teil, was durch die Kostüme unterstützt wird. Während der Arbeit trägt Silvana beispielsweise einen engen, busenbetonenden Pullover, knappe Shorts und Florstrümpfe (gegen Moskitostiche), die den Blick auf ihre Schenkel lenken.

Im Unterschied zum Frauenbild der Kriegszeit, das sich mit seinen breiten Schultern an der männlichen Silhouette orientierte, zielt die Kleidung der späten 1940er und 1950er Jahre auf eine Refeminisierung ab. Die neue Betonung von Brust und Hüften führt die Frau auf ihre angeblich natürliche biologische Bestimmung zurück und zeigt dadurch ideologische Verschiebungen an: Nicht mehr die Frau, die ihren Mann steht, war gefragt, sondern ein idealisiertes Bild von Weiblichkeit, das sich an potentiell mütterlichen Körperqualitäten orientiert.

Der zeitgenössischen österreichischen Filmkritik lieferte *Riso Amaro* ein schier unerschöpfliches Metaphernreservoir: »Lisl Übermangano, wie sie Frau Stemberger jetzt schon wegen der letzten Szene frei nach *Riso Amaro* nennen, in der ihr der Wind (...) die nassen Röcke um die nackten Schenkel klatschen läßt.«[14] Das Adjektiv ›bitter‹ avancierte zum Synonym für ›Neoverismus‹.

Im Trailer für *Wienerinnen* sieht man ein Zeitungsinsert mit der Schlagzeile ›Bitterer Schleppkahn‹ (bezogen auf die Episode »Olga«), in einer Kritik von Steinwendners nächstem Film, *Flucht ins Schilf* (1953), der im Burgenland spielt, ist vom ›bitteren Neusiedlersee‹ die Rede,[15] und die *Wiener Film Revue* zeigte einmal auf ihrer Titelseite eine Bildmontage von Silvana Mangano und Hilde Rom (der Darstellerin der Schwester von Anni), die den Wunsch nach Identifikation mit dem italienischen Vorbild deutlich zum Ausdruck bringt.[16]


Erzählen in Metaphern

Trotz Rekurs auf unverbrauchte filmische Ausdrucksformen greift Steinwendner auch auf das Inventar des klassischen Erzählkinos zurück. Eine Mittelposition zwischen Innovation und Tradition nimmt seine Form des ›Erzählens in Metaphern‹ ein.

Wie in der Rhetorik ist die filmische Metapher eine Figur der Substitution. Aufgrund einer Ähnlichkeitsbeziehung setzt sie einen ›übertragenen‹ Ausdruck an die Stelle des ›eigentlichen‹. In der Sprache sind »Glühbirne«, »Flußbett« oder »Flaschenhals« Beispiele für metaphorische Wortschöpfungen. Doch der Begriff bezieht sich nicht nur auf kleine lexikalische, sondern auch auf größere (textuelle) Einheiten. Einen besonderen Gebrauch der Metapher demonstriert der Film *Un Chien Andalou* (Luis Buñuel und Salvadore Dali, 1928), da er den umgekehrten Weg, von der Metaphorik zur Wörtlichkeit, beschreitet. In diesem surrealistischen Klassiker sehen wir eine von Ameisen bedeckte Hand – ein Wortspiel mit dem französischen »avoir des fourmis dans la main« (»Ameisen in der Hand haben«), was so viel wie ›eingeschlafene Hand‹ bedeutet. Durch das Wörtlichnehmen dieser Wendung wird eine Ähnlichkeitsbeziehung zwischen einem abstrakten sprachlichen Ausdruck und einem konkret bildlichen etabliert. Am Beispiel von *Mosaik im Vertrauen* (Peter Kubelka und Ferry Radax, 1954/55), einem frühen österreichischen Avantgardefilm, hat Peter Tscherkassky metaphorische Verfahren, sofern sie für die filmische Struktur bestimmend sind, als wesentliches Merkmal innovativen Erzählens identifiziert.[17] Die filmisch-poetische Metapher hebt die einfache Beziehung von Bild und Abgebildetem auf und stellt neue Bezüge zwischen verschiedenen Wirklichkeits- und Vorstellungsbereichen her. Das Bild wird dadurch mit neuen Bedeutungen aufgeladen.

In *Wienerinnen* findet man wiederholt Metaphern, die künftige Ereignisse ankündigen beziehungsweise vorwegnehmen. In der Episode »Anni« zum Beispiel beginnt die Wirtshaus-Sequenz, in der die finale Katastrophe ihren Ausgang nimmt, mit der Großaufnahme eines Grammophontrichters. Nach einem Schnitt schwenkt die Kamera langsam nach rechts, der Schankraum wird sichtbar, und zwar durch eine Glastüre hindurch, deren Fenster durch ein zentrales Holzkreuz gegliedert sind. Zusätzliches Gewicht bekommt diese Einstellung durch ihre verhältnismäßig lange Dauer. Das

*Das Türkreuz nimmt metaphorisch die tragische Entwicklung der Geschichte vorweg (Episode »Anni«).*

Kreuz, ein unheilvolles Zeichen, tätowiert gleichsam den Ort, an dem Vater und Mutter ihre mörderischen Pläne schmieden. Das Türkreuz erinnert dabei an ein Grabkreuz und löst dadurch im Betrachter Konnotationen des Todes aus.

Ein weiteres Beispiel für eine ›vorwegnehmende‹ Metapher gibt es in »Gabriele«. In der Rückblendenerzählung aus der Sicht des Mörders, die den Tathergang zeigt, sehen wir Magda, das Opfer des Verbrechens, für einen Maler Modell stehen. Dezent im Hintergrund der Szene kann man ein menschliches Skelett wahrnehmen, wie es für Anatomiestudien Verwendung findet. Dieses an sich nicht weiter überraschende Requisit im Atelier eines Künstlers lädt sich rückwirkend, das heißt im Kontext des Mordes, mit Bedeutung auf, da es den Handlungsverlauf metaphorisch anzukündigen scheint.

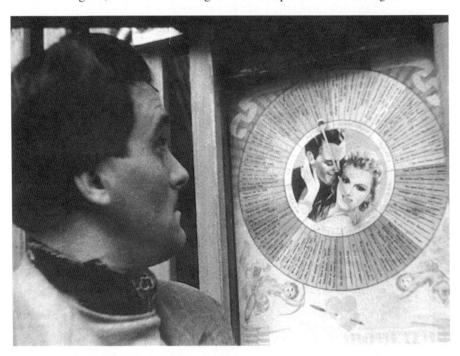

*Anton (Kurt Jaggberg) im Prater (Episode »Olga«)*

In der letzten Episode gibt es eine Einstellung, die das Happy-End der Geschichte antizipiert. Anton, der Zuhälter, verfolgt Olga und ihren neuen Freund Carlo bei einem Praterausflug. In Großaufnahme hält die Kamera jenen Augenblick fest, in dem Anton den Kopf wendet, die Abbildung eines glücklichen Paares auf einem Spielautomaten entdeckt und diese einen Moment lang betrachtet.

Während Kreuz, Skelett und Paar erst im nachhinein als Metaphern erkennbar werden, faßt in »Helene« das Bild der Calla, einer Blütenpflanze, Vorangegangenes zusammen. Helene, enttäuscht von ihrem Verlobten Walter, der sie mit ihrer Freundin Edith betrogen hat, spielt in der nächtlichen Schule mit ihren Puppen das Drama ihrer unglücklichen Liebe nach. Kasperl repräsentiert Walter, Greterl zuerst Helene selbst, dann ihre Konkurrentin Edith. In dieser durch Licht- und Schatteneffekte, Kameraoptik

und Ton irrealisierten Sequenz kommt unvermittelt eine Hand aus dem *Off* ins Bild,
welche Helene mit einer Calla ins Gesicht peitscht. Die Calla ist eine Pflanze, deren
Blütenstand aus einem aufrechten Kolben, umgeben von einem tütenförmigen Hüll-
blatt, besteht. Die Beziehung der Geschlechter, der Kern von Helenes Konflikt,
verdichtet sich im Bild der Calla, deren Sexualmetaphorik im übrigen auch im klassischen Kino eingesetzt wurde.

*Helene (Edith Prager) im nächtlichen Naturgeschichtekabinett (Episode
»Helene«)*

Obwohl zuallererst die filmische Avantgarde das Erzählen in Metaphern vorgeführt hat, ist dem Hollywoodkino diese Redefigur keineswegs fremd. Viele klassische Filmerzählungen greifen auf dieses Verfahren zurück. Im Vorspann beziehungsweise in den ersten Einstellungen findet sich oft verdichtet, was der Rest des Films dann ausführt. Ebenso häufig aber sind Metaphern in den Filmablauf selbst inseriert. Ein bekanntes Beispiel ist jene Einstellung in Alfred Hitchcocks *North by Northwest* (*Der unsichtbare Dritte*, 1959), in der sich das Kapitol in einem Schild mit der Aufschrift »Central Intelligence Agency« (CIA) widerspiegelt. Durch diesen eleganten Trick werden die amerikanische Regierung und ihr Geheimdienst visuell in eins gesetzt. Steinwendners Gebrauch der Metapher, weniger subtil als der Hitchcocks, orientiert sich dennoch eher am Hollywoodfilm als an der Avantgarde. Punktuell in der Textur des Films auftauchend, verantworten diese Figuren nämlich kaum die filmische Struktur. Das Türkreuz, das Skelett und das Spielautomaten-Paar irritieren nicht, denn sie sind völlig in die Handlung integriert. Selbst das auf den ersten Blick etwas befremdliche Bild der Calla in »Helene« wird im Kontext akzeptabel, da es eine irreale Situation, vergleichbar einem Traum, zum Ausdruck bringt.


Stimmen, Körper, Blicke

Auf der Ebene der filmsprachlichen Strukturen lassen sich in *Wienerinnen* vor allem zwei Verfahren identifizieren, die einen Rückgriff auf Konstruktionen des kommerziellen Kinos verraten. Interessanterweise betreffen beide die filmische Repräsentation der Geschlechter. Zum einen ist es der Einsatz der männlichen *Off*-Stimme (voice-over) zu Beginn jeder Episode, zum anderen die konsequente Zensurierung des weiblichen Blicks.

Die Stimme ist der Schauplatz der vielleicht radikalsten Geschlechterunterscheidung im Spielfilm. Während das Sprechen von Frauen meist mit dem Bild ihres Körpers synchron ist, bleibt die ›körperlose‹ Stimme[18] dem Mann vorbehalten. Im Hollywoodfilm gibt es kaum Beispiele für weibliche *Off*-Stimmen. Den männlichen voice-over dagegen kennen wir gut aus Polizei- und Gefängnisfilmen sowie aus Hollywoods Schwarzer Serie (film noir). Die feministische Filmtheoretikerin Kaja Silverman[19] hat dieses lediglich auf den ersten Blick paradoxe Phänomen untersucht und aufgezeigt, daß die ›körperlose‹ Stimme einem Privileg gleichkommt. Das Sprechen von einem quasi anonymen und transzendenten Ort aus dokumentiert symbolische Macht und ist Zeichen einer gottähnlichen Position. Die *Off*-Stimme ist unangreifbar, da sie Fragen über ihren Ort und ihre Zeit verbietet. Sie spricht über die ›Köpfe‹ der Filmcharaktere hinweg, während sie sich selbst dem Blick entzieht.

Der französische Historiker der Denksysteme, Michel Foucault, hat sich in zahlreichen Publikationen immer wieder mit Fragen der Macht und ihrer Repräsentation beschäftigt. Für das ausgehende 18. beziehungsweise das beginnende 19. Jahrhundert konstatiert Foucault einen entscheidenden Paradigmenwechsel, der für Fragen der filmischen Darstellung der Geschlechter nicht ohne Interesse ist, da es ja auch hier um die Verteilung symbolischer Macht zwischen männlichen und weiblichen Figuren geht. Für Foucault besteht der wesentliche Unterschied zwischen alter und neuer (das heißt

Die Analyse versuchte klarzulegen, auf welche Weise in filmformale Techniken Subtexte eingeschrieben sind.

Geschlechtsspezifische Festschreibungen, die auch in Körperlichkeit (Stimme, Blick) kodiert sind, finden ihren Ausdruck in filmsprachlichen Verfahren, was den Film zu einer hervorragenden Quelle der Zeitgeschichtsforschung werden läßt.

Nachbemerkung: Ich bedanke mich beim Österreichischen Filmarchiv und insbesondere bei Herrn Johann Böhm für die freundliche Unterstützung bei den Recherchen sowie bei der Erstellung der Abbildungen.

## ANMERKUNGEN

1  Wienerinnen – Schrei nach Liebe. Buch und Regie: Kurt Steinwendner. Kamera: Elio Carniel (Episoden 1, 2 und 4) u. Walter Partsch (Episode 3). Schnitt: Renate Knitschke. Künstlerische Oberleitung: August Rieger. Musik: Paul Kont, Gerhard Bronner. Am Heliophon: Bruno Helmberger. Darsteller: Elisabeth Stemberger, Hilde Rom, Maria Eis, Heinz Moog, Hans Lazarowitsch, Kurt Sobotka, Edith Prager, Karlheinz Böhm, Grita Pokorny, Ilka Windisch, Alfons Lipp, Peter Diry, Helmi Mareich, Hans Putz, Rudolf Rösner, Wolfgang Hutter, Susi Caroll, Paula Astoria, Margit Herzog, Kurt Jaggberg, Rudolf Rhomberg, Ellen Umlauf u.a. Eine Ernest Müller-Produktion der Schönbrunn-Film und Rex-Film. Herstellungsjahr: 1951. Uraufführung: Februar 1952 Tuchlauben- und Haydn-Kino, Wien. Schwarzweiß, Normalbild. Länge: 2400 m. Rekonstruktion: Johann Böhm (österreichisches Filmarchiv).
2  Vgl. Schmidt jr., Entwicklung, in: Kuratorium Neuer österreichischer Film Hg., Film, 1970, 26.
3  Alle Zitate aus: Der Böse verbirgt sich hinter Masken, in: Offenes Wort 15 (1952).
4  Vgl. Schmid, Fuffziger, in: Aspetsberger u.a. Hg., Literatur, 1984, 7–23.
5  Wagnleitner, Coca-Colonisation, 1991.
6  Ebd., 319.
7  Vgl. Fritz, Kino in Österreich, 1984, 85.
8  Vgl. ebd.
9  Kurt Steinwendner in einem nicht veröffentlichten Pressegespräch, das anläßlich der Premiere der rekonstruierten Fassung der *Wienerinnen* bei den Österreichischen Filmtagen in Wels im Oktober 1989 stattfand. Die Niederschrift des Gesprächs wurde vom österreichischen Filmarchiv zur Verfügung gestellt.
10 Vgl. Wiesbadener Tagblatt, 12./13.9.1953; vgl. Heidelberger Tageblatt, 30.9.1953.
11 Johann Böhm in einer Presseaussendung des österreichischen Filmarchivs (nicht datiert).
12 In den zeitgenössischen Filmkritiken bleibt die bemerkenswerte Musik dieser Episode unerwähnt. Die beunruhigenden Töne, deren Klang an eine elektronische Orgel erinnert, stammen von einem Heliophon. Bruno Helmberger, sein Erbauer, soll der einzige gewesen sein, der dieses Instrument bedienen konnte.
13 Bau- und Holzarbeiter, 8.10.1951.
14 Andics, Bitterer Ziegel, in: Neues Österreich, 9.9.1951, 9.
15 Weltpresse Wien, 21.2.1953.
16 Wiener Film Revue 10 (1951), Titelblatt.
17 Vgl. Tscherkassky, Kinematografie, in: Horwath u.a. Hg., Avantgardefilm, 1995, 5.
18 Vgl. Silverman, Dis-Embodying, in: Doane u.a. Hg., Re-Vision, 1984, 131–149.
19 Ebd.
20 Foucault, Überwachen, 1976, 241.
21 Silverman, Dis-Embodying, in: Doane u.a. Hg., Re-Vision, 1984, 134.
22 Vgl. Williams, Woman Looks, in: Doane u.a. Hg., Re-Vision, 1984, 83–99.
23 Sascha-Filmnachrichten aus Österreich, April 1952.

Anton Nevlacsil

# Die Alleinregierung der ÖVP und die neue Rolle der Opposition

## Die erste Alleinregierung – das Ende eines Dogmas

Wenn man das kurze und relativ bedeutungslose Gastspiel der KPÖ vernachlässigt, hat in Österreich von 1945 bis 1966 immer eine große Koalition regiert. Getragen von 83 bis 95 Prozent der Wähler und gestützt auf einen noch höheren Anteil an Mandaten, hatte die Regierung fast unbegrenzte politische Macht. Die Opposition war praktisch bedeutungslos, die Medien für heutige Verhältnisse harmlos und außerdem zu einem großen Teil fest in den Händen der beiden Großparteien. Das einzige Gegengewicht hätten die damals noch weit stärkeren Sozialpartnerorganisationen sein können, doch die wurden ebenfalls eindeutig parteipolitisch dominiert.

Gemeinsam hatten die beiden Großparteien unbestreitbar sehr große Erfolge in der Wiederaufbauphase zu verzeichnen. In den letzten Jahren der alten großen Koalition traten aber immer stärker ihre Schwächen zutage: Unbeweglichkeit, politische Tausch-geschäfte, aufgeblähter, sich selbst kontrollierender Verwaltungsapparat.

Dennoch war eine Alleinregierung einer der beiden Großparteien unvorstellbar, vor allem für jene Generation, welche die Ereignisse von 1933 und 1934 bewußt miterlebt hatte. Dementsprechend wurde auch der Wahlkampf 1966 geführt. Die ÖVP wollte zwar die Mehrheit, aber nur, um sich gegen die SPÖ in der Zusammenarbeit besser durchsetzen zu können. Die SPÖ beschwor geradezu die große Koalition und frischte gegen Ende des Wahlkampfs immer öfter die Erinnerungen an Ständestaat und Bürger-krieg auf. Ob der Wähler, der schließlich die ÖVP mit einer absoluten Mehrheit ausstattete, eine Alleinregierung wollte, kann bezweifelt werden.

Im Gegensatz zu ihren Kollegen in vielen alten Demokratien (zum Beispiel den USA, Großbritannien, Schweden) konnten sich 1966 sogar die meisten österreichi-schen Politiker eine alleinverantwortliche, regierende Partei und eine große Oppo-sition nicht vorstellen. Die ÖVP verhandelte wochenlang erfolglos mit der SPÖ wegen einer gemeinsamen Regierung und mußte dann kurzfristig eine Alleinregierung bilden.

Wie immer man über die ÖVP-Alleinregierung denkt, eines hat sie bewiesen: Auch in Österreich kann eine Partei alleine recht gut regieren, ohne daß dadurch der soziale Friede gefährdet ist. Das von der SPÖ immer wieder heraufbeschworene Ende der Sozialpartnerschaft blieb aus. Im Gegenteil: Die sozialistisch dominierte Gewerkschaft hatte von 1966 bis 1970 unter einer ÖVP-Alleinregierung wesentlich mehr Gewicht (Einführung der 40-Stunden-Woche) als heute unter einer Koalitionsregierung mit einem sozialistischen Bundeskanzler (siehe das von SPÖ und ÖVP Ende 1994 gemeinsam erarbeitete ›Sparpaket‹ der Bundesregierung). Von 1966 bis 1970 erfolgte ein beträchtlicher Ausbau sozialpartnerschaftlicher Zusammenarbeit.

## Das Ergebnis der Nationalratswahl 1966 und seine Gründe

Die Nationalratswahl vom 6. März 1966 brachte der ÖVP den Gewinn von 2,87 Prozent. Unter Berücksichtigung der damals noch wesentlich geringeren Wähler-mobilität war das ein hoher, aber keineswegs sensationeller Sieg. 1953 und 1956 hatte es größere Mandatsverschiebungen gegeben. Die SPÖ verlor dagegen 1,4 Prozent, wodurch die Differenz zwischen den beiden Großparteien auf 5,6 Prozent stieg – damals noch ein Rekordwert in der Zweiten Republik. Entscheidend war allerdings, daß die ÖVP mit nur 48,3 Prozent der Stimmen 85 Mandate und damit die absolute Mehrheit erreichte.

Maßgeblich für den Wahlausgang war das Verhalten der SPÖ-Spitze gegen Ende der vorherigen Legislaturperiode, das ÖVP-Generalsekretär Hermann Withalm als »geradezu selbstmörderisch«[1] bezeichnete. Die schwerwiegendsten Fehler waren der innerparteiliche Streit, der zum Ausschluß des mächtigen Innenministers und Ex-ÖGB-Chefs Franz Olah führte, der darauf die Demokratisch Fortschrittliche Partei (DFP) gründete, die 1966 immerhin 3,28 Prozent aller Stimmen – überwiegend ehemalige SPÖ-Wähler – erhielt, sowie die nur halbherzig zurückgewiesene Wahlempfehlung der KPÖ zugunsten der SPÖ. Das eigenwillige Vorgehen von Justizminister Dr. Christian Broda gegen die Olah nahestehende *Kronen Zeitung* und die starre Haltung des Verkehrsministers Otto Probst bei der Namensgebung eines Bodenseeschiffs kosteten die SPÖ weitere Stimmen.

Der ÖVP war es dagegen unter Bundeskanzler Josef Klaus gelungen, sich das Image der vor allem wirtschaftlich kompetenteren Partei zu geben, sicher auch mit der später noch ausführlich behandelten ›Aktion 20‹. Namhafte ÖVP-Politiker wie Hermann Withalm, Fritz Bock und Heinrich Drimmel betonten, daß es vor allem eine Niederlage der SPÖ gewesen sei. Auch Bundeskanzler Josef Klaus meinte, daß sich die Sozialisten »in einer Pechsträhne befanden«[2], vertrat aber trotzdem die These eines Wahlsiegs der ÖVP »als glaubwürdige Alternative zur Agonie der Koalition«.[3] Trotz dieser Überzeugung verhandelte Klaus sechs Wochen mit der SPÖ wegen einer Koalitionsregierung.

Die Sozialisten waren sich über ihren künftigen Weg nicht einig. Besonders Bruno Kreisky wollte das Risiko der Oppositionsrolle meiden, erinnerte an vergangene Siege nach vorhergegangenen Niederlagen und bezweifelte, daß man, »wenn man nicht an der Regierung beteiligt ist, aus der Opposition heraus ähnliche Erfolge erringen kann«[4]. Die Meinung der Mehrheit vertrat Alfred Schachner-Blazicek, Chef der steirischen SPÖ: Durch die »Absolute« der ÖVP sei der Zwang zur Koalition weggefallen, »das Bindemittel, das die beiden Parteien zusammengehalten und über alle Störungen hinweg aneinander gebunden hat«[5]. Es sei unrealistisch, überhaupt noch an eine Koalition zu denken, solange die ÖVP die Mehrheit hat.

Als die SPÖ für Josef Klaus überraschend auf eine Regierungsbeteiligung verzichtete, mußte die ÖVP »buchstäblich über Nacht«[6] die erste Alleinregierung in der Zweiten Republik bilden. Dementsprechend kurz war ihr Bestand. Schon im Jänner

1968 nahmen der Vizekanzler, drei Minister und zwei Staatssekretäre den Hut, weitere Regierungsumbildungen folgten.

## Innerparteiliche Entwicklung in den beiden Großparteien

### Die ÖVP

Die ÖVP war nach ihrem Wahlsieg auf ihrem absoluten Höhepunkt in der Zweiten Republik. Sie stellte eine Alleinregierung, gestützt auf eine absolute Mehrheit in beiden Kammern des Parlaments, sechs der Landeshauptleute und die mit Abstand meisten Kommunalpolitiker. Das 1963 in einer Kampfabstimmung gekürte Führungsduo Klaus/Withalm war nach den seither erfolgreich geschlagenen Wahlen, besonders der Nationalratswahl, so unumstritten wie es zuvor und danach kaum ein Parteiobmann beziehungsweise Generalsekretär in der ÖVP war. Die SPÖ war mit sich selbst beschäftigt, eine weitere relevante Opposition praktisch nicht vorhanden.

Mit dem Wahlsieg begann allerdings auch schon der Niedergang der ÖVP. Trotz ihrer Machtfülle agierte die ÖVP-Spitze inkonsequent und konnte sich nicht auf die neue Situation einstellen. Sie ließ sich auf wochenlange Regierungsverhandlungen mit der SPÖ ein, die ihr nur eine Ablehnung einbrachten, anstatt mit den Wahlverlierern kurz zu verhandeln und dann selbstbewußt eine Alleinregierung zu bilden. Nach der Absage der SPÖ und der überhasteten Regierungsbildung wurde ebenso überhastet eine Regierungserklärung erstellt; im wesentlichen das Ergebnis der gescheiterten Koalitionsverhandlung, das noch deutlich die Züge der SPÖ trug.

Der Arbeitnehmerflügel der ÖVP war total zerstritten. Arbeiter- und Angestellten-Bund (ÖAAB) und Christliche Gewerkschafter gingen meist getrennte Wege, ihre Spitzenvertreter verkehrten teilweise nur schriftlich miteinander. Dementsprechend kam von der FCG (Fraktion Christlicher Gewerkschafter) oft härtere Kritik am Regierungskurs als von den Sozialistischen Gewerkschaftern, obwohl der FCG-Obmann, ÖGB-Vizepräsident Erwin Altenburger, dem ÖVP-Nationalratsklub angehörte.

Der ÖAAB besetzte zwar mehr Regierungsämter denn je, vor allem übernahm er die meisten der bisherigen SPÖ-Ressorts, doch die wichtigsten Funktionen in Partei und Regierung besetzte der Österreichische Wirtschaftsbund (ÖWB). Im Nationalrat war der ÖWB weit überrepräsentiert.

Dementsprechend wenig geschah in der Sozialpolitik, die für die Arbeitnehmer besonders wichtig ist. Die 40-Stunden-Woche, eines der arbeitsrechtlich bedeutendsten Gesetze der 1960er und 1970er Jahre, kam erst nach langen Verhandlungen zwischen den Sozialpartnern und unter massivem Druck der SPÖ sowie einem sehr erfolgreichen Volksbegehren zustande, und zwar am 11. Dezember 1969, knapp vor der entscheidenden Nationalratswahl vom 1. März 1970, bei der sich die ÖVP für eineinhalb Jahrzehnte in die Opposition verabschiedete.

Josef Klaus und seine Berater setzten voll auf eine Verwissenschaftlichung der Politik und verstanden darunter ihre Entideologisierung. Damit boten sie der Opposition eine breite Angriffsfläche. Im Parlament drängte die SPÖ unter der Führung des hervorragenden Parlamentariers Bruno Pittermann die hilflos wirkende ÖVP in die

*Die Regierung Klaus II/1*

Defensive (siehe nächsten Abschnitt), besonders nach dem Wechsel Withalms in die Regierung. Auf dem Instrumentarium ›Medien‹ spielte Oppositionsführer Kreisky virtuos auf und ließ den introvertierten Bundeskanzler Klaus antiquiert und gehemmt erscheinen. Die von der ÖVP durchgesetzte Umwandlung des de facto Regierungs-rundfunks ORF in eine unabhängige Radio- und Fernsehanstalt kam dem Medien-politiker Bruno Kreisky zugute, obwohl die SPÖ bis zuletzt auf einen Proporzrundfunk beharrt hatte. Der ›Müllner-Skandal‹[7] erschütterte die Glaubwürdigkeit der ÖVP schwer. Bei jeder der sechs zwischen 1966 und 1970 abgehaltenen Landtagswahlen verlor die ÖVP deutlich an Stimmen, in vier Ländern auch Mandate, insgesamt zehn. Dadurch verlor sie 1967 auch die Mehrheit im Bundesrat (nach der Landtagswahl in Oberösterreich gab es je 27 ÖVP- und SPÖ-Bundesräte, nach den Wahlen 1969 hatte die SPÖ sogar die Mehrheit).

Bei schwindender Popularität, im Parlament in der Defensive, bei ständig schlech-ter Presse und nach mehreren verlorenen Wahlen gab Klaus selbst zu, daß der ÖVP »in den letzten Stadien der Regierungstätigkeit recht wenig gelungen« sei.[8]

## Die SPÖ

Die SPÖ war 1966 in ihrer größten Krise. Dabei war das Wahlergebnis im lang-fristigen Vergleich gar nicht so schlecht. 1949 und 1953 war ein deutlich geringerer Wähleranteil erreicht worden. Bundeskanzler Franz Vranitzky war 1994 mit relativ mageren 65 Mandaten (bei von 165 auf 183 erhöhter Mandatszahl) unumstrittener SPÖ-Obmann.

Die Krise lag darin, daß einerseits die Abspaltung von Olah und seinen Anhängern noch immer nicht verwunden war (Olah erhielt 1966 immerhin 148.528 Stimmen und zog noch 1969 mit drei Mandaten in das Wiener Rathaus ein). Andererseits lag eine Auseinandersetzung zwischen Pittermann und Kreisky in der Luft, die zu einer Lähmung der SPÖ-Spitze führte.

Beim Parteitag 1966 stand zwar nur die Frage der Regierungsbeteiligung zur Debatte, doch gab es bereits massive Angriffe der Gruppe um Bruno Kreisky, vor allem der Bundesländersozialisten, auf Bruno Pittermann und die hinter ihm stehenden ÖGB-Funktionäre, vor allem auf dessen Präsidenten, Anton Benya.

Von Zentralsekretär Leopold Gratz und AZ-Chefredakteur Franz Kreuzer geschickt unterstützt, baute Kreisky als Wiener seine Position in den Bundesländern laufend aus und wurde sogar im Juni 1966 zum Landesvorsitzenden von Niederösterreich gewählt. Danach trat er immer stärker als Vertreter der Bundesländersozialisten auf und heftete sich das Fähnchen der Föderalisierung der Partei an die Brust. Als Parteivorsitzender führte er später die SPÖ so zentralistisch wie kein SPÖ-Chef vor und nach ihm.

Im Jänner 1967 wurde Bruno Kreisky zum Parteivorsitzenden gewählt. Heftige Auseinandersetzungen und massive Vorwürfe gingen der mehrstufigen Prozedur voraus. Der Versuch der Gruppe Pittermann-Benya, den Niederösterreicher Hans Czettel als Kompromißkandidat gegen Bruno Kreisky durchzubringen, schlug fehl. Bruno Pittermann wurde als Klubobmann bestätigt.

Trotz dieser ungünstigen Voraussetzung gelang es Bruno Kreisky, innerhalb kurzer Zeit zum unbestrittenen Führer der SPÖ zu werden. Einer der Gründe waren sicher die erfolgreichen Wahlen der ersten Monate seiner Amtszeit (Gemeinderatswahlen in Salzburg plus 3 Mandate, Klagenfurt plus 3 Mandate und Gewinne in zahlreichen Gemeinden im Burgenland sowie bei der Landtagswahl in Oberösterreich plus 4 Mandate).

Unter Kreisky erfolgte eine deutliche Abgrenzung zur KPÖ, der Ausgleich mit der Katholischen Kirche, der Abbau des Images einer Arbeiterpartei und eine Annäherung an die Liberalen – Strategien, die letztlich zur Duldung der Minderheitsregierung Kreisky (1970/71) und später zur linksliberalen Regierung Fred Sinowatz/Norbert Steger führten (1983). Kreisky öffnete die Partei und forderte Nichtsozialisten erfolgreich auf, »ein Stück des Wegs« mit ihm zu gehen. Später nahm er Nichtmitglieder der Partei in seine Regierungen auf und ließ von der SPÖ den parteilosen Rudolf Kirchschläger zum Präsidentschaftskandidaten aufstellen, der 1974 erstmals gewählt wurde.

Aus Imagegründen förderte Kreisky in der Folge auch die Erstellung theoretischer Programme, mied aber den Ausdruck ›wissenschaftlich‹. In den Wahlkampf 1970 zog er allerdings mit wenigen einfachen, aber verständlichen Slogans.

Parlamentarische Auseinandersetzungen mied Kreisky. Dieses Feld überließ er völlig dem Klubobmann Pittermann, der in der parlamentarischen Arbeit seinen Lebensinhalt fand. Kreisky hatte im Vergleich mit seinem Kontrahenten Klaus viel mehr Zeit und nutzte sie weidlich, um landauf, landab für sich und gegen die ÖVP Propaganda zu betreiben. Vor allem am Mediensektor war er Klaus überlegen, sodaß er in der Öffentlichkeit laufend punkten konnte.

## Die parlamentarischen Auseinandersetzungen

Mit der Bildung der Alleinregierung herrschte im Parlament plötzlich eine völlig andere Situation. Die zehn Jahre zuvor hatten 156 beziehungsweise 157 Mandatare der beiden Großparteien der von ihren Parteien gestellten Regierung die Mauer gemacht. Die acht bis neun oppositionellen Abgeordneten der FPÖ, beziehungsweise von 1956 bis 1959 die der FPÖ und der KPÖ, hatten keine Chance, die Koalitionäre auch nur zu behindern, obwohl die FPÖ mit Gustav Zeilinger einen hervorragenden Parlamentarier in ihren Reihen hatte. Die Geschäftsordnung des Nationalrats war noch viel minderheitenfeindlicher als heute, und von dringlichen Anfragen oder Sondersitzungen des Nationalrats konnte die Opposition damals nur träumen.

Das änderte sich nun schlagartig. Den 85 Mandataren der Regierungspartei standen 80 oppositionelle Nationalräte (74 der SPÖ und sechs der FPÖ) gegenüber.

Nach der Wahl von Kreisky zum Parteivorsitzenden hatte Pittermann, abgesehen von internationalen Verpflichtungen, nur mehr eine wesentliche Funktion, die des Klubobmanns. Ihm konnte von der ÖVP nur einer Paroli bieten: Withalm, der allerdings auch Generalsekretär war und während der Periode auch noch die Funktion des Vizekanzlers ausübte. Die kluge Aufgabenteilung in der SPÖ ging bald auf. Pittermann beschäftigte die ÖVP-Regierung im Parlament. Kreisky, freigespielt von der parlamentarischen Routinearbeit, war stets in den Medien präsent.

Die SPÖ schöpfte im Parlament ihre Möglichkeiten voll aus. Während zum Beispiel in der X. Gesetzgebungsperiode (der letzten der alten großen Koalition) insgesamt 384 schriftliche Anfragen gestellt wurden (von allen drei Parteien zusammen), beschäftigte in der XI. Gesetzgebungsperiode alleine die SPÖ die Regierung mit 1.110 meist sehr umfangreichen und detaillierten schriftlichen Anfragen. Dazu kamen noch 319 der FPÖ. Die Anfragen wurden natürlich nicht direkt von den Regierungsmitgliedern beantwortet, doch blockierten die Oppositionsparteien damit die Sekretariate der Minister und des Bundeskanzlers. Die SPÖ nützte dabei alle Institute der Interpellation (mündliche, schriftliche und ›dringliche‹ Anfragen im Nationalrat sowie schriftliche Anfragen im Bundesrat). Ohne erkennbare Schwerpunkte wurde die Regierung mit Anfragen ›zugeschüttet‹. Dabei wurden oft zuerst schriftliche und mündliche Anfragen im Nationalrat, dann schriftliche in der Länderkammer zum gleichen Thema gestellt.

Die ÖVP-Mandatare unterstützten dabei ihre Minister kaum durch ›Präsentationsfragen‹, in denen der Minister sich und seine Leistungen in den Vordergrund stellen konnte. Einzige Ausnahmen waren Verteidigungsminister Georg Prader, Obmann des ÖAAB, dem die ÖAAB-Mandatare immer wieder zu Hilfe kamen, und bedingt auch die Sozialministerin Grete Rehor, ebenfalls ÖAAB. Daß dies Einzelfälle blieben, spricht nicht für die Koordination im ÖVP-Klub.

Besondere Beachtung ist der ›dringlichen Anfrage‹ zu schenken, die laut Hermann Withalm »die schärfste Waffe der Opposition«[9], nach Heinz Fischer, dem heutigen Nationalratspräsidenten, eines »der wirkungsvollsten Kontrollmittel des Parlaments« darstellt.[10] Sie bietet die Möglichkeit, einem Regierungsmitglied fast überfallsartig unbegrenzt Fragen zu stellen und es zu einer Diskussion zu zwingen. Dementsprechend groß ist auch ihre Medienwirksamkeit. Aufgrund der Bedingung, daß es einer Unterstützung von 20 Abgeordneten bedarf, hatte die Opposition diese ›Waffe‹ allerdings nie zuvor benutzen können. Deshalb waren von 1945 bis 1966 nur 13 ›Dringliche‹ gestellt worden. Die SPÖ benutzte in den vier Jahren ihrer Opposition diese Waffe sehr ausgiebig. Während ›Dringliche‹ sonst eher an den Kanzler oder an den Finanzminister gestellt wurden und werden, ›bedachte‹ die SPÖ die halbe Regierungsmannschaft damit.

Die ›Zermürbungstaktik‹ der SPÖ schlug sich auch im Klima und im Zeitaufwand nieder, den die Parlamentarier für ihre Tätigkeit aufbringen mußten. Außerdem konnten es sich die ÖVP-Abgeordneten bei ihrer knappen Mehrheit nicht leisten, Sitzungen zu ›schwänzen‹.

Hauptaufgabe des Parlaments ist natürlich die Gesetzgebung. Im Zeitraum der X. bis XV. Gesetzgebungsperiode (1966 bis 1986) wurden zwar jährlich fast gleich viele Gesetze beschlossen (zwischen 9,4 und 11,9 pro Monat), das Protokoll der Sitzungen gibt aber einen guten Anhalt dafür, wie schwer sie zustandekamen. Hatte das Protokoll der X. Gesetzgebungsperiode 5.150 Seiten, schwoll das der XI. Gesetzgebungsperiode auf 14.984 Seiten an. Besonders die Abgeordneten der Opposition traten öfter ans Rednerpult.

Das erste Budget der Alleinregierung brachte die längste Voranschlagsverhandlung, die es bis dahin im Parlament gegeben hatte, eine 83stündige Redeschlacht. Am 27. Juni 1968 wurde über die Steuergesetze 14 Stunden und 8 Minuten debattiert, die bis dahin längste parlamentarische Debatte zu einem Tagesordnungspunkt, die es je gegeben hatte.

Gegenüber der späteren Oppositionszeit der ÖVP ist auch festzuhalten, daß die SPÖ ihre Debatten mit sehr vielen Mandataren führte, während die spätere ÖVP-Opposition mit einigen ›Vielrednern‹ die parlamentarische Auseinandersetzung bestritt. Diese Auseinandersetzung wurde wesentlich härter geführt als während der Koalitionszeit. Das beweist das sprunghafte Ansteigen der Ordnungsrufe. Wurden zum Beispiel in der X. Gesetzgebungsperiode 16 Ordnungsrufe erteilt, waren es während der ÖVP-Alleinregierung 54. In den Perioden der absoluten SPÖ-Mehrheit ging diese Zahl dann wieder leicht zurück (XII. Gesetzgebungsperiode 42, XIV. Gesetzgebungsperiode 44, XV. Gesetzgebungsperiode 32).

Durch die Gewinne der SPÖ bei den meisten Landtagswahlen (in Vorarlberg legte die FPÖ zu) und die Verluste der ÖVP bei allen Landtagswahlen in der Periode schmolz auch die Mehrheit der ÖVP in der Länderkammer dahin.

Nach der Landtagswahl in Oberösterreich im Oktober 1967 stellte jede der beiden Großparteien 27 Bundesräte. Die Mehrheit hatte diejenige, die nicht den (nicht stimmberechtigten) Vorsitzenden stellte, der halbjährlich von einem Bundesland auf das andere übergeht. Seit dem November 1969 (Folge der Landtagswahl in Niederösterreich) verfügte die SPÖ (nun 28 zu 26) über eine ständige Mehrheit. Der Bundesrat kann zwar einen Nationalratsbeschluß nicht aufheben, aber verschleppen. Außerdem ist es propagandistisch verwertbar, wenn die zweite Kammer des Parlaments gegen den Nationalrat stimmt. Während es von 1949 bis 1966 nur sechs Einsprüche des Bundesrats gegeben hatte, stimmte die SPÖ während der wenigen Monate in der XI. Gesetzgebungsperiode, in der sie über eine Mehrheit verfügte, gegen zwölf der Gesetzesbeschlüsse des Nationalrats.

Zusammenfassend kann gesagt werden, daß die sozialistische Parlamentsriege unter Pittermann alle ihr zur Verfügung stehenden Möglichkeiten voll ausnützte, gekonnt die Regierung beschäftigte und teilweise fast lahmlegte, während sich Kreisky der Öffentlichkeitsarbeit und dem Umbau der Parteiorganisation, vor allem in den Bundesländern, widmen konnte.

*Bundeskanzler Klaus im Institut für Bildungs- und Beratungsfragen (1969)*

## ›Verwissenschaftlichung‹ der Politik

Gegen Mitte der 1960er Jahre mokierten sich einige österreichische Spitzenpolitiker, besonders in den Reformerkreisen der ÖVP, über die »Politik beim Weinglas und durch das Weinglas«[11]. Am ÖVP-Bundesparteitag im April 1965 kündigte Klaus an, daß führende Wissenschafter gemeinsam mit Politikern die Zukunft Österreichs erforschen würden. Ausgehend von den USA war es in Westeuropa schon länger üblich, die Wissenschaft in die Politik einzubinden.

Es ist aber sicher kein Zufall, daß die ÖVP gerade im Jänner 1966, wenige Wochen vor der Nationalratswahl, die ›Aktion 20‹ im Rahmen einer Pressekonferenz präsentierte. Mit Slogans wie »mehr für Österreich tun«, »vorausblicken« und »sich nicht überrollen lassen« wurde »eine umfangreiche, wenn schon nicht umfassende Röntgenaufnahme Österreichs« gezeigt, wie Klaus es bezeichnete.[12] Mitgewirkt hatten die

Professoren Karl Fellinger, Günther Winkler, Hans Tuppy, Leopold Rosenmayr und Stephan Koren, von denen sich einige später auch als Politiker einen Namen machten. Die Zusammenarbeit der ÖVP mit ihnen war für die Partei nach jahrzehntelanger ›Packelei‹ in der großen Koalition sicher imageverbessernd. Sie wirkte auf viele Wähler moderner und weltoffener als die zerstrittene sozialistische ›Arbeiterpartei‹. »Verkauft«, wie es Wahlkampfleiter Karl Pisa ausdrückte, sollte nicht Weltanschauung, sondern Problemlösungskapazität werden. Diese Entscheidung war 1966 sicher richtig, 1970, nach einer Trendumkehr, auch erkennbar an der Studentenbewegung um das Jahr 1968, aber nur mehr sehr bedingt gültig, denn »das System der Einparteienregierung seit 1966 mit seiner täglichen Konfrontation von Regierung und Opposition brachte den Prozeß der Entideologisierung zum Stillstand und leitete eine geistige Polarisierung der beiden großen Parteien ein«[13].

Im Zeitalter der Entideologisierung waren diese Demonstration der Verwissenschaftlichung und ihre publizistische Vermarktung sicher einer der Gründe für den Erfolg der ÖVP bei den Wahlen des Jahres 1966, wenn auch kaum ein entscheidender.

Damals konnte die weitaus überwiegende Mehrheit der Universitätsprofessoren dem rechten Lager zugerechnet werden, sicher auch eine Folge der Ernennungspolitik durch die seit 1945 dafür zuständigen ÖVP-Minister, eine Politik, die von der SPÖ ebenso regelmäßig wie vergeblich bekämpft worden war. Auch deshalb konnte Klaus mehrere Jahre hindurch prominente Wissenschafter zu einer Mitarbeit direkt in der Parteizentrale bewegen, brachte das den Professoren doch Publizität und Einfluß.

Klaus scheiterte schließlich mit seiner Idee, und zwar aus zwei Gründen: Erstens brachten die Wissenschafter »kräftig ihre Ungeduld und Enttäuschung zum Ausdruck, wenn wir Politiker nach Jahr und Tag aus ihren Vorschlägen kaum Konsequenzen gezogen hatten«[14]. Zweitens reagierten die ›g'standenen Politiker‹, vor allem aber die Bünde (Wirtschaftsbund, Bauernbund, Arbeiter- und Angestelltenbund), sehr negativ. Da sich Klaus immer wieder gegen die in allen Parteistatuten verankerten Teilorganisationen ausgesprochen hatte, die er der Packelei bezichtigte und des Lobbydenkens auch gegenüber der Gesamtpartei beschuldigte, mißtrauten ihm die Bünde. Außerdem waren die Wissenschafter bündisch nicht einzuordnen, den Funktionären kaum näher bekannt und ausschließlich dem Kanzler verantwortlich. Die Bünde wehrten sich gegen ›eine Politik aus der Retorte‹ und bildeten eigene ›Expertengruppen‹.

Nicht die Arbeit selbst, aber der Einfluß der Wissenschafter endete eigentlich schon am Parteitag im Oktober 1966. Nach ermüdenden vielstündigen Arbeiten in Ausschüssen mit Professoren und Delegierten, die kaum folgen konnten oder wollten, stimmten über 100 Delegierte gegen eine Wiederwahl von Klaus, dem strahlenden Sieger der Nationalratswahl vor wenigen Monaten. Außerdem setzten die Bünde durch, daß die ›Aktion 20‹ nur Themen bearbeiten durfte, die vorher mit ihnen abgesprochen worden waren, wobei nicht erst Ergebnisse, sondern auch laufende Zwischenberichte vorgelegt werden sollten, um rechtzeitig gegensteuern zu können. Bald gingen auch die Landesorganisationen gegenüber der ›Aktion 20‹ auf Distanz.

Die meisten Programme der ›Aktion 20‹ erwiesen sich als nicht durchsetzbar, einerseits gegenüber der Partei nahestehenden Gruppierungen, andererseits wegen der Notwendigkeit einer Zweidrittelmehrheit im Parlament in Verfassungsfragen; und die SPÖ war natürlich nicht bereit, der ÖVP zu Erfolgen zu verhelfen.

Anfang 1968 gab Klaus indirekt das Scheitern der Zusammenarbeit mit den Wissenschaftern zu und stellte alle Projekte, ausgenommen den Koren-Plan (Wirtschaft-Budget), zurück. Mit Fellinger wanderte später der prominenteste der enttäuschten Professoren samt seinen Plänen zu den ›1.400 Experten‹ der SPÖ ab.

Auch in der SPÖ beschäftigte man sich, wenn auch etwas später, mit dem Thema Wissenschaft und Politik. Eine erste nennenswerte Aktivität war die ›Raumplanungskonferenz‹ der SPÖ-Niederösterreich unter dem damaligen Landesvorsitzenden Kreisky, wobei dieser den Stil und sogar die Schlagworte der ›Aktion 20‹ nachahmte.

Am Parteitag 1967, auf dem der Wechsel in der Parteiführung von Pittermann zu Kreisky der wichtigste Punkt war, betonten beide Kontrahenten die Bedeutung der Wissenschaft für den Sozialismus, waren sich aber auch einig, daß dies nicht zu einer weiteren Entideologisierung führen dürfe, sondern nur Unterlagen produzieren könne, um die Tätigkeit und Programmatik der Partei zu unterstützen. Die SPÖ »muß den Ideen des demokratischen Sozialismus treu bleiben«.[15]

Die linken Ideologen in der SPÖ (Nenning, Hindels) betonten immer wieder die Notwendigkeit einer Reideologisierung. Kreisky schloß sich ihnen prinzipiell an, vermied es aber, revolutionäre Töne anzuschlagen. Im März 1967 kündigte er die Erstellung eines Wirtschaftskonzepts der SPÖ an. Arbeitskreisleiter und Berichterstatter übernahm er von der Raumplanungskonferenz, die sich rückblickend als Exerzierfeld für alle späteren Pläne darstellt. Im Unterschied zur ÖVP verzichtete Kreisky auch notgedrungen auf unabhängige Wissenschafter und rekrutierte Parteimitglieder, die er als ›Experten‹ oder ›Fachleute‹ präsentierte. Sie hatten zwar keine so klingenden Namen wie die Wissenschafter der ÖVP, doch kompensierte Kreisky das mit ihrer großen Anzahl, immerhin arbeiteten angeblich insgesamt 1.400 Experten an den Plänen mit. Es wurden folgende acht ›Pläne für ein modernes Österreich‹ erstellt und geschickt propagandistisch verwertet: Wirtschaftsprogramm, Humanprogramm, Schulprogramm, Hochschulprogramm, Erwachsenenbildungsprogramm, Wohnbauprogramm, Justizprogramm und Verwaltungsprogramm.

Trotz vieler radikaler Phrasen im Umfeld der Pläne hütete sich Kreisky, mit revolutionären Ideen seine potentiellen Wähler der politischen Mitte zu verschrecken. Obwohl eine erklärte Zielgruppe die politisch interessierte Jugend (Mittelschüler/innen, Student/inn/en der 68er Bewegung, jugendliche Angestellte) war, scheute er in Hinblick auf den von ihm angestrebten Machtwechsel auch vor massiven Disziplinierungen der Parteijugend nicht zurück und nahm in Kauf, daß diese gegen die Pläne stimmte. Wie später im Wahlkampf lud er schon damals Interessierte ein, die SPÖ »ein Stück auf ihrem Weg zu begleiten«. »Steigbügelhalter« oder »nützliche Idioten« nannte die ÖVP die angesprochenen Interessenten.

Während die ÖVP mit ihrer ›Aktion 20‹ die Wissenschafter und später den einzigen fertigen Plan, den ›Koren-Plan‹, samt seinem Erfinder dem Wähler verkaufte, hatte Kreisky 1.400 Experten, acht Pläne und eine zufriedene Parteibasis (abgesehen vom ganz linken Flügel inklusive der Parteijugend) anzubieten. Durch die Diskussion der theoretischen Papiere in allen Parteigremien bis hinunter zu den Sektionen und nach zahllosen Abänderungen (wobei es sehr oft bei bloßen Umformulierungen blieb) hatte die ›Basis‹ ein relativ hohes Wissen über die Pläne, vor allem aber identifizierte sie sich mit ihnen.

Nach der Verabschiedung des Wirtschaftsprogramms, das nur bedingt als linkes Programm bezeichnet werden kann, und nach seiner geschickten propagandistischen Verbreitung konnte Kreisky erstens viele Intellektuelle und Kritiker überzeugen. Zweitens gewann er für die späteren Programme auch parteiunabhängige Mitarbeiter. Drittens stiegen sein Ansehen und das demokratische Image der SPÖ erheblich an, wie das IFES feststellte.

1966 war es bei vielen noch *in*, rechts zu sein. Seit Kreisky wurde bürgerlich mit verstaubt und links mit modern gleichgesetzt. Dieser Umschwung, den Kreisky durch seine Person, aber auch mit seinem klaren Sieg bei der Erstellung theoretischer Papiere über die ÖVP erzielte, dürfte einer der wesentlichsten Gründe für die schwere Niederlage der ÖVP bei der Nationalratswahl 1970 gewesen sein, von der sie sich bis heute nicht erholt hat, obwohl Kreiskys Nachfolger nicht dessen politisches Geschick besaßen und besitzen.

## Der Wahlkampf 1970 und sein Ausgang

Im Unterschied zu 1963 und 1966 verlief der Wahlkampf sehr ruhig und, abgesehen von der üblichen Plakatflut, für manche Wähler kaum merkbar. VP-Wahlkampfleiter Karl Pisa, der frühere Staatssekretär für Öffentlichkeitsarbeit, von der Opposition »Propagandaminister« genannt, versuchte vergeblich, den Wahlkampf anzuheizen. Die laufenden Erfolgsmeldungen der ÖVP-Regierung, besonders nach Auslandsreisen des Kanzlers, begannen die potentiellen Wähler/innen zu langweilen und motivierten nur die Karikaturisten und Kabarettisten. Erstmals in Österreich hatten die einzelnen Ministerien außerdem kaum getarnte Werbekampagnen als Informationen mittels Inseraten und Plakaten durchgeführt, von der SPÖ nicht zu Unrecht als »Vergeudung von 40 Steuermillionen« bezeichnet.

Um der üblichen Angstpropaganda mit der »roten Katze« (Volksfront SPÖ-KPÖ) der ÖVP zuvorzukommen, beschloß die SPÖ auf ihrem Bundesparteitag im Oktober 1969 in Eisenstadt die »Eisenstädter Erklärung«, eine grundsätzliche Ablehnung jeder Zusammenarbeit mit der KPÖ. Somit eines potentiellen Feindbilds beraubt, erfanden die Wahlkämpfer der ÖVP die »Kapuzenmänner«. Kreisky hütete sich nämlich, seine zukünftigen Minister vorzustellen, um der ÖVP keine Angriffsziele zu bieten. So konnten sie nur ihn angreifen. In Plakaten und Werbespots, die Pisa als »shocking« bezeichnete, warnte die ÖVP vor einer ungewissen Zukunft mit vielen Fragezeichen (SPÖ-Ministern). Pisas »Kapuzenmänner« verschreckten die Österreicher aber nicht, sondern man lachte darüber – das Schlimmste, was einem Gespenst passieren kann.

Erwies die KPÖ 1966 der SPÖ mit ihrer Wahlempfehlung einen Bärendienst, so wiederholten dies 1970 die Freiheitlichen gegenüber der ÖVP, als Parteiobmann Friedrich Peter in einer groß angekündigten Erklärung versprach, mit der ÖVP eine Koalition bilden zu wollen: »Kein roter Kanzler, keine schwarze Alleinregierung«. Das war natürlich Wasser auf die Mühlen der SPÖ. Der »Bürgerblock« war wiedergeboren und blieb ein Hauptthema der Auseinandersetzungen bis zur Wahl, mindestens so oft behandelt wie das Bundesheer, die Preise und die Pensionen als weitere zentrale Themen.

Die Affären der SPÖ, die 1966 maßgeblich zu ihrer Niederlage geführt hatten, waren längst vergessen. Anfang der 1970er Jahre aber standen die Affären im Bereich der ÖVP im Zentrum des Medieninteresses: Müllner, Euler, Polcar und Seidl.[16]

Ein ganz großer Wahlgag der SPÖ war die von Kreisky vorgeschlagene Verkürzung des Wehrdienstes (»6 Monate sind genug«). Obwohl Österreich mit neun Monaten Präsenzdienst international eines der Schlußlichter war, egal ob im Westen oder erst recht im Osten, forderte Kreisky eine weitere Verkürzung. Daß eine sechsmonatige Ausbildung sinnlos sei, wie alle Fachleute immer wieder beteuerten, muß auch ihm klar gewesen sein. In den 13 Jahren seiner Kanzlerschaft, davon zwölf Jahre mit absoluter Mehrheit ausgestattet, hütete er sich, sein eigenes Wahlversprechen von 1970 einzulösen. Die Reform blieb nur ein ›Reformerl‹, statt neun Monaten abzüglich zwei Wochen Urlaub gibt es jetzt acht Monate, entweder durchgehend oder auf Raten. Forderungen in der Opposition und deren Umsetzung in Regierungsverantwortung sind eben zwei unterschiedliche Ebenen.

Ein weiterer Schwerpunkt im Wahlkampf war die wirtschaftliche Situation Österreichs, obwohl diese keineswegs so schlecht war, wie es die Opposition behauptete. Einige Wirtschaftsdaten können das belegen. Die Wachstumsrate des realen Brutto-Nationalprodukts betrug 1969 5,9 Prozent (gegenüber 4,7 Prozent der OECD), 1973 5,8 Prozent (gegenüber 6,3 Prozent der OECD). 1969 lag die Inflationsrate bei 3,1 Prozent, eine niedrigere hatten nur vier Staaten in der OECD. 1972 war Österreich mit 6,3 auf den neunten Platz zurückgefallen. Von 1966 bis 1970 wurden in Österreich jährlich 6,9 Wohnungen pro 1.000 Einwohner fertiggestellt, 1971 bis 1974 waren es 6,3.[17] Im September 1967 hatte Österreich weltweit die dritthöchste valutarische Deckung des Gesamtumlaufs seiner Währung (hinter der Schweiz und den Niederlanden). 1969 hatte Österreich unter allen Ländern Europas mit 21 Prozent die größte Exportsteigerung (EFTA-Staaten 15,2 Prozent, EWG-Staaten 11 Prozent).[18]

Die SPÖ warf der Regierung die Inflation von 14 Prozent in vier Jahren sowie neuerliche Auslandsschulden vor (die spätere Inflation und Verschuldung unter Kanzler Kreisky war wesentlich höher) und behauptete, die Pensionen seien in Gefahr. Dagegen wolle die SPÖ mit ihren 1.400 Experten antreten. Die Leistungsbilanz der Regierung, »Erfolg für Österreich«, blieb dagegen völlig unbeachtet, obwohl sie eine Reihe für Österreich sehr erfreulicher und objektiv meßbarer Daten über eine keineswegs verfehlte Wirtschaftspolitik enthielt.

Völlig daneben ging der Versuch der ÖVP, die im Dezember 1969 vom Parlament beschlossene Festsetzung der Wochenarbeitszeit mit maximal 40 Stunden auf ihre Fahnen zu heften, hatte sie sich doch jahrelang quergelegt und erst nach einem sehr erfolgreichen Volksbegehren der SPÖ und in Anbetracht der näherrückenden Wahl zugestimmt.

Schließlich setzte die ÖVP selbst wieder auf die Persönlichkeit der Spitzenkandidaten, ein Rezept, das in der Konstellation Klaus – Pittermann durchaus erfolgreich gewesen war, nicht jedoch mit Kreisky als Gegenspieler.

Klaus erkannte selbst (zu spät), daß er nicht mehr so modern und dynamisch wirkte, wie das sein Werbemanager zeigen wollte, sondern »altväterisch und predigerhaft«[19]. Eine ganz große Rolle spielten 1970 auch die Medien, vor allem das Fernsehen. Waren 1961 erst 250.000 Fernsehapparate angemeldet, waren es im März 1966 schon 750.000, zwei Jahre später bereits ein Drittel mehr, nämlich eine Million. Nach der Einführung von Farbfernsehprogrammen ab Jänner 1969 dürfte sich innerhalb einer Gesetzgebungsperiode die Zahl der Fernseher annähernd verdoppelt haben. Für einen Politiker wie Klaus, dem seinen eigenen Worten zufolge »die Scheu vor den Massenmedien zu schaffen« machte,[20] der »eine lähmende Scheu vor dem Interviewer, vor dem Mikrophon und der Fernsehkamera« hatte,[21] war das natürlich eine Katastrophe, während Kreisky schon als Außenminister »eifrig Journalisten im Büro oder in der Wohnung empfing, mit ihnen zum Essen ging und noch vor dem Tor des Bundeskanzleramtes mit den Sachwaltern der Öffentlichkeit weiterdiskutierte«.[22] Die Bestellung von Pisa zum Staatssekretär für Öffentlichkeitsarbeit war eine nicht sehr glückliche Konsequenz der Selbstkritik und brachte nur massive Kritik ein.

Trotz aller bereits angeführten Punkte sollte aber auch nicht vergessen werden, daß um das Jahr 1970 auch der Umschwung in Deutschland von einer konservativen zu einer sozialistischen Regierung erfolgt ist, 1972 passierte ähnliches in Italien und 1973 in Frankreich.

Auch unter diesem Gesichtspunkt sollte das Ergebnis der Wahlen 1970 mit 81 (SPÖ) zu 78 (ÖVP) zu 6 (FPÖ) gesehen werden, das es Kreisky ermöglichte, eine SPÖ-Minderheitsregierung zu bilden.

## Resümee

Die Nationalratswahl von 1966 brachte eine Zäsur in der österreichischen Geschichte. Erstmals wurde eine Partei von den Wählerinnen und Wählern mit einer absoluten Mehrheit ausgestattet.

In den vier Jahren von 1966 bis 1970 gelang es der ÖVP, dem international weit verbreiteten Modell der Alleinregierung und einer starken Opposition auch in Österreich zu hoher Akzeptanz zu verhelfen. Die Politik dieser Jahre unterscheidet sich meines Erachtens nicht gravierend von der früheren Politik der ÖVP. Vielleicht war die Zeit für einen deutlichen Kurswechsel zu kurz. Vielleicht mangelte es den Verantwortlichen auch an Mut. Auch die starke Verflechtung der Machtstrukturen darf nicht übersehen werden. In Österreich ist der Föderalismus stärker ausgeprägt als in den meisten anderen Demokratien, sodaß auch einer absoluten Mehrheit im Nationalrat die Rechte von Ländern und Gemeinden gegenüberstehen. Außerdem gab es den sehr großen Einfluß der Sozialpartnerschaft, in der die SPÖ gleichberechtigt vertreten war.

Ganz wesentlich war die geschickte Oppositionspolitik der SPÖ, sowohl im Parlament als auch im Medienbereich. Die ÖVP war für sie selbst überraschend und völlig unvorbereitet zur Alleinverantwortung gekommen. Sie brauchte relativ lange, um sich an diese Rolle zu gewöhnen. Inzwischen hatte aber die SPÖ ihre internen Probleme bereinigt, und es gelang ihr über lange Strecken, die Regierungsarbeit zu blockieren und der ÖVP die Themen der Tagespolitik vorzugeben.

Aus all diesen Gründen hat die ÖVP-Alleinregierung kaum nachhaltige Spuren hinterlassen.

# ANMERKUNGEN

1 Withalm, Aufzeichnungen, 1973, 134.
2 Klaus, Macht, 1971, 161.
3 Klaus, Ära, in: Festschrift Grete Rehor, 1980, 14.
4 SPÖ-Parteitagsprotokoll, 1966, 48.
5 Ebd., 30.
6 Klaus, Ära, in: Festschrift Grete Rehor, 1980, 14.
7 Der geschäftsführende NÖ-ÖVP-Parteiobmann Viktor Müllner, bis 1963 Landeshauptmannstellvertreter, dann Generaldirektor der Niederösterreichischen Elektrizitätswerke AG, wurde wegen Korruption angezeigt und mußte ebenso wie sein Nachfolger als Landesrat, Roman Resch, alle Funktionen zurücklegen. Müllner wurde Jahre später verurteilt.
8 Klaus, Macht, 1971, 95.
9 Fischer, Anfrage, in: Zukunft 15/16 (1969), 28.
10 Ebd.
11 Klaus, Macht, 1971, 108.
12 Ebd., 110.
13 SPÖ, Hg., Klassengesellschaft, 99.
14 Klaus, Macht, 1971, 115.
15 SPÖ-Parteitagsprotokoll, 1967, 223.
16 Alois Euler, Pressesprecher des Innenministers, wurde wegen Spionage angeklagt und wegen Amtsmißbrauchs zu drei Jahren schwerem Kerker verurteilt. Der Ex-Nationalratsabgeordnete Fritz Polcar wurde wegen Betrugs und fahrlässiger Krida zu einem Jahr Kerker verurteilt. Der Sektionschef im Bautenministerium, Dipl.Ing. Alois Seidl, wurde im Zug des Straßenbauskandals verhaftet, später gab es mehrere Verurteilungen.
17 Wirtschafts- und sozialstatistische Hand- und Taschenbücher der Kammer für Arbeiter und Angestellte Wien.
18 Kleindel, Österreich, 1978, 432 bzw. 437.
19 Klaus, Macht, 1971, 479.
20 Ebd., 184.
21 Ebd., 185.
22 Ebd., 184.

Rolf Schwendter

# Das Jahr 1968

War es eine kulturelle Zäsur?

## Einleitung

Ja und nein, wenn ich die Fragestellung genau nehmen will. Beginnen wir, entgegen den Diskursnormen der Verhaltenstherapie, mit jenen Momenten, die für ein Nein sprechen. Von einem stringenten zeithistorischen Gesichtspunkt aus scheint mir das medial verbreitete Datum 1968 ein mythologisches zu sein. Allenfalls kann es (vor allem der »Mai 68«) als jenes Datum gelten, an dem die verschiedenen außerparlamentarischen oppositionellen Bewegungen (ich denke hier an Frankreich, Deutschland, die USA, Mexiko, die Tschechoslowakei, die Niederlande oder Italien – mit Einschränkungen Großbritannien, Japan, die Schweiz, Polen usw.) als *eine* Bewegung nach außen hin wahrnehmbar wurden und auch ideelle und personelle Querverbindungen zueinander entstanden.

Meist ist die mediale Absicht allerdings eine üblere: *den* Achtundsechziger als nicht ernstzunehmende Witzfigur zu konstruieren. Dementsprechend wird ein Achtundsechziger, unabhängig von historischen Fakten, nach den jeweiligen medialen Bedürfnissen bestimmt. Dennoch kommt der Konstruktion dieses zumeist pejorativ eingesetzten Mythos ein kritischer Merkposten zu: Wenn zum Beispiel für Deutschland *ein* Datum dazu angetan ist, eine kulturelle Zäsur zu markieren, so wäre dies der 2. Juni 1967, jener Tag, an dem während einer Demonstration der Berliner außerparlamentarischen Opposition gegen den zu Besuch weilenden Schah von Persien der Student Benno Ohnesorg erschossen wurde.

Allen mit den zeitgenössischen Fakten Vertrauten ist bekannt, daß eine eigenständige österreichische außerparlamentarische Opposition in den 1960er Jahren nicht entstand, und daß allenfalls eine nachholende Entwicklung (etwa im Vergleich zur deutschen Lage und Bewegung) festgestellt werden kann. *Eine heiße Viertelstunde* hat Fritz Keller dies im Buchtitel seiner themenbezogenen Monographie genannt. In Österreich gab es auch kaum spezifische Achtundsechziger – da so gut wie alle 1968 in Österreich aktiven Personen bereits in den Jahren zuvor politisch und/oder kulturell tätig gewesen waren. Von meinen, wenn auch relativ wenigen – damals lebte ich bereits weitgehend in Deutschland – ›teilnehmenden Beobachtungen‹ ausgehend (Osterdemonstration gegen die Springer-Filiale *Hör Zu* in Wien-Neubau; Augustdemonstration gegen die Besetzung der Tschechoslowakei durch die Armeen des Warschauer Pakts), kann ich bestätigen, daß etwa gegenüber den Wiener Ostermärschen 1965 bis 1967[1] die Anzahl der Teilnehmenden nur unwesentlich gestiegen war. Nicht zu sprechen von jenen kabarettreifen Nachahmungen deutscher Forderungen, wenn etwa aus der Parole

»Enteignet Springer!« »Enteignet Mautner-Markhof!« gemacht wurde (und nicht etwa »Enteignet Dichand und Falk!«, was nach der Logik der deutschen Diskussion strukturäquivalent gewesen wäre).

## »Arena«-Besetzung und kultureller Wandel

Wenn wir uns auf die Suche nach einer kulturellen Zäsur durch das Jahr 1968 unter österreichischen Bedingungen begeben, ist in der Tat – allerdings erst acht Jahre später – ein spezifisch österreichisches Ereignis festzuhalten, das geeignet ist, eine solche zu markieren: die Besetzung des Auslandsschlachthofs in St. Marx nach der kurzfristigen traditionellen Festwochenveranstaltung Arena im südöstlichen Wien (an der Grenze der Bezirke Landstraße und Simmering gelegen) im Sommer 1976.

Die Besetzung, während der verschiedenartigste soziale und kulturelle Initiativen erprobt wurden, hielt sich, bis zur polizeilichen Räumung des Geländes, etwa drei Monate. Die Aktion selbst (mit der sich immerhin 100.000 Österreicher und Österreicherinnen solidarisierten) war, vor allem in ihrer Breitenwirkung, ohne ausländisches Vorbild (wenn auch indirekt die – im übrigen jahrzehntelang erfolgreiche – Besetzung des Kopenhagener Militärgeländes Christiania[2] ideell Pate gestanden hatte). Sie hatte vor allem weitreichende kulturelle und politische Wirkungen. Ohne die Erfahrungen der Arena-Besetzung wäre nicht nur die Zwentendorf-Volksabstimmung gegen die Atomenergie 1978 nicht möglich gewesen, sondern auch nicht die Verhinderung des Wasserkraftwerks bei Hainburg im Jahr 1984. Auch der größte Teil der alternativen österreichischen Initiativen (zum Beispiel Amerlinghaus, WUK, *Falter*) sind ohne Arena-Besetzung undenkbar.

Es ist unbestreitbar, daß in Österreich in den Jahren zwischen 1966 (dem Amtsantritt der ÖVP-Alleinregierung Josef Klaus) und 1971 (dem Amtsantritt der SPÖ-Alleinregierung Bruno Kreisky) ein kultureller Wandel stattfand. Doch fällt es schwer, hierfür ein konkretes Datum (und sei es ein Jahr) namhaft zu machen. Am ehesten fiele mir 1963 ein: der Murer-Marsch des Kreises 63[3] gegen die durchgehende rechtsförmige Vernachlässigung des Nationalsozialismus und der in dessen Namen begangenen Verbrechen; oder auch das Frühjahr 1965: die tagelangen Demonstrationen gegen – und für – den rechtsextremen Welthandelsprofessor Taras Borodajkewycz, die im Totschlag des Demonstranten Ernst Kirchweger durch einen Rechtsextremen kulminierten. Nichts von all dem reichte jedoch hin, um den Rechtstrend des Jahrs 1966 (neben der ÖVP des Josef Klaus ist auch der mit eigener Partei letztlich erfolglos angetretene Ex-SPÖ-Populist Franz Olah zu nennen) auch nur zu neutralisieren.

Denn die Suche nach Zäsuren, strukturierenden Daten oder (bewegungsintern) hegemonialen Organisationen ist ja nicht neu. Weit verbreitet ist etwa der Brauch – und dies gilt auch für Deutschland –, die »führende Rolle« einer Organisation hervorzuheben, der ein bestimmter Autor nahestand: mag es sich um die Kampagne für Demokratie und Abrüstung oder den SDS oder die DKP (beziehungsweise die diese vorbereitenden »informellen Kader«) gehandelt haben. Sogar Fritz Keller, dessen Anstrengungen hinsichtlich einer ausgewogenen Darstellung unbestreitbar sind, neigt dazu, die Aktivitäten der damaligen österreichischen sozialdemokratischen Jugendorganisationen (mit trotzkistischen Neigungen) fokussierend in den Vordergrund zu stellen. Überraschungsfrei wäre also von mir zu erwarten, daß ich besonderen Wert auf die vorbereitenden kulturellen Aktivitäten des »Freundeskreises« beziehungsweise der »Informationen an den Freundeskreis« (einer strömungsübergreifenden informellen Gruppe, die von 1959 bis 1971 bestand) läge. Dies wird nicht der Fall sein.

## »Rhizome« und »kulturelle Hegemonie«: Deleuze/Guattari und Gramsci

Es sollte nicht verwundern, in einem Aufsatz zu kulturellen Zäsuren, bezogen auf 1968 (die ja immer auch die Fragestellung der »kulturellen Hegemonie« gegenüber der politischen und ökonomischen Machterhaltung beziehungsweise -erlangung enthalten), den Namen Antonio Gramsci zu finden. Kurz (und verkürzt) ausgedrückt, bedeutet die Frage nach der Hegemonie in einem gegebenen gesamtgesellschaftlichen Kontext, daß bestimmbare Klassen (oder auch Klassenströmungen) bestimmte kulturelle Momente nach ihren Bedürfnissen und Wünschen in den Vordergrund stellen.

Dies geschieht zum einen durch Vermittlung der Intellektuellen aus diversen Klassen(strömungen). Zum anderen bezeichnet die Frage nach der Hegemonie den »Stellungskrieg« (wie es Gramsci mit einer fraglos allzu martialischen Metapher benannt hat): die kulturelle Identifikation mit zunehmend oppositionellen Inhalten zu Zeiten, in denen die politisch-ökonomische Machtübernahme nicht in Frage kommt (was, in Gegensatz zu ersterem, der »Bewegungskrieg« wäre). Die Momente dieser kulturellen Prozesse werden von Gramsci in allem Detailreichtum ausgeführt: Sie reichen vom Rotary Club bis zu Straßennamen (und -umbenennungen), von den Pfadfindern bis zur Psychoanalyse. Daß die konkrete Ausgestaltung der kulturellen Hegemonie den geschichtlichen Tendenzen und Zyklen unterworfen ist, ist allein schon daraus zu ersehen, daß heute, in einem vergleichbaren Kontext, auch die Neue Rechte Gramsci entdeckt hat.

Auch müssen die französischen Poststrukturalisten Gilles Deleuze und Felix Guattari im Zusammenhang mit den theoretischen Grundlagen antiautoritärer Bewegungen seit 1968 erwähnt werden. Insbesondere ihre Bücher *Anti-Ödipus* und *Tausend Ebenen* sind eine theoretische Grundlegung für empirisch auftretende gesellschaftliche Antwortvielfalt: Individuelle, subjektive, subkulturelle Wunschmaschinen entfalten sich, bis sie von den sozialen Großstrukturen (die sie als »organlose Körper« bezeichnen) aufgesogen werden. Die verschiedensten heterogenen Wunschmaschinen (und ihre Träger) sind nicht ohne weiteres voneinander »ableitbar« (wie dies die orthodox marxistische Tradition beanspruchte), sondern allenfalls miteinander vernetzt oder gar einer verbleibenden »Transversale« verbunden (jenen Parallelen strukturell gleichend, die sich im Unendlichen kreuzen). Dieser wissenschaftlichen Haltung entspricht eine Abkehr vom Fokus auf die »Massenhaftigkeit« von Phänomenen zugunsten eines Ernstnehmens von Mikrologien als kleinen, kaum wahrnehmbaren Erscheinungsformen. Und mikrologisch waren die Bewegungen, die mit der medialen Metapher »1968« versehen worden sind, fürwahr.

Szenarien und Mikrologien

Versucht man Gramsci und Deleuze miteinander sinnvoll zu kombinieren, sind in den 1960er Jahren folgende kulturelle Momente wahrnehmbar gewesen:
-   Die seit Hiroshima und Nagasaki (welthistorisch erstmalig) auftretende Angst vor der bewußten oder unbewußten Selbstauslöschung des Menschengeschlechts, mündend in eine Fülle von Aktionsformen (vom Ostermarsch bis zum Protestsong, später auch die Menschenkette).
-   Die (wenigstens in Europa) vorherrschende Furcht vor einem Wiedererstarken des Faschismus (insbesondere des Nationalsozialismus, was indes auch regional variieren konnte: Noch 1966 legitimierte im österreichischen Fernsehen Bruno Kreisky seine Position zum erhofften Fortbestehen der Großen Koalition mit der Gefahr eines möglichen neuen Austrofaschismus).
-   Die Befürchtung, die nach 1945 wenigstens verbal weltweit anerkannten Menschenrechte könnten von den jeweils Herrschenden wieder außer Kraft gesetzt werden. Ohne diese Befürchtung wären weder die in den USA ab 1962 ausbrechenden Kämpfe gegen die Rassentrennung noch die in der Bundesrepublik Deutschland ab etwa 1964 gegen die – 1968 dann dennoch verabschiedeten – Notstandsgesetze so vehement, teils verzweifelt, erfolgt. In Österreich spielte dieser Aspekt noch bis in die 1990er Jahre im Mißtrauen gegen die Kontrollmechanismen der Staatspolizei eine Rolle.
-   Dennoch wurde Jahr für Jahr Krieg geführt – allerdings auf Schauplätzen, die nicht unmittelbaren Einfluß auf das Alltagsleben Zentraleuropas ausübten. Das sogenannte Gleichgewicht des Schreckens tat ein übriges. Dieser Aspekt spielte in Österreich eine besonders große Rolle: War Österreich durch Staatsvertrag und »immerwährende« Neutralität einigermaßen gesichert, wenn auch, realpolitisch, militärisch im Falle einer ernstgemeinten Aggression eines der beiden großen Pakte weithin als hilflos anzusehen, wurde dieser Umstand durch martialische Sprüche des konservativen österreichischen Establishments kompensiert (»Schleinzerwall«, nach einem ÖVP-Verteidigungsminister). Der cultural lag war in Österreich besonders kraß: So gab es vor 1971 noch nicht einmal ein Grundrecht auf Wehrdienstverweigerung. Das Volksbegehren zur Abschaffung des Bundesheers war einer der vielen Aspekte, durch die die österreichische außerparlamentarische Opposition in Bewegung gehalten wurde; das Versprechen Kreiskys, das Grundrecht auf Wehrdienstverweigerung einzuführen, war eine der Voraussetzungen seiner Wahlsiege 1970 und 1971.
-   Die Ächtung des Krieges seit 1945.
Aus denselben Gründen wurde in den Oppositionsbewegungen die Gewaltfreiheit des Widerstands zu einer Qualität an sich. Insbesondere im US-amerikanischen Kampf um die Einhaltung der Menschenrechte (Rassentrennung, Begrenzung des Rechts auf freie Rede auf US-amerikanischen Universitätsgeländen) wurde jene Vielfalt gewaltfreier Widerstandsformen erfunden, die dann in den späten 1960er Jahren fast weltweit praktiziert wurden.
     Nun zur Rolle der Medien. Wie Hans Magnus Enzensberger nachgewiesen hat, zählt die Manipulation zu den Konstitutionsbedingungen der Medien. Dennoch war es einerseits eine neue Erfahrung, gedruckt oder ausgestrahlt eine völlig andere Wirk-

*1968 war kein Jahr der Zäsur. Aber es war ein Jahr der Transversale.*

lichkeit vorgesetzt zu bekommen als die, die man/frau soeben selbst erlebt hatte; oder
auch (die Erfahrung der späteren Jahrzehnte) die je eigene Wirklichkeit ausgelöscht zu
erleben, da sie in den Medien verschwiegen wurde. Andererseits konfrontierte das
Fernsehen (für den Großteil der Bevölkerung ein damals neues Medium) darauf nicht
vorbereitete Menschen mit dem Grauen rund um die Welt.

Die 1950er Jahre waren hinsichtlich des Alltagslebens der Bevölkerung besonders
repressiv. Der größte Teil der Akteure der 1960er Jahre hatte das Unglück, in dieser Zeit
Kind oder Jugendlicher gewesen zu sein. (Die kontrafaktische Tendenz, die 1950er Jahre
als »wild« oder »bewegt« zu verklären, wie etwa in den Berichten zu dem soeben in
Wien aufgeführten Musical *Grease* geschehen, sagt mehr über die heutigen politisch-
kulturellen Ambitionen aus als über die Zeit um 1959 selbst.) In den 1960er Jahren
machten auf höchst unterschiedliche Weise Zehntausende – selbst im Österreich der
späten Großen Koalition, gar der ÖVP-Alleinregierung – die Erfahrung, daß die austria-
kische Welt bei einer Lockerung der restriktiven Normen nicht gleich unterging.


Lebensgefühl und Subkultur

War in den 1950er Jahren der Besuch beim Friseur zwecks Erlangung gekürzter Haare
ein absolutes Muß (Pomade, grease, inbegriffen), so wurden die Haare nun allmählich
länger, wenn auch unter unendlichen Kämpfen mit einer verständnislosen Umgebung.
Ebenso wuchsen allmählich, statt der propagierten »Genußrasur«, die Bärte. In gleicher
Weise lockerte sich die Hegemonie der schwarzen Anzüge wie der sie begleitenden

Krawatten; sie machten zunächst Hemdsärmeln und Pullovern Platz. Der Jazz war
bereits, teils als stilistische Opposition der Schlurfs gegen die deutschen Nazi-Usurpa-
toren, teils als Import der US-amerikanischen Besatzungssoldaten, in den 1950er Jahren
zur bevorzugten Musik der Bohème geworden. In den 1960er Jahren wurde er, (auch)
konzertant, zu einem selbstverständlichen Attribut des Lebensgefühls von ein bis zwei
Jugendkohorten. 1969 findet sich, in Darmstadt, in den Anmerkungen einer Basisgruppe
der bezeichnende Satz, politische Institutionalisierung hätte zu erfolgen wie die einer
Jazzband: Organisation und Spontaneität (Thema und Improvisation) gleichermaßen.

*Ohne die Arena-Besetzung 1976 wäre nicht nur Hainburg undenkbar geblieben.*

Vergleichbares gilt für den Rock 'n' Roll. Einer besonderen Subkultur zunächst
zugeordnet, den Halbstarken (Arbeiterjugendlichen vor ihrer meist in jungem Alter
erfolgenden Familiengründung), dehnte sich diese Musikrichtung im Lauf der 1960er
Jahre durch eine Ausdifferenzierung in verschiedene Hörgewohnheiten (Beatles,
Rolling Stones) aus. Ende des Jahrzehnts sich immer weiter entfaltend (Psychedelic
Rock, Hard Rock usw.), war sie zu einer Art ›Kohortenmusik‹ geworden (und bis hin
zu rechtsextremer Rockmusik letztlich geblieben). Daß der Rock 'n' Roll zu einem
neuen Körpergefühl beigetragen hat, hat bereits Eldridge Cleaver in *Seele auf Eis* beredt
dargestellt. War der Körper in den 1950er Jahren noch, beeinflußt durch die Nazi-
Sozialisation eines großen Teils der Vorgeneration, ein Instrument und nach Möglichkeit ›gestählt‹, so geriet der Körper nunmehr in Bewegung – auch in Österreich.
    Von einigen Bohème-Kreisen (und da nicht allen) abgesehen, bestand die Hegemo-
nie der katholisch inspirierten, monogamen, heterosexuellen, auf autoritären Strukturen des Manns gegenüber Frau und Kindern bestehenden Ehe/Familie in den 1950er
Jahren ungebrochen fort. Diese Hegemonie geriet in den 1960er Jahren allmählich,

sehr allmählich, ins Wanken: die Voraussetzung für jene gesetzlichen Änderungen, die in der Ära Kreisky sodann erfolgen sollten. Dieses Bündel von Änderungen ist mit Sicherheit nicht auf ein Datum, gar eine ›Zäsur‹ zu bringen. Dennoch waren seine Wirkungen nachhaltig. Wenn ein einzelnes Datum genannt werden könnte, dann wäre es ein Berliner: die Gründung der Kommune I im Januar 1967.

Gemeinsam außerhalb der Familie zu leben war bereits ein älterer Wunsch, der indes erst nach der (zudem durch dauernde Inhaftierungen der Protagonisten beeinträchtigten) Gründung der Kommune I als realisierbar wahrgenommen werden konnte. Gut erinnere ich mich, daß wir 1963 über eine Innovation diskutierten, die dann später als Wohngemeinschaft bezeichnet werden sollte: Über diesen Begriff verfügten wir damals noch nicht – in einem Arbeitskreis über »konkrete Utopien« ...

Auch die Kindererziehung wurde gegenüber den Hegemonien der 1950er Jahre lockerer. Die zeitgenössische Übertreibung, ausgerechnet die antiautoritäre Erziehung (ein Widerspruch in sich, eher sollte von Kinder-aufwachsen-Lassen die Rede sein) für das Erstarken rechtsradikaler Tendenzen in depravierten Teilen der Jugend verantwortlich zu machen, verkennt, daß nur wenige hundert (in Deutschland wenige tausend) Kinder einigermaßen antiautoritär aufwuchsen. Doch eine sukzessive Lockerung war fraglos festzustellen.

Gegenüber den unmenschlichen Alternativen der 1950er Jahre (falls ein Kind unterwegs war, »abtreiben – oder heiraten«) gab es die ersten nicht verachteten unverheirateten Mütter. Eine größere Rolle spielte allerdings das Aufkommen relativ sicherer (wenn auch, wie sich später herausstellen sollte, keinesfalls biochemisch unbedenklicher) Kontrazeptiva (Pille).

Die versteinerten Verhältnisse an den Hochschulen kamen zunehmend mit jenen Erfahrungen in Konflikt, die eine zunehmende Zahl von Personen in verschiedenen Kontexten in der Jugend- und Erwachsenenbildung gemacht hatte. Vergleichbares gilt für die StudentInnenvertretungen. Waren diese bis dahin ungebrochen eine Domäne der Studentenorganisationen der im Nationalrat vertretenen Parteien unter Führung der ÖVP-nahen Gruppierungen, so entstand 1965/66 mit der Aktion erstmals eine von diesen unabhängige Hochschulgruppe.

Die Idee der Basisdemokratie (damals zumeist als »Radikaldemokratie« bezeichnet) entstand aus der Kontrasterfahrung zwischen den festgefahrenen institutionell-hierarchischen Strukturen einerseits und der weithin funktionierenden a-hierarchischen Funktionsweise in der Vielfalt der nicht im hierarchischen Kontext stehenden Gruppierungen andererseits. Zu diesem Thema veranstaltete im Januar 1967 Robert Jungk im Palais Erzherzog Karl auch eine seiner ersten Zukunftswerkstätten.

Politik und Avantgarde

Kulturell im engeren Sinn des Worts wären, neben dem bereits erwähnten Jazz und dem Rock 'n' Roll, als weitere Faktoren zu nennen:
– Die Verbreitung des Kabaretts, von der Farkas/Waldbrunn- und der Merz/Qualtinger/Bronner/Kreisler/Wehle-Generation zur »Würfel«-Generation[4] (etwa 1961 bis 1964).

- Die Verbreitung kritischer Folkmusik wie auch der Musik der ersten Liedermacher (nur als Beispiel: die beginnende Biermann-Rezeption 1964 bis 1966), ebenso von Kellertheatern.

- Das Aufkommen der ersten oppositionellen Privatmedien (von der durch den Kalten Krieg desavouierten *Volksstimme* abgesehen, die indes, mikrologisch gesehen, auch die eine oder andere Wirkung, etwa im kulturpolitischen Feld, entfaltete): etwa die Wandlung des Forum von einem CIA-Blatt zu einem Wegbegleiter, Anreger und Kommentator außerparlamentarischer Opposition.

- Die allmähliche relative Anerkennung aktionsorientierter Kunstformen, die zwar schon länger bestanden hatten, aber (infolge der relativen Beachtung im Ausland) erst jetzt wenigstens in einem umfassenden subkulturellen und teilkulturellen Feld wahrgenommen wurden (Fluxus, Wiener Gruppe, Wiener Aktionismus, 1966 Zock, Grazer Forum Stadtpark). Noch die Gründung der Grazer Autorenversammlung 1973 verdankt sich dem Umstand, daß der österreichische PEN-Club eine Politik des ›closed shop‹ gegenüber den experimentellen, avantgardistischen und sozialkritisch engagierten Autoren und Autorinnen betrieb.

Die einzige öffentliche gemeinsame Aktion zwischen avantgardistischen Künstlern und politischen Studenten, die 1968 in Österreich stattfand (»Kunst und Revolution«, im Hörsaal 1 der Universität Wien), führte zu einem Desaster (»Uni-Ferkelei«) und zog Vertreibungen, Berufsverbote und Gefängnisaufenthalte nach sich.

Seit 1965 war Österreich eines der weltweiten Zentren des christlich-marxistischen Dialogs (Forum, Quäker, Ostermarsch, Kreis 63). Eine der Wirkungen dieses Forums bestand darin, daß jüngere Menschen nach einem »dritten Weg« zu suchen begannen, der weder einem akkumulierenden Konzernkapitalismus, noch einem diktatorischen Realsozialismus ähnlich sein sollte. Tausende junge Christen entfernten sich von den repressiven Traditionen des Milieukatholizismus beziehungsweise des Milieuprotestantismus. (Auf der katholischen Seite sind, seit etwa 1958, die Linkskatholiken Friedrich Heer, Wilfried Daim und August M. Knoll zu erwähnen – letzterer starb 1963 an den psychosomatischen Folgen vehementer bischöflicher Kritik. Auf der evangelischen Seite war die Bischofswahl 1968 bemerkenswert, bei welcher der milieuprotestantische Kandidat Sakrausky etwa zwei Drittel, der »dialogische« Gegenkandidat Dantine immerhin ein Drittel der Stimmen erhielt.)

Eine der vielen mikrologischen Rollen spielte auch die (und sei es per Autostopp erfolgende) verstärkte Reisetätigkeit seit etwa 1955. Frühe Auslandsösterreicher, die oft zwischen Schweden und Österreich pendelten, informierten über den schwedischen Sozialstaat und schwedische Sexualnormen. Israelreisende berichteten über Kibbuz-Erfahrungen – der Begriff Kibbuz wurde zur Metapher für ein anderes Leben. Schließlich erlebten österreichische Reisende auf ihren Reisen ausländische Subkulturen (Beatniks, Hippies, Provos, Gammler). Nicht zu reden von den Besuchen bedeutender Künstler und Künstlerinnen in Wien, die zu den ›Eingesessenen‹ kontaktfreudig waren: Joseph Beuys, Wolfgang Neuss, Joan Baez, das Living Theatre, um nur einige zu nennen. Später spielten auch die ›Exilierten‹ eine Rolle: Nicht zu übersehen ist, daß ein großer Teil der in den 1960er Jahren Aktiven wenigstens zeitweilig Österreich zu verlassen hatte, sei es, weil sie unmittelbar von Repressalien bedroht wurden, sei es, weil es ihnen nicht möglich gemacht worden war, hier einen ihrer Qualifikation entsprechenden Beruf auszuüben. (Manchen, so auch mir, geht es heute noch so.)

Da es sich hier, wie gesagt, um Mikrologien handelt, sei am Rand eine europäische Version der »Revolution der steigenden Erwartungen« wenigstens erwähnt, von der ich weiß, daß sie auch in Österreich eine gewisse Rolle spielte: 1960 bis 1963 gab es einen zeitweiligen ideellen Aufbruch, von dem damals erhofft wurde, er könne sich noch innerhalb des Establishments vollziehen. Gemeint ist, daß mit John F. Kennedy, Nikita S. Chruschtschow und Johannes XXIII. Hoffnungsträger an die Spitze dreier repressiver Institutionen gelangten, die auf unterschiedliche Weise über Visionen verfügten. Dieser Prozeß erwies sich auch nach Berliner Mauer/Schweinebucht[5]/ Vietnam als irreversibel; auch dann, als die Hoffnungsträger nach Ermordung, Absetzung und Tod durch die Rollback-Figuren Lyndon B. Johnson, Leonid Breschnew, Paul VI. ersetzt worden waren. Medien, Reisen, Kulturereignisse schärften auch den Blick für die zur Gewohnheit gewordene Unterdrückung der Dritten Welt. Noch vor der ikonenhaften Wahrnehmung von Che Guevara, Mao, Ho-Chi-Minh waren die Bilder (medial oder metaphorisch) der leidend gehaltenen Völker gegenwärtig: Algerien, Südafrika, dann Vietnam, das »zum Spanien einer Generation« wurde, wie es sinngemäß im Aufruf zum Berliner Vietnam-Kongreß Februar 1968 hieß.

Im Gegensatz zu Deutschland und Frankreich (hierin eher den Niederlanden vergleichbar) spielten in Österreich auch ökologische Fragen eine, wenn auch beschränkte Rolle. Kaum hatte die Regierung Klaus das Atomkraftwerk in Zwentendorf geplant, gab es 1969 von Linz ausgehend, den ersten Aufruf zu einem Volksbegehren dagegen.

In vielem technokratisch verformt, gab es in Österreich Bestrebungen zu einem Diskurs über die Zukunft, der weit über die spätere Rumpf-Apo hinausreichte. 1966 hatte Robert Jungk, durch die Münchner Reihe »Modelle für eine neue Welt« erprobt, die Totalisierung vieler Lebensbereiche wahrzunehmen, das Wiener Institut für Zukunftsfragen gegründet. 1968 wurde selbst die SPÖ futurologisch: Sie forderte im Vorfeld der Nationalratswahlen um 1970 1.400 »Experten und Expertinnen« auf, zu den künftigen Reformen beizutragen. Zwar wurde der Großteil dieser Ideen bis zur Unkenntlichkeit transformiert, dennoch blieb einiges: Christian Brodas Realutopie von der »gefängnislosen Gesellschaft« etwa entsetzt konservative Kolumnisten bis zum heutigen Tag. Überhaupt (aber dies war in der BRD oder in der Tschechoslowakei des Prager Frühlings deutlicher als in Österreich) trat ab 1967 eine Dynamik ein, die mit der Figur des positiven Regelkreises durchaus beschreibbar ist: Jede Institution, die demokratisiert worden war, gab die Bestätigung dafür ab, daß auch noch die je nächste Institution zu demokratisieren sei.

Mit meiner kurzen mikrologischen Rallye bin ich hier am Ende. Je nach Land müßten andere, weitere, kurze oder weniger vernetzte Fragmente hinzugefügt werden.

Jenseits aller Kaderphantasien stellten die außerparlamentarischen Bewegungen der Jahre 1967 bis 1970 ein »Rhizom« (Deleuze/Guattari) von unterschiedlichen kulturell und/oder politisch abweichenden Strömungen dar, ebenso unterschiedlichen Traditionslinien mit ihren Kontinuitäten und Brüchen entstammend. Die Rede von der »antiautoritären Phase« besagte nichts anderes als: Jede Gruppierung war letztlich autonom (und das heißt auch: auf sich gestellt) und arbeitsteilig ihren Gegenstandsbereichen (auch wenn diese von Zeit zu Zeit wechseln konnten) verpflichtet. Zwar konnte ein (informeller oder formeller) ›Kader‹-Anspruch erhoben werden, doch oblag es den Willensbildungen der Gruppierungen, eine punktuelle Kooperation einzugehen oder nicht. Dies erfolgte nach dem Resonanzprinzip, wie der nach Bonn emigrierte tschechische Dissident Jaroslav Langer dies genannt hätte; auch wenn noch so viele »Stellenwerte« und Prioritätenänderungsvorschläge gemacht worden waren.

Im Fall positiver Resonanz gelangten die diversen Strömungen dann auch zu gemeinsamen Aktionen, Demonstrationen, Unterschriftenlisten, Solidaritätsveranstaltungen. Aber, und das scheint mir zentral: Auch wenn diese Kooperationen nicht zustande kamen, bewirkten die unabhängig voneinander, oft in extremer Arbeitsteiligkeit erfolgenden Aktivitäten, daß für einige Jahre zwar nicht die kulturelle Hegemonie erlangt wurde, daß man dieser aber wenigstens näherkam. Unabhängig davon, ob die entsprechende angestrebte soziale Innovation 1963, 1965, 1967 oder 1969 vorgeschlagen worden war.

Es gibt also kaum Anzeichen dafür, daß gerade 1968 in Österreich ein besonderes Jahr, eine Zäsur, gewesen wäre. Gleichzeitig ist nicht zu bestreiten, daß sich gerade in diesem Jahr (und auch noch 1969) die Wünsche und Hoffnungen der vielen unabhängigen Gruppierungen auf eine grundsätzliche gesellschaftliche Veränderung richteten, wie lange nicht zuvor – und auch nicht danach.

1968 war kein Jahr der Zäsur. Aber es war das Jahr der Transversale.


## ANMERKUNGEN

1   Im Kontext der internationalen Ostermarschbewegung wurde 1963 auch in Wien, vor allem durch Robert Jungk, Günther Anders und Günter Wolf, ein Ostermarsch-Verein gegen atomare Aufrüstung gegründet. Unterstützt vor allem durch Quäker (Ernst Schwarcz), Linkskatholikinnen (Hildegard Goss-Mayr), Sozialistische Jugend (Albrecht Konecny) und KPÖ (Georg Brener) nahmen 1965 bis 1967 circa 2.000 Personen an den Ostermärschen teil.

2   Ein seit 1970 durch anschließende Legalisierung in der Selbstverwaltung der Besetzenden befindliches großes Gelände mit (trotz vieler Probleme zum Beispiel mit von illegalen Drogen Abhängigen) reichhaltigen Variationen von Handwerk, Ökologie, Kultur und politischen Initiativen.

3   Das besondere an dieser Demonstration war, daß sich die Teilnehmer, nach dem Vorbild des dänischen Königs 1940 nach der Besetzung Dänemarks durch Hitler-Deutschland, einen Judenstern anhefteten.

4   Ursprünglich Grazer Studentenkabarett, dann professionalisiert (Mitglieder u.a. Kuno Knöbl, Peter Lodynski, Günter Tolar).

5   Ort einer durch den US-Geheimdienst CIA vorbereiteten und gescheiterten Intervention gegen die Revolutionsregierung in Kuba zu Beginn der 1960er Jahre.

Karl Stocker

# »Wir wollten alles ganz anders machen«

Die 68er Bewegung in der österreichischen Provinz
Ein Fallbeispiel

Liest man die einschlägige Literatur über Österreichs 68er Bewegung und deren Folgen, scheint es, daß in Österreich vor allem von einer ›nachholenden Entwicklung‹ (im Vergleich etwa zur deutschen Situation) zu sprechen ist. Im vorliegenden Band verweist Rolf Schwendter in diesem Zusammenhang auf die Ereignisse um die Besetzung des Auslandsschlachthofs Arena im Sommer 1976 in Wien, die im Vergleich zur »heißen Viertelstunde« (Fritz Keller) des Jahrs 1968 eher eine Zäsur im Sinne einer Lebensäußerung einer außerparlamentarischen Bewegung darstellten. Schwendter zeigt aber auch, daß die außerparlamentarischen Bewegungen in den Jahren 1967 bis 1970 durchaus »ein Rhizom von unterschiedlichen kulturell und/oder politisch abweichenden Strömungen dar(stellten)«[1]. Dieser Befund basiert vor allem auf Erfahrungen und Entwicklungen, die Wien als kulturelles und politisches Zentrum Österreichs betreffen. Ich gehe im Folgenden der Frage nach, ob auch in der österreichischen Provinz Elemente einer kulturellen und politischen Mobilisierung feststellbar sind. In vielen Orten formierten sich nach und nach gegenkulturelle Bewegungen, in denen junge Menschen nicht nur ihren Unmut über bestehende Verhältnisse äußerten, sondern auch den Anspruch formulierten, künftig »alles ganz anders zu machen«. In vielen österreichischen Kleinstädten gingen zwar nicht identische, aber dennoch ähnliche Entwicklungen wie die hier skizzierten vor sich.[2]

Wie die 68er Bewegung in die Provinz kam (1970 bis 1974)

>»Sait i auf da Wöt bin, hob i ka guade Stund ghob
Sait i auf da Wöt bin, hob i ka guade Stund ghob
I hob toa keinnan, wos i wuin hob, i hob ka guade Stund ghob

Und mit maine Oidn hob i ka guade Stund ghob
Dei hom mi gschlogn und mi treitn, i hob ka guade Stund ghob

Und mit maine Leara hob i ka guade Stund ghob
Dei hom ma aigreidt ian Schaisdreick, i hob ka guade Stund ghob

Und mit maine Masta hob i ka guade Stund ghob
Dei hom mi ausgnutzt ban Scheipfn, i hob ka guade Stund ghob

Und mit olle Lait hob i ka guade Stund ghob
Dei woan sou koit und haum mi ausgelocht, i hob ka guade Stund ghob

Fast 20 Jahre später mag es verwundern, daß sich jemand die Zeit genommen hat, sich an die Schreibmaschine zu setzen – der Text ist maschinenschriftlich verfaßt –, um eine Diskussion über das Musikhören in einer Wohngemeinschaft auszulösen. Die Person, die diesen Text schrieb, war besonders prädestiniert für diese Form der Auseinandersetzung. P., 1956 geboren, Student an einer technischen Universität, aus katholischem Bildungsbürgertum stammend (Vater: Gymnasiallehrer in der Provinz; Mutter: Hausfrau; eine Schwester, die später Akademikerin wurde), war es aufgrund seiner sozialen Herkunft seit jeher gewohnt, zu schreiben und zu diskutieren – ganz im Gegensatz zu seinen Mitbewohnern, an die das »Wohngemeinschaftsrundschreiben« gerichtet war: N., 1956 geboren, Student einer geisteswissenschaftlichen Studienrichtung (Vater: Schlosser in einem Staatsbetrieb; Mutter: Hausfrau; keine Geschwister), O., 1955 geboren, Student an einer pädagogischen Akademie (Vater: Zimmermann; Mutter: Hausfrau; fünf Geschwister), R., 1954 geboren, ebenfalls Student an einer pädagogischen Akademie (Vater: Werksarbeiter; Mutter: Hausfrau; drei Geschwister) stammten alle aus dem Arbeitermilieu und waren andere Formen

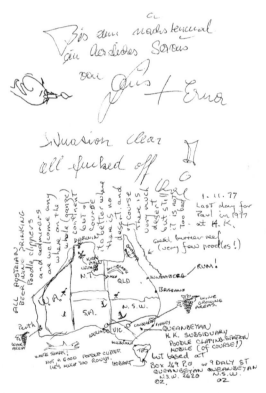

*Auszug aus dem »Gästebuch« der Wohngemeinschaft: »Last day for Paul in 1977 at H. K.«*
*Eintrag vom 1.11.1977 des Australiers Paul, der drei Monate in der WG als Gast lebte. H. K.*
*bedeutet »Humboldkollektiv«. So lautete die Eigendefinition der WG, abgeleitet von der Straße,*
*in der sich die WG befand. Die Spielerei mit dem »poodle« bezieht sich auf eine gemeinsame*
*Obsession: die Texte von Frank Zappa, in denen immer wieder Pudel vorkommen.*

der Auseinandersetzung mit ihren Vätern gewohnt, lautstarke Schreiduelle mit einer Tendenz zu körperlicher Gewalttätigkeit. Alle vier stammten aus der Kleinstadt E., hatten das dortige Gymnasium gemeinsam absolviert und lebten nun in einer Wohngemeinschaft in Graz zusammen. Das war für alle vier eine folgerichtige Entwicklung. Schon am Heimatort inspiriert vom Virus der Befreiungsideologie, dachten sie nun in der großen Stadt nicht nur daran, grundsätzlich ganz anders zu leben als die Elterngeneration, sondern auch daran, die Arbeiterklasse und die ganze Welt zu befreien.

Interessant ist, daß die Mitglieder dieser Wohngemeinschaft zwischen politischem Dogmatismus und exzessivem Lebensstil hin- und herpendelten. Sie begriffen sich einerseits als politisch aktive Wohngemeinschaft, die an konkreten Aktionen zur Veränderung der Gesellschaft teilnahm, andererseits pflegten sie Kontakte mit verschiedenen Ausgeflippten und lebten selbst wie diese. Sie bewegten sich an den Rändern des Kommunistischen Bunds, einer der letzten Bastionen und – schon Karikatur – des Stalinismus, arbeiteten im Komitee Südliches Afrika mit, das sich nur (!) mit dem bewaffneten Befreiungskampf solidarisierte, und waren vor allem in der Bürgerinitiative gegen Atomkraftwerke aktiv. Teile der Wohngemeinschaft wirkten in der Agitpropgruppe der Bürgerinitiative mit, sangen auf der Straße und bei den verschiedenen Demonstrationen. Gerade das aktionistische Element war dabei besonders attraktiv: Die illegalen nächtlichen Plakatieraktionen im Rahmen der Anti-Atombewegung etwa paßten durchaus zum eigenen exzessiven Lebensstil. Es war nicht nur vom politischen Standpunkt aus wichtig, die von der Elektrizitätswirtschaft affichierten riesigen Plakate zu überkleben oder zu verfremden, es war ganz einfach auch lustig, der Polizei ein Schnippchen zu schlagen, indem man direkt vor dem Wachzimmer ein

*Das kommunikative Zentrum: die Küche*

Plakat anklebte und sich dabei nicht erwischen ließ. Darüber hinaus dienten diese Aktivitäten wohl auch dazu, die eigene persönliche Planlosigkeit für die weitere Lebensgestaltung zu übertünchen: Der Mangel an Lebensperspektive konnte so durch politischen Aktionismus kompensiert werden.

Die Wohngemeinschaft befand sich in einer zwiespältigen Situation: Freunde betrachteten das politische Nahverhältnis der Wohngemeinschaft zu der linksextremen Organisation mit Skepsis und verstanden nicht genau, warum diese eigentlich recht lebendigen Menschen mit starren, dogmatischen und linksradikalen Wirrköpfen zusammenarbeiteten. Die »Genossen« wiederum hatten mit der unkonventionellen und manchmal recht ausschweifenden Lebensweise der Wohngemeinschaft ihre Probleme. Sie anerkannten durchaus, daß die Mitglieder der Wohngemeinschaft aufgrund ihrer persönlichen Außenkontakte durchaus für eine Verbreiterung der »Massenbasis« von Nutzen sein konnten. Gleichzeitig fürchteten sie aber den Einfluß liberalen Gedankenguts. So etwa lobte man beispielsweise ein »Spendenfest der Zelle«, das in nicht geringem Ausmaß von Mitgliedern der Wohngemeinschaft und deren Anhang getragen wurde, hob das »attraktive Programm« hervor, das dazu beigetragen hat, daß »ca. 60 Unorganisierte hinkamen (das ist ein Rekord!) und über 1000 S(chilling) an Spenden hereinkamen«. Allerdings, so hält der »Zellenbericht« fest: »Ein Mangel war, daß die politischen Ziele etwas zu kurz kamen.« Aber: »Auf jeden Fall hat das unseren Ruf von Borniertheit und Humorlosigkeit, der uns ja noch immer anhaftet, etwas verbessert.«[11]

Was die Alltagsgestaltung der Wohngemeinschaft betraf, unterschied sie sich kaum von anderen damaligen Wohngemeinschaften. Jeder hatte sein eigenes Zimmer, sein persönliches Eigentum und Geld, wobei allerdings anzumerken ist, daß, nachdem zwei Personen ihr Studium beendet und ihre Arbeit als Lehrer aufgenommen hatten, Miete und Haushaltskosten nach prozentuellen Anteilen, orientiert am jeweiligen Einkommen, aufgeteilt wurden. Dies entsprach dem politischen Anspruch der Wohngemeinschaft. Kommunikatives Zentrum, Kristallisationspunkt des Zusammenlebens, war die Küche.[12] Hier wurde gekocht, gegessen, hier saß man zusammen und diskutierte, und hier traf man sich auch mit Freunden und feierte Feste. Eingekauft wurde in der Regel abwechselnd zu zweit, auch das Kochen und Putzen wurde abwechselnd von zwei Personen erledigt. Geschlechterspezifische Rollenverteilungen wurden schon durch die Tatsache, daß es sich in den ersten sechs Jahren ihres Bestehens um eine reine Männer-Wohngemeinschaft handelte, relativiert. Da hier Männer zusammenlebten, blieb ihnen gar nichts anderes übrig, als selber zu kochen, abzuwaschen und sich um die Aufrechterhaltung eines gewissen Sauberkeitsstandards zu bemühen. Was Beziehungen zu Frauen betraf, strebten alle nach einer anfänglichen – eher theoretisch begründeten – Phase des Versuchs von Mehrfachbeziehungen doch wieder Paarbeziehungen an. Auch hier vollzog sich somit die »eigentliche Revolution« nicht auf den »Matratzenlagern beim Gruppensex«, sondern in »praktikablen Ergänzungen zur Kleinfamilie«.[13] Das zeigte sich auch, als etwa ein Jahr vor der Auflösung der Wohngemeinschaft die Lebensgefährtin von N. mit ihrem Sohn in die Wohngemeinschaft einzog. Sie lebten nun de facto als verbesserte Kleinfamilie zusammen, wobei allerdings für die Kindererziehung und -versorgung N. und seine Freundin allein zuständig waren.

Was ist geblieben? (1980 bis 1995)

Mit dem Ausgang der 1970er Jahre veränderte sich manches: N., O., P. und R. beendeten zwischen 1979 und 1982 ihre Studien und begannen, ihre erlernten Berufe auszuüben. R. und O. pendelten anfänglich in die Provinz, ließen sich dann aber zu Beginn der 1980er Jahre an den Orten nieder, an denen sie arbeiteten. Beide gründeten Familien. N. und P. gingen in die Wissenschaft. P. verließ Österreich, arbeitete einige Jahre in den USA und lebt nun in Deutschland. N. blieb in seinem Studienort und arbeitet dort heute in seinem Fachgebiet. P. hat nach einer Scheidung wieder geheiratet und mittlerweile drei Kinder. N. hat ab 1978 zehn Jahre lang in einer Paarbeziehung in verschiedenen Wohngemeinschaften gelebt und wohnt derzeit mit seinem mittlerweile 19 Jahre alten Ziehsohn aus dieser Beziehung zusammen.

Trotz der Verschiedenheit der Einzelkarrieren haben alle vier auch heute noch eine Gemeinsamkeit: Keiner von ihnen will noch in einer Wohngemeinschaft leben! Dies hatte sich schon in einem der Wohngemeinschaftsrundschreiben angekündigt, in dem P. resignativ schrieb: »Dennoch bin ich zufrieden(,) so wie es jetzt ist, es könnte schlimmer sein. Ich bin gar nicht mehr so sehr interessiert(,) eine andere Gemeinschaft aufzubauen(,) weil mir die Lust vergangen ist.«[14]

Warum das so gekommen ist, hat verschiedene Gründe. Einer war sicherlich, daß sich mit der Zeit individuelle Lebensperspektiven herausdifferenzierten, die die früheren Gemeinsamkeiten ablösten. Die große Gemeinsamkeit, der Glaube an eine revolutionäre Veränderung der Gesellschaft, löste sich mit der Linken auf. Mit dem Marxismus allein war die Welt ganz einfach nicht zu begreifen – und schon gar nicht zu verändern. Dazu kam, daß durch den Eintritt ins Berufsleben spezifische individuelle Problematiken in den Vordergrund traten, die das frühere Gemeinsame – die Lebensform als Student – ablösten. Ein weiterer Grund war auch das Dazukommen von verschiedenen Lebenspartnerinnen, die von den anderen Wohngemeinschaftsmitgliedern nicht immer mit Wohlwollen aufgenommen wurden. So zog mancher die Zweisamkeit mit der nicht akzeptierten Lebensgefährtin dann doch der schon etwas überholten Geborgenheit der Wohngemeinschaft vor.

Würde heute auch keines der ehemaligen Wohngemeinschaftsmitglieder als Lebensform die Wohngemeinschaft wählen, so wurde von den Werthaltungen und Lebenseinstellungen, die gerade in dieser Zeit des Zusammenlebens entscheidend geprägt worden waren, auch im weiteren Leben etliches beibehalten. Alle vier sind auch heute recht eigensinnige Zeitgenossen, die noch immer Schwierigkeiten haben, sich mit gewissen gesellschaftlichen Realitäten abzufinden. So fallen R. und O. noch immer durch unpassende Bemerkungen in Lehrerkonferenzen und -tagungen auf, weigern sich noch immer, endlich einer Partei oder einer Lehrervereinigung beizutreten und glauben auch heute noch, daß sich Lehrer durch politisches und gesellschaftliches Engagement auszeichnen sollten. N. vertritt ähnliche Auffassungen im universitären Bereich und freut sich noch immer, wenn seine wissenschaftlichen Aktivitäten auch Widerstände auslösen. Als Hochschullehrer geht es ihm darum, die Studenten zu kritischem Denken zu bringen. P. arbeitet im Bereich der Gentechnologie und verhält sich noch immer nicht wie ein angepaßter Techniker: Er liest nach wie vor philosophische Werke und vermittelt seinen Studenten, daß es wichtig sei, Technik in gesellschaftlichen und globalen Zusammenhängen zu denken. Auch in ihrem Alltagsleben haben alle gewisse Prinzipien verinnerlicht: Beispielsweise ist die Aufteilung von Hausarbeit und Kindererziehung auch heute noch eine Selbstverständlichkeit, alle vier bemühen sich, ihre Frauen beziehungsweise Lebensgefährtinnen in der persönlichen Entfaltung zumindest nicht zu behindern.

Kehren wir zu unserer Ausgangsfrage zurück, so läßt sich wohl behaupten, daß die 68er Bewegung auch in der österreichischen Provinz ihren Niederschlag fand. Sie war weniger eruptiv und weniger spektakulär als in Wien oder in Graz, aber sie war vorhanden und wurde auch vom lokalen Establishment registriert. In der Kleinstadt E. kam sie Mitte der 1970er Jahre zum Erliegen, weil aus den Lehrlingen Arbeiter und Angestellte wurden, die in der Regel Familien gründeten. Mit einer Gesellschaftsveränderung hatten sie nichts mehr im Sinn, aber in ihre tägliche Lebenspraxis integrierten sie vieles von dem, was sie einst ersehnt und gewünscht hatten. Keiner von ihnen hat etwa seine Kinder je geprügelt. Aus den Schülern wurden Studenten, die von E. in eine Universitätsstadt zogen. Die Studenten probten – wie gezeigt – in ihren Studienorten nicht nur die revolutionäre Veränderung der Gesellschaft, sondern auch die Revolutionierung ihres Alltags. Hat die 68er Bewegung vor allem auf politischer Ebene – wie es Schwendter formuliert – letztlich »verloren«,[15] so dreht sie in kultureller Hinsicht doch noch immer am Rad der Geschichte: Sie hat in Teilen der Bevölkerung Spuren hinterlassen, die nicht mehr rückgängig zu machen sind.

## ANMERKUNGEN

1 Schwendter, Das Jahr 1968, in diesem Band, 168.
2 Der Beitrag basiert in weiten Teilen auf Interviews, die mit den betreffenden Personen im Dezember 1994 und Jänner 1995 durchgeführt wurden. Die Kassetten befinden sich im Besitz des Autors. Aus Gründen des Datenschutzes sind die Namen der Personen und der Orte anonymisiert.
3 Sammlung Stocker; der Text stammt von Franz St. Parteder, der heute Sekretär einer Landesorganisation der KPÖ ist.
4 Der Gruppenname leitet sich vom gleichnamigen, 1967 erschienenen Doppelalbum der Mothers of Invention ab.
5 Keller, Wien, 1983, 10. Auch die folgenden Ausführungen stützen sich auf diese Arbeit.
6 Vgl. Pazelt, Mädchen, in: Jugendbericht 1, 1981, 220.
7 Geschichtswerkstatt Leoben, Leben, 1989, 162.
8 Für diese Radikalität ein Beispiel: In der Zeit des Austrofaschismus ließen sich etliche Arbeiter sterilisieren, um dem Ständestaat keinen Nachwuchs zukommen zu lassen.
9 Baacke, Jugend, 1987, 146.
10 Sammlung Stocker, Wohngemeinschaftsrundschreiben, 23.8.1977.
11 Sammlung Stocker, Bericht des Ortsleitungsverantwortlichen über die Arbeit der Hochschulzelle im Herbst 1978, Jänner 1979.
12 Vgl. Tränkle, Kommune, in: Bucher u.a. Hg., Schock, 1986, 203.
13 Ebd., 201.
14 Sammlung Stocker, Wohngemeinschaftsrundschreiben, 1978.
15 Schwendter, Das Jahr 1968, in diesem Band, 166–175.

Hans Eder
# Die Politik in der Ära Kreisky

## Einleitung

Als die SPÖ am 1. März 1970 erstmals in der Zweiten Republik eine Mehrheit nicht nur an Stimmen, sondern auch an Mandaten bei Nationalratswahlen erzielte, erwartete wohl niemand, daß sie nun dreizehn Jahre alleine die Regierung bilden würde. Aber dieser Wahlerfolg leitete eine Ära der Hegemonie sozialdemokratischer und liberaler Ideen ein, die in allen Gesellschaftsbereichen tiefe Spuren hinterließ.

In diesem Beitrag kann nur ein Überblick über die politische Entwicklung in Österreich in dieser Ära gegeben werden. Für die Politik dieser Jahre besonders typische oder für die weitere Entwicklung in Österreich bedeutsame Bereiche werden genauer behandelt, andere Themen müssen unberücksichtigt bleiben. Die Darstellung beginnt bereits mit der Übernahme des SPÖ-Vorsitzes durch Bruno Kreisky im Jahre 1967, da die Programmarbeiten und die politische Öffnung der oppositionellen SPÖ sowohl eine wichtige Etappe auf dem Weg zur Macht als auch eine Basis für die 1970 beginnende Umgestaltung Österreichs bildeten. Schließlich wird sich dieser Beitrag im wesentlichen auf die Politik der Regierungspartei SPÖ beschränken: Ihre Politik prägte diese Jahre, und es war die durch die Öffnung der SPÖ ermöglichte sozialliberale Kreisky-Wählerkoalition, die diese Politik trug.

## Kreisky und das SPÖ-Reformprogramm

Als Bruno Kreisky Ende Jänner 1967 zum neuen Vorsitzenden der SPÖ gewählt wurde, übernahm er von seinem Vorgänger Bruno Pittermann die Führung einer Partei, die bei den letzten beiden Nationalratswahlen schwere Niederlagen erlitten hatte und – erstmals in der Zweiten Republik – nicht mehr an der Regierung beteiligt war.

Kreisky stammte aus einer jüdischen Wiener Großbürgerfamilie, war schon in der Zwischenkriegszeit als Jugendfunktionär in der Partei aktiv und wegen seiner Gegnerschaft zur Diktatur Dollfuß/Schuschnigg verhaftet worden. Nach dem »Anschluß« Österreichs an das nationalsozialistische Deutschland war Kreisky nach Schweden emigriert, wo ihn das Modell des schwedischen Wohlfahrtsstaats nachhaltig beeinflußte. Als Staatssekretär im Außenministerium war er an den Staatsvertragsverhandlungen beteiligt, von 1959 bis 1966 war er selbst Außenminister.[1]

Kreisky erhielt bei seiner Wahl zum Parteivorsitzenden nur 70 Prozent der Delegiertenstimmen, denn die Parteiführung der SPÖ war nach der Wahlniederlage 1966 uneinig über den künftigen Kurs. Kreisky wurde von den Vertretern der SPÖ aus den Bundesländern und gegen den zum Teil erbitterten Widerstand der Wiener Partei und der Gewerkschaften unter Anton Benya gewählt. Seine Wahl war ein Sieg der Reformer, die für eine Öffnung der SPÖ zu bürgerlichen Wählerschichten eintraten und aus der SPÖ eine moderne Partei der linken Mitte machen wollten.[2]

Der gesellschaftliche Wandel hatte zu deutlichen Veränderungen in der Wählerschaft geführt. Die mit dem Anwachsen des Dienstleistungssektors verbundene Zunahme der Zahl der Angestellten und Beamten begann die traditionellen politischen Lager in Österreich langsam aufzulösen, die weniger parteigebundenen ›neuen Mittelschichten‹ gewannen an Bedeutung. Hinzu kam, daß Mitte der 1960er Jahre in allen Staaten Westeuropas, vor allem unter Jugendlichen und Studenten, eine politische Aufbruchstimmung herrschte. Reformen mit den Zielen einer Liberalisierung und Demokratisierung der Gesellschaft wurden verlangt.[3]

Kreiskys Ziel, das er mit großem strategischem Geschick verfolgte, war es, diese gesellschaftlichen Entwicklungen auszunützen und dadurch die SPÖ zur Mehrheitspartei zu machen. Dazu mußten zur Stammwählerschaft unter den Arbeitern Wähler aus den Mittelschichten hinzugewonnen werden, und diese Wählergruppen mit einem überdurchschnittlich hohen Anteil an Wechselwählern begann die SPÖ in den folgenden Jahren zu umwerben. Schon die Person Kreisky selbst war dabei ein Signal: Als weltgewandter Großbürger, der aber auch mit dem Austromarxismus bestens vertraut und schon seit der Zwischenkriegszeit fest in der Partei verankert war, konnte Kreisky sowohl die Kernschichten der Partei integrieren als auch bürgerliche Wähler ansprechen.[4] Hinzu kam, daß Kreisky sich als Meister im Umgang mit den immer wichtigeren neuen Medien erwies, seine Person und seine oft widersprüchliche Politik im Fernsehen perfekt inszenieren und ›verkaufen‹ konnte.[5]

Auch die 1967 begonnenen Programmarbeiten der sogenannten 1.400 Experten waren darauf ausgerichtet, die SPÖ für das liberale Bürgertum und die Intelligenz attraktiv zu machen. Mit dem Wirtschaftsprogramm, das die SPÖ 1967/68 ausarbeiten ließ, gelang es nicht nur, das traditionelle Defizit der SPÖ an Wirtschaftskompetenz wettzumachen. Die SPÖ signalisierte durch das Heranziehen parteiunabhängiger Fachleute auch ihre neue Offenheit und ihre Orientierung an Sachlösungen. Ein Schulprogramm, ein Hochschulkonzept, ein Humanprogramm, ein Justizprogramm und ein Verwaltungsreformkonzept folgten.[6] Mit diesen Programmen entwickelte die SPÖ das Erscheinungsbild einer modernen, reformorientierten Partei – ein Erscheinungsbild, das in deutlichem Kontrast zur ÖVP stand.[7] Dominierende Ideen bei diesen Programmen waren die Demokratisierung und Liberalisierung weiter Gesellschaftsbereiche, kombiniert mit traditionellen sozialdemokratischen Anliegen im Bereich der Wirtschafts- und Sozialpolitik. Schaffung von Chancengleichheit und Hilfe für die Schwachen in der Gesellschaft sollten zur Verbesserung der Lebenschancen und zu Aufstiegsmöglichkeiten für alle führen.[8] Die SPÖ zeigte sich sowohl sozial als auch liberal, Kreisky bot allen Wählern an, »ein Stück des Wegs gemeinsam mitzugehen«, dem liberalen Bürgertum ebenso wie Katholiken, ja selbst FPÖ-Anhängern.[9]

Mit einem Volksbegehren für die 40-Stunden-Arbeitswoche wurden 1969 fast 900.000 Stimmen erzielt und gleichzeitig auch die Beziehungen zum ÖGB verbessert. Verschiedene Probleme, die 1966 zu schweren Verlusten der SPÖ geführt hatten,

wurden ausgeräumt: Franz Olahs DFP (Demokratische Fortschrittliche Partei), die der
SPÖ viele Stimmen gekostet hatte, befand sich im Niedergang, von der KPÖ distanzierte sich Kreisky in der »Eisenstädter Erklärung« 1969 klar. Zahlreiche Wahlerfolge
bei Regionalwahlen zwischen 1967 und 1969 zeigten deutlich den Aufwärtstrend für
die SPÖ.[10]

## Die SPÖ-Minderheitsregierung

Die Regierung Klaus war durch die Konjunktur- und Strukturkrise seit 1967 zu
Sparmaßnahmen gezwungen worden, und die unpopulären wirtschafts- und steuerpo-
litischen Maßnahmen des Koren-Plans boten der Opposition willkommene Angriffs-
flächen. Der Staatshaushalt war 1970 zwar saniert und die ÖVP-Alleinregierung
konnte auch einige Erfolge – etwa die ORF-Reform 1967 – vorweisen, aber sie hatte
viel an Prestige eingebüßt und verstand es weder, sich auf die neue Medienlandschaft
einzustellen, noch sich ein modernes Profil zu geben.

Das Ergebnis der Wahl vom 1. März 1970 übertraf freilich alle Erwartungen in der
SPÖ. Sie erhielt mit 48,42 Prozent der Stimmen 81 der 165 Nationalratsmandate und
gewann im Vergleich zu 1966 fast 300.000 Stimmen hinzu. Ihr war ein Einbruch in die
gehobene Mittelschicht, besonders in die Bildungsschicht, gelungen, und sie hatte
einen deutlichen Zuwachs auf dem Land und große Gewinne bei den Jungwählern und
unter den Angestellten erzielt. Die ÖVP dagegen verlor 140.000 Stimmen, sackte auf
44,69 Prozent der gültigen Stimmen und 78 Mandate ab.

Die FPÖ erhielt sechs Mandate und konnte jeder der beiden Großparteien im
Parlament zu einer Mehrheit verhelfen. Zwar hatte sich FPÖ-Chef Friedrich Peter vor
der Wahl festgelegt, die FPÖ wolle keinen »roten Bundeskanzler«. Aber schon in der
Wahlnacht fand ein Gespräch zwischen Peter und Kreisky statt, das Ende April zur
Duldung der SPÖ-Minderheitsregierung durch die FPÖ im Austausch gegen die von
der FPÖ seit langem geforderte Wahlrechtsreform führte.[11]

Die Verhandlungen zwischen SPÖ und ÖVP scheiterten, da die Volkspartei volle
Parität in der Regierung verlangte und die SPÖ von ihrem Reformprogramm keine
Abstriche machen wollte. Zudem herrschte gesellschaftlicher Rückenwind für die
›Modernisierungspartei‹ SPÖ, während die ÖVP in eine schwere Krise geriet,
nachdem Josef Klaus noch in der Wahlnacht seinen Rückzug aus der Politik bekannt-
gab. Die SPÖ konnte hoffen, als Regierungspartei mit einem deutlichen Kanzlerbonus
für Kreisky, bei baldigen Neuwahlen nochmals Stimmen und Mandate dazuzugewin-
nen. Die Partei-Spitze war sich des Risikos einer Minderheitsregierung bewußt, aber
vor allem Kreisky scheint sich rasch für dieses Experiment entschieden und die
Regierungsverhandlungen in diese Richtung betrieben zu haben.[12]

Die Politik der von der FPÖ geduldeten SPÖ-Minderheitsregierung zielte darauf
ab, möglichst große Wählergruppen zu gewinnen und bei Neuwahlen den Sprung zur
absoluten Mehrheit zu schaffen.[13] Schon die Kabinettszusammenstellung – etwa die
Berufung des parteilosen Katholiken Rudolf Kirchschläger zum Außenminister – war
ein deutliches Zeichen an die Wähler, ein Signal der Offenheit und des Strebens nach
Sachlösungen.[14]

*Als Simon Wiesenthal 1975 aufdeckte, daß Friedrich Peter Offizier einer SS-Einsatzgruppe gewesen war, stellte sich Kreisky vor Peter und attackierte Wiesenthal heftig.*

Soweit es die Mehrheitsverhältnisse im Nationalrat erlaubten, wurde von der Minderheitsregierung ein Bündel von Reformen durchgeführt, das Vertrauen bei noch unentschiedenen Wählern schaffen sollte. Die Reform der Lohn- und Einkommensteuer 1971 signalisierte mit einer Milderung der Steuerprogression, daß die SPÖ kein Anziehen der Steuerschraube bei den Besserverdienenden beabsichtigte. Eine Familienrechtsreform und die sogenannte kleine Strafrechtsreform brachten eine deutliche, längst überfällige Liberalisierung, unter anderem die partielle Straffreiheit für Homosexualität, Ehestörung und Ehebruch unter bestimmten Bedingungen. Mit der im Juli 1971 verabschiedeten Wehrgesetznovelle konnte mit FPÖ-Zustimmung schließlich auch das bei Jungwählern sehr populäre Wahlkampfversprechen »Sechs Monate sind genug« eingelöst werden.[15]

Zu den für die Minderheitsregierung entscheidenden Abstimmungen im Parlament kam es im November 1970. Die FPÖ stimmte für das von der SPÖ vorgeschlagene Budget für 1971, dafür wurde am 27. November 1970 die neue Wahlordnung mit den Stimmen von SPÖ und FPÖ verabschiedet. Die Anzahl der Wahlkreise und Wahlkreisverbände wurde reduziert, die Zahl der Nationalratsmandate aber von 165 auf 183 erhöht, wodurch der Kleinpartei FPÖ stärkere Präsenz im Nationalrat und das Überleben bei kommenden Wahlen gesichert werden sollten.[16]

Die Präsidentschaftswahl am 25. April 1971, bei der Bundespräsident Franz Jonas, der Kandidat der SPÖ, schon im ersten Wahlgang mit absoluter Mehrheit wiedergewählt wurde, galt auch als Bestätigung der Regierungspolitik. Da die FPÖ gleichzeitig wegen der Duldung der Minderheitsregierung zunehmend unter Druck geriet und mit der Wahlrechtsreform ihr Hauptanliegen erreicht hatte, zeichnete sich das Ende der Minderheitsregierung ab. Beide Partner hatten ihre Ziele erreicht und sich eine ideale Ausgangsposition für Neuwahlen geschaffen. Am 14. Juli 1971 wurde der Neuwahl-antrag mit den Stimmen von SPÖ und FPÖ beschlossen.[17]

Die Popularität des begonnenen Reformprogramms und der Verzicht auf klassen-kämpferische Maßnahmen während der Minderheitsregierung schufen der Regierung weiteres Vertrauen auch unter bisherigen ÖVP-Wählern, und so brachte die Wahl am 10. Oktober 1971 der SPÖ den erhofften Erfolg. Mit 50,04 Prozent der Stimmen errang sie eine absolute Mehrheit der Nationalratsmandate.

## Die SPÖ als Reform- und Modernisierungspartei

Der SPÖ gelang es in der Folge zweimal, die absolute Mehrheit zu behaupten, ja auszubauen. Sie profitierte zunächst von der langen Phase der Hochkonjunktur bis 1974/75, die die finanziellen Möglichkeiten schuf, mit umfangreichen Reformen sehr unterschiedliche Wählerschichten anzusprechen. Mit dem Einsetzen der Wirtschafts-krise Mitte der 1970er Jahre profilierten Kreisky und die SPÖ sich dann als Garanten der Vollbeschäftigung.

Im Gegensatz dazu vermochte es die ÖVP auch nach 1971 nicht, ihre inneren Probleme zu lösen. Auseinandersetzungen an der Parteispitze folgten. Der neue Partei-obmann Schleinzer verunglückte kurz vor der Nationalratswahl 1975, sein Nachfolger Josef Taus konnte sich gegen Kreisky nicht behaupten. Bundeskanzler Kreisky, den die Medien schließlich gar als »Sonnenkönig« feierten, überstrahlte seine Konkurrenten und verdeckte lange Zeit auch die Probleme, die sich seit Mitte der 1970er Jahre auf der ›Insel der Seligen‹, wie Papst Paul VI. Österreich anläßlich einer Audienz nannte, häuften.

Mit ihrer absoluten Mehrheit begann die SPÖ »einen Staat der Wohlfahrt für alle zu verwirklichen«, wie Bundeskanzler Kreisky in seiner Regierungserklärung 1971 ankündigte.[18] Dabei war die SPÖ aber bemüht, schwerere politische Konflikte zu vermeiden, und es muß betont werden, daß ein Großteil der von der Regierung verabschiedeten Gesetze unter Einbindung der Opposition und im Konsens der Sozial-partner beschlossen wurde. Dem mediengerechten ›Theaterdonner‹ mit weitreichen-den Gesetzesvorschlägen für die Öffentlichkeit folgten in der Regel intensive Verhand-lungen und einvernehmliche Lösungen.[19]

*Tabelle: Ergebnisse der Nationalratswahlen 1966 bis 1983 (in Prozent der abgegebenen gültigen Stimmen)*

|      | SPÖ   | ÖVP   | FPÖ  | DFP  | VGÖ  | ALÖ  |
|------|-------|-------|------|------|------|------|
| 1966 | 42,56 | 48,34 | 5,35 | 3,38 |      |      |
| 1970 | 48,42 | 44,69 | 5,52 |      |      |      |
| 1971 | 50,03 | 43,11 | 5,45 |      |      |      |
| 1975 | 50,42 | 42,94 | 5,40 |      |      |      |
| 1979 | 51,02 | 41,90 | 6,06 |      |      |      |
| 1983 | 47,60 | 43,20 | 4,98 |      | 1,93 | 1,36 |

Quelle: Dokumentation österreichischer Wahlergebnisse (1945–1986), in: Pelinka u. Plasser Hg., Das österreichische Parteiensystem, 1988, 769

In der Wirtschaftspolitik förderte die Regierung vor allem die Modernisierung, den wirtschaftlichen Strukturwandel und die Verbesserung der internationalen Konkurrenzfähigkeit. Eine neue Gewerbeordnung wurde verabschiedet und mit der EWG eine partielle Öffnung des europäischen Markts für Österreich ausgehandelt (1973).[20] Der Ausbau des Sozialstaats, ein traditionelles Anliegen vor allem der Gewerkschaften, wurde durch den wirtschaftlichen Boom erleichtert.[21] Das System staatlicher Beihilfen für alle Lebenslagen – unter anderem Starthilfe für junge Ehepaare, Geburtenzuschuß, Familienbeihilfen – wurde ausgebaut, ein modernes Arbeitnehmerschutzgesetz verabschiedet (1972). Die Ansprüche der Arbeitnehmer bei Firmenzusammenbrüchen wurden im Insolvenzentgeltsicherungsgesetz gesichert (1977). Schließlich wurde 1977 der Anspruch auf Pflegeurlaub verankert, der jährliche Mindesturlaub auf vier Wochen erhöht, die Angleichung der rechtlichen Stellung der Arbeiter an die der Angestellten vorangetrieben.[22]

Das österreichische Familienrecht wurde mit dem Ziel einer partnerschaftlichen Eheform sondiert, Maßnahmen zur Verbesserung der Stellung der Frau in Familie und Beruf wurden durchgeführt.[23] Weitere Gesetze betrafen den Ausbau des Konsumentenschutzes und die Einführung des Zivildienstes (1974). Die Schaffung der Volksanwaltschaft (1977) und die Durchführung der ersten Volksabstimmung (über das Kernkraftwerk Zwentendorf 1978) stellten wichtige Schritte zu mehr demokratischer Kontrolle und Bürgerbeteiligung dar.[24]

In der Bildungspolitik strebte die Regierung eine Öffnung der Bildungswege und damit bessere Bildungs- und Berufschancen für breite Bevölkerungsschichten an. Die Einführung der Schülerfreifahrt und kostenloser Schulbücher erleichterte Kindern aus einkommensschwächeren Schichten den Zugang zu höherer Schulbildung. Die Hochschulstudiengebühren wurden abgeschafft und ein freier Zugang zu den Universitäten gewährleistet (1972).[25] Der Erfolg dieser Politik zeigte sich an der Zahl der Studierenden: Im Wintersemester 1969/70 gab es in Österreich rund 6.300 Erstinskribierende, diese Zahl stieg auf mehr als 16.000 im Wintersemester 1980/81 und schließlich auf einen Höhepunkt von rund 21.000 im Wintersemester 1987/88.[26]

Zudem wurde eine demokratischere Organisation des Bildungsbereichs mit Mitspracherechten aller betroffenen Gruppen angestrebt. Das Schulunterrichtsgesetz 1974 regelte die Mitbeteiligung von Eltern und Schülern am schulischen Leben, das Universitätsorganisationsgesetz (1975) brachte Studenten und universitärem Mittelbau drittelparitätische Mitbestimmung in den universitären Gremien – gegen den Widerstand eines großen Teils der Universitätsprofessoren.[27]

Zu den kontroversiellsten Gesetzesmaterien entwickelten sich die Reform des Strafrechts und das Arbeitsverfassungsgesetz. Es herrschte auch bei der Großen Strafrechtsreform weitgehend Übereinstimmung mit der Opposition, zum Konflikt kam es über die Regelung des Schwangerschaftsabbruchs (§ 144 StGB). Die SPÖ hatte sich Mitte 1972 auf die Fristenlösung festgelegt, eine Straffreistellung der Abtreibung in den ersten drei Schwangerschaftsmonaten. Diese Entscheidung entsprach allerdings nicht den Wünschen Kreiskys, der fürchtete, mit der Abtreibungsfrage verbundene Auseinandersetzungen würden der SPÖ Wählerstimmen aus dem katholischen Lager kosten.[28] Tatsächlich entbrannte eine heftige Auseinandersetzung mit der ÖVP, der Katholischen Kirche und der Katholischen Aktion, aber die Fristenlösung wurde

schließlich mit den Stimmen der SPÖ am 29. November 1973 im Nationalrat angenommen. Das von der Katholischen Aktion eingeleitete Volksbegehren gegen die
Fristenlösung blieb mit rund 900.000 Unterschriften deutlich hinter den Erwartungen
der Initiatoren zurück.[29]

Die bisher angesprochenen Reformen waren freilich nur Veränderungen am gesellschaftlichen ›Überbau‹, die entscheidende Frage, vor allem für die Parteilinke, war, ob
die SPÖ mit ihrer absoluten Mehrheit auch die Entscheidungsverhältnisse in der
Wirtschaft ändern konnte und wollte, denn nur dadurch konnte der Kapitalismus nach
marxistischem Verständnis überwunden werden. Mit dem Arbeitsverfassungsgesetz
erhofften die Parteilinke und viele Gewerkschafter die Durchsetzung der versprochenen Demokratisierung auch im Bereich der Wirtschaft. Nach langer, sehr kontrover-
sieller Diskussion kam es im Dezember 1973 zu einer Sozialpartnereinigung, die vor
allem die Parteilinke als Enttäuschung empfand, denn vereinbart wurde ›nur‹ eine
drittelparitätische Vertretung für den Betriebsrat im Aufsichtsrat von Kapitalgesell-
schaften.[30]

Kreisky begegnete der Kritik der Parteilinken, indem er sie mit der Diskussion um
ein neues Parteiprogramm beschäftigte. Von der Parteiführung selbst wurde der Verzicht auf eine grundlegende Reform der Produktionsverhältnisse damit gerechtfertigt,
daß die schrittweisen kleinen Reformen letztendlich in eine qualitative Veränderung
der Gesellschaft umschlagen würden.[31]

Aber nicht nur im Bereich der Wirtschafts-, Gesellschafts- und Sozialpolitik initiierte
die Regierung deutliche Veränderungen. Auch in der Außenpolitik erfolgte eine Neu-

*Durch die Anerkennung der PLO und die Einladung Jasir Arafats nach Wien erntete Kreisky
massive Kritik an seiner Außenpolitik.*

orientierung. Kreisky, der die österreichische Außenpolitik dieser Jahre dominierte, ging zu einer global ausgerichteten Außen- und Neutralitätspolitik über. Wien wurde durch den Bau der UNO-City (Übergabe an die Vereinten Nationen 1979) international aufgewertet, die Berufung Kurt Waldheims zum UNO-Generalsekretär 1970 zeigte, daß das internationale Ansehen Österreichs auf einem Höhepunkt war. In Europa engagierte sich Österreich maßgeblich bei der Verabschiedung der KSZE-Schlußakte. Auch im Nahost-Friedensprozeß spielte Kreisky eine wichtige Rolle, wenn auch einzelne Schritte dieser Politik – wie die Einladung des libyschen Staatschefs El Gaddafi nach Wien oder die offizielle Anerkennung der PLO – höchst umstritten waren.[32]

Primat der Vollbeschäftigungspolitik

Die SPÖ versuchte den Reformkurs auch nach dem Wahlerfolg 1975 fortzusetzen, aber die Auswirkungen der weltweiten Rezession machten zunehmend eine neue Schwerpunktsetzung in der Regierungsarbeit nötig. Der erste Erdölschock hatte die westlichen Industriestaaten 1973 in eine schwere Krise gestürzt, das Wirtschaftswachstum sank drastisch, Inflation und Arbeitslosenzahlen stiegen sprunghaft. Als die Wirtschaftskrise auch Österreich erreichte, bestand angesichts der traumatischen Erfahrungen der 1930er Jahre ein breiter Konsens, daß der Bekämpfung der Arbeitslosigkeit Vorrang einzuräumen sei. Man hoffte, die Krise ›durchtauchen‹ zu können, denn die dominierende keynesianische Wirtschaftsschule ging davon aus, daß es sich bei dem Konjunktureinbruch um eine der regelmäßig wiederkehrenden Wachstumskrisen handle. Durch verstärkte Staatsausgaben in der Krise könne der Staat die negativen Auswirkungen der Krise verringern.

Die Politik des Austro-Keynesianismus (siehe Tichy) umfaßte dabei unterschiedlichste Maßnahmen. Neben der Erhöhung der staatlichen Nachfrage wurden auch Exporte und Privatinvestitionen verstärkt gefördert, zur Stabilisierung der Währung wurde eine Hartwährungspolitik mit fester Anbindung des Schillings an die Deutsche Mark betrieben. Die Gewerkschaften stützten den Kurs der Regierung durch eine zurückhaltende Lohnpolitik. Durch den Abbau ausländischer Arbeitnehmer und die bereits 1969 beschlossene Senkung der Wochenarbeitszeit auf 40 Stunden wurde die Arbeitslosenquote ebenfalls niedrig gehalten, zudem konnte der Dienstleistungssektor viele Arbeitskräfte aufnehmen. Diese Regierungsmaßnahmen wurden von den Sozialpartnern mitgetragen und fanden in den 1970er Jahren meist auch die Zustimmung der ÖVP. Denn auch im bürgerlichen Lager dominierte ein austrokeynesianischer Grundkonsens, und in der Regel wurden nicht die Maßnahmen der Regierung selbst, als vielmehr deren mangelnde Sparsamkeit kritisiert.[33]

Die Kosten der Konjunkturpolitik belasteten zwar den Staatshaushalt, als die Wirtschaftskrise aber vorüber schien, gelang es Finanzminister Androsch, das Budgetdefizit von 4,6 Prozent im Jahr 1976 auf rund 2,6 Prozent des Bruttoinlandsprodukts im Jahr 1981 zu senken. Mit diesen Erfolgen – mit 2 Prozent Arbeitslosenquote praktisch Vollbeschäftigung und ein konsolidierter Staatshaushalt – schien sich der österreichische Weg in der Wirtschaftspolitik auf ganzer Linie bewährt zu haben.[34] Gerade der große Erfolg im Kampf gegen die Arbeitslosigkeit war auch der entscheidende Faktor für den großen Wahlerfolg der SPÖ 1979, denn ihr und Bruno Kreisky trauten die Wähler/innen zu, auch in Zukunft für Vollbeschäftigung zu sorgen.

Tendenzwende: Die Erosion der sozial-liberalen Hegemonie

Die Erfolge in der Wirtschaftspolitik überdeckten 1979 andere Probleme, die die SPÖ langfristig entscheidend schwächten. Die gesellschaftlichen Veränderungen begannen sich im Laufe der 1970er Jahre langsam gegen den Zusammenhalt der Kreisky-Wählerkoalition zu richten, der Versuch der Integration unterschiedlichster Interessen wurde zu einer immer schwierigeren Gratwanderung.[35]

Auch die Opposition begann die SPÖ verstärkt unter Druck zu setzen. Die ÖVP setzte sich unter dem neuen Parteiobmann, Alois Mock, seit 1979 deutlicher von den Konzepten der SPÖ ab. Neokonservative Politikmuster wurden aufgegriffen und Forderungen nach einer Stärkung der Marktmechanismen und einem Rückzug des Staats erhoben. Von ÖVP-Politikern und in den Massenmedien wurde ein weitverbreiteter Mißbrauch des Sozialstaats behauptet und eine Rückkehr zu Werten wie Eigenverantwortung, Risikobereitschaft und Leistung gefordert. Der Ruf nach mehr Sparsamkeit statt ›Zwangsbeglückung‹ und ›Betreuungssozialismus‹ konnte sich angesichts steigender Steuern und Abgaben vor allem unter finanziell Bessergestellten breiter Resonanz sicher sein.[36]

Die Entscheidung gegen die Inbetriebnahme des Kernkraftwerks Zwentendorf bei der Volksabstimmung 1978 machte deutlich, daß sich neue ›Bruchlinien‹ in der Gesellschaft entwickelten. Zwar war diese Abstimmung auch als Denkzettel der Wähler an die Politik der Regierung zu interpretieren, sie stellte aber auch einen Meilenstein für die Grünbewegung in Österreich dar.[37] Das Wachstumsdenken geriet zunehmend in Konflikt mit neuen Anliegen wie Umweltschutz, Friedenserhaltung oder der deutlicheren Abgrenzung von Diktaturen.[38]

Hinzu kam, daß die veränderte Medienlandschaft eine erhöhte Aufmerksamkeit einer zunehmend kritischen Öffentlichkeit für die Maßnahmen der Regierung bewirkte.[39] Korruption, Parteienfilz und Verschwendung im Umkreis der Regierung wurden Ende der 1970er Jahre zu zentralen politischen Themen, zahlreiche Skandale wurden ›aufgedeckt‹ – am bedeutendsten die Korruptionsfälle beim Bau des Allgemeinen Krankenhauses (AKH) in Wien – und belasteten das Image der Regierung schwer.[40] Einzelne Regierungsmaßnahmen, etwa die Unterstützung verstaatlichter Betriebe, wurden immer häufiger als Verschwendung von Steuergeldern kritisiert. Als die Regierung neben der UNO-City in Wien ein Konferenzzentrum errichten lassen wollte, leitete die ÖVP 1982 ein Volksbegehren ein, bei dem mehr als 1,3 Millionen Unterschriften gegen den Bau gesammelt wurden. Trotzdem ließ die Regierung das Konferenzzentrum errichten.[41]

Kritik an einzelnen Funktionären, an Ämterhäufung und Politikerprivilegien wurde auch in der SPÖ selbst laut. Parteilinke und Parteijugend kritisierten die ideologische Aushöhlung der Regierungsarbeit durch das zunehmende Gewicht der ›Technokraten‹ in Partei und Regierung und den Aufstieg von karriereorientierten ›Nadelstreif-Sozialisten‹.[42] Symptomatisch dafür war der Fall Hannes Androsch, der 1981 wegen der

Geschäfte seiner Steuerberatungskanzlei nach heftigen innerparteilichen Auseinandersetzungen als Finanzminister zurücktreten mußte. Und es war bezeichnend für die
Stimmung auch unter SPÖ-Wählern, daß dem Jungsozialisten Josef Cap 1983 mit einer
Vorzugsstimmenkampagne der Einzug in den Nationalrat gelang.[43] Cap hatte sich
durch die Kritik an Spitzenfunktionären der Partei profiliert und war auf der SPÖ-Liste
an unwählbarer Stelle plaziert worden.

*Im Kampf gegen die Politiker-Privilegien scheiterte Kreisky, obwohl er im Fall Androsch eine
entschiedene Haltung einnahm.*

## Im Schatten der Wirtschaftskrise

Hauptverantwortlich für den Verlust der absoluten Mehrheit der SPÖ bei den Nationalratswahlen 1983 war das Scheitern der Regierung bei der Bewältigung der ökonomischen Krise Anfang der 1980er Jahre.[44] Die Wirtschaftskrise – ausgelöst durch die
Ölkrise 1979 – führte zu einer Welle von Firmenzusammenbrüchen.[45] Die Regierung
versuchte mit allen Mitteln, die Arbeitslosigkeit niedrig zu halten. Das notdürftig
sanierte Budget wurde erneut stark belastet, das Budgetdefizit stieg bis 1983 wieder
auf 5,5 Prozent des Bruttoinlandsprodukts an, während die Arbeitslosenquote sich
trotzdem bis 1983 auf 4,4 Prozent mehr als verdoppelte. Besonders den verstaatlichten
Betrieben mußte die Regierung immer häufiger Finanzmittel zuschießen, da die

Grundstoffindustrien besonders stark von der Krise betroffen waren. Eine rechtzeitige Modernisierung der verstaatlichten Industrie war unterblieben, zur Sicherung der Vollbeschäftigung hatte sie sogar Arbeitskräfte ›horten‹ müssen – Fehler, die sich Anfang der 1980er Jahre rächten.[46]

Die Staatsverschuldung machte auch eine Reduzierung der Sozialleistungen notwendig. Die Pensionsbeiträge wurden erhöht, Einsparungen, etwa beim Entbindungsbeitrag oder beim Bestattungskostenbeitrag, sollten die Staatskasse entlasten. Mit Umverteilungen zwischen den Sozialversicherungstöpfen sollten die finanziellen Belastungen aufgefangen werden, die durch die steigende Arbeitslosigkeit und durch Frühpensionierungen entstanden. Der soziale Reformanspruch der SPÖ begann an Glanz zu verlieren.[47]

Um der sich verschärfenden Budgetkrise zu begegnen, arbeitete Kreisky 1982 mit seinem neuen Finanzminister Herbert Salcher ein Sparpaket aus, das sogenannte Mallorca-Paket. Kreisky hoffte, die Bekanntgabe der bevorstehenden Belastungen – wie zum Beispiel die Anhebung der Beiträge zur Arbeitslosenversicherung, die Besteuerung des 13. und 14. Monatsgehalts, die Einführung einer Quellensteuer auf Sparzinsen – vor den Wahlen würde vom Wähler als Zeichen der Glaubwürdigkeit honoriert werden. Allerdings erwies sich die Bekanntgabe als großer Fehler, die Bereitschaft für weitere Belastungen war gering.[48]

Das Ende der Ära Kreisky und ihr Erbe

Bei der Wahl am 24. April 1983 verlor die SPÖ die absolute Mehrheit, behauptete sich aber als stärkste Partei. Verluste erlitt die SPÖ vor allem unter den Jungwählern und bei Arbeitern und Angestellten. Sie hielt ihren Stimmenanteil dagegen in den wirtschaftlichen Krisenregionen, wo ihre Beschäftigungspolitik offenkundig honoriert wurde. Stimmen verlor die SPÖ auf der einen Seite an die erstmals antretenden Grünparteien, auf der anderen Seite an die ÖVP.[49]

Noch in der Wahlnacht gab Bruno Kreisky seinen Rücktritt bekannt. Das bedeutete aber noch nicht das Ende seiner Politik, denn er führte auch die Verhandlungen mit der FPÖ, und die Kleine Koalition war die Frucht einer lange Jahre hindurch von ihm vorbereiteten Annäherung. Kreiskys Abgang symbolisierte aber das endgültige Ende einer Ära ambitionierter Reformen, einer Ära der Stabilität, als Verteilungskämpfen noch ausgewichen werden konnte, weil genügend an alle verteilt werden konnte.

Anton Pelinka hat betont, daß alle Reformen der SPÖ in der Ära Kreisky im System blieben: »Die Sozialdemokratie verzichtete auf weiterführende gesellschaftspolitische, systemsprengende Reformen; und eben deshalb wurde sie zur stärksten Sozialdemokratie Europas.«[50] Die meisten der großen Reformen erfolgten tatsächlich unter Einbindung der Opposition, die durch die Wirtschafts- und Sozialpartnerschaft bedingten Reformgrenzen wurden trotz der absoluten SPÖ-Mehrheit im Nationalrat nie überschritten. Nicht einmal eine wesentliche Einkommens- oder Vermögensumverteilung zu den unteren Einkommensschichten wurde durchgeführt.[51] Vor allem Kreisky selbst war sorgsam bemüht, alle Konflikte zu vermeiden, die der SPÖ entscheidende Wählerstimmen kosten konnten. Gerade darin ist auch die größte politische Leistung

Kreiskys zu sehen, weil es ihm gelang, eine Wählerkoalition aus unterschiedlichsten Gesellschaftsgruppierungen zusammenzuhalten und die von verschiedenen Seiten gewünschten unterschiedlichen Reformen so zu dosieren und zu vermarkten, daß sich keine Gruppe in dieser Wählerkoalition von der SPÖ abwandte.

Versucht man die Leistungen der Ära Kreisky zusammenzufassen, so muß festgehalten werden, daß Österreich zweifellos in diesen Jahren zu einem moderneren und auch weltoffeneren Land wurde. Weite Bereiche der Gesellschaft wurden ›mit Demokratie durchflutet‹. Für viele Gruppen öffneten die Reformen dieser Ära erst die Chance zum Zugang zu höherer Bildung, zu gesellschaftlichem Aufstieg und letztlich zu Wohlstand. Entscheidende Verbesserungen brachte die Kreisky-Ära auch für die Gleichberechtigung der Frau. Und so kritisch auch einige Entwicklungen im Bereich der sozialen Wohlfahrt rückblickend beurteilt werden können, die Reformpolitik dieser Ära brachte doch ein nie dagewesenes Ausmaß an sozialer Sicherheit.

Auch in der Wirtschaftspolitik gelang es immerhin, weit länger als in anderen Staaten, die Vollbeschäftigung zu sichern. Im westeuropäischen Vergleich blieben sogar Budgetdefizit und Staatsverschuldung in einem überschaubaren Rahmen. Unübersehbar war dagegen, daß gerade im Bereich der Verstaatlichten Industrie eine rechtzeitige Modernisierung und Strukturverbesserung verabsäumt wurde.

Nicht aufgegangen ist Kreiskys Rechnung, mit der FPÖ als Juniorpartner die ÖVP langfristig von der Regierungsbeteiligung fernzuhalten. Gerade bei der Einschätzung des liberalen Potentials in der FPÖ unterlag er einem Fehlurteil, wie sich nach wenigen Jahren der Kleinen Koalition zeigte.

In diesem Zusammenhang muß darauf hingewiesen werden, daß auch in der Ära Kreisky einer gründlichen Auseinandersetzung mit der Vergangenheit Österreichs im »Dritten Reich« ausgewichen wurde. Als Simon Wiesenthal 1975 aufdeckte, daß FPÖ-Chef Friedrich Peter, zu dem Kreisky ein enges Verhältnis aufgebaut hatte, Offizier in einer SS-Einsatzgruppe gewesen war, stellte sich Kreisky vor Peter und attackierte Wiesenthal heftig.[52]

Dabei zeigte sich gerade in den 1970er Jahren, daß die Probleme Österreichs mit dem Deutschnationalismus keineswegs nur der Vergangenheit angehörten. So gelang es im sogenannten Kärntner Ortstafelstreit trotz massiven Einsatzes von Regierung und Bundeskanzler nicht, in den zweisprachigen Teilen Kärntens auch zweisprachige Ortstafeln durchzusetzen, wie es der Staatsvertrag vorschreibt.[53]

Schließlich scheiterte Kreisky auch im Kampf gegen die Politiker-Privilegien. Zwar hat er gerade in der Auseinandersetzung mit seinem Finanzminister und Vizekanzler Hannes Androsch eine entschiedene Haltung gezeigt, aber die zahlreichen Skandale, die in den Jahren nach seinem Abgang aufbrachen, zeigten deutlich, daß sich auch unter der SPÖ-Regierung Parteienfilz, Korruption und Selbstbedienungsmentalität im öffentlichen Bereich und vor allem in der Regierungspartei ausgebreitet hatten.[54]

Abschließend muß aber trotz aller Probleme, die Kreisky seinen Nachfolgern hinterließ, betont werden, daß Österreich unter seiner Kanzlerschaft der Anschluß an das Wirtschafts- und Wohlstandsniveau Westeuropas gelang. Österreich war in den dreizehn Jahren seiner Kanzlerschaft zu einem offeneren, liberaleren Land geworden, mit mehr demokratischen Mitsprachemöglichkeiten seiner Bürger und mehr Chancen zur individuellen Lebensgestaltung.

## ANMERKUNGEN

1 Stadler, Phenomenon, in: West European Politics 4 (1981), Nr. 1, 5–7.
2 Fischer, Kreisky-Jahre, 1993, 42; Ableitinger, Entwicklung, in: Mantl Hg., Politik, 1992, 181; Hanisch, Schatten, 1994, 143.
3 Ebd., 456; Ulram, Culture, in: Bischof u. Pelinka, Hg., Kreisky Era, 1993, 79–82.
4 Ableitinger, Entwicklung, in: Mantl Hg., Politik, 1992, 181; Kriechbaumer, Innenpolitik, 1981, 20.
5 Hanisch, Schatten, 1994, 456–465; Kriechbaumer, Innenpolitik, 1981, 15.
6 Fischer, Kreisky-Jahre, 1993, 49–51.
7 Ulram, Culture, in: Bischof u. Pelinka Hg., Kreisky Era, 1993, 82.
8 Horvath, Ära, 1989, 26f; Hanisch, Schatten, 1994, 144; Ulram, Culture, in: Bischof u. Pelinka Hg., Kreisky Era. 1993, 82.
9 Kriechbaumer, Innenpolitik, 1981, 20.
10 Ableitinger, Entwicklung, in: Mantl Hg., Politik, 1992, 181f; Fischer, Kreisky-Jahre, 1993, 51–58.
11 Ebd., 60–64; Kriechbaumer, Innenpolitik, 1981, 23.
12 Ableitinger, Entwicklung, in: Mantl Hg., Politik, 1992, 184; Fischer, Kreisky-Jahre, 1993, 63–66.
13 Kreisky, Strom, 1988, 409f.
14 Hanisch, Schatten, 1994, 465.
15 Fischer, Kreisky-Jahre, 1993, 77f; Kriechbaumer, Innenpolitik, 1981, 43, 211–216.
16 Fischer, Kreisky-Jahre, 1993, 76.
17 Ebd., 78–82.
18 Kreisky, Regierungserklärung, in: Gottschlich u.a. Hg., Kanzler, 1989, 203.
19 Eder, Sanierungspartnerschaft, 1992, 100f.
20 Nowotny, Wirtschaftspolitik, in: Fröschl u. Zoitl Hg., Weg, 1986, 38.
21 Tálos, Alles erreicht? in: Pelinka u. Steger Hg., Staatspartei, 1988, 254f; Tálos, Sozialpolitik, in: Fröschl u. Zoitl Hg., Weg, 1986, 99f.
22 Tálos, Sozialpolitik, in: Fröschl u. Zoitl Hg., Weg, 1986, 99–102.
23 Hanisch, Schatten, 1994, 468; Fischer-Kowalski, Change, in: Bischof u. Pelinka Hg., Kreisky Era, 1993, 98–102.
24 Fischer, Kreisky-Jahre, 1993, 153–164, 200.
25 Fischer-Kowalski, Change, in: Bischof u. Pelinka Hg., Kreisky, 1993, 104; Kriechbaumer, Innenpolitik, 1981, 67; Fischer, Kreisky-Jahre, 1993, 78, 87.
26 Bodenhöfer, Bildungspolitik, in: Dachs u.a. Hg., Handbuch, 1991, 553.
27 Ebd., 551; Wimmer, Demokratisierung, in: Österreichische Zeitschrift für Politikwissenschaft 6 (1977), 459–461, 473–476; Kriechbaumer, Innenpolitik, 1981, 280.
28 Fischer, Kreisky-Jahre, 1993, 108.
29 Vgl. Kriechbaumer, Innenpolitik, 1981, 222–248.
30 Ebd., 269.
31 Kreisky, Weg, in: Fröschl u. Zoitl Hg., Weg, 1986, 300; Pelinka, Ära Kreisky, in: Die Neue Gesellschaft/Frankfurter Hefte 34 (1987), 924.
32 Vgl. Kramer, Strukturentwicklung, in: Dachs u.a. Hg., Handbuch, 1991, 646–649.
33 Vgl. Eder, Sanierungspartnerschaft, 1992, 119–126.
34 Scharpf, Krisenpolitik, 1987, 81–86.
35 Ulram, Culture, in: Bischof u. Pelinka Hg., Kreisky Era, 1993, 84.
36 Vgl. Eder, Sanierungspartnerschaft, 212–216.
37 Ableitinger, Entwicklung, in: Mantl Hg., Politik, 1992, 192.
38 Stadler, Phenomenon, in: West European Politics 4 (1981), Nr. 1, 11f; Hanisch, Schatten, 1994, 467f.
39 Ebd., 457.
40 Ulram, Kultur, in: Dachs u.a. Hg., Handbuch, 1991, 471f.
41 Eder, Weg, 1992, 177.
42 Ebd., 155.
43 Vgl. Sully, Election, in: West European Politics 7 (1984), Nr. 1, 120f.
44 Ulram, Culture, in: Bischof u. Pelinka Hg., Kreisky Era, 1993, 83.
45 Vgl. Eder, Weg, 1992, 160–163.
46 Ebd., 172.

47 Ebd., 190–198; Tálos, Alles erreicht?, in: Pelinka u. Steger Hg., Staatspartei, 1988, 255–257.; Tálos, Sozialpolitik, in: Fröschl u. Zoitl Hg., Weg, 1986, 103–110.
48 Eder, Weg, 1992, 217–224.
49 Vgl. Birk u. Traar, Ende, in: Österreichisches Jahrbuch für Politik (1983), 58–61.
50 Pelinka, Ära, in: Die Neue Gesellschaft/Frankfurter Hefte 34 (1987), 921.
51 Ebd., 921f.
52 Vgl. Fischer, Kreisky-Jahre, 1993, 144–147.
53 Vgl. Hanisch, Schatten, 1994, 467.
54 Vgl. Leser, Salz, 1988, 216–218.

Marina Fischer-Kowalski

# Sozialer Wandel in den 1970er Jahren

Im Jahr 1969 initiierte der damalige sozialistische Parteivorsitzende und Oppositions-
führer Bruno Kreisky ein politisches Programm unter dem Titel »Für ein modernes
Österreich«, das unter der Mitwirkung von »1.400 Experten« entwickelt wurde. Die
damit eingeläuteten 1970er Jahre können in der Tat als eine Phase beschleunigter
Modernisierung der österreichischen Gesellschaft angesehen werden. Der Inhalt dieser
Modernisierung deckte sich weitgehend mit dem, was schon im Verständnis des 19.
Jahrhunderts als gesellschaftlicher Fortschritt gegolten hatte. Die 1970er Jahre bedeu-
teten in mehrfacher Hinsicht eine Verwirklichung der modernen Gesellschaft in Öster-
reich, und dies – vielleicht zum letzten Mal – unter sehr freundlichen Vorzeichen.
Zugleich zeichnete sich, zumeist unbemerkt von den Zeitgenossen, auch eine Wende
ab: Die Prozesse, die dorthin geführt hatten, verloren in den folgenden Jahren an
Dynamik oder gar ihre Richtung. Danach hatte der alte Fortschritt ausgedient.[1]

Dies wird hier an zwei grundlegenden Bereichen der gesellschaftlichen Organisation näher dargestellt: an Familie und Geschlechterrollen und am Arbeitsmarkt. In
beiden Fällen ist zu zeigen, wie in den 1970er Jahren in einem beschleunigten Verfahren
vormoderne Formen weitgehend verdrängt wurden und dies von den meisten als
befreiend erlebt werden konnte. Allerdings war diese Periode beides: Höhepunkt und
zugleich Abschluß einer langfristigen Entwicklung. Und beansprucht dieser Satz auch
eine gewisse Gültigkeit für die meisten europäischen Länder, so für Österreich mit
besonderer Prägnanz: Es holte in dieser Periode seinen ›Modernisierungsrückstand‹
gegenüber anderen auf.

### Von der Vollendung der Kleinfamilie zur Unterstützung der Frauenbefreiung

Unter der Durchsetzung moderner Familienverhältnisse verstand man seit dem 19.
Jahrhundert den Übergang zur Zwei-Generationen-Familie mit einer geringen Kinderzahl – statt der bäuerlichen oder bürgerlichen ›Großfamilie‹ mit mehreren Generationen, sonstigen unverheirateten Verwandten, Gesinde und zahlreichen Kindern: Jeder
Erwachsene sollte heiraten, seine (ihre) eigene Familie gründen und mit dem Ehepartner und den Kindern (solange sie Kinder sind), und nur mit diesen, in einem Haushalt
leben; der Mann sollte arbeiten gehen, die Frau jedenfalls Hausfrau und Mutter sein
(und vielleicht dazuverdienen) und die Ehe sollte halten, bis der Tod sie scheidet – und
sie hielt immer länger, da die Lebenserwartung stieg.

Die 1970er Jahre brachten einen letzten Höhepunkt dieses Familienmodells. Nun
war es selbstverständlich, zu heiraten und Kinder aufzuziehen: War die Zahl der

lebenslang Unverheirateten vor dem Ersten Weltkrieg noch bei einem Drittel gelegen, so zeigten die Untersuchungen der frühen 1970er Jahre, daß 95 Prozent aller Menschen zumindest einmal heirateten – ein Anteil, der weder vorher noch später erreicht wurde. Bis in die Mitte der 1970er Jahre sank das Heiratsalter kontinuierlich ebenso wie die Zahl der unehelich geborenen Kinder. Kinder wurden zwar immer weniger – möglichst nur mehr zwei pro Frauenleben[2] –, aber immer ausschließlicher innerhalb von Ehen geboren. Auch Geschiedene trachteten danach, sich ehestens neuerlich zu verheiraten. (Die Zahl der Scheidungen hatte allerdings seit den frühen 1960er Jahren kontinuierlich zugenommen.)[3] Etwa 80 Prozent der gesamten Bevölkerung lebten in Haushalten, die aus Kernfamilien bestanden, das heißt aus zwei Lebenspartnern, eventuell Kindern und niemandem sonst.

Diese letzte Hochblüte des Familialismus wurde politisch von der Regierung Kreisky durchaus unterstützt. Heirat und Familie waren in der sozialdemokratischen Tradition allerdings stets mit gemischten Gefühlen betrachtet worden. Einerseits galten beide Institutionen als zentrale Orte privater Erfüllung, andererseits sah man sie als hauptverantwortlich für die Unterdrückung der Frau und der sexuellen Freizügigkeit. Kreiskys Lösung für dieses Dilemma bestand darin, Eheschließungen und Familien-gründungen, gleichzeitig aber auch Frauenrechte und sexuelle Liberalisierung zu fördern. Er führte finanzielle Unterstützungen in Form eines Heiratsgeldes und von Geburtenbeihilfen ein, die ausreichenden Anreiz zur Familiengründung boten. So erreichte die Zahl der Eheschließungen in den 1970er Jahren einen historischen Höhepunkt,[4] die Abnahme der Geburtenrate wurde verlangsamt. Gleichzeitig wurde ein Staatssekretariat für Frauenfragen eingerichtet, dessen Ressortleiterin Johanna Dohnal eine durchaus offensive Politik gegen die Diskriminierung der Frau verfolgte. Im Justizbereich wurde eine Rechtsreform in Angriff genommen, die die Entkrimina-lisierung sexueller Devianz, die Erleichterung von Ehescheidungen, eine Liberalisie-rung der Abtreibung und der Geburtenkontrolle und die Verbesserung der rechtlichen Stellung von unehelich Geborenen zum Ziel hatte.

Dieses ›goldene Zeitalter‹ von Eheschließungen und einem Leben in der Klein-familie war natürlich keine ausschließlich österreichische Erscheinung, sondern in allen höher entwickelten OECD-Ländern festzustellen – und es währte nur kurze Zeit: Seit Mitte der 1970er Jahre ist ein Trend in die Gegenrichtung erkennbar. Dieser Trend besteht eher in einer Fragmentierung, einem Zerfallen des traditionellen Musters als in der Entwicklung eines eindeutig neuen. Es ist unklar, was auf die Kleinfamilie folgen wird: Die Zahl der Singles nimmt zu, und die in den 1970er Jahren skandalumwitterte Form der Wohngemeinschaft ist zu einer normalen Möglichkeit für junge Erwachsene geworden. Die Anzahl der Kinder je Frau geht weiter zurück (Mitte der 1990er Jahre ist sie auf durchschnittlich 1,5 je Frauenleben und somit weit unter die Zahl, die erforderlich ist, um die Bevölkerung konstant zu halten, gesunken). Das Heiratsalter steigt, die Anzahl der Eheschließungen sinkt – Demographen gehen mittlerweile davon aus, daß ein Drittel der Bevölkerung zeitlebens unverheiratet bleibt. Der Anteil unehe-licher Kinder beträgt wieder etwa 25 Prozent, die Anzahl der Ehescheidungen nimmt weiter zu, und Geschiedene neigen immer weniger zur Wiederverheiratung. Kinder haben es immer weniger eilig, aus dem elterlichen Haushalt auszuziehen – darin spiegeln sich nicht nur verlängerte Ausbildungszeiten und verteuerter Wohnungsmarkt, sondern auch ein entspannteres Verhältnis zwischen den Generationen. Der Prozeß der Diversifikation und Individualisierung[5] von Lebensformen wird akzeptiert, aber kaum als Fortschritt positiv besetzt.[6]

### Zur Nivellierung geschlechtlicher Ungleichheiten

Im Verhältnis der Geschlechter markieren die 1970er Jahre ebenfalls eine Umbruchperiode. Frauenemanzipation wurde zu einem der gebräuchlichsten politischen Begriffe und die Frauenbewegung international zu einer ernst zu nehmenden politischen Kraft. Hinter dieser intensiven politischen Thematisierung, die jedenfalls eine Zeitlang die Frauen (oder auch: ›das Weibliche‹) als Inbegriff von Zukunft und neu verstandenem Fortschritt erscheinen ließ, stand eine Reihe von realen sozialen Veränderungen.

Die 1970er Jahre markierten, so kann man aus heutiger Perspektive sagen, einen Höhepunkt der Mehrbelastung von Frauen und gleichzeitig einen Wendepunkt zu deren Gunsten. Der Höhepunkt der Mehrbelastung ergab sich, weil die traditionellen Lasten der Frauenrolle, wie die praktisch alleinige Zuständigkeit für den Haushalt[7] und die Kinder, unverändert waren und nunmehr auch in den Mittelschichten ohne Hauspersonal bewältigt werden mußten, zugleich aber moderne Belastungen wie Berufstätigkeit trotz und neben Kindern deutlich zugenommen hatten.

*Die 1970er Jahre brachten einen letzten Höhepunkt der Zwei-Generationen-Familie. In den frühen 70ern waren 95% aller Menschen zumindest einmal verheiratet.*

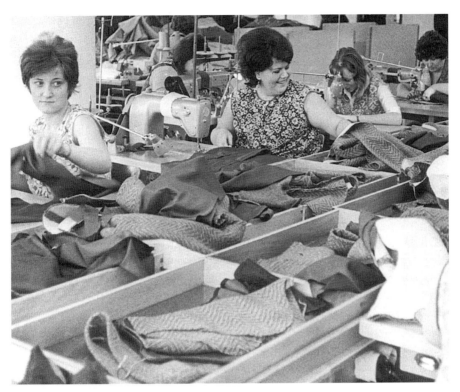

*Die 1970er Jahre markierten zudem einen Höhepunkt der Mehrbelastung von Frauen und gleichzeitig einen Wendepunkt zu ihren Gunsten.*

Die außerhäusliche Berufstätigkeit von Frauen folgte ursprünglich einem von der schwedischen Sozialwissenschafterin Myrdal als Drei-Phasen-Modell bezeichneten Zyklus von Ausbildung/Beschäftigung – Kindererziehung – neuerlicher Beschäftigung. Frauen unterbrachen ihre Berufstätigkeit für viele Jahre in der Phase der Kindererziehung. Später versuchten sie, wieder am Arbeitsmarkt Fuß zu fassen – was ihnen angesichts der Arbeitskräfteknappheit zwar gelang, aber meist nur in schlecht bezahlten Beschäftigungen, in denen ihre ursprüngliche Ausbildung nichts zählte. Diese zyklischen Unterschiede begannen sich in den 1970er Jahren einzuebnen – verheiratete Frauen und Mütter wiesen die höchsten Steigerungsraten bei den Beschäftigten auf, und die Unterbrechungen des Arbeitslebens in der Folge von Mutterschaft und Kindererziehung verkürzten sich – trotz sozialpolitischer Maßnahmen zur ökonomischen Unterstützung von Müttern mit Kleinkindern.[8] Diese Zunahme außerhäuslich (zunehmend als Angestellte) berufstätiger Mütter veränderte die Gesamtquote weiblicher Berufstätigkeit allerdings kaum, denn im gleichen Ausmaß verringerte sich die Beschäftigung von Frauen als Mithelfende im Familienbetrieb (in der Landwirtschaft, in Kleingewerbe und Kleinhandel, aber zum Beispiel auch in der Ordination von Ärzten). Mithelfende Beschäftigung hatte zwar die wirtschaftliche Abhängigkeit der Frauen von ihren Männern bedeutet und Arbeitszeiten, die oft die 60-Stunden-Woche überstiegen,[12] aber doch auch eine gewisse Abstimmung zwischen den Aufgaben in Haushalt und Kindererziehung und denen der Berufsarbeit erlaubt. Diese Art traditioneller Frauenbeschäftigung ging gerade in den 1970er Jahren in besonders rasantem Tempo zurück, wie wir weiter unten noch sehen werden.

All dies zusammengenommen bedeutete gerade in den 1970er Jahren eine extreme Mehrbelastung der Frauen, wie man an den wöchentlichen Arbeitszeiten (im Beruf und im Haushalt) sehen kann: Berufstätige Frauen hatten 1969 neben ihrem Beruf eine 36-Stunden-Woche zu absolvieren, die mit Haushaltsarbeit und der Betreuung von Kindern ausgefüllt war; Männer verwendeten für solche Aufgaben nur 7,2 Stunden pro Woche. Eine durchschnittliche berufstätige Frau (sei sie Arbeiterin, Angestellte oder Mithelfende) arbeitete zu Beginn der 1970er Jahre pro Woche 26 Stunden mehr als ein durchschnittlicher berufstätiger Mann. Ausgedrückt in männlichen Arbeitswochen ergibt das 24,8 Wochen Mehrarbeit pro Jahr. Diese extreme Ungleichbelastung zwischen berufstätigen Frauen und Männern wird keineswegs durch viele vermeintlich müßige Nur-Hausfrauen aufgewogen: Vergleicht man alle Frauen und Männer (im Alter zwischen 15 und 74 Jahren), so ergibt sich noch immer eine weibliche Mehrarbeit von 5 Stunden pro Woche (oder 4,5 männlichen Arbeitswochen pro Jahr).[9]

*Tabelle 1: Veränderungen der Wochenarbeitszeit für beschäftigte Männer und Frauen von 1969 bis 1981*

|                                                    | 1969   |        | 1981   |        |
|----------------------------------------------------|--------|--------|--------|--------|
|                                                    | Männer | Frauen | Männer | Frauen |
| Arbeitszeit im Beruf                               | 47,2   | 44,3   | 42,5   | 38,4   |
| Arbeitszeit für Haushalt und Kinder                | 7,2    | 36,0   | 8,0    | 27,5   |
| Summe der Wochenarbeitsstunden                     | 54,4   | 80,3   | 51,3   | 65,9   |
| Arbeitsstunden pro Jahr                            | 2.829  | 4.176  | 2.668  | 3.427  |
| Geschlechterdifferenz in Stunden pro Jahr          |        | 1.347  |        | 759    |
| Geschlechterdifferenz in männlichen                |        |        |        |        |
| Arbeitswochen pro Jahr                             |        | 24,8   |        | 14,8   |

Mikrozensus: Jährliche Durchschnitte der tatsächlich geleisteten Arbeitsstunden pro Woche
Quelle für 1969: Fischer-Kowalski, Distribution von Zeit, 1980, 202; für 1981:
Tagesablauf, ÖSTAT, 1984, 39

Dieses Ausmaß an ›Extraurlaub‹ männlicher Berufstätiger betrug Anfang der 1980er Jahre nur mehr 14,8 Wochen: Frauen hatten im vorangehenden Jahrzehnt sowohl ihre beruflichen Arbeitszeiten reduziert (vor allem, indem sie als Arbeiterinnen oder Angestellte geregelte Arbeitszeiten erreichten, statt als Mithelfende rund um die Uhr im Einsatz zu sein) als auch ihre Arbeitszeiten im Haushalt. Haushaltsarbeit, die vorher dank vergrößerter Wohnungen, hoher Reinlichkeitsstandards und vermehrter Güter, die es einzukaufen und zu warten galt, eher zugenommen hatte, wurde nun rationalisiert und zugleich auch eine Spur mehr von Männern übernommen. Trotzdem gaben auch noch Anfang der 1980er Jahre deutlich mehr Frauen als Männer bei der amtlichen Mikrozensusbefragung hohen Zeitdruck und das regelmäßige Gefühl der Erschöpfung zu Protokoll.[10] Daß Hausarbeit und Kinderbetreuung aber überhaupt gleichermaßen Angelegenheit beider Geschlechter sein könnten, davon war in den alten Vorstellungen von Moderne nie die Rede gewesen – in den 1970er Jahren gewann dieses partnerschaftliche Rollenmodell jedenfalls kulturell an Terrain.

Der allgemeine Ausbau des Bildungswesens wirkte sich vor allem fördernd auf die Frauen aus. Viele politische Maßnahmen der 1970er Jahre waren darauf gerichtet, die Bildungschancen von Kindern aus benachteiligten Regionen und unteren sozialen Schichten anzuheben (etwa freier Zugang zu Schulen und Universitäten, die Schulbuchaktion und das Programm der Schulfreifahrten) – bewirkt haben diese Maßnahmen in erster Linie einen Ausgleich zwischen den Geschlechtern. Die Benachteiligung von Mädchen wurde in der fraglichen Periode nahezu beseitigt – Mädchen strömten in großer Zahl in die weiterführenden Schulen (während sie auf dem Sektor der Lehrlingsausbildung nach wie vor auf die sogenannten traditionellen Frauenberufe fixiert blieben). Der Mädchenanteil bei den Maturanten übertraf sogar den der Burschen, und auch unter den Studienanfängern an den Universitäten zogen sie gleich. Trotz dieser Entwicklung blieb eine starke horizontale Differenzierung zwischen den Geschlechtern bestehen: Ein wechselseitiges Eindringen von Männern und Frauen in die spezifischen Berufsdomänen des jeweils anderen Geschlechts erfolgte nur sehr langsam.[11] In den 1970er Jahren gab es weder weibliche Straßenbahnführer noch männliche Kindergärtner.

Wie bereits erwähnt, kam es überdies zu einer deutlichen Veränderung in der Struktur der Beschäftigung von Frauen. Zunehmend weniger Frauen arbeiteten als »mithelfende Familienangehörige« in der Landwirtschaft, im Gewerbe oder Handel. Sie tauschten diesen Status gegen den der Angestellten, hauptsächlich in den unteren Rängen der Hierarchien. Denn obwohl die berufstätigen Frauen nach und nach genauso hoch qualifiziert waren wie ihre männlichen Kollegen (je höher das Bildungsniveau der Frau, desto eher blieb sie im Beruf), änderte sich an ihrem Status und ihrer Entlohnung wenig. Die Stundenlöhne für Männer überstiegen jene für Frauen vorher wie nachher um 30 Prozent.[13]

Ähnlich wenig verbesserte sich der weibliche Zugang zu politischen und ökonomischen Machtpositionen während der 1970er Jahre. Die entsprechenden Analysen von Regierungsberichten zeigen, daß der Anteil von Frauen in der Politik von 1970 bis 1983 auf allen Ebenen konstant blieb:[14] Bei den Abgeordneten zum Parlament und zum Bundesrat lag er unverändert bei etwa einem Sechstel. In den neun Landesparlamenten erhöhte sich der Frauenanteil von mageren sieben Prozent in der Ära vor Kreisky auf zehn Prozent in den frühen 1980er Jahren. Der Frauenanteil in der Bundesregierung beziehungsweise in den Landesregierungen zeigte keinerlei Veränderung und lag im ganzen beobachteten Zeitraum bei sechs Prozent. Die Zahlen für die Frauenanteile in den Spitzenpositionen der Wirtschaft, der Medien und der Verwaltungen dürften aller Wahrscheinlichkeit nach nur geringfügig davon abweichen. Trotzdem müssen die 1970er Jahre als jener Zeitraum angesehen werden, in dem die Gleichberechtigung der Frauen sowohl kulturell-ideologisch als auch faktisch starken Auftrieb erhielt.

## Eine Gesellschaft der Neuen Mittelklasse aufgrund von Arbeit für alle?

Die Verwandlung von sämtlichen Formen beruflicher Arbeit in Lohnarbeit wurde von den Fortschrittstheorien des 19. Jahrhunderts als der eigentliche Kern des Modernisierungsprozesses angesehen.[15] Fourastiés Drei-Sektoren-Modell trug maßgeblich dazu

bei, daß die Sozialdemokratie ihre Ansichten über diesen Prozeß revidierte, wobei sie –
im Unterschied zu Marx – als Ergebnis dieser Entwicklung nicht die allgemeine
Verelendung,[16] sondern eine vielversprechende Dynamik der Vermehrung von »Dienst-
leistungsarbeit« erwartete, die den meisten Beschäftigten nette Mittelklassejobs und
angenehme Lebensbedingungen bescheren sollte. Die Entwicklungen auf internationaler Ebene und in Österreich seit dem Ende des Zweiten Weltkriegs bestätigten diese
Überzeugungen. Die 1970er Jahre waren eine Blütezeit dieser Strukturveränderung, die
nachher nur mehr wesentlich verlangsamt vonstatten ging.[17]

Die Sozialdemokratie hatte immer schon die Verdrängung traditioneller Formen
der Arbeit – das heißt von selbständiger Arbeit, mithelfender Tätigkeit, saisonaler
Erntehilfe in der Landwirtschaft (Landarbeiter) oder Hausfrauenarbeit – durch
moderne Formen der Beschäftigung begrüßt; dies nicht zuletzt deswegen, weil dieser
Prozeß gleichsam automatisch mit einer Zunahme ihrer Klientel verbunden war:
Kleineigentümer, Kleinbauern und bis zu einem gewissen Grad auch abhängige Haus-
frauen tendierten immer eher dazu, konservativ zu wählen. Darüber hinaus deckte sich
diese Entwicklung mit sozialdemokratischen Vorstellungen von Modernisierung.
Dementsprechend richteten sich die Strategien der Sozialdemokratie einerseits auf die
Verankerung der Lohnarbeit als sicherer Existenzgrundlage, andererseits auf den
Ausbau eines leistungsfähigen Sozialstaats, in dessen Zuständigkeit die Altersvorsorge
ebenso fiel wie das Gesundheitswesen, und der über Kinderbeihilfen und Arbeitslosenversicherung die Unsicherheiten des Lebens verringern sollte. Diese Strategien waren
in dem Maß erfolgreich, als sich die Lohnarbeit langsam – gegenüber der Abhängigkeit
von ererbtem oder erheiratetem Vermögen – zu einer attraktiveren und verläßlicheren
Lebensgrundlage entwickelte.

In den 1970er Jahren wurde der Wohlfahrtsstaat entscheidend ausgebaut:[18] 1976
wurden die allgemeine 40-Stunden-Woche (die die vormalige konservative Regierung
bereits 1969 beschlossen hatte) und ein garantierter Mindesturlaub im Ausmaß von vier
Wochen eingeführt; Arbeitslosenunterstützung und Pensionsbezüge wurden erhöht.[19]
In Verbindung mit einem rasch steigenden Lohnniveau bei gleichzeitig beschleunigter
Verdrängung kleinerer durch größere Kapitalien und durch das Großkapital[20] führte
dies in diesem Zeitraum zu beschleunigter Verdrängung traditioneller Formen der
Arbeit durch Lohnarbeit (Darst. 1). Der Rückgang des traditionellen Sektors, in dem
noch 1951 60 Prozent aller Personen im arbeitsfähigen Alter tätig waren, 1981 aber nur
mehr ein Drittel, war dramatisch.[22] In den 1980er Jahren verlangsamte sich dieser
Rückgang. Die Zahl der Selbständigen außerhalb der Landwirtschaft nahm sogar zum
ersten Mal während des gesamten 20. Jahrhunderts wieder zu. Die unselbständig
Beschäftigten, der moderne Sektor also, wurden immer mehr – besonders zwischen
1971 und 1981.

Heute wird darüber diskutiert, ob es sich seither nur um eine vorübergehende
Verlangsamung struktureller Modernisierung aufgrund geringeren Wirtschaftswachstums gehandelt hat, oder ob sich die Vorboten einer grundlegenden Entwicklungskrise
zeigen, wie etwa Burkhart Lutz 1989 in seinem Buch *Der kurze Traum immerwährender
Prosperität* argumentierte. Lutz untersuchte die Zyklen von Aufschwung und Stagnation
über die letzten 100 Jahre auf die Wechselwirkung zwischen traditionellem und moder-
nem Sektor und stellte dabei fest, daß der lange Aufschwung nach dem Zweiten

*Darst. 1: Die Absorption des traditionellen Sektors durch Lohnarbeit*

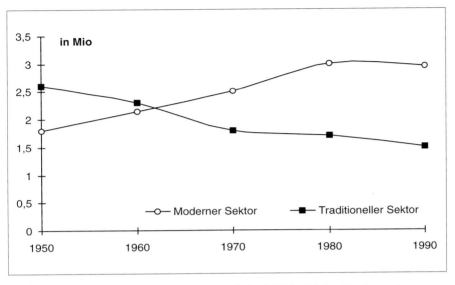

Traditioneller Sektor: Selbständige, Familienhilfen, landwirtschaftliche Arbeiter, Hausfrauen ohne eigenes Einkommen[21]
Moderner Sektor: Arbeiter und Angestellte (beschäftigt beziehungsweise arbeitslos) unter Ausschluß landwirtschaftlicher Arbeiter

Quellen: Ergebnisse der Volkszählungen; Mikrozensus 1988, in: ÖSTAT, Sozialstatistische Daten 1990, 160

*Darst. 2: Registrierte Arbeitslose von 1970 bis 1990*

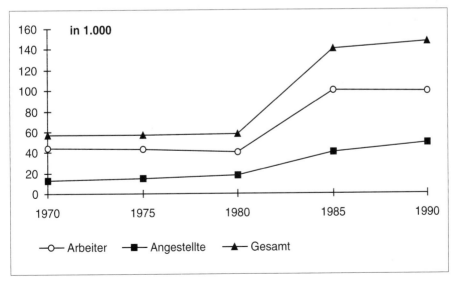

Quelle: Bundesministerium für soziale Verwaltung

Weltkrieg weitgehend aus der Neutralisierung des »Reservearmee-Effektes« mittels keynesianischer und wohlfahrtsstaatlicher Maßnahmen resultiert sei. In diesem Aufschwung sei der traditionelle Sektor einerseits als Anbieter von Arbeitskraft, andererseits als Produzent billiger Lebensmittel des täglichen Bedarfs genutzt, gleichzeitig aber zunehmend in seinen Existenzbedingungen angegriffen und in der Folge schrittweise absorbiert worden. Mit dem Ende dieser inneren Ausbeutung ließe sich eine neuerliche Aufschwungphase, so Lutz, nur mit qualitativ neuen Ansätzen verwirklichen.

Falls diese Analyse zutrifft, würden die 1970er Jahre tatsächlich einen Wendepunkt in der Entwicklung darstellen.[23] Ein offensichtliches Symptom einer solchen Wende ist der Anstieg der Arbeitslosigkeit seit dem Ende der 1970er Jahre. Bis 1980 lag sie bei weniger als zwei Prozent, was etwa der Hälfte des OECD-Durchschnitts entsprach,[24] in den frühen 1980er Jahren nahm sie jedoch langsam zu und erreichte schließlich 1985 das Doppelte des früheren Werts. Bis 1990 liegt sie bei etwa 5 Prozent (Darst. 2).

In den letzten Jahren der Regierung Kreisky wurden große Anstrengungen unternommen, die Vollbeschäftigung durch Investitionsförderung, aktive Arbeitsmarktpolitik und Maßnahmen im Bereich der verstaatlichten Industrie und des öffentlichen Sektors zu erhalten. Dies führte letztlich zu einer dramatischen Zunahme der Staatsverschuldung: Schon 1984 schienen Einschränkungen bei den öffentlichen Ausgaben unvermeidlich, die »Krise des Wohlfahrtsstaats« kündigte sich an.

## Der unaufhaltsame Aufstieg vom Arbeiter zum Angestellten

War in den Augen der Fortschrittstheoretiker des 19. Jahrhunderts der Unterschied zwischen Kapital und Arbeit entscheidend, so hatte sich zusätzlich im Lauf des 20. Jahrhunderts die Differenzierung innerhalb der »Lohnarbeiter«, insbesondere zwischen den Arbeitern auf der einen, den Angestellten und Beamten auf der anderen Seite, zu erheblicher sozialer Ungleichheit ausgewachsen. Die Antwort der 1970er Jahre war nicht Nivellierung dieser Unterschiede, sondern das Versprechen von sozialem Aufstieg für die Unteren. Dieses Versprechen schien infolge des ständig zunehmenden Anteils an Mittelklassejobs auch realistisch – viele glaubten, »Arbeiter« würde es ohnehin über kurz oder lang keine mehr geben. Dieser Umschichtungsprozeß verlangsamte sich jedoch, und anstelle der verheißenen Möglichkeiten begannen die Strukturen ähnlich wie in anderen OECD-Ländern[25] gegen Ende der 1970er Jahre zu versteinern – die goldenen Zeiten des unaufhaltsamen beruflichen Aufstiegs gingen somit zu Ende. Der berufliche Aufstieg eines Teils der Beschäftigten mußte von nun an durch einen entsprechenden beruflichen Abstieg eines anderen Teils der Beschäftigten aufgewogen werden; mit anderen Worten: Der Wettbewerb verschärfte sich. Seitens der Benachteiligten, insbesondere der Arbeiter, zog dies entsprechende Ressentiments gegenüber dem politischen System im allgemeinen und gegenüber der Sozialdemokratischen Partei im besonderen nach sich.

In den 1970er Jahren wurde eine ganze Reihe von Studien zu sozialer Ungleichheit in Österreich erstellt, unter anderem zu Fragen der Einkommensverteilung.[26] Nach diesen lag der Median der Angestelltenlöhne um 20 Prozent über jenem der Arbeiterlöhne, und je genauer besehen (also getrennt nach Geschlecht und im Altersverlauf), desto ausgeprägter verlief das Gefälle.[27] Zugleich bestanden große Unterschiede bei den Arbeitsbedingungen, speziell im Hinblick auf gesundheitsschädigende Umwelteinflüsse, Belastungen am Arbeitsplatz, den Entscheidungsspielraum bei der eigenen Tätigkeit[28] oder das Risiko eines Arbeitsplatzverlusts. In jedem Fall waren Arbeiter benachteiligt, und in vielen Fällen sogar Facharbeiter gegenüber niedrigen Angestellten – ein Befund, der sich in den entsprechenden Daten zur subjektiven Arbeitszufriedenheit widerspiegelt: Arbeiter empfanden ihre Arbeit wesentlich seltener als Quelle persönlicher Befriedigung als durchschnittliche Angestellte oder Beamte (ganz allgemein gilt: je höher der berufliche Status, desto höher die Arbeitszufriedenheit).[29]

*Darst. 3: Arbeiter und Angestellte von 1950 bis 1990*

Quelle: Ergebnisse der Volkszählungen und des Mikrozensus 1988. Beschäftigte und Arbeitslose, in: ÖSTAT, Sozialstatistische Daten 1990, 160

Ungeachtet vereinzelter politischer Anstrengungen in Richtung auf eine rechtliche Gleichstellung von Arbeitern und Angestellten sind die hier skizzierten vertikalen Unterschiede bis heute unverändert aufrecht geblieben.[30] Der Wunsch nach Verbesserung war nur durch beruflichen Aufstieg zu erfüllen. Der traditionelle Traum des Facharbeiters, früher oder später einen eigenen Kleinbetrieb zu gründen, hatte sich in der Zeit nach dem Zweiten Weltkrieg kaum je verwirklichen lassen.[31] Der moderne Traum jedoch, zum technischen oder kaufmännischen Angestellten aufzusteigen, erfüllte sich in den 1970er Jahren für jeden fünften Arbeiter.[32] Die Chancen, Hoffnungen verwirklicht zu sehen, die man in die eigenen Kinder setzte, waren sogar noch größer. Zwar blieb die starke hierarchische Segregation des österreichischen Schulsystems – trotz mehrfacher Anstrengungen seitens der Regierung Kreisky, eine Integration der weiterführenden Schulen im Reformweg zu erreichen – weitgehend aufrecht; die explosionsartige Zunahme des Schulbesuchs während der 1970er Jahre, die von liberalen Maßnahmen flankiert wurde, vermittelte aber den unteren Schichten der Gesellschaft das Gefühl des gesellschaftlichen Aufstiegs. Auch wenn die Generation der Eltern für sich selbst nicht mehr viel erwarten konnte, sollten es wenigstens die Kinder besser haben. Gleichsam wie in einem Paternoster verringerten sich die Unterschiede in den Ausbildungschancen der Kinder unterschiedlicher gesellschaftlicher Schichten nicht maßgeblich, aber alle fuhren aufwärts.[33] Gegen Ende der 1970er Jahre gelang nahezu der Hälfte aller Kinder aus Arbeiterfamilien der Aufstieg in Angestelltenpositionen, während gleichzeitig mehr als 80 Prozent aller Kinder aus Angestelltenfamilien die berufliche Position ihrer Eltern halten konnten.[34]

Es lag also an strukturellen Veränderungen, daß in den 1970er Jahren das Versprechen sozialen Aufstiegs eingelöst wurde, ohne dabei jene zu gefährden, die bereits gehobenere Positionen innehatten: In diesem Zeitraum entstanden fast 500.000 neue Arbeitsplätze für Angestellte und Beamte. Im Gegensatz zu einem weitverbreiteten Vorurteil kam es jedoch nicht zu einer Verringerung von Stellen für Arbeiter,[35] die nach wie vor die Mehrheit unter den berufstätigen Männern ausmachten.

Seit Anfang der 1980er Jahre hat sich das Wachstum von Arbeitsplätzen für Angestellte merklich verlangsamt – die glückliche Konstellation ging zu Ende. Der Aufstieg vom Arbeiter zum Angestellten ist mittlerweile nicht mehr das Ergebnis eines strukturellen Sogs, sondern verdankt sich dem erfolgreichen Bestehen in einem individualisierten Wettbewerb, in dem für jeden, der gewinnt, ein anderer verlieren muß. Mit der daraus folgenden Verschärfung des Wettbewerbs, in dem Arbeiter, Personen mit niedrigem Bildungsniveau, gesundheitlichen Beeinträchtigungen oder fortgeschrittenem Alter kaum etwas zu gewinnen, aber ihren Arbeitsplatz noch zu verlieren haben, haben für sie in der Folgezeit auch die Versprechungen auf eine bessere Zukunft ihre Glaubwürdigkeit eingebüßt. Diese Gruppen sind politisch immer schwächer repräsentiert: Hatte 1956 noch rund ein Drittel aller Parlamentsabgeordneten Arbeiterberufe erlernt, so ging dieser Anteil bis 1968 auf 18 Prozent zurück und hielt 1976 bei 14 Prozent. (Unter den Abgeordneten der Sozialistischen Partei betrug der Anteil für 1956 61 Prozent, für 1968 34 Prozent und für 1976 26 Prozent.)[36] Was sollte man außer Resignation, Enttäuschung und Verbitterung erwarten?


Zusammenfassung

Die 1970er Jahre waren eine Art goldenes Zeitalter der Modernisierung für Österreich. Der in den Visionen des 19. Jahrhunderts vorweggenommene gesellschaftliche Fortschritt kam in dieser Periode gewissermaßen zu seiner Vollendung, unter Bedingungen hoher Prosperität und sozialen Friedens. Dies war allerdings der Abschluß einer Entwicklung und nicht der Auftakt zu einer gleichgearteten Zukunft – zunehmende Arbeitslosigkeit, die Finanzkrise des Wohlfahrtsstaats, massive Widerstände gegen den technischen Fortschritt als Umweltzerstörer und ein Meinungsumschwung, besonders unter den Arbeitern, zugunsten rechter politischer Positionen sind bereits gegen Ende dieser Periode zum Vorschein gekommen. Die 1970er Jahre waren so etwas wie der Ausklang der guten alten modernen Gesellschaft in Österreich, und Bundeskanzler Kreisky war ihr letzter Kaiser.

# ANMERKUNGEN

1 Vgl. Burger, Utopie, in: Burger, Abstriche, 1991, 9–20.
2 Vgl. Gisser u.a., Wirklichkeit, in: Familienbericht der Bundesregierung, 1990, 57–98.
3 Findl, Ehe, in: Sozialstatistische Daten 1990, 1990, 43–76.
4 Abgesehen von einem statistisch ausgewiesenen Höchstwert für das Jahr 1972 läßt sich zeigen, daß die Kohorten der Geburtsjahrgänge 1935 bis 1945 die höchste jemals festgestellte Eheschließungsrate aufweisen (vgl. Feigl, Frauen, 1986, 10).
5 Vgl. Beck-Gernsheim, Kinderfrage, 1989.
6 Der Familienbericht der Österreichischen Bundesregierung 1990 bezog sich einigermaßen vage auf eine »neue Pluralität von Lebensstilen« (vgl. Gisser u.a., Wirklichkeit, 1990, 82). Merkwürdigerweise forderte gleichzeitig die konservative Österreichische Volkspartei, daß der »Schutz der Familie« in den Verfassungsrang zu erheben sei. Es wird jedoch nicht leicht werden, dieser Forderung in der Praxis zu entsprechen – bislang ist es nicht gelungen, eine einvernehmlich akzeptierte Lösung auf die Frage zu finden, wodurch eine Familie definiert ist.
7 Der Frauenbericht der Österreichischen Bundesregierung 1985 stellte dazu durchaus kritisch fest, daß 1983 die Organisation des Haushalts immer noch zu 90 Prozent in den Händen erwachsener Frauen lag – im Gegensatz zu nur sieben Prozent aller Männer, die diese Verantwortung übernahmen. Nur 29 Prozent aller Frauen, die in einer Partnerschaft lebten, erhielten täglich Unterstützung durch ihre Partner, während 57 Prozent kaum jemals Unterstützung bei der Hausarbeit erhielten – dieses Verhältnis hat sich zwischen 1977 und 1983 nur unmerklich verändert. Was sich hingegen veränderte, war die Häufigkeit, mit der sich Väter um ihre (vorzüglich älteren) Sprößlinge kümmerten: Im gleichen Zeitraum nahm die Zahl der Väter, die sich regelmäßig mit ihren Kindern beschäftigten, von 30 Prozent auf 54 Prozent zu (vgl. Feigl, Frauen, 1986, 17).
8 Vgl. Biffl, Entwicklung, in: WIFO-Monatsberichte 2 (1988).
9 Vgl. Bundesministerium für Soziale Verwaltung Hg., Struktur, 1982, 102.
10 Vgl. Bartunek u.a., Rolle, hg. vom Bundesministerium für soziale Verwaltung, 1984, 94f.
11 Vgl. Fischer-Kowalski u.a., Bildung, in: Frauenbericht, 1985.
12 Gemäß den Daten des Mikrozensus 1983 (jährliche Durchschnitte tatsächlich geleisteter Arbeitsstunden pro Woche) arbeiteten 51 Prozent aller Familienhilfen 60 oder mehr Stunden. Insgesamt arbeiteten 83 Prozent dieser Gruppe mehr als 40 Stunden pro Woche (vgl. ÖSTAT, Mikrozensus-Jahresergebnisse 1983).
13 Vgl. Feigl, Frauen, 1986, 43.
14 Vgl. Neyer u. Köpl, Politik/Gesetz, 1985.
15 Marx verfügte über genügend Einsicht und Courage, um diese Entwicklung bereits zu einer Zeit zu prognostizieren, als der Anteil der Lohnarbeiter unter der Arbeiterschaft in England noch weniger als zehn Prozent betrug und in Deutschland sogar noch unter diesem Niveau lag.
16 Vgl. Wagner, Verelendungstheorie, 1976.
17 Ähnliche Argumentationsfiguren entwickelte Beck, Risikogesellschaft, 1986; vgl. auch Lutz, Traum, 1989.
18 Vgl. Tálos, Sozialpolitik, in: Fröschl u.a. Hg., Weg, 1986.
19 Im selben Zeitraum wurden einzelne Elemente der Sozialversicherung, die an die Lohnarbeit gekoppelt waren, auch auf andere Teile der Bevölkerung wie Studenten, Mütter beziehungsweise Hausfrauen und Selbständige ausgeweitet. Bis heute ist jedoch das österreichische Sozialversicherungssystem in erster Linie auf die Lohnarbeit ausgerichtet.
20 Spreitzhofer, Wirtschaft, in: Fischer-Kowalski u.a. Hg., Lebensverhältnisse, 1980, 321–351.
21 Zum traditionellen Sektor werden hier Hausfrauen aller Altersgruppen gezählt, doch nur, sofern sie über kein Einkommen (zum Beispiel Löhne, Pensionen) verfügen. Aus einer theoretischen Perspektive ist es gerechtfertigt, sie unter diesen Sektor zu subsumieren: Hausarbeit ist zweifelsohne ein notwendiger Bestandteil der gesellschaftlichen Arbeit, bietet jenen, die diese Tätigkeit ausüben, eine Vollzeitbeschäftigung und stellt die Grundlage für die Subsistenz jener Frauen dar, die über kein eigenes Einkommen verfügen. Ebenfalls im traditionellen Sektor enthalten sind landwirtschaftliche Arbeiter, nicht jedoch Angestellte in der Landwirtschaft, deren Zahl mit der Entwicklung der modernen, industrialisierten Landwirtschaft ständig zunimmt. Diese Bestimmung des traditionellen Sektors orientiert sich weitgehend an der Argumentation von Lutz, Traum, 1989.

22 Sämtliche Komponenten haben Rückgänge zu verzeichnen: landwirtschaftliche Arbeit (Selbständige, mithelfende Familienangehörige und landwirtschaftliche Arbeiter) um 75 Prozent, andere Selbständige um 32 Prozent und Hausfrauen um 11 Prozent.

23 Vgl. Lutz, Traum, 1989. Auch wenn diese Interpretation zutrifft, könnte man einwenden, daß der traditionelle Sektor – zumindest was die Zahl der in ihm enthaltenen Hausfrauen betrifft – nach wie vor relativ stark ist und immer noch Elemente enthält, die aus der Sicht der Integration ›überflüssig‹ sind. Der Absorptionsprozeß müßte daher noch nicht notwendigerweise mangels Angebot zum Erliegen kommen.

24 Vgl. Rothschild, Felix Austria? Zur Evaluierung der Ökonomie und Politik in der Wirtschaftskrise, in: Österreichische Zeitschrift für Politikwissenschaft 3 (1985), 261–274.

25 Vgl. Fischer-Kowalski, The Social Structure of OECD Countries 1960–1980 and its Implications for Selected Aspects of Wellbeing, in: Research Report 223 (1985).

26 Vgl. Haller u.a., Strukturen, 1978; Fischer-Kowalski u.a. Hg., Ungleichheit, 1979; Anonym, Sozialstatistische Daten. Beiträge zur österreichischen Statistik 613 (1981); Bundesministerium für Soziale Verwaltung Hg., Struktur, 1982.

27 ÖSTAT, Sozialstatistische Daten 1980, Beiträge zur österreichischen Statistik 613 (1981), 177; ÖSTAT, Sozialstatistische Daten 1990, Beiträge zur österreichischen Statistik 967 (1990), 206.

28 Vgl. Cyba u.a., Arbeitsbedingungen, in: Fischer-Kowalski u.a. Hg., Lebensverhältnisse, 1986, 401–428; Bundesministerium für Soziale Verwaltung Hg., Struktur, 1982; Bartunek Ewald, Umwelteinflüsse und andere Belastungen am Arbeitsplatz, in: Statistische Nachrichten 42/1 (1987), 27–37; Bartunek Ewald, Berufliche Tätigkeit mit schädlichen Arbeitsstoffen, in: Statistische Nachrichten 42/2 (1987), 88–93; Bartunek Ewald, Berufsbedingte Beschwerden und Krankheiten, in: Statistische Nachrichten 42/3 (1987), 184–190.

29 Bundesministerium für Soziale Verwaltung Hg., Struktur, 1982, 36f.

30 Vgl. Haller, Sozialstruktur, in: Dachs u.a. Hg., Handbuch, 1991, 37–77.

31 Vgl. Schmejkal, Topologie und Dynamik von Mobilitätsstrukturen, in: Österreichische Zeitschrift für Soziologie 3–4 (1978), 19–38.

32 Vgl. Haller u.a., Strukturen, Bd.3, 1989, 709. Zugleich konnte Haller nachweisen, daß die Häufigkeit des beruflichen Aufstiegs generell in jenen Alterskohorten zunimmt, die in der zweiten Hälfte der 1960er Jahre in den Arbeitsmarkt eintraten, wobei gleichzeitig die Häufigkeit eines beruflichen Abstiegs sinkt. Ein späterer Vergleich (Haller, Sozialstruktur, in: Dachs u.a. Hg., Handbuch, 1991, 37–77) wies nach, daß diese Konstellation um vieles glücklicher war als eine Dekade vorher und wesentlich günstiger als jene, der sich Frankreich beziehungsweise die USA zur selben Zeit gegenübersahen.

33 Fischer-Kowalski, Tugenden, 1986.

34 Bundesministerium für Soziale Verwaltung Hg., Struktur, 1982, 65.

35 Auch dies ist kein österreichisches Spezifikum, sondern findet sich in den meisten OECD-Ländern. Mit Ausnahme der USA stagnierte der Anteil der Arbeiter in den meisten Ländern bei etwa 40 bis 45 Prozent der gesamten Beschäftigten.

36 Fischer, Fraktionen, in: Fischer Hg., System, 1982, 129.

Gunther Tichy

# Austrokeynesianismus

## Ein Konzept erfolgreicher Wirtschaftspolitik?[1]

Die wirtschaftspolitische Konzeption des Austrokeynesianismus prägte die österreichische Wirtschaftspolitik der 1970er Jahre und erwies sich im internationalen Vergleich als überaus erfolgreich. Im Folgenden sollen die theoretische und die ideologische Basis dieses Konzeptes herausgearbeitet, seine Charakteristika und seine Funktionsweise dargestellt werden.

### Die ideologische und theoretische Basis des Austrokeynesianismus

Die Konjunkturpolitik der meisten europäischen Industriestaaten basierte in den 1950er und 1960er Jahren auf der neoklassischen Synthese, der Version der Keynesianischen Theorie, die von Hicks (1937) in die Neoklassik integriert wurde. Keynes hatte die private Wirtschaft für instabil und steuernde Maßnahmen der Wirtschaftspolitik zur Vermeidung hoher und dauerhafter Arbeitslosigkeit für erforderlich gehalten. Kern der neoklassischen Synthese war der Glaube an die Stabilität der Marktwirtschaft, soferne die Schwankungen innerhalb einer gewissen Bandbreite gehalten werden können. Es galt, eventuelle Fehlentwicklungen der Nachfrage in inflatorischer wie rezessiver Richtung rechtzeitig zu erkennen und den kumulativen Prozeß durch frühzeitiges Gegensteuern mithilfe von Fiskal- und Geldpolitik aufzufangen, bevor er noch an Eigendynamik gewonnen hatte. Verantwortungsvolles Verhalten der Gewerkschaft, internationale Koordination und entsprechend hohe Multiplikatoren vorausgesetzt, schien der Feinsteuerung der Konjunktur keine Grenze gesetzt; Ziel war eine möglichst konstante hohe Auslastung des Produktionspotentials.

Der Austrokeynesianismus setzte sich insofern in Gegensatz zu der Praxis der neoklassischen Synthese, als er von dem »radikalen Keynesianismus« ausging. Bei diesem liegen die Ursachen der Instabilität viel tiefer: Unsicherheit, die nicht beseitigt werden kann, Investitionsgütermärkte, die nicht primär ökonomisch determiniert sind und deren Instabilität über die Finanz- und Geldmärkte auf den Arbeitsmarkt wirken; Sparen ist in dieser Version keine stabile Funktion des Einkommens, die Preise hängen vor allem von den Löhnen ab, sodaß Vollbeschäftigung fast zwangsläufig zu Inflation führen muß und in diesem Sinn instabil ist. Da die Unsicherheit nicht reduzierbar ist, schwanken die Ertragserwartungen der Unternehmer sehr stark, damit auch die Investitionen, und die Finanzmärkte verstärken die Instabilität. Nur eine soziale Kontrolle der Investition und der Löhne, eine konsumfördernde Verteilungspolitik, eine Kontrolle der Finanzmärkte, eine Garantie niedriger Zinssätze, sowie eine Reglementierung der

Außenwirtschaft durch Importrestriktionen bieten eine gewisse Hoffnung auf Stabilisierung.

Der Austrokeynesianismus hat – nicht zuletzt weil viele seiner Vertreter aus dem
Austromarxismus stammten – die Instabilitätsargumente des radikalen Keynesianismus ernst genommen und im Sinne des sozialpartnerschaftlichen Konsenses in ein
relativ marktwirtschaftliches Konzept eingebaut. Das ist die große Innovation. Der
Austrokeynesianismus ist somit Wirtschaftspolitik im Bewußtsein der Gefahren von
Investitionsattentismus, Unterbeschäftigungsgleichgewicht, Verteilungskämpfen, Kosteninflation und Finanzkrisen. Er basiert auf dynamischem Denken unter Berücksichtigung psychologisch-soziologischer Kategorien. Sein Hauptinteresse liegt in der Reduzierung der tiefliegenden Destabilisierungstendenzen, wodurch einerseits der Bedarf
an Nachfragesteuerung verringert wird, und andererseits überhaupt erst die Voraussetzungen für deren zielführenden Einsatz geschaffen werden.


## Die wesentlichen Charakteristika des Austrokeynesianismus

Aus der Erkenntnis, daß Konjunkturschwankungen ihre Ursache in tieferliegenden
Instabilitäten haben, folgte zwangsläufig, daß nicht die Kompensation bereits vorhan-
dener Nachfrageschwankungen Aufgabe der Wirtschaftspolitik sein könne, sondern
vielmehr die Vermeidung künftiger Nachfrageschwankungen durch Reduzierung der
Unsicherheit, um dadurch die Entwicklung für die Handelnden möglichst vorhersehbar
zu machen; daß hektische diskretionäre Wirtschaftspolitik gerade das Gegenteil davon
erreichen kann, war den österreichischen Wirtschaftspolitikern stets bewußt. Andererseits ergab sich aus dem konsensualen Charakter der österreichischen Wirtschaftspolitik, daß eine Verringerung der Unsicherheit durch Wirtschaftsplanung, die zahlreiche Wirtschaftspolitiker des Arbeiterkammer- und Gewerkschaftsbundflügels der
SPÖ gerne gesehen hätten, als Ausweg nie wirklich zur Verfügung stand. So versuchte
man als marktwirtschaftlichen Weg der Verringerung der Unsicherheit, die wichtigsten
Entscheidungsgrundlagen von Unternehmern und Arbeitnehmern vorhersehbar zu
machen: Die Lohnpolitik als wichtigste Kostenkomponente für die Unternehmer und
als Einkommensgröße der Unselbständigen; die Preisentwicklung als Voraussetzung
für eine ruhige Lohnpolitik, die Investitionsförderung und die (nominelle) Zins-Ent-
wicklung als Basis der Investitionsentscheidungen der Unternehmer, sowie schließlich
den Wechselkurs als entscheidende Komponente im Auslandsgeschäft.[2]

Die »Verstetigung wichtiger Entscheidungsgrundlagen« von Unternehmern, Arbeitnehmern und Gewerkschaften stellte die zentrale Innovation des Austrokeynesianismus dar, den Punkt, in dem der Austrokeynesianismus am stärksten vom viel
kurzfristiger orientierten Keynesianismus traditioneller Prägung abwich.[3]

Diese österreichische Verstetigungsstrategie wurde schon über die gesamte Nachkriegszeit hinweg entwickelt, unabhängig von der jeweiligen Regierungspartei. Die
konsequente indirekte und daher vom Unternehmer in seine Entscheidungen einplan-
bare Investitionsförderung wurde bereits 1953, zunächst als Instrument der Export-
förderung, entwickelt und später konsequent ausgebaut. Die an Regeln orientierte
Lohn- und Preispolitik entstand im Lauf der 1950er Jahre; ihre – zum Teil unausge-

sprochenen – Grundsätze sehen eine kostenniveauneutrale Lohnpolitik und eine span-
nenneutrale Preispolitik vor. Die funktionale Einkommensverteilung wurde dadurch
weitgehend außer Streit gestellt, das Ergebnis der Lohn- und Preisverhandlungen
wurde prognostizierbar. Die Verstetigung der Wechselkurspolitik zeigte sich im Kern
bereits während der Geltung des Bretton-Woods-Abkommens, als Österreich den, nach
der Abwertung in der Stabilisierungsphase, 1953 festgelegten Dollarkurs bis zum Ende
des Bretton-Woods-Systems beibehielt. Nach dem Zusammenbrechen dieses Systems
(1971) hielt Österreich seinen Wechselkurs gegenüber den Währungen der wichtigsten
Handelspartner stabil (›Indikator‹); als einige Währungen, insbesondere Pfund, Lira
und französischer Franc, stark abwerteten, wurden sie aus dem Indikator herausgenom-
men; seit 1956 orientiert sich der Schillingkurs allein an der DM, ohne dadurch
zunächst den Wechselkurs als Instrument einer aktiven Konjunkturpolitik aufzugeben;
seit 1982 wurde ein wirklich stabiler DM-Kurs gehalten.[4]

Die Verstetigungsstrategie unterscheidet den Austrokeynesianismus stärker von der
üblicherweise als keynesianisch (miß)verstandenen Wirtschaftspolitik als alle anderen
Elemente. Aber natürlich sind die beiden wichtigsten Charakteristika des traditionellen
Keynesianismus die »Dominanz des Vollbeschäftigungsziels« und der konsequente
Einsatz der »Nachfragesteuerung« zur Sicherung einer konstanten und hohen Kapazitätsauslastung gleichfalls wichtige Elemente gewesen. Die Nachfragesteuerung stützte
sich stärker – doch keineswegs ausschließlich – auf Fiskalpolitik, weil die Geldpolitik
infolge ihrer Wechselkursorientierung bloß beschränkt einsatzfähig war, und im
übrigen, in durchaus keynesianischer Tradition, der Zinsstabilisierung vor der Kon-
junktursteuerung Priorität gab. Allerdings geriet die Fiskalpolitik aus Gründen, die mit
Konjunkturpolitik wenig zu tun hatten, in den frühen 1970er Jahren in immer größere
Defizite, was fälschlicherweise als Folge der (austro)keynesianischen Politik interpretiert wurde, und letztlich auch dazu führte, daß das System des Austrokeynesianismus allmählich an Bedeutung verlor.

Als dritte Besonderheit des Austrokeynesianismus, neben Verstetigung und Nachfragesteuerung, ist der »Einsatz von Maßnahmebündeln zur Erreichung von Ziel-
bündeln« zu erwähnen, wodurch die Gefahr ungewollter Nebenwirkungen infolge der
Möglichkeit schwächerer Dosierung der Instrumente verringert wurde (»multiinstrumentaler policy mix«)[5], sowie viertens, als besonderes Austriacum, die Berücksichtigung »psychologischer Überlegungen« beim Instrumenteneinsatz: Lange schon vor
Lucas[6] und Kydland/Prescott[7] war den Praktikern der österreichischen Wirtschaftspolitik und ihren Beratern klar, daß gute Konjunkturpolitik die Reaktionen der Betroffenen berücksichtigen muß: Einkommenspolitische Mäßigung etwa kann nur erreicht
werden, wenn zuerst die Inflation unter Kontrolle gebracht beziehungsweise eine
Nachfrageüberhitzung vermieden werden kann. Einkommenspolitik kann daher Nachfragesteuerung auch im Konzept des Austrokeynesianismus nicht ersetzen und Nachfragesteuerung ihrerseits nicht die Verstetigungsstrategie; andererseits würde sich die
Verstetigungsstrategie rasch totlaufen, wenn sie nicht durch eine sinnvolle Nachfragesteuerung unterstützt würde.

Schließlich ist als letzter Ansatzpunkt zur Beseitigung der von Keynes erkannten
tieferliegenden Destabilisierungsursachen die austrokeynesianische »Strategie zur Inflationsbekämpfung bei Vollbeschäftigung« zu erwähnen. Wiederum handelt es sich

nicht um ein einziges Instrument, sondern um eine Vielzahl von Ansätzen. Im Zentrum steht das Konzept der Einkommenspolitik als einzig adäquater Strategie zur Bekämpfung von Kosteninflation. Dazu kommt weiters die Aufwertungspolitik, deren Umwandlung von einem Instrument der Leistungsbilanzpolitik zu einem Instrument der Inflationsbekämpfung wieder eine österreichische Innovation darstellt.[8] Grundsätzlich ist diese spezifisch austrokeynesianische Strategie zur Inflationsbekämpfung bloß eine Ausprägung der Strategie »ursachenadäquater Bekämpfung von Zielverletzungen«, ein letzter Punkt, in dem sich der Austrokeynesianismus deutlich von der neoklassischen Synthese unterscheidet: Kompensiert die Konjunkturpolitik der neoklassischen Synthese Ausfälle der privaten Nachfrage durch zusätzliche Staatsnachfrage oder zinsinduzierte Kreditaufnahmen, so versucht die austrokeynesianische Strategie die Ursachen der jeweiligen Zielverletzung zu beseitigen: Schwankungen der privaten Nachfrage werden durch Verstetigungsstrategie zu verhindern gesucht, Kosteninflation mit Einkommenspolitik, importierte Inflation mit Wechselkurspolitik bekämpft usw. Anstelle der simplen Dichotomie von expansiven/restriktiven Maßnahmen tritt ein komplexes System der Zuweisung von Zielverletzungen zu Instrumenten, wofür der Begriff der Assignation geprägt wurde.[9]


Institutionelle Voraussetzungen des Austrokeynesianismus

Voraussetzung für das gute Funktionieren des Austrokeynesianismus war die Schaffung einer Einkommenspolitik in Form der »Einkommens-Selbstverwaltung der Sozialpartner«, eines der am schlechtesten verstandenen Elemente der österreichischen Wirtschaftspolitik. Diese Einkommens-Selbstverwaltung sichert, daß die traditionellen Instrumente wie zum Beispiel Lohnleitlinien wirken können. Einkommens-Selbstverwaltung bedeutet, daß die Sozialpartner (die Organisationen der Arbeitgeber und Arbeitnehmer) für die Einkommenspolitik voll verantwortlich sind, ohne Einmischung der staatlichen Wirtschaftspolitik.

Institutionen zur Vertretung der Arbeitnehmer- und Arbeitgeberinteressen haben in Österreich eine lange Tradition: Jeder Unternehmer ist per Gesetz Mitglied der Kammer der gewerblichen Wirtschaft, jeder Arbeitnehmer Mitglied der Arbeiterkammer, jeder in der Landwirtschaft tätige Selbständige oder Unselbständige Mitglied der Landwirtschaftskammer. Diesen gesetzlichen Interessenvertretungen wurden erhebliche öffentliche Aufgaben zugewiesen, und sie werden durch Zwangsbeiträge finanziert, was ihnen ermöglicht, eine effiziente Bürokratie zu unterhalten, die in zahllosen Fällen kompetenter ist als die staatliche. Neben diesen gesetzlichen Interessenvertretungen gibt es zwei mit freiwilliger Mitgliedschaft, die Gewerkschaft und die Industriellenvereinigung. Der Gewerkschaftsbund ist besonders mächtig; zu Zeiten der Blüte des Austrokeynesianismus gehörten ihm zwei Drittel aller Unselbständigen an, fast drei Viertel aller männlichen und fast die Hälfte der weiblichen. Anders als in anderen Ländern – vor allem in Großbritannien – hat die österreichische Regierung nie versucht, die Macht der Gewerkschaft zu begrenzen. Ganz im Gegenteil versuchte sie, die Macht der Gewerkschaft zu nutzen, um Preisstabilität zu erreichen. Der Gewerkschaftsbund seinerseits lernte, daß er zwar die nominellen Löhne leicht erhöhen kann, kaum jedoch die realen: Versuche in diese Richtung führten rasch zu Inflation, reduzierten die internationale Wettbewerbsfähigkeit und die Beschäftigung, änderten aber nichts an der funktionalen Verteilung. Die Gewerkschaften akzeptierten daher die bestehende funktionale Einkommensverteilung mehr oder weniger – wenn auch nur implizit – und konzentrierten sich darauf, das Wachstum zu stimulieren, damit alle funktionalen Einkommenskomponenten zu erhöhen und die personelle Einkommensverteilung durch Steuern und Transfers gleichmäßiger zu gestalten.

Um diese Ziele zu erreichen, wurden Einrichtungen geschaffen, um die Lohn- und Preisbildung zu beeinflussen; die Leitlinien für die Entscheidungen dieser Gremien spiegeln den Verzicht auf eine Änderung der funktionalen Einkommensverteilung: Die Löhne sollten mehr oder weniger im Ausmaß der gesamtwirtschaftlichen Produktivitätssteigerung plus der Inflationsrate steigen, die Preise entsprechend den Kostensteigerungen bei unveränderter Profitquote. Die Regierung akzeptierte diese Entscheidungen. Das System funktionierte wie eine Fixpreisökonomie mit flexibler Mengenanpassung. Die nötige Mengenflexibilität stammte vermutlich daraus, daß die österreichische Sozialpartnerschaft als ein Informationstransfersystem wirkt: Während im neoklassischen Marktmodell die Wirtschaftssubjekte über Preise als einziges Informationstransfersystem kommunizieren, ist das österreichische System der Sozialpartnerschaft durch eine große Zahl formeller und informeller Informationskanäle gekennzeichnet, speziell durch die zahlreichen Konferenzen und Sitzungen, die für die Preis- und Lohnbildung und die Begutachtung der Gesetze notwendig sind. Der oligopolistische Preis- und Lohnsetzungsmechanismus führte nicht zu höheren Preisen und Löhnen bei verknapptem Angebot; da er die Unsicherheit reduzierte, führte er zu höheren Investitionen, höherer Produktivität und einer langfristigen Grenzkostenkurve, die unterhalb jener bei unbeschränkter Preisentwicklung liegt.

Voraussetzung dafür, daß sich in Österreich ein System der Kooperation der Sozialpartner entwickeln konnte, nicht aber in anderen Ländern, waren einige institutionelle Besonderheiten:[10]

1. Die hohe Organisationsdichte bewirkte, daß nur drei (in den meisten Fällen sogar nur zwei) gesetzliche und eine (oder zwei) freiwillige Interessenvertretungen zusammenarbeiten mußten; auch haben die gesetzlichen Interessenvertretungen keine Konkurrenten, und Gewerkschaft wie Industriellenvereinigung vertreten traditionsgemäß einen sehr großen Teil der Arbeitnehmer beziehungsweise Arbeitgeber.

2. Die zentralisierte Organisation der Gewerkschaften: Im allgemeinen gibt es pro Branche bloß eine Fachgewerkschaft, und es ist keineswegs möglich, daß zwei Gewerkschaften um dasselbe potentielle Mitglied konkurrieren. Die Kollektivvertragsfähigkeit steht per Gesetz zwar der Arbeiterkammer zu, doch hat sie dieses Recht an die Fachgewerkschaften übertragen. Diese sind dadurch – über die Ideologie hinaus – zu einer solidarischen Lohnpolitik gezwungen, wie der Streikfonds vom zentralen Gewerkschaftsbund verwaltet wird.

3. Die große Zahl von Aufgaben, die den Sozialpartnern per Gesetz übertragen wurden, von der Lohn- und Preispolitik über die Begutachtung von Gesetzen, Stellungnahmen zu Fragen der Wirtschaftspolitik und Mitarbeit in über 200 Arbeitsgruppen[11], führten zu intensiven Kontakten, mit der Zeit auch zu einer gemein-

samen Sprache der Verhandlungspartner und zu ähnlichen Auffassungen über wirtschaftliche Fragen. Marin[12] sprach von »aufgeklärtem Technokorporatismus« – die Sozialpartnerschaft entwickelte sich so zu einem allgemeinen Konfliktlösungsmechanismus in Wirtschaftsfragen.

4. Das System von bloß indirekten Wahlen spielt sowohl in den gesetzlichen als auch in den freien Interessenvertretungen eine nicht unerhebliche Rolle: Die Führungspositionen werden dadurch über Wahlmänner bestimmt, und die Führungskräfte können nicht leicht abgewählt werden; sie sind somit zu keiner populistischen Politik gezwungen und können leichter gesamtwirtschaftliche Anliegen vertreten.

5. Letztlich sollte ein sehr persönlicher Faktor nicht übersehen werden: Während der Hoch-Zeit des Austrokeynesianismus waren die Präsidenten der beiden dominierenden Organisationen, der Handelskammer und der Gewerkschaft, Personen mit ähnlichem soziologischen Hintergrund: Traditionsgemäß war der Präsident der Gewerkschaft ein Facharbeiter, der seinen Beruf seit einigen Jahren aufgegeben hatte, um sich auf die Gewerkschaftsarbeit zu konzentrieren; der Präsident der Handelskammer war durch die Verteilung der Mitglieder und der Stimmen zwangsläufig Kleinunternehmer: Der spezialisierte und erfahrene Facharbeiter und der Kleinunternehmer fanden relativ leicht eine gemeinsame Sprache und eine gemeinsame Verständigungsbasis, nicht bloß in ökonomischen Fragen; sie teilten in der Regel auch eine gemeinsame Wertebasis und Weltanschauung.[13]

*Der Austrokeynesianismus bestand seine Bewährungsprobe in der Ölkrise 1973/74.*

Die Bewährung des Austrokeynesianismus in der Ölkrise 1973/74

Seine Bewährungsprobe bestand der Austrokeynesianismus in der Ölkrise 1973/74.
Wie allgemein bekannt ist, begannen die Rohmaterial- und Energiepreise 1973 als
Folge der angespannten weltweiten Hochkonjunktur kräftig zu steigen; die (arabi-
schen) Ölstaaten benutzten diese günstige Situation zu einer Kartellabsprache, die die
Ölpreise bis zum Zehnfachen ansteigen ließ. Da eine Substitution von Öl kurz- und
sogar mittelfristig nicht möglich ist, schlug sich die Ölpreisverteuerung in allen
Industrieländern in erhöhten Leistungsbilanzdefiziten, in Nachfrageausfällen, verschärften Verteilungskämpfen und in einer kräftigen Beschleunigung der Inflation
nieder. In dieser unangenehmen Situation mußten die meisten Länder nachfragedämp-
fende Maßnahmen einführen, um den Ölverbrauch einzuschränken, die Leistungs-
bilanzdefizite zu verringern und die Inflation in Grenzen zu halten; die Wirtschaftspolitik hoffte, dadurch die Verteilungskämpfe zu dämpfen und jedenfalls eine weitere
Beschleunigung der Inflation zu verhindern. Einige Länder erreichten diese Ziele auch
tatsächlich, mußten aber den hohen Preis eines sehr kräftigen Anstiegs der Arbeitslosigkeit bezahlen.

Die österreichischen Politiker glaubten niemals, daß die Probleme der Ölverteuerung kurzfristig gelöst werden könnten; sie versuchten stufenweise vorzugehen:
Zunächst wertete Österreich seine Währung auf und setzte damit die Politik fort, die
es zur Nachfragedämpfung und Angebotserhöhung in der Hochkonjunktur der 1970er
Jahre schon angewendet hatte. Das dämpfte die Ölverteuerung; Simulationen zeigten,
daß die Inflation auch darüber hinaus durch die Aufwertung gedämpft werden konnte,
ohne die Leistungsbilanz allzusehr zu belasten.[14] Die geringe Belastung der Leistungsbilanz ergab sich daraus, daß Österreich als kleines außenhandelsabhängiges Land
seine Exportpreise in Landeswährung auf Druck der ausländischen Importeure teilweise zurücknehmen mußte, sodaß die Aufwertung primär die Gewinne der Exportunternehmungen drückte.

Der österreichischen Wirtschaftspolitik wurde rasch bewußt, daß die Profitquote
der Exportunternehmungen mittelfristig wieder verbessert werden müßte, widrigen-
falls die Investitionsquote sinken und das Land seine internationale Wettbewerbsfähigkeit verlieren würde. Tatsächlich wurde die Gewinnquote der Exportwirtschaft durch
kräftige Produktivitätssteigerung und zurückhaltende Lohnpolitik in den folgenden
Jahren merklich verbessert. Letztlich reduzierte Österreich auch die Reallöhne, wie das
nach einer Verschlechterung der Außenhandels-Preisrelationen (terms of trade) als
Folge der Ölpreisverteuerung unvermeidlich war; anstelle des Versuchs der meisten
anderen Industriestaaten, die Reallohnsenkung allein durch Nachfragedämpfung zu
erzwingen, was nur über den Umweg einer hohen Arbeitslosigkeit möglich ist, wählte
Österreich einen psychologisch bedingten Umweg: Zuerst wurde durch Aufwertung
die Inflation unter Kontrolle gebracht, sodaß geringere Lohnsteigungsraten in einer
Periode sinkender und nicht steigender Inflation durchgesetzt werden konnten; zweitens führte das Sinken der Gewinnquote im exponierten Sektor und die dadurch
bedingte Gefährdung der Arbeitsplätze den Belegschaften klar vor Augen, daß die
Alternative zu einer restriktiven Lohnpolitik der Verlust von Arbeitsplätzen im exponierten Sektor wäre.

War der Austrokeynesianismus je ein bewußt angewandtes wirtschaftspolitisches Konzept?

In Österreich, wo man gerne sein Licht unter den Scheffel stellt, wird häufig die Meinung vertreten, Austrokeynesianismus wäre ein ›theoretisches‹ Konzept, das von Sozialwissenschaftern nachträglich konstruiert worden sei, um die Wirtschaftspolitik dieser Zeit zu beschreiben;[15] die Wirtschaftspolitiker dieser Zeit hätten nichts davon gewußt.

Nun ist praktische, in die Realität umgesetzte Wirtschaftspolitik stets ein Kompromiß, da es keine zwei Politiker gibt, die exakt dieselben Vorstellungen von Wirtschaftspolitik haben – und wohl auch keinen Politiker, der seine Vorstellungen über die richtige Wirtschaftspolitik im Laufe der Zeit, im Wandel der Anforderungen und unter wechselnden Machtverhältnissen nicht zum Teil sogar erheblich ändert. In diesem Sinne ist der Austrokeynesianismus tatsächlich ein theoretisches Konstrukt. Doch die divergierenden Interessen einigten sich letztlich auf ein Konzept solcher Art, als kleinsten gemeinsamen Nenner der unterschiedlichen Interessen.

Unter den damals Agierenden gab es mehrere Einfallstore für austrokeynesianisches Gedankengut: Zunächst einmal herrschte zu dieser Zeit in der sozialistischen Partei noch eine gewisse austromarxistische Tradition, wenn auch wohl stärker im Bereich der Ideologie als im Bereich der Praxis;[16] das erleichterte den Zugang zu der radikalen Interpretation von Keynes. Noch viel wichtiger aber war, daß die für die Wirtschaftspolitik entscheidenden Positionen in der wirtschaftswissenschaftlichen Abteilung der Arbeiterkammer und im Gewerkschaftsbund von Leuten besetzt waren, die den Bürgerkrieg in Österreich noch erlebt hatten, die emigrieren mußten und in England Marxismus und Keynesianismus studiert hatten; denselben personellen und theoretischen Background wiesen Kurt Rothschild und Josef Steindl im Österreichischen Institut für Wirtschaftsforschung auf. Diese Persönlichkeiten dominierten die wirtschaftspolitische Diskussion, und, jedenfalls auf sozialistischer Seite, auch die wirtschaftspolitische Beratung; sie beeinflußten auch die jüngere Generation nachhaltig. Ihre Bemühungen fielen nicht zuletzt deswegen auf fruchtbaren Boden, weil in Österreich generell ein keynesianisches Klima herrschte, auch bei nicht-sozialistischen Politikern.

Die »Sozialpartnerschaft«, ein zweites Standbein des Austrokeynesianismus, war von beiden Lagern in Österreich akzeptiert, und die Lohn- und Preispolitik im Rahmen der Paritätischen Kommission ist nach Kienzl[17] »unser originärer Beitrag zum Keynesianismus (...), etwas, was uns meines Wissens kaum ein anderes Land in dieser ausgeklügelten Form nachgemacht hat«. Es lohnt sich, darauf hinzuweisen, daß die Einkommenspolitik von der Gewerkschaft aus Machtüberlegungen betrieben wurde, von den ›Theoretikern‹ in Arbeiterkammer und Wirtschaftsforschung jedoch als radikal-keynesianische Auflösung des Zielkonflikts zwischen Vollbeschäftigung und Inflation.

›Stabilisierung der Investition‹ durch Investitionsförderung und eine Politik der niedrigen und konstanten Nominalzinsen wurden natürlich von den radikal-keynesianischen Experten aus unsicherheitstheoretischen Argumenten vertreten, doch auch die anderen Politiker standen ihr keineswegs fern. Unterschiede gab es insofern, als

Kreisky den öffentlichen Investitionen viel stärkere Bedeutung zumaß, und der überwiegende Teil des sozialistischen Lagers stärkere Investitionsplanung und jedenfalls direkte Investitionsförderung präferiert hätte; allerdings mußte er Kompromisse mit dem bürgerlichen Lager schließen, das gerade in diesem Punkt sehr klar für indirekte Investitionsförderung plädierte.

Die ›Hartwährungspolitik‹ wurde zwar von Kreisky abgelehnt. Vor allem Androsch und Kienzl, die als Finanzminister beziehungsweise Berater des Präsidenten des Gewerkschaftsbundes erheblichen Einfluß hatten, waren jedoch massive Anhänger einer Hartwährungspolitik in Form einer DM-Bindung des Schillings. Ihre Hauptargumente waren der dadurch ausgelöste Zwang zur Strukturbereinigung, der Zwang zur Produktivitätssteigerung sowie die Steigerung der Konkurrenzfähigkeit der österreichischen Wirtschaft durch Verbilligung ausländischer Vorprodukte; vor allem Kienzl betonte auch stets die stabilisierungspolitische Bedeutung der Hartwährungspolitik als Vorleistung für eine zurückhaltende Einkommenspolitik.

Was schließlich den ›differenzierten Instrumenteneinsatz‹ betrifft, sei bloß darauf verwiesen, daß der – wenn auch scherzhaft gemeinte – Ausdruck »multiinstrumentaler policy mix« von Kienzl, einem der Proponenten des Austrokeynesianismus, geprägt wurde.

Es bleibt somit schließlich das Argument, daß die Sozialisten, die die Wirtschaftspolitik der 1970er Jahre trugen, eigentlich ›austromarxistisch‹ gedacht hätten, nicht ›austrokeynesianisch‹; das mag für manche von ihnen durchaus gelten. De facto jedenfalls konnte eine austromarxistische Politik, sollte sie geplant gewesen sein, nicht durchgesetzt werden, und in diesem Sinn war der Austrokeynesianismus möglicherweise ein Kompromiß zwischen dem von der SPÖ gewünschten Idealbild einer Wirtschaftspolitik und der durchsetzbaren Form. Es gibt aber durchaus Anhaltspunkte dafür, daß sich das (austro)marxistische Gedankengut in den 1970er Jahren auf dem Rückzug befand: Dafür spricht das sozialistische Parteiprogramm von 1978, die relativ liberale Wirtschaftspolitik, die die neue Regierung verfolgte und auch durchsetzte,[18] aber auch der technokratische »Aufstand der jungen Experten«[19] in der Paritätischen Kommission.

Nicht bloß verglichen mit der Zeit danach war die Wirtschaftspolitik der 1970er Jahre somit – bei allen Unterschieden im Detail – recht homogen und zwar in einer sehr turbulenten Zeit; schon das rechtfertigt, sie als Konzeption zu sehen. Tatsächlich aber waren den Wirtschaftspolitikern und ihren Beratern wesentliche Elemente dieser Konzeption auch schon damals sehr bewußt, wenn auch keineswegs allen Beteiligten und keinem in ihrer vollen Konsequenz. Zweifellos aber hatten sie gemeinsam erhebliche, konzeptive und integrative Kraft und schufen dadurch ein kohärentes und für die Zeit passendes wirtschaftspolitisches Konzept.

## ANMERKUNGEN

1  Leicht gekürzte Übersetzung. Die französische Originalversion erschien in AUSTRIACA, 40.
2  Vgl. Tichy, Wechselkurspolitik, in: Wirtschaftspolitische Blätter 32 (5) (1985), 493–506; ebd. 32 (6) 630-640; Tichy, Wechselkursänderungen, in: Hesse u.a. Hg., Außenwirtschaft, 1985, 213–241.

3   Vgl. Böhm, Renaissance, in: Wirtschaftspolitische Blätter 29 (3) (1982), 65–77.
4   Tichy, Credibility, in: Good u. Kindley Hg., (im Erscheinen).
5   Kienzl, Gesamtstabilität, in: Weber u. Venus Hg., Austro-Keynesianismus, 1993, 63–72.
6   Lucas, Econometric, in: Journal of Monetary Economics (1976), 19–46.
7   Kydland u. Prescott, Rules, in: Journal of Political Economy 85 (1977), 473–491.
8   Tichy, Leistungsbilanz, in: Bombach u.a., Theorie, 1981.
9   Tichy, Konjunkturschwankungen, 1991, 330ff.
10  Vgl. Tálos u. Kittel in diesem Buch.
11  Farnleitner u. Schmidt, Partnership, in: Arndt Hg., Economy, 1982, 96.
12  Marin, Kommission, 1982.
13  Tichy, Sozialpartnergespräche, 1973.
14  Schebeck u.a., Effect, in: Frisch u. Schwödiauer Hg., Economics, in: Beiheft 6 zu Kredit und Kapital,
    1980, 419–445; Schebeck u.a., Folgen, in: Empirica, 1980, 139–167.
15  Lacina, Austro-Keynesianismus, in: Weber u. Venus Hg., Austro-Keynesianismus, 1993, 15; Ostleit-
    ner, Budgetpolitik, in: Weber u. Venus Hg., Austro-Keynesianismus, 1993, 105–112.
16  »Schau, unter der Woche sind wir Keynesianer, den Marxismus heben wir uns für den Sonntag auf.«
    Vgl. Kienzl, Gesamtstabilität, in: Weber u. Venus, Austro-Keynesianismus, 1993, 64.
17  Ebd., 66.
18  Lacina, Austro-Keynesianismus, in: Weber u. Venus Hg., Austro-Keynesianismus, 1993, 15ff.
19  Kienzl, Gesamtstabilität, in: Weber u. Venus Hg., Austro-Keynesianismus, 1993, 67.

Monika Bernold

# Austrovision und Telefamilie

## Von den Anfängen einer ›historischen Sendung‹

Vormittagsprogramm

›Retro‹ und ›Revival‹ prägen den aktuellen kulturellen Bezug auf die 1950er und 1960er Jahre. Mythen wie Aufbau und Wirtschaftswunder, Chiffren des Fortschritts wie Rationalisierung und Technisierung, Erinnerungen an das Funktionieren einer polarisierten Welt, West/Ost, Heim/Welt – das sind die Geschichten und Bilder, in denen sich der Blick zurück verfängt. Georg Schmid hat in einem Text zur österreichischen Kulturpolitik der 1950er Jahre den Begriff von den »Falschen Fuffzigern« geprägt und damit die aktuelle Begehrlichkeit im Rückgriff auf die ersten Jahrzehnte dieser Republik treffend kommentiert.[1]

Die 1950er und 1960er Jahre sind eine Zeit, an die wir uns bereits tele-visionär erinnern können, sei es in Form des Recyclings historischer Sendungen im aktuellen Programm (eine Erinnerung in schwarzweiß) oder sei es in Form der Erinnerung an frühe Fernseherlebnisse, als die Rezeption selbst noch das Ereignis war. In den letzten vier Jahrzehnten wurden sowohl das kollektive als auch das individuelle Gedächtnis durch das österreichische Fernsehen geprägt. Heute ist es zunehmend die Institution ORF selbst, die die Geschichtsdarstellung der Republik verwaltet, visualisiert und damit Geschichte ›schreibt‹.[2]

Wir blicken zurück von einem Punkt, an dem das Fernsehen, so wie wir es kennen, zunehmend zugunsten sogenannter interaktiver und multimedialer Bildschirm-Kommunikation an Bedeutung verliert. Heute geht es nicht nur um die Neustrukturierung des ORF angesichts von Kabel-, Satellitenfernsehen und privater Konkurrenz. Heute geht es im öffentlichen Diskurs beispielsweise auch um die Rettung des Testbilds, das als wahrnehmungsgeschichtliches Relikt zum Standbild der Verweigerung gegenüber einer geschichtslosen, elektronischen Zukunft erklärt wird.[3]

Historische Analysen sollten mit der Methode des Fremdmachens arbeiten. Kaum aber etwas ist so vertraut, vertraulich und nah wie das Fernsehen als häusliche Unterhaltungsform. Jede/r hat es erlebt; ohne Fernsehen aufzuwachsen ist längst ein soziales Privileg. Die apparative Prägung der Wahrnehmungs- und Bedürfnisstrukturen durch die Fernsehrezeption hat unsere Körper längst erreicht.

Dieser Beitrag handelt von einer Zeit, als das Fernsehen noch keine Selbstverständlichkeit war, von einer Zeit vor den Gewißheiten, wie etwa jener, daß der Apparat im Wohnzimmer steht und wir uns nicht abends in öffentlichen Fernsehräumen verabreden, oder jener, die erst in den 1980er Jahren aufkommen konnte, daß Fernsehen in Österreich gleichbedeutend mit internationalem Fernsehen ist. Die Versendung zentraler Programme in individuelle Haushalte war, historisch gesehen, nur eine Möglichkeit unter anderen. Ihre Realisierung hatte viel mit der Entstehung eines Massenkonsumgütermarkts in den europäischen Nachkriegsgesellschaften zu tun und damit, daß die Form des öffentlich-rechtlichen Rundfunks für die einzelnen Staaten eine Form bot, sich selbst Bedeutung zu verleihen.

Die Erinnerung an die frühe Geschichte des Fernsehens in Österreich ist mit einer kollektiven Verdrängung seiner Anfänge während des Nationalsozialismus verbunden. 1935 wurde in Berlin ein provisorischer Sendebetrieb aufgenommen, 1938 auf der Wiener Herbstmesse die neue Technologie ausgestellt.[4] Die Kommunikationstechnologie Fernsehen stand im Dienst des militärischen, propagandistischen und kontrollierenden Staatsapparats. Die politisch-propagandistische Zukunft für das neue Medium allerdings war innerhalb des nationalsozialistischen Systems umstritten, vor allem was die anzustrebende Rezeptionsordnung und das Format betraf. Fernsehen im Nationalsozialismus war gewissermaßen ein Fernsehen ohne Publikum.[5] In wenigen öffentlichen Fernsehstuben war die neue Technik primär als Attraktion für Parteifunktionäre, später, in sogenannten Fernseh-Theatern, als propagandistische Versorgung der Wehrmacht gedacht. Diese Form des Gemeinschaftsempfangs wurde noch bis 1943 geprobt, während die geplante Serienproduktion des für den Individualempfang zu Hause konzipierten Einheitsempfängers E1 kurz nach dem Beginn 1939 wieder eingestellt worden war. Die Favorisierung ›anti-familialer‹, kollektiver und großformatiger Nutzungsformen in öffentlichen Räumen als Perspektive nationalsozialistischer Fernsehpolitik ist eine Folie, vor der die Verknüpfung der gesellschaftlichen Vorstellung von Fernsehen mit jener der Familie in den 1950er und 1960er Jahren Bedeutung gewinnt. Die Verdrängung der nationalsozialistischen Vorgeschichte des Fernsehens aus dem gesellschaftlichen Bewußtsein jedenfalls wurde zu einem Teil der nationalen Identitätsfunktion des österreichischen Fernsehens, das den Versuchsbetrieb 1955, im Jahr des Staatsvertrags, aufnahm.

## Vorabendprogramm

Die Anfänge der Fernsehtechnik waren untrennbar mit der Entwicklung nationaler Rüstungsindustrien verknüpft. Telegraphie, Radio, Telephon, Bildfunk und Fernsehen waren wesentliche Bestandteile eines seit dem letzten Jahrhundert zunehmend expandierenden militärischen und ökonomischen Komplexes in der sogenannten industrialisierten Welt. Ein dichtes legistisches Regelsystem definierte seit dem 19. Jahrhundert das Verhältnis von Staat, Markt und Kommunikationstechnologie auf nationaler und internationaler Ebene durch die Regelung der Patente, Lizenzen, Urheberrechte und der Verteilung der Sendefrequenzen oder der Richtstrecken.[6] Nationale Konkurrenz einerseits und internationale Kooperation andererseits bestimmten die Entwicklung der Fernsehtechnik und -forschung bis in die 1930er Jahre. Die Geschichte des Fernsehens in einem nationalstaatlichen Rahmen zu denken ist daher schwierig. Das gilt besonders für die Jahrzehnte nach 1955, in denen das Fernsehen als integraler Bestandteil von Massenkultur und Massenkonsum zunehmend durch den internationalen Markt und die hegemoniale Stellung der USA geprägt wurde. Es geht daher darum, die Frage des

Fernsehens immer in ihrer inter/multinationalen Bestimmung einerseits, in ihrer nationalstaatlichen Prägung andererseits zu begreifen. Der Übergang des Fernsehens von einer technologischen Option zu einer massenkulturellen Praxis war zentral mit der sogenannten Neuordnung Europas im Zeichen des Kalten Krieges verknüpft und schloß mehr oder weniger direkt an die Jahre des nationalsozialistischen Terrorregimes und an die Verwüstungen des Zweiten Weltkriegs an.

Es waren politische, sportliche oder kulturelle Staatszeremonien, mit denen die Nachkriegsgesellschaften Europas den Beginn ihrer jeweiligen Fernsehgeschichte als punktuelle Ereignisse inszenierten. Das Fernsehprogramm der Bundesrepublik startete mit einer weihnachtlichen Festsendung am 25. Dezember 1952. Vier Tage zuvor, an Stalins 73. Geburtstag, nahm das Fernsehen der DDR seinen Versuchsbetrieb auf. Die Übertragung der Krönung der Königin 1953 wurde zu dem Meilenstein der britischen, die Übertragung der Wiedereröffnung von Burgtheater und Wiener Staatsoper im Herbst 1955 zum Anfangsritual der österreichischen Fernsehgeschichte. Sechs Jahre nach der ersten Eurovisionsübertragung in acht westeuropäischen Ländern wurde am 30. Jänner 1960 die Intervision als Dachverband der Rundfunkanstalten der DDR, der ČSSR, Polens und Ungarns gegründet. Noch bevor das österreichische Fernsehen sein Programm aufnahm, war es möglich gewesen, in Vorarlberg das schweizer, in Teilen Salzburgs und Oberösterreichs das deutsche, in Kärnten das italienische Fernsehen zu empfangen. Nach 1955 schalteten sich FernsehzuschauerInnen aus der Schweiz und Slowenien, aus den ungarischen und tschechoslowakischen, italienischen und deutschen Grenzregionen in die österreichischen Programme ein. Auch wenn es nur wenige waren, die sich zu diesem Zeitpunkt Empfangsgeräte leisten konnten – Geräte wurden über die Grenzen gebracht, Konverter gebaut und ge- beziehungsweise verkauft.

Auch die Geschichte des Senderausbaus war eine von Grenzen und Grenzüberschreitungen, von Zentrum und Peripherie. Österreichisches Fernsehen konnte in seinen Anfängen nur in den Umgebungen der großen Städte Wien, Graz, Linz und Salzburg empfangen werden. Verschiedene Alpenregionen, das Burgenland und Teile des Waldviertels blieben sendetechnisch bis in die 1960er Jahre unterversorgt.

Fernsehen ist ein Mittler von Identität und Differenz in einer geteilten Welt: *Wir* und *sie*, das war die Botschaft in den zeitgenössischen Interpretationen der Tatsache, daß die Ausbreitung von elektromagnetischen Wellen sich nicht unbedingt an Staatsgrenzen aufhalten läßt. »Wir wissen aus unserer österreichischen Erfahrung, daß in den Ländern des Ostblocks zahllose Fernsehteilnehmer die Fernsehsendungen Westeuropas sehen und verfolgen. Für sie ist das ›Fenster in die Welt‹ zum ›Guckloch im Eisernen Vorhang‹ geworden«[7], schrieb der erste österreichische Fernsehdirektor Gerhard Freund 1962. Die hier verwendeten Begriffe wurden in den 1950er Jahren zu Leitmetaphern im gesellschaftlichen Verständnis von Fernsehen und von Politik. Grenzen (Innen/Außen, Sein/Schein, West/Ost) sind das Thema dieser realitätsmächtigen Sprach-Bilder. Ihr Spiel mit Blickverhältnissen (Fenster/Vorhang/Guckloch) war Ausdruck einer zunehmend visuell geprägten Kultur, in der sich die Wirklichkeit der neuen Technik Fernsehen und die des Kalten Krieges zunehmend in Form ihrer medialen Vermittlung verknüpften.

Der Blick ging nach Westen und ordnete die Blickpräferenzen, die Selbst- und Fremdbilder entlang der machtpolitischen Einflußsphären. Wir wissen nicht, wohin der

Blick der historischen Subjekte sich richtete, aber wir wissen, wohin der Blick
›Europas‹ sich anläßlich der Eröffnungsübertragung des österreichischen Fernsehens
nicht gerichtet hat:[8]

»So sah Europa zwar die Staatsoper im neuen Glanz erstrahlen, erlebte die Auffahrt
der Festgäste und den Auftrieb Prominenter auf der Feststiege mit, erhaschte noch einen
Blick in den Zuschauerraum, bis der Bundespräsident – damals noch Theodor Körner –
seine Loge betrat, blickte mit der Kamera in den Orchestergraben hinunter, in dem die
befrackte erste Garnitur der Philharmoniker saß, sah den damaligen Staatsopern-
dirigenten Karl Böhm den Stock zum ersten Takt des ›Fidelio‹ erheben – und schaltete
dann ab.«[9]

Die Abschaltung von Europa, bevor das ›eigentliche‹ Stück begann – das ist der
dramatische Höhepunkt der Erzählfigur in den autobiographischen Erinnerungen des
sozialistischen Fernsehdirektors Gerhard Freund aus dem Jahr 1961, der sich fast
wortwörtlich in den autobiographischen Erinnerungen des konservativen Programm-
direktors Rudolf Henz wiederfindet.

In (West-)Europa als Österreich im Bild zu sein und als (West-)Europa in Österreich
auf Sendung zu sein kam in einem ökonomisch rückständigen Land – einem Land an
der Grenze zum Osten oder in der Mitte Europas, je nachdem – zentrale Bedeutung zu.
In der Tageszeitung *Neues Österreich* hieß es am 6. November 1955 in dem Artikel
»Austrovision auf vollen Touren« über die Fernsehübertragung aus der Staatsoper: »Es
ist wirklich schade, daß sich die Eurovision trotz allem nicht entschließen konnte, den
europäischen Anlaß in Wien auch den Europäern jenseits der Grenze zugänglich zu
machen.« Als Zeichen des Neubeginns, der scheinbar keine Geschichte kennt, funktionierte das Fernsehen in seinem Eröffnungsritual als Wiederherstellung des Verlorenen, als ein Versprechen, das die elektronische Versendung von ›Hochkultur‹
möglich, Tradition mit Modernisierung vereinbar machen sollte.

Das Fernsehen ist in Österreich organisatorisch aus dem Radio hervorgegangen[10]
und wurde in der Zweiten Republik im Rahmen großkoalitionär geprägter Innenpolitik
auch in einer bimedialen, zunächst privaten Gesellschaftsform zusammengefaßt, deren
Haupteigentümer pikanter- und österreichischerweise der Bund war. Die Verwaltung
des Rundfunks durch den Alliierten Rat nach 1945 hatte den politischen Kampf um die
Entscheidung für eine öffentlich-rechtliche beziehungsweise private Organisationsform, für eine zentrale beziehungsweise föderale Organisationsform in den Jahren vor
1955 entscheidend beeinflußt. Nach 1955 wurden Parteienproporz (»Schwarze Welle,
Roter Schirm«) und politische Einflußnahme nicht nur zu einem Teil realer Medienpolitik, sondern auch zu einer Art Common sense, zu einer großen kollektiven Erzählung über die ersten zehn Fernsehjahre bis zur Rundfunkreform 1966/67, die die
Vorstellung von einem modernen, entpolitisierten Fernsehzeitalter in der Zeit ›nach
1966‹ mitbegründete. Diese Rundfunkreform war das Ergebnis eines von großen Teilen
der Presse mitinitiierten Volksbegehrens im Oktober 1964. Entpolitisierung und die
Zauberformel vom besseren Programm waren die Forderungen dieses Volksbegehrens,
das mit seinen 832.353 Unterschriften bis heute der stimmenstärkste Volksentscheid
der Zweiten Republik geblieben ist.

Der Großteil der TechnikerInnen, DarstellerInnen, der ProgrammplanerInnen und
RedakteurInnen des frühen Fernsehens kam ebenfalls vom Radio und aus dem Thea-

terbereich. Mit ihnen etablierte sich eine Medienelite, deren gesellschaftlicher Auftrag der ›Dienst‹ an einem Publikum war, das sich als österreichisches Publikum formieren und sich als solches im Fernsehen repräsentiert fühlen sollte. Der Anspruch einer männerbündisch geprägten Elite auf die Repräsentation einer nationalstaatlichen Öffentlichkeit war und ist keine Besonderheit des Österreichischen Rundfunks.[11] Celia Lury schreibt über die BBC: »this concept of public service broadcasting thus assumed a responsible elite who was to be trusted to act ›on behalf‹ of public opinion. It was simultaneously a form of paternalism, which rested on a combination of trust and privilege for an administrative and creative elite.«[12] Die Glaubhaftmachung einer ökonomischen und parteipolitischen Unabhängigkeit wurde, speziell seit der Rundfunkreform 1966, zur zentralen Repräsentationsaufgabe der Institution und ihrer MitarbeiterInnen.

Fernsehkonsum hat im Kontext eines öffentlich-rechtlichen Rundfunks die Anschaffung eines Empfangsgeräts und die Entrichtung von Gebühren zur Voraussetzung. Anders als im Kino, wo die Anonymität und ›Privatheit‹ des Geldscheins für den Filmkonsum genügt, ist die Teilnahme am Fernsehempfang mit einer persönlichen Anmeldung bei der den Staat repräsentierenden Postverwaltung verknüpft. Diese staatliche Identifizierung begründete die Repräsentationsmacht der Monopolinstitution ganz wesentlich mit. Die Anmeldepflicht wurde in Österreich gleich mit Beginn des Versuchs-

*Einschaltung in »Neues Österreich« vom 23.10.1955*

betriebs eingeführt, die mit 50 Schilling festgesetzte Gebührenpflicht erst im dritten Jahr danach. Die Finanzierung des Sendebetriebs über Gebühren (die Fernsehwerbung wurde erst 1959 eingeführt) war speziell in den Anfangsjahren nicht nur eine Frage des politischen, sondern vor allem eine des ökonomischen Überlebens der Rundfunkanstalt.

»Audience as public/audience as market«[13] hat die Medienwissenschafterin Ien Ang die zwei kontroversiellen Modelle der Publikumskonstitution im öffentlich-rechtlichen beziehungsweise im kommerziellen Fernsehen genannt. Diese Varianten der Publikumsadressierung stellen sich im österreichischen Kontext als komplexes Ineinander von staatlichen und wirtschaftlichen Interessen dar, deren machtpolitischer Rahmen durch die sich immer stärker ausdifferenzierende Organisationsform der Sozialpartnerschaft, durch den Einfluß politischer und ökonomischer Lobbies und durch das staatliche Rundfunkmonopol bestimmt war und ist. Als Repräsentationsinstanz von Öffentlichkeit schlechthin wurde das österreichische Fernsehen erst nach 1966 zu jenem ›Vertretungsszenario‹, das das Programmschema sozusagen zur Tragsäule nationalstaatlicher und alltagsweltlicher ›Stabilität‹ werden ließ und dem Fernsehen in Österreich für Jahrzehnte jene Bedeutung gab, die Thomas Elsaesser »the social bond that holds the fabric of nation together«[14] genannt hat.

## Hauptabendprogramm

1955 war nicht nur das Jahr des Staatsvertrags und des offiziellen Beginns des Versuchsbetriebs des Fernsehens in Österreich, es war auch das Jahr, in dem der erste Teil des filmischen Nationalepos *Sissy* produziert wurde. Georg Seeßlen hat in einem interessanten Aufsatz gezeigt, daß der fulminante Kassenerfolg dieses Films in Österreich, aber auch in Deutschland mit seinen mythischen Antworten auf historische Widersprüche zusammenhängt, die das kulturelle und psychosoziale Klima der 1950er Jahre prägten. Diese Widersprüche zwischen Frauen/Männern, Modernisierung/Tradition, Zentrum/Peripherie werden in diesem Film in einer Form geheilt, die einen Vergleich zum Fernsehen erlaubt: *Sissy* ist, so wie das Fernsehen, zugleich ein Nationalepos und ein Familienroman. Der Film erzählt die Geschichte einer Familiengründung und die Geschichte einer neuen Ordnung der Repräsentation, die die ›Unordnung‹ im Verhältnis der Geschlechter und in der Politik wieder in Ordnung bringt. Die *Sissy*-Filme sind, schreibt Seeßlen, »Metaphern auf eine Politik, die nicht auf reale Macht, die hier so gut wie nicht vorkommt, das heißt die Macht der Waffen, die Macht der Organisation, die Macht des Geldes, die Macht der Technologie, sondern auf reine Repräsentanz gestützt ist«.[15]

Das Fernsehen stützte sich sehr früh auf den Anspruch, sein Publikum nicht nur als nationalstaatliches, sondern gleichzeitig als Familien-Publikum anzusprechen und zu positionieren. Das Familiäre des Mediums liegt in der historischen Entwicklung seiner Ästhetik selbst. Die Idee der Live-Sendung, die direkte Adressierung, close-ups, das Serielle, die Wiederholung und eine sich auch in den frühen Jahren schon durchsetzende allabendliche Präsenz erzeugten Familiarität und Intimität, die über die Anordnung des Publikums in einer häuslichen Rezeptionssituation und über die familienbezogenen Programminhalte hinausgehen.[16] In den ersten Jahren des Fernsehens war im Studio noch kein Publikum zu sehen. Das Studio fungierte eher als Double des ›normalen‹ Wohnzimmers, als räumlicher und sozialer Standard einer Norm-Familiarität, die die realen Zustände/Umstände des Innenraums der ZuschauerInnen vergessen lassen konnte.[17]

Die Identifizierung von Familie und Fernsehen fand zunächst im gesellschaftlichen Bewußtsein[18] und erst später in der alltagsweltlichen Realität statt. Der reale (Rezeptions-)Ort des frühen Fernsehens zum Beispiel war keineswegs das familiale Wohnzimmer. Dieses Wohnzimmer wurde von den meisten gerade erst eingerichtet, wenn es überhaupt schon vorhanden war. Fernsehen, das war in den Jahren nach 1955 für die meisten ÖsterreicherInnen noch Herumstehen vor den Auslagenfenstern der Radiohändler, das Lesen von Zeitungsberichten über die Zukunft der neuen Technologie, das Blättern in Anzeigen der Geräteindustrie, ein Besuch bei Freunden, eine Attraktion im Wirtshaus, im Kaffeehaus oder im Espresso nebenan. Die Geräte waren teuer, die Differenz zwischen dem, was man sich nicht leisten kann, und dem, was man *nicht* zu haben sich nicht leisten kann, wie Günther Anders es nannte, wurde nur langsam zum zentralen Impuls des privaten Massenkonsums.[19] Erst spezielle Einkaufsformen, wie der Teilzahlungskauf einerseits, die zunehmende Ausstattung der privaten Haushalte mit Finanzkraft andererseits, schufen zu Beginn der 1960er Jahre die ökonomischen Voraussetzungen für die Anschaffung sogenannter Langzeitkonsumartikel wie Automobil oder Fernsehapparat.

Das Fernsehen fungierte an der Schnittstelle von einer Ökonomie des Mangels zum beginnenden Massenkonsum also nicht primär als Erfahrungs-, sondern als gesellschaftlicher Erwartungsbegriff, speziell für eine sich langsam konsolidierende österreichische Mittelschicht. In den Programmzeitschriften der 1950er und frühen 1960er Jahre, wie *Funk und Film* oder *Hör Zu*, in der Tagespresse, den Illustrierten und Wohnzeitschriften war die Thematisierung des Fernsehens massiv mit der Rubrik ›Nachrichten aus Amerika‹ verknüpft. Amerika bezeichnete dabei nicht so sehr eine räumliche als eine zeitliche Metapher, im Sinne einer zukünftigen Verbesserung des Lebensstandards. Die zeitgenössischen Diskurse über das Gerät und seine Plazierung im sozialen Raum hatten die Funktion der Ausrichtung der gesellschaftlichen Bedürfnisse auf das Ding, den Apparat, der in jenen Jahren für das Leitmotiv des sozialen Aufstiegs stand. »Fernsehen ist für alle da« war einer der häufigsten Slogans der Fernsehmacher und der Geräteindustrie und meinte das Versprechen der Demokratisierung und der Teilhabe, nicht nur am materiellen Wohlstand, sondern auch an der kulturellen Bedeutungsproduktion. Dieses allgemeine Versprechen überdeckte die Widersprüche und Schwierigkeiten, die mit dem sozialen Wandel insgesamt, mit Rationalisierung und veränderter Arbeitsorganisation, mit dem Verlassen vertrauter Orte, mit dem Umzug in die Städte für viele ÖsterreicherInnen verbunden waren. Weil die Anschaffung eines Fernsehgeräts zum Inbegriff eines mit sozialem Aufstieg verbundenen Familienideals von Frauen und Männern wurde, war es zum Beispiel möglich, den zentralen gesellschaftlichen Widerspruch, der aus der geschlechtsspezifischen Arbeitsteilung resultierte, weiterhin als individuelles Problem der Doppel- und Dreifachbelastung von Frauen erfahrbar zu machen.

Es war also erst in den 1960er Jahren, daß das Fernsehen in Österreich begann, sich als dominante Form audiovisueller Medienrealität[20] zu etablieren. Das heißt, daß die

*Fernsehen im Stadttheater-Cafe 1955*

Kinokrise vorher noch nicht voll eingesetzt hatte, das heißt auch, daß der Umfang der Radioprogramme in den Programmzeitschriften jenen der TV-Programme noch bei weitem übertraf. Anfang 1958, knapp drei Jahre nach der Aufnahme des Versuchsbetriebs, meldete die Radioindustrie 35.000 in Österreich verkaufte Geräte, die Post verzeichnete 26.800 ausgegebene Bewilligungsscheine, mehr als die Hälfte aller TeilnehmerInnen waren davon in Wien registriert.1961 waren 15 Prozent der österreichischen Haushalte mit Fernsehapparaten ausgestattet (50 Prozent der Haushalte verfügten zu diesem Zeitpunkt über einen elektrischen Kühlschrank, 30 Prozent über eine Waschmaschine).[21] Weitere vier Jahre später, also 1965, waren erst 27 Prozent aller Haushalte mit TV-Geräten bestückt,[22] am 1. Jänner 1965 wurden von der Post 584.549 angemeldete Geräte gezählt, 1969 war die Millionengrenze überschritten.[23] Das Fernsehgerät wurde in diesem Zeitraum zu einem elementaren Bestandteil jenes Raums, auf den und in dem sich ein großer Teil der Konsumwünsche der Nachkriegsgeneration konzentrierte. Als häusliche Unterhaltungsform begleitete und begünstigte das Fernsehen die Herausbildung und Standardisierung des familialen Innenraums als privilegierten Ort des privaten Konsums. Fernsehen wurde zum ›Raum- und Zeitausstatter‹ der Verknüpfung von Freizeit, Familie und Konsum als zentrale Synthese der kapitalistischen Nachkriegswirtschaft.

Die im Fernsehen bis in die 1960er Jahre dargestellte und vorgestellte Norm-Familiarität meinte das Modell: Vater (berufstätig mit durchschnittlichem Einkommen), Mutter (Hausfrau) und ein bis zwei Kinder. Die Sendezeiten und Sendeplätze jeweiliger Zielgruppenprogramme waren von Beginn an auf dieses normative Modell der gesellschaftlichen Arbeitsteilung abgestimmt. Auch in der Werbung, den Familien-Quizsendungen, in den Fernsehfilmen und -serien dominierte die Kernfamilie als Harmonie- und Aufstiegsversprechen mit dem Anspruch, für alle gültig zu sein. Ob und in welcher Weise die konkreten ZuschauerInnen dieses normative Bild in das jeweilige Selbstbild und die Vorstellung vom eigenen Leben integrierten, bleibt eine offene Frage. Wiedererkennen konnte sich jedenfalls ein großer Teil des potentiellen Publikums in diesem Modell nicht. Alleinerziehende Mütter und berufstätige Frauen, jene, die nicht verheiratet waren oder nicht in heterosexuell organisierten Liebesverhältnissen lebten, jene, die zu den Modernisierungsverlierern zählten, waren im österreichischen Fernsehen der frühen Jahre nicht nur nicht repräsentiert, sondern als das Abwesende immer auch das Andere der als Standard repräsentierten Norm.

Im Programm selbst, das noch ganz wesentlich von räumlichen, finanziellen und studiotechnischen Problemen geprägt war, drückte sich die Verschränkung von Familiarität und staatstragender Repräsentation bereits in der Programmstruktur aus. Auch wenn die Sendetermine noch stark variierten, wurde die *Zeit im Bild* als Sendung des aktuellen Dienstes von Beginn an zum Zeichen der täglichen Präsenz und Kontinuität des österreichischen Fernsehens, das sich nicht zuletzt in den vertrauten Gesichtern und vertrauten Stimmen der SprecherInnen verkörperte. Die Übertragung großer internationaler Sportübertragungen einerseits, die Übertragung von Theater- und Musikaufführungen andererseits bestimmten demgegenüber den Ereignischarakter des frühen Programms. Beratungssendungen bedienten die Konsumträume des potentiellen Publikums. *Schach dem Tod* etwa hieß die Sendung zur Verkehrserziehung, die *Motorillustrierte* informierte über neue Produkte am Automobilmarkt. *Der Markenfreund* war das wöchentliche Angebot an die österreichische Sammel- und Sparmentalität, Sendereihen wie *Lebendiges Weltall* oder *Abenteuer unter Wasser* verknüpften Bilder von exotischen Fernen mit dem Kultur- und Informationsauftrag. Im Vorabendprogramm dominierten sogenannte Familiensendungen wie *Modeeinmaleins, Hausfrau sein dagegen sehr – Praktische Tips für den Haushalt, Schön sein – keine Kunst* oder *Beim Blumendoktor.* An ein weibliches Publikum gerichtet, waren diese Sendungen als Einweisung in die Haushalts- und Konsumaufgaben der Frauen im Publikum durch die ExpertInnen am Schirm gedacht.

Der Zusammenhang von Familie und Fernsehen zeigt sich auch in vielfältigen Verbindungen von Television und Essen als familienkonstituierendem Ritual. Günther Anders hat schon in den 1950er Jahren angemerkt, daß der Fernsehapparat zunehmend den Tisch als Symptommöbel der Familie verdrängt. In populären zeitgenössischen Interpretationen, aber auch in aktuellen medientheoretischen Lesarten des Phänomens Fernsehen wird häufig mit den Begriffen des Oralen, der Fütterung, der Symbiose argumentiert.

1956, also zu einem Zeitpunkt, als die in der historischen Konsumforschung mit Freßwelle umschriebenen Nachkriegsjahre lange vorüber waren, aber der weitaus größte branchenspezifische Werbeaufwand in der Plakatwerbung Wiens noch immer auf die Nahrungs- und Genußmittelbranche entfiel, wurde die *Fernsehküche* zu einer der frühesten und beliebtesten regelmäßigen Sendungen des österreichischen Fernsehens. Zunächst von einem Koch der ›alten Schule‹ mit Rezepten heimischer Küche betreut, wurden ab 1958 von einem Vertreter moderner Küche auch ›Leckerbissen aus

*Private Rezeptionssituation 1964, gesendet wird die »Fernsehfamilie Leitner«.*

aller Welt‹ im Vorabendprogramm serviert. »Ein Apfelstrudel für Europa« hieß es 1959 in *Funk und Film* über die Eurovisionsausstrahlung einer österreichischen Koch-sendung, was den österreichischen Zuschauerinnen/Leserinnen wohl die ›kulturpoliti-sche Tragweite‹ ihrer täglichen Arbeit in der Küche klarmachen sollte.

Zu verweisen ist auch auf die zentrale Bedeutung, die den Inszenierungen des familiären Essens in der ersten, ab 1958 gesendeten Familienserie des österreichischen Fernsehens, *Unsere Nachbarn: die Familie Leitner*, zukam. Die österreichische Radio-familie *Floriani*, aber auch die erste deutsche Familienserie *Unsere Nachbarn heute Abend – die Schöllermanns* waren die Vorbilder für die österreichische Fernsehfamilie. Die *Leitners* wurden mit über hundert Folgen zwischen 1958 und 1967 neben *Was gibt es Neues?* von Heinz Conrads zum kontinuierlichsten Unterhaltungsprogramm des frühen österreichischen Fernsehens. Der von der Mutter gedeckte Tisch fungierte dort als immer wiederkehrendes Ritual, von dem aus die Plots rund um die neue Konsum- und Sozialordnung (die neue Wohnung, die Berufstätigkeit der Tochter, die Konsum-freude der jungen Generation, die Hochzeitsreise, der Führerschein usw.) verhandelt wurden. Die televisuellen Inszenierungen des Essens repräsentierten in den 1950er und frühen 1960er Jahren gewissermaßen einen Basis-Code, über den das Publikum als Konsumenten (Mangel/Fülle/Erfüllung), die Konsumenten als Familien und die Frauen als für die Familien zuständig adressiert wurden.

Die Technik des Fernsehens und seine institutionelle Ausprägung im Monopol des ORF ermöglichten die Zirkulation und Distribution eines Menschen- und Weltbilds, in dem die Vorstellung von der Familie als Ort des privaten Konsums sich mit dem Glauben an den Staat als Repräsentanten und Garanten von sozialem Wohlstand und technischem Fortschritt verband. Das österreichische Fernsehen funktionierte als Effekt des Glaubens an ein Ganzes (den österreichischen Staat), das sich als sozialer Sinn des ›Dazugehörens‹ vermittelte. In diesem *Wir* repräsentierte sich ein nationales wie auch ein familiales Identifikationsmodell jenseits realer Partizipationsmöglichkeiten des Publikums, jenseits von realen Importanteilen in der Programmstruktur (das österreichische Fernsehen wurde von Beginn an bis zu 30 Prozent von deutschen oder von Eurovisionsprogrammen bespielt)[24] und jenseits auch der realen sozialen Beziehungen und Lebensumstände der Frauen und Männer unterschiedlicher Herkunft und Generation vor dem Schirm.

## Nachtprogramm

›Weltblick‹ hieß eines der verbreitetsten Fernsehgerätemodelle der 1960er Jahre. Die Ausdehnung der Grenzen des Sichtbaren, die Ankoppelung der Nähen an die Fernen der Welt, Weltraumfahrt und Tourismus, die vielzitierte Mobilisierung des privaten Blicks waren Rahmenerzählungen in einem Prozeß der Verschiebung kultureller und sozialer Identitäten. Austrovision und Telefamilie fungierten in diesen frühen Jahren einer zunehmend audiovisuell und technologisch geprägten Kultur als geschlechtlich und sozial kodierte Ordnungskonzepte, die in strategischer Weise als Nichtanerkennung von Differenz/en wirksam geworden sind. Ungleichzeitigkeiten und Ungleichheiten in der österreichischen Nachkriegsgesellschaft freilich waren nicht zur Gänze und auf Dauer in einem nationalen Familienprogramm nivellierbar. Auch wenn das frühe Fernsehen die Grenzen von Öffentlichkeit und Privatheit in Form ihrer medialen Verschränkung verfestigte, wurden diese Grenzen durch die Technologie selbst, durch die sozialen Bewegungen der späten 1960er Jahre neuerlich massiv in Frage gestellt. »Es gibt keine Wände mehr. Unsere Räume sind pulsierende Ballons. Unser Herzschlag wird zum Raum. Unser Gesicht ist Hausfassade«,[25] schrieben die jungen österreichischen Architekten Coop Himmelblau 1968 über das Verhältnis von Raum, Körper und Architektur. Im gleichen Jahr formulierte die Video-Künstlerin Valie Export ein politisches Manifest, das die Aufhebung der Grenzen von Privatheit und Öffentlichkeit im Sinne des Aufbrechens der Gewaltherrschaft der visuellen Repräsentation propagiert. Die Aktion des *Tapp- und Tapskinos,* in der ein um den Oberkörper der Künstlerin geschnallter Blechkasten zum Kinosaal, die Haut der Künstlerin gewissermaßen zur mobilen Leinwand wird, provozierte 1968 einen Skandal. »taktiles und visuelles erlebnis in der sexualität erlaubt der staat nur in der familie, in der privatsphäre, visuelles erlebnis durch zeitungen, bücher und filme fördert den voyeurismus, taktiles erlebnis außerhalb der privatsphäre verbietet der staat, die sinne werden befreit und dieser prozess läßt sich in keiner weise in die staatlichen regeln integrieren, denn er führt zur direkten befreiung der sexualität. er ist der erste schritt der frau vom objekt zum subjekt.«[26] Diese Sätze Valie Exports werfen als historisches Zeitdokument von 1968 ein bezeichnendes Licht zurück auf die soziale und kulturelle Mentalität jener Jahre, in denen das Fernsehen in Österreich langsam zur alltäglichen Wirklichkeit wurde. 1995 ist die Position, von der aus diese Sätze formuliert wurden, nicht mehr existent. Die Komplexität und Vielschichtigkeit des kulturellen und sozialen Wandels der letzten Jahrzehnte ist in einem Ausmaß medial vermittelt, daß die Rekonstruktion der Anfänge und sozialen Kontexte einer beginnenden Fernsehkultur in Form einer linearen Geschichte schwierig wird. Das Fernsehen kam nicht von außerhalb und eroberte, bebilderte, veränderte die Welt, sondern war und ist eine Resultante aus historischen Erwartungen, Interessen und Wahrnehmungsformen, die sich überlagern und in Bewegung sind.

*»Es gibt keine Wände mehr. Unsere Räume sind pulsierende Ballons. Unser Herzschlag wird zum Raum. Unser Gesicht ist eine Hausfassade« (Coop Himmelblau 1968). Mann im weißen Anzug*

## ANMERKUNGEN

1 Schmid, Fuffziger, in: Aspetsberger u.a. Hg., Literatur, 1984, 7.
2 Vgl. Botz, Fernsehen, in: Medien & Zeit 4 (1993), 2.
3 Das sogenannte Testbild war das erste Bild, das die Fernsehschirme gefüllt hatte, noch bevor der Programmbetrieb aufgenommen wurde. Heute, wo das Testbild vom Fernsehschirm gänzlich verschwunden ist, gibt es Initiativen, die es quasi als Pausezeichen in einem immerwährenden Programmfluß bewahren wollen (vgl. Möchel, Rettet das Testbild, in: Der Standard, 21.9.1994).
4 Vgl. Fernseh-Rundfunk, in: Rundfunkwoche Wien 22 (1938), 2; Fernsehen ist der Trumpf der Wiener Herbstmesse, in: ebd. 24 (1938), 1.
5 Vgl. Urrichio, Fernsehen, in: ders. Hg., Anfänge, 1991, 235-281; Steinmaurer, Forward to the Past, in: Medien Journal 1 (1992), 23–34; Winker, Fernsehen unterm Hakenkreuz, 1994.
6 Die staatliche Postverwaltung sicherte sich in der Habsburgermonarchie bereits seit Mitte des 19. Jahrhunderts das Monopol auf den beginnenden Informationsverkehr. Das entscheidende Gesetz für das Staatsmonopol des österreichischen Fernsehens in der Zweiten Republik war das Fernmeldegesetz aus dem Jahr 1949, durch das das Genehmigungsrecht zum Betrieb von Fernmeldeanlagen dem Bund vorbehalten blieb (zur Rechtsgeschichte vgl. Murschetz, Grundlagen, 1995).
7 Gerhard Freund, Fernsehen in Österreich, Wien 1962, 6.
8 Die Staatsopernübertragung scheiterte am Konflikt der Europäischen Rundfunkunion mit den Künstlergewerkschaften über die zu entrichtenden Abgaben bei Auslandsübertragungen.
9 Gerhard Freund, Fernsehen, nah gesehen. Erlebnisse und Erfahrungen eines Fernsehdirektors, Wien 1961, 41. »Statt der erwarteten Millionen durften nur ein paar zehntausend Zuschauer in Österreich die Aufführung miterleben. Für die Eurovision wurde in dem Moment, da Karl Böhm den Taktstock hob, abgeschaltet.« Rudolf Henz, Fügung und Widerstand, Graz u. Wien 1963, 464.
10 Vgl. Venus, Fernsehlawine, in: Medien Journal 1/2 (1985), 36–54.
11 Vgl. Angerer, Echo, in: dies. u.a. Hg., Parkett, 1991, 111-134.
12 Lury, Rights, 1993, 138.
13 Ang, Audience, 1991, 26ff.
14 Elsaesser, TV, in: Quaterly Review of Film and Video 1/2 (1992), 13.
15 Seeßlen, Sissy, in: Marsiske Hg., Zeitmaschine, 1992, 72.
16 Vgl. Ellis, Fictions, 1982, 134ff.
17 Die Einführung der Magnetbildaufzeichnung, also die Möglichkeit zur Speicherung und Konservierung von elektronischen Bildern und die Einführung des zweiten Programms 1961 waren technologische und organisatorische Veränderungen, die die staatstragende Familiarität des österreichischen Fernsehens weiter unterstützten.
18 Vgl. Bernold, Fernsehen, in: Medien Journal 1 (1994), 19-26; Bernold u. Ellmeier, Wählerin, in: Kaelble u.a. Hg., Konsumgeschichte (in Druck).
19 Vgl. Anders, Welt, in: ders., Antiquiertheit, 1986, 177.
20 Vgl. Zielinski, Audiovisionen, 1989.
21 Vgl. Pressedienst des Österreichischen Gallup-Instituts 45 (1961), 1.
22 Vgl. Österreichischer Radio-, Fernseh- und Elektrofachhandel 5/6 (1965), 4.
23 Vgl. ORF-Almanach, Wien 1969, 76.
24 Vgl. Rest, Explosion, in: Fabris u.a. Hg., Medienkultur, 1988, 265-316.
25 Coop Himmelblau, Architektur, 1983, 182.
26 Zit. nach Anita Prammer, Valie Export, Wien 1988, 106.

Fiona Steinert / Heinz Steinert

# Reflexive Menschenverachtung: die Wienerische Variante von Herrschaftskritik

Der Herr Karl – ein echter Wiener geht nicht unter

Am 15. November 1961 wurde im österreichischen Fernsehen das Einmannstück *Der Herr Karl* von Carl Merz und Helmut Qualtinger uraufgeführt.[1] Helmut Qualtinger, bis dahin ein Kabarettstar, der zum Wiener Selbstverständnis schon Figuren wie den G'schupften Ferdl, den Wilden mit seiner Maschin und den Travnicek beigetragen hatte, wurde zum Herrn Karl. Er ist ihn nicht mehr losgeworden.

Lebenslauf eines Mitläufers

Der Herr Karl ist ein älterer Gelegenheitsarbeiter, der im Kellermagazin einer Lebensmittelhandlung angelernt werden soll. Er spricht, während er sich in dem Warenlager orientiert, zu seinem den Abschied nehmenden viel jüngeren Vorgänger – und er erzählt dabei sein Leben von der Zwischen- zur Nachkriegszeit.

Als Herr Karl präsentiert sich unserer Verachtung ein dicker, ungepflegter, älterer Mann, der von seinen Erfolgen bei den »Weibern« daherredet; ein ungebildeter Mensch, der mit Kunst und Lesen nichts anfangen kann, auch nichts mit dem Fernsehen (1961 wirkte der Kulturauftrag noch stärker), der sich aber immer wieder zu einem Hochdeutsch aufschwingt, in dem er uns die letzten Banalitäten als Lebensweisheiten und Klischeesprüche aus den verlogensten Bereichen von Politik und Fremdenverkehrswerbung als Beschreibungen der Wirklichkeit vorsetzt; ein arbeitsscheuer, ausgehaltener Witwentröster, der uns etwas von seinen »Leistungen« zu erzählen versucht; ein brutaler, rücksichtsloser und bindungsunfähiger Leutebenutzer, der vor Selbstmitleid vergeht und sich selbst als Opfer sieht; ein gieriger und gefräßiger Konsument von Billigwaren (nur irrtümlich erwischt er französischen Cognac, lieber wäre ihm Glühwürmchen-Likör), der behauptet, er würde das Leben genießen; ein ängstlicher, wehleidiger Opportunist auf dem Weg in eine immer tiefere Melancholie, der sich und uns vorzumachen versucht, er wäre wenn schon nicht Herr seines Lebens, so doch konsistent in der Verarbeitung der Chancen und Schicksalsschläge; einer, der nach oben buckelt, nach unten tritt und es dabei auch an Sadismus nicht fehlen läßt.

Charakteristisch für ihn ist die Episode mit Herrn Tennenbaum: »Na, I man, schauns, was man uns da nachher vorgeworfen hat, das war ja alles ganz anders: Da war a Jud im Gemeindebau, der Tennenbaum, sunst a netter Mensch. Na, da hams so Sachen gegen die Nazi g'schrieben g'habt auf de Trottoir, auf de ... de Gehsteige. Und der Tennenbaum hat des aufwischen müssen. Na, net er allein, de andern Juden a. Na, hab i eam hing'führt, daß ers aufwischt. Der Hausmaster hat halt zug'schaut, hat g'lacht,

der war immer bei aner Hetz dabei. Na, nachm Krieg is er zurückgekommen, der Herr
Tennenbaum. Is eam eh nix passiert ... Hab i eam auf da Straßn 'troffen, hab i g'sagt:
'D'Ehre, Herr Tennenbaum!' Hat er mi net ang'schaut. Ich grüß ihm noch einmal:
'D'Ehre, Herr Tennenbaum!' Schaut mi wieder net an, net? Hab i ma denkt, 'siehgstes,
jetz is er bös'. Dabei, irgendwer hätts ja wegwischen müssen, net? Der Hausmaster war
ja a ka Nazi, er hats halt net selber wegwischen wollen, net? (hochdeutsch:) Alles, was
man heute darüber spricht, ist falsch! Es war eine herrliche, schöne ... damals ... ich
möchte diese Erinnerung nicht missen! (wieder Dialekt:) Dabei hab i ja gar nix davon
g'habt. Andere, mein Lieber, die ham sich g'sund g'stessen. Existenzen wurden damals
aufgebaut, G'schäfter arisiert, Häuser, Firmen, net? I hab nur an Juden g'führt, I war a
Opfer. Die andern san reich wurden. I war a Idealist.«

    Daß Österreich das erste Opfer der Nazis gewesen wäre, war die Lebenslüge der
ersten Jahre der Zweiten Republik.[2] Herr Karl benimmt sich daneben, indem er diese
Lüge allzu offensichtlich werden läßt, indem er die Anschlußkundgebung am Wiener
Heldenplatz wie einen »riesigen Heurigen« erinnert und auch nicht vergessen hat, daß
die Wiener Polizei bei der Gelegenheit schon mit Hakenkreuzbinden auftrat. Er fügt
auch gleich die offizielle Erklärung hinzu: »Die Polizei is g'standen mit die Hakenkreuzbinden ... fesch! ... (hochdeutsch:) Furchtbar! Furchtbar, das Verbrechen, wie man
diese gutgläubigen Menschen in die Irre geführt hat. Der Führer hat geführt.« Herr Karl
führt aber auch vor, wie man gerade mit diesen genauen Erinnerungen in einer Art
gedoppelten Bewußtseins mühelos zwischen den beiden Ebenen der persönlichen
Lebenserfahrung und der politischen Parolen springen kann. Er zeigt uns, wie diese
beiden Ebenen so gegeneinander isoliert werden können, daß eine politische Moral,
aus der etwas für die eigene Lebensführung folgen könnte, eingespart wird.


## Das Arbeitsbündnis

Der Gesprächspartner des Herrn Karl ist die Kamera – ist damit der Zuseher. *Wir* sind
der »junge Mensch«, dem dieser schmierige ältere Versager seine Tiraden aufdrängt.
*Uns* gegenüber spielt er sich mit seiner »Lebenserfahrung« und seiner Wehleidigkeit
auf, die wir verächtlich finden. Er spricht zu uns im Wissen, daß seine Zeit zu Ende ist,
und mit dem verzweifelten Versuch, uns Junge, die wir ihn überleben werden, davon
zu überzeugen, daß er etwas erlebt hat, das den Aufwand lohnt, erzählt und angehört
zu werden.

    Herr Karl versucht damit, die eindeutige Ausgangssituation umzudrehen: Wir, die
Jungen, lassen den unqualifizierten Job im Kellermagazin hinter uns, in den er, der
Versager, am Ende eines langsamen, aber stetigen Niedergangs einsteigt und für den
wir ihn kurz anlernen sollen. Er dreht diese Situation um, indem er uns seine schamlo-
sen Unterschleifkünste vorführt und uns erzählt, wie er sie verschiedentlich sein Leben
lang praktiziert hat. Er macht uns zu Komplizen, wenn er die »Frau Chefin« belügt und
bestiehlt, wenn er sich renitent ihren Zumutungen (Zigaretten holen) entzieht. Er macht
uns zu Zeugen seiner Fähigkeit, die auch nur resignierte Reaktion der anderen auf seine
Unverschämtheit in das Bewußtsein umzuwandeln, *ihm* sei Unrecht geschehen, *er* sei
das Opfer der menschlichen Unanständigkeit, die er tatsächlich verkörpert.

Bei der ersten sich bietenden Gelegenheit (Herr Karl muß einmal) machen wir uns davon. Herr Karl kommentiert das mit: »He Sie! ... Weg is er ... Trottel! Naja ...« (In der letzten Szene vertritt daher die Kamera nicht mehr den Gesprächsadressaten, sondern einen abstrahierten Beobachter der Spezies Herr Karl.) Das Arbeitsbündnis des Monologs, das von der Kamera, in die Herr Karl spricht, noch stärker unterstrichen wird, als das im Theater der Fall wäre, ist explizit und stark: Das Publikum ist in der Situation des Jüngeren, der sich dem uninteressanten und leicht durchschaubar angeberischen Gebrabbel eines ziemlich widerlichen Älteren nicht ohne Eklat entziehen kann. In der Situation sind wir gehalten, uns bei aller Distanz doch einmal auf solches Geschwätz einzulassen, genau hinzuhören, was sich in solcher Großmäuligkeit alles ausdrückt. Vorgegeben ist aber in der Rollenzuweisung an das Publikum, daß sich hier in einer Zeit des Generationskonflikts eine unsympathische und jedenfalls lästige und verächtliche Figur unserer Aufmerksamkeit aufdrängt. Diese schon vom Rahmen vorgegebene Verächtlichkeit der Figur wird auch hinreichend eingelöst. Man muß sich anstrengen, um die traurige Dimension des Herrn Karl wahrzunehmen. Angeboten wird er uns zur Geringschätzung.

## Herr Karl spricht hochdeutsch

Die auffälligste sprachliche Eigenheit des Herrn Karl ist der gelegentliche Wechsel des Monologs aus dem gewöhnlich breiten Wienerisch in ein gestelztes Hochdeutsch. Qualtinger hebt dabei auch noch die Stimmlage an, was diese Sequenzen doppelt komisch macht.[3] Der Wechsel ins Hochdeutsche hat vier verschiedene Funktionen.

1. Am einfachsten und offensichtlichsten ist, daß Herr Karl mit der »Frau Chefin« hochdeutsch spricht. »Bitte, ja? Ja, Frau Chefin! Ich versteh!« Gelegentlich kommentiert er anschließend respektlos und im Dialekt. Es ist das stilisierte und zugleich distanzierende Hochdeutsch der Oberkellner, das besondere Hochachtung vorspielt und Abhängigkeit und Ressentiment kaschiert.

2. Die zweite Kategorie sind eingeübte autobiographische Aussagen, die Maximen und Knotenpunkte des offiziellen Curriculum vitae. Durch den Wechsel ins Hochdeutsche werden sie als besonders klischeehaft und verlogen markiert. »Bei mir war immer das Herz dabei, immer ein bißerl das Herz dabei, mein ganzes Leben. Und ich kann Ihnen sagen: Ich bin bitter enttäuscht worden.«

3. Damit verbunden, aber unterscheidbar sind Lebensweisheiten, Maximen, die über die Erfahrungen gestülpt werden, auch sie klischeehaft und entsprechend unglaubwürdig, eben nicht aus der Erfahrung gewonnen; etwa zum Geschlechterverhältnis: »Die Frau ist der gebende Teil, und der Mann ist der herrschende.« Und als Bilanz der politischen Altersweisheit: »Es geht mich nichts an, ich mach meine Arbeit, ich kümmer mich nicht um Politik, schau nur zu ... ironisch ... behalt's für mich.«

4. Am interessantesten sind schließlich die Aussagen über Österreich, die durch den Sprachniveauwechsel etwas Offizielles und damit Aufgesetztes bekommen. Sie stammen aus zwei Bereichen, aus der Fremdenverkehrswerbung – »Österreich ist herrlich! Großglockner! Pasterzengletscher! Die herrlichen Bergriesen in ihrer weißen Einsamkeit!« – und aus den politischen Sprachregelungen[4]: (Bezogen auf

die Zwischenkriegszeit:) »Österreich hat sich erst langsam aus den Wunden, die ihm der Erste Weltkrieg geschlagen hat, hat sich langsam erst die Wunden erholt.« (Allgemein bilanzierend für die Nazi-Zeit:) »Das war eine furchtbare Zeit: lauter Arbeitslose. Viele Menschen haben gelitten damals in Österreich.« »Es war wie ein riesiger Heuriger! Aber feierlich! Ein Taumel!« »Es war eine furchtbare Zeit!« (Bezogen auf seine Tätigkeit in der Laienhelferausbildung für den Luftschutz:) »Es war eine schöne Zeit!« (Bezogen auf die Nachkriegszeit:) »Natürlich, es war eine harte Zeit. Man hat ein befreites Volk hungern lassen.« »Ich bin nur ein kleiner Österreicher innerhalb einer unabhängigen Nation.« In der Chronologie betonen diese Parolen, was für schwere Zeiten das jeweils waren. Nur für die Nazi-Zeit schwankt die Einschätzung: Sie war Herrn Karls beste Zeit, als er einmal, als Blockwart, Macht hatte.[5] Aber offiziell war es »eine furchtbare Zeit«, mit genau diesem mehrfach verwendeten Epitheton. Daran schließt sich die Identifikation mit dem Wiederaufbau.[6] Und der gespenstische Zug endet mit der Beteuerung der eigenen Bedeutungslosigkeit als Österreicher. Es ist der österreichische Weg von einer Furchtbarkeit zur nächsten – und als man sich einmal richtig groß fühlen konnte, war das auch erstens von den Deutschen geborgt und zweitens hinterher falsch – mit der Schlußfolgerung, daß man sich am besten ganz klein und unauffällig machen soll: Der freundliche, melancholische Wiener, der niemanden bedroht und niemandem eine Konkurrenz ist, ist jovial und grantig, gemütlich und unbedeutend – so einer kann eigentlich nirgends dabeigewesen sein, und wenn, dann nur als unbeteiligter Zuschauer. Wieviel bodenlose Gemeinheit hinter dieser Gemütlichkeit steckt, erfährt man aus den Dialektteilen des Monologs.

## Geschichte einer (gewissen) Empörung

In den Büchern über Qualtinger ist die Rede von einem Skandal, den dieses Fernsehspiel ausgelöst hätte, von einem »Proteststurm«. »Die Zweite Republik geriet wegen dieser Geschichte – ihrer Geschichte – aus den Fugen.«[7] Tatsächlich äußerte sich die professionelle Kritik über das Stück und die Inszenierung jedoch nur positiv bis enthusiastisch. Allerdings tat sie das schon lange vor der Aufführung.

Nicht unwesentlich scheint zunächst die Feststellung, daß Helmut Qualtinger 1961 ein durchaus ernstgenommener Schauspieler, vor allem aber ein allseits gefeierter Kabarettstar war. Genau gesagt hatte er seine Kabarettkarriere schon hinter sich: Im April 1961 war die letzte Vorstellung des Programms *Hackl vor'm Kreuz* im Neuen Theater am Kärntnertor über die Bühne gegangen. Damit war aber nicht nur die erfolgreiche Zusammenarbeit mit der Gruppe um Bronner, Merz, Kreisler, Martini und andere beendet, sondern Qualtinger wählte diesen Zeitpunkt auch, um seinen offiziellen Abgang vom Kabarett zu verkünden. Dazu kam die Nachricht, daß er das österreichische Theater wegen eines ›ernsten‹ Engagements in Richtung Deutschland (als Richard III. bei Oskar Fritz Schuh in Köln) verlassen werde. In den Zeitungen war von »Verlust« und »Trauer« die Rede, die Meldungen lesen sich wie Nachrufe.

Die vor dem Abgang nach Deutschland eingeschobene Produktion des *Herrn Karl* kann daher als ein nicht unbedeutender Wendepunkt in Qualtingers Theaterlaufbahn

*»Es war wie ein riesiger Heuriger.«*

verstanden werden. Der Kabarettstar Qualtinger hatte seinen Erfolg nicht zuletzt der
öffentlichen Ignoranz gegenüber seinem kritischen Potential zu verdanken – und darüber
war er sich durchaus im klaren. Enttäuscht durch die engen Grenzen des (österreichischen) Kabaretts wandte er sich von diesem ab, um sich mit dem *Herrn Karl* deutlich
zwischen die Fronten von Kabarett und ›hoher Theaterkunst‹ zu stellen. Nicht nur in der
Frage des Genres verweigert sich der *Herr Karl* einer exakten Zuordnung.

Nicht zuletzt aus der beschriebenen Bestürzung über Qualtingers Abgang ist
schließlich der Enthusiasmus zu verstehen, der angesichts der Ankündigung laut wurde,
daß Österreich ›seinen‹ Qualtinger doch noch einmal zu sehen bekommen sollte, zuerst
im Fernsehen und dann im Theater: »Frohlocket, Freunde, wir haben ihn wieder – oder
noch immer. Wie Ihr wollt! Ich meine Helmut Qualtinger.«[8] Mit entsprechender
Aufmerksamkeit wurde der *Herr Karl* also schon bedacht, bevor noch bekannt war,
wer diese ominöse Figur eigentlich ist. Für eine Fernsehsendung wohl eher ungewöhn-

lich viele Zeitungsartikel und Kurzmeldungen machten auf die geplante Produktion und ihre Ausstrahlung aufmerksam. Auffällig ist der ungetrübt überschwängliche Tenor dieser Vorankündigungen. Aus den Kritiken, die unmittelbar vor der Sendung erschienen, wird ein wesentlicher Grund deutlich, warum der *Herr Karl* dem Fernsehpublikum vorweg so sehr ans Herz gelegt wurde: Es handelte sich schlicht um eine Fehleinschätzung, um die Unterschätzung des Qualtingerpotentials. Beispielhaft dafür stehen Beschreibungen der Sendung als »freundlich-satirischer Rückblick auf die letzten fünfzig Jahre«[9] oder als »Bilderbogen rund um das Schicksal des ›kleinen Österreichers‹ zwischen Weltkrieg I und Gegenwart«.[10]

Bleibt man zunächst bei der offiziellen Fernsehkritik, so konnte auch nach der Ausstrahlung von einem Skandal – von seiten der Presse jedenfalls – keine Rede sein. Der durchwegs positiv vermittelte Eindruck änderte sich allenfalls insoweit, als die Zustimmung differenzierter und weniger naiv geäußert wurde. Die Anerkennung bezog sich jetzt auf den scharf formulierten Text, seine szenische Adaption für das Fernsehen und nicht zuletzt auf Qualtingers schauspielerische Qualitäten. Ganz anders werden in den verschiedenen Büchern über Qualtinger die Reaktionen des Publikums beschrieben: Aus heißgelaufenen ORF-Telefonen,[11] öffentlichen Protestschreiben (wie das der Diözesanführung der Katholischen Jugend)[12] und einer Flut von Leserbriefen setzte sich nachträglich das Bild einer größeren allgemeinen Aufregung zusammen. Es war offensichtlich das Volk der Fernsehzuschauer, das sich empörte, was unter anderem dem vorrangigen Mittel, mit dem der Protest geäußert wurde, zu entnehmen war: Es waren in erster Linie die Leserbriefseiten der Zeitungen, die den Schauplatz der Diskussion darstellten. Bemerkenswert ist, daß tatsächlich eine Diskussion geführt

*»Aber feierlich! Ein Taumel!«*

*»Natürlich, es war eine harte Zeit.«*

wurde: Über mehrere Wochen hin ergab sich eine kontinuierliche Auseinandersetzung, in der sich einzelne Kommentare auf die jeweils vorangegangenen bezogen, so daß nahezu ein Gespräch entstand. Die Auswahl, Veröffentlichung und Plazierung dieser Leserbriefe weist jedenfalls auf das Gewicht hin, das dem Thema von den Zeitungen beigemessen wurde.

Ein wesentliches (Antriebs-)Moment der Diskussion bestand in der angenommenen Spiegelbildfunktion des Herrn Karl. Immer wieder rekurrierten sowohl Kritiken als auch einzelne Leserbriefe auf den Titel des erfolgreichen Kabarettprogramms *Spiegel vor'm G'sicht*: Auch mit der Figur des Herrn Karl würde Qualtinger der Nation einen Spiegel vors Gesicht halten. »Vielleicht sehen Sie sogar ab und zu (wenn Sie ehrlich sind) Ihr eigenes Spiegelbild.«[13] Relativ aufschlußreich ist hier die Beschreibung der Fernsehansage der Ausstrahlung des *Herrn Karl*: »Zwischen vielsagendem Augen-Auf-und-Niederschlagen und gekonnt eingestreuten Kunstpausen wurden die Fernseher auf den ›Herrn Karl‹ vorbereitet. Da war von 50 Jahren österreichischer Geschichte die Rede und von einem ›Durchschnittsösterreicher‹, mit dem sich so mancher identifizieren würde.«[14] Daß sich auch später Leute durch den *Herrn Karl* persönlich angegriffen fühlten, war nicht zuletzt auf die Formulierungen der Kritik zurückzuführen, die dem Fernsehvolk mit dem Gestus des moralisch erhobenen Zeigefingers einen ›Herrn Karl in uns‹ nahelegten. »Nicht Lachkrämpfe schüttelten den Zuseher, eher rieselte ihm ein Schauer des Erschreckens über den Rücken. Bist du das nicht selbst auch, steckt nicht ein Stück dieses Herrn Karl auch als Möglichkeit in dir?«[15] Vom Stück selbst wird dieser Moralismus nicht getragen. Der Herr Karl wird, wie oben analysiert, den Zusehern als Angehörigen einer späteren Generation zur Verachtung angeboten, er ist eklig und beängstigend, und am Schluß löst er angewidertes Mitleid aus. Er ist eine Studie in Mitläufertum – aber niemand sagt, es sei die einzige oder die typische oder die österreichische Form von Mitläufertum.[16]

Genau das wurde aber massenmedial unterstellt, und genau in diesem Sinn wurde Selbsterkenntnis eingefordert, und genau dagegen wehrten sich die Leserbriefe: Sie wehrten sich gegen »Pauschalbeleidigungen«, die dem Stück nicht zu entnehmen sind: »(D)iese schmutzige Behauptung und perfide Verleumdung unserer Mütter mußte ich mir erklären lassen, ebenso wie die Anspielung von den ›Madeln in den schenen Donauauen‹‹; »unsere Mütter gaben dem Handlungsgehilfen nach der Warenlieferung erst ›eine Viertelstunde später‹ (...) ein Trinkgeld, der Österreicher trank seiner Chefin den Kognak aus, die Angehörigen politischer Verbände ließen sich ihre politische Gesinnung bezahlen – man mag über diese Verbände denken, wie man will, es waren sicher die meisten ihrer Mitglieder aus – wenn auch falschem – Idealismus dabei. Wozu also diese Pauschalbeleidigungen?«[17] »Die Handelsgehilfen waren nämlich nicht unehrlich (...) und es ist eine Beleidigung für alle ›Kommis‹ (...), einen ›Herrn Karl‹ zu generalisieren.«[18] Was dabei anscheinend nicht auffiel, ist, daß die unzulässige Verallgemeinerung (des Herrn Karl zum repräsentativen Vertreter einer Gruppe), die man Merz und Qualtinger vorwarf, erst von den Empörten selbst vollzogen wurde. Analog funktionierte die Anschuldigung, daß der *Herr Karl* eine wirklichkeitsverfälschende Verall-

»Man hat ein befreites Volk hungern lassen.«

gemeinerung eines Individuums zu dem Österreicher schlechthin darstellen würde:
Wirklichkeitsverfälschend wäre der *Herr Karl* insoweit, als mit ihm ein »Gauner«, »fast
schon ein Krimineller« dargestellt werde. »Ist das etwa der Durchschnittsösterreicher?«[19] Dieser kriminelle Zug, seine »unsauberen Auslassungen«[20] und »plumpen
Anzüglichkeiten«[21] – so drehte sich die Argumentation schließlich im Kreis – würden
dem Herrn Karl alle Glaubwürdigkeit nehmen und jegliche Identifikationsmöglichkeit
verwehren. Womit wir wieder beim Herrn Karl als echtem Österreicher wären.

An diesem Punkt spalteten sich schließlich die erregten Gemüter. Einerseits war da
die eher kleine (und wohl intellektuelle) Gruppe derer, die sich von dem vorgehaltenen
Spiegel kathartische Wirkung erwarteten (Stichwort: das Fernsehen als »moralische
Anstalt«[22]), obwohl oder gerade weil es ein »Spiegel war, (...) in dem uns eine ekelige
Fratze entgegenblickte«.[23] Dieser Effekt sollte sich natürlich nicht auf die beziehen,
die ihn einforderten, sondern auf das undefinierte Gegenüber in der Diskussion, auf die
breite Masse der Empörten. Gleichzeitig kam hier ein Zug von (National-)Stolz zutage,
der sich damit brüstete, in einem Land zu leben, das sich künstlerisch wertvolle
Selbstbeschimpfungen leisten könnte: »Glückliches Österreich, das seelisches Gleichgewicht hat, um sich einen Zerrspiegel vorzuhalten.«[24]

Die Kulturindustrie lebt vom Skandal. Daher braucht sie die Provokateure und die
Provozierten, die Aufklärer und des Volkes Stimme, die zurückrotzt oder zumindest
Beleidigtsein signalisiert. Die Aufklärer sehen sich dadurch in der Notwendigkeit und
Sinnhaftigkeit ihres Tuns bestätigt. Das kulturindustrielle Glücksrad dreht sich weiter.
Am Beispiel des *Herrn Karl* kann man aber nicht nur sehen, wie ein Skandal durch die
Vorankündigungen inszeniert wird. Interessanter ist, wie der *Herr Karl* seither integriert wurde: Weit entfernt, Empörung zu provozieren, wird er heute als Teil der
Folklore des Wienertums geschätzt, ausländischen Freunden vorgeführt und liebevoll
tradiert. Hilde Spiel hat die »Mördergrube im Hinterkopf des Wieners« zutreffend,
wenn auch mit einem entscheidenden Fehlschluß beschrieben: »Nichts wäre fataler als
der Versuch, diese Darstellung der ›Mördergrube im Hinterkopf‹ des Wieners wieder
zu entschärfen, dem Dämon einen verbindlichen Abgang zu sichern. Ein Milderungs-
grund aber besteht: Die Wiener sind zu allen Zeiten nicht nur ihre eigenen Verteidiger,
sondern auch ihre eigenen Staatsanwälte gewesen. Niemand hat ihre Verfehlungen
unnachsichtiger gegeißelt als sie selbst, niemand die abschreckenden Beispiele deutlicher an die Wand gemalt als ihre eingeborenen Kritiker und Kommentatoren. Wenn
Selbsterkenntnis der erste Schritt zur Besserung ist, dann hat es an Möglichkeiten der
Umkehr nie gemangelt.«[25]

Hilde Spiel irrt in einem Punkt: Diese Figuren werden nicht vorgeführt, damit der
Wiener in sich geht und sich ändert. Sie sind vielmehr integraler Teil dessen, was den
›gelernten Wiener‹ ausmacht. Der Wiener stilisiert sich als gemütliches Ungeheuer.
Irritiert ist er allenfalls, wenn diese Stilisierung allzu eindimensional unsympathisch
ausfällt. Der *Herr Karl* mag sich hier am Rand des noch Integrierbaren aufhalten, aber
er gehört dazu – ebenso wie seine vielen Anverwandten, für deren kulturelle (Wieder-)
Belebung Helmut Qualtinger viel getan hat: der *Scharfrichter Lang*, H. C. Artmanns
*kindafazara* und *ringlgschbüübsizza*, Horvaths Fleischermeister und andere ewigen
Spießer, die volkstümlichen Mörder aus den Moritaten und das fanatisierte Volk in Karl
Kraus' *Letzten Tagen der Menschheit*, die von Bronner gewendeten Wienerlied-Figuren

und die eingangs schon genannten Halbstarken aus der Unterschicht und die aus der
Oberschicht, denen es »der Papa (...) schon richten« wird.

### Der Widerling als Teil des Selbstverständnisses – die literarische Tradition des häßlichen Wieners

Der *Herr Karl* steht also in einer Wiener Tradition. Allerdings ist es nötig, hier ein paar
Unterscheidungen einzuziehen. Der Herr Karl und seine eben genannten Vorläufer
gehören in eine Galerie der ›häßlichen Wiener‹, grotesker Ungeheuer, die allenfalls in
irgendwelchen Wendungen noch Mitleid auslösen können. Es gibt eine zweite Tradition der ebenfalls volkstümlichen, aber aufmüpfigen Figuren, die der Schelme, die sich
mit ihrem respektlosen Menschenverstand von großen Tönen nicht dumm machen
lassen und diesen ihre Verbundenheit mit den einfachen Notwendigkeiten des Lebens
(und Lebenlassens) entgegenhalten: Wein, Weib und Gesang (und vorher ein Schweins-
braten). Eine dritte spezifisch wienerische Tradition stammt aus der Wiener Volks-
bühne: der grantige, vielleicht naive, jedenfalls aber misanthropische und dadurch
klarsichtige und distanzierte Kommentator. Seine intellektuellste Ausprägung ist der
Nörgler in den *Letzten Tagen der Menschheit* – der Repräsentant des Autors wie des
sich mit ihm identifizierenden Publikums im Stück. Allen verschiedenen Typen gemeinsam ist, daß der ›echte Wiener‹ per se ein ›kleiner Mann‹ zu sein scheint, ein
kleiner Mann, über den auch gelacht werden kann und darf – solange einem nicht das
Lachen im Hals stecken bleibt.

### Der Wiener Schmäh als Distanzierung

Der ›Schmäh‹ als spezifisch wienerische Eigenart des Sprechens besteht aus (zumindest für den Sprecher) stereotypen Redewendungen, mit denen schwierige, konflikt-
hafte oder sonst emotionale Situationen kommentiert und bewältigt werden. Der
Schmäh ist immer auch auf ein Publikum ausgerichtet, sei es real vorhanden oder
imaginär. Es handelt sich dabei um den sogenannten jovialen Umgang mit Situationen
jeglicher Art, bei dem diese von außen kommentiert werden. Damit macht der Kommentator sich selbst zu einem immer nur relativ am Geschehen Beteiligten.
    Auf der Wiener Volksbühne des 19. Jahrhunderts wurde diese Haltung, gekoppelt
an einen konkreten Wiener Lokalbezug, durch die Figur des Parapluiemachers Staberl
verkörpert. »Randläufig zwar ist Staberl beteiligt am dramatischen Geschehen, doch
ohne persönliche Haftung. (...) Wofür die anderen sich abzappeln, das ist dem Staberl
Wurscht – er gibt bloß seinen Senf dazu.«[26] Damit begaben sich Staberl und in der
Folge so manche Nestroy-Figur, der Kraussche Nörgler, nicht zuletzt Qualtingers
Travnicek in die eigentliche Rolle des Publikums, das mit der Distanz des Parketts zur
Bühne das Geschehen kommentiert. Sie wurden zu »Publikumsagenten«[27], zu Reprä-
sentanten des Publikums – das in den genannten Fällen zunächst und in erster Linie ein
Wiener Publikum war. Der Begriff des Publikums (bis hin zu seiner Konkretisierung
im realen Theaterpublikum) macht die Ambivalenz deutlich zwischen dem Bedürfnis

nach Einmischung – auch aufdringlicher oder ungefragter Art – und der Position derer, die eben von außen zuschauen, sich selbst bewußt außerhalb der Szene ansiedeln.[28]

Wie sich zeigt, ist das sprichwörtliche und klischeehafte Raunzen, Nörgeln, Granteln und Schimpfen der Wiener eines, das folgenlos bleiben muß, das in keinen konkreten Handlungsbedarf übergeht. Man kann dieser wienerischen Form der Artikulation von Unzufriedenheit sicherlich ein gewisses kritisches Potential attestieren, eine Auflösung in bestimmte Aktivitäten erfolgt allerdings nicht. So erklärt sich auch die entscheidende Rolle, die Zufall und Schicksal für den Verlauf der einzelnen Geschichten auf dem Wiener Theater spielen, vor allem aber für das Selbstbild der Kommentatoren als solche, die *die* Geschichte ohnehin nicht beeinflussen können. Der Wiener Schmähführer muß also in einer ständigen Endzeitstimmung leben, was ihn allerdings nicht weiter bedrückt, da er ja aus der Distanz auf den allfälligen Untergang blickt. Diese draufgängerische Einstellung spiegelt sich in der Unbekümmertheit wider, mit der etwa der Liebe Augustin sein »Alles ist hin« wiederholen oder der Knieriem im *Lumpazivagabundus* »Die Welt steht auf kein' Fall mehr lang« prophezeien konnte.

Die Sprüche, die da geklopft und meist beharrlich wiederholt werden, dienen – abgesehen vom komischen Effekt der Wiederholung – als Identifikationsmuster für das Publikum (und wahrscheinlich stellen sie sogar für den, der sie ausspricht, erst die Möglichkeit der kontinuierlichen Selbstwahrnehmung seiner Person her). Der Vorgang der Aneignung von Redewendungen durch das Publikum ist in vieler Hinsicht belegt: von Staberls stehenden Sprüchen, die je nach Stück variierten und vom Publikum zum Element der Alltagssprache gemacht wurden, bis zu Mundls verbalen Ausfälligkeiten, die als Kuriosa in die sogenannte Hochsprache eingingen.[29] Die verschiedenen Figuren mit den ihnen zugehörigen stehenden Sprüchen stellen Aspekte eines Wiener Schmähs dar, der urteilend und kaltschnäuzig und im selben Maß verharmlosend und ihn ins Lächerliche ziehend mit dem Gegenstand seiner Betrachtung umgeht.

## Das Antiautoritäre am kleinen Mann

Ein Typus, der zunächst nicht direkt mit dem echten (und noch viel weniger mit dem häßlichen) Wiener in Verbindung zu stehen scheint, ist in den Nachfolgern des braven Soldaten Schwejk zu sehen. Nach dessen Vorbild entstanden vor allem im Kontext der Zwischenkriegszeit und des Zweiten Weltkriegs zahlreiche satirische Figuren, die in Zeitungscomics, im Kabarett und im Rundfunk (genauer: im German Service der BBC) ihre Bedeutung erlangten. Mit unterschiedlichen Hintergründen sind in dieser Reihe der Spießbürger Tobias Seicherl, der Gefreite Adolf Hirnschal, Brechts *Schweyk im Zweiten Weltkrieg*, Herr Neidinger, Herr Haslinger oder der Bockerer zu nennen.[30] Was hier sicher nicht behauptet werden soll ist, daß der Herr Karl schwejksche Züge tragen würde. Trotzdem finden sich (nahezu paradoxerweise) Elemente, die die in erster Linie in einer antifaschistischen Tradition stehenden kleinen Männer charakterisieren, in der Figur des Herrn Karl wieder – wenn auch mit einer anderen Konsequenz, einer häßlichen nämlich.

Wie schon beim Typus des Wiener Schmähführers angedeutet, so werden auch hier kleine Männer dem Lauf der großen Geschichte gegenübergestellt. Ihr Verhalten darin ist aber alles andere als distanziertes Kommentieren – im Vordergrund steht jetzt der Überlebenswille des Individuums. Die Nachfolger Schwejks beeinflussen den Handlungsverlauf und widersetzen sich dem ungestörten, glatten Funktionieren des Systems in subversiver Unschuld – unbewußt, unwillentlich und nicht kontrolliert. Wie weit ihr Vorgehen tatsächlich sehr wohl ein taktisches ist, bleibt zumeist offen und stellt eines der Spannungsfelder her, in denen diese Figuren stehen. Brechts *Schweyk im Zweiten Weltkrieg* etwa weicht insofern von Hašeks Original ab, als sein Soldat bewußt handelt und die Blödheit vortäuscht. Die zweite Figur, die nicht völlig geradlinig in die Schwejktradition eingereiht werden kann, ist der Bockerer.[31] Ihm ist von seinen Autoren ein sozusagen natürlicher Widerstandsgeist gegen die Nazis unterstellt. Gekoppelt mit seiner Charakterisierung als echtem Wiener wird dieser »instinktive Antifaschismus«[32] mehr als fragwürdig. Die Handlungen dieser Schwejkfiguren entspringen jedenfalls ganz eindeutig eben keiner politischen Intention, sondern einer prinzipiellen Gesinnungslosigkeit. Aus dieser politisch amorphen Haltung der totalen Anpassung zum Zweck des Überlebens begeben sie sich letztlich in einen anhand einzelner Episoden und Situationen jeweils erneut auftauchenden Gegensatz zu den ›äußeren Umständen‹ (womit in den meisten Fällen das Nazi-Regime gemeint ist). Nicht ganz zufällig sind nahezu alle dieser schwejkähnlichen Figuren mit dem äußeren Umstand des Kriegs konfrontiert. Sie halten dem Ausnahmezustand Krieg ihre Alltagslogik und -vernunft, ihren unschuldigen ›gesunden Menschenverstand‹ entgegen.

Qualtingers Herr Karl allerdings hat seine Unschuld verloren. Sein gesunder Menschenverstand kann nicht mehr mit der Gewalttätigkeit des Systems kontrastiert werden, weil er sie mitproduziert. Vorgeführt wird mit dem Herrn Karl die Brutalität der kleinmenschlichen Haltung. Wieder geht es um Eigennutz, aber diesmal mit Berechnung und einem hämischen Grinsen auf den Lippen. Während in der satirischen Tradition aus der Ambivalenz zwischen Anpassung und Opposition ein Volksheld entsteht, wird das Lachen des Herrn Karl zu einer Bedrohung für seine Umwelt. Daß der Herr Karl unter anderem ungebrochen in die Tradition der antifaschistischen kleinen Männer eingereiht wurde,[33] konnte nur auf einem sehr oberflächlichen Verständnis dieser Figuren beruhen. Zwei Seiten des Individuums und seines am Eigeninteresse orientierten Verhaltens tun sich hier auf: Wo eine Figur wie Adolf Hirnschal mit seinen Zitaten das System und dessen Sprüche in ihrer Absurdität und Verlogenheit entlarvt, stellt ein Herr Karl beim Sprücheklopfen sich selbst in seiner ganzen – von Qualtinger so sinnlich anschaulich verkörperten – Häßlichkeit bloß.

Tausend Jahre Untertänigkeit – Ressentiment und Kritik

Es gibt eine auffällige Selbststilisierung des gelernten Wieners mit widersprüchlichen Elementen: Grantigkeit und Sentimentalität, Todessehnsucht und Selbstmitleid, das goldene Wienerherz und abgründige Gleichgültigkeit, Unregierbarkeit und Duckmäusertum, schelmenhafter (weiblicher wie männlicher) Charme und widerliches Sichgehenlassen. Auch die häßlichen Seiten dieses touristisch gut verkäuflichen Bilds vom echten Wiener werden gepflegt – was übrigens auch am Herrn Karl sichtbar wird: Dieses Ekel ist tatsächlich auch charmant (besonders in der Darstellung durch Helmut

Qualtinger), die politische Unsäglichkeit ist nicht nur abstoßend, man kann sich vor dem Herrn Karl gruseln, aber man kann ihn nicht so richtig hassen (nicht so wie etwa einen schneidigen reichsdeutschen Nazi-Offizier), man kann ihn nicht so richtig verachten, zumindest ist die Verachtung durch Mitleid gebrochen – und durch fast so etwas wie Hochachtung für diese unheldische Überlebensfähigkeit.

Die Haltung des grantigen Wieners wehrt direkte und offene Aggression ab und vermeidet sie auch selbst. Das wird alles auf indirekte und verdeckte Gemeinheiten verschoben. Die offene Konfrontation bleibt aus, man macht das lieber hintenherum. Es ist die Haltung von Leuten, die sich eine direkte Auseinandersetzung nie leisten konnten, von Leuten, die in Aufständen und Rebellionen immer verloren haben, von Unterdrückten und Geknechteten. Wien war nie eine Stadt der selbstbewußten Bürger, es war auch nie die Stadt eines selbstbewußten Adels, es war immer die Stadt eines großen und intriganten Hofs, der die Bevölkerung wie den Hofadel dauernd zu Ritualen der Selbstunterwerfung anhielt, der offene Auflehnung nicht wütend, sondern veräcktlich erstickend, auf Metternichsche Weise bekämpfte und als Formen des Widerstands nur Renitenz und Ressentiment zuließ, Formen der aufmüpfigen Resignation.

Daß der echte Wiener nicht untergeht, liegt aber weder an der Fähigkeit zur Gemeinheit noch an der zur unspektakulären Widerständigkeit, sondern an der Reflexivität, mit der beides gelebt wird: Der *Herr Karl* ist nicht die Aufdeckung und Kritik des Wieners, sondern diese Selbstkritik ist Teil dessen, was den Wiener ausmacht. Die eigene Schäbigkeit und Schlechtigkeit wird nicht verborgen, sie wird selbstbewußt vorgeführt – mit der Implikation, andere seien mindestens so schäbig, aber nicht einmal imstande, darüber bitter zu lachen. Der Wiener ringt nicht (heroisch unterliegend) um seine Besserung, er wendet das Wissen um die Vergeblichkeit solcher Ringkämpfe gegen die Menschheit und gegen die Moralisten zugleich. Die politische Folgerung ist, daß man den so ausgestatteten Menschen nicht die Macht geben soll, die das Nazi-Regime manchen von ihnen gab. Der Wiener ist nicht nur ein Schmähführer, vielmehr geht es ihm um den Überschmäh. Dazu gehört das Wissen darum, daß auch der reflexive Umgang mit der menschlichen Schwäche nur vorübergehend gut gehen kann, daß das unvermeidlich schlechte Ende nahe ist, daß neben anderen Hilfskonstruktionen Suff und Selbstmord Teil dieser schwierigen Balance sind. Nicht der Herr Karl ist der echte Wiener: Wienerisch sind Merz und Qualtinger in ihrer Haßliebe zu ihm – und mit ihrem Wissen um die Unmöglichkeit, ihn durch solche Aufklärung zu ändern.

## ANMERKUNGEN

1   Anschließend wurde das Stück auf die Bühne des Konzerthauskellers gebracht. Kurz darauf erschien es als Schallplatte. Es wurde trotz seines eminent wienerischen Charakters (und Dialekts) mit großem Erfolg an vielen Orten in der BRD und sogar in New York aufgeführt. Das Video der Uraufführung ist seit 1988 (Ariola) im Handel erhältlich. Alle folgenden Zitate entnehmen wir der Transkription dieser Aufführung des *Herrn Karl* aus Kubacek, Untersuchung, 1989.

2   Heinz Kienzl hat sicher recht, wenn er diesen Status als *Lebenslüge* mit dem Hinweis bestreitet, alle hätten genau Bescheid gewußt, also hätte es sich um eine einfache, gemeine Lüge gehandelt, der sich aus verschiedenen Gründen alle Beteiligten, inklusive der Sozialdemokraten, bewußt bedient hätten (vgl. Kienzl, Identität, in: Österreichische Zeitschrift für Politikwissenschaft 21 (1992), 221–224).

Zur Geschichte dieser (egal ob Lebens- oder gemeinen) Lüge und ihren späten Auswirkungen vgl. Steinert, Waldheim, in: Babylon 3 (1988), 27–38.

3 Die wenigen linguistischen und theaterwissenschaftlichen Arbeiten zum *Herrn Karl* beschäftigen sich daher auch ausführlich mit diesen Wechseln (vgl. Kubacek, Herr, 1989; Weiß-Gänger, Verwandlungen, 1988; beide Arbeiten sind uns für die Interpretation nur bis zu einem gewissen Grad hilfreich).

4 Die Aufzählung ist, um Wiederholungen zu vermeiden, nicht ganz komplett.

5 »Schaun Sie, die Leute in so einem Gemeindebau waren ja jahrelang unbetreut, es hat sich doch kein Mensch um sie gekümmert.«

6 »Und dann ist er herausgetreten ... der Bundes ... der Poidl ... hat die Arme von den andern beiden Herrschaften gepackt und hat mutig bekannt: ›Österreich ist frei!‹ Und wie ich das gehört hab, da hab ich gewußt: Auch das hab ich jetzt geschafft. Es ist uns gelungen – der Wiederaufbau.«

7 Kehlmann u.a., Qualtinger, 1987, 142.

8 Abendzeitung, 15.11.1961.

9 Kronen Zeitung, 15.11.1961.

10 Express, 21.10.1961.

11 Vgl. Gleitsmann, Merz, 1987, 294f; Kehlmann u.a., Qualtinger, 1987, 140ff; Horowitz, Qualtinger, 1987, 17f.

12 Vgl. Die Presse, 18.11.1961; Die Furche 47 (1961).

13 Abendzeitung, 15.11.1961.

14 Kronen Zeitung, 17.11.1961.

15 Die Furche 47 (1961).

16 Der soziale Ort des Herrn Karl ist eindeutig – die Wiener Unterschicht.

17 Die Presse, 24.11.1961.

18 Ebd., 30.11.1961.

19 Kronen Zeitung, 17.11.1961.

20 Die Presse, 24.11.1961.

21 Ebd., 23.11.1961.

22 Ebd., 19.11.1961.

23 Die Furche 47 (1961).

24 Die Presse, 26.11.1961.

25 Spiel Hilde, Die Dämonie der Gemütlichkeit (1971), in: Spiel Hilde, Die Dämonie der Gemütlichkeit. Glossen zur Zeit und andere Prosa, hg. von Hans A. Neunzig, Reinbek bei Hamburg 1993, 22.

26 Klotz, Dramaturgie, 1976, 39.

27 Ebd., 40.

28 Noch krasser wird dieses Mißverhältnis schließlich vor dem Fernsehschirm. Allseits bekannt dürfte die Situation sein, bei der vom Fernsehsessel aus auf den Apparat und damit auf die dort auftretenden Personen eingeredet, in den meisten Fällen aber wohl losgeschimpft wird.

29 Einen Teil seines komischen Effekts bezieht Edmund Sackbauer aus dem 10. Bezirk wohl aus der Diskrepanz zwischen sich und seinem Fernsehpublikum. Populär dürfte der Mundl vermutlich, ähnlich wie der Herr Karl, bei jenen Zuschauern sein, die nicht unbedingt der Schicht zugezählt werden können, die durch den Mundl repräsentiert wird. Diese Kluft wird überbrückt durch die Integration der ›Sprache des (Fernseh-)Volks‹ in den Alltag. Mundl ist die Ausformung des echten Wieners, die am ehesten die Gleichzeitigkeit von häßlich und liebenswürdig verkörpert – ungemütlich, ausfällig, grob ist er in einer stereotypisierten Art, weil er tatsächlich ohnmächtig ist: nach außen als Arbeiter und starker Mann, der gleich in der zweiten Episode arbeitslos wird und in diesem Zustand auch körperlich verfällt, nach innen als der Scheinpatriarch, der tatsächlich von Frau und Kindern mehr oder weniger geschickt gesteuert wird. Liebenswert ist er, weil diese Schwäche so offensichtlich durchscheint und weil er seinen unanständigen Reden keine unanständigen Taten folgen läßt. Die Figur des Mundl aus der TV-Serie *Ein echter Wiener geht nicht unter* ist noch schwerer vom Schauspieler zu trennen als der Herr Karl: Karl Merkatz brachte für viele eine Vorprägung durch den Bockerer in die Rolle, die den Mundl politischer erscheinen ließ, als er tatsächlich ist.

30 Vgl. Naumann, Tränen, 1983; Kaiser, Karrieren, in: Mitteilungen des Instituts für Wissenschaft und Kunst 1/2 (1985), 7–14.

31 Vgl. Becher Ulrich u. Preses Peter, Der Bockerer. Eine tragische Posse, Wien 1946. Populär wurde die Figur erst durch die Verfilmung und mit der Darstellung durch Karl Merkatz.

32 Kaiser, Karrieren, in: Mitteilungen des Instituts für Wissenschaft und Kunst 1/2 (1985), 13.

33 Am erstaunlichsten in Gleitsmann, Merz, 1987.

# Teil 2

# Krise, ›Sanierung‹, Spaltung
# 1980 – 1995

Lieselotte Wohlgenannt

# Arm und reich

Österreich auf dem Weg zur Zweidrittelgesellschaft

»Wir stehen vor der absurden Situation, daß die Produktionskapazitäten enorm angewachsen sind und bei einer gerechteren Verteilung dadurch jeder Person ein menschen-
würdiges Leben garantiert werden könnte, das zur gleichen Zeit für immer weniger
Menschen gewährleistet wird.« (Alfred Dallinger, 1985)

Dieser Satz aus der Eröffnungsansprache des damaligen Sozialministers anläßlich
eines von ihm initiierten Expertenhearings zum Thema Basislohn/Grundeinkommen
charakterisiert nicht nur eine Situation, sondern mindestens ebensosehr ein Zeitgefühl,
das Mitte der 1980er Jahre in sozial engagierten Kreisen dominierte. Nach einer langen
Phase relativ stetigen Wachstums, verbunden mit relativer Vollbeschäftigung, kam es
zu Beginn des Jahrzehnts zu einem Konjunktureinbruch, gefolgt von recht massiven
Beschäftigungseinbrüchen.

Die Arbeitslosenquote stieg von 1,9 Prozent im Jahr 1980 auf 4,8 Prozent 1985,
und es zeichnete sich bereits ab, daß die zu erwartenden Wachstumsraten ein weiteres
Ansteigen der Arbeitslosigkeit nicht verhindern würden. Besondere Sorge bereitete
damals schon die Jugendarbeitslosigkeit: Durch Hineinwachsen der geburtenstarken
Jahrgänge der 1960er Jahre kam es zu Engpässen im Angebot von Lehrstellen und
anderen Arbeitsmöglichkeiten für die Schulentlassenen.

## Neue Entwicklungen

Zu den auslösenden Faktoren der neuen Entwicklungen in Österreich, die mit Beginn
des Jahrzehnts mehr und mehr spürbar wurden, zählten politische Veränderungen im
Ausland. Die Regierung Thatcher in Großbritannien und die Reagan-Administration
in den USA setzten auf eine liberale Wirtschaftspolitik mit Privatisierungen, Einsparungen im Sozialbereich, bewußter Hinnahme sinkender Löhne und zumindest vorübergehend steigender Arbeitslosigkeit. Selbst wenn diese Politik keinen unmittelbaren
Einfluß auf Österreich hatte – so wie auch nicht auf andere kontinentaleuropäische
Länder wie Deutschland und Frankreich – hatte sie doch indirekte Auswirkungen. Die
internationalen Finanzmärkte einerseits, die eine eigenständige Zinspolitik Österreichs
stark beschränkten, und die hohe Exportabhängigkeit andererseits rückten Budgetkonsolidierung und Hartwährungspolitik in den Vordergrund politischer Zielsetzungen, zu
Lasten der Arbeitsmarktpolitik. Die zunehmende Internationalisierung, aber auch
interne Faktoren wie die mit hohen Defiziten einhergehenden Strukturprobleme der
Verstaatlichten Industrie führten zum Brüchigwerden traditioneller Einflußbereiche

der Sozialpartner. Die bis dahin gültigen Modelle von Wirtschaftswachstum und fordistischer Regulierung verloren an Selbstverständlichkeit.

## Arbeitslosigkeit und Ausgrenzung

Die österreichische Gesellschaft der zweiten Hälfte des 20. Jahrhunderts ist wesentlich durch Erwerbsarbeit strukturiert. Alle Lebensbereiche sind auf Erwerbsarbeit hingeordnet: Schule und Ausbildung dienen als Vorbereitung für einen Beruf und die spätere Stellung in der Berufs- und Arbeitshierarchie, die ihrerseits nicht nur die materiellen Lebenschancen, sondern auch die immateriellen Spielräume des Lebensvollzugs, wie Status, Gestaltungsmöglichkeiten des eigenen und familiären Lebensraumes, bestimmt. Die materielle Absicherung für die Standardrisken Krankheit, Arbeitslosigkeit und Alter ist durch ein dem Solidaritätsgedanken entsprechendes Sozialversicherungssystem eng mit der Erwerbsarbeit verknüpft. Mit der rasch zunehmenden Arbeitslosigkeit in den 1980er Jahren wurden die Grenzen dieses Systems deutlich. 1985 gab es bereits rund 140.000 registrierte Arbeitslose, eine Zahl, die bis zu Beginn der 1990er Jahre auf über 200.000 ansteigen sollte. Gleichzeitig stieg auch die Zahl der Langzeitarbeitslosen.

Der enge Zusammenhang zwischen Arbeitslosigkeit und Verarmung läßt sich statistisch belegen. Im Rahmen des Mikrozensus 1987 wurde für die am schlechtesten gestellten 10 Prozent der Haushalte ein Pro-Kopf-Einkommen von weniger als 4.900 Schilling monatlich festgestellt.[1] Von den Haushalten mit arbeitslosem Haushaltsvorstand konnte jeder zweite höchstens über dieses Einkommen verfügen. In Arbeiterhaushalten mit arbeitslosem Familienvorstand fiel das zur Verfügung stehende Einkommen auf die Hälfte im Vergleich zu Beschäftigtenhaushalten; auch arbeitslose Angestellte hatten nur die Hälfte des Pro-Kopf-Einkommens der Beschäftigten zur Verfügung.

Aber die registrierte Arbeitslosigkeit ist nur das sichtbarste Zeichen der neuen Entwicklungen. Sie verdeckt jene Menschen, die viel direkter von Ausgrenzung bedroht sind, deren Existenz jedoch weithin verdrängt wird: jene 10 bis 15 Prozent Arbeitslose, die keine Ansprüche auf Arbeitslosengeld oder Notstandshilfe haben, die 45.000 von Sozialhilfe Abhängigen oder die Obdachlosen, deren Zahl um 1985 auf 25.000 geschätzt wurde. Zusammen mit Gastarbeitern, die damals keinen Anspruch auf Notstandshilfe hatten, Mindestrentnern und einigen Gruppen von Selbständigen mit sehr niedrigen Einkommen wurde die Zahl der von Ausgrenzung und Armut Bedrohten auf eine Million Menschen geschätzt. Daß dennoch auch diese Entwicklung nicht unabhängig ist von den Entwicklungen am Arbeitsmarkt, ist leicht nachvollziehbar: Jugendliche, weniger gut ausgebildete und beschränkt einsatzfähige Personen, die zu Zeiten von Vollbeschäftigung einen ihnen angemessenen Arbeitsplatz finden könnten, sind in Zeiten hoher Arbeitslosigkeit chancenlos.

## In einer reichen Gesellschaft

In einem wirtschaftlichen Aufbau- und Aufholprozeß ist es Österreich in den Jahrzehnten nach dem Zweiten Weltkrieg gelungen, in den Klub der reichsten Länder der Welt vorzustoßen. Wie sehr dieser Reichtum auch tatsächlich breiten gesellschaftlichen

Schichten zugute kam, läßt sich an der Ausstattung der Haushalte mit dauerhaften Konsumgütern aufzeigen, die in den 1980er Jahren rasch zunahm. Waren 1979 72 Prozent der Haushalte mit Telefon ausgestattet, so waren es 1993 78 Prozent. Dabei konnten selbst die Haushalte der Landwirte aufholen: Hier stieg der Ausstattungsgrad im selben Zeitraum von 55 auf 94 Prozent. Kühlschränke und Waschmaschinen sind zur Selbstverständlichkeit geworden, selbst in Pensionistenhaushalten, die zu Beginn der 1980er Jahre noch eine gewisse Minderausstattung aufwiesen. Dabei spielt mit, daß diese Art von Industriegütern relativ billiger wurden: Mußte 1982 ein österreichischer Durchschnittsverdiener mehr als 205 Stunden arbeiten, um eine Waschmaschine kaufen zu können, so brauchte er dafür 1994 nur mehr knapp 138 Arbeitsstunden. Der Farbfernseher kostete 1994 – in Arbeitsstunden umgerechnet – noch rund die Hälfte, der Videorecorder weniger als ein Viertel dessen, was 1982, in Arbeitszeit gerechnet, dafür ausgegeben werden mußte.

Zum ›selbstverständlichen‹ Reichtum gehört inzwischen auch das eigene Auto: 65 Prozent aller Haushalte haben 1993 mindestens ein Auto, gegenüber 55 Prozent im Jahr 1979. Daß hier Arbeiterhaushalte mit Angestellten und Selbständigen praktisch gleichgezogen haben (rund 80 Prozent, bei den Selbständigen gab es sogar einen Rückgang von 88 Prozent Anfang der 1980er Jahre auf 81 Prozent zu Beginn der 1990er Jahre) und daß die Haushalte von Landwirten mit 92 Prozent weit an der Spitze liegen, zeigt, wie sehr auch dieses Element modernen Lebens zum selbstverständlichen Gebrauchsgegenstand wurde. Daß gleichzeitig die Autos immer größer und stärker wurden, daß ›Sicherheit‹ in der Werbung in den Vordergrund trat und immer mehr Luxusautos mit Telefon ausgestattet sind, macht deutlich, daß nicht mehr so sehr das Auto an sich, als vielmehr Größe und Ausstattung desselben zum Statussymbol wurden.

Die nach wie vor bestehenden Unterschiede in dieser reichen Gesellschaft zeigen sich vor allem in der Freizeitgestaltung. Videokameras und Fernreisen sind vor allem das Vorrecht von Selbständigen und Angestellten, die zu rund 50 Prozent auch bereits ihre Musik auf Compact Disk Players spielen, die 1993 bereits in jedem dritten österreichischen Haushalt zu finden sind (1989: 9 Prozent).[2] Größe und Qualität des zur Verfügung stehenden Wohnraumes und der Zweitwohnsitze scheiden mehr als je zuvor die Wohlhabenden von den Habenichtsen.

Einen starken Indikator für den zunehmenden Wohlstand in Österreich bildet das Anwachsen der Geldvermögen des privaten Sektors. Nach Mitteilung der Österreichischen Nationalbank hat sich dieses von 1.042 Milliarden Schilling im Jahr 1981 auf 3.244 Milliarden 1993 erhöht. Mit anderen Worten: Das Geldvermögen der Österreicher in Form von Bargeld, Bankeinlagen, Versicherungen und Wertpapieren ist etwa eineinhalb mal so hoch wie das gesamte Brutto-Inlandsprodukt eines Jahres. Die Zahl der Sparbücher mit einem Guthaben von über einer Million Schilling ist von circa 58.600 im Jahr 1986 auf circa 125.000 Ende 1993 gestiegen, die Zahl der Kreditkarten im selben Zeitraum von 97.000 auf 976.000, mit denen 37,7 Milliarden Schilling Umsatz getätigt wurden.

Dieses Geldvermögen, von der Nachkriegsgeneration aufgebaut, kommt einer Generation zugute, die bereits im Wohlstand aufgewachsen ist: Eine ›Generation der Erben‹, die – ohne eigene Anstrengung – beträchtliche Einkünfte aus Vermögen lukrieren kann.

# Der verlorene Kampf um Arbeitszeitverkürzung

Im Frühjahr 1983 starteten drei Jugendorganisationen, die Katholische Arbeiterjugend Österreichs, die Österreichische Gewerkschaftsjugend und die Sozialistische Jugend Österreichs, eine gemeinsame Aktion zur Verhinderung der Jugendarbeitslosigkeit. In einer an den damaligen Sozialminister Alfred Dallinger gerichteten Postkartenaktion forderten die Jugendlichen Maßnahmen zur Förderung der Berufsausbildung und die sofortige Einführung der 35-Stunden-Woche bei vollem Lohnausgleich.

Unter dem Motto »Arbeit für alle – Schwierige Zeiten gemeinsam meistern!« wurde im Oktober 1983 in Wien der 10. Bundeskongreß des Österreichischen Gewerkschaftsbundes gehalten. Im Mittelpunkt stand dabei die Forderung nach Einführung der 35-Stunden-Woche. Der Antrag wurde kontrovers diskutiert: Während die Gewerkschaft der Privatangestellten eine Verkürzung der wöchentlichen Arbeitszeit auf 35 Stunden bei vollem Einkommensausgleich bis 1987 forderte und die Lebens- und Genußmittelarbeiter ein entsprechend verändertes Arbeitszeitgesetz beantragten, wurde von der Beamtengewerkschaft die arbeitsplatzschaffende Wirkung einer Verkürzung der Wochenarbeitszeit in Frage gestellt. Schließlich lautete der Antrag auf »Verkürzung der wöchentlichen Arbeitszeit auf 35 Stunden durch Kollektivverträge in den Branchen mit schlechtester Arbeitsmarktlage.«[3]

Der Antrag blieb ohne Wirkung, erst Ende des Jahrzehnts gab es auf einzelne Branchen beschränkte, relativ geringe Arbeitszeitverkürzungen. Darin zeigt sich nicht nur die abnehmende Macht der Gewerkschaften, sondern auch eine beginnende Entsolidarisierung zwischen Branchen und gegenüber den Arbeitslosen. Die schrittweise Reduktion der Wochenarbeitszeit von 48 Stunden vor 1959 auf 40 Stunden mit 1. Januar 1975, die Hand in Hand ging mit einer Erhöhung des Mindesturlaubs von ursprünglich zwei Wochen auf vier Wochen (1977), hat deutlich genug gezeigt, daß Arbeitszeitverkürzung – zusammen mit anderen Maßnahmen, nicht zuletzt entsprechender Aus- und Weiterbildung – zur Verteilung von Erwerbsarbeit auf eine größere Zahl von Personen beiträgt.

Eine realistische Sicht des Problems ›Arbeitslosigkeit‹ verlangt allerdings die ergänzende Feststellung, daß auch die Zahl der Erwerbstätigen gestiegen ist, sogar noch rascher als jene der Arbeitslosen. Die Zahl der unselbständig Beschäftigten stieg von circa 2,735.000 im Jahr 1983 auf circa 3,055.000 im Durchschnitt des Jahres 1993. Einen wesentlichen Anteil daran hatten ausländische Beschäftigte: Ihre Zahl lag 1993 bei über 280.000. Grund dafür war, neben der Nachfrage der Wirtschaft nach billigen Arbeitskräften, die ›Ostöffnung‹ und die zumindest teilweise Integration von Flüchtlingen aus dem ehemaligen Jugoslawien.

## Die ›neue Armut‹

Aus Deutschland kam die Diskussion über die ›neue Armut‹. Gemeint waren dort jene Gruppen, die traditionell durch Erwerbseinkommen oder erwerbsbezogene Sozialleistungen abgesichert waren, die nun aber infolge längerer Arbeitslosigkeit oder als Rentner/innen von den gekürzten Sozialversicherungsleistungen nicht mehr leben konnten und in zunehmendem Maße auf Sozialhilfe angewiesen waren. Zwar konnte in Österreich durch geringere Arbeitslosenraten, eine bessere Absicherung von Langzeitarbeitslosen und eine Ausgleichszulage für Pensionisten eine extreme Armutsentwicklung verhindert werden, wozu auch das auf Direktzahlungen aufbauende österreichische System des Familienlastenausgleichs beitrug. Trotzdem nahm auch in Österreich die Armut zu, gab es auch hier immer mehr Personen, die auf Sozialhilfe angewiesen waren. Nach einer Untersuchung für Wien[4] stieg die Zahl der Geldaushilfen von 77.000 im Jahr 1980 auf 180.000 1984; 1986 waren es noch 173.000. Für drei Viertel der Wiener Aushilfenbezieher/innen war Sozialhilfe die einzige Einkom-

*1985 gab es bereits rund 140.000 registrierte Arbeitslose, bis zu Beginn der 1990er Jahre sollten es über 200.000 werden.*

mensquelle. Die größte Gruppe stellten im Jahr 1986 die unter 30jährigen, denen es aufgrund der hohen Jugendarbeitslosigkeit nicht gelungen war, sich dauerhaft in den Arbeitsmarkt zu integrieren. Ihr Anteil stieg zwischen 1980 und 1986 von einem auf zwei Drittel der Wiener Sozialhilfeempfänger. Für den Zeitraum 1965/1985 dagegen stellten Köppl u. Steiner in ihrer gesamtösterreichischen Studie einen Rückgang der Zahl der Sozialhilfebezieher, vor allem aber eine Veränderung des Klientels fest. Die Zahl der älteren Menschen, die wegen fehlender oder geringer Pensionsleistungen Sozialhilfe bezogen, war stark zurückgegangen; soweit ältere Personen auf Sozialhilfe angewiesen waren, war der Grund meist Pflegebedürftigkeit oder Krankheit.

Zusammenfassend stellen die Autoren fest, die anfangs der 1970er Jahre auf eine neue Basis gestellte Sozialhilfe sei vor allem als Schutz für individuelle, nicht vorhersehbare Notfälle ausgerichtet, wobei der Schwerpunkt weniger bei materieller Unterstützung als bei persönlicher Hilfe und Beratung liegen sollte. »Dieser Funktionsbestimmung stehen heute jedoch trotz allgemeiner Wohlstandssteigerung und zahlreicher Verbesserungen im Sozialversicherungs- und Versorgungssystem zunehmende Anforderungen im Bereich der materiellen Grundsicherung und der Pflegebetreuung gegenüber. Das Erwerbssystem ist nur eine ungenügende Garantie gegen das Absinken in Armut.«[5] Sozialhilfe ist nicht geeignet, Lücken zu schließen, die durch niedrige Erwerbseinkommen entstehen.

Mit der bundeseinheitlichen Neuordnung der Pflegevorsorge wurde 1993 zumindest die Situation der Pflegebedürftigen auf eine neue Basis gestellt. Ungelöst bleibt dagegen das Wohnproblem. Geeignete Wohnungen für einkommensschwache Haushalte stehen trotz der Mietbeihilfen der Gemeinden nicht in genügendem Ausmaß zur Verfügung. Die Erfahrungen in Salzburg zeigen darüberhinaus, daß das System der Mietbeihilfen die Gemeindebudgets schwer belastet und zu einer Subventionierung der Immobilienwirtschaft mutieren kann.

## Bewegungen, Initiativen und Aktionen

Die abnehmende Durchsetzungsfähigkeit der Gewerkschaften zeigte sich in einem weiteren Beschluß des 10. Bundeskongresses, der ohne Folgen bleiben sollte, nämlich »(...) Bemühungen fortsetzen, die Inbetriebnahme des Kernkraftwerkes Tullnerfeld nach einer neuerlichen Volksabstimmung zu ermöglichen.«[6]

Gerade Zwentendorf zeigt den Einfluß neuer Gruppen und sozialer Bewegungen, die – außerhalb der traditionellen Sozialpartnerlinie und oft quer dazu – neue Anliegen in die Öffentlichkeit trugen. Dazu gehört die Friedensbewegung, die sich mit ihrem Einsatz gegen Waffenexporte gewerkschaftlichen Wünschen entgegenstellte, die Demonstrationen gegen Nachrüstung 1984, die Grünbewegung, die im Winter 1984/85 durch eine spektakuläre Au-Besetzung den Bau des Donaukraftwerkes Hainburg verhinderte, die Frauen, die sich für Gleichberechtigung, aber auch gemeinsam mit gewerkschaftlichen und kirchlichen Gruppen und Initiativen für Ausländer, Flüchtlinge und andere Benachteiligte engagierten.

Diese Gruppierungen zeugen durch ihre Existenz von einem Wertewandel, der spätestens Mitte der 1970er Jahre einsetzte, doch in den 1980er Jahren immer deutlicher

wurde. Zwar wurde der Startschuß bereits 1972 durch die vom Club of Rome verkün-
deten »Grenzen des Wachstums«[7] gegeben, doch brauchte es einige Zeit, bis eine breite
öffentliche Diskussion entstand. Die Frage eines verantwortlichen Umgangs mit begrenzten Ressourcen konnte dabei nicht ausbleiben. Was würde geschehen, wenn durch
die zu beobachtende, ungeheuer rasch voranschreitende technische Entwicklung, durch
Automatisierung und Computerisierung ein großer Teil der Industriearbeitsplätze wegrationalisiert würden, die in den Nachkriegsjahrzehnten mehr als die Hälfte aller
Beschäftigten mit Einkommen versorgt hatten? Die Einführung von CAD (computer
assisted design) im Konstruktionsbereich und von Textverarbeitung in den Büros ließ
Befürchtungen aufkommen, auch in diesen Bereichen würden massenhaft Arbeitsplätze
wegrationalisiert, umso mehr, als Streiks und Auseinandersetzungen bei Zeitungsverla-
gen demonstriert hatten, daß tatsächlich ganze Berufsgruppen – in diesem Falle Setzer
und Drucker – durch den Einsatz neuer Technologien überflüssig werden konnten.

*Wenn es in Österreich nach 50 Jahren Zweite Republik eine Zweidrittelgesellschaft gibt, dann
setzt sich das untere Drittel im wesentlichen aus Frauen zusammen.*

## Sozialstaatskritik

In der Situation der 1980er Jahre wurden Auseinandersetzungen auch öffentlich und
über die Medien geführt. Wie immer in Zeiten erhöhter Arbeitslosigkeit gab es eine
›Schmarotzerdiskussion‹. Arbeitslose wurden beschuldigt, nicht arbeiten zu wollen.
Arbeitgebervertreter forderten strengere Maßnahmen, um Arbeitslose zur Wiederaufnahme von Arbeit zu zwingen, obwohl die Zahlen von Arbeitslosen und angebotenen
offenen Stellen immer weiter auseinanderklafften.

Von der Gegenseite kommt eine Kritik, die vor allem die Lücken des bestehenden
sozialen Netzes sichtbar machen und Alternativen diskutieren will. »Das Sozialversicherungssystem bietet keine Sicherheit. Je geringer das Einkommen, desto niedriger

sind die Sozialleistungen. Je schwerer die Arbeit, desto schmäler die Pension. Je länger die Arbeitslosigkeit, desto weniger wird geholfen. Je aussichtsloser die Krankheit, desto erbärmlicher sind die Unterstützungen. Mindestleistungen zur Existenzsicherung aller Österreicher/innen sind in der Krise notwendig – und sie wären finanzierbar. Das zeigen Beispiele aus anderen Ländern.« Diese harsche Kritik stammt vom Klappentext des Bandes »Sozialstaat Österreich. Bei Bedarf geschlossen.«[8] Die Autoren hatten in einer kritischen TV-Dokumentation die soziale Situation Österreichs und die sozialstaatlichen Einrichtungen vorgestellt und für die einzelnen Bereiche aufgezeigt, welche Wege in anderen europäischen Ländern beschritten werden. Im Buch werden die Hauptinhalte der Dokumentation dargestellt, erweitert und ergänzt. Das Ziel ist, eine breitere Diskussion über die ›neue Armut‹ und deren Vermeidung anzufachen, wobei folgende Gruppen als gefährdet aufgezählt werden: Arbeitnehmerhaushalte mit niedrigem Pro-Kopf-Einkommen, Frauen, vor allem dann, wenn sie allein für Kinder zu sorgen haben, Pensionisten mit Mindestpension, Pflegebedürftige und Arbeitslose.

Am 24. Oktober 1987 gab es in Wien eine Demonstration »Gegen Sozialabbau und Arbeitslosigkeit«, an der rund 40.000 Personen teilnahmen, veranstaltet von einer »Plattform gegen Sozialabbau«.

Eine eigene Plattform, jedoch mit derselben Stoßrichtung, getragen von einem ökumenischen Personenkomitee, nannte sich »Christen gegen Ausgrenzung und Armut«. In einem im Oktober 1987 veröffentlichten Aufruf wird der Wohlfahrtsstaat in Österreich als großer Fortschritt anerkannt, doch dann heißt es: »Trotzdem bleiben Löcher im Netz. Die derzeit vorgeschlagenen und realisierten Einsparungsmaßnahmen zeigen, daß angesichts des wachsenden Problemdrucks mit Einschränkungen sozialstaatlicher und beschäftigungspolitischer Maßnahmen reagiert wird, häufig zuungunsten der sozial Schwächsten. (...) In der heutigen Situation heißt dies für uns, daß bei nötigen Sparmaßnahmen nicht von jenen genommen werden darf, die sich ohnehin in schwieriger materieller Lage befinden. Vielmehr kann von jenen, die in besseren wirtschaftlichen Verhältnissen leben, auch ein größerer Beitrag zugunsten der Budgetkonsolidierung verlangt werden. (...) Mit aller Entschlossenheit protestieren wir dagegen, daß mit der Suche nach ›Sozialschmarotzern‹ Feindbilder verstärkt und Menschen gegeneinander ausgespielt werden.«

Unter den von dieser Gruppe zur Vermeidung von Armut vorgeschlagenen Maßnahmen findet sich die »rasche Einführung der 35-Stunden-Woche«, eine »solidarische Lohnpolitik, die die unteren Einkommen deutlich anhebt«, »Anspruch auf Mindesteinkommen für alle« und eine Steuerreform, mit Kapitalertragssteuer, Energie- und Ressourcensteuern, Besteuerung von Umweltbelastung und Einführung einer Wertschöpfungsabgabe.

Mit diesen Initiativen verbunden war die Gründung des sozialpolitischen Pressedienstes »Kontraste« durch ein Personenkomitee von Wissenschaftern und Wissenschafterinnen aus Universitäten, sozialpartnerschaftlichen Einrichtungen und Kirche. Ziel war es, in erster Linie Journalisten eine seriöse Information zu sozialpolitischen Fragen zu liefern und an der Meinungsbildung in diesem Bereich mitzuwirken. Aus den Kontrasten entstand 1992 ein Sozialstaatshandbuch, in dem in leicht zugänglicher Form die sozialstaatlichen Einrichtungen Österreichs dargestellt werden.[9]

Diskussion um Grundeinkommen/Basislohn

Die neuen Entwicklungen, die unter den Schlagworten ›Grenzen des Wachstums‹, ›neue Technologien‹ und ›Ende der Arbeitsgesellschaft‹ diskutiert wurden, brachten auch die Suche nach neuen Gesellschaftsmodellen mit sich. Um 1984/85 tauchte in Österreich und parallel dazu in Deutschland, Belgien, Frankreich, eine Idee wieder auf, die zuvor in den USA zu Beginn des Jahrhunderts, in anderer Form auch schon hierzulande diskutiert wurde: ein Basislohn, eine Grundsicherung, ein Bürgergeld, kurz: ein alle Mitglieder der Gesellschaft umfassendes soziales Grundnetz sollte eingeführt werden. Unter den ersten waren einige Vertreter von Arbeitsloseninitiativen, die sich zu einem Seminar im Bundesinstitut für Erwachsenenbildung in Strobl versammelt hatten. Etwa zur selben Zeit hatte die Katholische Sozialakademie Österreichs, inspiriert von der amerikanischen Diskussion der späten 1960er und frühen 1970er Jahre, begonnen, sich mit dem Thema eines allgemeinen Grundeinkommens auseinanderzusetzen. 1984 bildeten sich verschiedene Gruppen und Zirkel, die vor allem eine möglichst breite Diskussion des Themas bewirken wollten.

Als Anfang 1985 die Katholische Sozialakademie mit ihrem Vorschlag für ein »Grundeinkommen ohne Arbeit« an die Öffentlichkeit trat[10], gab es heftige Diskussionen und Widerstand, aus Industrie- und Wirtschaftskreisen ebenso wie aus SPÖ- und gewerkschaftsnahen Kreisen. Während Peter Pelinka in der AZ vom 18. Januar 1985 ein arbeitsunabhängiges Grundeinkommen eine »realistische Utopie« nannte, bezeichnete Hoffmann-Ostenhof in derselben Ausgabe der *Arbeiterzeitung* die Idee als gefährlich und »ein sympathisch-utopisches Verbrämen der Resignation gegenüber der Geißel der Massenarbeitslosigkeit«. Einen Tag später schrieb Sebastian Leitner im *Kurier*: »Ob solche Vorschläge nun aus der sozialistischen oder aus der katholischen Ecke kommen, sie sind und bleiben der Versuch, den Fleiß als überflüssig zu diffamieren, eine neue Schmarotzerklasse heranzuzüchten – der Faulheit eine Gasse zu schlagen« (Kurier 19. Januar 1985).

Doch Österreich hatte zu dieser Zeit in Alfred Dallinger einen Sozialminister, der es wagte, über den Zeitraum einer Gesetzgebungsperiode hinauszudenken und neue Ideen in Diskussion zu bringen, auch wenn sie utopisch anmuteten und entsprechend harsche Kritik hervorriefen. Er hatte nicht nur im Sozialbericht 1983 die sich öffnende Schere zwischen dem Wachstum des Volkseinkommens und der fallenden Lohnquote aufgezeigt und auf den zunehmenden Anteil von Notstandshilfebeziehern – das heißt Langzeitarbeitslosen – unter den Arbeitslosen hingewiesen. Da nach Ansicht Dallingers trotz steigender Wachstumsraten auf Grund des Wegrationalisierens von Industriearbeitsplätzen auch mit einem weiteren Anstieg der Arbeitslosigkeit zu rechnen war, setzte er sich immer wieder für die Einführung der 35-Stunden-Woche ein und dafür, die Idee eines Grundeinkommens beziehungsweise eines ›Basislohns‹ zu prüfen.

Gerade dazu sollte eine Enquete dienen, die vom Sozialministerium in Wien im Frühjahr 1985 abgehalten wurde. »Die Beiträge (...) spannen einen weiten Bogen über politische Lager, die grob als katholische, grüne, sozialdemokratische, linke bezeichnet werden können,« schreibt dazu Inge Rowhani, die Herausgeberin der Referate, »wobei nicht verhehlt werden soll, daß in jedem dieser Lager die Diskussion um ein Grundeinkommen kontrovers geführt wird.«[11]

Die Kirche meldet sich zu Wort

Ganz sicher sind Christen und Christinnen nicht die einzigen, die sich in unserem Land in Wort und Tat für soziale Gerechtigkeit einsetzen. Und auch in den Kirchen gibt es keine ein für allemal gültige Definition, was in einer konkreten Gesellschaft zu einer bestimmten Zeit gerecht ist. Andererseits haben sich Christen zu allen Zeiten in besonderer Weise der Armen und Ausgegrenzten angenommen. Neben dem Engagement in den traditionellen Formen der Caritas wurden in den 1980er Jahren in den meisten Diözesen Arbeitslosenprojekte initiiert und unterstützt, darauf ausgerichtet, Arbeitslosen Beschäftigung, Einkommen und neues Selbstbewußtsein zu verschaffen.

Zur Vorbereitung des für 1990 geplanten Sozialhirtenbriefs der Bischöfe wurde im September 1988 unter dem Titel »Sinnvoll arbeiten – solidarisch leben« ein Grundtext vorgestellt, der in einer breiten Öffentlichkeit diskutiert wurde. Politische Parteien und Interessenvertretungen waren nicht nur an verschiedenen Podiumsdiskussionen beteiligt, sondern griffen die Diskussion auch selbst auf. Es gab Kontakte mit Gewerkschaftsbund und Industriellenvereinigung, Expertenhearings und eine breite Diskussion in den Medien. Zusammen mit 2.500 Stellungnahmen aus den Gesprächsgruppen in den Pfarren kann von einem Bewußtseins- und Meinungsbildungsprozeß gesprochen werden, der den Sinn für soziale Verantwortung und das Wesen einer solidarischen Gesellschaft schärfte.

Die Ergebnisse sind in vielfältiger Art in den schließlich von den Bischöfen selbst verfaßten Sozialhirtenbrief eingegangen. Darin heißt es :

»Die Option für die Armen gilt auch für die Kirche in Österreich. Darum muß sie dort ihre Stimme erheben, wo offen oder verborgen Armut besteht, wo Menschen Unrecht erleiden, wo gesellschaftliche Strukturen Menschen benachteiligen und anderen Privilegien erlauben (...) (so) muß sich auch die Kirche in Österreich immer wieder kritisch fragen, wie weit sie selber die Option für die Armen ernst nimmt.«

## Neue und alte Armut

Wer in einer Gesellschaft arm ist, wieviele Arme unter uns leben, ist – das mag zynisch klingen – eine Frage der Definition. In einem gegen Mitte der 1980er Jahre publizierten Forschungsbericht des Sozialministeriums[12] sind zwei Kapitel allein der Darstellung verschiedener Konzepte von Armut und der Messung von Armut (Mindeststandardermittlung) gewidmet. Als besonders aussagekräftig wurden schließlich folgende Kriterien erkannt: Art und Zahl der sozialen Kontakte, Wohnung und Wohnungsausstattung, Konsummöglichkeiten und die finanzielle Situation, wozu nicht nur das aktuelle Einkommen von Bedeutung ist, sondern auch die Frage, ob ein Haushalt Rücklagen besitzt oder – im Gegenteil – verschuldet ist. Als besonders armutsgefährdet stellten sich folgende Bevölkerungsgruppen heraus: Familien mit mehreren Kindern, alleinlebende Erwachsene mit Kind(ern) und Sozialhilfeempfänger. So war 1983 unter den Arbeiterfamilien, wenn die Frau nicht berufstätig war, bei einem Kind jede sechste, bei zwei Kindern jede dritte und bei drei und mehr Kindern sogar jede zweite Familie unter den einkommensschwächsten 10 Prozent der Haushalte zu finden. Bei Angestellten lag jede dritte Familie mit drei oder mehr Kindern und nicht-erwerbstätiger Mutter unter dem einem Single-Haushalt entsprechenden Pro-Kopf-Einkommen von 4.000 Schilling monatlich.[13]

Alte Armut auf höherem Niveau

1983 zählten 15 Prozent der alleinerziehenden Angestellten mit Kind(ern) und 30 Prozent der Arbeiterinnen zu den einkommensschwächsten 10 Prozent. 1993, 10 Jahre später, verfügten zehn Prozent der Unselbständigenhaushalte über ein Pro-Kopf-Einkommen von 6.200 Schilling. Doch die Anteile der Familien, die mit weniger auskommen müssen, sind dieselben geblieben. Mit einer Ausnahme: den Alleinerzieherinnen. Ihre Anteile an den niedrigsten Pro-Kopf-Einkommen sind gestiegen. Nicht weniger als 40 Prozent der alleinerziehenden Arbeiterinnen und ein Viertel der alleinerziehenden Angestellten verfügen über ein Pro-Kopf-Einkommen, das weniger als 20 Prozent der mittleren Einkommen österreichischer Haushalte erreicht. Und dies, obwohl gerade die Alleinerzieherhaushalte höhere Ausgaben haben, weil die Berufstätigkeit eine Kinderbetreuung nötig macht und fehlende Zeit für die Haushaltsführung ebenfalls höhere Ausgaben bedingt.

Familienarmut bleibt also eine Realität, auch in Österreich 1993, und ganz besonders für alleinerziehende Frauen. Daß zu Beginn der 1990er Jahre die Familienbeihilfen erhöht und nach Kinderzahl gestaffelte steuerliche Absetzbeträge eingeführt wurden, konnte offenbar nur eine weitere Verschlechterung des relativen Standards der Familien verhindern, bei den Alleinerzieherinnen nicht einmal dies. Die Diskussion um Einsparungen bei Familienleistungen und Karenzurlaubsgeld anläßlich der Budgeterstellung für 1995 ist unter dieser Rücksicht unverständlich und inakzeptabel.

Die Armut einkommensschwacher Haushalte wird häufig perpetuiert durch die Aufnahme von Krediten, deren Rückzahlung das Haushaltsbudget über Jahre hinaus belasten kann. Im Falle des Verlusts des Arbeitsplatzes, infolge einer Scheidung oder langen Krankheit kann es zu Situationen kommen, die unlösbar scheinen. Die Folgen reichen bis zu Obdachlosigkeit und Selbstmord. Die Einrichtung von Schuldnerberatungen, eine gewisse Selbstbeschränkung der Banken und ein neues Privatkonkursgesetz können die durch Verschuldung entstandene Armut allenfalls einschränken. Die Folgen treffen häufig jene, die nichts oder wenig zum Entstehen der Situation beigetragen haben: Ehefrauen und vor allem Kinder.

Die Ausgegrenzten

Gleichzeitig sind neue Armutsgruppen entstanden, die in keiner Statistik erfaßt sind. Dazu gehören die Obdachlosen, deren Zahl zweifellos zugenommen hat. Auch wenn einige von ihnen Sozialhilfe bekommen: Das offizielle Österreich überläßt es der Sorge caritativer Vereinigungen – in erster Linie den Kirchen –, sich um diese Personen zu kümmern. Ähnliches gilt für eine nicht unbedeutende Zahl von De-facto-Flüchtlingen und anderen Ausländern, deren letzte Zuflucht Privatpersonen und private Einrichtungen sind.

Österreich schämt sich seiner Politik nicht, bereits integrierten Gastarbeitern die Verlängerung der Aufenthaltsbewilligung zu verweigern, unter dem Vorwand, der nachgewiesene kollektivvertragliche Mindestlohn reiche nicht aus, den Unterhalt einer dreiköpfigen Familie zu sichern[14], oder aber, der zur Verfügung stehende Wohnraum reiche für die Familie nicht aus.

## Die Zweidrittelgesellschaft ist weiblich

Wenn es in Österreich, nach 50 Jahren Zweite Republik, eine Zweidrittelgesellschaft gibt, dann setzt sich das untere Drittel im wesentlichen aus Frauen zusammen. Die erwerbsarbeitszentrierte Organisation unserer Gesellschaft bringt es mit sich, daß Frauen die meiste Arbeit, jedoch die niedrigsten Einkommen haben und deshalb als erste von Armut bedroht sind. 1992 verdiente jede zweite Arbeiterin weniger als 11.829 Schilling brutto im Monat (Arbeiter: 18.157 Schilling), jede zweite Angestellte weniger als 15.981 Schilling (männliche Angestellte: 26.071 Schilling). Jede zehnte Frau verdiente 1993 weniger als 7.177 Schilling brutto im Monat, jede fünfte weniger als 9.602 Schilling brutto. Das mittlere Arbeitslosengeld der Frauen betrug 1993 gerade so viel wie der Ausgleichszulagenrichtsatz für Pensionisten, damals 7.000 Schilling. Jede zweite Notstandshilfebezieherin bekam weniger als 6.000 Schilling monatlich. Bei den Pensionistinnen erreichte jede zweite Eigenpension 1993 gerade die Höhe des Ausgleichszulagenrichtsatzes von damals 7.000 Schilling, doch nur jede fünfte bekam auch tatsächlich die Differenz als Ausgleichszulage. 400.000 Frauen sind im Alter ohne eigenen Pensionsanspruch, was allerdings nicht automatisch mit arm gleichzusetzen ist. 250.000 Frauen erhalten nach dem Tod des Partners eine Witwenpension, auch von ihnen ist rund ein Drittel auf eine Ausgleichszulage angewiesen, um davon auch leben zu können.[15] Und noch immer gibt es Frauen, die, zum Beispiel als Folge einer Scheidung, keinerlei Anspruch auf Alterssicherung haben.

Solange Frauen die Arbeit in den Familien, die Verantwortung für Kindererziehung und Haushalt selbstverständlich zugeschrieben wird, sind sie als Alleinerzieherinnen arm oder zumindest von Armut gefährdet. Als Hausfrauen tragen sie die Last der angespannten finanziellen Lage, die in vielen Familien Realität ist. Als erwerbstätige Mütter werden sie alleingelassen mit der Aufgabe, Erwerbsarbeit, Kinder und Haushalt unter einen Hut zu bringen. Als Seniorinnen bleiben sie auf Ehemann und Mindestpension verwiesen. Auch kinderlose Frauen in Niedriglohnbranchen müssen sich mit Einkommen zufriedengeben, die den Verzicht auf Güter oder Dienste erzwingen, die eigentlich in unserer Gesellschaft selbstverständlich sind. So führen die rasch steigenden Preise am Wohnungsmarkt mehr und mehr dazu, daß sich Alleinlebende selbst mit mittleren Einkommen und Familien mit mehreren Kindern keine angemessene Wohnung mehr leisten können. Diese Benachteiligung der Frauen kann durch formal gleiche Berufschancen allein nicht aufgehoben werden; sie wird sich erst ändern, wenn Männer und Frauen auch die unbezahlte Arbeit in Haushalt und Familie gerechter teilen.

## Verstaatlichte Industrie

Anfang der 1980er Jahre war noch ein Fünftel der Industrie verstaatlicht. In den 1970er Jahren war gerade dieser (damals noch größere) Teil der Industrie dazu benutzt worden, konjunkturelle Schwankungen abzufedern. Als Gegenleistung schüttete die öffentliche Hand ein Füllhorn an Subventionen aus und versäumte es, dies an moderne Strukturen, Innovation und effiziente Produktion zu binden. Bei den meisten verstaatlichten Firmen hatte sich so, vom Grundstoffsektor ausgehend, ein Wildwuchs unterschiedlicher Aktivitäten, eine breite Produktpalette und ein überaus hohes Investitionsniveau entwickelt. Diese Schieflage spitzte sich 1985 krisenhaft zu, bezeichnenderweise ausgehend von einer Handelsaktivität der VÖEST (Ölspekulation der Intertrading). Der Kern des Problems saß tiefer. Die Organisationsstrukturen waren zentralistisch und bürokratisch, fast alle Unternehmen der VÖEST-Gruppe hatten Schwierigkeiten; bei den einen waren es akute Verluste, bei den anderen unterlassene Innovationen und versäumte Ertragschancen.

Die Politik reagierte in mehreren Phasen. Das Management wurde professionalisiert, die Holding mit Durchgriffskompetenzen ausgestattet. Der Minister für Öffentliche Wirtschaft ernannte fast im Alleingang ein neues Management, wobei parteiferne Manager einen großen Spielraum erhielten. An dem Konzept eines Mischkonzerns wurde festgehalten, und die Gruppe sollte in drei Jahren an die Börse gebracht werden. Eine Privatisierung blieb zu diesem Zeitpunkt (mit Ausnahme eines kleinen Aktienpaketes der ÖMV) ebenso aus wie eine Verselbständigung von Firmentöchtern. Rückblickend läßt sich sagen, daß die Umstrukturierungen viel Professionalisierung gebracht haben, das Einströmen von Managementkapazität war per Saldo ein Erfolg. Dennoch erwies sich der Riesenkonzern mit 300 Geschäftsfeldern – wie ähnliche ausländische Mischkonzerne auch – als nicht steuerbar. Immer wieder mußte umstrukturiert werden. Löcher wurden gestopft, neue traten auf. Es gab viele Spezialentwicklungen, positive im Bereich des Maschinen- und Anlagenbaus, negative im Bereich der Aluminiumgesellschaft AMAG. Diese lobbyierte ein Jahrzehnt lang um eine Megasubvention für die stromverschlingende Elektrolyse. Als diese politisch gekippt wurde und eine entsprechende Anlage gegen den ausdrücklichen Wunsch des Ministers für Öffentliche Wirtschaft nicht gebaut wurde, begann eine hektisch betriebene, nachträgliche und unkontrollierte Expansionstätigkeit. Heute weiß man, daß die Elektrolyse große Verluste gebracht hätte. Die Konzentration des Managements und der Politik auf die Frage »Bau oder Nichtbau« hat zu einer Lähmung der Kontrolle bei der nachfolgenden Expansionsstrategie des Unternehmens geführt.

Wieder war es das Milliardendefizit einer Firma, das den Reformanstoß brachte. Die Regierung beschloß 1993, die wichtigsten Firmen der Verstaatlichten Industrie binnen drei Jahren mehrheitlich zu privatisieren. Bei der Technologietochter und der ÖMV geschah dies 1994. Die Mehrheit an der Edelstahlfirma und dem Stahlkonzern wurde 1995 abgegeben. Kleinere Unternehmen und die redimensionierte AMAG folgen, so bald es möglich ist. Österreichische Interessen wurden bei der Privatisierung vorrangig berücksichtigt, die Kernbereiche der industriellen Wertschöpfung sollten in mehrheitlich österreichischem Besitz bleiben. Bei Firmen, die nicht über den Aktienmarkt privatisiert wurden, behielt die Dachgesellschaft (vorläufig) einen Minderheitsanteil.

## Steigende Staatsschuld

Die Wirtschaftskrise von 1974/75 wurde mit dem klassischen Instrument des Keynesianischen »deficit spending« erfolgreich bekämpft. Kern dieser Wirtschaftspolitik war die Überlegung, das Bundesbudget antizyklisch einzusetzen, das heißt, die Nachfrageschwäche der Privatwirtschaft in Krisenzeiten durch öffentliche Ausgaben zumindest teilweise auszugleichen und diese Ausgaben bei einer Konjunkturerholung schrittweise zurückzufahren, um das in der Krise angewachsene staatliche Finanzdefizit bei einem neuen Wirtschaftsboom durch Sparmaßnahmen und steigende Steuereinnahmen wieder abzubauen. In den 1980er Jahren konnte diese Politik deshalb nicht einfach wiederholt werden, weil das Budget schon vor der Rezession defizitär gewesen war. Die Staatsschuld war durch die Defizite der 1970er Jahre und die nachher versäumten Sparperioden gestiegen. Die Internationalisierung der Kapitalmärkte hatte zugenommen, und das Defizit – wenn es auch kleiner war als in anderen Ländern – schadete der internationalen Kreditwürdigkeit Österreichs. Dies führte zu höheren Zinssätzen bei internationalen Krediten.

Damit ging ein Instrument zur Bekämpfung der Arbeitslosigkeit verloren, und die Arbeitslosigkeit stieg bis 1993 auf sieben Prozent. Damit ist sie noch immer niedriger als in anderen europäischen Ländern, aber es war nicht mehr möglich (oder jedenfalls viel schwerer), dem Anstieg der Arbeitslosigkeit durch die öffentliche Hand gegenzusteuern. Zu wenig war in guten Jahren gespart worden.

## Explosion der Subventionen

Das Zinsniveau war in Österreich lange Zeit niedriger als im Ausland. Als es gegen Ende der 1970er Jahre stieg, wurden Kredite subventioniert, um das hohe Investitionsniveau zu halten. Meistens waren bedrohte Arbeitsplätze ein stärkeres Argument für einen Kredit der öffentlichen Hand, als das Argument einer neuen Chance, einer Starthilfe für ein risikoreiches Projekt, einer innovativen Produktion. Eine Ausnahme bildete die Förderung von »Topaktionen«, das waren innovative Investitionen in erfolgreichen Unternehmen. Diese Aktionen trugen zehn Jahre lang zur Milderung des Innovationsdefizits bei. Aber sie waren der ›Neidgenossenschaft‹ der Firmen und Branchen ausgesetzt, die keine Erfolge auszuweisen hatten. Alte Unternehmen in reifen Branchen haben immer bessere Lobbies, sodaß diese Aktion wieder stark zurückgenommen wurde. Generell sind Investitionsförderungen heute durch die Richtlinien der EU auf enge Bereiche reduziert (Forschung, Klein- und Mittelbetriebe, Regionalförderung) und werden international streng kontrolliert.

## Erfolge bei der Internationalisierung

Zu den Erfolgen der letzten 15 Jahre gehört die Internationalisierung der österreichischen Wirtschaft. Das Inseldasein Österreichs, seine bis Ende der 1980er Jahre ›tote Grenze‹ gegen Osten und die neuen Barrieren durch die Nichtteilnahme an der ersten Phase der Westintegration in den 1950er Jahren (unter den Gründungsstaaten der EWG waren die Haupthandelsländer Deutschland und Italien) hatten die Weltmarktorientierung Österreichs verzögert. Noch stärker war das Defizit bei Kapitalinvestitionen. Viel häufiger investierten ausländische Unternehmen in Österreich als österreichische Investoren im Ausland. Tochtergesellschaften multinationaler Firmen errichteten in Österreich Produktionsstätten, österreichische Firmen gründeten aber selbst keine solchen im Ausland. Gegen Ende der 1980er Jahr wendete sich das Bild. Jedes Jahr wird von österreichischen Firmen mehr im Ausland investiert als von Ausländern in Österreich. Infolge dieser Entwicklung entstehen hochwertige Arbeitsplätze in Österreich (Hauptquartiere, Regionalzentren oder Produktlinienkompetenz). Damit verbunden ist auch die zunehmende Bereitschaft, den Arbeitsplatz und die persönliche Spezialisierung europaweit zu suchen. Der angestrebte Horizont bei Informationen, Wissen, Arbeitsplatzsuche erweitert sich. Hier ist in Österreich – bei vielleicht verbleibenden Defiziten – Ende der 1980er Jahre ein markanter Sprung nach vorne gelungen.

## Der Beitritt zur Europäischen Union

In dieser Umbruchphase wurde auch forciert die Frage beraten, ob Österreich Mitglied der EU werden solle. Die Diskussion begann, nachdem die EG in einem Weißbuch die Absicht geäußert hatte, die Zusammenarbeit auf eine neue Ebene zu stellen. Die Zusammenarbeit sollte von handelspolitischen Fragen auf weite Wirtschaftsbereiche (Währung) und letztlich auch auf politische Fragen ausgeweitet werden. In Österreich begann die Diskussion 1987/88, wobei die meisten Diskussionsteilnehmer zunächst das Konzept einer »möglichst engen Annäherung« vertraten. Erst zu Beginn des Jahres 1989 wurde immer stärker die Vollmitgliedschaft anvisiert und auch im Juni 1989 als Ziel in Brüssel festgeschrieben. 1994 erfolgten dann der Abschluß der Beitrittsverhandlungen und die positive Volksabstimmung.

## Die Öffnung der Ostgrenzen

Der vielleicht dramatischste Einschnitt in das Wirtschaftsleben erfolgte 1989 mit der Öffnung der Ostgrenzen. Viereinhalb Jahrzehnte lang war der gesamte Wirtschaftsprozeß nach Westen hin orientiert gewesen. Der Osten Österreichs endete praktisch an einer ›toten Grenze‹, und dies war die Ursache dafür, daß es ein wirtschaftliches West-Ostgefälle gab und – als indirekte Folge – die Bevölkerung im Osten schrumpfte und überalterte.

Dennoch waren nach der ›Ostöffnung‹ die Ängste größer als die Hoffnungen. Das Lohnniveau der Ostländer liegt bei einem Zehntel des Niveaus in Österreich. Man befürchtete daher massive, unkontrollierte Einwanderung, nachdem in den 1970er Jahren noch gezielte Anwerbungen in Griechenland und der Türkei notwendig gewesen waren, um Gastarbeiter für unangenehme und schlecht bezahlte Tätigkeiten im Produktionsprozeß zu bekommen. Fünf Jahre nach der ›Ostöffnung‹ kann man eine erste Zwischenbilanz ziehen. Die ›Ostöffnung‹ hat Österreich mehr Vorteile als Nachteile gebracht.

Die Handelsbilanz Österreichs mit seinem ›östlichen‹ Nachbarn hat sich von einem Defizit in ein Aktivum verwandelt. Der Osten Österreichs wächst erstmals wieder

schnell, wenn nicht sogar rascher als der Westen. Der Abwanderungssaldo aus den
›Grenzgebieten‹ verringert sich, die Beschäftigung im Grenzland steigt. Es gehen
Industriearbeitsplätze verloren, aber vor allem solche mit den niedrigsten Löhnen und
Qualifikationen. Gleichzeitig entstehen Arbeitsplätze im Bereich der Dienstleistungen
und des Handels. Österreich wird von Großfirmen als Regionalzentrum für die Bearbeitung des ›Ostmarktes‹ gewählt. Viele kleinere und mittlere Firmen gründeten
Niederlassungen in Wien. Österreichische Firmen wurden kleine multinationale Unternehmungen. Firmen, die vorher nie die Landesgrenze überschritten hatten, begannen
die Slowakei, Tschechien, Ungarn und Slowenien zu beliefern. Andererseits setzte sich
in strukturschwachen Branchen der Verlust an Arbeitsplätzen fort (Grundstoffindustrie,
Textilindustrie).

## Rahmenbedingungen der 1990er Jahre

Mitte der 1990er Jahre sieht die wirtschaftliche Lage Österreichs anders aus als am
Beginn der 1980er Jahre:
– Österreich ist von einem Nachzügler der wirtschaftlichen Entwicklung zu einem
  führenden europäischen Industrieland geworden.

   Am Beginn der 1990er Jahre liegt Österreich unter den 20 Ländern mit dem
höchsten Pro-Kopf-Einkommen. Es übertrifft den Durchschnitt der EU. Länder mit
einem höheren Einkommen wie Schweden sind zur Zeit heftigen Krisen ausgesetzt.
Auch nach globalen Indikatoren, die auch Inflation, Arbeitslosigkeit, Währungs-
stabilität, Verteilung und Sozialen Frieden einbeziehen, liegt Österreich im Spit-
zenfeld.

   Die Produktivität der Industrie, die viele Jahre deutlich hinter der Westdeutsch-
lands gelegen war, hat ein vergleichbares Niveau erreicht. Europalöhne können und
müssen gezahlt werden. Das soziale Netz ist traditionell dicht geknüpft.

   Österreich wird durch diese Entwicklung ein Standort für anspruchsvolle Produkte. Die Erzeugung von weniger komplexen Massenprodukten ist in Österreich
nicht mehr durchführbar.
– Mit dem Beitritt zur EU ist die Diskriminierung Österreichs im Handel mit seinen
  wichtigsten Handelspartnern im EU-Markt beseitigt. Gleichzeitig verändert sich
  damit aber auch das regulatorische Umfeld für die österreichische Wirtschaft. Die
  EU eröffnet Marktchancen und verstärkt die Konkurrenz im anspruchsvollsten
  Marktsegment.

   So müssen beispielsweise öffentliche Ausschreibungen von Land und Bund in
Zukunft für ausländische Firmen offen und transparent sein. (Ein Einsparungseffekt
von 10 Milliarden Schilling für die öffentlichen Budgets ist zu erwarten.) Gegen-
läufig wird es nun für österreichische Firmen leichter, öffentliche Ausschreibungen
in den anderen Mitgliedsländern der EU zu bedienen.

   ÖsterreicherInnen können im Ausland Berufe ergreifen und Unternehmen
gründen. Andererseits kann EU-BürgerInnen nur mit Hinweis auf fehlende Qualifikation, nicht aber wegen ihrer Herkunft eine Tätigkeit in Österreich verwehrt
werden.

– Die Öffnung der Ostgrenzen verstärkt den Anpassungsdruck besonders für die Industrie und im Bereich der mittleren und billigeren Marktsegmente.

– Die Umwelt-, Energie- und Transportpolitik nimmt einen neuen und höheren Stellenwert in Industrieländern ein und wird ein neues, marktwirtschaftlicheres Instrumentarium erfordern.

Hier hat Österreich auf einigen Gebieten eine Vorreiterrolle übernommen (Seenreinhaltung, zentrale Luftindikatoren in Großstädten, Transitvertrag). Auf anderen Gebieten ist Österreich lange hinter anderen Ländern zurückgeblieben (Umweltverträglichkeitsprüfung, Abfallentsorgung). Oft hat Österreich bei strengen Gesetzen ein großes Vollzugsdefizit.

Die relativ saubere Umwelt und die noch relativ geringen Ballungsprobleme sind ein Wettbewerbsvorteil Ostösterreichs. Die Erreichbarkeit der Wirtschaftsstandorte über Bahn und Straße muß ständig verbessert werden, ohne daß die Transportbelastung für die Bevölkerung unzumutbar wird.

– Die globale wirtschaftliche Dynamik hat sich in Richtung des asiatischen Wirtschaftsraums verschoben. Hier ist Österreich allerdings noch unterproportional vertreten, es konzentriert seine Exporte auf den europäischen Raum, insbesondere auf seine Nachbarländer.

Die europäische Antwort darauf war das Konzept des Binnenmarktes, er ist erst schrittweise im Entstehen. Die Optimierung der Standorte in Europa und die Reformen der Industriestruktur haben begonnen. Die Wirtschaftspolitik kann alte Rezepte nicht mehr anwenden (Erhöhung der Staatsverschuldung), neue Rezepte sind noch nicht erprobt.

## Defizite, Stärken, zukünftige Problemfelder

Österreich hat sich auch in den 1980er und 1990er Jahren erfolgreich entwickelt. Die Öffnung des ›Ostens‹ und der Beitritt zur EU fördern die Internationalisierung. Die Erfahrungen zeigen, daß Österreich nach jeder Integrationsstufe erfolgreich an der internationalen Arbeitsteilung teilgenommen hat. Der Nachteil der geringen Präsenz Österreichs auf den asiatischen Wachstumsmärkten muß allerdings abgebaut werden.

Von besonderer Bedeutung für die weitere wirtschaftliche Entwicklung sind Erfolge in Forschung und Entwicklung. Das jahrzehntelange Forschungsdefizit und die unzureichende Umsetzung von Forschungsresultaten der österreichischen Universitäten in marktfähige Produkte und Verfahren sind wesentliche Prosperitätshemmnisse. Österreich ist zu weit entwickelt, um einfach die Resultate anderer kopieren zu können. Eine weitere Produktivitätssteigerung kann nur durch eigenständige innovatorische Leistungen erzielt werden.

### Grenzen des Staatshaushaltes

Die Staatsverschuldung hat die Grenzen überschritten, die von der EU als Schwellenwerte für den Beitritt zur Währungsunion festgelegt worden sind (Kriterien von Maastricht: laufendes Defizit nicht höher als 3 Prozent der Wirtschaftsleistung, Ver-

*Mit der Öffnung der Ostgrenzen 1989 erfolgte der vielleicht »dramatischeste« Einschnitt in das österreichische Wirtschaftsleben.*

schuldungsstand nicht höher als 60 Prozent der Wirtschaftsleistung). Da eine Senkung des Budgetdefizits durch neue Steuern die Konkurrenzfähigkeit der Firmen gefährden würde, glaubt Österreich diesen Kriterien nur mit der Durchsetzung eines ›Sparpakets‹ genügen zu können. Dieses läuft auf eine sozial ungleichmäßige Verteilung zu Lasten der niedrigen Einkommen und der Transferleistungen hinaus. Die Sicherheit der Pensionen ist nicht gefährdet, aber Leistungskürzungen und eine längere Lebensarbeitszeit scheinen aus Finanzierungsgründen unvermeidbar. Die Grenzen des Staatshaushalts bleiben für die nächsten Jahre eine konstante ökonomische Rahmenbedingung.

## Hohe Sockelarbeitslosigkeit

Rationalisierung bedeutet Abbau von Arbeitsplätzen: Sie ermöglicht es, jährlich dieselbe Produktionsmenge mit weniger Beschäftigten und in einer kürzeren Zeit zu produzieren. Neu an der gegenwärtigen Entwicklung ist, daß diese Personalreduktion nicht mit dem Aufbau von neuen Arbeitsplätzen an anderen Stellen oder in anderen Branchen einhergeht, daß also wirtschaftliches Wachstum mit hoher Arbeitslosigkeit einhergeht. Arbeitslosigkeit trotz Wachstum (jobless growth) ist eine akutere Gefahr als Nullwachstum (zero growth). Und ohne Wachstum kann die Umverteilung nur auf strikt dirigistische Weise erfolgen.

Die Arbeitslosigkeit in den Industriestaaten hat die Zehnprozentgrenze überschritten. Eine pessimistische Fortschreibung der Entwicklung der letzten zehn Jahre läßt künftig dauerhafte Arbeitslosenquoten von zehn bis 19 Prozent erwarten. Für Österreich prognostiziert das Wirtschaftsforschungsinstitut (WIFO) mittelfristig bei einem Wachstum der Wirtschaft von 2,7 Prozent eine Arbeitslosenquote von 6,5 Prozent. Zu den offiziellen Quoten kommen immer noch entmutigte Arbeitskräfte (Frührentner, Selbständige zum Subsistenzlohn, Frauen) hinzu. Eine Zwei-Drittel-Gesellschaft ist zwar noch nicht realisiert, ihre Schatten zeichnen sich jedoch bereits ab. So wie es heute aussieht, werden wir nicht um eine breite Neuaufteilung der Arbeit herumkommen. Das muß nicht Arbeitszeitverkürzung bedeuten, auch nicht Wochenarbeitszeitverkürzung und schon gar nicht Arbeitszeitverkürzung bei vollem Lohnausgleich in der Konjunkturkrise. Es kann mehr Ausbildung heißen, es kann Unterbrechung der Berufstätigkeit (vielleicht in der Mitte der Laufbahn), es kann Doppelbeschäftigung in einer marktorientierten und in einer karitativen Tätigkeit bedeuten. Propheten, die uns entgegenschreien, daß man Arbeitslosigkeit durch Mehrarbeit und nicht durch Minderarbeit lösen kann, haben leider ebenso unrecht wie Propheten, die behaupten, daß Arbeitszeitverkürzung zu vollem Lohnausgleich ein Allheilmittel sei.

## Neue Jobs, neue Qualifikationen

Die Verschiebung der Arbeitsplätze von der Industrie zum Dienstleistungssektor setzt sich fort. Der Anteil der Industriejobs wird auf einen Sockel von zehn Prozent der Arbeitsplätze zurückgehen. In Österreich ist die Industriebeschäftigung von 1973 bis 1993 von 671.000 auf 480.000 gesunken. Das bedeutet natürlich nicht, daß Österreich auf einen industriellen Kern verzichten kann, da die dynamische Sparte der Dienstleistungen jene ist, die rund um und durch die Existenz von Industriebetrieben existiert. Jeder Industriejob trägt zunächst einen und dann zwei oder drei Dienstleistungsjobs.

Die Grenzen zwischen Beschäftigung und Nichtbeschäftigung werden durchlässiger. Es gibt mehr Selbständigkeit von Zulieferern, zusätzliche Dienstleistungs- und Beratungsjobs.

Die erforderlichen beruflichen Fähigkeiten werden sich in Richtung Kreativität, Problemlösung, Kommunikation verschieben. Die Fähigkeit, in mehreren Sprachen zu agieren und heikle Arbeitseinsätze in fernen Ländern durchzuführen, wird gefragt sein.

## Grenzen des Wohlfahrtsstaates

Der Wohlfahrtsstaat ist an die Grenzen der Finanzierbarkeit gestoßen. Nur die hohen Wachstumsraten der Wirtschaft haben die steigenden Finanzierungsleistungen erlaubt, und der Anteil der Einkommen, der für den Wohlfahrtsstaat aufgewendet wurde, ist schon in der Vergangenheit langsam gestiegen.

Die Beiträge der Arbeitgeber und der Arbeitnehmer für die Pensionen machten 1956 11,5 Prozent der Lohnsumme aus, heute sind es 23 Prozent, für 2020 wäre bei gleicher Finanzierungstechnik ein Anteil von 45 Prozent zu erwarten. Die Grenzen des Sozialstaates zu erkennen hat nichts mit linearem Sozialabbau zu tun. Es müssen Kürzungen der Wohlfahrtsleistungen erfolgen, aber sie können so gestaltet werden, daß die

Wirkung bei den sozial Schwachen minimal und bei den Wohlhabenden sehr stark ist. Die Einnahmen aus den Leistungen des Wohlfahrtsstaates sind nämlich heute fast gleich über alle Bevölkerungsschichten verteilt, in manchen Bereichen (Schulen, Spitäler, Wohnbauförderung) nehmen die Wohlhabenden sogar den größeren Teil der staatlichen Aufwendungen in Anspruch. Neue Sozialleistungen sollen nur dann eingeführt werden, wenn es Einsparungsvorschläge bei bisherigen Sozialleistungen gibt.

Ich empfehle dringend zu überprüfen, ob es für Sozialleistungen eine Gegenleistung des Empfängers geben kann und ob die Sozialleistung überhaupt die Form der Hilfe ist, die der Betroffene will. Viele Frühpensionisten wollen eigentlich keine Pension, sondern Arbeit. Natürlich nicht um den Mindestlohn, vielleicht auch nur für zwei, drei Tage in der Woche. Man sollte über Kombinationen von Teilpensionen, Teilzeitbeschäftigung und Erfüllung öffentlicher Aufgaben (von Beratung bis zur Sozialhilfe) nachdenken. Jugendliche wollen lieber ein Traineeprogramm als die Arbeitslosenunterstützung, Gastarbeiter vielleicht einen Deutschkurs. Kranke würden lieber zu Hause betreut werden als in Spitälern, Pensionisten würden lieber ihre Wohnung behalten als ins Heim gehen, Kinderkleingruppen mit Tagesmutter (-vater) sind zumindest für die ersten Jahre eine Alternative zu Kindergärten. Präventivuntersuchungen, Informationen über gesunde Ernährung, Kenntnis alternativer Medizin sind angenehmer und billiger als das gegenwärtige Gesundheitssystem mit seinem Drang nach technischen ex post-Methoden.

## Schlankere Bürokratie mit neu definierten Aufgaben

Der finanzielle Spielraum der Öffentlichen Hand wird noch enger werden. Die Defizite besonders des Bundes sind langfristig zu hoch, die Steuer- und Sozialabgaben werden voraussichtlich von der selbstbewußten, zum aktiven Handeln bereiten nächsten Generation als überhöht empfunden werden. Eine Generation, die geringere Pensionen hinnehmen muß, wird mehr Geld für privates Ansparen verlangen. Gleichzeitig gibt es neue Staatsaufgaben im Bereich der Gesundheit, des Umweltschutzes und der europäischen Verwaltung (EU, Militäreinsätze im Rahmen internationaler Friedenstruppen), die neue Budgetmittel erfordern.

Eine weitere konfliktfreie Entwicklung setzt voraus, daß die bisherigen Staatsaufgaben radikal gekürzt werden. Alle bestehenden Abteilungen in Ministerien und Landesregierungen müssen nach Prioritäten neu geordnet und auf ihren Beitrag für zukünftige Problemlösungen untersucht werden. Das wird nur funktionieren, wenn die Betroffenen selbst die neuen Prioritäten mitdefinieren, einen finanziellen Anreiz für Einsparungsvorschläge bekommen und nach neuen Prioritäten entlohnt werden.

## Die Meßbarkeit von Leistungen

Eine Kontrollmethode, der in Österreich besondere Skepsis gegenübersteht, ist die Meßbarkeit und Vergleichbarkeit von Leistungen, die außerhalb der eigentlichen Marktsphäre erbracht werden. Auch qualitative, nicht durch Preise am Markt bewertete Leistung ist meßbar und soll gemessen werden. Das gilt für die Leistungen von Ärzten, Spitälern, Außenhandelsabteilungen einer Kammer, Universitäten, Zeitungen usw.

in der SPÖ zu heftiger Kritik, weil Peter als ehemaliger SS-Offizier besonders belastet war. Sein Rückzug von der Kandidatur für das Präsidentenamt erleichterte dann die Einigung, insbesondere die Zustimmung des sozialdemokratischen Parteitages.

Die Debatten auf diesem Parteitag der SPÖ zeigten, daß die Präferenz für die Kleine Koalition nicht von einer grundsätzlichen oder auch nur strategischen Vorliebe für ein Bündnis mit den Freiheitlichen geprägt war. Die Kleine Koalition wurde von der SPÖ als eine Art Zwischenphase und als kleineres Übel gegenüber einer Großen Koalition und einem Gang in die Opposition bevorzugt. 1983 hoffte die SPÖ, daß bald wieder eine sozialdemokratische Alleinregierung möglich sein könnte. Die kleine Koalition erschien als die relativ günstigste, politisch auch ›billigste‹ Form der Überbrückung dieser antizipierten Pause.

Für die FPÖ war die Kleine Koalition vor allem der Ausbruch aus ihrer Randstellung. Die Partei sah sich nach Jahrzehnten der Isolation nun am Ziel ihrer Wünsche. Ihre Bemühungen, als liberale Partei akzeptiert zu werden und so ihren nationalsozialistischen Hintergrund zu überwinden,[6] schienen erfolgreich. Sie konnte nun nicht mehr als rechtsextrem abgestempelt werden, war sie doch von der sozialdemokratischen Partei zum Regierungspartner gewählt worden.

Die Bildung der Kleinen Koalition entsprach an sich der Logik von Koalitionsbildungen in parlamentarischen Systemen. Gibt es keine absolute Mehrheit einer Partei, so neigen die Parlamentsparteien dazu, die kleinstmögliche Mehrheitskoalition zu bilden.[7] Diese »Minimum«-Koalition wurde in Österreich vor 1983 deshalb nicht praktiziert, weil zunächst – bis 1966 – die FPÖ wegen ihrer Verwurzelung in der nationalsozialistischen Vergangenheit nicht voll akzeptiert war und weil ab 1966 absolute Mehrheiten, zunächst der ÖVP, dann der SPÖ, eine Koalitionsbildung überflüssig machten.

Die kurze Phase einer SPÖ-Minderheitsregierung war in diesem Sinne der Versuch, die europäische Normalität einer »Minimum«-Koalition zu probieren. Auf parlamentarischer Ebene und eben (noch) nicht auf Regierungsebene ›entfesselte‹ die Sozialdemokratie die Freiheitlichen. Die Folgen dieser Entfesselung waren dann 1983 für beide Parteien nutzbar.

Entwicklungsstufen

Die Kleine Koalition war zunächst noch von der »Ära Kreisky« geprägt. Mit einer umfassenden Umbildung der SPÖ-Fraktion in der Bundesregierung löste sich Fred Sinowatz, als Kanzler und auch als Parteivorsitzender Kreiskys Nachfolger, von dieser Prägung.[8] Vor allem die Entlassung Herbert Salchers, der das besondere persönliche Vertrauen Bruno Kreiskys besaß, aus dem Amt des Finanzministers war eine deutliche Distanzierung zu Bruno Kreisky. Daß mit Franz Vranitzky ein Mann Finanzminister wurde, der dann – wiederum als doppelter Nachfolger Sinowatz' in Regierung und Partei – das Ende der von Kreisky eingeleiteten Kleinen Koalition herbeiführen sollte, unterstreicht nur noch die Bedeutung dieser Umbildung.

In der Öffentlichkeit wurde die Koalition nicht als Partnerschaft von zwei Parteien, sondern als Regierung der Sozialdemokratie mit einem Appendix interpretiert. Dies zeigten etwa die Ereignisse in den Donauauen bei Hainburg,[9] wo im Dezember 1984 zwischen der Bundesregierung, die sich bei der Entscheidung für den Bau eines Staudammes auch sozialpartnerschaftlich gestützt wußte, und ökologisch bewegten Demonstrant/inn/en nur sozialdemokratische Regierungsmitglieder als Akteure wahrgenommen wurden. Der Innenminister als ›Polizeiminister‹ und der Bundeskanzler als letztendlich Verantwortlicher demonstrierten eine besondere Zuständigkeit nicht der Koalition, sondern der Sozialdemokratie. Daß Sinowatz Anfang 1985 eine weitere Verschärfung der Konfrontation in Hainburg durch Nachgiebigkeit zu vermeiden verstand, war somit Ausdruck sozialdemokratischer Politik.

*Anfang 1985 vermeidet Bundeskanzler Sinowatz eine Verschärfung der Konfrontation in Hainburg.*

Kurz nach der Vermeidung einer Eskalation in Hainburg machte die FPÖ von sich reden: Im Jänner 1985 bereitete Friedhelm Frischenschlager, freiheitlicher Verteidigungsminister, dem vorzeitig aus italienischer Haft entlassenen SS-Offizier Walter Reder in Graz einen gleichsam offiziellen Empfang.[10] Der Handschlag, mit dem Frischenschlager den wegen Massenmordes in Italien zu lebenslanger Haft verurteilten Reder begrüßte, wurde von Teilen der österreichischen und der internationalen Öffentlichkeit als Provokation angesehen. Innerhalb der SPÖ mehrten sich die Stimmen, die mit dieser Freiheitlichen Partei die Koalition nicht fortsetzen wollten. Zwar konnte, auch durch eine entschuldigende Erklärung Frischenschlagers, der Bruch verhindert werden. Aber die Kleine Koalition hatte eine wesentliche Schwächung erfahren, die Unterschiede im Umgang der beiden Regierungsparteien mit der jüngeren Geschichte waren wieder überdeutlich geworden.

*Am 25. Jänner 1985 bereitet der freiheitliche Verteidigungsminister Friedhelm Frischenschlager dem vorzeitig aus italienischer Haft entlassenen ehemaligen SS-Offizier Walter Reder in Graz einen gleichsam offiziellen Empfang. Noch am selben Nachmittag gibt Frischenschlager im Verteidigungsministerium eine Pressekonferenz.*

Ende 1985 hatte die SPÖ, in Meinungsumfragen und auch ausgedrückt in Wahlen auf Landesebene, ihren Vorsprung gegenüber der ÖVP offenkundig eingebüßt.[11] Die Krise der VÖEST, als größter verstaatlichter Industriebetrieb ein Prestigeunternehmen sozialdemokratischer Wirtschaftspolitik, führte zu einem Vertrauensverlust in die Wirtschafts- und Sozialkompetenz der SPÖ. Anfang 1986 polarisierte die Auseinandersetzung um die Kandidatur Kurt Waldheims als ÖVP-Kandidat für das Amt des Bundespräsidenten das Verhältnis zwischen SPÖ und oppositioneller ÖVP weiter. Die FPÖ schien bei dieser Polarisierung keine erkennbare Rolle zu spielen – auch, weil sie keinen Kandidaten für die Präsidentschaftswahl nominiert hatte.

Die Niederlage des SPÖ-Kandidaten bei der Bundespräsidentschaftswahl, der Wahl Kurt Waldheims, brachte einen entscheidenden Wendepunkt:

– Die ÖVP schien zunächst als demoskopisch führende Partei bestätigt. Die Wahrscheinlichkeit, daß sie bei der zunächst für Frühjahr 1987 in Aussicht genommenen Nationalratswahl zur stärksten Partei werden würde, schien sehr groß. Doch die ÖVP hatte, wie sich zeigen sollte, mit dem Wahlsieg bei der Präsidentschaftswahl ihren Erfolg gleichsam schon konsumiert.

– Fred Sinowatz nahm die Niederlage bei der Präsidentschaftswahl zum Anlaß, von sich aus seinen Rückzug aus dem Kanzleramt durchzuführen. Sein Nachfolger Franz Vranitzky war Sinowatz' eigene Wahl. Mit Sinowatz verließ jener Mann die Regierung, der – in loyaler Umsetzung der strategischen Vorgaben seines Vorgängers – mit der Kleinen Koalition identifiziert wurde.

– Franz Vranitzky war von der Grundsatzentscheidung zugunsten der Kleinen Koalition nicht belastet. Er hatte eine auch bei dem Handschlag Reder-Frischenschlager zum Ausdruck gebrachte Distanz zur FPÖ als Partei des deutschnationalen Lagers demonstriert.

Die Freiheitliche Partei, die mit Ausnahme der Landtagswahl in Kärnten in den Jahren der Kleinen Koalition nur von Wahlniederlagen bei Regional- und Gemeindewahlen begleitet war,[12] nahm auf einem extrem kontroversiellen Parteitag im September 1986 einen Richtungswechsel vor. An Stelle Norbert Stegers, der für die Verlängerung des

Regierungsbündnisses auch nach der nächsten Nationalratswahl eintrat, wurde Jörg Haider zum Parteiobmann gewählt. Haider hatte sich in den Jahren der Koalition als innerparteilicher Opponent des Regierungskurses profiliert und dabei zum Beispiel im Zusammenhang mit der Affäre Reder-Frischenschlager auch die Position eines Rechtsaußen der FPÖ eingenommen.

*Am Innsbrucker Parteitag der FPÖ 1986 wird Dr. Jörg Haider Parteiobmann. Hier im Bild mit dem seinerzeitigen Vizekanzler Dr. Norbert Steger anläßlich einer Sitzung über Minderheitenfragen im Bundeskanzleramt am 29.11.1984.*

Obwohl Haider am Parteitag in Innsbruck im September 1986 zunächst erklärte, die Koalition mit der SPÖ fortsetzen zu wollen, kündigte nun die Sozialdemokratie – als Reaktion auf die Weichenstellung der FPÖ – das Bündnis. Treibend war hier Bundeskanzler Vranitzky. Am Ende der Kleinen Koalition stand die Polarisierung zwischen dem neuen Bundeskanzler und Spitzenkandidaten der Sozialdemokratie und dem neuen Bundesparteiobmann der Freiheitlichen. Vranitzky war durch seinen persönlichen Hintergrund und auch in seinem konkreten Verhalten Repräsentant jenes Teiles der Sozialdemokratie, der sich demonstrativ von dem von Haider vertretenen Flügel der Freiheitlichen absetzte.[13] Für Vranitzky und die von ihm vertretene Tradition der Sozialdemokratie war die Option Kreiskys, in einer Kleinen Koalition mit der FPÖ das kleinere Übel gegenüber allen anderen Koalitionsvarianten zu sehen, nicht (mehr) gültig.

Der Wechsel von Sinowatz zu Vranitzky fand seine Entsprechung im Wechsel von Steger zu Haider. Haiders Interesse war nicht primär, seine Partei als liberal anerkannt zu sehen; ihm war die Mobilisierung von Oppositionsstimmung wichtiger als die Akzeptanz einer liberalen und damit koalitionsfähigen Partei. Am Innsbrucker Parteitag hatte sich diese Zurückstufung der Koalitionspräferenz durchgesetzt. Damit verkörperte Haider eine Politik, die sich nicht mehr um eindeutige Abgrenzung von rechtsextremen Traditionen bemühte.[14] Diese Konstellation einer beginnenden, scharfen, sowohl »ideologischen« als auch persönlichen Polarisierung wurde von Vranitzky benutzt, um die Kleine Koalition rasch zu beenden.[15] Der Wahlkampf für die auf Herbst 1986 vorgezogene Nationalratswahl stand bereits ganz im Zeichen einer nun vor allem von der SPÖ, aber auch von der ÖVP präferierten Großen Koalition, gegen die sich Haider – immerhin Obmann einer (noch) regierenden Partei – im Stile eines konsequenten und radikalen Oppositionspolitikers wendete.


Innenverhältnis

Die Kleine Koalition arbeitete nach Entscheidungsmustern, die für Koalitionen – auch für die Großen Koalitionen davor und danach – üblich sind. Das Arbeitsübereinkommen der beiden Regierungsparteien, unterzeichnet am 11. Mai 1983, sah für die zwischenparteiliche Koordinierung der Regierungsarbeit zwei Ebenen vor:[16]
–  Für die Ebene der Regierung wurden Bundeskanzler und Vizekanzler als oberste Instanz der Konfliktschlichtung innerhalb der Regierung vorgesehen.
–  Zur zusätzlichen Einbindung von Parlamentsfraktionen und Parteien wurde ein Kontaktkomitee geschaffen (»Sechserkomitee«).
Aus dieser Struktur entwickelte sich die Realverfassung der Kleinen Koalition. Der »Zweier-Gipfel« (Sinowatz-Steger beziehungsweise Vranitzky-Steger) war in einen umfassenden zwischenparteilichen Entscheidungsprozeß eingebettet:
–  Die erste Stufe waren die üblicherweise jeden Montag durchgeführten, getrennten Ministerratsvorbesprechungen, die von den beiden Koalitionspartnern für interne Diskussionen aktueller Fragen genützt wurden. An diesen internen, getrennten Ministerratsvorbesprechungen nahmen neben den jeweiligen Regierungsmitgliedern auch die Klubobleute und führende Parteifunktionäre teil.
–  Ein zumeist Dienstag früh durchgeführter »Gipfel« zwischen Kanzler und Vizekanzler diente zur Abstimmung innerhalb der Koalition, zum Ausräumen von Kontroversen und dem Versuch, notwendige Kompromisse zu formulieren.
–  Eine gemeinsame Ministerratsvorbesprechung formalisierte dann die gefundenen Kompromisse und die abgesprochenen Entscheidungen.
–  Der eigentliche Ministerrat (wie die gemeinsame Ministerratsvorbesprechung immer am Dienstag) diente der formalen Entscheidung der bereits faktisch vorentschiedenen Materien.
Dieser Entscheidungsprozeß war ganz auf den Ministerrat und damit auf die Regierung zugeschnitten. Das »Sechser-Komitee« sollte die Arbeit der beiden Parteien und ihrer Parlamentsfraktionen mit der Regierungspolitik koordinieren. Dem »Sechser-Komitee« gehörten die beiden Klubobleute (Sepp Wille für die SPÖ und Friedrich Peter, ab Mai 1986 Friedhelm Frischenschlager für die FPÖ), zwei Mitglieder der Bundesregierung (Harald Ofner, Bundesminister für Justiz, für die FPÖ und Franz Löschnak, Staatssekretär im Bundeskanzleramt, für die SPÖ) und zwei Sekretäre der Parlamentsklubs (Peter Kostelka für die SPÖ und Herbert Grausam für die FPÖ) an.

Dieses Kontaktkomitee tagte regelmäßig einmal in der Woche und war allein schon von diesem Ablauf her eng mit dem vierstufigen Entscheidungsprozeß, der auf den Ministerrat ausgerichtet war, verbunden. Das »Sechser-Komitee« sollte jedoch stärker auch allgemeine Probleme und allgemeine strategische Fragen debattieren, während das vierstufige Verfahren, das im Ministerrat mündete, auf Regierungsentscheidungen hin ausgerichtet war.

*Schaubild 1: Die Realverfassung der Kleinen Koalition*[17]

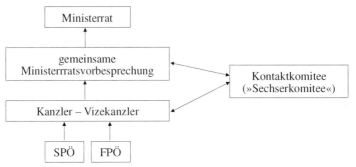

(fraktionelle Ministerratsvorbesprechungen)

Auf parlamentarischer Ebene kam es zwischen 1983 und 1986 zu einer Belebung der Eigenständigkeit des Nationalrates. Die Gesetzesbeschlüsse, denen Regierungsvorlagen zugrunde lagen, gingen zurück. (Nur etwa zwei Drittel der vom Nationalrat zwischen 1983 und 1986 beschlossenen Gesetze hatten eine Regierungsvorlage zur Grundlage.) Dies bedeutete einen seit 1945 noch nicht erreichten Tiefstand der relativen Dominanz des vorparlamentarischen Raums.[18]

Diese Lockerung im parlamentarischen Entscheidungsprozeß fand, wenn auch nur geringfügig, eine Entsprechung in der Aufweichung der Fraktionsdisziplin. Grundsätzlich hielten sich die drei im Nationalrat vertretenen Parteien SPÖ, ÖVP und FPÖ auch in den Jahren der Kleinen Koalition an den »Klubzwang«. Freilich gab es spektakuläre Ausnahmen:

– Bei der Abstimmung über die Aufhebung des Atomsperrgesetzes am 21. März 1985 stimmte ein SPÖ-Abgeordneter (Josef Cap) gegen die Linie seiner Fraktion; die Freiheitliche Fraktion stimmte bei dieser Abstimmung überhaupt völlig uneinheitlich ab.[19]

– Schon am Beginn der Legislaturperiode, im November 1983, stimmte der freiheitliche Abgeordnete Norbert Gugerbauer gegen die Neufassung des Bezügegesetzes für öffentliche Bedienstete mit parlamentarischem Mandat. Er wandte sich damit gegen einen auch mit der oppositionellen ÖVP abgestimmten, umfassenden Konsens.[20]

Diese Abweichungen von der Fraktionsdisziplin waren insgesamt nicht von entscheidender Bedeutung. Die Regierungspolitik der Kleinen Koalition haben sie nicht gefährdet. Sie können insgesamt als ›Lockerungsübungen‹ qualifiziert werden, die in die Richtung eines sich verlebendigenden Parlamentarismus nach der Zeit der Kleinen Koalition wiesen.

Popularität

Die Kleine Koalition war insgesamt nicht populär. Zwischen den Nationalratswahlen 1983 und 1986 fanden in sieben von neun Bundesländern Landtagswahlen statt. Mit einer einzigen Ausnahme blieben die Regierungsparteien bei allen diesen Wahlen unterhalb des Standes, den sie in den jeweiligen Ländern bei der Nationalratswahl im Frühjahr 1983 erzielt hatten.

*Schaubild 2: Landtagswahlen als Zwischenwahlen (Abstand zur Nationalratswahl 1983 in Prozentanteilen)*[21]

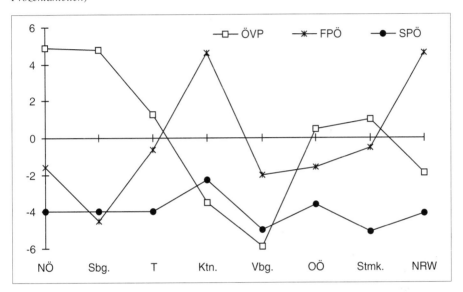

Die Ausnahme von der Regel, daß die Koalitionsparteien bei Landtagswahlen durchwegs Stimmenverluste hinzunehmen hatten, war für das Schicksal der Regierung entscheidend. Im September 1984 erreichte die Kärntner FPÖ einen beachtlichen Stimmenzuwachs. Damit erhielt der Landesparteiobmann der Kärntner Freiheitlichen, Jörg Haider, eine meßbare Zustimmung zu seinem auch öffentlich erkennbaren Konfrontationskurs, der sich gegen die eigene Parteiführung und gegen die Kleine Koalition richtete.

Die ÖVP als einzige im Nationalrat vertretene Oppositionspartei konnte hingegen fast durchwegs (relative) Erfolge erzielen. Doch auch hier sind die Ausnahmen von den Erfolgen aufschlußreich: In Kärnten erlitt die Volkspartei, im Vergleich mit ihrem Ergebnis vom Frühjahr 1983, Verluste. Sie war hier bereits Opfer einer von Haider betriebenen Politik der Konfrontation. In Vorarlberg hatte die ÖVP, wie auch die Regierungsparteien, eine deutliche Niederlage zu beklagen – dies war das Ergebnis des erfolgreichen Auftretens der Grünen, die erstmals in einen Landtag einziehen konnten. Damit zeichnete sich die rasche Destabilisierung des Parteiensystems ab, die dann auf Kosten der beiden Großparteien SPÖ und ÖVP gehen sollte.

Die Zwischenwahlen während der Jahre der Kleinen Koalition entsprachen somit einem Trend, der ab 1986 voll zum Tragen kommen sollte:
- Das Auftreten einer erfolgreichen vierten Partei, eben der Grünen, ging auf Kosten sowohl der SPÖ als auch der ÖVP.
- Die von Jörg Haider betriebene Polarisierung, 1984 in Kärnten, ab 1986 auch auf Bundesebene, traf zunächst vor allem die ÖVP.

In den Jahren der Kleinen Koalition begannen somit Entwicklungen, die in den späten 1980er Jahren und in den 1990er Jahren für das politische Verhalten der österreichischen Bevölkerung entscheidend sein sollten. In den Jahren der Kleinen Koalition begann der rasante Abstieg von SPÖ und ÖVP. Es kam zum Ende des Zweieinhalb-Parteien-Systems, das so lange Zeit hindurch für Österreich charakteristisch gewesen war.

## Die Kleine Koalition als Labor

In den Jahren der Kleinen Koalition zeichnete sich eine Abkehr von der für die Zweite Republik typischen politischen Kultur ab. Die Kleine Koalition kann dabei freilich nicht als Verursacher, wohl aber als Beschleuniger und als Katalysator gelten. Die wichtigsten Aspekte waren:
- Es kam zur ›Entfesselung‹ der bis 1983 faktisch isolierten und auf der Bundesebene weitgehend ausgeschlossenen FPÖ.
- Eine Polarisierung wurde offenkundig, die zunehmend auch zur Diskussion über Österreichs nationalsozialistische Vergangenheit führte: die Affäre Waldheim und der Diskurs über die alten, neuen Querverbindungen zwischen FPÖ und National-sozialismus.[22]
- Die Prägekraft des alten Parteienstaates nahm ab: Die SPÖ verlor in den Jahren der Kleinen Koalition fast 50.000 Mitglieder, somit fast 10 Prozent.[23]
- Die abnehmende Prägekraft des Verbändestaates äußerte sich in der abnehmenden Bedeutung der Sozialpartnerschaft. Weder konnte, wie von den Sozialpartnern gewünscht, der Bau des Staudammes von Hainburg durchgesetzt werden, noch konnte das Atomsperrgesetz aufgehoben werden.
- Ein Oppositionsbonus trat an die Stelle eines Kanzler- oder Regierungsbonus. Während der Kleinen Koalition nahm die Oppositionspartei ÖVP zu; dieser Auf-schwung der Volkspartei fand erst ein Ende, als im Vorfeld der Nationalratswahl deutlich wurde, daß die ÖVP beabsichtigte, im Rahmen einer Großen Koalition Regierungspartei zu werden. Der Aufschwung der FPÖ setzte gerade zu dem Zeitpunkt ein, als sie aus der Koalitionsregierung verdrängt wurde.

An die Stelle der regierenden und hegemonialen Parteien und Verbände trat zunehmend die politische Kultur des oppositionellen Stils; das konzentrierte Zweieinhalb-Partei-en-System wurde von einem sich beschleunigend destabilisierenden Parteiensystem abgelöst; die Loyalitätsbindungen der Wähler/innen an eines der politisch-weltan-schaulichen Lager, ausgedrückt auch und vor allem in der Parteimitgliedschaft, begann deutlich abzunehmen.

Die Kleine Koalition zeigte, daß diese politische Kultur des Umbruchs und der Dekonzentration auch neue Optionen für die Regierungsform brachte. Die Antwort auf die Kleine Koalition, die erneuerte Große Koalition, war gleichsam eine Antwort gegen den Zeitgeist, gegen die Entwicklungslinien der politischen Kultur.

Die Kleine Koalition stand damit an einer Nahtstelle der Zweiten Republik. Die Nachkriegszeit mit einer für sie typischen Proporz- oder Konkordanzdemokratie ging zu Ende. Eine neue Offenheit, die neben neuen Chancen auch neue Risiken bedeutete, begann sich abzuzeichnen.


## ANMERKUNG

1  Vgl. Naßmacher, Regierungssystem, 1968.
2  Vgl. Riedlsperger, Shadow, 1978, 125–128.
3  Vgl. Pelinka, Koalition, 1993, 22f.
4  Ebd., 23–26.
5  Ebd., 30f.
6  Vgl. Reiter, Programm, 1982.
7  Vgl. Riker, Theory, 1962; de Swaan, Coalition, 1973; Laver u. Schofield, Government, 1990.
8  Vgl. Kostelka, Koalition, in: Pelinka u. Steger Hg., Weg, 1988, 82f.
9  Vgl. Natter, Bürger, in: Pelinka Hg., Populismus, 1987.
10 Vgl. Pelinka, Koalition, 1993, 46–50.
11 Ebd., 50–53.
12 Ebd., 75–81.
13 Vgl. Rauscher, Vranitzky, 1987, 209–212; Vranitzky, Gespräch, 1992, 13–47.
14 Vgl. Mölzer, Eisbrecher, 1990, 79–110; Scharsach, Kampf, 1992, 32–44.
15 Vgl. Pelinka, Koalition, 1993, 68.
16 Vgl. Khol u. Stirnemann Hg., Jahrbuch, 1985, 519–530.
17 Vgl. Pelinka, Koalition, 1993, 68.
18 Ebd., 70–72.
19 Ebd., 44f.
20 Ebd., 70f.
21 Ebd., 76.
22 Vgl. Bailer-Galanda, Land, 1987.
23 Vgl. Pelinka, Koalition, 1993, 88.

Herbert Dachs

# Von der ›Sanierungspartnerschaft‹ zur konfliktgeladenen Unübersichtlichkeit

Über politische Entwicklungen und Verschiebungen während der Großen Koalition 1986 bis 1994

## Vorbemerkung

Das österreichische politische System und die politische Landschaft der Zweiten Republik konnten lange Jahrzehnte hindurch als stabil und von vielfältigen Kontinuitäten geprägt beschrieben werden. Auch die 17 Jahre während Phase der Alleinregierungen hat daran grundsätzlich nichts Entscheidendes geändert. In dieser Zeit, in der zunächst die ÖVP (1966 bis 1970) und dann die SPÖ (1970 bis 1983) die politische Alleinverantwortung trugen, bestand auf der parlamentarischen Bühne in wesentlichen Bereichen das Konkordanzklima fort. Die sozialpartnerschaftlichen Kooperationsmuster blieben intakt, und auch die in sieben der neun Bundesländer durch Verfassung vorgeschriebenen Proporzregierungen funktionierten. In der Wählerschaft aber bahnten sich – seit Ende der 1970er Jahre verstärkt – erhebliche Einstellungsänderungen an.

So wurden unter anderem die Bindungen an die alten weltanschaulichen Lager zunehmend schwächer, damit zusammenhängend wuchs die grundsätzliche Bereitschaft zu flexiblerem Wahlverhalten. Direktdemokratische – an den Parteien vorbeilaufende – Beteiligungsformen erfuhren einen drastischen Bedeutungsgewinn (als hervorragende Beispiele seien die Ereignisse um Zwentendorf und Hainburg genannt), und Bürgerinitiativen wurden überhaupt zum fixen Element des politischen Lebens. Neue Problemlagen wie insbesondere die Ökologiefrage gewannen dramatisch an Bedeutung, und sowohl die Ansprüche an die Politik als auch die kritischen Urteile gegenüber den politischen Eliten nahmen zu.

Politische Fehler und Fehlentwicklungen wie politische Korruption, die Strukturkrise der Verstaatlichten Industrie, die vom personellen wie inhaltlichen Angebot her wenig überzeugende Kleine Koalition sowie Budgetprobleme verschärften und beschleunigten die angesprochenen Einstellungsänderungen und führten seit Mitte der 1980er Jahre zu einem – zumindest für österreichische Verhältnisse – rasanten politischen Wandel mit weitreichenden politischen Auswirkungen auf die politische Szene unseres Landes.

In diesem Beitrag wird zunächst das ›Wendejahr‹ 1986 genauer untersucht, sodann werden die seitdem stattgefunden habenden Änderungen und Verschiebungen anhand einiger ausgewählter Dimensionen analysiert, und abschließend wird die politische Situation nach den jüngsten Nationalratswahlen beleuchtet.

# Das ›Wendejahr‹ 1986

Im Jahr 1986 wurde eine Reihe der vorhin schon angesprochenen Veränderungen, die sich seit Jahren unter der scheinbar unveränderten Oberfläche des politischen Systems angebahnt hatten, auch bei Wahlen sichtbar. Parallel dazu vollzogen sich auch bei mehreren Parteien zum Teil folgenreiche Veränderungen. Als wichtigste Ereignisse seien genannt:[1]

– Mit Kurt Waldheim wird am 8. Juni 1986 im zweiten Wahlgang nach 1945 erstmals ein nichtsozialistischer Kandidat zum Bundespräsidenten gewählt. Der Wahlkampf war aber kaum von sachpolitischen Fragen geprägt, sondern kreiste vorwiegend um Waldheims – teilweise verschwiegene – Position im Zweiten Weltkrieg. Damit sahen indirekt auch viele Österreicher ihre eigene Rolle während der NS-Zeit in Frage gestellt. Der Wahlkampf war von massiver Polarisierung und negativer Emotionalisierung geprägt.

– Respektabel hatte sich die Präsidentschaftskandidatin der Grünen Freda Meissner-Blau geschlagen.[2] Im ersten Wahlgang konnte sie 5,5 Prozent der Stimmen auf sich vereinigen. Dieser Erfolg sollte dann wesentlich dazu beitragen, daß verschiedene Grün-Gruppierungen einen neuerlichen – und diesmal erfolgreichen – Einigungsversuch für eine gemeinsame Kandidatur bei den Nationalratswahlen starteten. Als »Die Grüne Alternative-Liste/Freda Meissner-Blau« sollten sie dann bei den vorgezogenen Nationalratswahlen am 23. November 1986 mit 4,8 Prozent der gültigen Stimmen und acht Sitzen erstmals ins Parlament einziehen.

– Wenige Tage nach der für seine Partei negativ verlaufenen Bundespräsidentenwahl trat Fred Sinowatz als Bundeskanzler zurück. Seine Nachfolge trat der bisherige Finanzminister Franz Vranitzky an. Er sollte eine Wende gegenüber der bisherigen Politik signalisieren. Und tatsächlich werden insbesondere in der Wirtschaftspolitik (Abrücken von der bisherigen staatlichen Interventions- und Unterstützungspolitik, mehr Wettbewerb, Übergang von volkswirtschaftlicher zu betriebswirtschaftlicher Sichtweise der Verstaatlichten Industrie usw.) in den nächsten Jahren und unter starkem Druck der ÖVP wesentliche Kurskorrekturen vorgenommen.

– Beim Parteitag der FPÖ in Innsbruck wird am 13. September Jörg Haider nach einer Kampfabstimmung mit 57,7 Prozent der Stimmen gegen den bisherigen Bundesparteiobmann Norbert Steger (39,2 Prozent) zum neuen Obmann gekürt. Er legt die bisherige Regierungspartei auf einen rechtsnationalen Protestkurs fest. Wenige Tage später kündigt Bundeskanzler Vranitzky die Koalition mit der FPÖ auf und schlägt Neuwahlen vor. Als Datum wird der 23. November festgelegt.

– Die ÖVP sah sich, nach Erfolgen bei verschiedenen früheren Wahlgängen und angesichts der negativen Regierungsbilanz der Kleinen Koalition, zu Beginn des Wahlkampfes im politischen Aufwind. Nach anfänglicher Themenführerschaft kam sie aber im Verlauf der von starker Personalisierung geprägten Wahlauseinandersetzung – von der insbesondere Bundeskanzler Vranitzky und Jörg Haider profitierten – schließlich ins Hintertreffen, und das angestrebte Wahlziel, nämlich die SPÖ zu überflügeln, konnte nicht erreicht werden.

– Die Wahlen im November brachten für die beiden Großparteien SPÖ (- 4,5 Prozent) und ÖVP (- 1,9 Prozent) Verluste, für die FPÖ fast die Verdoppelung der Stimmanteile von 1983 (von 5,0 Prozent auf 9,7) und für die Grün-Alternativen mit 4,8 Prozent der gültig abgegebenen Stimmen den erstmaligen Einzug ins Parlament (vgl. Tabelle 1).

*Tabelle 1: Stimmenanteile/Mandate der im Nationalrat vertretenen Parteien 1983 bis 1994*

| NRW | SPÖ | | ÖVP | | SPÖ+ÖVP | FPÖ | | Grüne | | Liberales Forum | |
|---|---|---|---|---|---|---|---|---|---|---|---|
| 1983 | 47,65 | 90 | 43,22 | 81 | 90,87 | 4,98 | 12 | 1,36 | – | – | – |
| 1986 | 43,12 | 80 | 41,29 | 77 | 84,41 | 9,73 | 18 | 4,82 | 8 | – | – |
| 1990 | 42,80 | 80 | 32,06 | 60 | 74,86 | 16,63 | 33 | 4,78 | 10 | – | – |
| 1994 | 34,92 | 65 | 27,67 | 52 | 62,59 | 22,50 | 42 | 7,31 | 13 | 5,97 | 11 |
| Veränderungen 1986–1994 | | | | | | | | | | | |
| | -8,2% | -15 | -13,6% | -25 | -21,8% | +12,8% | +24 | +2,5% | +5 | +6% | +11 |

Das Jahr 1986 hatte also eine Neuformierung der politischen Landschaft eingeleitet, die sich seitdem weiter fortsetzte und mit den Nationalratswahlen 1994 den bisherigen Höhepunkt erreichen sollte. Die Wähler hatten in einem Maße gewechselt wie noch nie – man kann daher mit Recht von einem »Jahr der Wechselwähler« sprechen.[3]

Im Parlament waren wieder vier Fraktionen vertreten. Damit war eine breitere politische Themenpalette garantiert. Der Anteil der beiden Großparteien war empfindlich gemindert (1983 noch 90,9 Prozent, nun 84,4 Prozent), und neue Themenprioritäten kamen zum Tragen. Ein bisher noch nicht dagewesenes Ausmaß an Parteien- und Politikverdrossenheit senkt einerseits die Wahlbeteiligung, und sie wird – vor allem durch die FPÖ – weiter parteipolitisch instrumentalisiert.

SPÖ und ÖVP traten bald nach den Wahlen in Verhandlungen um ein gemeinsames Regierungsprogramm ein. Diese wurden mit einer umfangreichen Koalitionsvereinbarung abgeschlossen.[4] Am 21. Jänner 1987 erfolgte die Vereidigung der aus SPÖ- und ÖVP-Vertretern gebildeten neuen Koalitionsregierung. Österreich hatte damit nach knapp 21 Jahren wieder eine Große Koalition. Diese Neuauflage war freilich hinsichtlich ihrer Ausgangslage und auch der Rahmenbedingungen mit der früheren kaum zu vergleichen: In den Jahren 1945 bis 1947 war der materielle Problemdruck riesengroß gewesen. Über die politische Zielrichtung (Wiederaufbau, staatliche Unabhängigkeit, materielle und soziale Besserstellung usw.) bestand daher weitgehend Konsens, und auch über die anzuwendenden Methoden der Kooperation herrschte grundsätzliches Einvernehmen. Dem gegenseitigen Mißtrauen begegnete man mit der strikt durchgezogenen Teilung der Macht in Staat, Wirtschaft und Bürokratie; »die Motivierung der Bevölkerung zu Anstrengung und Verzicht war im Zeichen des Wiederaufbaus und des Staatsvertragsziels ungleich leichter zu bewerkstelligen als im Zeichen eines zumindest teilweise selbst verschuldeten Sanierungsbedarfes und eines so komplexen Zieles wie der Annäherung an die EG.«[5]

Damit sind wesentliche Kalküle angesprochen, welche zur Bildung der neuen Großen Koalition geführt haben, können doch daraus Hinweise für die Belastbarkeit und das Maß an Gemeinsamkeit zwischen den beiden – trotz aller Zusammenarbeit natürlich nach wie vor im politischen Wettbewerb miteinander befindlichen – Regierungsparteien gewonnen werden.

Die stärksten Impulse zur Bildung einer Großen Koalition waren von der SPÖ und deren neuem Bundeskanzler Franz Vranitzky ausgegangen.[6] In dieser Partei hatte sich die Einsicht durchgesetzt, daß die vorhandenen ökonomischen Strukturprobleme in einer Kleinen Koalition nicht bewältigt werden könnten und daß zudem – was noch gewichtiger erschien – vor allem die bisherigen wirtschaftspolitischen Strategien geändert werden müßten (unter dem Schlagwort: weg vom Staatsinterventionismus, hin zu mehr Deregulierung, Privatisierung und Wettbewerb). Die im Zuge einer derartigen Neuregulierung notwendigen und auch für die eigene Klientel unpopulären Maßnahmen glaubte man, in einem breiter abgestützten und damit belastbareren Regierungsbündnis leichter verkraften zu können als in einer mit nur knapper Mehrheit ausgestatteten Kleinen Koalition. Der grundlegende Kurswechsel der FPÖ unter Haider hin zu einem rechtspopulistischen Agieren machte diese zudem in den Augen der SPÖ-Vertreter als Regierungspartei untragbar.

Die ÖVP hatte sich schon zuvor, in den Jahren der Opposition, immer wieder für eine Regierungszusammenarbeit auf breiter Basis ausgesprochen. Ihre Vertreter hatten die Bildung einer Allparteienregierung oder einer Großen Koalition vorgeschlagen. Nach den November-Wahlen bot sich nun dazu die Gelegenheit, auch wenn man sich erwartet hatte – und lange Zeit wiesen die demoskopischen Befunde in diese Richtung –, als stärkste Partei die neue Große Koalition führen zu können. Der SPÖ mit ihren deutlichen Bemühungen zur inhaltlichen Reorientierung – mit der sie vielfach Forderungen der ÖVP sehr nahe kam – und dem politisch noch unverbrauchten Spitzenkandidaten Vranitzky gelang es aber dann, trotz deutlicher Stimmenverluste, die relative Mehrheit zu behalten und damit weiter die Position des Kanzlers zu besetzen.

Die neue Große Koalition verstand sich als Sanierungspartnerschaft, die es sich zum Ziele setzte, im nationalen Interesse eine Reihe höchst gewichtiger und komplexer Reformvorhaben anzugehen: Konsolidierung der Staatsfinanzen, Reform des Steuersystems, Rationalisierung der Österreichischen Bundesbahnen, Agrarreform, Reform des Pensionssystems und dessen langfristige finanzielle Sicherung, Sanierung und teilweise Privatisierung der Verstaatlichten Industrie und staatlicher Banken sowie eine forcierte Politik in Richtung Europäische Gemeinschaft. Jede der beiden Koalitionsparteien sollte bei den ihr nahestehenden Bevölkerungs- beziehungsweise Wählergruppen auf eine entsprechende Reformbereitschaft hinwirken. Auch sollte für eine gleichmäßige Verteilung der ›Opfer‹ gesorgt werden, wobei zu erwarten war, daß die Partei mit der heterogeneren Anhängerschaft – nämlich die ÖVP – damit den größeren Erklärungsbedarf haben würde. Der ohnehin komplizierter strukturierten ÖVP kam in der Koalition der undankbare zweite Platz zu. Für sie mußte sich die Selbstdarstellung schwieriger gestalten, und es konnte erwartet werden, daß man dieses Manko durch eine verstärkte Bereichsopposition, das heißt schärfere Kontrolle und auch Kritik gegenüber dem größeren Koalitionspartner, zu kompensieren versuchen würde. Zudem war vorauszusehen, daß die notwendigen Reformvorhaben – auch wenn deren Realisierung klaglos gelingen sollte – seitens der Wähler kaum mit enthusiastischer Zustimmung quittiert würden. Einerseits waren sie wegen ihrer Kompliziertheit und Komplexität für den durchschnittlich Informierten schwer faßbar, andererseits würden die Reformen mit Opfern und Einbußen verbunden sein, und teilweise – wie etwa bei der Pensionsreform – würden allfällige positive Konsequenzen erst in späteren Jahren zum Tragen kommen.

Im Vergleich zur Großen Koalition nach 1947 mit ihren vergleichsweise handfesten und klaren Zielen hatte es also die neue Koalition mit schwierigeren Materien zu tun. Stärker und alternativenreicher war seit 1986 auch die Opposition. Bei Unzufriedenheit mit der Regierungspolitik konnte sie mit deutlichen Gewinnen rechnen und so der Koalitionsregierung verstärkt zusetzen. Auch war zu erwarten, daß in der Berichterstattung der vielfach koalitionskritischen Medien die naturgemäß zahlreichen innerkoalitionären Spannungen und Konflikte eher Beachtung finden würden als die Erörterung komplizierter Sachprobleme. Schließlich konnte bezweifelt werden, ob die beiden mit den erwähnten Sachproblemen vollauf beschäftigten Regierungsparteien daneben noch die Kraft und Energie aufbringen würden, sich selbst als Parteien hinsichtlich Stil, politischer Inhalte, Erscheinungsbild und Formen der Entscheidungsfindung zu reformieren, um den geänderten Erwartungen der Wählerschaft zu genügen. Als ›Sanierer‹ aufzutreten würde auf Dauer zuwenig sein. Innovation in Form und Inhalt war für die Zukunft gefragt. 1986/87 deutete aber vieles darauf hin, daß die neuen Groß-Koalitionäre ihr Regierungsbündnis »lediglich als Absicherungsvehikel für prinzipiell unveränderte Politikkonzeptionen und -formen«[7] betrachteten.

## Politische Veränderungen seit 1986

Wir sind von der These ausgegangen, daß Österreichs politische Landschaft seit Mitte der 1980er Jahre von starken Veränderungen geprägt ist. Diese Behauptung soll nun anhand einiger ausgewählter Bereiche näher begründet werden.

### Neue Themen

Die Mobilität des Wahlverhaltens ist auch wesentlich auf die Ausweitung der politischen Themenpalette zurückzuführen und auf die partielle Neuartigkeit und auch Kompliziertheit der als wichtig eingeschätzten Inhalte:
–   Neben die (mit gewissen Schwankungen) als bedeutend eingestuften Themen wie Umweltschutz, Sicherung von Arbeitsplatz und Pensionen usw. traten verstärkt Züge der Parteienverdrossenheit in den Vordergrund. Insbesondere die Regierungsparteien sahen sich mit steigendem Unmut und erhöhter Sensibilität hinsichtlich Privilegien und Machtmißbrauch konfrontiert.
–   Der Problemkomplex Ausländer und Zuwanderung erlebte ab 1990/91 eine drastische Konjunktur. In dieser Frage verdichtete sich für einen Teil der Wähler eine Reihe von Ängsten und Vorurteilen (etwa hinsichtlich Konkurrenz um Wohnung und Beruf, erwarteter Anstieg der Kriminalität, Gefährdung der Identität usw.). Insbesondere die FPÖ instrumentalisierte und verschärfte diesen ebenso sensiblen wie prekären Themenkomplex und pushte ihn, gezielt auf Polarisierung und Emotionalisierung setzend, vor den Wiener Gemeinderatswahlen im November 1991 mit großem Erfolg zu *dem* Wahlschlager schlechthin. Die emotionale Schubkraft dieses brisanten Themas ausnutzend, überholte sie hier stimmen- und mandatsmäßig die ÖVP und rückte mit 22,5 Prozent und 23 Mandaten an die zweite Stelle vor. Gleichzeitig gelang es, tief in sozialdemokratische Stammwählerbereiche einzubrechen.

– Diese auf weitgehende Ausgrenzung und Abschottung vor Zuwanderern abgestellte politische Agitationsschiene wurde weiterverfolgt und kulminierte dann in dem von der FPÖ angestrengten Volksbegehren zur Ausländerpolitik mit dem Titel »Österreich zuerst« im Jänner 1993. Dieses wurde von rund 417.000 oder 7,4 Prozent der Stimmberechtigten unterzeichnet. Mit dem Hinweis auf diese Politik, die sie ablehnten, begründeten dann Anfang Februar 1993 fünf freiheitliche Nationalratsabgeordnete ihren Austritt aus der FPÖ. Sie bildeten unter dem Namen »Liberales Forum« zunächst eine eigene Fraktion und später auch eine neue Partei.

Um den hochbrisanten Problemkomplex Ausländer zu neutralisieren und zu entschärfen, glaubte die Koalitionsregierung zu einer Reihe höchst restriktiver Gesetze und einer entsprechenden Praxis ›gezwungen‹ zu sein, was ihr nun wiederum permanente Kritik von liberal und weniger ängstlich eingestellten Wähler/inne/n einbrachte.

– Immer stärker ins Bewußtsein rückte auch die Einsicht, daß die österreichische Politik zunehmend von internationalen Entwicklungen mitbestimmt wird,[8] daß das Tempo der gesellschaftlichen und wirtschaftlichen Entwicklungen zunimmt und die Regeln der Konkurrenz- und Wettbewerbsgesellschaft schärfer greifen. Während der formal besser gebildete Teil der Bevölkerung diesen Entwicklungen meist gelassen und optimistisch entgegenblickte, fürchtete eine andere Gruppe dabei nicht mehr mitzukommen. Diese tatsächlichen oder potentiellen ›Modernisierungsverlierer‹ sind für defensive und restriktive Politik empfänglicher.

Ein Großteil der – hier nur knapp skizzierten – neuen politischen und gesellschaftlichen Konfliktlinien steht auch in keinem direkten Zusammenhang mehr zu den Bruchlinien, welche bisher für die Ausbildung des traditionellen österreichischen Parteiensystems verantwortlich waren. Die neuen Themen sind höchst komplex, in das Links-Rechts-Schema schwer einzuordnen und vielfach von außerhalb der Reichweite nationaler Politik liegenden Faktoren mit abhängig. Die politische Themenszene wird also unübersichtlicher. In gleichem Maße als die Bindungskraft der großen Parteien abnimmt, sinkt auch deren Problemlösungs- und Erklärungskraft.


## Wahlverhalten

Das Wahlverhalten seit Mitte der 1980er Jahre könnte man mit dem Motto charakterisieren: »Der Wähler beginnt in zunehmendem Maße tatsächlich zu wählen!« Gemeint ist damit, daß sich der schon seit längerem ankündigende Trend der stärkeren Beweglichkeit im Wahlverhalten massiv verstärkt hat. Es hängt mit dem erwähnten rapiden Erodieren der weltanschaulichen Lager sowie dem Wichtigwerden neuer Fragen und Themen zusammen, daß der früher bei den Großparteien zwischen 70 bis 80 Prozent liegende sogenannte Stammwähleranteil dramatisch unter die 40 Prozent-Marke gesunken ist. Dementsprechend haben die Wechselwähler kontinuierlich zugenommen.[9] Lag deren Anteil 1983 noch bei 10 Prozent, so stieg dieser Wert bei der Nationalratswahl 1994 auf die bisherige Höchstmarke von 20 Prozent. Ein Fünftel der Wählerinnen und Wähler hatte also am 9. Oktober 1994 eine andere Partei gewählt als noch vier Jahre davor. Fast ein Jahrhundert hindurch hatten in Österreich überwiegend die

Faktoren Beruf, Religion, Nation, Interessensstruktur und Weltanschauung, Stadt und Land das Wahlverhalten bestimmt. Nun verloren diese Grenzen an Bedeutung, wurden relativiert, von neuen Bewußtseinslagen und Motiven überlagert.

So haben zum Beispiel folgende Motive für die Wahlentscheidung an Bedeutung gewonnen:

– Orientierung an den jeweiligen Spitzenkandidaten, das heißt also Personalisierung der Wahlentscheidung;
– Protestmotiv, überwiegend gegenüber den Großparteien, dem Verbändesystem usw.;
– Orientierung des Wahlverhaltens an den Kriterien Geschlecht und Generation.

In welchem Ausmaß sich das Wahlverhalten seit 1986 gewandelt hat, sei anhand einiger ausgewählter Beispiele demonstriert:[10]

– Bei den Wählern unter 30 Jahren verloren zwischen 1986 und 1994 die SPÖ 8 Prozent, die ÖVP 14 Prozent. Gewonnen haben FPÖ 13 Prozent und Liberales Forum (LF) 11 Prozent. Auch die Grünen liegen hier sehr gut.
– Die Bewegung im Segment Beamte/im öffentlichen Dienst Beschäftigte: SPÖ minus 14 Prozent, ÖVP minus 10 Prozent, Grüne plus 12 Prozent, FPÖ plus 6 Prozent.
– Angestellte: SPÖ und ÖVP je 11 Prozent Verlust, circa 45 Prozent dieser dynamischen und großen neuen Angestellten-Mittelschicht votierten für eine der drei Oppositionsparteien. Anteilsmäßig entfielen 1994 auf die SPÖ 29 Prozent, auf die ÖVP 25 Prozent, FPÖ 22 Prozent, Grüne 12 Prozent und LF 11 Prozent.
– Arbeiterschaft: Der Wandel wird besonders bei dieser traditionell überwiegend sozialdemokratisch eingestellten Wählergruppe drastisch sichtbar. Die SPÖ verlor hier seit 1986 10 Prozent und fiel von einem Wähleranteil von 57 Prozent auf 47

*Der Kommentar des Karikaturisten Helmut Hütter zu den Koalitionsverhandlungen 1987:*
*»Schachertorte ...«*

Prozent ab. Die ÖVP verlor 11 Prozent (von 26 auf 15 Prozent gefallen) und die FPÖ legte 19 Prozent zu (von 10 auf 29 Prozent) und ist nun – was den Anteil der Wähler an dieser Gruppe anlangt – hinter der SPÖ klar zweitstärkste Partei.

– Die ›jüngste‹ Partei hinsichtlich der Wählerschaft war 1994 das Liberale Forum: 43 Prozent der Erst- und Jungwähler hatten diese Partei gewählt, gefolgt von den Grünen mit 37 Prozent und der FPÖ mit einem Erst- und Jungwähleranteil von 25 Prozent.

– Die formal am höchsten gebildeten Wähler (das heißt mit Matura oder akademischem Studienabschluß) haben das Liberale Forum mit 70 Prozent, gefolgt von den Grünen mit 64 Prozent gewählt. Es paßt ins Bild, daß die Wählerschaft der beiden genannten Parteien überwiegend aus urbanen Bereichen stammt.

Betrachtet man das Wählerverhalten bei Nationalrats- und Landtagswahlen seit 1986 insgesamt, so zeigt sich, abgesehen von geringen Ausnahmen, durchgehend das gleiche Bild: Die beiden Koalitionsparteien SPÖ und ÖVP verlieren an Stimmanteilen, die FPÖ gewinnt meist stark, die Grünen halten sich oder gewinnen bei Nationalratswahlen und ziehen auch in einige Landtage ein; das erst 1993 gegründete Liberale Forum ist bei regionalen Wahlgängen noch von geringer Bedeutung.

## Parteienspektrum

Österreichs Parteiensystem konnte lange Jahrzehnte hindurch als hinkendes Zweiparteiensystem oder als Zweieinhalbparteiensystem charakterisiert werden. Gemeint war damit die Existenz von zwei übermächtig dimensionierten Parteien (nämlich der ÖVP und der SPÖ) neben einer kleinen dritten (der FPÖ), die realpolitisch eine geringe Rolle spielte. Seit 1986 gilt auch diese Charakterisierung nicht mehr. Das Parteiensystem hat seither eine beträchtliche Ausdifferenzierung erfahren, und zwar 1986 durch den

*Der Kommentar des Karikaturisten Helmut Hütter zu den Nationalratswahlen 1990:*
*»Vranzensfest ...«*

erstmaligen Einzug der Grünen in den Nationalrat und 1993 durch die Abspaltung des Liberalen Forums unter Heide Schmidt von der FPÖ. Beide sind überwiegend auf postmaterialistische urbane Schichten abzielende, höchst bewegliche Medien- beziehungsweise Wählerparteien, welche die Themenvielfalt ausweiten und so die Parteienkonkurrenz kräftig beleben. Mit den Themen Grünen setzte sich auch erstmals eine Konfliktlage durch, die quer zu den alten Lagergrenzen liegt.

Hand in Hand mit der Ausweitung des Parteienspektrums und dem geänderten Wahlverhalten geht eine tiefgehende Dekonzentration des österreichischen Parteiensystems (vgl. Tabelle 1). Konnten die beiden Großparteien 1983 etwa noch zusammen 90,9 Prozent und 1986 immerhin noch 84,4 Prozent der gültig abgegebenen Stimmen auf sich vereinigen, so sank dieser Wert im Herbst 1994 auf 62,6 Prozent! Komplementär dazu ist nicht nur die Anzahl, sondern auch der Stimmanteil der übrigen im Parlament präsenten Parteien von 14,5 Prozent 1986 auf 35,8 Prozent 1994 angestiegen. Das bedeutet auf Mandate umgerechnet eine Entwicklung von 26 auf 66 Mandate!

Konsequenterweise kann auch nicht mehr von Großparteien gesprochen werden (als solche werden Parteien mit einem Stimmenanteil von 40 Prozent oder mehr bezeichnet), sondern von der Existenz mehrerer Mittelparteien (SP, VP, FP) und zweier Kleinparteien. Das hinkende Zweiparteiensystem von ehedem wurde zu einem Mehrparteiensystem. Damit hat sich seit Mitte der 1980er Jahre ein tiefgehender Strukturwandel vollzogen, der bis auf weiteres unumkehrbar zu sein scheint und dessen Ende noch nicht abzusehen ist.

Was nun insbesondere den Erfolg der im Sommer 1986 noch in einer tiefen Krise sich befindenden FPÖ anlangt, so ist hervorzuheben, daß sie sich seitdem als Anti-Partei zu profilieren trachtete, die konsequent auf Kritik und Protest gegen die tradierten österreichischen Politik- und Konsensmuster setzte.[11] Unter dem neugewählten Bundesparteiobmann suchte man auf dem mobil gewordenen Wählermarkt durch

*Der Kommentar des Karikaturisten Helmut Hütter zu den Nationalratswahlen 1994:*
*»Die große Erschütterung ...«*

forsch-kritisches und Konflikte provozierendes Auftreten zu bestehen, durch Kritik an den sogenannten unbeweglichen Altparteien, durch das Forcieren von Themen wie Parteienverdruß, politischer Mißbrauch und Verschwendung von Steuergeldern. Ab 1990/91 wird dieser Kurs weiter verschärft. Ohne sich mit klassischen Themenfeldern wie Wirtschaft, Umwelt, Steuern, Soziales usw. allzusehr aufzuhalten und hier politische Alternativen zu entwickeln, konzentriert man sich weiter und vehement auf Themen wie tatsächliche oder vorgebliche Verschwendung, Korruption, Privilegien, Ausländer und Bekämpfung der Kriminalität. Zunehmend werden auch systemoppositionelle Vorschläge gemacht. Unter dem Schlagwort »Dritte Republik« laufen Überlegungen in Richtung Abwertung der repräsentativen und Aufwertung plebiszitärer Politikformen, Zurückdrängung oder Auflösung der Kammern mit Pflichtmitgliedschaft usw. Der Erfolg dieses zunehmend systemoppositionell angelegten, rechtspopulistisch auf Protest gegründeten Politikmusters ist in einem Bündel an Motiven und realen Entwicklungen begründet, die man schlagwortartig so charakterisieren kann: tiefsitzende Parteienverdrossenheit (genährt von Privilegien, Machtmißbrauch usw.), parteipolitische Übersteuerung weiter Teile der österreichischen Gesellschaft, Angst vor raschem gesellschaftlichen Wandel, Angst vor Überfremdung (Ausländer als Synonym verschiedenster Ängste). Diese und noch andere Elemente zählen zu den wesentlichen Voraussetzungen für den erfolgreichen Kurs der FPÖ seit 1986. Jörg Haider ist also nicht *Ursache*, sondern *Symptom* und eine mögliche Konsequenz daraus. Seine Person und ein Teil der ihn unterstützenden Printmedien sind freilich Verstärker und Profiteure der vorhandenen Gelegenheiten.

Daß es auch andere Arten gibt, sich kritisch und oppositionell mit der österreichischen Politik auseinanderzusetzen, beweisen die konstruktiv und differenziert auftretenden Grün-Alternativen und das Liberale Forum.

Verbände in der Defensive

Zur politischen Realverfassung in der Zweiten Republik gehört der große Einfluß von Interessenverbänden, insbesondere der vier Sozialpartner. Diesen stark zentralistisch strukturierten Wirtschaftsverbänden gelang es über ihren engeren Interessenbereich – die Wirtschafts- und Sozialpolitik – hinaus in vielen anderen Feldern des gesellschaftlichen Lebens Einfluß zu gewinnen. Die Sozialpartner und die Paritätische Kommission wurden so, obwohl durch keinerlei gesetzliche Fundierung abgestützt, neben Parteien, Regierung und Parlament zu mächtigen Politikfaktoren. Der Transfer der Interessen wurde wesentlich durch Elitenverflechtung mit Parlament und Regierung sichergestellt. Seit den 1980er Jahren aber kommt auch diese für die Öffentlichkeit schwer durchschaubare, auf Kooperation und Interessenausgleich durch Kompromiß abgestellte komplizierte Problemlösungsstruktur zunehmend unter Druck. Das hat verschiedene Ursachen.

Die überwiegend von den schwach oder gar nicht in diesen Verbänden eingebundenen Grün-Alternativen, Liberalen und insbesondere der FPÖ erhobene Kritik konzentriert ihre Einwände vor allem auf die rechtlichen Privilegien der Kammern (Zwangsmitgliedschaft, gesicherte Finanzen usw.). Sie wendet sich kritisch gegen die politische Praxis in diesen Interessenvertretungen selbst (ungenügende Transparenz, Privilegien- und Pfründewirtschaft, Bürokratismus usw.). Diese – auch seitens der

Medien verstärkte – Kritik zeigte insoferne Wirkung, als sich insbesondere Arbeiterkammer und Bundeswirtschaftskammer motiviert sahen, kammerinterne Reformen in
Gang zu setzen, die freilich den Kritikern zu wenig weit gingen.

Eine weitere Schwächung erfuhren die drei in der Sozialpartnerschaft involvierten
Kammern durch drastisch gesunkene Wahlbeteiligungsraten bei den verbandsinternen
Wahlen. Insbesondere die Arbeiterkammer muß sich die zunehmend insistierende
Frage gefallen lassen, wie repräsentativ und gewichtig ihre Vertreter tatsächlich noch
seien, wenn es nur mehr weniger als ein Drittel der Wahlberechtigten für Wert befindet,
zur Wahl zu gehen. 1984 hatte die Wahlbeteiligung noch 63,6 Prozent betragen, 1989
sank sie auf 48 Prozent, um 1994 mit 31,1 Prozent den bisher absoluten Tiefstand zu
erreichen. Aber auch die Bundeswirtschaftskammer sieht sich – etwa nach einer
Umfrage aus dem Jahr 1990 – mit dem Umstand konfrontiert, daß 29 Prozent ihrer
Mitglieder für eine Abschaffung dieser Interessenvertretung in der gegenwärtigen
Form eintreten.[12]

Nicht allein diese internen Legitimationsprobleme schwächen den Verbändeein-
fluß, sondern auch die verschärfte Parteienkonkurrenz wirkt in diese Richtung. Lange
Zeit existierten die auf der Bühne des Parlaments nach Konkurrenzregeln agierenden
Parteien neben den im Rahmen der Sozialpartnerschaft nach den Mustern der Konkordanzdemokratie miteinander umgehenden Wirtschaftsverbänden. Diese beiden Politikmuster ergänzten und stabilisierten einander. In dem Maße, in dem aber nun die
Parteienkonkurrenz schärfer wird, die beiden in den genannten Interessensverbänden
nach wie vor dominanten Parteien SPÖ und ÖVP permanent an Stimmen verlieren und
die opponierenden Parteien sich auf den Direktkontakt mit dem Wähler berufen und
damit die Verbände und ihre Funktion als Transmissionsriemen relativieren oder als
entbehrlich bezeichnen, in dem Maße wird auch das politische Gewicht der Verbände
insgesamt geringer.

Dazu kommt noch der Umstand, daß Interessensverbände grundsätzlich eher unge-
eignet sind, Strukturänderungen durchzusetzen oder von sich aus schmerzhafte, gar die
eigene Klientel treffende Einsparungen vorzunehmen. In derartigen Phasen wird die
Politik zunächst vor allem von der Regierung dominiert, und die Verbände werden erst
später damit befaßt. Die Debatten um das jüngste Sparpaket beweisen das. Sie zeigen
auch die deutliche Lockerung der Naheverhältnisse zwischen Parteien und Verbänden.

Ein zusätzlicher Bedeutungsverlust für die Sozialpartner resultiert aus den laufend
sich verstärkenden internationalen Einflüssen auf Österreichs Wirtschaft bis hin zu dem
mit 1. Jänner 1995 vollzogenen Beitritt zur Europäischen Union. Wesentliche, für die
Sozialpartner wichtige Politikbereiche werden nun ganz oder teilweise von Brüssel aus
geregelt. Die Sozialpartner verlieren damit an Einfluß, auch wenn sie in den einschlägigen, von Österreich beschickten Verhandlungs- und Beratungsgremien entsprechend
stark präsent sind.

## Konsequenzen

Die Ergebnisse der Wahlen zum Nationalrat am 9. Oktober 1994 und die politischen
Turbulenzen der folgenden Monate lagen somit im Trend der hier in groben Zügen

aufgezeigten Entwicklungen. Abschließend sei noch über einige der mittel- und längerfristig erwartbaren Konsequenzen reflektiert:

- Der Nationalratswahlkampf 1994 stellte den bisherigen Höhepunkt der Mediatisie-
rung des politischen Diskurses in Österreich dar. Die relevanten politischen Botschaften, Argumente und Polemiken wurden fast ausschließlich über die Medien –
und hier vorwiegend über das Fernsehen – transportiert. Die Fähigkeit von Personen, sich selbst zu inszenieren und mediengerechte Botschaften zu plazieren,
dominierte wie noch nie zuvor. Die Parteien als institutionelle Akteure verloren
weiter an Bedeutung und wurden – wenn überhaupt – durchwegs negativ erwähnt.
»Massenmediale Themensetzung, emotionale Appelle und das geschickte Spiel mit
punktuellen Stimmungen, Emotionen und Ressentiments versprechen für die kommenden Jahre immer hektischere Zyklen der Erwartung wie der Enttäuschung, der
Emotionalisierung und Mobilisierung latent unzufriedener ›Stimmungswähler‹«.[13]

- Bei den Wahlen 1994 wurde die FPÖ ein weiteres Mal deutlich gestärkt, die Grünen
haben sich fest etabliert, und auch das Liberale Forum schaffte den Einzug ins
Parlament. Empfindliche Verluste hatten die beiden Regierungsparteien hinzunehmen. Sicher ist ihnen zwar mit über 62 Prozent der Stimmen nach wie vor eine
relativ komfortable Mehrheit im Parlament, verloren ging aber – was SP und VP
noch öfter besonders schmerzen dürfte – die Zweidrittelmehrheit. Die Mehrheits-
findung bei Gesetzen, die Verfassungsbestimmungen enthalten – und diese sind
zahlreich –, wird damit eklatant erschwert. Müssen doch von Fall zu Fall themen-
orientierte Bereichskoalitionen mit zumindest einer der Oppositionsparteien
gesucht werden. Letztere werden sich ihre Zustimmung politisch jeweils teuer
›abkaufen‹ lassen, und jede Oppositionspartei wird peinlich darauf bedacht sein,
ihren Oppositionsbonus nicht zu verlieren, indem sie etwa allzu bereitwillig als
Mehrheitsbeschafferin für die Regierung fungiert.

- Die Koalitionsregierung wird also schon allein aus diesem Grund mit dem Parlament pfleglicher umzugehen haben, ganz zu schweigen von der deutlichen nume-
rischen Stärkung der Opposition. Aus diesen und anderen Gründen ist also zu
erwarten, daß die – vor allem für die Opposition wichtige – ›Bühne Parlament‹ als
Forum für öffentliche und von Konflikten geprägte Auseinandersetzungen insgesamt weiter an Bedeutung gewinnen wird.

- Die Gemeinsamkeiten zwischen den als Sanierungspartnerschaft angetretenen
Koalitionsparteien scheinen sich zunehmend zu erschöpfen. Nach dem zuletzt mit
bemerkenswerter Energie und Geschlossenheit angestrebten Beitritt Österreichs
zur Europäischen Union sind die Bemühungen um die nun anstehende Budgetsa-
nierung von massivem Dissens geprägt. Die beiden empfindlich geschwächten
Koalitionsparteien geraten nicht nur – wie oben beschrieben – unter verstärkten
Druck der Opposition, sondern auch der Wettbewerb zwischen den Regierungsparteien selbst hat sich empfindlich verschärft. Und zwar vor allem deshalb – die
Debatten um die Konkretisierung des Sparpakets liefern dafür reiches Anschauungsmaterial –, weil die Parteien jeweils von der ihnen nahestehenden Klientel und
deren Verbänden massiver denn je unter Druck gesetzt werden. Die meisten
innerparteilichen Spannungen hat dabei aufgrund ihrer heterogenen Struktur und
Anhängerschaft die ÖVP auszuhalten, die noch dazu den undankbaren Part des

koalitionären Juniorpartners zu spielen genötigt ist. Mittel- und langfristig wird wohl mit alternativen Regierungskonstellationen zu rechnen sein.

– Mit dem teilweise radikal neu formierten politischen Umfeld sowie mit dem geänderten Stil, den neuen Problemstellungen und der Beschleunigung des politischen Diskurses kommen die beiden Volks- bzw. Integrationsparteien SPÖ und ÖVP besonders schlecht zurecht. Die ÖVP von Anfang der Koalition an und – seit dem 9. Oktober 1994 besonders deutlich geworden – auch die SPÖ. Zwar können profilierte Persönlichkeiten an der Spitze einiges überdecken, doch tendieren derartige Parteien (aufgrund der Komplexität der Anhängerschaft, der strukturellen Verhältnisse in der Partei und der Verflechtung mit den Interessenvertretungen) eher zu Kompromissen und langwierigen Aushandlungsprozeduren, zu Innovationsschwäche und dem Aufschieben bzw. Auslagern von Konflikten.

– Abgesehen davon, daß derartige Parteien für die Gesellschaft wertvolle Problemlösungsaufgaben übernehmen, ändert das nichts an der Tatsache, daß dieser Parteitypus grundsätzlich blaß, unbeweglich, ja gar schwächlich und daher wenig überzeugend aussieht, insbesondere in dem fast überwiegend über die Medien laufenden politischen Diskurs. Die vormaligen ›Riesen‹ sind ratlos geworden. Das catch-all-party-Konzept ist gegenwärtig zumindest überfordert, vielleicht auch am Ende.

– Vergessen wird – wenn man über Integrationsparteien spricht –, daß auch die FPÖ spätestens seit den letzten Nationalratswahlen als Partei mit stark heterogener und nur fragil zusammengehaltener Wählerschaft einzustufen ist. Bisher wurde dieser Zusammenhalt überwiegend durch Fixierung auf den Spitzenkandidaten und Emotionalisierung sichergestellt. Diese wesentlich von Protest, Angst und Bedrohungsgefühlen motivierte Wählerkoalition kann nur durch permanente Mobilisierung, Bestätigung der Aversionen und Schaffung von Feindbildern zusammengehalten werden. Daß eine derartige Partei je in politische Verantwortung eintreten sollte, sich mit mühsamer, meist auf Kompromisse hinauslaufender Problemlösung abmühen würde und möglicherweise gar bei der Verteilung von Mangel und Belastungen einzubinden wäre, erscheint schon aus strukturell-immanenten Gründen schwer denkbar. Die FPÖ ist also wie schon in den Jahren nach ihrer Gründung aus diesen und anderen Gründen wieder im politischen Ghetto – in einem geräumigeren, komfortableren als ehedem zwar, aber immerhin.

– Der österreichische Parteienstaat alten Musters, das heißt die übermächtige und unverrückbar erscheinende Dominanz zweier Großparteien, ist also vorläufig zumindest an ihr Ende gekommen, und das ist in vielerlei Hinsicht gut so. Die Macht ist heute in unserer Gesellschaft breiter verteilt denn je. Die politische Arena ist bewegt, dynamisch und farbig wie noch nie zuvor in der Zweiten Republik. Die Artikulation der Interessen ist einerseits breit entfaltet wie noch nie seit 1945, andererseits ist aber die Zielfindung komplizierter denn je. Auch der Interessenausgleich in den Parteien selbst und zwischen den Parteien und Verbänden ist mühsam und in hohem Maße konfliktgeladen. Integration wird zunehmend ein knappes Gut.

Österreich hat seit 1986 einen deutlichen Schritt in Richtung einer ›Anglisierung‹ der Politik gemacht. Verstanden wird darunter eine deutlichere Trennung zwischen der Regierung und einer starken Opposition, mit der Konsequenz: das Konkurrenzmuster in der Politik wird zum Normalfall, und breit abgestützte Konsenslösungen werden zur Ausnahme. In der österreichischen politischen Praxis war es bis vor kurzem gerade umgekehrt.

Bisher haben einen Teil des Interessenausgleichs die beiden Großparteien und die Verbände beziehungsweise die Sozialpartner geleistet, unter welch kritisierbaren Vorzeichen auch immer, aber vergleichsweise geräuschlos, bequem und wie selbstverständlich. Große gesellschaftliche Grundspannungen erschienen oft als rein innerparteiliche oder verbändeinterne Konflikte (an der ÖVP könnte das demonstriert werden). Die Kehrseite der heutigen Medaille, ›geschwächte Integrationsparteien‹ und verunsicherte Verbände, bedeutet aber auch: mehr offen ausgetragene Konflikte mit mehr beteiligten Akteuren und weniger kalkulierbarem Ausgang. Der gesellschaftliche Konfliktpegel wird also beträchtlich ansteigen. Es ist zu hoffen, daß die Österreicher/innen diese pluralistische und konfliktgeladene politische Unübersichtlichkeit ertragen und die Konflikte positiv und als Chance für bessere Lösungen sehen werden.

## ANMERKUNGEN

1  Vgl. Plasser u. Ulram, Jahr, in: Österreichisches Jahrbuch für Politik 1986, 1987, 31–73.
2  Vgl. Dachs, Parteien, in: Dachs u.a., Handbuch, 1991, 266.
3  Vgl. Plasser u. Ulram, Jahr, in: Österreichisches Jahrbuch für Politik 1986, 1987, 31–73.
4  Vgl. Arbeitsübereinkommen, in: Österreichisches Jahrbuch für Politik 1986, 1987, 641–695.
5  Pisa, Jahr, in: Österreichisches Jahrbuch für Politik 1987, 1988, 80.
6  Vgl. Müller, Koalition, in: Österreichische Zeitschrift für Politikwissenschaft 18 (1988), 322–328.
7  Vgl. Plasser u. Ulram, Jahr, in: Österreichisches Jahrbuch für Politik 1986, 1987, 72.
8  Zur EU-Problematik vgl. den Beitrag von Gerda Falkner i.d.B.
9  Vgl. Plasser u.a., Analyse, 1994.
10 Ebd., 31ff.
11 Vgl. Plasser u. Ulram, Rechtspopulismus, 1994.
12 Österreichs Kammern im Spiegel der Meinungsforschung, in: SWS-Rundschau 30 (1990), 572.
13 Vgl. Plasser u.a., Analyse, 1994, 50.

Brigitte Bailer / Wolfgang Neugebauer

# Rechtsextremismus

Der Begriff Rechtsextremismus

Der vorliegende Beitrag basiert auf den Arbeiten beider Autoren für das 1994 in dritter Auflage erschienene *Handbuch des österreichischen Rechtsextremismus*[1], auf das bezüglich detaillierter Angaben sowie Quellen und Literatur verwiesen wird. Im wesentlichen wird in diesem Handbuch (und in diesem Beitrag) der organisierte Rechtsextremismus in Form von politischen Parteien, Vereinen, Publikationen und deren Lesern, informellen oder illegalen Gruppierungen sowie deren politisches Umfeld behandelt; andere Phänomene des Rechtsextremismus, etwa Einstellungen und Verhaltensweisen in der Bevölkerung oder bestimmter Bevölkerungsgruppen, die nur mit aufwendigen sozialwissenschaftlichen Instrumentarien erfaßbar sind, aber auch individualpsychologische Dimensionen sind in Österreich weiterhin als Forschungslücken anzusehen.[2]

Wer sich zum Thema Rechtsextremismus wissenschaftlich äußert, geht ein hohes juristisches Risiko ein, wie die zahlreichen Klagen gegen das Rechtsextremismus-Handbuch zeigen. Daher ist hier mit gebotener Deutlichkeit vorauszuschicken, daß mit der Bezeichnung »rechtsextrem« keinerlei Diffamierung oder Beleidigung von Personen beabsichtigt ist; insbesondere wird damit niemandem der Vorwurf einer »verächtlichen Gesinnung« im Sinne von § 111 StGB gemacht. Die Qualifizierung »rechtsextrem« bezieht sich vornehmlich auf das politisch-ideologische Profil, auf Handlungs- und Verhaltensweisen von Organisationen und deren Repräsentanten und Aktivisten, wie sie für uns aus Organen und Publikationen sichtbar wurden.

Rechtsextremismus wird weder mit Nationalsozialismus noch mit Neofaschismus oder Neonazismus gleichgesetzt. Unter Neonazismus, einem juristischen Begriff, wird nationalsozialistische Wiederbetätigung im Sinne des Verbotsgesetzes verstanden; das heißt, daß zumindest in objektiver Hinsicht eines der Tatbilder des Verbotsgesetzes erfüllt sein muß. Dazu gehören vor allem die Leugnung, Verharmlosung, Gutheißung oder Rechtfertigung des NS-Völkermordes.[3]

Der vorliegende Beitrag basiert ausschließlich auf der von Willibald I. Holzer entwickelten wissenschaftlichen Begriffsbestimmung des Rechtsextremismus[4]. Holzer beschreibt rechtsextreme Ideologie nicht als ein in sich geschlossenes, logisch aufgebautes Gedankengebäude, sondern vielmehr als eine Bündelung von apodiktisch behaupteten Einzelaussagen und Vorurteilen, wobei die Konzepte der »Volksgemeinschaft« und des »integralen Nationalismus« im Zentrum stehen. Die Volksgemeinschaft als fiktive Idee einer ursprünglich-organischen, hierarchisch-patriarchalischen,

Subkultur kann nicht, auch wenn ihre Zeitungen eindeutig neonazistische Inhalte transportieren, in ihrer Gesamtheit dem organisierten Neonazismus zugezählt werden. Sie wird aber von diesem in verschiedener Hinsicht (Nachwuchswerbung, Einsatz für Gewaltaktionen usw.) instrumentalisiert. Der militante jugendliche Neonazismus erreichte allerdings in Österreich aufgrund unterschiedlicher politischer und wirtschaftlich-sozialer Rahmenbedingungen nicht jene Größe, Aggressivität und Publizität wie in Deutschland[12].

Die Zeitung *Sieg*, die seit der Inhaftierung des Herausgebers Walter Ochensberger im Jahr 1993 nicht mehr erscheint, erfüllte eine publizistische Mittlerfunktion zwischen österreichischem und internationalem Neonazismus beziehungsweise »Revisionismus«. Ochensberger verfügte einerseits über vielfältige internationale Kontakte, andererseits diente sein Blatt der Information über »revisionistische« Bestrebungen und »Theorien« im In- und Ausland[13] sowie der Veröffentlichung internationalen Adreßmaterials.

Zahlreiche Verhaftungen und Verurteilungen schränkten die neonazistische Szene Österreichs vorübergehend in ihren Aktivitäten ein, eine Um- und Neustrukturierung der Szene erfolgte jedoch überraschend schnell, wie die Briefbombenattentate von Anfang Dezember 1993 und die Herausgabe der neuen Zeitung *Albus* (bisher nur mit einer Nummer erschienen) zeigen.

Der Niedergang von NDP und ANR war von der Gründung von Tarn- und Ersatzorganisationen und Abspaltungen begleitet. NDP-Tarnorganisationen (wie die Österreichische Gesellschaft der Völkerfreunde) sollten den Zusammenhang mit der öffentlich seit längerem belasteten NDP verschleiern, gelangten jedoch zu keinem nennenswerten Einfluß im rechtsextremen Spektrum. Das gleiche gilt auch für die von ehemaligen NDP-Funktionären geführten Absplitterungen – wie die von Alfred Bayer geleiteten Gruppierungen (Die Grünen Österreichs, Republikaner) oder die von Walter Nepras geführte Österreichische Bürgerpartei – und für die Nachfolgeorganisationen von ANR und NDP, Partei für Recht und Ordnung und Bürger-Rechts-Bewegung. Die meisten dieser Organisationen unterstützen nun die Haider-FPÖ, vor allem seit dem Anti-Ausländer-Volksbegehren 1992/93.

Der die rechtsextreme Szene Österreichs umgestaltende Trend zur FPÖ hat nicht nur die einst wichtige NDP und ihre diversen Nachfolgeorganisationen marginalisiert, sondern auch zum Niedergang einer Reihe weiterer rechtsextremer Organisationen geführt. Die verschiedenen Gruppierungen der an die NSDAP-Linke anknüpfenden »antikapitalistischen« »Volkssozialisten« sind als ebenso bedeutungslos anzusehen wie die NAKU (National-Konservative Union), der Verein »Grenzlandbund«, die »Stiftung Soziales Friedenswerk«, der Kreis um die Zeitschrift *Die Umwelt* und die diversen »grünen« und »grauen« »Parteien« und Organisationen des Robert H. Drechsler. Von diesen organisatorisch und politisch bedeutungslosen Kleingruppen hebt sich lediglich die »Liste Kritische Studenten« ein wenig heraus, die zumindest publizistische Aktivitäten, insbesondere in der Anti-EU-Kampagne, aufweist.

Von Mitglieder- und Bedeutungsverlust waren auch die diversen Veteranenorganisationen betroffen, die einst einen starken Sektor des österreichischen Rechtsextremismus repräsentierten. Dieser Schrumpfungsprozeß hatte allerdings weniger politische als vielmehr biologische Ursachen; denn die Wehrmachts-, SS- und NS-Angehörigen,

*Neue Medien, wie Video- und Computerspiele, transportieren rassistische und neonazistische Ideologie.*

die in solchen Organisationen ihre Traditionen aus der NS-Zeit pflegen, werden altersbedingt zur »Großen Armee« abberufen. Immerhin erregte aber die »Kameradschaft IV« (K IV), der Traditionsverband der ehemaligen Waffen-SS-Angehörigen, 1992 noch einmal Aufsehen in der Öffentlichkeit, als steirische Spitzenpolitiker den bereits übernommenen »Ehrenschutz« über eine K IV-Veranstaltung nach Protesten zurücklegen mußten. Völlig bedeutungslos gegenüber der noch immer mitgliederstarken K IV ist der von dem früheren Burger-Freund und nunmehrigen FPÖ-Sympathisanten Dr. Otto Roßkopf geführte »Verband Österreichischer Kameradschaften« (VÖK) – nicht zu verwechseln mit dem einflußreichen und großen »Österreichischen Kameradschaftsbund« (ÖKB), der im Vorfeld des Rechtsextremismus angesiedelt ist. Auch die »Glasenbacher«, die Organisation der ehemaligen Häftlinge eines US-Anhaltelagers für belastete Nazis und Kriegsverbrecher, leiden unter dem Alterungsprozeß, da sie naturgemäß wie die K IV keine neuen Mitglieder rekrutieren; immerhin konnte aber ihr mittlerweile verstorbener, damals 90jähriger Obmann Hans Lukesch 1991 für die FPÖ in Oberösterreich kandidieren und damit die politischen Sympathien dieser »alten Kämpfer« für die FPÖ zum Ausdruck bringen.

Die traditionsreichen Kultur- und Sportorganisationen des österreichischen Rechtsextremismus blieben von diesem oben erwähnten politisch bedingten Veränderungsprozeß weitgehend unberührt, zumal sie infolge ihrer spezifischen Aufgabenstellung keine Konkurrenz zur FPÖ darstellen, ja sich dieser geradezu als Vorfeldorganisationen anbieten. Die wegen ihrer Mitgliederzahl, ihrer organisatorischen Verankerung in ganz Österreich und ihres Ansehens heute mit Abstand wichtigste Organisation des Deutschnationalismus und Rechtsextremismus ist der »Österreichische Turnerbund« (ÖTB), der aufgrund seines Selbstverständnisses (»Jahnsches Turnen«), seiner Verbindungen zu anderen Organisationen und zur FPÖ, seines ideologischen Kaders (»Dietwarte«) und seiner Publikationen eindeutig dem Rechtsextremismus zuzuordnen ist, ohne daß die große Zahl seiner nur am Turnen interessierten Mitglieder ausschließlich als rechtsextrem anzusehen ist. Ähnlich wie der ÖTB hat auch die durch die Zeitschrift *Eckartbote* in der ideologischen Arbeit wichtige »Österreichische Landsmannschaft« (ÖLM) in den letzten Jahren im Wege personeller Verflechtungen ein engeres Verhältnis zur FPÖ hergestellt. Gute FPÖ-Kontakte, vor allem zu Andreas Mölzer, weist auch der auf Ehrungen »nationaler« und »volkstreuer« Dichter spezialisierte »Verein Dichterstein Offenhausen« auf. Demgegenüber hat das »Deutsche Kulturwerk europäischen Geistes«, das früher öffentlichkeitswirksame Aktionen (zum Beispiel gegen den Steirischen Herbst) durchführen konnte, an Bedeutung verloren, nicht zuletzt weil es sich in Richtung des internationalen militanten Rechtsextremismus entwickelt hat.

Eine Sonderstellung in der Gruppe der rechtsextremen Kulturorganisationen nehmen der Jahrweiser Selbstverlag (*Alter Jahreszeitweiser*) und die von Michael Damböck herausgegebene Zeitschrift *Pen Tuisko* ein. Sie repräsentieren einen neuen, wenngleich an alte Traditionen anknüpfenden Strang rechtsextremer Ideologie. Die genannten Publikationen greifen auf »Neuheidentum« und angebliche Mythologie und Wertvorstellungen der Germanen ebenso zurück wie auf bereits im vorigen Jahrhundert entstandene rassistische »Theorien« – zum Teil ergänzt durch sozialbiologische Vorstellungen aus der vergleichenden Verhaltensforschung.

Überhaupt ist festzustellen, daß die zunehmende New-Age-, Neuheidentum- und Esoterik-Welle auch von rechtsextremer Seite als Rekrutierungsfeld und als Propagandaschiene zu benützen versucht wird[14], und auch die Theoriebewegung der »Neuen Rechten« (Alain de Benoist in Frankreich, »Thule-Seminar« um Pierre Krebs in Deutschland), die in Österreich von Kreisen um die *Aula* propagiert wird, knüpft an dieses Gedankengut an.[15]

Eine wichtige Rolle spielen heute jene politisch und ideologisch integrativ wirkenden Gruppierungen, die den Brückenschlag von der FPÖ zu den traditionellen rechtsextremen Organisationen, teilweise sogar zu neonazistischen Kräften versuchen. An erster Stelle ist dabei die *Aula* zu nennen, die unter Andreas Mölzer und Jürgen Hatzenbichler zum führenden Organ dieses politisch-ideologischen Spektrums geworden ist und über beste Kontakte zur rechtsextremen Publizistik der BRD verfügt. Die organisatorisch an sich unbedeutende AFP tritt vor allem durch ihre »Politischen Akademien« in Erscheinung, wo FPÖ-Politiker, in- und ausländische Rechtsextreme und Neonazis zur ideologischen Schulung zusammenkommen; gleichzeitig bot die AFP auch einer gefährlichen neonazistischen Wehrsportgruppe bis zu deren Aufdeckung 1992 in ihrem »Trenck-Heim« Unterschlupf. Eine ähnliche Verbindungsfunktion von der FPÖ über rechtsextreme Kreise bis hin zum Neonazismus erfüllt die von der Partei »Kritische Demokraten« herausgegebene Zeitschrift *Fakten*. Während Herausgeber Horst Jakob Rosenkranz gemeinsam mit Honsik und Radl als Spitzenkandidat einer nicht zugelassenen neonazistischen Liste bei der Nationalratswahl 1990 fungierte, schaffte seine Ehefrau Barbara 1993 auf der FPÖ-Liste den Einzug in den niederösterreichischen Landtag. Nicht mehr aktuell hingegen ist der Brückenschlagversuch Otto Scrinzis mit seiner zu Stegers Zeit gegründeten »National-Freiheitlichen Aktion« (NFA). Scrinzi und seine Anhänger haben längst wieder in der FPÖ ihre politische Heimat gefunden.

Nationalsozialismus, Rassismus oder aktueller Rechtsextremismus gehören zu jenen Phänomenen, die Wissenschafter nicht nur wertfrei beschreiben und analysieren können; Wertungen, Antworten und Stellungnahmen sind unumgänglich, wenn man nicht der Inhumanität oder Gleichgültigkeit geziehen werden will. Es ist hier nicht der Platz, ausführlichere Überlegungen zur Bekämpfung/Eindämmung des Rechtsextremismus anzustellen. Daher seien nur skizzenhaft jene Bereiche angeführt, in denen diese Auseinandersetzung stattzufinden hat:

– Gesetze, polizeiliche und gerichtliche Maßnahmen sind im Falle von Neonazismus und militantem Rechtsextremismus nicht nur rechtsstaatlich geboten, sondern können auch politisch sinnvoll und effizient sein. Organisationen und Organe wie die NDP, *Halt* und *Sieg*, Führergestalten wie Honsik und Ochensberger konnten auf diese Weise weitgehend ausgeschaltet werden.

– Die geistige Auseinandersetzung mit rechtsextremem Gedankengut, insbesondere im Bereich Schule/Jugend, also Politische Bildung, zeitgeschichtliche Aufarbeitung, aber auch in Politik und Medien, ist zweifellos noch wichtiger. Defizite im Bildungs- und Betreuungsangebot für bestimmte Schichten von Jugendlichen (Arbeitslose, Randgruppen, Berufsschüler) wirken sich negativ aus.

– Wenn Rechtsextremismus gesellschaftliche Wurzeln hat, müssen Gegenmaßnahmen gleichfalls auf dieser Ebene einsetzen, das heißt vor allem im Bereich der

Wirtschafts- und Sozialpolitik. Ein politisches System, das die Tendenz zur Zweidrittelgesellschaft hinnimmt, wird mit einem permanenten und wachsenden Rechtsextremismus zu rechnen haben.

## ANMERKUNGEN

1 Stiftung Dokumentationsarchiv Hg., Handbuch, 1994.
2 In erster Linie liegen Ergebnisse der Meinungsbefragung oder Studien zu Einzelthemen vor (vgl. Plasser u. Ulram, Ausländerangst, 1992). Von den in den letzten Jahren erstellten Jugendstudien leiden einige an methodischen und theoretischen Mängeln.
3 Vgl. Gallhuber, Rechtsextremismus, in: Stiftung Dokumentationsarchiv Hg., Handbuch, 1994, 625–647.
4 Vgl. Holzer, Rechtsextremismus, in: Stiftung Dokumentationsarchiv Hg., Handbuch, 1994, 12–96.
5 Vgl. ausführlich Bailer u. Neugebauer, FPÖ, in: Stiftung Dokumentationsarchiv Hg., Handbuch, 1994, 357–494.
6 Vgl. Galanda, Land, 1987.
7 Vgl. Bailer u. Neugebauer, FPÖ, in: Stiftung Dokumentationsarchiv Hg., Handbuch, 1994, 490–494. Der frühere FPÖ-Obmann Norbert Steger erklärte im Jänner 1990 in Zeitungsinterviews, daß circa 20 Prozent der FPÖ-Basisfunktionäre als »Kellernazis« anzusehen seien, weswegen ein Parteiausschlußverfahren gegen ihn eingeleitet wurde.
8 Vgl. Stiftung Dokumentationsarchiv Hg., Lachout-»Dokument«, 1989; Bundesministerium für Unterricht und Kunst u. Dokumentationsarchiv Hg., Amoklauf, 1992.
9 Vgl. die Liste der Organisationen in: Stiftung Dokumentationsarchiv Hg., Handbuch, 1994, 103–269; Dokumentationsarchiv Hg., Rechtsextremismus, 1981.
10 Zu dieser Entwicklung sowie den internationalen Vernetzungen des neonazistischen Bereiches vgl. Purtscheller, Aufbruch, 1993.
11 Zum Verhältnis Fußball und rassistische Subkultur vgl. Beiersdorfer u.a., Fußball, 1993.
12 Vgl. Spann, Jugendliche, in: Stiftung Dokumentationsarchiv Hg., Handbuch, 1994, 562–582. Zur Skinhead-Szene vgl. Landesamt für Verfassungsschutz Hg., Skinheads, 1992 u. 1993; Farin u. Seidel-Pielen, Skinheads, 1993.
13 Zum internationalen »Revisionismus« vgl. Lipstadt, Leugnen, 1994.
14 Vgl. Schnurbein, Göttertrost, 1993; Gugenberger u. Schweidlenka, Mutter Erde, 1987.
15 Zum Thule-Seminar vgl. Pfahl-Traughber, Rechtsextremismus, 1993, 106ff. Zur fundierten Übersicht über die Konzepte und Ideologie der »Neuen Rechten« vgl. Greß u.a., Rechte, 1990; für Österreich vgl. Purtscheller Hg., Ordnung, 1994.

Joe Berghold / Klaus Ottomeyer

# Populismus und neuer Rechtsruck in Österreich im Vergleich mit Italien

Populismus ist in den letzten Jahren in Österreich zu einem Schlagwort geworden, mit dem Journalisten, Vertreter von Verbänden und Politiker vornehmlich aus dem Bereich der Großparteien zumindest begrifflich versuchen, wieder Souveränität zu erlangen in einem politischen Umschichtungsprozeß, der die Haider-FPÖ, teilweise auch die Grünen und das Liberale Forum wachsen hat lassen. Meist wird – was nicht ganz richtig ist – Populismus ausschließlich mit rechtem Populismus gleichgesetzt; es bedarf oft auch der populistischen medialen Umsetzung. Ein gerade (im März 1995) aktuelles Beispiel zur populistischen Erfolgs- und Bilderwelt: Während im Nationalrat über die finanziellen und sozialen Folgen der Konsum-Pleite debattiert wurde, entstand eine mehrstündige Verhandlungspause, in der Jörg Haider auf die Idee kam, in Begleitung von Journalisten und Kameras durch Konsumfilialen zu gehen, um dort den Angestellten seinen Beistand zu bekunden. Die TV-Interviews mit den überraschend Besuchten vermittelten dem Zuschauer, daß sich Arbeiter/in und Angestellte endlich in ihren Nöten als ›kleiner Mann‹ oder ›kleine Frau‹ verstanden und unterstützt fühlten – von einem Politiker, der nicht so distanziert und arrogant ist wie die Vertreter der Großparteien. Daß es sich um eine TV-vermittelte Inszenierung handelte, tut der These von der Echtheit und Spontaneität des Protagonisten keinerlei Abbruch. Der moderne Populismus ist ohne die TV-Kultur nicht denkbar. Seine Vertreter müssen so amüsant und witzig sein wie ein Showmaster.

Die Realität und der Begriff des Populismus sind allerdings viel älter. Bei den Römern gab es die sogenannten populares, Politiker, die als Freunde und Anwälte der Massen auftraten, der plebs urbana politische Gleichheit und ökonomische Besserstellung versprachen. Cicero war einer von ihnen. Sie wirkten oft im Auftrag mächtiger Interessen.[1] Die russischen Narodniki waren ihrem Selbstverständnis nach Populisten, und gegen Ende des 19. Jahrhunderts gab es im amerikanischen Mittelwesten eine Populistische Partei als Protestbewegung von Farmern, die unter anderem gegen ruinöse Frachttarife der Eisenbahngesellschaften, für günstige Kredite und staatliche Unterstützung eintrat. Sie wurde nach einigen Erfolgen vom amerikanischen Zweiparteiensystem (durch Übernahme von Forderungen) absorbiert.

Die großen Beispiele für erfolgreiche populistische Bewegungen finden sich in der Dritten Welt, vor allem in Lateinamerika. In Anlehnung an Werner W. Ernst lassen sich folgende Elemente des »populistischen Syndroms«[2] festhalten. Das ›Volk‹ wird zu einem verehrungswürdigen Objekt, neben dem Klassen- und Standesegoismen verschwinden sollen. Bei der Umwertung ist ein charismatischer Führer (im Falle des Peronismus ein Führerpaar) behilflich. In einer Situation der Werteerosion und der

Heimatlosigkeit (die objektiv vor allem durch eine kapitalistische Industrialisierung bewirkt ist) werden eine neue Bindung und Ganzheit propagiert. Die angebotenen personalisierenden (nicht wirklich gesellschaftskritischen) Erklärungen für die eigene Entfremdung und die Mobilisierung von Zugehörigkeitsgefühlen zu einer besonderen Gruppe tendieren fast zwangsläufig zu Verschwörungstheorien, zur Abgrenzung und Verfolgung von Außengruppen und zu Mechanismen der Weltbewältigung, die von der Psychoanalyse als Abwehrmechanismen der Spaltung, zum Beispiel in gut und böse, und der Projektion, zum Beispiel der Verlagerung eigener egoistischer Regungen in ›habgierige‹ Außengruppen, beschrieben werden. Reifere Abwehr- und Bewältigungsformen, Aushalten von Ambivalenzen, Sublimieren, Durcharbeiten und Aushandeln von Konflikten, das Erkennen von Mitschuld und andere mehr bleiben tendenziell auf der Strecke. Die regressiven Tendenzen haben mit Angstbewältigung zu tun. Die Parteinahme für die ›kleinen Leute‹ und der Protest gegen Ausbeutung verbinden sich im allgemeinen nicht mit einem Ruf nach Vergesellschaftung oder Kommunalisierung, sondern eher mit dem Eintreten für kleine kooperative Einheiten und für Privatisierung, bei der sich ›Leistung wieder lohnt‹. Der Freiheitsbegriff populistischer Bewegungen ist gewissermaßen ›trotzig‹, er richtet sich vor allem gegen Fremdherrschaft und Willkür von privilegierten Gruppen. Universalistische Vorstellungen einer Freiheit für alle Menschen verblassen im Befreiungspathos der Eigengruppe. Populistische Bewegungen treten als Kritiker des Establishments, der Eliten, oft auch antiintellektuell auf. »Der populistische Anti-Elitarismus richtet sich vor allem gegen Bürokratie (Dirigismus), Finanzherrschaft (die großen Banken), die hauptstädtische Intelligenz, gegen Industrieunternehmungen und gegen den Staat als solchen (›Zentralismus‹).«[3]

Populistische Politiker propagieren eine Politik der Unmittelbarkeit und verlangen zumindest theoretisch immer eine Ausweitung von Demokratie, vor allem ihrer plebiszitären Möglichkeiten. Das gilt auch für den linken Populismus. Im Fall des rechten Populismus wird in Verbindung mit der Demokratieforderung von einer eigentümlichen Homogenität des Volkswillens ausgegangen, den dann der Führer mit seiner Intuition erspüren und umsetzen kann (»Er sagt, was wir denken«). Die Wirklichkeit einer differenzierten, heterogenen Gesellschaft wird verleugnet. Ein Führer, der ein Drittel der Wählerstimmen auf sich gezogen hat, sieht sich schon als Sprecher des ganzen Volks und der ›kleinen Leute‹ schlechthin. Pfahl-Traughber spricht zutreffend von einer »identitären« Vorstellung von Demokratie: »Diese geht nicht nur vom homogenen Volkswillen und einem einheitlichen Gemeinwohl aus, sondern behauptet auch die Identität von Regierenden und Regierten, beziehungsweise von populistischem Akteur und Publikum. Gleichzeitig negiert man mit diesem Verständnis grundlegende Prinzipien des demokratischen Verfassungsstaates, der an einer Konkurrenztheorie von Demokratie orientiert ist. Dazu gehören auch die Herrschaftsausführung durch Vertreter (Repräsentation) und der Parlamentarismus. Ein von der Einheit von Regierenden und Volk ausgehendes Demokratieverständnis lehnt somit notwendigerweise Vorstellungen von pluralistischen, liberalen Demokratien ab und tritt für autoritäre Staatskonzeptionen ein.«[4]

Gab es im Österreich der Zweiten Republik schon vor 1986, dem Beginn von Haiders Aufstieg, populistische Bewegungen und Tendenzen? Es gab sie nur in kleinerem Ausmaß und nur in Ausprägungen, bei denen nicht alle der oben angeführten Definitionsmerkmale zutrafen. Franz Olah, ab 1949 Chef der Bauarbeitergewerkschaft, ab 1959 ÖGB-Präsident und ab 1963 bis zu seinem baldigen Sturz wegen einer Finanzaffäre Innenminister, stand für eine frühe populistische Tendenz. Er war im Bauarbeitermilieu der Nachkriegszeit verankert.[5] 1950 führte Olah eine 4.500 Mann starke Einsatztruppe von Bauarbeitern an, die beim Brechen von wilden Streiks, die sich gegen ein vom ÖGB mitgetragenes Lohn-Preis-Abkommen richteten, aktiv war. Als 1952 die öffentlichen Bauvorhaben reduziert werden sollten, gab es Großdemonstrationen. Der Ton, in dem Olah sprach, ist ein gutes Beispiel populistischer Rhetorik: »Wer als Minister nicht fähig sei, solle abtreten. (...) Im äußersten Fall bleibe der Appell an den Bundespräsident. Wenn sich das gesamte arbeitende Volk in Österreich zur Wehr setze, könne es die Auflösung des Parlaments und Neuwahlen fordern. Und nun wolle man in einer würdigen und disziplinierten Kundgebung zeigen, daß man auch zu den Worten stehe.«[6]

   1995 beantragte die vom rechten Populismus in Bedrängnis gebrachte SPÖ-Führung die Wiederaufnahme Franz Olahs in die Partei. Vielleicht hätte sie wieder gerne etwas vom Bild einer Bewegung, in der die Interessen der ›kleinen Leute‹ hemdsärmlig verteidigt werden. Kreisky war populär, aber sicher niemals die Leitfigur eines Populismus. Er wurde eher zum Opfer von Bewegungen, die sich gegen repräsentativdemokratische Entscheidungen richteten. Der Antiatomkraft-Protest endete 1978 in der Entscheidung gegen Zwentendorf. Auch der Kampf gegen das Donaukraftwerk Hainburg, der 1985 unter anderem mit Hilfe der *Kronen Zeitung* erfolgreich war, hatte viele Züge einer populistischen Bewegung. Freda Meissner-Blau, die grüne Spitzenkandidatin 1986, erlebte ausgehend von Zwentendorf und Hainburg eine populistische Karriere in kleinerem Ausmaß, die von medialen Dramatisierungs- und Personalisierungswünschen unterstützt wurde. Das Konrad Lorenz-Volksbegehren forderte unter anderem neue, direkte Formen der Demokratie.

   Eine verhängnisvolle populistische Bewegung, in deren Verlauf Vertreter der repräsentativen Demokratie attackiert wurden und Kreisky sogar von aufgebrachten ›kleinen Leuten‹ als »Saujud« beschimpft wurde, gab es 1972 in Kärnten: den Ortstafelsturm, der sich gegen die zweisprachigen Ortstafeln richtete, die in Umsetzung des staatsvertraglichen Schutzes für die slowenische Minderheit in Südkärnten aufgestellt worden waren. Unter dem Eindruck des ›Volkszorns‹ wurden repräsentativdemokratische und rechtsstaatliche Prinzipien grob mißachtet. Polizisten schauten lächelnd zu, die Täter blieben unbestraft. Die Lenker der angeblich spontanen Erhebung dürften nicht weit vom Kärntner Heimatdienst zu finden gewesen sein, einer Organisation, die als Paradebeispiel für rechten Populismus den Anspruch erhebt, parteien- und institutionenübergreifend den Willen der deutschsprachigen Kärntner ›Mehrheitsbevölkerung‹ zu verkörpern. Unter ständiger rhetorischer Anknüpfung an den Kärntner »Abwehrkampf« von 1919/20 (und in objektiver Fortsetzung der nationalsozialistischen »Germanisierung« Kärntens) wurden seit den 1950er Jahren verschwörerische Aktivitäten der slowenischen Volksgruppe behauptet, Minderheitenfeststellungen gefordert und gesetzlich verankerte integrative Schulmodelle mit Elterninitiativen und plebiszitären Aktionen bekämpft. Der Ortstafelsturm und die Kärntner Regionalereignisse werden in der vorliegenden Literatur über Populismus in Österreich kaum erwähnt, sie sind aber als Hintergrund für Jörg Haiders Erfolge sehr wichtig. Haider hat in Kärnten bekanntlich seine Hausmacht.

Wir wollen uns nun dem rechten Populismus ab der Mitte der 1980er Jahre zuwenden und hierbei die österreichische mit der italienischen Entwicklung vergleichen. Parallel zu Österreich und Italien gab es während dieses Zeitraums erfolgreiche rechte populistische Bewegungen auch in Frankreich (Le Pen), Deutschland (Schönhuber), Belgien (Dillen) und in mehreren Ländern Osteuropas, zum Beispiel in Ungarn und der Slowakei. Wenn der rechte Populismus mit seinen einfachen Identitätsentwürfen und seinem personalisierenden Reduktionismus generell eine Antwort auf die »neue Unübersichtlichkeit« (Jürgen Habermas) und den »zweiten Individualisierungsschub« einer sich chaotisch modernisierenden »Risikogesellschaft« (Ulrich Beck) darstellt, so läßt sich über den neueren italienischen und österreichischen Rechtspopulismus sagen, daß er weitgehend dem kulturindustriell vorgefertigten Skript *Allein gegen die Mafia* folgt. In den TV-Programmen beider Länder waren die entsprechenden Fernsehserien der absolute Dauerbrenner. Sie vermochten sehr erfolgreich das Lebensgefühl und die Heroisierungswünsche der ›kleinen Leute‹ mit den Ereignissen auf der gesellschaftlichen und politischen Bühne zu verknüpfen, vermittelten personalisierende Gewißheiten und ein – offenbar als lustvoll erlebtes – Gefühl von Verfolgtsein. Die FPÖ hat sich mehrfach solcher Motive für Wahlzwecke bedient (»Wien darf nicht Chicago werden«); im Herbst 1994 wurde der ›Lucona Aufdecker‹ Hans Pretterebner (neben einer offenkundig überforderten Staatsanwältin) als Teil der Führungsspitze präsentiert. Die Filmversion seines Bestsellers stilisierte Pretterebner endgültig in italienischer Manier zum Mafiajäger, der einsam, heldenhaft und kinderlieb seinen Ermittlungsauftrag durchzieht.

Hinter den kulturindustriellen und politischen Skripten steht allerdings ein gesellschaftlicher Prozeß der Erosion von Konsens- und Machtstrukturen, die bis in die 1980er Jahre hinein noch relativ stabil waren. Es ist die Krise von Verbänden, die sich über die gesellschaftliche Entwicklung, ökonomische und ökologische Fragen, Aufteilung von Ressourcen mehr oder weniger friedlich ›hinter verschlossenen Türen‹ einigen konnten. Gegen sie ist die Dramaturgie des Aufdeckers und des Plebiszits angetreten. In Italien waren die korporativen Einigungsstrukturen bekanntlich von der Mafia (und anderen Geheimbünden) durchsetzt, die als teures Bollwerk gegen den Kommunismus mit dem Niedergang des ›realen Sozialismus‹ ab Ende der 1980er Jahre immer überflüssiger und lästiger wurde. In Österreich gibt es ein kooperatives und korporatives Konfliktregelungsverhalten, das vornehmlich über die sozialpartnerschaftlich miteinander verknüpften Spitzenvertreter der Arbeitgeber- und Arbeitnehmerverbände und die Institutionen des ›Kammerstaats‹ funktioniert. Nicht zufällig gelang Haider der große Coup im Wahlkampfduell 1994 gegen Vranitzky, indem er diesen überraschend mit dem Spitzengehalt eines Arbeiterkammerfunktionärs konfrontierte.

Populismus und rechte Entwicklung sind nicht identisch. Seit Anfang der 1980er Jahre haben wir einen verstärkten rechten Trend. Im Überblick können ihm vier Hauptströmungen oder wesentliche Komponenten zugeordnet werden, die sich manchmal voneinander getrennt und in Widerspruch zueinander, manchmal aber auch in Kombination miteinander manifestieren.

Die erste Komponente sind ein marktwirtschaftlicher Ultraliberalismus und ein entsprechend scharf ausgeprägter Sozialabbau – im Sinn eines möglichst ungebremsten Vorrechts der Stärkeren gegenüber den Schwächeren, eines sozialdarwinistischen survival of the fittest, wie es vor allem seit den Regierungen von Margaret Thatcher und Ronald Reagan nachdrücklich zum Tragen gekommen ist. Dessen wirtschaftspolitische Glaubenssätze haben mittlerweile den weitgehend hegemonialen, kaum noch öffentlichen Widerspruch zulassenden Einfluß eines »Einheitsdenkens«[7] erlangt – und nicht zuletzt in Silvio Berlusconi und in Lamberto Dini zwei ihrer aktuell prominentesten Bannerträger gefunden.

Die zweite Komponente sind die verschiedenen religiösen Fundamentalismen und ein mit ihnen einhergehender autoritär puristischer Moralismus – wesentlich begünstigt seit der Einsetzung von Papst Johannes Paul II. oder dem Machtantritt der iranischen Mullahs unter Ayatollah Khomeini. Während religiöse Fundamentalismen in vielen Regionen der Welt eine zentrale Rolle in den rechten Aufschwungtendenzen spielen, sind sie in Ländern wie Österreich oder Italien zwar auch öffentlich als ein ›Zeichen der Zeit‹ wahrnehmbar – sei es durch einen sich als »eiserne Faust Gottes« begreifenden Bischof Krenn oder durch eine der Lega Nord angehörende Parlamentspräsidentin Irene Pivetti, deren Freunde in der katholischen Bewegung Comunione e Liberazione nun sogar schon der Inquisition eine positive historische Rolle zuerkennen wollen. Insgesamt bleiben sie aber noch ein Randphänomen.

Die dritte Komponente ist der Rechtspopulismus, bestehend aus Bewegungen oder Parteien unter der autoritären (›charismatischen‹) Führung von sich als besonders hart und männlich potent darstellenden Personen wie zum Beispiel Umberto Bossi, Jörg Haider oder Ross Perot, die die Ressentiments, die Gewaltfaszination und die Wut der ›kleinen Leute‹ effektvoll auf die politische Bühne bringen. Das ist eine Wut über soziale Benachteiligungen und Verletzungen lediglich der eigenen Person beziehungsweise der jeweiligen gesellschaftlichen, nationalen, regionalen usw. Gruppen, mit denen man sich selbst identifiziert, und nicht eine Wut über den Umstand von Benachteiligungen überhaupt, über eine Gesellschaftsordnung, die an sich schon extreme Ungleichheiten von Lebenschancen impliziert. Es handelt sich um eine Wut, die sich scharf abgrenzt von einer Solidarität mit allen Benachteiligten der Gesellschaft (sei es im eigenen Land oder auf der ganzen Welt) und die dementsprechend oft nahtlos vereinbar ist mit ausgeprägten Feindseligkeiten gegenüber sozial Marginalisierten und besonders auch (armen) Fremden.

Die vierte Komponente ist der Rechtsextremismus, der die antidemokratischen und antisolidarischen Tendenzen dieser allgemeinen rechten Entwicklung mehr oder weniger konsequent auf die Spitze treibt und sowohl in offenem, teilweise auch mörderischem Terror gegen seine Gegner beziehungsweise Opfer zum Ausdruck kommt, als auch in den politischen Zielsetzungen der weitgehenden Unterdrückung demokratischer und sozialer Errungenschaften und Grundrechte. Der Aufschwung des Rechtsextremismus in Europa hat zunächst mit den Wahlerfolgen des französischen Front National ab 1984 eingesetzt, seit ungefähr 1990 durch die Welle von Gewaltausbrüchen gegen ImmigrantInnen wesentlich an Breite gewonnen und 1994 in Italien durch die in Europa seit 1945 erstmalige Regierungsbildung unter Einschluß einer solchen Partei, die sich (zu diesem Zeitpunkt noch) offen zum historischen Erbe des Faschismus bekannte,[8] einen neuen, bedrohlichen Höhepunkt erreicht.

Sowohl in Italien als auch in Österreich ist es eindeutig die rechtspopulistische Komponente, die die wichtigste Katalysatorrolle für die breite Rechtswendung in der politischen Stimmung gespielt, gewissermaßen die zentrale ›Einstiegschneise‹ für diese Entwicklung geöffnet hat. Besonders im Fall von Umberto Bossis Lega Nord konnte man vielleicht noch treffender von der Rolle eines (großteils sicher unfreiwilligen) Steigbügelhalters für einen weitergehenden Rechtsruck sprechen, der dann in der Folge dessen populistische Komponente zunehmend ins Abseits gedrängt hat.

In Österreich hat der rechte Aufschwung überaus stark gebündelt in den politischen Erfolgen der Haider-FPÖ Gestalt angenommen – was damit zusammenhängt, daß es Jörg Haider möglich war, im Einklang mit seiner rechtspopulistischen Hauptstoßrichtung zugleich auch noch wesentliche politische Potentiale sowohl des Marktwirtschaftsliberalismus als auch des Rechtsextremismus in die eigenen Bahnen zu lenken. Das wurde einerseits dadurch möglich, daß die ÖVP, die an sich als die traditionelle konservativ bürgerliche Partei der logische Hauptträger des Marktwirtschaftsliberalismus sein müßte, stark in die Strukturen der Sozialpartnerschaft eingebunden ist und daher die Linie eines aggressiven Sozialabbaus nur relativ zurückhaltend und zögerlich einschlagen kann – weshalb die FPÖ in dieser Hinsicht ein relatives wirtschaftspolitisches Vakuum ausfüllen konnte. Und es wurde andererseits dadurch begünstigt, daß die rechtsextremen, offen nazinostalgischen Strömungen im größeren Zusammenhang der jahrzehntelangen politischen Stabilität – oder auch »Windstille« (Anton Pelinka) – der österreichischen Gesellschaft bis heute nicht mehr als eine deutliche Außenseiterrolle gespielt, das heißt keine maßgebliche Eigendynamik entwickelt haben. So konnte der Dynamismus der populistischen Haider-FPÖ, gepaart mit Haiders geschickt signalisierten (und gleich wieder geschickt heruntergespielten) Sympathiebekundungen für die extreme Rechte, dieses Potential weitgehend für sich ausschöpfen. Es ist Haider gelungen, sowohl die populistische Wut gegen Privilegienwirtschaft, bürokratisch halbfeudale Bevormundungen und Benachteiligungen als auch eine marktwirtschaftsliberalistische Sozialabbau-Politik und dazu noch rechtsextreme Tendenzen mit bislang unerreichter Effektivität auf einen politischen Nenner zu bringen. Mit dem Krennschen Fundamentalismus gab es bisher nur ein gelegentliches Liebäugeln.

Im Gegensatz zu dieser durch die Haider-FPÖ von Anfang an stark gebündelten Form des rechten Aufschwungs in Österreich kam der neue Aufschwung der Rechten in Italien von einer Reihe ziemlich unterschiedlicher politischer Richtungen, die teilweise in offenem, sogar ausgesprochen scharfem Gegensatz zueinander auftraten – zunächst am deutlichsten in den Konflikten innerhalb des Rechtsbündnisses im Parlamentswahlkampf 1994, vor allem zwischen Bossis Lega Nord einerseits und Berlusconis Forza Italia beziehungsweise Finis MSI-Alleanza Nazionale andererseits. Bossi polterte gelegentlich: »Mit den Faschisten gehen wir nie und nimmer zusammen«, ohne daß ihn dies freilich davon abhalten konnte, der späteren Regierungsbildung mit fünf neofaschistischen Ministern unter Premierminister Berlusconi dann doch seine (parlamentarisch entscheidende) Zustimmung zu geben.

Trotz seiner kurzen Dauer hat das von Berlusconi initiierte Regierungsbündnis eine nachhaltig wirksame Zusammenfassung oder Bündelung von vorher divergierenden Komponenten der rechten Entwicklung ausgelöst, wodurch diese eine überaus starke Dynamik und besorgniserregende internationale Signalwirkung gewonnen hat. Der damit einhergehende Wandel des politischen Meinungsklimas zugunsten autoritärer, konservativer und nationalistischer Werthaltungen hat, so schrieb etwa das Wochenmagazin *L'Espresso*, »in diesen Monaten die Meinungsforscher förmlich vom Sessel gehauen«.[9] Dabei wurde der Soziologe und Meinungsforscher Renato Mannheimer zitiert, nach dessen Aussage die Zahl der Befragten, die sich ohne Scheu als politisch rechts deklarieren, von einem seit vielen Jahren konstanten Anteil von rund zehn Prozent sprunghaft auf 30 Prozent angestiegen sei. Das Etikett ›rechts‹, bisher überwiegend als peinlich empfunden, sei heute, so bestätigte auch der Meinungsforscher Nicola Piepoli, für viele zu einer offen vertretenen positiven Größe geworden.

Ein auffälliges Paradoxon dieser Entwicklung liegt nun im Umstand, daß diejenige politische Kraft, die sie zunächst ins Rollen gebracht hatte, von ihr nunmehr weitgehend überrollt wurde. Jene Lega Nord, deren erdrutschartige Wahlerfolge von 1990 bis 1993 entscheidend zum Sturz der früheren Regierungsparteien beigetragen hatten, büßte zum Zeitpunkt von Bossis Austritt aus der rechten Regierungskoalition einen großen Teil ihrer früheren Anhängerschaft, vor allem aber ihre politische Dynamik, das von ihr bestimmte Gesetz des Handelns, immer mehr ein – vor allem zugunsten ihrer Konkurrenten von rechts. Jener Bossi, der in einer überraschend ausgewogen formulierten Parlamentsrede im Dezember 1994 der Regierung Berlusconi die Unterstützung seitens der Lega Nord entzog – was unter anderem auch zum Übertritt einer Minderheit der Lega- Parlamentarier und Parlamentarierinnen ins Lager Berlusconis führte –, schien nur noch ein Schatten des früheren Bossi zu sein, der auf einer Welle populistischen Aufruhrs von Erfolg zu Erfolg geeilt war und eine Aura schier unbesiegbarer aggressiver Härte ausgestrahlt hatte.

Diese überaus rasche Abfolge von Aufschwung und Niedergang kann nun mit dem Wesensmerkmal gruppenzentristischer Beschränktheit des populistischen Aufbegehrens in Verbindung gebracht werden, von dem bereits die Rede war. Grundsätzlich wird eine Tendenz zu »narzißtischer Perspektivenverengung« sozialen Protests in dem Maße an Bedeutung gewinnen, als sich Erfolgsaussichten solidarischen Handelns in einer bestimmten wirtschaftlichen und politischen Konjunktur verringern. So wird es verständlicher, warum rechtspopulistische Bewegungen – wie die Haiders oder Bossis – eine beträchtliche Ausstrahlungskraft gerade auch auf bestimmte traditionell eher links orientierte Wählerschichten haben (speziell Teile der Arbeiterschaft beziehungsweise Arbeitslose) oder auch einen bedeutenden Teil ihrer Dynamik aus einem Niedergang fortschrittlicher Bewegungen und linker Parteien schöpfen:[10] Der Populismus ist dann weitaus besser in der Lage, eine gruppennarzißtische Beschränktheit der Wut über erlittene Schädigung, Benachteiligung, Unterdrückung, Bevormundung usw. zum Ausdruck zu bringen, die bei vielen Betroffenen zwar gewiß auch vorher schon einen deutlichen Einfluß hatte, aber bis dahin doch noch durch Ansätze breiteren solidarischen Empfindens relativiert worden war.

Diese politisch-psychologische Stärke, die wesentlich für die Phasen des Parteiaufschwungs bestimmend zu sein scheint, ist aber zugleich auch eine entscheidende Schwäche populistischer Bewegungen: Ein sozialer Protest, der sich der Solidarität gegenüber anderen (oft genug auch noch mehr) Benachteiligten verschließt, ist vor den Machthabern, gegen die er sich empört, von vornherein zur Kapitulation verurteilt. Wer im Prinzip eine Ordnung des gesellschaftlichen Zusammenlebens akzeptiert, die auf einem hierarchischen Gefälle der Lebenschancen beruht (in der der Vorteil der einen auf Kosten der anderen durchgesetzt wird), hat wenig effektive Handhabe, sich gegen die jeweils eigenen Benachteiligungen zur Wehr zu setzen. Auch die Solidarität innerhalb des eingegrenzten Teils der Gesellschaft, aus dem der populistische Protest hervorgeht, muß logischerweise sehr brüchig sein, denn die narzißtische Perspektivenverengung tendiert dazu, zugunsten der Partikularinteressen einer noch begrenzteren Gruppe die Interessen der größeren zu opfern. Die Korrumpierbarkeit, die Unterwerfung, die partikularistische Käuflichkeit durch eben die Mächtigeren, gegen die man sich auflehnt, sind in der Abwehr des populistischen Protests gegen gesamtgesellschaftliche Solidarität bereits von vornherein einprogrammiert.[11]

Die unbewußte Psychodynamik des populistischen Aufbegehrens kann dementsprechend auch recht schlüssig im Sinn einer Version dessen begriffen werden, was Erich Fromm in seinem klassischen Entwurf über Autorität und Familie als »Rebellion« charakterisiert hat, das heißt als »Abfall von einer Autorität unter Beibehaltung der autoritären Charakterstruktur«: »Wenn der positiv-autoritäre Charakter die feindselige Seite seiner ambivalenten Gefühlseinstellung zur Autorität verdrängt, so verdrängt der rebellische, negativ-autoritäre seine Liebe zu ihr. Seine ganze Auflehnung ist nur oberflächlich. In Wahrheit hat er die gleiche Sehnsucht nach Liebe und Anerkennung der Mächtigen (...). Er kämpft im Grund mit all seinem Trotz um die Liebe der Autorität, und mag er sich auch noch so trotzig und feindselig gebärden. Er ist immer bereit zu kapitulieren, wenn man ihm nur die Möglichkeit dazu gibt, indem ein Minimum seiner Ansprüche auf Gerechtigkeit und Liebe befriedigt wird. (...) Von diesem Typ des Rebellen führen viele Zwischenstufen zu demjenigen, der das bisherige Autoritätsobjekt aufgibt, aber gleichzeitig sich einer neuen Autorität unterwirft. (...) Häufig liegt auch die Ursache darin, daß die bestehende Autorität ihre entscheidende Qualität einbüßt, nämlich die der absoluten Macht und Überlegenheit, womit notwendigerweise auch ihre psychologische Funktion aufhört. Die bisher unterdrückte Feindseligkeit wendet sich mit besonderer Stärke der bisherigen Autorität zu, die Liebe und Bewunderung der neuen.«[12]

In diesem Sinn wird auch die sehr ausgeprägte autoritäre Entscheidungsstruktur der populistischen Protestbewegungen verständlich, die besonders in der unanfechtbaren Kommandoposition von deren Führern (wie eines Bossi oder eines Haider) zum Ausdruck kommt: So mußten etwa bei einer öffentlichen zeremoniellen Veranstaltung am 20. Mai 1990, wie Bossi erklärte, »alle Gewählten (der Lega, J.B./K.O.) nach Pontida[13] kommen und den führenden Organen der Bewegung absolute Treue schwören.«[14] Berlusconi hat bekanntlich seine Anhänger nach dem Prinzip von Fanclubs organisiert, in denen es keine eigenständigen Parteistrukturen mehr gibt. Haiders Partei in Österreich kombiniert seit der ›Parteireform‹ Ende 1994 den innerparteilichen Autoritarismus des Führers mit dieser Auflösung der Parteigrenzen zugunsten einer Fanclubbewegung (»F-Bewegung«).

Während in Italien ein gewisses Durcheinander der rechten Inszenierungen zu beobachten ist, zeigt sich Haider als ein Inszenierungskünstler, der auf verschiedenen Teilbühnen »Schiefheilungen« (Sigmund Freud) von gesellschaftstypischen Identitätskonflikten und tiefsitzenden Ängsten anbietet. Man kann folgende relativ selbständige Figuren der populistischen Inszenierung unterscheiden: erstens den ›Vergangenheitsbewältiger‹, Generationenversöhner und Geschichtsschreiber, zweitens den ›Rächer der Enterbten‹, Duellkämpfer beziehungsweise Depressionstherapeuten, drittens den

*»Wenn Sie eine Million (Lire) pro Monat haben könnten.« Das Geschäft mit der
Angstverdrängung blüht. Italiens L'Espresso und La Repubblica werben für eine Lotterie
(1994).*

großen Gemeinschaftsbildner (der in sich wieder drei Teilfiguren hat) und viertens den
erotischen Führer und männerbündlerischen Frauenverächter, der seit der Trennung
von Heide Schmidt und dem liberalen Restflügel der FPÖ immer deutlicher hervortritt.

In all diesen Figuren wird auf eine massenpsychologisch höchst sensible, wenn
auch letztlich destruktive Weise eine Schiefheilung sehr realer und aktueller Identitäts-
konflikte von Menschen in einer sich chaotisch modernisierenden Gesellschaft organisiert. Die Begabung zum Schiefheiler dürfte dabei eher eine intuitive, auf mütterli-
cher Identifikation beruhende Errungenschaft sein – was natürlich eine Überformung
und Perfektionierung durch Psychologie, Kurse in moderner Rhetorik, Körpersprache
usw. nicht ausschließt. Der psychopolitische Gehalt der verschiedenen Inszenierungen
ist unter anderem dadurch verdeckt und leicht zu bagatellisieren, daß parallel zu den
obengenannten vier Figuren immer wieder noch eine weitere, fünfte auftaucht. Das ist
der gut informierte, mehr oder weniger seriöse Politiker im dunklen Anzug, der die
Angst vor einer ›Politik der Gefühle‹ beruhigt, extreme Aussagen der anderen Teile
wieder dementiert, abschwächt und zeitweise auch Realpolitik macht. Wenn aber der
Realpolitiker zu viele Aufgaben bekommt, der Politikeralltag mit seinen üblichen
Mißerfolgen um sich greift – so wie das in Haiders zwei Jahren als Kärntner Landes-
vater der Fall war –, führt das zum cracking (Lloyd de Mause), zum Abbröckeln des
Rebellenglanzes an den anderen Figuren. Auch die Landesvaterrolle eines Berlusconi
hielt ja nur einige Monate. Wir gehen im Folgenden auf die Teilfiguren inhaltlich
zunächst so ein, daß wir sie unter Auslassung des anderenorts angeführten ausführlichen Belegmaterials[15] in einer psychodramatischen Verdichtung vor dem geistigen

Auge der Leser/innen aufbauen, um uns dann ausführlicher mit der Machoinszenierung und den hinter ihr liegenden Ängsten zu beschäftigen. Vergleiche mit Italien werden eingeschoben.

1. Den ersten, grundlegenden Haider sehen wir, eingekleidet mit einem Kärntner Anzug und in weihevolle Stimmung, vor einem Rednerpult, hinter dem das mächtigste Gedenkkreuz des Kärntner Ulrichsbergs steht, einer Soldatengedenkstätte, zu der alljährlich im Herbst »europäische« Kriegsveteranen aller Gattungen, einschließlich der umstrittenen Kameradschaft IV (der ehemaligen Waffen-SS) pilgern, um gemeinsam mit Jüngeren, Verbindungsstudenten und Politikern ihr »Selbstgefühl zurückzuerhalten«. Dies ist in Anlehnung an Haider formuliert. Als »Vertreter der jüngeren Generation«, mehr noch: als jugendlicher Messias, spricht Haider die Kriegsgeneration ganz pauschal von Schuld, Mitschuld, Mitverantwortung frei: »Kollektive Schuld gibt es nicht (...) Unsere Soldaten waren nicht Täter, bestenfalls Opfer, denn die Täter saßen woanders.« Zudem erklärt er die Teilnahme am Zweiten Weltkrieg für etwas doch Sinnvolles, weil damals schon für die Vision eines Europa ohne Kommunismus gekämpft worden sei. Dieser Haider hat als Gegenüber zwei Figuren: zunächst einen völlig idealisierten Vater (er hat einmal erklärt, die Verurteilung des SS-Führers Reder hätte jeden »unserer Väter« treffen können) und daneben und dahinter einen anderen Mann, Funktionär und Mitläufer, der sehr viel falsch gemacht hat, ziemlich dumm, opportunistisch und korrupt ist. Mit diesem Bild soll zum Ausdruck kommen, daß die negativen Seiten der Vaterautorität – Haiders Vater war ja wirklich ein Nazi-Funktionär – verleugnet, als das ganz andere der eigenen Elterngeneration an Fremdfiguren verfolgt werden. In Österreich sind das die korrupten Funktionäre der Altparteien, des ›Kammerstaats‹, unglaubwürdige Elternfiguren aller Art, gegen die Haider angetreten ist. Auch die Beleidigung von Robert Jungk als eine Art Nazi-Mitläufer im letzten österreichischen Präsidentschaftswahlkampf ist im Zusammenhang mit Haiders (unbewußter) Spaltungsinszenierung zu verstehen. Es entspricht ziemlich genau den erwähnten klassischen Untersuchungen über den »autoritären Charakter«, daß gegen die wirklich mächtigen Autoritäten, den Vater und gesellschaftlich das Unternehmertum, nicht rebelliert wird und sich stattdessen Haß und Erniedrigungswünsche ›seitenverschoben‹ an überalteten und habgierigen Ersatzfiguren austoben dürfen. Haider tut hier sehr viel für eine jüngere Generation von Österreichern, die auf dem unfinished business der Auseinandersetzung mit Eltern und Großeltern sitzen (unter anderem ein Erbe der Kreisky-Ära); und er tut sehr viel für die Älteren, die gewissermaßen auf Auseinandersetzung und Lebenssinn warten. Daß sie es angesichts zahlreicher Angriffe gerne ›ganz ohne Schuld‹ hätten, ist verständlich. Der Erfolg dieser intergenerationellen Gruppentherapie kommt freilich nur über die Mechanismen der Idealisierung, Abspaltung und der Verschiebung des unversöhnbaren Elements zustande. Die Rolle des Rehabilitierers oder zumindest Verharmlosers der faschistischen Vergangenheit spielt in Italien Finis MSI. Auch hier tritt in Gestalt von Mussolinis Enkelin eine unbefangen attraktive Vertreterin ›der jüngeren Generation‹ als eine versöhnende Heldin auf die politische Bühne.

Neben dem ernsten Thema der faschistischen Vergangenheit gibt es in der rechtspopulistischen Identitätspolitik auch einen folkloristischen Bezug auf die Vergangenheit, in dem ethnische Identität stilisiert wird. FPÖ-Politiker reihen sich überall dort an vorderster Front mit ein, wo in Festveranstaltungen und Aufmärschen eine urtümliche (in Wirklichkeit schon teilweise kommerzialisierte) regionale Identität (›der Kärntner‹, ›der Tiroler‹ usw.), das ›Vätererbe‹, demonstriert wird. Die Lega Nord mußte dieses folkloristische Element erst mühsam kreieren. Sie mußte dazu auf ein besonders altes historisches Vorbild – die Liga lombardischer Städte des Hochmittelalters – zurückgreifen. Als Symbol wurde der diese anführende Ritter Alberto da Giussano (dessen historische Existenz übrigens sehr zweifelhaft ist) gewählt. Bei den politischen Versammlungen traten Aktivisten mit unfreiwilliger Komik in lombardischen Rittergewändern auf. Interessant ist in diesem Zusammenhang auch, daß eine gesonderte »lombardische ethnische Identität«, auf die sich die Bewegung Bossis besonders in ihren Anfängen sehr stark berief, an sich auf eine nur wenig verankerte historische Tradition zurückblicken kann. Wie Renato Mannheimer bemerkte, »ist die lombardische Ethnie ein ziemlich schwaches Bindemittel (...). Dieser Schwäche ist die Lega besonders mit der ständigen Formulierung von ›nicht verhandelbaren‹ Zielsetzungen und Forderungen begegnet, die nur den Zweck haben, das legistische Zugehörigkeitsgefühl zu verstärken.«[16]

2. »Gott vergibt, Django nie.« Die nächste im Publikum fast noch beliebtere Figur, die von Haider verkörpert wird, ist eine Art Django. Sie hat eine Pistole in der Hand, mit der sie spielt oder auf vorgestellte Gegner zielt. Etwas breitbeinig, mit drohendem Lächeln wartet sie darauf, die ›Rache der kleinen Leute‹ auszudrücken, die von so vielen Banden- und Firmenchefs, Wohnungsbesitzern und Funktionären gedemütigt werden. Haider selbst bezeichnet sich gerne als »Robin Hood Österreichs«. In Haiders Rhetorik und in der Mediensprache um ihn herum ist die Hinrichtungs- und Abschußmetaphorik auffällig zugespitzt. Die Enthemmung funktioniert unter anderem dadurch, daß die eigene, lustvoll besetzte Aggressivität als notwendige Antwort auf Attentäter und Heckenschützen vorgestellt wird. Auch Bossi gibt sich als Django, der mit Pistolen spielt. So drohte er im Korridor des römischen Parlaments dem Gegner mit einer »allgemeinen Schießerei« und damit, die »Kalaschnikows zu ölen«, und spricht gelegentlich auch vom »Krieg gegen das System«.

Mit seiner betont außengerichteten Aggressions- und Racheinszenierung ist Haider zugleich ein unterhaltsamer Depressionstherapeut in einem Land, in dem eine teils sympathisch realistische, teils überängstliche Selbstkritik, das »Geraunze« statt der »Frechheit von unten« (Peter Sloterdijk), und die depressiven Bewältigungsmuster (bis hin zu den hohen Suizidraten) statt offener Autoritätskritik zähe Grundelemente der Familien-, Organisations- und Medienkultur sind. »Der traut sich was, der Jörg«, lautete ein politischer Werbespruch, und Haider spekuliert darauf, daß das Publikum seine autoritäre, kaltschnäuzige ›Frechheit von oben‹ (Sloterdijks »Zynismus«) für die eigene, bislang unterdrückte ›Frechheit von unten‹ hält.

Ganz eindeutig knüpft hier Haider – wie wohl auch Bossi – an das Neomacho-Tiefenskript an, das gebündelt in den *Rambo-* und *Rocky*-Filmen seit Beginn der 1980er Jahre in die westliche Kultur eingedrungen ist. (Ronald Reagan bezog sich ausdrücklich darauf.) Der Videowerbefilm, den die FPÖ 1994 in Fernost herstellen ließ und der (wären nicht die Produktionsfehler gewesen) an fast alle österreichischen Haushalte gehen sollte, hatte den Titel *Ein Mann geht seinen Weg* und ließ den in einer Berg- und

Schneelandschaft Sport treibenden Haider bis in die Details des Outfits und der Bezwingerdramaturgie als eine Kopie von *Rocky IV* auftreten (der bekanntlich in Moskau gegen einen monströsen Gegner zum Boxendkampf antritt).

3. Eine eigene Faszination geht von der nächsten Haiderfigur aus, die wir den großen Gemeinschaftsbildner nennen. Er besteht bei genauerem Hinsehen eigentlich aus drei Figuren, die teilweise ineinander geschoben sind und sich gegenseitig verdecken. Die erste, am besten sichtbare ist ›unser Jörg‹ oder ›unser Jörgl‹, der ein Bierglas in der Hand hat, den wir, obwohl er Millionär und Doktor ist, duzen können und der in der Entfremdung der Klassengesellschaft die Sehnsucht nach einer short distance society verkörpert. Das funktioniert natürlich nur, weil in Österreich wie in Italien die linke politische Kultur inzwischen viele Hoffnungen enttäuscht hat. Schräg dahinter schaut ein zweiter Wohltäter hervor, der einen Spiegel in der Hand hält: Wenn er ihn zum Publikum hindreht, dann sehen sich die Menschen darin als unerhört fleißige, begabte, von niedriger Habsucht, alltäglicher Leistungszurückhaltung und korrupten Anwandlungen völlig freie Bürger, die außerdem in puncto Schönheit und Fitneß dem Spiegelhalter ähnlich sind. Im Hintergrund des schönen Spiegelbilds tauchen freilich gleichzeitig seltsame und fremde Figuren auf, Funktionäre, ›Tachinierer‹ oder nur an Geld interessierte Ausländer, die Bäuche haben und schon »mehr breit als hoch sind« (Haider über Lech Walesa). Eine ganz ähnliche Spaltung in die Fleißigen und die Faulen macht Bossi mit seiner Gegenüberstellung von Nord- und Süditalien. Manchmal schaut der Spiegelhalter Haider vor den Augen des Publikums auch selber in den Spiegel und stellt in belustigter Selbstverliebtheit fest, daß er unter den Politikern ganz sicher jede Schönheitskonkurrenz gewinnen würde und auf dem Weg zum nächsten Sieg wäre. Damit nimmt er vielen im Publikum die Angst vor der lustvollen und karrierefördernden Benutzung der modernen Verschönerungsspiegel, die sie sich privat schon längst angeschafft haben, aber nur verschämt zu benutzen trauen. Haider ist ein Kulturrevolutionär und Befreier in Sachen Narzißmus. Auch ein Politiker wie Berlusconi benutzt schamlos einen Verschönerungsspiegel, der in seinem Fall aus einem ganzen Medienapparat mit Weichzeichnerkameras und völlig durchgeplanten Auftritten besteht.

Ziemlich verdeckt vom Wirtshaussozialisten und vom Spiegelmagier gibt es noch eine dritte Figur, die zum großen Gemeinschaftsbildner Haider dazugehört. Sie ist ziemlich kräftig, hat eine Peitsche, manchmal auch eine Schußwaffe in der Hand. Die Waffen sind – anders als beim Django Haider – aufs Publikum gerichtet, auf die Anhänger, oder besser: auf einzelne in der Schar, die vielleicht aufbegehren oder versuchen könnten, das gespielte Spiel zu benennen. Für diese ist sofortige Aussonderung, ›Abschuß‹, öffentliche Erniedrigung und Ausgelachtwerden vor Publikum vorgesehen. Haider sagte fast wörtlich: Bei uns herrscht Demokratie, und wer etwas anderes sagt, fliegt hinaus. Der Hinausgeworfene (etwa Stadtrat Candussi oder Klubobmann Gugerbauer) wird fertiggemacht. Um die eigenen Unterwerfungsimpulse und Kriechreflexe in bezug auf diese angstmachende Figur nicht wahrzunehmen – sie würden sich ja mit dem schönen und großen Selbstbild schlecht vertragen –, tun die Fans in der Partei und im Publikum so, als ob es diese Figur im Hintergrund für sie gar nicht gäbe, umjubeln stattdessen vorne den kumpelhaften, allgemeine Verbrüderung anbietenden Bierglas-Jörg. In der Verbrüderungsenergie steckt also viel Angst, es könnte einen selbst als nächsten treffen. »Wenn er (ein parlamentarischer Vertreter der Lega, J.B./K.O.) nicht richtig funktioniert«, führte Bossi bei einer Gelegenheit aus, »kriegt er einen schönen Tritt in den Hintern, und weg mit ihm.«[17] Die »Konzentration der Entscheidungsgewalt in den Händen des Führers«, hebt auch der ›Vordenker‹, Professor Gianfranco Miglio, besonders hervor, gehöre zu den wichtigsten Prinzipien der Lega Nord überhaupt.[18]

4. Neben diesem dreifaltigen Gemeinschaftsbildner haben wir dann noch einen Jörg Haider, der alle bisher erwähnten Teilfiguren mit seinen erotischen Reizen zu beleben vermag. Er zeigt hin und wieder den entblößten Oberkörper eines männlichen Playmates. Von ihm werden sportliche Hochleistungen und erfolgreiche Mutproben berichtet. Das interessiert Frauen wie Männer im Publikum und erzeugt eine Verliebtheit, die, wie bei Verliebten üblich, die kritischen Instanzen im Seelenleben (das Ich-Ideal) beträchtlich schwächt. Dieser – von Freud schon vor Jahrzehnten beschriebene – Mechanismus der Massenbildung unter einem Führer ist in der Politik an sich nichts Besonderes – seriöse amerikanische Präsidenten bemühen sich (jedenfalls bis zum ersten Kollaps beim öffentlichen Fitneßlauf) um die Nutzung des männlich-erotischen Effekts. Aber bei Haider gibt es eine Besonderheit. Er trägt nämlich gewissermaßen ein Messer bei sich, mit dem er seine Rivalen einschüchtert. Sie werden beleidigt und mit Kastration bedroht, als »lendenlahm« (über Waldheim), dickbäuchig, als weinerliche Zurückbleiber beschimpft: Es handelt sich nicht um irgendeine Erotik, sondern um die Erotik des kastrierenden Angebers. Diese darf jetzt offen angehimmelt werden.

Die Erotik des Angebers richtet sich nicht nur gegen Haiders männliche Gegner, die er als Schlappschwänze bezeichnet beziehungsweise abwertet, indem er sie verweiblicht – zum Beispiel als »alte Tante ÖVP«[19]. Daß das Machogehabe Haiders auch frauenfeindlich ist, offenbarte sich 1993 im Zug der sogenannten Grapschaffäre im österreichischen Parlament. Ihr war die sogenannte Lutschaffäre vorausgegangen: Ein ÖVP-Mandatar hatte eine grüne Abgeordnete, die gerade das Wort ergreifen wollte, aufgefordert, das Mikrophon in den Mund zu nehmen und »fest daran zu lutschen«. Dies löste heftige öffentliche Diskussionen aus. Der betreffende Abgeordnete wurde aus seiner Partei ausgeschlossen, und eine Journalistin recherchierte weitere Beispiele sexueller Belästigung weiblicher Parlamentsabgeordneter durch deren männliche Kollegen. Dadurch kam die »Grapschaffäre« ins Rollen. Eine zunächst anonyme SPÖ-Mandatarin gab an, daß der amtierende Sozialminister Hesoun ihr vor ein paar Jahren ins Dekolleté gegriffen habe. Wieder waren heftige Kontroversen die Folge. Allerdings war von einem Rücktritt des Sozialministers nicht ernsthaft die Rede. Stattdessen wurde das eigentliche Opfer, die belästigte Abgeordnete, zur Täterin gemacht und mußte sich beim Minister entschuldigen, da sie dem Ansehen der Partei und des Parlaments geschadet hätte. In Schutz genommen wurde sie lediglich von der Frauenministerin Johanna Dohnal, die als einzige den Mut hatte, sich der Parteilinie zu widersetzen und den Rücktritt des »Grapschers« forderte. Die Reaktion Haiders: Dohnal wäre ja nur beleidigt, weil ihr selbst niemand ins Dekolleté greifen würde. Die öffentliche Empörung nach dieser Stellungnahme Haiders hielt sich in Grenzen. Sie war wesentlich geringer als nach seiner Äußerung im Sommer 1991 über die positiven Seiten der nationalsozialistischen Beschäftigungspolitik. Kein namhafter Politiker

getraute sich, gegen die Zustimmung der Biertische anzutreten. Die politische Zieh-
mutter Haiders, Krimhild Trattnig, wurde bekanntlich mit Hilfe einer Kabarettauffüh-
rung aus der Partei geekelt, bei der dem von einem Vertreter der »Buberlpartie«
dargestellten Double ständig das Reizwort »Babyficker« in den Mund gelegt wurde.

Die Erotisierung der populistischen Helden finden wir ähnlich in Italien. Im Fall
von Bossi ist die den Gegner kastrierende Figur noch deutlicher als bei Haider. Die
Soziologin Laura Balbo und der Soziologe (und Senator der Grünen) Luigi Manconi

*Dr. Jörg Haiders Jauntal-Männlichkeits-Prüfung im Selbstversuch*

sprachen davon, daß »dieses unmäßige Verlangen nach genitalem Exhibitionismus« bei der Lega-Bewegung einerseits eine Art »Selbstauslöser-Photo-Pornographie« zum Ausdruck bringe, andererseits aber auch »eine verläßliche Identitätskarte« darstelle.[20] Davon zeugt besonders die zentrale Bedeutung einer zur Schau gestellten männlichen Überpotenz: Einem ihrer prägnantesten Slogans zufolge ist die Lega eine Bewegung von »celoduristi« – »La Lega ce l'ha duro« (die Lega hat es/ihn hart), was in einem verdichteten Bild sowohl phallische Potenz als auch Entschlossenheit zu hartem Durchgreifen zum Ausdruck bringt. »Dieser Ausspruch, der von Bossi während einer Versammlung gemacht wurde, hat sich schnell zu einer stolzen Kraftäußerung und zu einem Slogan gewandelt, der auf einigen von Lega-Aktivisten verwendeten Kleidungsstücken (Trikots, Kappen) aufgedruckt ist«[21] – aber etwa auch auf Unterhosen, mitunter zusammen mit dem Symbol des Ritters Alberto da Guissano mit dem hocherhobenen Schwert (an der die Genitalien bedeckenden Stelle).

Die tiefen Unsicherheiten der männlichen sexuellen Identität, die dieses Potenzgehabe abwehrt, werden anhand der phobischen und höhnischen Bezeichnungen deutlicher, mit denen die Gegner reichlich bedacht werden: Homosexuelle, impotente Männer »ohne Hoden«, Gehörnte. In der Frage der Homosexualität – laut Miglio »eine weitverbreitete Krankheit genetischer Art«[22] – mußte Bossi einmal strikt durchgreifen, indem er einen »zwar anständigen, aber homosexuellen Burschen« aus der Bewegung entfernte: »Wieviele demokratische Parteien haben deklarierte Homosexuelle, das heißt donniciole,[23] in ihren Schlüsselpositionen? Ein Homosexueller ist eine Person mit schwacher, unstabiler Belastbarkeit.«[24] Diesbezüglich wurde etwa auch der frühere sozialistische Justizminister Claudio Martelli als »seinem schwulen Look entsprechend wenig viril« verhöhnt oder Giulio Andreotti als typischer Vertreter einer politischen Klasse, die »schmalschultrig und daher ohne Hoden« oder auch »eine Bande von Gehörnten, die wir besiegen wollen«[25] sei. Bei einer großen Wahlkampfveranstaltung zur Gemeinderatswahl von Mailand im Juni 1993 rief Bossi aus: »Formentini wird einen überwältigenden Sieg davontragen gegen diesen Gehörnten Dalla Chiesa«, worauf die Menge »mit Getöse und Applaus antwortet.«[26]

In der mit dieser virilen Kraftmeierei einhergehenden sadistischen Sprache, die eine Art Stolz auf eigene Rücksichtslosigkeit und Härte zur Schau stellt, kommen daneben auch tiefe (abgewehrte und überkompensierte) Existenz- und Überlebensängste zum Ausdruck. Bossis Selbstdarstellung ist die eines Manns, der in seiner harten Art so etwas wie Angst, Verletzlichkeit und Schmerz praktisch gar nicht kennt: »Bei ihm kann von Angst überhaupt nicht die Rede sein. Scheint er Ihnen denn der Typ dafür?«[27] Nach einer gerade überstandenen Herzattacke: »Angst habe ich keine gehabt, aber es hätte mich gestört, Craxi und Forlani einen Gefallen zu tun.«[28] Mitten in einer der schwerwiegendsten Krisen der Lega (ausgelöst durch den Austritt des damals wichtigsten Mitstreiters Franco Castellazzi im Oktober 1991) scherzte er mit einigen Anhängern: »Wißt ihr, wo ich heute war? – Beim Zahnarzt. Um ein bißchen Schmerz zu fühlen.«[29]

Die kontraphobische Rhetorik und Selbstinszenierung sind einerseits ein alter Bestandteil der Männerrolle in vielen Kulturen, andererseits etwas, das als aktuelle Antwort auf eine tiefergehende Angst vor dem Weich-, Verschlungen-, Fallengelassenwerden, vor Ausgrenzung zu verstehen ist. Der Gesellschaftsprozeß, in dem sich alte Bindungen und Sicherheiten auflösen – zum Beispiel unter der Berlusconi-Regierung

zum Gemeinsamen Markt nicht mit seiner Neutralität vereinbar wäre, daß jedoch eine Assoziation möglich erscheine«[10]. Diese Einschätzung wurde allerdings von der Sowjetunion nicht geteilt.[11] Maßgeblich für das Schicksal der österreichischen, schweizerischen und schwedischen Assoziierungsanträge vom 15. Dezember 1961 war, daß die EG vorerst den britischen Beitrittsantrag verhandelte. Als dieser infolge des französischen Vetos 1963 scheiterte, schienen auch die Assoziierungspläne der EFTA-Mitglieder, die vor allem auf die Herstellung des freien Warenverkehrs abgezielt hatten, überholt. Dies galt jedoch nicht für Österreich, das sich auf den vielzitierten ›Alleingang‹ begab und in den folgenden Jahren Einzelverhandlungen mit der EWG erreichen konnte, die allerdings erst im Juli 1972 in zwei ›Global- und Interimsabkommen‹ endeten. Damit war allerdings nur ein geringer Vorsprung gegenüber den anderen EFTA-Staaten erreicht, die noch im selben Monat ensprechende Freihandelsabkommen unterzeichnen konnten, sodaß das alte OEEC-Ziel einer großen europäischen Freihandelszone erreicht war.[12]

## Neuer Impetus in den 1980er Jahren

Mit dem Beschluß der mittlerweile auf zwölf Mitgliedstaaten angewachsenen Europäischen Gemeinschaften, ab 1993 einen weitestgehend liberalisierten Binnenmarkt zu errichten,[13] endete mehr als ein Jahrzehnt »relativer Ruhe in Sachen EG-Diskussion in Österreich«[14]. Der Binnenmarkt sollte die noch bestehenden materiellen (Grenzkontrollen, Liberalisierung des öffentlichen Auftragswesens usw.), technischen (Normung) und Steuerschranken zwischen den Zwölf im Wege von circa 300 Rechtsakten endgültig eliminieren. Das Vorhaben wurde in die 1986 unterzeichnete und Mitte 1987 in Kraft getretene Einheitliche Europäische Akte aufgenommen, die den EWG-Vertrag darüber hinaus auch in bezug auf die Entscheidungsmodalitäten de jure und de facto entscheidend reformierte. Vor allem die Prognosen des sogenannten Cecchini-Berichtes, mit dem 1988 ein medienwirksames »Marketing« zum Weißbuch in Form der »Abschätzung möglicher (sic! GF) Auswirkungen der Vollendung des Binnenmarktes auf die Wirtschaft der EG (...) von der EG-Kommission nachgeliefert wurde«[15] und der im Auftrag der EG-Kommission signifikante Wachstumseffekte bei Eliminierung der inneren EG-Grenzen vorhersagte, führten aus der zuvor konstatierten ›Eurosklerose‹ (Versäumnisse in der Realisierung der Vertragsziele, Blockaden aufgrund des vertragswidrig praktizierten Einstimmigkeitserfordernisses) in eine neuartige ›Europhorie‹: »Europa 1992« war aus dem politischen Tagesgespräch nicht mehr wegzudenken und übte auch auf die EFTA-Länder beträchtliche Anziehungskraft aus.

Im Falle Österreichs hatten sich in den 1980er Jahren auch die politischen Rahmenbedingungen für einen Kurswechsel der Integrationspolitik verändert:[16] Die sogenannte Kleine Koalition beteiligte die traditionell beitrittsbefürwortende FPÖ ab 1983 erstmals an der Bundesregierung. Schon vor der Publikation des Weißbuches der EG-Kommission erklärten die Völkerrechtler Waldemar Hummer und Michael Schweitzer in einer von der Industriellenvereinigung in Auftrag gegebenen Studie, entgegen der herrschenden Lehre, einen EG-Beitritt Österreichs für neutralitätsrechtlich unbedenklich. Die ÖVP forderte im Dezember 1985 in einem parlamentarischen

Entschließungsantrag eine verstärkte Zusammenarbeit mit der EG, und auch in der SPÖ meldeten sich zumindest vereinzelte Stimmen (etwa Peter Jankowitsch) in diese Richtung.

Mit der großen SPÖ-Regierungsumbildung 1986 (der ›Banker‹ Franz Vranitzky löste Fred Sinowatz als Kanzler ab, Jankowitsch wurde Außenminister) und vor allem der Koalitionsregierung SPÖ/ÖVP mit Alois Mock als Außenminister ab Anfang 1987 wurden dann die Weichen neu gestellt und de facto ein Wettlauf der Großparteien um die Profilierung als »Europapartei« eingeleitet.[17] Beide wollten mittlerweile eine weitestmögliche Integration erreichen, ohne aber – aus neutralitätspolitischen Gründen – eine sogenannte Vollmitgliedschaft anzustreben. Eine solche wurde aber im Frühjahr 1987 zuerst von der FPÖ (die dann vor der Volksabstimmung 1994 gegen einen Beitritt polemisierte) sowie von der Industriellenvereinigung gefordert. Es folgte die ÖVP beim Dreikönigstreffen des Jahres 1988. Kanzler Vranitzky äußerte sich erstmals in diese Richtung, nachdem im Sommer 1988 eine interministerielle Arbeitsgruppe für Europäische Integration ihren tendenziell beitrittsbefürwortenden Bericht vorgelegt hatte. Danach trat das mit der Frage beauftragte Völkerrechtsbüro des Außenministeriums für eine EG-Mitgliedschaft mit Neutralitätsvorbehalt ein, und die Sozialpartnerspitzen hießen einen Beitritt willkommen, wobei sie davon »aus[gingen], daß die immerwährende Neutralität Österreichs *vollinhaltlich* aufrechterhalten und abgesichert« werde[18].

In einem einschlägigen Bericht der Bundesregierung an den Nationalrat vom 17. April 1989 wurde eine EG-Mitgliedschaft unter den Voraussetzungen der Wahrung der immerwährenden Neutralität, der Prinzipien der Bundesstaatlichkeit, des österreichischen Sozialsystems, einer offensiven Umweltpolitik, einer flächendeckenden bäuerlichen Land- und Forstwirtschaft sowie der Lösung des Transitproblems vor dem Beitritt angeregt. Daneben war auch die Parteienvereinbarung zwischen SPÖ und ÖVP »zur weiteren Vorgangsweise in der Integrationspolitik« wegbereitend für den schließlich vom Nationalrat am 19. Juni 1989 mit großer Mehrheit erteilten Auftrag an die Regierung, Verhandlungen mit der Europäischen Union über eine Mitgliedschaft Österreichs aufzunehmen. Am 17. Juli 1989 wurde folglich der vielzitierte »Brief nach Brüssel« von Außenminister Mock übergeben. In den Worten von Leitner[19] war damit eine »komplette Kehrtwende in der regierungsamtlichen EG-Politik« innerhalb weniger Jahre vollzogen worden.

Infolge der mittlerweile jedoch schon laufenden Verhandlungen über den Europäischen Wirtschaftsraum (EWR) einerseits und die Maastrichter Vertragsreform der EG andererseits, mußte die Behandlung des österreichischen Antrags in Brüssel nichtsdestotrotz vorerst noch warten.

Der Europäische Wirtschaftsraum – ein Zwitter?

Die österreichische Diskussion um eine allfällige EG-Mitgliedschaft war auf Unionsebene vorerst kritisch gesehen worden, denn dort wollte man in der zweiten Hälfte der 1980er Jahre die anstehende ›Vertiefung‹ (vor allem die sogenannte Vollendung des Binnenmarktes) vor einer Erweiterung realisieren. Vorerst als Alternative zu Beitrittsverhandlungen schlug infolgedessen Anfang 1989 Kommissionspräsident Delors umfassende multilaterale Verhandlungen über einen »Europäischen Wirtschaftsraum« vor. Dieser Begriff war schon in der sogenannten Luxemburger Erklärung vom 9. April 1984 verwendet worden, als Minister der EG- und EFTA-Länder die Absicht bekundeten, ihre Zusammenarbeit zu intensivieren und einen »homogenen und dynamischen ›Europäischen Wirtschaftsraum‹« zu schaffen[20]. Nunmehr sollte dieser EWR eine Zollunion zwischen EG und EFTA sowie gemeinsame Entscheidungs- und Verwaltungsorgane umfassen. Ersteres wurde allerdings von Finnland und der Schweiz aus Souveränitätsgründen abgelehnt, und zweiteres wurde ein Jahr später von Delors selbst wieder zurückgenommen: Ein gemeinsamer Entscheidungsprozeß sei nicht möglich, da er sich nur aus einem Beitritt, also quasi der Anerkennung des gesamten ›Ehevertrages‹ ergeben könne.

Das in der Folge in langwierigen Verhandlungen (die Unterzeichnung des EWR-Abkommens erfolgte letztlich erst am 2. Mai 1992 in Porto, in Kraft trat es mit 1. Januar 1994) gestaltete Modell war demokratiepolitisch wenig zufriedenstellend und wurde als »Satellitisierung« der EFTA-Länder kritisiert. Als ›Leitgedanke‹ des Abkommens kann das Bemühen um Rechtseinheitlichkeit im EWR-Raum bezeichnet werden[21]: Zukünftiges EG-Recht sollte inhaltsgleich durch einen einstimmigen Beschluß des sogenannten Gemeinsamen Ausschusses in den EWR übernommen werden, sodaß die (von der EU allein beschlossenen) binnenmarktrelevanten Regeln für EFTA und EU einheitlich galten. Ein sanktionsähnlicher Mechanismus für den Fall der Nichtübernahme von EU-Rechtsakten bedeutete für alle beteiligten Länder und Organe auch politischen Druck zur Rechtseinheitlichkeit. Für die einzelnen EFTA-Mitglieder wurde dies noch dadurch verschärft, daß das Abkommen keine Möglichkeit einer fallweisen Abkoppelung einzelner EFTA-Staaten (»individual opting-out«) vorsah: Die Ablehnung eines Staates blockiert vielmehr stets die gesamte EFTA. Als weiteres demokratiepolitisches Manko[22] ist zu nennen, daß mit dem EWR die EG-typische strukturelle Dominanz der nationalen Regierungen über ihre Parlamente in der Tendenz übernommen wurde. Denn im Gemeinsamen EWR-Ausschuß entscheiden vorab die Regierungen, während das »EWR-Parlament« nicht einmal angehört werden muß und die nationalen Parlamente (beziehungsweise deren spezielle EWR-Ausschüsse) erst nachgeordnet ins Spiel kommen. Vor allem aus diesen Gründen wurde in Österreich auch von juristischer Seite argumentiert, daß der EWR- wie der EU-Beitritt volksabstimmungspflichtig seien[23] – eine Meinung, der sich jedoch weder der Verfassungsdienst des Bundeskanzleramtes noch die Regierungsparteien anschlossen. Ein dementsprechendes Volksbegehren der Grünen erhielt lediglich knapp mehr als die zur parlamentarischen Diskussion notwendigen Stimmen und damit keine politische Relevanz.[24]

Nichtsdestotrotz wurde in der Folge auch von Regierungsseite das Argument, daß der EWR zwar im wesentlichen[25] die Teilnahme am Binnenmarkt, nicht jedoch ein Mitentscheidungsrecht auf Unionsebene gebracht habe, im Sinne eines EU-Beitritts vorgebracht – und der ›gelungene‹ Abschluß des EWR-Abkommens minderte das Bestreben der österreichischen Staatsspitze nach einer Mitgliedschaft keineswegs. Als ein plausibler innenpolitischer Hintergrund für diesen Fall von »Ultrastabilität«[26] der Beitrittspolitik der Bundesregierung wurde die Funktion des EG-Wettbewerbsrechts

»Rute im Fenster«[27] beziehungsweise »ordnungspolitische Peitsche«[28] genannt, welche die Regierung von vielfältigen eigenen Deregulierungsbemühungen entlastet, die prinzipiell als erstrebenswert erachtet wurden, gegen Teile der jeweils eigenen Klientel im ›Kammern- und Verbändestaat‹ Österreich aber nur mühsam durchsetzbar gewesen wären. Außerhalb der Landwirtschaft hätte allerdings auch schon der EWR diese Funktion weitestgehend erfüllt. Als weitere Hypothese hinsichtlich der so eindeutigen Beitrittsoption der politischen Eliten[29] Österreichs bietet sich aber auch deren Zugewinn an Karriere- und Einflußchancen über die EU-Institutionen an.

Die Beitrittsverhandlungen

Am 1. Februar 1993 begannen die Verhandlungen der Europäischen Union mit Österreich über einen allfälligen Beitritt. Dem war ein prinzipiell positives Gutachten der Kommission (»avis«) vorausgegangen, in dem die Stabilität und ökonomische Gesundheit des Beitrittskandidaten gelobt, aber Schwierigkeiten aus der dauernden Neutralität und Probleme bei der Einführung einer gemeinsamen Außen- und Sicherheitspolitik befürchtet wurden. Parallel zu den Gesprächsrunden mit Österreich wurde auch mit Schweden und Finnland verhandelt sowie ab dem 5. April 1993 mit Norwegen. Die Schweiz hatte zwar am 26. Mai 1992 auch ein Beitrittsansuchen gestellt, dieses jedoch nach der Ablehnung des EWR durch die Bevölkerung in der Folge (vorerst) sistiert.[30]

Als besonders heikle Punkte der Verhandlungen erwiesen sich der Transitverkehr, die Konditionen für die Landwirtschaft, der Ausländergrundverkehr sowie die österreichische Neutralität.[31] Die Transitfrage war schon parallel zum EWR-Abkommen verhandelt worden. Sie hatte sich nicht zuletzt infolge der verkehrserhöhenden Wirkungen des Binnenmarktes und des EWR ab Mitte der 1980er Jahre noch verschärft gestellt: Einschlägige Studien prognostizieren eine Zunahme des Güterverkehrs zwischen Nordeuropa und Italien je nach wirtschaftlicher Entwicklung um 35 bis 100 Prozent bis zum Jahr 2010.[32] Entgegen dem ursprünglichen EG-Ziel der völligen Verkehrsliberalisierung konnte Österreich nach harten Verhandlungen den Grundsatz durchsetzen, den Transitverkehr längerfristig von der Straße auf die Schiene zu verlagern. Das in dem zwischen der EG und Österreich auf zwölf Jahre geschlossenen Transitabkommen vom Dezember 1991 vorgesehene »Ökopunktemodell« kombiniert quantitative und qualitative Elemente (macht also zum Beispiel die Anzahl der erlaubten Fahrten vom Stickstoffausstoß abhängig). Es wurde eine Obergrenze eingezogen, und der Verkehrszuwachs soll auf die Schiene verbannt werden. Das traditionelle österreichische 38-Tonnen-Limit (im Gegensatz zu 40 Tonnen in der EU) für die Frächter wurde beibehalten, ein Nachtfahrverbot für nicht lärmarme LKWs durchgesetzt.[33] Diese Bestimmungen mußten anläßlich der Beitrittsverhandlungen neu aufgerollt werden, da innerhalb der EG die »freie Wahl des Verkehrsträgers« gilt, und diese Sonderkonditionen für Österreich im Falle einer Mitgliedschaft nicht EG-rechtskonform gewesen wären. Die erforderlichen Vorkehrungen im sogenannten Primärrecht der Union konnten von Österreich nicht ganz durchgängig erreicht werden. Trotz der öffentlichen Beteuerungen der Verhandlungsdelegation unter Verkehrsminister Viktor

Klima dahingehend, den Transitvertrag in vollem Umfang beizubehalten, mußten letztlich doch gewisse Konzessionen hinsichtlich der Laufzeit und auch des Gewichtslimits (wenngleich man sich dort mit einer veränderten Sanktionspraxis abhalf) eingegangen werden. Der bilaterale Verkehr zwischen Österreich und jeweils einem EU-Land wird innerhalb von zwei Jahren nach dem Beitritt völlig liberalisiert.[34]

In den Agrarverhandlungen ging es vorrangig um Übergangsfristen für die österreichische Produktion, deren Preise bisher um bis zu 20 Prozent über jenen im EG-Raum lagen. Nach österreichischen Berechnungen hätte etwa 1991 eine EG-Mitgliedschaft für die Bauern Einkommenseinbußen von circa 7,8 Milliarden Schilling bedeutet,[35] in den Verhandlungen wurde diesbezüglich für 1995 von über neun Milliarden Schilling ausgegangen, die laut Agrarminister Fischler durch Ausgleichszahlungen ersetzt werden sollten.[36] In den Beitrittsverhandlungen wurde schließlich vereinbart, daß mit dem Binnenmarktmodell (die Verhandlungsposition der EU) ab dem Beitrittsdatum auch die niedrigeren EU-Preise übernommen werden. Zum Ausgleich erklärte sich die EU für vier Jahre zu degressiven Zahlungen bereit. Dieses, nicht zuletzt infolge »kleinerer Agrar-Mogeleien«, erreichte Ergebnis wurde als »finanziell gut« gefeiert.[37] Nichtsdestotrotz müssen auch aus dem österreichischen Budget beträchtliche Mittel aufgebracht werden: nach Auskunft des Finanzministeriums für die Jahre 1995 bis 1998 immerhin 53,5 Prozent der insgesamt den Bauern versprochenen circa 117 Milliarden Schilling.[38]

Beim Ausländergrundverkehr wollte die österreichische Verhandlungsdelegation erreichen, daß nach dem sogenannten dänischen Vorbild Zweitwohnsitze nur nach fünfjährigem Hauptwohnsitz vor Ort zugelassen werden müssen. Dieses Ausländer/innen klar schlechter stellende Modell wurde von der Union nicht akzeptiert: »Bei den Zweitwohnsitzen hat sich Österreich voll den Vorschriften der EU beugen müssen.«[39]

Trotz des im Schreiben an den Ratspräsidenten mit dem Gesuch um die Aufnahme Österreichs in die EU noch enthaltenen »Neutralitätsvorbehalts«, wurde die immerwährende Neutralität gar nicht mehr verhandelt. Obgleich es noch in einem gemeinsamen Ministerratsvortrag von Kanzler und Vizekanzler am 17. April 1989 geheißen hatte, die immerwährende Neutralität müsse »in den Verhandlungen mit den Europäischen Gemeinschaften völkerrechtlich abgesichert werden«,[40] war dies für Beobachter/innen der österreichischen Innenpolitik keine Überraschung mehr, wurde doch mittlerweile von Spitzenpolitikern sogar schon eine NATO- und/oder WEU-Mitgliedschaft in die Diskussion geworfen. Im Beitrittsvertrag[41] findet sich eine Erklärung zur gemeinsamen Außen- und Sicherheitspolitik, worin die Beitrittswerber Österreich, Norwegen, Finnland und Schweden übereinkommen, »ab dem Zeitpunkt ihres Beitritts bereit und fähig (zu sein), sich *in vollem Umfang und aktiv* an der gemeinsamen Außen- und Sicherheitspolitik (...) zu beteiligen«[42]. In den Verhandlungen gab Österreich die folgende Erklärung ab: »Österreich geht davon aus, daß die aktive und solidarische Mitwirkung an der GASP mit seinen verfassungsrechtlichen Regelungen vereinbar sein wird. Entsprechende innerstaatliche rechtliche Anpassungen werden angesichts der geänderten, politischen Rahmenbedingungen in Europa im Zusammenhang mit dem Beitritt Österreichs zur Europäischen Union vorzunehmen sein.«[43]

Die Volksabstimmung

Der Beitritt zur Europäischen Union mußte als sogenannte Gesamtänderung der österreichischen Bundesverfassung einer Volksabstimmung unterzogen werden, weil er mehrere ihrer Grundprinzipien beeinträchtigte: So etwa das demokratische Prinzip der Rechtserzeugung durch die gewählten Volksvertreter/innen, weil auf Unionsebene vorrangig der Ministerrat Recht setzt und auch das Europäische Parlament nicht den Repräsentanten des österreichischen Volkes im Sinne der Verfassung darstellt. Das gewaltenteilende Prinzip betont die Trennung von legislativer und exekutiver Gewalt im Staate, wogegen auf EU-Ebene die nationalen Exekutiven im wesentlichen die Legislativfunktion innehaben. Das rechtsstaatliche Prinzip war berührt, weil mit dem Interpretationsmonopol des EuGH über das EG-Recht die Kompetenz des österreichischen Verfassungsgerichtshofes eingeschränkt wurde. Und das bundesstaatliche Prinzip wurde bezüglich der Kompetenzverteilung zwischen Bund und Ländern sowie in Hinblick auf die Mitwirkung der Länder an der Bundesgesetzgebung berührt.[44]

*»Nun ist es fix: Am 12. Juni dürfen Sie mit Ja oder Nein antworten. Nur die Frage, die Ihnen gestellt werden wird, ist noch nicht ganz klar.«*

Im Vorfeld des Plebiszits konnten sich bei über die längste Zeit unentschieden scheinendem Ausgang letztlich die Befürworter/innen medial durchsetzen.[45] »Das Unternehmen Europa, die umfassendste Propagandaschlacht der Zweiten Republik«[46] wurde von seiten der großkoalitionären Bundesregierung mittels einer Werbeagentur unter anderem mit Parolen wie »Gemeinsam statt einsam«, »Fortschritt oder Stillstand«, »Wer, wenn nicht wir?« oder »Mitten in Europa oder knapp daneben?« geführt und kostete circa 130 Millionen Schilling.[47] »Die Befürchtung, daß Österreich außerhalb der europäischen Union wirtschaftlich und politisch isoliert wäre«, war letztlich neben erwarteten verbesserten Wirtschafts-, Wachstums- und Exportchancen auch das zweite wichtige Motivbündel der für einen Beitritt Stimmenden.[48] Noch wichtiger für das Abstimmungsergebnis dürfte allerdings nach Meinungsumfragen die, seit dem spektakulären Schwenk der *Kronenzeitung* (die von einem Tag zum anderen ihre zuvor krasse Anti-Beitrittshaltung ins Gegenteil umkehrte), mit Ausnahme der Zeitung *Täglich Alles* durchwegs EU-befürwortende österreichische Medienlandschaft gewesen sein.[49]

Von den circa 4,725.000 gültigen Stimmen votierten letztlich 66,6 Prozent für und 33,4 Prozent gegen einen EU-Beitritt.

## ANMERKUNGEN

1 Vgl. Urlesberger, Marginalisierung, in: Hummer Hg., Integration, 1990, 20.
2 Vgl. Kunnert, Weg, 1993, 28.
3 Vgl. Weiß, Gesamtverhalten, in: Gehler u. Steininger Hg., Österreich, 1993, 38f.
4 Ebd., 45.
5 Dies betrifft allerdings nach herrschender Lehre nur den Kern der Neutralitätspflichten vor allem im Kriegsfall und nicht auch die sogenannte Neutralitätspolitik, welche darüberhinausgehende Verpflichtungen auch (schon) in Friedenszeiten bezeichnet.
6 Vor allem der EWG als supranationaler Institution mit dem Ziel eines »immer engeren Zusammenschlusses der Völker«, vgl. Art. 2 der Präambel ihres Gründungsvertrags.
7 Mayrzedt, Integration, in: Hummer Hg., Integration, 1990, 53.
8 Ebd., 58. Es könnte als Ironie der Geschichte bezeichnet werden, daß Anfang der 1990er Jahre die österreichische Bevölkerung mehrheitlich auf einen EG-Beitritt verzichten wollte, falls dieser die Neutralität gefährde, während die Bundesregierung zunehmend von der These der Unvereinbarkeit von Neutralität(-spolitik) und EU-Mitgliedschaft abrückte und teils Mühe hatte, diese Linie öffentlich zu ›verkaufen‹.
9 Der einschlägige Anknüpfungspunkt im EWG-Vertrag war Art. 138.
10 Zit. nach Hamel, Sache, in: Gehler u. Steininger Hg., Österreich, 1993, 58.
11 Vgl. ebd. und Schneider, Alleingang, in: Europäische Schriften 66 (1990), 31.
12 Vgl. ausführlicher ebd., 30ff; Hamel, Sache, in: Gehler u. Steininger Hg., Österreich, 1993, 63ff.
13 Zur Geschichte des österreichischen Weges in die EU vgl. Kunnert, Weg, 1993.
14 Leitner, Weg, in: Gehler u. Steininger Hg., Österreich, 1993, 87.
15 Breuss, Binnenmarktprogramm, in: Informationen zur Politischen Bildung 4 (1992), 49.
16 Vgl. Leitner, Weg, in: Gehler u. Steininger Hg., Österreich, 1993, 88ff.
17 Vgl. Schaller, EG-Diskussion, in: Pelinka u.a. Hg., Ausweg, 1994.
18 Sozialpartnerstellungnahme »Österreich und die Europäische Integration«, Wien 1.3.1989, 11; Hervorhebung GF.
19 Leitner, Weg, in: Gehler u. Steininger Hg., Österreich, 1993, 88.
20 Hummer Hg., Integration, 1990, 76; vgl. Mederer, Österreich, in: Gehler u. Steininger Hg., Österreich, 1993, 126ff.
21 Vgl. Nentwich, Institutionen, in: ecolex 7 (1992), 535; vgl. Nentwich u. Falkner, Demokratie, in: International 3 (1992).
22 Höchste politische Brisanz hatte in den EWR-Verhandlungen auch die einheitliche Auslegung des im EWR geltenden Rechts. Die nach dem Einspruch des EuGH gegenüber den entsprechenden Bestimmungen in der ersten Version des EWR-Abkommens von der EFTA letztlich in Kauf genommene Lösung läuft darauf hinaus, daß entweder das »letzte Wort« des EG-Gerichtshofs akzeptiert wird oder aber wiederum die politisch unerwünschte Suspension von Vertragsteilen droht.
23 Vgl. Griller, Gesamtänderung, in: ecolex 7 (1992); Brünner, EWR-Bundesverfassungsgesetz, in: Journal für Rechtspolitik 1 (1993).
24 Vgl. Schaller, EG-Diskussion, in: Pelinka u.a. Hg., Ausweg, 1994, 199.
25 Die nichtsdestotrotz verbliebenen Nachteile für österreichische Unternehmen im Vergleich zu jenen innerhalb der EU – etwa im passiven Veredelungsverkehr mit den Reformländern oder in Hinblick auf Ursprungszeugnisse für Waren – wurden in der Folge verstärkt öffentlich diskutiert.

26 Schneider, Weg, in: Österreichische Zeitschrift für Politikwissenschaft 1 (1994), 5.
27 Ebd., 9.
28 Luif, Beitrittswerber, in: Österreichische Zeitschrift für Politikwissenschaft 1 (1994), 32.
29 Für große Teile der Basis traf dies im Fall beider Großparteien sowie der Kammern und Verbände die längste Zeit ja nicht zu.
30 Zu den Hintergründen der Beitrittsgesuche der EFTA-Länder vgl. Luif, Beitrittswerber, in: Österreichische Zeitschrift für Politikwissenschaft 1 (1994).
31 Vgl. auch Kunnert, Weg, 1993, 328ff.
32 Vgl. Wimmer u. Mederer, EG-Recht, 1990, 249.
33 Zu den Schwächen dieses Abkommens vgl. Lichtenberger u. Meusburger, Transit, in: Voggenhuber u. Floss Hg., Europa-Integration, 1992.
34 Für Details vgl. profil, 7.3.1994; Die Presse, 3.3.1994.
35 Kunnert, Weg, 1993, 330f.
36 Der Standard, 9./10.4.1994.
37 profil, 7.3.1994, 18.
38 46,5 Prozent soll die EU beisteuern (vgl. profil 2.5.1994, 46).
39 profil 7.3.1994, 27.
40 BKA GZ 671.171/18–V/5/89.
41 Beilage zu III-176 BlgNR XVIII GP.
42 Hervorhebung GF.
43 Zitiert nach Regierungsvorlage zum Beitrittsverfassungsgesetz, 1546 BlgNR XVIII GP, 9.
44 Zu diesen Fragen vgl. Griller, Österreich, in: Europäische Zeitschrift für Wirtschaftsrecht 22 (1991).
45 Zum Verlauf der Debatte vgl. ausführlich Schaller, EG-Diskussion, in: Pelinka u.a. Hg., Ausweg, 1994.
46 profil 9.5.1994, 17.
47 Die Presse, 10.5.1994. Im Unterschied etwa zur gleichzeitigen schwedischen Vorgangsweise oder auch jener Großbritanniens in den 1970er Jahren wurde in Österreich beitrittskritischen Gruppen keinerlei finanzielle Unterstützung oder gar anteilige Beteiligung an den verwendeten Budgetmitteln gewährt. Dies war eines von mehreren Argumenten im Rahmen einer gescheiterten Anfechtung der Volksabstimmung vor dem österreichischen Verfassungsgerichtshof (Urteil vom 30. August 1994).
48 Plasser u. Ulram, Motive, in: Plasser u.a. Hg., Analyse, 1994, 32.
49 Ebd., 22.

Christoph Reinprecht
# Österreich und der Umbruch in Osteuropa

Für Österreich ist der gesellschaftliche Umbruch in Osteuropa ein historisches Datum. Ohne die bis 1989 wirksame bipolare Konstellation der Supermächte wäre das Österreich der Zweiten Republik nicht denkbar gewesen. Neutral und unabhängig, dem Westen zugehörig, doch ohne dessen Institutionen völlig verpflichtet zu sein: Die Erfolgsgeschichte Österreichs wurzelt in einer einzigartigen Konstellation. Seit dem Ende des Zweiten Weltkriegs markierte die Ostgrenze Österreichs das Ende der ›freien Welt‹, aber als neutraler Staat blieb es von den Drohgebärden des Kalten Krieges weitgehend verschont. Österreich vermochte aus dieser seiner Sonderrolle gehörigen Nutzen zu ziehen. Im Windschatten des alles beherrschenden Ost-West-Konflikts wandelte sich dieser kleine Staat, an dessen Überlebensfähigkeit so lange gezweifelt worden war, zu einer modernen Wohlfahrtsdemokratie. Ein tiefgreifender Strukturwandel erfaßte alle Bereiche des sozialen und ökonomischen Lebens. Zunehmender Wohlstand und ein ausgeprägter sozialer Frieden unterstützten die Konsolidierung der demokratischen Institutionen und des Nationsbewußtseins.

Tu felix Austria, Insel der Seligen: Spätestens seit dem Ende der 1980er Jahre haben die Klischees zu verblassen begonnen. 1989 kennzeichnete das Ende der Nachkriegszeit und der mit ihr verbundenen materiellen wie geistigen Sicherheiten; seitdem häufen sich Anzeichen einer tiefen Orientierungskrise. Die Irritationen und Infragestellungen betreffen Aspekte des inneren Selbstverständnisses des Gemeinwesens nicht weniger als die Rolle Österreichs in einem sich neu formierenden Europa. Das Dilemma läßt sich an einer simplen Tatsache festmachen: Mit dem Verschwinden des »Eisernen Vorhangs« verlor Österreich seine besondere Zwischenlage. 1989 bildete gewissermaßen eine Voraussetzung für 1995, den Beitritt zur Europäischen Union, wobei die im Juni 1994 so deutlich artikulierte Befürwortung eines Beitritts durch die österreichische Bevölkerung auch auf einer (hie und da geschürten) Angst vor dem Osten beruhte. Österreich ist seit 1989 zweifellos dem Westen ein Stück nähergerückt. Aber ist es zugleich nicht auch ein wenig östlicher geworden? So etwa geht ein Gutteil des Bevölkerungszuwachses in Wien und Umland auf die Wanderungsbewegungen aus ost-mitteleuropäischen Ländern zurück. Diese ›Veröstlichung‹ ist freilich eine nur ungern wahrgenomme Realität. An die Stelle der alten ideologischen Grenzen sind neue Begrenzungen getreten.

Das Bedürfnis nach ideologischer Abgrenzung hat sich in eine mit alt-neuen Ressentiments und Ängsten unterlegte kulturelle Überheblichkeit transformiert. Die einschneidenden Veränderungen in Ost-Mitteleuropa machten also nicht vor den österreichischen Staatsgrenzen halt. Sie erfaßten auch hierzulande das politische

System, die Wirtschaft, das gesellschaftliche Bewußtsein. Vor diesem Hintergrund stellt sich die Frage: Welches Österreich ist da im Enstehen?

## Eine Chronologie der Ereignisse

Jede Chronologie der Ereignisse läuft Gefahr, ein künstlich festgelegtes Datum als tatsächlichen Ausgangspunkt einer Ereigniskette erscheinen zu lassen. Das gilt auch für das Jahr 1989. Dieses Jahr bildete den Höhepunkt jenes Erosionsprozesses, von dem das ›realsozialistische System‹ seit den 1970er Jahren von innen zersetzt worden war. Dieser Erosionsprozeß verlief in den einzelnen Ländern sehr unterschiedlich, und es muß künftigen Untersuchungen vorbehalten bleiben zu klären, was letztendlich zum Zusammenbruch des ›realen Sozialismus‹ geführt hat. Von unbestreitbarer Bedeutung war jedoch die mächtige Streikwelle, von der Polen im Sommer 1980 erfaßt wurde und aus der sich die unabhängige Gewerkschaftsbewegung Solidarność als gesellschaftliche Fundamentalopposition herausbildete. Knapp zehn Jahre vor dem endgültigen Zusammenbruch des ›realen Sozialismus‹ wurde bei dieser Kraftprobe zwischen Regime und Massenopposition von unten das Regime nicht nur mit der Unversöhnlichkeit einer Massenbewegung, sondern auch mit der Machtfrage konfrontiert. Im Unterschied zu Ungarn 1956 oder zum Prager Frühling 1968 kam es jedoch zu keiner Intervention der Truppen des Warschauer Pakts. Innerhalb des Regimes behielten – unterbrochen vom Kriegsrecht unter General Jaruzelski – die reformfreundlichen Kräfte die Oberhand. Die polnischen Erfahrungen offenbarten die reale Schwäche und tiefe Verwundbarkeit eines in seiner Autorität verunsicherten und seiner Legitimität zunehmend beraubten Regimes. Der Massenaufstand der Arbeiter prägte sich nicht nur in Polen, sondern auch in den anderen Ländern des ehemaligen Ostblocks tief in das Bewußtsein der Menschen ein. Solidarność war von jener moralischen Qualität, die unabdingbare Voraussetzung für die Überwindung von Ungerechtigkeit ist: In ihr artikulierten sich die konkreten Ansätze einer alternativen gesellschaftlichen Ordnung.

Eine wichtige Rolle spielte aber auch Michail Gorbatschow, der 1985 zum Generalsekretär der KPdSU gewählt wurde. Gorbatschow wollte eine moderne, von unnötigem Ballast entschlackte Sowjetunion. Die Schlagworte seiner Politik waren Glasnost (Transparenz, Schaffung von Öffentlichkeit, Demokratisierung) und Perestroika (wirtschaftliche Umgestaltung, Einführung von marktwirtschaftlichen Elementen), mit ihnen sollte die aufgrund der jahrelangen Herrschaft einer gerontokratischen Nomenklatura in jeder Hinsicht angeschlagene sowjetische Supermacht den USA gegenüber wieder konkurrenzfähig gemacht werden. Es waren pragmatische Motive, die Gorbatschow den militärischen Wettstreit mit dem Westen beenden ließen: Durch eine Reduktion der Rüstungsausgaben und des militärisch-industriellen Komplexes wollte er einen ökonomischen Spielraum für die Politik der Umgestaltung gewinnen. Das historische Verdienst Gorbatschows besteht jedoch vor allem darin, in entscheidender Situation und im Bewußtsein der dramatischen Konsequenzen eine Handlung unterlassen zu haben. Als sich im Herbst 1989 die Krise in der DDR zuspitzte, kam es zu keiner ›brüderlichen Hilfe‹ der sowjetischen oder einer anderen verbündeten Armee. Vielmehr ließ Gorbatschow den jämmerlichen Zusammenbruch des Regimes ebenso geschehen wie die im Jahr darauf erfolgende Eingliederung der ›neuen Bundesländer‹ in die Bundesrepublik Deutschland. Gorbatschow hatte erkennen müssen, daß für die Sowjetunion das ›realsozialistische Osteuropa‹ zu einer unhaltbaren Belastung geworden war. »Wer zu spät kommt, den bestraft das Leben«, gab Gorbatschow im Herbst des Jahres 1989 dem damaligen Chef der SED und Staatsratsvorsitzenden Erich Honecker zu verstehen. Doch bereits zu diesem Zeitpunkt drohte auch Gorbatschow im eigenen Land von der Geschichte überrollt zu werden.

Die Entwicklungen des Jahres 1989 sind ein drastisches Beispiel für die Eigendynamik geschichtlicher Prozesse: Die Ereignisse beschleunigen sich, und die Protagonisten der Geschichte werden mit nicht beabsichtigten Folgen ihrer Handlungen konfrontiert. Aus österreichischer Sicht begann alles mit einer publicityträchtigen Geste in der Nachbarschaftspolitik: Am 2. Mai 1989 startete Ungarn den Abbau der Grenzbefestigungen zu Österreich. Entscheidendes tat sich dann wieder in der Mitte des Sommers: Am 19. August flüchteten unter den Augen der ungarischen Grenzsoldaten rund 900 DDR-Bürger von Ungarn nach Österreich – nachdem es im Zug der Flüchtlingsbewegung aus der DDR zeitweilig zur Sperre der überfüllten westdeutschen Botschaften in Ostberlin, Budapest und Prag gekommen war. Als Ungarn am 11. September um Mitternacht die Grenze zu Österreich für die DDR-Bürger öffnete, wurde der »Eiserne Vorhang« unwiderruflich durchtrennt.

Polen und Ungarn spielten bei der Veränderung des politischen und ökonomischen Systems in Osteuropa eine Vorreiterrolle. Während in Polen nach den ersten freien Wahlen vom 4. Juni 1989 mit Tadeusz Mazowiecki erstmals ein Nichtkommunist Regierungschef geworden war, einigten sich in Ungarn am 18. September die Sozialistische Arbeiterpartei und die Opposition auf einen Übergang zum Mehrparteiensystem. Im Unterschied zu Polen war dieser Übergang in Ungarn jedoch nicht das Resultat einer politischen Auseinandersetzung, von der die gesamte Gesellschaft erfaßt wurde; in Ungarn herrschte Kontinuität im Wandel, hier wurde der Systemwandel von Teilen der alten Systemelite selbst initiiert.

So wenig überraschend die Entwicklung in Polen und Ungarn war, so sehr frappierte der rasche Kollaps der DDR. Nach dem Besuch Gorbatschows in der DDR überstürzten sich die Ereignisse. Unter dem wachsenden Druck der Straße mußte Erich Honecker, dem Gorbatschow die erhoffte Unterstützung verweigert hatte, am 18. Oktober zurücktreten. Unter seinem Nachfolger Egon Krenz kam es am 9. November zur Öffnung der Grenzen zur BRD – und damit zum Fall der Mauer. Wenige Wochen danach geriet auch die letzte Bastion des ›realen Sozialismus‹ in Mitteleuropa ins Wanken: die Tschechoslowakei. Am 24. November kam es zum Rücktritt des Präsidiums und Sekretariats der tschechoslowakischen KP. Die »samtene Revolution« hatte die Statthalter des alten Regimes zur Kapitulation gezwungen. Zwei Tage vor Jahresende wurde Václav Havel Präsident der Tschechoslowakei. Und schließlich war es knapp vor Weihnachten zu einem weiteren denkwürdigen Ereignis gekommen: Am 22. Dezember stürzte Nicolae Ceaucescu, der Diktator Rumäniens. Er wurde am Christtag unter bis heute nicht gänzlich geklärten Umständen hingerichtet.

Polen, Ungarn, DDR, Tschechoslowakei, Rumänien, schließlich Bulgarien, Jugoslawien und Albanien: kein Land Ost-Mitteleuropas, das von der revolutionär anmutenden Aufbruchstimmung nicht erfaßt wurde. Doch auf die euphorische Hoffnung,

Europa würde nun für immer frei und vereint sein, folgte bald die Ernüchterung. Deutschland war seit dem 3. Oktober 1990 vereint; aber der gesellschaftliche Umbruch erwies sich als schwieriger, als erwartet worden war. Zerfallen waren die Tschechoslowakei, die Sowjetunion und Jugoslawien.[1] Die ost-mitteleuropäischen Gesellschaften glitten in ein »Dilemma der Gleichzeitigkeit« von Demokratisierung, Marktwirtschaft und Territorialpolitik.[2] Und dort, wo eben erst der »Eiserne Vorhang« demontiert worden war, entstanden neue Barrieren wirtschaftlicher, administrativer und kultureller Art. Mit dem Kriegsausbruch im ehemaligen Jugoslawien im Sommer 1991 wurden die Illusionen dauerhafter europäischer Einheit und allgemeinen Friedens endgültig zu Grabe getragen: Beträchtliche Teile des posttotalitären Europas versanken in aufzehrender Feindseligkeit. Spätestens dann wurde allen bewußt, daß 1989 nicht nur ein Jahr der Freiheit und der Schaffung neuer Formen von Politik (man denke etwa an den Begriff »Runder Tisch«) gewesen war, sondern auch der Beginn einer neuen Ära von Instabilität. Die kriegerischen Auseinandersetzungen im ehemaligen Jugoslawien und die aus ihnen resultierenden Flüchtlingswellen ließen Österreich die instabile Lage am eigenen Leib erfahren.

## Ambivalente Haltung Österreichs

Der Verlust der gewohnten Sicherheit mag einer der Gründe dafür gewesen sein, daß Österreich dem Umbruch in Osteuropa von Anfang an mit Ambivalenz gegenüberstand – trotz anfänglicher Begeisterung, ja Ergriffenheit weiter Teile der Bevölkerung wie auch des offiziellen Österreich, das kaum eine Gelegenheit ausließ, den Fall des »Eisernen Vorhangs« mit pathetischen Worten zu begrüßen. Die Praxis erwies sich als widersprüchlicher: Zwar profitiert Österreich eindeutig von der Ostöffnung; allen Prognosen zufolge überwiegt der wirtschaftliche Nutzen auch in mittelfristiger Perspektive. Doch zugleich wird versucht, diesen Nutzen etwa durch den Aufbau von Handelsbarrieren eigennützig abzusichern. Österreich scheint sich schwerzutun, sich aus seiner über Jahrzehnte genährten Selbstgenügsamkeit zu emanzipieren. Die Ängste in der Bevölkerung, wie jene vor Überfremdung, werden vor allem durch die Politik der Freiheitlichen unter Jörg Haider erfolgreich in politisches Kleingeld umgesetzt. Wie das gesellschaftliche Bewußtsein, so schwankt auch die Politik zwischen Mitgefühl, kultureller Überheblichkeit, aus der Geschichte abgeleiteten Hegemonialansprüchen und plumpen Ressentiments. Mit der Öffnung des Ostens ist es aber auch zu einer für das an konkordanzdemokratisches Denken gewöhnte und daher harmoniebedürftige Österreich neuartigen Polarisierung in der politischen Öffentlichkeit und zu einer Belebung des politischen Diskurses gekommen. Beispiele dafür sind die gegen das Ausländer-Volksbegehren der FPÖ (»Österreich zuerst«) gerichteten »Lichterketten« der überparteilichen Plattform »SOS-Mitmensch« und die von manchen sehr couragiert geführte Auseinandersetzung um die offizielle Flüchtlings- und Ausländerpolitik.

In der öffentlichen Meinung zu Osteuropa liegen Anteilnahme am Schicksal der von gesellschaftlichem Zerfall oder gar Krieg betroffenen Menschen und Aggression eng beieinander. Rückt das vermeintliche Bedrohungsszenarium zu nahe, kippt das – häufig mit latenter Geringschätzung verbundene – Mitleid rasch in aggressive Abwehr.

Wie eine Untersuchung über die Berichterstattung in den österreichischen Medien zu
den Ereignissen in Rumänien zwischen Dezember 1989 und März 1990 zeigt, regierte
zu Beginn das Mitgefühl den »armen Brüdern und Schwestern im Osten« gegenüber;
diese wurden als bitterarm, unterdrückt, erniedrigt und hilflos dargestellt. Die Aus-
sichtslosigkeit der Situation der Menschen wurde aber nicht nur als eine Folge der
katastrophalen Lebensbedingungen, sondern auch der Handlungsunfähigkeit der betroffenen Menschen wahrgenommen. Vergleiche mit der eigenen Situation nach
Kriegsende, als man »aus eigener Kraft« den Wiederaufstieg geschafft hätte, sollten
die Mitschuld dieser Menschen veranschaulichen. Potentielle Flüchtlinge wurden
damit a priori als Wirtschaftsflüchtlinge klassifiziert: Sie wären auch vor dem eigenen
Versagen geflohen. Deshalb gelten in den Augen vieler Menschen Flüchtlinge häufig
als der Hilfe unwürdig.[3]

Wie die Autoren zeigen, geht der »Mitleids-Diskurs« mit einem »Bevormundungs-
Diskurs« einher, beziehungsweise wird von diesem abgelöst: Es kommt zu einer
Idealisierung der demokratischen Kompetenz Österreichs, während die »jungen Demokratien« (in der Studie wird der Fall Rumänien untersucht) häufig als »unreif, naiv,
in Demokratiefragen zurückgeblieben oder insgesamt für den Aufbau eines demokratischen Gemeinwesens nicht beziehungsweise noch nicht geeignet«[4] dargestellt
werden. Diese Überheblichkeit kippte vollends in Aggressivität, als immer mehr
Rumänen nach Österreich flüchteten. Anschauungsmaterial bieten dafür die Reaktionen auf einen Plan des Innenministeriums im März 1990, 800 männliche Asylwerber
in einer Kaserne eines nur 200 Einwohner zählenden Dorfs unterzubringen. Mit
Analogien zur Besatzungszeit wurden die Flüchtlinge als primitive Menschen und
potentielle Vergewaltiger dargestellt, die nur gekommen wären, um sich an ›unserem‹
ehrlich erarbeiteten Wohlstand zu laben. Die hier zum Vorschein kommende Grundhaltung findet auch in der Umfrageforschung Bestätigung: 49 Prozent der Österreicherinnen und Österreicher waren nach einer 1990 durchgeführten repräsentativen Untersuchung der Meinung, daß Flüchtlinge die Leistungen unseres Systems mißbrauchen
würden.[5]

## Angst vor Flüchtlingsmassen

Das Verschwinden des ideologischen Ost-West-Gegensatzes hinterließ im gesellschaftlichen Bewußtsein deutliche Spuren. So war nach einer 1992 durchgeführten repräsentativen Erhebung der Sozialwissenschaftlichen Studiengesellschaft nur eine Minderheit von 23 Prozent der Österreicherinnen und Österreicher der Ansicht, daß das
veränderte Osteuropa zu einer neuen Bedrohung werden könne.[6] Das Angstpotential
war bei FPÖ-Wählern größer (31 Prozent) als bei Wählern anderer Parteien (SPÖ: 24,
ÖVP: 19, Grüne: 15 Prozent). Gleichzeitig fürchteten die Menschen, »von Flüchtlingsströmen überrollt zu werden«. 38 Prozent der Österreicherinnen und Österreicher
waren dieser Auffassung. Hingegen erlebten nur 18 Prozent die weltweite Umweltver-
schmutzung, 14 Prozent die Kriminalität im Land und 13 Prozent Schwierigkeiten, die
sich aus der Zuwanderung von Gastarbeitern ergeben, als bedrohlich. Die Angst vor
»fremden Menschenmassen« war besonders unter FPÖ-Wählern verbreitet (54 Pro-

zent), doch auch 40 Prozent der SPÖ- und 39 Prozent der ÖVP-Wähler teilten diese Befürchtung. Hingegen scheint ein höheres Bildungsniveau gegen solche Angstszenarien zu immunisieren.

In der Tat hat sich die sogenannte Ausländerfrage seit dem Ende der 1980er Jahre zugespitzt: Grund dafür sind aber nicht die in sich sehr differenzierte Wanderungsbewegung aus Osteuropa, sondern die durch die Übergangskrise in Osteuropa ausgelösten Verunsicherungen innerhalb Österreichs, durch die ein latentes Ressentimentpotential wieder manifest geworden ist. Die Aussage der von Jörg Haider für den FPÖ-Nationalratswahlkampf 1994 nominierten Staatsanwältin Liane Höbinger-Lehrer, in Österreich lebten gegenwärtig fünf Millionen Ausländer, war also kein Fauxpas, sondern eine gewissermaßen schockartige Artikulation des gesellschaftlichen Unbewußten – das freilich in der restriktiven staatlichen Politik der Abschottung eine offizielle Rechtfertigung fand.

## Österreich als Migrationsziel

Als Hunderte von DDR-Bürgern Mitte 1989 die noch befestigte, wenn auch schon durchlässiger gewordene ungarische Grenze zu Österreich überquerten, flüchteten sie nicht nach Österreich, sondern über Österreich nach Deutschland. Österreich war ihnen ein Tor zur Freiheit, Deutschland das Ziel. Flüchtlinge aus Ost-Mitteleuropa versuchten nicht erst 1989 über Österreich in die Freiheit zu gelangen: Während aller größeren

*Seit dem Ende des Zweiten Weltkrieges markierte die Ostgrenze Österreichs das »Ende der freien Welt«. Dr. Alois Mock und Jiři Dienstbier zerschneiden am 17.12.1989 den »Eisernen Vorhang« zwischen Österreich und der Tschechoslowakei ...*

ost-mitteleuropäischen Krisen der Nachkriegszeit war Österreich Ziel von Flüchtlingsbewegungen gewesen. In den Jahren 1956 und 1957 kamen über 180.000 Menschen aus Ungarn über die Grenze, von denen etwa 10.000 in Österreich blieben. Nach der Niederschlagung des Prager Frühlings im Jahr 1968 flüchteten rund 160.000 Menschen nach Österreich, auch damals für die meisten nur Durchgangsland. Und nach der Verhängung des Kriegsrechts in Polen 1981 suchten etwa 150.000 Polen vorübergehenden Schutz in Österreich.[7]

Seit dem Ausbruch des Krieges im ehemaligen Jugoslawien sind mehr als 70.000 Menschen, vor allem aus Bosnien-Herzegowina, nach Österreich geflohen. Weitere Flüchtlinge kamen aus Rumänien, Bulgarien und Albanien, um hier Schutz vor Verfolgung oder unzumutbaren Lebensbedingungen zu suchen. Doch die von Angstparolen (»Fünf Millionen Russen kommen«) begleitete restriktive Einwanderungs-, Aufenthalts- und Flüchtlingspolitik hat nicht nur dazu geführt, daß der Flüchtlingsstrom fast gänzlich versiegte und in Österreich lebende Ausländer vielfach in einen Status von Rechtsunsicherheit geraten sind, sondern sie hat zugleich jede sachliche Diskussion über das Selbstverständnis Österreichs als begrenztes Einwanderungsland, über die Rahmenbedingungen von Asyl oder Migration und die Voraussetzungen für die ›Mitgliedschaft‹ im Staatenverband verhindert.

Der Umbruch in Osteuropa konfrontierte Österreich aber nicht nur mit einer ›Flüchtlingswanderung‹: Die offene Grenze machte es für die Menschen möglich, in den Westen zu reisen, sei es als (Einkaufs-)Touristen, sei es, um hier Arbeit zu suchen.

*... und Österreich befürchtet, von Flüchtlingsströmen überrollt zu werden. »Entweder Sie haben eines, oder Sie brauchen eines: VISUM. Die Flucht nach Europa.«*

Das seit Mitte der 1980er Jahre feststellbare Wachstum der österreichischen Bevölkerung ist auch auf die Öffnung der Ostgrenzen zurückzuführen. So wuchs 1993 die Wiener Bevölkerung gegenüber dem Vorjahr um 1,9 Prozent – im Bundesdurchschnitt war es ein Prozent. Die österreichische Bevölkerung hat die Acht-Millionen-Marke bereits deutlich überschritten, die in Wien lebende Bevölkerung wird gegenwärtig auf mehr als 1,7 Millionen geschätzt.[8] Nach neuesten Zahlen beträgt der Anteil der in Österreich lebenden Ausländerinnen und Ausländer 8,6 Prozent – in Wien besitzt etwa jede(r) sechste Bewohner(in) eine andere als die österreichische Staatsbürgerschaft.

## Auswirkungen des ›Umbruchs‹ auf die österreichische Wirtschaft und den Arbeitsmarkt

Die verstärkte Zuwanderung machte sich auch am Arbeitsmarkt bemerkbar. So ging nach 1989 die Zunahme der Beschäftigung zu einem Gutteil auf Ausländer zurück, und zwar je nach Jahr bis zu drei Viertel. Aufgrund des forcierten Verdrängungswettbewerbs ist in den von Zu- oder Pendelwanderung betroffenen Regionen aber nicht nur die Zahl der Beschäftigten, sondern zugleich auch die Arbeitslosenrate gestiegen. Davon betroffen sind vorwiegend bereits seit längerem in Österreich lebende Gastarbeiter; neu Zugewanderte ersetzen Alteingesessene. Dieser Verdrängungswettbewerb wird durch Schwarzarbeit und illegale Beschäftigung beschleunigt: Geschätzte 40.000 bis 100.000 Ausländer waren Anfang der 1990er Jahre in Österreich illegal beschäftigt.[9]

Dennoch sind die Szenarien für den österreichischen Arbeitsmarkt überwiegend optimistisch. Nach Berechnungen des Österreichischen Instituts für Wirtschaftsforschung (WIFO) ist trotz auslagerungsbedingter Arbeitsplatzverluste aufgrund der neuen Exportmöglichkeiten ein Zuwachs von rund 65.000 Arbeitsplätzen zu erwarten.[10] Davon profitieren vor allem die östlichen Bundesländer, wie die Beschäftigungsentwicklung zwischen Mitte 1989 und Mitte 1992 zeigte. Während in diesem Zeitraum die Zahl der unselbständig Beschäftigten bundesweit um 7,2 Prozent stieg, betrug die Zunahme in Niederösterreich 9,2 und in Burgenland sogar elf Prozent.[11]

Die Veränderungen in Ost-Mitteleuropa haben für die österreichische Wirtschaft eine Reihe von Veränderungen gebracht, mit deren Bewältigung Österreich mit Sicherheit noch bis ins 21. Jahrhundert konfrontiert sein wird. Zwar bedeutet die Öffnung der Grenzen zu den östlichen Nachbarstaaten – vor allem durch das deutlich niedrigere Lohnniveau und die niedrigeren Kosten für Transport und Energie für die neuen osteuropäischen Anbieter – eine Zunahme an Konkurrenz, wovon Billiglohnbranchen (wie die Textilindustrie) oder energieintensive Produktionszweige (wie die Zementerzeugung) besonders betroffen sind; zugleich aber steigen die Exportchancen für österreichische Produkte, sei es durch neue Absatzmärkte, den verbesserten Zugang zu bereits vorhandenen Märkten oder die Möglichkeiten für neue Formen unternehmerischer Zusammenarbeit. 1992 entfielen circa 20 Prozent aller in Ost-Mitteleuropa getätigten joint ventures auf österreichische Unternehmen; im gesamten Osteuropa waren es 14 Prozent.[12] Einer Schätzung zufolge betrug zu diesem Zeitpunkt der Anteil der österreichischen Beteiligungen am gesamten im Osten investierten Auslandskapital rund sechs Prozent.[13] Es bleibt offen, inwiefern die Konkurrenzfähigkeit Österreichs durch geographische wie auch kulturelle und historische Nähe und Verbundenheit zu diesem Raum beeinflußt wird – eine Annahme, die häufig als Argument für eine ›natürliche‹ Integration des mitteleuropäischen Wirtschaftsraums vorgebracht wird.

Zu einer raschen Intensivierung der Wirtschaftsbeziehungen kam es mit Tschechien, der Slowakei und Ungarn sowie, wenn auch weniger stark ausgeprägt, mit Polen. Auch mit Slowenien bestehen seit seiner Unabhängigkeit (Juni 1991) zunehmend engere wirtschaftliche Verbindungen. In der jüngeren Vergangenheit (Anfang 1994) wies der Handel mit den baltischen Staaten beachtliche Steigerungsraten auf.[14] Die Mehrzahl der österreichischen Unternehmer beurteilt, in erster Linie in Hinblick auf die neuen Absatzmärkte, die Ostöffnung positiv: Bei einer 1992 vom Wirtschaftsforschungsinstitut durchgeführten Umfrage sahen 63 Prozent der befragten Unternehmer die Chancen überwiegen, von den Unternehmern aus der Ostregion meinten dies 68 Prozent, von jenen aus Wien sogar 74 Prozent.[15]

Die Öffnung der Ostgrenzen setzt die österreichische Industriestruktur unter enormen Modernisierungsdruck. Dies gilt vor allem für Ostösterreich, das sich jahrzehntelang in einer Randlage befand. Nach Ansicht von Volkswirtschaftern würde eine echte Aufwertung dieses Wirtschaftsraums eine stärkere Integration Mitteleuropas zu einem gemeinsamen Markt voraussetzen. Doch die österreichische Wirtschaftspolitik tritt den neuen Demokratien alles in allem weniger fördernd als protektionistisch entgegen. Neben der Problematik der Auslagerung arbeitsintensiver Produktionszweige in die benachbarten Billiglohnländer und der Asymmetrie in den Handelsbeziehungen (rohstofforientierte Ausfuhren versus Maschinen und Fertigprodukte) ist auch dies ein Aspekt der vieldiskutierten Verdrittweltung, von der Ost- und Mitteleuropa erfaßt zu werden drohen und an der der Westen einen unmittelbaren Anteil hat. Von der Errichtung der Handelsbarrieren zum Schutz der eigenen Industrie waren in den ersten Jahren nach Öffnung der Grenzen Güter wie Dünger, Zement, landwirtschaftliche Maschinen oder auch Fleischprodukte, deren Import teilweise sogar unter Vorspiegelung falscher Tatsachen (wie etwa angeblicher Tierseuchen) untersagt wurde, betroffen.


Österreich und seine neuen Nachbarn: Von den »Brücken zur Zukunft«
zur »Neuen Nachbarschaftspolitik«


Wie aus einer Anfang 1990 durchgeführten Untersuchung hervorgeht, würde nach Auffassung von 60 Prozent der Österreicherinnen und Österreicher mit der Bundesrepublik Deutschland die größte innere Verwandtschaft bestehen. An zweiter Stelle rangierte Ungarn mit 23 Prozent (in Wien und Niederösterreich war Ungarn sogar vor Deutschland gereiht), an dritter Stelle die Tschechoslowakei mit fünf Prozent. Im Vergleich zu 1980 war die Affinität zu Deutschland um 10 Prozent zurückgegangen, während jene zu Ungarn um 13 Prozent gestiegen und jene zur Tschechoslowakei gleichgeblieben war.[16]

Ist das gute Abschneiden Ungarns, aber auch (vor allem im Verhältnis zur Schweiz, die 1980 noch an zweiter Stelle lag) der Tschechoslowakei auf das Wiederaufleben alter Erinnerungen an die Donaumonarchie zurückzuführen? Die Ergebnisse einer 1994 durchgeführten Umfrage, bei der die sehr subjektive Frage gestellt wurde, zu welchen Regionen in Österreichs Nachbarschaft man sich hingezogen fühle, lassen daran zweifeln: Nur Bayern (»trifft sehr zu«: 46 Prozent) und Südtirol (»trifft sehr zu«: 41 Prozent) verfügten über mehrheitlich positive Nennungen, während die osteuropäischen Nachbarländer durchwegs negative Bewertungen erhielten. Nur 13 Prozent der Befragten fühlten sich zu Ungarn sehr hingezogen, 59 Prozent gar nicht; zu Slowenien fühlten sich nur sieben Prozent sehr hingezogen, 77 gar nicht; bei Tschechien betrugen die entsprechenden Werte fünf und 76 Prozent, bei der Slowakei drei und 80 Prozent.[17]

Die Ergebnisse legen nahe, daß für die Affinität zu einem Land nicht etwaige Erinnerungen an eine längst vergangene Zeit, sondern die konkreten individuellen Beziehungen und Erfahrungen ausschlaggebend sind – sowie dessen allgemeines Image, das allerdings für die ost-mitteleuropäischen Staaten, ungeachtet deren Wertschätzung als Einkaufsparadies, denkbar schlecht ist. Nach der Öffnung der Ostgrenzen reagierten viele Menschen nicht mit Nähe, sondern mit Distanz oder gar arroganter Besserwisserei. Viele wollten nicht wahrhaben, daß man sich nach 40, genauer gesagt: 70 Jahren nicht auf eine gemeinsame Geschichte verlassen kann, sondern (als gleichberechtigte Partner) neu anfangen muß, dazu bereit, auch vom anderen zu lernen, fähig, die gemeinsame Geschichte in ihren mitunter auch belastenden Schattierungen zu sehen. Eine pointierte Position bezog ÖVP-Vizekanzler und Mitteleuropa-Politiker Erhard Busek (»Projekt Mitteleuropa«), als er im August 1993 meinte: »Heute haben wir meines Erachtens die Rolle des guten Nachbarn und Dolmetschers. Wir versuchen zu übersetzen, wie die Denkzustände dieser Länder sind.«[18] Die Problematik einer solchen Position fand ihren Niederschlag auch in der österreichischen Außenpolitik, in deren Einschätzung des Konflikts im ehemaligen Jugoslawien sowie der Wahrnehmung der eigenen Vorreiterrolle. Im Unterschied zur SPÖ setzte die ÖVP auf einen Alleingang. »Hätte Österreich 1938 mehr Nachbarn gehabt, wie sie Slowenien jetzt in Österreich hat, wäre vielleicht das eine oder andere anders gewesen«, meinte im August 1991 etwa Erhard Busek in einem Interview, so als wäre die Sezession einer jugoslawischen Teilrepublik gleichbedeutend mit der Auslöschung des souveränen Österreichs durch das »Dritte Reich« im Jahre 1938.[19] »Als erster und am lautesten aber schrie der Wiener Ballhausplatz nach sofortiger Anerkennung der Sezessionisten«, so kommentierte in einem heftig diskutierten Artikel der Philosoph Rudolf Burger die Politik von Alois Mock: »Das Außenministerium jenes neutralen Staates, der aufgrund seiner Geschichte, seiner sensiblen Grenzlage, seiner historisch bedingten antiserbischen Ressentiments und nicht zuletzt wegen seiner eigenen Minderheitenpolitik allen Grund gehabt hätte, eine zurückhaltende Position einzunehmen, hat am energischsten eine Entwicklung forciert, die absehbar in die Katastrophe führte. (...) Es wird schwerfallen, einen historischen Präzedenzfall für eine solche politische Monstrosität zu finden. Der Außenminister eines auf dem Papier immer noch neutralen Kleinstaats, dessen Truppen an keiner der Aktionen sich beteiligen dürften, setzt seine ganze Energie darein, Länder in einen Krieg zu treiben, von dem ein Pentagon-Sprecher sagte, er wäre eine Mischung aus Beirut und Vietnam«.[20]

Der Konflikt um die Rolle der österreichischen Außenpolitik machte deutlich, daß der Traum von der mitteleuropäischen Berufung Österreichs mit dem ›Umbruch‹ in

Osteuropa ausgespielt zu sein scheint.[21] Es überrascht nicht, daß auf die Frage, welche Rolle Österreich in der Welt übernehmen solle, nicht mit der Brückenfunktion zwischen Ost und West, sondern mit »Österreich als harmonischem Vorbild« geantwortet wird. Waren 1992 20 Prozent der Österreicherinnen und Österreicher der Ansicht, Österreich sei Brücke zwischen Ost und West, so meinten 39 Prozent, daß es darum ginge, im sozialen Frieden Vorbild für die übrige Welt zu sein.[22] Auch der Umstand, daß Österreich mit so viel Nachdruck für den Beitritt zur Europäischen Union votierte, reiht sich in dieses Bild ein: Österreich liegt zwar, geographisch gesehen, in der Mitte Europas, will jedoch unzweideutig als dem Westen zugehörig identifiziert werden.

Brücken zur Zukunft: So lautete der Titel der von Budapest und Wien für 1995 geplanten Weltausstellung. Der Fall des »Eisernen Vorhangs« machte dieses ehrgeizige Projekt, das von der Wiener Bevölkerung bei einer Volksbefragung mit deutlicher Mehrheit abgelehnt worden war und von dem sich später auch Budapest verabschiedet hatte, hinfällig. Die neue Situation erforderte andere politische Akzente: »Runder Tisch Europa« (ÖVP), »Quadragonale« – »Pentagonale« – »Hexagonale« – »Zentraleuropä- ische Initiative«, TEMPUS, CEEPUS, die Einsetzung historischer Kommissionen – an einer Vielzahl dieser und anderer ähnlicher Initiativen und Projekte war Österreich mitunter auch federführend beteiligt.

Doch welche Rolle bleibt Österreich im (mittel-)europäischen Gefüge als Mitglied der Europäischen Union? Sind die genannten Initiativen und Projekte ein Grundmodell eines künftigen Europas der Regionen, wie manche meinen, und somit ein »Ergän- zungsmodell zu einem supranationalen Europa mit Zentralen in Brüssel, Luxemburg und Straßburg«?[23] Oder bildet 1989 den Grundstein für Österreich III, wie Erhard Busek lange vor Jörg Haiders Projekt Dritte Republik argumentierte?[24] 1978 schrieb der sozialdemokratische Publizist Fritz Klenner in seinem Buch über Mitteleuropa: »Die Frage, ob es eine Stabilität der Beziehungen Österreichs zum Ausland und vor allem zu seinen unmittelbaren Nachbarn über eine möglichst lange Zeitperiode geben wird, ist zweifellos schicksalshaft für die Zukunft. Sie ist verbunden mit der Frage nach dem Vorhandensein eines österreichischen Nationalbewußtseins. Ein solches muß reifen, und hiezu bedarf es eines großen, ideellen und nicht unmittelbar erreichbar scheinenden Ziels.«[25] Österreichs Nationalbewußtsein ist heute gefestigter denn je, und wie es scheint, hat es dazu weniger einer ›großen historischen Idee‹ als vielmehr Wohlstands und sozialen Friedens bedurft. Seit 1989 haben die Österreicherinnen und Österreicher einsehen müssen, daß ihre Zukunft nicht in einer historischen Berufung liegt, sondern in einer realistischen, gleichwohl anspruchsvollen Zielsetzung: in der Konsolidierung eines selbstbewußten Gemeinwesens als Teil eines »kooperativen Europa(s), das seine Grenzen so weit zieht wie möglich und das aktiv mitwirkt an der Schaffung einer internationalen Ordnung des Rechts«.[26]


ANMERKUNGEN

1   Vgl. Heinrich, Osteuropa, in: Informationen zur politischen Bildung 6 (1993), 7–17. In allen drei
    Fällen handelte es sich um einen Zerfall multiethnischer Staatengebilde. Zwischen der tschechischen
    und der slowakischen Republik kam es im Zuge der Auseinandersetzungen um das von der

(nationalen) Regierung unter Václav Klaus konzipierte Reformprogramm, das die Slowakei nicht bereit war mitzutragen, zum Bruch. In der Sowjetunion führte das Festhalten des kommunistischen Machtapparats an der zentralistischen Struktur des Staats zu einer Stärkung der zentrifugalen Kräfte und schließlich zu einem Auseinanderbrechen der Union. In Jugoslawien eskalierten die Verteilungskämpfe zwischen dem zentralstaatlichen Machtzentrum in Belgrad und den reicheren nördlichen Teilrepubliken, die vor allem aus wirtschaftlichen Gründen eine größere Autonomie anstrebten, wobei sich diese Verteilungskämpfe im Lauf der Zeit immer stärker mit den ethnopolitischen Ansprüchen der jeweiligen nationalen Eliten zu überschneiden begannen. Da verstand es vor allem der serbische Präsident Milošević bereits lange vor dem Zerfall Jugoslawiens, den serbischen Nationalismus, so etwa im Kosovo, gezielt als politisches Mittel einzusetzen. Die besondere Problematik und Tragik des jugoslawischen Zerfallsprozesses zeigte sich dann vor allem nach dem Ausbruch des Kriegs in Bosnien.

2  Offe, Tunnel, 1994. Das Ziel der Demokratisierung ist die »Liquidierung des Monopolanspruchs einer Partei und die Ersetzung desselben durch verfassungsförmig abgesicherte Gewaltenteilung und Parteienwettbewerb«. Dieser Prozeß birgt die Gefahr einer Zerstückelung der Parteiensysteme und eines Erstarkens des Autoritarismus. Der Übergang zur Marktwirtschaft zielt auf die Schaffung einer »Wirtschafts- und Eigentumsordnung und die ordnungspolitische Bewältigung akuter Steuerungs- und Versorgungsprobleme« (vgl. ebd. 65). Dauert die Übergangskrise zu lange, das heißt sind für die einzelnen keine Erfolge der Reformen spürbar, besteht die Gefahr einer positiven Identifizierung mit dem alten Regime. Im Zusammenhang mit der Frage der Territorialpolitik geht es um die Problematik der Infragestellung von Grenzverläufen durch nationalistisch eingestimmte Eliten. Die dadurch provozierte Ethnisierung gesellschaftlicher Konflikte birgt jedoch ein enormes Risikopotential.

3  Wodak u.a., Diskurse, in: Journal für Sozialforschung 3 (1993), 203–303.

4  Ebd., 297.

5  Vgl. Pelinka, Identität, 1990, 139.

6  Vgl. Sozialwissenschaftliche Studiengesellschaft, Sicherheit, in: SWS-Rundschau 4 (1992), 520.

7  Zur Geschichte der Wanderungsbewegungen in Österreich vgl. Faßmann u.a., Einwanderungsland, 1992.

8  Vgl. Mayr, Statement Wien, in: Kammer für Arbeiter und Angestellte Hg., Wiener Regionalkonferenz, Wien 1993, 13.

9  Vgl. Natter u.a., Sozialstaat, 1992, 115ff, 158.

10  Vgl. Kramer u.a., Problemstellung, in: Aiginger Hg., Chancen, Teil 1, 1993, 9ff.

11  Vgl. Peneder, Politik, in: Informationen zur politischen Bildung 6 (1993), 94; eine Darstellung der Auswirkungen der Öffnung der Ostgrenzen findet sich in Kammer für Arbeiter und Angestellte Hg., Wiener Regionalkonferenz, Wien 1993, 35ff.

12  Die Zielsetzungen von joint ventures differieren je nach Branche: In arbeitsintensiven Billiglohnbranchen, wie etwa in der Schuhindustrie, bezwecken sie eine Auslagerung der Produktion, in anderen Bereichen erschließen sie neues, noch unbekanntes Terrain oder vermitteln Know-how, wie etwa in der Tourismusbranche.

13  Vgl. Stankovsky, Direktinvestitionen, in: WIFO-Monatsberichte 8 (1992), 415ff.

14  Vgl. Der Standard, 27.12.1994.

15  Vgl. Aiginger, Ergebnisse, in: Aiginger Hg., Chancen, Teil 1, 1993, 29ff.

16  Vgl. Weninger, Nationalbewußtsein, in: SWS-Rundschau 4 (1991), 490f.

17  Vgl. Sozialwissenschaftliche Studiengesellschaft, Österreich, in: SWS-Rundschau 2 (1994), 222.

18  Herder-Korrespondenz, August 1993, 402, zitiert nach Renon, Représentations, 1994, 91. Renon bietet eine insgesamt hervorragende Darstellung der Mitteleuropa-Politik von Erhard Busek. In dieser Arbeit wird weiters ein Bericht der Wiener Zeitung vom 17.12.1989 zitiert, in dem Busek meinte, »daß uns die Nachbarn beispielsweise aus der ČSSR aus kulturellen Überlegungen viel näher sind als die türkischen Arbeiter. Er sei kein Anhänger der Vertreibung der Türken, doch sei die Chance, jene zu uns zu lassen, die uns kulturell näher sind und Spuren in der Geschichte der Stadt hinterlassen haben, eine Überlegung wert. Befragt, ob dies bedeute, daß die Türken zu Hause bleiben sollen, erklärte der Minister, man solle Menschen nicht in Situationen bringen, wo sie fremd bleiben, dadurch entstehe ein Spannungsverhältnis. Wichtig sei aber ein Integrationsmodell. Österreich sei zu klein, um sich eine türkische Stadt und solche Unterschiedlichkeiten leisten zu können«.

19  Die Presse, 5.8.1991, zitiert nach Renon, Représentations, 1994, 79.

20  Der Artikel von Rudolf Burger erschien unter der Überschrift »Kriegsgeiler Kiebitz« im *profil* vom 10.8.1992 und ist abgedruckt in: Burger, Überfälle, 1993, 36–42. Die Problematik der österreichi-

schen Außenpolitik im Jugoslawienkonflikt bestand in der Tat vor allem darin, die historischen Konnotationen der eigenen Politik zu ignorieren (oder diese vielleicht sogar bewußt auszuspielen). So löste die Absichtserklärung Österreichs und Deutschlands im Juni 1991, Slowenien und Kroatien als souveräne Staaten anzuerkennen, in der serbischen Öffentlichkeit eine Welle antideutscher Ressentiments aus. Grotesk wirkte auch die vorbehaltlose Unterstützung von Slowenien angesichts der wenig freundlichen Haltung Österreichs gegenüber der eigenen slowenischen Minderheit.

21 In Österreich bezieht sich der Begriff Mitteleuropa im wesentlichen auf den imaginären Gedächtnisraum der ehemaligen Habsburgermonarchie und beinhaltet eine deutliche Abrenzung von Deutschland. Davon ist jenes von Friedrich Naumann in den 1920er Jahren formulierte Mitteleuropakonzept zu unterscheiden, mit dem ein Hegemonialanspruch Deutschlands begründet werden sollte. In der jüngeren Vergangenheit der 1970er und 1980er Jahre war Mitteleuropa vor allem ein gegen die auf Jalta zurückgehende Unterwerfung der ost-mitteleuropäischen Staaten unter die sowjetische Herrschaft bezogener Begriff osteuropäischer Oppositioneller und Intellektueller wie Adam Michnik, György Konrad oder Milan Kundera (vgl. Ash, Jahrhundert, 1990, 188ff).

22 Vgl. Sozialwissenschaftliche Studiengesellschaft, Sicherheit, in: SWS-Rundschau 4 (1992), 516ff.

23 Rainer Stepan, Pentagonale – Mehr als ein Name?, Wien 1990, zitiert nach Renon, Représentations, 1994, 72.

24 »Jetzt ergibt sich die Möglichkeit, in einem großen Augenblick der europäischen Geschichte aus dem Wohlstand und aus der gesicherten Existenz unseres Landes ein Österreich III zu konzipieren.« Die Presse, 18.11.1989.

25 Klenner, Renaissance, 1978, Klappentext.

26 Ralf Dahrendorf, zitiert nach Burger, Determinanten, in: Werkstattblätter 1 (1994), 26.

Sieglinde Rosenberger

# »Lieber gleich-berechtigt als später«[1]

## Einleitung

Im ausklingenden 20. Jahrhundert sind Frauen selbstverständlich gleichberechtigt. Wählen und Gewähltwerden, aktives und passives Wahlrecht, zählen ebenso zu den Selbstverständlichkeiten wie der rechtlich (fast) schrankenlose Zutritt zu gesellschaftlichen Positionen und politischen Funktionen. Angesichts dieser Liberalität fragt man sich, weshalb Slogans wie »Jeder zweite Abgeordnete ist eine Frau« nicht mehr als eine billige Kaberetteinlage geblieben sind.

Ein ernsthafter Blick auf die tatsächliche Verteilung von Einkommen und Positionen macht klar, daß indes zwischen Gleichberechtigung und Gleichbehandlung eine tiefe Kluft liegt.[2] Der formell-rechtlichen Offenheit (gleiches Recht) steht häufig eine faktische Schließung (Ungleichbehandlung) gegenüber. Die politischen Institutionen wie Parlamente und Regierungen sind selbst nach fünfzig Jahren repräsentativ-demokratischer Kultur noch wohlbemannt, sprich männlich bestückt. Zwar hat sich in den letzten Jahren der politische Geschmack, also das, was gefällt, insofern gewandelt, als nicht zuletzt aus ästhetischen Gründen nichts mehr ohne weibliches Beisein geht. Trotzdem sind Politikerinnen nach wie vor eher Fremde und statusmäßig eher Gast- und Zuarbeiterinnen auf dem politischen Parkett geblieben.

War in den ersten dreißig Jahren der Zweiten Republik die idealtypische Teilung der Lebenssphären in »Die Familie den Frauen, Politik und Beruf den Männern« weitgehend intakt, so wird diese geschlechtsspezifische Ordnung und Normalität seit den 1970er Jahren zunehmend in Frage gestellt und gestört. In internationalem Gleichklang brachte die Neue Frauenbewegung mit ihrem Motto »Das Private ist politisch« Bewegung in die starren Strukturen des Denkens und Tuns. Die Regelungen, Normen und Traditionen, die das Zusammenleben von Frauen und Männern prägten, wurden Gegenstand der Politik (zum Beispiel im Rahmen der Familienrechtsreform oder des Gleichbehandlungsgesetzes). Um diesen politischen Gegenstand, der im weitesten Sinne mit den Begriffen Gleichbehandlung/Gleichberechtigung charakterisiert wird, frauengerechter zu vertreten und auszuhandeln, wurde vice versa der institutionelle Kern der Politik um den Bereich Frauenpolitik ergänzt. Ein typisches Beispiel für diesen frauenpolitischen Aufschwung ist neben anderen Initiativen die Einrichtung des Staatssekretariats für allgemeine Frauenfragen im Bundeskanzleramt im Jahre 1979.

Trotz dieser institutionellen Erweiterung und einer wachsenden gesellschaftlichen Sensibilisierung gegenüber der Diskriminierung von Frauen und den wiederholten

Forderungen von Frauenvertreterinnen nach stärkerer Präsenz in Entscheidungsgremien hat sich zwischen 1985 und 1995 am traditionellen Mißverhältnis zwischen Männern und Frauen in der Politik quantitativ wenig geändert. Die sozialen Schließungsmechanismen gegenüber Frauen einerseits und die männlichen Seilschaften als Kehrseite der Medaille andererseits erweisen sich als besonders hartnäckig gegenüber weiblichen Einbruchsbestrebungen.

Die relative Stetigkeit der geschlechtsspezifischen Anteile kann an der Verteilung der Nationalratssitze nach Geschlecht jeweils zu Beginn einer Legislaturperiode illustriert werden:

*Weibliche Abgeordnete zum Nationalrat (Beginn einer GP)*

| Jahr | absolut | in Prozent |
|------|---------|------------|
| 1945 | 10 (von 165) | 6,3 |
| 1971 | 11 (von 183) | 6,0 |
| 1975 | 14 | 7,7 |
| 1986 | 20 | 10,9 |
| 1990 | 40 | 21,8 |
| 1994 | 39 | 21,7 |

Frauen sind mit mehr als 52 Prozent der Wählenden zwar klar in der Mehrheit, sie sind derzeit (November 1994) mit 39 von insgesamt 183 Abgeordneten aber noch deutlich in der Minderheit.[3] Eine der logischen parlamentarischen Konsequenzen dieses ungleichen Verhältnisses von Repräsentierten und Repräsentant/inn/en ist, daß Frauen von Männern vertreten und folglich Fraueninteressen von Männerinteressen überlagert werden – oder mit anderen Worten, daß selbst in frauenpolitischen Streitfragen Richter und Kläger ein- und derselben Geschlechtsgruppe zuzuordnen sind.

Der vorliegende Artikel beschäftigt sich zunächst mit den strukturellen Ursachen, die zu aktuellen Barrieren und Hindernissen einer politischer Beteiligung und Vertretung von Frauen führen. Das Hauptaugenmerk richtet sich jedoch auf frauenpolitische Entscheidungen und Maßnahmen während der betreffenden Dekade. Konkrete Möglichkeiten und Strategien zur politischen und beruflichen Ermächtigung von Frauen (zum Beispiel Quoten und Frauenförderung) werden ebenso angeschnitten wie frauenpolitische Maßnahmen, die sich direkt auf den Alltag beziehen. Es handelt sich dabei um Bestrebungen, die die Geschlechterbeziehungen enthierarchisieren, das heißt die geschlechterhierarchische Arbeitsteilung in der Gesellschaft, wenn schon nicht aufheben, so doch entschärfen. Das plakative Motto der Frauenministerin zum Internationalen Frauentag im Jahre 1990, »Lieber gleich-berechtigt als später«, bringt einerseits die inhaltliche Orientierung der österreichischen Frauenpolitik auf den Punkt. Neben Initiativen zur Gleichbehandlung im Privaten und im Beruflichen sind außerdem die politischen Bemühungen, das Thema Gewalt gegen Frauen zu enttabuisieren und für die Opfer unterstützende Maßnahmen zu setzen, explizit zu erwähnen (zum Beispiel die bundesweite Kampagne gegen die Gewalt gegen Frauen und Kinder 1993). Andererseits aber deutet obiger Slogan auch die Einwände an, die gegen eine allzu einseitige

Ausrichtung der Frauenpolitik in Richtung Gleichbehandlung vorgebracht werden. Bestimmte Kritiker/innen der gleichberechtigungsorientierten Frauenpolitik befürchten nämlich den Verlust weiblicher Lebensweisen und plädieren daher für die Beibehaltung einer Weiblichkeit, die in einer engen Bindung mit Kindern und Familie verortet wird.

Der Artikel endet schließlich mit skizzenhaften Überlegungen, die als Zeichen einer umbrüchigen Zeit zu lesen sind und die voraussichtlich die kommende frauenpolitische Dekade bestimmen werden.

## Strukturelle Störungen im Verhältnis von Frauen und Politik

Indem Beteiligungs- und Vertretungsdefizite in politischen Entscheidungsgremien immer wieder mehr oder weniger heftig problematisiert werden, wird zum Ausdruck gebracht, daß diesen beiden Aspekten in Demokratien große Bedeutung zukommt. Frauenforscherinnen betonen, daß es nicht gleich ist, wer – Frauen oder Männer – Politik macht. Es ist deshalb nicht egal, weil davon auszugehen ist, daß Frauen und Männer zwar in vielen Angelegenheiten gleiche/ähnliche Interessen haben können, daß hinsichtlich der Organisation der Geschlechterbeziehung, konkret der geschlechtsspezifischen Arbeitsteilungen zu Hause, im Beruf und in der Politik aber unterschiedliche Interessen vorhanden sind. Die einen wollen die ›männliche Normalbiographie‹, die auf einem Vollzeitarbeitsverhältnis beruht und keine familienbedingten beruflichen Unterbrechungen, aber familiäre Unterstützung beim Klettern auf der Karriereleiter kennt, bewahren; die anderen wollen den ›weiblichen Lebenszusammenhang‹, der von den Belastungen durch Familie und Beruf geprägt ist, verändern. Da das Wesen der Politik gerade in der Interessensvertretung und -durchsetzung liegt, kann es daher nicht im Interesse von Frauen sein, daß ihre Anliegen alleine aus der Perspektive von Männern, die in Fragen einer Reform der geschlechtsspezifischen Arbeitsteilung Kontrahenten sind, behandelt werden.[4]

Die Defizite an Beteiligung und Vertretung in politischen Einrichtungen mögen für manche zwar natürlich erscheinen, sie sind aber keineswegs naturbedingt, sondern politisch gemacht und gesellschaftlich gewollt. Wodurch diese Ungleichgewichte fortgeschrieben werden, wird im Folgenden exemplarisch benannt:

– Nicht Frauen waren es, die der Politik ihre stabile Form gaben, die Institutionen und Spielregeln entwickelten und erprobten, sondern diese Einrichtungen und Verfahrensweisen waren bereits vorhanden, als es Frauen erst gestattet wurde, sich an ihnen zu beteiligen. Einige geschichtliche Beispiele illustrieren dies: Die modernen politischen Parteien entstanden in Österreich zu einer Zeit, als den Frauen eine politische Organisierung noch gesetzlich verboten war (Staatsgrundgesetz aus dem Jahre 1867, gültig bis 1907); Männer durften ab 1907 nach dem gleichen Wahlrecht wählen, Frauen erst 1919; 1966 wurde erstmals in der österreichischen Geschichte eine Frau zur Bundesministerin ernannt; 1994 zog als Premiere eine Frau in den Verfassungsgerichtshof ein, und erstmals (1994) kann sich die Tiroler Landesregierung als Gruppenbild mit Dame (pikanterweise gleich mit zwei) der Presse stellen.

Die Liste des weiblichen Nachkommens in bereits vorhandene politikbestimmende Gremien läßt sich fortsetzen. Stets aber gilt die gleiche Anforderung, nämlich daß sich Frauen, wenn sie in die Politik einsteigen, den Gegebenheiten, die historisch aus männlichen Lebensentwürfen resultieren, anzupassen haben; daß nicht sie es sind, die die Formen und Rituale, die Termine und Moden vorgeben. Form und Inhalt der Politik, die aus historischen Gründen mit männlichen Lebensentwürfen korrespondieren und mit weiblichen Lebensbedingungen divergieren, bestimmen in ganz entscheidendem Maße die Bedingungen der politischen Arbeit.

– Das geschichtlich an sich männliche Politikmodell braucht freilich auch Frauen – jedoch weniger als Konkurrentinnen in der Auseinandersetzung um knappe Positionen, sondern mehr als multifunktionale Zuarbeiterinnen. Denn wer Politik macht, braucht unterstützende Voraussetzungen im persönlichen Bereich ebenso wie im politischen Umfeld. Die alte Teilung zwischen Privatheit und Öffentlichkeit, zwischen Hausarbeit und politischer Tätigkeit, befähigt Männer in viel stärkerem Maß als Frauen, die politisch-ökonomischen Rahmenbedingungen für das Zusammenleben zu gestalten. Diese Bedingungen schließlich sind es, die abermals die geschlechtsspezifische Trennung herstellen und fortschreiben (zum Beispiel über die Familien- und Sozialpolitik, die eindeutig Frauen und Männern unterschiedliche Rollen verpaßt bzw. auf diese bereits vorhandenen Rollen im reproduzierenden Sinne reagiert). Diese Arbeits- und Sphärenteilung stabilisiert das als gestört zu bezeichnende Verhältnis zwischen Frauen und Politik.

Wo leisten Frauen nun konkret Zuarbeit und stärken dadurch die politische Stellung der Männer beziehungsweise schwächen angehende und bereits aktive Politikerinnen im Konkurrenzkampf um knappe Mandate und Ämter? Zuarbeit leisten Frauen zweifelsohne in ihrer Funktion als Ehefrauen und Mütter immer dann, wenn sie emotionalen Rückhalt geben und die notwendige Reproduktionsarbeit leisten. Zuarbeit in etwas subtilerer Weise aber leisten Frauen auch als in der politischen Öffentlichkeit herzeigbare »bessere Hälfte«. Besonders in Zeiten wachsender Personalisierung der Politik, die gleichzeitig einen gewissen Hang zur Zurschaustellung der Privatheit evoziert, attestieren Ehefrauen einem Politiker ein gewisses Maß an Vertrauen und Seriosität. Wie biographische Verläufe zeigen, sind Politikerinnen viel seltener in der Lage, auf diese Vorzüge ihrer Person zu verweisen.

Diese knappen Hinweise auf den familial-persönlichen Background der Mitglieder der politischen Klasse legen den Schluß nahe, daß die Politik nicht nur auf einem männlichen, sondern auch auf einem (traditionell) weiblichen Lebensentwurf basiert, ja daß erst beide zusammen die männliche Dominanz in der Politik erklären können. Dieser geschlechtsspezifische Bau des Politischen macht schließlich plausibel, daß die Beteiligung von Frauen an der Politik primär keine Frage des individuellen Wollens, sondern vielmehr eine Angelegenheit des strukturellen Könnens ist.

– Die Politik selbst kennt Spielregeln und historisch gewachsene Mechanismen, die Männer als Gruppe im Vergleich zu Frauen als Gruppe privilegieren. Hierzu zählt die einseitige Konzentration auf die öffentliche Sphäre, die jedoch eine funktionierende private unterstellt, ebenso wie die banale Tatsache, daß diejenigen, die am Trog sitzen, auch die Regeln des Zugangs zum Trog festlegen.

Ein anderer Aspekt der latenten männlichen Begünstigung ist die »Exklusivität von Freundschaften«[5]. Diese Exklusivität, die Männer aufgrund studentischer Verbindungen, beruflicher Einbindungen, von Freizeitaktivitäten und politischer Ränge eindeutig häufiger besitzen als Frauen, erweist sich als nahezu unerläßliche Aufstiegshilfe.

– Die Politik hat für Frauen eigene Orte zum geschlechtssegregierten Politisieren geschaffen. Nach 1945 beispielsweise dienten die Frauenorganisationen der politischen Parteien dazu, das allgemeine Präsenzdefizit zu kaschieren (der Frauenanteil im Parlament variierte in den Jahren 1945 bis 1970 zwischen 6,3 Prozent und 6,7 Prozent).[6] Die Frauenorganisationen als separater politischer Platz ermöglichten einerseits einigen Frauen eine politische Tätigkeit, sie stellten andererseits aber keine ernsthafte Konkurrenz in der Auseinandersetzung um die Beteiligung im Zentrum der Entscheidungsfindung dar. Gegen Ende der 1970er Jahre schließlich ist auf Druck der Frauenbewegung und internationaler Entwicklungen das Politikfeld Frauenpolitik installiert worden. Die zahlenmäßig spürbare Integration von Frauen in die Regierung – 1979 wurden vier Staatssekretärinnen bestellt – erfolgte aber mittels der Strategie, die Regierung insgesamt zu vergrößern, sodaß der männliche Part keine absoluten Machteinbußen zu erleiden hatte.

Angesichts der jüngsten Entwicklungen – während der Nationalratswahl 1994 –, als zwei Frauen den via Massenmedien ausgetragenen Wahlkampf ganz maßgeblich

*Ohne »weibliches Beisein« geht es in der Politik nicht mehr, trotzdem sind Politikerinnen nach wie vor eher Fremde.*

prägten, scheinen die angeführten strukturellen Barrieren tendenziell an Gewicht verloren zu haben. Läutete das Superwahljahr 1994 ein Ende der Störung im Verhältnis von Frauen und Politik ein?

## Das Superwahljahr 1994 – das Ende einer Störung?

Erstmals in der österreichischen Geschichte sind während eines Wahlkampfes in der Nationalratswahl 1994 Politikerinnen auf die Titelseiten und in die Schlagzeilen gekommen. Die Powerfrauen, wie Medien die beiden oppositionellen Spitzen-kandidatinnen Madeleine Petrovic und Heide Schmidt durchaus wohlwollend etiket-tierten, gaben dem Wahlkampf eine bislang ungewohnte Kontur und bereicherten ihn mit Themen, die bisher die Politik nur marginal beschäftigten – Frauendiskriminie-rungen hinsichtlich Einkommen und Pensionen ebenso wie der Ausbau von Kinder-gärten.

Nach fast dreißig Jahren autonomer Frauenbewegung und nach fünfzehn Jahren Johanna Dohnal in der Bundespolitik waren Frauenthemen und Politikerinnen plötzlich ›in‹. Hervorzuheben ist, daß die beiden profilierten Politikerinnen nicht als Frauenpo-litikerinnen die Bühne betraten. In diesem Aspekt nämlich liegt auch ihr relativer Erfolg begründet. Petrovic und Schmidt forderten zwar Frauenpolitik ein, sie selbst aber machten nicht über die Frauenpolitik ihre Karriere und sind daher nicht als »Femini-stinnen« diskreditiert. Die beiden Spitzenpolitikerinnen boten der Öffentlichkeit keine Angriffsfläche als »Emanzen«, sie nannten patriarchale Mißstände nicht beim Namen; sie kritisierten nicht die Privilegierung der Männer, sondern verwiesen lediglich auf die schlechteren Lebensbedingungen von Frauen. Ja, selbst die direkte Hervorhebung des Vergleichs mit Männern wurde gemieden. Petrovic und Schmidt haben somit kunstvoll vorgeführt, wie Frauenthemen zwar aufgegriffen und für Wähler/innen attraktiv gemacht werden, wie aber gleichzeitig die männliche Klientel und die Me-dienmacher nicht verschreckt werden.

Nach den Auftritten dieser beiden Politikerinnen, die Fachkenntnis und politische Brillanz demonstrierten, müßten die Vorstellungen und Vorurteile wie »Frauen sind unpolitisch« oder »Politik ist Männersache« entkräftet sein. Denn Politik ist offensicht-lich zur Frauensache geworden.

Und wie verhielten sich die Wählerinnen? Um es kurz zu sagen, sie votierten wählerisch. Ein sogenannter gender gap – der Begriff bringt eine Kluft zwischen der Entscheidung von Frauen und Männern zum Ausdruck – tat sich auf. Dieses Phänomen wurde in den USA nach der Präsidentschaftswahl 1984, als erstmals eine Frau Spitzen-kandidatin für das Amt des Vizepräsidenten war, breit diskutiert. Es zeigte sich damals, daß, wenn Frauen eine Wahl haben, sie diese durchaus im Sinne »Frau wählt Frau« nützen.[7]

Zurück zum noch aktuellen österreichischen gender gap. Frauen votierten stärker für Parteien mit einer Spitzenkandidatin als Männer dies taten. Der Anteil der Wähle-rinnen bei den Grünen (64 Prozent) und beim Liberalen Forum (57 Prozent) liegt recht deutlich über dem Anteil an der Wählerschaft. Bei der SPÖ ist das Verhältnis von Wählerinnen und Wählern 54 zu 46 und bei der ÖVP 56 zu 44. Die FPÖ hingegen blieb auf der Ebene der Wählenden mit einem Verhältnis von 40 zu 60 eindeutig eine Männerpartei.[8]

*Im »Superwahljahr« 1994 haben Madeleine Petrovic und Heide Schmidt kunstvoll vorgeführt, wie Frauenthemen aufgegriffen werden können, ohne die Medienmacher zu verschrecken.*

Die Stimmengewinne der Grünen und des Liberalen Forums einerseits und der gender gap andererseits lassen mehrere Schlußfolgerungen zu. Erstens zeigt sich auf einer allgemeinen Ebene, daß alleine die Tatsache, biologisch Frau zu sein, einer politischen Karriere nicht mehr per se schadet. Zweitens zeigt sich, daß das Aufgreifen von ›klassischen Frauenthemen‹ wie Einkommensdiskriminierung und Probleme bei der Vereinbarkeit von Familie und Beruf Wählerinnenstimmen bringt. In der Logik der Stimmenmaximierung lohnt es sich, diese Fragen einzubringen. Drittens zeigt sich auch, daß Frauen dann Frauen zu wählen bereit sind, wenn diese Frauenthemen formulieren und nicht bloß das biologische Frausein als Entscheidungsdispositiv anbieten. Jene beiden Parteien, die Grüne Alternative und das Liberale Forum, die Frauenthemen benannten, wurden deutlicher von Frauen gewählt als jene Parteien, die dies nicht taten oder die mit einem männlichen Spitzenkandidaten ins Rennen gingen (SPÖ). Die inhaltliche und personelle Stimmigkeit dürfte somit auch ausschlaggebend gewesen sein. Denn obwohl die Frauenministerin jahrelang Gleichberechtigungspolitik forcierte, gelang es dem SPÖ-Bundeskanzler nicht, mit diesem Thema zu punkten.

Nach diesen Entwicklungen, die eine Feminisierung von Politik und Macht andeuten, liegt die Vermutung der Entstörung des Verhältnisses von Frauen und Politik nahe.

Die realpolitische Ernüchterung nach dem 9. Oktober verlangt aber nach einer anderen Einschätzung.

Nach dem 9. Oktober sind Frauen eher die Verliererinnen als die Gewinnerinnen – zumindest gemessen an der Zahl der Mandate. Es sind insgesamt weniger Frauen als vorher vertreten,[9] und es sitzen auch weniger explizit frauenpolitisch Engagierte im Nationalrat. Frauen sind verdrängt worden. Männer rücken in jenen Parteien verstärkt nach, die weniger als vorher zu verteilen haben (SPÖ und ÖVP). Die beiden Oppositionsparteien können diese Umschichtung nicht wettmachen, außerdem existiert auch bei ihnen ein Männerüberhang.

Die realpolitische Ernüchterung reicht aber auch in das Verhältnis von Regierung und Opposition hinein: Frauenpolitik verlagert sich zunehmend von der Regierung hin zur Opposition – wie nicht zuletzt das Beispiel der Verabschiedung der Reform zum Namensrecht im Dezember 1994 demonstriert.

Im Jahre 1994 passierten also einige frauenpolitisch interessante Verschiebungen und ver-rückte Selbstverständlichkeiten. Ihnen gingen im Zeitraum 1985–1994 Bestrebungen voran, um die traditionellen Ungleichgewichte in der politischen Auseinandersetzung zwischen Frauen und Männern zu entschärfen. Strategien zur Ermächtigung wurden von Frauenpolitikerinnen eingeschlagen.

## Strategien zur Ermächtigung

Zwei Formen von Ermächtigungsstrategien haben die Debatte bereichert und den politischen Stil verändert: die Quote, einschließlich der Frauenförderung, und die ›Frauenschiene‹.

### Quoten und Frauenförderung

Es gibt zahlreiche Ausprägungen und quantitative Richtlinien von Quotenregelungen. In Italien etwa gilt seit Beginn des Jahres 1994 die generelle Bestimmung, daß auf einer wahlwerbenden Liste nicht mehr als zwei Drittel ein und desselben Geschlechts aufscheinen dürfen. Die Berücksichtigung von Quoten ist jedoch nicht im Süden, sondern in skandinavischen Ländern üblich. Die Sozialdemokratische Partei in Schweden und die norwegische Arbeiterpartei haben seit den frühen 1980er Jahren einen 40-Prozent-Frauenanteil in parlamentarischen Vertretungskörpern verabschiedet – und auch erfüllt.

Österreich ist insgesamt quotenskeptisch. Die konservativen Parteien sehen ›rot‹, wenn sie Quote hören, und verweisen auf ihrer Meinung nach erfolgversprechendere Strategien wie die Personalisierung des Wahlrechtes. Lediglich unter massiven innerparteilichen Widerständen verabschiedete die SPÖ im November 1985 eine statutarische Bestimmung zur Selbstbindung. Die delegierten Frauen am SPÖ-Parteitag forderten eine Berücksichtigung von Frauen bei der Wahl in Parteifunktionen und in öffentliche Ämter entsprechend der Parteimitglieder, also ein Drittel. Die Parteikollegen erachteten jedoch ein Fünftel als ausreichend. Der vereinbarte Kompromiß lag schließlich bei einem Viertel. Seit 1985 also müßte, wenn das Parteistatut ernst genommen werden würde, der Anteil der Frauen in Parteifunktionen und bei der Aufstellung und Reihung von Kandidaten für öffentliche Funktionen ein Viertel der zu Wählenden sein.[10]

Die Grünen konnten sich in ihren Programmdiskussionen zu einer geschlechterparitätischen Regelung auf Bundesebene entschließen. Aber auch sie erfüllen die Quote nicht. Auch diese Partei führt den Konflikt zwischen Geschlechterquote einerseits und föderalen Prinzipien, die nicht auf die Quote Rücksicht nehmen, andererseits.

Die Quote als politisches Steuerungsmittel polarisiert, die Diskussion bricht aber nicht ab. Im November 1994, als weder die SPÖ ihr ohnehin bescheidenes Viertel noch die Grünen die Parität einlösten, kündigte die Klubobfrau der Grünen, Petrovic, einen interessanten Antrag an: Politische Parteien, die die 40-Prozent-Frauenquote nicht erfüllen, sollen mit einer Kürzung der Parteienförderung bedacht werden.[11]

Gemein ist dem Phänomen Quote, daß sie hier wie dort die Gemüter erhitzt. Es wird vor ihr gewarnt, weil angeblich nicht genügend gut qualifizierte Frauen zur Verfügung stünden und Frauen zum Zug kommen könnten, die nur um der Quotenerfüllung willen aufgestellt würden. Warum diese im Interesse von Frauen vorgeschützten Bedenken?

Quoten und Frauenförderung laufen auf eine eindeutige Umverteilung von erstrebenswerten Gütern und Positionen (zum Beispiel politische Ämter) hinaus. Überall dort, wo mittels einer Quotenbestimmung quantitativ mehr Frauen sein sollen, heißt dies umgekehrt, daß dort weniger Männer sein werden. Das Motto der um Quoten kämpfenden Frauenpolitikerinnen, ›Jeder zweite Abgeordnete ist eine Frau‹, bringt dies deutlich auf den Punkt. In dieser Konsequenz liegen die massiven Widerstände begründet. Denn wer durch Umverteilungsmaßnahmen verlieren soll, wird gegen diese ankämpfen.

Die Forderung nach Quoten charakterisiert Frauenpolitik als eine Politik der knappen Güter; aber auch, daß Frauen und Männer hinsichtlich der Verteilung von Funktionen und Mandate in Interessenskonkurrenz zueinander stehen. Diese Interessenskonkurrenz konnte jeweils bei der Verabschiedung von Quotenregelungen beobachtet werden (SPÖ-Parteitag 1985 oder die heftigen Diskussionen in Italien 1994).

Quoten gibt es in Österreich seit 1993 nicht nur im parteipolitischen, sondern auch im beruflichen Sektor. Das Gleichbehandlungsgesetz[12] sieht für Funktionen im Bundesdienst je Verwendungs- oder Entlohnungsgruppe (einschließlich Universitäten) eine anzustrebende Quote von 40 Prozent als Richtschnur vor. Um diese Marke in absehbarer Zeit zu erreichen, enthält das Gleichbehandlungsgesetz flankierende Maßnahmen, sogenannte Frauenfördermaßnahmen.

Frauenfördermaßnahmen oder positive Aktionen haben das Ziel, materielle Gleichberechtigung aktiv herzustellen. Nicht nur dem gleichberechtigten Zugang zu Positionen und Funktionen gilt die Aufmerksamkeit, sondern auch dem Ergebnis. Im Gleichbehandlungsgesetz aufgezählte Frauenfördermaßnahmen sind die bevorzugte Aufnahme von gleich qualifizierten Bewerberinnen (positive Diskriminierung), die bevorzugte Zulassung von Frauen zu Aus- und Weiterbildungsmaßnahmen sowie die bevorzugte Bestellung von Frauen für höherwertige Verwendungen. Besondere Einrichtungen wie die Gleichbehandlungskommission, die Gleichbehandlungsbeauftragte und die Kontaktfrauen in den Dienststellen sollen die Realisierung der Gleichbehandlung gewährleisten.

›Frauenschiene‹

Eine österreichische Variante des parteienstaatlichen Politikmachens ist die fallweise Überwindung der Parteigrenzen und der Loyalität mit den Parteikollegen durch die Bildung einer Phalanx von Mandatarinnen unterschiedlicher Klubs. Bei speziellen Themen, die eine relativ klare Gemeinsamkeit von Frauen über ideologische Grenzen hinweg zulassen, konnte in der Vergangenheit die Geschlechtszugehörigkeit zum entscheidungskonstituierenden Faktor werden. Parlamentarierinnen gewannen durch diese nicht vorab berechenbare Strategie deutlich an Einfluß und Gestaltungskraft.

Erstmals wurde dieses Politikmuster der ›Frauenschiene‹ anläßlich der Novellierung des Strafrechtes hinsichtlich der Vergewaltigung innerhalb der Ehe im Jahre 1989 praktiziert. Nach verbalen Ausrutschern im Plenum (der ÖVP-Abgeordnete Michael Graff warnte davor, daß durch diese Novelle die spitzen Schreie den Staatsanwalt in die Schlafzimmer führen werden) kamen die weiblichen Abgeordneten aller vier Parteien überein, den Entwurf der Novelle ohne Männer auszuarbeiten. Es funktionierte, aber die Novelle trägt in manchen Passagen die Handschrift einiger ÖVP-Parlamentarier (so ist die Vergewaltigung kein Offizialdelikt, sondern ein Antragsdelikt, das heißt die vergewaltigte Frau hat selbst Anzeige zu erstatten).

Die ›Frauenschiene‹ als Plattform von Politikerinnen unterschiedlicher Parteizugehörigkeit wiederholte sich bei der Aushandlung des sogenannten Familienpakets im Jahre 1989 (siehe unten). Das Gleichbehandlungspaket (1992) wurde ebenfalls von Frauenvertreterinnen im Rahmen sozialpartnerschaftlicher Sachzwänge ausgehandelt und vorgelegt, die FPÖ-Frauen verweigerten damals jedoch die Mitarbeit.

Die ›Frauenschiene‹ sprengt die starren Parteigrenzen und ermöglicht Politikerinnen bei speziellen Themen eine zwischen Frauen akkordierte Vorgehensweise. Diese Akkordierung stärkt ihr Gewicht gegenüber der quantitativen männlichen Übermacht. Es handelt sich hierbei vorwiegend um Themen, die eine eindeutige Gemeinsamkeit und Solidarität von Frauen deshalb zulassen, weil ein ziemlich eindeutiger Interessenskonflikt mit Männern besteht. Genau diese Gemeinsamkeit war beim Familienpaket nur schwer herstellbar. Handelte es sich doch nicht nur um eine Kompromißfindung zwischen sozialpartnerschaftlichen Interessen, sondern auch um eine eher frauen- oder eine eher familienpolitische Orientierung. Damit sind bereits die Limitationen von ›Frauenschienen‹ angesprochen.

Der nächste hier zu behandelne Punkt ist der Kompromiß zwischen Frauen- und Familienpolitik der beiden Regierungsparteien.

## Frauenpolitik im Korsett der Großen Koalition

Die Anfänge und Aufbrüche der österreichischen Frauenpolitik liegen eindeutig in den Phasen von SPÖ-Alleinregierungen (Fristenregelung 1974, Familienrechtsreform 1975, Gleichbehandlungsgesetz 1979, Staatssekretariate für Frauenfragen 1979).

Die Periode 1985–1994 hingegen fällt machtpolitisch in die Zeit der Großen Koaliton von SPÖ und ÖVP (1986, 1990, 1994). Für die Gleichbehandlungspolitik bedingt diese grundsätzlich konsensfördernde Machtkonstellation eine Harmonisierung frauenpolitischer Forderungen mit traditionell familienpolitischen Vorstellungen. Frauenpolitik wird dadurch bereits im Ansatz moderater, sie findet geringere Möglichkeiten vor, die geschlechtsspezifische Arbeitsteilungen im Privaten zu problematisieren. Die Forderung nach einer »Quotierung der Hausarbeit« erhält in einem traditionell familienfreundlichen politischen Milieu wenig ernsthafte Unterstützung. ›Traditionell‹ bezieht sich auf die Beibehaltung einer geschlechtsspezifischen Arbeitsteilung nach dem Modell der Ernährer-Unterhaltenen-Familie (der Mann verdient, die Frau bedient).

Besonderes Merkmal der großkoalitionären Frauenpolitik ist der Paketstil. Zu Paketen werden jene Maßnahmen geschnürt, die einzeln verhandelt von der anderen politischen Partei keine Zustimmung erhalten würden, und als Gesamtlösung verabschiedet. Ein im Schnittpunkt von frauen- und familienpolitischen Interessen und Materien liegendes Beispiel ist das akkordierte Familienpaket.

## Familienpaket (1989)

Das Familienpaket, das zwischen den großen Koalitonsparteien und den Interessensorganisationen, letztlich aber von den Frauenvertreterinnen der SPÖ und ÖVP ausgehandelt worden ist, enthält im wesentlichen Maßnahmen zur besseren Gestaltung der familiären Rahmenbedingungen, insbesondere der Kinderbetreuung. Nur am Rande wurden durch die Verabschiedung der zweiten Novelle des Gleichbehandlungsgesetzes (Juni 1990) auch Akzente zur beruflichen Gleichberechtigung gesetzt. Erwähnenswert sind in dieser Hinsicht die Ausweitung des Gleichbehandlungsgebotes auf die Begründung, auf den weiteren Verlauf und auf die Beendung des Arbeitsverhältnisses; ›Positive Aktionen‹ zur Frauenförderung und geringfügige Schadenersatzleistungen bei Verletzung des Gleichbehandlungsgebotes ebenso wie die Installierung einer Ombudsfrau in der Gleichbehandlungskommission, der Anwältin für Gleichbehandlungsfragen, sind die Stützen des Gesetzes.[13]

Das Familienpaket macht, laut einer Mitteilung des Staatssekretariats für allgemeine Frauenfragen, das Frauenleben leichter.[14] Es enthält sowohl Regelungen, die die Vereinbarkeit von Beruf und Familie erleichtern können als auch finanzielle Unterstützungen für Familien mit Kindern. Zum Beispiel:

– wahlweiser Karenzurlaub bei Elternschaft
– Verlängerung des Karenzurlaubes von einem auf zwei Jahre
– Sondernotstandshilfe auch für verheiratete Mütter
– Verkürzung der Normalarbeitszeit für Eltern (es wurde die Möglichkeit der Kombination von Teilzeitarbeit und Teilkarenzurlaub geschaffen )
– berufliche Wiedereingliederungshilfen nach der sogenannten Familienphase
– Erhöhung der Familienbeihilfe und besondere Unterstützung für einkommensschwache Familien.

Das Familienpaket bündelt ganz im Sinne eines geschnürten Pakets zwei langjährige Forderungen, die jeweils am Widerstand der anderen Partei scheiterten: die SPÖ-Forderung nach einem wahlweisen Elternkarenzurlaub und die ÖVP-Forderung nach der Verlängerung des Karenzurlaubes. Gerade diesen beiden wesentlichen Inhalten des

Familienpakets, Elternkarenzurlaub und Verlängerung der kinderbedingten Berufspause, liegen konträre Vorstellungen über die familiäre, geschlechtsspezifische Arbeitsteilung zugrunde. Elternkarenzregelungen ermöglichen die Aufteilung der Kinderbetreuung auf beide Elternteile; das zweite Karenzjahr hingegen realisiert sich als längere familienbedingte Berufsunterbrechung, die den Frauen in der Folge Nachteile im Arbeitsleben bringt.

Im Juli 1994 waren österreichweit 1.023 Väter und 121.597 Mütter auf Karenzurlaub zur Betreuung eines Kleinkindes. Drei Jahre praktische Erfahrung mit dem Familienpaket zeigen also, daß zwar die Verlängerung des Karenzurlaubes, nicht aber der Vaterschaftsurlaub beansprucht werden. Diese erleichterte Berufsunterbrechung für Frauen bei gleichzeitiger Abstinenz der Väter führt zur weiteren Stabilisierung der geschlechtsspezifischen Arbeitsteilung zwischen Familie und Beruf, sie führt zur Wiederauflage der Familialisierung der Frauen – Frauen unterbrechen und schaffen nur unter massiven Problemen und um den Preis der Dequalifizierung den Wiedereinstieg, Männer leben weiterhin ihre an der Berufsarbeit orientierte, bruchlose Normalbiographie. Die Politik hat dieses Lebensmuster restabilisiert, sie macht vermutlich auch kurzfristig das Leben vieler Frauen leichter. Was sie aber nicht bewirkt, das ist eine grundsätzliche Korrektur der strukturellen, geschlechterhierarchischen Arbeitsteilung. Die bleibt im Prinzip beim alten.

### Von der Staatssekretärin zur Frauenministerin (1990)

Die Transformation des »Staatssekretariats für allgemeine Frauenfragen« (Johanna Dohnal) in ein »Bundesministerium für Frauenangelegenheiten« im Bundeskanzleramt war nicht primär frauenpolitisch motiviert. Denn die Frauenministerin ist nicht deshalb Frauenministerin und nicht mehr Staatssekretärin, weil die Koalitonsverhandler der Überzeugung gewesen wären, daß Frauenfragen den Rang von Regierungsfragen einnehmen müßten, sondern weil die Aufteilung der Ministerien dies erforderlich machte. Entsprechend einer proporzmäßigen Ämteraufteilung brauchte eine ›schwarze‹ Familienministerin ein ›rotes‹ Gegenüber, das heißt eine Frauenministerin. Eine ähnliche Logik wiederholte sich übrigens im November 1994, als sich die Ministerämteraufteilung abermals nicht ›ausging‹. Als Lösung bot sich die Aufspaltung des früheren Ministeriums für Familie, Jugend und Umwelt in ein kompetenzschwaches Familienministerium und in ein ebensolches Umweltministerium an. Und es ist nicht zufällig, daß beide Ressorts von Frauen geleitet werden.

### Gleichstellungspolitik per Verfassungsgerichtshof

Die Frauenpolitik beziehungsweise Gleichstellungspolitik der frühen 1990er Jahre wäre politisch nicht adäquat beschrieben, wenn die Rolle des Verfassungsgerichtshofes keine Erwähnung finden würde. Ohne den Impuls des Verfassungsgerichtshofes wäre das Gleichbehandlungspaket als Bündel von Maßnahmen zur materiellen Gleichberechtigung nicht realisiert worden.

Zur Vorgeschichte: Der Verfassungsgerichtshof als Hüter der Gleichheit vor dem Gesetz wurde von einem Mann, der sich durch das unterschiedliche Pensionsanfallsalter von Frauen und Männern ungleich behandelt fühlt, angerufen. Das 1990 in seiner personellen Zusammensetzung noch ›reine‹ Männergremium erkannte, daß diese gesetzliche Regelung, die übrigens auf das Jahr 1947 zurückgeht, verfassungswidrig ist. Die Begründung: Da sich in den letzten Jahren die Lebensweisen von Frauen und Männern angeglichen hätten, sei eine geschlechterdifferenzierende sozialpolitische Pensionsregelung nicht mehr gerechtfertigt.[15] Der Gesetzgeber war nun aufgefordert, formell gleiches Recht herzustellen oder die Ungleichbehandlung in ein Verfassungsgesetz zu kleiden. Die Frauenpolitikerinnen sahen diesen Umstand als Chance, flankierende Maßnahmen zur materiellen Gleichberechtigung zu setzen. Das Gleichbehandlungspaket entstand im Windschatten des zeitlichen und sachlichen Drucks einer geschlechtsneutralen Pensionsanfallsaltersbestimmung.

Bevor ich nun auf das Gleichbehandlungspaket näher eingehe, ist es angebracht, die Rolle des Verfassungsgerichtshofes hinsichtlich der Gleichberechtigung der Geschlechter ins rechte Licht zu rücken. Es stimmt, daß seine Erkenntnis in obiger Angelegenheit einen wichtigen Anstoß gab; es stimmt aber auch, daß bereits zwei Jahre später, 1992, dasselbe Gremium zu einer konträren Beurteilung der Lebensstile von Frauen und Männern gekommen ist. Das generelle Nachtarbeitsverbot für Frauen widerspricht nach Meinung des Verfassungsgerichtshofes deshalb nicht dem Gleichheitsgrundsatz, weil Frauen nach wie vor für die Kinderbetreuung zuständig seien. Interessant, daß also innerhalb weniger Jahre eine ziemlich unterschiedliche Beurteilung vorgenommen worden ist.[16]

## Gleichbehandlungspaket (1992)

Das Gleichbehandlungspaket greift die gesellschaftliche, familiäre und ökonomische Benachteiligung von Frauen auf und ist bestrebt, durch eine Reihe von Maßnahmen der materiellen Gleichheit, das heißt der Entdiskriminierung näher zu kommen. Angesetzt wird sowohl bei der familiären Arbeit, bei der besseren Vereinbarkeit von Familie und Beruf als auch bei der Berufsarbeit.

Das Gleichbehandlungsgesetz (BGBl. 100/1993) enthält eine Erweiterung des Diskriminierungsverständnisses, das Gebot gleicher Lohn für gleichwertige Arbeit anstelle des früheren Grundsatzes gleicher Lohn für gleiche Arbeit, den Tatbestand der sexuellen Belästigung am Arbeitsplatz ebenso wie aktive Frauenfördermaßnahmen einschließlich der bereits angeführten Quoten.

Im Hinblick auf die Vereinbarkeit von Familie und Beruf wurde eine Ausweitung der Pflegefreistellung von einer auf zwei Wochen sowie eine verbesserte Regelung von Teilzeitarbeitsverhältnissen (insbesondere während des Karenzurlaubes) verabschiedet. Eine Aufwertung familiärer Arbeit findet durch die Einrechnung von Kinderbetreuungszeiten in die Pensionsberechnung statt. Auch zu erwähnen ist, daß seit 1992 die Familienbeihilfe nicht mehr wie früher automatisch an den Gehaltsempfänger überwiesen wird, sondern an jene Person, die den Hauptteil der Kinderbetreuung trägt. Der Gesetzgeber geht davon aus, daß dies die Mutter ist.

## Zeichen einer umbrüchigen Zeit

Mitte der 1990er Jahre ist Frauenpolitik als eigenes Politikfeld etabliert. Auf Bundesebene ebenso wie bei Ländern und bei manchen Gemeinden ist ein (zusätzlicher) Platz
für politische Frauenarbeit geschaffen worden. Frauenreferate und -büros wurden
installiert. Frauen wirken, zumindest am Rande, mit – sie sind institutionell integriert.
    Mitte der 1990er Jahre aber ist jenes gesellschaftliche Faktum, weshalb Frauenpo-
litik überhaupt gefordert geworden ist, nämlich der geschlechtshierarchischen Arbeitsteilung zwischen Frauen und Männern wegen, strukturell keineswegs aufgehoben. Die
Politik hat in verschiedenen Bereichen zwar Korrekturen angebracht, sie hat Probleme
entschärft, sie hat sie jedoch nicht radikal gelöst. Trotzdem werden aber gerade diese
Maßnahmen, die eben keine grundsätzliche Infragestellung dieser Arbeitsteilungen
(zum Beispiel Teilzeitarbeit und zweites Karenzjahr) bewirken, von vielen Frauen
benötigt und beansprucht. Denn diese Maßnahmen tragen den unmittelbaren Erfordernissen Rechnung, ohne aber die grundsätzliche Problematik zu beseitigen. Das Familienpaket, in Gestalt der Verlängerung des Karenzurlaubes und der schwach ausgestatteten wahlweisen Regelungen (Elternkarenz), unterstreicht diese Tendenz. Mütter
brauchen in Ermangelung öffentlicher Kinderbetreuungsplätze das zweite Karenzjahr.
Sie beanspruchen es aber auch deshalb, weil Väter sich weiterhin in Abstinenz üben.
Die Politik hat sich letztlich gescheut, Rahmenbedingungen zur aktiven Vaterschaft
anzubieten (zum Beispiel flankierende Maßnahmen bei Einkommensverlusten oder
Regelungen, die Druck auf die Väter ausüben, tatsächlich Vaterschaft zu praktizieren).
Solange 1.023 karenzierte Väter 121.597 karenzierten Müttern gegenüberstehen, findet
keine Umstrukturierung der Kinderbetreuung statt. Ähnlich ist die Situation beim
Ausbau von Teilzeitarbeitsmöglichkeiten. Solange die Teilzeitarbeit nicht bei den
typischen Männerberufen ansetzt, sondern abermals bei den typischen Frauenberufen,
solange ist dies eine gesellschaftspolitische Maßnahme, die die herkömmliche Arbeitsteilung zwischen den Geschlechtern eher festigt als aufweicht. Ein weiteres Beispiel,
das die strukturelle Stabilität unterstreicht, ist die Nichterfüllung von Quotenregelungen; sowohl bei politischen Parteien (SPÖ) als auch neuerdings im öffentlichen Dienst.
    Zu den neuen Zeichen der Zeit gehört das gläubige Schielen auf die Gleich-
stellungspolitik der EU. Wurden in den 1970er und frühen 1980er Jahren internationale
Initiativen wie die UNO-Konvention zur Beseitigung jeder Form der Diskriminierung
der Frau als argumentativer Motor für die heimische Politik herangezogen, so wiederholt sich dies im Umfeld der Diskussionen um den EU-Beitritt Österreichs. Wieder
einmal erhoffen sich österreichische Politikerinnen, durch die offensivere Gleichstellungspolitik in der EU Unterstützung von außen zu bekommen. Ob dies tatsächlich
mehr als Zweckoptimismus ist, bleibt fraglich, da insbesondere die EU-Richtlinien zur
Lohngleichheit und zur beruflichen Gleichstellung von Frauen und Männern lediglich
Ziele formulieren und keine Umsetzungsdirektiven enthalten.
    Andererseits aber werden sozialrechtliche Anpassungen notwendig werden. So
wird das generelle Nachtarbeitsverbot für Frauen aufgehoben werden müssen.
    Ein weiteres Zeichen der Zeit ist die wachsende Personalisierung der Politik.
Vorwahlen und Direktwahlen sind bereits ein Ausdruck dieser Tendenz. Was können
sich Frauen von dieser Umstrukturierung des Politischen erwarten?

Die Personalisierung bringt im Rahmen der gegebenen geschlechterhierarchischen Arbeitsteilung männlichen Bewerbern um politische Mandate größere Chancen als weiblichen. Die bisherigen Erfahrungen, wie zum Beispiel die Tiroler Vorwahlen der ÖVP oder die Bürgermeisterdirektwahlen in Salzburg, bestätigen diese tendenzielle Privilegierung der Männer und die Benachteiligung der Frauen insoferne, als sie die bestehende Machtverteilung zementieren und nicht aufweichen.

Es ist zwar so, daß in Vorwahlen die Person und nicht die Partei im Vordergrund steht, eine Person sich in direkter Konkurrenz mit einer anderen Person befindet, daß aber nicht eine Einzelpersonen das Rennen gewinnt, sondern eine Person, die sich auf traditionell gut organisierte Gruppen (Bünde, Verbände) stützen kann. Weiters setzen sich nicht Neulinge durch, sondern Personen, die bereits eine öffentliche, medial interessante Rolle spielen. Daß etwa ein Landesrat bessere Voraussetzungen besitzt, medieninteressante Ereignisse zu produzieren, als eine Hausfrau, liegt auf der Hand. Ein dritter, unmittelbar mit dem weiblichen Lebenszusammenhang verbundener Grund ist, daß eine politische Agitationsform, die auf das unmittelbare, zeitintensive Kontaktieren ebenso wie auf das kostenintensive Verteilen von Aufmerksamkeiten (Wahlgeschenken) aufbaut, für bereits mehrfachbelastete Frauen wesentlich schwieriger zu handhaben ist als für Männer. Denn Vorwahlen machen, zumindest vorübergehend, die Politik zum Beruf; sie verlangen nach einem Menschen, der nicht durch lästige Haus-, Betreuungs- und Erziehungsarbeit beeinträchtigt wird. Wer bei Vorwahlen erfolgreich sein will, braucht den Rückhalt in der Familie doppelt – einerseits um die eigene Familie als Beweis der Anständigkeit und Redlichkeit herzuzeigen und andererseits um durch die Familie private Entlastung zu bekommen.[17]

Dieses Modell der Politik verspricht also keine breite politische Beteiligung von Frauen, sondern das Gegenteil.

Eine Veränderung des Geschlechterverhältnisses in der Politik bewirkt zum Teil die Tendenz der Ästhetisierung der Politik. Politikwissenschafter/innen meinen, daß die Augen des Publikums sensibler geworden sind, sodaß es ausschließliche Männermannschaften in der Politik nicht mehr unwidersprochen erträgt, daß ein Gruppenbild mit Dame die latente Politikverdrossenheit zumindest nicht verschärft, wenn sie ihr schon nicht entgegenwirken kann. Diese wachsende Ästhetisierung der Politik bewirkt, daß zumindest einige wenige Frauen, meist als Quereinsteigerinnen, den Sprung leichter schaffen. Gleichzeitig ist zu berücksichtigen, daß das gemeinsame Band der Biologie, das Frau-Sein, zunehmend weniger ein Indikator für eine gleichberechtigungsorientierte Frauenpolitik sein wird.

## ANMERKUNGEN

1   Slogan der Frauenministerin zum Internationalen Frauentag 1990.
2   Zur inhaltlichen Klärung der Begriffe Gleichheit, Gleichbehandlung, Gleichberechtigung, Chancengleichheit (vgl. Lautmann, Gleichheit, 1990).
3   In dieser Zahl sind die Nachrückerinnen auf Mandate, die durch die Überwechslung von Abgeordneten auf ein Regierungsamt frei geworden sind, nicht mitberücksichtigt. Insbesondere die SPÖ versucht, über diesen Mechanismus der Quotenerfüllung einen Schritt näher zu kommen.

4 Vgl. Beck-Gernsheim, Arbeitsteilung, in: Kölner Zeitschrift für Soziologie und Sozialpsychologie 44 (1992), 275.

5 Bourdieu, Unterschiede, 1989, 187.

6 Neyer, Genossen, in: Jansen Hg., Halbe-Halbe, 1986, 117.

7 Vgl. Mueller, Politics, 1988.

8 Exit-Poll-Ergebnisse, durchgeführt von Fessel + GFK und Zentrum für angewandte Politikforschung.

9 Der Frauenanteil im Nationalrat vor dem Oktober 1994 war 25,1 Prozent; nach der Wahl 21,2 Prozent.

10 Vgl. Neyer, Genossen, in: Jansen Hg., Halbe-Halbe, 1986, 112.

11 Der Standard, 16.11.1994.

12 Bundesgesetz über die Gleichbehandlung von Frauen und Männern und die Förderung von Frauen im Bereich des Bundes (BGBl. Nr. 100/1993).

13 Vgl. Tálos u. Falkner, Politik, in: Tálos Hg., Sozialstaat, 1992.

14 Informationsblatt des Staatssekretariats für allgemeine Frauenfragen 27 (1990).

15 Erkenntnis des Verfassungsgerichtshofes vom 6. Dezember 1990.

16 Zur Gleichberechtigungspolitik des Verfassungsgerichtshofes vgl. Siegmund-Ulrich, Ambivalenz, in: Österreichische Zeitschrift für Politikwissenschaft 2 (1994).

17 Vgl. Rosenberger, Vorwahlen, in: Frauenreferat Land Tirol Hg., IF, Information für die Frau 1 (1994).

Gudrun Biffl

# Jugendliche – Berufsqualifikation und Arbeitsmarkt

Die Entwicklung des Arbeitsmarkts ist von einem kontinuierlichen Strukturwandel und von Umschichtungen der Wirtschaft geprägt. Seit den frühen 1980er Jahren ist dieser Strukturwandel mit wachsenden Ungleichgewichten auf dem Arbeitsmarkt verbunden, die in einem stetigen Anstieg der Arbeitslosigkeit bis in die 1990er Jahre ihren Niederschlag fanden. Ein markanter Strukturwandel ist sowohl im Bereich des Arbeitskräfteangebots als auch der Nachfrage gegeben. Auf der Angebotseite änderte sich infolge des Zutritts der starken Geburtenjahrgänge der Babyboomgeneration (stärkster Geburtenjahrgang 1963) und des seit den 1970er Jahren anhaltenden Anstiegs der Frauenerwerbsbeteiligung die demographische und qualifikationsspezifische Struktur des Arbeitskräfteangebots massiv gegenüber den 1960er und 1970er Jahren. Nachfrageseitig erfolgte zu Beginn der 1980er Jahre ein Konjunktureinbruch, der im Zusammenwirken mit internationalen Nachfrageverschiebungen im Produktionsbereich (Eisen- und Stahlkrise) eine Welle von Entlassungen auslöste. Die verstärkte Internationalisierung der Wirtschaft und der zunehmende Wettbewerb auf Gütermärkten mündeten in einen raschen Wandel der Arbeitsorganisation, den verstärkten Einsatz neuer Technologien und Produktionsmethoden, die Standortverlagerung von Betrieben, was alles zusammen dazu beitrug, daß die Arbeitslosigkeit längerfristig zunahm. Der Anstieg der Arbeitslosigkeit, der 1981 zunächst konjunkturell bedingt war, führte bei anhaltender Steigerung des Arbeitskräfteangebots und vergleichsweise schwacher Beschäftigungsexpansion zu einem Anstieg der Dauer der Arbeitslosigkeit. Der Anteil der Langzeitarbeitslosen (länger als sechs Monate arbeitslos) an den Arbeitslosen erhöhte sich von 16,1 Prozent 1981 auf 37,4 Prozent 1993 (Augusterhebung). Betriebe wurden im Laufe der 1980er Jahre selektiver in der Beschäftigung von Arbeitskräften. Zusätzlich zur fachlichen Qualifikation gewannen Persönlichkeitsmerkmale bei der Einstellung an Bedeutung (Biffl 1993). Geringfügige Beschäftigungsverhältnisse nahmen auf Kosten von Dauerarbeitsplätzen zu. Das trug dazu bei, daß Langzeitarbeitslose es immer schwerer hatten, am Arbeitsmarkt Fuß zu fassen.

Die Strukturverschiebung auf der Nachfrageseite, das heißt der Verlust an Arbeitsplätzen im güterproduzierenden und -verarbeitenden Bereich und die Schaffung von Arbeitsplätzen im Dienstleistungssektor, impliziert einen Wandel in den Qualifikationsanforderungen an die Arbeitskräfte. Traditionelle Eintrittspforten von Jugendlichen in den Arbeitsmarkt (Anlernkräfte, Lehrlinge) verloren infolge der Schrumpfung der traditionellen Industrien und der Umstellung der Produktionsmethoden (die etwa im Fall der verstaatlichten Industrie mit der Schließung von Lehrwerkstätten verbunden war) an Gewicht. In den frühen 1980er Jahren wurde die Babyboomgeneration mit

Hilfe von Fördermaßnahmen in hohem Maße traditionell ausgebildet. Die Weiterbe-
schäftigung in den erlernten Berufen nach der Lehrausbildung war allerdings in
geringerem Maße als in der Vergangenheit sichergestellt, was in einem deutlichen
Anstieg der Arbeitslosigkeit der 20- bis 24jährigen einen Niederschlag fand.

Ähnlich wie in den 1980er Jahren fiel der Eintritt in die 1990er Jahre mit einer
internationalen Rezession zusammen. Im Gegensatz zu den frühen 1980er Jahren war
der Konjunktureinbruch allerdings mit einer Verknappung an Jugendlichen verbunden,
da die geburtenschwachen Jahrgänge der 1970er Jahre ins Erwerbsalter kamen. Die
konjunkturell und strukturell bedingten schlechten Arbeitsmarktchancen von Arbeitskräften ohne Berufserfahrung, von Menschen mit geringen und/oder traditionellen
Qualifikationen, schlugen sich daher nur mäßig in der Jugendarbeitslosigkeit nieder.
Es ist allerdings zu berücksichtigen, daß die Erwerbsbeteiligung der Jugendlichen,
insbesondere die der Teenager, stark konjunkturell schwankt, das heißt, das Ausmaß
der konjunkturellen Arbeitslosigkeit wird in den Arbeitslosenzahlen unterschätzt.
Welche Implikationen das unterschiedliche Ausbildungsmuster von Männern und
Frauen für die Arbeitsmarktchancen hat, wird im Folgenden kurz skizziert.

Vom Überangebot zur Verknappung

Die starken mengenmäßigen Schwankungen des ›Angebots‹ an Jugendlichen innerhalb
der letzten Dekade haben nicht nur Implikationen für den Auslastungsgrad der Ausbil-
dungsinstitutionen, sondern auch für die Verhaltensweisen der Betriebe im Bereich der
Rekrutierung von Arbeitskräften. Allein ein Blick auf die Größenordnung des demographischen Strukturwandels macht deutlich, daß die Eingliederung der Babyboomgeneration in den Arbeitsmarkt in der ersten Hälfte der 1980er Jahre eine Herausforderung
für die Anpassungsfähigkeit der Betriebe im Bereich der Rekrutierung war.

*Darst. 1: Jugendliche und Bevölkerung im erwerbsfähigen Alter, 1970 bis 1993*

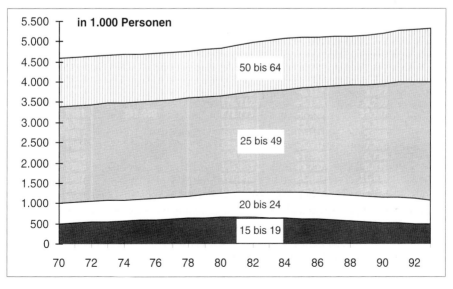

Während 1971 514.300 Teenager (15- bis 19jährige) in Österreich wohnhaft waren, stieg deren Zahl bis 1981 um 144.600 oder 28 Prozent auf 658.900 an. Der Anteil der Teenager an der Bevölkerung erreichte 1980/81 mit 13,6 Prozent den höchsten Wert seit dem Zweiten Weltkrieg. Danach verringerte sich der Anteil der Teenager an der Bevölkerung wieder und erreichte mit 479.400 den niedrigsten Stand und Anteil an der Bevölkerung (9 Prozent) seit dem Zweiten Weltkrieg. Ein derart massiver Wandel in den Mengenrelationen kann nicht ohne Effekt auf die Arbeitslosigkeit der Jugendlichen sowie ihre Qualifizierungs- und Karrierechancen am Arbeitsmarkt bleiben. Als Antwort auf den starken Zustrom von Jugendlichen auf den Arbeitsmarkt entwickelte Österreich ähnlich wie andere europäische Industrieländer aktive arbeitsmarktpoliti-sche Instrumente zur Subventionierung zusätzlicher Beschäftigung von Jugendlichen sowie zur Erhöhung der regionalen und beruflichen Mobilität. Um den Zugang von Jugendlichen zum Arbeitsmarkt zu dämpfen, wurden Maßnahmen zur Verlängerung der Ausbildung getroffen. Dabei hoffte man das kurzfristige arbeitsmarktentlastende Ziel mit dem langfristigen Ziel der wettbewerbserhaltenden Qualifikationserhöhung der Arbeitskräfte verbinden zu können.

Entwicklung der Jugendarbeitslosigkeit

Trotz der hohen Bedeutung der Lehrausbildung, die Teenagern einen relativ kontinu-ierlichen Übergang von der Schule in die Arbeit ermöglicht, kam es in den frühen 1980er Jahren zu einem überdurchschnittlichen Anstieg der Jugendarbeitslosigkeit. Da Burschen in stärkerem Maße als Mädchen die Lehre als mittlere Ausbildungsschiene wählten, war der Anstieg der Arbeitslosigkeit zwischen 15 und 19 Jahren vergleichs-weise gering. Die Arbeitslosenquote männlicher Teenager blieb stets geringer als die älterer Jugendlicher und sogar geringer als die der Männer im Haupterwerbsalter. Der Eintritt in ein Dauerbeschäftigungsverhältnis setzt bei Lehrabsolventen meist nach der Lehre ein und ist üblicherweise mit einer gewissen Dauer der Sucharbeitslosigkeit verbunden. Das führt dazu, daß die Arbeitslosigkeit männlicher Teenager im Gegensatz zum Ausland geringer ist als die über 20jähriger Personen. Nur in Ländern, in denen die Lehrausbildung eine große Rolle in der Ausbildungsstruktur spielt (also auch in Deutschland) ist die Arbeitslosenquote der 20- bis 24jährigen Jugendlichen höher als die der 15- bis 20jährigen (OECD 1994). In diesem Fall setzt die Suche nach einer Dauerbeschäftigung offenbar später ein als in Ländern, in denen ein großer Teil der Jugendlichen ohne weiterführende Ausbildung auf den Arbeitsmarkt kommt. Die Höherqualifizierung der Pflichtschulabsolventen erfolgt dann innerhalb von Betrieben (das erklärt die große Bedeutung interner Arbeitsmärkte für die Qualifizierung der Arbeitskräfte im angelsächsischen Bereich).

    Die Arbeitslosigkeit der Mädchen und jungen Frauen in Österreich hat in den 1980er Jahren einen etwas anderen Verlauf genommen als die der männlichen Alters-genossen. Die Arbeitslosenquoten der weiblichen Jugendlichen, die in den 1970er Jahren fast durchwegs geringer waren als die der über 25jährigen Frauen, stiegen ab 1980 so rasch an, daß sie deutlich über das Niveau der Frauen in mittleren Jahren zu liegen kamen (1987: 6,5 Prozent gegenüber 5,7 Prozent bei den 25- bis 54jährigen

Frauen). Erst mit der demographisch bedingten Verknappung der jungen Frauen sank ihre Arbeitslosenquote wieder, während die der restlichen Frauen weiterhin zunahm. Zwar ist auch bei Frauen tendenziell die Arbeitslosenquote der Teenager geringer als die der 20- bis 24jährigen Frauen, der Unterschied ist allerdings nicht so ausgeprägt wie bei Männern. Dies dürfte darauf zurückzuführen sein, daß Mädchen häufiger als

*Darst. 2: Entwicklung der altersspezifischen Arbeitslosenquoten der Männer*

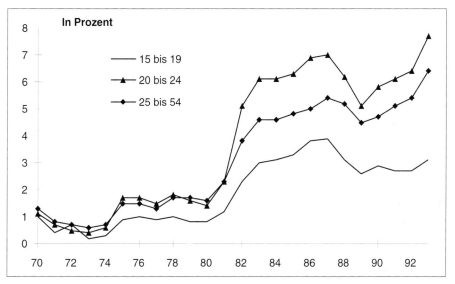

*Darst. 3: Entwicklung der altersspezifischen Arbeitslosenquoten der Frauen*

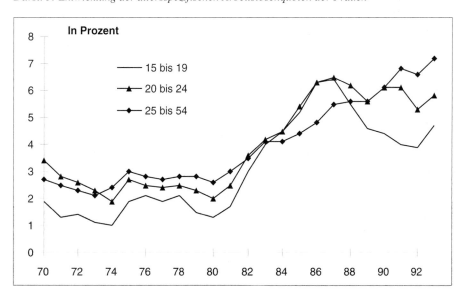

Burschen nach der Pflichtschule ein- bis zweijährige mittlere Fachschulen besuchen (1993 20 Prozent der 16jährigen Mädchen, aber nur 9 Prozent der gleichaltrigen Burschen) und daher im Schnitt früher als männliche Teenager als Arbeitsuchende in den Arbeitsmarkt eintreten. Die Arbeitslosenquoten weiblicher Teenager dürften demnach nicht zuletzt infolge der unterschiedlichen geschlechtsspezifischen Ausbildungswege höher sein als die der männlichen Altersgenossen.

Entwicklung der Erwerbsbeteiligung

Der Verlauf der Arbeitslosigkeit allein sagt insbesondere im Fall der Jugendlichen relativ wenig über die Arbeitsmarktchancen aus. Es ist zu berücksichtigen, wie sich die Erwerbsbeteiligung der Jugendlichen entwickelt und welche Rolle die Ausbildung in dem Zusammenhang gespielt hat. Eine Differenzierung der Entwicklung nach dem Geschlecht ist angebracht, da die Verläufe unterschiedlich sind und 20- bis 24jährige Männer und Frauen sogar einen gegensätzlichen Trend aufweisen.

Wie eingangs vermerkt, weist die Erwerbsbeteiligung der Teenager eine starke konjunkturelle Reagibilität auf, die den langfristig sinkenden Trend der Erwerbsbeteiligung überlagert. Das Niveau der Erwerbsbeteiligung ist bei Burschen allerdings infolge der großen Bedeutung der Lehre (Lehrlinge werden als Beschäftigte gezählt) höher als bei Mädchen. Gemäß Volkszählung besuchten 1991 49,5 Prozent aller 16jährigen Burschen eine Lehre, jedoch nur 29,9 Prozent der gleichaltrigen Mädchen. Der sinkende Trend der Erwerbsquote ist eine Folge der Verlängerung der Ausbildung. Wenn man die Lehre als spezifische Form der Ausbildung betrachtet, zeigt sich, daß die Ausbildungsquote der Burschen bis zum 19. Lebensjahr höher ist als die der Mädchen. Bei den 17jährigen machte der Unterschied 1991 etwa 8 Prozentpunkte aus (etwa 80 Prozent der Mädchen und 88 Prozent der Burschen standen noch in Ausbildung). Wenn man die Lehrausbildung nicht berücksichtigt, erhält man den Eindruck, daß die Ausbildungsquote der 17jährigen Mädchen mit 47 Prozent höher ist als die der Burschen mit 36 Prozent. Bei dieser Sichtweise entgeht einem allerdings das Faktum, daß in diesem Alter schon 20 Prozent der Mädchen, aber nur 12 Prozent der Burschen ihre Ausbildung abgeschlossen haben.

Die Erwerbsbeteiligung der 20- bis 24jährigen Männer ist ebenfalls längerfristig rückläufig. Die längere Ausbildung der Männer, die zum Teil eine Folge der naturwissenschaftlich-technischen Berufsausrichtung ist, bewirkt eine längerfristig rückläufige Erwerbsbeteiligung. In Rezessionen verschärft sich im Gegensatz zu den gleichaltrigen Frauen die sinkende Tendenz. Die Konzentration der Männerbeschäftigung auf den konjunkturreagiblen Sachgüterproduktionsbereich schlägt sich nicht nur in der Arbeitslosigkeit, sondern auch in der Erwerbsbeteiligung nieder.

Die Erwerbsbeteiligung der 20- bis 24jährigen Frauen ist langfristig tendenziell steigend. Das ist im wesentlichen die Folge der im Vergleich zu Männern kürzeren Dauer der postsekundären Ausbildung. Die anhaltende traditionelle Rollenverteilung im Bereich der Haus- und Erwerbsarbeit, in der sich Frauen häufig als Zuverdienende sehen, bestimmt weiterhin die Berufswahl (Spezialisierung auf Lehr-, Gesundheits-, Pflegeberufe sowie Verkaufstätigkeiten im weitesten Sinn). Die enge Bandbreite der

Berufswahl und die vergleichsweise geringere Tiefe der Berufsausbildung implizieren eine kürzere Ausbildungsdauer, einen frühen Erwerbseintritt und eine kurze Lebensarbeitszeit mit Arbeitsunterbrechungen, in denen Familienverpflichtungen vollberuflich (unbezahlt) wahrgenommen werden. Obschon die Wahl der Ausbildungswege prinzi-

*Darst. 4: Entwicklung der altersspezifischen Erwerbsbeteiligung der Männer 1970 bis 1993*

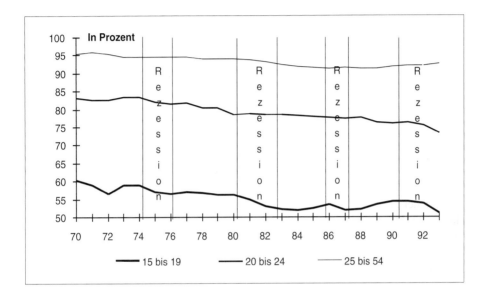

*Darst. 5: Entwicklung der altersspezifischen Erwerbsbeteiligung der Frauen 1970 bis 1993*

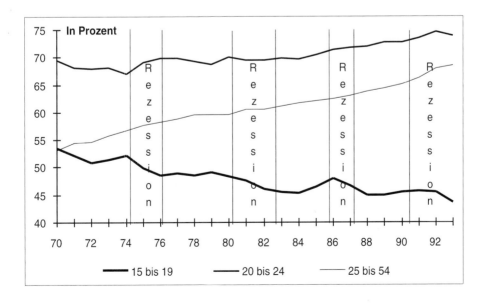

piell eine individuelle freie Entscheidung ist, verblüfft die geringe Aufweichung der traditionellen Ausbildungsbereiche der Burschen und Mädchen. Der Hochschulbericht (Dell'mour u. Landler 1994) macht darauf aufmerksam, daß die Konzentrationsprozesse der Ausbildung auf ein Geschlecht in einigen Bereichen sogar zugenommen haben, so etwa die Konzentration der Frauen in Handelsakademien und pädagogischen Akademien und der Männer in den technischen Naturwissenschaften.

Art und Ausmaß der Höherqualifizierung der Jugendlichen
in den 1980er Jahren

Im Laufe der 1980er Jahre kam es zu einer deutlichen Höherqualifizierung der Jugendlichen, insbesondere der jungen Frauen. Die Höherqualifizierung dokumentiert sich vor allem in der Verringerung des Anteils der Pflichtschulabsolvent/inn/en an der Bevölkerung. Während 1981 noch 27,5 Prozent aller 23jährigen in der Volkszählung Pflichtschule als höchste abgeschlossene Ausbildung angaben, waren es 1991 nur mehr 21,3 Prozent. Vor allem Mädchen erhöhten ihre Ausbildung im mittleren und höheren Qualifikationssegment. Obschon der Anteil der Frauen mit Hilfsarbeiterqualifikation an den 23jährigen Frauen in der letzten Dekade um 9 Prozentpunkte geschrumpft ist, konnten Frauen doch nicht mit den gleichaltrigen Männern gleichziehen. Noch immer sind 24,7 Prozent der 23jährigen Frauen, aber ›nur‹ 18,1 Prozent der Männer in diesem Alter ohne weiterführende Ausbildung. Der Anteil der Jugendlichen ohne weiterführende Ausbildung in dieser Altersgruppe ist im Fall der Männer überraschend hoch, da doch 90 Prozent der 17jährigen Burschen in Ausbildung stehen. Offenbar wird die Ausbildung/Lehre nicht immer positiv abgeschlossen, sodaß im Alter von 23 Jahren 18 Prozent der jungen Männer über die Pflichtschule hinaus keine weiterführende Schule abgeschlossen haben.

Im mittleren Qualifikationssegment kam es bei Burschen innerhalb der letzten Dekade kaum zu einer Anteilsverschiebung. Mit 23 Jahren hatten 1981 rund 50 Prozent der jungen Männer eine Lehre und 8 Prozent eine mittlere Fachschule absolviert. Daran hat sich bis 1991 nichts geändert. Im Gegensatz dazu erhöhte sich bei Frauen der Anteil der Lehrabsolventinnen auf Kosten der Fachschulabsolventinnen. Insgesamt stieg der Anteil der Frauen mit mittlerer Qualifikation von 46,3 Prozent 1981 auf 48,3 Prozent 1991.

Einen deutlichen Strukturwandel gab es im Bereich der höheren Ausbildung. 1991 hatten 10,6 Prozent der 23jährigen eine berufsbildende höhere Schule abgeschlossen (gegenüber 5,6 Prozent 1981). Der Anteil der AHS-Absolventen stieg nur leicht auf 12,4 Prozent (1981: 11 Prozent) und jener der Hochschulabsolventen verringerte sich sogar marginal (von 3,4 Prozent auf 2,5 Prozent). Die niedrige Akademikerquote der 23jährigen Männer dürfte zum Teil die Folge der Studienwahl sein. Im von Männern bevorzugten technisch-naturwissenschaftlichen Ausbildungsbereich ist die Studiendauer üblicherweise länger als in den Studienrichtungen, die Mädchen schwerpunktmäßig ergreifen. Das dürfte der Hauptgrund für die hohe Zahl von 23jährigen Frauen sein, die ein Hochschulstudium oder eine hochschulähnliche Ausbildung (pädagogische Akademie, medizinisch-technische Assistenzausbildung, Sozialakademie) mit 23

Jahren abgeschlossen haben (3,6 Prozent im Gegensatz zu 1,5 Prozent der gleichaltrigen Männer).

Wenn man den Akademikeranteil an der Bevölkerung (über 15) berechnet, so zeigt sich, daß Frauen zwar in der letzten Dekade einen großen Sprung im Akademisierungsgrad gemacht haben, mit 4,2 Prozent aber doch noch deutlich unter dem Wert von 6,2 Prozent für Männer liegen. Wenn man die hochschulverwandten Berufe nicht berücksichtigt, sinkt die Akademikerquote der Frauen auf 2,6 Prozent und die der Männer auf 5,5 Prozent.

*Übersicht 1: Wohnbevölkerung im Alter von 19 bis 23 Jahren nach höchster abgeschlossener Ausbildung (% Anteil an Wohnbevölkerung insgesamt)*

| | Volkszählung 1981 Männer | | | | | Volkszählung 1991 Männer | | | | |
|---|---|---|---|---|---|---|---|---|---|---|
| Alter | 19j. | 20j. | 21j. | 22j. | 23j. | 19j. | 20j. | 21j. | 22j. | 23j. |
| Hochschule | - | 0,4 | 0,6 | 1,0 | 2,0 | 0,0 | 0,0 | 0,1 | 0,6 | 1,5 |
| BHS | 2,4 | 5,7 | 6,7 | 7,1 | 7,1 | 4,3 | 9,4 | 10,9 | 11,3 | 11,0 |
| AHS | 10,0 | 11,6 | 11,9 | 11,6 | 11,1 | 10,9 | 12,6 | 12,8 | 12,3 | 11,6 |
| BMS | 7,0 | 8,0 | 8,6 | 8,4 | 8,2 | 6,3 | 7,2 | 7,6 | 7,7 | 8,1 |
| Lehre | 47,2 | 51,2 | 51,5 | 51,2 | 50,2 | 41,0 | 47,2 | 49,2 | 49,7 | 49,7 |
| Pflichtschule | 33,4 | 23,2 | 20,8 | 20,7 | 21,4 | 37,5 | 23,6 | 19,4 | 18,4 | 18,1 |
| Wohnbev. insg. | 100,0 | 100,0 | 100,0 | 100,0 | 100,0 | 100,0 | 100,0 | 100,0 | 100,0 | 100,0 |
| | Frauen | | | | | Frauen | | | | |
| Hochschule | - | 0,6 | 1,8 | 3,3 | 4,9 | 0,0 | 0,1 | 0,7 | 2,1 | 3,6 |
| BHS | 2,1 | 4,4 | 4,6 | 4,4 | 4,2 | 5,6 | 11,3 | 11,4 | 11,2 | 10,1 |
| AHS | 12,9 | 13,7 | 13,1 | 12,0 | 10,9 | 14,4 | 15,8 | 15,2 | 13,9 | 13,2 |
| BMS | 17,7 | 20,8 | 21,5 | 21,3 | 20,8 | 13,9 | 15,8 | 17,3 | 18,6 | 19,3 |
| Lehre | 26,6 | 27,0 | 26,7 | 26,4 | 25,5 | 26,1 | 29,5 | 29,9 | 29,6 | 29,0 |
| Pflichtschule | 40,7 | 33,5 | 32,3 | 32,6 | 33,7 | 40,0 | 27,6 | 25,6 | 24,7 | 24,7 |
| Wohnbev. insg. | 100,0 | 100,0 | 100,0 | 100,0 | 100,0 | 100,0 | 100,0 | 100,0 | 100,0 | 100,0 |
| | insgesamt | | | | | insgesamt | | | | |
| Hochschule | - | 0,5 | 1,2 | 2,1 | 3,4 | 0,0 | 0,0 | 0,4 | 1,3 | 2,5 |
| BHS | 2,2 | 5,1 | 5,7 | 5,8 | 5,6 | 4,9 | 10,3 | 11,1 | 11,2 | 10,6 |
| AHS | 11,4 | 12,7 | 12,5 | 11,8 | 11,0 | 12,6 | 14,2 | 14,0 | 13,1 | 12,4 |
| BMS | 12,3 | 14,3 | 15,0 | 14,8 | 14,4 | 10,0 | 11,4 | 12,3 | 13,0 | 13,5 |
| Lehre | 37,0 | 39,2 | 39,1 | 38,9 | 38,0 | 33,7 | 38,5 | 39,7 | 39,8 | 39,7 |
| Pflichtschule | 37,0 | 28,3 | 26,5 | 26,6 | 27,5 | 38,7 | 25,6 | 22,4 | 21,5 | 21,3 |
| Wohnbev. insg. | 100,0 | 100,0 | 100,0 | 100,0 | 100,0 | 100,0 | 100,0 | 100,0 | 100,0 | 100,0 |

Hochschule = Hochschule u. verwandte Ausbildung; BHS = Berufsbild. höhere Schulen; AHS = Allgemeinbild. höhere Schulen; BMS = Berufsbild. mittlere Schulen

Quelle: ÖSTAT, Volkszählung 1981 und 1991

Eine Graphik verdeutlicht besonders gut den Effekt der Altersstruktur auf den durchschnittlichen Ausbildungsgrad der Männer und Frauen sowie den Wesensunterschied in der Ausbildungsstruktur. Schon aus dieser groben Ausbildungsstruktur ist zu erkennen, daß es eine starke Segmentierung der Ausbildungskanäle nach Geschlecht gibt, die sich innerhalb der einzelnen Kategorien fortsetzt und die die Segmentierung am Arbeitsmarkt in gewissem Maße vorbestimmt.

*Übersicht 2: Wohnbevölkerung im Alter von 15 und mehr Jahren nach höchster abgeschlossener Ausbildung und Geschlecht, 1981 und 1991*

|  | 1981 absolut | 1981 in % | 1991 absolut | 1991 in % |
|---|---|---|---|---|
| *Frauen* | | | | |
| Wohnbevölkerung 15 + | 3.244.546 | 100,0 | 3.382.434 | 100,0 |
| Hochschule | 51.326 | 1,6 | 89.042 | 2,6 |
| Hochschuleverw. Ausb. | 22.292 | 0,7 | 53.115 | 1,6 |
| Berufsb. höhere Schule | 68.731 | 2,1 | 124.379 | 3,7 |
| *davon:* Kollegabsolventen | - | - | 2.289 | 0,1 |
| Allgemeinb. höhere Schule | 129.375 | 4,0 | 172.738 | 5,1 |
| Fachschule | 432.099 | 13,3 | 505.299 | 14,9 |
| Lehre | 537.848 | 16,6 | 725.147 | 21,4 |
| Allgemeinb. Pflichtschule | 2.002.875 | 61,7 | 1.712.714 | 50,6 |
| *Männer* | | | | |
| Wohnbevölkerung 15 + | 2.800.228 | 100,0 | 3.056.546 | 100,0 |
| Hochschule | 124.076 | 4,4 | 169.444 | 5,5 |
| Hochschuleverw. Ausb. | 9.424 | 0,3 | 20.171 | 0,7 |
| Berufsb. höhere Schule | 106.850 | 3,8 | 170.803 | 5,6 |
| *davon:* Kollegabsolventen | - | - | 1.620 | 0,1 |
| Allgemeinb. höhere Schule | 131.389 | 4,7 | 160.306 | 5,2 |
| Fachschule | 194.835 | 7,0 | 229.886 | 7,5 |
| Lehre | 1.102.345 | 39,4 | 1.344.217 | 44,0 |
| Allgemeinb. Pflichtschule | 1.131.309 | 40,4 | 961.719 | 31,5 |

Quelle: ÖSTAT, Volkszählung 1981 und 1991

*Darst. 6: Ausbildungsstruktur der männlichen Wohnbevölkerung nach Alter 1991*

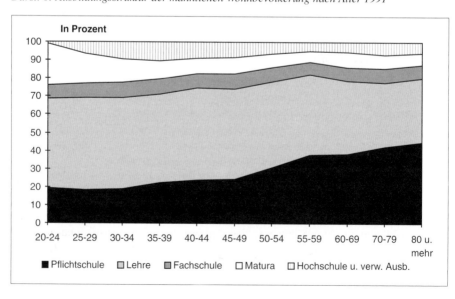

*Darst. 7: Ausbildungsstruktur der weiblichen Wohnbevölkerung nach Alter 1991*

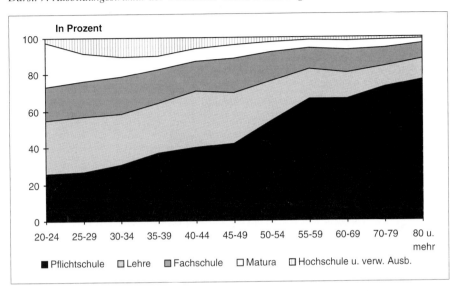

Ausbildung der Jugendlichen im internationalen Vergleich

Nicht unwesentlich für die Beschäftigungschancen der Jugend ist die Ausbildungstiefe und -breite. Ein internationaler Vergleich erlaubt eine gewisse Relativierung des österreichischen Ausbildungsgrades der Jugend. Im Alter von 17 Jahren sind in den meisten entwickelten Industrieländern mindestens 80 Prozent der Jugendlichen in Vollzeitausbildung. Wenn man die duale Ausbildung als Vollzeitausbildung ansieht, befindet sich Österreich mit 84 Prozent im internationalen Gleichklang. Hervorzuheben ist, daß Großbritannien mit nur 43 Prozent der 17jährigen in weiterführenden Schulen eine Ausnahme darstellt, die in der großen Bedeutung der Schwerindustrie und die Massenproduktion begründet sein dürfte. Die Schwerindustrie und die Massenproduktion brauchen viele unqualifizierte Arbeitskräfte, die dann branchen- und betriebsspezifisch angelernt werden. Der Produktionseinbruch in diesen Wirtschaftsbereichen seit Mitte der 1970er Jahre dürfte ein wesentlicher Grund für den massiven Anstieg der Jugendarbeitslosigkeit in England gewesen sein, der größer ausgefallen ist als in Ländern, in denen das Schulsystem den Großteil der berufsspezifischen Qualifizierung übernimmt.

Die internationalen Unterschiede in der Schulbesuchsquote nehmen mit zunehmendem Alter der Jugendlichen zu. Österreich liegt mit einer Schulbesuchsquote (inklusive Lehrausbildung) von 65 Prozent bei den 18jährigen im unteren Mittelfeld der OECD-Länder. Der Abstand Österreichs in der schulischen Ausbildungsintensität erhöht sich gegenüber dem Ausland mit dem Alter. Mit 22 Jahren sind in Österreich nur mehr 14 Prozent des Altersjahrgangs in einer schulischen Ausbildung, während die Quote in Nordeuropa zum Teil über 30 Prozent und in Frankreich und Nordamerika bei 20 Prozent liegt.

*Übersicht 3: Schulbesuchsquoten nach Alter im*
*internationalen Vergleich: 1991*

| Länder | Schulbesuch in % des Altersjahrgangs | | |
|--------|------------|------------|------------|
|        | 17 jährige | 18 jährige | 22 jährige |
| Australien     | 80 | 52 | 7  |
| Belgien        | 85 | 73 | 18 |
| Dänemark       | 79 | 69 | 29 |
| Deutschland    | 93 | 81 | 36 |
| Finnland       | 85 | 72 | 35 |
| Frankreich     | 90 | 78 | 21 |
| Großbritannien | 43 | 25 | 7  |
| Irland         | 76 | 51 | 9  |
| Kanada         | 81 | 58 | 22 |
| Neuseeland     | 60 | 34 | 11 |
| Niederlande    | 87 | 74 | 26 |
| Norwegen       | 84 | 75 | 29 |
| Österreich     | 84 | 65 | 14 |
| Portugal       | 59 | 45 | 11 |
| Schweden       | 85 | 56 | 18 |
| Schweiz        | 86 | 77 | 17 |
| Spanien        | 64 | 52 | 27 |
| Türkei         | 26 | 19 | 7  |
| USA            | 80 | 55 | 18 |

Lehrausbildung als Vollzeitschule berücksichtigt.

Quelle: OECD 1994

Ein internationaler Vergleich der Schulbesuchsquoten ist kein umfassender Indikator für die tatsächliche Qualifikationsstruktur der Arbeitskräfte. Zu berücksichtigen wäre auch das unterschiedliche Ausmaß der innerbetrieblichen Qualifizierung in den einzelnen Ländern. Dazu stehen allerdings keine flächendeckenden repräsentativen Daten zur Verfügung. Die Funktionsmechanismen der Arbeitsmärkte sind jedoch nicht unabhängig vom Ausbildungssystem, das dem Arbeitsmarkt vorgelagert ist.

Im wesentlichen können zwei Stoßrichtungen in der Ausbildung unterschieden werden, wobei zwischen den Idealtypen ein gleitender Übergang besteht. Der eine Modelltypus führt zu einem relativ frühen Zeitpunkt eine am Arbeitsmarkt orientierte berufsspezifische Ausbildung ein (Lehre, berufsspezifische höhere Schulen und Fachhochschulen) – Beispiele hiefür sind Deutschland, Österreich und die Schweiz. Das andere Modell hat den Schwerpunkt in allgemeiner schulischer Ausbildung mit relativ schwacher branchen- und berufsspezifischer Orientierung der Ausbildungsinhalte. Dieses Modell haben der angelsächsische Bereich und Frankreich infolge der Schulreform Ende der 1960er Jahre adoptiert.

Im ersten Modell sind die betriebsspezifischen Ausbildungskosten der Betriebe bei der Rekrutierung von Arbeitskräften geringer als im zweiten Modell, da die Jugendlichen ein relativ breites Spektrum an mittlerer und höherer Qualifizierung mitbringen, das relativ rasch umsetzbar ist. Im zweiten Modell sind Betriebe zu einer relativ intensiven betriebsspezifischen Ausbildung der Schulabgänger gezwungen, was die Schaffung interner Arbeitsmärkte, die von externen Arbeitsmärkten abgeschottet werden, fördert. Eine Segmentierung der internen Arbeitsmärkte (im Extremfall eine Dualisierung) ist die Folge. Das Insider-Outsider-Problem der Arbeitslosigkeit ist im zweiten Ausbildungsmodell daher wesentlich ausgeprägter als im ersten. Das dürfte mit ein Grund für das vergleichsweise geringe Niveau und den niedrigen Anteil der

Langzeitarbeitslosen an der Arbeitslosigkeit Österreichs im internationalen Vergleich sein. Das Ausbildungssystem ist eine Infrastrukturkomponente, die es Klein- und Mittelbetrieben erleichtert, auch bei geringer betriebsspezifischer Qualifizierung der Arbeitskräfte international wettbewerbsfähig zu bleiben.

## Abschließende Bemerkungen

Wermutstropfen in der im Vergleich zum Ausland günstigen Entwicklung der Arbeitsmarktchancen der Jugendlichen sind im wesentlichen zwei Faktoren, die die längerfristigen Beschäftigungschancen bei gleichzeitig anhaltendem hohem Lohnniveau beeinträchtigen: erstens die anhaltende Geschlechtersegmentierung der Ausbildung, die sich am Arbeitsmarkt wiederfindet, und zweitens die Erhaltung der traditionellen Qualifikationsstruktur und der geringe Akademisierungsgrad der Jugendlichen insbesondere im technisch-naturwissenschaftlichen Bereich.

Der beschleunigte technologische Wandel (Verringerung der ›Halbwertszeit‹ einer Berufsausbildung) stellt eine besondere Herausforderung für die inner- und außerbetriebliche Qualifizierung der Jugendlichen und Erwachsenen dar. Der Automatisierungsschub, der gegenwärtig zur Erhaltung der Produktivitätssteigerung stattfindet, die angesichts des verstärkten internationalen Wettbewerbs nötig ist, impliziert einen steigenden Bedarf an qualifizierten Arbeitskräften. Dieser Automatisierungsschub betrifft sowohl Frauen als auch Männer. Einerseits wird ein Großteil der einfachen Tätigkeiten im Bürobereich eliminiert, wo gegenwärtig ein hoher Anteil der Frauen mit mittlerer Ausbildung arbeitet. Andererseits fallen in der Güterproduktion schwere körperliche Arbeiten weg, also Hilfs- und Anlerntätigkeiten von Männern, die durch Planungs-, Gestaltungs- und Wartungsarbeit ersetzt werden. Diese Tätigkeiten könnten potentiell auch von Frauen ausgeübt werden. Es müßte allerdings zu einer Verbreiterung des Ausbildungsspektrums und einer Verringerung der Segmentation der Arbeit nach Geschlecht in den Betrieben kommen.

Die Nachfrageverschiebung zu Branchen, Betrieben und Berufen, die eine hohe Skill-Intensität der Arbeitskräfte haben, schlägt sich auch in Österreich in einer Erhöhung der Lohnunterschiede nach Qualifikationen nieder. Ein Blick auf den überdurchschnittlichen Anteil der Anlern- und Hilfsarbeiter an der Arbeitslosigkeit macht den Lohndruck, unter dem diese Gruppe von Arbeitskräften steht, besonders deutlich. In Hinblick auf diesen Nachfragestrukturwandel muß die Anhebung des Qualifikationsniveaus der Arbeitskräfte angestrebt werden, um eine Verarmung von Personen mit geringer Ausbildung und mit Ausbildung in traditionellen Berufen zu verhindern.

Alfred Smudits

# I AM FROM AUSTRIA

Austropop: Die Karriere eines musikkulturellen Phänomens
von der Innovation zur Etablierung

1994 holte der Austropop-Star Wolfgang Ambros drei weitere Veteranen dieser Musikrichtung, Georg Danzer, Gert Steinbäcker und Willi Resetarits alias Ostbahn Kurti, ins Studio, um mit ihnen gemeinsam die Nummer *Alt und jung* für sein neues Album aufzunehmen.

Mehr als 20 Jahre zuvor, im Herbst 1971, hatte Ambros die Nummer *Da Hofa* veröffentlicht, und nach einhelliger Meinung handelte es sich dabei um die Initialzündung für jene Musikrichtung, die sehr bald mit dem Etikett Austropop versehen wurde. War der Ambros aus der *Hofa*-Zeit in musikalischer Hinsicht noch experimentierend-suchend, so handelt es sich bei *Alt und jung* um ein gutes Stück ›Erwachsenenpop‹, musikalisch in sich ruhend, ohne modische Zugeständnisse, aber eben auch weit entfernt von jeder Innovation. Darüber hinaus vermitteln die vier Herren – alle mittlerweile gut über die 40 – glaubwürdig, daß hier die etablierten Väter sprechen und nicht die rebellierenden Söhne, die sie ja allesamt einmal waren. Kurz: *Alt und jung* signalisiert unspektakulär, aber dafür unübersehbar und unüberhörbar, daß der Austropop nunmehr auch in musikalischer Hinsicht zur ›etablierten‹ Seite des Musiklebens gehört.

Von Erfolg und Ansehen her hatte sich dieser Etablierungsprozeß seit etwa einem Jahrzehnt angekündigt. 1984 füllte Ambros als erster Austropop-Star zweimal hintereinander die Stadthalle, 1992 eröffnete Rainhard Fendrich mit einem Konzert am Rathausplatz die Wiener Festwochen und erhielt bei dieser Gelegenheit auch gleich eine hohe Auszeichnung vom Bürgermeister der Stadt Wien überreicht. Etwa zu dieser Zeit ging auch das Gerücht um, daß die pathetisch-patriotische Fendrich-Nummer *I am from Austria* als neue Bundeshymne im Gespräch sei. Die Protagonisten des Austropop sitzen in den Gremien der Verwertungsgesellschaften, sie haben gute, zum Teil freundschaftliche Kontakte mit führenden Persönlichkeiten aus der Musikindustrie, der Politik und den Medien. Und nicht zuletzt ist zu vermerken, daß 1993 die erste umfassende wissenschaftliche Untersuchung – allerdings oder bezeichnenderweise von einem US-Amerikaner – über den Austropop vorgelegt wurde.[1]

Aus heutiger Sicht liest sich also die Geschichte des Austropop als die erfolgreiche Durchsetzung einer spezifisch österreichischen kulturellen und musikalischen Ausdrucksform. Was allerdings Austropop genau ist, vermag heute kaum jemand mehr befriedigend zu bestimmen. Um die Funktionen, die der Austropop im kulturellen Leben der Zweiten Republik gespielt hat, etwas klarer beurteilen zu können, ist es daher sinnvoll, sich zunächst die Vorläufer, die Anfänge und die erste Entwicklung ein wenig näher anzusehen.

## Der Anfang

Gemeinhin wird *da Hofa* als erste Austropop-Nummer bezeichnet. Das wirft die Frage auf, was das besondere an dieser Nummer war, beziehungsweise was die auf sie folgenden Hits von Wolfgang Ambros (*Tagwache, Zwickts mi, Schifoan*), Georg Danzer (*Jö schau*), Wilfried Scheutz (*Ziwui Ziwui, Mary oh Mary*), Peter Cornelius (*De Wolkn*) und anderen so eindeutig als Austropop von dem unterschied, was vorher gewesen war. Denn natürlich gab es vor dem *Hofa* Nummern, die im Dialekt gesungen wurden und die gleichzeitig durchaus rockige Arrangements aufwiesen, oder zumindest solche, die sie keinesfalls wie deutsche Schlager, Wienerlieder oder wie Volksmusik klingen ließen.

Bereits 1967 veröffentlichte die Worried Men Skiffle Group die Nummer *I bin a Wunda*, und Ende der 1960er Jahre gab es einige Pop- beziehungsweise Rockbands, die im Wiener Dialekt sangen, so die Madcaps (*I man I dram*), die One Family (*Mit'm Schmäh*) oder die Malformation (*I steh auf di*). Aber auch Gruppen, die sich der Folkszene zurechneten, und sogenannte Liedermacher sangen zu dieser Zeit bereits Texte im Dialekt beziehungsweise arrangierten ihre Nummern unter dem Einfluß neuerer internationaler Pop- und Rockstandards, so zum Beispiel die Gruppe Misthaufen, die Schmetterlinge oder die Milestones. 1970 gewann Marianne Mendt mit dem Lied *Wie a Glockn* den Nachwuchsbewerb Talente 70, und der Autor dieser Nummer, Gerhard Bronner, erhob später immer wieder den Anspruch, der eigentliche Erfinder des Austropop zu sein. All dies wurde bereits damals – also vor Austropop-Zeiten – unter dem Etikett Dialektwelle zusammengefaßt. Etwa zur selben Zeit wie *da Hofa* entstanden die ersten Dialektlieder von André Heller (*A Zigeina mecht i sei, Daun bin i ka Lilliputaner mehr*), und der Maler Arik Brauer veröffentlichte seine erste – sehr erfolgreiche – Langspielplatte mit Dialektliedern (unter anderem mit den Titeln *Sie habn a Haus baut* und *Köpferl in Sand*).

Dennoch war *da Hofa* etwas Besonderes. Im Gegensatz zu den Produkten all der anderen angeführten KünstlerInnen oder Gruppen handelte es sich nicht um eine Pop- oder Rocknummer, die zufällig im Dialekt gesungen wurde, nicht um ein deutschsprachiges Lied, das zufällig zeitgemäßer arrangiert war, sondern um ein Phänomen, das weit über die bloße Musiknummer hinauswies. *Da Hofa* gewann seine Bedeutung erst durch den historischen und sozialen Kontext, aus dem heraus er entstanden war, durch den er verbreitet wurde, und durch die Interpretation, die ihm durch ein hellhörigeres Publikum zuteil wurde. Dieser Kontext läßt sich – verkürzt – durch einen Generationskonflikt charakterisieren: Sowohl bei den jüngeren Musikschaffenden als auch beim jugendlichen Publikum war ab den späten 1960er Jahren ein immer stärkeres Bedürfnis zu bemerken, neue, modernere und gleichzeitig identitätstiftende, eigenständigere kulturelle Formen und Inhalte zu entwickeln beziehungsweise zur Verfügung zu haben. Beim Bemühen um solche Innovationen wurde natürlich nicht bei Null begonnen, sondern an eine Vielzahl von bereits vorhandenen kulturell-künstlerischen Traditionen angeschlossen. Die Entwicklung des Austropop, beginnend mit dem *Hofa*, ist also als Fortführung, Weiterentwicklung und Überwindung von heimischen kulturellen Traditionen zu verstehen, wobei die Integration und Modifikation ›fremder‹ Traditionen eine wesentliche Rolle spielte.

Die Vorläufer des Austropop

Die wichtigsten Subkulturen, aus denen heraus sich der Austropop entwickelte, waren zweifellos die Liedermacher und die ersten Pop- und Rockbands der späten 1960er Jahre. Daneben muß aber noch eine Reihe weiterer musikalischer und kultureller Traditionen berücksichtigt werden, deren Einfluß auf den Austropop nicht unbeträchtlich war: von der Kabaretttradition über die Volksmusik und das Wienerlied bis hin zum Schlager und zum Wiener Aktionismus.

1. Die Liedermacher-Bewegung bildete sich Mitte der 1960er Jahre im Zusammenhang mit der Studentenbewegung heraus. Das politische, kritische Lied – auch aus der deutschsprachigen Tradition – wurde hier ebenso gern gehört wie international orientierte Folklore, »die demokratische Lied- und Musikkultur aus aller Welt«[2]. Verpönt war einzig die eigene Volksmusik, sie wurde bestenfalls als Medium zum Transport kritischer Inhalte persiflierend eingesetzt. In Wien war diese Bewegung im 1968 gegründeten Atlantis beheimatet, einem Lokal »für alle, die nicht am konventionellen Kulturbetrieb teilhaben wollten«[3]. Das Atlantis war Treffpunkt und bot erste Auftrittsmöglichkeiten für eine Vielzahl von Musikschaffenden, die später auch entscheidend im Austropop mitmischten; unter anderem die schon erwähnten Schmetterlinge (mit Willi Resetarits), die Milestones, aber auch Wolfgang Ambros oder Georg Danzer absolvierten im Atlantis ihre ersten Auftritte. Von den Liedermachern wurden zumindest zwei weitere Traditionen, die einer gesonderten Erwähnung im Zusammenhang mit dem Austropop bedürfen, ansatzweise oder spielerisch benutzt, nämlich die des Wienerlieds und die des Chansons. Vor allem André Heller, dessen musikalische Äußerungen dem Austropop zwar nur am Rand zuzurechnen sind, dessen Einfluß auf die Entwicklung des Austropop in vielfältiger Hinsicht – als Ö3-Discjockey, Poet, Selbstdarsteller usw. – aber unübersehbar ist, arbeitete vor allem an und mit diesen beiden musikalischen Traditionen.

2. Der wichtigste Anstoß kam aber von der seit 1945 immer unübersehbarer gewordenen kulturellen Vorherrschaft der angloamerikanischen Popularkultur.[4] Vor allem aus England importierte Pop- und Rockmusik fand spätestens ab Mitte der 1960er Jahre auch in Österreich Nachahmer, ein Publikum hatte diese Musikrichtung ja von Anfang an. Es entstanden zahlreiche Bands, die Nummern bekannter englischer oder US-amerikanischer Gruppen nachspielten, die aber auch bereits eigene Nummern im Stil dieser Bands komponierten (so zum Beispiel die Gruppen Charles Ryder Corporation, Gypsy Love, Slaves, Mimes). Zum Teil verwendeten sie für diese eigenen Pop- und Rocknummern auch schon deutsche oder Dialekttexte (Madcaps, Malformation, One Family). Viele der Musiker, die sich in dieser Zeit ihre ersten Sporen verdient hatten, waren bei späteren Aufnahmen des Austropop als Studiomusiker vertreten.

3. Die österreichische Kabaretttradition stellt wohl ein Spezifikum dar. Lieder, in denen der Hang zur Parodie, zur Satire, zum beißenden Untergriff zum Ausdruck kommt, verbunden mit Ansätzen zu theatralischer Darstellung, gab es schon in der Altwiener Volkskomödie, dann bei Nestroy in Form von Couplets, und sie fanden sich

im Nachkriegsösterreich in den Nummern eines Helmut Qualtinger, eines Gerhard Bronner oder Georg Kreisler. Vor allem in der späteren Entwicklung des Austropop, etwa bei der Ersten Allgemeinen Verunsicherung (EAV), die als Rockkabarett begann, waren diese Wurzeln unübersehbar, aber auch die frühen Austropop-Songs, wie zum Beispiel *Da Hofa* oder Georg Danzers *Jö schau*, lasen sich oft wie Drehbücher für Sketches im Kabarett. (Nicht zufällig formierte sich die neuere Generation von Kabarettisten, wie etwa Lukas Resetarits oder Georg Steinhauer, ebenfalls im Atlantis.)

4. Die Tradition des deutschen Schlagers war für die Austropop-Generation vielfach das Feindbild schlechthin (André Heller etwa bezeichnete Peter Alexander öffentlich als »Brechmittel«). Gruppen wie die Bambis, die Hubbubs, Sänger wie Udo Jürgens oder Peter Alexander dominierten in den 1960er Jahren die Hitparaden, waren aber für eine wachsende Zahl von Jugendlichen, die sich an der angloamerikanischen Popularmusik orientierten, immer weniger akzeptabel. Noch in den späten 1960er Jahren bemühte sich die Radiomoderatorin und langjährige alleinige Förderin des österreichischen Popnachwuchses Eva Maria Kaiser um die Modernisierung des deutschsprachigen Schlagers, und Marianne Mendts *Wie a Glockn* war als Paradeprodukt dieser Bemühungen anzusehen: ein flotter, beinahe jazziger Schlager, der zufällig im Dialekt gesungen wurde, bei dem aber ein Anklingen neuerer Pop- oder Rocksounds tunlichst vermieden wurde.

5. Natürlich muß auch die Tradition der heimischen Volksmusik beziehungsweise volkstümlichen Musik gesondert erwähnt werden. Ähnlich wie beim deutschen Schlager handelte es sich um eine von der jüngeren Generation abgelehnte, ja ignorierte Form. Dennoch fanden sich von Anfang an deutliche musikalische Anleihen bei der Volksmusik, und dies nicht nur bei jenen Vertretern des Austropop, die wie der Steirer Wilfried Scheutz nicht aus Wien stammten. Allerdings überwog die schon bei den Liedermachern auffindbare ironisierende Verwendung volksmusikalischer Elemente, charakteristisch etwa bei dem von Ambros, Prokopetz und Tauchen 1972 verfaßten und im Rahmen der Arena 72 uraufgeführten Musical *Der Watzmann ruft*. (Erst in den 1990er Jahren konnte man sich der Volksmusik anscheinend unbefangener nähern, wovon die sogenannte Neue Volksmusik Zeugnis ablegt.) Insgesamt ist die – wie immer geartete – Auseinandersetzung mit der Volksmusik als Indiz dafür zu werten, daß das Anknüpfen an heimische Traditionen der jüngeren Generation von österreichischen Musikschaffenden ein Anliegen war.

6. Nicht zuletzt muß eine Tradition aus dem Bereich der bildenden Kunst erwähnt werden, der Wiener Aktionismus, der zumindest insofern indirekten Einfluß auf einige Aspekte des Austropop hatte, als sich die einschlägigen Musikschaffenden und bildenden Künstler zum Teil im selben subkulturellen Kontext bewegten (zum Beispiel im Lokal Vanilla). Bei der Gruppe Drahdiwaberl, die seit den späten 1960er Jahren als loses Musikprojekt existiert und im Zug der Punk- und New Wave-Bewegung Anfang der 1980er Jahre neuentdeckt wurde, ist der Einfluß des Wiener Aktionismus unübersehbar.

Aus diesem Spektrum an Traditionen entwickelte sich also der Austropop zu einer eigenständigen, neuen Form. Der sozialkritische Anspruch der Liedermacher wurde mit dem neuen Sound der angloamerikanischen Pop- und Rockmusik verbunden, der zu dieser Zeit durchaus für Widerständigkeit und Modernität stand. Gebrochen wurde diese rebellische Geste in textlicher Hinsicht allerdings durch die Ironie und den zum Teil bissigen Witz, Elemente, die aus der Kabaretttradition übernommen wurden, und in musikalischer Hinsicht durch den spielerischen bis experimentellen Umgang mit herkömmlichen Traditionen, vom Wienerlied über den Schlager zur Volksmusik, die in das Pop- und Rock-Grundgerüst integriert wurden.

Entscheidend für die Herausbildung des Austropop war wohl das Bedürfnis der heranwachsenden Generation, vermutlich mehr unbewußt als bewußt vorhanden, eine eigenständige kulturelle Identität zu entwickeln. Dieses Bedürfnis äußerte sich als Bemühen, einen akzeptablen Umgang mit eigenen Traditionen herzustellen. Durch den Faschismus und die Verdrängungsstrategien der Erwachsenengeneration der Nachkriegszeit war der unbefangene, vielleicht sogar kreative Zugang zu heimischen Traditionen für die Heranwachsenden verunmöglicht (dies im Gegensatz zum angloamerikanischen Raum, wo eine bruchlose Entwicklung der Popularmusik zu beobachten war und ist). Die heimische Volkskultur und Volksmusik wurden von den Jungen zum Teil zu Recht, zum Teil zu Unrecht als konservativ, wenn nicht nationalistisch denunziert. Die Identitätsangebote, die die etablierte heimische Popularkultur bereitstellte, vom braven deutschen Schlager (Stichwort: Verdrängung) bis zur Volksmusik (Stichwort: Beharrlichkeit), waren für die Jungen jedenfalls inakzeptabel.

So gesehen ist die Durchsetzung des Austropop als der letztendlich erfolgreiche Kampf um kulturelle Vorherrschaft oder Legitimität zu sehen, der zwischen einer neuen Generation und einer alten Generation von Musikschaffenden und deren Anhängern geführt wurde. Erste Ansätze dieses Kampfes konnten bereits in den 1950er Jahren beobachtet werden, als die alte Schlagergeneration sich gegen die Einflüsse des angloamerikanischen Schlagers und des Rock 'n' Roll zu wehren begann.[5] Die Diffusion dieser neuen Stile konnte sich in den 1950er Jahren allerdings noch nicht entfalten, weil es »weder in der Produktion noch in der Distribution Kreise von Musikanten und deren Anhängern (gab), die eine kontinuierliche Produktion von Rock 'n' Roll gewährleistet hätten«.[6]

Diese kontinuierliche Produktion wurde also erst Anfang der 1970er Jahre ermöglicht, nicht zuletzt deswegen, weil die neue, mit der Kulturindustrie der 1950er und 1960er Jahre aufgewachsene Generation von den Institutionen der Produktion und Distribution von Musik nicht mehr ferngehalten werden konnte.

Die Durchsetzung des Austropop

Spätestens 1968 war der Unmut der heranwachsenden Generation über die tradierten kulturellen Werte unübersehbar geworden.[7] Die Identitätsangebote, die diese Kultur zur Verfügung stellte, entsprachen nicht mehr den realen Lebenserfahrungen der in der Medien- und Konsumgesellschaft sozialisierten Jugend. Der Entwicklung oder gar Realisierung eigener kultureller Wertvorstellungen stand aber die Tatsache im Weg, daß die Institutionen des Kulturlebens fest in der Hand der alten Generation waren. Ende der 1960er, Anfang der 1970er Jahre änderte sich auch das. Ein Modernisierungsschub, dessen komplexe politische und wirtschaftliche Ursachen hier zu erörtern nicht möglich ist, brachte in Österreich unter anderem auch die Herausbildung neuer Infrastrukturen im Musikbereich mit sich.[8]

Im Zug der Reform des Österreichischen Rundfunks wurde 1967 der Popsender Österreich 3 ins Leben gerufen. Damit erhielt die Orientierung breiter Schichten von Jugendlichen an angloamerikanischer Popularmusik erstmals eine legitime Öffentlichkeit und die Musikschaffenden und Musikinteressierten eine Plattform für öffentliche Auseinandersetzungen über verschiedene Musiktraditionen. André Heller etwa, der als Discjockey der ersten Stunde bei Ö3 wirkte, verteilte allwöchentlich »Zitronen« für die seiner Meinung nach schlechtesten Musikproduktionen. Einem ungeschriebenen

*Der Wolfgang Ambros der »Hofa«-Zeit war in musikalischer Hinsicht noch ein experimentierend-suchender Outlaw.*

Gesetz nach war das Spielen von deutschen Schlagern in Ö3 tabu. Umso bedeutungs-
voller war es dann, daß in einer der kritischsten Sendungen von Ö3, der *Musikbox*, der
deutschsprachige *Hofa* von Wolfgang Ambros nicht nur gespielt, sondern auch in
positiver Art und Weise präsentiert wurde. Dem wachsenden Bedarf nach Informationen auch über den heimischen Popmusikbereich kamen neue Musikzeitschriften entgegen. 1968 wurde der *Rennbahn-Express* ins Leben gerufen, 1971 die Zeitschrift *Hit*.
Insbesondere *Hit* verstand sich von Anfang an als Organ der österreichischen Musik-
szene.

*Reinhard Fendrich beim Eröffnungskonzert der Wiener Festwochen 1992.*
*Fendrichs »I am from Austria« wird unterderhand als neue Bundeshymne gehandelt.*

Ein wesentlicher Faktor bestand weiters in der Gründung von Aufnahmestudios durch
Angehörige der neuen Musikergeneration, in denen bereits mit den damals avancier-
testen Techniken gearbeitet werden konnte. Vor allem das Studio von Peter Müller, der
in den 1960er Jahren selbst als Musiker in einer an angloamerikanischer Rockmusik
orientierten Gruppe, den Mimes, mitgewirkt hatte, war wichtigste Anlaufstelle für die
Austropop-Musiker der ersten Stunde. Als Produzent wirkte Müller wesentlich mit bei
der Herausbildung eines spezifisch österreichischen Sounds. Schließlich war ein
großes Reservoir an Musikschaffenden, aber auch von Kulturvermittlern (Managern,
Produzenten, Konzertveranstaltern) vorhanden, die zum Teil schon professionell im
Musikgeschäft tätig waren, ihre Lehrjahre bereits in der Auseinandersetzung mit

# Teil 3

# Gesellschaft, Politik, Kultur im Längsschnitt
# 1945 – 1995

Heinz Faßmann
# Der Wandel der Bevölkerungsstruktur in der Zweiten Republik

Im Gegensatz zur stagnierenden Bevölkerungsentwicklung der Ersten Republik und zur Bevölkerungsabnahme während des autoritären Regimes zwischen 1934 und 1938 war die Zweite Republik durch ein beachtliches Bevölkerungswachstum gekennzeichnet. Zwischen 1951 und 1991 nahm die Einwohnerzahl um 862.000 Menschen zu, zwischen 1939 und 1991 um über 1,1 Millionen. Jahr für Jahr wuchs die Bevölkerung in den letzten 40 Jahren um fast 22.000 Menschen. Bei oberflächlicher Betrachtung kann dies als eine bejahende Haltung der Bevölkerung der Zweiten Republik gegenüber gedeutet werden. Mit dem Bevölkerungswachstum als Indikator habe die Republik ihren ›Lebenswillen‹ gezeigt und sei damit grundsätzlich von der Ersten Republik zu unterscheiden. Bei näherer Betrachtung der demographischen Entwicklung der Zweiten Republik und der Ursachen des Bevölkerungswachstums wird jedoch klar, daß diese Argumentation oberflächlich ist. Die Bevölkerungsentwicklung in der Zweiten Republik verlief nicht linear und uniform, und die Ursachen für Zunahme oder Rückgang waren viel zu komplex, um als einfache Zustimmung für den wiedererstandenen Staat interpretiert zu werden.

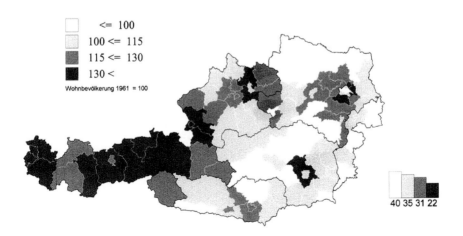

*Bevölkerungsveränderung 1961 bis 1991*

# Bevölkerungsentwicklung

## Die Nachkriegsjahre (1945 bis 1950)

Wieviele Menschen im Frühjahr 1945, am Beginn der Zweiten Republik, in Österreich lebten, kann nicht mehr genau festgestellt werden. Die letzte Volkszählung, im Jahre 1939 durchgeführt, ergab eine Zahl von 6,65 Millionen. Im Zweiten Weltkrieg fielen 247.000 Soldaten, hinzu kamen 24.300 Ziviltote; insgesamt starben über 270.000 Personen, immerhin rund vier Prozent der Bevölkerung von 1939.[1] Dazu gezählt müssen die Verstorbenen werden, die unabhängig von den Kriegshandlungen ihr Leben lassen mußten,[2] weiters Flüchtlinge, die Österreich verließen, und der kriegsbedingte Rückgang der Geburten, der zu einem weiteren Bevölkerungsverlust führte. Andererseits wanderten in den letzten Kriegsmonaten viele Flüchtlinge und Heimatvertriebene zu.[3]

*Tabelle 1: Die Bevölkerung Österreichs von 1939 bis 1993*

| Jahr | Bevölkerung (in 1.000) | Index (1939 = 100) | Geburten-bilanz | Wanderungs-bilanz |
|------|------|------|------|------|
| 1939 | 6,653 | 100.0 | | |
| 1946 | 7,000 | 105.2 | | |
| 1951 | 6,935 | 104.2 | | |
| 1961 | 7,086 | 106.5 | 45.890 | -2.679 |
| 1962 | 7,130 | 107.2 | 42.399 | 1.521 |
| 1963 | 7,176 | 107.9 | 43.230 | 4.744 |
| 1964 | 7,224 | 108.6 | 44.760 | 3.246 |
| 1965 | 7,271 | 109.3 | 35.651 | 10.518 |
| 1966 | 7,322 | 110.1 | 37.137 | 19.049 |
| 1967 | 7,377 | 110.9 | 31.966 | 21.712 |
| 1968 | 7,415 | 111.5 | 30.101 | -6.970 |
| 1969 | 7,441 | 111.8 | 22.662 | 5.512 |
| 1970 | 7,467 | 112.2 | 13.482 | 10.406 |
| 1971 | 7,500 | 112.7 | 11.176 | 31.727 |
| 1972 | 7,544 | 113.4 | 8.710 | 35.826 |
| 1973 | 7,586 | 114.0 | 5.273 | 34.018 |
| 1974 | 7,599 | 114.2 | 3.106 | -16.550 |
| 1975 | 7,579 | 113.9 | -2.284 | -24.543 |
| 1976 | 7,566 | 113.7 | -7.694 | 7.766 |
| 1977 | 7,568 | 113.8 | -6.807 | 12.545 |
| 1978 | 7,562 | 113.7 | -9.215 | -8.774 |
| 1979 | 7,549 | 113.5 | -5.624 | -2.146 |
| 1980 | 7,549 | 113.5 | -1.570 | 9.356 |
| 1981 | 7,565 | 113.7 | 1.249 | 29.519 |
| 1982 | 7,574 | 113.8 | 3.501 | -20.256 |
| 1983 | 7,552 | 113.5 | -2.923 | 2.277 |
| 1984 | 7,553 | 113.5 | 768 | 6.903 |
| 1985 | 7,558 | 113.6 | -2.138 | 9.934 |
| 1986 | 7,566 | 113.7 | -107 | 11.765 |
| 1987 | 7,576 | 113.9 | 1.596 | 7.074 |
| 1988 | 7,596 | 114.2 | 4.789 | 20.795 |
| 1989 | 7,624 | 114.6 | 5.352 | 56.105 |
| 1990 | 7,718 | 116.0 | 7.502 | 71.913 |
| 1991 | 7,825 | 117.6 | 11.201 | 87.651 |
| 1992 | 7,884 | 118.5 | 12.140 | 82.067 |
| 1993 | 7,989 | 120.1 | 12.710 | 40.314 |

Anmerkung: Heutiger Gebietsstand; Jahresdurchschnittsbevölkerung

Quelle: Statistisches Handbuch für die Republik Österreich 1991, 13 (Bevölkerungszahl)

Die ersten Nachkriegsjahre waren durch eine hohe Sterblichkeit gekennzeichnet. Zwischen 1945 und 1951 starben 617.000 Menschen, rund 103.000 pro Jahr. Tuberkulose und andere Infektionskrankheiten rafften viele hinweg. Die durchschnittliche Lebenserwartung bei der Geburt betrug für die männliche Wohnbevölkerung 61,9 Jahre, für die weibliche 67,0 Jahre.[4]

Der hohen Sterblichkeit standen ebenso hohe Geburtenzahlen gegenüber. Zwischen 1945 und 1951 kamen 686.000 Kinder zur Welt, im Durchschnitt 114.000 pro Jahr. 1947 erreichte die nachgeholte Geburtenentwicklung für mehr als ein Jahrzehnt ihren Höhepunkt. 129.000 Menschen kamen 1947 zur Welt, ein Wert, der erst Mitte der 1960er Jahre wieder zu beobachten war. Die Gesamtfruchtbarkeitsrate[5] betrug 1947 2,42 und sank in den folgenden Jahren. Die Geburtenbilanz[6] war mit plus 11.000 Personen im Jahr etwa so groß wie Anfang der 1970er Jahre.

Kennzeichnend für die ersten Nachkriegsjahre war die europäische Massenmigration in ost-westlicher Richtung. Nach einer groben Schätzung, die nur die wichtigsten Migrationsströme berücksichtigt, mußten zwischen 1945 und 1950 rund 15,4 Millionen Menschen ihre frühere Heimat verlassen.[7] Mehr als 12 Millionen »Volksdeutsche« begaben sich während des Zusammenbruchs des NS-Regimes auf die Flucht oder wurden in den folgenden Monaten und Jahren vertrieben. Diese 12 Millionen stammten sowohl aus dem östlichen Teil des früheren »Deutschen Reichs« als auch aus Gebieten, die vorher von der deutschen Wehrmacht besetzt worden waren (Polen, das Baltikum, Böhmen und Mähren, Slowenien, Serbien, die Ukraine) oder von verbündeten faschistischen oder autoritären Regimen (Slowakei, Kroatien und Ungarn) regiert wurden. Von Österreich wurden zwischen 1945 und 1950 mehr als eine Million »Volksdeutsche« und andere Flüchtlinge aus dem Osten kurzfristig aufgenommen. Von ihnen blieb allerdings nur die Hälfte im Land und wurde bis Mitte der 1950er Jahre eingebürgert.[8] Andere, 1945 bereits in Österreich anwesende Kriegsflüchtlinge, Österreicher, die von den tagtäglichen Entbehrungen der ersten Nachkriegsjahre genug hatten und mit alliierten Soldaten verheiratete Österreicherinnen verließen das Land. Insgesamt betrug der rechnerisch ermittelte jährliche Migrationssaldo zwischen 1946 (!) und 1951 rund minus 11.000 Menschen.

## Das Jahrzehnt der Konsolidierung (1951 bis 1961)

1951, sechs Jahre nach Kriegsende, lebten in Österreich 6,933 Millionen Menschen, um rund 280.000 mehr als 1939. Rein statistisch gesehen nahm die Bevölkerung zwischen 1939 und 1951 um jährlich 23.000 Menschen zu. Weil die Bevölkerung 1946 mit rund 7 Millionen genauso groß war wie 1951, muß angenommen werden, daß sich das Wachstum ausschließlich auf die Jahre 1939 bis 1946 beschränkte.

In den darauffolgenden 1950er Jahren verlangsamte sich das Wachstum deutlich. Sinkende Geburtenzahlen, damit ein reduziertes ›natürliches‹ Bevölkerungswachstum und besonders ein negativer Migrationssaldo führten zu einer durchschnittlichen jährlichen Zunahme von lediglich 14.000 Menschen.

Zwischen 1951 und 1960 sind 28.475 ÖsterreicherInnen ausgewandert,[9] pro Jahr also mehr als 2.800. Die Auswanderung erfolgte vorwiegend in Richtung Übersee. Im

selben Zeitraum verließen insgesamt fast 46.000 ausländische StaatsbürgerInnen
Österreich. Umgekehrt reduzierte sich nach Errichtung des »Eisernen Vorhangs« der
Zustrom von MigrantenInnen aus Osteuropa drastisch. Die Flüchtlingszahlen betrugen
in den 1950er Jahren im Durchschnitt 3.000. Einzige Ausnahme waren die Jahre
1956/57, als fast 230.000 Ungarn vorübergehend in Österreich Aufnahme fanden.

Die mit der Abwanderung verbundene Reduktion des inländischen Arbeitskräfteangebots bei einer sich gleichzeitig konsolidierenden Wirtschaft bot die Gelegenheit,
die hohen Arbeitslosenquoten Anfang der 1950er Jahre abzubauen. Ende der 1950er
Jahre war fast das gesamte inländische Arbeitskräfteangebot in das Beschäftigungssystem integriert, die Arbeitslosenquote auf 3,4 Prozent (1960) gesenkt. Die Nachkriegswirtschaft erlebte damit einen tiefgreifenden Struktureinbruch: War Österreichs
Wirtschaft in den 1950er Jahren aufgrund der geringen Kaufkraft der privaten Haushalte nachfragebeschränkt, so erlebte sie in den 1960er Jahren eine drastische Angebotsbeschränkung. Stand in den 1940er und 1950er Jahren ein großes Arbeitskräfteangebot zur Verfügung, so reduzierte sich dieses im nachfolgenden Jahrzehnt sehr
deutlich. Der Rückzug der Frauen aus der Erwerbstätigkeit – auch eine Folge der hohen
Geburtenzahlen – verstärkte diese Angebotsbeschränkung, die zu einer Ausweitung des
nationalen Arbeitsmarktes führte.


Das Wachstum der 1960er Jahre

In den 1960er Jahren nahm das Bevölkerungswachstum rapide zu. Innerhalb von zehn
Jahren wuchs die Bevölkerung um rund 420.000 Menschen. Wie groß dieses Wachstum
war, soll ein Vergleich illustrieren: Die Zahl von 420.000 Menschen entsprach fast der
heutigen Bevölkerungszahl des Bundeslandes Salzburg. Eine derart starke Zunahme
war außergewöhnlich in der gesamten Ersten und Zweiten Republik und erreichte
frühgründerzeitliches Ausmaß.

Hauptursachen des Wachstums in den 1960er Jahren stellten hohe Geburtenziffern
und eine relativ geringe Zahl von Sterbefällen dar. Daß damals relativ wenige ÖsterreicherInnen starben, ergab sich in erster Linie aus der Zusammensetzung der Alterspyra-
mide. Österreich wies insgesamt eine relativ ›junge‹ Bevölkerung auf. Die Gruppe der
über 60jährigen, die naturgemäß von Sterblichkeit besonders betroffen ist, war verhältnismäßig klein. Dem standen auf der anderen Seite hohe Geburtenziffern gegenüber.
Anfang der 1960er Jahre betrug die Zahl der Lebendgeborenen über 130.000 pro Jahr.
Im Laufe des Jahrzehnts sank die Zahl der Neugeborenen kontinuierlich ab und belief
sich am Beginn der 1970er Jahre auf etwas mehr als 110.000. Der Saldo aus Geburten
und Sterbefällen ergab 1961 einen Geburtenüberschuß von fast 46.000. Demgegenüber
betrug der Geburtenüberschuß im Jahre 1971 nur mehr 13.000.

Ein zusätzlicher Wachstumseffekt ging von der Zuwanderung ausländischer Arbeitskräfte und deren Familienangehörigen aus. Die gute Konjunktur zwischen 1965
und 1967 sowie ab 1969 bedingte eine Öffnung des Arbeitsmarktes für ausländische
Arbeitskräfte. Einer beachtlichen Zuwanderung von AusländerInnen nach Österreich
stand jedoch eine ebenfalls beträchtliche Abwanderung von InländerInnen in das
westliche Ausland gegenüber. In ›Spitzenjahren‹ ergab sich dennoch ein positiver

Wanderungssaldo von plus 20.000 Personen. Im Durchschnitt betrug der jährliche Wanderungsgewinn zwischen 1961 und 1980 rund plus 7.000 Personen.

### Die Stagnation in den 1970er Jahren

Dem starken Bevölkerungswachstum der 1960er Jahre folgte ein Jahrzehnt der Bevölkerungsstagnation. Der Babyboom war beendet, die Geburtenzahlen sanken beträchtlich, und die ungünstige Wirtschaftsentwicklung in den Jahren nach 1973 (erster Erdölpreisschock) sorgte für eine starke Abnahme der Rekrutierung ausländischer Arbeitskräfte.

Die Zahl der Lebendgeburten erreichte 1978 mit 85.402 einen historischen Tiefstand. Die Hauptursache dafür bildete die Nachwuchsbeschränkung. Die durchschnittliche Kinderzahl pro Frau sank während der 1970er Jahre von 2,29 (1970) auf 1,60 (1978) ab.

Ab Mitte der 1970er Jahre überstieg die Zahl der Sterbefälle jene der Geburten, weiters war die kompensatorische Wirkung der Zuwanderung ab 1973 gering. Starke Zuwanderung vollzog sich nur in den ›Boomjahren‹ bis 1973. Danach erfolgte nicht bloß ein Anwerbestopp jugoslawischer und türkischer Arbeitnehmer, sondern gleichzeitig eine Forcierung der Rückkehr derselben in die Herkunftsländer. Die aus politischen Gründen gebremste Migrationsdynamik konnte die Geburtenausfälle nicht kompensieren. Insgesamt betrug die jährliche Zunahme rund 6.400 Personen. 1981 war die Bevölkerungszahl mit 7,55 Millionen nur geringfügig höher als 1971 (7,49 Millionen). Österreichs Bevölkerung schrumpfte, und düstere Prognosen beschworen damals bereits den Mythos von der drohenden ›Entvölkerung‹ Österreichs herauf.

### Das neue Wachstum der 1980er Jahre

Abermals folgte einer Dekade mit einer stagnierenden Bevölkerungsentwicklung ein durch ein starkes Wachstum charakterisiertes Jahrzehnt. Zwischen 1981 und 1991 stieg Österreichs Wohnbevölkerung auf fast 7,8 Millionen EinwohnerInnen. Die jährliche Bevölkerungszunahme betrug rund 24.000 Personen. 1994 wurden erstmals mehr als 8 Millionen EinwohnerInnen in Österreich gezählt.

Ab Ende der 1970er Jahre begann die Zahl der Neugeborenen wieder etwas zuzunehmen. Österreich wies in der Folge, bis Mitte der 1980er Jahre, eine im wesentlichen ausgeglichene Geburtenbilanz auf. Danach veränderte sich die demographische Situation beträchtlich. Aufgrund sinkender Sterbezahlen und einer leicht steigenden Geburtenhäufigkeit verkehrte sich das Geburtendefizit von minus 107 im Jahre 1986 in einen Überschuß von 11.201 im Jahre 1991. Eines muß deutlich gesagt werden: Die steigende Geburtenhäufigkeit war auf einen Altersstruktureffekt zurückzuführen. Weil viele Frauen im gebärfähigen Alter waren, kamen viele Kinder zur Welt. Die um solche Strukturveränderungen bereinigte Gesamtfruchtbarkeitsrate erhöhte sich von 1990 auf 1991 von 1,46 auf 1,5 Kinder pro Frau (= plus 3,4 Prozent). Sie ist daher noch immer von jenem Niveau entfernt, das notwendig wäre, eine Elterngeneration komplett zu ersetzen.[10]

Dramatisch veränderte sich die Wanderungsbilanz. Zu Beginn der 1980er Jahre
überstieg die Abwanderung die Zuwanderung. Ab 1984 stieg die Zahl der Einwanderer
kontinuierlich an. Zuerst wuchs der Saldo nur um wenige Tausend. Seit 1989 ist die Zahl
der legalen Zuwanderer um einige Zehntausend größer als die Zahl der Auswanderer.
1989 betrug der Saldo plus 56.000, 1990 plus 72.000 und 1991 sogar plus 88.000. 1992
sank der Saldo auf plus 82.000, 1993 auf plus 40.000. Der positive Wanderungssaldo
der 1980er Jahre von jährlich plus 21.700 entsprach dem errechneten Wanderungssaldo
der Periode 1869 bis 1880, als viele junge Menschen aus Böhmen, Mähren, Schlesien
oder Galizien nach Österreich kamen und als Mägde, Kindermädchen, Haushaltshilfen,
Gesellen oder Lehrlinge in der Metropole Wien Arbeit und Unterkunft fanden.

## Ausgewählte demographische Prozesse

Aus der Vielzahl der demographischen Prozesse, die Österreichs Bevölkerung der
Zweiten Republik mehr oder minder nachhaltig verändert haben, erscheinen drei von
besonderer Bedeutung.

### Der Rückgang der Geburten – die Alterung der Gesellschaft

Der erste Prozeß bestand im Rückgang der Geburten ab Mitte der 1960er Jahre.
Innerhalb weniger Jahre sanken die Geburtenzahlen unter jenes Niveau, das erforder-
lich gewesen wäre, um Österreichs Bevölkerung langfristig zu stabilisieren. »Mehr
Kinder braucht das Land«, lautete die verdeckt, manchmal auch offen vorgetragene
Forderung konservativer Familienpolitiker. Sie blieben insgesamt ungehört. Ein tiefgreifender gesellschaftlicher Wandel hatte das generative Verhalten verändert. Der
Wandel der gesellschaftlichen Position der Frau ist dabei an erster Stelle zu nennen.
    In kaum einem anderen Bereich läßt sich die Veränderung weiblicher Lebensfor-
men und der Stellung der Frau in der Gesellschaft so deutlich nachvollziehen wie bei
der realisierten Kinderzahl. Frauen haben sich dabei von einer gesellschaftlich weitgehend determinierten Rolle als Mutter lösen können und sind heute in hohem Ausmaß
selbstverantwortlich bei der Frage, wieviele Kinder sie in die Welt setzen möchten.
    Lassen wir die Entwicklung Revue passieren: Mitte der 1950er Jahre begannen
abermals die Geburtenzahlen anzusteigen. Mit der wiedererlangten Unabhängigkeit
und der wirtschaftlichen Konsolidierung entschlossen sich mehr Österreicher und
Österreicherinnen, Kinder in die Welt zu setzen als in den Jahren vorher. 1955 wurde
das einfache Reproduktionsniveau errreicht, 1961 betrug die Nettoreproduktionsziffer
1,29, 1963 sogar 1,31. Steigende Heiratsraten und sinkendes Heiratsalter hatten die
Geburtenwelle beschleunigt. Damit war jedoch der Höhepunkt des österreichischen
Nachkriegs-Babybooms bereits erreicht. Seit Mitte der 1960er Jahre ging die Geburtenentwicklung Jahr für Jahr zurück.[11] 1970 wurde das einfache Reproduktionsniveau
unterschritten, welches sich in den letzten 15 Jahren auf einen Wert von rund 0,75
eingependelt hat. Das heißt: Unter Berücksichtigung der Sterblichkeit der Mädchen bis
zum Eintritt ins gebärfähige Alter (15 Jahre) wird eine Müttergeneration zu 75 Prozent
durch eine Töchtergeneration ersetzt.

Parallel zum Geburtenrückgang nahmen die Unehelichenquote und das durchschnittliche Alter der Frau bei der Geburt des ersten aber auch aller weiteren Kinder zu.

Weil die Frauen der geburtenstarken Jahrgänge Anfang der 1980er Jahre selbst ins gebärfähige Alter kamen, stieg zwischen 1979 und 1982 die Geburtenzahl wieder an. Nach 1982 setzte abermals ein leichter Rückgang und nach 1988 wieder ein leichter Anstieg ein. Letzteres sowohl eine Folge der starken Zuwanderung nach 1989/90, die auch eine erhöhte Zahl von Frauen im gebärfähigen Alter nach Österreich brachte, als auch eines leichten Anstiegs der Gesamtfruchtbarkeitsrate, die von 1,44 im Jahre 1988 auf 1,50 im Jahre 1991 zunahm.

Mit dem Anstieg der Geburten in den 1960er Jahren haben sich Frauen verstärkt aus dem Beschäftigungssystem zurückgezogen. Waren 1961 noch 36 Prozent aller

*Tabelle 2: Geburten und Alter bei der Geburt*

| Jahr | Lebendgeburten (in 1000) | Gesamtfrucht- barkeitsrate | Netto- produktionsrate | Unehelichen- quote |
|------|------|------|------|------|
| 1937 | 86,4 | 1,55 | 0,65 | 22,8 |
| 1947 | 129,0 | | | 20,2 |
| 1951 | 102,8 | 2,02 | 0,90 | 17,8 |
| 1954 | 104,0 | 2,15 | 0,98 | 15,5 |
| 1957 | 118,7 | 2,57 | 1,17 | 13,3 |
| 1960 | 125,9 | 2,69 | 1,24 | 13,0 |
| 1961 | 131,6 | 2,78 | 1,29 | 12,6 |
| 1962 | 133,3 | 2,80 | 1,30 | 12,0 |
| 1963 | 134,8 | 2,82 | 1,32 | 11,6 |
| 1964 | 133,8 | 2,79 | 1,31 | 11,3 |
| 1965 | 129,9 | 2,70 | 1,26 | 11,2 |
| 1966 | 128,6 | 2,66 | 1,25 | 11,4 |
| 1967 | 127,4 | 2,62 | 1,23 | 11,5 |
| 1968 | 126,1 | 2,58 | 1,21 | 12,0 |
| 1969 | 121,4 | 2,49 | 1,17 | 12,2 |
| 1970 | 112,3 | 2,29 | 1,07 | 12,8 |
| 1971 | 108,5 | 2,20 | 1,03 | 13,0 |
| 1972 | 104,0 | 2,08 | 0,98 | 13,7 |
| 1973 | 98,0 | 1,94 | 0,91 | 13,7 |
| 1974 | 97,4 | 1,91 | 0,90 | 13,8 |
| 1975 | 93,8 | 1,83 | 0,86 | 13,5 |
| 1976 | 87,4 | 1,69 | 0,80 | 13,8 |
| 1977 | 85,6 | 1,63 | 0,77 | 14,2 |
| 1978 | 85,4 | 1,60 | 0,76 | 14,8 |
| 1979 | 96,4 | 1,60 | 0,76 | 16,5 |
| 1980 | 90,9 | 1,65 | 0,78 | 17,8 |
| 1981 | 93,9 | 1,67 | 0,80 | 19,4 |
| 1982 | 94,8 | 1,66 | 0,79 | 21,6 |
| 1983 | 90,1 | 1,56 | 0,74 | 22,4 |
| 1984 | 89,2 | 1,52 | 0,73 | 21,5 |
| 1985 | 87,4 | 1,47 | 0,70 | 22,4 |
| 1986 | 87,0 | 1,45 | 0,69 | 23,3 |
| 1987 | 86,5 | 1,43 | 0,68 | 23,4 |
| 1988 | 88,1 | 1,44 | 0,69 | 21,0 |
| 1989 | 88,8 | 1,45 | 0,69 | 22,6 |
| 1990 | 90,5 | 1,45 | 0,70 | 23,6 |
| 1991 | 94,6 | 1,50 | 0,72 | 24,8 |
| 1992 | 95,3 | 1,49 | 0,71 | 25,2 |
| 1993 | 95,2 | 1,48 | 0,71 | 26,3 |

Anm.: (1) berechnet aus altersspezifischen Fruchtbarkeitsziffern; (2) berechnet aus der absoluten Zahl der Geborenen nach dem Alter der Mutter; (3) einschließlich Totgeborener.

Quelle: Natürliche Bevölkerungsbewegung, ÖSTAT

Frauen berufstätig, so waren es 1971 nur mehr 30,4 Prozent. Die mangelnde Vereinbarkeit von Beruf und Kinderbetreuung bedeutete für viele Frauen das Ausscheiden
aus der Berufstätigkeit. Die sinkenden Kinderzahlen in den darauffolgenden Jahrzehnten führten trotz der zunehmenden Arbeitslosigkeit seit Anfang der 1980er Jahre zu
einem Comeback der Frauen auf dem Arbeitsmarkt. Mehr noch als das: 1993 waren 40
Prozent aller Frauen erwerbstätig, der Anteil der ›Nur-Hausfrauen‹ hat sich von 27,3
Prozent (1951) auf 16,5 Prozent (1993) drastisch reduziert.

Die Suche nach einer Erklärungsvariablen für den Geburtenrückgang hat sich als
vergeblich herausgestellt. Damit sind auch alle angebotenen politischen Patentrezepte
zur Erhöhung der Geburtenzahl, falls diese Inhalt von gesellschaftlichen Konzepten sein
soll, wirkungslos. Es ist nicht ausschließlich die Verfügbarkeit von Kontrazeptiva, die
gestiegene Erwerbsbeteiligung von Frauen, die Liberalisierung des Schwangerschaftsabbruchs, die Kinderfeindlichkeit in unserer Gesellschaft, die Frauenemanzipation oder
die Familienpolitik der jeweils amtierenden Regierung, die, für sich genommen, Ursache
des Geburtenrückgangs ist. Monokausale Erklärungen sind nicht in der Lage, das
Phänomen zu begründen. Sicher sind nur die Auswirkungen: Der Geburtenrückgang
führt – ceteris paribus – zu einer schrumpfenden Bevölkerung, zu einer Zunahme des
Durchschnittsalters und langfristig zu einem sinkenden Arbeitskräfteangebot.

*Tabelle 3: Altersverteilung von 1951 bis 1991 in %*

| Volkszählung | unter 15 | 15–60 | 60 u.m. | 75 u.m |
|---|---|---|---|---|
| 1951 | 22,9 | 61,5 | 15,6 | 3,2 |
| 1961 | 22,4 | 59,2 | 18,4 | 4,2 |
| 1971 | 24,3 | 55,5 | 20,1 | 4,7 |
| 1981 | 20,0 | 60,8 | 19,2 | 6,1 |
| 1991 | 17,4 | 62,5 | 20,1 | 6,7 |

Quelle: Volkszählungsergebnisse

In den letzten 40 Jahren ging der Anteil der unter 15jährigen von 22,9 Prozent (1951)
auf 17,4 Prozent (1991) zurück. Als Folge des Babybooms der 1960er Jahre betrug
1971 der Anteil der unter 15jährigen sogar 24,3 Prozent und hat sich in den nächsten
20 Jahren um fast ein Drittel verringert. Umgekehrt stieg dagegen der Anteil der
60jährigen und Älteren von 15,6 Prozent (1951) auf 20,1 Prozent (1991), der Anteil
der über 75jährigen verdoppelte sich sogar. Die Alterung der Bevölkerung ist damit
noch lange nicht abgeschlossen, und sie wäre noch um vieles stärker, wenn nicht durch
Zuwanderung jüngere Bevölkerungsgruppen verstärkt nach Österreich gekommen
wären.

Österreich, ein Einwanderungsland wider Willen

Entscheidend für die demographische Entwicklung Österreichs in den 1960er, 1970er
und 1980er Jahren waren die Ausdehnung des nationalen Arbeitsmarktes und die
Anwerbung ausländischer Arbeitskräfte. Nach den hohen Einbürgerungszahlen der
1950er Jahre betrug 1961 der Anteil der ausländischen Wohnbevölkerung lediglich 1,4
Prozent; 1994 hat sich dieser Wert auf 8,8 Prozent erhöht.

Die Wanderung ausländischer Arbeitskräfte folgte der Logik von höheren Löhnen, der Nachfrage nach Arbeitskräften in den entwickelteren Industriestaaten und staatlich geregelter Anwerbungs- beziehungsweise Kontingentierungspolitik. Ursprünglich verfolgte Österreich – wie auch Deutschland und die Schweiz – das Konzept kurzfristiger Arbeitsaufenthalte (Rotationsprinzip). Dieses wurde schon im Lauf der 1960er Jahre zunehmend durch die Perspektive einer längerfristigen Beschäftigung und endgültiger Niederlassung samt Familie ersetzt. Mit dem Scheitern des Rotationsprinzips und dem Anwerbestopp von 1973 entstand eine Reihe von Problemen, die im ursprünglichen Konzept nicht vorgesehen waren (zweite Generation, schulische Integration, Einbürgerung usw.). Diese Probleme sind bis heute nicht zufriedenstellend gelöst worden und stellen nach wie vor eine gesellschaftspolitische Herausforderung dar.

Die zwischenstaatlich organisierte Anwerbung und Beschäftigung von Ausländern begann in Österreich deutlich später als in Westdeutschland, in der Schweiz und in Skandinavien.[12] Ein erstes Anwerbeabkommen schloß Österreich 1962 mit Spanien,

*Tabelle 4: Ausländische Wohnbevölkerung, ausländische Arbeitskräfte und Asylanträge von 1961 bis 1993*

| Jahr | Ausländische Wohnbevölkerung | Ausländische Arbeitskräfte | | Asylanträge |
|------|------|------|------|------|
| | insgesamt | insgesamt | Differenz zum Vorjahr | insgesamt |
| 1961 | 102.159 | | | 4.116 |
| 1962 | | | | 3.458 |
| 1963 | | 21.500 | - | 3.435 |
| 1964 | | 26.100 | +4.600 | 3.611 |
| 1965 | | 37.300 | +11.200 | 4.247 |
| 1966 | | 51.500 | +14.200 | 3.805 |
| 1967 | | 66.200 | +14.700 | 3.919 |
| 1968 | | 67.500 | +1.300 | 7.362 |
| 1969 | | 87.700 | +20.200 | 9.831 |
| 1970 | | 111.715 | +24.015 | 3.085 |
| 1971 | 211.896 | 150.216 | +38.501 | 2.075 |
| 1972 | | 187.065 | +36.849 | 1.838 |
| 1973 | | 226.801 | +39.736 | 1.576 |
| 1974 | | 222.327 | -4.474 | 1.712 |
| 1975 | | 191.011 | -31.316 | 1.502 |
| 1976 | | 171.673 | -19.338 | 1.818 |
| 1977 | | 188.863 | +17.190 | 2.566 |
| 1978 | | 176.709 | -12.154 | 3.412 |
| 1979 | | 170.592 | -6.117 | 5.627 |
| 1980 | | 174.712 | +4.120 | 9.259 |
| 1981 | 291.448 | 171.773 | -2.939 | 34.557 |
| 1982 | | 155.988 | -15.785 | 6.314 |
| 1983 | | 145.347 | -10.641 | 5.868 |
| 1984 | | 138.710 | -6.637 | 7.208 |
| 1985 | | 140.206 | +1.496 | 6.724 |
| 1986 | | 145.963 | +5.757 | 8.639 |
| 1987 | | 147.382 | +1.419 | 11.406 |
| 1988 | | 150.915 | +3.533 | 15.790 |
| 1989 | | 167.381 | +16.466 | 21.882 |
| 1990 | | 217.610 | +50.229 | 22.789 |
| 1991 | 517.690 | 264.102 | +46.492 | 27.306 |
| 1992 | | 273.884 | +7.423 | 16.238 |
| 1993 | 706.335 | 282.776 | +8.892 | 4.744 |

Quellen: ÖSTAT, Volkszählungsergebnisse; Arbeitsmarktverwaltung;
Bundesministerium für Inneres

ein zweites 1964 mit der Türkei, ein drittes 1966 mit Jugoslawien. Das Abkommen mit Spanien blieb bedeutungslos. Die jährlichen Zuwächse der ausländischen Arbeitskräfte in Österreich belegen, daß erst die mittleren 1960er Jahre als Take-off-Phase anzusehen sind (10.000 bis 15.000 pro Jahr). Ende der 1960er und Anfang der 1970er Jahre nahm die Zahl ausländischer Arbeitskräfte jährlich um 20.000 bis 40.000 Personen zu. Damals kamen vor allem JugoslawInnen ins Land. Mit 230.000 ausländischen Arbeitskräften erreichte die Gastarbeiterbeschäftigung 1973 ihren ersten Höhepunkt. Bezogen auf alle unselbständig Beschäftigten bedeutete dies damals einen maximalen Ausländeranteil von nicht ganz zehn Prozent.

Phasen ökonomischer Stagnation nach 1973 und das Nachrücken geburtenstarker Jahrgänge auf den Arbeitsmarkt führten in Österreich ab Mitte der 1970er Jahre zu einem deutlichen Abbau der ›Gastarbeiterkontingente‹. 1984 gab es in Österreich nur noch 138.710 registrierte ausländische Arbeitskräfte. Dies bedeutete einen Rückgang von fast 40 Prozent innerhalb von zehn Jahren. Erst ab Mitte der 1980er Jahre stieg die Zahl der ausländischen Arbeitskräfte erneut an.

Im Jahresdurchschnitt 1993 arbeiteten wieder 282.776 AusländerInnen legal in Österreich, doppelt so viele wie 1984. Weitere 21.977 AusländerInnen waren arbeitslos gemeldet.[13] Von diesen ArbeitsmigrantInnen ist derzeit nur noch ein kleiner Teil (circa 20 Prozent) im Rahmen von Branchenkontingenten beschäftigt. Rund ein Drittel besitzt einen Befreiungsschein und kann sich damit den Arbeitgeber frei wählen. Der Rest arbeitet aufgrund individuell erteilter Beschäftigungsbewilligungen (für den Arbeitgeber zur Beschäftigung eines spezifischen Ausländers/einer Ausländerin) oder auf der Basis von Arbeitsgenehmigungen (für den Migranten/die Migrantin). Dazu kommt eine wachsende Zahl illegal beschäftigter oder auf eigene Rechnung arbeitender Zuwanderer aus Ostmitteleuropa. Ein Großteil von ihnen übt temporäre Beschäftigungen aus und hält sich nur vorübergehend in Österreich auf.

Verändert hat sich seit der Mitte der 1960er Jahre nicht nur die Zahl erwerbstätiger AusländerInnen, sondern auch die Herkunft und die Struktur der Neuzuwanderer. Auf Männer und Frauen aus Slowenien und Kroatien folgten Serben, Bosnier und Kosovo-Albaner. Nach (ehemals) jugoslawischen StaatsbürgerInnen kamen TürkInnen und ausländische ArbeitnehmerInnen ›sonstiger‹ Nationalität, zuletzt vor allem Neuzuwanderer aus Ostmitteleuropa. JugoslawInnen waren in der Rezession nach 1973 überproportional von Abbau und freiwilliger oder unfreiwilliger Heimkehr betroffen, während die Zahl der beschäftigten TürkInnen kaum zurückging. Die Zahl der JugoslawInnen veränderte sich stärker konjunkturabhängig als die anderer Herkunftsgruppen. Nur zu einem kleinen Teil kann dieser ›Abbau‹ auf Einbürgerungen zurückgeführt werden, obwohl (Ex-)JugoslawInnen aufgrund ihrer im Durchschnitt relativ langen Aufenthaltsdauer eine größere Chance haben, die österreichische Staatsbürgerschaft zu erhalten und damit aus der Statistik der ausländischen Arbeitskräfte zu ›verschwinden‹.[14]

Österreich war auch Ziel einer Reihe von spektakulären Auswanderungswellen; herausragend der Exodus mehrerer hunderttausend Ungarn in den Jahren 1956/57, von denen 180.000 einen Asylantrag in Österreich stellten. 1968/69 verließen 162.000 Tschechen und Slowaken via Österreich ihre Heimat; von ihnen suchten hier allerdings nur 12.000 um Asyl an. 1981/82 hielten sich zwischen 120.000 und 150.000 Polen in

Österreich auf. Rund 33.000 stellten Asylanträge. Ab 1972 nahm Österreich auf Basis einer Quotenregelung auch Flüchtlinge aus Überseeländern auf; in der Vergangenheit waren dies zum Beispiel Menschen aus Chile, Argentinien, Uganda, Iran und Afghanistan (zum Teil Kontingentflüchtlinge).

Nach einigen Jahren mit geringem Flüchtlingszustrom lag die jährliche Zahl der AsylwerberInnen aus Osteuropa und dem Vorderen Orient zwischen 1989 und 1992 wieder über 20.000: 1985 erfolgten nur 6.724 Anträge; 1988 waren es 15.790, 1989 bereits 21.882 und 1991 27.306. Dies war, gemessen an der Größe der Wohnbevölkerung, nicht weniger als in Deutschland. Seit 1991 sinkt die Zahl der AsylbewerberInnen deutlich ab. 1992 stellten nur mehr 16.238 Personen einen Asylantrag, 1993 nur mehr 4.744.

ArbeitsmigrantInnen, AsylwerberInnen, Vertriebene und andere Zuwanderer kamen seit 1945 zu Hunderttausenden und prägten, unbeachtet von der Öffentlichkeit, Österreichs Bevölkerungsstruktur. Rund 16 Prozent der Wohnbevölkerung sind außerhalb der heutigen Grenzen der Republik Österreich zur Welt gekommen. 8,8 Prozent der Bevölkerung sind auch der Staatsbürgerschaft nach ›Ausländer‹. Dennoch versteht sich die Alpenrepublik keineswegs als Einwanderungsland. Realität und Selbsteinschätzung klaffen in Österreich weit auseinander und erschweren eine rationale Migrations- und Integrationspolitik, die losgelöst ist von Emotionalisierung und populistischer Stimmungsmache.

## Die ›gedrehte Republik‹

Ein drittes demographisches Phänomen, das rückblickend gesehen die Zweite Republik tiefgreifend verändert hat, ist die regional unterschiedliche Bevölkerungsentwicklung, wobei viele Prozesse eine langfristige Perspektive aufweisen. So reicht der Beginn der Landflucht bis weit in das 19. Jahrhundert zurück. Auch nach 1945 erlitt der ländliche Raum hohe Bevölkerungsverluste, die Städte (bis auf Wien) und die suburbanen Bezirke konnten dagegen Bevölkerungsgewinne verzeichnen. Dazu kam ein generelles West-Ost-Gefälle der Bevölkerungsentwicklung, hervorgerufen durch den in den westlichen Bundesländern deutlich höheren Geburtenüberschuß und durch eine Ost-West-Wanderung der inländischen Bevölkerung während des Krieges und unmittelbar nach dem Zweiten Weltkrieg. Während der zehnjährigen Besatzungszeit waren die amerikanische, englische oder französische Besatzungszone deutlich attraktiver als die sowjetische. Die in den westlichen Bundesländern gegründete Industrie war moderner und produktiver als jene der östlichen oder südlichen Bundesländer, die heute noch mit der Restrukturierung der alten Industriestandorte beschäftigt sind.

Profitiert haben die westlichen Bundesländer auch von dem in den späten 1950er und Anfang der 1960er Jahre wiedereinsetzenden außergewöhnlichen Anstieg des heimischen Fremdenverkehrs. Mit den zahlreichen Touristen kam viel Kapital in entlegene Alpentäler. Neben der kargen Berglandwirtschaft offerierten nun die Zimmervermietung, das Hotel- und Gastgewerbe und viele Tätigkeiten, die mit der Betreuung der Touristen direkt oder indirekt zusammenhängen, neue Beschäftigungsmöglichkeiten. Eine über viele Jahrzehnte andauernde Abwanderung und Entsiedelung der höher gelegenen Siedlungsgebiete (»Höhenflucht«) konnte damit in einigen Regionen gestoppt werden.

Einige wenige Zahlen sollen die Verschiebung des Bevölkerungsschwerpunkts und damit die ›Drehung‹ der Republik nach 1918 illustrieren. Wien zählte 1951 noch 1,616.000 EinwohnerInnen, 1991 nur mehr 1,539.800. Zu den Bundesländern mit sinkender Bevölkerungszahl zählt seit 1971 auch die Steiermark, die in den letzten 20 Jahren einen Rückgang von rund 10.000 EinwohnerInnen aufzuweisen hatte. Im Burgenland und in Niederösterreich stagnierte seit 1951 die Bevölkerung oder nahm nur geringfügig zu.

*Tabelle 5: Einwohnerzahlen und Bevölkerungsbilanzen nach Bundesländern von 1951 bis 1991*

| Volks-zählung | Bgld. | Ktn. | NÖ. | OÖ. | Sbg. | Stmk. | Tirol | Vbg. | Wien |
|---|---|---|---|---|---|---|---|---|---|
| 1951 | 276.1 | 474.8 | 1,400.5 | 1,108.7 | 327.2 | 1,109.3 | 427.5 | 193.7 | 1,616.1 |
| 1961 | 271.0 | 495.2 | 1,374.0 | 1,131.6 | 347.3 | 1,137.9 | 462.9 | 226.3 | 1,627.6 |
| 1971 | 272.3 | 526.8 | 1,420.8 | 1,230.0 | 405.1 | 1,195.0 | 544.5 | 277.2 | 1,619.9 |
| 1981 | 269.8 | 536.2 | 1,427.8 | 1,269.5 | 442.3 | 1,186.5 | 586.7 | 305.2 | 1,531.3 |
| 1991 | 270.9 | 547.8 | 1,473.8 | 1,335.5 | 482.4 | 1,184.7 | 631.4 | 331.5 | 1,539.8 |
| | | | | Geburtenbilanz in 1.000 | | | | | |
| 1951-61 | 18.8 | 49.6 | 50.0 | 88.3 | 29.2 | 70.8 | 42.2 | 24.0 | -104.0 |
| 1961-71 | 11.5 | 45.7 | 48.2 | 100.3 | 39.2 | 75.5 | 60.7 | 35.8 | -76.1 |
| 1971-81 | -0.7 | 14.6 | -27.0 | 31.6 | 20.0 | 10.4 | 32.9 | 25.5 | -117.3 |
| 1981-91 | -3.8 | 9.6 | -19.1 | 38.9 | 19.6 | 4.3 | 30.1 | 21.0 | -77.2 |
| | | | | Wanderungsbilanz in 1.000 | | | | | |
| 1951-61 | -23.9 | -29.2 | -76.5 | -65.4 | -9.1 | -42.2 | -6.8 | 8.6 | 115.5 |
| 1961-71 | -10.2 | -14.1 | -1.4 | -1.9 | 18.6 | -18.4 | 20.9 | 15.1 | 68.4 |
| 1971-81 | -1.9 | -5.2 | 34.2 | 8.0 | 17.2 | -18.9 | 9.3 | 2.5 | 28.7 |
| 1981-91 | 5.0 | 2.0 | 65.1 | 25.1 | 20.5 | -6.1 | 14.6 | 5.3 | 85.7 |
| | | | | Gesamtveränderung in 1.000 | | | | | |
| 1951-61 | -5.1 | 20.4 | -26.5 | 22.9 | 20.1 | 28.6 | 35.4 | 32.6 | 11.5 |
| 1961-71 | 1.3 | 31.6 | 46.8 | 98.4 | 57.8 | 57.1 | 81.6 | 50.9 | -7.7 |
| 1971-81 | -2.5 | 9.4 | 7.0 | 39.6 | 37.2 | -8.5 | 42.2 | 28.0 | -88.5 |
| 1981-91 | 1.1 | 11.6 | 46.0 | 63.9 | 40.1 | -1.8 | 44.7 | 26.3 | 8.5 |

Quelle: ÖSTAT, Volkszählungsergebnisse

In den westlichen Bundesländern nahm die Bevölkerung deutlich stärker zu, am meisten in Vorarlberg: 1951 zählte man im Ländle noch 193.700 EinwohnerInnen, 1991 bereits 331.500. Damit hat sich die Bevölkerung des westlichsten Bundeslandes um 71,7 Prozent erhöht. Ähnlich verhielt es sich mit Tirol und Salzburg. In Salzburg erhöhte sich die Wohnbevölkerung zwischen 1951 und 1991 um 154.500 Menschen (47,2 Prozent des Ausgangswerts des Jahres 1951), in Tirol um 203.900 (beziehungsweise 47,7 Prozent).

Seit Mitte der 1980er Jahre gibt es jedoch wieder eine Trendänderung. Die ›gedrehte‹ Republik erfährt abermals eine Umorientierung. Die östlichen Bundesländer und insbesondere Wien wachsen wieder. Wien wurde als Betriebsstandort, als Urlaubsziel, aber auch als Lebensmittelpunkt wieder attraktiv. In der City zu wohnen, gilt wieder als chic. Gegen Ende der 1980er Jahre führte die gute konjunkturelle Entwicklung zu einer zusätzlichen Nachfrage nach Arbeitskräften. Weil in der Stadt der Dienstleistungssektor dominiert, bedeutete jedes Wachstum auch immer eine verstärkte

Zunahme an Arbeitskräften, weil Rationalisierungsmöglichkeiten im Dienstleistungssektor in der Regel gering sind. Wien ist daher auch wieder das Ziel einer größeren Zahl von Zuwanderern aus dem Ausland. Der Fall des »Eisernen Vorhangs« hat diese Entwicklung noch verstärkt.

Nach 1988 nahm die Bevölkerung Wiens innerhalb von nur drei Jahren um 60.000 Menschen zu. Dieses Wachstum von fast fünf Prozent stellte die Stadt, die ihre langfristige Planung auf eine schrumpfende Wohnbevölkerung abgestimmt hatte, vor neue Probleme. Die Themen der 1950er und 1960er Jahre, als es galt, die Wohnungsnot der Nachkriegszeit zu beheben, mußten wieder diskutiert werden. Wohnungsneubau und die Erschließung wenig genutzter Flächen am Stadtrand rückten erneut ins Zentrum der Stadtplanung. Die Stadterneuerung, und damit die Revitalisierung gründerzeitlicher Stadtteile, verlor hingegen viel an Bedeutung.

## Die programmierte Zukunft

Die Volkszählung 1991 hat unter Beweis gestellt, was in Szenarien und Modellrechnungen schon antizipiert worden ist. Österreichs Wohnbevölkerung wächst wieder, weil Zuwanderer aus den unmittelbar angrenzenden Nachbarstaaten und aus der europäischen Peripherie nach Österreich kommen und größtenteils auch hier bleiben. Wenn jährlich 25.000 Menschen mehr in das Land kommen, als es verlassen, wird Österreich im Jahre 2021 fast 8,5 Millionen EinwohnerInnen zählen. Aufgrund der Altersstruktur und des Geburtenrückganges müßten in den nachfolgenden Jahren jedoch mehr als 25.000 Menschen zuwandern, um den fast unausweichlichen Schrumpfungsprozeß abfangen zu können. Die wichtigsten Elemente der programmierten Zukunft Österreichs sind damit genannt: Die Bevölkerungszahl wird stagnieren, und der Anteil alter Menschen wird deutlich steigen. Die Finanzierung des Pensionssystems und die Umorientierung sozialer Infrastruktureinrichtungen auf die Bedürfnisse alter und häufig auch pflegebedürftiger Menschen wird zu den vordringlichen Aufgaben zählen.

Aus einer demographischen Perspektive heraus betrachtet, verbindet sich mit Zuwanderung eine gesellschaftspolitische Chance, diese Probleme leichter bewältigen zu können. Der Alterungsprozeß wird verzögert, die Zahl der Beschäftigten und damit der Beitragszahler erhöht und die Nachdenkphase zur Neustrukturierung des österreichischen Pensionssystems verlängert. Aufgrund der höheren Kinderzahlen können einschneidende und für viele sehr schmerzhafte Strukturänderungen im Gesundheits- und Schulbereich auf einen längeren Anpassungsprozeß ausgedehnt werden. An der grundsätzlichen Notwendigkeit einer Systemreform ändert aber auch Zuwanderung wenig: Die Anpassung der sozialpolitischen Instrumente an die veränderte demographische Situation der Zweiten Republik bleibt die wichtigste Aufgabe der nächsten Jahrzehnte.

## ANMERKUNGEN

1  Vgl. Helczmanovski, Bevölkerung, in: Helczmanovski Hg., Beiträge, 1973, 121.
2  Laut Auskunft des Dokumentationsarchivs des Österreichischen Widerstands gelang nach 1938 rund

125.000 österreichischen Jüdinnen und Juden die Auswanderung, ungefähr 45.000 fielen der »End-
lösung« zum Opfer.

3  Für das Jahr 1946 wird eine Bevölkerung von sieben Millionen geschätzt. Diese Schätzung basiert
   auf den ausgegebenen Lebensmittelkarten; 1948 fand die erste Personenstandsaufnahme der Zweiten
   Republik statt. Diese ergab eine Bevölkerungszahl von 6,95 Millionen.

4  In den vergangenen 50 Jahren stieg die Lebenserwartung um elf Jahre bei den Männern und um fast
   12,5 Jahre bei den Frauen.

5  Die Gesamtfruchtbarkeitsrate ist eine rechnerische Größe, die angibt, wieviele Kinder eine Frau im
   Laufe ihres Lebens zur Welt bringt.

6  Die Geburtenbilanz ist der Saldo aus der Zahl der Gestorbenen und der Geburten eines Jahres.

7  Vgl. Faßmann u. Münz, Migration, in: International Migration Review 28 (1994), 520–538.

8  Auch wenn nur ein kleiner Teil der heimatvertriebenen »Volksdeutschen« in Österreich blieb, so
   stellte deren Integration ein schwieriges Problem der österreichischen Nachkriegsgesellschaft dar.
   »Weite Kreise hatten zunächst für die Nöte der Volksdeutschen wenig Verständnis, es dauerte ziemlich
   lange, bis auch die Vertreter der politischen Parteien und die Presse sich nachdrücklicher für die
   Vertriebenen einzusetzen wagten.« (Zöllner, Geschichte, 1984, 536; über die problembehaftete
   Integration der »Volksdeutschen« in der Steiermark vgl. Windisch, Flüchtlinge, 1994).

9  Erfaßt sind hier nur jene Personen, die mit Hilfe des ICEM auswanderten. Da aber nicht alle diese
   Unterstützung in Anspruch nahmen, sind die tatsächlichen Zahlen der Auswanderung höher zu
   veranschlagen (vgl. Helczmanovski, Bevölkerung, in: Helczmanovski Hg., Beiträge, 1973, 142).

10 Erst dann, wenn die Gesamtfruchtbarkeitsrate über 2 liegt, dann werden – rein statistisch gesehen –
   alle Mütter und Väter durch Töchter und Söhne ersetzt.

11 Fälschlicherweise wird dieser Rückgang mit der marktmäßigen Verbreitung der Anti-Baby-Pille in
   Zusammenhang gebracht und der Geburtenrückgang als Pillenknick bezeichnet. Dies ist einsichti-
   gerweise nicht korrekt, weil der Geburtenrückgang Jahre vor der Einführung der Pille einsetzte.

12 Im europäischen Wanderungsgeschehen kam Österreich bis 1989 eine relativ marginale Position zu.
   Die ›großen‹ Zielländer waren Deutschland, Frankreich, Großbritannien, die Schweiz und die
   Benelux-Staaten. Die wichtigsten Migrationsströme in den westeuropäischen Zentralraum kamen
   aus dem Süden (Maghreb, Italien, Portugal), dem Südosten (Griechenland, Exjugoslawien, Türkei)
   und der Karibik, während Zuwanderung nach Großbritannien in erster Linie aus Irland, der Karibik
   und Südasien (Bangladesch, Indien, Pakistan) erfolgte.

13 1995 wurde eine maximale Obergrenze von 295.000 beschäftigten (beziehungsweise arbeitslosen)
   AusländerInnen auf dem Arbeitsmarkt fixiert.

14 Ein Hauptgrund für die vor 1989 feststellbare stärkere Reaktion der Arbeitskräfte aus dem ehemaligen
   Jugoslawien auf die konjunkturelle Entwicklung dürfte in der bis dahin stärkeren ökonomischen und
   sozialen Bindung an die Herkunftsregionen liegen. Oftmalige Rückreisen in die Heimat, hohe
   monetäre Transfers und das Zurücklassen von Kindern und engen Familienangehörigen förderten
   diese Bindung. Dies hat sich durch den Zerfall Jugoslawiens, die Kriege in Kroatien und Bosnien
   sowie durch die Repression gegen ethnische Minderheiten auch in nicht umkämpften Gebieten
   erheblich verändert. Etliche Zuwanderer aus dem ehemaligen Jugoslawien haben inzwischen ihre
   Angehörigen nachgeholt und werden voraussichtlich für immer in Österreich bleiben. Anders war
   bis 1989 die Situation bei türkischen ArbeitsmigrantInnen. Sie wanderten in der Regel sofort mit
   ihren Familien zu. Die größere Distanz zu ihren Heimatregionen erschwerte den regelmäßigen
   Besuch. Und die ökonomische Unterentwicklung machte die Reintegration auf dem türkischen
   Arbeitsmarkt in vielen Fällen unmöglich. Überdies ist bei türkischen Zuwanderern kurdischer
   Herkunft der Wunsch nach einer Rückkehr unter den derzeit vorherrschenden Rahmenbedingungen
   nicht sehr stark ausgeprägt.

Inge Karazman-Morawetz

# Arbeit, Konsum, Freizeit

Veränderungen im Verhältnis von Arbeit und Reproduktion

Die Nachkriegszeit ist in Österreich (wie in allen entwickelten kapitalistischen Industriestaaten) durch epochale wirtschaftliche und gesellschaftliche Veränderungen gekennzeichnet. Auf der Grundlage eines historisch noch nie dagewesenen Produktivi-
täts- und Wirtschaftswachstums kam es zu einer bislang unbekannten Erhöhung des
Konsums und materiellen Lebensstandards sowie zu einer Veränderung der Lebensweise der Menschen. Diese Entwicklungen schlossen erstmals auch die Arbeiterschaft
mit ein. Ende der 1960er Jahre konnte die Sozialwissenschaft auf den »wohlhabenden
Arbeiter« verweisen[1], der an der neuen Lebensweise teilhat, die ironisch als »1–2–3–
4–Syndrom« beschrieben wird, was heißen soll: eine Frau, zwei Kinder, drei Zimmer,
vier Räder.[2] Die Arbeitszeit verkürzte sich; neben dem Erwerbsleben entstand ein
»privater Lebensstrang«, der nicht nur Freizeit bedeutete, sondern neue Anforderungen
an die Lebensführung der Menschen brachte. Die Arbeit selbst verlangte zunehmend
höher qualifizierte Arbeitskräfte, deren Fähigkeiten auch intensiver beansprucht
wurden. Schulische Ausbildung und Weiterbildung weiteten sich seit den 1960er Jahren
stark aus und wurden für die individuellen beruflichen und sozialen Möglichkeiten
immer wichtiger.

In den unterschiedlichen sozialwissenschaftlichen Deutungen der Nachkriegsgesellschaft spiegelt sich das wider, was jeweils als markante Veränderung betrachtet
wird: So ist in den 1960er Jahren von der »nivellierten Mittelstandsgesellschaft« die
Rede,[3] etwas später von der »Konsum-« und »Freizeitgesellschaft«. Seit den 1980er
Jahren wird hingegen vom »Ende der Arbeitsgesellschaft« und der Entstehung einer
»Zwei-Drittel-Gesellschaft« gesprochen. Die Veränderungen in Arbeit und Reproduktion[4] korrespondieren mit Phasen der wirtschaftlichen Entwicklung, die durch bestimmte Produktions- beziehungsweise Kapitalstrategien gekennzeichnet sind. Zentral
für die Nachkriegszeit ist die als »Fordismus« bezeichnete Wirtschaftsformation, die
auf intensiver Rationalisierung (typisch dafür das Fließband), industrieller Massenproduktion und auf Massenkonsum beruht.[5] Sie hat sich, ausgehend von den USA, mit
dem Ende des Zweiten Weltkriegs weltweit durchgesetzt und ist spätestens seit den
1980er Jahren in Ablösung begriffen. Jeder Phase läßt sich ein »impliziter Arbeits-
vertrag« zuordnen, der bestimmt, wer unter welchen Bedingungen wie zu arbeiten hat
und was wem gesellschaftlich legitim ›zusteht‹. Dieser gesellschaftliche Arbeits-
vertrag, den Heinz Steinert als »Arbeitsmoral« bezeichnet, wird sowohl faktisch, etwa
durch Sozialpolitik, als auch auf der Ebene der Ideologie hergestellt.[6]

Im Folgenden sollen die Veränderungen in Arbeit und Reproduktion in der Nachkriegsgeschichte Österreichs zuerst skizziert und danach mit den Konzepten des

Fordismus und der Arbeitsmoral analysiert werden. Eine Verbindung beider Konzepte läßt sich herstellen, wenn man Arbeitsmoral als einen Bestandteil des spezifischen »hegemonialen Projekts« auffaßt, das auf der Ebene der politischen Regulierung zur jeweiligen Wirtschaftsphase dazugehört.[7]

Gesellschaftliche Trends der Nachkriegszeit:
Veränderungen in Arbeit und Einkommen

Welche einschneidenden Veränderungen in der Arbeit für die erwerbstätige Bevölkerung seit Ende des Zweiten Weltkriegs vor sich gegangen sind, läßt sich zunächst an der Verschiebung zwischen den Wirtschaftssektoren ersehen. Noch knapp nach Kriegsende war ein Drittel der Erwerbstätigen in der Landwirtschaft beschäftigt, heute sind es nur mehr sechs Prozent. Rund eine halbe Million Menschen strömte in den 1950er Jahren in die damals expandierende Industrie und in den Handel, ab den 1960er Jahren verstärkt auch in den Geld- und Kreditsektor, in die Infrastruktur (Verkehr, Gesundheits-, Bildungswesen) und in die staatliche Verwaltung.[8] Seit den 1980er Jahren ist die Mehrheit der Berufstätigen im Dienstleistungssektor beschäftigt. Parallel dazu sank die Zahl der Selbständigen und Mithelfenden in Gewerbe und Landwirtschaft (von 35 Prozent im Jahr 1951 auf 14 Prozent im Jahr 1988). Arbeit ist also für fast alle abhängige Lohnarbeit geworden und dabei für viele Angestelltenarbeit. War 1951 nur jede/r fünfte Erwerbstätige im Angestellten- oder Beamtenverhältnis tätig, ist es heute fast jede/r zweite. Berufstätige Frauen sind heute mehrheitlich Angestellte.

Damit haben sich Arbeitsbedingungen und -inhalte verändert. Schwere körperliche Arbeit hat sich zugunsten nicht-manueller reduziert. Tätigkeiten des Daten- und Informationstransfers und der Kommunikation mit Menschen (Anleiten, Handeln, Unterrichten, Behandeln) stehen gegenüber Produktionstätigkeiten bereits im Vordergrund.[9] Dabei ist die Arbeit (zumindest für einen Teil der Beschäftigten) wohl interessanter, aber dadurch nicht unbedingt ›leichter‹ geworden. Man muß nur an die höheren Anforderungen an Konzentration, Schnelligkeit, Genauigkeit, an die komplexeren Aufgabenstrukturen, an erhöhte psychische Beanspruchung oder an neue Anforderungen wie »Emotionsarbeit«[10] in den expandierenden Mensch-zu-Mensch-Berufen denken. Herzinfarkt und Streß können längst nicht mehr als »Manager-Krankheiten« gehandelt werden (tatsächlich war der Herzinfarkt immer eine Arbeiter-Krankheit); psychische Erkrankungen sind zur zweithäufigsten Diagnose für krankheitsbedingte Pensionierung (Neuzugänge) geworden.[11]

Die Intensivierung der Industriearbeit läßt sich anhand der Entwicklung der Produktivität ersehen, die ja keineswegs ausschließlich auf technische Verbesserungen zurückzuführen ist. Die Produktivität je Industriebeschäftigten hat sich seit 1956 verfünffacht, die Produktivität je geleisteter Arbeitsstunde in der Industrie sogar verachtfacht (vgl. Darst. 1 bis 3). Der Produktivitätszuwachs fiel in zwei Perioden besonders stark aus, die als Durchsetzung der zwei verschiedenen Wirtschaftsphasen interpretiert werden können: in der Periode ab 1965 bis Ende der 1970er Jahre und in der Periode ab den späten 1980er Jahren.

*Darst. 1: Indizes der wirtschaftlichen Entwicklung in Österreich seit 1964*
*(Basis 1956 = 100)*

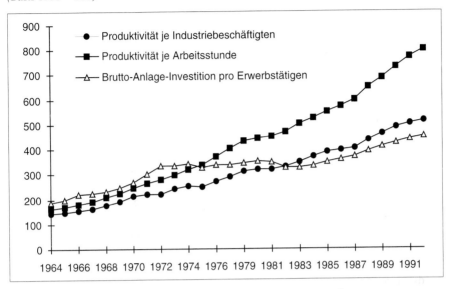

Quelle: Eigene Berechnungen nach ÖSTAT, Statistisches Jahrbuch der Republik Österreich 1993

*Darst. 2: Indizes der Konsum- und Einkommensentwicklung in Österreich seit 1956*
*(Basis 1956 = 100)*

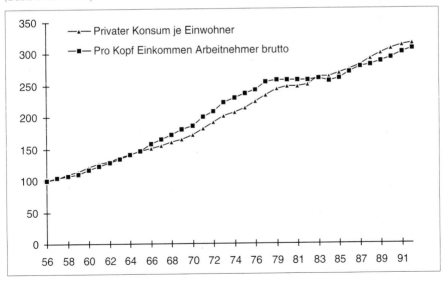

Quelle: Eigene Berechnungen nach ÖSTAT, Statistisches Jahrbuch der Republik Österreich 1993

Der private Konsum pro Einwohner (real) und das reale Pro-Kopf-Einkommen der Arbeitnehmer haben sich demgegenüber seit 1956 nur verdreifacht, wobei der stärkste Zuwachs des Einkommens in der Periode bis 1979 stattfand. Dennoch bedeutet diese Entwicklung für die österreichische Bevölkerung einen bislang unbekannten Zuwachs an materiellem Wohlstand und an ökonomischer Sicherheit. Man muß sich vorstellen, daß die Erfahrung einer wirtschaftlichen Aufwärtsentwicklung und einer sukzessiven materiellen Besserstellung der Haushalte, die die Österreicher in der Nachkriegszeit (zumindest ungebrochen bis Ende der 1970er Jahre) gemacht haben, damals keineswegs selbstverständlich war. Anfang der 1950er Jahre erreichte das Bruttoinlandsprodukt wie auch das Einkommen je Haushalt etwa den Stand des Jahres 1913 – die ganze Zwischenkriegszeit war, bei allen Schwankungen, durch Stagnation gekennzeichnet. Freilich ist zum Wohlstandswachstum der Nachkriegszeit zu sagen, daß der gestiegene gesellschaftliche Reichtum genauso ungleich verteilt blieb: An den Einkommensrelationen zwischen Vermögenden oder Spitzenverdienern und den übrigen Unselbständigen sowie zwischen den Geschlechtern hat sich in den letzten 40 Jahren nichts Wesentliches geändert.[12]

Konsum und Konsumstruktur

Mit der Erhöhung der Einkommen und des privaten Konsums veränderte sich auch die Struktur der Konsumausgaben der Haushalte. 1954 entfiel noch fast die Hälfte (46 Prozent) des privaten Konsums der Österreicher auf Nahrungs- und Genußmittel.[13] Dieser Anteil ist 1970 schon auf 32 Prozent geschrumpft und beträgt 1990 nur mehr 19 Prozent. Die relative Verringerung der Ausgaben für das unmittelbar Lebensnotwendige eröffnet Raum für Ausgaben im Reproduktionsbereich: Stark angewachsen sind die Ausgaben für Verkehr (d.h. weitgehend für das eigene Auto) und Nachrichten, nämlich von 6,5 Prozent im Jahr 1954 auf 15,7 Prozent im Jahr 1990, ebenso die Ausgaben für Gesundheit, Bildung und Unterhaltung. Dramatisch ist der Zuwachs bei den Ausgaben der Österreicher im Ausland, also bei Reisen, die 1954 mit 0,9 Prozent praktisch keine Rolle spielten und mittlerweile auf 9 Prozent (1990) angestiegen sind.

Der langfristige Trend zur Verschiebung der Ausgabenstruktur trifft im großen und ganzen auf alle sozialen Schichten zu. Das läßt sich aus den Konsumerhebungen über die monatlichen Verbrauchsausgaben der Haushalte ersehen, die im 10-Jahres-Rhythmus stattfinden.[14] Der 10-Jahres-Vergleich bringt die Perioden gut zum Ausdruck, in denen bestimmte Investitionen in die Reproduktion stattgefunden haben: Die 1950er Jahre sind die Zeit der Motorisierung. Die anteiligen Ausgaben für Verkehr verdreifachen sich von 1954 bis 1964, und zwar sowohl bei Arbeiter- als auch Angestelltenhaushalten. Die 1960er Jahre sind die Zeit der Investitionen in die Wohnung, also des höheren Kostenaufwands in besser ausgestatteten oder neu erbauten Wohnungen. Die anteiligen Wohnungsausgaben verdoppeln sich zwischen 1964 und 1974 von sechs Prozent auf 13 Prozent, bei den Arbeitern von fünf Prozent auf 13 Prozent, bei den Angestellten von fünf Prozent auf 14 Prozent. Dem entspricht, daß sich die Wohnungssituation erst in den 1960er Jahren spürbar verbesserte.[15] Die Ausgaben für Bildung, Erholung und Unterhaltung steigen bei Arbeitern und Angestellten in den 1970er Jahren – der Zeit der Bildungsexpansion – am stärksten an.

Parallel zur veränderten Konsumstruktur verlagerte sich der private Konsum ab den 1950er Jahren auf dauerhafte Konsumgüter. Konsumgüter, die es früher entweder für eine kleine Oberschicht als Luxus oder noch gar nicht gab, wurden nun in Massenproduktion hergestellt und zunehmend auch für Lohnabhängigen-Haushalte verfügbar: Zunächst der Motorroller, dann das Auto, die Küche nach amerikanischer Art mit Kühlschrank, Waschmaschine, Mixer, Staubstauger und etwas später das Wohnzimmer mit Wandschrankmöbel und Fernsehapparat wurden zum Wohlstandssymbol der Zeit.[16] Der Bestand an Konsumgütern, bezogen auf 100 Haushalte im Zeitvergleich, zeigt einen stürmischen Zuwachs in der zweiten Hälfte der 1950er Jahre (vgl. Tabelle 1). Waren im Jahr 1955 eine Waschmaschine, ein Kühlschrank oder ein Auto im Haushalt noch eine Seltenheit gewesen, so kam fünf Jahre später immerhin schon auf jeden fünften Haushalt ein Pkw. Der Bestand an Pkws (inklusive Kombis) in Österreich hat sich zwischen 1950 (51.300) und 1960 (404.000) verachtfacht, von 1960 auf 1970 (1,2 Millionen) verdreifacht. Er liegt 1992 bei 3,2 Millionen. Ab 1974 stehen auch schichtbezogene Daten über die Ausstattung der Haushalte zur Verfügung.[17] Nach diesen Umfragedaten verfügten im Jahr 1974 49 Prozent der österreichischen Privathaushalte über mindestens ein Auto, darunter 56 Prozent der Arbeiter- und 71 Prozent der Angestelltenhaushalte. Im Jahr 1989 sind es 78 Prozent der Arbeiter- und 82 Prozent der Angestelltenhaushalte. Der Besitz eines Autos ist also für Lohnabhängige spätestens Mitte der 1970er Jahre zu einer Normalität geworden.

Die Ausstattung der Haushalte mit einer ›amerikanischen Küche‹ erfolgte in den 1960er Jahren (vgl. Tabelle 1). 1974 hatten bereits 87 Prozent der österreichischen Haushalte einen Kühlschrank, über 90 Prozent der Arbeiter- und Angestelltenhaushalte; 64 Prozent der Haushalte hatten eine eigene Waschmaschine in der Wohnung. Heute besitzt praktisch jeder Haushalt einen Kühlschrank, 80 Prozent eine Waschmaschine.

Während bei vielen Konsumgütern ein zeitliches Nachhinken im Ausstattungsgrad bei niedrigeren Einkommensbeziehern oder nach wie vor schichtspezifische Diskrepanzen festzustellen sind (etwa bei Geschirrspülmaschinen oder Stereoanlagen), trat der Fernsehapparat ab Beginn der 1960er Jahre einen allgemeinen ›Siegeszug‹ in die

*Tabelle 1: Bestand an Konsumgütern auf 100 Haushalte seit 1951*

|  | Radio-bewilligung | Fernseh-apparat | Pkw | Wasch-maschine | Kühl-schrank |
|---|---|---|---|---|---|
| 1951 | 65,3 | - | 2,3 | 0,14 | 0,96 |
| 1955 | 78,1 | 0,06 | 6,4 | 1,7 | 3,4 |
| 1965 |  | 29,6 | 33,0 | 20,6 | 40,5 |
| 1971 | 83,9 | 61,6 | 52,3 | 36,9 | 66,8 |
| 1974 [*)] |  | 69,0 (sw) | 49,0 | 64,0 | 87,0 |
| 1981 | 87,8 | 81,2 | 84,2 |  |  |
| 1984 [*)] |  | 61,0 (f) | 61,0 | 80,0 | 96,0 |
| 1985 | 93,5 | 86,5 | 90,1 |  |  |
| 1989 [*)] |  | 88,0 (f) | 63,0 | 83,0 | 97,0 |
| 1992 | 93,0 | 87,2 | 107,1 |  |  |

[*)] Befragungsergebnisse des Mikrozensus »Ausstattung der Haushalte« 1974, 1979, 1984, 1989; sonstige Daten: Bestände auf 100 Haushalte

Quelle: bis 1971 Bestand laut Bundeslastverteiler, siehe Kammer für Arbeiter und Angestellte, Wirtschafts- und sozialstatistisches Handbuch 1945–1969; Statistisches Handbuch der Republik Österreich, jährlich

Haushalte an. Hatten im Jahr 1961 13 Prozent der Haushalte eine Fernsehbewilligung, waren es 1971 schon 62 Prozent. 1974 besaßen 69 Prozent der Haushalte ein Schwarz-weiß-Gerät, darunter 76 Prozent der Arbeiter-, aber auch 62 Prozent der Pensionisten-haushalte. In den 1980er Jahren wurde es durch das Farbfernsehgerät ersetzt, der Ausstattungsgrad beträgt 1989 88 Prozent der österreichischen Haushalte. Im Durch-schnitt sehen die erwachsenen Österreicher täglich etwas über zwei Stunden fern.[18]

### Arbeitszeit, berufsarbeitsfreie Zeit und Urlaub

Mit der Motorisierung nahm die Reisetätigkeit in den 1950er Jahren stark zu. Der Motorroller oder der Kleinwagen, Symbol der persönlichen Freiheit und der Überwin-dung von Grenzen, wollte auch genutzt werden. Die ›Erfindung‹ der arrangierten Pauschalreise, die die zeitlichen und finanziellen Unsicherheiten des Reisens ein-dämmte, machte das Reisen nun breiteren Bevölkerungskreisen zugänglich – der Massentourismus entstand.[19] In den 1950er Jahren stiegen die Fremdenübernachtun-gen von Inländern in Österreich rapide, von zwölf auf 18 Millionen, an.[20] In den 1960er Jahren fiel der Zuwachs aufgrund der zunehmenden Auslandsurlaube nur mäßig aus. (Zu bedenken ist dabei, daß die dritte Urlaubswoche erst 1965 eingeführt wurde.) Italien – in zahlreichen Filmen und Schlagern der Zeit gepriesen – wurde das Reiseziel Nummer eins, insbesondere die Regionen der nördlichen Adria. In den 1970er Jahren stiegen die Inlandsübernachtungen der Österreicher wieder an; eine vierte Urlaubswo-che ermöglichte nun einen zusätzlichen Winterurlaub. Seit damals verliert Italien als (ein mit dem eigenen Pkw ansteuerbares) Urlaubsziel zunehmend an Attraktivität, der Reisehorizont vergrößert sich in den 1980er Jahren, der Anteil der Flugreisen verdop-pelt sich von 1981 (10 Prozent) auf 1990 (21 Prozent).[21]

Trotz des Aufschwungs des Massentourismus ist ein Urlaub außerhalb des Wohn-orts sehr lange eine Angelegenheit der städtischen Mittelschicht geblieben. Der erste Mikrozensus mit Auskunft über die schichtspezifische Reisetätigkeit aus dem Jahr 1972 zeigt, daß nur 30 Prozent der Österreicher eine Urlaubsreise (mit mindestens vier Übernachtungen) durchgeführt haben, bei den Angestellten und Beamten sind es jeweils rund 56 Prozent, bei Arbeitern und Pensionisten ein Viertel, und bei den Selbständigen (das sind statistisch hauptsächlich Kleingewerbetreibende und Landwir-te) nur 18 Prozent. Im Jahr 1975 unternahmen 64 Prozent aller Wiener, aber nur 16 Prozent der Burgenländer eine Urlaubsreise.[22] Die Reiseintensität der Arbeiter und der Selbständigen hat sich zwar in den 1980er Jahren erhöht (1990: 38 Prozent und 33 Prozent), liegt jedoch noch immer deutlich unter jener der Angestellten und Beamten (64 Prozent und 61 Prozent). Das Urlaubmachen außerhalb des Wohnorts ist also bis heute keineswegs für alle Erwerbstätigen eine Selbstverständlichkeit.

Über die Nutzung der berufsarbeitsfreien Zeit in der alltäglichen Lebensführung sind für Österreich keine längerfristigen Daten verfügbar. Ihr Ausmaß hat sich zweifellos vergrößert. Die entscheidende Reduktion der Arbeitszeit fand jedoch erst in den 1970er Jahren statt, nachdem 1969 per Kollektivvertrag der Übergang zur 40-Stunden-Woche bis zum Jahr 1975 eingeführt wurde (vgl. Darst. 4). Insbesondere erbrachte die 5-Tage-Woche ein qualitativ neues Ausmaß an Reproduktionszeit: das freie Wochenende.

*Darst. 3: Kennziffern des Arbeitsmarkts in Österreich seit 1956 –*
*Arbeitslosenrate (in %) : Arbeitslose je offene Stellen*

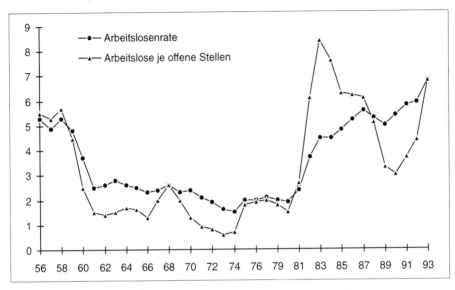

Quelle: Eigene Berechnungen nach ÖSTAT, Statistisches Jahrbuch der Republik Österreich 1993

*Darst. 4: Durchschnittliche geleistete wöchentliche Arbeitsstunden unselbständig*
*Erwerbstätiger von 1950 bis 1991 (Jahresdurchschnitt)*

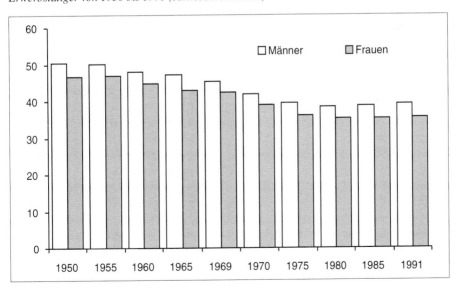

Quelle: Mikrozensus. Vor 1970: nur Wiener Industriearbeiter, Quelle: Kammer für Arbeiter und
Angestellte, Wirtschafts- und Sozialstatistisches Handbuch 1945–1969, 490

In den 1950er Jahren arbeiteten unselbständig erwerbstätige Männer durchschnittlich 50 Stunden pro Woche, Frauen 47 Stunden. 1959 wurde die 45-Stunden-Normal-
arbeitszeit eingeführt, die zunächst aber aufgrund konjunktur- und arbeitsmarktbeding-
ter Überstundenleistungen noch wenig Auswirkungen auf die effektiv geleistete Arbeitszeit hatte.[23] Erst die Einführung der dritten Urlaubswoche im Jahr 1965 verkürzte
die geleistete Arbeitszeit. 1975 arbeiteten Männer durchschnittlich elf Stunden, Frauen
zehn Stunden pro Woche weniger als in den 1950er Jahren. Seitdem ist trotz weiterer
gesetzlicher Reduktion der Normalarbeitszeit (Einführung der vierten Urlaubswoche
1976, der fünften Urlaubswoche 1986 sowie der 38-Stunden-Woche in den wichtigsten
Branchen) der Prozeß der realen Arbeitszeitverkürzung zum Stillstand gelangt. Männer
arbeiten heute effektiv im Durchschnitt genau so viel wie 1975, nämlich über 39
Stunden; die Verringerung der wöchentlichen Durchschnittsarbeitszeit von Frauen in
diesem Zeitraum auf 35 Stunden ist vor allem auf die Zunahme der Teilzeitbeschäftigung zurückzuführen. Von einem fortgesetzten Trend zur ›Freizeitgesellschaft‹ kann
also, zumindest unter dem quantitativen Aspekt, nicht die Rede sein.

Dazu kommt, daß auch die berufsarbeitsfreie Zeit keineswegs Mußezeit bedeutet
– vielmehr hat sich der Zeitaufwand für außerberufliche Verpflichtungen und für
indirekt arbeitsbezogene Tätigkeiten erhöht. Nach den wenigen Daten über langfristige
Strukturveränderungen der Zeitverwendung läßt sich sagen, daß Österreich gegenüber
der ›vorfordistischen‹ Phase »unvergleichlich hektischer« geworden ist.[24] Die Menschen schlafen (im Vergleich zu den 1930er Jahren) durchschnittlich weniger, die
Arbeitswegzeiten sind infolge der räumlichen Konzentration der Arbeitsplätze in
Ballungszentren eher gestiegen, ebenso der Zeitaufwand für sekundäre Investitionen
in die eigene Arbeitskraft (Bildung und Weiterbildung) und erst recht in jene der Kinder.
Die Vorstellung, daß durch die Technisierung des Haushalts die Hausarbeit so viel
zeitsparender geworden wäre, stimmt jedenfalls bis Ende der 1960er Jahre nicht: Der
Zeitaufwand für Erledigungen im Zusammenhang mit dem Haushalt, für das Kaufen
und Warten der vermehrten Konsumgüter, die Pflege größerer Wohnungen usw.,
verschlingt mehr Zeit, als durch Verwendung von Fertigprodukten bei Essen und
Kleidung eingespart wird. Erst ab den 1970er Jahren scheint der Zeitaufwand für
Hausarbeit gesunken zu sein – zugunsten der Beschäftigung mit Kindern: Neben der
Abnahme spontan benutzbarer Infrastruktur für Kinder besonders im städtischen Raum
ist dies vor allem Folge der gestiegenen Qualifikationsanforderungen an die (künftige)
Arbeitskraft, die ein Mehr an elterlicher Aktivität verlangen. Das betrifft nicht nur die
schulischen Leistungen, sondern vielfältige Förderungsmaßnahmen zur Entwicklung
der Persönlichkeit, die ab den 1970er Jahren zu einem wichtigen Erziehungsziel der
Elterngeneration geworden ist. Dem entspricht, daß sich die Kommunikation zwischen
Eltern und Kindern, also Gespräche und Auseinandersetzungen in der Familie, seit den
1950er Jahren intensiviert haben.[25] Insgesamt gibt es keine Hinweise auf eine längerfristige Zunahme der täglichen Freizeit, vor allem nicht für Frauen.

Unabhängig von der Nutzung der arbeitsfreien Zeit ist die Bedeutung des privaten
Lebens für die Menschen gestiegen.[26] Auf Grundlage historischer Veränderungen wie
zum Beispiel die Verallgemeinerung der Kleinfamilie, das Leben im eigenen Haushalt, die Entwicklung der Konsum-, Freizeit- und Kulturindustrie, die wachsende
Bedeutung von (Weiter-)Bildung entwickelt sich neben dem arbeitsbezogenen ein

›privater Lebensstrang‹, der relativ selbstbestimmt und in Eigenleistung organisiert, geplant und bewältigt werden kann beziehungsweise muß. Sowohl Wahlmöglichkeiten für die Ausgestaltung der alltäglichen Lebensführung wie auch Anforderungen an dieselbe haben sich erhöht:[27] Berufliche, haushaltsbezogene und familiäre Verpflichtungen, eigene Interessen, Notwendigkeiten im Rahmen einer strategischen Planung der zukünftigen Biographie und jener der Kinder sind im Alltag ›unter einen Hut zu bringen‹. Damit gewinnt der nicht berufsarbeitsbezogene Lebensbereich real an Umfang und strategischer Bedeutung, auch als Bereich, in dem selbständige ›Management-Aktivität‹ gelernt werden beziehungsweise Selbstentwicklung stattfinden kann. Dies alles sind wiederum Qualifikationen, die für die heutige Arbeitskraft gewünscht werden und auf die individuellen Ansprüche an Berufsarbeit zurückwirken. Berufsarbeit wird, seit den 1970er Jahren zunehmend und besonders in den jüngeren Generationen, verstärkt an der Meßlatte der eigenen Entwicklungsmöglichkeit gemessen.[28]

Fordistische Wirtschaftsphase und Arbeitsmoral

Der ökonomische Erfolg der Nachkriegszeit, materieller Wohlstand, Konsumerismus und Familialismus sind eng mit der Durchsetzung der »fordistischen« Produktionsweise[29] verbunden. Ihre Grundlage ist der Übergang von einer extensiven (das heißt auf Ausweitung von Produktion, Beschäftigung oder Arbeitszeit beruhenden) zu einer intensiven, auf Rationalisierung ausgerichteten Akkumulationsstrategie. Die neue tayloristische Arbeitsorganisation,[30] die auf Zerlegung der Arbeitskraft, entsprechend den Erfordernissen maschineller Produktion, basiert, ermöglichte industrielle Massenproduktion. Mit der Produktion von Konsumgütern wurde zugleich ein neuer, innerer Markt, nämlich der Bereich des ›Privatlebens‹ der Arbeitskräfte, als Anlage- und Verwertungssphäre für das Kapital erschlossen.[31] Die Steigerung der Arbeitsproduktivität ermöglichte auf längere Sicht eine Erhöhung des realen Lohnniveaus und ließ damit zumindest relevante Teile der Arbeiterklasse zu Konsumenten industriell erzeugter Massenprodukte werden. Autos, Kühlschränke, der Fernsehapparat wurden zu Artikeln des Massengebrauchs und neben dem familiären Wohnen zu tragenden Pfeilern des fordistischen Konsummodells.[32] Die Teilhabe am Konsum und an der wachsenden Produktivität wurde die wichtigste Legitimationsbasis der Gesellschaft.

Für Österreich läßt sich die Verallgemeinerung des neuen Konsummodells wie auch die ›Blütezeit‹ des Fordismus auf die 1970er Jahre festlegen. War in den 1950er Jahren extensives Wachstum durch einfache Kapazitätserweiterungen unter Nutzung des enormen Arbeitskräftereservoirs (aus der Landwirtschaft) möglich, war spätestens Ende der 1960er Jahre das nationale Arbeitsmarktpotential ausgeschöpft und eine Umstrukturierung zu intensivem Wachstum nötig. Ab 1968 findet ein Schub an Rationalisierungsinvestitionen statt, der einen kräftigen Anstieg der Industrieproduktion und Produktivität zu Beginn der 1970er Jahre bewirkt (vgl. Darst. 1 bis 3).[33]

Der Arbeitskräfteknappheit, die Anfang der 1970er Jahre ihren Höhepunkt erreichte, wurde mit für die Phase typischen Mitteln begegnet: einerseits Import ausländischer Arbeitskräfte, andererseits Ausschöpfung der inneren Reserven durch aktive Arbeitsmarktpolitik (Arbeitsmarktförderungs-Gesetz 1969) und Bildungspolitik (»Ausschöpfung der Begabungsreserven«, Chancengleichheit im Bildungszugang). In dieser Zeit (ab Mitte der 1960er Jahre) steigen auch erstmals die Reallöhne kräftiger an, und es kommt zur deutlichen Reduktion der Normalarbeitszeit – freilich bei stark steigender Arbeitsintensität.

Man kann diese Entwicklungen als Kompensation der gestiegenen Anforderungen an die Arbeitskraft verstehen, mit der eine neue, der Phase entsprechende »Arbeitsmoral« verankert wird. Die tayloristische Arbeitsorganisation brachte eine radikale Veränderung der Arbeitsbedingungen und -inhalte, die durch Monotonie, Dichtheit, rigorose Arbeitsdisziplin und eine massenhafte Dequalifikation handwerklicher und erfahrungsbezogener Fähigkeiten gekennzeichnet sind.[34] Diese Zumutungen werden dennoch in Kauf genommen, wenn das Äquivalent ›stimmt‹ – wenn Lohnhöhe und Freizeitausmaß erlauben, durch Konsum und verbesserten Lebensstandard am gestiegenen Reichtum individuell teilzuhaben, wenn die Chance für sich selbst oder wenigstens für die Kinder besteht, durch Bildungs-Investitionen in die Arbeitskraft ›weiterzukommen‹. Dieses Verhältnis zur Arbeit wurde in den verschiedenen zeitgenössischen Untersuchungen (zuerst Goldthorpe u.a. 1969 über den »wohlhabenden Arbeiter«) als »instrumentelle Orientierung« zur Arbeit beschrieben. Die sich ändernde Arbeitsmotivation heißt in der allgemeinsten Zusammenfassung, daß man »arbeitet, um zu leben« – und auf der Freizeit- und Konsumseite auch die Möglichkeit erhält, das so zu erleben.[35] Keineswegs – und das geht aus zahlreichen Untersuchungen zur

*In den 50er Jahren nimmt die Motorisierung stark zu. Der Motorroller wird zum Freiheitssymbol ...*

Arbeitseinstellung hervor[36] – bedeutet das ein mangelndes oder verlorengegangenes
arbeitsinhaltliches Interesse; es indiziert vielmehr eine Verschiebung der Wertigkeit
im Verhältnis von Arbeit und Privatleben unter ›entfremdeten‹ Arbeitsbedingungen
mit wenig Entwicklungsmöglichkeiten. Dieser auf dem fordistischen ›Produktivitäts-
pakt‹ zwischen Kapital und Arbeit beruhende Gesellschaftsvertrag heißt nun, daß für
intensiven, gewissenhaften und disziplinierten Arbeitseinsatz Gratifikationen wie
relativ stabile Arbeitsverhältnisse, Aufstiegschancen, Freizeitmöglichkeiten und materieller Lebensstandard, und zwar primär in Form von Konsum, zu erwarten sind.
Angebot und Absatz von Konsumgütern und warenförmigen Dienstleistungen sind
nicht nur für die fordistische Produktionsweise selbst funktional, sondern erweisen
sich auch dienlich für den notwendigen Aufbau von ›freiwilliger‹ Leistungsbereitschaft in Arbeit und familiärer Reproduktion, die sich zunehmend nicht erzwingen,
sondern nur ›hervorlocken‹ läßt.

Diese Arbeitsmoral unterscheidet sich wesentlich von der vorhergegangenen traditionellen, die sich als »leben, um zu arbeiten« zusammenfassen läßt. Arbeit dominierte
das Leben, nicht nur aufgrund des Ausmaßes der wöchentlichen Arbeitszeit, sondern
auch aufgrund des Fehlens von Freiräumen und Möglichkeiten, eine selbstbestimmte
Lebensführung außerhalb des Arbeitsbereichs aufzubauen.[37] (Schwere) Arbeit war eine
nicht zu hinterfragende Selbstverständlichkeit, die mit einem handwerklichen Arbeits-
ethos und einer Pflichtethik verbunden war, aus der auch die Industriearbeiterschaft
ihre Identität und Aufwertung als ›eigentlich Produktive‹ herleitete. Noch in den 1950er
Jahren war nach Interviews mit Arbeitern ›Freizeit‹ für sie weitgehend unbekannt. Die
den realen Lebensverhältnissen – auch der bäuerlichen Schichten – angemessene
Haltung war eine Orientierung am Überleben auf geringem Niveau und bei subsistenz-
wirtschaftlicher Genügsamkeit.

*... der Großglockner zur beliebten Reisetour.*

Die Arbeitsmoral der ›Verbindung von harter Arbeit und Bescheidung‹ war nach Kriegsende und in der Zeit des Wiederaufbaus durchaus funktional. Der Beginn der fordistischen Durchkapitalisierung der Konsumsphäre erforderte jedoch bald eine Neubewertung: Ziel wurde die ›Erziehung‹ zum genußfähigen Konsumenten – allerdings bei zugleich steigender Arbeitsdisziplin. Diese an sich nicht friktionsfreie Anforderung von gleichzeitiger Konsum- und Arbeitsdisziplin konnte sich erst in längeren gesellschaftlichen Auseinandersetzungen durchsetzen, zumal sie auf der Reproduktionsseite das Zugestehen von privaten Freiräumen und eine Liberalisierung des (alltags)kulturellen Klimas voraussetzte. Die heftige Reaktion auf die »Halbstarken« Ende der 1950er Jahre läßt sich als Auseinandersetzung um Arbeitsmoral verstehen: Sie waren die ›Vorboten‹ der fordistischen Arbeitsmoral, die die neuen Konsumgüter wie Moped/Motorrad, Transistorradio und das neue Angebot eines jugendspezifischen Kulturkonsums rund um den Rock 'n' Roll nutzten und damit gegen bisherige Alters-, Status- und Anstandsgrenzen verstießen. Anstoß erregten insbesondere auch das ›sinnlose Herumfahren‹ mit dem Moped und das ›unvernünftige Vergnügen‹, das die veränderte Haltung im Freizeitleben indiziert.[38]

Produktivitätskampagnen in den 1950er Jahren[39] und vor allem der neue Zweig der Werbeindustrie taten das ihre, um den neuen Konnex von intensiver Arbeit und Konsumtion der wachsenden Warenfülle herzustellen. In der Werbung wurden sozialer Status und Identitätsbildung an den Warenbesitz gekoppelt und durch diesen versprochen. Dies stößt bei der sogenannten 68er-Bewegung auf grundlegende Kritik: Selbstverwirklichung könne nur außerhalb von Konsumerismus stattfinden, weshalb die daran gekoppelte disziplinierte Leistung (besonders jene in Form von Lohnarbeit ohne Selbstverwirklichungschancen) ebenfalls in Frage gestellt wird. Ab den 1970er Jahren werden außerdem verstärkt die ›externen‹ negativen Effekte des Fordismus und Massenkonsums sichtbar: in Form von verstopften Straßen, von Luftverschmutzung, von Zerstörung der Natur und vieler Lebensräume. Die primäre Orientierung am materiellen Lebensstandard wird zunehmend durch eine an der Lebensqualität in Frage gestellt – freilich auf der Grundlage eines relativ hohen Versorgungsniveaus.


Die Nachfordistische Phase und ihre Arbeitsmoral

Auch ökonomisch gerät die fordistische Produktionsweise ab Mitte der 1970er Jahre weltweit in die Krise und wird in den 1980er Jahren durch eine neue abgelöst, die auf einer grundlegend ›effektiveren‹ Nutzung von Mensch und Maschine, von Ressourcenbeschaffung, Lagerung und Betriebsorganisation beruht. Mit dem Grundsatz der Flexibilisierung – in der Produktion technisch seit der Entwicklung des Mikroprozessors Ende der 1970er Jahre möglich – und der Internationalisierung wird die globale, kurzfristig profitoptimale Nutzung von Ressourcen verfolgt. Anfang der 1990er Jahre werden solche Strategien unter den Begriffen *Toyotismus* und *Lean-Production* populär gemacht, deren einfaches Motto lautet: »von allen eingesetzten Ressourcen, einschließlich der Arbeitskräfte, die Hälfte«. Die tayloristische Arbeitsorganisation ist den flexiblen Produktionskonzepten nicht mehr angemessen, die synergetische Zusammenführung vormals gesplitteter Arbeits- und Kontrollfunktionen in einer Person und in

Teams wird als neue Quelle von Leistungspotential erkannt.[40] Die Arbeit wird für die verbliebenen Stammbelegschaften als höhere Beanspruchung, als »qualifiziert und belastend/autonom und verdichtet« beschrieben,[41] während für einen anderen Teil der Arbeitskräfte keine Lohnarbeit mehr da ist. Strukturelle Sockelarbeitslosigkeit bei gleichzeitigem Wirtschafts- und Produktivitätswachstum, ein im Fordismus unbekanntes Phänomen, wird zum Merkmal dieser Phase und tritt auch in Österreich ab 1982/83 ein.[42] In Österreich zeigt sich der Produktivitätsschub ab 1988 deutlich (vgl. Darst. 1 bis 3). Für die Erwerbstätigen fällt die Phase wenig günstig aus: Die Realeinkommen stagnieren in der ersten Hälfte der 1980er Jahre und wachsen erst zuletzt leicht, der (zunehmend kreditfinanzierte) private Konsum steigt parallel dazu etwas höher an, die realen Arbeitszeiten bleiben hingegen seit 1975 gleich.

Die Änderungen dieser Phase werden in der Literatur als »gespaltener Arbeitsmarkt«, als »Ende der Arbeitsgesellschaft«, als »Ende des Normalarbeitstages«, des

*Ab den 1960er Jahren wird die nördliche Adria zum Reiseziel Nummer eins. Sie verliert ihre Attraktion erst Mitte der 1970er Jahre, als der Besitz eines Autos für Lohnabhängige zur Normalität verfällt.*

»Normalarbeitsverhältnisses und der beruflichen Normalbiographie« (mit einem lebenslang ausgeübten Beruf) beschrieben. Was hier wahrgenommen wird, ist das Aufbrechen jener relativen Vereinheitlichung und Standardisierung von Arbeits- und Lebensverhältnissen der Lohnabhängigen, die in der fordistischen Phase durch Arbeitsrecht und Sozialpolitik hergestellt wurden. Die Beseitigung dieser Arrangements ist zum Kernpunkt ›nachfordistischer‹ Optimierungsstrategien des Kapitaleinsatzes geworden.

Die Folge ist eine verstärkte soziale Segmentierung und ›Gesellschaftsspaltung‹, wobei heute die ausländischen Arbeitskräfte die unterste soziale (und auch politisch

*In den 1980er Jahren verdoppelt sich der Anteil an Flugreisen. Fern-Ost-West-Destinationen werden zu selbstverständlichen Reisezielen.*

weitgehend rechtlose) Schicht bilden. Ein ›gesicherter‹ Teil der Gesellschaft lebt weiter nach den Prinzipien des fordistischen Konsummodells, das durch neue Angebote, insbesondere im Kommunikations-, Gesundheits- und Psycho-Bereich ergänzt wird; ein ›ungesicherter‹ Teil hat sich mit kurzfristigen, unsicheren oder auch atypischen Arbeitsverhältnissen zufriedenzugeben und auf eine bewegliche Eigenständigkeit mit reduzierten Waren-Bedürfnissen einzustellen.[43] Die kongeniale ›nachfordistische‹ Arbeitsmoral knüpft an den früheren Konnex von Leistung und Konsum/Wohlstand an, allerdings mit der Modifikation, daß im Äquivalent für Anstrengung nunmehr kein ›automatischer‹ Anspruch auf Gratifikation oder wenigstens Versorgungssicherheit besteht und auch zur Erhaltung des einmal Erreichten stets neue Anpassungsleistungen des einzelnen gefordert sind. Durch Abbau bisher als legitim verstandener Sicherheiten in Arbeit und Versorgung sollen nicht nur die gesellschaftlichen Kosten der Reproduktion gesenkt, sondern ein Mehr an autonomer Leistung, flexibler Einsatzbereitschaft und Eigenverantwortung der Arbeitskräfte ›erzwungen‹ werden, das ›die Wirtschaft‹ braucht. Die neue Arbeitsmotivation knüpft dabei an wachsende Bedürfnisse nach individuellen Gestaltungsräumen und an die Kritik der fordistischen Standardisierungs- und Zentralisierungslogik an.

Dies bedeutet freilich für viele eine Verschlechterung gegenüber der fordistischen Arbeitsmoral und den Maximen von sozialstaatlicher Verantwortung und sozialer Integration. Die gesellschaftlichen Auseinandersetzungen um deren Ablöse sind seit Anfang der 1980er Jahre im Gange. Allerdings erfolgte in Österreich Politik und Rhetorik dieser Ablöse nicht so radikal wie in anderen Ländern, in denen dafür Begriffe wie »Thatcherismus« und »Reaganomics« gefunden wurden. Doch wurde auch hier die zentrale Übereinkunft des fordistischen Arbeitsvertrags, nämlich die Partizipation der Arbeitnehmer am Produktivitätswachstum, in Frage gestellt und soziale Ausgrenzung in Form von Sockelarbeitslosigkeit in Kauf genommen. Parolen wie ›den Gürtel enger schnallen‹, die ›Versorgungsmentalität‹ zugunsten privater ›Eigenleistungen‹ aufzugeben oder die Denunzierung wohlfahrtsstaatlicher Leistungsbezieher als ›Sozialschmarotzer‹ begleiten in den 1980er Jahren die erwünschte Abkehr von den Selbstverständlichkeiten des fordistischen Wohlfahrtsstaats und dessen Umbau zu selektiverer Leistungsvergabe. In Verbindung mit der Demontage der ›überkommenen‹ Arbeitsmoral tauchen liberal-kapitalistische Paradigmen wieder auf, die gesellschaftlichen ›Versagern‹ Eigenverschuldung aufgrund mangelnder Leistung zuschreiben und als Legitimationsfiguren für sozialen Ausschluß dienen. Rechtsradikale Strömungen knüpfen an solche sozialdarwinistischen Ideologie-Angebote an. Im Klima der (zunächst von oben) angeheizten sozialen Konkurrenz verbreitet sich Ausländerfeindlichkeit, bei der das nationale Kriterium (nun von unten) dazu benutzt wird, Vorteile beziehungsweise das Festhalten an den fordistischen Arrangements für die ›eigenen‹ Landsleute einzuklagen, während die Fremden in der Leistungs-Rhetorik der neuen Arbeitsmoral als ›Wirtschaftsversager‹ und ›Schmarotzer‹ ausgegrenzt werden oder ausgegrenzt bleiben sollen.

Trotz der derzeitigen Betonung eines neoliberalen Leistungsprinzips soll nicht übersehen werden, daß in der nachfordistischen Phase ein neues Modell von Arbeit und Reproduktion entworfen wurde: das allgemeine Grundeinkommen ohne Bindung an Lohnarbeit. In einer Wirtschaftsphase, in der Lohnarbeit sich strukturell verknappt und

Berufsverläufe innerhalb der Lebensarbeitszeit brüchiger werden (und das nun auch für Männer), wird das bisherige, auf Lohnarbeit fixierte Modell von Einkommen und sozialer Versorgung tendenziell unangemessener.[44] Das Modell des allgemeinen Grundeinkommens kann als die sozial-integrative politische Antwort auf strukturelle Eigenheiten der nachfordistischen Gesellschaft angesehen werden. Freilich dominiert derzeit die andere Variante ›arbeitsmoralischer‹ Politik, die auf Konkurrenz und sozialen Ausschluß setzt.

## ANMERKUNGEN

1 Vgl. Goldthorpe u.a., Arbeiter, 1970/71.
2 Vgl. Fischer-Kowalski, Entwicklung, in: Politische Bildung, Sondernummer 2 (1981), 127.
3 Vgl. Schelsky, Suche, 1965.
4 Unter Reproduktion ist alles das zu verstehen, was der Erhaltung, Herstellung und Wiederherstellung der Arbeitskraft des Einzelnen sowie der Arbeitskraft als gesellschaftliche Gesamtheit dient. Dazu gehören also individuelle Erholung, Gesunderhaltung, Aus- und Weiterbildung, Unterhalt der Familie, Betreuung des Nachwuchses usw.; auf der gesellschaftlichen Ebene etwa das Bildungs-, und Gesundheitssystem oder das Wohnungswesen.
5 Vgl. Hirsch u. Roth, Gesicht, 1986.
6 Vgl. Steinert, Widersprüche, in: Kriminalsoziologische Bibliografie 8 (1981), 56. Das Konzept der Arbeitsmoral wurde speziell entwickelt, um Veränderungen der staatlichen Kontrollpolitik und der öffentlichen Moral-Diskurse über größere Zeiträume hinweg analysieren zu können (vgl. zusammenfassend Cremer-Schäfer u. Steinert, Herrschaftsverhältnisse, in: Kriminologisches Journal 23 (1991)).
7 Vgl. Hirsch u. Roth, Gesicht, 1986.
8 Vgl. Butschek, Arbeitsmarkt, 1992, 228ff; ÖSTAT, Sozialstatistische Daten 1990, Wien 1990.
9 Vgl. ÖSTAT, Tätigkeitsmerkmale von Erwerbstätigen, Mikrozensus 1988, in: ÖSTAT, Statistisches Handbuch der Republik Österreich 1990, 127.
10 Vgl. Gerhards, Emotionsarbeit, in: Soziale Welt (1988), 47.
11 Quelle: APA/Sozialmedizinische Initiative, in: WISO – Wirtschafts- und sozialpolitische Zeitschrift 3 (1993), 130.
12 Vgl. Fischer-Kowalski, Entwicklung, in: Politische Bildung, Sondernummer 2 (1981), 127; Butschek, Arbeitsmarkt, 1992.
13 Verbrauchsgruppen aus der Volkswirtschaftlichen Gesamtrechnung (vgl. Schwarzl, Inländerkonsum, in: Statistische Nachrichten 40 (1985); vgl. ÖSTAT, Statistisches Jahrbuch der Republik Österreich, 1993, 178).
14 ÖSTAT, Konsumerhebung 1954/55, 1964, 1974, 1984, in: Kammer für Arbeiter und Angestellte Hg., Wirtschafts- und sozialstatistisches Handbuch 1945–1969, Wien 1970; ÖSTAT, Sozialstatistische Daten 1990, Wien 1990. Allerdings waren Arbeiterhaushalte aufgrund des geringeren Einkommens stets benachteiligt und geben nach wie vor einen etwas höheren Anteil für Ernährung aus als Angestellte und Selbständige.
15 1951 hatten elf Prozent der Wohnungen ein Bad, 1961 waren es schon 29 Prozent, 1971 aber bereits 60 Prozent. Heute (1992) verfügen 92 Prozent der bewohnten Wohnungen über ein Bad. ÖSTAT, Häuser- und Wohnungszählung, in: Kammer für Arbeiter und Angestellte, Wirtschafts- und sozialstatistisches Handbuch 1945–1969, Wien 1970; Kammer für Arbeiter und Angestellte, Wirtschafts- und sozialstatistisches Taschenbuch 1993, Wien 1993.
16 Vgl. Sandruber, Hunger, in: Jagschitz u. Mulley Hg., Jahre, 1985, 112.
17 Vgl. ÖSTAT, Ausstattung der Haushalte. Mikrozensus 1974, 1979, 1984, 1989, in: ÖSTAT, Statistisches Handbuch für die Republik Österreich 1990, Wien 1990. Die Gesamtzahlen werden durch den regelmäßig geringeren Ausstattungsgrad von Pensionistenhaushalten nach unten verzerrt.
18 Vgl. ÖSTAT, Mikrozensus Tagesablauf 1981, in: ÖSTAT, Sozialstatistische Daten 1990, Wien 1990.

19 Vgl. Kos, Horizont-Verschiebungen, in: Jagschitz u. Mulley Hg., Jahre, 1985, 178.
20 Vgl. ÖSTAT, Fremdenübernachtungen in Österreich, jährlich, in: Kammer für Arbeiter und Angestellte, Wirtschafts- und sozialstatistisches Handbuch 1945–1969, Wien 1970; Kammer für Arbeiter
   und Angestellte, Wirtschafts- und sozialstatistisches Taschenbuch 1993, Wien 1993.
21 Vgl. ÖSTAT, Reisegewohnheiten der Österreicher im Jahr 1972, 1975, 1990, in: ÖSTAT, Sozialstatistische Daten 1977, Wien 1977; Kammer für Arbeiter und Angestellte, Wirtschafts- und sozialstatistisches Taschenbuch 1993, Wien 1993.
22 Vgl. ÖSTAT, Sozialstatistische Daten 1977, Wien 1977, 291.
23 Vgl. Butschek, Arbeitsmarkt, 1991. In die Zahl der effektiv geleisteten Arbeitsstunden gehen sowohl
   Überstunden als auch Urlaubszeiten und Krankenstände mit ein.
24 Vgl. Fischer-Kowalski, Entwicklung, in: Politische Bildung, Sondernummer 2 (1981), 136; Fischer-
   Kowalski, Distribution, in: Fischer-Kowalski u. Bucek Hg., Lebensverhältnisse, 1980.
25 Vgl. Fend, Sozialgeschichte, 1988, 115ff.
26 Vgl. Brock, Weg, 1991; Voß, Ende, in: Beckenbach u. van Treeck Hg., Umbrüche, 1994.
27 Vgl. Jurczyk u. Rerrich Hg., Arbeit, 1993.
28 Vgl. Baethge, Arbeit, in: Soziale Welt (1991); Brock u. Otto-Brock, Einstellung, in: Zeitschrift für
   Soziologie 17 (1988).
29 Die Bezeichnung »Fordismus« geht auf den US-amerikanischen Autohersteller Henry Ford zurück,
   der als Vorreiter der Verbindung von Massenproduktion mit durch höhere Löhne möglich geworde-
   nem Massenkonsum gilt. Ford führte im Jahr 1914 als erster die Fließbandmontage in der Auto-
   mobilproduktion ein, die die produzierte Stückzahl erheblich erhöhte. Als notwendigen Anreiz für
   die Arbeiter, die aufgrund der verschlechterten Arbeitsbedingungen die Betriebe in großer Zahl
   verlassen hatten, bot Ford eine überdurchschnittlich hohe Entlohnung, den Fünf-Dollar-Tag, an und
   brachte dadurch die Arbeitskräfte zur ›freiwilligen‹ Inkaufnahme der Intensivierung der Arbeit.
30 Frederick W. Taylor beschrieb 1911 die »Grundsätze des wissenschaftlichen Managements« im
   Betrieb, die auf der strikten Trennung von Planung und Ausführung und der Zerlegung der Arbeits-
   schritte in einfachste zu wiederholende Handgriffe beruhen, die auch ein ›dressierter Gorilla‹
   ausführen könnte. Diese Arbeitsorganisation, die eine systematische Dequalifizierung der Arbeit
   bedeutete, ist kongenial zur Massenproduktion und zur Fließbandtechnik und setzte sich im Folgenden weltweit durch.
31 Vgl. Hirsch u. Roth, Gesicht, 1986, 50f.
32 Ebd., 57.
33 Vgl. Butschek, Arbeitsmarkt, 1992; Münz, Entwicklung, in: Politische Bildung, Sondernummer 2,
   1981.
34 Vgl. Kern u. Schumann, Industriearbeit, 1970.
35 Vgl. Steinert, Entwicklung, 1985. Evidenz dazu auch bei: Brock, Arbeiterbewußtsein, in: Soziale
   Welt (1988); Brock, Männer, in: Hoff Hg., Sozialisation, 1990; Deppe, Generationen, 1982.
36 Vgl. Reuband, Arbeit, in: Kölner Zeitschrift für Soziologie und Sozialpsychologie (1985); Knapp,
   Industriearbeit, 1981.
37 Das war die längste Zeit Privileg der bürgerlichen Schichten (vgl. Brock, Weg, 1991).
38 Vgl. Maase, Kriminalisierung, in: Kriminologisches Journal (1991); Pilgram, Jugendkriminalität, in:
   Janig u.a. Hg., Vogel, 1988.
39 Vgl. Mulley, Proletariat, in: Jagschitz u. Mulley Hg., Jahre, 1985.
40 Vgl. Voß, Ende, in: Beckenbach u. van Treeck Hg., Umbrüche, 1994, 273f.
41 Vgl. Kern u. Schumann, Ende, 1984, 99.
42 Vgl. Butschek, Arbeitsmarkt, 1991.
43 Vgl. Cremer-Schäfer u. Steinert, Herrschaftsverhältnisse, in: Kriminologisches Journal (1991).
44 Vgl. Tálos, Umbau, in: Österreichische Zeitschrift für Politikwissenschaft (1993), 37f.

Christian W. Haerpfer
# Politische Partizipation

## Einleitung

Die Demokratie in Österreich seit 1945 wird vor allem durch zwei Elemente charakterisiert: zum einen durch die Konkurrenz von politischen Eliten und Parteien bei Wahlen und zum anderen durch die politische Partizipation oder politische Teilhabe der Bevölkerung auf unterschiedlichem Niveau. Unter politischer Partizipation werden »Handlungen von politischen Akteuren mit dem Ziel einer direkten Beeinflussung der Verteilung von sozialen und politischen Gütern und sozialer und politischer Werte, einer Beeinflussung von Entscheidungen des politischen Systems« verstanden. Darunter ist vor allem das Wählen als zentrale politische Teilnahme gemeint, aber auch die aktive Teilnahme an politischen Kampagnen, das Schreiben von Briefen an Zeitungen und an Politiker, das Spenden von Geld für politische Zwecke, die Teilnahme an politischen Veranstaltungen und die aktive Mobilisierung anderer Personen für politische Ziele. Diesen konventionellen Formen der politischen Partizipation stehen unkonventionelle Formen wie Streiks, Demonstrationen, Teilnahme an Boykott-Maßnahmen, Besetzung von Gebäuden usw. gegenüber.

Die Geschichte der politischen Partizipation der Zweiten Republik läßt sich in drei unterscheidbare Perioden aufgliedern:
1. Moderne Demokratie und konventionell-institutionelle Partizipation 1945 bis 1969
2. Übergang von moderner zur postmoderner Demokratie, von der institutionellen Partizipation zur individuellen Partizipation 1970 bis 1988
3. Postmoderne Demokratie und individuelle, nicht-institutionelle Partizipation 1989 bis 1995

Bei der politischen Partizipation muß zwischen der persönlichen Teilhabe der Österreicherin und des Österreichers auf der einen Seite und ihrer strategischen Mobilisierung durch die institutionellen politischen Akteure auf der anderen Seite unterschieden werden. Als institutionelle politische Akteure bezeichnen wir Parteien, Interessenverbände, die Regierung, das Parlament, den Bundespräsidenten, Bürgerinitiativen, die Druckmedien und Radio oder Fernsehen. Politische Teilnahme am öffentlichen Leben in Österreich ergibt sich immer aus dem Wechselspiel der persönlichen Teilnahmebereitschaft und Teilnahmefähigkeit einerseits und der Mobilisierung dieser Partizipationspotentiale durch institutionelle politische Akteure andererseits. Entscheidend für die Teilnahme oder Nicht-Teilnahme am politischen Prozeß ist neben den persönlichen Ressourcen des Individuums (Einkommen, Bildung, Zeit, Informationsgrad) vor allem die strategische Fähigkeit von politischen Akteuren wie Spitzenpolitikern, Parteien,

Regierung, Interessenverbänden, Medien, Bürgerinitiativen und anderen, das politische Interesse anzuregen und die politische Partizipation zu mobilisieren.

Moderne Demokratie und konventionell-institutionelle Partizipation 1945 bis 1969

Die entscheidende Form von politischer Partizipation in der Periode zwischen 1945, dem Beginn der Zweiten Republik, und 1969, dem Jahr der Studentenproteste an den österreichischen Universitäten im Gefolge des Mai 1968 in Paris und Berlin, besteht im österreichischen politischen System in der Teilnahme an Wahlen zum Gemeinderat, Landtag, Nationalrat und des Bundespräsidenten. Die Beteiligung bei derartigen Wahlen wird als wichtigste Form der institutionellen oder konventionellen politischen Partizipation definiert (siehe Darst. 1). Diese Phase der modernen Demokratie in Österreich ist eng mit dem Wahlakt als wichtigstem Ausdruck der repräsentativ-indirekten Demokratie verknüpft. Die Aufgabe der politischen Eliten des modernen politischen Systems, der Parteien, der Gewerkschaften und der Kirchen bestand darin, ihre Mitglieder und Anhänger dafür zu mobilisieren, sich bei den Wahlen mit dem allgemeinen und gleichen Wahlrecht zu beteiligen und die Demokratie damit zu stärken und zu legitimieren. Diese großen, hierarchisch und bürokratisch aufgebauten Institutionen konnten große Teile der Bevölkerung zur politischen Teilnahme an Wahlen bewegen, wenngleich die politische Teilnahme oberflächlich und nicht sehr tiefreichend war.

Die politische Beteiligung in dieser repräsentativ-indirekten Form bestand in der Erteilung einer politischen Vollmacht an eine politische Partei, für die nächsten vier Jahre stellvertretend (»repräsentativ«) politisch zu handeln. Man kann von einem

*Darst. 1: Wahlbeteiligung bei Nationalratswahlen in Österreich 1945 bis 1994*

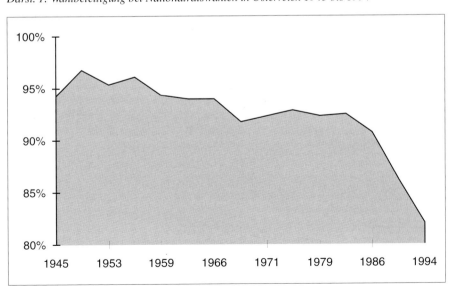

Quelle: Christian W. Haerpfer, Wien 1995

*Die konventionell-institutionelle Partizipation zeichnet sich durch die Erteilung einer politischen Vollmacht an eine politische Partei aus, für die nächsten vier Jahre stellvertretend zu handeln.*

Blankoscheck durch die Bevölkerung für einen gewissen Zeitraum an die politische Elite und an die repräsentativen Institutionen sprechen. Der unmittelbare Einfluß des einzelnen Wählers/der Wählerin auf politische Entscheidungen oder Inhalte war gering. Die Wahlbeteiligung der Österreicherinnen und Österreicher war in dieser Periode wesentlich höher als in den meisten vergleichbaren »westlichen Demokratien«, wie sie in der Periode vor 1989 noch hießen. Der Wahlakt hatte einen hoch ritualisierten Charakter: Die Wählerinnen und Wähler gingen im ›Sonntagsstaat‹, gleichsam geschmückt für den Staat, zu den Wahlurnen und vollzogen den hochabstrakten Akt der Stimmabgabe.

    Diese Form der rituellen Partizipation war eng verknüpft mit dem politischen System von zwei großen politischen Lagern, dem sozialdemokratischen Lager einerseits und dem bürgerlich-katholischen Lager andererseits. Sie war ebenso untrennbar mit der Regierungsform der Großen Koalition und mit der Sozialpartnerschaft der großen Interessenverbände als erprobter Form des Interessensausgleichs zwischen Arbeitgebern und Arbeitnehmern in Österreich verbunden. Man kann für diese Periode von einem Duopol der beiden Großparteien ÖVP und SPÖ – mit einem gemeinsamen Stimmanteil von mehr als 80 Prozent – sprechen, das in einem Geleitzug auch die jeweiligen Interessenverbände im Vorfeld jeder der beiden Großparteien mit einschloß.

*Der Wahlvorgang wird ›entzaubert‹. Hainburg stellt eine entscheidende Etappe von der
institutionellen zur individuellen Partizipation dar.*

## Die Übergangsphase: von der institutionellen
## zur individuellen Partizipation 1970 bis 1988

Seit den 1970er Jahren müssen viele politische Akteure wie die Bundesregierung,
Landesregierungen, Parteien, Interessenverbände, Medien mit ihrer eigenen Klientel
immer öfter Kontakt aufnehmen, da die indirekte Form der politischen Beteiligung für
viele politische Probleme nicht mehr genügend Entscheidungskraft aufweist. Während
in der früheren Periode die Mitglieder und Wähler von Parteien, die Mitglieder der
Interessenverbände gleichsam automatisch ihre jeweilige politische Institution unterstützten, gewinnt die Frage der Nützlichkeit einer Institution für das einzelne Mitglied
stark an Bedeutung. Die Existenz und das Vorgehen einer Partei oder einer Kammer
müssen in zunehmendem Maße vor den eigenen Mitgliedern begründet und dargestellt
werden. Der Wahlvorgang als Zentrum der modernen repräsentativen Demokratie
verliert seinen staatstragenden Charakter, er wird ›entzaubert‹. Das Wählen als staats-
bürgerliche Pflicht endet mit der gesetzlichen Wahlpflicht. Diese ›Entzauberung‹ führt
mit der Entstehung anderer Formen der politischen Beteiligung zu einem Absinken der
Wahlbeteiligung. Manchmal wird irrtümlicherweise ein Rückgang der Wahlbeteiligung der Bevölkerung mit einer Schwächung der Demokratie in Österreich gleichge-

setzt. Es zeigt sich jedoch ganz im Gegenteil, daß in reifen und sehr gut funktionierenden Demokratien die Bürger im besonderen und die politisch aktive Bevölkerung im
allgemeinen wesentlich unzufriedener und ›nörglerischer‹ mit ihren politischen Institutionen umgehen als die Bürgerinnen und Bürger von autoritären oder weniger
demokratischen Staaten.

Diese sich neu herausbildende Form der politischen Beteiligung geht weniger von
Interessen großer Bevölkerungsgruppen oder politischer Eliten aus, wie die institutionelle Partizipation in der modernen Demokratie zwischen 1945 und 1969. Sie zielt
wesentlich mehr auf die Bedürfnisse des einzelnen Bürgers und kleiner Gruppen von
Betroffenen ab, und sie bezieht sich meist auf einzelne politische Konfliktthemen wie
beispielsweise Mülldeponien, Autobahnen oder Kraftwerke. Man kann daher für den
Zeitraum von 1970 bis 1988 vom Übergang zu einer individualisierten und nicht-institutionellen Partizipation sprechen. Während in der ersten Periode die politischen Eliten
der Parteien und Verbände den ›Staatsbürger‹ von Zeit zu Zeit zur politischen Teilnahme – vor allem bei Wahlgängen – aufforderten und mobilisierten, mobilisieren sich die
Bürger/innen der zweiten zeithistorischen Periode gleichsam selbst. Es handelt sich um
individuelle Partizipation. Wichtig erscheint hier festzuhalten, daß der Begriff der
individuellen Partizipation nicht bedeutet, daß sich nur mehr isolierte Einzelpersonen
politisch beteiligen. Der Ausdruck ›individuell‹ stellt vielmehr auf die ›nicht-institutionelle‹ und größtenteils ›spontane‹ Charakteristik der im zunehmenden Maße direkten politischen Beteiligung ab. Gerade politische Beteiligungsformen wie das »Lichtermeer« gegen Fremdenfeindlichkeit in Österreich oder direkte Proteste gegen grenz-
nahe Atomkraftwerke und vieles mehr sind Ausdrucksformen solidarischer Bewegtheit
von sozialen, politischen und ideologisch-wertorientierten Gruppierungen, die weit
über eine zufällige Ansammlung und Assoziation von Einzelpersonen hinausgehen.
Die in der politikwissenschaftlichen Fachliteratur übliche Bezeichnung »unkonventionelle Partizipation« für alle politischen Beteiligungsformen außerhalb der Institutionen
des modernen politischen Systems wird hier nicht verwendet, da sie auf der Annahme
der Höherwertigkeit der konventionellen Formen der Partizipation beruht, während bei
dem hier vertretenen Ansatz von einer demokratietheoretischen Gleichwertigkeit von
institutionsgesteuerten Beteiligungsformen und von individuellen Formen politischer
Partizipation ausgegangen wird. Das politische Handeln in den 1970er, den 1980er,
aber auch in den 1990er Jahren wird geprägt von einer Mischung von institutionellen
Partizipationsformen mit individuellen und nicht-institutionellen Formen der politischen Teilnahme, wobei die individuelle Partizipation zweifelsohne die höheren
Wachstumsraten aufweist (siehe Darst. 2).

Im Zeitraum von 1970 bis 1989 vollzog sich der Übergangsprozeß von der modernen zur postmodernen Demokratie in Österreich in einem langsamen, sich aber
steigernden Tempo. Die Ära Kreisky mit absoluten sozialdemokratischen Mehrheiten
war zugleich die Vollendung der »modernen österreichischen Demokratie« mit allen
Elementen des Sozial- und Wohlfahrtsstaates. Ironischerweise war der triumphale
Wahlsieg der SPÖ mit dem höchsten Stimmenanteil der Sozialdemokratie in der
gesamten Wahlgeschichte der Zweiten Republik bei den Parlamentswahlen 1979 ein
Schlußstein der Ära der modernen Demokratie und zugleich der Beginn eines tiefgreifenden Wandels des österreichischen politischen Systems, der bis heute nicht abge-

schlossen ist. Das Ergebnis der Volksabstimmung über das Atomkraftwerk Zwentendorf im Jahr 1978 war der erste Sieg der postmodernen Demokratie und das erste
deutlich sichtbare Zeichen für den Übergang zwischen beiden Formen der Demokratie.
Beim Ende der friedlichen Nutzung der Atomenergie in Österreich standen einander
erstmals die repräsentativen Institutionen der modernen Demokratie, Regierung, Parteien, Sozialpartnerschaft als Vertreter des »modernen politischen Systems« auf der
einen Seite und Einzelbürger, Medien, neue Parteien wie die Grünen, Bürgerinitiativen
und neue soziale Bewegungen wie die Anti-Atomkraftbewegung auf der anderen Seite
feindlich gegenüber, wobei die ›postmoderne Allianz‹ mit Hilfe von individueller
Partizipation 1978 erstmals ›gewann‹. Der Konflikt um das Wasserkraftwerk Hainburg
im Dezember 1984 als Beispiel für eine illegale individuelle politische Partizipation
stellt die nächste Etappe dieses Übergangsprozesses dar, die sehr stark mit Konfliktthemen aus dem Bereich der Energiepolitik verknüpft war. In dieser Übergangsphase
kam es auch zur Besetzung von Wohnhäusern, zum Protest gegen die Wiener Wohn-
politik, zum Engagement für autonome Jugendzentren (Gassergasse in Wien, Besetzung von leerstehenden Wohnhäusern) als Formen der individualisierten politischen
Partizipation. Die mangelnde Akzeptanz dieser Partizipationsformen in weiten Teilen
der Bevölkerung und in den Medien verhinderte aber eine erfolgreiche Koalition mit
anderen politischen Akteuren und führte dazu, daß diese am marktwirtschaftlichen
Eigentumsbegriff rüttelnden Aktionsformen in den 1990er Jahren fast völlig verschwanden.

Interessanterweise geht zwar zwischen 1970 und 1988 die Wahlbeteiligung zurück,
andere Formen der politischen Beteiligung (wie zum Beispiel das Schreiben von
Leserbriefen an Zeitungen) und das allgemeine politische Interesse haben in Österreich

*Darst. 2: Volksbegehren in Österreich 1964 bis 1993 (Anzahl von gültigen Unterschriften)*

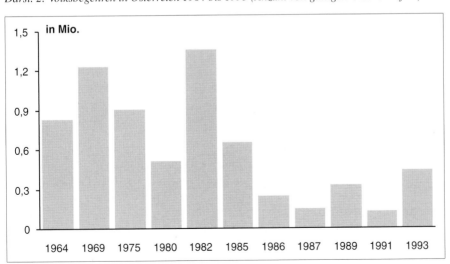

Quelle: Christian W. Haerpfer, Wien 1995

wie in vielen anderen Demokratien im gleichen Zeitraum jedoch zugenommen. Die Teilhabe an Wahlen einerseits und die Mitgliedschaft in modernen, bürokratischen und hierarchischen Institutionen wie Parteien, Gewerkschaften, Kammern und Kirchen andererseits sinken stark ab, während individualisierte Formen der politischen Teilhabe stark an Bedeutung gewinnen.

## Postmoderne Demokratie und individuelle Partizipation 1989 bis 1995

Die postmoderne Demokratie wird vor allem durch die verstärkte Ablehnung von politischen Institutionen wie Parlament, Parteien oder Kammern durch wachsende Teile der österreichischen Bevölkerung einerseits und durch einen Anstieg der politischen Beteiligung von Bürgern und Bürgerinnen am politischen Prozeß andererseits gekennzeichnet. Die Beteiligung besteht im Regelfall nicht in der Mobilisierung der Bürger durch die Parteien oder Interessenverbände, sondern in der politischen Beteiligung an Bürgerinitiativen oder neuen sozialen Bewegungen (Anti-Kraftwerks-Bewegung, Frauenbewegung, Ökologiebewegung, Friedensbewegung usw.). Das entscheidende Kriterium besteht darin, daß diese Formen der politischen Partizipation im Regelfall ohne die politischen Eliten erfolgen. Die Eliten verlieren zunehmend ihre mobilisierende Wirkung. Doch der Verlauf und der Ausgang der politischen Kampagne im Vorfeld der Volksabstimmung über den Beitritt Österreichs zur Europäischen Union können als Lehrbuchbeispiel für eine gelungene politische Mobilisierung durch die politischen Eliten betrachtet werden und zeigen, daß die moderne Eliten-Partizipation noch nicht zur Gänze ›gestorben‹ ist. Die politischen Institutionen haben sehr wohl die Chance, politische Beteiligung in ihrem Sinne in der österreichischen Bevölkerung zu wecken. Das aus der Eliten-Perspektive negative Beispiel EXPO-Volksabstimmung und das positive Beispiel EU-Volksabstimmung zeigen jedoch, daß der Qualitätsmaßstab für Mobilisierungsversuche durch die österreichischen politischen Eliten deutlich angehoben wurde.

Die postmoderne Demokratie der 1990er Jahre ist geprägt vom Ende des Duopols von ÖVP und SPÖ und von einem sich herausbildenden Macht-Pluralismus von Regierung, Parlament, einem Viel-Parteien-System, Verbänden, Medien, Bürgerinitaiven und Bürgern in unterschiedlichsten Formationen, bei dem sich diese Akteure zu Koalitionen zusammenschließen oder in Opposition zueinander verhalten. Die Periode der homogenen Machtblöcke und Machtkartelle, der Geleitzüge von repräsentativen Institutionen in politischen Lagern wird in den 1990er Jahren abgelöst von der Ära unübersichtlicher und heterogener Verhältnisse mit überraschenden Koalitionen von unterschiedlichsten Akteuren. Die politischen Ereignisse rund um die Entscheidung über das »Sparpaket« der österreichischen Bundesregierung nach den Parlamentswahlen 1994 waren der erste offene und weithin sichtbare Ausdruck dieser postmodernen Neuformierung des österreichischen politischen Systems.

Im Bereich der konventionellen Formen politischer Partizipation, bei der Teilnahme an Parlaments-, Landtags- und Gemeinderatswahlen in Österreich, zeigt sich, daß sich die politische Teilnahme nicht nur auf die Stimmabgabe alle vier oder fünf Jahre beschränkt, sondern daß am politischen Leben auch zwischen den Wahlgängen häufi-

ger teilgenommen wird. Bürgerinnen und Bürger greifen auch zwischen Parlamentswahlen in den politischen Prozeß ein, sofern dies ihre Ressourcen an Zeit, Bildung und
Wissen zulassen und ermöglichen.

*Das »Lichtermeer« 1993 gegen das »Ausländervolksbegehren« ist ein Beleg für die
Mobilisierungskraft jenseits konventioneller Institutionen.*

Ein zweites Hauptelement des von mir in ersten Grundzügen entwickelten Konzepts
der »postmodernen Demokratie« besteht im Konzept der vermehrten Optionen. Grundsätzlich nehmen einzelne Personen weniger aufgrund ihrer persönlichen Neigungen
am politischen Geschehen teil, sondern eher wegen der angebotenen Chancen und der
vom politischen System angebotenen Anreize. Die vermehrten Optionen der politischen Teilhabe in pluralistischen Demokratien haben die Wirkung, daß der Wahlakt als
Bestandteil der repräsentativen, indirekten Demokratie im Vergleich zur Nachkriegszeit stark an Bedeutung verliert, während direkte und individuelle Formen der politischen Teilnahme an politischem Gewicht gewinnen. Das Beispiel des »Lichtermeers«
gegen das »Ausländervolksbegehren« Anfang 1993 ist ein Beleg für die Mobilierungs-
kraft unterschiedlicher politischer und gesellschaftlicher Gruppen jenseits von konventionellen Parteigrenzen und außerhalb von politischen Institutionen. Die Mobilisierung
der Teilnehmer ist hier ohne die repräsentativen politischen Institutionen erfolgt.
Institutionen wie die Gewerkschaft oder einzelne Parteien sind in einer späten Phase
auf den ›fahrenden Zug‹ der Lichtermeerbewegung ›aufgesprungen‹. Eine ähnliche
Erweiterung des Handlungsspielraumes für politisch interessierte Österreicherinnen
und Österreicher zeigt sich bei Bürgerinitiativen oder bei der Unterstützung von

transnationalen politischen Gruppierungen wie Greenpeace oder Global 2000. Ein jüngeres Beispiel für die individualistische Partizipation ist die Kampagne gegen das slowakische Atomkraftwerk in Mochovce, die von einer Koalition aus Druckmedien, Global 2000, einzelnen Landesparteien, einzelnen Ministern und sich betroffen fühlenden Österreicherinnen und Österreichern geführt wird.

## Zusammenfassung

Das Hauptergebnis der politikwissenschaftlichen Forschungsarbeiten der letzten 30 Jahre ist die Erkenntnis, daß Personen mit einem größeren Bestand an gesellschaftlichen und wirtschaftlichen Ressourcen (Einkommen, Bildung, beruflicher Status, Informationszugang usw.) sich eher und häufiger politisch beteiligen als Personen mit weniger sozio-ökonomischen Ressourcen. Ein zweites Forschungsergebnis zur Entwicklung der politischen Partizipation besteht darin, daß zunehmende ökonomische Ungleichheit in der Gesellschaft zu einem zunehmenden Ausschluß von Gesellschaftsgruppen aus dem politischen Prozeß führt. Das dritte Ergebnis besteht darin, daß wir von einem sprunghaften Anstieg der individualisierten, spontanen und nicht-institutionellen politischen Partizipation in pluralistischen offenen Gesellschaften, sohin mit Max Kaase von einer »partizipatorischen Revolution« sprechen können. Sie ist in Österreich seit etwa 1970 im Gange.

Meine Schlußfolgerung für die Demokratie Österreichs fünf Jahre vor der Jahrtausendwende lautet, daß in einer partizipatorischen Demokratie der Kreis jener Personen, die sich aktiv am politischen Geschehen in Österreich beteiligen, vergrößert werden muß. Eine Steigerung der Zahl der Österreicherinnen und Österreicher, die politisch aktiv an Politik teilnehmen, hätte nämlich zur Folge, daß sich die Zahl der Personen, die im politischen Krisenfall die Demokratie zu verteidigen bereit sind, vergrößert und die Immunisierung gegen undemokratische Tendenzen ansteigt. Eine Verbreiterung der institutionellen wie der individuellen und nicht-institutionellen politischen Partizipation kann nur dadurch geschehen, daß die Chancen für weitere Bildung, für wirtschaftlichen und beruflichen Aufstieg in der österreichischen Gesellschaft gewahrt bleiben.

Eva Cyba

# Modernisierung im Patriarchat?

Zur Situation der Frauen in Arbeit, Bildung und privater Sphäre
1945 bis 1995

»Niemals zuvor hat die Lage der Frauen in ähnlich raschem Tempo derart umwälzende Veränderungen erfahren wie in den letzten Jahrzehnten. Eine Vielfalt von Faktoren wirkte dabei mit; politische, soziale, wirtschaftliche Revolutionen und Evolutionen nahmen ebenso Einfluß auf die gesellschaftliche Stellung der Frau wie kulturelle Umwälzungen.«[1] Was vor fast 30 Jahren in der Einleitung zu einer Arbeit, die als eine Art erster ›Frauenbericht‹ in Österreich angesehen werden kann, niedergeschrieben wurde, hat auch heute noch Gültigkeit. Die Veränderungen des weiblichen Lebenszusammenhangs resultieren aus einer komplexen und sich wandelnden Verflechtung von Leitbildern in bezug auf die gesellschaftliche Rolle der Frauen, rechtlichen und gesellschaftlichen Normen und strukturellen Bedingungen.

Ich möchte kurz die beiden im Titel genannten Begriffe eingrenzen. Patriarchat verwende ich hier als beschreibenden Begriff für das komplexe Phänomen der umfassenden Benachteiligung von Frauen in so gut wie allen Lebensbereichen. Modernisierung ist ein schillernder Begriff, über dessen Definition kein Konsens besteht. Ich verstehe hier darunter den Wandel sozialer Paradigmen und Lebensformen, den Prozeß in Richtung einer sozialen Differenzierung und Individualisierung und die Zunahme individueller Handlungsmöglichkeiten, die in unterschiedlichen Perioden unterschiedliche Formen annehmen.

Im Folgenden werde ich – auf Grund der gebotenen Kürze schlaglichtartig – die Formen dieser Modernisierung in den Veränderungen der Lebenssituation von Frauen herausarbeiten und den Wandel zentraler Aspekte der Lebensumstände von Frauen, die durch unterschiedliche, wenn auch einander beeinflussende Formen von Benachteiligungen im öffentlichen und privaten Bereich gekennzeichnet sind, in den letzten 50 Jahren verfolgen. Die drei zentralen Aspekte, die für die Lebensbedingungen wie auch für unterschiedliche Formen der Diskriminierung charakteristisch sind, sind die folgenden:[2]

– die staatliche, gesetzliche Regelung frauenspezifischer Lebensbedingungen, etwa im Rahmen des Familienrechts, in der Regelung des Schwangerschaftsabbruchs, der Verfolgung von Gewalt gegen Frauen oder im Namensrecht,[3] in denen sich ändernde Einstellungen zu Frauen und zur gesellschaftlichen Rolle der Frauen erkennen lassen. Ich gehe darauf nur kurz ein, da dies an anderer Stelle in diesem Band[4] diskutiert wird und eine ausdrückliche Frauenpolitik erst in den 1970er Jahren eingesetzt hat;

– die Teilnahme an Bildung und Ausbildung sowie an der Arbeits- und Berufswelt. Es geht dabei um die unterschiedlichen Formen der Teilnahme und der Diskriminierung

sowie um deren Veränderung. Die Veränderungen der Berufsstruktur betreffen
Frauen direkt, indem diesen neue Möglichkeiten der Lebens- und Berufsgestaltung
geboten, sie aber auch mit neuen Problemen und Zwängen konfrontiert werden;
–  die private Sphäre. Sie umfaßt Haushalt, Familie und familiäre Arbeitsteilung, stellt
   einen eigenen Lebensbereich dar, der zwar durch politische Regelungen beeinflußt
   und auch im Zusammenhang mit der berufliche Teilnahme zu sehen ist,[5] aber eine
   eigene soziale Realität aufweist, die für den Zugang der Frauen zu Lebenschancen
   nach wie vor zentral ist. Denn die Verflechtung der Lebensbereiche, die in unserer
   Gesellschaft als zwei getrennte Sphären – da öffentlich, dort privat – behandelt
   werden, ist ein wesentliches Merkmal der Lebenssituation von Frauen, das sich in
   vielfältiger Weise auf Lebensbedingungen auswirkt.

## Leitbilder und Lebensbedingungen von Frauen

Die 50 Jahre seit Ende des Zweiten Weltkriegs werden im Folgenden anhand einer
Periodisierung charakterisiert, bei der ich einem Vorschlag von Hradil folge. Er
unterscheidet drei durch unterschiedliche Wertvorstellungen geprägte »soziale Paradigmen« der Nachkriegszeit, die sich auf bevorzugte Formen der Lebensgestaltung und
Lebensziele beziehen: »Wohlstand«, »Wohlfahrt« und »Lebensweise«. Diese Phasen
sind jeweils durch bestimmte sozialstrukturelle Konstellationen gekennzeichnet, mit
denen auch unterschiedliche Zugänge zu sozialen Lebenschancen verbunden sind.[6]
    Die Bedeutung objektiver Lebensbedingungen und sozialer Ungleichheiten ist
nicht von den Wertvorstellungen unabhängig, die definieren, was in einer bestimmten
Zeit in einer Gesellschaft als erstrebenswert gilt und was nicht. So kann man/frau
Berufstätigkeit primär als Belastung und Ablenkung von den ›eigentlichen Aufgaben‹
der Frau ansehen, als ein Mittel, um Güter zu erwerben, die das milieuspezifische
Prestige gewährleisten, oder als Chance, ein eigenständiges und selbstgestaltetes Leben
zu führen. Belastungen und Ungleichheiten können entsprechend diesen Vorstellungen
entweder einfach hingenommen oder in Frage gestellt werden. Solche Vorstellungen
sind gerade für die Analyse der Lebensbedingungen von Frauen wichtig, da über lange
historische Abläufe hinweg deren Handlungsmöglichkeiten besonders durch traditionalistische Einstellungen und Vorurteile bestimmt und eingeschränkt waren.
    Vor diesem Hintergrund werden die Veränderungen der Lebensbedingungen von
Frauen an Hand wichtiger Indikatoren dargestellt. Die drei Leitvorstellungen der
Lebensgestaltung und die strukturellen Veränderungen sind natürlich nicht immer
zeitlich exakt voneinander abgrenzbar und gehen ineinander über, sie heben jedoch
unterschiedliche Schwerpunkte hervor, die von Einfluß auf die Lebensumstände von
Frauen waren und sind.

### Wohlstand

Das erste Leitbild, das nach dem Weltkrieg bis in die 1960er Jahre, in der Phase des
›Wiederaufbaus‹, bestimmend war, bezog sich auf das Schaffen materiellen Wohlstands
als eines nicht hinterfragten Ziels. Dabei galt das meritokratische Prinzip als selbst-

verständlich, nach dem Wohlstand für die einzelnen nur als Lohn für eigene Leistung erreichbar war. Ausbildung und die Erlangung einer guten beruflichen Position galten als die wesentlichen Voraussetzungen, um materiellen Wohlstand zu erreichen.

Die selbstverständliche Dominanz der ›Normalfamilie‹ und die traditionelle Arbeitsteilung zwischen den Geschlechtern wurden dabei ebensowenig in Frage gestellt wie stabile politische Frontstellungen entlang traditioneller Klassengrenzen, die nach wie vor für Einstellungen und soziale Identitäten bestimmend waren. Diese Zielvorstellungen, Orientierungsmuster und sozialen Identitäten waren wohl dafür verantwortlich, daß trotz der starken Einbeziehung der Frauen in die Arbeits- und Berufswelt kaum eine Auseinandersetzung mit deren benachteiligten Lebensbedingungen stattfand.[7] Die in objektiven Daten ausgewiesenen Benachteiligungen wurden dementsprechend in der Öffentlichkeit und von den Frauen selbst wenig thematisiert. Das Leitbild der gesellschaftlichen Rolle der Frauen als – auch im Fall ihrer Berufstätigkeit – primär für Familie und Haushalt zuständig war auch rechtlich verankert.[8]

Wie Lehner anschaulich schildert, war dieses Leitbild durch die traditionalistische Familienpolitik und die ihr zugrundeliegenden patriarchalischen Vorstellungen bestimmt.[9] Es gehörte zu den Pflichten als Ehefrau, den Haushalt zu führen, am Erwerb des Mannes unentgeltlich mitzuarbeiten und die eigene Erwerbstätigkeit nur soweit auszuüben, als dadurch die Pflichten als Ehefrau und Mutter nicht behindert wurden. Erst 1975, 50 Jahre nachdem Adelheid Popp und Gabriele Proft 1925 einen Initiativantrag im Nationalrat für einen Gesetzesentwurf zur völligen Gleichstellung von Mann und Frau im Familienrecht eingebracht hatten, wurde das neue Familienrecht, das nicht an patriarchalischen Vorstellungen, sondern an Partnerschaft und an der Selbstbestimmung der Frau orientiert war, verabschiedet.

*Textilarbeiterinnen in Pottendorf/Niederösterreich (1955)*

Die Situation der Frauen unmittelbar nach Kriegsende wird häufig mit einem Bild charakterisiert: Frauen zwischen Trümmern räumen Schutt weg und schlichten Ziegel für den ›Wiederaufbau‹. »Es war dies für viele Frauen in dieser Zeit die einzige Möglichkeit, mit dieser harten körperlichen Arbeit aus dem Status der ›Normalverbraucherin‹ herauszukommen und über den Arbeitsnachweis als Trümmerfrau höhere Lebensmittelzuteilungen für sich und ihre Kinder zu erhalten«[10] und damit zu überleben. Diese als außergewöhnlich angesehenen Leistungen verdeckten aber die Rolle, die die Frauen insgesamt beim Wiederaufbau der Wirtschaft hatten, der auch 1945 nicht bei einer »Stunde Null« begann. »Und dafür wurden wie in Zeiten der Hochrüstungsindustrie schon wieder, besser gesagt noch immer, billige, geduldige und fleißige Arbeitskräfte gebraucht: also Frauen.«[11]

Der größte Teil der berufstätigen Frauen leistete Schwerstarbeit – in der Landwirtschaft als sogenannte Mithelfende (Ehefrauen, Töchter, besitzlose weibliche Verwandte), die meist über kein eigenes Geld verfügen konnten, nicht krankenversichert waren und keine Kinderbeihilfe bekamen, oder als niedrigst bezahlte Landarbeiterinnen. Die Industriearbeiterinnen konnten wenigstens einen, wenn auch niedrigen Lohn ›nach Hause bringen‹, über den sie aber nur selbst verfügen konnten, wenn ein männliches Familienoberhaupt fehlte. Unmittelbar nach dem Krieg waren durch den Männermangel mehr Frauen als Männer erwerbstätig. Aber von Beginn der 1950er Jahre an war die Arbeitsmarktlage der Frauen auch dadurch gekennzeichnet, daß deren Arbeitslosenrate deutlich höher war und auch mit der Verbesserung der Wirtschaftslage doppelt so hoch wie die der Männer blieb. Die Mehrfachbelastung durch Beruf, Haushalt, Familie in der Zeit einer allgemeinen Mangelwirtschaft nach dem Krieg, in der viele Güter des täglichen Verbrauchs selbst hergestellt werden mußten, war so groß, »daß es nachträglich wie ein Wunder anmutet, daß diese Frauen überhaupt noch Zeit zum Schlafen fanden«.[12] Dazu kam, daß die gesetzliche Arbeitszeit der unselbständig Beschäftigten damals 48 Stunden pro Woche (sechs Tage) betrug und erst 1959 auf 45 Stunden reduziert werden sollte.

In den 1960er Jahren begannen wirtschaftliche Umstrukturierungsprozesse, von denen die Frauen in größerem Ausmaß betroffen und an denen sie stärker beteiligt waren als die Männer. Die Schrumpfung des Landwirtschaftssektors, der bis dahin ebenso wie die traditionelle Konsumgüterproduktion ein Bereich mit hohem Frauenbeschäftigungsanteil gewesen war, ließ viele Frauen als Arbeiterinnen in die Industrie gehen. Bis Mitte der 1970er Jahre blieb auch das verarbeitende Gewerbe ein wichtiger Beschäftigungsbereich für Frauen. 1951 arbeiteten noch 44 Prozent aller berufstätigen Frauen in der Landwirtschaft, 1971 hatte sich dieser Anteil bereits halbiert.

Eine weitere markante Veränderung stellte die allgemeine Verschiebung von selbständiger und mithelfender zu unselbständiger Erwerbsarbeit dar. War 1951 noch ein Drittel der Frauen als mithelfende Familienangehörige tätig, so sank dieser Anteil bis zum Jahr 1990 auf weniger als ein Zehntel. Bei den Frauen war dies nicht nur durch den Rückgang der bäuerlichen Bevölkerung bedingt, sondern vor allem in den 1970er Jahren auch durch die Änderung der Einkommensbesteuerung, die dazu führte, daß mithelfende Ehefrauen als Unselbständige angemeldet wurden und damit ein eigenes Einkommen hatten.[13] Eine wichtige Entwicklung, die bis heute anhält, war die steigende Beteiligung der Frauen an der Erwerbsarbeit,[14] die aber in ihren Auswirkungen vor

*Darst. 1: Erwerbsbeteiligung der Frauen 1951 bis 1991*

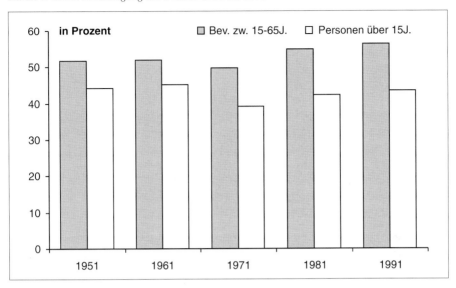

allem im Zusammenhang mit den geänderten Erwerbsmustern bestimmter Gruppen von Frauen und im gesamten Lebensverlauf für die Veränderung der Lebenssituation von Frauen von Bedeutung war.

In den 1950er und frühen 1960er Jahren schieden viele Frauen bei ihrer Heirat oder spätestens bei der Geburt des ersten Kinds endgültig aus dem Erwerbsleben aus. Erst gegen Ende der 1960er und zu Anfang der 1970er Jahre kam es verstärkt zu dem sogenannten Dreiphasenmodell, bei dem Frauen nach einer längeren Phase der Unterbrechung, um sich Ehemann und Kind(ern) zu widmen, wieder ins Berufsleben einstiegen. Dies schloß natürlich nicht aus, daß auch damals viele Frauen ohne Unterbrechung berufstätig waren, aber es war nicht das vorherrschende Muster.

Steigende Erwerbsbeteiligung und Umstrukturierung der Wirtschaft änderten wenig an der benachteiligten Lage der erwerbstätigen Frauen: Diese waren überdurchschnittlich in traditionellen Frauenbeschäftigungsbereichen und in niedrigen Qualifikationsstufen beschäftigt und in Branchen mit geringer Bezahlung konzentriert (Hauswirtschaft, Reinigung, Textilbereich, Hotel- und Gaststättenwesen sowie Gesundheits- und Fürsorgebereich). Geringe Ausbildung und die Wahl traditioneller Frauenberufe trugen ebenso dazu bei wie das eingeschränkte Stellenangebot für Frauen. Außerdem hatten (und haben) diese auch bei gleicher Ausbildung schlechtere Aufstiegschancen. Das allein erklärt aber nicht das Phänomen, daß seit Beginn der 1950er Jahre Männer ein etwa um die Hälfte höheres Einkommen als Frauen erzielten. Obwohl 1953 in Österreich das Übereinkommen Nr. 100 der ILO über die Gleichheit des Entgelts männlicher und weiblicher Arbeitskräfte für gleichwertige Arbeit ratifiziert worden war, kam es bis 1957 zu einer beachtlichen Vergrößerung der Einkommensunterschiede zwischen Frauen und Männern, insbesondere bei Angestellten: 1953 verdienten weibliche Angestellte knapp über 73 Prozent eines Männereinkommens, dieser Anteil sank

*Darst. 2: Einkommensanteil der Frauen an dem der Männer im Zeitverlauf*

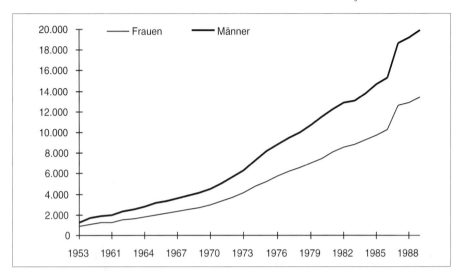

bis 1963 auf knapp über 60 Prozent ab und erreichte dann ungefähr das Niveau für Arbeiterinnen.[15] Nach Christl und Wagner war dies nicht zuletzt auf die Dezentralisierung der Lohnpolitik zurückzuführen.[16]

Der Bildungsstand der Frauen war auf Grund der Benachteiligung in diesem Bereich seit mindestens einem halben Jahrhundert entsprechend niedrig, ein Großteil der Frauen hatte keine über die Pflichtschule hinausgehende Ausbildung.[17] Gegen Ende der 1950er Jahre, vor dem Hintergrund einer raschen wirtschaftlichen und technologischen Entwicklung bei gleichzeitiger Knappheit von Arbeitskräften, wurde Bildung mit dem Ziel der Höherqualifizierung als wichtige Bedingung des Wirtschaftswachstums angesehen.[18]

Ab den frühen 1960er Jahren (im Übergang zur Phase der Wohlfahrt) förderte das politische Programm der Chancengleichheit, das größeren Gruppen eine formale Ausbildung über die Pflichtschule hinaus ermöglichen sollte, die Bildungsexpansion. War mit ihr der Anspruch verbunden, primär die Benachteiligung von Arbeiter- und Bauernkindern zu beseitigen, aber nicht unbedingt die von Frauen, so haben diese dennoch entscheidend von ihr profitiert. Es kam zu einer relativen Ausweitung der Lehrausbildung und bei den Frauen auch der mittleren Schulbildung, aber bei Maturanten und Akademikern konnten die Frauen ihren Anteil vorerst nicht vergrößern.

Die Phase der Wohlstandsorientierung, die Zeit des ›Wirtschaftswunders‹, war auch für Österreich ein ›goldenes Zeitalter‹ der Eheschließung und der Familiengründung. Die für diese Phase charakteristischen Verhaltensweisen im Bereich Ehe und Familie waren bis in die frühen 1960er Jahre bestimmend, der Höhepunkt des Heirats- und Babybooms war 1963. Verglichen mit dem Beginn der 1950er Jahre lag die Zahl der Geburten um 30 Prozent höher, danach nahmen die Geburten-, später auch die Eheschließungsraten ab.[19] Die Vorherrschaft normativer Leitbilder ›intakter‹ Familien,[20] der soziale Druck zu heiraten und Kinder zu bekommen, das Idealbild der nichtberufstätigen Hausfrau bewirkten in dieser Periode einen weitgehenden Konsens über ›richtige‹ Lebensformen, denen Frauen (und Männer) auch in einem hohen Ausmaß entsprachen. Diese Situation bildete einen Bruch zur unmittelbaren Nachkriegszeit, in der Frauen einen gewissen Grad an Selbständigkeit erlangt hatten. Auf Grund demographischer Indikatoren dauerte die Periode der vorherrschenden Wohlstandsorientierung bis 1968 – erst 1969 setzte ein Rückgang auch der Eheschließungen ein.

Leider gibt es kaum Studien über den familiären Alltag in dieser Zeit, so daß eine Kontrastierung mit den beiden anderen Phasen schwer möglich ist. Bedenkt man aber, daß vor allem in der unmittelbaren Nachkriegszeit Frauenerwerbsarbeit, »die faktisch die Grenzen geschlechtsspezischer Verhaltensmuster sprengte, von Männern und Frauen ausdrücklich als eine begrenzte, vorübergehende Notmaßnahme begriffen wurde«, so kann man davon ausgehen, daß »diese Frauenarbeit in Hinblick auf eine tiefgreifende Veränderung im Geschlechterverhältnis ohne Konsequenzen blieb«.[21]


Wohlfahrt

Das zweite soziale Paradigma kennzeichnete die Periode ab dem Beginn der 1970er Jahre, in der es zu einer Ausweitung des materiellen Wohlstands kam. Man kann dies auch mit dem Begriff des ›Fahrstuhleffekts‹ veranschaulichen: Alle Gruppen verbesserten ihren Lebensstandard, aber die Abstände zwischen ihnen verringerten sich nicht.

Der Ausdruck Wohlfahrt bezeichnet aber auch die zunehmende sozialstaatliche Orientierung politischer Parteien und Verbände und die damit verbundene wohlfahrtsstaatliche Legitimation politischer Maßnahmen. Eine Auswirkung davon war die stärkere Betonung der Werte Gleichheit und soziale Gerechtigkeit, die auch als kritischer Maßstab gegen herkömmliche Strukturen und Institutionen angewendet wurden. In dieser Phase wurden auch Fragen der Umverteilung gesellschaftlichen Reichtums und des Zugangs zu sozialen Ressourcen im Zusammenhang mit möglichen politischen Maßnahmen diskutiert. Die sozialistische Alleinregierung der 1970er Jahre war ein Repräsentant dieser gewandelten Wertvorstellungen.

Die in der ersten Periode entstandene breitere Mittelschicht differenzierte sich auch entlang unterschiedlicher Wertvorstellungen (es gab Ansätze zum Wertewandel und zur Individualisierung), die traditionellen Verbindungen von sozialer Lage und politischer Orientierung wurden langsam schwächer, und es entstanden neue Formen der Ungleichheit im Gefolge politischer Interventionen. Soziale, im besonderen auch geschlechtsspezifische Ungleichheiten blieben zwar bestehen, wurden aber zunehmend bewußt und in der Öffentlichkeit zum Thema gemacht. Wie langsam dieser Prozeß der breiteren Bewußtmachung der Benachteiligung von Frauen war, veranschaulicht die Tatsache, daß zum Beispiel »die Frage nach den Erwerbseinkommen und vor allem die Befassung der öffentlichen Hand damit bis Ende der siebziger Jahre tabu blieb«,[22] obwohl geschlechtsbezogene Daten zur beruflichen Stellung seit der Volkszählung von 1951 verfügbar gewesen waren.

1979 trat dann das Bundesgesetz über die Gleichbehandlung von Frau und Mann bei Festsetzung der Entlohnung in Kraft, und es wurde eine Gleichbehandlungskommission im Bundesministerium für Soziale Verwaltung etabliert,[23] um Diskriminierungen von

Frauen zu beseitigen. Im selben Jahr wurden in der Regierung Kreisky (SPÖ) mit Johanna Dohnal die erste Staatssekretärin für allgemeine Frauenfragen und mit Franziska Fast auch eine Staatssekretärin für Angelegenheiten der berufstätigen Frauen im Sozialministerium ernannt, die sich aktiv für frauenspezifische arbeitsmarktpolitische Maßnahmen einsetzten. Beide trieben die Gleichstellung von Frauen politisch voran.

Als ›neue‹ soziale Bewegung erlangte die Frauenbewegung in Österreich, die sich aus der Studentenbewegung herausgebildet hatte, einen eindeutigen politischen Einfluß vor allem im Kampf um die Abschaffung des Paragraphen 144 zur Legalisierung des Schwangerschaftsabbruchs, der sowohl von der autonomen Frauenbewegung als auch von in Institutionen und Parteien etablierten Frauen getragen wurde. Der zeitliche Zusammenfall von Frauenbewegung und Frauenpolitik mit dem Ziel der Besserstellung der Frauen ist kein Zufall, sondern ein Beleg für den Umstand, daß staatliche Politik erst dann Interessen von Gruppen berücksichtigt, wenn sich jene Personen als Gruppe artikulieren, um deren Interessen es geht.

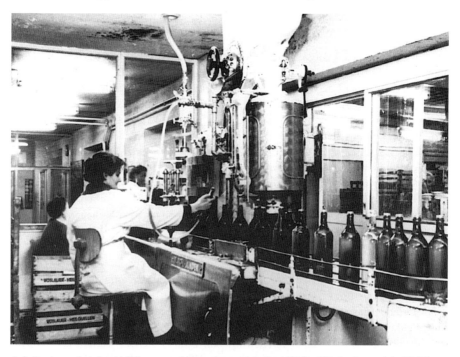

*Arbeiterinnen bei der Abfüllung von Mineralwasser in Bad Vöslau/Niederösterreich (1967)*

In der Phase des wirtschaftlichen Booms zwischen 1969 und 1975 mit extremer Arbeitskräfteknappheit und niedrigen Arbeitslosenraten um 1,5 Prozent war die Erwerbsbeteiligung von Frauen aller Altersstufen überdurchschnittlich hoch. Als langfristiger Trend zeigte sich, daß die Erwerbsbeteiligung der Frauen im Alter zwischen 25 und 44 Jahren – weitgehend verheiratete Frauen mit Kind(ern) – in den 1970er und 1980er Jahren am stärksten anstieg. Eine gesamtgesellschaftliche Tendenz, die einen großen Einfluß auf die Struktur der Frauenbeschäftigung hatte, war die Entwicklung zur ›Dienstleistungsgesellschaft‹, das heißt die Ausweitung des tertiären Sektors. Diese Tendenz, die eine umfassende Umstrukturierung der Arbeitswelt mit veränderten Arbeitsbedingungen bedeutete, setzte Mitte der 1970er Jahre ein.

Dem Verlust von 79.000 Frauenarbeitsplätzen in der Güterproduktion, vor allem in Wirtschaftsklassen mit hohem Frauenanteil, zwischen 1975 und 1989 (minus 23 Prozent) stand die Zunahme von 245.000 Arbeitsplätzen (plus 36 Prozent) in typischen Dienstleistungsbereichen im staatlichen, kommunalen (Schul- und Gesundheitswesen) und im privaten Bereich (Banken, Versicherungen) entgegen.[24] Dadurch entstanden in großem Ausmaß neue Beschäftigungsmöglichkeiten, die Frauen auch verstärkt wahrnahmen. Man kann durchaus sagen, daß die Dynamik zwischen den Sektoren und die Zunahme des Dienstleistungssektors weitgehend auf die berufliche Mobilität der Frauen zurückgingen.[25]

*Tabelle 1: Veränderung des Frauenanteils in den Wirtschaftssektoren von 1961 bis 1991*

| Sektoren | 1961 | 1971 | 1981 | 1991 |
|---|---|---|---|---|
| Landwirtschaft | 27,8 | 16,7 | 10,4 | 6,9 |
| Güterproduktion | 29,1 | 30,2 | 26,0 | 21,4 |
| Dienstleistungen | 43,1 | 53,2 | 63,5 | 71,7 |

Quelle: Österreichisches Institut für Wirtschaftsforschung

*Darst. 3: Arbeitslosenrate Frauen – Männer seit 1950*

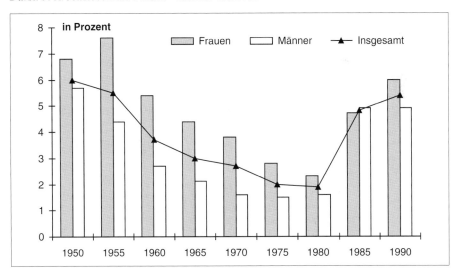

An der Stellung der Frauen in der beruflichen Hierarchie änderte sich hingegen in den 1970er und am Beginn der 1980er Jahre recht wenig. Zwar konnten die Frauen zwischen 1973 und 1978 verstärkt Positionen in mittleren und qualifizierten Angestelltentätigkeiten übernehmen,[26] aber von 1973 über 1978 bis 1983 wurde der Anteil der Frauen auf einer Hierarchiestufe umso niedriger, je höher diese war.[27] Die Stellung der

Frauen bei den Arbeitern verschlechterte sich kontinuierlich, der Anteil der Facharbei-
terinnen sank von zwölf Prozent 1977 auf 9,5 Prozent im Jahr 1985.

Es wurden aber nicht nur mehr Frauen in den Arbeitsmarkt eingegliedert, sondern
auch zunehmend verheiratete Frauen, die schon einmal aus der Berufsarbeit ausgeschieden waren, um ihr(e) Kind(er) zu betreuen. Mit der Berufsarbeit eröffneten sich
ihnen (wieder) neue Perspektiven und Möglichkeiten der Teilnahme am öffentlichen
Leben. Dadurch wurden aber vorerst weder die herkömmlichen Bilder der Familie noch
der innerfamiliären Arbeitsteilung in Frage gestellt. Es wurden für große Gruppen von
Frauen zusätzliche Belastungen virulent, die bis heute unter dem beschönigenden
Begriff Doppelbelastung diskutiert werden.

Die wöchentliche Arbeitszeit wurde von 1969 bis 1975 (vereinbart im Generalkol-
lektivvertrag) stufenweise auf 40 Wochenstunden gesenkt, und auch der Mindesturlaub
wurde von zwei auf drei Wochen angehoben. Für viele Frauen stellte aber nur die
(zeitweilige) Teilzeitarbeit die Lösung für den Versuch dar, Beruf (und damit verbundene Gratifikationen) mit Familie vereinbar zu machen, da nach wie vor auf ihnen die
Hauptverantwortung für Haushalt und Familie lag. Seit 1969 hat die Teilzeitbeschäftigung (mit kleinen Abweichungen) kontinuierlich zugenommen. Zwischen 1974 und
1987 stieg die Zahl der in Teilzeitanstellungen unselbständig beschäftigten Frauen um
31 Prozent.[28] Qualität und Quantität des Angebots von Teilzeitstellen gingen aber nicht
unbedingt mit den Wünschen der Frauen konform.[29] In Zeiten knapper Arbeitskräfte
und des konjunkturellen Aufschwungs, wie zum Beispiel von 1969 bis 1974, gab es
ein größeres Angebot als in Zeiten wirtschaftlicher Krisen.

In dieser Phase beteiligten sich die Frauen an der Bildungsexpansion in verstärktem
Ausmaß. Es kam in den 1970er und 1980er Jahren zu einem Aufholprozeß der Frauen
bei der höheren Sekundarschulausbildung und auch in den hochschulverwandten
Lehranstalten. 1975 wurde der »Primat der Geschlechtertrennung«[30] in den österrei-
chischen Schulen aufgehoben. »Die zunehmende Integration der Lebenswelt von
Männern und Frauen in einer industriellen Leistungsgesellschaft, die durch Werte und
Normen der Neuen Mittelklasse (...) bestimmt ist, hat die getrennte Erziehung von

*Tabelle 2: Wohnbevölkerung ab 15 Jahre nach höchster abgeschlossener Ausbildung und
Geschlecht von 1951 bis 1991 (in Prozent)*

|  | männlich | | | | | weiblich | | | | |
|---|---|---|---|---|---|---|---|---|---|---|
|  | 1951 | 1961 | 1971 | 1981 | 1991 | 1951 | 1961 | 1971 | 1981 | 1991 |
| Pflichtschule | 85,3[1] | 85,5[1] | 48,4 | 40,4 | 31,5 | 88,4[1] | 87,7[1] | 73,0 | 61,7 | 50,6 |
| Lehre | 85,3[1] | 85,5[1] | 35,9 | 39,4 | 44,0 | 88,4[1] | 87,7[1] | 12,6 | 16,6 | 21,4 |
| Fachschule | 5,1 | 5,0 | 4,8 | 7,0 | 7,5 | 7,6 | 8,2 | 8,9 | 13,3 | 14,9 |
| Matura[3] | 6,5 | 6,32 | 7,4 | 8,5 | 10,4 | 3,5 | 3,52 | 4,6 | 6,1 | 10,4 |
| *darunter:* | | | | | | | | | | |
| allg. bildende | 3,1 | - | 4,3 | 4,0 | 5,2 | 1,6 | - | 2,7 | 3,4 | 5,1 |
| berufsbildende | 3,4 | - | 2,4 | 0,3 | 0,7 | - | - | 0,1 | 0,7 | 1,6 |
| hochschulverwandte | - | - | 0,0 | 0,3 | 0,7 | - | - | 0,1 | 0,7 | 1,6 |
| Universität | 3,1 | 3,2 | 3,5 | 4,4 | 5,5 | 0,5 | 0,6 | 0,9 | 1,6 | 2,6 |
| N(100%) in 1.000 | | | 2.568,8 | 2.800,2 | 3.056,5 | 2.979,0 | | 3.065,3 | 3.244,5 | 3.382,5 |

[1)] 1951 und 1961 wurde nicht zwischen Pflichtschule und Lehre unterschieden.
[2)] 1961 wurden die Maturanten nicht weiter aufgeschlüsselt.
[3)] inklusive unbekannter höherer Schulen

Mädchen und Buben obsolet gemacht.«[31] In den 1970er Jahren kam es dadurch zu einem zweifachen Wandel: Erstens wurde die Koedukation in bisher nach Geschlechtern getrennten Schulzweigen oder Klassen eingeführt, und zweitens wurde innerhalb der Klassen eine – inhaltlich allerdings nicht genau definierte – Koedukation angestrebt, die unter anderem auch eine Änderung der Geschlechterbeziehungen und -stereotype zum Ziel hatte.

Das bildungspolitische Ziel in den 1970er Jahren, mehr ›Berufsorientierung‹ in die Ausbildung zu bringen und Schüler verstärkt in berufsbildendende weiterführende Schulen zu lenken, war aber nicht dazu angelegt, Mädchen stärker in technische Ausbildung einzubeziehen. Es trug wiederum zu einer Verfestigung geschlechtsspezifischer Segmentierung bei,[32] die sich in der Berufswelt ungebrochen fortsetzte. Wenn man sich den Bildungsstand der gesamten Bevölkerung ansieht, so haben die Bestrebungen, Chancengleichheit herzustellen, nicht ausgereicht, es gibt immer noch einen großen Anteil von Personen ohne sekundäre schulische Bildung, unter denen Frauen überwiegen. Insgesamt verbesserte sich jedoch die formale Qualifikationsstruktur der Erwerbstätigen, und der allgemeine Rückgang der Berufstätigen mit bloßer Pflichtschulausbildung war vor allem bei den Frauen stärker ausgeprägt. Diese konnten ihre Anteile bei den Absolventen von Fachschulen weiter steigern, machten verstärkt Matura und beendeten ein Studium an einer Hochschule oder einer hochschulverwandten Einrichtung. Nicht veränderte sich trotz des gestiegenen Bildungs- und Qualifikationsniveaus die benachteiligte Einkommenssituation der Frauen. Die Zwei-zu-drei-Relation blieb in den 1960er und 1970er Jahren in Österreich stabil.[33]

In der Phase der Wohlfahrtsorientierung war in mehrfacher Hinsicht eine deutliche Veränderung der Familienstrukturen zu beobachten. Der Rückgang der Kinderzahlen (»Pillenknick«), die Relativierung sowohl der normativen Leitbilder als auch der an ihnen ausgerichteten starren Verhaltensmuster bildeten die wichtigsten Momente dieser Veränderungen. Frauen bekamen weniger Kinder, heirateten weniger häufig und etwas später – damit entstanden mögliche Freiräume, die in selbstbestimmter Weise (unter anderem für eine verlängerte Ausbildung und Berufstätigkeit) genützt werden konnten. Möglichkeiten einer flexibleren Lebensgestaltung wurden auch in den steigenden Scheidungsziffern deutlich, die vom niedrigsten Stand 1962 einen mehr oder weniger starken Anstieg zu verzeichnen hatten: 1975 betrug die Gesamtscheidungsrate 20 Prozent, das bedeutete einen Anstieg um sechs Prozent gegenüber 1965. Nach 1976 kam es auch zu einer Tendenzwende beim durchschnittlichen Heiratsalter der Frauen, das bis dahin stetig gesunken war. Dies läßt sich am Verhalten der 25- bis 29jährigen Frauen illustrieren: 1971 waren 18,5 Prozent dieser Altersgruppe ledig, dieser Anteil erreichte zehn Jahre später 24 Prozent. Diese Veränderungen waren sowohl durch die Lockerung der starren Sexualmoral bedingt als auch durch die verlängerte Ausbildungszeit einer größeren Zahl junger Frauen.[34]

Betrachtet man Befragungen über Einstellungen und Verhalten im privaten Bereich von Frauen und vor allem Männern aus jener Periode, so läßt sich keine entsprechende Änderung traditioneller Muster in Hinblick auf Geschlechterrollen und -stereotype feststellen. Trotz steigender Bedeutung der Frauen für den Arbeitsmarkt, deren höherer Bildungsbeteiligung und der flexibleren Formen des Zusammenlebens waren die Einstellungen der Mehrheit der Männer wie der Frauen in dieser Zeit in einem überraschend hohen Ausmaß durch traditionalistische Vorstellungen und Vorurteile bestimmt. Nach Ergebnissen einer Umfrage lehnten nur elf Prozent der Männer und 14 Prozent der Frauen ausdrücklich das folgende Statement ab: »Es ist noch immer so, daß die Frau beim Mann Schutz und Geborgenheit sucht und der Mann der Überlegenere sein sollte.«[35] Auch stimmte die Hälfte der Frauen wie der Männer der Aussage zu, daß sich die Frau nur »um Mann, Kinder und Haushalt« kümmern solle.[36] Es gab aber auch Tendenzen zu egalitäreren Einstellungen bei Personen mit höherer Ausbildung und Berufsposition: 38 Prozent der Angehörigen dieser Schichten lehnten solch traditionelle Rollenerwartungen ab.

*Darst. 4: Eheschließungen seit 1945*

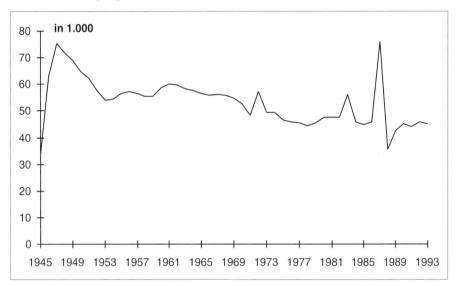

Die Einstellungen zur innerfamiliären Arbeitsteilung waren hingegen durchaus egalitär, immerhin hielten es fast zwei Drittel aller Österreicher/innen für richtig, daß die berufstätige Frau in Haushaltsarbeiten von allen Familienangehörigen entlastet werde. Eine egalitäre Tendenz kam auch in Hinblick auf die Zuständigkeit für die Kindererziehung zum Ausdruck.[37] Aber die äußerst geringe Beteiligung der Männer an Haushalts- und Familienarbeit verweist darauf, daß diese Einstellungen kaum Konsequenzen für das alltägliche Verhalten hatten. Die Hilfestellungen des Ehemanns erfolgten »in Form einer Beteiligung an spezifischen Tätigkeiten; es handelt sich also primär um eine Mit-Hilfe, nicht um eine selbständige Übernahme dieser Funktionen.«[38] Auch die Berufstätigkeit der Ehefrau änderte wenig an der Unwilligkeit der Männer, alltägliche Arbeiten wie Geschirrabwaschen, das Anziehen der Kinder oder deren Pflege im Krankheitsfall zu übernehmen. Allerdings konstatierte Szinovacz für 1979 im Vergleich zu 1969 einen (geringfügigen) Trend zu einer stärkeren Beteiligung der Ehemänner.[39]

Insgesamt ergibt sich ein vielschichtiges und widersprüchliches Bild, das einerseits auf eine zunehmende Relativierung traditioneller Verhaltensformen und einen Gewinn an Selbstbestimmung für jüngere Frauen, andererseits aber vor allem auf eine höchst traditionelle innerfamiliäre Arbeitsteilung hindeutet. Es deuteten sich jedoch verstärkt soziale und regionale Differenzierungen an: Frauen der Mittelschicht und aus der Großstadt (Wien) lebten in Milieus, in denen sie die Möglichkeiten der Selbstbestimmung eher realisieren konnten. Der Aufbruch der Frauen in der Frauenbewegung, das Einfordern der Chancengleichheit resultierten in wichtige Veränderungen, aber: »Trotz einer entscheidenden Besserung der Bildungssituation der Frau dominiert auch in der Ausbildung und Berufsvorbereitung das traditionelle Leitbild. Dies hat eine Konzentration der Frau auf sogenannte ›Frauenberufe‹, eine allgemeine Benachteiligung im Berufsleben und eine weitgehende Absenz in den Institutionen des öffentlichen Lebens zur Folge.«[40]

Lebensweise

Das dritte, seit den 1980er Jahren dominante Leitbild bezeichnet Hradil als »Lebensweise«. Es geht dabei primär um eine ›subjektive‹ Modernisierung, um eine quantitative und qualitative Ausweitung von Individualisierungsprozessen. Die Zahl jener, die den traditionellen industriegesellschaftlichen Gruppen zugehören, ist weiter geschrumpft, die Zugehörigkeiten zu größeren Gruppen sind instabiler geworden. ›Neue Milieus‹ sind entstanden, die durch unterschiedliche Lebensformen und Wertvorstellungen charakterisiert sind. Auch wenn dies in erster Linie für Bessergestellte und gut Ausgebildete gilt, so sind die normativen Leitbilder stärker von den Verhaltensweisen und Einstellungen dieser Gruppen geprägt worden. Diese Leitbilder sind durch Flexibilität, Individualisierung und Selbstrealisierung geprägt. »Wertewandel« ist eine schlagwortartige Bezeichnung für die zunehmende Verbreitung von Einstellungen, die durch solche Leitbilder bestimmt sind und vor allem in den Lebensbereichen Arbeit und Politik eine Loslösung von hergebrachten Wert- und Zielvorstellungen mit sich bringen.[41]

Traditionelle Erwartungen und Verhaltensweisen haben für immer größere Teile der Bevölkerung ihre Verbindlichkeit verloren, es sind neue Formen der Lebensgestaltung außerhalb traditioneller Institutionen entstanden: Man/frau ist damit konfrontiert, sein/ihr eigenes Lebensmodell zu entwickeln, ohne in einer selbstverständlichen Weise auf verbindliche Vorbilder zurückgreifen zu können. Herkömmliche Familienmuster sind zunehmend relativiert worden, es gibt nun mehr Frauen, die sich bewußt für andere Formen des Zusammenlebens entscheiden. Am Schlagwort Risikogesellschaft[42] wird deutlich, daß damit auch neue Unsicherheiten verbunden sind.

Die Legitimität traditioneller Frauendiskriminierung ist vor allem von der wachsenden Zahl gut ausgebildeter junger Frauen immer mehr in Frage gestellt worden. Es ist wohl durch die Zunahme dieser Gruppe von Frauen bedingt, daß Abbau von Diskriminierungen und Förderung der Chancengleichheit in politischen Programmen eine zunehmend große Bedeutung erlangt haben. Es gibt gegenwärtig eine Reihe von Maßnahmen in unterschiedlichen Bereichen – zusammengefaßt unter dem Begriff Gleichbehandlungspaket –, um Frauendiskriminierungen, die als solche erkannt und angeprangert werden, zu verringern oder aufzuheben: Sie umfassen die Verbesserung gesetzlicher Bestimmungen, zum Beispiel durch eine Novellierung des Gleichbehand-

*Industriearbeiterinnen in den 1980er Jahren*

lungsgesetzes, ebenso wie verbesserte Karenz- und Teilzeitregelungen oder die Möglichkeit, Frauenförderpläne in Betriebsvereinbarungen festzuschreiben. Bestrebungen,
die politische Teilnahme von Frauen über Quotierungen zu erhöhen oder die Vereinbarkeit von Beruf und Kinderbetreuung endlich durch ein adäquates Angebot an
öffentlichen Kindergartenplätzen zu erleichtern, warten noch auf ihre Realisierung.
Daß (einzelne) Frauen wichtige Positionen in Ministerien, in Verbänden und Parteien
erlangt haben und sich als Vertreterinnen von Fraueninteressen verstehen – nicht zuletzt
durch die Tätigkeit des Ministeriums für allgemeine Angelegenheiten der Frauen mit
der Ministerin Johanna Dohnal –, hat dazu wesentliche Voraussetzungen geschaffen.
Der Blick auf die einzelnen Lebensbereiche zeigt jedoch, daß trotz der zunehmenden
Thematisierung keine Entwicklung in Richtung völliger Gleichstellung stattgefunden
hat, sondern verstärkt soziale Differenzierungen und Ungleichheiten auch zwischen
den Frauen wahrnehmbar geworden sind.

Das Muster der Erwerbsbeteiligung und damit die individuelle Lebensbiographie von Frauen haben sich entscheidend verändert, das Dreiphasenmodell hat an Bedeutung verloren: Es scheiden weniger Frauen als früher nach der ersten Erwerbsphase aus dem Erwerbsleben aus. Die Berufstätigkeit hat zunehmend stärkere Bedeutung im gesamten Lebensverlauf gewonnen,[43] und vielfältigere Erwerbsbiographien sind zu finden, wobei es auch bei den Frauen zunehmend zu einer Angleichung an die sogenannte männliche Normalbiographie lebenslanger Berufstätigkeit kommt. Die Zahl der weiblichen Erwerbstätigen ist weiter leicht angestiegen: Während 1970 54 Prozent der 15- bis 60jährigen erwerbstätig waren, traf dies 1983 auf 57 Prozent, 1990 auf 56 Prozent und 1992 auf 60 Prozent zu. Die Erwerbsbeteiligung von Frauen ist seit Ende der 1970er Jahre auf allen Bildungsebenen höher gewesen als vorher. Zwar ist auch heute noch die Erwerbsquote von Frauen mit Kindern niedriger als die von Frauen ohne Kinder, aber der Abstand hat sich verringert.

Die Beschäftigungsstruktur hat sich seit Beginn der 1980er Jahre weiter in Richtung ›Dienstleistungsgesellschaft‹ verändert,[44] in der die meisten unselbständig beschäftigt sind, wie bereits 1981 mehr als vier Fünftel aller erwerbstätigen Frauen. Allerdings hat die Frauenbeschäftigung (schon seit den 1960er Jahren) vor allem in Sektoren zugenommen, deren gewerkschaftlicher Organisationsgrad gering und deren Lohnniveau niedrig ist, wie im Handel, im Fremdenverkehr, bei den persönlichen Dienstleistungen und den Reinigungsdiensten.[45] Die Segregation am Arbeitsmarkt, die Konzentration auf Berufe und Branchen hat im Zeitverlauf zwischen 1960 und 1985 etwas abgenommen, und die Frauenbeschäftigung ist heute etwas breiter gestreut als 1960,[46] Frauen sind auch in nichttraditionelle Berufe und qualifizierte Positionen ›eingedrungen‹. Aber seit Mitte der 1980er Jahre nimmt die geschlechtsspezifische Konzentration wieder zu: Im Handel, Hotel-, Gast- und Schankgewerbe und bei persönlichen Dienstleistungen stellten Frauen zu Beginn der 1990er Jahre den Großteil der Beschäftigten.[47] Wenn Frauen im verarbeitenden Gewerbe zu finden sind, »dann in der traditionellen Konsumgüterproduktion, also in auf den Markt verlagerten früheren Haushaltstätigkeiten«.[48] Diese Konzentration bedeutet aber auch in Zeiten von Krisen und Umstrukturierungen eine Bedrohung für die Arbeitsmarktlage von Frauen.

Österreich, das bis in die 1980er Jahre als vorbildhaft in der Krisenbewältigung und als Vollbeschäftigungsland galt, sieht sich nun verstärkt mit Arbeitslosigkeit konfrontiert. Vollbeschäftigung im wörtlichen Sinn hat für Frauen nie gegolten, sie sind je nach Konjunkturlage mit einer stärkeren Ein- beziehungsweise Ausgliederung am Arbeitsmarkt konfrontiert gewesen. Durch Beschäftigungseinbrüche im Produktionsbereich waren zu Beginn der 1980er Jahre zwar Männerarbeitsplätze stärker betroffen, bei Frauen gab es aber einen höheren Anteil der verdeckten Arbeitslosigkeit – Frauen (vor allem verheiratete) meldeten sich seltener arbeitslos.[49] Diesem Phänomen wurde früher wenig Beachtung zuteil, da man recht selbstverständlich von der immer möglichen ›Alternativrolle‹ von Frauen in Haushalt und Familie ausging und Frauen als »stille Reserve« des Arbeitsmarkts angesehen wurden.[50] Dies erklärt auch, daß die Integration von Frauen in den Arbeitsmarkt mittels arbeitsmarktpolitischer Instrumente lange kein programmatisch erklärtes Ziel der österreichischen Arbeitsmarktpolitik war[51] und »die Förderung der Erwerbstätigkeit von Frauen mehr von wirtschaftlichen Opportunitätsüberlegungen ausging, als von einem allgemeinen gesellschaftspolitischen Interesse,

(...) Frauendiskriminierung zu überwinden«.[52] Diese traditionelle Vorstellung der gesellschaftlichen Rolle der Frau wird nicht nur angesichts der geänderten Strukturen des Zusammenlebens obsolet, sondern auch angesichts der Bedeutung, die Frauen zunehmend der Berufsarbeit in ihrem Leben beimessen.

Die Beschleunigung des Struktur- und des technologischen Wandels und der Rationalisierungen infolge des ›Automatisierungsschubs‹ auch im Dienstleistungssektor (zum Beispiel im Handel) ließen aber bereits wieder seit Mitte der 1980er Jahre die Arbeitslosenraten der Frauen überproportional zu deren Erwerbsbeteiligung und im Vergleich zu den Männern ansteigen. Zu Beginn der 1990er Jahre lag diese Arbeitslosenrate 1,1 Prozent über der der Männer, 1993 näherten sich bei fast sieben Prozent die geschlechtsspezifischen Raten wieder einander an. Betroffen waren vor allem auch junge Frauen (bis zum Alter von 19 Jahren), denen der Berufseinstieg nur schwer gelang, und Frauen zwischen 50 und 55 Jahren. 1985 wurde doch ein Arbeitsmarktpolitisches Programm für Frauen in der Arbeitsmarktverwaltung entwickelt,[53] seine Umsetzung wurde allerdings recht bald trotz erfolgreicher Maßnahmen[54] auf Grund von Budgetkürzungen wieder eingeschränkt.[55]

Der internationale Trend einer Zunahme atypischer Arbeitsverhältnisse wie Leiharbeit, geringfügiger Beschäftigung[56] und befristeter Arbeitsverhältnisse und damit einer ›Erosion‹ des Normalarbeitsverhältnisses ist in Österreich – wenn auch zeitverzögert – zu spüren, wobei wesentlich mehr Frauen als Manner in solchen Beschäftigungsverhältnissen arbeiten.[57] Teilzeitbeschäftigung nahm zwischen 1974 und 1985 kontinuierlich zu (um 35 Prozent), gegen Ende der 1980er Jahre kam es zu einer Beschleunigung, die Teilzeitquoten stiegen von 1988 bis 1990 besonders in einigen Bereichen des Dienstleistungssektors.[58] 1992 übten 20 Prozent der erwerbstätigen Frauen eine Teilzeitbeschäftigung aus (bei Männern waren es 1,6 Prozent): 78 Prozent davon im Dienstleistungsbereich, vor allem in Gesundheitsberufen, im Handel und in Büroberufen. Es ist aber sicher verfehlt, in diesen Entwicklungen ausschließlich positive Möglichkeiten zur Vereinbarung von Beruf und Familie zu sehen. Man muß auch Arbeitszeiten,[59] Entlohnung und ungenügende soziale Absicherung berücksichtigen. Vor allem die Zunahme der Zahl der geringfügig beschäftigten Frauen (um 32 Prozent von 1985 bis 1989) und die Tatsache, daß es Frauen im Alter zwischen 30 und 40 Jahren, die typischen Wiedereinsteigerinnen, sind, weisen darauf hin, daß diese »Beschäftigungsform immer mehr zu einer Dauereinrichtung wird, die den Frauen nicht die geringste Chance gibt, sich aus eigenem eine wirtschaftliche und soziale Sicherung aufzubauen.«[60]

Nach wie vor besteht ein Bildungsdefizit, das aber nur mehr zum Teil aus der Benachteiligung der Frauen in der Vergangenheit stammt: 51 Prozent aller Frauen gaben auch 1991 keine über die Pflichtschule hinausgehende Ausbildung an (bei den Männern waren es ›nur‹ 32 Prozent). In den letzten zehn Jahren ist dieser Anteil zwar um elf Prozent gesunken, aber wenn man das Bildungsniveau jüngerer Frauen betrachtet, zeigt sich auch heute noch eine deutliche geschlechtsspezifische Benachteiligung, in der sich eine Polarisierung der Frauen abzeichnet.[61]

Vergleicht man zwei Altersjahrgänge, so haben (junge) Frauen im Bereich höherer Bildung bei Matura und Universitätsabschluß aufgeholt beziehungsweise die Männer sogar überholt. Der hohe Anteil der Frauen am anderen Ende des Bildungsspektrums verweist aber auf ein nach wie vor bestehendes Bildungsdefizit der Frauen: 25 Prozent der Frauen, die in den 1970er Jahren in die Schule eintraten und heute 20 bis 25 Jahre alt sind, haben nur eine Pflichtschulausbildung.[62] Noch weniger hat die Bildungspolitik die niedrigen Anteile der Frauen bei den Lehrabschlüssen erhöht, denn sowohl von den älteren als auch von den jüngeren Frauen haben knapp 30 Prozent eine Lehre absolviert. Das heißt aber auch, daß sich in den letzten 30 Jahren hier nicht viel verändert hat, und auch bei den Fachschulabschlüssen ist der Anteil der Frauen relativ konstant geblieben. Das Bildungsniveau berufstätiger Frauen ist aber im Vergleich zur gesamten Bevölkerung höher und der Unterschied zwischen berufstätigen Frauen und Männern geringer geworden. Trotzdem haben Frauen ihr in den letzten 50 Jahren gestiegenes Bildungsniveau nicht in entsprechende Positionen und Einkommen umsetzen können. Das Dreiecksverhältnis zwischen Bildungsvoraussetzung, beruflicher Position und Einkommen, die sogenannte meritokratische Triade, gilt zwar allgemein als legitime Basis der Ungleichheiten zwischen den Individuen, aber für Frauen gilt dieses Prinzip nicht, denn auch wenn sie gleiche Bildungsvoraussetzungen vorzuweisen haben wie Männer, folgen nicht die entsprechende Position und das entsprechende Einkommen.[63]

Die Einkommensunterschiede zwischen Frauen und Männern haben sich zwar in den 1980er Jahren etwas reduziert, »in den letzten 12 Jahren sind die mittleren Einkommen der Frauen um 10 Prozentpunkte stärker angestiegen als die der Männer«,[64] was mit den Veränderungen der Beschäftigungsstruktur (Wegfall von Arbeitsplätzen in Niedriglohnbranchen) und zum Teil der Lohnpolitik der Gewerkschaften, »die gerade seit 1989 eine überproportionale Anhebung der Mindestlöhne und -gehälter durchsetzten«,[65] sowie mit der besseren Ausbildung der beschäftigten Frauen erklärt wird.[66] Bei den weiblichen Angestellten war aber ein wesentlich geringerer Anstieg von nur vier Prozent festzustellen. Verglichen über die Zeit und mit anderen europäischen Ländern ist die Zwei-zu-drei-Relation der Einkommensdisparitäten zwischen Frauen und Männern noch immer von zäher Beharrlichkeit. Eine Reihe von Untersuchungen zeigen als Ursache vielfältige Diskriminierungspraktiken auf. Sieht man sich Schulbildung und berufliche Tätigkeit an, so zeigt sich, daß »indirekte«[67] und »versteckte Diskriminierungen«[68] am Werk sind: Bei gleicher Schulbildung werden Frauen in der betrieblichen Hierarchie niedriger eingestuft, ihre Tätigkeiten werden geringer bewertet,[69] ihre Aufstiegschancen sind durch vielfältige Barrieren behindert,[70] und auch schon kürzere Unterbrechungen der Berufstätigkeit wirken sich nachteilig aus. Mit dem Abschluß einer mittleren Fachschule gelingt 40 Prozent der Männer, aber nur acht Prozent der Frauen ein Sprung zu einer höher- oder hochqualifizierten Tätigkeit. Die Hälfte der Maturantinnen im Angestelltenbereich ist in mittleren Tätigkeiten beschäftigt (bei den Männern sind es 16 Prozent), und im öffentlichen Dienst sind die gravierendsten Karriereunterschiede bei den Universitätsabsolvent/inn/en zu finden.[71] Die Einkommensdisparitäten zwischen Frauen und Männern sind umso größer, je höher die Bildung und die Position sind.[72]

All diese Benachteiligungen wirken sich aber nicht nur unmittelbar auf die Lebensqualität, sondern auch langfristig auf die soziale Absicherung der Frauen im Alter aus. Niedrige Aktiveinkommen und Lücken im Versicherungsverlauf insbesondere durch Unterbrechungen zum Aufziehen von Kindern bewirken, daß die Durchschnittspensionen der Frauen noch immer wesentlich unter denen der Männer liegen.[73] Das Verhältnis von durchschnittlicher Frauen- und Männerpension hat sich nach Hieden-Sommer in den letzten 20 Jahren zuungunsten der Frauen entwickelt.[74] Mit der Anrechnung von Kindererziehungszeiten wurde im Rahmen der Pensionsreform 1993 eine Maßnahme gesetzt, die zumindest einen Teil der Benachteiligung ausgleichen soll. Aber Gruppen von älteren Frauen, vor allem ehemalige Arbeiterinnen, Bäuerinnen und Frauen, die allein in einem Haushalt leben, sind verstärkt von Armut bedroht.[75]

Was den privaten Lebensbereich betrifft, so gibt es eine eindeutige Tendenz: Die traditionelle Familie als Lebensform hat seit Mitte der 1980er Jahre verstärkt an Bedeutung verloren. Es gibt dafür eine Reihe von Indikatoren: Der Rückgang der Eheschließungen, das Ansteigen der Scheidungsraten und des Anteils nichtverheirateter Frauen und von alleinerziehenden Müttern,[76] der Rückgang der Kinderzahlen und die immer häufigere Entscheidung, erst später Kinder zu bekommen, weisen – bei einzelnen Abweichungen – in die gleiche Richtung. Immer mehr Frauen entsprechen nicht mehr den früher selbstverständlich geltenden und normativ eingeforderten Verhaltensmustern, weil sie länger oder überhaupt ledig bleiben, sich entscheiden, keine Kinder zu bekommen[77] oder sich scheiden lassen, wenn das Zusammenleben als nicht mehr akzeptabel angesehen wird. In diesem Rahmen muß man auch die Tatsache berücksichtigen, daß sich die jüngeren Frauen – durch die zunehmende sexuelle Aufklärung, die Legalisierung der Schwangerschaftsunterbrechung und die Verfügbarkeit der ›Pille‹ – Möglichkeiten der Lebensgestaltung eröffnet haben, die wenige Jahrzehnte vorher noch undenkbar gewesen waren.

Diese Umorientierung kommt auch auf der Ebene von Einstellungen von Männern und Frauen, besonders in einer skeptischen Einstellung gegenüber den Institutionen der Ehe und Heirat zum Ausdruck: So waren zum Beispiel 1993 bereits 39 Prozent der Verheirateten und 49 Prozent der Ledigen der Ansicht, daß sich die Ehe als Institution auflösen werde. Diese Einstellungen werden von Frauen stärker getragen, womit aber keine Abwendung von der Familie oder der emotionalen Bedeutung von Kindern verbunden ist:[78] Es sind heute vielmehr neue Möglichkeiten denkbar geworden, wie sich die nach wie vor mit Familie und Kindern verbundenen positiven Vorstellungen realisieren lassen könnten, etwa in Lebensgemeinschaften oder als Alleinerzieherin. Individualisierung bedeutet einerseits die Ausweitung von Handlungsoptionen und andererseits den Verlust des verbindlichen Charakters traditioneller Institutionen. Von den neuen Möglichkeiten machen unterschiedliche Gruppen von Frauen in unterschiedlicher Weise Gebrauch. Die verfügbaren Daten deuten darauf hin, daß der Bildungsgrad und die regionale Zugehörigkeit jeweils eine wichtige Rolle spielen.[79]

Die tendenzielle Abwendung von der traditionellen Form des Zusammenlebens und veränderte Einstellungen haben jedoch auf die häusliche Arbeitsteilung nur wenig Einfluß ausgeübt. Nach wie vor ist die Frau für den Großteil der Hausarbeiten zuständig, wobei im Fall der Berufstätigkeit ihre tägliche Gesamtarbeitszeit erheblich länger als die der Männer[80] und ihre Freizeit (insbesondere am Wochenende) eingeschränkt ist. Erwerbstätige Frauen arbeiten zum Beispiel im Schnitt pro Tag fast vier Stunden, Männer hingegen nur 1,25 Stunden im Haushalt. Schaut man sich Erwerbs- und Hausarbeit zusammen an, so zeigt sich, daß erwerbstätige Frauen im Haupterwerbsalter zwischen 19 und 50 Jahren die Hälfte ihrer gesamten Arbeitszeit unbezahlt im Haushalt ableisten.[81]

Gerade anstrengende und als belastend erlebte Tätigkeiten wie Wäschewaschen, Kochen und Putzen bilden nach wie vor Frauendomänen. Die Berufstätigkeit der Frau allein führt dabei zu keinen Änderungen, eine mehr partnerschaftliche Arbeitsteilung erfolgt erst bei höherem beruflichen Status der Ehefrau beziehungsweise Partnerin[82] – ein weiterer Aspekt der Differenzierung zwischen Gruppen von begünstigten und benachteiligten Frauen.

## Zusammenfassung

Die Veränderungen in den Lebensbedingungen der Frauen in den letzten 50 Jahren zeigen zwei Tendenzen, die in den einzelnen Phasen und übergreifend wirksam sind. Die erste Tendenz läßt sich als Aufbruch der Frauen bezeichnen, die zweite verweist auf die nach wie vor über eine Reihe von Lebensbereichen hinweg bestehende Frauendiskriminierung, wobei die Ursachen vielfältig und ineinander verwoben sind. Die Modernisierung der Lebenssituation geht einher mit dem Fortbestand patriarchaler Verhältnisse.

Die Lebensbedingungen der Frauen bilden eine komplexe Gesamtheit, was es schwierig macht, anhand einiger Faktoren Verbesserungen oder Verschlechterungen ihrer sozialen Lage in Summe einzuschätzen. Will man Ursachen für Veränderungen im Interesse der Frauen identifizieren, so ist die Bildungspolitik in ihren (zum Teil unbeabsichtigten) Folgen entscheidend gewesen. Höhere Bildung, zunehmende Berufsorientierung und Erwerbsbeteiligung und damit ein eigenes Einkommen haben in der Folge bewirkt, daß Frauen heute selbstbewußter »Anspruch auf ein Stück ›eigenes Leben‹«[83] erheben, ein Prozeß, der als Individualisierung neue Chancen, aber auch neue Risken für Frauen beinhaltet.[84] Gleichzeitig haben sich traditionelle Einstellungen verändert und Verhaltensweisen im privaten Bereich gelockert, wodurch sich für Frauen mehr Handlungsspielräume eröffnet haben.[85] Diese Änderungen sind nicht einzelnen Ursachen zurechenbar, sondern bilden einen zentralen Aspekt eines umfassenden sozialen Wandels, realisiert werden sie aber immer noch eher in bevorzugten sozialen Gruppen und Milieus.

Eine nicht zu unterschätzende Rolle hat die Frauenbewegung gespielt, die durch einen Perspektivenwechsel Benachteiligungen und die Möglichkeit ihrer Beseitigung in den Blickpunkt der Öffentlichkeit gerückt und die Voraussetzung dafür geschaffen hat, daß politische Maßnahmen und Programme heute auf »Fraueninteressen« Bezug nehmen und daher daran gemessen werden können, inwieweit sie an der Abschaffung von nach wie vor bestehender Frauendiskriminierung orientiert sind. Gleichzeitig gibt es vielfältige Formen der Diskriminierung: Die jüngere Generation verfügt über ein wesentlich höheres Bildungsniveau, aber aufgeholt haben die Frauen noch immer nicht. Die Ursache für den ungleichen Zugang zu bestimmten Schularten beziehungsweise für die Geschlechtsspezifik von Ausbildungsgängen liegt – weder bei der einseitig orientierten Lehrberufswahl der Mädchen noch bei der bevorzugt technischen Ausbildung von Burschen – nicht allein in der individuellen Wahl, sondern auch in der mangelnden Intention der Bildungspolitik (die die Möglichkeiten individueller Entscheidungen mitbestimmt), die geschlechtsspezifischen Barrieren abzubauen.

Bei weiteren wichtigen Indikatoren für den Zugang zu Lebenschancen – wie beim
Einkommen, bei der geschlechtsspezifischen Segregation in Berufen, Branchen und
innerhalb beruflicher Hierarchien sowie bei der Arbeitsteilung zur Versorgung von
Haushalt, Partnern, Kindern und anderen Familienmitgliedern – hat sich in den letzten
30 Jahren das Verhältnis der Geschlechter wenig verändert. Es läßt sich eine Reihe von
Ursachen ausmachen – wie die nach wie vor benachteiligte Position einer großen Zahl
von Frauen am Arbeitsmarkt, das Interesse von Betrieben an der Nutzung unqualifi-
zierter Arbeitskräfte, eine nur partiell an Gleichstellung orientierte Politik der Arbeitnehmerorganisationen, das Interesse von Ehemännern an einer nichtpartnerschaftli-
chen Arbeitsteilung in der Familie –, die Barrieren gegen eine Entwicklung zu einer
ausgeglicheneren Teilhabe an Lebenschancen darstellen. Es sind auch die selektiven
Mechanismen der institutionellen Interessendurchsetzung in Wirtschaft und Politik, die
Gruppen benachteiligen, die sich nicht selbst für die eigenen Interessen einsetzen
(können) beziehungsweise deren Probleme und Anliegen traditionelle Interessenvertretungen überfordern.[86]

Die Differenzierung in unterschiedliche soziale Lagen und die erweiterten Möglichkeiten zur Realisierung vielfältiger Lebensmodelle haben die Ungleichheiten zwischen den Frauen verstärkt: Es gibt Gewinnerinnen und Verliererinnen im Zug dieser
Modernisierung. Aus diesen Gründen kann die Einschätzung der gegenwärtigen sozialen Lage von Frauen nur ambivalent sein: Die erweiterten Möglichkeiten zur Realisierung vielfältiger Lebensmodelle haben ihre Grenzen dort, wo Frauen immer noch
weniger Chancen haben als Männer.[87]

Gegenwärtig sind erfolgreiche Maßnahmen eher auf der rechtlichen Ebene zu
verzeichnen (wie die Novellierung des Gleichbehandlungsgesetzes, gesetzliche Behandlung von Gewalt gegen Frauen), die alltägliche Benachteiligung in der Berufsarbeit, in der politische Sphäre, im privaten Bereich in immer wieder neuen und subtileren
Formen ist jedoch von zäher Beharrlichkeit, und es wird noch einiger Gleichbehand-
lungspakete bedürfen, um ihr beizukommen. Was die zukünftige Entwicklung betrifft,
so erscheint eines sicher: Sie wird wesentlich durch – auf die komplexe Lebenssituation
von Frauen und deren sich stärker differenzierende soziale Lagen abgestimmte –
politische Maßnahmen (oder deren Ausbleiben) auf mehreren Ebenen mitbestimmt
sein. Eine Rückkehr zu den traditionellen Werten der Familie, ein Maßnahmenpaket
zur Konsolidierung des Budgets, das einige Gruppen von Frauen (unter anderem
Alleinerzieherinnen) besonders trifft, die Zurücknahme von explizit frauenspezifi-
schen Maßnahmen zur Verbesserung der Situation von Frauen auf dem Arbeitsmarkt,
die recht zögerliche Einführung und geringe Umsetzung von Frauenförderplänen in
den Betrieben – all dies bekräftigt die Feststellung: »Schon ein flüchtiger Einblick
macht aber deutlich, daß der Weg der weiblichen Bevölkerung zur politischen und
gesellschaftlichen Gleichstellung und zur vollen wirtschaftlichen und sozialen Integration keineswegs direkt und gerade auf das Ziel hinführt; Fortschritt und Rückschritt
lösen einander ab.«[88]

Dementsprechend war ein Kommentar zum Sparpaket der Regierung, der am
Internationalen Frauentag am 8. März 1995 veröffentlicht wurde, übertitelt: »Patriarcha-
les Sparpaket: Dohnal drohte mit Rücktritt.«[89] Von einer Demokratisierung der Geschlechterverhältnisse, um abschließend die Frauenministerin Johanna Dohnal zu zitie-

ren, sind wir noch immer recht weit entfernt: »Von einem echten Fortschritt wird man erst reden können, wenn die Umorganisation aller gesellschaftlichen Bereiche durchgesetzt ist.«[90]

## ANMERKUNGEN

1 Firnberg u.a., Frau, 1967, 7.

2 Für eine ausführliche Begründung vgl. Cyba, Frauen, in: Österreichische Zeitschrift für Soziologie 1 (1991), 25–42.

3 Regelungen, die erst in den letzten Jahren nicht zuletzt auf Grund der Aktivitäten des Ministeriums für die Angelegenheiten der Frauen und der Frauenministerin Johanna Dohnal nach zähen Kämpfen durchgesetzt werden konnten. Gewalt gegen Frauen war jahrzehntelang kein Thema, erst 1989 kam es zu einer Reform des Sexualstrafrechts, bei der unter anderem der Tatbestand der Vergewaltigung neu definiert und auch Vergewaltigung in Ehe beziehungsweise Lebensgemeinschaft zu einer strafbaren Handlung wurde.

4 Vgl. den Beitrag von Rosenberger.

5 Hier spielen Regelungen im Familienrecht, aber auch zu Mutterschutz, Karenz oder Teilzeitarbeit eine wichtige Rolle.

6 Vgl. Hradil, Wohlstand, 1994.

7 Vgl. Cyba, Geschlecht, in: Bundesministerium für Arbeit und Soziales Hg., Beruf, 1991, 15–23.

8 Vgl. Bundeskanzleramt Hg., Bericht, 1975, 5–48.

9 Vgl. Lehner, Familienrechtsreform, in: Bundesministerium für Arbeit und Soziales Hg., Frauen, 1989, 26–38.

10 Berger u.a., Trümmerfrauen, 1994, 21.

11 Ebd., 212.

12 Ebd., 216; vgl. auch Bandhauer-Schöffmann u.a., Reich, in: Good u.a. Hg., Frauen, 1994, 225–246.

13 Vgl. Gross, Frauenerwerbstätigkeit, in: Bundesministerium für Arbeit und Soziales Hg., Frauen, 1993, 13.

14 Betrachtet man aber die Erwerbstätigkeit über eine längere Zeitphase, dann zeigt sich, daß die allgemeine Erwerbsquote (Erwerbspersonen dividiert durch die Bevölkerung über 15 Jahre) geringer war als zu Beginn des Jahrhunderts. Außerdem stieg diese zwischen 1960 und 1989 im Vergleich zu anderen europäischen Ländern wie Schweden, Großbritannien und Frankreich viel schwächer an (vgl. Biffl, Arbeitswelt, in: Good u.a. Hg., Frauen, 1994, 121f).

15 Vgl. Rosian, Fraueneinkommen, 1991, 50.

16 Vgl. Christl u. Wagner, Unterschiede, 1982.

17 Vgl. Fischer-Kowalski u.a., Tugenden, 1986.

18 Vgl. Fischer-Kowalski u.a., Bildung, 1985, 16.

19 Vgl. Findl u.a., Struktur, in: Bundeskanzleramt Hg., Bericht, H. 1, 1985, 32.

20 Dies stand gerade damals in einem Gegensatz zur Lebenssituation vieler sogenannter Kriegswitwen, die ihre Kinder allein aufziehen mußten oder wollten.

21 Bandhauer-Schöffmann u.a., Reich, in: Good u.a. Hg., Frauen, 1994, 246.

22 Wolf u.a., Einkommensunterschiede, 1991, 4.

23 Die Wirksamkeit dieser Einrichtung wurde für diese Phase relativ gering eingeschätzt, so daß es zu Novellierungen des Gleichbehandlungsgesetzes in den Jahren 1985 und 1990 kam, wobei sich aber am problematischen Stellenwert der Individualbeschwerde, die sicher als Barriere wirkt, nichts geändert hat. 1985 wurde das Gleichbehandlungsgebot auf die Gewährung freiwilliger Sozialleistungen und Maßnahmen zur innerbetrieblichen Aus- und Weiterbildung ausgeweitet und das Verbot geschlechtsspezifischer Stellenausschreibung verankert; seit 1990 erstreckt sich das Gleichbehandlungsgebot auf das gesamte Arbeitsverhältnis, von der Bewerbung bis zur Kündigung.

24 Vgl. Biffl, Arbeitswelt, 1994, 134.

25 Vgl. Willms-Herget, Frauenarbeit, 1985.

26 Vgl. Fischer-Kowalski, Bildung, 1985, 108.

27 Vgl. ebd., 98ff.

28 Vgl. Bartunek, Teilzeitbeschäftigung, 1993, 46.

29 Vgl. Moser u.a., Mangelwaren, 1992, 135.

30 Dieser war, ohne besondere politische Auseinandersetzungen, mit der 5. Schulorganisationsnovelle eingeführt worden.

31 Fischer-Kowalski u.a., Bildung, in: Bundeskanzleramt Hg., Bericht, H. 2, 1985, 72.

32 Vgl. Biffl, Arbeitswelt, in: Good u.a. Hg., Frauen, 1994, 120–145. Auch wenn die Anzahl der Maturantinnen an den Höheren technischen und gewerblichen Lehranstalten absolut leicht zunimmt, so zeigt eine Studie aus der Steiermark, daß drei Viertel aller weiblichen Maturanten eine AHS- oder HAK-Matura machten, während die Hälfte der männlichen Maturanten eine HTL-Matura abschlossen (vgl. Stromberger, Untersuchung, 1986). Schultypen wie die Fachschulen für wirtschaftliche Frauenberufe, deren Absolventinnen in großem Umfang Weiterbildungsmaßnahmen brauchen, um in den Beruf einsteigen zu können (vgl. Aichholzer u.a., Qualifizierungsmaßnahmen, in: BMAS Hg., Jugendliche, 1984, 133), tragen ebenfalls zur langfristigen Verfestigung der Segregation bei.

33 Dies stand in einem Gegensatz zum Trend in anderen europäischen Ländern (vgl. Biffl, Zukunft, 1994, 8).

34 Vgl. Findl u.a., Struktur, in: Bundeskanzleramt Hg., Bericht, H. 1, 1985, 18.

35 Bundeskanzleramt Hg., Bericht, 1975, 17.

36 Ebd., 15.

37 Ebd., 23.

38 Ebd., 48; vgl. auch Gross, Kinder, in: Statistische Nachrichten 6–8 (1984), 346–349, 417–421, 505–508; Pomezny, Hilfe, in: ebd. 6 (1994), 302–307.

39 Vgl. Szinovacz, Lebensverhältnisse, 1979.

40 Bundeskanzleramt Hg., Bericht, 1975, 10.

41 Vgl. Balog u.a., Evolution, in: SWS-Rundschau 32 (1992), 317–339.

42 Vgl. Beck, Risikogesellschaft, 1986.

43 Vgl. Blaschke u.a., Einstellungen, in: Haller u.a., Österreich, 1995 (im Erscheinen).

44 Auch diese Entwicklung ist in Österreich weniger stark ausgeprägt (57 Prozent aller erwerbstätigen Männer und Frauen arbeiten im tertiären Sektor) als zum Beispiel in Schweden (70 Prozent) oder Frankreich (66 Prozent).

45 Vgl. Biffl, Arbeitswelt, in: Good u.a. Hg., Frauen, 1994, 136.

46 Dies., Zukunft, 1994, 49.

47 Vgl. Schramm, Entwicklung, in: Bundeskanzleramt Hg., Bericht, 1995 (im Erscheinen).

48 Biffl, Zukunft, 1994, 4.

49 Vgl. Wiederschwinger, Bestimmungen, in: Tálos u.a. Hg., Arbeitslosigkeit, 1987, 51–90.

50 Vgl. Appelt u.a. Hg., Reserve, 1987.

51 Vgl. Dorrer, Arbeitsmarktpolitik, in: ebd., 23–47.

52 Ranftl u.a., Arbeitslosigkeit, in: Österreichische Zeitschrift für Soziologie 1–2 (1986), 85.

53 Einzelne Maßnahmen, wie 1977 die Schaffung von Kontaktpersonen für die Förderung der Chancengleichheit und Gleichbehandlung der Frauen auf dem Arbeitsmarkt bei den neun Landesarbeitsämtern (ab 1989: Frauenreferentinnen), 1978 eine Aktion zur Verbesserung der Berufswahl junger Frauen oder das nicht sehr erfolgreiche Programm Mädchen in Männerberufe, gab es schon früher. Dieses Programm, als längerfristige Richtlinie für die Arbeitsmarktverwaltung gedacht, umfaßte darüber hinaus finanzielle Förderungen von Kursen, Maßnahmen, die Frauen den Zugang zu Qualifikation und Weiterbildung sichern sollten, Unterstützung von Floueninitiativen, die selbst Arbeitsplätze für Frauen schaffen, und eine Verbesserung des Angebots an Einrichtungen der Sonderbetreuung.

54 Längerfristig erfolgreich waren vor allem soziale Beratungseinrichtungen sowie Beschäftigungs- und Ausbildungsprojekte, die sich, gemischt finanziert aus Arbeitsmarktmitteln (wie die Aktion 8000, bei der Arbeitsplätze im gemeinnützigen und kommunalen Bereich aus Arbeitslosenmitteln geschaffen wurden) und anderen öffentlichen Mitteln, entwickelten und bei denen das Selbsthilfepotential oder das soziale Engagement wesentlich waren. Der Frauenanteil an diesen Inititiativen war und ist hoch.

55 Ausführlich dazu vgl. Rowhani-Ennemoser, Problemlagen, in: Bundeskanzleramt Hg., Bericht, 1995 (im Erscheinen).

56 Geringfügige Beschäftigungsverhältnisse sind definiert über die Höhe des Entgelts (1994: monatlich 3.288 Schilling), wobei die Beschäftigten zwar unfall-, aber nicht kranken- und pensionsversichert sind.

57 Vgl. Spreitzer u.a., Verbreitung, in: Bundesministerium für Arbeit und Soziales Hg., Bericht, 1993, 149–160; Finder, Umfang, 1992; Wörrister, Beschäftigte, 1994.

58 Vgl. Bartunek, Teilzeitbeschäftigung, 1993, 98.

59 Ergebnisse aus der Erhebung des Mikrozensus-Sonderprogramms vom September 1991 belegen, daß selbst von den Frauen mit Kindern unter 15 Jahren nur wenige über die Möglichkeit verfügten, zu der für sie günstigen Zeit am Vormittag zu arbeiten; unter den teilzeitbeschäftigten Frauen mit höherer Qualifikation gelang es zumindest jeder zweiten, einen Vormittagsjob zu bekommen (vgl. Spreitzer u.a., Verbreitung, in: Bundesministerium für Arbeit und Soziales Hg., Bericht, 1993, 149–169).

60 Schmidleithner, Geringfügigkeit, in: Mitbestimmung 6 (1994), 11.

61 Vgl. auch im Folgenden Fraiji u.a., Mädchen, in: Bundeskanzleramt Hg., Bericht, 1995 (im Erscheinen).

62 Besonders deutlich zeigt sich der Geschlechterunterschied, wenn man nur die österreichische Wohnbevölkerung betrachtet: Bei den österreichischen Männern hat sich der Anteil derer, die nur einen Pflichtschulabschluß haben, auf 16 Prozent verringert, bei den Frauen beträgt er immer noch 23 Prozent.

63 Vgl. Rabe-Kleeberg Hg., Frauen, 1990.

64 Grillitsch u.a., Entwicklung, in: Bundesministerium für Arbeit und Soziales Hg., Bericht, 1993, 147–164.

65 Ebd., 179.

66 Vgl. Biffl, Arbeitswelt, in: Good u.a. Hg., Frauen, 1994, 131.

67 Wolf u.a., Einkommensunterschiede, 1991, 45.

68 Vgl. Buchinger u.a., Diskriminierung, 1993.

69 Vgl. Diestler, Arbeitsbewertung, 1993.

70 Vgl. Cyba u.a., Chancen, 1993, 65–68, 92–114, 244.

71 Vgl. Wolf u.a., Einkommensunterschiede, 1991, 47.

72 Vgl. ebd., 42; Rosian, Fraueneinkommen, 1991, 72.

73 Vgl. BM für Arbeit und Soziales Hg., Bericht, 1993, 95.

74 1990 hatte die Hälfte der Frauen mit eigenem Anspruch auf eine Alterspension eine Pension unter dem Ausgleichzulagenrichtsatz von 5.574 Schilling, die durchschnittliche Witwenpension jener Frauen, die keinen Anspruch auf eigene Pension hatten (weil sie sich entschieden hatten, ihre Arbeit der Versorgung von Ehemann, Kindern und Haushalt zu widmen) betrug 5.543 Schilling (vgl. Hieden-Sommer, Alterssicherung, in: Renner Institut Hg., Sozialstaat, 1993, 55f).

75 Vgl. Lutz u.a., Ausgrenzung, 1993, 70ff.

76 Vgl. Biffl, Arbeitswelt, in: Good u.a. Hg., Frauen, 1994. Die Zahl der Alleinerzieherinnen stieg von 163.000 im Jahr 1971 auf 220.000 im Jahr 1992 an. Überwiegend lebten diese nur mit ihrem/n Kind/ern im Haushalt, 76 Prozent der alleinstehenden Mütter zwischen 15 und 60 Jahren waren berufstätig (Ehefrauen mit Kindern zu 67 Prozent; vgl. Neyer, Alleinerziehende, in: Demographische Informationen (1990/91), 68–73; Beham, Alleinerzieherinnen, 1990, 3ff).

77 Vgl. Pelz, Kinderlosigkeit, in: Neuwirth Hg., Frauen, 1988, 229–251.

78 Vgl. Schulz, Wertorientierung, in: Haller u.a., Österreich, 1995 (im Erscheinen).

79 Vgl. Burkhart, Liebe, in: Demographische Informationen (1990/1991), 60–67.

80 Vgl. Blaschke u.a., Einstellungen, in: Haller u.a., Österreich, 1995 (im Erscheinen).

81 Die gesamte Arbeitsbelastung ist nach Berufsschicht sehr unterschiedlich. Nichtberufstätige Hausfrauen arbeiten durchschnittlich pro Tag fast acht Stunden, ebensoviel wie berufstätige Männer. Die längsten Arbeitszeiten haben weibliche Selbständige (Bäuerinnen und Gewerbetreibende). Unselbständig beschäftigte Frauen arbeiten täglich umso länger, je geringer ihr Ausbildungsgrad ist. Frauen mit höherer Ausbildung und Berufsposition können sich auf Grund ihres besseren Einkommens eher Dienstleistungen kaufen, und ihre Männer arbeiten auch etwas mehr mit (vgl. Biffl, Arbeitswelt, in: Good u.a. Hg., Frauen, 1994).

82 Vgl. Goldberg, Männer, in: Österreichische Zeitschrift für Soziologe 3 (1992), 15–34.

83 Beck-Gernsheim, Dasein, in: Soziale Welt 3 (1983), 15–34.

84 Vgl. Diezinger, Frauen, 1991, 307–340.

85 Vgl. Burkhart, Liebe, in: Demographische Informationen (1990/1991), 60–67.

86 Vgl. Cyba, Benachteiligungen, in: Prisching u.a. Hg., Sicherheit, 1994, 141–148.

87 Vgl. zum Beispiel Pelz, Selbstdarstellungen, in: Bundeskanzleramt Hg., Bericht, H. 1, 1985, 101–244.

88 Firnberg u.a., Frau, 1967, 7.

89 Der Standard, 8.3.1995, 8.

90 Johanna Dohnal, Podiumsdiskussion »Gleichheitsvertrag«, in: Werkstattblätter 4 (1994), 6–7.

Lorenz Lassnigg

# Bildungsreform gescheitert ... Gegenreform?

## 50 Jahre Schul- und Hochschulpolitik in Österreich[1]

Die bildungspolitische Situation im Herbst 1994, am Vorabend der Integration in die Europäische Union, ist unübersichtlich. ›Bildung‹ wird einhellig als eine wichtige Frage der Zukunft apostrophiert; welche konkrete Politik daraus folgen soll, ist jedoch während des Wahlkampfes nicht erkennbar. Bei der Bildung der neuen Bundesregierung wurden – für die Öffentlichkeit und auch für Insider unerwartet – die beiden für die Bildungspolitik zentralen Ressorts zwischen den Koalitionsparteien getauscht. ›Durchlüften‹ ist ein Schlagwort in diesem Zusammenhang. Nachdem sich in der vergangenen Legislaturperiode ein neuer bildungspolitischer Konsens abgezeichnet hat, deutet die aktuelle Berichterstattung nun auf eine Rückkehr zu den aggressiven und polarisierenden Mustern der Vergangenheit.

Das österreichische Bildungswesen ist in einer Reihe von Merkmalen im internationalen Vergleich[2] außergewöhnlich: ›Gleitender Übergang‹ in das Selektionssystem in der Grundschule; frühe erste Teilung von Bildungswegen bereits auf der fünften Schulstufe (Hauptschule und AHS); hohes Gewicht der mittleren Qualifikationen; hoher Anteil der Lehrlingsausbildung und gut ausgebautes berufsbildendes Schulwesen; bis zur Fachhochschulgründung in allerjüngster Zeit keine Studienalternative zu den Universitäten; ›offener Hochschulzugang‹ für Hochschulberechtigte; hoher Grad an Verstaatlichung, Regulierung und Bürokratisierung des Bildungswesens; vergleichsweise hohe finanzielle Ausgaben für das Schulwesen und hohe Personalintensität.

Im Folgenden wird die Bildungspolitik der letzten fünf Jahrzehnte unter selektiver Hervorhebung der wesentlichen Momente dargestellt. Ich konzentriere mich dabei auf die politischen Akteure und auf institutionelle Aspekte – die Schüler, Schülerinnen, Studenten, Studentinnen und auch ihre Eltern kommen nur sehr indirekt ins Bild. Dies hängt damit zusammen, daß sie bislang auch in der Bildungspolitik nur sehr indirekt vorkommen und daß ihre Geschichte erst in Ansätzen geschrieben ist. Jedoch bestehen deutliche Anzeichen dafür, daß die unmittelbar an den Bildungsprozessen Beteiligten künftig mehr Gewicht erhalten werden.[3]

### Wiederaufbau und knappe Ressourcen

Unmittelbar nach Kriegsende im Jahr 1945 stellte sich das Problem der Beseitigung der Kriegsfolgen, teilweise auch überhaupt erst der Wiederaufnahme des Unterrichts- und Lehrbetriebes wie auch der unmittelbaren Bewältigung der Vorgänge und Verbrechen während der Zeit der beiden diktatorischen Regimes. »Vor allem in den westlichen

– Anhaltender demographischer Zuwachs; ab 1962 war das Bildungswesen mit einem auch in der zeitlichen Dauer nie dagewesenen Anwachsen der Schüler-Jahrgänge konfrontiert; das gesamte Potential an Kindern und Jugendlichen für das Schulwesen nahm innerhalb von 15 Jahren um etwa 25 Prozent zu (absolut um 300.000 von 1,3 Millionen auf 1,6 Millionen Kinder und Jugendliche).[17] Zusätzlich zu dieser demographischen Expansion wurde auch eine Erweiterung der Bildungsbeteiligung ins Auge gefaßt, wobei die Wechselwirkung zwischen beiden Faktoren in ihrem Ausmaß unterschätzt wurde.

– Nicht erwartete Verstärkung der Bildungsneigung der Bevölkerung; die Diskussionen in den 1960er Jahren zeigen deutlich, daß zu Beginn der Expansion falsche Vorstellungen über die Bildungsneigung vorherrschten; man rechnete nicht mit deren Erweiterung. Vielmehr ging man bis weit in die 1960er Jahre davon aus, daß eine zusätzliche Beteiligung an weiterführender Bildung auch zusätzlicher Förderung bedürfe.[18]

Die langfristige Entwicklung der Schülerzahlen ist durch die Darstellungen 1 und 2 dargestellt. Man sieht an der Absolutzahl den im Vergleich zu den Jahrzehnten vorher sehr starken Anstieg der Gesamtschülerzahl in den 1960er Jahren, der zu einem beträchtlichen Teil vom Pflichtschulwesen getragen wurde; zudem ist auch der Zuwachs im weiterführenden Schulwesen in diesem Jahrzehnt am stärksten gewesen. In der relativen Darstellung ist der im Vergleich zu den Pflichtschulen und auch im Vergleich zu allen anderen Zeitperioden überproportionale Zuwachs der weiterführenden Schulen, und zwar sowohl der allgemeinbildenden als auch der berufsbildenden, in den 1960er Jahren sehr gut ersichtlich.

*Darst. 1: Zahl der SchülerInnen 1924 bis 1993 nach Schultypen (ABSOLUT)*

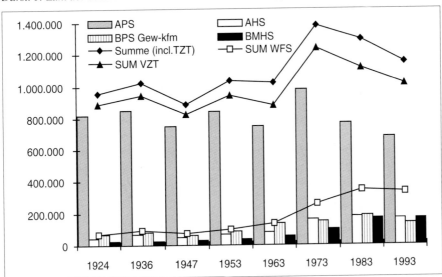

*Darst. 2: Relative Entwicklung der SchülerInnenzahl 1924 bis 1993 nach Schultypen (INDEX, 1947=100)*

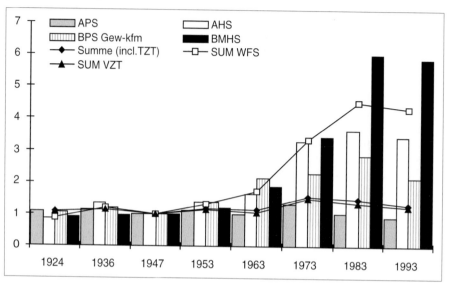

*Darst. 3: Entwicklung der Schulgrößen nach Schülerzahl pro Schule 1924 bis 1993: APS, AHS, BMHS*

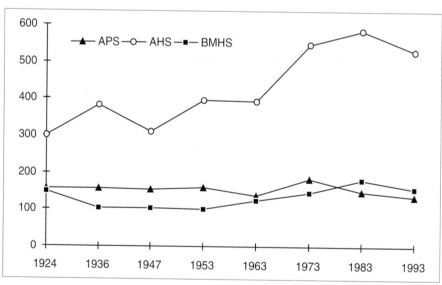

Während der Expansionsphase in den 1960er Jahren hat sich das österreichische Schulwesen stark verändert. Die materiellen Arbeitsbedingungen haben sich teilweise verschlechtert. Dies wird durch die folgenden grafischen Darstellungen verdeutlicht: Die Größe der Schulen, vor allem der AHS, ist hinsichtlich der Schülerzahlen sprunghaft gewachsen (im Durchschnitt von 400 auf 550 Schüler und Schülerinnen pro

*Darst. 4: Entwicklung der Schulgrößen nach Lehrerzahl pro Schule 1924 bis 1993: APS, AHS, BMHS*

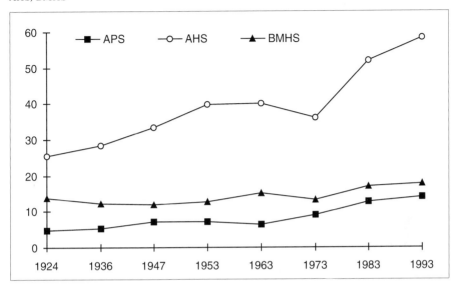

*Darst. 5: Entwicklung der Zahl der Schüler, Schulen, Lehrer, Klassen 1924 bis 1993: AHS und BMHS (INDEX; 1947=100)*

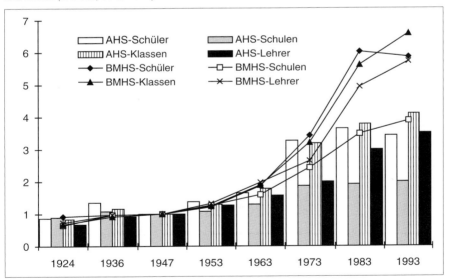

Schule) (Darst. 3). Gleichzeitig ist die durchschnittliche Zahl der Lehrer und Lehrerinnen in den weiterführenden Schulen zurückgegangen (Darst. 4). Im Vergleich zum Wachstum der Schülerzahl sind die Lehrerzahlen im weiterführenden Schulwesen deutlich zurückgeblieben, während an den Allgemeinbildenden Pflichtschulen das Wachstum der Lehrerzahl leicht überproportional war (Darst. 5 und 6). Die steigende

*Darst. 6: Entwicklung der Zahl der Schüler, Schulen, Lehrer, Klassen 1924 bis 1993:*
*Allgemeinbildende Pflichtschulen (INDEX; 1947=100)*

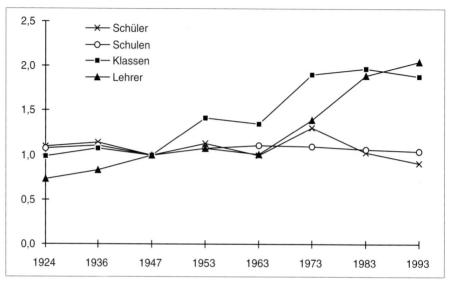

*Darst. 7: Entwicklung der Klassenschülerzahlen 1924 bis 1993: APS, AHS, BMHS*

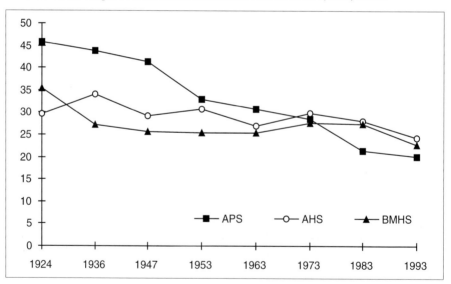

Belastung äußert sich an der um etwa zehn Prozent gestiegenen durchschnittlichen
Klassenschülerzahl im weiterführenden Schulwesen, während sich diese im Bereich
der Pflichtschule, von einem ursprünglich viel höheren Niveau ausgehend, verringert
hat. Anfang der 1970er Jahre lagen die durchschnittlichen Klassenschülerzahlen in
einem sehr engen Streubereich zwischen fast 28 und 30 (Darst. 7). Am deutlichsten
äußert sich die Anspannung am drastischen Rückgang der im Durchschnitt verfügbaren

Personalressourcen pro Klasse im weiterführenden Schulwesen. Dieser Rückgang betrug etwa 30 Prozent an den AHS und 20 Prozent an den BMHS (Darst. 8).

Dies alles dürfte wesentlich den zunehmenden Reformdruck gegen Ende der 1960er Jahre erzeugt haben. In der öffentlichen Diskussion wurde vor allem Klage über den Lehrermangel geführt.[19]

*Darst. 8: Entwicklung der verfügbaren Personalressourcen pro Klasse 1924 bis 1993: APS, AHS, BMHS*

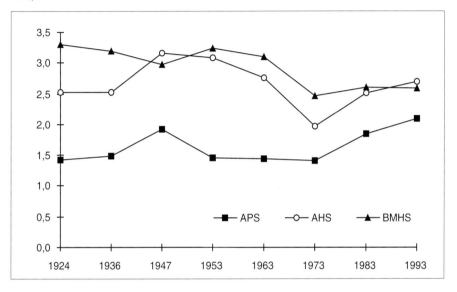

Ansätze der Reform: Chancengleichheit, Verrechtlichung und Mitbestimmung (frühe 1970er Jahre)

Etwas später als die skizzierte Neubewertung der ökonomischen Funktion wurden – stark beeinflußt durch die großen Reformprogramme der Kennedy- und Johnson-Administration in ihrem ›Krieg gegen die Armut‹ in den USA – auch die soziale Funktion des Bildungswesens und der Aspekt sozialer Benachteiligung in den Bildungssystemen der westlichen Industrieländer zu einem öffentlichen Thema. 1964 bis 1966 wurde der berühmt gewordene Coleman-Report[20] erarbeitet. Unter dem Schlagwort »education makes little difference« wurde die Aufmerksamkeit von den unmittelbaren Bedingungen und Verhältnissen innerhalb der Schulen und den Lehr- und Lernprozessen in den Klassenzimmern auf äußere Faktoren wie den familiären Hintergrund und die materiellen Bedingungen, das soziale Umfeld und andere soziale Faktoren in Bildung und Erziehung gelenkt.[21] Chancengleichheit wurde auch in Österreich zu einem zentralen Thema. Die frühe Selektion im österreichischen Schulwesen, die seit der Ersten Republik eine bildungspolitische Konfliktzone dargestellt hatte, wurde verstärkt als Problem hervorgestrichen. In der zweiten Hälfte der 1960er Jahre wurde von der SPÖ die Forderung nach einer Strukturreform der unteren Sekundarstufe in Richtung einer

Gesamtschule erhoben. Diese Frage entwickelte sich in der Folge zu einem grundlegenden Brennpunkt der österreichischen Bildungspolitik.[22]

Zwei Phänomene waren es vor allem, die die technokratische Strategie der bil-
dungsökonomischen Planungen grundlegend störten: Erstens die international unerwartet aufgeflammte Studentenbewegung um 1968, die den bildungspolitischen Reformbedarf allgemein bewußt machte; zweitens war in Österreich die anstehende
Verlängerung der AHS auf neun Jahre – eine Bestimmung aus den Schulgesetzen von
1962 – auf starken politischen Widerstand gestoßen. Ein Volksbegehren gegen diese
Maßnahme im Jahr 1969 konnte 340.000 Stimmen mobilisieren, was Unterrichtsminister Piffl-Percevic zum Rücktritt bewog.

Im Anschluß daran erhielt das Reformprogramm der SPÖ auch operative Bedeutung,
und mit der Einberufung der parlamentarischen Schulreformkommission im August
1969 wurde die Strukturreform des Schulwesens auf die Tagesordnung gesetzt. Das
Reforminteresse bezog sich aber auch auf pädagogische Methoden, Förderung, Lehrer-
fragen und Ökonomie.[23] Das zentrale Thema war die Reform der Schule der Zehn- bis
Vierzehnjährigen: Nach den Vorstellungen der SPÖ sollten die Hauptschule und die
Unterstufe der AHS zu einer Integrierten Gesamtschule vereinigt werden, in der ein
gemischtes System von Stammklassen und Leistungsgruppen die äußere Differenzierung in verschiedene Schultypen überwinden sollte. Die Strukturreform sollte durch
wissenschaftlich begleitete Schulversuche entwickelt und vorangetrieben werden, was
vor allem mit der IV. Novelle zum Schulorganisationsgesetz im Jahr 1971 in Bewegung
gesetzt wurde. Mit dem Zentrum für Schulversuche und Schulentwicklung wurde im
Rahmen der staatlichen Administration eine weitverzweigte und hierarchisch geglieder-
te Innovationsagentur zur Planung, Durchführung und wissenschaftlichen Kontrolle der
Schulversuche eingerichtet.[24] In Zusammenarbeit mit Vertretern der universitären Pädagogik und Erziehungswissenschaft wurden Versuchsmodelle entwickelt, die im wesentlichen auf den unverändert kontroversiellen Vorstellungen der beiden großen politischen Parteien beruhten. Es zeichnete sich jedoch bald ab, daß diese Versuche ohne
entsprechende Einbeziehung der Unterstufe der AHS ablaufen würden, womit experimentelle Bedingungen für die gesamte untere Sekundarstufe fehlten.

Außer der Einrichtung der Schulversuche kam es zu Maßnahmen mit großer
Signalwirkung für eine Öffnung des weiterführenden Schulwesens für Kinder und
Jugendliche aus den sozial weniger gut gestellten Bevölkerungskreisen: Sistierung der
Aufnahmeprüfung in die AHS, Abschaffung der Schul- und Studiengebühren, unent-
geltliche Schulbücher und Schülerfreifahrten, Erweiterung der Beihilfen sowie ein
Ausbauplan für das berufsbildende Schulwesen. Dieses ›Zielquotenprogramm‹ der
Bundesregierung von 1971 kann rückblickend als wichtige strategische Weichenstel-
lung angesehen werden. Über den Ausbau der berufsbildenden höheren Schulen wurde
der Weg zur Matura und Hochschulberechtigung beträchtlich erweitert. Damit erhielt
die Bildungsentscheidung auf der neunten bzw. zehnten Schulstufe größeres Gewicht.

Das Zielquotenprogramm wurde aber gleichzeitig auch als Möglichkeit für die
Begrenzung und Eindämmung des steigenden Zustroms zur AHS gesehen und erhielt
aus diesem Grund breite Zustimmung aus allen politischen Lagern. In den grafischen
Darstellungen ist klar zu erkennen, daß zwischen 1973 und 1983 die Schülerzahlen der
BMHS sehr stark gestiegen sind (Darst. 1 und 2). Auch die schulische Infrastruktur,

gemessen an der Zahl der Lehrer, Klassen und Schulen, hat sich in diesem Jahrzehnt etwa verdoppelt (Darst. 5). Dennoch zeigen sich wegen der noch stärkeren Steigerung der Schülerzahl vergleichsweise ungünstige Betreuungsverhältnisse (Darst. 7 und 8).

Ein weiterer wesentlicher Zug der Bildungsreform war die Schaffung von Rechtssicherheit und rechtlichen Ansprüchen für die im Bildungswesen beteiligten Gruppierungen, was eine umfassende Erweiterung der Rechtsvorschriften mit sich brachte. Nach der Grundlegung der ›äußeren‹ Organisation in den Schulgesetzen von 1962 dauerte es bis zur einer entsprechenden gesetzlichen Fundierung der ›inneren‹ Abläufe noch bis zur Beschlußfassung des Schulunterrichtsgesetzes im Jahr 1974. In diesem Gesetz wurden vor allem die schulischen Selektionsprozesse verrechtlicht und eine neue Grundlage für die Partizipation der beteiligten Gruppen – Lehrer, Eltern, Schüler – am Schulleben geschaffen.

Ein bedeutendes Signal in der Hochschulpolitik – das auch die hohe Priorität der neuen, nun erstmals von der SPÖ allein gestellten Regierung für diesen Bereich ausdrückte – war 1970 die Schaffung des Wissenschaftsministeriums. Als weiteres Signal für die Öffnung der Hochschulen wurden mit dem Hochschultaxengesetz 1972 alle Zahlungen von Studierenden abgeschafft.[25] Die Universitätsorganisation wurde im Jahr 1975 einer gesetzlichen Neuregelung unterzogen, die als »die einschneidendste Veränderung der Hochschulstruktur seit 1848« bezeichnet wird.[26] Den jahrelangen Bemühungen, die Organisationsreform der Universitäten im Konsens mit den universitären Gruppen im Rahmen der parlamentarischen Hochschulreform-Kommission zu entwickeln, war wegen der unvereinbaren Vorstellungen zur Mitbestimmung kein Erfolg beschieden: »Das Hochschulgremium der parlamentarischen Hochschulreform-Kommission hat sich den (...) unerlaubten Luxus gestattet, einfach zu scheitern und zu versagen und sich selbst aufzulösen«, war der abschließende Kommentar der damaligen Bundesministerin Herta Firnberg im März 1972.[27] Das Universitätsorganisationsgesetz (UOG) wurde letztlich nur mit den Stimmen der Regierungspartei beschlossen.[28]

Der gesetzliche Rahmen für das Hochschulwesen ist damit in wichtigen Grundlinien in Analogie zum Schulwesen verändert worden, wobei insbesondere auch die staatliche Entscheidungskompetenz gegenüber der Autonomie der Universitäten betont wurde. »Zum autonomen Wirkungsbereich gehören (...) im wesentlichen nur Antragsbefugnisse; echte Entscheidungskompetenzen (...) sind selten und unterliegen meist der Genehmigungspflicht durch den Bundesminister.«[29] Folgende Merkmale der Hochschulgesetzgebung sind hervorzuheben: Die Studien wurden sehr komplex und detailliert geregelt; die Institutionen des Hochschulsystems – mit Ausnahme der Kunsthochschulen – wurden vereinheitlicht und in einen zusammenhängenden organisatorischen Rahmen eingebunden; die Studieninhalte und der Studienablauf wurden verrechtlicht und detailliert geregelt; ein komplexes System der Verwaltung unter Einbeziehung der Studierenden (Mitbestimmung) wurde geschaffen.

Verrechtlichung und stärkere gesellschaftliche Kontrolle der Hochschulen waren die Grundzüge der Reform. Ein wesentlicher Unterschied zum Schulwesen besteht jedoch darin, daß es im Hochschulbereich keine entsprechende Festschreibung des Konsensbedarfes gibt, sodaß auch grundlegende Veränderungen durch einfache Mehrheit vorgenommen werden können; auch sind außer dem Bund keine weiteren Gebietskörperschaften an der Verwaltung der Universitäten beteiligt.

Im Bereich der Lehrlingsausbildung wurde in der ersten Hälfte der 1970er Jahre von seiten der Arbeitnehmervertretungen, insbesondere der Gewerkschaftsjugend, ein Anlauf zu weitgehenden Reformen versucht, der aufgrund der gegensätzlichen Interessen der Arbeitgeberseite jedoch nur zu marginalen Veränderungen führte. Schlaglichtartig kann die Situation durch eine Passage aus dem Jahresbericht 1975 der Vereinigung Österreichischer Industrieller illustriert werden: »Die Lehrlingsausbildung trat einerseits in den Mittelpunkt des Interesses, weil im Berichtsjahr und weiter bis 1980 relativ starke Geburtsjahrgänge Lehrstellen suchen werden (...) Andererseits stellen die Forderungen der Arbeitnehmerseite, insbesondere der ÖGJ (Österreichische Gewerkschaftsjugend), nach tiefgreifender Veränderung des österreichischen dualen Systems der Berufsausbildung – Schaffung neuer, aufwendiger Berufsausbildungsbehörden, Speisung eines Berufsausbildungsfonds aus einer Arbeitgeberumlage, bedeutende Erschwerung der betrieblichen Berufsausbildung, aber Förderung außerbetrieblicher Ausbildungseinrichtungen usw. – die künftige Ausbildungsbereitschaft der Wirtschaft auf eine harte Probe.«[30]

Die Aufmerksamkeit konzentrierte sich stark auf den betrieblichen Teil der Lehre, und hier wieder vor allem auf Angebot und Nachfrage auf dem Lehrstellen-Markt. In der Teilzeit-Berufsschule (BPS) zeigte sich währenddessen – von der sonstigen bildungspolitischen Diskussion weitgehend unbemerkt – ein langfristiger Rationalisierungsprozeß, der zu einer deutlich anderen Entwicklung als in den übrigen Schulbereichen führte. Die Steigerung der Lehrerzahl blieb weit hinter der Steigerung der Schülerzahl zurück, ohne daß die Klassenschülerzahl bedeutend gestiegen wäre. Die Zahl der Schulen und auch der pro Klasse verfügbaren Lehrer sank längerfristig fast um 50 Prozent (Darst. 9).

*Darst. 9: Indikatoren für die berufsbildenden Pflichtschulen 1924 bis 1993 (INDICES; 1947=100)*

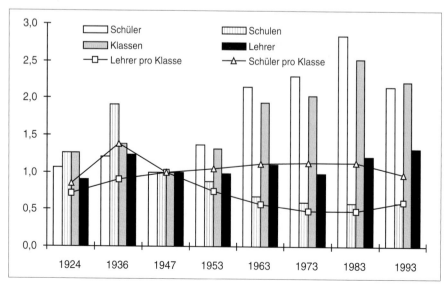

Krise, Abwertung und die Mühen der Ebene
(1970er bis späte 1980er Jahre)

Der Reformschwung ebbte rasch ab. Bereits im Gefolge der Ereignisse von 1968 war
der breite Konsens über den gesteigerten Bildungsbedarf in Gesellschaft und Wirtschaft
zerbrochen, die heftigen Kontroversen um die Universitätsreform waren ein weiterer
Faktor. Der entscheidende Rückschlag erfolgte durch die Wirtschaftskrise in der Mitte
der 1970er Jahre und das damit zunehmend in den Mittelpunkt der Aufmerksamkeit
tretende Problem der Arbeitslosigkeit. Die Prognosen über den Qualifikationsbedarf
bekamen umgekehrte Vorzeichen. Nicht mehr Mangel, sondern ›Überproduktion‹ war
nun das Thema. 1976 erschien das einflußreiche Werk von Freeman mit dem programmatischen Titel *The Overeducated American*, und wertende Begriffe wie ›Akademikerschwemme‹ prägten nun die Diskussion. Bereits im Jahr 1975 stellte der damalige
Unterrichtsminister Sinowatz fest, »daß der Enthusiasmus der 1960er Jahre offensichtlich überall einer Ernüchterung Platz gemacht hat. Die wirtschaftliche Entwicklung (...)
wird uns bei der Beachtung der materiellen Notwendigkeiten auf bildungspolitischem
Gebiet in den nächsten Jahren wahrscheinlich stark zu schaffen machen. Es ist auch
unverkennbar, daß in unserer Zeit eine Reformmüdigkeit Platz greift, daß die Bereitschaft, Reformen zu entwickeln, durchzuführen und auch durchzustehen, nachgelassen
hat.«[31] In der Öffentlichkeit entwickelte sich rasch eine feindselige Stimmung gegenüber der Bildungsreform: »Was uns noch bevorsteht, aber heute schon in Konturen
erkennbar ist, ist die Dämmerung in der Bildungspolitik. Die Stichworte Jugendarbeitslosigkeit und Herausbildung eines neuen akademischen Proletariats aufgrund einer
verfehlten Bildungspolitik und -planung mögen hier genügen. Andere Schwachstellen
im Bildungsbereich deuten sich an«, heißt es in einem Leitartikel der *Industrie* aus dem
Jahr 1977.[32]
    Insgesamt bieten die 1970er und 1980er Jahre ein vielfältiges Bild mit widerstrei-
tenden Tendenzen. Das Scheitern der Strukturreform zeichnete sich ziemlich bald ab.[33]
Das Kernstück der Reform, die Gesamtschule auf der unteren Sekundarstufe, wurde
1983 nach einem Jahrzehnt der Schulversuche durch die Reform der Hauptschule
ersetzt, und diese Zäsur markiert auch den Höhepunkt der Krisenstimmung unter den
Schulreformern Mitte der 1980er Jahre. Besonders engagierte und radikale Reformkräfte hatten schon früher ihre Kritik an der Schulreform ›von oben‹ formuliert und
den Begriff der Bildungspartnerschaft für die als undemokratisch bewertete Konsens-
politik kreiert.[34] Ein wesentlicher Punkt der Kritik bezog sich auf die bürokratisierte
Evaluationspraxis im Zentrum für Schulversuche, die Lehrer und Schüler aus der
Entwicklungsarbeit ausschließen oder ihnen nur eine untergeordnete Unterstützungs-
funktion zuweisen würde. »Jedenfalls hat der tragische Leerlauf des mehr als zehnjährigen Versuchsgroßunternehmens die Ungeeignetheit ›wissenschaftlich‹ kontrollierter
und zentralbürokratisch gelenkter Schulversuche erwiesen, wenn es gilt, überlieferte
Strukturen zu überwinden und zeitangepaßt funktionierende zu schaffen.«[35] Eine
Strategie der Schulentwicklung nach dem Modell prozeßorientierter Begleitforschung
wurde gefordert, die die an den Bildungsprozessen unmittelbar Beteiligten ins Zentrum
der Entwicklungstätigkeit stellen sollte. Ab der zweiten Hälfte der 1970er Jahre
entstanden außerhalb des öffentlichen Schulwesens neben den schon länger bestehen-

den ›freien Schulen‹ auch selbstverwaltete Alternativschulen, die aufgrund ihrer hohen Experimentierfreudigkeit eine wichtige Bereicherung darstellten und den Ansatzpunkt für die Entwicklung einer breiteren Plattform von reformwilligen Kräften, der ›Bildungsallianz‹, gaben.[36]

Gleichzeitig hatte sich – jedoch aufgrund der Prominenz der Gesamtschulversuche sowohl für ihre Gegner als auch für die Reformkräfte selbst viel weniger beachtet – eine vielfältige und umfangreiche Schulversuchstätigkeit in den verschiedensten Bereichen des Schulwesens entwickelt, die auch Auswirkungen in der Regelschule zeitigte.[37] Alle Bereiche des Schulwesens, von der Grundschule über Fragen der Integration von Kindern mit besonderem Betreuungsbedarf bis zur AHS-Oberstufe, wie auch Fragen der ganztägigen Betreuung oder des Übergangs in die Arbeitswelt sowie Probleme der Lehrplanentwicklung und spezifische Fachdidaktiken wurden bearbeitet. Neben den Versuchen im experimentellen Paradigma begannen bereits in dieser Phase auch stärker prozeß- und entwicklungsorientierte Aktivitäten, die sich vor allem auf Fragen der ›inneren‹ Schulreform bezogen. Beispiele sind Montessori-Klassen, spezifische zusätzliche Betreuungsangebote wie Begleitlehrer, Stützlehrer, Beratungslehrer, psychagogische Betreuung.[38]

Für diese Periode ist weiters kennzeichnend, daß die Bildungsexpansion, entsprechend ihrer ursprünglich im politischen Konsens ausgelösten langfristigen Dynamik – also gewissermaßen programmgemäß – in den alten Strukturen weiter verlief. Die Steigerung der Bildungsbeteiligung in den weiterführenden Schulen übertraf die ursprünglichen Erwartungen, und durch diese quantitative Verschiebung ging eine ›stille‹ Strukturveränderung ohne Reform vor sich, die zu einer beträchtlichen Veränderung der Gewichte im Schulwesen führte (Darst. 10).

*Darst. 10: Verteilung der Schüler/innen auf Schulbereiche 1924 bis 1993 (in Prozent)*

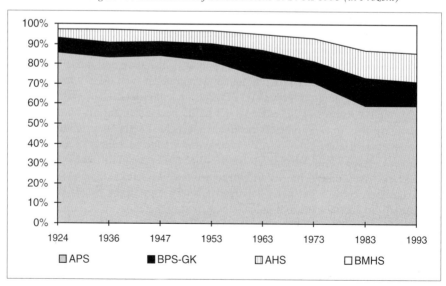

In der zweiten Hälfte der 1970er Jahre erreichte der Höhepunkt der demographischen Welle langsam die obere Sekundarstufe und anschließend die Universitäten und Hochschulen. Die Darstellungen 11 und 12 zeigen die quantitative Entwicklung an den Hochschulen. Die Zahl der Studienanfänger/innen stieg zwischen 1973 und 1983 außergewöhnlich stark an, die Gesamthörer/innen/zahl noch viel stärker. In dieser

*Darst. 11: Studienanfänger/innen, Studierende und Absolvent/inn/en der Universitäten 1955 bis 1992 (ABSOLUT)*

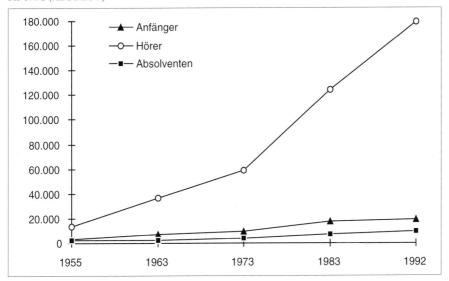

*Darst. 12: Studienanfänger/innen, Studierende und Absolvent/inn/en der Universitäten 1955 bis 1992 (INDEX; 1955=100)*

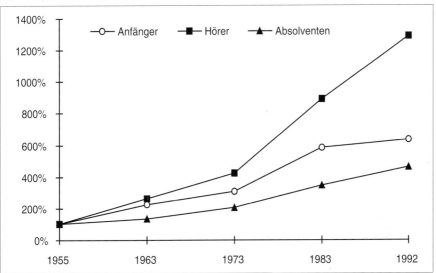

Diskrepanz spiegeln sich die liberalen Studienbestimmungen, die eine hohe Variation des Studienverhaltens und der damit verbundenen Studiendauer zuließen. Da man die tatsächliche Studienintensität nicht kennt, können zur Entwicklung der realen Studienbedingungen keine verläßlichen Aussagen gemacht werden. Auf jeden Fall blieb die Ausstattung hinter der Zahl der Studierenden zurück. Der Begriff ›Massenuniversität‹ – in seiner ursprünglichen Verwendung deskriptiv gemeint[39] – erhielt einen abwertenden Beigeschmack. In der Expansionsperiode stieg die Zahl der Studierenden mehr als doppelt so stark wie die Zahl der Hochschullehrer und auch deutlich stärker als die Zahl der angebotenen Wochenstunden (vgl. Darst. 13). An der Verteilung der Studienrichtungen ist jedoch ersichtlich, daß sich das ursprüngliche Ziel, die Erweiterung des Potentials an technischen und naturwissenschaftlichen Fachkräften, nicht realisieren ließ. In absoluten Zahlen stieg die Zahl der Studierenden im Bereich der Geisteswissenschaften zunächst sehr stark, was zu einer entsprechenden Zunahme des Lehrerangebotes führte. In dieser Entwicklung fand – mit der entsprechenden Zeitverzögerung – das ursprüngliche Projekt der Bildungsexpansion seinen Ausdruck; das gesellschaftliche und wirtschaftliche Umfeld hatte sich jedoch grundlegend gewandelt: Wirtschaftskrise, Arbeitsmarktprobleme, Budgetkonsolidierung und Eindämmung des öffentlichen Sektors standen auf der Tagesordnung. So fand auch die zweite besonders expandierende Gruppe an den Hochschulen, die Sozial- und Wirtschaftswissenschafter/innen, keine besondere Beachtung (Darst. 14 und 15).

Die Indikatoren für die materiellen Verhältnisse im Schulwesen deuten schließlich auf das gerade Gegenteil einer krisenhaften Entwicklung in dieser Periode. Manche Beobachter haben dies rückblickend als Ausdruck einer erfolgreichen Interessenpolitik der Lehrer und Lehrerinnen interpretiert. Im Bereich der allgemeinbildenden Pflichtschule wurde am Anfang der 1970er Jahre der demographische Höhepunkt überschrit-

*Darst. 13: Indikatoren zur Entwicklung an den Universitäten in der Expansionsphase 1970 bis 1982 (INDICES)*

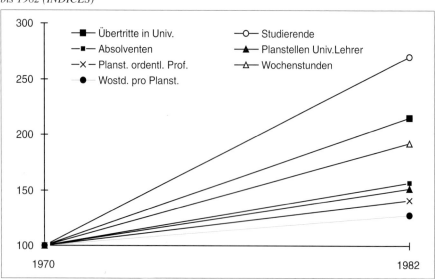

*Darst. 14: Entwicklung der Studienanfänger/innen nach Studienrichtungen 1974 bis 1992
(ABSOLUT)*

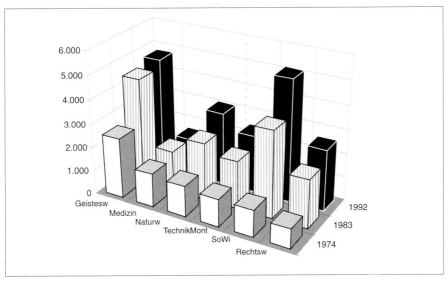

*Darst. 15: Verteilung der Studienanfänger/innen nach Studienrichtungen 1974 bis 1992
(in Prozent)*

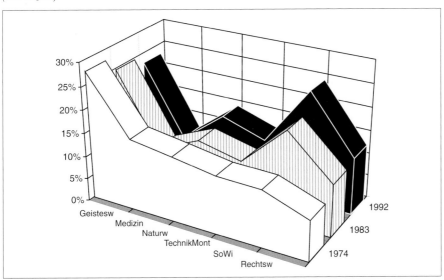

ten: In der Grundschule begann 1971, in der unteren Sekundarstufe 1975 eine Periode
der Kapazitätsentlastung, wobei eine sogar noch verstärkte Ausstattung mit personellen
Ressourcen zu einer Reduzierung der durchschnittlichen Klassenschülerzahl um 25
Prozent (von 28,5 im Jahr 1973 auf 21,6 im Jahr 1983) führte (Darst. 7). Eine
durchschnittliche allgemeinbildende Pflichtschule hatte 1983 um 20 Prozent weniger

Schüler als 1973 (148 statt 183), aber um 40 Prozent mehr Lehrer und Lehrerinnen (12,6 statt 9). Das für die Betreuung einer Klasse verfügbare Lehrpersonal stieg im Bereich der APS um 30 Prozent. Auch im Bereich der AHS verbesserten sich diese Indikatoren trotz weiterhin (abgeschwächt) steigender Schülerzahlen. (Vgl. die Darst. 1 bis 8)

Im Bereich der Lehrlingsausbildung stand bis in die Mitte der 1980er Jahre die Frage der Verfügbarkeit einer ausreichenden Zahl von Lehrstellen und die Gefahr der Jugendarbeitslosigkeit im Vordergrund, bedingt durch das Zusammentreffen der stärksten Geburtenjahrgänge mit einer sehr ungünstigen wirtschaftlichen Entwicklung. Erst als der demographische Abschwung zu einem deutlichen Rückgang der Lehrlingszahlen führte, der noch durch die steigende Anziehungskraft der höheren Schulen verstärkt wurde, diskutierte man wieder stärker über Probleme und Reformperspektiven. Jedoch konnte in den wesentlichen Fragen keine Annäherung der Sozialpartner erreicht werden. Mit der Entstehung eines Überhanges an offenen Lehrstellen wurde zunehmend nach Möglichkeiten der Dämpfung des Zuganges in den schulischen Sektor und der Umlenkung der Schülerströme in die Lehre gesucht. Dies war ein Zentralthema der bildungspolitischen Vorschläge und Forderungen der konservativen und arbeitgeberorientierten politischen Gruppierungen im Nationalrats-Wahlkampf Ende der 1980er Jahre.[40]

## Neuer Konsens oder Gegenreform? (seit Ende der 1980er Jahre)

Wie in den 1960er Jahren, als die Bildungsreform einen zentralen Stellenwert im Projekt gesellschaftspolitischer Modernisierung und Demokratisierung gehabt hatte, wurde dem Bildungswesen auch in der ›konservativen Wende‹ in den frühen 1980er Jahren ein hoher Stellenwert beigemessen. Auch in dieser Bewegung spielten die bildungspolitischen Auseinandersetzungen in den USA eine wichtige Rolle, und es bestand zunächst die Tendenz, ähnlich wie bei einer Multiplikation mit (-1) alle Vorzeichen der Entwicklung der letzten Jahrzehnte umzudrehen, was auch zu einer heftigen Polarisierung der Standpunkte führte.[41]

Im Anschluß an die Krisenstimmung wandten sich gegen Ende der 1980er Jahre die bildungspolitischen Akteure – nach der Periode rückwärtsgerichteter Kritik an der Bildungsexpansion – wieder stärker zukunftsorientierten Perspektiven zu. Die Interessenvertretungen der Arbeitgeber forderten eine neue Bildungsoffensive, und im Jahr 1989 veröffentlichten die Sozialpartner eine programmatische Studie »Qualifikation 2000«, die wieder die Bedeutung des Bildungswesens für die wirtschaftliche Entwicklung und die Wettbewerbsfähigkeit hervorstrich.[42]

Im politischen Feld war – wie eine nähere Analyse der programmatischen Materialien der politischen Parteien und der großen Interessenvertretungen 1987 bis 1990 zeigt[43] – die Veränderung der Bildungsbeteiligung in Richtung der höheren Schulen ein Zentralthema. Mit dem demographischen Abschwung hatte sich die Verschiebung der Bildungsbeteiligung von den Hauptschulen in die AHS-Unterstufe verstärkt. Gleichzeitig steigerten sich auch die Übertritte aus den Hauptschulen in die höheren Schulen. Eine nähere Analyse zeigt jedoch, daß diese Entwicklungen in der öffentlichen Diskussion

häufig stark übertrieben werden. Der Anteil der Schüler und Schülerinnen in der
AHS-Unterstufe ist in den letzten zwei Jahrzehnten zwar um zehn Prozentpunkte
gestiegen, nach wie vor besucht aber weniger als ein Drittel der Zehn- bis Vierzehnjährigen (27 Prozent) eine AHS. Viel gravierender als die Verschiebung der Anteile ist
das Faktum, daß der demographische Rückgang ausschließlich die Hauptschulen betrifft, deren Schülerzahl sich in zehn Jahren um dreißig Prozent verringert hat, während
die Schülerzahl der AHS-Unterstufe etwa konstant geblieben ist – bei einer gemeinsamen Schule hätte sich dies auf die gesamten Kapazitäten verteilt (Darst. 16). An der
Schnittstelle zwischen der unteren und der oberen Sekundarstufe haben die Übertritte
in die höheren Schulen zugenommen, und zwar aus den Hauptschulen in viel stärkerem
Maße (Darst. 17). Trotz des demographischen Rückganges im Potential an Aufstiegsbe-
rechtigten in der achten Stufe sind die Übergänge in die höheren Oberstufenformen
dadurch in den letzten zehn Jahren zumindest konstant geblieben. Im regionalen Vergleich zwischen dem Bundesdurchschnitt, dem großstädtischen Bereich Wien und einem
Agglomerat von ländlich-kleinstädtischen Bezirken in Niederösterreich und der Steiermark kann man deutlich erkennen, daß der Zugang zu den Maturaabschlüssen völlig
unterschiedlich verläuft: Während auf der unteren Sekundarstufe noch extreme Unterschiede in der Beteiligung in den AHS bestehen, gleicht sich das bis zur zehnten Stufe
weitgehend aus (Darst. 18). In diesen Bezirken muß die Hauptschule noch in hohem
Ausmaß den Zugang zur höheren Bildung vermitteln.

Im Gefolge dieser Verschiebung zu den höheren Bildungsgängen sind erstens die
Zugänge in die Lehrlingsausbildung tendenziell zurückgegangen, und zweitens wurden
die berufsbildenden höheren Schulen in steigendem Maße als Bildungsweg zu den
Universitäten genutzt. Die ursprüngliche Hoffnung, daß durch die Expansion der

*Darst. 16: Entwicklung der Schüler/innen auf der unteren Sekundarstufe, Hauptschule und
AHS 1972/73 bis 1992/93 (VERTEILUNG in Prozent und INDEX 1972/73=100)*

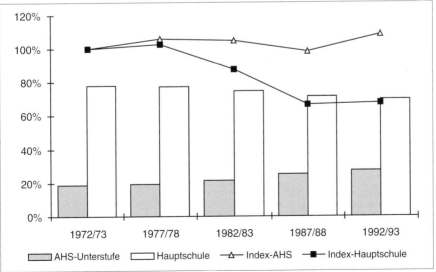

*Darst. 17: Entwicklung der Übergänge in BHS und ORG 1983/84 bis 1990/91*

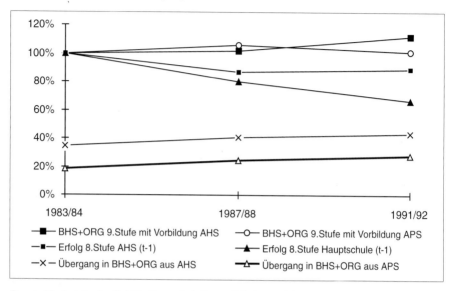

*Darst. 18: Anteile der Schüler/innen in höheren Schulen auf den Stufen 5–8 und 10 im regionalen Vergleich, 1990/91 (in Prozent)*

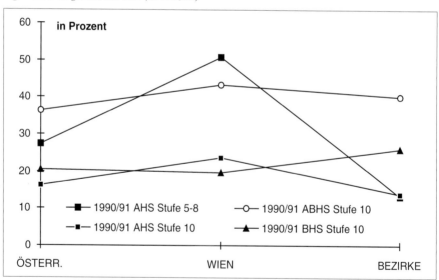

berufsbildenden Schulen ein höherer Teil der Maturanten direkt in das Berufsleben eintreten würde, hat sich also nur sehr bedingt erfüllt. Die Bewertung dieser Entwicklungen war und ist ein wichtiger Brennpunkt der politischen Aufmerksamkeit der letzten Jahre, wobei sich die Vorschläge aus dem konservativen Lager auf Gegenstrategien konzentrieren, die in der einen oder anderen Form auf eine Verstärkung der Selektivität und auf Maßnahmen zur Erschwerung des Zuganges in die höheren

Ausbildungsgänge hinauslaufen. Da jedoch im sozialdemokratischen Lager gerade die Offenheit der Bildungswege ein zentrales Postulat ist, war keine gemeinsame Strategie zu finden.

In jüngster Zeit treten zunehmend die Grundstrukturen der Bildungspolitik und -administration in den Vordergrund. Strukturreform erhielt eine neue Bedeutung. Man begann nach Möglichkeiten zu suchen, trotz der politischen Pattstellung durch den hohen Konsensbedarf in Organisationsfragen eine Weiterentwicklung des Bildungssystems in Gang zu setzen. Dazu bot sich eine Dezentralisierung und Diversifizierung im System an, die den ›unteren‹ Ebenen und Institutionen mehr Bewegungsspielraum geben sollte. Anfang der 1990er Jahre wurde mit dem Arbeitsübereinkommen von SPÖ und ÖVP in der neuen Bundesregierung eine neue allgemeine Weichenstellung vorgenommen. Unterrichtsminister Rudolf Scholten erhob die Autonomisierung auch im Lager der SPÖ in den Rang einer neuen bildungspolitischen Option.[44] Im Einklang mit der internationalen pädagogischen und bildungspolitischen Diskussion erfuhren damit die Qualität der Lehr- und Lernprozesse in den einzelnen Schulen und Fragen der inneren Schulreform höhere Aufmerksamkeit. Es zeichnete sich eine Konvergenz von Bildungspolitik und Schulentwicklung an der Basis ab.[45]

Im Schulwesen und im Hochschulwesen haben in der im Herbst 1994 abgelaufenen Legislaturperiode wichtige Weichenstellungen in dieser Richtung stattgefunden, die zu einem neuen bildungspolitischen Konsens hätten führen können: Im Hochschulwesen wurde das Organisationsrecht für die Universitäten erneuert (UOG neu), mit dem Fachhochschulstudiengesetz (FHStG) wurde die rechtliche Grundlage für die Eröffnung eines neuen Hochschulsektors geschaffen. Im Schulwesen wurden vor allem in drei wichtigen Aspekten neue Grundlagen kreiert: neue Möglichkeiten zur Integration von behinderten Kindern in das Regelschulwesen; erste Ansätze zu einer Erweiterung der Autonomie der Schulen gegenüber dem bürokratischen Regulierungssystem; und neue Wege der Nachmittagsbetreuung von Kindern an den Schulen. Eine weitere wichtige Maßnahme war die Realisierung der Oberstufen- und Maturareform im Bereich der Allgemeinbildenden Höheren Schule (AHS).

In der Öffentlichkeit wie auch innerhalb der politischen Lager haben diese Veränderungen durchwegs geteilte Aufnahme gefunden, und es fehlt das Bild einer ›Erfolgsgeschichte‹. Dies kann teilweise auf die spezifische politische Konstellation zurückgeführt werden, in der diese Reformschritte gesetzt worden sind: Die Maßnahmen im Hochschulbereich sind mit dem Geruch einer ›Gegenreform‹ gegen das sozialdemokratische Reformprojekt der 1970er Jahre behaftet, die Maßnahmen im Schulwesen sind sehr stark durch Kompromisse und lange Implementationsfristen gekennzeichnet. Zudem ist in diesen Maßnahmen tatsächlich ein Bruch mit den traditionellen Formen der Implementation und Regulierung festzustellen, weil zwar eine gesetzliche Basis für die Verwirklichung der Vorhaben geschaffen wurde, ihre Realisierung in zentralen Punkten jedoch ohne »Rechtsansprüche« erfolgt und die Durchführung dezentralen Akteuren – den Universitäten, den Trägerorganisationen und Antragstellern für Fachhochschullehrgänge und den Ländern oder Schulstandorten bei den Regelungen für das Schulwesen – überlassen wird. Dieser offensichtliche Bruch mit der Strategie der zunehmenden Verrechtlichung hat auch teilweise heftige Kritik am ›Rückzug des Staates‹ hervorgerufen. In der Tat bestehen beträchtliche Probleme in der Durchsetzung, da die Verwirklichung von Vorhaben aktive Anstrengungen ihrer Verfechter in einem nicht selten trägen oder ablehnenden Umfeld erfordert.

Mit der Bildung der neuen Bundesregierung Ende 1994 zeichnet sich ab, daß der neue Konsens nicht zustandekommen dürfte und die österreichische Bildungspolitik vielleicht vor einer neuerlichen Periode tiefgehender Grabenkämpfe steht, entsprechend dem Bild, das der Präsident des Landesschulrates der Steiermark, Bernd Schilcher, geprägt hat: »Handgranaten und Hintertüren«.[46]

*Grunddaten des österreichischen Schulwesens 1924 bis 1993*

| SCHULEN | 1924 | 1936 | 1947 | 1953 | 1963 | 1973 | 1983 | 1993 |
|---|---|---|---|---|---|---|---|---|
| APS | 5.240 | 5.390 | 4.876 | 5.258 | 5.371 | 5.359 | 5.189 | 5.054 |
| AHS | 141 | 172 | 158 | 170 | 205 | 293 | 305 | 318 |
| BPS GK | 431 | 651 | 341 | 297 | 230 | 203 | 200 | 199 |
| BMHS | 174 | 261 | 270 | 341 | 427 | 659 | 940 | 1.050 |
| Summe | 5.986 | 6.474 | 5.645 | 6.066 | 6.233 | 6.514 | 6.634 | 6.621 |
| Akademien | 1 | 1 | | | 8 | 26 | 43 | 47 |
| Lehrer/Erz. | 53 | 63 | 54 | 58 | 67 | 59 | 74 | 67 |

| SCHÜLER | 1924 | 1936 | 1947 | 1953 | 1963 | 1973 | 1983 | 1993 |
|---|---|---|---|---|---|---|---|---|
| APS | 818.795 | 850.055 | 747236 | 84.1842 | 747.125 | 978.692 | 766.128 | 681.502 |
| AHS | 42.150 | 65.660 | 48953 | 67.191 | 80.678 | 160.500 | 177.981 | 167.630 |
| BPS GK | 68.699 | 77.806 | 64396 | 88.336 | 138.578 | 147.701 | 182.858 | 138.191 |
| BMHS | 25.887 | 27.276 | 28205 | 34.219 | 52.768 | 97.034 | 16.9739 | 165.060 |
| Summe | 95.5531 | 1.020.797 | 888790 | 1.031.588 | 1.019.149 | 1.383927 | 1.296.706 | 1.152.383 |
| Akademien | 114 | 239 | | | 623 | 1.251 | 2.619 | 3.336 |
| Lehrer/Erz. | 3.574 | 4.701 | 6029 | 5.259 | 1.0380 | 16.667 | 17.460 | 17.887 |

| KLASSEN | 1924 | 1936 | 1947 | 1953 | 1963 | 1973 | 1983 | 1993 |
|---|---|---|---|---|---|---|---|---|
| APS | 17.859 | 19.364 | 18.055 | 25.622 | 24.281 | 34.393 | 35.517 | 33.984 |
| AHS | 1.422 | 1.924 | 1.674 | 2.191 | 2.977 | 5.356 | 6.332 | 6.881 |
| BPS GK | 3.282 | 3.580 | 2.600 | 3.401 | 5.036 | 5.287 | 6.564 | 5.754 |
| BMHS | 730 | 1.000 | 1.095 | 1.347 | 2.076 | 3.512 | 6.167 | 7.231 |
| Summe | 23.293 | 25.868 | 23.424 | 32..561 | 34.370 | 48.548 | 54.580 | 53.850 |
| Akademien | 8 | 10 | | | 35 | 58 | 103 | 125 |
| Lehrer/Erz. | 79 | 125 | 143 | 168 | 270 | 163 | 214 | 285 |

| LEHRER | 1924 | 1936 | 1947 | 1953 | 1963 | 1973 | 1983 | 1993 |
|---|---|---|---|---|---|---|---|---|
| APS | 25.440 | 28.820 | 34.756 | 37.208 | 34.911 | 48.280 | 65.596 | 70.980 |
| AHS | 3.593 | 4.864 | 5.291 | 6.749 | 8.227 | 10.565 | 15.870 | 18.577 |
| BPS GK | 3.128 | 4.323 | 3.485 | 3.413 | 3.819 | 3.420 | 4.194 | 4.591 |
| BMHS | 2.404 | 3.185 | 3.259 | 4.357 | 6.444 | 8.667 | 16.085 | 18.715 |
| Summe | 34.565 | 41.192 | 46.791 | 51.727 | 53.401 | 70.932 | 101.745 | 112.863 |
| Akademien | | | | | 29 | 64 | 155 | 183 |

Quelle: Das Schulwesen in Österreich, und eigene Berechnung

| APS | Allgemeinbildende Pflichtschulen (Volks-, Haupt-, Sonderschulen, und Polytechnische Lehrgänge) |
|---|---|
| AHS | Allgemeinbildende Höhere Schulen |
| BPS GK | Berufsbildende Pflichtschulen, nur gewerbliche und kaufmännische |
| BMHS | Berufsbildende Mittlere und Höhere Schulen |
| Summe | Summe aus APS, AHS, BPS-GK, BMHS |
| Akademien | Militärakademie, Akademien für Sozialarbeit, medizinischtechnische Schulen |
| Lehrer/Erz. | Anstalten der Lehrer- und Erzieherbildung (incl. Pädagogische Akademien; für diesen Bereich sind vollständige Daten nicht verfügbar) |

*Grundrelationen im österreichischen Schulwesen 1924 bis 1993*

| LehrerInnen pro Schule | 1924 | 1936 | 1947 | 1953 | 1963 | 1973 | 1983 | 1993 |
|---|---|---|---|---|---|---|---|---|
| APS | 4,9 | 5,3 | 7,1 | 7,1 | 6,5 | 9,0 | 12,6 | 14,0 |
| AHS | 25,5 | 28,3 | 33,5 | 39,7 | 40,1 | 36,1 | 52,0 | 58,4 |
| BPS-GK | 7,3 | 6,6 | 10,2 | 11,5 | 16,6 | 16,8 | 21,0 | 23,1 |
| BMHS | 13,8 | 12,2 | 12,1 | 12,8 | 15,1 | 13,2 | 17,1 | 17,8 |
| SUM | 5,8 | 6,4 | 8,3 | 8,5 | 8,6 | 10,9 | 15,3 | 17,0 |

| LehrerInnen pro Klasse | 1924 | 1936 | 1947 | 1953 | 1963 | 1973 | 1983 | 1993 |
|---|---|---|---|---|---|---|---|---|
| APS | 1,4 | 1,5 | 1,9 | 1,5 | 1,4 | 1,4 | 1,8 | 2,1 |
| AHS | 2,5 | 2,5 | 3,2 | 3,1 | 2,8 | 2,0 | 2,5 | 2,7 |
| BPS-GK | 1,0 | 1,2 | 1,3 | 1,0 | 0,8 | 0,6 | 0,6 | 0,8 |
| BMHS | 3,3 | 3,2 | 3,0 | 3,2 | 3,1 | 2,5 | 2,6 | 2,6 |
| SUM | 1,5 | 1,6 | 2,0 | 1,6 | 1,6 | 1,5 | 1,9 | 2,1 |

| SchülerInnen pro Klasse | 1924 | 1936 | 1947 | 1953 | 1963 | 1973 | 1983 | 1993 |
|---|---|---|---|---|---|---|---|---|
| APS | 45,8 | 43,9 | 41,4 | 32,9 | 30,8 | 28,5 | 21,6 | 20,1 |
| AHS | 29,6 | 34,1 | 29,2 | 30,7 | 27,1 | 30,0 | 28,1 | 24,4 |
| BPS-GK | 20,9 | 21,7 | 24,8 | 26,0 | 27,5 | 27,9 | 27,9 | 24,0 |
| BMHS | 35,5 | 27,3 | 25,8 | 25,4 | 25,4 | 27,6 | 27,5 | 22,8 |
| SUM | 42,2 | 40,7 | 39,1 | 32,8 | 30,8 | 29,6 | 24,7 | 22,4 |

| SchülerInnen pro Schule | 1924 | 1936 | 1947 | 1953 | 1963 | 1973 | 1983 | 1993 |
|---|---|---|---|---|---|---|---|---|
| APS | 156,3 | 157,7 | 153,2 | 160,1 | 139,1 | 182,6 | 147,6 | 134,8 |
| AHS | 298,9 | 381,7 | 309,8 | 395,2 | 393,6 | 547,8 | 583,5 | 527,1 |
| BPS-GK | 159,4 | 119,5 | 188,8 | 297,4 | 602,5 | 727,6 | 914,3 | 694,4 |
| BMHS | 148,8 | 104,5 | 104,5 | 100,3 | 123,6 | 147,2 | 180,6 | 157,2 |
| SUM | 169,7 | 168,3 | 170,1 | 184,0 | 177,2 | 229,8 | 216,5 | 196,2 |

Quelle: Das Schulwesen in Österreich, und eigene Berechnung

*Relative Entwicklung des österreichischen Schulwesens*
*(Index der Grunddaten bezogen auf 1947)*

| SCHULEN | 1924 | 1936 | 1947 | 1953 | 1963 | 1973 | 1983 | 1993 |
|---|---|---|---|---|---|---|---|---|
| APS | 107,5% | 110,5% | 100,0% | 107,8% | 110,2% | 109,9% | 106,4% | 103,7% |
| AHS | 89,2% | 108,9% | 100,0% | 107,6% | 129,7% | 185,4% | 193,0% | 201,3% |
| BPS G-K | 126,1% | 190,9% | 100,0% | 87,1% | 67,4% | 59,5% | 58,7% | 58,4% |
| BMHS | 64,4% | 96,7% | 100,0% | 126,3% | 158,1% | 244,1% | 348,1% | 388,9% |
| Summe | 106,0% | 114,7% | 100,0% | 107,5% | 110,4% | 115,4% | 117,5% | 117,3% |

| SCHÜLER | 1924 | 1936 | 1947 | 1953 | 1963 | 1973 | 1983 | 1993 |
|---|---|---|---|---|---|---|---|---|
| APS | 109,6% | 113,8% | 100,0% | 112,7% | 100,0% | 131,0% | 102,5% | 91,2% |
| AHS | 86,1% | 134,1% | 100,0% | 137,3% | 164,8% | 327,9% | 363,6% | 342,4% |
| BPS G-K | 106,7% | 120,8% | 100,0% | 137,2% | 215,2% | 229,4% | 284,0% | 214,6% |
| BMHS | 91,8% | 96,7% | 100,0% | 121,3% | 187,1% | 344,0% | 601,8% | 585,2% |
| Summe | 107,5% | 114,9% | 100,0% | 116,1% | 114,7% | 155,7% | 145,9% | 129,7% |

| KLASSEN | 1924 | 1936 | 1947 | 1953 | 1963 | 1973 | 1983 | 1993 |
|---|---|---|---|---|---|---|---|---|
| APS | 98,9% | 107,3% | 100,0% | 141,9% | 134,5% | 190,5% | 196,7% | 188,2% |
| AHS | 84,9% | 114,9% | 100,0% | 130,9% | 177,8% | 320,0% | 378,3% | 411,1% |
| BPS G-K | 126,2% | 137,7% | 100,0% | 130,8% | 193,7% | 203,3% | 252,5% | 221,3% |
| BMHS | 66,7% | 91,3% | 100,0% | 123,0% | 189,6% | 320,7% | 563,2% | 660,4% |
| Summe | 99,4% | 110,4% | 100,0% | 139,0% | 146,7% | 207,3% | 233,0% | 229,9% |

| LEHRER | 1924 | 1936 | 1947 | 1953 | 1963 | 1973 | 1983 | 1993 |
|---|---|---|---|---|---|---|---|---|
| APS | 73,2% | 82,9% | 100,0% | 107,1% | 100,4% | 138,9% | 188,7% | 204,2% |
| AHS | 67,9% | 91,9% | 100,0% | 127,6% | 155,5% | 199,7% | 299,9% | 351,1% |
| BPS G-K | 89,8% | 124,0% | 100,0% | 97,9% | 109,6% | 98,1% | 120,3% | 131,7% |
| BMHS | 73,8% | 97,7% | 100,0% | 133,7% | 197,7% | 265,9% | 493,6% | 574,3% |
| Summe | 73,9% | 88,0% | 100,0% | 110,5% | 114,1% | 151,6% | 217,4% | 241,2% |

Quelle: Das Schulwesen in Österreich, und eigene Berechnung

*Grunddaten für das Studium an den Universitäten 1955-1992*

| Studierende ABSOLUT | 1955 | 1963 | 1973 | 1983 | 1992 |
|---|---|---|---|---|---|
| Anfänger | 2.987 | 6.796 | 9.241 | 17.431 | 19.022 |
| Hörer | 13.888 | 36.387 | 58.613 | 124.111 | 179.364 |
| Absolventen | 2.056 | 2.707 | 4.249 | 7.141 | 9.476 |
| RELATIV | 1955 | 1963 | 1973 | 1983 | 1992 |
| Anfänger | 100,00% | 227,50% | 309,40% | 583,60% | 636,80% |
| Hörer | 100,00% | 262,00% | 422,00% | 893,70% | 1.291,50% |
| Absolventen | 100,00% | 131,70% | 206,70% | 347,30% | 460,90% |

Quelle: Sozialstatistische Daten 1990, ergänzt lt. Hochschulbericht 1993; eigene Berechnung
Anfänger          Ab 1973 Erstinskribierende, jeweils Wintersemester
Hörer             Ordentliche Hörer, jeweils Wintersemester
Absolventen       Erstabschlüsse, jeweiliges Studienjahr, letztes Jahr 1991

*Indikatoren zur Entwicklung an den Universitäten in der Expansionsphase*

|  | 1970 | 1982 |
|---|---|---|
| Übertritte in die Universitäten | 100 | 215 |
| Studierende | 100 | 270 |
| Absolventen | 100 | 157 |
| Planstellen Universitätslehrer insgesamt | 100 | 151 |
| Planstellen nur ordentliche Professoren | 100 | 141 |
| angebotene Wochenstunden | 100 | 192 |
| Wochenstunden pro Planstelle | 100 | 127 |

Quelle: Lassnigg, Längerfristige Entwicklungstendenzen, 1991, Tab. 2, 46

*StudienanfängerInnen nach Gruppen von Studienrichtungen*

| ABSOLUT | 1974 | 1983 | 1992 |
|---|---|---|---|
| Rechtswissenschaft | 814 | 2.051 | 2.576 |
| Sozial- u. Wirtschaftswissenschaften | 1.136 | 3.663 | 5.119 |
| Medizin | 1.414 | 1.696 | 1.569 |
| Geisteswissenschaften | 2.538 | 4.445 | 4.760 |
| Naturwissenschaften | 1.292 | 2.405 | 3.070 |
| Technik und Montanistik | 1.156 | 2.019 | 2.411 |
| Sonstige Studien | 852 | 1.836 | 1.408 |
| Summe | 9.202 | 18.115 | 20.913 |
| RELATIV | 1974 | 1983 | 1992 |
| Rechtswissenschaft | 8,8% | 11,3% | 12,3% |
| Sozial- u. Wirtschaftswissenschaften | 12,3% | 20,2% | 24,5% |
| Medizin | 15,4% | 9,4% | 7,5% |
| Geisteswissenschaften | 27,6% | 24,5% | 22,8% |
| Naturwissenschaften | 14,0% | 13,3% | 14,7% |
| Technik und Montanistik | 12,6% | 11,1% | 11,5% |
| Sonstige Studien | 9,3% | 10,1% | 6,7% |

Quelle: Hochschulbericht 1993; eigene Berechnung

*Indikatoren zur Entwicklung an den Universitäten in der Expansionsphase*

|  | 1970 | 1982 |
|---|---|---|
| Übertritte in Universitäten | 100 | 215 |
| Studierende | 100 | 270 |
| Absolventen | 100 | 157 |
| Planstellen Univ.Lehrer | 100 | 151 |
| Planstellen ordentliche Professoren | 100 | 141 |
| Wochenstunden | 100 | 192 |
| Wochenstunden pro Planstelle | 100 | 127 |

# ANMERKUNGEN

1 Ich danke Franz Kainz für wertvolle Vorarbeiten bei der Aufbereitung der Daten und Reinhard Sieder für die sorgfältige redaktionelle Überarbeitung.
2 Vgl. Thonhauser, Erziehung, in: Mantl Hg., Politik, 1992; vgl. Lassnigg u. Pechar, Bildungsforschung, 1994.
3 Vgl. Janig u. Rathmayr, Wartezeit, 1994; Eder, Lebenswirklichkeit, in: Janig u.a. Hg., Vogel, 1988; Altrichter u.a., Innenansichten, 1994. Auch die nun schon regelmäßig in der Presse veranstalteten ›Rankings‹ von Institutionen im Hochschul- und Schulwesen können als – sicherlich noch sehr unvollkommener – Ansatz gesehen werden, die Schüler und Studenten stärker zu Wort kommen zu lassen.
4 Vgl. Thonhauser, Erziehung, in: Mantl Hg., Politik, 1992, 620–644.
5 Vgl. Bundesministerium für Wissenschaft und Forschung, Hochschulsystem, 1992, 5; vgl. Stadler Hg., Vernunft, 1988/89.
6 Es gibt jedoch jede Menge anekdotische Evidenz darüber, wie die offiziellen österreichischen Stellen mit diesem Einschnitt in der Entwicklung des Geisteslebens umgegangen sind. Aufschlußreich ist die Gründungsgeschichte des Instituts für Höhere Studien (IHS), (vgl. Lazarsfeld, Pre-History, in: Felderer Hg., Wirtschafts- und Sozialwissenschaften, 1993).
7 Zugang zu Quellen vermittelt Thonhauser, Erziehung, in: Mantl Hg., Politik, 1992.
8 Das landwirtschaftliche Schulwesen, die gesundheitsberuflichen Schulen und der betriebliche Teil der Lehrlingsausbildung sind eigens geregelt.
9 Vgl. Bundesministerium für Wissenschaft und Forschung, Hochschulsystem, 1992, 36; vgl. Melchior, Pathogenese, 1993, 145.
10 Vierzehn Jahre nach dem AHStG, im Jahr 1980, war erst etwa die Hälfte der vorgesehenen Studienpläne ausgearbeitet (vgl. Fischer-Kowalski u.a., Bildungswesen, 1981, 127).
11 Vor allem die Kammerorganisationen der gewerblichen Wirtschaft und der Arbeitnehmer sowie der Gewerkschaftsbund.
12 Im 1953 beschlossenen und bis 1.1.1958 jährlich verlängerten Jugendeinstellungsgesetz wurden die Betriebe verpflichtet, in Relation zu ihrer Beschäftigtenzahl eine bestimmte Zahl von Lehrlingen aufzunehmen; im ersten Jahr stieg die Lehrlingszahl um 67,5 Prozent (vgl. Lassnigg, Bildungswesen, 1979, 238–242).
13 Sten. Prot. d. NR 1961, Nr. 64, 2686. Diese Neubewertung des Bildungswesens kann in vielen Dokumenten verschiedener Organisationen, so auch vor allem der Vereinigung Österreichischer Industrieller, nachgewiesen werden (vgl. Lassnigg, Dynamik, 1985; vgl. Lassnigg, Wohlfahrtsstaat, 1993).
14 WIFO-Monatsberichte, 1957, 11. Zu beachten ist auch die offensichtliche ›Zeitlosigkeit‹ einiger Forderungen in diesem Programm.
15 Im Jahr 1964 hatte es noch Auseinandersetzungen mit Schüler- und Studentenprotesten um die Höhe des Bildungsbudgets gegeben, die dann zum Rücktritt des Unterrichtsministers Drimmel führten, weil seine Wünsche nach zusätzlichen Mitteln nicht bewilligt wurden.
16 Vgl. Bundesministerium für Unterricht und Kunst, Erziehungsplanung, 1967, 312.
17 Tatsächlich waren die verschiedenen Stufen des Schulwesens zeitverschoben mit dem demographischen Zuwachs konfrontiert: Grundstufe 1961 bis 1970, untere Sekundarstufe 1965 bis 1974, obere Sekundarstufe 1969 bis 1980; der gesamte Zeitraum, über den das Potential angewachsen ist, erstreckt sich in dieser Betrachtung auf die zwei Jahrzehnte zwischen 1960 und 1980. Da der Gipfel relativ breit ist, erstreckt sich das hohe Potential beim Maximum noch auf einige weitere Jahre.
18 So war zum Beispiel Anfang der 1960er Jahre ein wichtiges Argument gegen die neue Pflichtschullehrerbildung an den Pädagogischen Akademien, daß nicht genügend junge Menschen bereit sein würden, diese Ausbildung auf sich zu nehmen. Die rasche Ausweitung gerade dieser Anstalten nach ihrer Gründung zeigt das Gegenteil; ebenso gibt es Hinweise dafür, daß die Anziehungskraft der Musisch-pädagogischen Realgymnasien bei weitem unterschätzt worden war.
19 Vgl. Dermutz, Weg, 1983, 44.
20 Vgl. Coleman, Opportunity, 1966.
21 Vgl. Rutter u.a., Hours, 1979. In Kapitel 1 wird gezeigt, daß sich erst gegen Ende der 1970er Jahre das Interesse wieder stärker auf die ›inneren‹ Prozesse verlagerte und die These verfolgt wurde, »that schooling ›does‹ make a difference«.

22 Vgl. das Schulprogramm der SPÖ von 1969: Bildung für die Gesellschaft von morgen.

23 Zu diesen Themenkreisen wurden neben der Strukturkommission weitere Unterkommissionen der Schulreformkommission eingerichtet.

24 Vgl. Dermutz, Weg, 1983, Kapitel 2.

25 In damaligen Preisen bedeutete dies eine Ersparnis von 730,- Schilling pro Studienjahr, heute wären das etwa 2.000,- Schilling; die Beträge für die Lehrenden aus dem alten Hochschultaxengesetz wurden jedoch nicht abgeschafft.

26 Vgl. Fischer-Kowalski u.a., Bildungswesen, 1981, 132.

27 Bundesministerium für Wissenschaft und Forschung, Hochschulbericht 1972, 215.

28 Diese Geschichte ist bis heute sicherlich unzureichend aufgearbeitet, eine sehr instruktive Darstellung der Entwicklung findet sich in Melchior, Pathogenese, 1993, 144–151.

29 Bundesministerium für Wissenschaft und Forschung, Hochschulsystem, 1992, 41.

30 Vereinigung Österreichischer Industrieller, Jahresbericht 1975, 68.

31 Bundesministerium für Unterricht und Kunst, Bildungsbericht, 1975, Vorwort.

32 Bildungspolitik: Der Tag der Wahrheit kommt noch, in: Die Industrie 11 (1977), 3.

33 »Nach einer fünfjährigen Laufzeit des österreichischen Schulversuchsprogrammes scheinen alle Hoffnungen auf eine Gesamtschulreform zerschlagen.« Schulheft 3 (1976), 5.

34 Die Debatten in dieser Phase sind in den Publikationen rund um die Internationalen Glöckel Symposien anschaulich dokumentiert. Dem Titel des Ersten Glöckel-Symposions »Die Reform geht weiter« wurde eine Publikation »Schulreform – die Kritik geht weiter« gegenübergestellt, das Zweite Glöckel-Symposion 1987 stand bereits unter dem Titel »Krise der Schule?«

35 Vgl. Berger, Kritik, 1985, 47.

36 Vgl. Fischer-Kowalski u.a., Alternativschulen, 1993; Kuratorium für künstlerische und heilende Pädagogik, Privatschule, 1994.

37 Einen Überblick über diese Reformtätigkeit gibt die Reihe ›Schulentwicklung‹, Arbeits- und Forschungsberichte des Zentrums für Schulversuche und Schulentwicklung, die ab 1976 von Sektionschef Leo Leitner herausgegeben wurde. Bis 1985 sind 14 Bände erschienen.

38 Vgl. Wirgler, Fördermaßnahmen, in: Bundesministerium für Unterricht und Kunst, Schulentwicklung 13 (1985).

39 »Martin Trow verweist auf die wachsende Studierquote als Triebkraft für den Strukturwandel des Hochschulsystems: Wenn der Anteil der Studierenden an der entsprechenden Altersgruppe 15 Prozent überschreitet, ist ein Charakterwandel des Hochschulwesens unvermeidlich, und ›mass higher education‹ wird neben dem zuvor bestehenden ›Eliten‹-Sektor enstehen. Ein weiterer Sektor, ›universal higher education‹, wird schließlich entstehen, wenn die Hochschulbesuchsquoten 50 Prozent überschreiten.« Teichler, Hochschulsysteme, 1990, 48.

40 Vgl. Lassnigg u. Loudon, Bildungsstrukturdebatte, 1991.

41 Vgl. Seel, Widerspiegelungen, in: Achs u.a., Umbruch, 1988, 22; Helmut Fend hat gezeigt, daß sich ›konservative‹ und ›progressive‹ Grundpositionen auf den folgenden Dimensionen diametral entgegenstehen: Menschenbild, Gesellschaftsbild, pädagogische Zielsetzungen und Tugenden, Erziehungsformen und pädagogische Institutionen, bildungspolitische Positionen und wissenschaftstheoretische Positionen (Fend, Neokonservatismus, 1984, Kapitel 4); die Debatte in den USA ist umfassend dokumentiert in Gross u. Gross, School Debate, 1985.

42 Vgl. Beirat für Wirtschafts- und Sozialfragen, Qualifikation 2000, 1989.

43 Vgl. Lassnigg u. Loudon, Bildungsstrukturdebatte, 1991, Kapitel 3.1.

44 Die programmatischen Dokumente aus den späten 1980er Jahren vermitteln ein deutlich polarisiertes Bild der traditionellen politischen Lager: Die wichtigsten ›lagerbildenden‹ Leitbegriffe sind »Differenzierung/Vielfalt« und »Flexibilität« auf der einen (ÖVP, Arbeitgeberorganisationen BWK und IV, FPÖ) versus »Integration/Förderung« und »Solidarität« auf der anderen Seite (SPÖ, Arbeitnehmerorganisationen AK und ÖGB, Grüne Alternative). Im Arbeitsübereinkommen der vorigen Bundesregierung war dann der lagerübergreifende Begriff »Autonomie« betont worden, der in der Folge zu einem Zentralbegriff der österreichischen Bildungspolitik aufgestiegen ist (vgl. ebd.).

45 Auf dieser Linie erfolgte bereits eine umfassende Entwicklungsarbeit, die für das Schulwesen zum Beispiel durch die folgenden Gutachten repräsentiert werden kann: Posch u. Altrichter Hg., Schulautonomie, 1992; Friedrich, Organisationsentwicklungskonzept, 1993; für das Hochschulwesen vgl. Höllinger u. Steinbacher, Universitätsorganisation, in: Forster u. Richter Hg., Beiträge, 1993; Bundesministerium für Wissenschaft und Forschung, Bildungssystem in Veränderung, o.J.(1993).

46 Der Standard, 1./2. Februar 1992, 27.

Arno Pilgram

# Die Zweite Republik in der Kriminalpolitik

Die Zeitgeschichte der österreichischen Kriminalpolitik der letzten Jahrzehnte ist noch nicht geschrieben. Am besten dokumentiert sind die ›Endprodukte‹ der Kriminalisierung, sichtbar an der Entwicklung der registrierten Kriminalität, der verfolgten Straftäter und des Umgangs mit ihnen.[1] Größere Strafjustizreformen sind immerhin zum Teil gründlich aufgearbeitet, im Bereich der jüngsten Novellen und Nebengesetze jedoch nur mehr lückenhaft.[2] Nur fragmentarisch untersucht sind bisher die öffentlichen Diskurse über Kriminalität und ihre Behandlung, die Interaktion zwischen Politik und Publizistik auf diesem Gebiet.[3] Daher kann dem nachfolgenden Beitrag auch keine systematische und vollständige Darstellung der Beziehungen zwischen ›symbolischer Politik‹ (von Themensetzung und Meinungsbildung), Gesetzgebung und Kriminalisierungspraxis – den verschiedenen Handlungsebenen der Kriminalpolitik – gelingen. Seine Absicht ist es, das ›Historische‹ in der Kriminalpolitik der Zweiten Republik herauszuarbeiten, indem er auf Beispiele gesellschaftlich strittig werdender Objekte und Formen staatlicher Strafgewalt, ihrer Ausübung gegenüber bestimmten Phänomenen beziehungsweise sozialen Gruppierungen fokussiert. (Dabei werden notgedrungen Details und die selbstverständlich tradierten Routinen der Kriminalisierung vernachlässigt.) Hinter aufkommenden Zweifeln an der Vernunft und Berechtigung einer bestimmten Kriminalisierungspolitik werden jeweils Anzeichen der Strukturveränderung und politischen Gewichtsverlagerung zwischen Fraktionen der Gesellschaft wahrgenommen.

Kriminalpolitik zwischen Entnazifizierung und Amnestie
(1945 bis 1955)

In den unmittelbaren Nachkriegsjahren stand die Kriminalpolitik vor widersprüchlichen Anforderungen. Es galt, nach Jahren der NS-Herrschaft und des nationalsozialistischen Einflusses auf die Rechtsentwicklung, österreichisches Recht demokratischer Tradition wiederherzustellen. Dieses Recht war mit einem durch die Entnazifizierung personell stark geschwächten Justizapparat und unter chaotischen sozialen Bedingungen anzuwenden.[4] Zugleich sollte Unrecht, sollten unter dem NS-Regime und im Kriege begangene Verbrechen möglichst rasch und mit außerordentlichen Mitteln geahndet werden.

Die Rückkehr zu einer gesellschaftlich und rechtsstaatlich unkontroversen Strafrechtspraxis wurde durch eine Vielzahl von Faktoren erschwert und hinausgezögert.[5] Neben dem Problem der Personalressourcen fiel die Ausnahmesituation erschwerend ins Gewicht, mit den politisch Verantwortlichen für den Nationalsozialismus auch strafrechtlich generalisierend abrechnen zu müssen, darüber hinaus die langdauernde Paralleljurisdiktion der alliierten Militärgerichte (zuständig für Mitglieder der alliierten Streitkräfte, für »displaced persons«, für Verstöße gegen Interessen und Verordnungen der Alliierten, für Kriegsverbrechen im Ausland usw.).[6]

Für die strafrechtliche Seite der Aufarbeitung des Faschismus wurden im Mai und Juni 1945 im Verbotsgesetz (später Nationalsozialistengesetz) und im Kriegsverbrechergesetz zwei wichtige Sonderstrafgesetze erlassen. Mit ihnen wurden nicht nur ein eigenes Verfahren und eine eigene Gerichtsbarkeit (sogenannte Volksgerichte, ohne einen Instanzenzug) geschaffen, sondern auch geltende Straftatbestimmungen rückwirkend erweitert. Es sollten, abgesehen von fraglosen Verbrechen, auch Schikanen oder inhumane Aktivitäten seitens führender nationalsozialistischer Funktionäre verfolgbar sein, was das geltende Strafgesetz nicht erlaubt hätte. Die Anwendung dieser Rechtsmaterien durch die Volksgerichte sollte (neben anderen Maßnahmen) die interne Auseinandersetzung mit den ehemaligen Nationalsozialisten in geordnete Bahnen lenken. Nach außen sollte sie dazu dienen, den alliierten Mächten die Distanzierung

*»Die Todesstrafe ist gefallen« – Titelseite der Wiener Zeitung vom 25.5.1950*

des neuen Österreich vom Nationalsozialismus glaubhaft zu machen und so die volle Souveränität nicht zuletzt über die Rechtsprechung bald wiederzuerlangen.

Wenn man sich vergegenwärtigt, daß von 1945 bis 1947 insgesamt etwa 35.000 Personen wegen Verbrechen und davon knapp 7.000 wegen solcher nach dem Verbots- und Kriegsverbrechergesetz verurteilt wurden (ohne Verfahren vor Militärgerichten), ersieht man den hohen »politischen« Anteil an der Strafjustiz der damaligen Zeit. An den eingeleiteten Verfahren muß dieser Anteil noch weit höher gewesen sein, zumal von einer überdurchschnittlich hohen Verfahrenseinstellungs- und Freispruchrate an den Volksgerichten ausgegangen werden kann. Dies wurde wiederholt scharf kritisiert. Insgesamt wurden, bis zu ihrer Aufhebung 1955, vor den Volksgerichten 136.829 Verfahren geführt, von denen 23.477 per Urteil und ganze 13.607 per Schuldspruch erledigt wurden.[7] Es liegt auf der Hand, daß die gesellschaftliche Stimmung, das politische Stärkeverhältnis zwischen Befürwortern einer strengen Rechenschaft einerseits und den Verfechtern eines Schlußstrichs beziehungsweise einer Amnestie für Vergangenes andererseits in die Praxis der Volksgerichte mit ihrer starken Laienbeteiligung einflossen, ebenso das komplizierte Beziehungsverhältnis zwischen Bevölkerung, österreichischer Politik und Militärverwaltung.[8]

Die österreichische Politik bestand im wesentlichen darin, auf der eigenen Kompetenz zur juristischen Vergangenheitsbewältigung zu beharren, Kompetenzvorbehalte gegenüber den Alliierten und deren Maßnahmen (Internierungslager, Eingriffe zugunsten oder zuungunsten von Personen in Verfahren vor österreichischen Gerichten) schrittweise abzubauen, dabei sehr bald stärker als die Alliierten zwischen schwer- und minderbelasteten Nationalsozialisten zu unterscheiden, die Minderbelasteten ab 1948 schrittweise zu amnestieren und ab diesem Zeitpunkt nicht zuletzt wegen Verfassungsbedenken auch die Abschaffung der Sondergerichte zu fordern. Darauf mußte aber bis zum Staatsvertrag 1955 gewartet werden.

Die Diskussion der allgemeinen Kriminalität und Strafrechtspolitik stand bis zu den frühen 1950er Jahren immer im Zeichen der politischen Ausnahme- und Bewährungssituation für das Rechtssystem. Zwar lag die Kriminalitätsbelastung (angezeigte und verfolgte Straftaten pro Einheit der Bevölkerung) von 1946 bis 1950 um etwa ein Drittel unter der im Nachkriegszeitraum von 1919 bis 1923.[9] Man wollte sich jedoch unter dem Eindruck der noch unsicheren eigenstaatlichen Entwicklung und der diplomatischen Rücksichtserfordernisse gerade in Strafrechtsfragen keine ordnungs- und kriminalpolitischen Experimente gestatten.

Solange überdies noch die Todesstrafe auf eine Anzahl gewöhnlicher und politischer Verbrechen stand und auch umstritten war, fehlte der Sinn für anderweitige Kriminal- und Sanktionsreformen. Eine Besonderheit der Rechtsüberleitung 1945 hatte in der Wiedereinführung des Strafgesetzes in der Fassung vom 13. März 1938 bestanden. Diese Fassung, die seit 1934 neuerlich die Todesstrafe auch im ordentlichen Verfahren kannte, stand mit der Verfassung von 1929, in der die Todesstrafe explizit abgeschafft worden war, in Widerspruch. Um diesen Rechtswiderspruch aufzulösen, bedurfte es der mehrmaligen (jeweils befristeten) gesetzlichen Beschlußfassung über die Todesstrafe, ehe sie 1950 entgegen der Regierungsvorlage im Nationalrat in geheimer Abstimmung (86:64) aus dem allgemeinen Sanktionsrepertoire des österreichischen Strafrechts getilgt wurde.[10]

## Kriminalpolitik und Wohlstandsgesellschaft (1955 bis 1965)

1957 wurden mit der NS-Amnestie, der letzten in einer Reihe früherer Maßnahmen ähnlicher Art, alle noch bei den Volksgerichten anhängig gewesenen Verfahren eingestellt und die Entnazifizierungsgesetze aufgehoben. Spätestens damit waren die Adressaten der Entnazifizierung endgültig reintegriert und war man schließlich auch formalrechtlich zur ›entpolitisierten‹ Strafjustiz zurückgekehrt. Es begann nunmehr unter dem Vorzeichen ›begrabener Gegensätze‹ auf der einen Seite eine Zeit der Versachlichung, Entideologisierung und Expertendiskussion über das allgemeine österreichische Strafrecht und seine Gesamtreform.[11] Auf der anderen Seite fand am Ende der Phase wirtschaftlichen Wiederaufbaus, mit Erhöhung des Technik- und Kapitaleinsatzes und der Steigerung der Arbeitsproduktivität in der Wirtschaft, im Übergang zu Vollbeschäftigung und Massenkonsum, eine massive Auseinandersetzung um neue Lebens- und Ausdrucksformen statt, die auch eminent kriminalpolitisch-praktisch geführt wurde.

Im April 1954 wurde mit einer parlamentarischen Enquete die Arbeit einer Strafrechtsreformkommission aufgenommen, die von prominenten Rechtswissenschaftern, Vertretern von Rechtsprofessionen und einigen Parlamentariern gebildet wurde. Diese Kommission knüpfte an ältere, noch vor dem Ersten Weltkrieg gescheiterte Reformvorschläge an, sah sich nicht unter Handlungszwang durch ungünstige Kriminalitätsentwicklungen oder spektakuläre Kriminalfälle und war der Überzeugung, die Strafrechtsreform aus parteipolitischen Differenzen heraushalten zu können.[12] Nach 140 Sitzungen lag 1960 der erste Entwurf für ein neues Strafgesetzbuch (Kommissionsentwurf) vor. Dieser und zwei weitere Entwürfe 1962 und 1964 sahen die Neugliederung der Tatbestände, vorbeugende (Behandlungs- und Sicherungs-)Maßnahmen neben Strafen, die Einheitsstrafe (ohne Abstufung verschiedener Arrest- und Kerkerstrafen), eine teilweise Senkung der Strafsätze, Straffreiheit für Bagatellen, eine Erweiterung der Indikationen bei Schwangerschaftsabbruch, die Entkriminalisierung der Homosexualität und vieles mehr vor.

Parallel waren die Jugendrichter aktiv geworden.[13] Sie bildeten eine eigene Fachgruppe in der Richterschaft. Von dieser Seite wurde damit auf die (drohende) Einarbeitung der strafrechtlichen Behandlung Jugendlicher in das allgemeine Strafrecht geantwortet, wozu die Strafrechtsreformkommission tendierte. Es wurde explizit auch auf faktische Entwicklungen – eine starke Zunahme der Anzeigen gegen Jugendliche in der zweiten Hälfte der 1950er Jahre – reagiert. Eine nicht mehr normaldeutige »(Jugend-)Wohlstandskriminalität« ließ die Rechtspraktiker auf der Suche nach geeigneten Deutungsschemata enger mit Sozialprofessionen (Psychologen, Sozialarbeiter) kooperieren. Die neuen psychologischen Defizittheorien für Jugendkriminalität riefen ihrerseits nach angepaßten Interventionsmitteln.[14] Zur Jugendrichtertagung 1960 lag bereits ein Entwurf für ein neues Jugendgerichtsgesetz ausgearbeitet vor. 1962 in Geltung gesetzt, brachte es erweiterte Möglichkeiten, von Strafen Abstand zu nehmen und eine attraktive »ambulante Kontrollmaßnahme« in Gestalt der Bewährungshilfe.

Die sachlich-distanzierte parlamentarische Fachdiskussion zu dieser Blütezeit der Großen Koalition stand in auffälligem Gegensatz zur öffentlichen Aufregung vor allem über Jugendkriminalität und einzelne große Kriminalfälle. Die ausgehenden 1950er

Jahre waren die Zeit der ungewöhnlichsten Anzeigenwelle des gesamten Untersu-chungszeitraums. Nie davor oder danach stieg die Zahl beschuldigter, verurteilter und bestrafter Personen einer bestimmten Gruppe (in diesem Fall der Jugendlichen) in kürzester Zeit so stark an – innerhalb von fünf Jahren um etwa die Hälfte. Diese Welle läßt sich skizzieren als das Produkt eines Generationen- und zugleich grundlegenden Konflikts über individuelle Status- und Freiheitsrechte in einer Gesellschaft am Ende der ›Durststrecke‹ durch Wirtschaftskrise, Krieg und Wiederaufbau. Die zusätzlichen Strafanzeigen richteten sich überproportional gegen Jugendliche, die sich in den Bereichen Mobilität, Sexualität, Expressivität und Konsum – man denke an die Erfindung von Mopeds, Rockmusik und Jeansmode – nicht mehr an die traditionellen sozialen Disziplinarerwartungen zu halten bereit waren.[15] Die innovative, kollektiv inszenierte Aneignung neuer Güter, die Eroberung neuer lokaler und sozialer Räume sowie eine neue (Frei-)Zeitgestaltung durch »Horden« (allen voran proletarischer) Jugendlicher irritierte ›wohlanständige‹ gesellschaftliche Gruppen, deren Position durch die Verallgemeinerung und materielle Bestimmung des Zugangs zu Sozialchan-cen in der zunehmend fordistisch organisierten Massenwohlstandsgesellschaft[16] ge-fährdet schien.

Zunächst wurde auf das Phänomen der »Halbstarken«[17] mit verschärfter Krimina-lisierungspolitik geantwortet.[18] Nach 1960 kehrte sich der Trend um und die (Jugend-) Kriminalität sank allmählich wieder auf ihr früheres Niveau. Dafür war zum Teil eine Novelle zur Straßenverkehrsordnung ausschlaggebend, die es gestattete, »Verkehrs-rowdies« verwaltungsrechtlich abzustrafen; zudem das reformierte Jugendgerichtsge-setz, das faktisch erst ab Mitte der 1960er Jahre zum Tragen kam; vor allem aber die Nachfolge weiterer Generationen in die mittlerweile kommerzialisierten Muster der Freizügigkeit. Das Selbstbewußtsein des ›neuen Arbeiters‹ der 1960er Jahre, eher am boomenden Arbeitsmarkt als in traditionellen sozialen Bindungen (an Familie, Klein-gewerbe, Landwirtschaft) eine gesicherte Existenz und Aufstiegschancen findend, reduzierte offenbar allmählich die Furcht vor dem sozialen Wandel und seinen (jugend-lich ungestümen) Boten.

Gesichtspunkte der Großen Strafrechtsreform (1965 bis 1983)

Die Instrumente der bedingten Verurteilung und bedingten Entlassung aus der Strafe waren in Österreich erst 1920 – im internationalen Vergleich also verspätet – eingeführt und nur zögernd angenommen worden. Wurde das Strafrecht zu Anfang des Jahrhun-derts hierzulande noch vergleichsweise liberal gehandhabt, fand sich Österreich in den 1950er Jahren, gemessen an den bekannten Straftaten, mit extrem hohen Verurteilten-und Häftlingszahlen sowie einer insgesamt relativ autoritären Strafrechtspraxis wieder.[19] Trotzdem wurde in der Strafrechtsreformkommission die Notwendigkeit der Erneuerung zunächst eher mit formalen Mängeln des Strafgesetzes begründet als mit sozialen Bedenken wegen der massenhaften und schwerwiegenden Kriminalisierung von Teilen der Gesellschaft. Der Gesetzgeber hatte auch keine Skrupel, anläßlich einiger spektakulärer Mordfälle und einer Diskussion lebenslanger Strafen in den Medien 1960 eine Strafgesetznovelle zu verabschieden, welche die bedingte Entlassung aus der Strafhaft weiter erschwerte und die Maximalsanktion für Jugendliche von zehn auf fünfzehn Jahre hinaufsetzte. Man erreichte dadurch immerhin auch, die größeren Projekte der Strafrechts- und Jugendgerichtsreform zunächst unangefochten fortsetzen zu können.

Kontrovers diskutiert, ideologisiert und kenntlich gemacht wurden die Strafrechtsreform und ihre Rationalität erst ab Mitte der 1960er Jahre. Das Auseinanderdriften der Großen Koalition zog die Strafrechtsreform mit einem Mal in weltanschauliche Auseinandersetzungen. Die Agnostik des Entwurfs hinsichtlich der Theorie der Schuld, die Verdrängung des Schuldstrafrechts durch ein Gefährlichkeitsstrafrecht und die Betonung von Zweckstrafe und Resozialisierung, das Fehlen von Schutzbestimmungen für Ehe und Familie usw. wurden in der Kritik (wegen der »Ablehnung von persönlicher Verantwortlichkeit« und christlicher Werte) bis zum Kollektivismus- und Materialismusvorwurf ausgedehnt. Die verbliebenen Verteidiger von Neutralität und Zweckmäßigkeit der Reform verloren gegenüber der wachsenden Polemik aus dem konservativ-klerikalen Lager, aus Kirche, Wirtschaft und Rechtspraxis, schnell an Terrain. Im Winterwahlkampf 1966, nach dem die SPÖ der ÖVP die absolute Mandatsmehrheit überlassen mußte, spielten (neben der Wahlempfehlung der Kommunisten für die SPÖ) die Person von Justizminister Christian Broda, seine »linke« politische Vergangenheit, seine Rolle im Konflikt mit Franz Olah und der *Kronen Zeitung* sowie die Strafrechtsreform eine zentrale Rolle.[20]

Aber auch eine konservative Gegenreform während der ÖVP-Alleinregierung scheiterte. Ein Gegenentwurf 1968 zeigte den beträchtlichen Einfluß der katholischen Kirche und wurde von der Opposition wegen des privilegierten strafrechtlichen Schutzes staatlicher und kirchlicher Autoritäten, wegen verschärfter Bestimmungen für den Schwangerschaftsabbruch (nicht einmal eine sozialmedizinische Indikation sollte gelten), wegen staatlichen Eingreifens in die Privatsphäre (Ehedelikte, Sittlichkeitsdelikte sollten sogar strenger sanktioniert werden als bisher), wegen der Herabsetzung der Altersgrenze für Jugenddelikte auf sechzehn Jahre und anderer wichtiger Punkte zurückgewiesen.[21] Aus der nachkonziliaren katholischen Kirche kam nun erstmals Dissens. In der Rechtswissenschaft machte sich der bundesdeutsche Reformprozeß bemerkbar (die dortige Akzeptanz für einen Alternativentwurf). Aus der jegliche Totalreform ablehnenden Rechtspraxis fehlte es gleichfalls an politischer Unterstützung.

Die unter dem Wandel der Sozialstruktur an Bedeutung gewinnenden »neuen Mittelschichten«, die städtischen Angestellten, die technische Intelligenz, die Gruppe der Aufstiegs- und Fortschrittsgläubigen mit abnehmender politischer Lagerbindung waren zwar 1966 mit der Warnung vor sozialistischen Klassenkämpfern für die ÖVP zu gewinnen gewesen, nicht aber für ein restauratives Gesellschaftsprojekt zu begeistern. Der in der Opposition unter Kreisky ›ideologischen Ballast‹ abwerfenden SPÖ gelang es in kürzester Zeit, sich als die zukunftsorientierte pragmatisch-politische Reformkraft zu präsentieren. Mit ihrem Wahlprogramm, das die Strafrechtsreform enthielt, erzielten die Sozialisten 1970 und 1971 deutliche Siege und schließlich die absolute Mehrheit. Mit dem Angebot eines Rechts- und Verwaltungssystems, das der modernen Gesellschaft entsprach – entlastet von ständischen und weltanschaulichen Kalkülen, gut ausgestattet, verwissenschaftlicht und effizient, dadurch zeitgemäß und human – konnten die Sozialdemokraten eine sich emanzipierende Wählerschaft ansprechen. Im neuen Strafgesetzbuch sollte sich dieses Rechts- und Verwaltungsmodell insofern verwirklichen, als es pluralistische Lebensentwürfe nicht behindern, private Entscheidungen in sexuellen, ehelichen und familiären Beziehungen respektieren (kein »Moralstrafrecht« darstellen), obrigkeitlichen Gestus und unverhältnismäßige Eingriffe in die persönliche Freiheit beseitigen, Zweckmäßigkeitsüberlegungen bei der strafrechtlichen Reaktion verlangen und mehr sachliche und personelle Mittel für eine effizientere Rehabilitation von Straftätern zur Verfügung stellen sollte.

*Christian Broda als Proponent der Großen Strafrechtsreform im Kabinett Kreisky I (Nationalratssitzung am 17.11.1971)*

Tatsächlich wurden 1971 (neben einer teilentkriminalisierenden Suchtgiftgesetznovelle) die Kleine und 1974 die Große Strafrechtsreform verabschiedet. Im ersten Schritt wurden bestimmte Fahrlässigkeitstaten im Straßenverkehr, die Ehestörung und die Homosexualität zwischen Erwachsenen und teilweise der Schwangerschaftsabbruch (Fristenregelung) sowie die »Vagabundage« (und damit auch bestimmte Formen der Prostitution) entkriminalisiert. Verfahrenseinstellung und Freispruch wegen Geringfügigkeit einer Straftat wurden erleichtert, die kurzen Freiheitsstrafen durch Geldstrafen ersetzt, bedingte Strafurteile und Entlassungen durch die Einführung der Bewährungshilfe auch für Erwachsene gefördert. Für die intensive Behandlung (während weitgehend unbestimmter Anhaltung) von geistig kranken, drogenabhängigen und rückfallgefährdeten Personengruppen wurden Sonderanstalten errichtet, das alte Arbeitshaus und Erziehungsanstalten für jugendliche Rechtsbrecher hingegen aufgelöst. Desgleichen wurden die Rechtsfolgen von Strafurteilen abgemildert.

Konkret bewahrte die Strafrechtsreform die Gesellschaft vor (potentieller) ›Über-kriminalisierung‹ infolge neuer Massendelikte (in Zusammenhang mit dem motorisier-ten Straßenverkehr, mit Bagatelldiebstählen, mit experimentellem Drogenkonsum, verbreiteten Sexualgewohnheiten usw.) und beugte frühzeitigen und unüberwindlichen Karriereblockaden durch Vorstrafen für sozial integrierte Bürger vor. In einer Zeit des angespannten Arbeitsmarkts bedeutete dies auch, daß rechtliche Einschränkungen der Mobilität und Verfügbarkeit von Arbeitskräften wegfielen. Die Strafrechtsreform an-erkannte und verbesserte den Status insbesondere jener Straftäter, die für den Arbeits-markt Wert besaßen.[22] Sie verstärkte eine angelaufene praktische Entwicklung, selek-tiver und differenzierter auf Straftaten zu reagieren. Nicht mehr jede Verfehlung und Strafanzeige mußte zwingend in Kriminalisierung oder gar Freiheitsentzug münden, definitive Reaktionen konnten nun längerfristig hinausgezögert und nachträglich mo-difiziert, damit auf den sozialen Einzelfall besser abgestimmt werden (aus dem Tat-wurde ein Täterstrafrecht). Neben außerordentlichem Strafverzicht konnten aber bei »Gefährlichkeit« auch außerordentlich massive Eingriffe begründet werden.

Nutznießer der Reform waren in der Praxis vor allem jugendliche, weibliche und ›respektable‹ Straftäter, während die Population der älteren, männlichen und vorbela-steten Delinquenten sogar Verschärfungen in Kauf nehmen mußte.[23] Obwohl zu Beginn der 1970er Jahre die Strafanzeigen wieder besonders gegen Jugendliche merklich anstiegen und die Jugend- und Studentenbewegung der Zeit unter dem Titel Gewalt und Anarchie diskutiert wurde, gelang es in Österreich (anders als in den 1950er Jahren), strafrechtliche Überreaktionen und deshalb auch eine politische Radikalisie-rung rund um die Studentenbewegung, wie in der BRD, zu vermeiden.

Die Kriminalpolitik dieser Jahre zielte nicht nur auf Kriminalität per se, sondern durch ihre Formung gerade auch auf die Loyalität und Bindung neuer, an Bedeutung gewinnender und Vertretung fordernder Sozialschichten. Man wird den politischen Appeal dieses Reformprojekts in Zusammenhang mit veränderten Anforderungen im Arbeits- und Reproduktionsbereich von immer mehr Menschen sehen müssen, damit aber auch von neuen Erwartungen an Staat und öffentliche Verwaltung, die Erfüllung dieser Anforderungen zu unterstützen beziehungsweise ihnen selbst nachzukommen. Während an durchschnittlichen Arbeitsplätzen der rationalisierten Massenfertigung eine »instrumentelle Arbeitsmoral« angemessen ist (Arbeitseinkommen dient der Verwirklichung von Konsum und Freizeit), wird an den vermehrten qualifizierten Arbeitsstellen im Bereich der Wissenschaft, Verwaltung und persönlichen Dienstlei-stung ein Mehr an Kreativität und Flexibilität, die Identifikation mit der Arbeit, der Einsatz der ganzen Person verlangt. In einem solchen Kontext sind Effizienz und Arbeitsproduktivität an die Realisierung ›menschengerechter‹ sozialer Umweltbedin-gungen gebunden. Bei selbstverständlich gewordener materieller Sicherheit waren nun immaterielle Aspekte und Faktoren der gesellschaftlichen Rahmenbedingungen der Arbeitsexistenz zusehends Gegenstand persönlicher und politischer Beachtung gewor-den. Die Überhöhung des Strafgesetzbuches zur »humanen« und dadurch auch »effi-zienzversprechenden« Reform kam dem Bedarf an Identifikationsangeboten mit dem »System«, der Durchsetzung von Wandel gerade auch im staatlichen Organisations-und Arbeitsbereich und der symbolischen Bestätigung sozialer Selbstdisziplinierungs-leistungen entgegen.

Kriminalpolitik als Aktionsfeld von Problemsettern (1983 bis 1994)

Die Strafrechtsreform wurde mit Ausnahme der Fristenregelung mit den Stimmen aller Parlamentarier/innen beschlossen, so sehr hatte sich auch das bürgerliche Lager auf gesellschaftliche Modernisierung umgestellt. Weitere größere Veränderungen, insbesondere eine Neuregelung des Strafvollzugs (kollektivvertragliche Gefangenenentlohnung, Hafturlaub) scheiterten als Pläne jedoch am Widerstand der Opposition und an Medienkampagnen, weil sie vom bisherigen Konsens abwichen und unzulässige Radikalität (die sozialistische Utopie von der »Abschaffung der Gefängnisse«) signalisierten.[24] Die konzertierte Reform des Strafvollzugs kam in dem Augenblick zum Erliegen, als die Lösbarkeit wirtschaftlicher und gesellschaftlicher Probleme von Staats wegen mehr und mehr angezweifelt wurde, als (Verstaatlichten-)Wirtschafts- und Finanzierungskrisensymptome des Staates die Grenzen des staatlich sozialreformatorisch Machbaren sowie die soziale Eigenverantwortung wieder stärker betonen ließen. 1983 verfehlte die Sozialdemokratie mit ihrem bisherigen Reformprogramm die absolute Mehrheit. Justizminister Broda trat ab, und das Justizressort ging an den kleinen Koalitionspartner FPÖ.

Die seit den frühen 1980er Jahren aktualisierte Infragestellung von staatlichen Sicherheitsgarantien und die gesteigerten Leistungszumutungen an den Bürger äußerten sich in der Kriminalpolitik auf zweifache Weise. Zum einen wurde die Entkriminalisierungspolitik, die Beschränkung auf ein Kernstrafrecht, revidiert, der strafrechtliche Pflichtenkanon wieder erweitert. Zum anderen wurde die gesetzliche Determinierung der staatlichen Reaktionen auf Regelverletzungen deutlich verringert. In einer Kette von kleinen Gesetzesreformen, beginnend schon mit den Suchtgiftgesetznovellen 1980 und insbesondere 1985, wurde auf medial hochgespielte gesellschaftliche Probleme regelmäßig per erhöhter oder neuer Strafdrohung reagiert. Im Strafrechtsänderungsgesetz 1987 wurde auf Wirtschafts-, öffentliche Amtsführungs- und Umweltproblematiken sowie auf Kindesmißhandlung geantwortet. In etlichen anderen, hier nicht einzeln bezeichneten Novellen wurde auf Zuhälterei, Kinderpornographie, öffentliche (»Jugendbanden«) wie private (eheliche) Gewalt, Bagatellstraftaten Reisender, rechtsnationale Gesinnung, Geldwäsche usw. reagiert, während weitere Entkriminalisierungs- und Regelungsprojekte über Verwaltungs- und Zivilrecht (zum Beispiel für Ladendiebstahl, weitere Straßenverkehrsdelikte) Widerständen zum Opfer fielen. In dieser Hinsicht wurde nicht zuletzt der partizipatorischen Massendemokratie, der Veränderung der Strukturen politischer Repräsentanz, der Schwächung des politischen Zentrums, den niedrigeren Zugangsschwellen partikularer Interessen, neuer Bewegungen und ›Moralunternehmen‹ zu Öffentlichkeit und Entscheidungsbildung Tribut gezollt. Strafrecht wurde zu einem offenen Feld der Partizipation und der Suche nach symbolischer Genugtuung, um eigene Relevanzen politisch allgemein durchsetzen zu können. Dabei ging die Übersichtlichkeit der kriminalpolitischen Szene verloren, fächerten sich die Akteure, Objekte und Zielgruppen der Kriminalisierung deutlich auf.[25]

Die Frage der praktischen Anwendbarkeit, Treffsicherheit und Eignung der strafrechtlichen Mittel, Kalküle der Zweckrationalität, spielten im vordergründigen öffentlichen Diskurs nur eine geringe Rolle. Die praktische Umsetzung des neuen Rechtsprogramms wurde stärker denn je Experten überlassen, die inzwischen von der Skepsis gegenüber aufwendigen Intensiv- und Langzeitinterventionen eingeholt worden waren.[26] So wurden im Zuge der jüngsten Entwicklung die strafrechtlichen Eingriffstechniken, vor allem jene geringer Intensität, de facto weiter vervielfältigt. Es wurden im Strafrechtsänderungsgesetz 1987 und in anderen Gesetzen neue Sanktionsmischungen, sogenannte teilbedingte Strafen (faktisch eine Renaissance der kurzen Strafen), daneben Wertersatz- und Verfallsstrafen sowie vereinfachte Verfahren eingeführt oder zumindest vorbereitet. Von besonderem Interesse ist in diesem Fall das Jugendgerichtsgesetz 1988, das nicht nur die Altersgrenzen für Jugenddelikte anhob, sondern auch die Reaktionspalette auf Jugenddelikte radikal erweiterte. Dieses Gesetz war paradigmatisch für die Entformalisierung des Strafprozesses. Von herausragender Bedeutung war hier (neben der Einführung von Auflagen zum Beispiel gemeinnütziger Arbeitsleistungen) die erfolgreiche Einführung des Außergerichtlichen Tatausgleichs, auch als Bei-

*Eingang zum »Referat zur Bekämpfung der Jugendbandenkriminalität« der Staatspolizei (1994)*

*City Cops beim Antidrogenclubbing*

spiel neuartiger Kooperationsformen zwischen Juristen und Sozialarbeitern bei der Bearbeitung des Gerichtsanfalls und der Rückdelegation von Problemlösungen an nicht-juristische und private Instanzen.[27]

Der pragmatische Umgang der Justizverwaltung und Strafrechtspraxis mit den gestiegenen Kriminalisierungsforderungen kommt auch darin zum Ausdruck, daß jüngst einige zu Zeiten Brodas politisch unrealisierbar scheinende Projekte erstaunlich unkontrovers erledigt werden konnten, so etwa eine Reform der Untersuchungshaft unter grundrechtlichen Aspekten und des Strafvollzugs unter arbeits- und sozialrechtlichen Gesichtspunkten. Ein geändertes Haftprüfungsverfahren (Strafprozeßnovelle 1993) verbesserte inzwischen die Situation von Untersuchungshäftlingen und die Einführung der kollektivvertraglichen Entlohnung und der Arbeitslosenversicherung (Strafvollzugsnovelle 1993) die Situation von Strafgefangenen entscheidend.

Die Erweiterung von praktischen Spielräumen, insbesondere durch die Reform der bedingten Entlassung aus der Freiheitsstrafe 1987 und des Jugendstrafrechts 1988, brachten de facto bisher ungekannte und zum Teil auch international beachtliche statistische Tiefststände an strafrechtlich verfolgten, sanktionierten und inhaftierten Personen in Österreich in den späten 1980er Jahren. Dies gilt jedenfalls für österreichische Staatsbürger und solche jüngeren Alters, während seit der Lockerung und Öffnung der Grenzschranken nach Osteuropa vermehrt Ausländer in die Mühlen der Strafverfolgung gerieten, ohne gleicherweise in den Genuß der angeführten Errungenschaften zu kommen. Auf praktischer Ebene stand die Kriminalpolitik in letzter Zeit im Sog einer restriktiven Fremdenpolitik.[28]

## ANMERKUNGEN

1 Vgl. Hanak u. Pilgram, Sicherheitsbericht, 1991, Kapitel 1 u. 2.
2 Vgl. Stangl, Gerechtigkeit, 1985; Pohoryles, Determinanten, in: Österreichische Zeitschrift für Politikwissenschaft 10 (1981); Bogensberger, Jugendstrafrecht, 1992.
3 Vgl. Goessler-Leirer u. Steinert, Sicherheitspropaganda, 1979; Pilgram u. Strutz, Produktion, in: Österreichische Zeitschrift für Politikwissenschaft 8 (1979); Pilgram, Sicherheitsinformation, in: Kriminalsoziologische Bibliografie 69 (1990).
4 Vgl. Weinzierl, Anfänge, in: Bundesministerium für Justiz u. Bundesministerium für Wissenschaft und Forschung Hg., Staatsvertrag, 1980.
5 Vgl. Konrad, Rechtsstaat, in: ebd.
6 Vgl. Jagschitz, Einfluß, in: ebd.
7 Vgl. Bundesministerium für Justiz Hg., Volksgerichtsbarkeit, 1977.
8 Vgl. Stiefel, Entnazifizierung, 1981, 247.
9 Vgl. Daten zur Zwischenkriegszeit im Überblick, in: Bundesministerium für Justiz Hg., Kriminal-statistik, 1950.
10 Für diesen Schritt der »Normalisierung« sprach sich neben vielen Kommunisten und Sozialisten mit Seitenblick auf das Volksgerichtsverfahren auch der Verband der Unabhängigen aus. In diesem Verfahren waren die letzten fünf von insgesamt 43 verhängten und 30 exekutierten Todesurteile im Jahr 1948 gefällt worden, obwohl im außerordentlichen Verfahren die Todesstrafe bis 1955 (im Standrecht bis 1968) möglich blieb. Im ordentlichen Verfahren waren nach 1945 noch 56 Todesstrafen ausgesprochen und 15 vollstreckt worden (vgl. Haas, Frage, in: Bundesministerium für Justiz u. Bundesministerium für Wissenschaft und Forschung Hg., Staatsvertrag, 1980; Miklau, Überwin-dung, in: Weinzierl u. Stadler Hg., Justiz und Zeitgeschichte V, 1986).
11 Vgl. Stangl, Gerechtigkeit, 1985, 29.
12 Vgl. Nowakowski, Entwurf, in: Anwaltskammertag 1960, 1961; Broda, Gesellschaft, 1968.
13 Vgl. Leirer u.a., Öffentlichkeit, in: Österreichische Zeitschrift für Politikwissenschaft 3 (1974).
14 Vgl. Pilgram u. Rotter, Jugendkriminalität, in: Jugendbericht, 1981, 52.
15 Vgl. Pilgram, Jugendkriminalität, in: Janig u.a. Hg., Vogel, 1988.
16 Das ist eine Gesellschaft, in der nach den Ideen des amerikanischen Automobilfabrikanten John Henry Ford die Produzenten in der automatisierten Massenproduktion, die Industriearbeiter, zugleich die Hauptabnehmer ihrer Produkte darstellen sollen.
17 Vgl. Fischer-Kowalski, Halbstarke, in: Preuss-Lausitz Hg., Kriegskinder, 1983.
18 Vgl. Maase, Kriminalisierung, in: Kriminologisches Journal 23 (1991).
19 Vgl. Stangl, Kriminalpolitik, 1988, 58; Hanak u. Pilgram, Sicherheitsbericht, 1991, Kapitel 2.
20 Vgl. Stangl, Gerechtigkeit, 1985, 41.
21 Ebd., 77.
22 Vgl. Pilgram u. Steinert, Analyse, in: Kriminologisches Journal 7 (1975).
23 Kam 1955 etwa schon auf elf angezeigte weibliche Jugendliche in Summe ein Jahr Freiheitsentzug, brauchte es 1975 230 Angezeigte bis zu diesem Sanktionsvolumen. Bei männlichen Erwachsenen wurde 1955 je 25 Angezeigte ein Jahr Haft verbüßt, 1975 bereits je 17 (vgl. Pilgram, Strafvollzug, in: Österreichische Zeitschrift für Soziologie 6 (1982); vgl. Burgstaller u. Csaszar, Ergebnisse, in: Khol u. Stirnemann Hg., Jahrbuch, 1983).
24 Vgl. Broda, Strafvollzug, in: Weinzierl u. Stadler Hg., Justiz und Zeitgeschichte V, 1986; Pilgram, Strafvollzug, ebd.
25 Vgl. Pilgram u. Stangl, Zwischenbilanz, in: Maelicke u. Ortner Hg., Kriminalpolitik, 1991, 153.
26 Vgl. Eisenbach-Stangl u. Stangl Hg., Grenzen, 1984.
27 Vgl. Bogensberger, Jugendstrafrecht, 1992; Pilgram, Ende, in: Kriminalsoziologische Bibliografie 58/59 (1988).
28 Vgl. Hanak u.a., Probleme, 1992, Kapitel 3.

Kurt Luger

# Die konsumierte Rebellion

## Geschichte der Jugendkultur von 1945 bis 1995

Dich soll's geb'n solang's die Welt gibt,
und die Welt soll's immer geb'n,
ohne Angst und ohne Dummheit,
ohne Hochmut sollst du leb'n.
Zu den Wundern und zur Seligkeit
ist's dann nur ein Katzensprung,
und wenn Du willst,
bleibst immer jung, für immer jung.
(André Heller u. Wolfgang Ambros, *Für immer jung*)

Jugend war und ist ein explosiver Begriff, ein Reizwort für Lehrer, Eltern, Banker und Opernballbesucher. Die Wertung hängt von den Erwachsenen ab, davon wie diese sich mit ihrer eigenen Lebenssituation und ihrer eigenen Jugend auseinandersetzen. ›APO-Opas‹, die noch in den Straßen »Ho Ho Ho-Chi-Minh« skandierten, belächeln die Probleme der heutigen New-age-Jugendlichen und deren Demonstrationen für eine bessere Ausbildung. Sie selbst verstanden sich noch als Aussteiger aus einem Gesellschaftssystem, das sie als repressiv erlebten. Viele liefen einer politischen Utopie hinterher, die für die sogenannte narzißtische Generation im Zeitalter des Postmarxismus aber keine erstrebenswerte Vision mehr sein kann. Der heutigen Jugend bleibt nichts anderes übrig, als zu Einsteigern und damit zu Pragmatikern zu werden. Nicht »Aussteigen« lautet die Devise für die 1990er Jahre, sondern: sich innerhalb der bestehenden Gesellschaftsordnung einigermaßen wohnlich einzurichten.

## Neid der Älteren

Nicht nur den 68ern, sondern allen Eltern- und Großelterngenerationen merkt man einen gewissen retrospektiven Neid gegenüber ihren Nachkommen an.[1] Man bedauert, selbst eine harte, zu unerfüllte, zu arme Jugend gehabt, zu wenig Hilfe und Stützung erhalten zu haben, und neidet den heutigen Jugendlichen, daß sie diese Defizite nicht haben. Deren angebliche Sorgen, etwa um ästhetische Selbstverwirklichung oder wie sie ihren Alltag kreativ gestalten können, halten sie höchstens für Luxusprobleme. Ihren Vorwürfen ist die Angst um das eigene Vermächtnis anzumerken. Die neuen Wege der Jungen werden von den Älteren als Infragestellung und Gefährdung von deren eigener Identität gesehen. Die Kids von heute protestieren nicht mehr gegen dasselbe wie die

Elterngeneration, sondern kritisieren, was diese aufgebaut und geschaffen hat, aber auch deren Gleichgültigkeit, den gesellschaftlichen Kühlschrank, die neuen subtilen Formen der Repression. Die Jungen pfeifen auf die alten Tugenden, nehmen daher in ihrem Bedürfnis nach Selbständigkeit und Ablösung bereitwillig neu angebotene Sehnsüchte und Werte auf. Aber die Jungen waren immer schon early adopters, offen für neue Entwürfe und damit Triebfedern des sozialen Wandels. Die Erwachsenen erfahren dies als narzißtische Kränkung und sagen sich: »Wo kommen wir denn da hin, wenn die Jugend von heute unsere Traditionen, unsere Ziele und unsere Sehnsüchte auf dem Komposthaufen der Geschichte entsorgt?«

Aber jede Generation reagiert auf die jeweils konkreten gesellschaftlichen Rahmenbedingungen, erlebt Kultur aus einem spezifischen Zeitgeist und Generationsgefühl heraus. Gab es früher die Probleme materieller Knappheit, so erleben heute viele die Probleme der Übersättigung. Mit der Fortschritts- und Wachstumseuphorie verbunden war der totale Konsum. Als die Bäuche runder wurden, primäre Bedürfnisse nach Wohlstand befriedigt waren, begaben sich Jung und Alt auf die Suche nach einem neuen Lebenssinn. Traditionelle Werthaltungen sind durch neue ergänzt und überlagert worden, der sogenannte ›additive Wertewandel‹ hat eine ›neue Innerlichkeit‹ emotionaler Natur und eine zunehmende Freizeit-, Erlebnis- und Selbstfindungskultur gebracht, der sich insbesondere die Jugendlichen verbunden fühlen. Das Individuum und seine Mikrowelt sind wieder ins Zentrum gerückt, nachdem der große politische Traum ausgeträumt worden war. Es sehnt sich nach neuen Lebensdimensionen wie Mitbestimmung, Lust und Vergnügen, Veränderung, Selbstausdruck, Nicht-Kontrolle, Harmonie. Man ist auch zu Verzicht bereit, zu Abstrichen, aber nur soweit, als dies keine Einbußen an Bequemlichkeit, Luxus oder anderen Lebensgewohnheiten mit sich bringt. Insbesondere ist die Kategorie des »fun« zu einer weitverbreiteten Lebenseinstellung unter Jugendlichen geworden. Diese schleichende Wertverschiebung, die ›stille Revolution‹ in Richtung einer stärkeren Betonung der Selbstentfaltungswerte, ist insbesondere auf höhere Schulbildung und Berufsqualifikation zurückzuführen. Unberechtigte Autorität wird entlarvt, man läßt sich einfach weniger gefallen, protestiert oder zieht sich zurück.[2]

Freizeit als Sinnkategorie

Die Freizeit ist im Vergleich zur Arbeit zu einer zunehmend identitäts- und sinnstiftenden Dimension geworden. In dieser Freizeit spielen die Kulturindustrie und der Warenkonsum eine zunehmende Rolle, da sie einen großen Teil jugendlicher Freizeit absorbieren beziehungsweise bestimmen.[3] Die täglich frei disponible Zeit wird auch für Jugendliche immer kürzer, rund zwei Stunden sollen es zur Zeit sein.[4] Diese ›Zeitnot‹ ist vor allem auf außerschulische Bildungsangebote und auf den gewachsenen Medienkonsum zurückzuführen. Sobald Freizeitangebote regelmäßig in Anspruch genommen werden – etwa Mitgliedschaften bei Sport- oder Kulturvereinen, die Mitarbeit in einer Umweltgruppe, das Erlernen von Instrumenten, Sprachen usw. auf freiwilliger Basis –, wird aus frei verfügbarer Zeit obligatorische, sie bekommt verpflichtenden Charakter. Aber es ist gewissermaßen selbstbestimmtes Handeln, auch wenn es einem Zweck gewidmet wird, und nicht fremdbestimmte Zeit. Die Mehrheit der Jugendlichen verbringt den überwiegenden Teil ihrer frei verfügbaren Zeit zu Hause beziehungsweise mit Freunden oder Gleichaltrigen. Mit einigem Abstand folgen die kommerziellen Angebote sowie der Sport. An weit abgeschlagener Stelle rangieren die öffentlichen Freizeitangebote und die Angebote der Jugendorganisationen. Gesucht wird vor allem Kommunikation, Unterhaltung, Entspannung. Insbesondere Lehrlinge pflegen ihre Kontakte vorwiegend dort, wo es etwas kostet: in der ›Szene‹. Für sie ist Freizeit gleich Konsumzeit, Gelderwerb somit ein unverzichtbarer Beweis der eigenen Existenz und Garant für soziale Integration und Ansehen. Daran dürfte sich auch in den 1990er Jahren wenig ändern.[5]

Rund 70 Prozent der befragten 15- bis 19jährigen gehen nie in ein Jugendzentrum, und 64 Prozent nehmen nie ein Angebot einer Jugendorganisation in Anspruch. Gleichzeitig wird jedoch eine Kritik am deutlichen Mangel an Treffpunkten für junge Leute artikuliert. Insbesondere auf dem Land besteht in vielen Bezirken eine eklatante Unterversorgung mit Freizeiteinrichtungen. Die Unterschiede zwischen Stadt und Land sind erheblich.[6]

Etwa 60 Prozent der 15- bis 19jährigen sind Mitglieder in irgendeinem Verein beziehungsweise einer Jugendorganisation, Burschen übrigens häufiger als Mädchen. Den größten Zulauf haben Sportvereine, die rund ein Drittel der jugendlichen ›Vereinsmeier‹ ansprechen. Auf den weiteren Plätzen liegen konfessionelle, kulturelle, örtliche und naturverbundene Vereine. Die Jugendorganisationen und die politischen Organisationen sprechen nur noch einige Prozent der Jugendlichen an, insbesondere den Parteien läuft die Jugend davon. Insgesamt nimmt nur ein Viertel regelmäßig die Vereinsangebote in Anspruch. Eine zentrale Bedeutung im Alltag der Jugendlichen scheinen die Vereine aber nicht zu haben.

Dies trifft in wachsendem Ausmaß jedoch für die Freizeitclubs von Banken, Versicherungen und des Hörfunksenders Ö3 zu. Der Club Ö3 versorgt die jungen Hörer mit Wunschprogrammen und einer eigenen Zeitschrift, in der die Teenies alles über ihre Idole und einiges über die diese präsentierenden Diskjockeys erfahren. Preisrätsel, günstige Konzertkarten, Fünf-Uhr-Tees in Land-Discos, Platten- und T-Shirt-Geschenke bilden Maßnahmen zur verstärkten Hörerbindung. Die längerfristige Strategie der anderen Clubbetreiber sieht den Aufbau eines Jugendmarkts vor und führt von den verbilligten Popkonzert-Tickets direkt zur eigenen Youth-Card. Der Kampf um die zukünftigen Girokonto-Inhaber und Kreditkunden, der auch vornehm Kultursponsoring genannt wird, dürfte vermutlich noch heftiger werden, denn die Zahl der Jugendlichen sinkt. In den kommenden zehn Jahren wird sich die Zahl der 15- bis 24jährigen um rund ein Viertel – von 1,2 Millionen auf eine Million und bis 2030 auf rund 850.000 (das heißt 10,3 Prozent der Bevölkerung) – reduzieren.[7]


Liebschaft mit der Kulturindustrie

Der Konsum von Produkten der Kulturindustrie – von Modeartikeln bis zur neuesten CD – gehört für die Jugendlichen der 1990er Jahre zu einer alltäglichen und die Lebensweise prägenden Tätigkeit. Die vielfach in die Diskussion geworfenen kulturpessimistischen Argumente, daß die Jugend von heute das Lesen verlernt hätte und damit der Verlust einer Kulturtechnik zu beklagen wäre, entbehren einer wissenschaftlichen Grundlage. Die Jugendlichen von heute lesen nicht nur öfter Bücher als die Jugendlichen Anfang der 1970er Jahre, sondern sie lesen auch mehr Bücher als die Erwachsenen.[8]

Der Medienkonsum der Jugendlichen ist sowohl von Gewohnheiten als auch von Nutzenüberlegungen geleitet, und ihr Lebensstil ist viel mehr als früher von populärkulturellen Angeboten und Inhalten durchsetzt. Viele Jugendliche haben sich eine Rezeptionsstrategie zurechtgelegt, mit deren Hilfe sie sich die Welt der Kulturindustrie aneignen und diese mitformen. In deren Angeboten muß zumindest eine Illusion von Gebrauchswert enthalten sein, sonst würden sie weder gekauft noch genutzt werden. Die Angebote werden umgeformt, in den eigenen Alltag eingepaßt und gelegentlich zu Elementen eines Stils verarbeitet. Die Inhalte werden unterschiedlich gelesen, anders geordnet, mit neuen Bedeutungen versehen. Jugendliche wie auch Erwachsene schreiben sich zu einem Film ihr eigenes Drehbuch, das auf ihrem Eigensinn basiert, und sie dekodieren den Inhalt auf Grundlage ihrer eigenen Erfahrungen. Ein Beispiel aus der aktuellen Populärkulturforschung illustriert diesen Prozeß. Weibliche Fans von Madonna, die sogenannten wanna-bes, werden durch das Auftreten ihres Stars bestärkt, Widerstand gegen die patriarchale Ausbeutung weiblicher Sexualität zu entwickeln. So manche 17jährige legt ihre Opferrolle ab und entwickelt einen ihrem Idol abgeschauten spielerischen Umgang mit Männern. Das hat wenig mit politischem Feminismus zu tun, genausowenig wie Madonna eine Feministin genannt werden kann.[9] Auch die Halbstarkenbewegung der 1950er Jahre war nicht primär politisch motiviert, wirkte aber dennoch politisch und half mit, den Körper von etlichen Tabus zu befreien.

Die Liebschaft zwischen den Jugendlichen und der Kulturindustrie begann übrigens schon bald nach dem Krieg. Seit damals sind die ›Codes der Modernität‹ von der US-Massenkultur beherrscht, durch die sich das Bürgertum, das in Österreich wie in der Bundesrepublik Deutschland, der amerikanischen Kultur eher Verachtung entgegenbrachte, in seinem Bildungskanon bedroht und in seinem Erziehungsstil in Familie, Schule und Jugendpflege in Frage gestellt sah. Aber die Väterwelt war blaß geworden. Der soziale Wandel hatte die selbstverständlichen Verhaltensmuster in Zweifel gezogen, und die institutionellen Wertsysteme und Traditionen bildeten für die Jungen, die etliche gesellschaftliche Umbrüche erlebt und zu bewältigen hatten, keine Selbstverständlichkeiten mehr. Umso hartnäckiger verteidigten die Erwachsenen die Moral, die sich in den 1950er Jahren in Österreich in einer Flut von Anstandsbüchern niederschlug. Gutes Benehmen wurde zum Ersatz für bürgerliche Vergangenheitsbewältigung und diente der sozialen Abgrenzung, denn auch die schien nach den moralischen Verwüstungen, die der Nationalsozialismus und der Krieg angerichtet hatten, in Frage gestellt. Verdrängung, Sauberkeitszwang, Streben nach privatem Glück und Wohlstand bildeten den Hintergrund für die Lustfeindlichkeit und Prüderie der 1950er Jahre, die Erich Kästner einmal als »motorisiertes Biedermeier« verspottet hat.[10]

Das Lebensgefühl eines Teils der Arbeiterjugend, ihre sprachlose Distanz zur herrschenden Mittelschichtkultur und zum kleinbürgerlichen Mainstream, fanden in den 1950er Jahren ihren Ausdruck im Konsum US-amerikanischer Rockmusik, einer – zusammen mit einschlägigen Filmen – quasi importierten Protestkultur. Damit

bekamen Eltern und Pädagogen eine Konkurrenz, auf deren implizites Wertesystem
sie keinen Einfluß hatten. 1954 liefen in Wien die Filme *Der Förster vom Silberwald*
mit Rudolf Prack als späterem Oberförster und *Der Wilde* mit Marlon Brando an, ein
Jahr später kam *... denn sie wissen nicht, was sie tun* mit James Dean in die Kinos.
Die Begeisterung männlicher Jugendlicher für Motorräder und Blue Jeans war
geweckt, die Jugendlichen begeisterten sich für die Filme mit den neuen Idolen. 1956
und 1957 erreichten die Aktivitäten der sogenannten Halbstarken ihren ersten Höhepunkt, wobei vor allem die Zeitungen zwischen Jugendkriminalität – die es in

beträchtlichem Ausmaß auch schon in der unmittelbaren Nachkriegszeit gegeben hatte – und Halbstarken-Umtrieben nicht unterschieden. Jugendliche »Platten« störten zusehends die öffentliche Ordnung, begingen Einbrüche, ließen Motorräder und Roller mitgehen, machten damit Spritzfahrten, montierten Bestandteile ab und ließen die Fahrzeuge wieder stehen. Die Ausschreitungen bei Rock 'n' Roll-Konzerten und nach Filmvorführungen in Wien und einigen Landeshauptstädten sowie Raufereien zwischen »Platten« führten letztlich sogar zu einer jugendsoziologischen Enquete im Wiener Polizeipräsidium. Das Maßnahmenpaket gegen die jugendlichen »Randalierer« sah insbesondere die Überwachung des Jugendverbots für bestimmte Filme vor. Eckensteher oder Stufensitzer konnten wegen Verstellung des Gehsteigs zur Verantwortung gezogen werden.[11]

Die importierte Kommerzkultur stieß deshalb bei Jugendlichen auf große Aufnahmebereitschaft, weil sie als Hilfsmittel gesehen wurde, den durch Technisierung und Industrialisierung initiierten sozialen Wandel auch für eigene jugend- und klassenspezifische Emanzipationsbestrebungen zu nutzen. Das Phänomen, daß sich Teile der Jugendlichen unter Zuhilfenahme der Kulturindustrie zu emanzipieren versuchten, gab es ansatzweise schon in den 1930er Jahren. Damals entstanden mit der bürgerlichen Swing-Jugend und den aus proletarischen Verhältnissen stammenden Schlurfs Subkulturen, deren Selbstdefinition und Lebensstil in Opposition zur dominanten ›Kultur der Normalität‹ stand.[12]

Das pädagogische Klima in den 1950er Jahren war gegen die Jugendlichen und die von ihnen begeistert aufgenommenen Filme und Rockmusik gerichtet. Ihr Konsum schien geradezu subversiv, der Kampf dagegen als Rettung der abendländischen Kultur. Neben den Filmen und der Musik überschritt die körperbetonte Form zu tanzen das Maß erwachsener Toleranz. Der Rock 'n' Roll und die anzüglichen Tanzbewegungen waren ein klarer Angriff auf das vielleicht größte Tabu der 1950er Jahre, die Sexualität. Die Körperfeindlichkeit dieser Zeit ist in den zahlreichen Benimm-Dich-Schriften und Aufklärungsbroschüren nachzulesen, die in den 1950er Jahren publiziert wurden.[13]

Der Rock 'n' Roll kam etwa ab 1958/59 in Österreich so richtig in Mode, wobei seine Beliebtheit in den Städten deutlich größer war als auf dem Land. Dementsprechend war Ende der 1950er Jahre Elvis Presley der beliebteste Interpret unter den Jugendlichen, gefolgt von Freddy Quinn, dessen Heimweh-Lieder einen klaren Gegenpol bildeten.[14]

Die deutschsprachige Kulturindustrie – eine eigenständige österreichische war noch nicht vorhanden – war darauf bedacht, möglichst harmlose und ›brave‹ Versionen der amerikanischen Vorbilder zu produzieren. Dies trifft auf den Film ebenso zu wie auf die Schlagerwelt. Neben Elvis' unanständigem Hüftschwung, Bill Haleys und Chuck Berrys elternschockierenden Liedern, erfreuten sich auch die jugendfreien Kopien, vorgetragen etwa von Peter Kraus und Gus Baccus, einer überaus großen Popularität.

Bis 1967, als auch in Österreich die Epoche der Beatles begann und mit dem Sender Ö3 eine eigene Jugendwelle gestartet wurde, hatte die Schlagermusik den Musikgeschmack beherrscht. Seither ist die Beschallung der Jugendlichen – mit Ausnahme des Austropop – zu rund 80 Prozent angloamerikanisch.[15]

Strategien der Vereinnahmung: Pädagogisierungsversuche

Bis Mitte der 1960er Jahre dominierten neben den Filmen aus Hollywood die Heimatfilme das Programm der österreichischen Kinos. Im Zentrum standen die schöne Landschaft – wenn auch meist nur als Kulisse – und schicksalhafte Handlungen, die zumeist in einer idealisierten bäuerlichen oder städtischen Umgebung plaziert wurden. Auf dem Dorf – so lautete oftmals die Botschaft – sind die Leute, ist die Welt noch in Ordnung. Bezüge zur Blut- und Boden-Ideologie des Nationalsozialismus waren vielfach unverkennbar. Dafür blieben nahezu alle Probleme der Zeit ausgespart. Auch die Reflexion der unmittelbaren Vergangenheit blieb aus. In diesen Filmen wurde Urlaub von der Geschichte genommen und für Urlaub in Österreich geworben.[16]

Bereits im Jahr 1950 hatte das österreichische Parlament als kulturfördernde Maßnahme das Bundesgesetz über die Veröffentlichung unzüchtiger Veröffentlichungen und den Schutz der Jugend gegen sittliche Gefährdung, das sogenannte Schmutz- und Schundgesetz, beschlossen. Unter Schmutz und Schund verstand man die »in großer Menge produzierte, kolportagemäßig in Heften vertriebene und literarisch wertlose Literatur, die einerseits auf den sexuellen Trieb (Schmutz) und andererseits auf das triebmäßige Verlangen nach abenteuerlichen Sensationen und geistloser Unterhaltung (Schund) spekuliert.«[17] Ins Kreuzfeuer der Kritik gerieten vor allem Comics, eine amerikanische »Entartungsform« von Bildgeschichten. Man lastete ihnen Beihilfe zur Verkümmerung des Wortschatzes an und unterstellte ihnen eine kriminogene Wirkung. Dies galt für krasse Serien wie Akim oder Tarzan ebenso wie für die scheinbar harmlosen, etwa Micky Maus und Donald Duck. »Erst wenn bewiesen werden könnte, daß Donald Duck die Jugend zu Gewalttaten oder anderen strafbaren Handlungen anstifte, die Lüsternheit reize oder den Geschlechtstrieb irreleite, wäre eine generelle Verbreitungsbeschränkung für die Mickey Mouse-Hefte sachlich begründet«, hieß es in der Verteidigungsrede von Christian Broda, der damals, 1956, Walt Disney vor Gericht vertrat.[18]

Die ideologische Desorientierung vieler junger Menschen und die durch den sozialen Wandel erodierten Vorbilder erzeugten einen kulturellen Freiraum, in den die Medien immer gezielter vorstießen. Mitte der 1950er Jahre bevorzugten die Jugendlichen harte Filme und Spannungsliteratur, träumten von Italienreisen und einer sicheren Anstellung im Staatsdienst. Dieses Bild von den jungen Staatsbürgern zeichnet die erste demoskopische Jugendumfrage, die von der Tageszeitung Kurier im Jahr 1955 publiziert wurde.

Das Fernsehen, das 1955 mit Versuchssendungen auf den Markt kam, hatte bis in die 1970er Jahre kaum Sozialisationsrelevanz. 1960 etwa sahen nur zehn Prozent der Jugendlichen täglich fern, aber 50 Prozent gingen mindestens einmal wöchentlich ins Kino. Die Jugendmedien dieser Zeit waren Bücher und Romanhefte, das Kino sowie die in den 1950er Jahren aufkommenden Kofferradios, Plattenspieler, Tonbänder und Musikboxen. 1957 startete übrigens Autofahrer unterwegs seinen Siegeszug. Diese Radiosendung war der akustische Begleiter jener dynamischen Mobilitätsentwicklung, die sich – wie in den Folgejahren auch das Fernsehen – auf den Kinobesuch negativ auswirkte.[19]

Veränderungen der Sozialisationsbedingungen

Der Zeitraum vom Ende des Zweiten Weltkriegs bis in die späten 1960er Jahre, in dem
die Kriegskinder aufwuchsen und ihre Jugend erlebten, war zunächst geprägt vom
Mangel an vielem, erst später wuchs der Wohlstand, der im Laufe der Jahre immer
breitere Gesellschaftsschichten erfaßte. Die Schlüsselworte dieser Entwicklungsphase
hießen »Produktivität« und »Lebensstandard«. Österreich erlebte einen rasanten sozia-
len Wandel, der sich auch auf die Heranwachsenden auswirkte. Die Industrialisierung
erfaßte das Land und führte zur Abwanderung von tausenden Landbewohnern in die
Ballungsräume. Die Migration vom Land in die Stadt, der Wechsel des kulturellen
Milieus, bedeutete für viele Jugendliche eine wesentliche Veränderung, denn auf dem
Lande unterlagen sie einer stärkeren sozialen Kontrolle als im städtischen Bereich. Die
Technisierung der Produktion, des Haushalts und des Alltags in Verbindung mit der
Urbanisierung der Lebensformen veränderte schließlich die Kultur des gesamten
Lands. Beton, Autos und die Espressomaschine wurden zu Symbolen des modernen
Lebens.[20]
       Jenseits aller klassen-, geschlechts- und soziokultureller Unterschiede, die wie das
Alter die Herausformung spezifischer Lebensstile prägen, bildete die organisierte
Jugend- und Freizeitkultur erstmals für eine Generation ein gemeinsames Erlebnisfeld.
Unter ihrem Einfluß veränderte sich das Zusammenleben der Generationen. Sie verhalf
den kulturellen Bedürfnissen von Jugendlichen zum Ausdruck und war mitbeteiligt an
der Schaffung einer altersspezifisch sich abgrenzenden Jugendkultur.


Strategien der Vereinnahmung: die Kulturindustrie

Die sinnlichen und körperbetonten Musik- und Tanzformen des Rock 'n' Roll können
als erste Befreiungsversuche aus der rigiden Moral und Arbeitsethik der Elterngeneration interpretiert werden. Diese wurden vorrangig auf einer körperlichen Ebene, etwa
im Tanz oder in einer Kleidung, die die Sexualreife betonten, ausgedrückt. Neben
Tanzschulen, den beinahe einzigen akzeptierten Orten körperlicher Annäherung zwischen den Geschlechtern in den 1950er Jahren, kamen die ersten Diskotheken auf, in
denen zwanglosere Umgangsformen praktiziert wurden. Konsum erhielt zusehends die
Qualität wirtschaftlicher Bürgerpflicht, und Werbexperten stellten fest, daß Jugendliche und Erwachsene ähnlichen Werbeargumenten zugänglich waren. Ein eigener
Jugendmedienmarkt, wie er heute existiert, war erst im Entstehen, und Jugendliche
nutzten noch in größerem Ausmaß die Medien von Erwachsenen. Neben den Filmen,
die neue Schönheitsideale präsentierten, zeigten die vorwiegend aus der BRD importierten Illustrierten, Frauen- und Modezeitschriften wie frau sich zu kleiden hatte. Die
Botschaft vernahmen vor allem die jungen Frauen der Arbeiterklasse und der unteren
Mittelschichten, die erstmals über nennenswerte Einkommen verfügten, die sie in
Kosmetika, Mode und wie die jungen Männer in den Medienkonsum investierten.[21]
       Durch Frauen- und Modezeitschriften sowie die Jugendillustrierte *Bravo* – die 1956
auf den Markt kam und 1960 in Österreich bereits von 15 Prozent der Jugendlichen
gelesen wurde – entstanden neue Kleidungsvorschriften. In Serien wie *Der neue*

*Teenager-Typ* wurde bestimmt, was unter jung zu verstehen war. *Bravo* baute durch eine ausführliche Berichterstattung über Popstars schon früh Fanclubs auf und legte damit den Grundstein für die am stärksten von der Kulturindustrie vorfabrizierte Form von Jugendkultur, den Teeny-Boppers. *Bravo* ist bis heute die unter Österreichs Jugendlichen am meisten gelesene Jugendillustrierte. Ihr Erfolg hat zweifellos damit zu tun, daß sie inhaltlich in besonders hohem Maß auf die Interessen und Bedürfnisse ihrer Leser und Leserinnen eingeht, deren Sehnsüchte, Träume und Probleme thematisiert. Die Zeitschrift erzeugte in den 1950er Jahren erstmals das Bild des Teenagers und ermöglichte so den Lesern und Leserinnen, sich auch als eigenständige Gruppe zu fühlen. Die in *Bravo* am häufigsten behandelten Themen lauteten: In welchem Alter ist man zuerst verliebt? Warum sind die Eltern gegen Blue Jeans? Soll man sich »ansprechen« lassen? Kann man einen Schlagersänger als Schauspieler bezeichnen? Soll man das Privatleben der Stars aufwühlen? Wollen die Burschen immer dasselbe und zwar das eine? *Bravo* ist immer auf der Seite der Jugendlichen gestanden, wenn auch aus kommerziellen Gründen.[22]

## Kultur als Widerstand und Emanzipation

Kulturelle Opposition wurde in der Nachkriegsgeschichte zuerst von Arbeiterjugendlichen praktiziert. Sie machten den Versuch, sich gegen das herrschende Wertesystem
der bürgerlichen Mittelschicht und damit gegen die kulturelle Hegemonie der dominanten Gesellschaftsschicht aufzulehnen. Später entwickelten auch die Jugendlichen
der Mittelschicht eigene Widerstandsformen gegen die Erwachsenengesellschaft.[23] Im
kulturellen Verhalten wurden derartige sub- und gegenkulturelle Neuorientierungen
zuerst offensichtlich. Wie die Halbstarkenbewegung wurde auch der Protest gegen die
›Überflußgesellschaft‹ von Jugendlichen beziehungsweise Jungerwachsenen getragen.
Hippies, Blumenkinder und Gammler, die nicht zuletzt durch inszenierte Happenings
weltweit bekannt wurden, lebten demonstrative Bedürfnislosigkeit und Konsumver-
weigerung vor. Sie riefen zum Rückzug aus dem bestehenden System und zum
friedlichen Umgang miteinander auf. Ihr internationaler Verständigungscode war die
Rockmusik, insbesondere die der amerikanischen Westküste, und Drogen wurden als
Mittel zur Erweiterung des Bewußtseins propagiert. Beeinflußt davon entstand auch in
Europa eine von Studenten und Gymnasiasten getragene Jugendbewegung, die einen
Gegenentwurf zur bestehenden Konsumgesellschaft formulierte.[24]

Eine Hippie- und eine Studentenbewegung waren – verglichen etwa mit anderen
europäischen Industrieländern – in der österreichischen Jugendwirklichkeit nur in
abgeschwächter Form und vor allem erst in den 1970er Jahren zu beobachten. Sie
erhielten wie alle auffälligen Jugendsubkulturen ein beträchtliches Medienecho, das
sich in erster Linie auf spektakuläre Ereignisse wie Demonstrationen konzentrierte. In
Verbindung mit dem reformfreudigen Klima der 1970er Jahre entstanden völlig neuartige Kulturformen. Daraus entstand die Basis für die neuen sozialen Bewegungen der
späten 1970er und 1980er Jahre.

Schon in den 1950er Jahren, ausgeprägter aber in den 1960er Jahren, vollzog sich
ein bemerkenswerter Emanzipationsprozeß der Jugendlichen, der wesentlich von den
Elementen der Kulturindustrie beeinflußt war. Mit dem Populärwerden verbindlicher
Anti-Konventionen in Kleidung und Aufmachung, mit spezifischen Musikvorlieben
und Freizeitformen entstanden auch breitenwirksame Widerstandsformen gegen herrschende kulturelle Konventionen und Normen. Ausgangsorte dafür waren immer
urbane Ballungsräume in den Industrieländern, in Österreich am stärksten Wien und
die anderen Landeshauptstädte. Die Fessel-Jugendstudie aus dem Jahr 1960 wies aus,
daß etwa die Hälfte der befragten Jugendlichen über Politik, Beruf, Arbeit, Pflichterfüllung, Religion, Ehe und Familie und auch über das Sparen eine ähnliche Meinung
hatte wie deren Eltern. In bezug auf den Umgang mit dem anderen Geschlecht und auf
Sexualität, Tanz und Musik stimmte aber nur noch ein Viertel der Jugendlichen mit den
Eltern überein.[25]

Die Musik, insbesondere die Rockmusik, war das erste und ist bis heute das
wesentlichste Ausdrucksmittel jugendkulturellen Aufbegehrens geblieben. In der au-
ßerparlamentarischen Opposition und der Studentenbewegung der 1960er und 1970er
Jahre kamen Vorträge, Reden und Diskussionen sowie Straßenkunst, Aktionismus,
Happenings und eigeninitiierte Kleinmedien hinzu. Seit den 1980er Jahren hat die
Selbstinszenierung eine neue Plattform für jugendkulturelle Stilbildungen abgegeben.

Die Annahme, Jugendliche wären ausschließlich Opfer der Kulturindustrie und würden wie Marionetten von dieser gelenkt, entspricht dem Stand der pädagogisierenden Wirkungsforschung der 1940er und 1950er Jahre, als man von der »Verführung der Unschuldigen« sprach. Diese Unschuld haben Jugendliche längst verloren, sofern sie sie jemals gehabt haben.

## Ästhetisierter Pragmatismus

Als auffällige Trends der späten 1980er und beginnenden 1990er Jahre läßt sich in der postmarxistischen Einsteigerjugend eine ausgeprägte Live-now-Einstellung und ein ästhetisierter Pragmatismus beobachten. Jugendliche lassen sich nun nicht mehr auf ein besseres Morgen vertrösten und fordern statt Bedürfnisaufschub unmittelbare Befriedigung. »Leichter Leben« lautet die Devise, die durch die Werbung und die Medien Verbreitung findet. Neben der Dimension des Vergnügens gehören individuelle Selbstdarstellung, demonstrativer Konsum und stilisierte Aufmachung zu dieser postmodernen Jugend. Besorgte Eltern und Pädagogen, die vielleicht öfter einen Joint geraucht haben als ihre Kinder und Schüler, werfen ihnen einen ausgeprägten Hang zur Oberflächlichkeit vor. Die heutige Jugend, so der Vorwurf, sei einem einzigen Medien- und Moderausch verfallen, der zu einer Niederlage des Denkens und zu einer intellektuellen Abmagerungskur geführt habe. Teach-Ins, Sit-Ins und Go-Ins, der kopflastige Diskurs früherer Generationen, sind von Frisur, Maske, Dekor und Kleidung abgelöst worden, die Ausdrucksfunktion übernommen haben. Mittels Mode und Accessoires wird ausgedrückt, wofür oder wogegen man eintritt. Man pflegt seinen Stil

nicht zuletzt durch die spezifische Zusammensetzung des Warenkorbs. Die Konsum-
zone ist schließlich einer der wenigen Bereiche, in dem die Jugendlichen wirklich ernst
genommen werden.

## Lebensstil und Lebensgefühl

Wenn Jugend in den 1960er Jahren vielleicht noch mit einem Emblem von Gemeinschaftssinn und einer gemeinsamen utopischen Vision versehen werden konnte, so steht
man heute einem zunehmenden Pluralismus von Milieus und Stilen gegenüber.[26]
Typologien jugendlicher Verhaltensweisen und Ausdrucksformen bieten neuere
Studien, die sich mit Lebensstilen auseinandersetzen. Das Fessel+GfK-Institut unterscheidet die Jugendlichen hinsichtlich ihrer Orientierungen, die die Lebensauffassun-
gen strukturieren und das Alltagshandeln anleiten. Demnach gebe es die Outsider (die
sich verstärkt in ihre private Welt zurückziehen: 14 Prozent), Bouncer (Aufmüpfige,
die sich selbst erleben wollen und Freizeit als Gegenwelt verstehen: 22 Prozent),
Successors (die Leistungs- und Erfolgsorientierten: 22 Prozent), Conventionals (der
Tradition und herkömmlichen Lebensentwürfen Verpflichtete: 18 Prozent), Idealisten
(die wenig Anpassungsbereitschaft aufbringen, gesellschaftskritisch sind und zu alternativen Mustern neigen: 13 Prozent) und die Desperados (mehr oder weniger Orien-
tierungslose, schlecht Ausgebildete, die traditionellen wie neueren Wertorientierungen
mit Ablehnung begegnen: 12 Prozent).

Unter den letzteren, den Ausgestoßenen, Verzweifelten, von Desintegration und
Selbstentfremdung Gekennzeichneten, die auch als ›Modernisierungsverlierer‹ bezeichnet werden können, sind die eigentlichen Problemjugendlichen zu suchen. Auf
die Gesamtzahl aller Jugendlichen berechnet, wären es mehr als 100.000 junge Menschen im Alter von 14 bis 24 Jahren, die in überwiegendem Ausmaß in Städten leben
und mit sich selbst und auch mit den anderen nicht zurechtkommen, die Schuld daran
bei anderen, etwa Ausländern, suchen und auch vor Gewalt als Mittel zur Konflikt-
lösung nicht zurückschrecken. Ihnen wird durch gezielte Jugendpolitik in den kommenden Jahren erheblich mehr Aufmerksamkeit geschenkt werden müssen, als dies
bislang der Fall war.[27]

Im allgemeinen beschränkt sich das auffällige Protestverhalten unter österreichi-
schen Jugendlichen auf eher kleine Gruppen der Subkultur, etwa Hooligans, Skins oder
Punks, die, von kriminellen Vorfällen abgesehen, ihren Protest eher symbolisch äußern,
vor allem dann, wenn man sie nicht so sein läßt, wie sie wollen, etwa Kleidung und
Aufmachung betreffend, oder wenn eingeforderte Rechte, etwa auf Ausbildung oder
Orte der Kommunikation, nicht auf gesellschaftliche Akzeptanz stoßen. Ähnlich den
schweizer Jugendlichen neigen die österreichischen ansonsten zu einem politischen
Privatismus, der sich als sozialer Protest im Wertewandel, in der Ausdehnung, Ästhetisierung und Kultivierung privater Handlungsspielräume sowie im – meist kurz-
zeitigen – Engagement in sozialen Bewegungen wie Kulturinitiativen und Öko-
Gruppen niederschlägt.[28] Neben diesem cocooning ist aber auch ein Autoritätsverlust
des politischen Systems zu konstatieren, der zu einer erheblichen Gleichgültigkeit
gegenüber dem demokratischen Rechtsstaat und dessen Institutionen geführt hat.[29]

Jugend als Medien-Avantgarde

Die sozialen Veränderungen während der vergangenen Jahrzehnte haben auch den
Begriff des Jungseins verändert.[30] Beispielsweise sind Ausbildungswege verlängert
worden, und Jugendliche leben länger in wirtschaftlicher Abhängigkeit von den Eltern
bei gleichzeitig wachsendem Bedürfnis nach Autonomie und Selbstbehauptung. Sie
leben selbständiger und selbstbewußter im Vergleich zu Älteren, sie haben eine weitaus
bessere, wenn auch zeitaufwendigere Ausbildung genossen und verfügen über gute
Verdienstmöglichkeiten. Dafür sind sie in größerem Ausmaß als früher mit dem Problem,
einen adäquaten Beruf zu finden, und mit größerer Arbeitsplatzunsicherheit konfrontiert.
Auch die Familie hat an Bedeutung verloren, und die Eltern haben ihre dominierende
kulturelle Führungsrolle vielfach eingebüßt. Spannungen im familiären Zusammenleben werden mit Kommunikationsverweigerung bekämpft oder auch psychosomatisiert.
Gesundheitliche Störungen treten insbesondere dort auf, wo Kinder und Jugendliche
großen sozialen Belastungen ausgesetzt sind oder emotional vereinsamen. Insbesondere
das subjektive Gefühl der Einsamkeit stellt einen zusätzlichen Risikofaktor dar und
schlägt sich etwa in einer stärkeren Neigung zu Gewalthandlungen oder in einem
erhöhten Medienkonsum nieder. Viele Jugendliche sehen in den Medien Ersatzpartner
und verwenden sie etwa bei Rollenunsicherheit als Orientierungshilfe.[31]

Innerhalb der vergangenen 50 Jahre läßt sich – diese These versuchte dieser Beitrag
argumentativ herauszuarbeiten – ein Verselbständigungsprozeß der Jugend im Kom-
munikations- und Freizeitbereich beobachten. In Verbindung mit der Verschieden-
artigkeit der Lebensformen und -welten, der Vielfalt der Verhaltensstile und Gewohnheiten, scheint der Begriff Jugend in Auflösung begriffen zu sein und nur noch als
Statuspassage Gültigkeit zu haben. Im Zug der kulturellen Separierung und Segmentierung kommt es mehr denn je zu kurzlebigen ›Szenen‹, die sich durch einen gemeinsamen Symbolvorrat als Gemeinschaft erkennen und von anderen abgrenzen. Diese
Entwicklung ist Teil eines kulturellen Wertewandels, in den die Jugendlichen auf dem
Weg zur Identitätsfindung auf intensivste Weise eingebunden sind. Dieser Trend kann
sich bis zum Jahr 2000 aber auch wieder ins Gegenteil verkehren.

»Versucht nicht, uns zu verstehen. Ihr könnte uns untersuchen, befragen, intervie-
wen, Statistiken über uns aufstellen, sie auswerten, interpretieren, verwerfen,
Theorien entwickeln und diskutieren, Vermutungen anstellen, Schlüsse ziehen,
Sachverhalte klären, Ergebnisse verkünden, sogar daran glauben. Unseretwegen.
Aber ihr werdet uns nicht verstehen. Wir sind anders als ihr. (...)
Wir sind unfaßbar, das ist unser Geheimnis. Wir kommen mit dieser falschen Welt
besser zurecht als eure Psychologengeneration, die die Welt der Werbung als das
Reich des Bösen enttarnt hat. Und die endlos über Konzepte diskutiert, pädagogisch
darauf einzugehen. Wir dagegen schalten einfach um. Oder gerade deswegen ein.
Die Werbung ist Teil unserer Sozialisation. Wir sind sie gewöhnt und weitgehend
immun gegen sie. Werbewirkung endet im Geldbeutel.
Wir verhalten uns anders, als wir eigentlich müßten oder sollten. Aber wer will
Berechenbarkeit, Logik und Konsequenz von uns erwarten, von den Kindern des
Pluralismus?«[32]

## ANMERKUNGEN

1  Vgl. Rosenmayr, Schnüre, 1993.
2  Vgl. IMAS, Risse, in: IMAS-Report 23 (1993).
3  Opaschowski, Pädagogik, 1987, 119ff.
4  Vgl. Janig u.a., Handlungsbedarf, in: Janig u.a. Hg., Vogel, 1990, X.
5  Vgl. Tschernutter, Europa, 1993.
6  Vgl. Institut für Kommunikationsplanung, Jugendarbeit, 1989.
7  Kytir u.a., Jugend, in: Janig u.a. Hg., 2. Bericht, 1993, 20.
8  Vgl. Fritz, Lesen, 1989.
9  Fiske, Reading, 1989, 95ff.
10 Vgl. Luger, Rebellion, 1991.
11 Hanslmayr, ... denn sie wissen nicht, 1985, 455ff.
12 Gerbel u.a., Schlurfs, 1988, 243ff.
13 Vgl. Huemer, Angst, 1985.
14 Vgl. Wagnleitner, Coca-Colonisation, 1991.
15 Vgl. Larkey, Sounds, 1993.
16 Vgl. Steiner, Heimatmacher, 1987.
17 Bamberger, Jugendlektüre, 1965, 364f.
18 Luger, Rebellion, 1991, 131f.
19 Luger, Jugendkulturen, 1993, 506ff.
20 Vgl. Jagschitz u.a., Fünfziger Jahre, 1985.
21 Luger, Rebellion, 1991, 213.
22 Vgl. Doderer, Trümmer, 1988.
23 Vgl. Fischer-Kowalski, Halbstarke, 1983.
24 Vgl. Welzig, 68er, 1985.
25 Vgl. Fessel, Jugendstudie, 1960.
26 Vgl. Fessel+GfK, Trendanalyse, 1992.
27 Vgl. Karazman-Morawetz u.a., Jugend, 1993.
28 Vgl. Heinzlmaier, Widersprüche, 1992.
29 Vgl. Ulram u.a., Parteienstaat, in: Janig u.a. Hg., Vogel, 1990.
30 Vgl. Ferchhoff, Wende, 1993.
31 Vgl. Luger, Jugendalltag, 1985.
32 König Peter, Wir Voodookinder, 1ff.

Dieser Beitrag ist die leicht überarbeitete Fassung eines Aufsatzes von Kurt Luger in: Aufrisse 14 (1993), H. 4, 4–10.

Gerhard Baumgartner / Bernhard Perchinig

# Vom Staatsvertrag zum Bombenterror

Minderheitenpolitik in Österreich seit 1945

## Ein Erbe der Donaumonarchie

In Österreich sind zur Zeit sechs Minderheiten als Volksgruppen anerkannt.[1] Die Politik hat jedoch bis heute keine einheitliche Form der Auseinandersetzung mit den verschiedenen Gruppen gefunden und behandelt diese auf den Ebenen von Bund, Land oder Gemeinde völlig unterschiedlich. Dies geht auf die unterschiedlichen innenpolitischen Rahmenbedingungen der österreichischen und der ungarischen Reichshälfte der Monarchie zurück, die für die politische Ausrichtung der Minderheitenorganisationen bis heute prägend geblieben sind.

Perry Anderson betont, daß es den Habsburgern nicht gelungen sei, ihren Herrschaftsanspruch gegenüber der Aristokratie und den Ständen mit Hilfe eines starken Militärs oder einer effektiven Bürokratie zu sichern; sie seien daher gezwungen gewesen, auf das ideologische Instrumentarium der Rekatholisierung und später des politischen Katholizismus zurückzugreifen.[2] In der Folge entwickelten die im 19. Jahrhundert gegen das konservative Haus Habsburg agierenden deutschen und ungarischen liberalen Parteien eine eindeutig antiklerikale Haltung. Als Gegengewicht versuchte die Zentralregierung, die verschiedenen slawischen Gruppen über die Beeinflussung durch die katholische Kirche ins konservative Lager zu ziehen.

Dieser Gegensatz zwischen klerikalen und antiklerikalen Kräften sollte sich zur dauerhaftesten ideologischen Bruchlinie zwischen den politischen Lagern Österreichs entwickeln. Die mit dem Reichsvolksschulgesetz von 1869 im österreichischen Teil der Monarchie vorgenommene Trennung von Schule und Kirche ermöglichte die Ausbildung zweier konkurrierender sozialer und politischer Eliten in den Dörfern. Während etwa die Pfarrer – gefördert durch die Kirche und das Wiener Kaiserhaus – in Lese- und Theatervereinen für die nationale Mobilisierung der Slowenen warben, waren die Lehrer Initiatoren und Träger deutschliberaler oder nationaler Gruppenbildungen, die von seiten der Landesverwaltung unterstützt wurden. Die sozialen Anliegen der nichtbäuerlichen slowenischen Bevölkerung fanden sich in der klerikalen Politik nicht wieder, und eine Orientierung an den Sozialdemokraten hätte eine Ausrichtung an einem etatistischen und deutschorientierten Weltverständnis bedeutet.

In den bis 1921 zu Ungarn gehörenden Gebieten des Burgenlands kam es zu keiner vergleichbaren nationalen Differenzierung. In der ungarischen Reichshälfte der Monarchie gab es kein allgemeines Wahlrecht. Da das Schulwesen fast völlig in den Händen der Glaubensgemeinschaften war, blieb die jeweilige, deutsche, ungarische oder kroatische Sprache der Bevölkerung in den einzelnen Orten auch Kirchen- und

Schulsprache. Auch den politischen Gemeinden war die Wahl ihrer Protokollsprache weitgehend freigestellt. Es entwickelte sich eine Art Dorfethnos, der die Weiterverwendung der lokalen Sprachen und Dialekte förderte. Die politische Lagerbildung im Burgenland, die weitgehend erst nach 1921 einsetzte, verlief im Unterschied zu Kärnten über die Sprachgruppen hinweg. Selbst in den nationalsozialistischen Organisationen gab es zahlreiche Angehörige von Sprachminderheiten. Sie wurden – mit Ausnahme der Juden und Roma – im Burgenland weder generell verfolgt, noch entwickelte sich im Burgenland ein national motivierter Widerstand gegen den Nationalsozialismus.

Sprachliche Unterschiede verwandeln sich nicht automatisch in Minderheitenpolitik, wie auch das Beispiel Vorarlbergs im 19. Jahrhundert zeigt. Obwohl die italienischen Zuwanderer eine zahlenmäßig bedeutende Bevölkerungsgruppe darstellten, als ›Fremde‹ diskriminiert wurden und eine Reihe eigener Organisationen gründeten, kam es nicht zu ihrer nationalen Mobilisierung. Neben den sozialstrukturellen Bedingungen – dem Fehlen von Bildungseliten – sprach auch die spezifische innenpolitische Situation Vorarlbergs dagegen. Die politische Elite des Landes hatte eine eigene Vorarlberger Ethnizität, das Alemannentum, als Legitimationsinstrument konstruiert.[3]

Dieser Mythos gründete auf dem Glauben an ein alemannisches Volk, auf Katholizismus, Deutschtum und Kaisertreue. Eine dem Mobilisierungsmuster von Kärnten entsprechende klerikal-konservative, nationale Politisierung der Arbeitsmigranten, die aus einem katholisch bäuerlichen Milieu kamen, war strukturell unmöglich, denn politischer Katholizismus bedeutete in Vorarlberg, sich als Alemanne zu verstehen, was eine italienische Identität per se ausschloß. Die Mobilisierung der Italiener konnte nicht in den von der Kirche betriebenen Italienermissionen, sondern nur über die soziale Frage erfolgen und führte zu ihrer Assimilation. Die italienischen Arbeiterorganisationen waren ein wesentlicher, wenn auch oft überschätzter Faktor der Etablierung der Sozialdemokratischen Partei in Vorarlberg und gingen im Lauf der Zeit in dieser auf.[4] Die spezielle politische Konstellation hatte aus den Italienern in Vorarlberg eine Minderheit ohne Minderheitenpolitik gemacht.

In Wien gab es seit dem 18. Jahrhundert eine beträchtliche Anzahl tschechischer Einwohner und eine lange Tradition der Pflege von tschechischer Sprache und Kultur, etwa in den von böhmischen Adeligen und Bürgern 1872 initiierten Komensky-Schulvereinen. War zunächst das ganze Parteienspektrum vertreten, so begannen mit der Massenzuwanderung von etwa 230.000 tschechischen und slowakischen Industriearbeitern zwischen 1880 und 1890 antiklerikale Parteien wie die Nationalliberalen und die Sozialdemokraten die politische Ausrichtung dieser Sprachgruppe zu dominieren.[5] Die tschechische Sozialdemokratie entwickelte sich im Gegensatz zur Gesamtpartei, aufgrund von Divergenzen in der Schulfrage, zu einer nationalemanzipatorischen Partei, die die Assimilation nicht förderte.[6]

Als 1918/19 rund 200.000 Personen in die neugegründete, hochindustrialisierte Tschechoslowakei re-emigrierten, kam es zu einer Ausdünnung dieser einstmals größten Minderheit in Wien. Doch erst die Verfolgung durch die Nationalsozialisten und eine zweite Rückwanderungswelle 1946/47 machten aus der tschechischen Volksgruppe politisch eine quantité négligeable.

1945 bis 1955: Minderheitenpolitik als Staatsvertragspolitik

Die Befreiung Österreichs 1945 hatte für die Angehörigen der Sprachminderheiten völlig unterschiedliche Auswirkungen. So hatten etwa die vom nationalsozialistischen Regime verfolgten Kärntner Slowenen den Widerstand getragen, während der Großteil der deutschsprachigen Bevölkerung nicht opponiert beziehungsweise den National-sozialismus sogar unterstützt hatte. Im Burgenland war es zu keiner derartigen Front-stellung gekommen. Während sich die Spannungen zwischen den Sprachgruppen in Kärnten nach 1945 vertieften – der traditionelle Konflikt klerikal-antiklerikal, slowe-nisch-deutsch wurde nun von Widerstand versus Unterstützung des Nazi-Regimes, Westorientierung versus (kommunistische) Ostorientierung und der Frontstellung in einem Territorialkonflikt um die Gebietsforderung Jugoslawiens überlagert –, spielte dieses Thema in der burgenländischen Landespolitik keine Rolle. Die wenigen Roma, die die Konzentrationslager überlebt hatten, galten auch nach 1945 als Asoziale und potentielle Kriminelle. 1948 erging an alle Sicherheitsdirektionen und Bundespolizei-behörden ein Erlaß des Innenministeriums zur »Außerlandschaffung ausländischer und staatenloser Zigeuner«.[7] Vielen Roma wurde eine ›Wiedergutmachung‹ verweigert. Bis in die 1960er Jahre gab es für sie keine Entschädigung für die Jahre im KZ, und die Gemeinden gestatteten den Überlebenden des Holocaust meist nur, sich außerhalb der Ortskerne in ghettoartigen, kaum mit Infrastrukturen ausgestatteten Siedlungen niederzulassen.[8]

Bis zum Abschluß des Staatsvertrags dominierten die Kärntner Verhältnisse die Entwicklung der österreichischen Minderheitenpolitik. Die Neuregelung des zweispra-chigen Schulwesens 1945 sollte der erste Prüfstein für die Abkehr von der national-sozialistischen Verfolgungspolitik werden. Auf Initiative des slowenischen Landesrats Tischler beschloß die Landesregierung einen neuen Weg. Alle Schüler des gemischt-sprachigen Gebiets sollten beide Sprachen erlernen. Sowohl von der ÖVP als auch von der SPÖ wurde dieses am Schweizer Kanton Graubünden orientierte Modell als wegweisend angesehen, da es den einzelnen vom Bekenntnisdruck befreie.[9] Doch bereits im Spätherbst 1945 kam es zu einer ersten Trübung der Verhältnisse, als die aus der Widerstandsbewegung hervorgegangene Osvobodilna Fronta (OF), die die Forde-rungen Jugoslawiens auf Revision der Staatsgrenzen unterstützte, um die Zulassung als wahlwerbende Partei ansuchte. Da sie nicht auf die Bedingung der britischen Behörden, die bestehenden Territorialregelungen anzuerkennen, einging, wurde ihr die politische Tätigkeit verboten. Tischler legte daraufhin sein Mandat zurück und trat aus der OF aus.

In Folge der Polarisierung der slowenischen politischen Organisationen aufgrund ideologischer Konflikte wurde 1949 auf Tischlers Anregung der katholisch konservativ orientierte Rat der Kärntner Slowenen gegründet,[10] der personell und programmatisch an die katholische Tradition der Vorkriegszeit anknüpfte und sich gegen die kommu-nistische Politik der OF wandte. Die OF gründete bei den Landtagswahlen die Demo-kratische Front des werktätigen Volkes, aus der schließlich 1955 der Zentralverband slowenischer Organisationen hervorging. Die Spaltung in ein konservatives und ein linkes Lager bestimmt die Binnenstruktur der slowenischen Organisationen in Kärnten bis heute.

1947 hat sich die Entscheidungsarena für die österreichischen Minderheiten mit
dem Beginn der Außenministerkonferenzen über Österreich in die Außenpolitik verlagert. Wesentliche Punkte bei den Verhandlungen waren die jugoslawischen Gebietsan-
sprüche sowie die Zukunft der Kärntner Slowenen und der burgenländischen Kroaten.
Der Bruch zwischen Stalin und Tito war letztlich ausschlaggebend, daß Jugoslawien
seine Forderungen aufgab, wodurch der Weg zur Festschreibung spezieller Minderheitenschutzbestimmungen für die Slowenen und Kroaten im Artikel 7 des Staatsvertrags
frei wurde.

Forderungen formulierte Jugoslawien auch in bezug auf die burgenländischen
Kroaten. 1947 verlangte der jugoslawische Delegationsleiter Joze Vilfan für sie entweder ein »Sonderstatut oder eventuell Bevölkerungsaustausch«. Da die kroatisch-
sprachige Bevölkerung des Burgenlandes die Forderungen einhellig ablehnte, wurden
diese bald fallengelassen.[11] Das vom Kroatischen Kulturverein entwickelte Konzept
einer weitgehenden Kulturautonomie wurde vom Bundeskanzleramt ignoriert.

## 1955 bis 1960: Die ›Normalisierung‹ der Minderheitenpolitik

Der Artikel 7 des Staatsvertrags bedeutete die erstmalige verfassungsrechtliche Absicherung von Minderheitenrechten für die Kärntner und die Steirer Slowenen sowie die
burgenländischen Kroaten. Allerdings wurden weder Ungarn, Tschechen und Slowaken noch Roma und Sinti erwähnt. Auch anhand der von den Kärntner Überlegungen
völlig losgelösten Behandlung der Schulfrage im Burgenland wird deutlich, daß keine
Gesamtkonzeption für eine österreichische Minderheitenpolitik existierte.

Da mit dem Abschluß des Staatsvertrags sämtliche außenpolitischen Rücksichten
obsolet wurden und die österreichischen Behörden keine bremsenden Maßnahmen
setzten, begann in Kärnten sehr rasch die Rekonstruktion des deutschnationalen Lagers.
In einem ersten Schritt wurde ein offensiv deutsch-nationales Organisationsnetz geschaffen, mit offenkundiger Elitenkontinuität zum Nationalsozialismus. Der wieder-
gegründete Kärntner Schulverein Südmark und der Kärntner Abwehrkämpferbund
(KAB) überzogen das zweisprachige Gebiet mit einem Netz von Ortsgruppen. Das
zentrale Thema war der Widerstand gegen das zweisprachige Schulwesen, wobei die
Eltern- und Schulvereine auf eine enge Zusammenarbeit mit den Parteien des bürgerlichen Lagers setzten. Kompromißlos abgelehnt wurde der zweisprachige Unterricht
von der FPÖ. Die ÖVP argumentierte mit der Berufung auf ein sogenanntes Elternrecht:
Die Eltern sollten über die Unterrichtssprache der Kinder entscheiden können.

Mit der Gründung des Kärntner Heimatdiensts (KHD) war 1956 die Rekonstruktion
des deutschnational-antislowenischen Lagers abgeschlossen. In Anknüpfung an die
gleichnamige Organisation der 1920er Jahre sollte zunächst ein Dreiparteienbund
entstehen, aber die SPÖ lehnte eine Mitarbeit ab. Im Juni 1958 trat der KHD erstmals
an die Öffentlichkeit und stellte die Abschaffung des zweisprachigen Unterrichts als
sein wichtigstes politisches Ziel vor.[12] Vom KHD publizistisch sekundiert und von den
Elternvereinen an Pflichtschulen organisiert, begannen nun die Vorbereitungen zu den
»Schulstreiks« von 1958: Manche Eltern hielten ihre Kinder vom Schulbesuch ab.
Trotz einer eher geringen Beteiligung ermöglichte Landeshauptmann Wedenig per

Erlaß die Abmeldung vom zweisprachigen Unterricht. Sein Modell sah eine jährliche Neuanmeldung vor. Die dominante Position des Kärntner Konflikts in der Minderheitenpolitik wurde bekräftigt, als diese Landesverordnungen in einem eigenen Bundesgesetz ihre Bestätigung erfuhren.[13] Im Gegenzug wurde der staatsvertraglichen Verpflichtung zur Errichtung einer Höheren Schule durch die Gründung des Slowenischen Gymnasiums in Klagenfurt Rechnung getragen.

Für die slowenische Politik bedeuteten das Minderheitenschulgesetz und das gleichzeitig beschlossene, ebenso nur auf Kärnten bezogene Gerichtssprachengesetz,[14] das das Slowenische bei Behörden zu einer Art Hilfssprache machte, eine schwere Niederlage. Die durch die Schulverordnung von 1945 und den Staatsvertrag begründete Hoffnung auf eine neue Qualität der Minderheitenpolitik wich der ernüchternden Einsicht, daß die für die Vorkriegszeit charakteristische Dominanz deutschnationaler Interessen und der Primat der Assimilation auch die Minderheitenpolitik der Zweiten Republik prägen würden.

Im Burgenland kam es auch nach 1955 nicht zu einer Aushöhlung der nach 1945 erlassenen gesetzlichen Schutzbestimmungen. Das Landesschulgesetz von 1937, das den Unterricht in den Minderheitensprachen für all jene Gemeinden vorschrieb, in denen mehr als 70 Prozent der Bevölkerung einer Sprachminderheit angehören,[15] blieb in Geltung. In bezug auf die im Artikel 7 des Staatsvertrags festgelegte Amtssprachenregelung erklärte der Oberste Gerichtshof in einer Entscheidung vom 5. Dezember 1956 ausdrücklich: »Österreichische Staatsbürger, die der kroatischen Minderheit angehören, vermögen Anspruch auf unmittelbaren Kontakt mit dem Gericht in der kroatischen Amtssprache ohne Beiziehung eines Dolmetschers erheben.« Entsprechende Durchführungsverordnungen wurden jedoch nicht erlassen.

## 1960 bis 1970: Minderheitenpolitik als Südtirolpolitik

Minderheitenschulgesetz und Gerichtssprachengesetz bedeuteten auch den Beginn einer etwa zwölfjährigen ›Pause‹ in der Minderheitenpolitik. Die Volksgruppenorganisationen orientierten sich zunehmend an den Großparteien, setzten auf Kooperation und auf eine Politik der kleinen Schritte. Rückblickend muß festgestellt werden, daß das damit implizit oder explizit geforderte parteipolitische Bekenntnis zu einer Distanzierung weiter Bevölkerungskreise von den Minderheitenorganisationen führte und der allgemeinen Assimilation weiteren Vorschub leistete.

Als nun wieder vollwertiges Mitglied der Staatengemeinschaft konnte Österreich nach 1955 eine Internationalisierung der Südtirolfrage erreichen. Die UNO-Entschließung vom 31. Oktober 1960 über die Wiederaufnahme der Verhandlungen über den Pariser Vertrag von 1946 und die Errichtung einer Südtirol-Unterkommission beim Europarat 1961 waren die deutlichsten Ergebnisse. In der öffentlichen Diskussion wurden die Südtiroler nun zum Inbegriff der österreichischen Minderheit.

In Folge der Kundgebung 1957 in Sigmundskron, auf der die Südtiroler Volkspartei (SVP) die Parole »Los von Trient« ausgegeben hatte, begann die erste Welle der Sprengstoffattentate, die zur Verhaftung hunderter Südtiroler und 1964 auch zur Verurteilung von 22 Personen führte. Die Prozesse, die sich bis 1969 hinzogen, wurden gleichzeitig zu einem Forum der Anklage des italienischen Staates, da durch die Einvernahme von prominenten Antifaschisten wie Ammon und Vogler die ganze Nation ›Nachhilfeunterricht‹ in Südtiroler Geschichte erhalten sollte. Während der ersten Mitte-Links-Regierung unter Aldo Moro ab 1963 kam es schließlich mit den Verhandlungen beim Genfer Außenministertreffen zwischen Kreisky und Saragat (25. Mai 1964) zum Durchbruch: Das 1966 unterbreitete österreichische Gesamtangebot, das »Paket«, wurde schließlich auch von der SVP akzeptiert. Die zweite Welle der Bombenanschläge in Südtirol ging nur noch von rechtsextremen Gruppierungen aus; die SVP distanzierte sich dezidiert. Das neue Klima der Gewalt führte zwar zu Verzögerungen in den Verhandlungen, es konnte sie jedoch nicht mehr verhindern. 1969 kam es zur Einigung über den sogenannten Operationskalender, das Südtirolpaket und die Streitbeilegungserklärung. Nach Verabschiedung durch Südtiroler und italienische Instanzen trat das Südtirolpaket am 20. Jänner 1972 in Kraft.

Mit dem Beginn dieser Verhandlungen wurde die österreichische Minderheitenpolitik aus außenpolitischer Rücksichtnahme eingefroren. Vereinzelte Erlässe und Verordnungen brachten zwar am Papier leichte Verbesserungen in den Amtssprachenregelungen, doch wurden sie in der Öffentlichkeit kaum bekannt. Erst mit dem Abschluß des Südtirolpakets sollten die österreichischen Minderheiten wieder Platz in der politischen Arena finden.

## 1970 bis 1977: Minderheitenpolitik als Bewegungspolitik

Als die regierende SPÖ versuchte, in Kärnten eine an die Südtiroler Lösung angelehnte Ortstafelregelung zu treffen, scheiterte sie spektakulär. Das von der SPÖ im Nationalrat beschlossene und vom Kärntner Landeshauptmann Sima mitinitiierte Ortstafelgesetz, das für 205 Ortschaften zweisprachige Ortstafeln vorsah, löste den »Ortstafelsturm« aus, bei dem nahezu alle neuen Tafeln unter Mitwirkung des KHD gewaltsam entfernt wurden. Um eine weitere Niederlage zu vermeiden und die Frage ein für allemal aus Wahlkämpfen herauszuhalten, wechselte die regierende SPÖ zu einer Strategie der Einbindung aller Parlamentsparteien unter Ausschluß der Minderheiten. In einer Dreiparteienvereinbarung wurden am 1. Juli 1976 das Volksgruppengesetz (VGG)[16] und eine Änderung des Volkszählungsgesetzes beschlossen, die eine »geheime Erhebung der Muttersprache« vorsah – den Forderungen des KHD wurde damit im wesentlichen nachgegeben.

Der Ortstafelsturm war aber auch der Anlaß für eine Umorientierung der slowenischen Organisationen. Vielen jungen und akademisch gebildeten Angehörigen der Minderheiten war klar geworden, daß sie von den Großparteien keine Unterstützung zu erwarten hatten. Sie verknüpften Minderheitenfragen mit Demokratiefragen und suchten den Kontakt mit Deutschsprachigen, die ihre Anliegen unterstützten. Mitte der 1970er Jahre entstanden vor allem in den Universitätsstädten als neue politische Aktionsgruppen Solidaritätskomitees, die eine breitere Öffentlichkeit zu informieren versuchten. Die zunehmende Verlagerung der Minderheitenpolitik von Elitegesprächen zu öffentlichen Debatten im außerparlamentarischen Raum ist für die 1970er Jahre in Kärnten besonders kennzeichnend. Im Zusammenhang mit der Minderheitenfeststellung des Jahres 1976 und getragen von zahlreichen Minderheitenorganisationen und den Solidaritätskomitees entstand eine der breitenwirksamsten politischen Bewegungen der Zweiten Republik – eine Boykottbewegung, die die Minderheitenfeststellung zum Scheitern brachte. In Wien wurden mehr Personen mit slowenischer Muttersprache gezählt als in Kärnten.

Auch für die burgenländischen, von den traditionellen Dorfeliten beherrschten Minderheitenorganisationen wurde Ende der 1960er Jahre eine mit der tiefgreifenden Veränderung der Sozialstruktur der ländlichen Gemeinden einhergehende Bedrohung spürbar. 1968 erfolgte auf Initiative der Pfarrer der vier ungarischsprachigen Gemeinden die Gründung des Burgenländisch-Ungarischen Kulturvereins. Seine Ziele waren, die kulturellen Aktivitäten in den Dörfern zu beleben, der durch veränderte Berufsbedingungen fortschreitenden Assimilation entgegenzuwirken und eine Vertretungsorganisation für eine Minderheit zu schaffen, deren Rechte weder durch bilaterale Verträge noch durch den Staatsvertrag garantiert waren. Doch auch in den traditionellen Kroatenvereinen verstärkte sich die Ansicht, daß eine volle Durchsetzung der Minderheitenrechte innerhalb der in die Parteienstrukturen eingebundenen Organisationen unmöglich sei. Nach langen Diskussionen entstand 1972 das Komitee für die Rechte der burgenländischen Kroaten, das in den 1970er Jahren bei der Durchsetzung kroatischsprachiger Radiosendungen federführend war.

## 1977 bis 1989: Institutionalisierung und Ethnisierung der österreichischen Minderheitenpolitik

Die Minderheitenpolitik des Bundes konzentrierte sich nach 1976 auf den Versuch, das Volksgruppengesetz (VGG) umzusetzen. Dieses Volksgruppengesetz symbolisiert eine wichtige Grundtendenz der zentralstaatlichen Minderheitenpolitik dieser Zeit: Sie war nicht an grundrechtlichen Überlegungen oder aktuellen Bedürfnissen der Betroffenen orientiert, sondern betrieb Krisenmanagement und ließ sich nur dann auf Verhandlungen über Forderungen und Anliegen ein, wenn diese nicht mehr länger zu umgehen waren. Wie in anderen politischen Bereichen gilt auch hier das Diktum Anton Pelinkas: »Das politische System der Zweiten Republik ist (...) durch eine Neigung zur Etablierung einer Veto-Macht für die Minderheiten gekennzeichnet, die als gesellschaftlich konfliktfähig anerkannt sind.«[17] Die rechtliche Stellung einiger Minderheiten ist in Österreich entweder durch Gesetze im Verfassungsrang (Slowenen und burgenländische Kroaten) oder durch bilaterale Verträge (Tschechen und Slowaken in Wien) abgesichert. Das VGG stellte den Versuch dar, eine einheitliche Rechtsgrundlage für alle österreichischen Minderheiten einzuführen.

Ein wesentliches Element stellten die beim Bundeskanzleramt eingerichteten Minderheitenbeiräte dar, die die Probleme nach nationalstaatlich bürokratischer Logik im Kleinen bearbeiten sollten. Da ihr Kompetenzspielraum auf unverbindliche Beratung beschränkt blieb, wurden sie von den meisten Minderheitenorganisationen abgelehnt. Besonders die Kärntner Slowenen und die burgenländischen Kroaten hätten durch ihre Mitarbeit einen Großteil der ihnen im Staatsvertrag garantierten Rechte aufgegeben, da nur Personen zugelassen werden sollten, die »erwarten lassen, daß sie sich für (...)

dieses Bundesgesetz einsetzen«,[18] gleichzeitig aber gerade durch das VGG versucht wurde, große Teile der Schutzbestimmungen des Staatsvertrags außer Kraft zu setzen. Zustimmung erntete das Modell lange Jahre nur von den Vertretern der ungarischen Volksgruppe, die die für sie neue Möglichkeit zur institutionellen Vertretung ergriffen und 1979 den Beirat beschickten. Doch auch sie erkannten schnell die Grenzen dieses Vorhabens und forderten daher 1983 in ihrer Maideklaration die Anwendung der Bestimmungen des Artikels 7 des Staatsvertrags auch für die Ungarn im Burgenland.[19] Den Roma und Sinti wurde die Anerkennung als Volksgruppe nach dem VGG verwehrt. In einem Interview mit der *Wochenpresse* erklärte der Verfassungsjurist Ludwig Adamovics 1981: »Die Zigeuner sind keine bodenständige Minderheit, daher haben sie auch keinen Anspruch auf Anerkennung als Minderheit.«[20]

Der Versuch, die österreichische Minderheitenpolitik mit Hilfe des VGG zu entschärfen und den Vertretungsorganisationen die Rolle beratender Gremien zuzuweisen, muß heute als weitgehend gescheitert betrachtet werden. In der Fachliteratur finden sich zwar Kommentare, die – aufgrund einiger unpräziser Formulierungen – in diesem Gesetz eine Ausgangsbasis für eine tragfähige Regelung, insbesondere der bisher unbeachteten Probleme von Arbeitsmigranten und Neuzuwanderern, sehen.[21] Doch näheren Untersuchungen hält eine derartige Interpretation nicht stand.[22] Erste Versuche einer durch das VGG nicht als Minderheit anerkannten Gruppierung, der Wiener Ungarn, eine Verbesserung ihrer rechtlichen Stellung zu erreichen, scheiterten – vorerst – auch an der restriktiven Auslegung des Gesetzes.

Die Anstrengungen zur Durchsetzung der Minderheiteninteressen verlagerten sich in der Folge von der politischen auf die Ebene rechtsstaatlicher Entscheidungen. Einzelnen kroatischen Beschwerdeführern gelang es, beim Österreichischen Verfas-

begehrten kommunikativen und ökonomischen Vorteil: Erstmals seit 1945 kam es zu einer Entkoppelung von Sprachgebrauch und ethnischer Identifikation, waren selbst »deutschkärntner« Geschäftsleute bereit, mit ihren slowenischen Kunden slowenisch zu sprechen. Die Kenntnis dieser Sprachen und die Zahl ihrer Sprecher hat seit 1989 beträchtlich zugenommen. Der öffentliche Gebrauch der Minderheitensprachen hat den Nimbus der Irredenta weitgehend verloren und wird heute zunehmend als wirtschaftliche Notwendigkeit gesehen.

Nach der Machtübernahme durch konservative und betont nationale, bisweilen nationalistische Parteien in den mittel- und osteuropäischen Parlamenten verlagerten die Mutterländer ihre politische Unterstützung auf eindeutig konservative antikommunistische oder national orientierte Eliten innerhalb der österreichischen Volksgruppen. In der Republik Slowenien fiel der die Tradition der Tito-Partisanen hochhaltende Zentralverband der Kärntner Slowenen in Ungnade, und der klerikal-konservativ orientierte Rat der Kärntner Slowenen wurde zum Liebkind der neuen Regierung. Dieser Umstand und auch die versiegende finanzielle Unterstützung motivierten die slowenischen Minderheitenorganisationen 1989, schließlich doch den Volksgruppenbeirat zu beschicken. Die Aussicht, daß die Fürsprache der nunmehr befreundeten Regierung Sloweniens ihren Anliegen in Österreich mehr Gehör verschaffen könnte, machte ihnen diesen Schritt sicher leichter. Auch die Republik Ungarn verlagerte ihre Unterstützung einseitig auf die Vereine der Emigranten aus den Jahren 1945, 1948 und 1956. Wohl nur vor diesem Hintergrund ist es zu erklären, daß 1992 plötzlich die – fast zur Gänze nach dem Zweiten Weltkrieg zugewanderten – Ungarn in Wien als Volksgruppe anerkannt wurden und damit in den Genuß der entsprechenden Förderungen kamen, obwohl der Verwaltungsgerichtshof dies noch 1988 ausdrücklich abgelehnt hatte.

In direkter Reaktion auf die Gründung der Republik Slowakei wurde 1992 ein eigener Minderheitenbeirat eingerichtet. Rein slowakische Organisationen hatte es in Österreich aber traditionell nur als klerikal-nationale und bisweilen auch faschistische Gegenorganisationen zu den liberal-nationalen tschechoslowakischen Vereinen der Jahrhundertwende und der Zwischenkriegszeit gegeben. Durch ihre Kollaboration mit den Nationalsozialisten völlig diskreditiert, formierten sie sich nach 1945 nicht wieder neu. Die heute im slowakischen Volksgruppenbeirat vertretenen Organisationen sind Gründungen von Emigranten, die ab 1968 nach Wien gekommen waren. Dies ist ein Paradebeispiel für die Beliebigkeit des Beheimatungskriteriums im VGG und für dessen Instrumentalisierung für außenpolitische Interessen.

Eine große Überraschung war 1993 die relativ rasche und unkomplizierte Anerkennung der österreichischen Roma und Sinti als Volksgruppe. Nach jahrelangen Bemühungen war es den Vertretungsorganisationen unter Führung von Rudolf Sarközi und mit Unterstützung des Volksgruppenzentrums gelungen, sämtliche Gegenargumente zu widerlegen. Gleichzeitig war Österreich nach der international geführten Waldheim-Debatte bestrebt, sich bei der Behandlung einer im Holocaust fast völlig ausgelöschten Minderheit keine neuerliche Blöße zu geben. Und eine Ablehnung hätte sich wohl auch schlecht mit dem Engagement im Rahmen der KSZE vertragen, in der Österreich eine Vorreiterrolle für die Durchsetzung von Minderheitenschutzbestimmungen zu spielen beabsichtigt.

Dieser scheinbaren Liberalisierung, den vordergründigen Erfolgen und der Tendenz zu einer Normalisierung der Sprachverwendung steht die lebensbedrohende Radikalisierung der Minderheitenfrage in den Jahren 1994 und 1995 gegenüber. Auf Minderheitenvertreter/innen, etwa Terezija Stoisits, die zweisprachige Volksschule in Klagenfurt und einen Kärntner Verlag wurden Bombenattentate verübt. Bereits 1993 war es während einer Veranstaltung des Romano Centro in Wien zu einem bis heute nicht aufgeklärten Schußattentat gekommen. Am 4. Februar 1995 fielen in der burgenländischen Kleinstadt Oberwart vier Roma einem rassistisch motivierten Bombenattentat zum Opfer, und in der nahe gelegenen kroatischen Ortschaft Stinatz wurde ein Mann durch eine deponierte Paketbombe schwer verletzt. Deutlicher als alle verbalen Entgleisungen und euphemistischen Umdeutungen des Nationalsozialismus symbolisiert dies eine tiefgehende Gefährdung des antifaschistischen Grundkonsenses, der seit 1945 zu den Eckpfeilern der politischen Kultur der Zweiten Republik gehört.

## ANMERKUNGEN

1  Die Slowenen (anerkannt in den Bundesländern Kärnten und Steiermark), die Kroaten (anerkannt im Burgenland), die Ungarn (anerkannt im Burgenland und in Wien), die Tschechen, die Slowaken (anerkannt in Wien) und die Roma (anerkannt im gesamten Bundesgebiet).
2  Vgl. Anderson, Entstehung, 1979, 393ff.
3  Vgl. Barnay, Erfindung, 1988.
4  Vgl. Mittersteiner, Fremdhäßige, 1994.
5  Vgl. Österreichisches Volksgruppenzentrum Hg., Volksgruppenhandbücher, Bd. 2, o.J.
6  Vgl. Bobikova, Arbeiterbewegung, in: Konrad Hg., Arbeiterbewegung, 1993, 35–65.
7  Österreichisches Voksgruppenzentrum Hg., Volksgruppenhandbücher, Bd. 7, 1993.
8  Vgl. Thurner, Zigeunerleben, in: Bauböck u.a. Hg., Minderheiten, 1988, 57–68.
9  Vgl. Haas u.a., Österreich, 1977, 91.
10  Vgl. Inzko, Wiederentstehung, in: Deutsch-Slowenischer Koordinationsausschuß der Diözese Gurk Hg., Kärnten 10, 1985, 269–272.
11  Vgl. Emrich u.a., Weltkrieg, in: Geosits Hg., Kroaten, 1986, 291–295.
12  Vgl. Perchinig, Kärntner, 1989, 86.
13  Vgl. Minderheitenschulgesetz für Kärnten, BGBl. 101/1959.
14  Vgl. BGBl. 102/1959.
15  Vgl. BGLD. LGBl. 40/1937.
16  Vgl. BGBl. 396/1976.
17  Pelinka, Minderheitenpolitik, in: Bauböck u.a. Hg., Minderheiten, 1988, 23–27.
18  Vgl. BGBl. 396/1976, § 4 (2).
19  Vgl. Szebéreny, Volksgruppe, 1986.
20  Baumgartner, Sinti, in: pogrom 130 (1987), 47–50.
21  Vgl. Tichy, Gruppen, in: Integratio XV (1982), 21–43; John u.a., Assimilation, in: Bauböck u.a. Hg., Minderheiten, 1988, 234–257.
22  Vgl. Perchinig, Volksgruppengesetz, in: Österreichische Zeitschrift für Soziologie 3 (1988) 39–53.
23  Vgl. Gstettner, Abwehrkampf, 1988; Oblak, Machtpolitik, 1990.
24  Hechter, Colonialism, 1978.
25  Vgl. Blaschke, Partizipationsformen, in: Bauböck u.a. Hg., Minderheiten, 1988, 327–336.
26  Vgl. Parnreiter, Migration, 1994.
27  Vgl. Hammer, Lebensbedingungen, in: Statistische Nachrichten 11 (1994), 914–926.
28  Glazer u.a., Pot, 1963.
29  Vgl. Faßmann u.a., Immigration, 1993.
30  Vgl. Gürses, Wechselspiel, in: SWS-Rundschau 4 (1994); Perchinig, Ethnizität, in: Bauböck u.a. Hg., Minderheiten 1988, 129–142.

Paul M. Zulehner

# Die Kirchen und die Politik

Auch wenn die Innenseite der christlichen Kirchen nicht von dieser Welt ist: Sie leben und wirken dennoch inmitten dieser Welt. Sie haben eine welthafte Außenseite. Und auf dieser Ebene können sie mit der Politik zusammentreffen, förderlich oder auch hinderlich, einträchtig oder konflikthaft. Wie sich dieses Zusammentreffen in den letzten fünfzig Jahren in Österreich gestaltet hat, davon berichtet der folgende Beitrag.

## Standortsuche

### Verflechtung

*»In Österreich ist so, wie in allen übrigen europäischen Staaten, welche das Christentum als Grundlage der Staatsverfassung angenommen haben, die Taufe die Bedingung zum vollen Genusse der bürgerlichen Rechte und zur vollen bürgerlichen Rechtsfähigkeit.«*[1]
Diese Feststellung eines Juristen aus dem letzten Jahrhundert macht das Verhältnis zwischen Kirche und Staat zu seiner Zeit deutlich. Beide waren engstens aneinander gebunden. Diese Verflechtung ist in den fürchterlichen Religionskriegen gewachsen, die nach der großen Reformation des 16. Jahrhunderts Europa überzogen haben. Der Friede war nach diesen verheerenden Kriegen nur dadurch erreicht worden, daß es den Herrschern erlaubt wurde, die Religion ihrer Untertanen zu bestimmen (die Formel der Religionsfriedensschlüsse von 1555 und 1648 lautete: »cuius regio, eius religio«). Die katholischen Habsburger setzten folglich in Österreich, das in manchen Teilen bis zu 90 Prozent protestantisch geworden war, den Katholizismus mit gesetzlicher Gewalt durch. Man konnte fortan nur dann ein Österreicher sein, wenn man zugleich auch Katholik war.
Aber nicht nur die Zugehörigkeit zur Kirche oder der »rechte« (katholische) Glaube wurden staatlich geschützt und eingefordert. Auch die Beteiligung am kirchlichen Leben unterlag staatlichen Gesetzen. Die Menschen haben sich allerdings nicht immer im kaiserlich erwünschten Ausmaß am Leben der Kirche beteiligt. Deshalb vermerkte Kaiserin Maria Theresia am 14. Juli 1770 in ihrer Verordnung »Von Heiligung der Feyertägen«, daß sich verschiedentlich Mißbräuche eingeschlichen hätten; unter anderem habe sie wahrgenommen, »daß die zu beobachtende Heiligung, und Feyerung der Sonn- und gebotenen Festtage, durch mehrere Wege, sonderlich von dem gemeinen Manne, vernachlässigt werde«. Daher erließ sie eine Verordnung, durch die vor allem

dem nachlässigen »gemeinen Manne« die Gelegenheit zum Müßiggang und zu Aus-
schweifungen genommen werden sollte, und die Männer durch bessere Unterrichtung
zu »schuldiger Andacht am Tage des Herrn, und seiner Heiligen geleitet werden möge«.
Also wurden die Wochenmärkte vom Vormittag der Sonn- und Feiertage wegverlegt,
und in allen Pfarreien mußten »Khristenlehren« gehalten werden. Die Kontrolle oblag
der Kaiserlich-Königlich böhmisch-österreichischen Hofkanzlei.[2]

Dieser nachreformatorische Zustand der Verflechtung zwischen Kirche-Staat-Ge-
sellschaft wurde mit dem Aufkommen der Freiheitsbewegungen der Neuzeit kritisiert
und bekämpft. Auf dem Programm der großen Freiheitsrevolutionen der letzten zwei-
hundert Jahre stand immer auch die Forderung nach der religiösen Freiheit. Tragende
Kraft dieses Ringens um weltanschaulichen Freiheitsspielraum war der bürgerliche
Liberalismus, der sich in dieser kulturpolitischen Frage mit der später entstehenden
sozialistischen Arbeiterbewegung verbünden konnte. Die Revolutionen der Jahre 1848
und 1867 sind Marksteine im Erringen solcher liberaler Freiheiten, welche nachhaltig
den gesellschaftlichen Standort der Kirche in Österreich veränderten.

### Symbiose mit einem politischen Lager

Die Loslösung vom liberalen Staat führte aber keineswegs geradlinig zur Ablösung der
österreichischen Kirche von politischen Institutionen. Vielmehr schrumpfte zunächst
lediglich ihre politische Basis vom Gesamtstaat, durch die Habsburger getragen, hin
auf ein katholisches Restösterreich. Es bildete sich eine, rückwirkend besehen, zwiespältige Symbiose des Katholizismus mit der Christlichsozialen Bewegung. Markanter
Ausdruck für diese Verflechtung des österreichischen Katholizismus mit einem politischen Lager ist die Person des Kirchenmanns und Parteimanns Ignaz Seipel in der
Ersten Republik. Diese Symbiose führte dazu, daß die Kirche in den Bürgerkrieg
zwischen den beiden großen politischen Lagern hineingerissen wurde und dabei
schweren pastoralen Schaden erlitt. Die Kirche wurde von breiten Arbeiterkreisen mit
dem »Prälat ohne Milde« identifiziert.

Die Verfolgung dieser verfeindeten politischen Kräfte während des Nationalsozialismus verursachte am Beginn der Zweiten Republik eine Neubesinnung auf das
Verhältnis von Kirche und Staat. Im Programm der Österreichischen Volkspartei, der
Nachfolgepartei der Christlichsozialen, blieb zwar das Bekenntnis zur abendländisch
christlichen Tradition erhalten. Die formellen Bande mit der katholischen Kirche
wurden aber gelöst. Die Partei wurde grundsätzlich pluralistisch und offen für Menschen aller Weltanschauungen. In einer verwandten Gegenbewegung hörte auch die
antikirchliche Freidenkerbewegung auf, eine offizielle Parteiorganisation der Sozialistischen Partei zu sein. Allerdings kam im sozialistischen Lager die Auflösung der
Verfeindung mit der Kirche nur langsam in Gang. Der Bürgerkrieg hatte in Arbeiterkreisen ein tiefes Mißtrauen gegenüber der Kirche geschaffen. Die Arbeiterbildung, oft
freidenkerisch gestaltet, hatte viel antikirchliches Gedankengut verbreitet. Auch die
Parteiführung war skeptisch gegenüber der Absichtserklärung, daß die Bande zwischen
der Kirche und der ÖVP gelockert werden und die Kirche die ÖVP nicht als ihre
ausschließliche politische Lobby betrachten würde.

## Verständigung mit der SPÖ

Es bedurfte der herausragenden politischen Fähigkeiten zweier großer Männer, um die Entwicklung nachhaltig in Gang zu bringen: des Bundeskanzlers Bruno Kreisky und des Kardinals Franz König. Vorbereitet wurde diese Annäherung und teilweise Aussöhnung auf dem Mariazeller Katholikentag des Jahres 1952. Eher nebenbei wurde damals ein politisches Manifest verabschiedet, in dem – auf die Formel »der freien Kirche im freien Staat« gebracht – die Entpolitisierung der Kirche und die Entkirchlichung der Politik gefordert wurde. Die einzelnen Vertragsabschlüsse zwischen der katholischen Kirche und der Republik Österreich zu Vermögensfragen sowie den »gemischten Bereichen« Schule und Eherecht sind Meilensteine auf dem mühsamen Weg in der Umgestaltung des Verhältnisses zwischen Kirche und Politik.

Nicht nur theoretisch wurde in dieser Zeit um den Kampfbegriff des »politischen Katholizismus« gerungen. In der Auseinandersetzung um diesen Begriff kam der tiefgreifende Wandel des gesellschaftlichen Standorts der Kirche in politischer Hinsicht zum Vorschein. Das Ergebnis der heftigen innerkirchlichen Auseinandersetzungen hat Kardinal Franz König – auf sich selbst bezogen – so ausgedrückt: Ich bin kein politisierender Bischof, sondern ein politischer Bischof. Dieses neu angestrebte gute Verhältnis zu allen politischen Lagern wurde von manchen als Entscheidung für eine unpolitische Existenz der Kirche und ihrer Anführer ausgelegt. Von »Äquidistanz« der Kirche war die Rede, womit man meinte, die Kirche habe nunmehr zu allen politischen Lagern die gleiche Distanz. Kardinal König lehnte aber diese Deutung seiner Position stets entschieden ab. Vielmehr äußere sich die Kirche in einer unabhängigen Weise sehr wohl zu politischen Fragen, zu kulturpolitischen (Bildung, Familie) ebenso wie zu sozialen (Armut, Entwicklung, Frieden usw.). Es liege dann aber nicht an der Kirche, sondern an den Parteien, ihre Nähe und Distanz zu den kirchlichen Positionen zu bestimmen. Dabei könne es durchaus zu wechselnden Nähen und Distanzen kommen. In kulturpolitischen Fragen (wie Schule, Abtreibung, Strafrechtsreform) erwies sich dabei die ÖVP, in manchen sozialen Fragen (wie Mitbestimmung, Mindestlohn, Grundeinkommen ohne Arbeit) hingegen die SPÖ als kirchennäher. Daß die Kirche unter Kardinal König nicht unpolitisch geworden war, kann nicht zuletzt an den zwei großen konflikträchtigen politischen Interventionen der katholischen Kirche in Österreich verfolgt werden: am Einsatz für ungeborenes Leben sowie für Ausländer/innen. In beiden Fragen kam es zu beträchtlichen Konflikten mit einem oder gar mehreren politischen Lagern, in der Abtreibungsgesetzgebung mit den Sozialisten, in der Ausländerfrage mehr noch als mit dem sozialistischen Innenminister mit der Freiheitlichen Partei. Eben zu dieser Partei ist heute das Verhältnis des Katholizismus am wenigsten geklärt. Daran hat auch die Abspaltung des Liberalen Forums von der FPÖ nur wenig geändert. Die Anbiederungsversuche der Freiheitlichen an die rechtskonservativen Kreise in der Kirche und einen verschwindend kleinen Teil der Kirchenleitung machen die ungeklärte Lage noch deutlicher.

Die Entwicklung der kleineren christlichen Kirchen in Österreich ist etwas anders verlaufen als jene der katholischen. Sowohl in der evangelischen Kirche als auch in der altkatholischen haben sich insbesondere in der religiösen Wanderbewegung unter dem nationalsozialistischen Druck nicht wenige Personen angesiedelt, die der katho-

lischen Kirche den Rücken gekehrt haben. Die Zusammensetzung dieser kleinen
Kirchen hat sich dabei erheblich umgestaltet, und das nicht immer zur Freude jener
Kirchenmitglieder, welche dem faschistischen Gedankengut entschieden abgeneigt
waren.

*Über die Verständigung des »Agnostikers« Bruno Kreisky und des »politischen Bischofs«
Kardinal Franz König kam es zu einer teilweisen Annäherung zwischen Sozialdemokratie und
katholischer Kirche.*

Neue politische Präsenz

Die letzten 50 Jahre haben den 200jährigen Vorgang der Umgestaltung im Verhältnis
zwischen Kirche und Staat zu einem vorläufigen Ergebnis gebracht. An der Grundfor-
mel von der »freien Kirche im freien Staat« rüttelt zur Zeit niemand ernsthaft, auch
wenn kleine, aber medial lautstarke katholische Splittergruppen die Kirche in vergangene Zeiten zurückwünschen. Die Kirchen in Österreich können sich heute nicht mehr
auf politische Kräfte als ihre Interessenvertreter berufen. Die nach wie vor gesuchte
politische Präsenz der katholischen Kirche muß sich dann aber anders herstellen. Zwar
können die Bischöfe zu wichtigen politischen Fragen nach wie vor unbehindert das
Wort ergreifen und tun dies auch zu gegebener Zeit. Eine der Wortmeldungen der
letzten 50 Jahre stellt mit Sicherheit der lange vorbereitete und über die gewichtigste
Kirche hinaus breit diskutierte Sozialhirtenbrief des Jahres 1991 dar.

Die Kirchen stützen sich zudem – schon seit dem Ende des letzten Jahrhunderts – auf politisch engagierte Sammelbewegungen von Katholiken, auf die alten Verbände und die später gegründete Katholische Aktion. Es sind Laien, die sich gemeinsam politisch äußern, auch wenn es in Österreich – anders als im benachbarten Deutschland – den Funktionären dieser gesellschaftspolitisch tätigen Laienorganisationen (wie seit 1933 schon den Priestern) verwehrt ist, mit ihrem kirchlichen Mandat parteipolitische Funktionen zu verbinden.

Die stärkste politische Kraft sind aber jene Kirchenmitglieder als Bürgerinnen und Bürger, die sich in politischen Bewegungen und Parteien engagieren und die darüber hinaus bei Wahlen in die politischen Institutionen jener Politik eine Chance geben können, die ihren christlichen Vorstellungen am ehesten nahe ist. Das politische Bewußtsein der Kirchenmitglieder stellt heute den wirksamsten politischen Einfluß-faktor der Kirchen dar. Damit stellt sich eine schwerwiegende Frage für das gegenwärtige Verhältnis zwischen Kirche und Politik: In welchem Maße können sich die Kirchenleitungen in politischer Hinsicht auf ihr Kirchenvolk verlassen? Welche politischen Optionen sind im Kirchenvolk vorhanden?

## Basis: Das Kirchenvolk

Zwar ist auch heute die überwiegende Mehrheit der Österreicher katholisch. Doch haben sich nach der Lockerung des Verbots anderer Religionsgemeinschaften in der Zeit der Aufklärung (für die Protestanten erließ Joseph II. im Jahre 1781 ein Toleranz-patent) eine Reihe weiterer Gemeinschaften etabliert und staatliche Anerkennung gefunden. In den Nachkriegsjahren hat sich die konfessionelle Landschaft in Österreich so entwickelt:

*Tabelle 1: Entwicklung der Religionsgemeinschaften in Österreich 1910 bis 1991 in Prozent (die Daten stützen sich seit 1951 auf die alle zehn Jahre stattfindende Volkszählung)*

|                    | 1910      | 1934      | 1951      | 1961      | 1971      | 1981      | 1991      |
|--------------------|-----------|-----------|-----------|-----------|-----------|-----------|-----------|
| römisch katholisch | 93,6      | 90,4      | 89,0      | 89,0      | 87,4      | 84,3      | 79,0      |
| evangelisch AB     | 2,8       | 4,1       |           | 6,0       | 5,7       | 5,4       | 4,8       |
| evangelisch HB     | 0,3       | 0,2       |           | 0,2       | 0,3       | 0,2       | 0,2       |
| evangelisch        | 3,1       | 4,3       | 6,2       | 6,2       | 6,0       | 5,6       | 5,0       |
| altkatholisch      | 0,1       | 0,5       | 0,5       | 0,4       | 0,4       | 0,3       | 0,2       |
| israelitisch       | 2,9       | 2,8       | 0,2       | 0,1       | 0,1       | 0,1       | 0,1       |
| islamisch          | -         | -         | -         | -         | 0,3       | 1,0       | 2,0       |
| übriges            | 0,2       | 0,2       | 0,3       | 0,4       | 1,0       | 1,6       | 2,5       |
| ohne Bekenntnis    | 0,1       | 1,6       | 3,8       | 3,8       | 4,3       | 6,0       | 9,6       |
| unbekannt          | -         | 0,1       | 0,0       | 0,1       | 0,6       | 1,0       | 3,5       |
| Einwohner          | 6.648.310 | 6.760.233 | 6.933.905 | 7.073.507 | 7.491.528 | 7.655.338 | 7.795.788 |

Bevor das überwiegend katholische Kirchenvolk in politischer Hinsicht näher beschrieben wird, sollen einige andere Merkmale kurz vorgestellt werden. Dabei wird es um Stichworte, wie konfessionelle Mobilität, gestufte Teilnahme und als deren Hintergrund die wachsende Individualisierung der Menschen in Österreich auch in sozioreligiöser Hinsicht gehen.

## Konfessionelle Mobilität

Schon der erste Überblick über die Entwicklung der anerkannten Religionsgemein-
schaften (siehe Tabelle 1) läßt deutlich eine wachsende konfessionelle Mobilität
erkennen. Die Art der Beziehung der Menschen zu allen Institutionen ändert sich zur
Zeit im Zuge einer wachsenden Selbststeuerung des Lebens. Davon sind die religiösen
Institutionen (Kirchen) ebenso betroffen wie die Gewerkschaften, Kammern und
Parteien. Die zunehmende konfessionelle Beweglichkeit der Menschen zeigt sich
äußerlich in einer beachtlichen Zahl von Austritten aus der katholischen Kirche. Ihre
Innenseite ist die Lockerung der Kirchenbindung.

*Darst. 1: Austritte aus der katholischen Kirche Österreichs 1945 bis 1993*

Nicht richtig ist es freilich, den Kirchenaustritt als völlige Lösung von der katholischen
Kirche anzusehen. Auch bei den Nichtmitgliedern sind beachtliche Erwartungen
anzutreffen, und das gerade im sozialen und politischen Bereich.

## Gestufte Teilnahme

Die verfügbaren religions- und kirchensoziologischen Studien zeigen, daß die Teilnahme der Kirchenmitglieder am Glauben und Leben ihrer Kirche außerordentlich vielfältig ist. Von »polyzentrischer Integration« ist die Rede. Dabei stellt man sich vor, daß
eine Kirche nicht nur ein einziges Zentrum (zum Beispiel den Gottesdienst), sondern
viele Zentren besitzt (neben dem Gottesdienst etwa die soziale Tätigkeit). So kann es
sein, daß jemand in einer Drittweltgruppe mitarbeitet, ohne Kirchgänger zu sein, und
umgekehrt. Die Kirchgangsstatistik allein gibt also keineswegs hinreichend Auskunft

über die Teilnahmebereitschaft, wenngleich in den letzten Jahren die Aussagekraft des
Kirchgangs gestiegen ist. Das ist verständlich, weil soziale Rücksichtnahmen immer
weniger erforderlich sind. Dazu kommt, daß rund um die großen Lebenswenden
Geburt, Heirat und Tod weit mehr Menschen religiöse Rituale wünschen (EW 1990:
Taufen 81 Prozent; Hochzeiten 79 Prozent; Beerdigungen 82 Prozent), als regelmäßig
am Sonntag zur Kirche gehen (EW 1990: 25 Prozent).

*Darst. 2: Kirchgang der Katholiken in Österreich 1945 bis 1993*

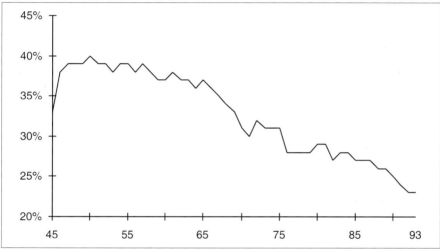

Die gleiche Abstufung wie in der religiösen Praxis findet sich auch in den anderen
Bereichen des Kirchenverhältnisses, so bei der Zustimmung zu Glaubenssätzen oder
auch zu sittlichen Normen. Ist beispielsweise der allgemeine Gottesglaube weit verbreitet (EW 1990: 77 Prozent; nur 7 Prozent verstehen sich als Atheisten), so ist der
christliche Glaube an die Auferstehung des ganzen Menschen, mit Leib und Seele, nur
bei einer Minderheit von einem Viertel unbefragt akzeptiert (23 Prozent). Aber auch
das Gottesbild ist schillernd. 28 Prozent glauben, daß es einen »leibhaftigen« (also
menschgewordenen) Gott gibt. 49 Prozent halten Gott für ein höheres Wesen oder eine
geistige Macht, sind in diesem Sinn aufgeklärt religiös, deistisch also: Gott hat die Welt
erschaffen, garantiert Ordnung und Moral, ansonsten kümmert er sich wenig um die
Welt. 13 Prozent erklären sich als Agnostiker: Sie wissen nicht, was sie glauben sollen.

Typologie

Werden Kirchgangshäufigkeit und Gottesbild zusammengenommen, können fünf sozioreligiöse Haupttypen gebildet werden:
– *Kirchliche:* sie sind regelmäßige Kirchgänger und sehen in Jesus den menschgewordenen Gott;

- *Kulturkirchliche:* auch sie sind regelmäßige Kirchgänger, Gott ist für sie aber ein höheres Wesen;
- *Religiöse:* sie finden sich nicht jeden Sonntag im Gottesdienst ein, glauben aber, Gott sei in Jesus Mensch geworden;
- *Kulturreligiöse:* sie sind keine Sonntagskirchgänger, Gott ist für sie ein höheres Wesen;
- *Nichtreligiöse:* weder Sonntagskirchgänger noch Zustimmung zu Gott (als mensch-geworden in Jesus oder als höheres Wesen).

Die Österreicher verteilten sich 1990 so: 15 Prozent kirchlich, 9 Prozent kulturkirchlich; 14 Prozent religiös, 40 Prozent kulturreligiös, 22 Prozent nichtreligiös. In Österreich überwiegt somit der kulturreligiöse Typus. So überdurchschnittlich religiös (10 Prozent halten sich für sehr religiös und weitere 67 Prozent für religiös) die Österreicher im europäischen Vergleich sind, diese Religiosität ist nur bei einem Teil christlich geformt.

*Darst. 3: Sozioreligiöse Haupttypen in Österreich 1994*

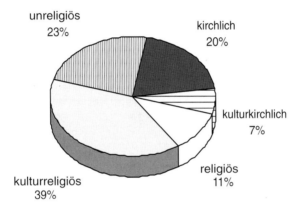

Die politische Struktur des Kirchenvolks

Die sozioreligiöse Typologie erleichtert uns die Antwort auf die Frage, wie die politische Struktur des Kirchenvolks aussieht. Die Tabelle 2 läßt erkennen, daß SPÖ und FPÖ in dieser Hinsicht verwandt sind (was ja auch die langjährige gemeinsame Politik gegenüber den Kirchen erklärt, beispielsweise in der Frage der Fristenlösung). Davon setzt sich deutlich die ÖVP ab. Ihr christlichsoziales Erbe ist noch erkennbar. In der ÖVP sind erheblich mehr kirchliche Personen (39 Prozent) als in der FPÖ (15 Prozent) oder der SPÖ (9 Prozent) anzutreffen. In diesen Parteien überwiegen die Kulturreligiösen. Die Grünen sind merklich polarisiert: Neben einem starken Anteil von Kirchlichen (20 Prozent) sind darunter viele Kulturreligiöse (55 Prozent). Die meisten Nichtreligiösen hat die SPÖ, unmittelbar gefolgt vom Liberalen Forum: Sie sind die Parteien mit dem stärksten antiklerikalen Potential. Sie haben auch den größten Anteil an Personen ohne religiöses Bekenntnis.[3]

*Tabelle 2: Das sozioreligiöse Profil der Wähler*

| 1994 | ÖVP | SPÖ | FPÖ | Grüne | LF | andere |
|---|---|---|---|---|---|---|
| kirchlich | 39 | 9 | 15 | 20 | 4 | 12 |
| kulturkirchlich | 14 | 4 | 3 | 2 | 4 | 29 |
| religiös | 14 | 11 | 10 | 3 | 4 | 24 |
| kulturreligiös | 22 | 45 | 48 | 55 | 58 | 12 |
| nichtreligiös | 12 | 31 | 23 | 21 | 30 | 24 |
| Summe | 101 | 100 | 99 | 101 | 100 | 101 |

*Darst. 4: Die Wählerstruktur*

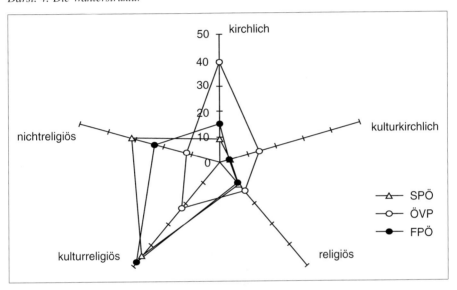

## Leistungen

Gesellschaftliche Einrichtungen werden nach den drei Kriterien Programm, Personen, Praxis beurteilt. Das trifft auch auf die Kirchen zu. Das Programm der christlichen Kirchen setzt sich aus dem Evangelium und seinen Konkretisierungen im Verlauf der Geschichte hinsichtlich Lehren, moralischer Normen, liturgischer Formen und organisatorischer Strukturen (wie Machtverteilung, Umgang mit Finanzen usw.) zusammen. Wenn es um Personen geht, stehen – ein wenig gegen das Selbstverständnis der Kirchen – die Bischöfe und Priester im Rampenlicht. Schließlich spielt auch die Praxis in der Einschätzung der gesellschaftlichen Bedeutung der Kirchen eine wichtige Rolle.

Studien zeigen, daß die Kirchen über ihre Mitglieder, die ja zugleich Staatsbürger sind, durchaus bemerkenswerte gesellschaftliche Leistungen vollbringen. Diese liegen insbesondere in jenem Bereich, der in der Zukunft ein Schlüsselbereich sein wird: Solidarität. Kirchen können, was ihre gesellschaftliche Bedeutung betrifft, auf Solidarinstitutionen verweisen. Zudem wird in der Forschung immer deutlicher erkennbar, daß die Kirchen zu den wenigen Solidarität herstellenden Einrichtungen gehören. Könnte es sein, daß moderne Gesellschaften menschlich ärmer wären ohne die Kirchen und ihre Mitglieder?

## Solidarinstitutionen

Zu den Solidarinstitutionen im weiten Sinn lassen sich mehrere kirchliche Einrichtungen zählen: betreffend die Sorge um die Kranken (Krankenhäuser, Pflegeheime, Palliativstationen, Hospize usw.); dann die Einrichtungen im Umkreis von Schule und Bildung; schließlich der große karitative Bereich im engeren Sinn.

## Caritas

Die Leistungen der Caritas in Österreich sind beachtlich. Unmittelbar nach dem Krieg war 1946 in Salzburg die erste gesamtösterreichische Caritaskonferenz einberufen worden. Beschlossen wurde, daß die Caritas allen Hilfsbedürftigen ohne Unterschied der Konfession, der Partei oder der Nationalität helfen wolle. Enorme Leistungen vollbrachte die Caritas 1956 nach dem Ungarnaufstand, 1973 beim Engagement für die Sahelzone, anläßlich der zwei großen Erdbeben in Italien 1976 und 1980. Herausragend ist auch die mit dem ORF und dem Roten Kreuz gemeinsam durchgeführte Hilfsaktion ›Nachbar in Not‹ zugunsten der Opfer des Krieges in Jugoslawien.

Die Caritas hilft aber auch im Inland: nicht nur alten Menschen in Alten- und Pflegeheimen, es werden auch Angehörige durch ambulante Dienste entlastet. Behinderte Menschen werden betreut, zudem Randgruppen wie Obdachlose, Drogenabhängige. Besonderes Augenmerk widmet die Caritas der Versorgung von Ausländer/inne/n und flankierend dazu der Ausländerpolitik (siehe Darst. 5). Das durch Spenden aufgebrachte Jahresbudget der Caritas betrug 1993 2,2 Milliarden Schilling.

## Schulen und Bildung

Die Kirchen gehören in Österreich seit langem zu den Schulträgern und den Betreibern großer Bildungseinrichtungen: In 309 katholischen Privatschulen lernen mehr als 57.000 Schülerinnen und Schüler. Dazu kommen 38 Aus- und Weiterbildungseinrichtungen für die Lehrenden. Zu den wichtigsten kirchlichen Schulträgern gehören die Schulorden (221 Schulen werden von den Frauenorden Österreichs geführt); 324 geistliche Schwestern arbeiten in ordenseigenen Schulen, dazu 130 weitere in öffentlichen Schulen.

Die Institutionen katholischer Erwachsenenbildung gehören der Konferenz der Erwachsenenbildung Österreichs (KEBÖ) an. In diesen haben 1991/92 330 Personen hauptberuflich gearbeitet, weitere 514 nebenberuflich. Dazu kamen 3.984 ehrenamtliche Mitwirkende. Fast fünftausend Personen sind als Vortragende, Kurs- und Seminarleiter/innen tätig geworden. In 90.458 Veranstaltungen wurden 128.060 Teilnahmen gezählt.

*Darst. 5: Aufwendungen der Caritas Österreich 1993*

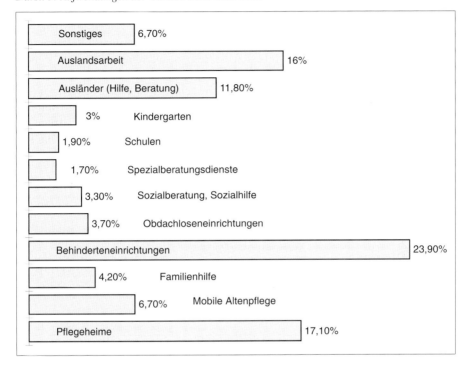

Spitäler

Zu den traditionellen Leistungen der Kirchen (und hier wieder ihrer Orden) sind die konfessionellen Spitäler zu zählen. In der Hand der Konfessionen waren 1989 in Österreich 16 allgemeine öffentliche Krankenanstalten, 13 weitere waren nichtöffentlich. Dazu kamen Sonderheilanstalten mit Öffentlichkeitsrecht für besondere Krankheiten oder chronisch Kranke (zusammen fünf konfessionelle). Ebenso gehören sieben Sanatorien den Kirchen.

*Tabelle 3: Anteil der konfessionellen Krankeneinrichtungen in Österreich (1989)*

|  | Gesamt | davon konfessionell | in Prozent | Betten |
|---|---|---|---|---|
| Öffentliche Krankenanstalten | 105 | 16 | 15,24% | 5.828 |
| Nichtöffentliche Krankenanstalten | 24 | 13 | 54,17% | 2.933 |
| Sonderheilanstalten | 42 | 6 | 14,29% | 2.365 |
| Sanatorien | 40 | 7 | 17,50% | 886 |

In den letzten Jahren haben sich kirchliche Gemeinschaften zusammen mit der Caritas der aufkommenden Hospizbewegung zugewendet. Ambulante wie stationäre Einrichtungen wurden geschaffen.

## Solidaritätsproduktion

Neuere Studien zur Einstellung zu Solidarität in Österreich zeigen, daß jene der Kernschichten der christlichen Kirchen überdurchschnittlich positiv ist. Religion solidarisiert nachweislich. Solche Kraft besitzt die Religion allerdings umso eher, je mehr sie die Freiheit der Menschen stärkt. Ich-schwache, autoritätsorientierte Menschen sind zumeist auch in ihrer Solidaritätsfähigkeit geschwächt. Sie sind mehr schutzbedürftig als hilfsbereit. An einigen Beispielen kann die solidarisierende Kraft der Religion aufgezeigt werden. Kirchengebundene religiöse Menschen spenden mehr, halten die Europäer für verantwortlich für die Dritte Welt, sind mehr für die Unterstützung von Flüchtlingen zu haben und auch häufiger sozial helfend tätig.

*Tabelle 4: Das Sozioreligiöse fördert Solidarität*

|  | A | B | C | D | E | Diff. |
|---|---|---|---|---|---|---|
| Ich halte es grundsätzlich für richtig, an eine caritative (wohltätige) Organisation zu spenden. | 73% | 58% | 62% | 47% | 42% | 31 |
| Auch wir Europäer sind für die Menschen in der »Dritten Welt« verantwortlich. | 68% | 55% | 50% | 54% | 44% | 24 |
| Flüchtlinge brauchen unsere Unterstützung. | 72% | 61% | 53% | 52% | 52% | 20 |
| Ich bin sozial helfend tätig. | 33% | 25% | 15% | 19% | 17% | 16 |
| Wenn eine Frau wegen materieller Not abtreiben will, sollte sie finanziell unterstützt und damit von der Abtreibung abgehalten werden. | 74% | 80% | 69% | 62% | 59% | 15 |

A=kirchlich; B=kulturkirchlich; C=religiös; D=kulturreligiös; E=nichtreligiös; Diff=Differenz zwischen den Kirchlichen und den Nichtreligiösen.

Solche Befunde erlauben die Aussage, daß im Umkreis kirchengebundener Religiöser die Liebe, das Leben und das Sterben gut aufgehoben sind. Liebesbeziehungen zwischen religiösen Menschen sind dauerhafter und krisenfester (»Der Glaube hilft über Ehekrisen hinweg«); der moralische Schutz des Lebens in allen Phasen ist wirksamer, Religiöse neigen dazu, das Sterben als Teil ihres Lebens zu vollbringen, statt dieses in die außerhäusliche Bewußtlosigkeit zu verdrängen.[4]

## ANMERKUNGEN

1 Helfert, Darstellung, 1843, 18.
2 Riegger, Corpus Iuris Ecclesiastici, Bohemici et Austriace, Nachtrag, Wien 1770, 12–15.
3 Kirchenmitgliedschaft der Wähler

|  | SPÖ | ÖVP | FPÖ | Grüne | LF |
|---|---|---|---|---|---|
| römisch-katholisch | 72,42 | 93,56 | 77,25 | 80,19 | 71,70 |
| evangelisch | 7,61 | 2,01 | 6,01 | 3,77 | 7,55 |
| ohne religiöses Bekenntnis | 15,06 | 3,22 | 10,73 | 7,55 | 7,55 |

4 Zulehner u.a., Untertan, 1991, 236–261.

Emmerich Tálos

# Der Sozialstaat – Vom ›goldenen Zeitalter‹ zur Krise

## Einleitung

Galt der Ausbau des Sozialstaats in den Jahrzehnten nach Ende des Krieges und der NS-Herrschaft als der Brennpunkt sozialreformerischer Optionen, so hat sich die Zielrichtung nach 50 Jahren unübersehbar verändert. Die sozialstaatliche Sicherung und ihre Finanzierung nahmen im Rahmen der Regierungsverhandlungen ebenso wie in der öffentlichen Diskussion nach der Wahl vom Oktober 1994 eine »prominente« Stellung ein. Das angepeilte Ziel, wie das von den Regierungsparteien im November 1994 vorgelegte »Sparpaket« eindrücklich untermauert, ist nicht die Anpassung der sozialen Sicherung an veränderte soziale Problemlagen, sondern an budget- und wirtschaftspolitische Prioritäten.

Dieser Szenenwechsel markiert eine Zäsur in der sozialpolitischen Entwicklung, die sich in einer Reihe anderer westeuropäischer Länder bereits seit den 1970er, in Österreich seit den 1980er Jahren abzeichnet.[1]

Im Folgenden geht es darum, für den 50jährigen Zeitraum einige wichtige Entwicklungslinien nachzuzeichnen.

Der Sozialstaat ist weitläufig. Er umfaßt neben den klassischen Maßnahmenbereichen, wie der politischen Regelung der Arbeitsbedingungen und Arbeitsbeziehungen und der sozialen Sicherung (Sozialversicherung, Sozialhilfe, Pflegesicherung), auch Regelungen den Arbeitsmarkt und familienpolitische Leistungen betreffend.

Mein Beitrag konzentriert sich auf den Bereich der sozialen Sicherung: Er ist jenes Politikfeld, dessen Entwicklung in den Nachkriegsjahrzehnten als »golden age of the welfare state«[2] bezeichnet wurde; andere haben von »einem allgemeinen und kontinuierlichen Siegeszug der Sozialversicherung«[3] gesprochen. Er ist auch jener Sozialpolitikbereich, der in jüngster Zeit mit der »Krise des Sozialstaats« in Zusammenhang gebracht worden ist.

## Das ›goldene Zeitalter‹ der sozialen Sicherung

Bevor die Grundlagen der Sozialversicherung Mitte der 1950er Jahre konsolidiert waren, ging es in der österreichischen Sozialpolitik zum einen darum, nach dem Ende der nationalsozialistischen Herrschaft und des Krieges die sozialen Folgen zu bewältigen. Große Bedeutung hatte dabei die Fürsorge für die Opfer des Krieges: 1950 wurden beispielsweise 40 Prozent des Sozialbudgets für Kriegsgeschädigtenfürsorge aufgewendet. Zum anderen ging es um das Wiederaufgreifen beziehungsweise das Wiederanknüpfen an die sozialpolitische Tradition der Ersten Republik. Zu den diesbezüglichen Schritten zählten neben Leistungs- und Finanzierungsregelungen auch die Wiedereinführung der Selbstverwaltungsorganisation. Letztere mit einer Modifikation allerdings, die Ende 1994 auch Gegenstand der politischen Auseinandersetzungen war: die Repräsentation der Versicherten. 1947 wurde auf Urwahlen der Versicherten verzichtet und das Modell der Beschickung der Selbstverwaltung mit Verbändevertretern eingeführt.

Als Abschluß der Übergangsperiode kann die Verabschiedung des sozialpolitischen »Jahrhundertwerks« im Jahr 1955 betrachtet werden: des Allgemeinen Sozialversicherungsgesetzes (ASVG). Mit Ausnahme der Arbeitslosenversicherung, die 1949 in einem eigenen Gesetz geregelt wurde, umfaßt das ASVG Bestimmungen über die Kranken-, Unfall- und Pensionsversicherung – für alle unselbständig Erwerbstätigen (mit Ausnahme des öffentlichen Diensts und der Notariatskandidaten) – sowie die Organisation und die Finanzierung der Sozialversicherung. Dieses Gesetz bildete nicht nur die Basis für die weitere Entwicklung der sozialen Sicherung der unselbständig Erwerbstätigen, sondern auch das Leitgesetz für die Entwicklung der Sozialversicherung der selbständig Erwerbstätigen. Als diesbezüglich wichtige Gesetze seien angeführt:[4] Gewerbliches Selbständigen-Pensionsversicherungsgesetz (aus 1957), das Bauern-Krankenversicherungsgesetz (aus 1965), Gewerbliches Selbständigen-Krankenversicherungsgesetz (aus 1966), das Bauern-Pensionsversicherungsgesetz (aus 1969) und das Bundesgesetz über die Sozialversicherung für freiberuflich selbständig Erwerbstätige (aus 1978). Die Tradition der Institutionalisierung der sozialen Sicherung nach Berufsgruppen (Arbeiter, Angestellte, Beamte) wurde auch bei den Selbständigen fortgesetzt.[5] Dies ist ablesbar an Einrichtungen wie der Sozialversicherungsanstalt der gewerblichen Wirtschaft, der der Bauern sowie der Versicherungsanstalt des österreichischen Notariats.

Im Unterschied zur Sozialversicherung sollte es hinsichtlich des zweiten sozialen Netzes, der Fürsorge, länger dauern, bis die Neuordnung nach 1945 ihren (vorläufigen) Abschluß fand: Erst in den 1970er Jahren wurden neue Gesetze in den neun Bundesländern beschlossen. Ausdruck des Bemühens um eine Neuordnung und zugleich Weiterentwicklung ist neben der Umbenennung in »Sozialhilfe« die Erweiterung des traditionellen Leistungsangebots: Neben der ›traditionellen‹ Hilfe zur Sicherung des Lebensbedarfs (Geld- und Sachleistungen) umfaßt das Leistungsspektrum auch Hilfen in besonderen Lebenslagen sowie soziale Dienste, die alten, kranken oder behinderten Menschen eine relativ selbständige Lebensführung ermöglichen sollten.

Bei allen Neuordnungsansätzen und aller Weiterentwicklung bewegten sich beide Systeme der sozialen Sicherung in den Bahnen, die bereits im ausgehenden 19. Jahrhundert grundgelegt worden sind: Die Sozialversicherung blieb weiterhin in erster Linie an Erwerbstätige adressiert. Abgesehen von Sachleistungen, die in der Kranken- und Unfallversicherung ohne Berücksichtigung der Höhe der Einkommen und der Beiträge angeboten werden, sollten die Geldleistungen der Sozialversicherung der Sicherung des (real sehr unterschiedlichen) Lebensstandards dienen – oder anders gesagt: in einer Äquivalenzrelation zwischen Einkommen und Beitragsleistung stehen.

Indirekt kommt die Sozialversicherung auch Familienmitgliedern zugute, zum Beispiel in Form der Mitversicherung in der Krankenversicherung und der Hinterbliebenenversorgung in der Pensionsversicherung.

Ganz andere Prinzipien gelten für die Sozialhilfe:[6] Als zentral ist die Subsidiarität zu veranschlagen, womit die Nachrangigkeit dieser staatlichen Hilfe im Fall der Hilfebedürftigkeit gegenüber den eigenen (familialen) materiellen Ressourcen, gegenüber staatlichen Transferleistungen aus der Sozialversicherung und dem Einsatz der Arbeitskraft der Hilfesuchenden gemeint ist. Das zweite Prinzip ist das der Individualisierung. Sozialhilfe ist auf individuelle Hilfebedürftigkeit und nicht auf verallgemeinerbare Problemlagen spezifischer sozioökonomischer Gruppen (zum Beispiel von Arbeitern oder Angestellten) abgestellt.

## Ökonomischer und politischer Hintergrund des ›goldenen Zeitalters‹

Die sozialstaatliche Expansion bis in die 1970er Jahr konnte auf einem durchaus begünstigenden ökonomischen wie politischen ›Nährboden‹ gelingen. Wenn wir von der wirtschaftlichen Wiederaufbauphase bis Beginn der 1950er Jahre absehen, läßt sich für die beiden folgenden Jahrzehnte eine unübersehbar günstige ökonomische Entwicklung konstatieren. Dafür stehen beträchtliche Wirtschaftswachstumsraten (1950er Jahre: 5,5 Prozent, 1960er Jahre: 3,9 Prozent) ebenso wie die Ausweitung der Beschäftigtenzahl (1946: 1,7 Millionen, 1980: 2,8 Millionen unselbständig Beschäftigte) und das (seit Ende der 1950er Jahre) niedrige Niveau der Arbeitslosigkeit sowie die Situation der Vollbeschäftigung, die von Beginn der 1960er bis Beginn der 1980er Jahre andauerte. Der Verteilungsspielraum war damit sowohl für die Arbeitsmarktparteien als auch für das Budget größer geworden.

Hand in Hand damit ging nicht nur eine Abschwächung verteilungspolitischer Konflikte. Die zentralen politischen Akteure, ÖVP und SPÖ, haben sich (im Vergleich zur Ersten Republik)[7] in ihren gesellschafts- und sozialpolitischen Optionen merklich angenähert. Ein Kernpunkt dabei ist der weitgehende Konsens hinsichtlich der aktiven Rolle des Staats bei der Steuerung der ökonomischen und sozialen Entwicklung. Zur Überbrückung der traditionellen Kluft zwischen den sozialpolitischen Positionen hat auch wesentlich ein keineswegs selbstverständliches Faktum beigetragen: die Einbeziehung der gewerblichen und industriellen Unternehmer sowie der Bauern in die Sozialversicherung. Wie umstritten dieser Schritt war, wird an der kämpferischen Ablehnung dieser Einbeziehung bei Teilen der Industriellen sowie ihrer Repräsentanten deutlich. Exemplarisch heißt es noch im Jahr 1956 im Organ der Industriellenvereinigung: »Niemals aber können wir einer Selbständigenversicherung zustimmen, die den Weg zur Vernichtung des privaten Unternehmertums, zur Enteignung und Nivellierung nach unten vorbereiten würde« (4. Februar 1956). Tatsächlich kam es anders: Die Einbeziehung aller Unternehmer in die Sozialversicherung hat diesen ›Stand‹ nicht in der marktwirtschaftlich-kapitalistischen Wirtschaftsordnung zum Verschwinden gebracht.

Darüber hinaus und mindestens ebenso wichtig wie die Annäherung auf Ebene der Parteien ist für die expansive sozialstaatliche Entwicklung in Österreich die spezifische Konstellation der Beziehungen zwischen den großen gesellschaftlichen Interessenorganisationen und der Regierung. Gemeint ist damit die Sozialpartnerschaft.[8] Ihr inhaltliches Fundament bildet der erst in der Zweiten Republik herausgebildete Grund-

konsens über gesamtwirtschaftliche Ziele. Diese sind: Wirtschafts- und Beschäfti-
gungswachstum, Preisstabilität und ausgeglichene Handelsbilanz. Für die Sozialpolitik
im konkreten heißt dies: Wirtschaftswachstum und Vollbeschäftigung als Basis für
deren Ausbau und Aufrechterhaltung. Die unter den angegebenen ökonomischen
Bedingungen ermöglichte Verteilung von Zuwächsen federte nicht bloß sozialpartnerschaftliche Zusammenarbeit und Interessenabstimmung, sondern auch den Ausbau
sozialstaatlicher Leistungen ab.

*In Anknüpfung an die sozialpolitische Tradition der Ersten Republik kam es 1955 zur
Verabschiedung des Allgemeinen Sozialversicherungsgesetzes, ...*

Das hieß allerdings keineswegs Harmonie und Konsens auf allen Linien. Es fehlte nicht
an Ablehnung und Widerspruch – insbesondere seitens der Unternehmer, die von
steigenden Lohnkosten tangiert waren und die sinkende Wettbewerbsfähigkeit beklagten. Doch der Dissens konnte unter den angesprochenen Rahmenbedingungen durchwegs in Kompromißlösungen transformiert werden.

Wesentliche Indikatoren der Expansion der sozialen Sicherung

Selbst wenn Österreich nach 1945 nicht den Pfad von Volksversicherungs- und Staats-
bürgersicherungssystemen wie in Großbritannien oder (im Bereich Gesundheitsvorsor-
ge und Pension) in den skandinavischen Ländern beschritten hat: Die beträchtliche
Ausweitung des Adressatenkreises der Sozialversicherung zählt zu den Grundlagen des

engmaschigen Netzes sozialer Sicherung. Zusätzlich zu den traditionell versicherten unselbständig Beschäftigten erfolgte in einem schrittweisen Prozeß von den 1950er bis in die 1970er Jahre hinein die Einbeziehung der gewerblichen und industriellen selbständig Erwerbstätigen, der Bauern und freiberuflich Tätigen. Von einigen Ausnahmen abgesehen (Prostituierte, geringfügig Beschäftigte, Arbeit auf Honorar- und Werkvertragsbasis), waren damit unselbständig und selbständig Erwerbstätige (inklusive Pensionsbezieher/innen und Arbeitslose) in die staatlich geregelte Pflichtversicherung integriert. Zusammen mit den sogenannten Mitversicherten, anders gesagt: den unterhaltspflichtigen Familienangehörigen und Bezieher/inne/n der Sozialhilfe, kommt die Krankenversicherung im Bereich der Sachleistungen dem Modell der Volksversicherung sehr nahe. An den Veränderungen der Anzahl geschützter Personen läßt sich dieser Sachverhalt zeigen. Betrug ihr Anteil im ausgehenden 19. Jahrhundert erst circa 7 Prozent, 1946 schon 46 Prozent, so 1980 bereits 96 Prozent und 1994 circa 99 Prozent.[9]

*... trotzdem lagen noch 1992 45 Prozent der monatlichen Bezüge von Arbeitslosengeldern unter dem als »Armutsgrenze« geltenden Richtsatz von 6.500 Schilling.*

Nicht weniger bedeutend sind Veränderungen im Leistungsbereich, nicht nur hinsichtlich der Anpassung der Leistungen an die wirtschaftliche Entwicklung. Die Einführung der Rentendynamik (Mitte der 1960er Jahre) und die wiederholte Anhebung der Richtsätze der Ausgleichszulage sind bekannte Beispiele. Zu einem Ausbau des Leistungssystems kam es in allen einschlägigen Bereichen. Exemplarisch sei hier auf die Verlängerung des Wochengeldanspruchs, die Erweiterung des Begriffs Unfall über den

unmittelbaren Arbeitsbereich hinaus, die Verlängerung des Anspruchs auf Kranken-
geld, die Beseitigung der Wartetage auf Arbeitslosengeld und nicht zuletzt die Einführung der Ausgleichszulage und die leistungsrelevante Anerkennung von sogenannten
Ersatzzeiten (Zeiten des Arbeitslosen- und Karenzurlaubsgeldbezugs, des Militär- und
Zivildienstes) verwiesen.

All dies fand in einem weiteren, häufig verwendeten Indikator sozialstaatlicher
Expansion seinen Niederschlag: in der Expansion der dafür erforderlichen finanziellen
Ressourcen. Die Sozialausgaben sind in Relation zum Bruttoinlandsprodukt beträchtlich angestiegen, quantitativ betrachtet: im Zeitraum zwischen 1955 und 1977 jährlich
um 11,7 Prozent. Als Anteil am Bruttoinlandsprodukt berechnet, kam es in dieser Zeit
zu einer Steigerung von 16 auf 24,5 Prozent. Die Deckung erfolgte durch steigendes
Beitragsaufkommen seitens der Versicherten und ihrer Arbeitgeber/innen, aber auch
durch steigende Beiträge aus dem staatlichen Budget. Letzteres gilt in erster Linie für
die Pensionsversicherung.

Wie bereits eingangs vermerkt, beschritt Österreich mit dieser Expansion keinen
Sonderweg. Der ›Siegeszug‹ lag im Trend der sozialstaatlichen Entwicklung in den
hochindustrialisierten Ländern Europas. Diese Gemeinsamkeiten haben allerdings die
Unterschiede zwischen verschiedenen Staaten hinsichtlich der Zielsetzung wie auch
des Adressatenkreises der sozialen Sicherung nicht nivelliert. Österreich unterscheidet
sich (zusammen mit Deutschland, Frankreich oder Italien) noch beträchtlich von
merkbar staatsbürgerorientierten Sicherungssystemen wie in Schweden oder auch
Mix-Systemen wie in den Niederlanden.[10] Die größte Übereinstimmung – vergleichend
betrachtet – besteht wohl in der Gestaltung des zweiten sozialen Netzes, der Sozialhilfe.
Dies ist beispielhaft ablesbar an den Grundprämissen Subsidiarität und Individualisierung sowie am Aufbringen der finanziellen Ressourcen aus dem Budget der Länder
und Gemeinden.

Das ›goldene Zeitalter des Wohlfahrtsstaates‹ brachte allerdings auch merkbare
Beschränkungen und Benachteiligungen: Der sozialstaatliche Ausbau kam nicht allen
Versicherten in gleichem Maß zugute. Soziale Sicherung privilegiert in Österreich
erwerbstätige Inländer/innen vor erwerbstätigen Ausländer/inne/n (1963: 22.500,
1973: 226.000). Diese Ungleichstellung zeigt sich exemplarisch an der (früher generellen) Ausgrenzung von Ausländer/inne/n aus der Notstandshilfe im Fall der Arbeitslosigkeit sowie an der Ungleichstellung in der Sozialhilfe im Fall fehlenden Einkommens.[11]

Das erwerbsarbeitsbezogene System der Sozialversicherung privilegiert außerdem
Männer vor Frauen insofern, als es insbesondere die Dauer der Erwerbstätigkeit wie
auch die Höhe des Einkommens honorierte und honoriert. Es ist damit an Erwerbskarrieren orientiert, die in erster Linie nur für Männer in Frage kommen, anders gesagt:
am sogenannten Normalarbeitsverhältnis, das durch unbefristete, permanente und
vollzeitige Beschäftigung charakterisiert ist. Die Benachteiligung von Frauen in der
Sozialversicherung ist demnach strukturell angelegt:[12] Denn Frauen haben, bedingt
durch unbezahlte, geschlechtsspezifisch ungleich verteilte, notwendige familiäre Arbeit, aufgrund der Mehrfachbelastung schlechtere Chancen am Arbeitsmarkt (Berufs-
unterbrechungen, Benachteiligung beim Aufstieg) und erzielen – auch damit zusammenhängend – niedrigere Einkommen. Weniger Versicherungszeiten und niedrigere

Erwerbseinkommen schlagen sich in einem erwerbsarbeitsorientierten System in einem niedrigeren Versorgungsniveau (beispielsweise in der Pension) nieder. Diese geschlechtsspezifische Selektivität kommt allerdings seit dem letzten Jahrzehnt noch deutlicher zum Tragen. Das staatlich geregelte soziale Sicherungssystem privilegiert die Ehe vor anderen Partnerschaftsformen (wie zum Beispiel der Lebensgemeinschaft). Exemplarisch ist dies an der Hinterbliebenenversorgung (Witwen- beziehungsweise Witwerpension) ersichtlich.

## Krise: ›Szenenwechsel‹ in der sozialen Sicherung

Als unstrittig gilt in jüngsten sozialpolitischen Analysen, daß das ›goldene Zeitalter des Sozialstaats‹ zu einem Ende gekommen ist. Die Gründe dafür werden in ökonomischen, sozialen und politischen Veränderungen verortet. Exemplarisch dafür seien reduziertes Wirtschaftswachstum, steigende Budget- und Finanzierungsprobleme, verstärkter Wettbewerbsdruck, Arbeitslosigkeit, Erosion des Normalarbeitsverhältnisses, Alterungsprozeß, Änderung von Präferenzen und die Abwendung vom keynesianischen Sozialstaat angeführt. In den meisten entwickelten kapitalistischen Ländern zeichnen sich diese Veränderungen bereits seit den 1970er Jahren ab – Hand in Hand gehend mit wachsendem Problempotential, sozialpolitischem Handlungsbedarf und absehbaren Herausforderungen. Drastischer noch gilt dies für die ehemaligen sozialistischen Länder, die nach dem einschneidenden politischen Systembruch Ende der 1980er Jahre durchwegs mit wirtschaftlichen und sozialen Problemen bei ungleich weniger materiellen Ressourcen zu kämpfen haben.

Auch Österreich wurde von diesem ›Szenenwechsel‹ erfaßt, im Vergleich zu den meisten westeuropäischen Ländern allerdings ein wenig später und bis in die jüngste Zeit auch, keineswegs nur im Vergleich mit den östlichen Nachbarn, etwas moderater.

### Ökonomischer, sozialer und politischer Hintergrund

Seit Beginn der 1980er Jahre zeichnen sich in Österreich merkbare Veränderungen ab, die für die soziale Sicherung nachhaltige Konsequenzen zeitigen. Wesentliche Bestimmungsfaktoren der sozialstaatlichen Expansion der Nachkriegsjahrzehnte sind ins ›Rutschen‹ gekommen. Dazu zählt das Wirtschaftswachstum, das nach dem Wirtschaftseinbruch zu Beginn der 1980er Jahre bis in ihre zweite Hälfte ein vergleichsweise niedriges Niveau aufwies. Zur gleichen Zeit machten sich neben beträchtlichen Strukturproblemen (insbesondere bei Teilen der Verstaatlichten Industrie) anwachsende Budgetdefizite bemerkbar. Der Verteilungsspielraum des Budgets hatte durch ansteigende Zinsenlasten merkbare Einschränkungen erfahren. Daß diese Problematik auf die Finanzierung im Bereich der sozialen Sicherung durchschlägt, ist unübersehbar.

Zu Beginn der 1980er Jahre gab es eine Zäsur auch am Arbeitsmarkt. Arbeitslosigkeit ist nicht nur zu einem andauernden, sondern auch zu einem quantitativ anwachsenden Problem geworden. Exemplarisch erläutert: Während des Jahres 1980 waren insgesamt 242.500 Menschen (mindestens einmal) von Arbeitslosigkeit betroffen,

1993 waren es circa 690.000. Das Risiko, arbeitslos zu werden und auch längere Zeit
zu bleiben, ist unterschiedlich verteilt: Frauen trifft es seit Mitte der 1980er Jahre mehr
als Männer, Nicht-Qualifizierte stärker als Qualifizierte, alte Arbeitnehmer/innen mehr
als jüngere, Ausländer/innen mehr als Inländer/innen. Den Betroffenen nützt es wenig,
daß in den meisten anderen westeuropäischen Ländern die durchschnittliche Arbeitslosenrate zum Teil beträchtlich höher liegt, denn sie leben nicht im statistischen
Durchschnitt, sondern als Arbeitslose in Österreich. Die Frage, die sich in diesem
Zusammenhang verstärkt stellt, ist, ob das bestehende System so konstruiert ist, daß es
Ausgrenzung und Verarmung zuläßt bzw. fördert.

Die gesellschaftliche Entwicklung ist durch weitere Veränderungstendenzen geprägt, die ebenfalls Herausforderungen an die herkömmlichen Systeme der sozialen
Sicherung darstellen. Gemeint sind weitere Veränderungen am Arbeitsmarkt, in den
sozialen Beziehungen und in der Zusammensetzung der Bevölkerung. Bei ersteren
spricht man von der Erosion des Normalarbeitsverhältnisses, anders gesagt: von der
zunehmenden Verbreitung von Beschäftigungsformen, die von einem vollzeitigen und
dauerhaften Arbeitsverhältnis, das zugleich den Bezugspunkt sozialstaatlicher Sicherung bildet, abweichen – Teilzeitarbeit, kurzzeitige Beschäftigung, geringfügige Beschäftigung, Arbeit auf Abruf, Jobsharing, sogenannte Scheinselbständigkeit (zum
Beispiel Arbeit auf Werkvertragsbasis). Das Problem, das sich in diesem Zusammenhang ergibt, ist, ob auch mit diesen neuen Formen eine Sicherung der materiellen
Teilhabechancen gewährleistet ist.

Zu den bemerkenswerten Veränderungstrends kann wohl auch der Wandel familiärer und partnerschaftlicher Lebensformen in vielen Ländern gezählt werden. Die
steigende Rate an Scheidungen und die Zunahme der Zahl der Alleinerhaltenden
(vorwiegend Frauen) führen faktisch zur Erosion des ›Zugangskanals Ehe‹ im tradierten System der Sozialversicherung, die in erster Linie Frauen tangiert. Diese traditionelle Ehezentrierung wird durch das Faktum untermauert, daß zur Zeit 400.000 Frauen
keinen eigenständigen Pensionsanspruch haben. Die Frage der eigenständigen, materiellen Sicherung hat, unter den angeführten Bedingungen, für einen wachsenden Teil
von Frauen erhöhte Brisanz bekommen.

Die Zusammensetzung der Bevölkerung[13] hat seit dem vergangenen Jahrzehnt erst
in einem geringeren Ausmaß Veränderungen erfahren. Die Entwicklung in den nächsten 20 Jahren wird Probleme insofern zuspitzen, als der Alterungsprozeß, bedingt
durch steigende Lebenserwartung zum einen, durch sinkende Geburtenhäufigkeit zum
anderen, auch in Österreich zunehmen wird.

Mit den Veränderungen, vor allem in der Wirtschaft und am Arbeitsmarkt, korrespondieren Wandlungstendenzen auf politischer Ebene. Der lange Zeit verbreitete
keynesianische Grundkonsens wurde grundsätzlich in Frage gestellt. Wenn auch aufgrund der Sozialpartnerschaft abgeschwächt, haben neoliberale Vorstellungen über
»mehr Markt und weniger Staat« in das Selbstverständnis der Unternehmervertretungen – und darüber hinaus in die Medienöffentlichkeit – Eingang gefunden. Die
traditionelle Legitimationswirkung sozialpolitischer Reformen hat merkbar abgenommen. Spielten früher das beträchtlich gesteigerte Tempo beschlossener sozialpolitischer Maßnahmen in der Vorwahlzeit und die sozialpolitischen Ankündigungen im
Wahlkampf eine wichtige legitimatorische Rolle, so können heute – wie der Wahl-

kampf 1994 gezeigt hat – die Stoßrichtung anstehender sozialpolitischer Vorhaben den Wähler/inne/n vorenthalten und damit mögliche Legitimationsprobleme zumindest kurzfristig ›umschifft‹ werden. Allerdings war dann nach Bekanntgabe des Belastungspakets die ›Ablehnungsfront‹ für österreichische Verhältnisse ungewöhnlich breit.

Die Distanz zwischen Sozialversicherten und ihren Einrichtungen ist ungeachtet des Modus der »Selbstverwaltung« in der Sozialversicherung beträchtlich und bildet einen ›Nährboden‹ für Bürokratiekritik, auch im Bereich des Sozialstaats. Die auf ›fruchtbaren‹ Boden gefallene Mißbrauchsdebatte und Wandlungstendenzen gesellschaftspolitischer Präferenzen (Abgang von der sogenannten sozialgarantistischen Grundhaltung) signalisieren unübersehbar, daß gesellschaftliche Solidarität nur noch geringen Stellenwert hat. Im Kontext verringerter Verteilungsspielräume wird der Verteilungskampf auch im Bereich sozialstaatlicher Leistungen härter.

## Probleme im Sozialstaat[14]

Die Veränderungen des politischen Umfelds finden auch darin ihren Niederschlag, welche Probleme in und für den Sozialstaat wahrgenommen werden. Die seit den 1980er Jahren dominierende Problemsicht hat eine unübersehbare Schlagseite: Das Augenmerk ist vorwiegend auf Finanzierungsprobleme konzentriert. Diese gibt es, und zwar in größerem Ausmaß als früher, aber eben nicht allein.

Aus unterschiedlichen Gründen und mit unterschiedlichem Gewicht ist eine schwindende Balance zwischen Einnahmen und Ausgaben für die Pensionsversicherung ebenso wie für die Kranken- und Arbeitslosenversicherung konstatierbar. Am Beispiel der Pensionsversicherung verdeutlicht: Veränderungen am Arbeitsmarkt, in der Erwerbstätigkeit und in der demographischen Struktur (steigende Lebenserwartung) haben ihre Spuren in der Pensionsversicherung in mehrfacher Hinsicht hinterlassen. In den 1980er Jahren gab es den Ausfall von Beitragszahler/inne/n – analog zum Rückgang der unselbständig Beschäftigten; bei Bauern und Landwirten hat sich der langfristig bereits beobachtbare sozialstrukturelle Wandel fortgesetzt. Die Schere zwischen Beitragszahlern und Leistungsempfängern hat sich weitgehend geschlossen; für die Einnahmenseite nicht ohne Relevanz sind niedrige Einkommenszuwächse seit den 1980er Jahren; für die Ausgabenseite von großer Bedeutung ist die beträchtliche Zunahme der Anzahl von Pensionen aus den verschiedenen Pensionsarten, vor allem der vorzeitigen Alterspensionen (zugleich als Spiegel der Arbeitsmarktprobleme älterer Arbeitnehmer/innen) und der »Pensionen aus dem Versicherungsfall der geminderten Arbeitsfähigkeit beziehungsweise dauernden Erwerbsunfähigkeit«. Bei letzteren betrug die Anzahl 1980 298.000, 1993 waren es bereits 406.000. Diese Verschiebungen finden in Veränderungen der sogenannten Pensionsbelastungsquote ihren Niederschlag: Entfielen 1970 auf 1.000 Beitragszahler 487 Pensionen, so 586 im Jahr 1993.

Ohne die Finanzierungsproblematik in der Sozialversicherung gering zu schätzen, sei aber betont, daß es zur Zeit auch unübersehbare qualitative Probleme im Sozialstaat gibt. Im angeführten veränderten Umfeld ist die in der österreichischen Sozialversicherung strukturell angelegte Begrenzung offenkundig geworden. Sie besteht darin, daß weder die Ausgrenzung noch das Verarmungsrisiko ausgeschlossen sind. Quantitativ

*Tabelle 1: Erwerbstätige und Sozialleistungsbezieher/innen, Höhe der Einkommen,*
*Aufwendungen im Jahr 1992*

1. Erwerbstätige und Sozialleistungsbezieher/innen (Anzahl in Tausend)

|  | Männer | Frauen | ingesamt |
|---|---|---|---|
| Einwohner | 3.800 | 4.100 | 7.900 |
| Erwerbstätige (Stand: 1. Juli) |  |  |  |
| Unselbständige | 1.767 | 1.289 | 3.056 |
| davon: Ausländer/innen | 182 | 92 | 274 |
| Beamte | 214 | 69 | 282 |
| Angestellte | 592 | 664 | 1.256 |
| Arbeiter/innen | 901 | 417 | 1.318 |
| Bauern/Bäuerinnen | 105 | 104 | 209 |
| Gewerbetreibende | 149 | 63 | 212 |
|  |  |  |  |
| Sozialleistungsbezieher/innen: |  |  |  |
| Pensionist/innen | 754 | 1.018 | 1.762 |
| davon: Beamtenversorgung | 122 | 108 | 229 |
| mit Alterspension | 361 | 456 | 818 |
| mit Invaliditätspension | 225 | 169 | 394 |
| mit Witwen-/Witwerpension | 25 | 453 | 478 |
| mit Waisenpension | 28 | 27 | 55 |
| Ruhegenuß (nur Beamte) | 118 | 32 | 150 |
| Unfallrenten (Dezember) | 73 | 39 | 112 |
| Kriegsopferrenten (Juli) | 56 | 56 | 113 |
| Arbeitslosengeld (Jd.) | 70 | 50 | 121 |
| Notstandshilfe (Jd.) | 26 | 27 | 53 |
| Sonderunterstützung (Jd.) | 6 | 4 | 9 |
| Karenzurlaubsgeld (Jd.) | 1 | 105 | 106 |
| Sondernotstandshilfe (Jd.) | - | 9 | 9 |
| Familienbeihilfenbezieher/innen | ... | ... | 1.012 |

2. Mittlere Einkomen (monatlich, brutto, Jahreszwölftel, in öS) (50% der Einkommen lagen unter ...)

|  | Männer | Frauen | insgesamt |
|---|---|---|---|
| Erwerbseinkommen (Unselbständige) | 23.600 | 16.500 | 18.500 |
| Alterspensionen | 16.100 | 8.100 | 11.000 |
| Invaliditätspensionen | 12.700 | 6.200 | 9.200 |
| Witwen-/Witwerpensionen | 2.300 | 7.600 | 7.600 |
| Waisenpensionen | 2.800 | 2.800 | 2.800 |
| Ruhegenüsse (nur Beamte) | 28.600 | 26.000 | 28.400 |
| Witwen-/Witwerversorgungsgenüsse (nach Bundesbeamten) | ... | 15.000 | 15.00 |
| Arbeitslosengeld | 9.100 | 6.700 | 8.200 |
| Notstandshilfe | 7.200 | 5.700 | 6.400 |

3. Aufwendungen aus öffentlichen Mitteln (in Mrd. öS)

| Gesamter Sozialaufwand | 574,6 |
|---|---|
| Pensionen | 301,2 |
| davon: Pensionsversicherung | 215,2 |
| Beamtenversicherung | 85,9 |
| Unfallrenten (UV) | 5,0 |
| Kriegsopferrenten | 6,6 |
| Arbeitslosenleistungen | 21,6 |
| Karenzurlaubsgeld | 9,2 |
| Sondernotstandshilfe | 0,8 |
| Familienbeihilfen | 34,0 |
| Geburtenbeihilfen | 1,3 |
| Gesundheitsausgaben | 117,5 |

Quelle: Tálos u. Wörister, Sicherung, 1994, 274–275

aufgezeigt: Mit Andauer der Arbeitslosigkeit blieb ein wachsender Teil der gemeldeten Arbeitslosen aufgrund der Nichterfüllung der Anspruchsvoraussetzungen vom Bezug des Arbeitslosengelds und der Notstandshilfe ausgeschlossen. Nach Schwankungen in den letzten Jahren lag der Prozentsatz 1992 (ebenso wie 1987) bei circa zehn Prozent. Das gestiegene Verarmungsrisiko zeigt sich exemplarisch im Bereich der Arbeitslosenversicherung: 1992 lagen 45 Prozent der Bezüge der Arbeitslosengeldbezieher/innen unter dem als Armutsgrenze verwendeten Einzelrichtsatz der Ausgleichszulage (6.500 Schilling). Nach Geschlechtern differenziert, waren es 30 Prozent der leistungsberechtigten Männer, 70 Prozent der leistungsberechtigten Frauen.

Die Ausweitung der sogenannten atypischen Beschäftigungsformen, wovon wieder Frauen ungleich stärker betroffen sind, verschärft diese Problematik. Denn eine gerade noch existenzsichernde Teilzeitarbeit führt in hohem Ausmaß zu Sozialleistungen, die nicht mehr existenzsichernd sind.

## Politik der sozialen Sicherung in einem veränderten Umfeld

Der ›Szenenwechsel‹ im Bereich sozialer Sicherung wird ebenso wie in anderen westeuropäischen Ländern auch in Österreich auf Ebene der politischen Gestaltung der staatlich geregelten sozialen Sicherung manifest. International läßt sich durchgängig und dominant der Trend in Richtung Beschränkung des Zugangs zu Leistungen und Absenkung des Niveaus von Leistungen konstatieren.[15] Selbst die EU-Kommission kommt für die Mitgliedsstaaten zu folgender Einschätzung: »Trotz der Schwierigkeiten, ›erworbene Ansprüche‹ rückgängig zu machen, wurde die Höhe der Leistungen entweder direkt durch Anpassung der Sätze nach unten oder indirekt durch Festlegung strengerer Anspruchsvoraussetzungen gekürzt. Überdies wurden die Regeln für die Indexierung der Leistungen weniger günstig gestaltet, entweder durch Aufgabe der Anbindung an den Lohnindex oder durch Aussetzung der Anbindung an den Preisindex (Belgien, Deutschland, Dänemark, Griechenland, Luxemburg, Niederlande). Im Bereich der Leistungen bei Arbeitslosigkeit waren die Mitgliedsstaaten auf Grund der nach wie vor hohen Arbeitslosenquote gezwungen, ihre Systeme erheblich umzustellen: So wurden die Sätze der Einkommensersatzleistungen gekürzt und die Anspruchsvoraussetzungen für die Gewährung von Leistungen verschärft, insbesondere durch Verlängerung der Wartezeiten (Deutschland, Vereinigtes Königreich).«[16]

Wie sieht es für Österreich aus?

In Selbstdarstellungen beispielsweise der Bundeskammer der gewerblichen Wirtschaft und der Industriellenvereinigung, aber auch der ÖVP und FPÖ wurden beziehungsweise werden gelegentlich grundsätzliche Töne für einschneidende Veränderungen im Leistungssystem der Sozial- und Arbeitslosenversicherung angeschlagen. Die konkret angepeilten Maßnahmen sind, wie nicht zuletzt auch die jüngsten Sparpläne zeigten, weniger von grundsätzlichen Überlegungen, betreffend den Umbau des Sozialstaats, geleitet als vielmehr an pragmatischen Zielparametern orientiert: Budgetkonsolidierung, Einbremsung der Soziallasten (keine Beitragsanhebungen), Einschränkung der (arbeitsmarktbedingten) gestiegenen Nachfrage nach Sozialleistungen sowie Unterbindung von Mißbrauch.

Die ersten beiden Zielparameter, die zugleich Ausdruck des in den 1980er Jahren vollzogenen Prioritätenwechsels in der Regierungspolitik sind, prägten die Entwicklung im Bereich der Pensionsversicherung. Die Ausrichtung an der Einschränkung der gestiegenen Inanspruchnahme von Leistungen kam vor allem im Bereich der Arbeitslosenversicherung zum Tragen. Dem Ziel der Budgetkonsolidierung sollten unmittelbar die größeren ASVG-Novellen aus 1984 und 1987 dienen. Hatte die Novelle aus 1984 sowohl die Einnahmenseite (Erhöhung der Einnahmen) als auch die Ausgabenseite (Abbau der sozialen Komponente, Verstärkung des Versicherungsprinzips, Dämpfung der Pensionsanpassung) tangiert, so war die 44. ASVG-Novelle (1987) ausschließlich ausgabenseitig orientiert (Ausweitung der Bemessungszeit, Streichung der Schul- und Studienzeiten).

Die pragmatische, den politischen Prioritäten der SPÖ-ÖVP-Koalition Rechnung tragende Ausrichtung der Politik der sozialen Sicherung zeigt sich auch an der 51. ASVG-Novelle aus 1993: Die in dieser Novelle enthaltenen Regelungen zielen auf eine

*Tabelle 2: Versicherungen, Versicherungsträger und Anzahl der Versicherten Jahresdurchschnitt 1993, in Tausend*

| Anstalt | Versicherte | Pensionen, Renten |
|---|---|---|
| Pensionsversicherung | | |
| PVA der Arbeiter | 1.260 | 902 |
| PVA der Angestellten | 1.295 | 484 |
| VA der österr. Eisenbahnen | 25 | 15 |
| VA des österr. Bergbaus | 9 | 26 |
| SVA der Gewerbl. Wirtschaft | 212 | 146 |
| SVA der Bauern | 203 | 186 |
| VA des österr. Notariats | 0,7 | 0,3 |
| Alle Anstalten | 3.004 | 1.761 |
| Krankenversicherung: | | |
| Gebietskrankenkassen (Anzahl: 9) | 4.170 | |
| Betriebskrankenkassen (Anzahl: 10) | 57 | |
| VA d. österr. Bergbaus | 38 | |
| VA d. österr. Eisenbahnen: | | |
| Abteilung A | 47 | |
| Abteilung B (Pragmatisierte) | 124 | |
| VA der öffentlich Bediensteten | 383 | |
| SVA der Gewerbl. Wirtschaft | 263 | |
| SVA der Bauern | 229 | |
| Alle Anstalten | 5.311 | |
| Krankenfürsorgeanstalten (Pragmatisierte) | 78 | |
| Unfallversicherung: (1992) | | |
| Allgemeine Unfallversicherungsanstalt | 3.978 | 72 |
| SVA der Bauern[*] | 698 | 33 |
| VA der österr. Eisenbahnen | 84 | 4 |
| VA der öffentlich Bediensteten | 257 | 4 |
| Alle Anstalten | 5.017 | 112 |
| Arbeitslosenversicherung | 2.464 | |
| Nacht-Schwerarbeitsgesetz | 14 | 0,7 |

Abkürzungen: PVA = Pensionsversicherungsanstalt, SVA = Sozialversicherungsanstalt, VA = Versicherungsanstalt
[*] Die Anzahl der Versicherten beruht auf einer äußerst groben Schatzung der Zahl der in landwirtschaftlichen Betrieben mithelfenden Personen; diese sind aufgrund der Betriebsversicherung mitversichert.

Quelle: Hauptverband der österreichischen Sozialversicherungsträger

mittel- und langfristige Absicherung der Pensionsversicherung unter den Bedingungen (absehbarer) einschneidender demographischer Veränderungen, ohne dabei den Beitragssatz und die Ausfallshaftung des Bundes bis ins nächste Jahrzehnt hinein drastisch zu erhöhen. Die dafür vorgesehenen konkreten Maßnahmen sind: die Neugestaltung der Aufwertung und Anpassung der Leistungen (die sogenannte Nettoanpassung), die Vereinheitlichung der Bemessungsgrundlage, die Honorierung des späteren Pensionsantritts.

Neben diesen Anpassungsmaßnahmen gab es in der jüngsten Zeit auch einige Erweiterungen über den Status quo hinaus. Hier sei vor allem auf die in der 51. ASVG-Novelle enthaltene Neuregelung der Anrechnung von Kindererziehungszeiten (höchstens vier Jahre pro Kind in Form eines fixen Zusatzbetrags zur Pension), aber auch auf die Neueinführung der Pflegesicherung (Gesetz aus 1993) verwiesen.

Der pragmatische Versuch einer Lösung des Problems der Verbindlichkeit von Zusagen für betriebliche Altersvorsorgen, das in den 1980er Jahren unter anderem bei den Betriebspensionen in der VÖEST offenkundig wurde, hat bisher nur in bescheidenem Ausmaß eine betriebliche Säule der Alterssicherung aufzubauen vermocht. Ende 1994 gab es erst 70.000 Anwartschaften und Leistungsberechtigte. Im Vergleich dazu: Die Zahl der Pensionen in der gesetzlich geregelten Pensionsversicherung betrug im Dezember 1993 insgesamt 1,772.000.

Während es über die Grundausrichtung der Veränderungen in der Pensionsversicherung auf Ebene der Regierungsparteien und großen Interessenorganisationen weitgehend Konsens gab, war der politische Dissens betreffend die Arbeitslosenversicherung und ihre Weiterentwicklung ausgeprägter. Vor allem von den Unternehmerrepräsentanten und auch Vertretern der ÖVP und FPÖ wurden die negative Anreizfunktion und der mögliche Mißbrauch als Gründe für Restriktionen auf Ebene der gesetzlichen Regelungen und des Vollzugs betont. Die Arbeitnehmerseite plädierte für eine Erweiterung des Leistungssystems durch Einführung eines Mindestarbeitslosengelds – nicht ohne in diesem Zusammenhang ihre Bereitschaft zu deklarieren, ebenso für ein Abstellen des Mißbrauchs einzutreten. Die Problemsicht »Sozialmißbrauch« ist zunehmend auch in weiten Kreisen der Sozialdemokratie heimisch geworden. Ein aktuelles Beispiel dafür stellt die Zielsetzung dar, die dem Entwurf des Sozial-Budgetbegleitgesetzes 1995 vorangestellt war: »Konsolidierung des Bundesbudgets und Ausschluß von mißbräuchlicher Inanspruchnahme von Sozialleistungen«.

Sowohl das Ziel, das soziale Sicherungssystem weiterzubauen, als auch die Ausrichtung an Einschränkungen fanden in den jüngsten Novellierungen des Arbeitslosenversicherungsgesetzes Niederschlag. Zu ersterem zählen exemplarisch Regelungen wie die Aufhebung der frauendiskriminierenden sogenannten Vollverdienstklausel in der Notstandshilfe, die Einführung einer Nettoersatzrate beim Arbeitslosengeld (57,9 Prozent), die Einbeziehung von Teilen der Ausländer/innen (mit Befreiungsschein) in die Notstandshilfe und die Anhebung des Freibetrags beim Bezug der Notstandshilfe für ältere Arbeitnehmer/innen. Auf der anderen Seite ist die restriktive Ausrichtung ablesbar an Regelungen wie dem Ruhen des Arbeitslosengelds während der Dauer der Gewährung der Urlaubsentschädigung und der Zeit der Kündigungsentschädigung, der Kürzung der Notstandshilfe und der Ausweitung der gesetzlich vorgesehenen Sanktionen bei »Arbeitsunwilligkeit« (Sperrfristen auch von sechs und acht Wochen möglich). Die Novelle vom Dezember 1993 enthält im wesentlichen nur mehr Verschlechterungen (zum Beispiel Ausschluß sogenannter vorübergehender Beschäftigung aus dem Arbeitslosengeld, verschärfte Sanktionen im Fall mißbräuchlicher Inanspruchnahme des Karenzurlaubsgelds). Das Beschäftigungssicherungsgesetz vom Juli 1993 verschärfte die Bedingungen des Arbeitslosengeldbezugs.

Auf der Ebene der Sozialhilfe wurde seit Beginn der 1980er Jahren eine Reihe von Novellierungen durchgeführt: Diese laufen darauf hinaus, den Zugang zu Leistungen im Bereich der Hilfe zur Sicherung des Lebensbedarfs zu erschweren. Die Ausgrenzungsstrategien betreffen insbesondere auch Ausländer/innen.

Insgesamt betrachtet: Die Entwicklung im Bereich der sozialen Sicherung seit Beginn der 1980er Jahre stellte in Österreich bis in die jüngste Zeit zumindest noch keine Einbahn dar. Die Entwicklung war durch ambivalente beziehungsweise gegenläufige Trends gekennzeichnet. Allerdings spricht, angesichts des nach der Regierungsbildung Ende 1994 vorgelegten Belastungspakets wie auch der (wenn auch in geringerem Umfang) tatsächlich beschlossenen Leistungseinschränkungen bei verschiedenen Sozialleistungen, einiges dafür, daß die soziale Sicherung in den nächsten Jahren nur mehr von einer Ausrichtung geprägt sein wird.[17] Das hieße allerdings keineswegs nur, daß die langfristige Expansion auch in Österreich unübersehbar zu einem Ende gekommen wäre. Das würde auch bedeuten, daß sich die österreichische Politik der sozialen Sicherung von einer ausgleichenden Politik ebenso wie vom Anspruch verabschiedet, sozialen Problemlagen, die es heute auch ungeachtet der kurzfristigen günstigen Konjunktur gibt, aktiv gegenzusteuern. Die Konsequenzen dieses ›Szenenwechsels‹ auf allen Ebenen bestehen in einer Verschiebung der Gewichte im Verhältnis der vier wesentlichen Bestimmungsfaktoren: Staat, Markt, Ehe und Familie.

Der Brennpunkt von Alternativen zu diesem ›Szenenwechsel‹, die heute wenig politisches Gewicht haben, könnte in Bemühungen bestehen, eine den veränderten Bedingungen entsprechende neue Balance zwischen individueller Freiheit und kollektiver Sicherheit, zwischen Flexibilität und staatlicher Regulierung zu schaffen.

Alternativen zu einer Politik der Privatisierung sozialer Risken, die zugleich die ökonomisch ungleichen Bedingungen verstärkt zum Gradmesser für materielle und soziale Teilhabechancen macht, zu einer Politik der Flexibilisierung, die die Unterordnung des Individuums unter betriebliche und unternehmenspolitische Ziele fortschreibt, könnten sehr allgemein gesprochen darin bestehen,

– daß sozialstaatliche Sicherung und Schutz nicht bloß auf das bisher dominante und in erster Linie auf männliche Erwerbskarrieren zutreffende Normalarbeitsverhältnis, sondern ebenso auf neue Arbeitsformen bezogen wird und
– daß die Politik der sozialen Sicherung in Ländern wie Österreich stärker als bisher das Moment des sozialen Ausgleichs berücksichtigt.

Die Einführung spezifischer beziehungsweise der Ausbau von Mindestsicherungen wären konkrete Reformschritte. Zur Zeit steht es für die Realisierung derartiger Reformen nicht günstig. Nicht Solidarität, sondern soziale Spaltung steht auf der österreichischen (politischen) Tagesordnung.

## ANMERKUNGEN

1   Vgl. Tálos u.a., Sicherung, 1994.
2   Flora, Introduction, in: Flora, Growths, 1986, XII.
3   Alber, Armenhaus, 1982, 151.
4   Die angeführten Zahlen bei den Gesetzen beziehen sich auf das Jahr, in dem das jeweilige Gesetz beschlossen worden ist.
5   Vgl. Bruckmüller u.a., Sicherheit, 1978.
6   Vgl. Dimmel u.a., Sozialhilfe, 1989.
7   Vgl. Tálos u.a., Sicherung, 1994, 20ff.
8   Vgl. ders. Hg., Sozialpartnerschaft, 1993.
9   Vgl. ders., Sozialpolitik, 1981, 351.
10  Vgl. Schulte, Grundsicherung, in: Vobruba Hg., Strukturwandel, 1990, 93ff.
11  Vgl. Die rechtliche Stellung von AusländerInnen 1994.
12  Vgl. Tálos u.a., Politik, in: ders. Hg., Wohlfahrtsstaat, 1992, 223f.
13  Vgl. Kytir u.a., Alter, 1992; Faßmann in diesem Buch.
14  Vgl. Tálos u.a., Sicherung, 1994, 55ff.
15  Vgl. ders. u.a., Politik, in: ders. Hg., Wohlfahrtsstaat, 1992.
16  Soziale Sicherheit in Europa 1994.
17  Laut Finanzminister Staribacher muß bis 1998 jedes Jahr ein Sparkpaket geschnürt werden (vgl. Standard, 6./7.5.1995).

Marina Fischer-Kowalski / Harald Payer

# Fünfzig Jahre Umgang mit Natur

So wie die Kohle und die Eisenbahn das Erscheinungsbild Englands oder Nordböhmens und in der Folge ganz Europas im 19. Jahrhundert grundlegend verwandelten, die Gesichtsfarbe der Arbeiter, die Gerüche, die Sichtverhältnisse und die alltäglichen Geräusche bis in den letzten Winkel des Erzgebirges umgestalteten, so gründlich veränderten Erdöl und Auto das Nachkriegseuropa. Dies allerdings geschah nicht mit gleichzeitiger Entfaltung von Massenelend, sondern von Massenprosperität. Dieser Prozeß der Wohlstandssteigerung durch exzessive Nutzung von Naturressourcen, in dem schließlich die zunehmende Politisierung des gesellschaftlichen Verhältnisses zur Natur Kräfte freisetzt, die die gesamte politische und ideologische Landschaft umbauen, ist Gegenstand dieses Kapitels.

Die ersten 30 Jahre nach dem Krieg waren durch rasches wirtschaftliches Wachstum und blinden Naturverschleiß gekennzeichnet, einen Naturverschleiß in einem Ausmaß, das in der Geschichte unseres Lands (und ganz Europas) nie zuvor erreicht worden war. In der seeligen Prosperitätstrunkenheit fiel dies kaum jemandem auf – als politisch galten bloß Fragen der sozialen Verteilung. Die nächste Periode, von Anfang der 1970er bis Mitte der 1980er Jahre, begann mit einem »Ölpreisschock« und war im weiteren Verlauf vor allem durch politische Turbulenzen rund um Umweltfragen charakterisiert.[1] Unberufene Akteure traten auf, Bürgerinitiativen, Umweltorganisationen, Naturwissenschafter schlossen sich zusammen und zweifelten öffentlich am Fortschritt, Regierungen stürzten. Am Ende, und damit läuten wir dann die dritte Periode ein, gibt es in Österreich (wie auch in den meisten westlichen Industrieländern) eine grüne Partei im Parlament, und Umweltfragen werden als eine hochrelevante Causa professionell verwaltet. Das Volk hat sich von der Bühne wieder zurückgezogen. Die Wirtschaft hat gelernt, etwas sanfter und umweltfreundlicher zu wachsen und dies auch allgemein kundzutun. Die gesellschaftspolitische Zielvorstellung nachhaltiger Entwicklung (sustainable development) krönt die Beschlußfassung internationaler Konferenzen und nationaler Umweltprogramme. Viele sind überzeugt: Die Zukunftsfähigkeit Österreichs, der Industrieländer, vielleicht sogar der Menschheit auf diesem Planeten wird vom Umgang mit der Natur abhängen.

1945 bis 1973: Wirtschaftswunder und blinder Naturverschleiß

Stellvertretend für die wirtschaftliche Dynamik dieser Jahrzehnte und ihre Folgen für die Umwelt wollen wir hier drei Prozesse etwas näher skizzieren: Die Massenmotorisierung und die Eroberung des Raums durch das Auto, die Industrialisierung der Landwirtschaft und die zunehmende Befriedigung persönlicher Bedürfnisse durch Kauf und Besitz von Waren.

## Massenmotorisierung und Eroberung des Raums durch das Auto

Ein eigenes Auto, oder wenigstens ein Motorroller, ein Motorrad oder ein Moped, waren zentrale Requisiten in der Welt der Nachkriegsträume von einer besseren, freieren Welt jenseits von Entbehrungen.[2] Allein zwischen 1950 und 1960 verfünffachte sich die Zahl der Kraftfahrzeuge (anfangs Roller und Motorräder, dann Autos) von 260.000 auf 1,3 Millionen. Dann verlangsamte sich der Anstieg etwas, aber selbst heute gibt es bei einem Bestand von 2,5 Millionen Autos noch immer Zuwächse. Das Angebot und die Benützung öffentlicher Verkehrsmittel stagnierten in diesem Zeitraum.[3] In den weitläufigen, dünnbesiedelten USA, Vorbild dieser Entwicklung, mochte es ja für eine Weile noch angegangen sein. Im dichtbevölkerten Europa bekam man die unangenehmen Nebenfolgen und die Grenzen dieser technologischen (und sozialen) Veränderung für die gesamte Struktur des Raums rascher zu spüren. Dies galt einmal für den städtischen Raum, historisch noch für Fußgeher und Fuhrwerke gebaut: Die Allgegenwart des Autos machte den dichtverbauten Teil durch Lärm und Abgase unwohnlich. Dies erzwang die fortschreitende Entstehung von Wohnstätten an Orten, für deren Erreichung man wiederum ein Auto brauchte. Industriebetriebe wichen an den Stadtrand aus, dann folgten die großen Einkaufszentren und konkurrenzierten die kleinen Geschäfte (Nahversorgung). Der ländliche Raum wurde entvölkert, gleichzeitig aber durch immer bessere Straßen erschlossen. Das Bauen und Eröffnen von Autobahnen galt als Inbegriff des Fortschritts. So wurde die bereits unter Hitler begonnene Westautobahn in den 1960er Jahren von Wien bis Salzburg fertiggestellt, die Inntal- und Brennerautobahn in den 1970er Jahren.

Das Auto wurde überdies schrittweise zu einem der Hauptverursacher des rasant steigenden Energiebedarfs, besonders der Nachfrage nach importiertem Erdöl. Als 1973 zum ersten Mal die OPEC, die Organisation erdölexportierender Länder, mit Lieferungsreduktion und drastischen Preissteigerungen drohte, löste dies einen Schock aus. Monatelang mußte jedes Auto an der Windschutzscheibe mittels einer Plakette den Wochentag signalisieren, an dem es nicht gefahren werden durfte – dies bezeichnete sehr deutlich den Anfang vom Ende der unbegrenzten motorisierten Freiheit.

## Die Industrialisierung der Landwirtschaft

Mit Industrialisierung ist der Prozeß gemeint, mittels dessen einerseits die Landwirtschaft wirtschaftlich immer mehr zwischen einen industriellen Vorleistungssektor (Maschinenbau und Chemieindustrie, später auch internationales agrobusiness mit Saatgut und Samen für Zuchttiere) und einen Nachleistungssektor (Lebensmittelindustrie, Großhandel) eingeklemmt und andererseits die Landschaft flächendeckend auf die Erfordernisse maschineller Bewirtschaftung spezialisierter Produktionen zugerichtet wurde. Diese Veränderungen bedeuteten die Zerstörung jahrhundertealter Formen der Kreislaufwirtschaft, die später unter Umweltgesichtspunkten mühsam wiederhergestellt werden sollte. Biologische Kreisläufe wurden zerstört, indem jene Lebewesen, die sich von dem ernähren konnten, was auf den Feldern wuchs, und deren Ausscheidungen wieder zur Düngung verwendet wurden, allmählich aus der Landwirtschaft vertrieben wurden: die Zugtiere und die Menschen. Zugtiere gab es Anfang der 1950er Jahre noch mehr als 600.000, menschliche Arbeitskräfte noch mehr als eine Million. Die Zahl der Zugtiere halbierte sich schon in den 1950er Jahren und tendierte bald gegen Null, die Zahl der Erwerbstätigen in der Land- und Forstwirtschaft verringerte sich im betrachteten Zeitraum um 600.000 Personen, das sind fast zwei Drittel derer, die nach dem Krieg in der Landwirtschaft beschäftigt gewesen waren. Dafür verachtfachte sich die Zahl der Traktoren (von 30.000 Anfang der 1950er auf 260.000 Anfang der 1970er Jahre), und die Mähdrescher, Stammväter immer leistungsfähigerer Erntemaschinen, vervielfachten sich sogar auf das 3.000fache ihrer bescheidenen Ausgangsmenge von 1.000 Stück.[4] Im gleichen Zeitraum verzweieinhalbfachte sich der Einsatz mineralischer Düngemittel und steigerte sich der Gebrauch von Pestiziden auf mehr als 4.000 Tonnen pro Jahr. Die Produktion

*Darst. 1a: 25 Jahre landwirtschaftliche Geländeveränderungen*

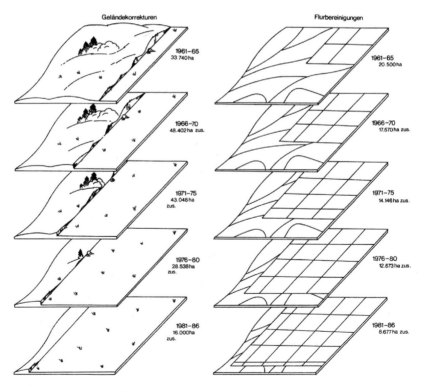

Quelle: Fischer-Kowalski Hg., Öko-Bilanz, 1988, 238

wurde zunehmend spezialisiert: Es kam zur deutlichen Trennung von »Hörndlbauern«
(mit so viel Vieh, meist in Stallhaltung, daß dies den vollen Einsatz von veterinärme-
dizinischen Mitteln erfordert und der Dung zu einem Abfallproblem wird) und
»Körndlbauern«, zumeist nur mehr in sogenannten Gunstlagen, die großflächige
Monokulturen bewirtschaften.

Um Bodennutzung effektiv zu machen, mußten die ›störenden‹ Eigenschaften der
natürlichen Landschaft so weit als möglich beseitigt werden. Dafür wurden öffentliche
Förderungen zugeteilt, die »Kommassierungen« (Zusammenlegung von Flächen),
»Geländekorrekturen« (Auffüllen von Gräben, Sprengen von Felsen usw.), »Flurberei-
nigungen« (gerade und rechtwinklige Einteilungen) vorantreiben. In die begradigten
Gelände wurden (und werden) mit öffentlichen Geldern landwirtschaftliche Güterwege
gebaut, von denen allein die asphaltierten Mitte der 1970er Jahre mehr als das
Bundesstraßennetz ausmachten. Darüber hinaus wurden Tausende Kilometer Fließgewässer reguliert, Hunderte von Quadratkilometern landwirtschaftlicher Flächen vor
den (für die angestammten Pflanzen und Tiere oft überlebenswichtigen) Hochwässern
geschützt und zugleich riesige Flächen »trockengelegt«, die für Äcker oder Wirt-
schaftswälder zu feucht erschienen.[5]

*Darst. 1b: 25 Jahre landwirtschaftliche Geländeveränderungen*

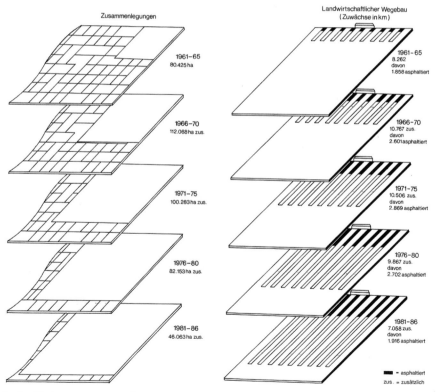

Quelle: Fischer-Kowalski Hg., Öko-Bilanz, 1988, 239

Diese Industrialisierung der Landwirtschaft war wirtschaftlich insofern erfolgreich, als sie mindestens eine Verdoppelung der Hektarerträge und eine Vervielfachung der Produktion je Arbeitskraft erbrachte. Sie war jedoch – auch wirtschaftlich – unsinnig, da sie zu einer chronischen Überproduktion führte, die im Interesse der Erhaltung landwirtschaftlicher Einkommen mit Steuermilliarden gestützt werden mußte, um dann gegebenenfalls vernichtet zu werden. Ökologisch waren diese Veränderungen in vie-

*Darst. 1c: 25 Jahre landwirtschaftlicher Wasserbau*

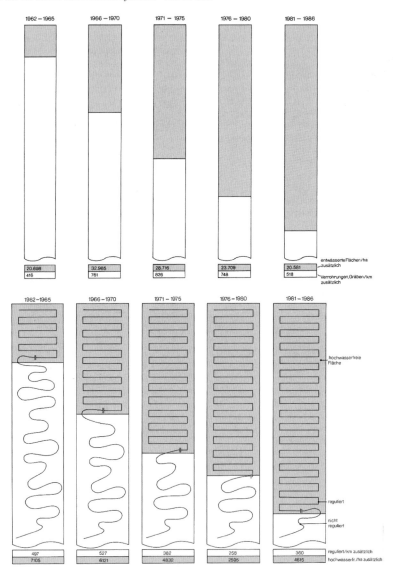

Quelle: Fischer-Kowalski Hg., Öko-Bilanz, 1988, 240

lerlei Hinsicht fatal – dies kam erst nach und nach zum Vorschein. Schon 1962 hatte
Rachel Carson in ihrem Weltbestseller den »stummen Frühling« angekündigt – das
Aussterben der Vögel und anderer Wildtiere infolge des ersten für die sogenannte grüne
Revolution massenweise eingesetzten Pestizids DDT. Die Verwendung von DDT in
der Landwirtschaft wurde in Österreich erst 1992 verboten. Das breite Artensterben,
von Säugetieren und Vögeln, aber auch von gewässerabhängigen Tieren wie Lurchen
und Fischen, fand auch in Österreich statt – die häufigste Ursache war die (industria-
lisierte) Landwirtschaft.

*Darst. 2: Beschleunigung des Aussterbens von Säugetieren und Vögeln in Österreich*

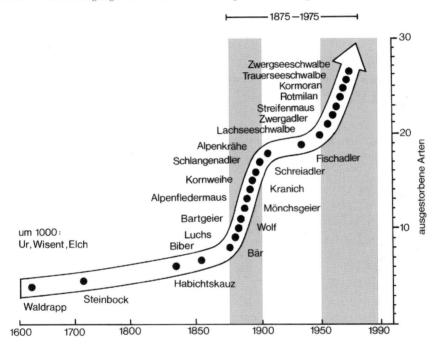

Quelle: Gepp, Vielfalt, in: Katzmann u. Schrom, Umweltreport, 1986, 215

Die Folgen der mineralischen Düngung zeigten sich unter anderem in der Anreicherung
der für Trinkwasser verwendeten Grundwasser mit Nitrat (dies hat seit Mitte der 1980er
Jahre in allen landwirtschaftlich genutzten Beckenlagen die Schließung von Brunnen
erzwungen) und in der chronischen Überdüngung von Seen (besonders des Neusiedler
Sees und des Bodensees) und Flüssen mit Phosphaten, die der Wind von den Ackerflächen verblies. Im Verein mit der Nutzung schwerer Arbeitsmaschinen kam es vielerorts
zu einer Zerstörung der Bodenstruktur und zu Erosionserscheinungen. Das in den
1980er Jahren heftig debattierte »Waldsterben« (das weiterhin, aber in größerer Stille
vor sich geht) hing ebenfalls nicht nur mit der Zunahme der Luftschadstoffe, sondern
auch mit den modernen Formen der Waldbewirtschaftung zusammen.

Zeitalter des »Massenkonsums« und Durchsetzung der »Wegwerfgesellschaft«

Das stürmische Wirtschaftswachstum der Nachkriegsjahrzehnte (1950 bis 1960: 75
Prozent, 1960 bis 1970: 58 Prozent) führte zu einer deutlichen Verbesserung der
Einkommen der privaten Haushalte und zu bedeutenden Veränderungen der Lebensweise. Neben dem erwähnten eigenen Auto gehörten Wohnung und Wohnungseinrichtung
zu den begehrtesten und langsam auch erschwinglich werdenden Wunschobjekten. Die
große Zahl rasch mit öffentlichen Mitteln erbauter neuer Wohnungen half die unmittelbare Wohnungsnot zu beseitigen; daneben florierte – ebenfalls öffentlich gestützt – der
private Wohnbau. Der private Raum, einmal errichtet, wurde zunehmend mit allem
ausgestattet, was die Hausarbeit – wirklich oder vermeintlich[6] – erleichtert: Allein in den
1950er Jahren stieg die Zahl der Kühlschränke von 20.000 auf 320.000, die Waschmaschinen von circa 3.000 auf 230.000 Stück.[7]
  Ähnlich explosiv entwickelte sich der Markt für die Freizeit- und Unterhaltungsindustrie. Während das Radio schon zur Haushaltsausstattung der Kriegsjahre gehört
hatte, wurden nun der Plattenspieler, ab den 1960er Jahren der Fernseher (das Kino
schrittweise zurückdrängend) und schließlich jene Musik- und Unterhaltungselektronik allgemein üblich, wie wir sie heute kennen. Ebenso rasch entwickelte sich der
Markt für Printmedien (Tageszeitungen, Zeitschriften, Bücher). Im Bereich Beklei-
dung breitete sich der Wunsch nach wechselnd Modischem auf breite Bevölkerungs-
teile aus, die auch zunehmend in der Lage waren, dafür zu zahlen. Die Urlaubsreise
wurde zum realisierbaren Freizeitvergnügen,[8] und die sichtbaren Zeichen des Tourismus breiteten sich von den Kärntner Seen über die Schizentren in den Alpen bis zur
Adriaküste aus. Die zunehmend zahlungskräftige Nachfrage erlaubte die Umstellung
der Industrie auf billige Massengüter, die bald irreparabel oder altmodisch waren und
nach kurzen Phasen der Benützung weggeworfen wurden.

Die Rolle der Politik

Die Rolle der Politik im ersten Vierteljahrhundert nach dem Krieg bestand in erster
Linie darin, gigantische technische Infrastrukturen zu errichten, die ohne Rücksicht auf
die natürliche Umwelt wirtschaftliches Wachstum fördern sollten. Am auffälligsten
zeigte sich das an der Bautätigkeit. Die Wohnbauförderung diente anfangs der Bedarfs-
deckung, später auch einfach der Konjunkturankurbelung. Ähnliches galt für den
Straßenbau: Während die Politiker jahrzehntelang glaubten, gestaute Verkehrswege
wären durch den Bau von weiteren Straßen zu entlasten, wirkten sie durch den Bau
neuer Straßen an der »Verkehrserregung« mit und vergrößerten die Stauzonen. Die
durchschnittliche Geschwindigkeit, mit der man sich im dichtverbauten Raum bewegen konnte, blieb trotz erhöhtem Aufwand unverändert. Ähnlich verlief die Förderung des Tourismus, etwa durch Erschließung ganzer Bergregionen durch Aufstiegshilfen (und begleitender Rodung riesiger Flächen).[9]
  Ein anderes Kapitel, in dem die Tätigkeit der öffentlichen Hand mit ›Sünden der
Vergangenheit‹ gleichzusetzen ist, ist der Wasserbau. Als besonders modern galt es in
den 1960er und 1970er Jahren, Gewässerverbauungen in Form von Betonrinnen zu

errichten oder Flüsse in Röhren verschwinden zu lassen. In die Gewässer wurde eine ständig steigende Menge verschmutzten Abwassers unbehandelt eingeleitet (etwa die Abwässer der Stadt Wien bis Anfang der 1980er Jahre). Viele Flüsse verwandelten sich angesichts der baulich verringerten Selbstreinigungskraft und der steigenden Abwasserbelastung in stinkende Brühen. Zugleich wurde die Nutzung des Wassers vorangetrieben: einerseits durch den Bau von Trinkwasserversorgungsanlagen, die den durch die Modernisierung gestiegenen Wasserbedarf[10] stillen sollten und zahllose Bäche ihres Zustroms beraubten, andererseits für Zwecke der Energiegewinnung. In den Hochalpen entstanden große Speicherkraftwerke, die zum Teil noch im Zeichen der Kriegswirtschaft geplant worden waren (Kaprun). Später kamen zahlreiche Kraftwerke hinzu. Insgesamt wurden 80 Prozent der Fließstrecke österreichischer Flüsse durch Stauhaltung beeinträchtigt. Rund um das Wasser gab es aber auch die ersten »umweltpolitischen« Maßnahmen: einerseits das Wasserrechtsgesetz (1959), mit dem unter anderem auf die zunehmende Bedrohung des Grundwassers durch Mineralöle (zum Beispiel Tankwagenunfälle) reagiert wurde, und andererseits das Seenreinhalteprogramm, das im Interesse des Fremdenverkehrs für geordnete Abwasserbeseitigung sorgen sollte.

*Darst. 4: Ausgewählte Umweltindikatoren 1955 bis 1993, 1955 = 100*

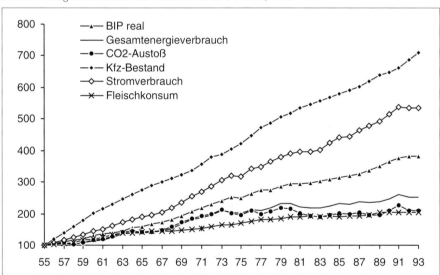

Quellen: Bundesministerium für wirtschaftliche Angelegenheiten u. Bundeslastverteiler 1994, Österreichische Mineralölverwaltung 1994, WHO-Projekt: Wien – Gesunde Stadt 1994

## 1973 bis 1986: Umwelt als Brennpunkt sozialer Bewegungen

Das Wirtschaftswachstum und das Vertrauen in die technische Machbarkeit menschlicher Lebensverhältnisse hielten auch in den 1970er Jahren an, die technischen, wirtschaftlichen und politischen Vorgangsweisen, die erfolgreich erschienen, wurden

fortgesetzt, aber die gesellschaftliche Akzeptanz gegenüber umweltschädlichen Maßnahmen wurde brüchig.

Erstmalig deutlich sichtbar wurde dies mit der Studentenbewegung 1968:[11] Ihre
AnhängerInnen polemisierten gegen »Konsumterror«, »Vergeudungskapitalismus«
und »Leistungszwang«. Die Hippies propagierten ein Zurück zur Natur in Kommunen
auf dem Land und gesunde Ernährung fernab moderner Chemie. Damit bahnten sie
nicht nur dem Müsli und rituellem Vegetarismus einen Weg. Die von der internationalen
Studentenbewegung geprägten politischen Formen der (gewaltlosen) »direkten
Aktion« (etwa Sit-ins) und der geschickten Benutzung der Medien wurden von den
anschließend gegründeten internationalen Umweltorganisationen neuen Typs (Friends
of the Earth, gegründet 1969, oder Greenpeace, gegründet 1970) übernommen. An den
Aktivitäten des Earth Day 1970 beteiligten sich in den USA rund 20 Millionen
Menschen. Es verschmolzen gewissermaßen die älteren Traditionen des Naturschutzes
und die neuen, offensiveren Formen der Studentenbewegung.[12]

In Österreich etablierten sich die nationalen Ableger der neuen internationalen
Umweltorganisationen erst in den 1980er Jahren.[13] Ihre amerikanische Prägung zeigt
sich unter anderem darin, daß die großen Umweltorganisationen nicht von staatlichen
Zuwendungen, sondern ausschließlich von Spenden leben – eine Eigenschaft, die ihnen
eine für österreichische Vereine ungewohnte Unabhängigkeit vom etablierten politischen System verleiht.

Die erste Phase der Grünbewegung gehörte den sogenannten grass roots, den
lokalen und regionalen Bürgerinitiativen. Die erste große Bürgerinitiative Salzburgs,
Schützt Salzburgs Landschaft, trat 1972 gegen die verplante Verbauung der im Süden
und Osten der Stadt gelegenen Kulturlandschaft auf. Die Stadtregierung mußte ihre
Beschlüsse teilweise revidieren.[14] Ähnlich entstand in Graz um 1970 eine zuerst von
Anrainern getragene, dann immer breiter werdende Bürgerinitiative gegen eine geplante Stadttrasse der Pyhrnautobahn. Die ursprünglichen Beschlüsse des Grazer Stadt-
senats wurden nach einer Gemeinderatswahl und dem folgenden Wechsel in der
Stadtregierung revidiert.[15] In Wien richtete sich Anfang der 1970er Jahre eine zuerst
von betroffenen Kleingartenbesitzern und anderen Anrainern getragene Bürgerinitiative gegen die Verlängerung eines Astes der Westautobahn (Flötzersteig) in die Innen-
stadt. Eine nach Jahren der Stadt Wien abgerungene Volksbefragung bedeutete 1976
das endgültige Aus für das Autobahnprojekt. Dies sind nur einige Beispiele aus den
rund 450 Konflikten über geplante Großbauten im Zeitraum von 1960 bis 1987.[16]

Einen ersten großen Höhepunkt erlebten die grass roots in ihrem Zusammenschluß
zur Anti-Atomkraft-Bewegung, die sich gegen das nach der Energiekrise der frühen
1970er Jahre in Österreich geplante Ausbauprogramm von Kernkraftwerken richtete.
Diese Bewegung erfaßte am Höhepunkt ihrer Aktivitäten rund 500.000 Personen[17] und
konzentrierte ihre Kraft auf die Verhinderung der von den Sozialpartnern und der SPÖ
(unter Bundeskanzler Bruno Kreisky) unterstützten Inbetriebnahme des bereits errichteten Kernkraftwerks Zwentendorf. Bei der schließlich abgehaltenen Volksabstimmung am 5. November 1978 stimmte eine »kleine radikale Mehrheit« (wie bei den
anschließenden Freudendemonstrationen skandiert) von 50,5 Prozent gegen die Inbetriebnahme – ein Stimmenüberhang von 30.000 Menschen.[18] Österreich zählt heute
mit Norwegen und Dänemark zum exklusiven westeuropäischen Kreis kernenergie-

freier Länder. Die Reaktorkatastrophe in Tschernobyl 1986 machte alle zwischenzeit-
lichen Hoffnungen der Energiewirtschaft auf Revision des nach der Volksabstimmung
beschlossenen Atomsperrgesetzes endgültig zunichte. Österreich wurde auch international zu einem wichtigen Akteur gegen die Kernkraft.[19]

Ein zweiter Höhepunkt fiel in das Jahr 1984. Wieder ging es um ein Projekt der
E-Wirtschaft, um den Bau eines Donaukraftwerks in Hainburg bei Wien. Anfang der
1980er Jahre bildete sich die Bürgerinitiative Hainburg, die durch Informationsveran-
staltungen und Unterschriftenaktionen auf die ökologische Gefährdung der Hainburger
Au hinwies. Das Aktionspotential des Widerstands vergrößerte sich durch die Mobili-
sierung namhafter Ökologen, von Teilen der Anti-AKW-Bewegung und durch die
Unterstützung des WWF (World Wildlife Fund). Das Konrad-Lorenz-Volksbegehren
forderte eine grundsätzliche Wende in der Energiepolitik. Als die Regierung unter dem
Druck von Energiewirtschaft und Sozialpartnern das Projekt gegen den Widerstand der
Bürgerbewegung durchzusetzen versuchte, besetzten mehrere tausend Demonstranten
im bitterkalten Dezember 1984 die zur Rodung vorgesehene Au. Der großangelegte
Polizeieinsatz schlug fehl: Eine breite Solidaritätswelle (mitgetragen von der *Kronen
Zeitung*) brachte noch am selben Abend 40.000 Menschen auf die Wiener Ringstraße.
In der Folge gab die Regierung ihre Baupläne auf (hat aber bis heute nicht jenen
Nationalpark errichtet, der diese Auen dauerhaft unter Schutz stellen würde). Damit
hatte die Ökologiebewegung zum zweiten Mal ihre Macht gegenüber den etablierten
politischen Kräften unter Beweis gestellt[20] und das Thema Umweltschutz zu einer
politischen Kernfrage erhoben, der sich niemand mehr entziehen konnte. Ein Teil der
Umweltbewegung konstituierte sich als politische Partei und zog zunächst in einzelne
Gemeinderäte und Landtage, 1986 schließlich ins Parlament ein. Diese Partei trug
wesentlich zur Umgestaltung des von den Sozialpartnern und den beiden Großparteien
beherrschten politischen Kräftefeldes des Nachkriegsösterreich bei.

Das Eindringen der Umweltprobleme in das öffentliche Bewußtsein wurde ab den
1970er Jahren aber auch durch andere Ereignisse begünstigt. Hier sind vor allem die
beiden »Ölpreisschocks« 1973 und 1979 zu nennen, die in den meisten europäischen
Ländern (kaum allerdings in Österreich) eine Rezession auslösten und das Ende der
»Vollbeschäftigung« markierten. Die Preissteigerungen bei Mineralölprodukten
führten zum ersten Mal zu Energiesparmaßnahmen und zu einer merklichen Erhöhung
der Energieeffizienz, mit der Konsequenz, daß fortan Wirtschaftswachstum nicht mehr
automatisch Wachstum des Energieverbrauchs bedeutete. Medial von Bedeutung war
auch die erste große Veröffentlichung des mit internationalen Top-Industriellen besetzten Club of Rome.[21] Zum ersten Mal wurde damit in eindrucksvoller und politisch
schwer negierbarer Weise festgehalten, daß dem Wachstum in einem begrenzten
System wie dem unseres Planeten physische Grenzen gesetzt sind und daß diese
Grenzen nahezu erreicht sind. Diese Einsicht hat – ähnlich wie das zwei Jahrzehnte
später von der Raumfahrt übermittelte Bild des »blauen Planeten« in all seiner Fragi-
lität[22] – den Glauben an den unendlichen Fortschritt ernstlich erschüttert.

Umweltpolitik im Sinn einer gesetzgeberischen Tätigkeit in umweltschützender
Absicht gab es in dieser Phase wenig. Zwar wurde schon 1972 ein Ministerium für
Gesundheit und Umweltschutz eingerichtet, doch blieb es 15 Jahre personell schwach
besetzt und mit wenig Kompetenzen ausgestattet, insbesondere in bezug auf jenes

Umweltelement, dessen Behandlung schon in den 1970er Jahren neu geregelt wurde: das Wasser. Eine Wasserrechtsgesetz-Novelle hatte 1959 den Schutz und die Reinhaltung von Gewässern zum vorrangigen Regelungsziel erhoben; zugleich wurde der Wasserwirtschaftsfonds gegründet, der den Kanalbau und später auch Abwasserreinigungsanlagen förderte. Ende der 1960er Jahre wurden Maßnahmen zur Reinhaltung der Seen gesetzt.

Als nächster Problembereich wurde die Luftverschmutzung in Angriff genommen. Schon 1973 machte die Akademie der Wissenschaften einen Regelungsvorschlag, der lange Zeit nur zu Kompetenzstreitigkeiten zwischen Bund und Ländern führte. Dabei ging es einerseits um gesundheitsschädlichen Smog in Ballungsräumen, andererseits um sogenannte forstschädliche Luftverunreinigungen, also um das Anfang der 1980er Jahre breit thematisierte »Waldsterben«. Auf bundespolitischer Ebene wurde eine Absenkung des Schwefel- und Bleigehalts der Mineralöle erreicht und damit eine rasche Reduktion der Schwefeldioxid-Emissionen, was lange Zeit als Sieg über die Luftverschmutzung gefeiert wurde. 1982 erging eine Verordnung gegen forstschädliche Luftverunreinigungen. Ein aufwendiges Meßsystem sollte ihre Einhaltung kontrollieren. 1980 wurde nach langen Verhandlungen (und gegen die Stimmen der ÖVP) das Dampfkesselemissionsgesetz verabschiedet, das die Abgaswerte neu errichteter Anlagen an den ›Stand der Technik‹ band. 1985 beschloß die Regierung – als direkte Antwort auf Hainburg und gegen die ›Autolobby‹[23] – Abgasvorschriften für (neue) Autos gemäß den amerikanischen Standards, was faktisch Katalysatorpflicht bedeutete.

## 1986 bis 1995: Vom nachsorgenden Umweltschutz zu den globalen Grenzen des Wachstums

In der zweiten Hälfte der 1980er Jahre gehörte Umweltschutz bereits zum politischen Alltag der Ministerien und anderer Verwaltungsorgane. Die Koalitionsvereinbarung der Regierung von 1986 enthielt erstmals einen eigenständigen umweltpolitischen Abschnitt. Die Kompetenzen und Ressourcen des Umweltministeriums wurden erweitert, das Umweltbundesamt gegründet und die statistischen Ämter mit umweltstatistischen Aufgaben betraut. In der Programmatik aller Parteien fanden sich bald Vokabel wie »öko-soziale Marktwirtschaft« oder »ökologischer Umbau der Industriegesellschaft«.

Die Umweltpolitik der 1980er Jahre richtete sich vor allem auf die Förderung von nachsorgendem Umweltschutz. Umweltschädlich ist nach diesem Verständnis vor allem die Freisetzung von Substanzen, sogenannten Schadstoffen,[24] in die natürliche Umwelt, die dort Störungen auslösen und in der Folge auf den Menschen gesundheitsgefährdend zurückwirken. Im allgemeinen wird diese Form des Umweltschutzes mit ordnungsrechtlichen Mitteln (zum Beispiel mit der rechtlichen Verankerung von Grenzwerten) betrieben und mit nachgeschalteten Apparaturen, sogenannten end-of-pipe-technologies (Kfz-Abgaskatalysator, Rauchgas-Entschwefelungsanlagen, Kläranlagen, Lärmschutzwände, Müllverbrennungsanlagen mit Filterung), technisch bewältigt. Der anfänglichen Welle der Gesetzgebung zum Gewässerschutz folgten im Zuge der Diskussion um »Waldsterben« und Smog weitere Gesetzgebungsakte zur

Luftreinhaltung und zum Strahlenschutz (im Anschluß an das Reaktorunglück in Tschernobyl) sowie eine Reihe von produkt- bzw. stoffbezogenen Gesetzen (Chemikaliengesetz, Gefahrstoffverordnung, Pflanzenschutzgesetz usw.). Heute liegt der Schwerpunkt der Verregelungen bei der Entsorgungsfrage (Abfallwirtschaftsgesetz).

Diese umweltpolitische Orientierung hat die Entstehung einer profitablen Umweltschutzindustrie zur Folge gehabt, die zunehmend auch auf ausländischen Märkten reüssiert. Vom Schreckgespenst der Arbeitsplatzvernichtung ist der Umweltschutz zu einem respektablen Wirtschaftszweig geworden. Anfang der 1990er Jahre wendete die österreichische Volkswirtschaft rund 50 Milliarden Schilling pro Jahr für Umweltschutzmaßnahmen auf, was rund drei Prozent des Bruttoinlandsprodukts entspricht. Davon entfiel beinahe die Hälfte auf Gewässerschutz (vor allem Abwasserbeseitigung), rund ein Fünftel auf die Luftreinhaltung (inklusive Ausgaben für PKW-Katalysatoren), ein weiteres Fünftel auf die Abfallbeseitigung, und der Rest verteilte sich auf Landschafts-, Boden- und Naturschutz, Lärmschutz und sonstige Maßnahmen.[25]

Die Staub- und Schwefeldioxid-Emissionen, die Ende der 1970er Jahre noch mit dem weiträumigen Auftreten der sogenannten neuartigen Waldschäden in Verbindung gebracht worden waren, konnten bis Anfang der 1990er Jahre durch Entschwefelung von Heizölen und andere technische Maßnahmen bei Kraftwerken und Industrieanlagen um 50 Prozent, mitunter sogar um 75 Prozent verringert werden. Bei anderen Luftschadstoffen wie Stickstoffoxiden, flüchtigen organischen Verbindungen (Vorläufersubstanzen für vegetationsschädigendes Ozon) und Kohlenmonoxid wurde lediglich eine Stabilisierung auf sehr hohem Emissionsniveau bewirkt: Diese Schadstoffe stammen zum großen Teil aus dem Kfz-Verkehr, und der nimmt so rasch zu, daß der Effekt der technischen Verbesserungen wieder zunichte gemacht wird. Die Emissionen von Schwermetallen, Ammoniak oder Kohlendioxid konnten nicht einmal stabilisiert werden. Dem Wald geht es heute nicht besser als vor den Luftreinhaltemaßnahmen.[26] Die Wassergüte der österreichischen Oberflächengewässer ist dagegen deutlich besser geworden als zu Beginn der 1980er Jahre.

In der Regel können nachsorgende Umweltschutzmaßnahmen die entstandenen Probleme nicht dauerhaft lösen. Sie führen häufig nur zu deren stofflicher oder räumlich-zeitlicher Verschiebung: beispielsweise vom Abwasser in den Klärschlamm und weiter auf die Deponie. Und dort, wo es gelingt, mittels technischer Maßnahmen den Ausstoß bestimmter Schadstoffe zu verringern (etwa mittels Katalysatoren), wird diese Verbesserung durch Wachstumsprozesse oft wieder aufgehoben. Die Bevölkerung ist heute überwiegend skeptisch: Auf die im Jahr 1993 gestellte Frage, wie sich in den 20 Jahren seit der Veröffentlichung der berühmten Studie des Club of Rome der Zustand der Umwelt in Österreich entwickelt habe, antworten 55 Prozent mit »Verschlechterung«, nur 20 Prozent mit »Verbesserung« und ebenfalls 20 Prozent mit »gleich geblieben«.[27]

In der zweiten Hälfte der 1980er Jahre wuchs die Einsicht in die globalen Grenzen der Umweltbelastung: Themen wie die Erwärmung der Erdatmosphäre, die Zerstörung der Ozonschicht und der Regenwälder, die Verschmutzung der Weltmeere drangen in die Tagesordnungen internationaler Politik vor. Die Reaktorkatastrophe von Tschernobyl trug ebenfalls dazu bei, daß die internationale Abhängigkeit in Umweltfragen deutlicher wurde. 1987 wurde in Montreal beschlossen, die Produktion von FCKW, jenen Substanzen, die die Ozonschicht der Erde zerstören (1985 war zum ersten Mal ein regelrechtes Loch über der Antarktis nachgewiesen worden), international auf dem Stand von 1986 einzufrieren. Später wurde – trotz massiven Widerstands der Chemieindustrie – ein Ausstieg aus der FCKW-Produktion bis zum Jahr 2000 vereinbart. Im Jahr 1988 beschloß eine Weltklimakonferenz das sogenannte Toronto-Ziel: die Verringerung der globalen Kohlendioxid-Emissionen um 20 Prozent bis zum Jahr 2015. Das ist allerdings ein schwierig zu realisierendes Vorhaben: Kohlendioxid ist nämlich weder mittels Produktionsverboten noch mittels Filtertechnik beizukommen. Stattdessen bedürfte es struktureller Maßnahmen, um den Verbrauch fossiler Brennstoffe drastisch zu verringern. Nur wenige der Unterzeichnerländer dieses Protokolls halten sich bisher an ihre Zusagen – Österreich gehört nicht dazu.

1987 veröffentlichte die UNO-Weltkommission für Umwelt und Entwicklung den sogenannten Brundtland-Bericht. Seine zwischen dem industrialisierten Norden und den Ländern des Südens ausgehandelte Zielrichtung lautete »nachhaltige Entwicklung«, eine Entwicklung, die »die Bedürfnisse der Gegenwart befriedigt, ohne zu riskieren, daß künftige Generationen ihre Bedürfnisse nicht befriedigen können«.[28] Bei der Welt-Umweltkonferenz in Rio de Janeiro 1992 wurde diese Zielorientierung nochmals bekräftigt. Umweltverträgliche Entwicklung wird damit als Gegenstand integrierter gesellschaftspolitischer Anstrengungen erkannt.[29] Wirtschaftliches Wachstum soll demnach nicht länger in einer Weise erfolgen, bei der jedes Jahr noch größere Material- und Energiemengen benötigt werden. Damit werden den Ländern des Südens Chancen auf Entwicklung eingeräumt, während sich die reichen Industrieländer in ihrem Naturverbrauch deutlich einschränken müssen. Schon jetzt bräuchte man im Falle einer nach dem Niveau der Industrieländer lebenden Weltbevölkerung mehrere Erdplaneten.[30] »Nachhaltige Entwicklung« ist das Ziel des unter der Regie des Umweltministeriums 1995 fertiggestellten Nationalen Umweltplans. Im Regierungsübereinkommen wurde seine Realisierung jedoch nicht festgeschrieben.

## ANMERKUNGEN

1 Vgl. Brand u.a., Aufbruch, 1986, 37; die Autoren nennen solche Erscheinungen einen politischen »Protestzyklus«: »In einem derartigen Zyklus entwickeln und verbreiten sich neue Techniken, neue Mobilisierungs- und Organisationsformen des Protests; er ermöglicht darüber hinaus eine rasche inhaltliche und soziale Generalisierung des Protests. Der Höhepunkt dieses Protestzyklus ist jeweils durch eine breite Massenmobilisierung, durch eine weitgehende Verunsicherung der herrschenden Eliten und durch eine scheinbar unwiderstehliche Woge optimistischer Erfolgs- und Veränderungshaltungen charakterisiert.« Ebd.
2 In einer Untersuchung des Konsumentenverhaltens von 1954 erwies sich das private Kraftfahrzeug als das mit Abstand attraktivste Gut (vgl. Rießland, Wirtschaftswunder, in: Jagschitz u.a. Hg., Jahre, 1985, 90–100).
3 In Wien etwa betrug die Linienlänge der Straßenbahnen 1970 nur 70 Prozent des Vorkriegswerts, was nicht vollständig durch den Ausbau der Autobuslinien kompensiert wurde (vgl. Cyba u.a., Bedingungen, 1980, 173).
4 Vgl. Krammer u.a., Ursachen, in: Fischer-Kowalski u.a. Hg., Lebensverhältnisse, 1980, 353.
5 Ungeachtet der seit Mitte der 1970er Jahre immer lauter werdenden Kritik wurde diese Politik bis Mitte der 1980er Jahre ungebrochen fortgesetzt, wie man den Darstellungen 1a, b und c entnehmen kann, und setzt sich zum Teil noch heute fort.

6 Zwischen 1945 und 1973 wurde die Haushaltsarbeit zwar körperlich leichter, zeitlich aber eher mehr als weniger. Die vielen Ausstattungsgegenstände erforderten erhebliche Einkaufs- und Wartungszeiten.

7 Vgl. Riessland, Wirtschaftswunder, in: Jagschitz u.a. Hg., Jahre, 1985, 96.

8 Laut dem vom Österreichischen Statistischen Zentralamt durchgeführten Mikrozensus 1975 unternahmen in diesem Jahr 36 Prozent aller Österreicher/innen mindestens eine Reise, 22 Prozent eine Reise ins Ausland. In Österreich selbst gab es 1950 etwa 13 Millionen Nächtigungen im Fremdenverkehr (davon 4,5 Millionen durch Ausländer), 1960 waren es bereits 41 Millionen (davon 25 Millionen Ausländer), diese Werte lagen in den 1980er Jahren bei etwa 120 Millionen.

9 In Osttirol ereignete sich aufgrund dieser großflächigen Entwaldungen bereits Mitte der 1960er Jahre eine Hochwasserkatastrophe, bei der nach einem dreitägigen Starkregen 67 Gebäude, 374 Brücken, 50 Kilometer Straßen und 711 Hektar Wald zerstört wurden. 23 Menschen fanden damals den Tod. Der Zusammenhang mit touristischer Erschließung wurde bestritten (vgl. Kreisl, Waldausstattung, in: Schriftenreihe des Agrarwissenschaftlichen Instituts des BMLF, 1982).

10 Allein die Durchsetzung des WC (eine Technologie, die im regenreichen England erfunden und zum Inbegriff moderner Hygiene wurde) vergrößerte den Trinkwasserbedarf je Einwohner um ein Viertel bis zur Hälfte. Zugleich wurden die in den Exkrementen befindlichen Nährstoffe nicht als Dünger auf den Boden, wo sie nützlich sein könnten, sondern in die Gewässer geleitet, wo sie Schaden stiften.

11 So sehr die Darstellung von Gottweis eine solide Analyse bietet, so sehr unterschätzt er die Schlüsselrolle der Studentenbewegung sowohl bei der Durchsetzung politischer Themen als auch als Sozialisationserfahrung politischen Widerstands (vgl. ders., Bewegungen, in: Dachs u.a. Hg., Handbuch, 1992).

12 Vgl. Dunlap u.a., Politics, in: Youth and Society 3 (1972).

13 Die ›klassischen‹ Naturschutzorganisationen wurden schon im vorigen Jahrhundert beziehungsweise vor dem Ersten Weltkrieg gegründet (Alpenverein 1862, Naturfreunde 1895, Naturschutzbund 1913). 1963 kam es zur Gründung eines österreichischen Büros des World Wildlife Fund for Nature (WWF). Gründungsanlaß war der Konflikt um die Rettung der Langen Lacke im Burgenland. 1970 wurde das Umweltreferat der Bundeswirtschaftskammer, 1973 wurden die Umweltabteilung der Arbeiterkammer und das Österreichische Bundesinstitut für Gesundheitswesen (ÖBIG), das bei der Entstehung einer Umweltberichterstattung in Österreich eine Schlüsselfunktion innehatte, gegründet; im selben Jahr konstituierte sich auch die Österreichische Gesellschaft für Natur- und Umweltschutz (ÖGNU). Erst 1979 gab es die österreichischen Friends of the Earth, Greenpeace und Global 2000. Die nächste Gründungswelle folgte auf den Hainburg-Konflikt im Jahre 1985: Das Forum Österreichischer Wissenschafter für den Umweltschutz, die Österreichische Gesellschaft für Umwelt und Technik (ÖGUT) als Plattform der Sozialpartner, das Ökologie-Institut und das Umwelt-Bundesamt (vgl. Eltbogen, Umweltschutzinstitutionen, 1987).

14 Vgl. Gottweis, Bewegungen, in: Dachs u.a. Hg., Handbuch, 1992, 314.

15 Vgl. ebd.

16 Vgl. Wagner u.a., Bautenkonflikte, in: SWS-Rundschau 4 (1989).

17 Vgl. Gottweis, Bewegungen, in: Dachs u.a. Hg., Handbuch, 1992, 315.

18 Vgl. Schaller, Kernenergiekontroverse, 1987.

19 Gegen die in Bayern gelegene Wiederaufbereitungsanlage Wackersdorf gab es von österreichischer Seite 420.000 Einwendungen. Im Frühjahr 1995 wurde seitens der Bundesregierung mit breitester Unterstützung der Bevölkerung versucht, die Umrüstung und Inbetriebnahme des slowakischen AKW in Mochovce zu verhindern.

20 Vgl. Pelinka, Hainburg, in: Österreichisches Jahrbuch für Politik, 1985.

21 Vgl. Meadows u.a., Grenzen, 1972.

22 Vgl. Sachs Hg., Planet, 1994.

23 Vgl. Lauber, Umweltpolitik, in: Dachs u.a. Hg., Handbuch, 1992.

24 Vgl. Fischer-Kowalski, Teufel, in: Aufrisse 1 (1992), 12.

25 Vgl. Steurer, Umweltschutzausgaben, 1994, 257.

26 Vgl. Umweltbundesamt, Umweltsituation, 1993, 105–117.

27 Sozialwissenschaftliche Studiengesellschaft Hg., Umweltbewußtsein in Österreich, FB 291, April/Mai 1993, in: SWS-Rundschau 1 (1994).

28 Vgl. Hauff, Zukunft, 1987, 46.

29 »Kaum jemand stellt heute noch in Abrede, daß eine dauerhafte Entwicklung auf dem Planeten Erde nur dann gewährleistet werden kann, wenn es uns gelingt, einen ökologisch motivierten Verhaltens-

kodex zu entwickeln und den bisherigen Umgang mit den natürlichen Ressourcen zu korrigieren. Galt in der Vergangenheit jener Staat, Politiker oder Wirtschaftstreibende als erfolgreich, der es verstand, seine kurzfristigen Gewinnaussichten zu maximieren, so wird unsere Wertschätzung in Zukunft dem zu gelten haben, der seine Intentionen im Einklang mit Natur und Umwelt – und damit auch den Ansprüchen künftiger Generationen – verfolgt.« Bundeskanzler Franz Vranitzky im Vorwort zum österreichischen Beitrag zur Internationalen Umweltcharta, Wien 1991.

30 Würden beispielsweise die durchschnittliche Kohlendioxidproduktion eines Österreichers (sieben Tonnen pro Kopf) auf die gesamte Menschheit übertragen, so bedeutete dies weltweit eine Verdoppelung. Diese Menge läge um einen Faktor drei zu hoch, um von den natürlichen Kohlendioxidsenken absorbiert werden zu können (vgl. Wuppertal Institut, Zukunftsfähiges Deutschland, 1994). Dabei verhalten sich die Österreicher für ein Industrieland noch relativ maßvoll: Die durchschnittliche Kohlendioxidproduktion eines US-Amerikaners beträgt rund 20 Tonnen pro Jahr, die eines Tschechen 13 Tonnen, die eines Deutschen zwölf Tonnen und die eines Japaners acht Tonnen. Die Kohlendioxidproduktion eines Chinesen liegt dagegen bei zwei Tonnen, die eines Brasilianers bei einer Tonne pro Jahr (Auskunft St. Fickl, Energieverwertungsagentur, Wien im März 1995).

# Ideologische Interpretationsmuster des Bauerseins im Wandel der Zeit

Drei Ideologien lassen sich als Deutungsmuster der gesellschaftlichen Realität der Bauern und der bäuerlichen Bevölkerung unterscheiden. Es sind dies die Bauerntumideologie, die Unternehmerideologie und die funktionalistische Agrarideologie.

Ein starker Wandel der Ideologien vollzog sich in den letzten 50 Jahren. Dominierte bis Ende der 1950er Jahre die traditionelle Bauerntumideologie, so entstand in den 1960er Jahren aus der technokratischen Agrarökonomie die Unternehmerideologie. In den 1970er Jahren erfuhr insbesondere in den Alpenländern die funktionalistische Agrarideologie eine starke Verbreitung. Seit Ende der 1980er Jahre gewinnt eine neue Form der Bauerntumideologie, verbunden mit Elementen aus der funktionalistischen Agrartheorie (insbesondere die Umweltfunktion der Landwirtschaft), stark an Bedeutung.

## Historische und gesellschaftliche Hintergründe der Bauerntumideologie

Als sich im vorigen Jahrhundert die kapitalistische Großindustrie zu entfalten begann, war mit dem Ende der alten Manufaktur auch das Ende der alten Ordnung gekommen. Die kapitalistische Ökonomie erzeugte mit großer Geschwindigkeit ein Proletariat, das aufgrund seiner miserablen Lage auf Dauer kein Interesse an den bestehenden Machtverhältnissen haben konnte und dadurch zu einer Gefahr für die herrschenden Kräfte wurde. Aber die große Masse der Bevölkerung lebte noch auf dem Lande und ernährte sich durch die Bewirtschaftung des Landes. Die Bauern waren der Konkurrenz der kapitalistischen Industrie nicht gewachsen und wären in viel stärkerem Maße proletarisiert worden, als es tatsächlich der Fall gewesen ist, wären nicht Schutzinstrumente in Form der Genossenschaften (und später der Markt- und Preisordnungen) geschaffen worden. Diese Schutzinstrumente wurden von den Herrschenden umso mehr gefördert, je dringender es wurde, die Bauern auf ihren Höfen, auf ihrem Stück Land »bei der Stange« zu halten.

Zwischen der kapitalistischen Produktionsweise und der bäuerlichen (vorkapitalistischen) Produktionsweise zeigt sich ein wesentlicher Unterschied: Der Kapitalist hört zu produzieren auf, wenn sich das von ihm eingesetzte Kapital nicht mehr verwertet; der Bauer produziert meist dann noch, wenn sein Einkommen beträchtlich unter dem eines Arbeiters liegt. Eine Verwertung des Kapitals als Ziel der Produktion kennt er meist überhaupt nicht. Für dieses Verhalten gibt es mehrere Gründe. Einer davon ist, daß die Hoftreue der Bauern im vorigen Jahrhundert gefördert und belohnt wurde. Die Kirche, der Feudaladel und die Großagrarier waren sich darin einig, daß »der Sozialismus« nur mit Hilfe eines »freien und antikollektivistischen Bauernstandes« aufzuhalten sei. Die Ideologie vom Bauerntum und der Bauernfreiheit sollte den Bauern ein Gefühl für ihren historischen Auftrag vermitteln und ihnen zeigen, daß die Basis ihrer Arbeits- und Lebensweise, nämlich die Familie, das Eigentum, die Autonomie und die Autarkie, der Glaube an Gott, die unveränderlichen Grundwerte einer guten Gesellschaft seien. Mit dem gottlosen Arbeiter und dem eigentumsfeindlichen Sozialisten, meinten sie, habe ein Bauer nichts gemeinsam.

So widersprüchlich dies auch klingen mag: Es muß festgehalten werden, daß die traditionelle Bauerntumslehre ursprünglich eine Ideologie zur Stabilisierung der im Entstehen begriffenen kapitalistischen Produktions- und Herrschaftsverhältnisse war.

*Die erste Stufe der Mechanisierung der Getreideernte war ein Schwadenabweiser am Mähbalken eines Motormähers, die übrige Arbeit wurde händisch gemacht.*

Die Bauerntumideologie nach 1945

Mangels einer etablierten Agrartheorie und angesichts der ökonomischen und politischen Unsicherheiten, die die Nachkriegssituation mit sich brachte, dominierte in Österreich nach 1945 sehr bald wieder die traditionelle Bauerntumideologie. Der freie Bauer, der Familienbetrieb, das kleine Bauerneigentum wurden so Leitbilder der agrarischen Interessenpolitik und damit der Agrarpolitik. An die Wichtigkeit des Bauerntums und die naturgegebenen Benachteiligungen der Landwirtschaft knüpfte die bäuerliche Interessenvertretung ökonomische Forderungen nach Schutz und Förderung der Landwirtschaft.

Bis 1960 standen die Bauerntumideologie und die auf ihr aufbauenden ökonomischen und politischen Forderungen noch nicht im Widerspruch zu den Produktionsverhältnissen in der Land- und Forstwirtschaft sowie zur allgemeinen wirtschaftlichen Situation. Dies wandelte sich ab dem Zeitpunkt, als in der Landwirtschaft das Überschußproblem akut wurde. Die Freiheit des Bauern, seine Autonomie und Autarkie in der Produktion, sein kleines bäuerliches Einkommen gerieten plötzlich mit den

Lebensverhältnissen eines wachsenden Teils der Bauern in Widerspruch. Und das alte Leitbild des bäuerlichen Familienbetriebes verlor immer mehr an Bedeutung, denn ein entwicklungsfähiger Betrieb, der für zwei Vollarbeitskräfte ein entsprechendes Einkommen abwirft, hat die Wirtschaftsweise und Betriebsorganisation betreffend kaum mehr etwas mit dem traditionellen Familienbetrieb zu tun. Der traditionelle Familienbetrieb aber, dem das alte Leitbild die Zukunft sichern wollte, geriet immer stärker in die Krise.

Die ökonomischen Veränderungen der 1960er Jahre machten die traditionelle Bauerntumideologie zur Erklärung des Verhältnisses zwischen dem Agrarsektor und den übrigen Sektoren in den hochindustrialisierten, kapitalistischen Ökonomien unbrauchbar und unglaubwürdig als Rechtfertigung einer Agrarpolitik, für die der Strukturwandel des Agrarsektors wichtiger wurde als die Erhaltung eines möglichst großen und ›gesunden‹ Bauernstandes.

Für diese beiden Aufgaben brauchte man ein neues Erklärungs- und Rechtfertigungsmuster.

Technokratische Agrarökonomie und Unternehmerideologie

Die technokratische Agrarökonomie wurde entwickelt, als sich eine ständige Überschußproduktion bei allen wesentlichen landwirtschaftlichen Produkten abzeichnete. Die zentrale Aussage der technokratischen Agrarökonomie besteht darin, daß die strukturellen Agrarprobleme primär über die Beschleunigung der Abwanderung von Arbeitskräften aus der Land- und Forstwirtschaft und der Herausnahme überschüssiger Flächen aus der landwirtschaftlichen Produktion gelöst werden können. Mit dieser Aussage erweist sich die technokratische Agrarökonomie gegenüber der traditionellen Bauerntumideologie als eine Art ›Revolution‹. Die technokratische Agrarökonomie heißt, im Gegensatz zur Bauerntumideologie, die Abwanderung aus der Landwirtschaft gut und sieht darin die einzige Lösung des Überschußproblems. Nach der technokratischen Agrarökonomie muß die Abwanderung umso stärker sein, je größer die strukturellen Überschüsse sind und je ›unökonomischer‹ sich die Bauern verhalten, wenn sie etwa, trotz geringer Einkommen, die Bewirtschaftung ihrer Höfe nicht einstellen. Für die traditionelle Ideologie mit ihrer Betonung der Wichtigkeit des Bauerntums und der natürlichen Benachteiligungen der Landwirtschaft ist und war das Nachhinken der landwirtschaftlichen Einkommen der Beweis dafür, daß die Politiker bei den Preisverhandlungen zu sehr auf die Konsumenteninteressen und zu wenig auf die Interessen der Bauern achteten. Die technokratische Agrarökonomie interpretierte dieses Nachhinken hingegen als ein notwendiges und positiv zu bewertendes Lenkungsinstrument des Einsatzes von Produktionsfaktoren in der Landwirtschaft und des Strukturwandels insgesamt. Diese Umkehrung kann mit dem Slogan zusammengefaßt werden, daß es den Bauern nicht deshalb schlecht gehe, weil die Preise zu niedrig seien, sondern weil es zu viele Bauern gebe.

Obwohl sich die Aussagen der technokratischen Agrarökonomie und der traditionellen Bauerntumideologie in bezug auf die Bedeutung, auf die Funktionen und auf die Entwicklung des Agrarsektors in ihrem Kern widersprechen, hat das Vordringen der technokratischen Agrarökonomie in der zweiten Hälfte der 1950er Jahre die Bauerntumideologie keineswegs zum Verschwinden gebracht. Dies hat zwei Ursachen.

Die erste Ursache war, daß die traditionelle Bauerntumideologie und die technokratische Agrartheorie unterschiedliche Funktionen, unterschiedliche Produzenten und unterschiedliche Adressaten haben.

Die wichtigste Funktion der traditionellen Bauerntumideologie ist es, den Bauern ein handlungsrelevantes Deutungsmuster der Gesellschaft und ihrer Veränderungen zu vermitteln, in dem bäuerliches Arbeiten und Leben als ursprünglich, gut, frei, gottgefällig und zukunftsweisend dargestellt wird. Die wichtigste Funktion der technokratischen Agrartheorie hingegen ist es, die Zukunftslosigkeit eines Großteils der bäuerlichen Wirtschaften als im Grunde notwendig, fortschrittlich und gut zu rechtfertigen. Die Produzenten und Vertreter der Bauerntumideologie sind in erster Linie die Bauernvertreter im lokalen Bereich draußen auf dem Lande. Die Produzenten der technokratischen Agrarökonomie dagegen waren und sind Wissenschafter. Die Adressaten ihrer Analysen sind *nicht* die Bauern, sondern die Spitzen der Agrarpolitik, die Regierungen und obersten Agrarverantwortlichen. Die Bauerntumideologie diente der politischen Sozialisation der Bauern, mit ihrer Hilfe versuchte sich die Agrarlobby die Loyalität der Bauern zu sichern. In ökonomischen Belangen, den Bauern in seiner Funktion als Betriebsleiter ansprechend, bedient man sich in zunehmendem Maße der – vereinfachten und verkürzten – Terminologie der technokratischen Agrarökonomie.

Die zweite Ursache, warum die Bauerntumideologie nicht verschwand, war, daß aus einigen Schlüsselwörtern der traditionelle Bauerntumideologie, beispielsweise Freiheit, Autonomie, Bauerneinheit, Bauernstand, und aus Teilen der technokratischen Agrarökonomie eine neue Ideologie aufgebaut wurde. In ihr ist der Bauer ein *Unternehmer* und deswegen frei. Er könne autonom seinen Erfolg bestimmen, er sei ein Partner der Industrie, und als Genossenschafter bestimme er die Richtung und die Politik seiner Organisation. Die Perspektivenlosigkeit all jener Bauern, die auf nicht entwicklungsfähigen Betrieben und unter ungünstigen objektiven Bedingungen (ab)wirtschaften, wird durch diese neue Ideologie als individuelles Versagen der Bauern als Unternehmer dargestellt. Armut und Wohlergehen, Ausscheiden oder Aufstieg sind nach dieser Ideologie in überwiegendem Maße von der individuellen Tüchtigkeit des einzelnen Bauern abhängig. In einer solchen Konzeption reduziert sich Agrarpolitik auf Unternehmerberatung und Investitionshilfe.

Zusammenfassend muß gesagt werden, daß die technokratische Agrarökonomie nicht zu einer Auflösung der Bauerntumideologie geführt hat, sondern nur zu einer Funktionsteilung zwischen politischer und ökonomischer Ideologie. Auf dem Boden traditioneller Schlagwörter, deren Funktion nicht die Aufklärung über bestehende Verhältnisse, sondern das Konservieren eines bestehenden Wählerpotentials ist, wird eine ökonomische Ideologie errichtet, die aus ›dem Bauernstand‹ eine ›Gemeinschaft von freien Unternehmern‹ macht und die Funktion hat, den Bauern die Einsicht in die gesellschaftlich-strukturelle Bedingtheit der ökonomischen Prozesse zu erschweren und sie gleichzeitig zu einem Investitionsverhalten im Sinne der eigentlichen »Unternehmer«, nämlich der Konzerne der vorgelagerten Industrie, anzuregen.

*Tradition und Brauchtum im Jahreslauf kirchlicher Feste prägten und prägen noch heute das Verhalten vieler Bauernfamilien.*

Die technokratische Agrarökonomie konzentriert sich vorwiegend auf betriebliche, regionale und sektorale Veränderungsprozesse. Daß sich im Zuge dieser Prozesse die gesamte Landwirtschaft auf die intensive Produktion von Rohstoffen spezialisiert und alle anderen Leistungen, die in einer vielfältigen bäuerlichen Produktionsweise unbemerkt mitgeliefert werden, schrittweise einstellt, entgeht dem Ansatz der technokratischen Agrarökonomie. Auch die eben genannte Veränderung ist strukturell verursacht und deswegen in ihrer Tragweite nicht ausreichend an den jeweils gerade akuten Erscheinungen zu messen. Zu diesen Erscheinungen gehören:

–   die Einschränkungen der Wohlfahrtsleistungen im Bereich der Intensivlandwirtschaft (ökologische Probleme),
–   die Einschränkungen der Wohlfahrtsleistungen als Folge des Rückzugs von Arbeitskräften und Flächen aus der Landbewirtschaftung (Entsiedelung peripherer Regionen, Einstellung der Pflege der »Kultur- und Erholungslandschaften«, ökologische Probleme),
–   die Verschlechterung der Qualität der Produkte.

Durch die geographische Besonderheit Österreichs und die enorme Bedeutung des im alpinen Raum konzentrierten Fremdenverkehrs wurde das Problem der zunehmenden Einschränkung der Wohlfahrtsleistungen der Landwirtschaft bisher in erster Linie im Zusammenhang mit den österreichischen Bergbauern diskutiert.

*Bis in die 1960er Jahre war das Ziel vieler bäuerlicher Wirtschaftsbetriebe die
Selbstversorgung. Für den Markt wurde wenig und nicht gezielt produziert.*

Die funktionalistische Agrartheorie und ihre Verwertung

Um dem immer deutlicher werdenden Problem der Einschränkung der sogenannten
Wohlfahrtsfunktionen Rechnung zu tragen, wurde als wissenschaftlicher Ansatz die
funktionalistische Agrartheorie entwickelt. Ausgangspunkt der funktionalistischen
Agrartheorie sind die verschiedenen Funktionen, die die Landwirtschaft für die Gesellschaft hat. Zumeist werden drei Funktionen voneinander abgegrenzt: die Produktionsfunktion, die ökologische Funktion, die Raum- und Regionalfunktion.

Dieser Ansatz ist bemüht, eine einseitige Ökonomisierung des Problems zu
vermeiden. Die funktionalistische Agrartheorie führt aber zu sehr unterschiedlichen
Ergebnissen, je nachdem, wie die Gewichtung der einzelnen Funktionen vorgenommen und wie gravierend der Widerspruch zwischen den Funktionen eingeschätzt wird.

Der funktionalistische Ansatz baut seine Schlußfolgerungen auf der Analyse der
Bedeutung einzelner Teilsysteme der Gesellschaft für das Gesamtsystem auf. Hierbei
ist diese Theorie hoffnungslos überfordert. Vor allem ist die Relation »Leistung für
die Gesellschaft« prinzipiell einseitig und abstrakt, das heißt, funktionale Betrachtungsweisen tendieren oft dazu, (Funktionen für) die Gesellschaft, letztlich also
bestehende Herrschaftsverhältnisse, wichtiger zu nehmen als die Bedürfnisse der
betroffenen Menschen. Würde man zum Beispiel feststellen, daß zur optimalen

Erfüllung des Teilsystems Landwirtschaft in einer bestimmten Region genau ein Bauer mit seinem Betrieb ausreicht, so wäre dies vielleicht funktionsgerecht für die Gesellschaft, aber sicherlich nicht zumutbar für alle jene Bauern, die ihren Betrieb aufgeben müßten, und sicher auch nicht zumutbar für diesen einen Bauern, der in der Isolation leben müßte.

Die funktionalistische Agrartheorie fragt nicht danach, welche gesellschaftlichen ökonomischen und politischen Ursachen für eine bestimmte Entwicklung maßgeblich sind. Der Begriff der Funktion wird erst dann gesellschaftsbezogen, wenn er durch die Interessen und die Machtverhältnisse erhellt wird, die hinter bestimmten Funktionen wirken. Der Widerspruch zwischen der sogenannten Produktionsfunktion und der sogenannten Schutz- und ökologischen Funktion der Landwirtschaft ist eben ein grundsätzlicher, nämlich der gesellschaftlich bedingte Widerspruch zwischen den dominierenden Interessen der dem Agrarsystem vor- oder nachgelagerten Industrie einerseits und den weniger einflußreichen Interessen der Bevölkerung an einer ökologisch intakten und gepflegten Landschaft und an gesundheitlich einwandfreien Produkten andererseits.

Eine neue Form der Bauerntumideologie, Unternehmerideologie und die Funktionen der Landwirtschaft als Ideologeme bilden eine Gemengelage. Wenn Ideologien dazu dienen, Loyalitätspotentiale zu erhalten, dann hat sich dieser Ideologie-Mix als äußerst erfolgreich erwiesen. Einen Beitrag zur Lösung der anstehenden agrarpolitischen Probleme (Erhaltung einer bäuerlichen Landwirtschaft, Bewältigung der Agrarüberschüsse, gerechte Verteilung der Produktions- und Einkommenschancen in der Landwirtschaft, adäquate Reaktion auf die zunehmenden ökologischen Probleme der Intensivlandwirtschaft und vieles mehr) leistet diese Ideologiemischung wohl kaum.

Bauerntumideologie tritt in Österreich in Form der Re-Ideologisierung längst überholter sozialer Organisationsformen und in Verbindung mit der Dorferneuerung – dies scheint eine österreichische Besonderheit zu sein – auf. Das bäuerliche Dorf, der bäuerliche Familienbetrieb werden als Muster menschlichen Zusammenlebens angesehen. Wobei die Selbstverwirklichung, die Einheit mit der Natur, die Überschaubarkeit des Lebensraumes, die Autonomie der Lebensführung in der Wärme nachbarschaftlicher Gemeinschaft, kurz gesagt: ein autonomes, konfliktfreies und libidinös befriedigendes Leben garantiert sein sollen. Daß diese Sichtweise weder historisch noch gegenwärtig mit der konkreten sozialen Realität übereinstimmt, braucht nicht extra betont zu werden. Zudem entstammt diese Ideologie nicht der Eigeninterpretation ihrer Lebensverhältnisse durch die Landbewohner. Sie spiegelt vielmehr die Frustration der Lebensweisen der industrialisierten Gesellschaft – vornehmlich der Städter – wider.

Thesen zur Ideologisierung des Landlebens:

*These 1:*
Günstige Rahmenbedingungen für den Bedeutungsgewinn der Bauerntumideologie liegen im Verlust beziehungsweise im Brüchigwerden von positiven gesell-

schaftlichen Zukunftsutopien (wie zum Beispiel Chancengleichheit, klassenlose Gesellschaft, Technokratie).

*These 2:*

Die (neue) Bauerntumideologie kommt nicht von den Bauern selbst. Das Land, die Natur, die Bauern und die Bäuerlichkeit wurden im letzten Jahrzehnt von den Städtern, insbesondere den städtischen Intellektuellen ›entdeckt‹ – die städtischen Entdecker machen die Ideologie vom Landleben und nicht die Landbewohner und Bauern.

*These 3:*

Die Übernahme und Übernahmebereitschaft ›städtischer‹ Bauerntumideologie ist bei jenen Bauerngruppen am stärksten, die wirtschaftlich und sozial an den Rand gedrängt werden. Der freiwillige wie auch der erzwungene Verzicht auf die Teilhabe an der allgemeinen wirtschaftlichen Entwicklung ist nur durch den starken Glauben an eine Ideologie (Werthaltung) möglich. Das Unerreichbare wird als unerwünscht, schädlich dargestellt – wo Wunsch und Realität am weitesten auseinanderklaffen, ist die Ideologie am stärksten.

*These 4:*

Bäuerliche Identität, Selbstwertgefühl und ideologische Selbstinterpretation hängen stark zusammen. Ein vermindertes Selbstwertgefühl aufgrund der sozialen Situation vieler Bauern führt ideologisch zu starker Selbstüberschätzung der Rolle der Bauern in der Gesellschaft.

*These 5:*

Bäuerliches Bewußtsein ist widersprüchlich. Die Bauern sind aufgrund ihrer unterschiedlichen ökonomischen Situationen und der Vielfältigkeit der Erwerbsformen nicht in der Lage, ein einheitliches Bauernbewußtsein, das dem Arbeiterbewußtsein vergleichbar wäre, zu entwickeln. Ein Beispiel: Größere Bauern in begünstigten Lagen fühlen sich als Unternehmer. Dennoch zeigen sie starke Elemente eines Bauerntumverhaltens, die nicht zu einem Unternehmer passen (Erbhofideologie und Hoforientierung: Der Hof ist mehr als nur auswechselbare Betriebsstätte). Kleinere Bauern, die objektiv an den Rand der Gesellschaft gedrängt sind, übernehmen verstärkt zur Rechtfertigung ihrer Situation die Bauerntumideologie, die besagt, daß Bauernfreiheit, Selbstbestimmung, Generationentreue wichtiger seien als das Einkommen.

*These 6:*

Sogenanntes typisch bäuerliches Verhalten ist nicht einzigartig. Viele Verhaltensweisen, die oft, insbesondere auch in der soziologischen Literatur, als typisch bäuerlich bezeichnet werden, finden sich auch in anderen Berufs- und Gesellschaftsschichten, wie im familienbetrieblich organisierten Kleingewerbe. In diesem Zusammenhang sind insbesondere hervorzuheben: Erbverhalten, Selbstausbeutung, Betriebsorientierung; das Überleben des Gewerbebetriebes wird über die Bedürfnisse der Familie gestellt.

Als ideologische Antwort auf die mangelnde Konkurrenzfähigkeit der österreichischen Landwirtschaft in der EU zeichnet sich eine Wiederbelebung der Unternehmerideologie zur Rechtfertigung des scheinbar Unvermeidlichen ab.

# Der Weg von Österreichs Bauern in die EU

Bei der Einschätzung der Folgen der EU-Integration für die österreichische Landwirtschaft ist neben der praktizierten Agrar- und Regionalpolitik der EU und neben den Konditionen der EU-Beitrittsverhandlungen die Ausgangslage der österreichischen Landwirtschaft zu berücksichtigen, welche durch

- einen sehr großen Anteil an landwirtschaftlichen Betrieben mit natürlichen Produktionsnachteilen,
- eine kleinbetriebliche Produktionsstruktur sowie
- einen überproportional großen Anteil an Betrieben mit Erwerbskombination

gekennzeichnet ist. Daraus resultieren eine begrenzte Konkurrenzfähigkeit und mangelnde Strukturanpassungsmöglichkeiten.

Der große Anteil von stabilen Betrieben mit Erwerbskombination in Österreich erleichtert die EU-Integration der österreichischen Landwirtschaft. Nebenerwerbsbauern können die Preis- und Einkommensverluste, welche der EU-Binnenmarkt für die österreichische Landwirtschaft bringt, leichter verkraften, weil ihre wirtschaftliche Existenz nicht allein von der Einkommensentwicklung in der Landwirtschaft abhängt. Nebenerwerbsbauern werden über ihre außerlandwirtschaftliche Berufstätigkeit von der langfristig zu erwartenden allgemeinen Wirtschaftsentwicklung und von den regionalen Entwicklungsprogrammen der EU stärker profitieren.

Österreich hat bei den EU-Beitrittsverhandlungen bezüglich der Mitfinanzierung der EU für die Überleitungsmaßnahmen des Agrarmarktes und für die österreichischen Umweltprogramme beachtliche Erfolge erzielt. Vor der EU-Volksabstimmung hat die agrarische Interessenvertretung diese Erfolge durch finanzielle Zugeständnisse der österreichischen Bundesregierung abgesichert und ausgebaut. Es sind genügend Budgetmittel (trotz der sich abzeichnenden Budgetkrise in den kommenden Jahren) für die Landwirtschaft vorhanden, um in den ersten Jahren nach dem EU-Beitritt die Erlösverluste der Bauern durch das niedrigere EU-Preisniveau in Form von Ausgleichszahlungen und durch die massive Förderung im Rahmen eines Umweltprogrammes zu kompensieren sowie darüber hinaus Anpassungs-, Umstellungs- und Entwicklungsmaßnahmen zu finanzieren.

Die beachtliche Aufstockung der Finanzmittel für die Landwirtschaft kann aber leicht zum Danaergeschenk für die Bauern werden – insbesondere dann, wenn es der agrarischen Interessenvertretung nicht gelingt, die Mittel sozial gerecht zu verteilen und auf neue zukunftsweisende Entwicklungsprogramme zu konzentrieren. Das Publikwerden auch nur einzelner Fälle von extremen EU-Beitrittsgewinnern unter den Bauern könnte die große Sympathie und Opferbereitschaft der Bevölkerung für die Bauern ins Gegenteil verkehren, was sich in den Ungunstlagen in Zukunft fatal auswirken würde. Die agrarische Interessenvertretung ist gut beraten, wenn sie am Anfang bei der Verteilung der zusätzlichen Finanzmittel behutsam vorgeht und auf die soziale Verteilungsgerechtigkeit achtet. Dem Trend der Zeit entsprechend, daß soziale Gerechtigkeit keine hohe Priorität besitzt, wird es einer besonderen Anstrengung von zukunftsorientierten Agrarpolitikern bedürfen, damit nicht nach der sozial differenzierten Agrarpolitik der 1970er und 1980er Jahre und der ökosozialen Agrarpolitik der

1980er und 1990er Jahre die Agrarpolitik der 1990er Jahre als jene ohne jede soziale und zukunftsgewandte Orientierung in die Geschichte eingeht.

Die breite Diskussion über die Berücksichtigung agrarischer Interessen im Zuge der EU-Beitrittsverhandlungen hat gezeigt, daß die österreichische Bevölkerung in einem hohen Ausmaß bereit ist, auf die spezifischen agrarischen Interessen besonders zu achten. Für diese bauernfreundliche Einstellung der Bevölkerung gibt es mehrere Gründe:

– Die jahrelange, kontinuierliche Öffentlichkeitsarbeit agrarischer Interessenvertreter in bezug auf die wirtschaftlichen Leistungen der Bauern und die Notwendigkeit der monetären Abgeltung zur zukünftigen Sicherstellung dieser Leistungen war überaus erfolgreich.

– Mit den Bauern und mit dem bäuerlichen Dorf (das es praktisch nicht mehr gibt) verbinden viele Städter jene ersehnte Lebenswelt, welche durch selbstbestimmte Lebensführung im Einklang mit der Natur, durch Überschaubarkeit des Lebensraums und durch die Wärme nachbarschaftlicher Gemeinschaft gekennzeichnet ist. Wenn es um die Erhaltung dieses ›Restes vom Paradies‹ geht, setzt offensichtlich eine beachtliche Opferbereitschaft und vor allem emotionale Betroffenheit ein.

– Die Bevölkerung sieht im Bauern noch immer den Garanten für eine langfristige Sicherung der Ernährung, obwohl seit Jahrzehnten keine Versorgungskrise mehr aufgetreten ist und die moderne heimische Landwirtschaft längst von importierten Betriebsmitteln wie Treibstoffen, Saatgut, Futtermitteln und vielen anderen Gütern abhängig ist.

Nicht die Macht der Bauern und ihrer Interessenvertreter, sondern die vorherrschende Einstellung der Bevölkerung zu den Bauern veranlaßt die politischen Parteien in Österreich (auch jene, für die die Bauern kein Wählerpotential sind), auf die Bauern und deren Interessen besondere Rücksicht zu nehmen. In der emotional positiven Einstellung der österreichischen Bevölkerung zu den Bauern liegt die große gesellschafts- und auch parteipolitische Bedeutung der Bauern.

Irene Nierhaus

# Vorgarten und Vorzimmer

Nahtstellen von Privatem und Öffentlichem
im Wiener Wohnbau nach 1945

Vorzimmer und Vorgarten markieren die Zone zwischen häuslichem Innenraum und städtischem Außenraum. Es ist der Zwischenbereich des Treppenabsatzes, wo der Blick in die Nachbarwohnung fällt, sich der Briefkasten befindet, die Hausordnung Verbote auflistet, der Weg zum Parkplatz verläuft, die Kinder den Hund äußerln führen und man dem Gespräch mit dem wortreichen Hausmeister entkommt. Hier summen sich Besucher über die Gegensprechanlage ins Haus, da fällt die Wohnungstür nach dem Hasten durch die Dunkelheit ins Schloß, Ketten werden vorgelegt, und der Spion in der Tür verzerrt jeden zum monströsen Kopffüßler.

In dieser Übergangszone wird die Wohnung an Quartier und Stadt angekoppelt. Dieser Bereich ist nicht bloß Restgröße zwischen der Klause der Häuslichkeit und der Welt der Stadt, sondern umschreibt gesellschaftliche und historische Nahtstellen zwischen öffentlich und privat.

## Das Haus

Die kriegszerstörten Städte nach 1945 gaben den Anlaß, städtebauliche, seit längerem diskutierte Orientierungen umzusetzen. Die neue Stadt wurde als Ordnungssystem vielfältiger Lebensfunktionen verstanden, welches das städtische Agglomerat zu einem nach Lebensbereichen (Arbeiten, Wohnen) entmischten Konglomerat machen sollte. Die neue Stadt war ein Landschaftsraum, in dessen Grün Bauten eingestreut wurden. Zusammengehalten wurde die Licht-Luft-Sonne-Grün-Stadt durch das Netz der Straßen. In den Neubaugebieten an den Rändern der Stadt sind diese Vorstellungen am sichtbarsten realisiert worden.

Wie sehen die Wohnhäuser aus? Mit aufhockendem Satteldach und Standfestigkeit signalisierendem Sockel gleichen sie aufgeblasenen Einfamilienhäusern. Der ideologische Streit zwischen Neuem Bauen und Heimatschutzarchitektur mit seinem Synonym Flach- oder Steildach? war in den 1930er Jahren klar entschieden worden. Das Haus mit Satteldach schien den Erhalt traditionell-konservativer Familien- und Gesellschaftsstrukturen zu garantieren. Dementsprechend waren im Nationalsozialismus das Steildach und zusätzlich Heimatlichkeit repräsentierende Formen an Fenstern, Toren usw. verwendet worden. Das Bauen nach 1945 setzt das fort, wozu der Soziologe René König im Zusammenhang mit retrospektiven Wiederaufbaukonzeptionen in der Bundesrepublik Deutschland bemerkte: »Häuser kann man zerstören, nicht aber Bilder; diese überleben die Zerstörung und machen ihre Wirkung beim Wiederaufbau bemerkbar«.[1]

*Abb. 1: Wohnanlage Margaretengürtel/Reinprechtsdorferstraße im 5. Wiener Gemeindebezirk (1952/57)*

In den 1950er Jahren werden die Bauten zu einem Austeritätsstil (dem sogenannten Emmentalerstil, Abb. 1) vereinheitlicht, der ein sichtbares Kettenglied des sich schrittweise vollziehenden Prozesses hin zur industriellen Fertigung des Wohnbaus ist. Die Wand ist ein flaches Raster, an dem individualisierende Züge ganz im Baudetail (Simse, Haustore, Fensterrahmungen) verbleiben. Das emblematische Baudetail besitzt ein Identifikationsangebot und entlastet vom technischen Funktionalismus. In den 1960er Jahren werden auch die Baudetails in den Normierungs- und Typisierungsprozeß (Balkongestaltungen, Glassteintreppenachsen) miteinbezogen oder auch weggelassen (Dachsims, Fensterrahmen). Die Wände werden dünnhäutiger und die Dächer flacher. An den scheibenförmigen Wohnblöcken dominieren Balkonbänder an der Sonnenseite und rückseitig vertikale Treppen- beziehungsweise Liftstreifen (Abb. 2).

Die Betonung des Details in den 1950er Jahren bloß als Täuschungsmotiv kontra die Monotonisierung im Großen zu sehen wäre zu einfach. Dafür ist die unendlich reproduzierte Gleichform des Baublockes zu präsent. Zudem sind Quantität und Massenproduktion durchaus positive und stolze Gütezeichen des Wiederaufbaus und die Ökonomik ein Zeichen von Sparsamkeit. In Selbstdarstellungen der Gemeinde wird die Qualität des neuen Wohnbaus mit »differenziertem Grundriß« und der Wohnungsgröße hinter »schlichten Fassaden« dem »alten« Wohnbau (der Zwischenkriegszeit) mit »Architektengesinnung« gegenübergestellt.[2] Die vom politischen Gegner »rote Festungen« genannten Bauten ermöglichten eine visuelle Identifikation des Wohnbaus

*Abb. 2: Vorgartenstraße 160–166 im 2. Wiener Gemeindebezirk (1959/60)*

für die als Klasse verstandenen Arbeiter. Das wurde nach 1945 strikt vermieden: »Man hat den Eindruck, als wäre man von einer einheitlichen, sozialistischen Kommunalpolitik zurückgeschreckt, um den politischen Gegner zu versöhnen, um ihm keinen Grund für neue Attacken gegen ein Wiederaufleben der Idee des ›Roten Wien‹ zu liefern.«[3] Die Bauten der Gemeinde nach 1945 sollten nicht mehr durch ihr Aussehen appellieren, sondern durch eine erweiterte Hygiene (Licht-Luft-Sonne-Grün) in endlos multiplizierbarer, demokratischer Gleichförmigkeit, nicht als Differenz, sondern als organischer Bestandteil ins städtische Gefüge eingegliedert werden – entsprechend dem damaligen Schlagwort: Vom sozialen Wohnbau zum sozialen Städtebau.

Die charakteristische Ambivalenz zwischen Fortschritt (der Technik) und Tradition (der gesellschaftlichen und individuellen Lebensbeziehungen) vermittelt sich in diesen Bauten. Die Versachlichung des Wohnbaus bedeutete den Verlust vertrauter Erzählweisen vom Haus. Die seit 1949 einsetzende Kunst-am-Bau übernimmt die Erzählung und verbildlicht entlang der Wandbilder und Plastiken in den Freiflächen den Sinn des Wohnens. Die Absicht, die Bauten mittels Kunst doch noch emotional zu re-animieren, ist von der Kommunalverwaltung in den Legitimationsmodellen zu ihrer Kunst-am-Bau-Praxis mit Begriffen wie Vermenschlichung beschrieben worden. Die Kunst-am-Bau wird damit zum Stabilisierungsfaktor werden, der das Wiedererkennen und Identifizieren von Räumen unterstützt und das Gewohnte in eine Bildergeschichte übersetzt.

Vor und zwischen den Häusern

Die Raumdisposition der Wohnanlagen, also die Konstellation der Wohnblöcke untereinander und die daraus entstehenden Freiräume, bilden anfänglich Hofformen, die
vom Straßenraum deutlich abgetrennt sind. Der Freiraum ist unverkennbar partial-öffentlich, das heißt der Bewohnerschaft der Anlage zugehörig und nicht der gesamten
Öffentlichkeit (Abb. 3). In späteren Anlagen wird dann in offener Blockbauweise und
informellen Höfen gebaut. Nur mehr ein ›innerster‹ Bereich der Wohnanlage ist klar
partial-öffentlich definiert. Das Innere der Wohnanlagen gerät mit dem Außenraum in
Austausch, und die Randzonen wirken öffentlich-anonym. Die Übergänge werden gern
mit Kunst-am-Bau besetzt, zum Beispiel mit einer Vorgartenplastik. Die Gesamtanlage
ist keine in sich geschlossene Einheit mehr, sondern kann nun als Teil des Quartiers
und als Teil des Stadtgefüges wahrgenommen werden (Abb. 2). Die realen Funktionen
dieses Bereichs werden zunehmend entmischt und auf isolierte Funktionsinseln aufgeteilt, die mittels Wegnetz zwischen Grünflächen verbunden werden. Die Grünflächen
sind nicht betretbar, also reine Sichtflächen.

*Abb. 3: Erzherzog-Karl-Straße im 22. Wiener Gemeindebezirk (1951/52)*

Ab den 1960er Jahren werden die Wohnblöcke strikt gestaffelt, wodurch die immer größeren Freiflächen zu Räumen ohne Schwerpunkten werden, die eine praktische Aneignung erschweren. Der Außenraum löst sich zu einem allgemein-anonymen Raum, zu einer Art »Niemandsland«[4] auf. »Die hierarchisierte Sequenz – Straße/ Randbereich/ Hof/ rückwärtiger Teil der Parzelle –, die das frühere Gefüge gliedert (...) wird mit Entschiedenheit beseitigt. Der Gegensatz zwischen den Gebäuden besteht nicht mehr, nur das vertikale Signal der Treppenschächte unterscheidet die Ostfassade von der Westfassade. In diesem neutralen Raum sind die realen Wachstums- und Modifizierungsmöglichkeiten gleich Null oder auf das Innere der Wohnung beschränkt (...) Sie (die Anlage, I.N.) ist eine Absage an die Stadt, weil jeder Bezug auf Kontinuität und auf räumliche Nähe beseitigt ist, wie auch der differenzierte Status von Räumen, die nur noch funktional erfaßbar sind, verschwindet.«[5]

*Abb. 4: Am Schöpfwerk im 12. Wiener Gemeindebezirk (1974/81)*

Erst infolge der Wohnbaukritik und der »Neuentdeckung der städtischen Umwelt als subjektiv erfahrenen Handlungs- und Erlebnisraum«[6] wird in den späten 1970er Jahren wieder eine vielfältigere Freiraumorganisation überlegt, die soziale Beziehungen erleichtern soll. In der Anlage Am Schöpfwerk (Abb. 4) wurden mit Hofformationen und verschiedenen Haustypen wieder urbanere Wohnformen erprobt. Das schlichte Übertragen von Hofformen in den Großmaßstab, wie bei der Anlage am Rennbahnweg im 22. Wiener Gemeindebezirk, erzeugt jedoch den Eindruck kontrollierter Anonimität – der Freiraum scheint unter ständiger Beobachtung der gestapelten und voneinander abgekapselten Bewohner. In den 1980er Jahren wird der Schwerpunkt von den Trabantensiedlungen auf kleinere Einheiten mit vielfältigeren Wohnformen und Freiräumen verschoben, die an Traditionen der (von der Kommunalverwaltung wenig geliebten) Wiener Siedlerbewegung anknüpfen. Ein langjähriger Vertreter eines städtebaulich bedürfnisorientierten Wohnbaus ist Roland Rainer, der zwischenzeitliche Stadtplaner Wiens, der in seinen Siedlungen im verdichteten Flachbau solche Raumdispositionen entwickelt hat. Nuancierungen zwischen Gartenräumen, Wohn-, Verbindungswegen, platzartigen Erweiterungen und Anbindung an den Straßenraum sind im Wiener Wohnbau nach 1945 nur in den sehr frühen Siedlungsanlagen und ab den 1980er Jahren ein Thema mit sehr unterschiedlichen Ergebnissen. Bekannte Beispiele aus den letzten Jahren sind zum Beispiel die Siedlung Simmeringer Haide von Franz E. Kneissl, die Siedlung Traviatagasse von Raimund Abraham, Carl Pruscha, Rudolf Szedenik oder die Siedlung Pilotengasse von Adolf Krischanitz, Herzog & de Meuron und Otto Steidle.


Vom gemeinschaftlichen zum gesellschaftlichen Außenraum

Die Veränderung der Raumdisposition der Wohnanlagen ist an Veränderungen der Lebenspraktiken gekoppelt. Noch bis zum Zweiten Weltkrieg dominierte für die Mehrheit der Bevölkerung das Leben im ›kleinen Quartier‹, eine Form praktisch gelebter Nachbarschaft. Die Nachbarschaft war im Städtebau nach 1945 das Modell

*Abb. 5: Per-Albin-Hansson-Siedlung/Ladenstraße im 10. Wiener Gemeindebezirk*

*Abb. 6: Per-Albin-Hansson-Siedlung/Volksheim von Franz Schuster*

für gemeinschaftsbildende, lokale Gruppierungen, die der Atomisierung der Bevölkerung entgegenwirken sollten. In großen Siedlungen wurden Kindergärten, Schulen, »Heimstätten für alte Menschen«, Ladenbauten, Kinderspielplätze und Plätze für Sitzbänke integriert (Abb. 1 u. 5). Nach einer Umfrage aus dem Jahr 1955 waren zuallererst das Vorhandensein von Grünflächen und Einkaufsmöglichkeiten im unmittelbaren Wohnumfeld für die Bewohner wichtig.[7] Neben zentrumsbildenden Freiräumen wurden auch Gemeinschaftsbauten wie Volksheime (mit Klub-, Bibliotheks- und Vortragsraum) errichtet (Abb. 6), wobei die Betonung der wertvollen Freizeitgestaltung (Lesen, Sichbilden) eine staatsbürgerlich-erzieherische Funktion hatte. Insgesamt war das damalige Nachbarschaftsmodell auch dadurch motiviert, daß die Bevölkerung bei Einbindung in überschaubare Gruppen selbst überschaubar bleibt. Der Nachbarschaftsgedanke enthielt die Hoffnung, über eine Bauweise ein nachbarschaftliches Verhalten herzustellen, das gleichzeitig einen Zugriffspfad der Allgemeinheit auf die Einzelwohnung herstellt. Das ›Anbinden‹ an eine Zentralgewalt – ein Grund für die Attraktivität der Nachbarschaftsidee im Nationalsozialismus – wurde nach 1945 in eine lokale Selbständigkeit umzumünzen versucht.[8] Die Praxis erwies, daß die dorfähnliche Nachbarschaft eine Verkennung der städtischen Lebensrealitäten war. »Man jagte dem Bild einer geschlossenen Gesellschaft nach, die sich nicht mehr herstellen läßt«, da sich die »realen Integrationsflächen der heutigen Großstadtfamilie«[9] nicht, wie bei den engen sozialen Verflechtungen des alten Quartierlebens, mit den Stadtteilgrenzen decken. In der neuen, ›entmischten‹ Stadt fahren die Bewohner zum entfernten Arbeitsplatz[10], und die City wird für bestimmte Einkäufe oder Veranstaltungen anziehend.

*Abb. 7: Wohnanlage Mitterweg/Kinderspielplastik von Johann Spielhofer im 11. Wiener Gemeindebezirk (1968/70)*

Der Übergang vom Haus zur Stadt wird besetzt durch die Kunst-am-Bau, die Funktionen dieses Übergangs repräsentiert, die baulich nicht mehr dargestellt werden: Als Wandbild an der Fassade oder als Freiplastik nahe der Straße ist Kunst-am-Bau Vertreterin der Anlage nach außen, als Bild am Durchgang markiert sie den Übergang von Innen und Außen mit einem Eingangsgestus, und schließlich identifiziert und verdeutlicht sie im Inneren der Anlage die jeweilige Funktion eines Raumteils, zum Beispiel den Kinderspielplatz (Abb. 7).[11]

Die Kunst-am-Bau vermittelt zwischen environment, dem Individuum und der Bewohnerschaft: »The identity of a place is a mixture of many factors, but on analysis it depends largely on ›superfluous‹ works of art. Signs, symbols added to the place create memorable images.«[12]

Die Kunst-am-Bau stabilisiert den Raum und beschreibt die Übergangszone mittels Themen. Sie stellt das dar, was gesellschaftlich abgesichert ist, und verstößt das, was allgemein tabuisiert wird. Die Bilder vermitteln nur eine positive Modellierung der Welt, mit den als schön und gut verstandenen Werten. Das Bild der Gesellschaft des Wiederaufbaus ist das einer harmonischen Gemeinschaft. Dieses konfliktlose Miteinander scheint dadurch möglich, daß jede/r seine/ihre als natürlich eingestufte Position in der Gesellschaft erfüllt: die Frau als liebevolle Mutter, der Vater als stets Arbeitender, der Arbeitende im versöhnlichen Nebeneinander von Hand- und Kopfarbeit, das Kind als fröhlich spielender oder brav lernender kleiner Staatsbürger und der Mensch in der Freizeit, der diese sinnvoll zur Erholung zu nutzen weiß. Der Vorzug, der der Darstellung der guten, unschuldigen und schönen Natur gegeben wird, steigert das Wunschbild eines friedfertigen Beieinanderseins.

metapher der Bedrohung des Ichs – da öffnet jemand seine Wohnungstür, und wir wissen bereits, daß eine Bedrohung in seinen vier Wänden lauert. Eine geschlechtsspezifisch sexualisierte Variante ist das Kriminalgenre des männlichen Voyeurs, der eine Frau mit Blicken, Fernrohr und Telefon bis in ihr Wohnungsinneres verfolgt. Zuletzt vermag der Angreifer sich auch immer irgendwie Eintritt in die Wohnung des begehrten Opfers zu verschaffen.

*Abb. 10: Aus dem Grafikzyklus »Une Semaine de Bonté« von Max Ernst (1934)*

Vermehrt thematisiert wird die Schwelle zwischen Innen und Außen mit dem Entstehen des Zinshauses und des Massenwohnbaus im 19. Jahrhundert. Bei Bürgerhäusern werden Kommunikationsräume als Verteiler und Zone der Trennung der einzelnen Privatwohnungen voneinander besprochen. Treppen, Gänge und Vestibüle werden aufwendiger ausgestattet, und die Fassade wird einer Maske gleich inszeniert – sozusagen alles Puffer zwischen Innen- und Außenwelt. Wie insgesamt in der Wohntheorie der Grad der Abgeschlossenheit des Wohnens zum Gradmesser seiner Idealität wird.[17] Um echtes Privatleben zu erzeugen, durften keine Gänge an Wohnungen vorbeiführen und pro Treppenabsatz nur ein Wohnungszugang sein. Die Nobelwohnungen im ersten Stock erhielten dementsprechend auch eigene Hausherrenstiegen. Das Gegenstück dazu ist das Bassenahaus, wo der Gang mit Wasserhahn, Toiletten, Wohnungstüren und Gangküchenfenstern eine (unfreiwillige) kollektive Wohnraumerweiterung für die Mietparteien darstellt(e). Es sind hygienische Nutzungen und der Arbeitsbereich Küche, die um den allgemein genützten Gang liegen – also genau jene, die im bürgerlichen Wohnen ›unsichtbar‹ gemacht wurden. Die Küche wanderte dort durch verbesserte Heiztechniken aus dem Zentrum der Wohnung an ihren Rand, zu dem entlüftungsschlauchähnlichen Lichthof. Ebenso wurden die Räume der körperlichen Hygiene aus der Wahrnehmung des ›Wohnens‹ gedrängt.

Die Bassenawohnungen machen noch heute einen beträchtlichen Teil des Wiener Wohnraumbestandes aus. Erst in den 1970er Jahren wurden diese Wohnungen durch die Orientierung auf die Altstadtsanierung aufgewertet. Mittels Kreditsystem begannen die Mieter durch Einbau von Wasser, WC, Bad oder den kastenartigen Duschkabinen den Wohnstandard zu verbessern. Mit der Integration von Leistungen in das Wohnungsinnere wurden die Gänge von diesen Funktionen entlastet. Durch die Jugend- und Studentenbewegung der späten 1960er und der 1970er Jahre, die mit der Kritik am bürgerlichen Rückzug ins Private verbunden war, erschienen kollektivere Wohnformen (Wohngemeinschaft) anstrebenswerter. Das Ideal, ein Altstadthaus mit mehreren Wohngemeinschaften zu durchsetzen, die untereinander kommunizieren (eben auch über Gänge, Treppenabsätze und kleine, genützte Höfe), wurde allerdings – im Gegensatz zu Städten wie Amsterdam, wo eine bestimmte Anzahl der Wohnungen von Wohngemeinschaften belegt wurde – nur vereinzelt realisiert.

Mit der Kritik am Rückzug ins Private war auch das Vorzimmer gemeint, das als Verkleinbürgerlichungsgestus interpretiert wurde: »Charakteristisch ist das eigene Vorzimmer als Repräsentationssymbol, wo es nichts zu repräsentieren gibt, wo alles auf sparsame Verwendung der Mittel berechnet sein muß: in der Arbeiterwohnung. Ebenso das von der Küche getrennte Wohnzimmer als Parallele zur guten Stube des Kleinbürgers.«[18]

Vorzimmer und Flur entstehen, wie viele Grundlagen unserer Wohnvorstellungen, im bürgerlichen Wohnhaus im vorigen Jahrhundert. Das Vorzimmer kristallisiert sich durch die Ausdifferenzierung und Separierung einzelner Wohnbereiche heraus, womit die Zimmer und damit auch die Bewohner voneinander unabhängiger werden. Zudem ermöglicht es Abgrenzung gegenüber den Nachbarn. Flur und Vorzimmer dienen als Abstellplatz, werden zur Schaltstelle zwischen Wohn- und Schlaf- beziehungsweise Hygienebereich, koppeln Toiletten an den Innenraum. Es ist die nach innen verlagerte Schwelle, der Schauplatz der ritualisierten Begrüßung und Verabschiedung der Be-

sucher. Das Vorzimmer ist »Zentrum, aber nicht Herz der Wohnung«, es ist »Orientierungshilfe, Versammlungsort und Überwachungszentrale«.[19]

Als Selbstverständlichkeit kommen Vorzimmer in den Massenwohnbau erst mit
dem Sozialwohnbau der Ersten Republik. In den 1950er Jahren hatte mehr als die Hälfte
der gesamten Wiener Wohnungen kein Vorzimmer (mehr als drei Viertel hatten kein
Badezimmer und zwei Drittel kein WC im Wohnungsverband). Im Wohnbau sind die
Vorzimmer lange nicht zentraler Verteiler, von dem die Zimmer ausgehen, denn
unbequemerweise war das WC vom Schlafzimmer nur über das Wohnzimmer erreichbar. Auch das Badezimmer war dem Vorzimmer zugeordnet, bei späteren Grundrißnor-
men nur mehr über die Küche erreichbar. Die Form des Flurs, der alle Räume andockt,
taucht bei den Wohnkonzepten von Harry Glück auf, wo allerdings der Flur zum
winkelläufigen Restraum zwischen den Einzelzellen wird, wie zum Beispiel im Heinz-
Nittel-Hof (1981).

Einen vermehrten Austausch zwischen Außen- und Innenraum im Wohnbau brachten wohnungseigene Außenräume, wie die Balkons. In den 1950er Jahren waren es
meist Schubladkastenbalkons, die an der Fassade hängen und aufgrund des hohen
Grades an Ausgesetztheit oft als Leerfläche verbleiben (Abb. 1). Die Ausbildung von
Loggien verbesserte und privatisierte die Benutzbarkeit, da der Raum nur an einer Seite
offen bleibt (Abb. 2). Die Bauten von Harry Glück bilden geradezu Loggien- und

*Abb. 11: Varnhagengasse 9 im 22. Wiener Gemeindebezirk, Entwurf von Johannes Spalt
(1985)*

Terassenberge (zum Beispiel die Wohntürme Alt-Erlaa). In die massiven Balkon-
geländer sind breite Blumenkästen integriert, die eine Grünzone zwischen Wohnung
und Freiraum legen und Blickschutz bieten sollen, sodaß die Isolierung jedes Balkons
und damit die Privatheit wehrhaft ummantelt wird.

Eine Zone von belebbarem Übergang zwischen Wohnung, Haus und Außenraum
herzustellen wird ab den späten 1970er Jahren mehr zum Thema. Architekten, die sich
mit Fragen des Wohnbaus beschäftigten, wie unter anderen Johann Georg Gsteu,
Ottokar Uhl oder Johannes Spalt, haben auch die Übergangszone sensibilisiert. Letz-
terer brachte an einem Wohnhaus hölzerne Sitzerker an, die an die urbane, orientalische
Baukultur und gleichzeitig an die sogenannten Spionfenster (aus der Wand kragende
Fensterkästen) der Wiener Biedermeierhäuser erinnern (Abb. 11). Sie fördern den
Austausch zwischen Wohnung und Straße und aktualisieren das abhanden gekommene
Fensterschauen. Am Wohnhaus Brunnerstraße hat Helmut Richter in den späten 1980er
Jahren einer je nach Lichtverhältnissen durchsichtige oder abspiegelnde Glaswand zur
verkehrsreichen Straße aufgezogen, hinter der sich eine durchlässige Raumzone mit
Wohnungszugängen und Laubengängen entwickelt.

Im ersten (!) und für Wien seltenen Mitbestimmungsmodell im 16. Wiener Gemeindebezirk, Feßtgasse 12–14, hat Ottokar Uhl Ende der 1970er Jahre neben der Grund-
rißvariabilität auch die Möglichkeit der Situierung und Dimensionierung von Balko-
nen, Loggien und von Fenstern – also ein individuelles Ausbalancieren zum Außenraum – angeboten. Wobei das Ergebnis zeigt, daß die »Wohnräume und die Kochni-
schen an der Gassenseite und die Schlafräume hofseitig situiert sind, daß man auf die
Loggien und Balkone zugunsten größerer Wohnräume verzichtet und die Flächen für
Abstellräume«[20] vergrößert hat, also zuerst die Verbesserung des Wohninnenraumes
vorgenommen wurde.

Die traditionelle Kleinheit der Wiener Wohnungen hat vermuten lassen, daß sie der
Grund für die Wiener Vorliebe für außerhäusliche Formen des Wohnens wie das
Kaffeehaus, Gasthaus, Vereine oder das Schrebergartenhäuschen ist.[21] Diesem Wohn-
verhältnis zur Umwelt, dem Bewohnen der Stadt, kam ab Mitte der 1970er Jahre das
Durchsetzen von Stadtteilen mit Fußgängerzonen entgegen, die nicht nur für Wien,
sondern generell als Element der Intimisierung des öffentlichen Raumes beschrieben
werden. Im Zuge des Fußgängerzonenausbaus gab es den Vorschlag, den Wiener
Graben zu überdachen, das heißt den Außenraum in einen Innenraum, einen Platz in
einen Salon zu verwandeln.


Kennen Sie Ihre Gäste?


Den bürgerlichen Entflechtungsversuchen zwischen Produktion (Ausschließung aus
dem Haus) und Reproduktion (Einschließung im Haus) stehen allerdings auch neuerliche Verflechtungen gegenüber. Daraus entsteht ein komplex verschränktes System
zwischen Privatem und Öffentlichem, wie die Ausbildung eines Sozialen zeigt, wo
soziale Leistungen, die zuerst im Familienverband erbracht worden waren, allmählich
in einen staatlichen Sozialapparat übernommen wurden (zum Beispiel: Kinder- und
Altenbetreuung, Krankenversorgung). Auch die Wohnprivatheit ist nur möglich, weil

erstens auf staatlich administrativer Ebene bestimmte Leistungen vergesellschaftet wurden (Bauvorschriften zu Wohnstandards, wie beispielsweise Heiz-, Abwasserrege-lungen, Hygienebewegung insgesamt). Zweitens wurde durch die geschlechtsspezifi-sche Arbeitsteilung die Frau zur Haushaltung ›frei‹-gestellt. Und drittens wurde die aufwendige Herstellung von Gütern im Haus durch steigenden Konsum ersetzt, wodurch der häusliche Binnenraum wieder an die Außenwelt der Waren angekoppelt wurde. Nur durch diese Entwicklungen konnte die Wohnung als weitgehend arbeits-freier Raum (für den Mann) erlebt werden.[22]

Nach 1945 ist der Wohnbau noch immer von diesen Vorstellungen bestimmt, was sich in den gegenüber der Küche oder den Kinderzimmern oft überdimensionierten Wohnzimmern zeigt. Sie sind offensichtlich als Feierabendort nach der Arbeit (des Mannes) gedacht: »Die Zigarre und das Glas Wein sollen hier besonders munden«, umschreibt eine Wohn-Fibel aus den 1950er Jahren den Zweck des Wohnzimmers.[23] Doch das soziale Gefüge Familie ist in Bewegung, und Jugendliche und Kinder sind heute als eigenständige Konsumenten in die Warenzirkulation integriert, sodaß auch die Jugendzimmer in ihrer Ausstattung (auch der Unterhaltungselektronik) zu Verviel-fältigungen des Wohnzimmers werden. Das Wohnzimmer war gleichzeitig auch immer die wohnungsimmanente Naht zwischen privat und öffentlich, denn hierher werden Gäste geleitet und hier zeigt man das Erreichte. Hier zogen das Radio und dann der Fernseher ein. Beides sind direkte Schaltstellen zwischen familiärem Binnenraum und Werthaltungen einer Gesellschaft. Die Aufstellung der Sitzecke im Wohnzimmer, die zuerst den geschlossenen Kreis der miteinander Sprechenden reflektiert, ist nun offen und auf den Mediengast orientiert: »Die Couchecke, die sich in diesem Jahrhun-dert als Symbol einer abgeschirmten intimisierten Privatexistenz ausgebildet und durchgesetzt hat, ist im Begriff, sich in der Außenwelt aufzulösen. Es ist den Dingen nicht mehr abzulesen, ob dadurch die Welt wohnlich werden kann oder eine der letzten Gegenwelten aufgezehrt wird.«[24]

Der Skepsis bleibt entgegenzuhalten, daß sich nicht nur die Innenwelt in eine Außenwelt auflöst, sondern auch die Außenwelt von Innenwelten transformiert wird. Denn wenn am Samstagabend die Fernsehshow beginnt, ist sie in ihren Spielformen ein nach außen getragener bunter Familienabend, der dann, medial vervielfältigt, wieder von außen in den Familienraum projiziert wird.

Auch ohne die Bereiche Privat und Öffentlich aufzuheben ist es notwendig, sie nicht als bloße Komplementärstrukturen zu denken, um ihren Phänomenen auf die Spur zu kommen, anstatt sie neuerlich zu zementieren.

## ANMERKUNGEN

1  Vgl. König, Großstadt, in: Handbuch, 1977, 99.
2  Der soziale Wohnungsbau der Stadt Wien, 1956, 98–99.
3  Vgl. Swoboda, Bedeutung, 1978.
4  Vgl. Achleitner, Fischer von Erlach, 1986, 196.
5  Vgl. Panerai u.a., Block, 1985, 144f. Gemeint ist der Typus der Wohneinheit »Unité d'Habitation« von Corbusier.

6   Vgl. Durth, Inszenierung, 1988, 41.

7   Vgl. ... wohnen in Wien (1956), 34.

8   Diskussionsbeitrag von Roland Rainer, in: Die europäische Groß-Stadt, 1963, 311.

9   Vgl. Pfeil, Wohnung, in: Der Aufbau 12 (1967), 483. Zudem entstehen freundschaftliche Kontakte keineswegs nur aus örtlicher Nähe (vgl. Rosenmayr, Stadt, in: Die europäische Groß-Stadt, 1963).

10  Schon 1955 fuhren 69 Prozent der Bewohner, zumeist mit öffentlichen Verkehrsmitteln, zur Arbeit (vgl. ... wohnen in Wien (1956), 34).

11  Zur ausführlichen Darstellung der Funktion und Themen der Kunst-am-Bau vgl. Nierhaus, Kunst-am-Bau, 1993.

12  Theo Corsby zit. nach Müller, Verdrängung, 1977, 214.

13  Verwaltung der Stadt Wien 1971. In den Waschküchen im Keller wurden ab 1956 probeweise und ab 1960 regelmäßig gemeinschaftliche Waschmaschinen aufgestellt.

14  Vgl. Warnke, Situation, in: Habermas Hg., Stichworte, 1979, 673–687.

15  Vgl. De Mare, Grenze, in: Kritische Berichte 4 (1992).

16  Vgl. Barbey, WohnHaft, 1984, 97.

17  Die Abgeschlossenheit mußte erst hergestellt werden, denn wie frühere Wohnungsverhältnisse zeigen, verteilten sich Wohnräume einer Familie samt ihrer Mitbewohner oft auf verschiedene Räume im Haus, oft fehlten verschließbare Wohnungstüren oder auch Küchen.

18  Rainer Bauböck (1974), zit. nach Kapner, Wohnbau, in: Kadrnoska, Aufbruch,1981.

19  Vgl. Barbey, WohnHaft, 1984, 79.

20  Jahrbuch der Stadt Wien, 1979, 177.

21  Die durchschnittlichen Wohnungsgrößen im Wiener Sozialwohnbau nach 1945 waren 45 Quadratmeter (bis 1951), 56 Quadratmeter (ab 1961), 70 Quadratmeter (ab 1971). Zur Suche nach dem Wiener Außen-Wohnen vgl. Rosenmayer, Wohnung, in: Der Aufbau 6 (1958), 219–222.

22  Im bürgerlichen Wohnen werden räumliche Arbeitsbereiche wie zum Beispiel die Küche oder die Hausarbeit »unsichtbar« gemacht (vgl. Nierhaus, Seele, in: Frauen Kunst Wissenschaft, Rundbrief 13 (1992), 69–79; diess., Braut, in: Um Bau 14 (1993), 59–65).

23  Vgl. Schondorff Hg., Möbel, 1956, 156.

24  Vgl. Warnke, Situation, in: Habermas Hg., Stichworte, 1979, 687.

Wolfgang Kos

# Imagereservoir Landschaft

## Landschaftsmoden und ideologische Gemütslagen seit 1945

1

Seit 1945 sind die landwirtschaftlichen Nutzflächen in Österreich kontinuierlich zurückgegangen. Zugleich ist es durch die maschinengerechte Bewirtschaftung zu einem ›Ausräumen‹ der Agrarlandschaft gekommen: Hecken, Obstbäume und kleinräumliche Unebenheiten des Geländes sind verschwunden. Die meisten Grünlandrückgänge gingen auf das Konto von Bauland und Verkehrsflächen. Allein zwischen 1971 und 1981 – als der jährliche Abgang von Landwirtschaftsflächen mit 10.000 Hektar pro Jahr Rekordwerte erreichte – nahm der Gebäudebestand um 24 Prozent zu (in manchen Tourismusgebieten Tirols sogar um mehr als 50 Prozent), vor allem in Gemeinden unter 5.000 Einwohnern. Die Zahl der Seilbahnen und Schilifte stieg von 1955 bis 1980 von 350 auf 3.700. Allein die Gesamtlänge der Schlepplifte betrug zu diesem Zeitpunkt schon mehr als 1,5 Millionen Kilometer. In den 1970er Jahren legte man mehr als 2.000 Kilometer Forststraßen pro Jahr an, davon gut 30 Prozent in Höhenlagen über 1.200 Meter, wo die kosmetische Böschungsbegrünung besonders schwierig ist. 1948 gab es 185.000 Kraftfahrzeuge im Land, 1992 waren es 4,5 Millionen. Die durchschnittliche Straßenbreite verdoppelte sich in diesem Zeitraum.

Daten für die sichtbaren Veränderungen der Kulturlandschaft können, mit einiger Mühe, Statistiken entnommen werden.[1] Aufschlußreich für Änderungen im Umgang mit Landschaft wären aber auch ganz andere, stimmungsbezogenere Indikatoren. Ist die Zahl der Münzfernrohre seit der Verbreitung des Fernsehens zurückgegangen? Wann waren auf privaten Urlaubsphotos besonders häufig Straßen und Autos zu sehen (»Mit unserem neuen Opel über den Glockner«)? Wie entwickelte sich der Verkauf von Landschaftspostern? Wann hat das Traumbild Südseeinsel (Bounty-Riegel) das Traumbild Bergsee überholt? Brachte die lila Milka-Kuh ein mentales Comeback der Almlandschaft? Hat der Flugzeugblick auf den Alpenhauptkamm, den um 1960 nur eine kleine Minderheit aus eigener Anschauung kannte und der heute, im Zeitalter der Billigflüge, zur Normalerfahrung gehört, das Heimatgefühl der Bürger verändert?

Landschaft, so Lucius Burckhardt, ist »ein Trick unserer Wahrnehmung, der es ermöglicht, heterogene Dinge zu einem Bild zusammenzufassen und andere auszuschließen. Zweifellos bedarf es dazu einer gewissen Ferne«.[2] Diese »heterogenen Dinge« umfassen natürliche Komponenten, etwa topographische Gegebenheiten, ebenso wie solche der menschlichen Zivilisation. Das Bild der Landschaft als sinnlich erfaßbarer Gesamteindruck (zum Beispiel als ›schöne Landschaft‹) konstituiert sich erst, so lehrt die Ästhetik, in der subjektiven, interpretierenden Anschauung. Land-

*Die Großglockner-Hochalpenstraße, Photo der Österreichischen Fremdenverkehrswerbung, erschienen in »Das ist Österreich« (1955)*

schaft ist also ein prinzipiell abstraktes Konstrukt, das ohne die Differenz zwischen Natur und Kultur nicht denkbar ist. »Es ist auch beim besten Willen nicht möglich, sich eine Landschaft vorzustellen, die nicht auf einen Betrachter bezogen wäre.«[3]

In der Landschaft wird manifest, wie und mit welchen Ideen, Wertungen und Sehnsüchten die Menschen der Natur gegenübertreten – und wie sie sich von ihr entfernen. Landschaft als »Gesicht des Landes«[4] ist also niemals statisch. Ständig ändern sich Gestalt, Funktion und emotionale Aufladung. Landschaft ist ein gesellschaftliches Medium, und die Landschaftsvorstellungen unterliegen wechselnden ideologischen Paradigmen. In diesem Sinn kann der Kunsthistoriker Martin Warnke von »politischer Landschaft« sprechen, womit er etwa die metaphorische Deutung und die »semantische und optische Nutzung und Besetzung« von Landschaft meint.[5] In die politische Pflicht genommen ist Österreichs Landschaft schon deshalb, weil gleich in den ersten Zeilen der 1946 getexteten Bundeshymne – die man als geistigen Brückenschlag zwischen Ständestaat und Zweiter Republik interpretieren kann – ein Gefühl von Patriotismus durch die landschaftlichen Leitmotive Berge und Strom evoziert wird. Der Landschaft kommt also nationaler Signetcharakter zu.

Dabei haben sich zwischen Berg und Strom im Lauf des 20. Jahrhunderts die Nuancen verschoben. Aus einer Donaumonarchie wurde, als Folge der Verkleinerung des Staatsgebiets und der dezidiert antiurbanen Heimatideologie der 1930er Jahre, eine Alpenrepublik. Rund 60 Prozent des Staatsgebiets werden von den Alpen eingenommen. Das Enge, Hochaufragende und Schützende ersetzte gefühlsgeographisch die ausgreifende, imperiale Weite, die nur in den Randzonen des Kleinstaats – etwa in der Agrarebene des Marchfelds, im pannonischen Steppenland um den Neusiedler See oder im dunklen Granitplateau des Waldviertels – in homöopathischer Dosierung spürbar geblieben ist. So konnte der spitze Kirchturm von Heiligenblut, in harmonischem Akkord mit dem ›majestätischen‹ Antlitz des Großglockners, zu einer nationalen Ikone werden, die älteren Symbolbildern – etwa dem breit und mächtig über dem Donautal thronenden Barockstift Melk – zur Seite trat. Die ›ewige‹ Bergwelt, akzentuiert durch wiederkehrende Bildstereotypen wie Gipfelkreuz, Bergmahd oder Prozession in Tracht, war ein zentrales Versatzstück jener christlich-konservativen Österreichideologie, die nach 1933 vom Ständestaat-Regime forciert wurde, die aber erst nach 1945 zur Grundlage eines stabilen und breit akzeptierten Nationalkonsenses werden konnte.

Für Österreich volkswirtschaftlich ungleich wichtiger als derlei heraldischer Heimatdienst sind die Funktionen von Landschaft als Genußmittel und Exportartikel. Der Wohlstand des Landes ist davon abhängig, daß möglichst viele potentielle Erholungskunden der österreichischen Landschaft einen hohen Erlebniswert zuerkennen. Imagestudien aus jüngster Zeit haben ergeben, daß Österreich international in deutlich geringerem Maß als die Schweiz als monothematisches Land der Berge wahrgenommen wird. Imagebestimmend ist vielmehr ein harmonischer Zusammenklang von Landschaft, historischer Bausubstanz und Kultur, mit besonderer Dominanz von klassischer Musik, Tradition und Brauchtum.[6] Die Landschaft erscheint als Bühne mit traditionalistischem Kulturfluidum, ganz im Geist der Österreichmetaphysik von Kralik, Bahr oder Weigel oder der Programmatik diverser in die Sommerlandschaft eingebetteter Festspiele.

*Einer von vielen Österreich-Bildbänden (1952)*

Im Fremdenverkehr zeigt sich mit besonderer Deutlichkeit, daß der Ästhetisierung von Landschaft eine tendenziell zerstörerische Dynamik innewohnt: Auch wenn Landschaft der ästhetischen Theorie nach als eine Erfindung freier, empfindsamer Betrachtung zu gelten hat, hat dieser ideelle Vorgang letztlich handfeste und drastische Konsequenzen für das Antlitz der Natur. Die touristische Landschaft unterliegt, gar nicht anders als etwa die der auf Ertragssteigerung abzielenden Landwirtschaft, der rationalen Logik von Ausbeutung und Verwertung. Dem initialen ästhetischen – und vielleicht unschuldigen – Impuls, eine Gegend als schön zu empfinden, folgt die systematische Erschließung des Geländes, bis hin zur Zersiedelung von Sonnenhängen und Seeufern und dem Bau von Gletscherliften und exponierten Erlebnisparks. Auch bislang unkultivierte Flächen jenseits der Baumgrenze sind im Zug dieses Prozesses zu Nutzland geworden. Gleichzeitig aber mußte die Bewirtschaftung traditioneller hochalpiner Kulturlandschaften, etwa von Almen, aus ökonomischen Gründen aufgegeben werden. Dafür tragen Schilifte und Jagatee-Stationen nun die alten Flurnamen der einstigen Almwirtschaft, und Stuben aus aufgelassenen Bergbauernhöfen werden in neorustikale Bettenburgen eingebaut. Einmal mehr trat das melancholische Grundgesetz des Tourismus in Kraft: Die Unwirtlichkeit, der man entgehen möchte, holt einen immer und überall wieder ein. Zu diesem Grundgesetz gehört auch, daß der Tourist dies nicht wahrhaben möchte. Wo immer er hinkommt, erwartet er heutzutage, beflügelt von einer Öko-Bio-Echtheit-Gefühlswelle, ›intakte‹ Landschaft mit möglichst unberührter Natur. Auch diese Forderung, die völlig ignoriert, daß es in einem Land wie Österreich vom Menschen unveränderte Naturlandschaften nicht mehr geben kann, ist nichts anderes als ein interpretatives Konstrukt, das zwischen Individuum und Natur geschoben ist, also eine weitere Variante von Landschaftsideologie.

Will man den permanent gleitenden Bezugsrahmen Landschaft gesellschaftsgeschichtlich nutzbar machen, wird man das Augenmerk vor allem auf das Wechselspiel zwischen Vorstellungswelt und Realität richten müssen. Es gehe darum, schrieb Lucius Burckhardt 1977, »die Spiegelung der Landschaft im Bewußtsein der Gesellschaft aufzuspüren, also etwas auszusagen über die gesellschaftliche Bedeutung oder die ›Sprache‹ der Landschaft. Diese Sprache ist, wie jedes Zeichensystem, einer Entwicklung und einem Verschleiß unterworfen, die Hand in Hand gehen mit den Strukturwandlungen der Gesellschaft.«[7]

## 2

Man könnte mit den verwundeten Landschaften des Malers Anton Lehmden anfangen. Die Welt erschien, etwa im Zyklus *Kriegsbilder* aus den frühen 1950er Jahren, als surreales Schlachtfeld, entstellt von Rissen, Bombentrichtern und ausgebrannten Panzern. »Lehmden hat die Idylle Waldmüllers und des Biedermeiers in ihr Gegenteil verkehrt. Was sicher schien, ist fragwürdig geworden; wo man meinte, auf festem Boden zu stehen, tun sich Krater auf; an einem Stück Erde lassen sich apokalyptische Zeiten ablesen.«[8]

Eine wundersam heile Welt, zeitlos und unversehrt, zeigte sich dagegen in den zahllosen Landschaftsphotos der Heimat, die nach 1945 in offiziellen und offiziösen

*Titelblatt eine Werbezeitschrift »für Kultur, Wirtschaft, Export und Fremdenverkehr« (1946) [Grafik: Atelier Hofmann]*

Publikationen optischen Trost und Gemeinschaftssinn zu spenden hatten. Gleich im Jahr 1945 beauftragte etwa Wiens Kulturstadtrat Viktor Matejka die während der Kriegsjahre als Theaterphotographin erfolgreiche Lucca Chmel, die Schönheiten der Heimat festzuhalten. Im Vorwort des künstlerisch ambitionierten Buchs, das 1948 im kommunistischen Globus-Verlag erschien, schrieb Volksbildner Matejka: »Dieses Buch wirbt nicht um den Fremdenverkehr, sondern um die Österreicher.« Gezielt wurden also die vertrauten Bilder der Landschaft dafür eingesetzt, das Österreichbewußtsein zu stärken. Bei Matejka kam noch, frei nach Andreas Hofer, eine übertrieben heroische Vorstellung von der Geburt des neuen Staats aus dem alpinen Widerstandsgeist hinzu: »Die Bilder unserer Heimat können Dich daran erinnern, daß hier Österreicher, Bauern und Arbeiter, um die Freiheit gekämpft haben, als längst im Tal die Sonne untergegangen war.« Bilder von Bergkirchen sollten den »heiligen Haß gegen Tyrannei und fremde Unterdrücker« verdeutlichen.[9] Den Bilderreigen dominierten, neben Nahaufnahmen von Kunstschätzen und Werktätigen, neben Bauerngesichtern und Trachtengruppen (ein Ziel des Buchs war die Beweisführung, daß »der Österreicher eine ausgeprägte Individualität hat«)[10], opernhaft inszenierte Hochgebirgslandschaften und idyllische Bergseen, Blumenwiesen und Schneehänge.

Auf einen ganz ähnlichen, weitgehend austauschbaren Bildkanon stößt man beim Durchblättern der zahllosen patriotisch getönten und mit touristischem Kalkül edierten Photobände der Nachkriegsjahre, zum Beispiel *Österreich – Landschaft, Mensch und Kultur* von 1952: Ländliche Sujets dominierten, das zeitgenössisch Urbane blieb ausgespart, die Städte waren fast ausschließlich durch historische – zumeist barocke – Bauten repräsentiert, Linz etwa durch den Brunnenhof im Landhaus und drei Barockkirchen in der Altstadt. Die Landschaft erschien als Sphäre unverrückbarer Werte, viele der Images folgten der Logik von Wachstumskreislauf und Kirchenjahr. Unter dem Bild eines Bergkirchleins stand etwa: »Wie ein steingewordener Finger Gottes streckt das Kirchlein von Leiblfing seinen schlanken Turm zum Himmel«.[11] Die Wucht der durch dramatisch herausgefilterte Wolkenballungen heroisierten Landschaft wurde immer wieder besänftigt durch Symbole der Domestizierung von Natur: Bootsstege, Holzzäune, Bildstöcke. Wie Nahaufnahmen in einem Film waren wettergegerbte Gesichter und Genreszenen zwischengeschnitten: Sternsinger im Schneetreiben, Frauen auf dem Betschemel, schnauzbärtige Tiroler in Schützentracht, bäuerliche Tänzer (»Volkstanz, Ausdruck bodengebundener Lebensfreude«). Edel, einfach und brav wurde das Land gezeigt, moderne Lebensweisen waren kaum zu erahnen. Nur manchmal, etwa bei Arlberg-Winterbildern mit Schispuren im Tiefschnee, konnte vorstellbar werden, daß es in den österreichischen Alpen auch lustvolle und leichtfertige Naturnutzungen gibt.

Viele der nach 1945 in Umlauf gebrachten Landschaftsbilder wirkten veraltet, die meisten waren es wohl auch. In ihrer Gestaltung waren die neuen Austria-Bildbände von jenen vor oder nach 1938 kaum unterscheidbar. Die 1945 im Wiener Rathaus präsentierte Photoschau *Unser Österreich* war, so stellte Robert Menasse irritiert fest, in ihrem Bilderkanon weitgehend identisch mit einem 1938 vom deutschnationalen Erfolgsautor Bruno Brehm herausgegebenen Buch, in dem auf die Schönheiten hingewiesen worden war, die die damalige »Ostmark« in das »Deutsche Reich« eingebracht hatte.[12] Aus Spezialisten für erhabene Bergstimmungen und pathetischen Schollenkult,

*Werbeannonce (1955)*

die zwischendurch als Front- oder Autobahnphotographen tätig gewesen waren, wurden nun wieder altmeisterliche Landschaftshymniker. Ob Kirchgang in Tirol oder Marillenblüte in der Wachau, gefragt waren nach 1945, angesichts der Zerstörungen ringsum, Sinnbilder der Unverwundbarkeit der Heimat. Wie programmatisch die Darstellung des Zeitlosen war, zeigt eine Vorbemerkung Viktor Griessmaiers zu dem 1950 erschienenen Prunkband *Österreich – Landschaft und Kunst:* »Landschaft und Bauwerk sind bestimmend für den Charakter eines Landes, sie bleiben auch ohne den Menschen.« Gerade in der Landschaft zeige sich »das mit menschlichen Maßen gemessene Dauernde von Österreich«.[13]

Ob mit Landschaftsstereotypen deutsche Sendung oder österreichische Unverwüstlichkeit assoziiert werden sollte, lag ausschließlich am wechselnden interpretativen Kontext. Für die Politik war es deshalb wichtig, einen möglichst engen Zusammenhang zwischen landschaftlicher Eigenart, geopolitischer Lage, Volkscharakter und Staatsidee herzustellen. Dem aufwendigen Band *Schatzkammer Österreich, Wahrzeichen der Heimat in Wort und Bild* von 1948 waren nicht weniger als 15 Politikervorreden beigegeben. Am Beispiel des Geleitworts von Bundeskanzler Leopold Figl sollen einige Konstanten der landschaftlichen und geopolitischen Österreichmetaphorik gezeigt werden. Die Bedeutung Österreichs, schrieb Figls Ghostwriter, »erfließt aus unverwischbaren, natürlichen Gegebenheiten«. Das Wesen des Österreichers, der ein »geborener Vermittler« und »der elastischeste Diplomat« sei, könne aus der »naturgegebenen« Kreuzung europäischer Verkehrslinien erklärt werden. Geläufige Staatsfloskeln wie »Brücke zwischen Ost und West« und »das Herz Europas« klangen hier bereits an. Die naturbedingt »friedliche Gesinnung« Österreichs bedrohe niemanden – im Gegenteil: »Seine geographische Lage ermöglicht es ihm, allen dienlich zu sein. Seine Schönheit ergötzt jeden. Sein kultureller Reichtum verleiht ihm geistige Macht weit über die Enge seiner Grenzen hinaus.« Eine solche kulturimperialistische Rhetorik war nur möglich, wenn man zugleich auf die unschuldige Kleinheit des Landes hinwies, die wiederum in der Vielfalt der Landschaftstypen metaphorisch abgebildet wurde. Auch bei Figl fand sich die entsprechende Standardformulierung: Das Land biete auf kleinstem Raum die »reichste Abwechslung der Formen«. Die verschiedenen Landschaftsformen, von den »genußverheißenden Pflanzungen« der Rebgärten um Wien über die »lieblichen Täler« und »eiligen Flüsse« bis zu den »vom ewigen Schnee begrenzten Felsbergen«, ständen eben nicht in schroffem Gegensatz, sondern in wohlgefälligem Zusammenklang. »Der Österreicher« habe es zudem stets verstanden, seine Siedlungen »harmonisch« in die Landschaft einzufügen »und so eine wohlgelungene Komposition zu schaffen«. Schließlich wurde in Figls Vorwort betont, daß das schöne Land fast nirgends durch »häßliche Ansammlungen von Industriebauten« gestört werde.[14]

Unterrichtsminister Hurdes sekundierte mit einem Anflug von Allmacht: »Von der Lieblichkeit bis zum Erhabenen ist alles auf dem Gebiete vereint, das wir Österreich, unsere Heimat, nennen.«[15] Damit war ein weiterer beliebter Topos angesprochen: Österreich als verkleinertes Abbild der gesamten Schöpfung. Und sein für Handel und Fremdenverkehr zuständiger Ministerkollege Kolb kletterte gar, nachdem auch er den obligaten Hinweis auf die landschaftliche »Vielgestaltigkeit« untergebracht hatte, in die theologischen Höhen des ewigen Eises: »Sind Sie vielleicht einmal hinaufgestiegen zu den majestätischen Riesen unserer Hochalpen, in denen der Mensch, überwältigt

*Max Weiler, »Wie eine Landschaft«, Gouache (1962)*

von der Allmacht des Schöpfers, allen Zank und Streit, alles irdische Leid vergißt und Zwiesprache mit dem Himmel hält?«[16]

Doch die Hochalpen waren für Österreichs Selbstbewußtsein in den Jahren des Wiederaufbaus keineswegs nur zivilisationsferner Sinnspeicher und Rückzugsgebiet für christlich-abendländisches Harmoniedenken. Gerade im Gebirge manifestierte sich eine Technologieeuphorie ohnegleichen: Die wuchtigen Staumauern von Kaprun, kühn aufragende Fernleitungsmasten und verwegen in den Fels gesetzte Seilbahnstationen wurden zu Symbolen des ökonomischen Fortschritts und des neuen österreichischen Wir-Gefühls.[17] Mit viel Sinn für Pathos und mit martialischem Vokabular (»Energieschlacht«, »Frontlinie«) zeigten und beschrieben Aufbauschriften und Wochenschaubilder die Niederwerfung der Natur und die Herausbildung einer von einem modernen Infrastrukturnetz durchwachsenen utilitaristischen Landschaft. In einer Broschüre für Österreichs Schuljugend las man über Kaprun: »Bald rückten wetterharte Werksleute der Bergwelt an den Leib. Die Felsen schütterten im Bohren und Gehämmer, erdröhnten im Krach aufwühlender Minen«, und über die Elektrifizierung der Bahnstrecken: »Ein Wald von Betonmasten wurde in die Erde gesenkt.«[18] Es sei gewiß schön, den Alpensee in der Glut der Abendsonne anzuschauen, schrieb Viktor Matejka ins *Bilderbuch Österreich*, »es ist aber trotzdem notwendig zu wissen, wieviele hunderttausende Kilowatt gebändigter Kraft in ihm aufgespeichert liegen.«[19]


3


Die behäbig erdschweren Leitimages des Alpinen und Rustikalen blieben, zumindest im populären und volkstümlichen Bildmilieu, auch nach 1945 intakt. In der modernen Kunst wurde beim Thema Landschaft jedoch bald ein deutlich leichterer, heiterer Ton angeschlagen. Bei Herbert Boeckl etwa trug sich, so Alfred Schmeller 1954 in einer *Kurier*-Rezension von Landschaftsaquarellen des Altmeisters, ein »Schönwettereinbruch« zu: »Äcker, vom festen Grund gelöst, trägt die Luft wie Kinderdrachen. Der Wind fährt in die Gewänder der Erde.« Bei Boeckl könne man spüren, daß »das Zeitalter der Angst« vorüber sei.[20] Einen ähnlichen Gegensatz zwischen der bedrükkenden Schwere des Gebirges und der Leichtigkeit einer neuen künstlerischen Handschrift arbeitete Schmeller zehn Jahre später beim Tiroler Maler Max Weiler heraus, der schrittweise zu einer völligen Auflösung der Gebirgsmotive und zu einem freien Spiel der Formen und Farbtupfen vorgedrungen war: Weiler habe das Hochgebirge »entmassiert« und Tirol »chinoisiert«. »Die Alpen sind dem Maler zu steinschwer und bedrückend, so werden sie in demiurgischen Capriccios erleichtert.«[21]

Doch es bahnte sich, vor allem in der Literatur, ein neuerlicher ästhetischer Wettersturz an: Frost im Alpenraum. Entlegene Gegenden, karge Bergregionen und dumpfe Provinznester mit Namen wie »Schweigen« und »Weng« wurden zum metaphorischen Schauplatz einer bald als spezifisch österreichisch empfundenen Gattung, für die sich um 1970 in der Germanistik Bezeichnungen wie Anti-Idylle oder Anti-Heimatroman durchsetzten.[22] In »parteibraunen« Landschaften (Hans Lebert) wuchs aus Dumpfheit, Bösartigkeit und unaufgearbeiteten Schuldgefühlen neues Unheil. »Die Wüste rückt vor«, hieß es in Leberts 1960 erschienenem Roman *Die Wolfshaut*. Die stadtferne Natur war dem Menschen nicht mehr, wie noch in Karl Heinrich Waggerls populären Apotheosen des Einfach-Sittlichen, »Zuflucht, Kraftquelle und Maß«.[23] Gerade im Ländlich-Dörflichen schien, etwa im Roman *Fasching* von Gerhard Fritsch (1967), die seelische Verkrüppelung eines nur oberflächlich genesenen Landes greifbar zu werden. Bücher wie Franz Innerhofers *Schöne Tage* und *Schattseite* waren beklemmende Selbststudien von struktureller Gewalt im bergbäuerlichen Unterschichtmilieu: »Zum Kotzen die ganze Wirklichkeit. Die kalten feuchten Tore. Die kalten Maschinen. Alles kalt. Außerhalb der großen Fenster traurige Sommerlandschaft.« Innerhofers Geschichte der Demütigungen eines heranwachsenden »Leibeigenen« zeigte eine dumpfe, aber überraschend exotische Kehrseite der idyllischen Alpenlandschaft. Gespenstisch und verwahrlost erschien das für die Sommergäste so heitere und sonnenhelle Land: »Kuhglocken. Latschen. Rostiger Stacheldraht. Bleiche, verwitterte Zaun-

*›Klassischer‹ Salzkammergut-Blick vom Grünberg auf den Traunsee (Werbefoto um 1960)*

pfähle. Gedämpfter Straßenverkehrslärm drang immer noch vom Tal herauf und Motorenlärm von den oberen Bergbauernhöfen. Aus dem Fichtenwaldgürtel unter uns jaulte eine Motorsäge auf und überlärmte alle übrigen Geräusche. Trockenes bleiches Gras und Schiefergestein, vom Vieh frisch freigetreten.« Das neue Geld des Tourismus werde die desolat gewordenen alten Verhältnisse vollends zerstören: »Die Besitzenden treffen sich nach wie vor auf dem Kirchplatz. Es ist ein zerrissenes Dorf. Das Fremdenverkehrsbüro ist jetzt heilig. Die Fremden sind unsere Götter.«[24]

Nirgends aber wurde das schöne Land so konsequent zum Ödland und zur Todeszone erklärt wie in den hermetischen Prosatexten Thomas Bernhards. In der Erzählung *Amras* (1964) hieß es: »Das Gebirge ist gegen die Menschen; die Grausamkeit, mit der die hohen Gebirge die Menschen erdrücken (...) die Methoden des Grauens des in die Gehirne der Menschen vorrückenden Gesteins.«[25] Verzweifelte stiegen bei Bernhard ins Gebirge hoch, um »an der Baumgrenze« zu erfrieren, wie der junge Bauernsohn in der gleichnamigen Erzählung (1969), oder um im winterlichen Gebirge einfach zu verschwinden wie der an der Kälte der Welt leidende Maler Strauch im Roman *Frost* (1963). »Alles ist Hölle«, hieß es in diesem Anti-Hymnus der Lebensunmöglichkeit.


4


Seit Landschaftsbilder massenhaft verbreitet worden sind, also seit der Romantik, haben sich neue Landschaftswahrnehmungen immer nur im Reflex auf bereits vorhandene durchsetzen können. Das führte zu einer doppelläufigen Entwicklung: Einerseits wurden die klassischen Berg- und Seenlandschaften à la Schweiz und Salzkammergut, nachdem sie um 1800 entdeckt worden waren, im 19. Jahrhundert bis zur Trivialisierung besungen und schablonisiert; andererseits kreierten Künstler und Dichter immer wieder neue Landschaftsmoden, um sich von den verbrauchten Landschaftskonventionen avantgardistisch abzusetzen. In der zweiten Hälfte des 19. Jahrhunderts waren es etwa flache, monochrome, weite und leere Landschaften mit tiefliegendem Horizont – zum Beispiel die norddeutsche Heide oder die ungarische Puszta –, in denen Künstler Gegenmotive und alternative Stimmungen zu den dekorativ anmutigen Gebirgsszenerien suchten.

Interessanterweise läßt sich, fragt man nach kollektiven Leitlandschaften, in den fünf Jahrzehnten seit 1945 eine ähnliche Trendabfolge feststellen. Der Heimatfilm der 1950er Jahre – und in seiner Nachfolge der deutsche und österreichische Urlaubs- und Schlagerfilm – präferierten, zum Teil mit Hilfe regionaler Sponsoren, konventionell gerahmte Schauplätze wie das Salzkammergut, die Wachau oder den Wörthersee. Vertraute Landschaftskulissen rahmten, schmückten und schützten eine beschauliche, neckische kleine Welt. Auch in Landschaftsbeschreibungen wurde immer wieder auf den verdünnten romantischen Jargon zurückgegriffen, indem etwa, ganz nach Art des 19. Jahrhunderts, auf die »Harmonie des Erhabenen mit dem Schönen« hingewiesen wurde: »Das Salzkammergut ist die Vereinigung des Kraftvollen mit Anmut, des Wuchtigen mit Leichtigkeit, des Majestätischen mit dem Freundlichen und Gewinnenden (...) ernst und doch auch wieder fröhlich.« Die Natur werde dabei zur »Bühne des Spiels«, den Gast verbinde mit dem landschaftlichen »Kleinod« eine »seltsame,

*Tourismusplakat (um 1955) [Grafik: Atelier Hofmann]*

wunderliche Romanze«. Bewacht wurde man beim neobiedermeierlichen Gepländel vom königlich thronenden Dachstein, der »wie ein heiliger Götterbezirk« sei, unnahbar und »vom Schaudern eisgrauer Vorzeit umweht«.[26]

In dem Maß, in dem beim breiten Publikum die Wirkungsgesetze der Idylle internalisiert waren, nahm allerdings bei Intellektuellen die Tendenz zu, die tausendfach bereisten Schönheiten als kitschig abzutun. Von zwei Seiten kam die brave altösterreichische Sommerfrische unter Druck. Mit steigendem Wohlstand und individueller Motorisierung nahm die Möglichkeit zur prestigeträchtigen Auslands- und Fernreise – anfangs vor allem nach Italien – zu; eine Folge davon war, daß die traditionellen Sommerorte mit ihrem elegischen Flair als altmodisch und muffig empfunden wurden, was zu einer weiteren Überalterung des Stammpublikums führte. Darüber hinaus propagierten neue Populär- und Subkulturen wie Film und Rockmusik coole und heiße Modelandschaften ganz anderer Art, etwa die epische Weite des Wilden Westens oder die minimalistische Monotonie der amerikanischen Highways. Die Raumbilder, die von den road movies, der Jeanswerbung oder den Songs von Hank Williams oder Bob Dylan transportiert wurden (und von amerikanophilen Romantikern wie dem Filmregisseur Wim Wenders bald auch in europäische Landschaften transferiert wurden), waren Codes für Freiheit und Entgrenzung. Es kam also, aus mehreren Gründen, seit den 1960er Jahren zu einem Generationskonflikt in der Landschaftspräferenz.[27]

Parallel dazu wurden Regionen, die vorher kaum als touristisch verwertbar erschienen waren, neu entdeckt, wobei einmal mehr Intellektuelle (und ›Aussteiger‹) zu Trendsettern der Umcodierung wurden. Im Kontrast zu den harmonisch genormten alpinen Belcantolandschaften rückten karge und scheinbar eintönige Charakterlandschaften ins Blickfeld, etwa die burgenländische Weite, deren südliche Exotik von Ernst Krenek bereits 1936 als »afrikanisch« propagiert worden war. Im Wiener Künstlermilieu wurde es um 1970 Mode, Zweitateliers in der Landschaft um den Neusiedler See oder – wie etwa der Bildhauer Pichler und die Maler Attersee und Kocherscheidt – in der entlegenen Hügellandschaft des Südburgenlands zu beziehen. Das Hügelland der Südsteiermark wurde, im Zug einer neuen Italophilie, die sich von der übervölkerten Meeresküste abwandte, um im Landesinneren Landschaftseindrücke von archaischer Klarheit zu suchen und einem Hedonismus der edlen Einfachheit zu frönen, zu einer österreichischen Toskana umgedeutet. Die schlichte Ländlichkeit des niederösterreichischen Weinviertels mit seinen typischen Kellergassen wurde – via Hermann Nitsch und Heinz Cibulka – zur deftig dionysischen Sinnenlandschaft für Zivilisationsmüde. Ähnliches galt für die granitharten und dunklen Einsamkeitsgegenden des Wald- und Mühlviertels, mit denen bald Nebelschwaden und mystische Urkräfte assoziiert wurden. Typisch für derartige Entdeckungen von spröden Anti-Landschaften war ihre Verknüpfung mit gesellschaftlichen Tiefentrends: Kritik an der Massenkultur bei gleichzeitiger Wiederentdeckung des Regionalen (statt Hawaiisteak in jedem Dorfwirtshaus nun Blutwurst, Kernöl und gemischter Satz in den städtischen In-Beisln), Askese und Spiritualität, Ökologie, Hinwendung zu natürlichen Ernährungsweisen, Wiederentdecken der Kräutermedizin usw.

Die Entwicklung war allerdings von Widersprüchen geprägt. Einerseits kamen durch Städter, die in entvölkerten und strukturschwachen Randgebieten (die meisten

*Max Peintner, »Ein total reguliertes Tal«, Bleistiftzeichnung (1971)*

dieser Alternativ-Modelandschaften lagen ja entlang des Eisernen Vorhangs) billig Bauernhäuser kauften, neue Dynamik und kulturelle Initiative in periphere Gebiete, was auch dem Fremdenverkehr Impulse (und Slogans wie »Kernland Mühlviertel«, »Die geheimnisvolle Stille der Wälder« oder »Kraftquelle Waldviertel«) brachte. Andererseits führte auch das Auspendeln mit lebensreformerischen Ambitionen und in möglichst ›authentische‹ Gegenden zu zyklischen Straßenverstopfungen und Luftverpestungen am Freitagnachmittag und Sonntagabend. Was als Kritik des abgetakelt Romantisch-Kitschigen begonnen hatte, mündete in ein neues romantisches Mißverständnis: dem des Bestehens auf individueller Zwiesprache mit intakter, urtümlicher Natur.

Der beschriebene Paradigmenwechsel verlief parallel zu einem generellen Erodieren und Umdeuten des traditionellen Schönheitsbegriffs. Für Künstler wurde zunehmend auch die Peripherie der Städte bild- und beschreibungswürdig – die »Gstettn«, das undefinierbare Dazwischen, das an die Stelle eines klar erkennbaren Gegensatzes von Stadt und Land getreten war. 1967 beklagte der Architekt Wilhelm Holzbauer am Beispiel von Salzburg, daß die Vorstädte die Stadt »abwürgen«, während gleichzeitig die »Aussatzflecken« des planlosen Bauens »das Land vereitern und den Zugang zur Stadt trostlos, häßlich und enttäuschend machen.«[28] Mit ähnlichem Vokabular kommentierten seit den 1960er Jahren Fortschrittskritiker der unterschiedlichsten Denkrichtungen die Verstädterung der Landschaft, der rechtskonservative Kunsthistoriker Hans Sedlmayr (der 1965 das Schlagwort »demolierte Schönheit« prägte, die Salzburger Fehlplanungen mit den »Industriesteppen« Amerikas und Rußlands verglich und eine allgemeine »Landschaftsblindheit« beklagte)[29] ebenso wie die spätere Alternativbewegung mit ihrem Anti-Beton-Protest.

Als die Klage über die Verhäßlichung der Welt längst zum rhetorischen Allgemeingut geworden war, konstatierte der Stadtplaner Leopold Redl in einem Vortrag mit dem provokanten Titel *An Gramatneusiedl, Attnang-Puchheim führt kein Weg vorbei* die endgültige Aufhebung des lesbaren Gegensatzes von Stadt und Land, verzichtete aber auf moralistische Empörung und erkannte in der »Polyzentralität« der Raumstruktur, »Streuung / Bruch / permanente Peripherie«, eine neue landschaftliche Dimension: »Stadt und Umland sind gänzlich ineinander übergegangen, keine ›Orte‹ mehr darin, sondern unsichtbarer Austausch, grenzenlos, unfaßbar.«[30]

Dort, wo die Städte ins Grün ausfransen, rund um Autobahnabfahrten, Einkaufsmärkte und Freizeitcenter, sind tatsächlich typologisch neuartige Niemandsländer entstanden, für die Begriffe wie häßlich oder grau nur mehr vordergründig aussagekräftig sind. Bei Peter Handke, einem Spezialisten des topographischen Abtastverfahrens, finden sich immer wieder behutsame Beschreibungen solcher Zwischenzonen. In der Erzählung *Der Chinese des Schmerzes* erschienen Handke die »Gegend-Ausschnitte« am Nordrand von Salzburg wie eine Ansiedlung in »Montana« oder »Feuerland«: »Von den an den Flugplatz grenzenden Feldern kamen Schwaden von Mistgeruch, und in der einstigen Römeransiedlung Loig, gleich dahinter, brüllten die Rinder und die Schweine. Die Fluchtlinie zum Horizont wurde gezogen vom Gelb der straßenrandsäumenden Goldregenbüsche und verstärkt vom Gelb der Tankstelle. Wie immer las ich hinter einer Umzäunung für ›Dauerparkplätze‹ ›Bauernparkplätze‹.«[31] Bei einem anderen Gang an den Rand fielen dem Dichter ein hellerleuchteter Imbißstand, eine

zerfetzte Plakatwand, ein künstlicher Hügel – ein Rundkurs für Fahrübungen – und
»eine stoppelige Savanne« auf, »in welche die Betonbahn einer einstigen Militärstraße
vorstieß«. Nicht aus Verachtung beschrieb Handke solche Ungegenden, sondern weil
ihm »diese ganze Stadtrandlandschaft« als Grenzort der Träume erschien, »wo es sich,
anders als gleichwo im Landesinneren, bleiben ließ«.[32]

5

Ein Berghang als eine einzige Abfolge von Wildbachverbauten, über die das Wasser
gesittet zu Tal stürzt; ein *total reguliertes Tal* mit durchgängiger Kunstbauten-Panzerung;
die letzten Bäume, die in einem Stadion vom Publikum beglotzt werden – mit grotesk
übersteigerten Darstellungen der totalen Bändigung der Natur fand der Künstler Max
Peintner in den frühen 1970er Jahren beunruhigende Sinnbilder für das zunehmende
Entsetzen über das destruktive Potential der Wachstumsgesellschaft.[33] Was als Protest
gegen die zivilisatorische Hybris angelegt war (für ein Anti-Zwentendorf-Plakat wählte
der Künstler das Motiv eines auf eine Felswand zurasenden Flugzeugs), wurde bei
Peintner zugleich zu einer surrealen Versuchsanordnung mit dem Ziel, neue Wahrnehmungsweisen von Landschaft zu erkunden. Immer wieder wandte sich Peintner etwa
dem Phänomen der Autobahnlandschaft zu, also dem zugleich rasenden und sanften
Gleiten durch immer unwirklicher erscheinende Bildräume. Eine Zeichnung von 1969
zeigt *verschiebbare Hügel und künstliche Wolken zur Belebung eintöniger Autofahrten.*
Im Zusammenhang mit solch phantastischen Visionen, die wohl auch von der psyche-

*»Straßen-Nase« von Haus-Rucker-Co., Collage aus dem Zyklus »Berge in der Stadt« (1974)*

delischen Erfahrung der Realitätsverschiebung beflügelt waren, sei auch auf die experimentellen Projektideen von Hans Hollein (*Flugzeugträgerstadt in der Landschaft*, 1964) oder Architektengruppen wie Coop Himmelblau oder Haus-Rucker-Co. hingewiesen. Letztere fügten 1974, um auf das Absurdwerden traditioneller Naturbilder hinzuweisen, für die Collageserie *Berge in der Stadt* alpine Versatzstücke wie Felsgipfel oder Wasserfall in die urbane Szenerie ein: »Wir wollen bewußt machen, daß wir diese vermeintliche Natur nicht mehr haben, daß wir ihr aber auch nicht nachzutrauern brauchen, da sich Möglichkeiten bieten, vielleicht in einem ganz neuen Sinn neue Formen der Natur zu erfinden.«[34] Im Jargon der Postmoderne fand man dann für diese Zwischenzone des Fiktionalen, die sich zwischen den modernen Menschen und die Natur zu schieben schien, Begriffe wie Simulation oder plurale Identität.

Gerade der forcierte Autobahnbau und die Tendenz zur Einebnung und Begradigung der Überlandstraßen, die in ihrem Verlauf nicht mehr an das Auf und Ab des topographischen Reliefs gebunden zu sein schienen, hatten seit etwa 1960 den Reisen-

*Demonstrationsfoto aus »Die Ware Landschaft« (1977), Originalbildunterschrift:*
*»INTAKTE LANDSCHAFT*
*Eine gesellschaftlich sinnvolle, das heißt nützliche, schonende und pflegende Landbewirtschaftung gibt es heute nur in jenen Räumen, in denen das Land nicht alleine nach den Gesichtspunkten der Rentabilität und mit Hilfe einer harten Technologie gestaltet wird. Die Zerstörung einer Landschaft ist häufig Folge davon, daß die Bedürfnisse vieler Menschen weniger Gewicht haben als die Interessen einiger. Daher wird auch diese Landschaft nur intakt bleiben, wenn ihre Zerstörung durch die Betroffenen selbst verhindert wird.«*

den eine neue Kavaliersperspektive auf die Landschaft beschert, wodurch die Suggestion totaler Verfügbarkeit deutlich zunahm. Im Gegensatz zur Raum und Zeit nivellierenden Eisenbahnreise des 19. Jahrhunderts saßen die Menschen nun selbst am Steuer ihrer Geschosse. Die durchquerten Räume boten sich wie Breitwand-Szenerien dar: Vertraute Landschaften wurden fremd, fremde Landschaften wurden aus indifferenter Distanz routiniert ›gelesen‹. Noch einmal Peintner: »Bei den neueren Fernverbindungen quer durch die Alpen ist in engen Tälern die Straße völlig vom Gelände abgesetzt auf Betongalerien den Hang entlanggeführt, vier- bis sechsspurig und komplett mit Pannenstreifen. Man ist auf der dem Boden näheren Seite noch immer in Höhe der Baumwipfel und fährt also durch eine Landschaft, die in einem neuen Sinn unberührt ist (...) Im Autobahntal ist in blanker Bedeutungslosigkeit versunken, was unterhalb des Fahrbahnniveaus liegt.«[35]

Gegenden boten sich fortan dem in einem »Gefühl der beschwingten Verantwortungslosigkeit«[36] Dahinrasenden wie Waren im Regal eines Einkaufsmarkts dar; jede Autobahnabfahrt wurde zum potentiellen Erlebnis-Hinweisschild. Dieses Erschließungssystem landschaftlicher und kultureller Reize, der Untertitelung am Fernsehbildschirm nicht unähnlich, wurde in den letzten Jahren, nach amerikanischen und französischen Vorbildern, durch die Anbringung von Bildlogos und die Kürzestnennung landschaftlicher und regionaler Trademarks am Fahrbahnrand perfektioniert. Der Ethnologe Marc Augé wies in seinem Buch über *Nicht-Orte* auf die Bedeutung solcher Verführungsschilder und Visitkarten hin: Durch den Verweis auf identitätstiftende historische Monumente (zum Beispiel Schlösser, Kirchen), die allerdings großräumig umfahren werden, werde die Landschaft reauthentisiert.[37]

Es wäre falsch, im Gefolge neuer Wahrnehmungsweisen stets nur das Verschwinden von Landschaft zu beklagen. Landschaft zeigt sich immer wieder neu. Das hängt mit ihrer grundsätzlichen Transformierbarkeit zusammen, ist Landschaft doch stets

*Karikatur von Rudolf Nemec / OÖ Nachrichten (1988)*

das »Produkt der Einstellungen zu ihr«. Darauf beharrte der Architekturpublizist Friedrich Achleitner, als er 1977 das wichtige Buch *Die Ware Landschaft* herausgab, in dem einerseits am Beispiel des Bundeslands Salzburg die Zerstörung und der Ausverkauf von Landschaft und die gestalterische Monokultur des alpinen Bauens (»die bauliche Kulisse zum Klischee ›Alpenlandschaft‹«) angeprangert wurden, andererseits aber der zum Reizwort gewordene Begriff ›Landschaft‹ kritisch untersucht werden sollte. Es sollte eine Diskussion eröffnet werden, »die über die so heile Welt der Umwelt-Diskussion hinausgeht (und) die es auch wagt, die fast tabuisierten Bereiche des Natur-, Landschafts- und Denkmalschutzes zu hinterfragen«.[38] Achleitner konstatierte als Ursache für die Dominanz des sogenannten alpinen Stils eine unselige »Vermischung von Heimatschutzgedanken, Blut- und Bodenideologie, falschverstandenem Denkmalschutz, Naturschutz, Ortsbildschutz, aus Landschaftsklischees, touristischem Management, Spekulation, Existenzangst, Kurzsichtigkeit und Denkfaulheit«.[39] Die illusionistische Ideologie des Heimatschutzes fand etwa in den Reglements der Naturschutzgesetze ihre Fortsetzung (in Salzburg wurde ein solches 1957 beschlossen), wurden hier doch Prinzipien wie landschaftsgebundenes Bauen und störungsfreie Einfügung von Neubauten in die Landschaft festgeschrieben, was angesichts des enormen Baudrucks notgedrungen zu Verlogenheiten führen mußte. Indem das pseudobäuerliche Satteldach für verbindlich und landschaftskonform erklärt wurde (Roland Rainer sprach 1973 vom »Alpenhut als Tarnkappe für Rücksichtslosigkeit«)[40], wurden moderne Bauformen in landschaftlichen Schutzzonen weitgehend unmöglich gemacht. Eine spezifische Tradition der Moderne im Alpenraum wurde damit verschüttet.

Auch wenn Architekturkritiker mit Bezeichnungen wie Lederhosenstil oder Schwammerlarchitektur gegen den pseudorustikalen, breithüftigen Bettenburg-Typus verzweifelt ankämpften, gegen den Mehrheitsgeschmack und die Fremdenverkehrsinteressen konnten sie wenig ausrichten. Auf keinem anderen Gebiet blieb das sogenannte Volkstümliche gestalterisch so dominant wie im Umfeld von Tourismusfolklore und *Musikantenstadl*.

6

Durch die zähe Verteidigung gefährdeter Naturlandschaften gegen öffentliche Bauprojekte (Umbalfälle, Hainburger Au, Hintergebirge, Pyhrnautobahn, Ennstaltrasse) konnte sich die Ökologiebewegung seit den späten 1970er Jahren öffentlich profilieren. An die Stelle der alten Dialektik von Naturbeherrschung und Naturgenuß trat die Vorstellung von der Natur als Pflegefall, dem die sorgende und schützende Anteilnahme der Menschen zu gelten hat. Der schuldbewußte Blick in die zerstörte, zersiedelte und zerschundene Landschaft war zugleich ein wehmütiger Abschiedsblick. Die unverdorbene Natur wurde – als postindustrielle Versöhnungsutopie – zu einer zentralen Wertkategorie des politischen Denkens. »›Landschaft‹ ist heute ein politästhetisches Phantasma.« Mit dieser nüchternen Feststellung kommentierte der Wiener Philosoph Rudolf Burger 1990 die grünverklärte Idealisierung von Natur und erinnerte daran, daß das absolut gesetzte Naturschöne ein Kunstprodukt sei. »Eine geschützte Natur aber

ist keine Natur – sie ist ein Artefakt, das sich aus einem Spiel von Eingriffen und
bewußten, geplanten Enthaltungen ergibt, ein Park, ein Museum der Natur, das die
Erinnerung an sie, als verlorene, aufbewahrt.«[41]

Aus dem ökologischen Blickwinkel war unzerstörte Natur das wertvolle Gut, die
moderne Kulturlandschaft mit ihren vielfachen Brechungen des Naturhaften aber ein
Produkt fragwürdiger Entfremdungsprozesse. Mit Symbolen der Eigentlichkeit – idyllische Dorfbildchen, Baummetaphern, Biotop-Romantik – wurde eine intakte, heime-
lige Welt beschworen.[42] Gierig saugten Werbung und Produktmarketing die sehn-
suchtsvollen Positivimages auf. Vor allem in der Nahrungsmittelindustrie sind Produkte ohne Natürlichkeitsversprechen und Echtheitsdesign kaum mehr absetzbar: Der
Kühlschrank ist in den letzten Jahren zu einer surreal anmutenden Kunsthalle von
biosymbolischen Landschaftsansichten geworden – Blumenwiesen auf dem Milchpa-
ket, herzhafte Hügellandschaften auf der Butter, Bauernhöfe glücklicher Hühner auf
der Eierbox. Aus dem Wunsch, Gesundes und Echtes zu kaufen, ist geradezu ein
Herkunftsfetischismus entstanden, der im Kontrast zur tatsächlichen Unübersichtlichkeit internationaler Handelswege steht. Bilder von Landschaften wurden dabei zu
visuellen Gütesiegeln. Zwischen den Polen Natursehnsucht und Bioschwindel umgibt
sich eine zivilisationsmüde Wohlstandsgesellschaft mit Sinnzeichen einer heilen Welt
mit lebensreformerischen Obertönen.

Auch die politische Werbung operierte seit den 1980er Jahren verstärkt mit grünen
Imagebildern, indem etwa Politiker vor Settings intakter Landschaften präsentiert
wurden. 1986 wurde der Slogan »Ein Mann mit Erfahrung. Ein Mann für Österreich«,
mit dem für den Präsidentschaftskandidaten Kurt Waldheim geworben wurde, durch
das vertrauenspendende Bild einer Waldlandschaft ergänzt; vier Jahre später wurde ein

*Landschaft als Qualitätssymbol, SPÖ-Außenplakat, Wahlkampf 1990*

alleinstehender Baum vor tiefblauem Himmel zu einem zentralen Symbol im Nationalrats-Wahlkampf der SPÖ (»Zu neuen Qualitäten«).[43] Vor allem im Fremdenverkehr
(in dem seit circa 1980 das Präfix »sanft« für Bemühungen um landschaftsschonendere
Nutzungsstrategien der Alpenlandschaft, aber auch für das Anpeilen neuer Marktni-
schen steht)[44] führte der naturbezogene Wertewandel zu einer Offensive von Naturbot-
schaften. Deshalb sei abschließend ein Blick auf die Wandlungen im Imagereservoir
der Tourismuswerbung versucht.

In den 1950er Jahren gab es eine letzte Renaissance des modern gestalteten,
gemalten und lithographierten Plakats. In bunten und kürzelhaften Sujets wurde der
Alpenraum als gemütliche Märchenlandschaft präsentiert, mit feschen Girls und zünf-
tigen Berglern als modischen Erholungsmannequins. Die Landschaft präsentierte sich
als Bühne für vergnügliche und sorgenfreie Erlebnisse. Vor allem der Boom des
Wintertourismus führte die Grafiker – erwähnt seien Hofmann, Kosel und Fabigan –
zu neuen Images. Stärker als je zuvor wurde die Winterlandschaft, ob mit einsamer
Wedelspur oder mit tiefverschneiter Almhütte als Blickfang, zur eigentlichen Visitkar-
ten-Landschaft Österreichs.

Die Werbemittel der 1960er und 1970er Jahre betonten vor allem die Funktionalität
des Angebots: Man zeigte ausführlich Hallenbäder, Liftanlagen und Parkplätze. Die
Orte wurden in traditionellen Überblicksansichten und biederen Postkartenphotos
vorgeführt, zu denen sich als österreichische Spezialität (international bekannt wurde
etwa die Firma des Tiroler Malers Berann) gemalte Vogelschaulandschaften gesellten,
die den Erholungsort als Komplettsystem von Wanderwegen, Pisten und Schaupunkten
präsentieren. Spätestens mit den Wechseln vom Einzelticket zum Tages- und Wochen-
paß und vom Einzellift zur weitläufigen Schischaukel waren solche schematisierten
Leistungspläne einer im Abonnement erworbenen Landschaftsnutzung notwendig
geworden.

Seit etwa 1980 hat sich der Trend zur markenartikelartigen Positionierung verstärkt.
Ähnlich wie im Weinmarketing wurden Einzelorte zu kompakt bewerbbaren Regionen
zusammengefaßt (*Schladming-Tauernregion, Salzburger Sportwelt Amadé*). Fast alle
Orte und Regionen haben heute Wort-Bild-Kennmarken, deren Anwendung in corpor-
ate design handbooks geregelt ist. Anders als bei den schon vor Jahrzehnten eingeführ-
ten Werbezeichen alter Tourismusorte – die St. Moritzer Sonne, die Kitzbühler Gams
oder der Gasteiner Silberkrug – handelt es sich bei den neuen Logos weniger um
heraldische Zeichen als um Kürzest-Imagebotschaften. Besonders deutlich wird das,
wenn solche Logos beim morgendlichen *Wetter-Panorama* im Fernsehen eingeblendet
werden. Auch wenn die Wetterkamera in den Nebel starrt, die drei Bergzacken, die den
Dachstein symbolisieren, der grelle Schwung von Ischgl oder Kirchbergs »runde und
trotzdem hohe Grasberge« (aus der Erläuterung des Kirchberger Logos) sind dennoch
zu sehen.

Wie sehr ein visuell vermitteltes Feeling an die Stelle der faktengetreuen Bild-
information getreten ist, zeigen die ›zeitgeistigen‹ Prospektgestaltungen der letzten
Jahre. Nicht mehr vedutenhafte Abbilder von Landschaft werden angeboten, sondern
atmosphärische Stimmungskürzel, die nach dem dramaturgischen Muster von Fern-
sehwerbungen und Videoclips modulartig arrangiert werden. Der Blick wird, ähnlich
wie in der Lebensmittelwerbung, auf atmosphärische und topographisch nicht fest-

*Aus einem österreichischen Kühlschrank (1995)*

*Entwicklung eines gemeinsamen regionalen Logos von fünf Tiroler Gemeinden (vor 1993 und ab 1994)*

machbare Details gelenkt: Bretterzaun, Blumenfenster, Fels im Abendrot, Holzwand, Stein im tiefgrünen Bächlein, Wiese mit Fleckviehdekor. »Ziel ist nicht, das Land anzupreisen«, hieß es in einem um 1990 verfaßten Werbemanual, »sondern vielmehr positive Bilder in den Köpfen entstehen zu lassen.« Besonders beliebt sind in den letzten Jahren Bilder der unberührten Natur geworden, also von Urlaubslandschaften, die suggerieren, frei von Menschentand zu sein. Straßen, Seilbahnen und touristische Großanlagen, die in den Werbemitteln früherer Jahre noch stolz (und mit dem Pathos des Modernen) gezeigt wurden, werden nun verschwiegen und aus dem Bild genommen, um dem Versprechen unverdorbener Landschaft nicht zu widersprechen.

Ein paralleler Trend ist der der zunehmenden Differenzierung der Urlaubstypen nach unterschiedlichen Erwartungen: Naturmystik für die Esoteriker, die unbegrenzte Freiheit für die Avantgardisten neuer Action-Sportarten wie Paragleiten und Mountainbiking, das nostalgische Setting für Sommerfrischler mit Kulturtouch, die Kräuterwiese für Biofans. Die Landschaft ist zu einem Kaufhaus geworden, in dem jeder seine Zielgruppennische findet. Stärker denn je sind – der Urtümlichkeitsmode zum Trotz – Imagebilder wie Wahrnehmungsfilter zwischen Natur und Landschaftsbenützer geschaltet. Eine allgegenwärtige Hyperlandschaft steht uns zu Diensten, abrufbar je nach geistiger Gemütslage.

Daraus ergibt sich ein vielfacher und weiterhin steigender Verwertungsdruck auf Natur- und Kulturlandschaften, die Erholungsreservoir und Schutzzone zugleich sein sollen, Garant für gesunde Ernährung ebenso wie für seelische Harmonie – und auf die zugleich immer neue Wünsche einer erlebnisgierigen Freizeitgesellschaft prallen. Zudem bleibt die Landschaft wichtigster Rohstoff und Existenzgrundlage des Tourismus – und damit ein Schlüsselfaktor der Volkswirtschaft. Welches landschaftliche Ideal gilt also, wenn mit scheinbarer Einmütigkeit vom notwendigen Schutz von Natur und Landschaft die Rede ist?

## ANMERKUNGEN

1 Vgl. Statistisches Handbuch der Republik Österreich; Kastner, Landschaftsbild, 1985; auch den Beitrag von Wolfgang Bittermann in diesem Band.
2 Burckhardt, Ästhetik, in: Eroberung, 1992, 63.
3 Huter, Idee, in: ebd., 49.
4 Max J. Friedländer, Über die Malerei, 1963.
5 Warnke, Landschaft, 1992, 172.
6 Vgl. Schweiger, Image, 1992.
7 Burckhardt, Landschaftsentwicklung, in: Achleitner Hg., Ware, 1977, 9.
8 Schmied, Malerei, 1974, 63.
9 Viktor Matejka, Vorwort, in: Lucca Chmel, Bilderbuch Österreich, Wien 1948.
10 Ebd.
11 Österreich – Landschaft, Mensch und Kultur. Mit einem Geleitwort von Karl Heinrich Waggerl und einer Einführung von Eduard Widmoser, St. Johann in Tirol u. Frankfurt am Main 1952, 29; vgl. auch das Stichwort Landwirtschaft in: Breuss u.a. Hg., Inszenierungen, 1995.
12 Vgl. Menasse, Land ohne Eigenschaften, Wien 1992, 97f.
13 Griessmaier Viktor, Österreich – Landschaft und Kunst, Wien 1950, 5.
14 Leopold Figl, Vorwort, in: Schatzkammer Österreich. Wahrzeichen der Heimat in Wort und Bild, Wien 1948.

15 Hurdes Felix, Vorwort, in: ebd.
16 Kolb Ernst, Vorwort, in: ebd.
17 Vgl. Kos, Menschenbild, in: ders., Eigenheim, 1994, 103ff, 131.
18 Österreichische Bundesregierung Hg., Unser Österreich 1945–1955, Wien 1955, 42ff.
19 Matejka Viktor, Vorwort, in: Chmel Lucca, Bilderbuch Österreich, Wien 1948.
20 Schmeller Alfred, Boeckls Wasserfarbenkraftwerke, in: Neuer Kurier, 9.11.1954, zit. nach ders., Sehschlacht am Canale Grande. Aufsätze und Kritiken, Wien u. München 1978, 12.
21 Ders., in: Breicha Otto Hg., Weiler. Die innere Figur, Salzburg 1989, 181.
22 Vgl. Schmidt-Dengler Wendelin, Die antagonistische Natur. Zum Konzept der Anti-Idylle in der neueren österreichischen Prosa, in: Literatur & Kritik 4 (1969), 77–85. Den Begriff Anti-Idylle hatte Marcel Reich-Ranicki 1967 in einer Rezension von Thomas Bernhards *Verstörung* verwendet, Schmidt-Dengler sprach von einer »Kontrafraktur der Idylle und des Heimatromans«.
23 Weiss, Literatur, in: Weinzierl u.a. Hg., Österreich, Bd. 2, 1972, 464.
24 Innerhofer Franz, Schattseite. Roman, Salzburg 1975.
25 Bernhard Thomas, Amras, in: ders., Erzählungen, Frankfurt am Main 1979, 67f.
26 Lipp Franz, Das Salzkammergut. Wesen einer Landschaft, Gmunden u. Bad Ischl 1951, 7.
27 Als 1980 in einer Studie das Präferenzverhalten gegenüber Landschaften getestet wurde, reagierten die Befragten – Einheimische und Sommergäste – besonders negativ auf Bilder von weiten, freien Flächen mit monotoner Vegetation. Hohe Zustimmung gab es dagegen für kleinräumige Hügelland-schaften mit vielfältiger Vegetation (zum Beispiel Wiesental mit Einzelbaumbestand und Waldkulis-se; vgl. Kastner, Landschaftsbild, 1985, 214ff).
28 Holzbauer Wilhelm, Gedanken zur Salzburger Stadtplanung, in: Das Salzburger Jahr 1967/68. Eine Kulturchronik, Salzburg 1967.
29 Der Barockforscher Sedlmayr beschwor immer wieder das Ideal einer vorindustriellen Landschaft, »reich durchsetzt mit Wäldern, Büschen, Hecken, Tümpeln, Weihern, (...) eine recht alteuropäische Landschaft also, wie wir sie jetzt noch immer zerstören, weil wir nicht frei geworden sind vom mechanistischen Geist des 19. Jahrhunderts.« Ders., Verlust der Mitte, Frankfurt am Main 1985, 242.
30 Redl Leopold, An Gramatneusiedl, Attnang-Puchheim führt kein Weg vorbei. Versuch über Salzburg heute, in: UM BAU 11 (1987); wiederabgedruckt in: ders., Stadt im Durchschnitt, Wien, Köln u. Weimar 1994, 45ff.
31 Handke Peter, Der Chinese des Schmerzes, Frankfurt am Main 1983, 204f.
32 Ders., Nachmittag eines Schriftstellers, Salzburg u. Wien 1987, 57f.
33 Zu allen erwähnten Zeichnungen vgl. Peintner Max, Ewigkeit im Tagbau, Linz 1977.
34 Statement von Laurids Ortner aus dem Jahr 1975 zit. nach Bogner Dieter Hg., Haus-Rucker-Co. Denkräume – Stadträume 1967–1992. Katalog Kunsthalle Wien, Klagenfurt 1992, 87.
35 Peintner Max, Bilderschrift, Salzburg u. Wien 1984, 64f.
36 Ebd.
37 Vgl. Augé Marc, Orte und Nicht-Orte. Vorüberlegungen zu einer Ethnologie der Einsamkeit, Frankfurt am Main 1984, 82f.
38 Achleitner Hg., Ware, 1977, 7.
39 Ebd., 62.
40 Rainer Roland, Der Alpenhut als Tarnkappe, in: ders., Für eine lebensgerechte Stadt, Wien, München u. Zürich 1974, 42ff.
41 Burger Rudolf, Jenseits der Landschaft. Das Naturschöne als Kunstprodukt, in: ders. Abstriche. Vom Guten. Und Schönen. Im Grünen, Wien 1991, 123.
42 Vgl. Kos, Bemerkungen, in: Kunstforum 93 (1988), 126ff.
43 Vgl. Schiester Thomas, Einfluß grüner Motive auf Werbeplakate der SPÖ. Seminararbeit am Institut für Zeitgeschichte der Universität Wien, Wien 1995.
44 Vgl. Kramer Dieter, Der sanfte Tourismus. Umwelt- und sozialverträglicher Tourismus in den Alpen, Wien 1983.

Wolfgang Bittermann

# Von der Landschaftsnutzung zum Landschaftsverbrauch

## (Kultur)Landschaft – eine Definition

Naturlandschaft, Kulturlandschaft und Landschaft (als gemeinsames Ganzes) sind drei geläufige, scheinbar klare Begriffe. Doch wenn man versucht, sie etwa im Rahmen einer Diskussion abzugrenzen, tauchen unvermutete Probleme auf. Die Begriffe scheinen sich allen Versuchen, eine allgemein anerkannte Definition zu erarbeiten, erfolgreich zu widersetzen. Handelt es sich um einen rein physikalischen Ausschnitt der Erdoberfläche und der darüber liegenden Atmosphäre? Sind Pflanzen, Tiere und Menschen Teil der Landschaft? Gibt es Landschaft ohne den erkennenden Menschen überhaupt? Findet Landschaft überhaupt nur in unseren Köpfen statt? Oder ist die Landschaft all das gemeinsam? Je nachdem, wie wir diese Fragen beantworten, werden wir zu sehr verschiedenen Begriffsbestimmungen kommen.

Vor genau diesem Problem stand eine interdisziplinär zusammengesetzte Konzeptgruppe, die den Auftrag hatte, den Begriff Kulturlandschaft zu definieren und damit dem 1995 begonnenen Forschungsprogramm »Nachhaltige Entwicklung österreichischer Kulturlandschaften« seinen Entwicklungsgegenstand zu geben. Die Gruppe setzte sich aus Naturwissenschaftern, Geisteswissenschaftern und Sozialwissenschaftern zusammen und benötigte nahezu ein Jahr, um sich über die oben gestellten Fragen zu folgender Definition der Kulturlandschaft zu einigen: »Kulturlandschaft ist ein vom Menschen als Einheit wahrgenommenes Wirkungsgefüge, das sich aus seiner Naturausstattung und den Einwirkungen des Menschen ergibt. Kulturlandschaften sind als Stadien komplexer Prozesse zu verstehen. Ihre Genese ist das Ergebnis von sozioökonomischen, kulturellen und naturräumlichen Faktoren und Wirkungen, sie sind aber nur Durchgangsstadien im Rahmen einer fortgesetzten Entwicklung.«[1]

Nach dieser Definition tritt der Mensch in einer Doppelrolle auf. Einerseits ermöglichen seine Aktivitäten den Wandel der Naturlandschaft zur Kulturlandschaft, und andererseits bewirken erst seine Wahrnehmungen dieser Veränderung und die Erkenntnis seiner Urheberschaft diesen qualitativen Sprung. Diese Definition beinhaltet aber auch, daß Natur (im Sinn von Ökosystemen) erst dann zur Naturlandschaft wird, wenn sie vom Menschen wahrgenommen wird. Sie mißt also dem Menschen eine zentrale Rolle bei, da es ohne ihn keine Landschaft gibt.

Denkt man diese Aussagen konsequent zu Ende, so bedeutet dies aber auch, daß es in Österreich keine Naturlandschaft mehr gibt. Die Freizeitgesellschaft dieses Jahrhunderts hat auch die von der Land- und Forstwirtschaft nicht nutzbaren, hochalpinen Landschaften erobert. Mit der Errichtung der acht österreichischen Gletscherskigebiete zwischen 1966 (Kitzsteinhorn) und 1987 (Wurtenkees) fand diese Entwicklung, die im vorigen Jahrhundert mit dem Bau alpiner Schutzhütten begonnen hatte, ihren vorläufigen Höhepunkt. Der Massentourismus hat die alpinen Regionen endgültig erobert.[2]

Das Fehlen von Naturlandschaften hat auch zur Folge, daß die österreichischen Nationalparks Probleme bei der internationalen Anerkennung haben, da die IUCN[3]-Kriterien für Nationalparks nicht erfüllt werden können. Österreich setzt sich daher dafür ein, daß alte Kulturlandschaften den Naturlandschaften hinsichtlich Nationalparkwürdigkeit gleichgesetzt werden.

*Kleinräumig strukturierte, »traditionelle« Kulturlandschaft*

## Die Funktionen und Potentiale der Landschaft

Die Anforderungen des Menschen an die Landschaft sind äußerst vielfältig. Nach den wesentlichsten Nutzungsansprüchen kann man die folgenden Landschaftsfunktionen unterscheiden: Produktionsfunktion für Land- und Forstwirtschaft; Standortfunktion für Industrie und Gewerbe; Siedlungsfunktion für die Bevölkerung; Entsorgungsfunktion für die Stoffwechselprodukte unserer Gesellschaft (Mülldeponien); Transportfunktion für Güter, Menschen (Verkehrswege, Pipelines), Energie (Hochspannungsleitungen) und Informationen (Telefonleitungen); Rohstoffunktion zur Bereitstellung von (Trink)Wasser, Bodenschätzen, Baumaterial usw.; Wohlfahrtsfunktion für Erholung in Freizeit und Urlaub; Schutzfunktion vor Naturgefahren (Lawinen, Muren, Steinschlag, Hochwasser); Bewahrungsfunktion für die Natur (Naturschutzgebiete). Unterschiedliche Landschaften sind nicht gleichermaßen geeignet, die verschiedenen Funktionen zu erfüllen. Man spricht von unterschiedlichen Potentialen der Landschaft. So hat beispielsweise ein Industriestandort in der Regel kein sehr hohes Naturraumpotential mehr oder das Hochgebirge ein geringes Siedlungspotential.

Während jedoch bei extensiver Landschaftsnutzung eine konkrete Landschaft problemlos mehrere Funktionen nebeneinander erfüllen konnte, führt die immer intensivere Landschaftsbeanspruchung durch einzelne Bereiche zu Nutzungskonflikten, wie etwa Verkehr–Siedlung, die in der Folge immer häufiger eine räumliche Trennung von sozioökonomischen Aktivitäten bewirken. Typische Beispiele dafür sind die Schaffung von reinen Industrie- und Wohngebieten oder die Deklaration von Naturschutzgebieten, die eine land- und forstwirtschaftliche Nutzung ausschließt. Das bedeutet aber, daß aus Landschaftsnutzung Landschaftsverbrauch wird, der dazu führt, daß Landschaft knapp wird.

Im Folgenden werden die wesentlichsten landschaftsverbrauchenden Entwicklungen nach 1945 und ihre schwerwiegendsten Auswirkungen kurz zusammengefaßt.

*Agrarsteppe nach der Kommassierung*

Der Landschaftsverbrauch und seine Folgen

Beginnend mit dem Wiederaufbau nach Beendigung des Zweiten Weltkriegs hat die Intensität der Landschaftsnutzung als Folge des Wirtschaftswunders und der technischen Entwicklung, gekoppelt mit einem scheinbar unerschöpflichen Reichtum an billigem Erdöl (als Energieträger und Rohstoff), stark zugenommen – ein Prozeß der bis heute andauert. Diese Entwicklung schlug sich unter anderem in der Industrialisierung der Land- und Forstwirtschaft – dem größten Landschaftsverbraucher unter allen sozioökonomischen Aktivitäten – nieder und wurde aus verschiedenen Gründen stark

forciert. Standen ursprünglich die Freisetzung von Arbeitskräften, die von der rasant
wachsenden Volkswirtschaft dringend benötigt wurden, und die Erreichung der Selbstversorgung Österreichs mit Grundnahrungsmitteln im Vordergrund, gewannen Ratio-
nalisierungs- und Intensivierungsmaßnahmen zur Erhöhung der bäuerlichen Einkommen ab den 1970er Jahren zunehmend an Bedeutung. In der Forstwirtschaft eroberte
die raschwüchsige Fichte immer größere Waldanteile und entwickelte sich zur dominanten Baumart Österreichs. Standortfremde Fichtenmonokulturen verdrängten die
naturnahen Mischwälder in immer stärkerem Ausmaß.

Diese Entwicklungen in Richtung Ertragsmaximierung bewirkten grundlegende
Eingriffe in die Kulturlandschaft. Feuchtgebiete wurden entwässert, um neue Produk-
tionsflächen zu gewinnen. Zwischen 1945 und 1983 wurden 275.000 Hektar Feucht-
lebensräume trockengelegt[4] – man sprach von der Erschaffung des zehnten Bundeslands. Fluß- und Bachläufe wurden begradigt, eingetieft und bis zu 40 Prozent verkürzt,[5] um Hochwässer rasch und ohne größere Schäden abzuführen. Retentions- oder
Rückhaltebecken wurden angelegt, um Hochwässern vorzubeugen oder ihnen die
gefährlichen Spitzen zu nehmen. Neue Feldwege und Forststraßen wurden gebaut und
bestehende maschinen- und LKW-gerecht adaptiert. Im Rahmen von Flurbereinigungs-
und Kommassierungsmaßnahmen wurde die kleinräumig strukturierte Kulturlandschaft, die durch die jahrhundertelange traditionelle Landbewirtschaftung entstanden
war, den veränderten technischen und ökonomischen Verhältnissen ›von Amts wegen‹
angepaßt; das heißt, eigens dafür eingerichtete Landesbehörden, die Agrarbezirksbe-
hörden, planten diese Maßnahmen und führten sie auch aus. Störende Strukturen, wie
Hecken, Feldgehölze, Lesesteinhaufen oder Geländekanten (Feldterrassen) wurden
kurzerhand beseitigt. Die durch Erbteilung entstandenen kleinräumigen Feldfluren
wurden vereinigt und die Bearbeitungsrichtung maschinengerecht, in der Regel parallel
zur Hangneigung, angelegt.

Aber auch die Umwandlung von extensiv in intensiv genutzte Flächen wurde
gefördert. So wurden die Bauern in den 1950er Jahren mit Motorsägen belohnt, wenn
sie ihre Mostobstbäume fällten und die Streuobstwiesen in Intensivgrünland oder
Äcker umwandelten. Ein jahrhundertelang landschaftsprägendes Element der bäuerlichen Kulturlandschaft ist dadurch aus vielen Gebieten vollständig verschwunden.

Aber auch die Ortsbilder vieler Ackerbaugemeinden werden mittlerweile durch die
Folgen der Intensivlandwirtschaft geprägt. Nicht mehr die Kirchtürme dominieren das
Ortsbild, sondern die viel höheren und wuchtigeren Agrarspeicher zur Lagerung der
Produktionsüberschüsse. Aber die kann man, im Gegensatz zu Kirchtürmen, auch als
Werbeträger nutzen.

Weiterer Entwicklungsschritt war die Spezialisierung der Landwirte in *Hörndl-*
*bauern*, im wesentlichen in den alpinen Bereichen Österreichs, den sogenannten
Grünlandgebieten, und in *Körndlbauern*, in den Becken- und Hügellagen Ost- und
Südösterreichs, um möglichst rationell arbeiten zu können. Ermöglicht wurde dies vor
allem durch die billige Massenproduktion von Mineraldünger auf Erdölbasis, die den
Wirtschaftsdünger (Stallmist und Jauche beziehungsweise Gülle = Flüssigmist)
entbehrlich machte. In den Ackerbaugebieten kam es darüber hinaus zu einer Ver-
engung der Fruchtfolgen, um den zum Teil hochspezialisierten Maschinenpark effek-
tiver einsetzen zu können. Dies war dank der ständig wachsenden Produktpalette an

Pestiziden möglich. Die ›chemische Keule‹ ist die einzige Möglichkeit, in künstlichen Monokulturen das Massenauftreten von Schädlingen (= Nahrungskonkurrenten des Menschen) und Krankheiten einigermaßen im Zaum zu halten.[6] Die ›Ausräumung‹ der Landschaft hat den Chemieeinsatz zusätzlich gefördert. Die Streuobstwiesen, Hecken und Feldraine dienten nämlich einer Vielzahl von heute bereits seltenen Vögeln und Insekten als Brut- und Futterplatz. Sie verschwinden mit ihrem Lebensraum. Da sie jedoch die natürlichen Feinde vieler Schadinsekten sind, wurde deren Massenvermehrung dadurch begünstigt. Die angelegten Windschutzstreifen bieten in den wenigsten Fällen einen Ersatzlebensraum, da sie zu arten- und strukturarm – oft nur mit Pappeln und/oder Flieder – und zu schmal angelegt wurden.

Folgen dieser Eingriffe zeigten sich recht bald, unvermutete Spätfolgen können auch erst nach 30 bis 40 Jahren (heute) oder noch später auftreten. Die Trockenlegung der Landschaft führte gemeinsam mit der Eintiefung und Begradigung der Fließgewässer zu einem Absinken des Grundwasserspiegels. In niederschlagsarmen Gebieten, wie etwa dem Marchfeld oder dem Seewinkel, mußten empfindliche Kulturen daher zunehmend künstlich beregnet werden, was zu einer weiteren Absenkung des Grundwassers führte. Die Trockenlegung unterbrach aber auch den lokalen Wasserkreislauf von Verdunstung und kleinräumigen Niederschlagsereignissen. Dieses Durchbrechen hat zur Folge, daß – bei gleichbleibendem Jahresniederschlag – ein immer größerer Niederschlagsanteil in wenigen Starkregen fällt. Diese Wassermengen kann der trockene Boden nicht aufnehmen. Sie fließen oberflächlich ab und werden von den begradigten Fließgewässern rasch aus der Region geführt. Das hat zur Folge, daß die Neubildung von Grundwasser trotz im Jahresdurchschnitt gleichbleibendem Niederschlag drastisch abnimmt – eine weitere Ursache für den sinkenden Grundwasserspiegel.

Wie dramatisch die Folgen sind, kann man im östlichen Weinviertel beobachten – eine der niederschlagsärmsten Großlandschaften Österreichs. In den 1950er Jahren wurden zigtausende Hektar Feuchtwiesen trockengelegt, und es gibt kein natürliches Fließgewässer mehr. Der Grundwasserspiegel ist an manchen Meßstellen innerhalb der letzten drei Jahrzehnte um bis zu drei Meter gefallen und – so unglaublich es auch klingt – im Marchfeld treten bereits erste Sanddünen auf. Großtechnische Lösungsversuche, wie der Marchfeldkanal, über den Donauwasser ins Marchfeld geleitet und dort versickert wird, bleiben vollkommen wirkungslos, wenn nicht die landwirtschaftliche Praxis geändert wird – einer durchschnittlichen Grundwasserneubildung durch Versickerung von 0,9 Kubikmetern pro Sekunde stand 1994 eine durchschnittliche Grundwasserentnahme für künstliche Beregnung von drei Kubikmetern pro Sekunde gegenüber. Bei gleichbleibender Tendenz wird der Grundwasserstrom in etwa zehn Jahren versiegt sein. Dann stehen nur mehr nicht erneuerbare Reserven aus den verbleibenden Grundwasserseen zur Verfügung. Diese Situation ist im Seewinkel bereits Realität. Dort wird der Grundwasserkörper im wesentlichen aus eiszeitlichen, fossilen Wasserreserven gebildet. Die künstliche Bewässerung in diesem Gebiet nutzt also 20.000 bis 40.000 Jahre altes, nicht erneuerbares Grundwasser.[7]

Eine unvorhergesehene Spätfolge der Grundwasserabsenkung ist das Eichensterben im Weinviertel,[8] dessen Hauptursachen eben die Entwässerung[9] und Nutzungsänderungen darstellen. Die Austrocknung bedingte eine Reduktion des Wurzelraumes, wodurch vor allem auf schlechteren Böden eine ausreichende Nährstoffversorgung der

Bäume nicht mehr gewährleistet ist. In Trockenjahren trifft dies auch für die Wasserversorgung zu. Die Nutzungsaufgabe von Weingärten beziehungsweise eine verstärkte Umstellung auf Qualitätsweine (Spätlese) führte zu einem erhöhten Nahrungsangebot für Vögel im Herbst, wodurch diese nicht mehr wegzogen, sondern blieben – sie wurden von Strich- zu Standvögeln. Da die wesentlichste Winternahrung dieser Arten, vor allem der Drosseln, die Mistelfrüchte darstellen, kam es in der Folge zu einer gesteigerten Verbreitung ihrer Samen, was in Zusammenhang mit einem Unterlassen des Mistelschnitts aus Kostengründen und der Schwächung durch Nährstoff- und Wassermangel wahrscheinlich eine der wesentlichsten Ursachen für den in den letzten Jahren enorm gestiegenen Mistelbefall der Eichen darstellt. Zur Zeit ist im Weinviertel jede sechste (Großwald) beziehungsweise jede achte Eiche (Bauernwald) so stark geschädigt, daß sie innerhalb der nächsten Jahre sterben wird oder vorzeitig geschlägert werden muß.[10] Die komplexen Zusammenhänge des Eichensterbens mit dem landwirtschaftlichen Wasserbau und der Nutzungsform von Weingärten zeigen recht eindrucksvoll, wie vorsichtig man bei Eingriffen vorgehen muß, um ungewollte ›Nebenwirkungen‹ zu vermeiden.

Grundwasser und Oberflächengewässer werden aber auch chemisch belastet. Stickstoffdünger gelangt als Nitrat ins Grundwasser und führt in weiten Gebieten zu extremen Belastungen von über 100 mg $NO_3$/l. Die geschätzten Zusatzkosten für die Wasseraufbereitung, die sich aus der hohen Nitratbelastung und der Absenkung des Grenzwertes in Trinkwasser auf 30 mg $NO_3$/l ergeben, betragen bis 1999 circa drei Milliarden Schilling.[11] Der Korrektheit halber muß jedoch angeführt werden, daß es neben der Landwirtschaft auch andere Nitratquellen, zum Beispiel undichte Kanäle, gibt. Aber auch Pestizide, etwa Atrazin, lassen sich immer öfter in besorgniserregenden Konzentrationen im Grundwasser nachweisen.[12]

Ein besonderes Problem stellt die häufige Kombination von großflächigem Maisanbau und intensiver Schweine- beziehungsweise Geflügelhaltung auf Flüssigmistbasis dar. Dies vor allem dann, wenn die Güllegruben zu klein dimensioniert sind und die Gülle zu ungünstigen Zeitpunkten, etwa im Herbst, auf dem Maisfeld ›entsorgt‹ werden muß – ein durchaus nicht seltener Fall. Wenn zusätzlich keine Untersaat angebaut wurde – noch immer eher die Regel als die Ausnahme –, sickert die Gülle direkt ins Grundwasser; die Nitratbelastung ist enorm. Wird Gülle auf gefrorenem Boden oder direkt auf Schnee aufgebracht, so belastet sie bei Tauwetter direkt den nächsten Vorfluter. Aber auch falsch gelagerter Wirtschaftsdünger oder überlaufende Gülle- oder Jauchegruben können katastrophale Folgen haben. Mehr als die Hälfte aller gemeldeten, anthropogen bedingten Fischsterben ist dadurch verursacht. Im Waldviertel heißen die durch Gülle verunreinigten Bäche dank ihrer Farbe sehr treffend ›Cola-Bäche‹.

Ein weiteres Problem der modernen Landwirtschaft ist die zunehmende chemische und physikalische Bodendegradation. Unter chemischer Bodendegradation versteht man die Kontamination des Bodens mit unerwünschten Stoffen, etwa Schwermetallen wie Blei oder Cadmium. Diese gelangen durch Düngemittel, vor allem bei Klärschlammausbringung, und Eintrag über die Atmosphäre in die landwirtschaftlichen Böden und von dort in die landwirtschaftlichen Produkte. Bei Klärschlämmen wurden die erlaubten Grenzwerte von Schwermetallen in den jüngsten Verordnungen einiger Bundesländer bereits drastisch gesenkt. Diese Maßnahme und die Einführung von bleifreiem Benzin sowie von schwermetallfreien Batterien geben Grund zu der Hoffnung, daß dieses Problem in den Griff zu bekommen ist.

Die physikalische Bodendegradation setzt sich aus Bodenverdichtung, verursacht durch zu schwere Maschinen, der daraus resultierenden Verschlämmung und aus der Bodenerosion zusammen. Bei letztgenannter führt die oben besprochene Austrocknung der Böden zu einer Erhöhung der Gefährdung durch Winderosion. Das verstärkte Aufkommen von großflächigem Maisanbau und die dadurch bedingte geringe Vegetationsdecke, gepaart mit der hangparallelen Ausrichtung der Bearbeitungsrichtung und der Konzentration der Niederschläge auf wenige Großereignisse, führt zu immer stärkerer Wassererosion mit teilweise katastrophalen Folgen. So verursachte am 14. Juni 1990 ein halbstündiger Starkregen mit 70 mm Niederschlag im 0,84 km² großen Einzugsgebiet des Fuchsgießgrabens in Oberösterreich in der darunter liegenden Ortschaft Ach Millionenschäden. Viele Ackerflächen im Einzugsgebiet waren mit Mais bebaut. Eine daraufhin durchgeführte Studie ergab, daß maislose oder maisreduzierte Fruchtfolgen den Hochwasserabfluß dieses 150jährigen Niederschlagsereignisses um 20 Prozent reduziert und den Bodenabtrag stark gebremst hätten.[13] Die Abbildungen 1 bis 3 zeigen die gefährdeten Gebiete und das Gefährdungsausmaß.

In den alpinen Regionen hat die Zucht von Hochleistungsrindern, in deren Zuge viele alte, an die regionalen Umweltbedingungen angepaßte Lokalrassen verschwanden,[14] ebenfalls Erosionsprobleme zur Folge. Von den ursprünglich 22 in Österreich heimischen Rinderrassen gibt es noch fünf, für die Zuchtverbände existieren. Die ›modernen‹ Rinderrassen sind aber viel schwerer als ihre Vorgänger und verursachen auf den Almen tiefe Trittspuren, die die Grasnarbe verletzen und damit Angriffspunkte

*Abb. 1: Wassererosion aufgrund landwirtschaftlicher Nutzung*

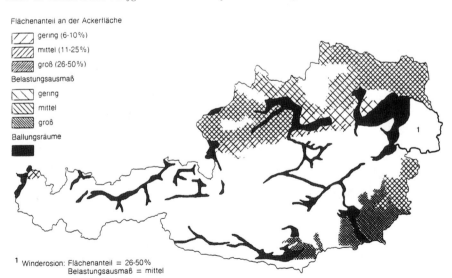

Flächenanteil an der Ackerfläche

gering (6-10%)
mittel (11-25%)
groß (26-50%)

Belastungsausmaß

gering
mittel
groß

Ballungsräume

¹ Winderosion: Flächenanteil = 26-50%
          Belastungsausmaß = mittel

Quelle: Arbeitsgruppe Bodenschutz der Österreichischen bodenkundlichen Gesellschaft, Bodenschutzkonzeption, Wien 1989

*Abb. 2: Verkrustung und Verschlämmung aufgrund landwirtschaftlicher Nutzung*

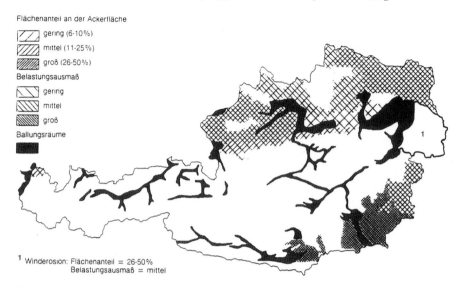

Quelle: Arbeitsgruppe Bodenschutz der Österreichischen bodenkundlichen Gesellschaft, Bodenschutzkonzeption, Wien 1989

*Abb. 3: Bodenverdichtung aufgrund landwirtschaftlicher Nutzung*

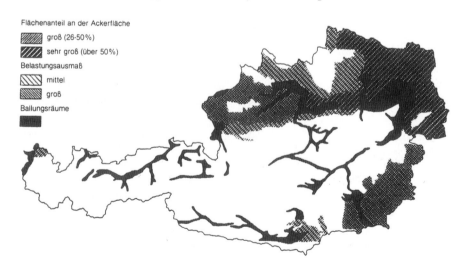

Quelle: Arbeitsgruppe Bodenschutz der Österreichischen bodenkundlichen Gesellschaft, Bodenschutzkonzeption, Wien 1989

für die Erosion darstellen. Ähnliche Folgen hat aber auch die Aufgabe der Almbewirtschaftung. Die Jahrhunderte andauernde Beweidung hat die Vegetation der Almen stark verändert. Die angepaßte niedrige Hochgebirgsvegetation wurde – dank der Düngung durch das Weidevieh – durch höherwüchsige Pflanzen verdrängt. Unterbleibt nun die Beweidung, frieren die langen Gräser in der Schneedecke ein. Kommt es zu Schneerutschungen, werden die eingefrorenen Pflanzen mitgerissen, und die Grasnarbe wird aufgerissen. Entsprechend den Trittwunden kann auch hier die Erosion ansetzen. Dieses Beispiel zeigt sehr deutlich, daß sich der ursprüngliche Zustand durch bloße Nutzungsaufgabe nicht sofort wieder einstellt, sondern daß dies ein langfristiger Prozeß ist. Im genannten Beispiel kann die Erosion im Extremfall den gesamten Boden abtragen, und die Sukzession beginnt mit dem nackten Gestein. Bei den kurzen Vegetationsperioden der Hochlagen kann es Jahrhunderte bis Jahrtausende dauern, bis der Zustand vor der Beweidung wieder erreicht wird.

Der Siegeszug der Fichte und die dadurch bedingte Verdrängung der Mischbaumarten, wie Buche und Tanne, haben ebenfalls einige Probleme geschaffen. Die Fichte ist ein Flachwurzler. Fallen die anderen Baumarten aus, gehen die unteren Bodenhorizonte verloren. Dies hat zur Folge, daß das Wasserhaltevermögen der Waldböden reduziert wird. Das Niederschlagswasser fließt rascher ab – die Hochwassergefahr steigt. Aber auch die Schutzfunktion dieser Wälder gegen Steinschlag, Muren und Lawinen nimmt ab. Daran ist aber auch die Überalterung der Bannwälder aufgrund von zu hohen Wilddichten maßgeblich beteiligt. Der Wald kann sich nicht mehr im notwendigen Ausmaß verjüngen, da die jungen Bäume dem Rot-, Reh- und Gamswild zum Opfer fallen. Aber auch ungeeignete Bewirtschaftungsformen, wie großflächige Kahlschläge in Hanglage, verändern das Abflußgeschehen und fördern die Erosion. Ähnliches können Skipisten bewirken, wenn sie nicht richtig angelegt werden.[15] Diese Tatsachen und die immer öfter in die Gefahrenzonen hineinwachsenden Siedlungen – in den Alpen ist Baugrund rar – machen immer mehr Schutzbauten nötig, um die Siedlungen zumindest einigermaßen zu schützen. Daß dies nicht immer ganz so gelingt, beweist eine ganze Reihe von Beispielen.

Die Wasserschutzbauten, die im Gebirge Hochwasserschäden verhindern sollen, indem sie das Geschiebe zurückhalten und große Wassermengen rasch aus der Region schaffen, verlagern die Probleme nur in die Unterläufe der Flüsse. Diese können die anfallenden Wassermassen nicht mehr fassen, und es kommt immer häufiger zu Hochwasserkatastrophen.

Eine weitere Gefahr der technischen Lösungen liegt darin, daß bei einem Bruch der Sperren wesentlich verstärkte Schäden auftreten, wenn das gesamte zurückgehaltene Geschiebe auf einmal ins Tal transportiert wird.[16]

Aber nicht nur landwirtschaftlicher Wasserbau und Schutzwasserbau verändern die Landschaft, auch unser Energiehunger trägt dazu bei. Die Flüsse sind streckenweise in eine Kette von Seen verwandelt, durch Ausleitungen trockengelegt oder durch den Betrieb von Speicherkraftwerken schwallbeeinflußt. Dies hat gravierende Folgen für die Landschaft, etwa das Verschwinden der ursprünglichen Tieflandauen. Nur mehr entlang der Donau östlich von Wien, der Thaya und der March existieren noch Reste dieser früher so mächtigen Feuchtgebiete. Und auch die werden weitestgehend verschwinden, wenn die Elektrizitätswirtschaft sich mit ihrer Forderung nach weiteren

Kraftwerken östlich von Wien durchsetzt. Die Regulierungsmaßnahmen haben aber auch vielen Fischen die Lebensgrundlage entzogen. Durch das Verschwinden von ruhigen Buchten und Schotterbänken, die als Laichplätze und ›Kinderstuben‹ dienten, wurde ihnen die Möglichkeit der Fortpflanzung genommen. 50 Prozent der heimischen Fischarten sind daher in ihrem Bestand gefährdet. In Österreich betragen die verbauten Flußabschnitte mittlerweile über 90 Prozent des gesamten Flußnetzes. Abbildung 4 zeigt den Beeinträchtigungsgrad der größten österreichischen Flüsse.

Durch die Anlage von Speicherseen im Hochgebirge, die nur durch Überleitung oft weit entfernt liegender Bäche gefüllt werden können, werden ganze Alpentäler strekkenweise entwässert. Nur fremdenverkehrswirksame Wasserfälle, wie beispielsweise

*Abb. 4: Darstellung der durch Stau, Ausleitung oder Schwalleinfluß beeinträchtigten Fließgewässerabschnitte an 18 untersuchten Flüssen Österreichs (Angaben in km; Zahlenangaben in %: Anteil der unverbauten Fließstrecke)*

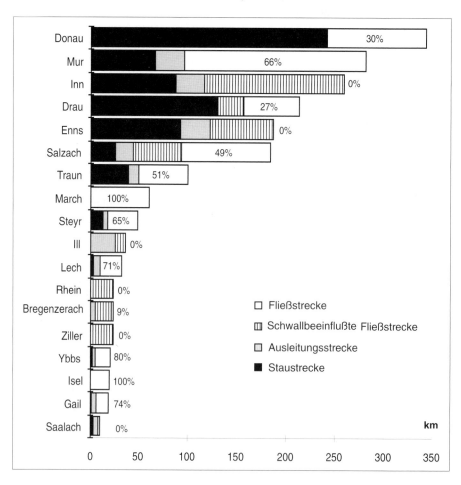

Quelle: Umweltbundesamt

die Umbalfälle, haben die Chance, verschont zu werden – zumindest tagsüber. Und auch etwaige Restwassermengen nützen den Bachorganismen wenig. Werden die Überleitungsstollen vom Geröll gereinigt – Wasser wird mit hohem Druck in umgekehrter Richtung durch den Stollen gepreßt – jagt eine Flutwelle talabwärts, die der Organismenwelt keine Chance läßt.

Das Ausmaß der jahreszeitlichen Umverteilung des Wasserabflusses durch die Anlage und den Betrieb von Jahresspeicherkraftwerken wird am Inn deutlich. Sein Sommerabfluß wird durch das Füllen der Speicher um 30 Prozent reduziert, während der Winterabfluß durch das Abarbeiten der Speicherinhalte um 70 Prozent erhöht wird.

Zyniker behaupten, die Zeile »Land am Strome« der österreichischen Bundeshymne habe nach der Umwandlung der Donau in eine nahezu geschlossene Stauseenkette, dank der in manchen Regionen, wie großen Teilen des Oberinntales oder des Tullnerfeldes, landschaftsprägenden 240- und 380-kV-Leitungen, endlich eine neue Bedeutung bekommen.

Der zunehmende Wohlstand und ein Trend zum Einfamilienhaus haben eine Zersiedelung der Landschaft eingeleitet, die mittlerweile bedenkliche Formen angenommen hat. Abbildung 5 zeigt die rasante Zunahme von Ein- und Zweifamilienhäusern zwischen 1945 und 1991. Während sich diese Wohnhauskategorie mehr als vervierfacht hat, also um mehr als 300 Prozent gewachsen ist, ist die Bevölkerung nur um 15 Prozent von 6,9 auf 7,8 Millionen angestiegen. Diese Entwicklung hat vor allem in den alpinen Regionen zu einer Verknappung von Baugründen geführt. Verschärft wurde dieser Trend durch die zunehmende Zahl von Ferienwohnungen und -häusern,[17] die die Grundstückspreise erhöhten. Abbildung 6 zeigt den Anteil der Ferienwohnungen an den Wohnungen insgesamt auf Gemeindeebene. Eine Folge dieser Zersiedelung ist auch die wirtschaftliche Belastung, besonders von finanzschwachen Gemeinden, da

*Abb. 5: Entwicklung der Ein- und Zweifamilienhäuser zwischen 1945 und 1990*

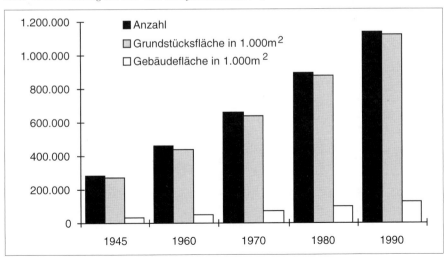

Quelle: ÖSTAT, HWZ 1991

*Abb. 6: Anteil der Ferien- und Wochenendwohnungen an den Wohnungen insgesamt 1991 nach Gemeinden.*

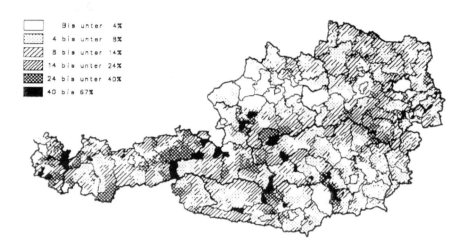

Grenzen: Politische Bezirke

Quelle: ÖSTAT

die Schaffung und Erhaltung der Versorgungsinfrastruktur der Streusiedlungen, wie Verkehrsnetz und Kanalsystem, enorme Summen verschlingen.

Die steigende Mobilität der Gesellschaft, allem voran die des Individualverkehres, hat einen kontinuierlichen Ausbau der Verkehrsflächen zur Folge. Den flächenmäßig größten Anteil daran und die schwerwiegendsten Auswirkungen haben die Straßenflächen. Die Transitbelastung Tirols, dessen Landeshauptmann eine Abstimmungsempfehlung pro EU von Zusagen der Bundesregierung zum Bau des Brennerbasistunnels abhängig machte, oder die Lärm- und Abgashölle des Wiener Gürtels, die ihn zu einem der schlechtesten Wohngebiete degradiert, sind nur zwei Beispiele von vielen. Eine Reihe von Orten entlang stark befahrener Durchzugsrouten werden von diesen – zumindest zu den Hauptreisezeiten – sehr effektiv zweigeteilt. Autobahnen haben eine ähnlich trennende Wirkung wie große Flüsse – um sie zu überqueren, benötigt man Brücken.

Einigermaßen korrekte Angaben über die österreichischen Straßenflächen sind wegen der unterschiedlichen Zuständigkeiten (es gibt Bundes-, Landes-, Bezirks- und Gemeindestraßen) zur Zeit nicht eruierbar. Dazu kommen unzählige sogenannter Güterwege. Sie sind per definitionem keine öffentlichen Straßen, sind jedoch frei befahrbar und teilweise wesentlich besser ausgebaut, als das öffentliche Straßennetz. Die Angaben des Grenzkatasters, der vom Bundesamt für Eich- und Vermessungswesen erstellt wird und der auch Angaben zur Verkehrsfläche enthält, sind aus zwei Gründen nicht sehr aussagekräftig. Zum einen sind die Definitionen von Verkehrsflächen nicht gerade ideal. So werden etwa alle Grundstücke im Besitz der Bundesbahn, die nicht von Gebäuden bestanden sind, als Verkehrsflächen definiert. Das hat zur

*Abb. 7: Straßen und Katasterflächen der Gemeinden mit über 10.000 Einwohnern 1961 bis 1991*

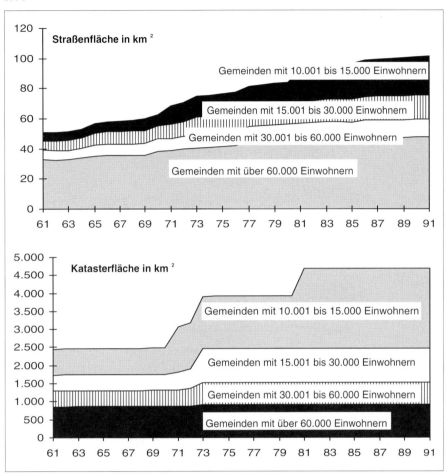

Quelle: ÖSTAT

Folge, daß zum Beispiel Bannwälder im Bahnbesitz den Verkehrsflächenanteil von Klösterle auf 45 Prozent der Gemeindefläche erhöhen.[18] Zum anderen wird der Kataster nur bei Bedarf erneuert, sodaß die Flächenangaben unterschiedlichen Alters sind. Es existiert jedoch eine Teilmenge, an der der Zuwachs der Verkehrsflächen beispielhaft dokumentiert werden kann. In den Städten mit mehr als 10.000 Einwohnern werden jährlich die Verkehrsflächen vermessen und dem Statistischen Zentralamt gemeldet.[19] Abbildung 7 dokumentiert den Zuwachs der Straßenflächen in diesen Gemeinden, klassifiziert nach Einwohnern, im Vergleich zur Veränderung der Gesamtfläche von 1961 bis 1991. Die Darstellung der Katasterflächen ist notwendig, da ein Teil des Straßenflächenzuwachses, vor allem in den Gemeinden bis 15.000 Einwohnern, in den Jahren 1972 bis 1973 durch Gemeindezusammenlegungen und in den Jahren 1970/71 sowie 1980/81 (Volkszählungsjahre) durch neu in diese Gruppe aufgenommene Gemeinden nur vorgetäuscht wird. Die Abbildung 8 zeigt die Entwicklung des Anteils der Straßenflächen an der Katasterfläche nach Gemeindegrößenklassen und damit den tatsächlichen Anstieg des Versiedelungsgrades. Das auffällige Absacken zu Beginn der 1970er Jahre, das in den mittleren Gemeindeklassen den kontinuierlichen Anstieg unterbricht, ist im wesentlichen auf Eingemeindungen von vergleichsweise wenig erschlossenen Randgemeinden zurückzuführen.

*Abb. 8: Anteil der Straßenfläche an der Katasterfläche in Gemeinden mit über 10.000 Einwohnern in % 1961 bis 1991*

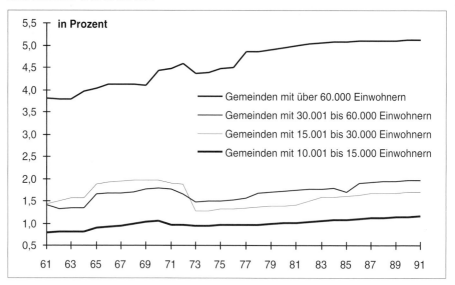

Quelle: ÖSTAT, HWZ 1991

Vom maximalen Nutzen zum Bewahren –
der Wertewandel der 1980er Jahre

Bis Ende der 1970er Jahre wurden die – heute mit Skepsis betrachteten Eingriffe in die Landschaft – zumindest vom offiziellen Österreich, als enormer technische Fortschritt gepriesen. Ihre Initiatoren und Erbauer wurden als ›Helden der Nation‹ gefeiert. Langsam begann sich jedoch leises Unbehagen gegen diese Entwicklungen auszubreiten, auch wenn jene, die es artikulierten, als fortschrittsfeindliche Spinner und Träumer abgekanzelt wurden. Wie stark jedoch das Mißtrauen gegen den technischen Fortschrittsglauben und seine Befürworter bereits war, zeigte sich am 12. November 1978, als die Gegner der Atomenergie die Volksabstimmung knapp für sich entschieden – und das, obwohl das Kraftwerk Zwentendorf praktisch betriebsbereit war und der beinahe fertige Bau Milliarden gekostet hatte. Die nächste ›kalte Dusche‹ für die Technokraten kam sechs Jahre später im Dezember 1984. Rund 2.000 bis 3.000 Demonstrant/inn/en verhinderten mit Unterstützung zahlreicher prominenter Künstler/innen und Wissenschafter/innen erfolgreich den Beginn der Schlägerungsarbeiten für den Bau des Kraftwerkes Hainburg in der Stopfenreuther Au. In Wien kam es nach einer Auseinandersetzung der Aubesetzer mit 800 Polizisten, die die Schlägerungen erzwingen sollten, zu einer spontanen Demonstration von 40.000 Menschen gegen den Kraftwerksbau, und die Regierung verhängte eine Nachdenkpause. Zwischen dem 4. und 11. März 1985 unterschrieben dann 353.906 Österreicher/innen, das waren immerhin 6,6 Prozent der Wahlberechtigten, das Konrad Lorenz-Volksbegehren – das Projekt ist zwar auf Eis gelegt, aber bis heute nicht endgültig gestorben, und der seit damals in Planung befindliche Nationalpark wurde bis heute nicht errichtet. Doch Großprojekte, egal ob es sich um Straßenbauten, wie etwa die Pyhrnautobahn oder die neue Trassenführung der Ennstalbundesstraße, die Neuanlage von Deponien oder um Großkraftwerke handelt, sind, wenn überhaupt, nur mehr gegen den erbitterten Widerstand von engagierten Natur- und Umweltschützern durchzusetzen.

Aber auch die politisch Verantwortlichen haben, aufgerüttelt durch die Wahlerfolge der Grünen, reagiert und dazugelernt. Eine Umweltverträglichkeitsprüfung soll für Großprojekte gesetzlich vorgeschrieben werden, und vor dem Baubeginn des Donaukraftwerkes bei Wien wurde eine Volksbefragung durchgeführt. Die Bevölkerung stimmte zwar dem Kraftwerksbau mehrheitlich zu, lehnte aber, ebenso mehrheitlich, ein anderes Großprojekt – die gemeinsam mit Budapest geplante Weltausstellung – ab.

Auch in der Landwirtschaft zeichnet sich eine zaghafte Trendwende zu einem sanfteren Umgang mit der Natur ab. In den letzten Jahren wurden die Förderungen von Bund und Ländern von Intensivierungsmaßnahmen zunehmend auf Extensivierungsmaßnahmen und Landschaftspflegeprogramme umgeschichtet, um die Produktion und damit die explodierenden Kosten der Überschußverwertung einzudämmen. Der EU-Beitritt Österreichs ermöglicht schließlich auch eine Umstellung von der Produktförderung auf die Flächenförderung. Nicht mehr die ›Tonne Weizen‹ wird gefördert, sondern der ›Hektar Weizenacker‹, der nach bestimmten Produktionsrichtlinien bewirtschaftet wird. Die Zahl der Biobauern ist im Steigen begriffen, und einzelne Bäche wurden mit großem Aufwand renaturiert. Dies alles sind erste Maßnahmen in die richtige Richtung. Der große Schritt vom Stückwerk zum flächendeckenden Ganzen muß jedoch erst vollzogen werden.

Nachhaltige Landschaftsentwicklung – ein Wunschtraum?

Dieselbe interdisziplinär zusammengesetzte Expertengruppe, die den Auftrag hatte, die Kulturlandschaft zu definieren, sollte auch hinsichtlich der nachhaltigen Entwicklung eine Begriffsbestimmung erarbeiten und einigte sich nach heftigen Diskussionen auf die nachstehende, beschränkte Aussage: »Im Sinne des Kulturlandschaftprojektes wird eine Entwicklung als nachhaltig verstanden, wenn sie natur- und sozialverträglich ist und die dauerhafte Erhaltung oder Herstellung der Lebensgrundlagen auch für zukünftige Generationen sicherstellt«. Zur Erreichung dieses hochgesteckten Zieles wurde das folgende Fünf–Punkteprogramm formuliert:[20]
1. Reduzierung der von Menschen verursachten Stoff- und Energieflüsse,
2. Erhaltung der natürlichen Vielfalt (Biodiversität) in österreichischen Kulturlandschaften,

3. Sicherung der Lebensqualität der einheimischen Bevölkerung,
4. Lösung der Konflikte, die sich aus den Zielen 2 und 3 ergeben,
5. Förderung einer Vielfalt von Entwicklungsmöglichkeiten.

Die Erfüllung der ersten vier Punkte ist die Minimalerfordernis, um Nachhaltigkeit (im Sinne des viel treffenderen – da im Begriffsinhalt exakter abgegrenzten – englischen Begriffs sustainability) zu erreichen. Ob dies jedoch, auch mit den größten Anstrengungen, jemals gelingen kann, wird von vielen Wissenschafter/inne/n und Wirtschaftsfachleuten ernsthaft bezweifelt. Zum jetzigen Zeitpunkt scheint ein endgültiges Scheitern allerdings auch noch nicht gesichert, obwohl die Entwicklung der Kulturlandschaft nach 1945 den Pessimisten recht zu geben scheint. Der im letzten Jahrzehnt einsetzende Wertewandel gibt den Optimisten Grund zur Hoffnung.

## ANMERKUNGEN

1  Smoliner, Kulturlandschaftsforschung, in: Moser Hg., Mensch, 1994, 5.
2  Kasperowsky u.a., Boden, in: ÖSTAT u. UBA Hg., Umwelt, 1994.
3  IUCN = International Union of Conservation of Nature.
4  Schrom, Landschaft, in: Katzmann u.a. Hg., Umweltreport, 1986, 287.
5  Ebd.
6  Bittermann, Aspekte Teil 1, in: Statistische Nachrichten 4 (1991), 375; ders., Aspekte Teil 2, in: ebd. 8 (1991), 745; ders. u.a., Landwirtschaft, in: ÖSTAT u. UBA Hg., Umwelt, 1994.
7  Nagl, Wasserreserven, in: Fischer u.a. Hg., Jahresbericht 50 (1993).
8  Bittermann, Ökobilanz, in: Statistische Nachrichten 3 (1993), 208.
9  Huber, Bodenmineralstoffhaushalt, in: FIW Forschungsberichte 3 (1993); Schume, Untersuchungen, in: FIW Forschungsberichte 3 (1992).
10 Jonas, Problemkind, in: Ökoenergie 7 (1992).
11 Gerhold, Kosten, in: Statistische Nachrichten 8 (1993), 635.
12 Chovanec u.a., Wasser, in: ÖSTAT u. UBA Hg., Umwelt, 1994.
13 Weinmeister, Schutz, in: Moser Hg., Mensch, 1994, 18.
14 Bittermann, Rinderrassenreduktion, in: Statistische Nachrichten 3 (1990), 164.
15 Ders., Aspekte, in: ebd. 5 (1993), 374.
16 Weinmeister, Schutz, in: Moser Hg., Mensch, 1994, 18.
17 Bittermann, Flächennutzung, in: Statistische Nachrichten 9 (1994), 764.
18 Ders., Grundlagen, in: ebd. 8 (1990), 543.
19 Gerhold, Flächenverbrauch, in: Statistische Nachrichten 5 (1993), 385.
20 Smoliner, Kulturlandschaftsforschung, in: Moser Hg., Mensch, 1994, 5.

Hans Heinz Fabris

# Der ›österreichische Weg‹ in die Mediengesellschaft

Es wäre zwar wünschenswert, eine umfassende Darstellung der Geschichte des Journalismus, der elektronischen Medien, von Buch, Film, Tageszeitungen, Zeitschriften, Audioindustrie und Telekommunikation zur Verfügung zu haben, die auch auf politische, ökonomische, kulturelle, soziale, technische usw. Rahmenbedingungen und Querverbindungen eingeht. Tatsächlich müssen wir uns in Österreich jedoch mit zeitlich wie thematisch eingeschränkten Institutions-, Personen- und Produktgeschichten begnügen. Die Aufgabe, einen gerafften Überblick über die Medienentwicklung in der Zweiten Republik zu geben, zwingt erst recht zur Konzentration auf einige wichtige Ereignisse und Tendenzen, die den im Titel dieses Beitrags bezeichneten spezifisch österreichischen Weg in die Medien-, Informations- und Kommunikationsgesellschaft der Gegenwart geprägt haben.

*Cover der »Welt-Illustrierten«*
*vom 21.9.1947*

Brüche und Kontinuitäten

Historische Bruchstellen in der jüngeren Geschichte Österreichs können auch als Ausdruck ›gescheiterter Kommunikation‹ verstanden werden. Medien und Journalisten sind an all diesen Brüchen in der einen oder anderen Weise, als eigenständige Akteure oder aber im Dienst anderer Interessen, beteiligt gewesen. Solche Bruchstellen sind aber auch in der Medien- und Kommunikationsgeschichte im engeren Sinn zu registrieren. Dazu können etwa die sogenannte Stunde Null 1945, die Einführung des Fernsehens, das Rundfunk-Volksbegehren 1964, das Ende der Parteipublizistik Anfang der 1990er Jahre oder das Ende des ORF-Monopols gezählt werden. Mit ihnen verbinden sich Veränderungen im politischen System (etwa das Ende der Großen Koalition der Nachkriegsära), in der politischen Kultur (Stichwort: Telekratie), in den sozialen und Freizeitbeziehungen. Die jüngste Phase ist durch den beschleunigten Übergang von der Schrift- zur Bildkultur, von der analogen zur digitalen Kommunikation, von der alten Industrie- zur neuen Informationsgesellschaft (Stichwort: Info-Superhighway) zu charakterisieren.

Ebenso lassen sich aber auch historische Kontinuitätslinien verfolgen, die tief in der Medienkultur der Zweiten Republik verwurzelt erscheinen und sich vielfach weit in die Zeit vor 1945 zurückverfolgen lassen.[1] Sie sollen im folgenden kurz besprochen werden.
* Die besondere Rolle des Staats: Die staatliche Bürokratie war eine der Hauptklammern der Monarchie und hat ihre Rolle über die Erste Republik bis in die Gegenwart bewahrt. Dies hatte unter anderem Folgen für die in Österreich besonders lang während staatliche Zensurtradition und die ausgeprägte ›Staatsnähe‹ von Medien und Journalismus. Die Herausbildung eines zivilen nichtstaatlichen, privatwirtschaftlichen Sektors der Medienlandschaft ist dementsprechend im Vergleich zu anderen Ländern zurückgeblieben. Der Staat trat und tritt in der Zweiten Republik in vielfältiger Form direkt oder indirekt in Erscheinung: als Eigentümer (von der *Wiener Zeitung* über die Staatsdruckerei, den Österreichischen Bundesverlag, den Bundestheaterverband bis zum staatlichen Monopolbetrieb der Post- und Telegraphenverwaltung), als Förderer (Film-, Verlags-, Presse-, Zeitschriften- und Druckereiförderung, günstige Posttarife, ERP-Kredite, Kultursubventionen usw.) sowie als Gesetzgeber.
* Korporatismus nichtstaatlicher Interessen: Auch die Sozialpartnerschaft agierte als eine quasi-staatliche Institution. Sie etablierte sich speziell in den 1960er und 1970er Jahren als Medien- und Kultur-Sozialpartnerschaft und hat die Medienkultur der Zweiten Republik nachhaltig mitgeprägt. Streiks fanden kaum statt, die Medien-Sozialpartner wurden zu Neben-Gesetzgebern.
* ›Natürliche‹ Monopole: Kartelle und Monopole, anstelle eines funktionierenden Wettbewerbs, stellen in Österreich nicht nur im Medienbereich – überspitzt formuliert – beinahe so etwas wie einen natürlichen Zustand dar. Das ORF-Monopol oder der höchste Konzentrationsgrad der Printmedien im europäischen Vergleich, das langjährige Kartell der Schallplattenproduzenten, regionale Medienmonopole oder die hochgradige Konzentration auf dem Vertriebs- oder Verleihsektor haben vergleichsweise wenig gesellschaftliche oder gar medienpolitische Aufmerksamkeit hervorgerufen. Die Folgen dieses Zustands sind sicherlich differenziert zu beurtei-

*Darst. 1: Entwicklung der Gesamtauflage österreichischer Zeitschriften (in 1.000) von 1937 bis 1993*

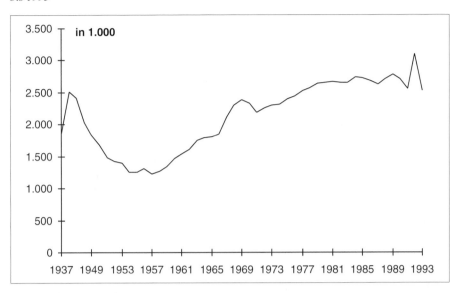

Quellen: VÖZ Hg., Pressehandbuch, 41 (1993); Institut für Publizistik und Kommunikationswissenschaft der Universität Salzburg Hg., Medienbericht 4, 1993, 70

*Darst. 2: Entwicklung der Auflage und publizistischen Einheiten von 1946 bis 1991*

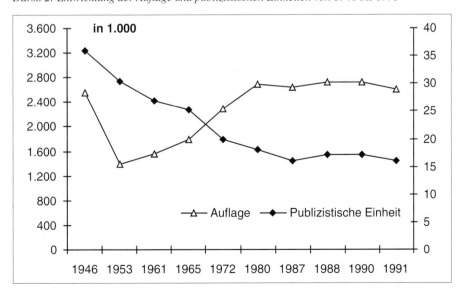

Quellen: VÖZ Hg., Pressehandbuch 41 (1993); Pürer, Presse, 1990, 4
© by KOMDAT

len, auf der Negativseite stehen jedoch eine geringe Neuerungsbereitschaft und eine
Einengung der Meinungsvielfalt, des gesellschaftlichen Pluralismus.
*   Medienkulturelle Westintegration: In den meisten Mediensektoren, vom Film über
    Printmedien, Hörfunk und Fernsehen bis zu den neuen Informations- und Kommu-
    nikationstechnologien, wurde und wird die Entwicklung mehr oder weniger stark
    von ausländischen Medien beeinflußt. Die wichtigsten Bezugsländer beziehungs-
    weise Medienkulturen waren nach 1945 zunächst die Vereinigten Staaten und später
    die Bundesrepublik Deutschland. Für die Zweite Republik kann in diesem Zusam-
    menhang von einer kontinuierlichen medienkulturellen, medienpolitischen und
    medienwirtschaftlichen Westintegration gesprochen werden. Die Auswirkungen
    dieser ›Entwicklung in Abhängigkeit‹ sind vielfältig. Sie reichen von den Vorteilen
    der Teilnahme an einem großen deutschsprachigen Medienmarkt und von Kapital-
    zuflüssen bis zu einer oft nur noch eingeschränkt möglichen Entfaltung österreichi-
    scher medienkultureller Identität und einer gelegentlich für heimische Medien-
    unternehmen ruinösen Verdrängungskonkurrenz.
*   Voyeuristisch-kulinarischer Medienkonsum: Charakteristisch für die österreichi-
    sche Rezeptionskultur erscheint ein historisch begründeter, bis auf die Tradition des
    Barocktheaters als Medium der siegreichen Gegenreformation zurückzuverfolgen-
    der, auf den Sehsinn zentrierter, eher passiver und wenig reflektierender Medien-
    gebrauch. Die Buch-Lesekultur ist eher schwach ausgebildet. Die Boulevardisie-
    rung hat besonders in den letzten Jahren deutlich zugenommen und mit *täglich alles*
    und dem neuen Illustriertentyp von *News* einen vorläufigen Höhepunkt erreicht.
    Auch der ORF ist davon erfaßt worden.
*   Verspäteter Anschluß an die Kulturindustrie: Während die Bundestheater heute mit
    gut drei Milliarden aus dem Bundesbudget subventioniert werden, hat die seit Ende
    der 1960er Jahre in einer Dauerkrise befindliche österreichische Filmwirtschaft mit
    derzeit rund 150 Millionen aus Bundesmitteln ungleich geringere Zuschüsse zur
    Verfügung. Gefördert werden Festspiele, aber kaum die mediale Verwertung dieser

*Darst. 3: Bücher in privaten Haushalten: »Haben Sie gestern ein Buch gelesen?« (in 1.000)*

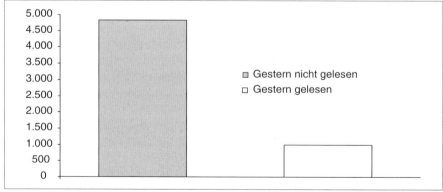

Quellen: Optima 1989; Institut für Publizistik und Kommunikationswissenschaft der Universität Salzburg
Hg., Medienbericht 4 (1993), 297
© by KOMDAT

Produktionen. Die Zweite Republik blieb somit weitgehend ein Land der ›handwerklichen‹ Kulturproduktion – deutlich ist dies auch im Musikbereich zu erkennen –, während die Produkte der Populärkultur(industrie) überwiegend importiert werden müssen.

* ›Verspätung‹ des Journalismus: Während in den meisten west- oder nordeuropäischen Demokratien dem Journalismus im Prozeß der gesellschaftlichen Modernisierung seit dem vergangenen Jahrhundert eine zentrale Rolle zugekommen ist und Medien oft wichtiger als die offiziellen Machtträger gewesen sind, hat die journalistische Kultur in Österreich vielfach eine Sonderentwicklung genommen. Im historischen Rückblick lassen sich verschiedene Phasen der Entwicklung, vom Parteien- und Proporzjournalismus der ersten Phase der Großen Koalition über eine politische und ökonomische Emanzipation in den 1960er und 1970er Jahren bis zum Aufstieg der Journalisten zu einer der wichtigsten Einflußgruppen in der Mediengesellschaft der 1980er und 1990er Jahre, verfolgen. Dieser verspätete Aufstieg des Journalismus manifestiert sich in Äußerlichkeiten der Redaktionskultur,[2] wenn man etwa die Situation in den Nachkriegsjahren mit den derzeitigen Adressen von *Standard*, *Presse* oder den ORF-Studiobauten vergleicht. Er drückt sich ebenso in der zunehmenden Anzahl der Journalisten – allein in den letzten 15 Jahren hat die Berufsgruppe eine Zunahme von knapp 2.000 auf 5.000 bis 6.000 erfahren –, in einer Verbesserung der Einkommen vor dem Hintergrund einer allgemeinen Expansion der Medienbranche, aber auch im immer häufigeren Wechsel von Journalisten in politische Funktionen aus. Journalisten in Österreich sind heute eine sozial relativ homogene, gut bezahlte Berufsgruppe – freilich mit hoher Arbeitsbelastung –, die am ehesten mit der der höheren Angestellten zu vergleichen ist. Journalisten schätzen sich selbst als gesellschaftlich einflußreich ein und werden auch von der Bevölkerung so gesehen.[3] Weniger zufrieden dürften sie lediglich mit ihrem sozialen Ansehen sein, was mit der nach wie vor ungeregelten Ausbildung und Auswüchsen vor allem des Boulevardjournalismus zusammenhängen könnte.

* Auseinanderentwicklung verschiedener Medienkulturen: Die von der Medienwissenschaft seit längerem thematisierte Wissenskluft in der Medien- und Informationsgesellschaft bedeutet, daß von dem ständig wachsenden Medienangebot in erster Linie die Besser-Informierten profitieren. Die Kluft zwischen Informationsreichen und Informationsarmen läßt sich als spezifische Form der Klassentrennung in den modernen Gesellschaften bezeichnen. Ihren aktuellen Ausdruck findet diese Entwicklung in den vergangenen Jahren in der Herausbildung einerseits eines Sektors von Qualitätsmedien – analog zur sogenannten Hochkultur –, andererseits einer ständig expandierenden Boulevard- und Unterhaltungsbranche.

* Medien als Männerwelt: Ausgeprägter als andere gesellschaftliche Bereiche sind die Medien nach wie vor männlich dominiert. Daran hat sich auch im Gefolge der Frauenbewegung nicht allzu viel geändert, betrachtet man etwa die Chefredaktionen von Tages- und Wochenzeitungen oder den ORF, wo erst 1994 die erste Intendantin eingesetzt wurde. Auswirkungen dieses Zustands sind einerseits die nach wie vor anhaltende Vorherrschaft eines männlichen Blicks auf Themen, Ereignisse und Personen, andererseits eine spezifische Verzögerung des in anderen Ländern erheblich weiter vorangeschrittenen Emanzipationsprozesses.

*»Die Presse«-Redaktion im »Pressehaus« am Wiener Fleischmarkt im Zimmer des
Herausgebers Fritz Molden (sitzend vierter v.l.) im Jahre 1956*

* Anti-Moderne: Die lange Tradition der Zensur, auch in diesem Jahrhundert von den
  verschiedenen politischen Systemen – mit dem ›Höhepunkt‹ in der Zeit des Nationalsozialismus – praktiziert, die Folgen der Kulturkämpfe in der Ersten Republik,
  die Medien- und Kulturpolitik des Austrofaschismus sowie die nach 1945 wirksame
  Restauration haben der Position der Anti-Moderne in den kulturpolitischen Auseinandersetzungen der Zweiten Republik, bis zu jenen um das Stück *Heldenplatz*, das
  Wiener Hrdlicka-Mahnmal, den Burgtheaterdirektor Claus Peymann, den Mu-
  seumskomplex usw., mehr Einfluß als in anderen europäischen Ländern gesichert.
  In vielen Massenmedien, vor allem in Boulevardblättern, wird dieser anti-moder-
  nistische Reflex in Hinblick auf bestehende gesellschaftliche Vorurteile auch weiterhin ›gepflegt‹.[4]
* Zwischen Großmachtillusion und real existierendem Kleinstaat: Aus der Zeit der
  Monarchie leitet sich die Vorstellung von Österreich als einer Großmacht, jedenfalls
  im Bereich der Kultur, her. Auch wenn das Image Österreichs im Ausland tatsächlich von seiner Bedeutung als Musikland – hier besonders in bezug auf die Wiener
  Klassik – geprägt wird, ist diese Großmachtvorstellung in den meisten Bereichen
  der Medienproduktion inzwischen weitgehend unzutreffend. Die Realität des
  Kleinstaats Österreich steckt überall, von der Buch- über die Film- und Fernseh-
  produktion bis zu den Informations- und Kommunikationstechnologien, enge
  Grenzen. Österreich sollte sich heute, nicht zuletzt in Hinblick auf seine Mitgliedschaft in der Europäischen Union, eher mit Ländern wie der Schweiz, Belgien oder

den Niederlanden als mit dem ›großen Nachbarn‹ Deutschland vergleichen.

* Wechselbeziehungen Medien-Politik: Nach den Erfahrungen mit der totalitären Beherrschung und Instrumentalisierung der Medien unter dem NS-Regime waren die Alliierten nach 1945 zunächst bemüht, in diesem zentralen Bereich Veränderungen auf allen Gebieten, von den Printmedien über den Rundfunk bis zu Filmproduktion, Literatur und Theater, durchzusetzen. Die Entnazifizierung dieser Sektoren konnte jedoch nur teilweise durchgesetzt werden; und mit dem Beginn des Kalten Krieges erfolgte eine neuerliche Politisierung der Medien und des Journalismus.

Die wichtigsten Akteure der Medienpolitik waren neben den Alliierten mit ihren teilweise recht unterschiedlichen medienpolitischen Zielsetzungen bereits in der unmittelbaren Nachkriegszeit die politischen Parteien, die über das Instrument der Papierzuteilung und vor allem mittels Personalpolitik und finanzieller Zuwendungen die Medienentwicklung entscheidend beeinflußten. Später traten die Sozialpartner an ihre Seite und zunehmend auch an ihre Stelle. Erst allmählich vermochten sich einzelne Medienunternehmen aus dieser Umklammerung zu befreien. Das Rundfunk-Volksbegehren der parteiunabhängigen Zeitungen 1964 markierte einen wichtigen Wendepunkt in der Nachkriegsentwicklung. Die Printmedien übernahmen damals die Rolle einer Quasi-Opposition gegen das beinahe zwei Jahrzehnte an der Macht befindliche System der Großen Koalition. Auch im Rundfunk begann mit der Reform des Jahres 1967 ein tendenzieller Emanzipationsprozeß gegenüber der Politik; dennoch blieb auch hier bis in die Mitte der 1990er Jahre der Einfluß der Parteien und Sozialpartner bestehen.

*Darst. 4: Anteil der Parteipresse an der Gesamtauflage*

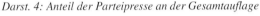

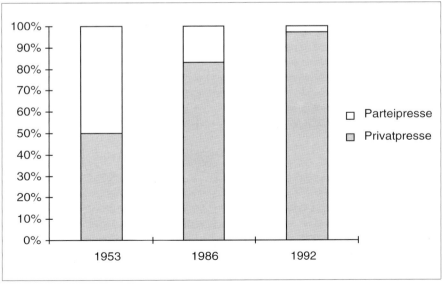

Quellen: VÖZ Hg., Pressehandbuch 41 (1993); Institut für Publizistik und Kommunikationswissenschaft der Universität Salzburg Hg., Medienbericht 4 (1993), 1993, 71
© by KOMDAT

War die erste Periode nach 1945 durch das Bemühen der Parteien um die Sicherung von politischem Einfluß durch Kontrolle der Personal- und Finanzentscheidungen – etwa der Höhe der Rundfunkgebühren – charakterisiert, stellten die 1970er Jahre, unter dem ›Journalistenkanzler‹ Bruno Kreisky, einen vorläufigen Höhepunkt medienpolitischer Aktivitäten dar. Wichtigste Instrumente der Medienpolitik wurden zum einen Gesetze, mit denen versucht wurde, die Verhältnisse in den Medien zu verrechtlichen, zum anderen staatliche Förderungsmaßnahmen für die ja inzwischen auch wirtschaftlich an Gewicht gewinnende Medienbranche. In diese Phase fielen die Vorbereitung beziehungsweise Schaffung gesetzlicher Grundlagen für die Presse-, Zeitschriften-, Film- und Literaturförderung, das Rundfunkgesetz 1974, das Datenschutzgesetz und das freilich erst mit Beginn 1982 in Kraft getretene Mediengesetz. Die Medienpolitik wandte sich nunmehr zunehmend auch der Steuerung infrastruktureller Entwicklungen im Bereich der sogenannten neuen Medien wie Bildschirmtext oder Kabelfernsehen sowie den neuen Informations- und Kommunikationstechnologien zu. Hier spielte und spielt nicht zuletzt die Post- und Telegraphenverwaltung eine zentrale Rolle.

Die 1980er Jahre hingegen wurden international durch Entwicklungen geprägt, die mit den Schlagworten der Deregulierung, Kommerzialisierung, Technisierung und Internationalisierung und insgesamt einem erheblichen Ausbau der gesamten Medien-

*Darst. 5: Konzernstruktur: Krone – Kurier – Mediaprint*

Quellen: IMS 3/93; Institut für Publizistik und Kommunikationswissenschaft der Universität Salzburg Hg., Medienbericht 4 (1993), 76

wirtschaft charakterisiert werden können. In Österreich wurde versucht, einerseits auf diese Entwicklungen – wenngleich zögernd – einzugehen, andererseits aber – und dies betrifft in besonderer Weise die Beibehaltung des ORF-Monopols – die staatliche Kontrolle über sie aufrechtzuerhalten. Als neue medienpolitische Akteure sind neben den Interessenvertretungen der Medien, wie Herausgeberverband und Journalistengewerkschaft, die Werbewirtschaft und die Medienunternehmen selbst auf den Plan getreten. Die Politik zeigte sich lange Zeit wenig geneigt, für Österreichs Weg in die Medien- und Informationsgesellschaft konzeptionelle Vorstellungen zu entwickeln, die Medienpolitik dieser Jahre – und bis in die Gegenwart – ist vielfach mit dem Etikett einer Politik der Nicht-Entscheidungen versehen worden. Dies hatte unter anderem ein ständiges Fortschreiten der Medienkonzentration und seit 1987, nach dem Einstieg der *Westdeutschen Allgemeinen Zeitung* bei der *Neuen Kronen Zeitung*, das massive Engagement deutscher Multimediakonzerne zur Folge. Die inzwischen entstandenen Medienkonglomerationen, vor allem der Verbund von *Krone* und *Kurier* in der Media Print, stellen heute einen zentralen Faktor in der nach wie vor nur sporadisch aufflackernden medienpolitischen Diskussion dar.

Die politischen Akteure stehen dieser Entwicklung vielfach hilflos gegenüber, sind sie doch in der schwieriger gewordenen politischen Situation zunehmend auf die Unterstützung der Medien und Journalisten angewiesen. Mit dem Eintritt Österreichs in die Europäische Union hat sich zudem der Handlungsspielraum für eine nur nationalstaatliche Medien- und Informationspolitik noch einmal dramatisch verringert. Politik in der Mediengesellschaft – die Stichworte lauten hier Tele-Politik, Zuschauerdemokratie, Berlusconisierung usw. – und die Medienpolitik geraten in eine immer unübersichtlichere Gemengelage.

## 1945 oder die sogenannte Stunde Null

Bedeuteten das Kriegsende und der Zusammenbruch der NS-Herrschaft im Medienbereich tatsächlich jenen umfassenden Neubeginn, wie dies die staatliche Selbstdarstellung und lange Zeit auch die Geschichtsschreibung sahen? Die Antwort muß differenziert ausfallen. So kann etwa davon ausgegangen werden, daß der entscheidende Bruch mit der Medienentwicklung der Ersten Republik nicht so sehr in der spezifischen Situation nach Kriegsende, sondern bereits zuvor stattgefunden hat. Peter Muzik verweist in diesem Zusammenhang zu Recht darauf, daß »Traditionen« in der heimischen Printmedienlandschaft – ungeachtet des sonst reichlich ausgeprägten Traditionalismus in vielen gesellschaftlichen Sektoren – nach 1945 kaum mehr eine Rolle spielten. »Der Zweite Weltkrieg«, meint er, »bedeutet für das Zeitungswesen hierzulande eine unvergleichlich dramatischere Zäsur als in fast allen anderen Ländern: Der einstmals exzellente Ruf, den sich die österreichische Journalistik nach 1848 allmählich erworben hatte und der in erster Linie der liberalen ›Presse‹ und der ›Neuen Freien Presse‹ zu verdanken war, verschwand in der nationalsozialistischen Ära schlagartig. Die ehedem angesehene Großpresse, etliche Parteizeitungen und schließlich die Boulevardblätter, die sich allesamt sowohl über den Zerfall der Monarchie als auch über die Wirtschaftskrise der Dreißigerjahre hinübergerettet hatten, mußten damals gezwungenermaßen dem ›Völkischen Beobachter‹ oder der ›Kleinen Wiener Kriegszeitung‹ weichen. Die wichtigsten Druckereien bekamen neue Besitzer in NS-Uniform verpaßt (...) Die durchaus vielfältige Pressebranche der Ersten Republik löste sich somit sukzessive in ein monotones Nichts auf.«[5] Wobei hinzuzufügen wäre, daß dieser Kahlschlag schon mit dem Verbot der kommunistischen und bald darauf der sozialdemokratischen Presse im Austrofaschismus begonnen hatte, die historische Zäsur demnach schon früher anzusetzen ist.

1945 war aber dennoch ein Jahr, in dem wichtige Weichenstellungen für die Medienentwicklung der folgenden Jahre und Jahrzehnte erfolgten. Und es gab auch insofern eine ›Null-Situation‹, als der *Völkische Beobachter* und das *Neue Wiener Tagblatt* ihr Erscheinen mit dem 7. April einstellten und erst eine Woche später, am 15. April, die von den Sowjets herausgebrachte *Österreichische Zeitung* in diese Lücke stieß. Eine Woche danach erschienen die ersten 50.000 Exemplare des *Neuen Österreich*, das – als eine historische Besonderheit – von allen Parteien der damaligen provisorischen Regierung, ÖVP, SPÖ und KPÖ, sowie einigen Prominenten aus Kultur und Wirtschaft herausgegeben wurde.

Drei Gruppen von Akteuren traten nach Kriegsende auf den Plan: zunächst die Alliierten, die in ihren jeweiligen Besatzungszonen zum Teil unterschiedliche medienpolitische Konzepte für den Film, das Theater, das Buchverlagswesen, die Zeitungen und den Rundfunk verfolgten; dann die politischen Parteien, die sich rasch um das Erscheinen eigener Publikationen bemühten – vor allem in Ost- und Südösterreich blieb die Medienlandschaft bis in die 1970er Jahre davon geprägt. In den Apriltagen 1945 wurde aber auch die alte Garde der Journalisten, soweit sie die NS-Zeit überlebt hatten, aktiv. Manfred Bobrowsky hat die Namen jener »geistigen Väter« – tatsächlich waren es ja auch ausschließlich Männer – des neuen »Medien-Österreich« aufgelistet, die sich damals in den ersten Tagen nach Kriegsende in den Räumen des Verlegers Pittioni am Wiener Kohlmarkt versammelten: »Deutsch, Fontana, Fischer, Glaser, Haydn, Husinsky, Kaiter, Karmel, Kramer, Mauthe, Reiter, Rollett, Urbas, Pittioni und Zohner. Und noch einer war da, einer der drei Großen der Wiener Zeitungswelt von gestern – Friedrich Austerlitz, Moritz Benedikt, Friedrich Funder – wollte trotz seines hohen Alters beim Aufbau des neuen Journalismus von morgen dabei sein: Der 72jährige Friedrich Funder kam dazu extra von Baden nach Wien.«[6] Diese Namen machen deutlich, daß die alte Garde des neuen Medienösterreichs eine in die Zeit des Austrofaschismus reichende Kontinuität repräsentierte. Die meisten vertriebenen und emigrierten Publizisten der Ersten Republik kehrten ja nicht mehr zurück.

Heute wissen wir freilich auch, daß neben der personellen Kontinuität zum Austrofaschismus nicht zuletzt die direkte Verbindung zum NS-Journalismus – trotz der Entnazifizierungsbemühungen der Journalistengewerkschaft zwischen 1946 und 1949 – die Nachkriegsentwicklung in den Medien nachhaltig beeinflußt hat. Fritz Hausjell meint, daß »in den ersten drei Nachkriegsjahren immerhin 37,1 Prozent der in der Tagespresse beschäftigten Chefredakteure, Redakteure und freien Mitarbeiter zuvor zumindest zeitweise unter dem NS-Regime oder im faschistischen Ausland als Journalisten und/oder Schriftsteller tätig gewesen waren. Diese 37,1 Prozent stellen jedoch keine homogene Gruppe dar; sie reichten von begeisterten nationalsozialistischen Propagandisten bis zu geduldeten Anti-Nationalsozialisten.«[7] Darunter befanden sich

auch eine Reihe späterer Prominenter der österreichischen Journalisten wie Alfons
Dalma oder Otto Schulmeister. Die langjährige Verdrängung des spezifisch österreichischen Anteils an der NS-Vergangenheit dürfte jedenfalls auch mit der ganz persönlichen Betroffenheit so mancher Meinungsbildner im ›neuen‹ Österreich zu tun gehabt
haben.


Der Kampf um den Rundfunk

Brüche und Kontinuitäten lassen sich auch in den letzten 50 Jahren österreichischer
Rundfunkentwicklung nachzeichnen. Da wäre zum einen an die ›Staatsnähe‹ zu
erinnern, die zwischen den Polen Neutralität und zumindest partieller Instrumentalisierung durch politische Akteure und Interessen pendelte. Die bereits am Anfang der
ersten Rundfunkanstalt, der RAVAG, in den 1920er Jahren bestehenden Interessen
von Parteien, Geräte- und Werbewirtschaft blieben auch in der Folgezeit, wenngleich
mit unterschiedlicher Akzentuierung, wirksam. Die wichtigsten Einflüsse auf die
Rundfunkentwicklung kamen einerseits von den wechselnden innen- und außenpolitischen Konstellationen, andererseits von der technischen Entwicklung. In den
1950er Jahren begann der Siegeszug des Fernsehens, und heute erleben wir eine neue
Phase der Programm- und Sendervermehrung sowohl im Radio- als auch im Fernseh-
bereich.
    Wie war das 1945? »Von den Anfängen des Rundfunks in Österreich – vor 21
Jahren – war dieser zweite Beginn grundverschieden«, meint der Rundfunkchronist
Viktor Ergert: »Man konnte nach dem Krieg den Rundfunk keinesfalls mehr so
unbefangen betrachten wie zuvor, denn man hatte es erlebt, welche Wirkungen sich
mit diesem Medium erzielen lassen. Vor allem Goebbels hatte der Welt gezeigt,

*Darst. 6:Entwicklung des TV-Besitzes 1965 bis 1980*

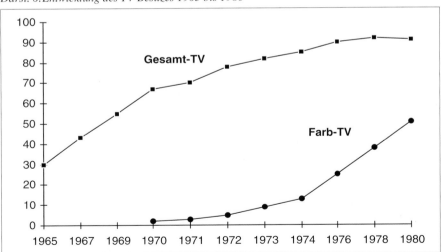

Quelle: ORF-Almanach, 1980, 296

welche Intensität Rundfunkpropaganda erreichen konnte (...) Die Mächte, die das kleine Österreich von 1945 bis 1955 besetzt hielten und dadurch maßgeblichen Einfluß auf den gesellschaftlichen Wiederaufbau dieses Landes übten, suchten natürlich (Frankreich vielleicht ausgenommen) das ihnen gemäße Rundfunkleitbild auf österreichische Verhältnisse zu übertragen. Das angloamerikanische Rundfunkleitbild wurde von den Österreichern, die beim Aufbau der Sender in den entsprechenden Bundesländern mitarbeiteten, im wesentlichen ohne inneren Widerstand akzeptiert. Im Osten des Landes hingegen konnte man dies von den Österreichern, die den Rundfunk in Wien aufbauten, keineswegs behaupten.«[8] Nachdem nach einer höchstgerichtlichen Erkenntnis Rundfunk zur Bundessache wurde, galt es nach 1955 – dem Jahr, in dem auch das Fernsehen seine ersten Gehversuche machte – zu einer gesamtösterreichischen Lösung zu kommen. In den letzten Jahren der Großen Koalition drückte sich dies in der ›Realverfassung‹ des Rundfunks so aus, daß einerseits ein Proporzregime eingerichtet wurde, andererseits – nach dem Motto »Schwarze Welle, roter Schirm« – unterschiedliche Einflußsphären entstanden. Die Auseinandersetzungen wurden nicht zuletzt auf dem Rücken des Unternehmens und des Publikums ausgetragen.

1964 wurde denn auch die virulente Anti-Koalitionsstimmung im Land von den parteiunabhängigen Printmedien als Proponenten eines Volksbegehrens für einen neuen Rundfunk erfolgreich aufgegriffen. Dieses erste Volksbegehren der Zweiten Republik wurde von 833.389 Österreichern unterschrieben. Als die ÖVP 1966 bei den Nationalratswahlen gewann und eine Alleinregierung bildete, verabschiedete sie als erstes Gesetz das neue Rundfunkgesetz, das 1967 in Kraft trat und mit Gerd Bacher einen Repräsentanten der Printmedien an die Spitze des Unternehmens brachte, der die Entwicklung des ORF auf viele Jahre entscheidend prägen sollte. Die von Bruno Kreisky initiierte Rundfunkreform 1974 hatte einerseits die Schwächung der Position des Generalintendanten, andererseits die Entwicklung hin zu einer öffentlich-rechtlichen Organisationsform zum Ziel. Somit wurde der Kampf um den Rundfunk gremialisiert, in der Folge aber auch prolongiert. Inzwischen war vor allem das Fernsehen zum ›Medium für alle‹ geworden. 1959 wurde die Marke von 100.000 Sehern überschritten, zehn Jahre später wurden die ersten Farbsendungen ausgestrahlt. Ein zweites Programm entstand, und in den späten 1970er Jahren kam es schließlich auch zu den ersten Ansätzen der Fernsehregionalisierung.

Die letzte Phase der Rundfunkentwicklung ist durch eine fortschreitende Ausweitung der Sendezeiten, interne Organisationsreformen, Auseinandersetzungen um das Monopol, nicht zuletzt durch die rasant zunehmenden Möglichkeiten des Empfangs ausländischer Fernsehprogramme via Kabel und Satellit für immer mehr Haushalte zu charakterisieren.[9] Mit dem Regionalradiogesetz fiel 1993 das ORF-Monopol im Radiobereich, eine ähnliche Lösung wurde auch für das Fernsehen angepeilt. Durch die rasante Entwicklung – in wenigen Jahren werden über Satellit mehrere hundert Fernsehprogramme zu empfangen sein – geriet der ORF immer stärker unter Konkurrenzdruck. Die von der neuen ORF-Leitung unter Gerhard Zeiler eingeleiteten Veränderungen sind Ausdruck dieser neuen Situation. Organisatorische und programmliche Neuerungen sollen die Konkurrenzfähigkeit des Unternehmens auf dem großen europäischen Medienmarkt verbessern helfen.

Von der Wort- zur Bildkultur?

In der Zweiten Republik hat, wie in den meisten anderen modernen Gesellschaften, ein Wandel von der Wort- zur Bildkultur stattgefunden, der noch lange nicht abgeschlossen ist. War es in der ersten Hälfte des Jahrhunderts der Film, der diesen Wandel symbolisierte, hat der Siegeszug des Fernsehens diesen Prozeß am nachhaltigsten befördert. Die Tendenz zur Visualisierung beschränkt sich längst nicht mehr auf die Medien, sondern hat auch immer mehr Alltagsbereiche erfaßt. Alles wird ›bunter‹, das Logo tritt an die Stelle ausführlicher Erklärungen. Auch in der Warenwelt geht es nicht so sehr um das einzelne Produkt, sondern um das Image, das damit ver- und gekauft werden soll. Der Computer stellt die Verbindung zwischen verschiedenen Zeichenwelten her. Die Digitalisierung wird die Medienwelt erneut revolutionieren. Elektronisches Publizieren dürfte auch für die Tageszeitungen schon bald zu einer Angebotserweiterung führen. Je nach Bedarf werden Zeitungen auf Papier oder elektronisch angeboten werden. Künstliche, virtuelle Wirklichkeiten werden in den nächsten Jahren hinzukommen. Auch auf Kosten des alten Mediums Buch wird mit der CD-Rom-Speicherung eine elektronische Alternative nach und nach Attraktivität gewinnen.

Was bedeutet dies für Bereiche wie das österreichische Buchverlagswesen, den Zeitschriftensektor oder die Filmwirtschaft? Betrachtet man die Entwicklung der letzten Jahre, wird erkennbar, daß die Einsicht der Medienforschung, daß ein neues Medium, eine neue Medientechnik die alten Medien nicht verdrängen muß, sondern ›nur‹ deren Funktion im gesamten Mediensystem verändert, auch für die jüngere österreichische Mediengeschichte zutrifft. Dies gilt selbst für den Film, der als Kinofilm zwar dramatisch zurückgedrängt wurde, jedoch durch Fernsehen und Video eine anhaltende Konjunktur erlebt. Daß dies von der österreichischen Filmwirtschaft lange nicht erkannt worden ist, hat zu ihrem Niedergang entscheidend beigetragen; der

*Cover der »Wiener Illustrierten« vom 2.12.1955. Romy Schneider als »Sissi« ...*

heimische Kinofilm konnte in den vergangenen Jahren nur aufgrund der Filmförderung
›überleben‹. Der Boom der Nachkriegsjahre, als etwa 1948 oder 1949 je 25 abendfül-
lende Streifen gedreht wurden – 1955 waren es sogar 28 Filme – und der Heimatfilm
so wie zuvor der Wiener Film zu einem Markenartikel vor allem beim deutschen
Publikum wurde, läßt sich heute noch am Fernsehschirm verfolgen, wo diese Erzeug-
nisse einer ›heilen Welt‹ noch immer gefragt scheinen. »Zwischen Kommerz und
Avantgarde« hat Walter Fritz im Untertitel seines Buchs *Kino in Österreich* die
Entwicklung charakterisiert.[10] Von solchen Zahlen kann der seit den 1980er Jahren
immer wieder durchaus erfolgreiche neue österreichische Kinofilm nur träumen; auch
wenn sich die Besucherzahlen in den Kinos stabilisiert haben, ist dieses Medium doch
zu einem Minderheitenprogramm geworden.

Auch das Buchverlagswesen hat sich in der Zweiten Republik nicht aus dem
Schatten des großen deutschen Nachbarn zu lösen vermocht. Unter den 100 größten
Verlagen im deutschsprachigen Raum rangieren lediglich drei österreichische Unter-
nehmen, an erster Stelle von diesen der Österreichische Bundesverlag, der wie der
Residenz Verlag ein vor allem im deutschen Feuilleton nach wie vor erfolgreiches
Programm im Bereich der Belletristik anzubieten hat. Vier von fünf in Österreich
verkauften Büchern kommen aus Deutschland, die Österreicher sind nach wie vor
schwache Leser, am ehesten werden noch Sachbücher gekauft.[11] Das geschriebene
Wort hat zwar nicht in absoluten Zahlen, jedoch relativ im Vergleich zu den Bildmedien
deutlich an Zugkraft eingebüßt.

Die für die Gesamtentwicklung der Medienkultur in der Zweiten Republik charakteristische ›Explosion der Bilder‹ dürfte somit fortschreiten. Die Liste der damit
verknüpften offenen Fragen ist lang. Sie reicht von der Zukunft der Demokratie bis
zum Miteinander in der direkten zwischenmenschlichen Kommunikation. Manche
prognostizieren das Ende der herkömmlichen Massenmedien, da sich immer mehr
Anbieter auf immer kleinere Zielgruppen konzentrieren. Andere reden vom »globalen
Dorf«, in dem alle mit allen kommunizieren können. Auch im Medien- und Informa-
tionssektor zeichnet sich somit der Übergang von der Zweiten in eine – freilich erst in
groben Konturen erkennbare und heftig umstrittene – Dritte Republik ab.

## ANMERKUNGEN

1  Vgl. Fabris u. Luger Hg., Medienkultur, 1988; Hanisch, Schatten, 1994.
2  Hausjell, Redaktionskultur, in: Fabris u. Hausjell Hg., Macht, 1991, 179–216.
3  Vgl. Karmasin, Moral, 1994.
4  Vgl. Bruck Hg., Format, 1991.
5  Muzik, Zeitungsmacher, 1984, 104.
6  Bobrowsky, Österreich, in: Duchkowitsch Hg., Mediengeschichte, 1985, 115f.
7  Hausjell, Entnazifizierung, in: Fabris u. Hausjell Hg., Macht, 1991, 37.
8  Ergert, Rundfunk, 1975, 26ff.
9  Vgl. Institut für Publizistik und Kommunikationswissenschaft der Universität Salzburg Hg., Medienbericht 4, 1993, 237f.
10 Fritz, Kino, 1984.
11 Vgl. Institut für Publizistik und Kommunikationswissenschaft der Universität Salzburg Hg., Medienbericht 4, 1993, 297.

Kurt Luger / Franz Rest

# Mobile Privatisierung

## Kultur und Tourismus in der Zweiten Republik

Eines der bedeutendsten Kennzeichen unserer westlichen industrialisierten Kultur ist die Mobilität, oder besser: die totale Mobilmachung, die zumindest scheinbar vollständige Verfügung über Raum und Zeit. In 24 Stunden können wir – das heißt die finanziell Begünstigten in dieser Gesellschaft, die kinetische Avantgarde – an nahezu jeden Ort der Welt fliegen, und die Heranwachsenden von heute lernen in derselben Zeit mittels Interrail drei europäische Bahnhöfe kennen. Auf Knopfdruck verfügen wir live über die Bilder, die uns im Heimquadrat zugänglich gemacht werden und die wir nach Belieben an- und abknipsen können. Für diese kulturelle und kommunikationstechnologische Globalisierung sind zwei Aspekte verantwortlich: der internationale Tourismus und die Entwicklung der Medien- und Kulturindustrie, vor allem von Film und Fernsehen.

Die Ausdehnung der Industrialisierung, die Verstädterung und Erhöhung der regionalen Mobilität, die Steigerung der Einkommen und die Sättigung alltäglicher Konsumbedürfnisse, das verstärkte Tourismusangebot, die Umleitung gesellschaftlicher Differenzierungs- und Prestigewünsche auf Konsumdemonstration und Symbole haben in den westlichen Industriestaaten zu Erscheinungen geführt, die heute als Massentourismus bezeichnet werden.[1] Dieser Massentourismus – als Folge des industriegesellschaftlichen Lebensstils[2] – läßt sich als ein Reisen charakterisieren, das in allen seinen Phasen quantitativ und qualitativ durch Allgemeinheit geprägt ist. Reisen – früher einmal Ausnahmezustand – ist inzwischen zur Routine geworden, erhöht als Konsumartikel die Genußkonzentration einer Erlebnisgesellschaft, die Tourismus als mobile Freizeit versteht.

### Österreich als Tourismusdestination

Österreich blickt auf eine langjährige touristische Tradition zurück. Bereits gegen Ende des 18. Jahrhunderts beziehungsweise in der Zeit der Aufklärung und im Vormärz entwickelte sich in adeligen Kreisen sowie unter Gelehrten und Literaten eine Mode des Reisens. Eine Flut von Reiseberichten dokumentiert das romantische Streben und die Sehnsucht nach der Ferne. Obwohl sich bereits in den ersten Jahrzehnten des 19. Jahrhunderts Badetourismus in Böhmen, in der Nähe Wiens (Baden, Bad Vöslau), im Salzkammergut (Ischl, Aussee) und in Gastein entwickelt hatte und durch die zunehmende verkehrstechnische Erschließung (Pferdeeisenbahn Budweis-Linz-Gmunden 1836, Ausbau der Südbahn-Semmeringbahn 1854, Brennerbahn usw.) das Reisen

erleichtert worden war, blieb es bis ins letzte Drittel des Jahrhunderts vorwiegend den
Adeligen und ihrem Hofstaat vorbehalten. In der Nähe Wiens entwickelten sich
Sommerfrischegebiete, ab der Mitte des Jahrhunderts bis ins Semmeringgebiet. Bahn-
stationen wurden Fremdenverkehrsdestinationen. Einen touristischen Aufschwung
erlebten vor allem jene Gegenden, in denen Mitglieder des Kaiserhauses den Sommer
verbrachten (Reichenau, Ischl, Badgastein usw.). Ab der Mitte des 19. Jahrhunderts
entdeckten auch Bürgerliche die Sommerfrische, und damit entstand erstmals Tourismus in größeren Quantitäten. Ab 1879 wurden »Curorte- und Curgästezahlen« veröffentlicht,[3] 1890 eine offizielle Statistik des Fremdenverkehrs durch einen Erlaß des
Ministeriums des Inneren eingeführt. Wachsender Alpinismus – 1862 wurde der
Österreichische Alpenverein gegründet[4] – und später der aufkommende alpine Wintersport – 1905 erfolgte die Gründung des Österreichischen Schiverbands – waren weitere
Wachstumsimpulse. Der Ausbruch des Ersten Weltkriegs brachte ein vorläufiges Ende
der Tourismusentwicklung.[5]

    Nach dem Ersten Weltkrieg hatte Österreich seine am höchsten entwickelten Frem-
denverkehrsdestinationen in Südtirol, am Gardasee, an der Adria, in Dalmatien, Istrien
und in Böhmen verloren. Erst gegen Mitte der 1920er Jahre trat wieder ein Aufschwung
ein. Die Österreichische Verkehrswerbung (1923) sowie Fremdenverkehrsorganisatio-
nen in den meisten Bundesländern wurden errichtet. Mit 168.598 gewerblichen und
108.737 privaten Betten erzielte der österreichische Tourismus 1929 fast 20 Millionen
Nächtigungen, davon 42,9 Prozent Ausländernächtigungen. Tourismus stimulierend
erwiesen sich die Errichtung etlicher Seilbahnen (Raxbahn 1926, Bahnen auf den
Pfänder, den Feuerkogel und auf die Schmittenhöhe 1927, auf den Patscherkofel, die
Nordkette, die Bürgeralpe, den Hahnenkamm und die Gerlitzen 1928) sowie die Gründung der Salzburger Festspiele (1920) und der Wiener Festwochen (1928). Die Weltwirtschaftskrise von 1929 brachte erneut einen Rückgang. Die von Hitler angeordnete
»1.000-Mark-Sperre« vom Mai 1933 traf die österreichische Fremdenverkehrswirt-
schaft besonders hart, denn immerhin kam die Hälfte der Österreichurlauber aus
Deutschland. Die Ausländernächtigungen gingen 1933 um ein Drittel zurück, in Tirol
und Salzburg um mehr als die Hälfte. 1937 wurden erstmals wieder mehr als 20
Millionen Nächtigungen erzielt (davon 30 Prozent Ausländer). Nach dem Anschluß stieg
mit dem »Kraft durch Freude«-Tourismus die Zahl der Urlauber aus dem »Altreich«
sprunghaft an. Mit fortschreitender Kriegsdauer nahm der Tourismus immer mehr ab,
und Salzburg, »der Gau der guten Nerven«, wurde zum »Lazarettgau«.[6]


Die Entwicklung nach 1945

Nach dem Ende des Zweiten Weltkriegs entwickelte sich der Fremdenverkehr zum
Wirtschaftsimpuls und Wiederaufbauinstrument. 1946 wurden die Fremdenverkehrs-
agenden der beim Bundesministerium für Handel und Wiederaufbau angesiedelten
Stelle für den Wiederaufbau des österreichischen Fremdenverkehrs (1949 in Österreichische Verkehrswerbung umbenannt) übertragen, aus dieser entstand 1955 die vom
Bund, den Bundesländern und der Bundeskammer der Gewerblichen Wirtschaft getragene Österreichische Fremdenverkehrswerbung. Während des Krieges war etwa ein

Viertel der Touristenbetten gänzlich zerstört worden, wobei sich die Schäden in Ostösterreich als viel erheblicher erwiesen als im Westen des Landes. Die Unterbringung der alliierten Soldaten – sowie in der unmittelbaren Nachkriegszeit von Flüchtlingen – band ein hohes Maß an Tourismusinfrastruktur. 1946 standen beispielsweise in Innsbruck nur 5.000 Betten zur Verfügung – gegenüber einem Vorkriegsbestand von 46.000. Fast drei Viertel der Vorkriegsbetten (1937: 219.000) waren nicht mehr verwendbar, und der Rest konnte nur beschränkt genutzt werden.[7]

Die Instandsetzung wichtiger Bahnverbindungen und Straßen sowie die Wiederaufnahme des zivilen Luftverkehrs stellten die Weichen für eine rasche touristische Entwicklung des Landes. Erst 1947, als sich die österreichische Regierung zur Förderung des Ausländerfremdenverkehrs entschloß, wurde Tourismus von Ausländern nach Österreich wieder möglich, allerdings waren eine Erlaubnis des alliierten Militärs zum Passieren der Grenze und bis 1952 ein Visum erforderlich. Ein weiteres Problem bestand im Nahrungsmittelengpaß. Manche Lebensmittel waren in Österreich bis 1953 rationiert, vor allem 1946 war in Österreich ja nur durch erhebliche Lebensmittellieferungen der UNO eine große Hungersnot abgewendet worden. Da einem Ausländer ein fünfmal größerer Kaloriensatz als einem Inländer zugestanden wurde, mußten die Gäste streng von den Einheimischen getrennt werden und konnten nur in bestimmten, dafür ausgesuchten Hotels absteigen. Durch den aufgrund der neuen politischen Situation bedingten Wegfall der Touristen aus osteuropäischen Staaten konzentrierte sich die Österreichische Fremdenverkehrswerbung nun auf Gäste aus Westeuropa, Italien, Skandinavien und den USA.

Im Sommer 1948 erzielte der österreichische Tourismus bereits wieder rund acht Millionen Nächtigungen (davon acht Prozent Ausländernächtigungen), im Winterhalbjahr 1948/49 waren es rund 3,6 Millionen (22 Prozent Ausländer). 1950 verzeichnete die österreichische Tourismuswirtschaft mehr als 12,1 Millionen Nächtigungen, davon 3,5 Millionen von Ausländern (29 Prozent). Als die Bundesrepublik Deutschland 1951 die Paßhoheit erhielt, reisten auch die Deutschen wieder verstärkt nach Österreich. Ab dem Fremdenverkehrsjahr 1951 wurden sie zur stärksten Gruppe innerhalb der Ausländer. Österreich entwickelte sich in den folgenden Jahren immer mehr zur ›Urlaubsprovinz‹ der Deutschen. Im Vergleich zu den Vorkriegswerten war der Tourismus aber noch bescheiden: Im Fremdenverkehrsjahr 1930/31 waren fast 9,4 Millionen und 1936/37 noch 6,8 Millionen Ausländernächtigungen erzielt worden. Die Deviseneinnahmen aus dem Tourismus stiegen von einer Million Schilling im Jahr 1947 auf 410 Millionen im Jahr 1950.[8] Für den Aufbau des österreichischen Fremdenverkehrs standen vor allem ab 1950 und verstärkt in der zweiten Hälfte der 1950er Jahre Mittel aus dem Marshall-Plan beziehungsweise aus dem European Recovery Program (ERP) in Form von verbilligten Krediten zur Verfügung, wobei vorerst vor allem die westlichen Bundesländer Vorarlberg, Tirol, Salzburg und Oberösterreich davon profitierten.

Die 1950er Jahre brachten infolge des deutschen Wirtschaftswunders die erste ›Reisewelle‹ und einen enormen quantitativen Aufschwung im österreichischen Tourismus. Urlaubsreisen waren zunehmend für immer breitere Bevölkerungsgruppen erschwinglich. Am Ende des Jahrzehnts, 1960, wurden fast 42 Millionen Nächtigungen erzielt. Der Ausländeranteil erhöhte sich ständig, wobei sich die Ausländer vorwiegend in den westlichen Bundesländern Österreichs aufhielten. Im Winter 1959/60 entfielen

52 Prozent und im Sommer 1960 60 Prozent der Übernachtungen auf Ausländer. 44 Prozent aller 1960 im österreichischen Tourismus erzielten Nächtigungen erbrachten Reisende aus der Bundesrepublik Deutschland. Der traditionelle Salzburger Fremdenverkehrsort Badgastein erlebte beispielsweise bereits im Sommer 1954 mit 662.111 Nächtigungen – davon mehr als 70 Prozent Ausländer, fast 50 Prozent Deutsche – seinen bis heute nicht mehr erreichten Rekord an Sommernächtigungen.[9] Neben den Deutschen verbrachten vor allem Briten, Bürger aus den Beneluxländern, Franzosen, Italiener, Schweizer und US-Amerikaner Urlaubstage in Österreich.

Der Inländerfremdenverkehr steigerte sich weniger rasant. Während 1950/51 zwölf Millionen Inländernächtigungen registriert worden waren, stieg die Zahl bis 1960 auf 16,3 Millionen an. Ab etwa der Mitte der 1950er Jahre nahm auch der sogenannte passive Reiseverkehr stark zu, immer mehr Österreicherinnen und Österreicher konnten es sich leisten, ihren Urlaub im Ausland zu verbringen. Im selben Zeitraum stieg die Zahl der zur Verfügung stehenden Gästebetten um fast 140 Prozent auf 528.600 an, wobei sich die Betten in gewerblichen Betrieben um fast 90 Prozent, jene in Privatquartieren um nahezu 400 Prozent erhöhten.[10]

Mediale Inszenierungen

Hilfestellung beim Bemühen, die österreichischen Gästebetten zu füllen, erhielt die Tourismuswirtschaft durch die Kulturindustrie. Heimatfilme und Schlager weckten die Sehnsüchte und übernahmen die mediale Vermarktung. Bis 1965 wurden 122 Heimatfilme in allen Varianten gedreht, und insbesondere mit den Touristenfilmen ließ sich viel Geld verdienen. Der Heimatfilm war damals das populärste Freizeit- und Unterhaltungsmedium – allein im Jahr 1958 wurden 122 Millionen Kinokarten verkauft – und diente sowohl der eigenen Identitätsfindung als auch der Werbung für Österreich im deutschsprachigen Ausland. In diesen Filmen stand die Landschaft, wenngleich als Kulisse, im Zentrum einer meist schicksalshaften Handlung, die die bäuerliche Welt idealisierend aus einer Sommerfrischeperspektive zeigte. Das private Glück wurde besungen – »Im Salzkammergut, da kann man gut lustig sein, wenn die Musik spielt« – und die Natur – die Winzerdörfer der Wachau, der Bergsee im Salzkammergut, heile Welt und glückliche Kühe in Tirol – als konsumierbares Objekt inszeniert. Der Heimatfilm unterstützte die Verdrängung der Nazizeit (auf dem Dorf, so schien es, war die Welt noch in Ordnung) und begleitete die schrittweise Verwandlung der attraktivsten Teile der Provinz in Ferienparadiese. Die Provinz heiratete sich zwar aus ihrer eigenen ländlichen kulturellen Identität heraus, aber sie wurde damit zur nationalen, kommerziellen, kulturellen und touristischen Attraktion.[11]

Das Hollywood-Filmmusical *The Sound of Music*, mit Julie Andrews in der Hauptrolle der Maria Trapp, das 1965 in Salzburg und Umgebung gedreht wurde, war an der Schwelle zum audiovisuellen Zeitalter die wohl effizienteste und billigste Österreich-beziehungsweise Salzburg-Imagekampagne aller Zeiten. In den ersten Jahren der Filmauswertung verdoppelte sich die Zahl der Amerikaner in Salzburg, drei von vier Touristen nennen noch heute den Film, der im amerikanischen Fernsehen mehrmals im Jahr läuft, als wesentlichen Grund für ihre Reise nach Österreich beziehungsweise Salzburg. Eine eigene Sound of Music-Tour bringt die Touristen zu den Schauplätzen des Films, eine Sound of Music-Dinner Show wird mit den populärsten Liedern und original Apfelstrudel und Schnitzel with Noodles angeboten. Die Mozart-Stadt verdankt ihre Bekanntheit als Touristenattraktion eben nicht nur den Festspielen, die seit über 70 Jahren Liebhaber klassischer Musik und des Theaters aus aller Welt anziehen, sondern auch ihrem klar umrissenen Image in der globalen Unterhaltungsindustrie.[12]

Im Lauf der Jahre hat die touristische Vermarktung Österreichs entsprechende Sehenswürdigkeiten, Souvenirs und kulturelle Besonderheiten in den Verwertungs-

zusammenhang integriert. Tirolerhut, Kaffeehaus, Lipizzaner, Donauwalzer, Neujahrs-
konzert, Mozartkugel, Berggipfel – Bilder von Österreich sind zu zugkräftigen Kurz-
formeln und Klischees verarbeitet worden. Auch die volkstümlichen Musiksendungen,
die das Fernsehen ausstrahlt, kommen gut an, weil sie die Sehnsucht nach einer so
dargestellten unproblematischen, ländlich harmonischen Welt scheinbar befriedigen.
In diesen Inszenierungen geht zwar die regionale Färbung und das kulturell Besondere
weitgehend verloren, aber sie werden dafür im ganzen deutschen Sprachraum versteh-
bar. Enorme Breitenwirkung erzielt auch der Klassiker *Sissi*. Die Kombination der
tragischen Geschichte des Kaiserpaares mit dem entsprechenden biographischen Hintergrund der sympathischen Erscheinung Romy Schneiders, die in den Kaiserfilmen
der 1950er Jahre diese Rolle spielte, führt in Frankreich bei jeder TV-Ausstrahlung des
Dreiteilers zu Rekordeinschaltquoten. Die merkantile Auswertung des Stoffs im touristischen Rundreiseprodukt »Sur les traces de Sissi« drückt somit nur ein bedarfsge-
rechtes Reagieren auf Markterwartungen aus.[13]

## Mobile Privatisierung – Modernisierung und kultureller Wandel

Wie die Medien- und Tourismusindustrie kulturellen Wandel bewirken können,
illustriert ein Blick auf die 1960er Jahre, in denen Urlaub und Tourismus als Teil des
Lebensstils kulturell verankert wurden. Sie sind das Jahrzehnt der bemühten Entgren-
zungsversuche, nicht nur in Fragen gesellschaftlicher Werte und Moralvorstellungen,
sondern auch bei der Befriedigung geträumter Außenkontakte. Sie lassen sich als das
Jahrzehnt beschreiben, in dem die mobile Privatisierung[14] den Lebensstil der meisten
Österreicher erstmals merkbar prägte. Mobile Privatisierung bringt die Koexistenz
des Unterschiedlichen auf den Punkt und bedeutet die Suche zum einen nach individueller, privater Freiheit und damit zum anderen nach Identität innerhalb der gesellschaftlich abgesteckten Spielräume und Zwänge. Gefunden wurde dies vorwiegend
im Konsum, in der Ausgestaltung der Wohnung und im familiären Bereich. Der
Fernseher wurde zur charakteristischen technischen Errungenschaft dieses Jahrzehnts, vergleichbar dem Kühlschrank in den 1950er Jahren. Steigende Einkommen,
die Massenproduktion und Verbilligung der Geräte, Ansprüche an Bequemlichkeit,
Prestigekäufe usw. führten dazu, daß die Zahl der Fernsehhaushalte von 200.000 im
Jahr 1960 auf 1,4 Millionen im Jahr 1970 stieg. Diese Privatisierung kann daher als
Domestizierung, als Rückzug beschrieben werden. Gleichzeitig bot aber die Technik
erstmals die Möglichkeit zu ungeahnter mentaler Mobilität und eine Chance, an
Ereignissen weltweit teilzunehmen, von der frühere Generationen nur hatten träumen
können. Die Bevölkerung konnte durch dieses Medium an der Hinausschiebung des
Horizonts teilhaben, erlebte weltweite Medienereignisse wie Weltraumflüge, Mond-
landung und Olympische Spiele und konnte direkt mitverfolgen, wie die USA das
kleine Vietnam in die Steinzeit zurückbombten. Das Fernsehen fusionierte das Grauen
der Kriege und militärischen Massenmorde mit der Normalität des Wohnzimmer-
alltags.[15]
    Im selben Zeitraum stieg die Zahl der PKWs von 404.000 auf 1,2 Millionen, der
Mindesturlaub wurde von zwei auf drei Wochen erhöht und die Wochenarbeitszeit mit

dem Abschluß eines neuen Kollektivvertrags sukzessive auf 40 Wochenstunden reduziert. Dieser Zuwachs an disponibler Zeit begünstigte eine andere Form von Mobilität und führte zu einem kollektiven Aufbruch in den Urlaub. Zum Inbegriff der Auslandsreise wurde für die Österreicher die Fahrt an die obere Adria, die von der Mittelschicht schon in den 1950er Jahren angetreten worden war und nun auch für weniger Betuchte erschwinglich wurde. Wie die Kleinodien der österreichischen Provinz wurde Italien in der Traumwelt der Trivialromane, Filme und Schlager (*Capri-Fischer* oder *Ja ja, der Chianti-Wein*) mit ihrer Mixtur aus Meer, Musik und romantischer Liebe zur problemlos benützbaren Landschaftskulisse. Wärme und Süden bildeten die Fluchträume aus der in den Schlagern oft beklagten kalten Welt. Auch der Mythos von der Südsee fand seinen trivialisierten Ausläufer in den Schnulzen mit Hawaiigitarren und Aloa-Chören, und der Traum von einer Südseereise steht bis heute an der Spitze der Wunschvorstellungen vieler Österreicher.

Stand das beleuchtete Segelschiff zuerst noch als Chiffre der Sehnsucht nach der Ferne auf dem Fernsehgerät, konnte man nun dem Alltagsleben nicht nur mental entfliehen, sondern sich tatsächlich für einige Wochen ausklinken und imaginären Traumgrenzen nähern.[16] Der individuelle Aktionsradius wurde erheblich ausgedehnt, und der zusehends automobilisierte Verkehr der Fremden entwickelte sich zum Tourismus der Massen, den die Österreicher zunehmend als Gäste, in noch größerem Ausmaß aber als Bereiste erlebten. Kamen 1954 erst 42 Prozent der Ausländer mit ihrem Auto nach Österreich, waren es 1960 bereits 84 Prozent.[17] Das Lebensgefühl wandelte sich vom Statischen zum Mobilen, zum Wohnen und Verkehren. Die neuen Kommunikationsmittel, PKWs und Autobahnen, Flugverkehr und Fernsehen, brachten die Hierarchie zwischen Nähe und Ferne zusehends durcheinander und förderten gleichzeitig die Bildung von Identitäten, die das Fremde im Eigenen zu absorbieren versuchten. Massenkultur wie Tourismus wurden zu Fluchthelfern aus einer industrialisierten Welt und die Vermarktung der Sehnsüchte zu einer eigenen Industrie.

## Tourismusweltmeister Österreich

Während die ökonomische Entwicklung es der einen Hälfte der österreichischen Bevölkerung erlaubt, selbst Urlaubsreisen durchzuführen, erlebt die andere den Tourismus vorwiegend aus der Sicht von Bereisten, ist nur mit der enormen Intensität des Incomingtourismus konfrontiert. Im Zeitraum von etwa 40 Jahren ist der Tourismus in Österreich zu einer der größten Wirtschaftsbranchen geworden, der Prozeß der Industrialisierung von Kultur und Tourismus hat sich durch die Ausdehnung des industriewirtschaftlichen Lebensmodells in Westeuropa mit einer ungeheuren Dynamik fortgesetzt. Etwa zwölf Prozent der österreichischen Wirtschaftsleistung werden von rund 19.000 gewerblichen und rund 40.000 privaten Zimmervermietern erbracht. 150.000 Arbeitsplätze hängen direkt an dieser Zahl, etwa 400.000 Menschen verdienen indirekt mit. In den westlichen Bundesländern, wie zum Beispiel in Salzburg, sind zwei von drei Arbeitsplätzen direkt oder indirekt mit dem Tourismus verbunden. War bis in die 1970er Jahre das starke quantitative Wachstum bei Betten- und Nächtigungszahlen im Vordergrund gestanden, wird seither verstärkt auf die Verbesserung des Komforts geachtet. Die beträchtlichen Investitionen haben aber zu einem enormen Verschuldungsstand in der Touristikbranche geführt, der 1993 rund 110 Milliarden Schilling betrug. Im selben Jahr wurden rund 127 Millionen Nächtigungen in der Alpenrepublik registriert, rund drei Viertel davon entfielen auf ausländische Reisende, der Rest auf Österreicher. Zwei Drittel der ausländischen Gäste, die insgesamt rund 170 Milliarden Schilling in Österreich ausgaben, waren Deutsche. Das Pro-Kopf-Einkommen aus diesem Wirtschaftszweig liegt in Österreich höher als in jedem anderen Land, 1993 betrug es 1.897 US-Dollar. Mit Ausnahme einiger Inselrepubliken ist Österreich das tourismusintensivste Land im internationalen Reiseverkehr.[18]

War früher der Sommer die wichtigste Saison, so führen heute rund 75 Prozent aller Schneeurlaube nach Österreich, etwa 40 Prozent des Tourismusaufkommens entfallen auf die Wintermonate. Schiweltmeisterschaften, Olympische Spiele und die Siege und Ehrenplätze der österreichischen Schisportler/innen haben Österreich als internationalen Wintersportplatz populär gemacht. Jährlich werden rund 500millionenmal Personen mit den Schiliften und Seilbahnen bergwärts befördert, 1972 betrug die Zahl erst ein Fünftel davon. Seit der Errichtung des ersten Schlepplifts (1908 auf das Bödele bei Dornbirn) ist das Angebot an technischen Aufstiegshilfen ständig erweitert und modernisiert worden. 1952 existierten 44 Sessellifte und 74 Schlepplifte, 1968 schon über 2.000. Heute stehen rund 600 Hauptseilbahnen (Seilbahnen und Mehrfachsesselbahnen) und etwa 2.700 Schlepplifte zur Verfügung.[19]

Folgekosten der touristischen Erschließung

Der erhebliche Wohlstand, den viele österreichische Regionen dem Tourismus zu verdanken haben – einige inneralpine Ortschaften wären vermutlich ohne diese Erwerbsquelle nicht mehr besiedelt –, hat aber auch zu Veränderungen geführt, etwa in den Werthaltungen und Einstellungen der Bereisten und in ihrer Alltagskultur. Er hat das Zusammenleben in den Tourismusdestinationen verändert, das Brauchtum und die Architektur verformt. Kein Tourismus bleibt ohne kulturelle Folgen in der Zielregion, und je intensiver der Kontakt ausfällt, desto stärker werden traditionelle Wertsysteme beeinflußt, desto mehr führt touristisches Authentizitätsstreben und -erleben, die Suche nach dem Echten und Unberührten, zu Störungen im Kulturgefüge der Gastgeber, die sich gezwungen sehen, sich zumindest teilweise an den etwa über die Medien und die Werbung vermittelten Erwartungshaltungen und Bildern zu orientieren.[20] Sie müssen die Gastgeberrolle in ihren Habitus aufnehmen und damit ihre ›Hinterbühne‹ mit der touristischen Inszenierung synchronisieren und in einer gewissen Weise zu Katalogösterreichern werden. Wie sich die Interaktion zwischen einheimischen Zimmervermietern und Gästen im Zuge der stärkeren Touristisierung entwickelt, zeigt eine Pilotstudie von zwei Regionen – von der Südoststeiermark und vom Salzkammergut. Während in der Frühphase der Entdeckung einer Region die Einsatzfreude der Gastgeber sehr hoch ist, persönliche Sympathien die geschäftliche Seite oft überdecken, gehen die Einheimischen im Zuge der Professionalisierung immer mehr auf Distanz, wahren jedoch das freundliche und einsatzfreudige Image. Erst in der letzten Stufe, die meist in traditionellen Fremdenverkehrsorten zu beobachten ist, ziehen sich die Vermieter völlig aus dem Betrieb zurück und versuchen, den persönlichen Einsatz auf ein Minimum zu reduzieren.[21]

Längerfristig kann diese ›Normalisierung‹ der Geschäftsbeziehung zwischen Anbietern und Kunden zu Umsatzrückgängen führen, denn gerade Gastfreundschaft, Gemütlichkeit, Kultur und der direkte Kontakt mit den Einheimischen (»Nicht daheim und doch zu Hause«) gehören zu jenen Ingredienzen des österreichischen Urlaubsangebots, die von zufriedenen Gästen gelobt werden. Sie bilden die vermarktbaren Aspekte österreichischer Identität, denen in den Kommunikationsformen touristischer Werbung besonders Rechnung getragen wird. Es müssen daher neue dauerhafte Lebensweisen mit dem Tourismus entwickelt werden, was nicht immer konfliktfrei funktioniert. Im Gefolge des Massentourismus ist es in den letzten Jahren zusehends zu einer ›Tourismusmüdigkeit‹ in den bereisten Gebieten gekommen. Umfrageergebnisse zeigen, daß die Grenzen der Belastbarkeit vielfach bereits erreicht worden sind und Tourismusorganisationen sehen sich nun gezwungen, durch Public Relations-Kampagnen in Tirol, Vorarlberg und Salzburg den Einheimischen die Vorteile, die sie vom Tourismus haben, deutlicher vor Augen zu führen.[22]

War bis in die 1980er Jahre die Tourismusdiskussion in Österreich ganz im Zeichen der wirtschaftlichen Bedeutung dieses für die Leistungsbilanz immer bedeutungsvolleren Sektors gestanden, nahm in der Folge die Tourismuskritik erheblich zu. Die Belastungsgrenzen schienen erreicht, und die immer stärker in der Öffentlichkeit diskutierten negativen Folgekosten führten zur Forderung nach sanfteren, umwelt- und kulturverträglichen Tourismusformen. Im Zentrum der Debatten standen die enormen Verkehrsbelastungen, die nicht nur durch den Tourismus verursacht werden, sondern auch durch die Sandwichposition Österreichs als binneneuropäisches Transitland. Wenn der Transitverkehr, der ortseigene Verkehr und der Urlauberverkehr – die Individualisierung des Reisens hat dazu geführt, daß vier von fünf Urlaubern mit dem eigenen PKW unterwegs sind – zusammenstoßen, so wirkt sich dies für Reisende und ›Befahrene‹ negativ aus: Die einen müssen lange Stauzeiten in Kauf nehmen, die anderen erhebliche Einbußen an Lebensqualität.


## Das alte Leben als Kulisse

Die Befürchtung, der Tourismus bedrohe die kulturelle Identität ganzer Regionen, führt immer wieder zu emotionsreich geführten Auseinandersetzungen. Der interkulturelle Kontakt mit Touristen – die meistens aus städtischen Gebieten kommen – führt in den primär ländlichen Tourismusregionen zu Anpassungsleistungen, erzeugt eine ›Dienstleistungskultur‹ und integriert Teile der Einheimischenkultur in das touristische Angebot. Aus gelebter Volkskultur wird Folklorismus, zumeist mit Kulturverlust gleichgesetzt. Daß Elemente der tradierten Volkskultur, ›das alte Leben‹, tatsächlich einem erheblichen, nicht nur vom Tourismus provozierten Modernisierungsdruck und auch Erosionsprozeß ausgesetzt sind, steht außer Zweifel. Andererseits sind viele als regionstypisch verstandene volkskulturelle beziehungsweise folkloristische Aktivitäten erst im Zuge des sich verbreitenden Tourismus geschaffen und alte, längst vergessene Traditionen wiederbelebt worden. Ein Indiz dafür ist die Gründung bezie-

hungsweise Neugründung zahlreicher Trachten-, Schützen-, Brauchtums- und Heimat-
vereine, deren ›Echtheit‹ zunehmend auch von den Tourismusbetreibern in Zweifel
gezogen wird.[23] Die Pflege des echten Brauchtums beschränkt sich jedoch vielfach auf
Liebhaber und hat ihrerseits mit der gelebten Alltagskultur der regionalen beziehungsweise ländlichen Bevölkerung wenig zu tun.[24]

Die auffälligsten Veränderungen in der Alltagskultur touristischer Gebiete findet man
in jenen Gegenden, die in wenigen Nachkriegsjahrzehnten von einer agrarischen
Subsistenzwirtschaft zu einer hochentwickelten touristischen Dienstleistungsgesellschaft geworden sind. Anfang der 1950er Jahre fand noch rund eine Million Österreicherinnen und Österreicher Beschäftigung in der Landwirtschaft, heute sind es nur
mehr rund 180.000. Mehr als zwei Drittel der bäuerlichen Bevölkerung müssen einem
außerlandwirtschaftlichen Nebenerwerb nachgehen, großteils nicht im eigenen Ort.
Die Landwirtschaft verliert zusehends an ökonomischer Bedeutung, ihr Beitrag zum
Volkseinkommen liegt nur noch bei 2,3 Prozent. Die alpine Landwirtschaft hat sich
von einer direkten ökonomischen Produktionsform hin zu ökologisch relevanten
Dienstleistungen verändert und erbringt über die Landschaftspflege erhebliche Vor-
leistungen für den Tourismus.[25] Die Auswirkungen dieses Funktionswandels hin zum
›Landschaftsgärtner‹ werden die kulturelle Identität vieler Bergbauern stärker verän-
dern, als es jede Begegnung mit dem Tourismus bis dato vermocht hat.
    Eine identitätsverändernde Entwicklung zeichnet sich auch durch das aktuell im
Aufwind befindliche Angebotssegment ›Urlaub am Bauernhof‹[26] und dessen zunehmend dargebotene romantisierte und idealisierte bäuerliche Welt ab. Kreative Anbieter

sind schon dazu übergegangen, künstliche Bauern-Disneywelten[27] zu kreieren, in denen eine real nicht (mehr) existierende bäuerliche Welt dargestellt wird. Animationsprogramme vom Brotbacken über das Verarbeiten bäuerlicher Produkte bis zu gemeinsamen Fahrten auf die – meist nicht mehr bewirtschaftete – Alm bieten Erlebnistourismus am Bauernhof. Voraussetzung dafür ist meist, daß die Bäuerin zuvor Kurse fürs Vollwertbrotbacken, Wollespinnen oder ähnliches belegt hat. Das Bild eines vorindustriellen Subsistenzhofs wird inszeniert, Viehbestand und Anbau werden nach den Wünschen der Gäste in Vielfalt ausgerichtet, alte Geräte wieder in Gebrauch genommen und vorgeführt. »Um den idyllisierenden und romantisierenden Vorstellungen vom bäuerlichen Alltag zu entsprechen, werden zusätzlich Tätigkeiten erlernt, die den Schein des Alten, Echten und vor allem des Natürlichen wahren.«[28] Neben den primären Vereinbarungen (Nächtigung mit Frühstück) enthält das Angebot immer mehr darüber hinausgehende Dienste und fordert die bäuerlichen Vermieter rund um die Uhr. Die Arbeitsbelastung trifft dabei meist die Bäuerinnen, die Bauern übernehmen vor allem Animationsfunktionen und das Entertainment.[29] Identitätsstiftend ist in diesem Zusammenhang vor allem für die Bäuerinnen jedoch auch der Stolz auf die eigene Leistung: »Unsere Gäste fühlen sich wohl bei uns.«[30]

### Die Veränderung der Landschaft

Binnen weniger Jahrzehnte ist in vielen Gebieten eine grundlegende Veränderung der Landschaft erfolgt.[31] Einerseits geschah dies durch die agrartechnischen Entwicklungen und die aus diesen resultierende Veränderung der Landbewirtschaftung. Der Getreideanbau verschwand ab den 1960er Jahren weitgehend aus den meisten Alpengegenden. Hochentwickelte Tourismustäler, wie zum Beispiel das Zillertal, das Pinzgauer Glemmtal oder das Gasteinertal, zeigen starke Verstädterungstendenzen und haben nahezu städtische Besiedelungsdichten erreicht.[32] Die Umstrukturierung der Landschaft – vielfach wird der Tourismus auch als »Landschaftsfresser«[33] tituliert – ist andererseits vor allem durch Hochbauten und sonstige Tourismusinfrastruktur, aber auch durch Siedlungserweiterung erfolgt. Ebenso haben der Ausbau des Verkehrsnetzes und die dadurch auftretende regere Pendlertätigkeit zu dieser Landschaftsveränderung beigetragen.[34] Trotz der hohen Baukonjunktur sind »durch den Fremdenverkehr kaum bedeutende Bauleistungen entstanden«.[35] Adolf Loos' »Regeln für den, der in den Bergen baut« aus dem Jahr 1913[36] fanden kaum Beachtung. Die wenigen architektonisch anspruchsvollen Hotel- und Fremdenverkehrsbauten in den österreichischen Alpen – unter anderem von den bekannten Architekten Clemens Holzmeister, Lois Welzenbacher, Hans Feßler, Franz Baumann und Siegfried Mazagg – stammen meist aus der Zwischenkriegszeit[37] und haben durch spätere Um- und Erweiterungsbauten weitgehend an ästhetischer Qualität eingebüßt. Die landschaftliche Überbeanspruchung und auch die Verdrängung der Landwirtschaft[38] in der Flächenkonkurrenz mit dem Tourismus stellen weitere vielfach diskutierte Problembereiche dar.

Die architektonische Monotonie des alpinen Stils, die nicht nur das ganze Land überzogen, sondern alles »von der Almhütte bis zum Großhotel, von der Tankstelle bis zum Bezirkskrankenhaus«[39] erfaßt hat, soll die »(er)bauliche Kulisse zum Klischee ›Alpenlandschaft‹ liefern«[40]. Aber nicht nur in der Architektur spiegelt sich die Landschaftsveränderung. Verkehrsverbindungen, Parkplätze, weit mehr als 3.000 Transportanlagen für den Wintersport und die dazugehörenden Schipisten haben das ästhetische Gepräge des Landes verändert, ebenso die allerorts errichteten »eigenartigen Begrüßungs- und Abschiedsschilder«.[41] Die Strukturveränderungen haben auch Änderungen im Wohnverhalten gebracht. Die alte Stube, der ursprüngliche bäuerliche Gemeinschaftsraum, ist weitgehend zum Frühstücks- und Aufenthaltsraum für die Gäste mutiert, die Bauernfamilie hat sich in die Wohnküche zurückgezogen.[42] Für die Fremdenverkehrswerbung, die ihre Botschaften auf anschauliche Weise und sehnsuchtstimulierend auf prägnante Bilder konzentrieren muß, sind regionaltypische alte Bauten zum beliebtesten Motiv geworden. Was vom Touristen in der Folge als schön bewundert wird, erscheint dem Einheimischen jedoch oft nur als häßliche alte Hütte. Eine Identifikation der Bewohner mit dem eigenen Heim erfolgt meist nur dort, wo große, geschlossen vererbte Gehöfte seit Generationen im Besitz derselben Familie sind, wo also »der Hof noch als Denkmal der eigenen Familiengeschichte«[43] erfahren wird.

Die Veränderungen der letzten 50 Jahre, Modernisierungs- und Mobilisierungsprozesse, haben die früher stabilen sozialen Strukturen weitgehend zerstört. Die Beschleunigung des Lebens infolge der technologischen Umwälzungen und ihre sozialen wie kulturellen Implikationen erschweren die Bildung neuer Gemeinschaftsstrukturen, und durch den Kontakt mit den fremden Gästen ist auch die Privatheit der Hinterbühne zusehends verkleinert worden. Wo aber identifikationsfördernde Sozialstrukturen fehlen, bilden regionaltypische Bauten nur noch eine Kulisse. »Lokale Identität (Zugehörigkeitsgefühl) hängt – ganz besonders natürlich für solche, die keine direkte Verfügung über Grund und Boden haben – nicht an der Landschaft als solcher und auch nicht am traditionellen ›Baugesicht‹ derselben, sondern ist Folge positiver menschlicher Beziehungen, die an den Wohnort geknüpft sind. (...) Architektonischer und historischer Purismus hat mit Identitätsempfinden wenig zu tun.«[44]

## Tourismus in der Krise?

1994 strahlte die Sonne während der Hauptsaison heißer als in den Jahren zuvor, ein Jahrhundertsommer für den österreichischen Fremdenverkehr schien programmiert. Der Himmel war beharrlich blau, das Seewasser sauber, ganz Österreich spielte Postkartenidylle. All dies machte die Tourismusverantwortlichen nicht froh, denn das Publikum erschien rarer als in den vorangegangenen Jahren. Fast sechs Prozent weniger Gäste kamen nach Österreich, was in Verbindung mit dem Rückgang aus dem Vorjahr gegenüber 1992 einen Marktanteilsverlust von rund zehn Prozent ergab. Dafür verantwortlich gemacht wurden primär die konjunkturbedingten Rückgänge deutscher Gäste, die aufgrund mangelnder Deregulierung der Urlauberströme zu starker Konzentration des Tourismus auf wenige Monate im Jahr geführt hatten, und das relativ hohe Preisniveau in Österreich gegenüber anderen Urlaubsländern. Während der Sommertourismus gegenüber den südlichen Reisezielen schon immer einen schweren Stand gehabt hat, führte die Verbilligung der Flugpreise für Fernreisen im Sommer wie im Winter zu einer stärkeren Konkurrenzierung. Trotz entsprechend günstiger Einstiegsangebote für Urlauber aus Osteuropa haben diese vorläufig die Rückgänge aus den westeuropäischen Ländern noch nicht ersetzen können. Da gleichzeitig die Zahl der Österreicher stieg, die eine Fernreise buchten oder ein verbilligtes Italien-, Slowenien- oder Kroatienangebot in Anspruch nahmen, kam es auch zu einem erheblichen Defizit in der Leistungsbilanz. Aufgrund des Rückgangs des Tourismusüberschusses um 18 Milliarden Schilling und des Anstiegs des Außenhandelsdefizits wuchs 1994 das Leistungsbilanzdefizit auf 22 Milliarden Schilling.[45]

Mit einem Budget von rund 560 Millionen Schilling (1994) versucht die Österreich Werbung, Österreich als Urlaubsland bekannt zu machen, ein positives und klar umrissenes Image zu bilden und zu verstärken und eine Reiseentscheidung zugunsten Österreichs herbeizuführen. Mit ihrem Konzept ›Marketing 2000‹ versucht sie, dem übergeordneten Ziel der Tourismuspolitik, langfristig zu einem qualitativen Wachstum beizutragen, gerecht zu werden.[46] Im Sinn der Verfeinerung der Zielgruppenansprache und zur stärkeren Profilierung Österreichs als facettenreiches Urlaubsland hat die Österreich Werbung das touristische Marketing auf fünf Urlaubertypen – die vorsichtigen Erholungsurlauber, die klassischen Kulturalurlauber, die junge Familie, die anspruchsvollen Erlebnisurlauber und die jungen Genußurlauber – abgestellt.

Seit den 1970er Jahren werden Kommunikationskampagnen durchgeführt, das heißt themenspezifische, größere Vertriebsstrategien, die in Form von Slogans einen inhaltlichen Schwerpunkt setzten. Phasen verstärkter aktiver Urlaubsformen wechselten mit sanfteren von regenerativer Natur und wurden ergänzt durch vorwiegend kulturorientierten, rekreativen Bildungstourismus. »In der Wiese liegen und mit der Seele baumeln« (1975 bis 1978) war die erste größere Kampagne, begleitet von einer entsprechenden Fokussierung des Angebots. Von 1978 bis 1983 hieß der Slogan »Wanderbares Österreich«, und von 1984 bis 1987 wurde mit dem »Festland Österreich« geworben, wobei die humankulturelle Komponente des Landes im Vordergrund stand. Mit »Servus in Österreich« (ab 1987) besteht ein Dachkonzept, das durch Angebote wie »Erlebnis-Sommer« und »Erlebnis-Winter«, »Sonnenskilauf«, »Radfrühling« und »Servus im Herbst« ausgestaltet wird. 1991 startete die Offensive zum Jubiläumstourismus mit der Kampagne »Austria Imperialis – Auf den Spuren der Habsburger«, die bis 1996 laufen wird. Für die Zeit zwischen Mozartjahr 1991 und Millenniumsjahr 1996 wurde eine kulturhistorische Angebots- und Werbeleiste konzipiert, die auf 700 Jahren ›dynastischen Erbes‹ aufbaut und dem nostalgischen Publikumsinteresse entgegenkommt.[47]

Über die anzupeilenden Zielgruppen herrscht allerdings nicht immer Übereinstimmung. Insbesondere zwischen 1989 und 1993 waren die Österreichwerber hinter den jugendlichen Abenteurern her. Mit Rafting, Horsetrekking, Paragliding, Golfing usw. sollte insbesondere das genuß- und ausgabenfreudige Publikum der Erlebnisgesellschaft angesprochen werden, denn man war der Meinung, daß Österreich ein jugendliches Image benötige. Seit 1994 konzentriert man sich wieder auf die älteren Jahrgänge mit einem niedrigeren Bewegungsdrang, die Ruhe und Erholung als Kontrast zur hektischen Alltagswelt suchen. Im Einklang mit rezenten Lebensstil- und Freizeitstudien präsentiert sich Österreich nun als »Sommerfrische Europas«.

## Die sanfte Wende zum humanen Reisen

Mit der Abkehr vom Freizeitkollektivismus und dem Angebot einer heilen Welt, die individuellen Glückssuchern offen steht, reagiert die Werbung mit der Sommerfrische-Konzeption auf Urlauberbedürfnisse und das zunehmend artikulierte Umweltbewußtsein. Gästebefragungen zeigen, daß für 80 Prozent der Urlauber eine saubere Umwelt und Landschaft große Wichtigkeit haben. Die Hälfte der deutschen Urlauber nennt reine Umwelt als wichtigstes Urlaubsmotiv, zwei Drittel kommen nach Österreich, um Natur zu erleben. Kritisiert werden der übermäßige Autoverkehr in Urlaubsorten, der Touristenrummel und die beginnende Umweltzerstörung.[48]

In verschiedenen Regionen Österreichs trägt man diesen Bedürfnissen Rechnung, im Sommerangebot stärker als im Winter. Mit dem Bekenntnis zur Qualität stehen etwa im Kleinen Walsertal der optimale Schutz der Umwelt und die Interessen der Einheimischen bei sämtlichen Vorhaben im Vordergrund. Dies hat zu einer Beschränkung des Angebots auf höchstens 14.000 Dauergäste und 2.000 Tagesgäste geführt. Die »Freizeitoase Walsertal« hat ein Umweltgütesiegel, mit dem sie umweltbewußte Gastgeber auszeichnet. Kontingentierungen von Tagesliftkarten gibt es zum Beispiel am Arlberg: Lech sah sich zu dieser Maßnahme gezwungen, um den im Ort nächtigenden Qualitätstouristen ein streßfreies Skierlebnis zu ermöglichen. Manche Orte haben sich dazu durchgerungen, ihre Gästebettenanzahl nicht weiter zu erhöhen, und in Tirol wie in Salzburg bestehen Übereinkommen, denen zufolge auf weitere Erschließungen von Schigebieten vorläufig verzichtet wird, wenn es sich nicht um Qualitätsverbesserungen mit großem wirtschaftlichen Vorteil handelt. Um Maßnahmen zur Verkehrsberuhigung zu setzen, wird in einer Machbarkeitsstudie des Österreichischen Verkehrsclubs der Einsatz von City Bussen und die Etablierung von Schibuslinien nach dem Beispiel des Lungauer Tälerbusses gefordert. Weitere großflächige Maßnahmen zugunsten des öffentlichen Verkehrs, wie den Ausbau direkter Zugverbindungen, die Einführung spezieller Urlauberzüge beziehungsweise Netzkarten für österreichische Urlauber, schlägt auch die Interessensgemeinschaft verkehrsfreier Tourismusorte vor.

Die Umweltproblematik gehört zu den wichtigsten Themen unserer Zeit. Gerade im Alpenraum ist die Erhaltung ökologisch intakter Strukturen die entscheidende Voraussetzung für die Sicherung eines funktionsfähigen Wohn- und Erholungsraums. Ökologie bedeutet im Tourismus Langzeit-Ökonomie. Vor diesem Hintergrund ist die konsequente Ökologisierung der touristischen Infrastruktur zu einem zentralen Anliegen geworden. In Salzburg sah man diese Notwendigkeit früher als in anderen Bundesländern und machte die Themen Umweltschutz und Ökologie zum Gegenstand einer umfassenden Informationskampagne. Ein Drittel des gesamten Marketingbudgets der Salzburger Land Tourismus GmbH wird für Maßnahmen ausgegeben, die das Umweltbewußtsein der Touristen wie der Einheimischen stärken sollen.[49]

Ein Beispiel für diese Orientierung bietet der Tourismus im Nationalpark Hohe Tauern. Hier wird versucht, die Konzeption eines natur- und landschaftsschonenden ›sanften‹ Tourismus zu verwirklichen. Mit dem Begriff sanfter Tourismus wird eine Bewegung im Sinn einer neuen touristischen Geisteshaltung oder Ethik bezeichnet. Im Unterschied zur – noch immer – vorherrschenden harten Tourismusentwicklung nach primär wirtschaftlichen und technischen Zweckmäßigkeiten beinhaltet die Idee einer sanften Entwicklung den gleichwertigen Einbezug der Forderungen nach wirtschaftlicher Ergiebigkeit, nach intakter Umwelt sowie nach Berücksichtigung der Bedürfnisse der Beteiligten, der im Tourismus Arbeitenden wie der einheimischen Bevölkerung. Der angestrebte Zustand entspricht einer Tourismusentwicklung im Gleichgewicht, von der der Schweizer Tourismusforscher Jost Krippendorf meint, sie müsse die Ziele intakte Landschaft, intakte Soziokultur der Einheimischen, optimale Erholung der Gäste, wirtschaftliche Wertschöpfung und optimale Kommunikation im Sinne von Kulturbegegnung und -austausch gleichberechtigt respektieren und erreichen. Dies scheint nur realisierbar durch eine Humanisierung der Reisekultur,[50] das heißt eine größere Verantwortung der Reisenden und aller Tourismusbetreiber für das, was im Tourismus geschieht.

## ANMERKUNGEN

1  Vgl. Prahl u.a., Millionen-Urlaub, 1989, 160f.
2  Vgl. Müller u.a., Freizeit, 1991, 17ff.
3  Vgl. ausführlich Brusatti, Fremdenverkehr, 1984, 30ff.
4  Zur Gründungsgeschichte der Alpenvereine vgl. Prahl u.a., Millionen-Urlaub, 1989, 48ff.
5  Vgl. Brusatti, Fremdenverkehr, 1984, 109ff.
6  Vgl. Kerschbaumer, Tourismus, 1994, 120ff.
7  Vgl. Brusatti, Fremdenverkehr, 1984, 144.
8  Vgl. ebd., 152.
9  Vgl. Schaup-Weinberg, Badgastein, 1968; Klambauer, Badgastein, in: Dachs u.a. Hg., Jahrbuch, 1989, 252.
10 Vgl. Brusatti, Fremdenverkehr, 1984, 159. 1911 hatte die Fremdenverkehrsstatistik, verteilt auf 2.336 Fremdenverkehrsorte in den österreichischen Kronländern, 14.879 Hotels, Gasthäuser und Pensionen mit 245.723 Betten sowie weitere 250.518 Betten in Privathäusern, also insgesamt 496.239 Betten gezählt.
11 Vgl. Luger, Mozartkugel, in: Medien Journal 2 (1990), 81.
12 Vgl. Luger, Salzburg, in: Haas u.a. Hg., Weltbühne, 1994, 184ff.
13 Vgl. Schachner, Tourismus, 1994.
14 Der Begriff kommt aus der Forschungstradition der britischen Cultural Studies und bezeichnet ein Phänomen der gesellschaftlichen und kulturellen Entwicklung der Staaten Westeuropas (vgl. Williams, Television, 1973).
15 Vgl. Zielinski, Ferne, in: CheSchaShit, Cocktail, 1984.
16 Vgl. Kos, Horizont-Verschiebungen, in: Jagschitz u.a. Hg., Fünfziger Jahre, 1985.
17 Vgl. Brusatti, Fremdenverkehr, 1984, 160.
18 Vgl. Smeral, Tourismus, 1994, 12.
19 Vgl. Puwein, Seilbahnverkehr, in: Monatsberichte des Instituts für Wirtschaftsforschung 7 (1993), 399.
20 Vgl. Kramer, Kulturanthropologie, in: Hahn u.a. Hg., Tourismuspsychologie, 1993.
21 Vgl. Schrutka-Rechtenstamm, Kommunikationsmodelle, in: Greverus u.a. Hg., Kulturkontakt, 1988, 353ff.
22 Vgl. Luger u.a., Massentourismus, in: Haas u.a. Hg., Weltbühne, 1994, 206ff.
23 Vgl. Kapeller, Tourismus, 1991; Thiem, Tourismus, 1994.
24 Vgl. Bauer u.a. Hg., Bauern, 1994, 203.
25 Vgl. Niederer, Bergler, in: ders., Alltagskultur, 1993, 112f.
26 Ökonomisch scheint dieses Angebot nicht immer erfolgreich. Immerhin erreicht die Bettenauslastung beim Urlaub am Bauernhof nur die Hälfte der durchschnittlichen österreichischen Bettenauslastung (vgl. Rest, Geld, in: Haas u.a. Hg., Weltbühne, 1994, 160ff).

27 Ein Gastwirt in St. Johann im Pongau hat – ein Beispiel von vielen – als besondere Kinderattraktion einen Miniatur-Bauernhof mit Zwergrindern und -pferden sowie weiteren Kleintieren errichtet.

28 Schrutka-Rechtenstamm, Gäste, in: Pöttler u.a. Hg., Tourismus, 1994, 93.

29 Vgl. Schrutka-Rechtenstamm, Beobachtungen, in: Kramer u.a. Hg., Reisen, 1992; Rest u.a., Urlaub, in: Haas u.a. Hg., Weltbühne, 1994.

30 Vgl. Dax u.a., Welt, 1993, 41.

31 Bei der Semmeringlandschaft konstatiert dies Wolfgang Kos bereits für das 19. Jahrhundert (vgl. Kos, Semmering, 1984).

32 Vgl. Haßlacher, Tourismussteuerung, in: Dachs u.a. Hg., Jahrbuch, 1991, 52.

33 Krippendorf, Landschaftsfresser, 1975.

34 Vgl. Preglau, Fremdenverquer, 1985, 42f.

35 Achleitner, Architektur, Bd. 1, 1983, 392.

36 »Bau nicht malerisch. Überlasse solche wirkung den mauren, den bergen und der sonne. Der mensch, der sich malerisch kleidet ist nicht malerisch, sondern ein hanswurst. Der bauer kleidet sich nicht malerisch. Aber er ist es. Baue so gut du kannst. Nicht besser. Drücke dich nicht absichtlich auf ein niedrigeres niveau herab, als auf das du durch deine geburt und erziehung gestellt wurdest. Auch wenn du in die berge gehst. Sprich mit den bauern deine sprache. Der wiener advokat, der im steinklopferhansdialekt mit dem bauer spricht, hat vertilgt zu werden.« Zitiert nach: Bauen für Gäste. Beispiele alpiner Freizeitarchitektur in Tirol, Tirol Werbung Hg., Innsbruck o.J. (1994), 6.

37 Vgl. Achleitner, Architektur, Bd. 1, 1983, 392; Moroder u.a., Hotelarchitektur, 1993.

38 Vgl. die detaillierte Analyse dieser Problematik bei Bätzing, Bad Hofgastein, 1985.

39 Achleitner, Verhältnis, in: Achleitner Hg., Ware, 1977, 63.

40 Kapeller, Tourismus, 1991, 177.

41 Conrad, Tourismus, in: Pöttler u.a. Hg., Tourismus, 1994, 279.

42 Vgl. ebd., 282.

43 Niederer, Bauten, in: Niederer, Alltagskultur, 1993, 275.

44 Ebd., 277.

45 Vgl. Salzburger Nachrichten, 27.12.1994 und 11.3.1995.

46 Vgl. Österreich Werbung Hg., Marketing 2000, Wien o.J., 20.

47 Vgl. Schachner, Tourismus, 1994.

48 Vgl. Luger u.a., Massentourismus, in: Haas u.a. Hg., Weltbühne, 1994, 209.

49 Vgl. Scharfetter, Tourismuswerbung, in: Haas u.a. Hg., Weltbühne, 1994, 149.

50 Vgl. Krippendorf, Ferienmenschen, 1984.

Michael Gehler / Hubert Sickinger

# Politische Skandale in der Zweiten Republik

Die österreichische Innenpolitik war vor allem in den 1980er Jahren durch eine Häufung politischer Skandale geprägt. Enthüllungen und Untersuchungsausschüsse beschäftigten die Öffentlichkeit – Leitartikler von Tages- und Wochenzeitungen sprachen von der »Skandalrepublik«. Dies war keine österreichische Besonderheit, sondern eine international zu beobachtende Entwicklung, die entsprechendes Interesse der Politikwissenschaft hervorgerufen hat.[1]

Skandale bedeuten soziologisch im wesentlichen: Anstoß erregen und öffentliches Ärgernis liefern. Insofern sind Skandale alltägliche Ereignisse und haben die Funktion sozialer Kontrolle, nämlich der Disziplinierung von Personen. Als politische Skandale werden daher nur Ereignisse bezeichnet, in die Akteure des politisch-administrativen Systems unmittelbar und auslösend verwickelt sind, die weiters ein von politischen Normen und gesellschaftlichen Werten abweichendes Verhalten anzeigen und die sich in Form eines politischen Konflikts darstellen.[2] Bewußtseinszustände und Wertvorstellungen unterschiedlicher Großgruppen der Gesellschaft legen fest, welches Verhalten als skandalös bewertet wird. Politische Skandale weisen im allgemeinen folgende Rollenverteilung auf:[3]

1. Es findet sich jemand, der einen Skandal betreibt, also einen bestimmten Sachverhalt als Skandal thematisiert: der Aufdecker, in der Regel der politische Gegner oder ein Journalist. Die Rolle des Aufdeckers kann auch von konkurrierenden Skandalbetreibern wahrgenommen werden, vor allem wenn sich der Angegriffene seinerseits mit Mitteln der Skandalisierung zur Wehr setzt und die Art der Skandalisierung selbst zum Skandal erklärt, die Motive des Aufdeckers denunziert usw. Dieses Verhaltensmuster stellt eine wesentliche Verteidigungsstrategie von Betroffenen dar.

2. Der Skandal braucht stets eine Bühne, auf der er stattfinden kann. Ohne Öffentlichkeit (sei es auch nur eine entsprechend qualifizierte Teilöffentlichkeit) handelt es sich allenfalls um eine Intrige. Die Bedeutung der Öffentlichkeit verweist in den Gesellschaften des 20. Jahrhunderts auf die zentrale Rolle der Massenmedien als Transportmittel der Inszenierung von Skandalen.

3. Ein drittes Element für eine gelungene Skandalisierung ist ein aufnahmebereites Publikum, das aus Personen besteht, die (jedenfalls potentiell) für ein aktuelles Miterleben, Sichempören, Verurteilen zu gewinnen sind. Erst das Publikum schafft die öffentlichen Reaktionen, von denen ein Skandal lebt.[4]

Wird ein solch analytisches, nicht von vordergründiger Empörung über konkrete Verfehlungen motiviertes Untersuchungsraster zugrunde gelegt und wird zugleich der gesamte Zeitraum der Zweiten Republik in den Blick genommen, erweist sich die seit Beginn der 1980er Jahre oft aufgestellte Behauptung der ›Skandalrepublik‹ als ahistorisch. Der internationale Vergleich läßt sie weiter an Überzeugungskraft verlieren.

Erstens ist dieser Befund ahistorisch, weil es bereits in der Frühphase (speziell den ersten beiden Jahrzehnten) der Zweiten Republik ›große Skandale‹ mit vergleichbaren ›Tatbildern‹ wie in den 1980er Jahren gab, die heute allerdings meist vergessen sind; dasselbe trifft übrigens auch schon für die Erste Republik und die ausgehende Monarchie zu.[5] Auf der Ebene der skandalisierten Sachverhalte fällt nämlich eine frappierende Ähnlichkeit für den gesamten Zeitraum der Zweiten Republik auf: Die charakteristischen Problembereiche haben sich zumindest in ihren Grundzügen kaum gewandelt. Zweitens ist ausländischen Zeitungen der letzten Jahre bei kursorischer Durchsicht leicht zu entnehmen, daß vergleichbar massive Skandale – politische Korruption, bedenkliche Praktiken in der Parteienfinanzierung, illegale Waffenexporte usw. betreffend – in anderen westlichen Demokratien mindestens ebenso verbreitet sind. Speziell das Vorhandensein politischer Korruption dürfte in Österreich eher unter dem Durchschnitt der westeuropäischen Demokratien liegen.[6]

Die wichtigsten Themenbereiche politischer Skandale in Österreich betreffen im wesentlichen: Korruption und Grauzonen der Parteienfinanzierung, Sonderregeln für die politische Klasse (damit sind Ausnützung persönlicher Beziehungen zu ›Machtinhabern‹, Behinderung der Justiz aufgrund politischer oder persönlicher Beziehungen, aber auch Fälle der ›Selbstbedienung‹ von Politfunktionären – hohe Gehälter – gemeint), den problematischen Umgang mit der österreichischen NS-Vergangenheit sowie nur relativ selten auch ein als skandalös empfundenes Privatleben von Politikern. Alle diese Skandalanlässe sind keine besonderen Phänomene der 1980er und 1990er Jahre, die tatsächlichen Anlaßfälle für derartige Skandale haben im Verlauf der Zweiten Republik deutlich abgenommen: Noch nie dürfte die österreichische Politik so ›sauber‹ wie seit den ausgehenden 1980er Jahren gewesen sein – trotzdem befand sich die politische Klasse noch nie in derart großen Legitimationsnöten wie heute. Gewandelt haben sich seit Beginn der 1980er Jahre, nachdem in den 1970er Jahren eher wenige Skandale aufgetreten waren, die öffentliche Problemwahrnehmung und die Konsequenzen politischer Skandale. Dies hat vor allem strukturelle Ursachen im Wandel der politischen Machtstrukturen, des Mediensystems und der Gesellschaft.

Historische Grundlagen und heutige Hypotheken

In den ersten zwei Jahrzehnten nach Kriegsende war die politische Struktur Österreichs vor allem durch ein starres System der politischen Lager geprägt. Die beiden Großparteien ÖVP und SPÖ waren nicht nur ›normale‹ Parteien, die um die Vorherrschaft in Parlament und Regierung konkurrierten, sondern zugleich Mittelpunkt umfassender Subsysteme der Gesellschaft, ›schwarzer‹ oder ›roter Teilgesellschaften‹. Während diese Subsysteme, die bereits in der ausgehenden Monarchie entstanden waren und in der Ersten Republik weiter gefestigt wurden, in den 1920er und 1930er Jahren in latenter Bürgerkriegsbereitschaft gegeneinander standen, über eigene ›Privatarmeen‹ (Heimwehren und Republikanischer Schutzbund) verfügten und die Christlichsozialen 1933 den Konflikt sogar durch die Errichtung einer Diktatur zu lösen versuchten, ging man nach 1945 einen anderen Weg, um die immer noch schwelenden Lagerkonflikte zu regeln: Schon in der Frühphase der (ersten) Großen Koalition wurden Staat und Gesellschaft in zwei Einflußsphären aufgeteilt, die nicht zufällig als »Reichshälften« bezeichnet wurden. Die beiden Großparteien wiesen die wesentlichen Posten im öffentlichen Dienst via »Parteibuchwirtschaft« ihren Mitgliedern und Sympathisanten zu,[7] beherrschten über ihre Vorfeld- beziehungsweise Teilorganisationen die Interessenverbände (ÖGB und Arbeiterkammern: überwiegend SPÖ, Handels- und Landwirtschaftskammern: ÖVP), über Aufsichtsräte und zuständige Ministerien die verstaatlichte beziehungsweise staatsnahe Industrie und organisierten über Jahrzehnte im Schnitt 30 bis 40 Prozent ihrer Wähler auch als Parteimitglieder. Dieser in anderen westlichen Demokratien unerreichte Spitzenwert war bei Einrechnung der Mitglieder im extrem dichten Netz der Vorfeldorganisationen sogar noch viel höher.

Dieses System entsprach in der Anfangszeit der Zweiten Republik offenbar den Interessen der Bevölkerung, wenngleich dem verbreiteten System des parteipolitischen Klientelismus das Odium der »Parteibuchwirtschaft« anhaftete, was von Beginn an eine atmosphärische Belastung des Parteiensystems darstellte.[8] Bis in die 1960er Jahre waren die parteipolitischen Milieus aber noch in hohem Maße geschlossen. Das Mißtrauen gegenüber den Absichten des jeweils anderen Lagers beziehungsweise die Angst vor dessen Alleinregierung waren stark ausgeprägt: Wahlkämpfe waren von wirksamen Themen wie »Rentenklau« und »Bürgerblock« (Vorwürfe der SPÖ an die ÖVP in Erinnerung an die 1920er Jahre und den Austrofaschismus) oder der »Roten Katze« (ÖVP-Vorwurf einer angeblich möglichen »Volksfrontregierung« von SPÖ und KPÖ) geprägt.[9] Der Anteil wechselbereiter Wähler war noch Anfang der 1960er Jahre mit höchstens 12 Prozent sehr gering. Sie gehörten zudem dem politisch eher weniger interessierten und weniger informierten Teil der Bevölkerung an.[10]

Im Bereich der Printmedien begannen erst seit der zweiten Hälfte der 1950er Jahre die parteiunabhängigen (politisch überwiegend konservativen) Tageszeitungen die Parteizeitungen an Druckauflage und Leserreichweite zu überholen; die elektronischen Medien blieben bis zur Rundfunkreform 1967 hingegen fest in der Hand der beiden Großparteien und betrieben, verglichen mit der nachfolgenden Zeit, kaum politisch eigenständige Berichterstattung; das Fernsehen begann zudem erst ab Mitte der 1960er Jahre zum Massenmedium zu werden. Dies wirkte sich auch auf die Wahrnehmung und Konsequenzen politischer Skandale aus.

Während es für politische Skandale ausreichend Aufdecker gab, war die notwendige Bühne, die mediale Öffentlichkeit, verglichen mit den 1980er Jahren, bescheiden ausgestattet: Die Druckauflage der Printmedien machte in den ausgehenden 1950er Jahren weniger als die Hälfte der Druckauflage vom Anfang der 1980er Jahre aus, und Zeitungen wurden auch überwiegend selektiv, das heißt nach Lagerzugehörigkeit, gelesen. Für die politisch interessierten Rezipienten und jene, die in privaten Gesprächen über Politik die ›Meinungsführerschaft‹ innehatten, war die Furcht vor der Machtübernahme des gegnerischen Lagers entscheidender als moralische oder juristische Verfehlungen im eigenen Lager. Politische Skandale blieben daher überwiegend folgenlos, da der Entzug parteipolitischer Loyalität in einer Parteiendemokratie (ohne ausgebaute direktdemokratische Elemente) die einzige wirksame Form der Artikulation des Publikums, sprich der Wählerschaft, war.

Die während der ersten Großen Koalition (1945/47 bis 1966) etablierten parteipolitischen Herrschaftsstrukturen wurden erst mit der allmählichen Auflösung der Lagerstrukturen zum Anachronismus und mittelfristig zum Skandal. Die Erosion der Lager hatte einerseits soziodemographische Ursachen, war aber letztlich auch im Erfolg des Parteiensystems begründet. Der Wandel der Bevölkerungsstruktur von einem vorwiegend agrarisch und industriell geprägten Gesellschaftssystem zu einer Dienstleistungsgesellschaft führte seit den ausgehenden 1970er Jahren zu einem starken Schrumpfungsprozeß der traditionellen Kernschichten der ÖVP (Bauern und Kleingewerbetreibende) und später auch der SPÖ (Industriearbeiterschaft). Seit den ausgehenden 1960er Jahren ist eine Explosion politischer Information durch die Massenmedien festzustellen: Das 1967 reformierte Fernsehen, das zwischen 1965 und 1975 vom Nischenprodukt zum Massenmedium avancierte, weitete seine Politikberichterstattung massiv aus; parallel zum weiter fortschreitenden Sterben der Parteizeitungen gewannen parteiunabhängige Printmedien an Gewicht. Seit Beginn der 1970er Jahre fand auch der auf politische Skandale spezialisierte Aufdeckjournalismus mit dem Nachrichtenmagazin *profil* sein erstes und bis heute wichtigstes Medium; andere Wochen- und Monatszeitschriften (*Wochenpresse, Basta*) folgten später diesem Beispiel.

Politische Skandale trafen seit den ausgehenden 1970er Jahren nicht nur auf weitaus günstigere mediale Voraussetzungen, sondern auch auf eine weitaus weniger parteipolitisch gebundene Wählerschaft. Zugleich verweisen die seit Anfang der 1980er Jahre aufgedeckten politischen Skandale besonders drastisch auf die Anachronismen und verdeckt gebliebenen Fehlentwicklungen des als Erfolgsgeschichte angesehenen Modells der Zweiten Republik.

## Die Skandalmuster – ein Vergleich

Von Beginn der Zweiten Republik an gab es große Korruptionsskandale, speziell auch in Verbindung mit der Finanzierung von politischen Parteien. Peter Krauland war von 1945 bis 1949 Bundesminister für Vermögenssicherung und Wirtschaftsplanung und als solcher zuständig für die öffentliche Verwaltung der Betriebe des ehemaligen deutschen Eigentums und der ERP-Mittel. In dieser Funktion sorgten er und seine ›politische Abteilung‹ im Ministerium dafür, daß Gelder aus der Verpachtung dieser Betriebe in die Parteikassen der ÖVP – und in seine eigene Tasche – flossen. Ab August 1950 skandalisierte das Organ der US-Besatzungsmacht, der *Wiener Kurier*, den Fall, bis Krauland schließlich im Herbst 1951 verhaftet wurde. Das Rückstellungsverfahren der Papierfabrik Guggenbach war schließlich der Hauptanklagepunkt im »Krauland-Prozeß« 1954, der großes öffentliches Aufsehen erregte, weil erstmals ein ehemaliger Minister auf der Anklagebank saß, aber auch weil es sich um Parteienfinanzierung und den betrügerischen Umgang des Staates mit fremdem Vermögen handelte. Der »Fall Krauland« ging als Skandal der ÖVP in die Geschichte ein,[11] auch wenn die Verteidigung versuchte, die SPÖ ebenfalls zu involvieren (behauptete Parteispenden nach dem

Proporzprinzip). Krauland wurde allerdings – nicht etwa mangels Beweisen, sondern aufgrund eines Amnestiegesetzes aus dem Jahr 1950 – freigesprochen.

Ein besonders krasser Fall politischer Korruption wurde 1966 aufgrund eines Rechnungshofberichts bekannt: Viktor Müllner, Generaldirektor der niederösterreichischen NEWAG (Landeselektrizitätsgesellschaft) und der NIOGAS sowie Landeshauptmann-Stellvertreter und Obmann des niederösterreichischen ÖAAB, hatte in den 1950er und 1960er Jahren Gelder der NEWAG und des Landes offiziell niedrig, tatsächlich aber hoch verzinst angelegt. Die Differenz betrug circa 40 Millionen Schilling, die der ÖVP beziehungsweise dem ÖAAB gespendet wurden. Müllner wurde 1968 wegen Amtsmißbrauchs und Veruntreuung verurteilt.[12] Hinsichtlich der Summe markiert dieser Fall – Müllner handelte, anders als Krauland, offenbar nur zugunsten seiner Partei und nicht auch zur Mehrung des eigenen Vermögens – den Gipfelpunkt illegaler Parteienfinanzierung in der Zweiten Republik.

*Das Allgemeine Krankenhaus der Stadt Wien. Ein Bauwerk der Superlative: 8 Mrd. jährliche Betriebskosten, fast 40 Jahre Bauzeit. Ein Bauwerk, dessen Errichtung für einen der schwersten innenpolitischen Skandale sorgte.*

Der AKH-Skandal[13] kann wegen des gigantischen Schadens für die Republik sicherlich als der Megaskandal bezeichnet werden. Er stand am Beginn einer Skandalkonjunktur, die bis Ende der 1980er Jahre anhielt und das Image der österreichischen Politik in der Bevölkerung bis heute nachhaltig prägen dürfte. Der Bau des Allgemeinen Krankenhauses in Wien wurde bereits 1955 beschlossen (projektierte Kosten: eine Milliarde, geplante Bauzeit: zehn Jahre), aber erst Anfang der 1970er Jahre ernsthaft in Angriff genommen. Das Großprojekt wurde zu »Europas teuerstem Krankenhausbau« (voraussichtliche Gesamtkosten laut offizieller Schätzung 1988: 45 Milliarden), der erst 1994 vollständig in Betrieb genommen wurde.

Die hinter der Kostenexplosion stehenden Fehlplanungen waren nur die eine Seite des Skandals. Des weiteren wurden von *profil*-Journalist Alfred Worm massive Schmiergeldzahlungen aufgedeckt, die die beteiligten Firmen an den für die Planung und Errichtung zuständigen Wiener Spitzenbeamten und ab 1975 auch Leiter der zentralen Planungsagentur AKPE, Alfred Winter, über diverse von ihm eingerichtete Briefkastenfirmen in Liechtenstein zu leisten hatten. Querverbindungen reichten in beide großen Lager hinein, vor allem aber in die SPÖ: Winter war SPÖ-Mitglied, weshalb die oppositionelle FPÖ Schmiergeldrückflüsse an die SPÖ – aber bemerkenswerterweise auch an die ÖVP – behauptete, aber nie beweisen konnte; Inserate der beteiligten Unternehmen in der *Arbeiterzeitung* wurden als verdeckte Parteispenden interpretiert; das bürgerliche Lager hatte mit der Untersuchungshaft des damaligen Präsidenten der Industriellenvereinigung, Fritz Mayer, der als ITT-Manager Bestechungszahlungen geleistet hatte, ebenfalls ein prominentes Opfer. Und nicht zuletzt schien auch der damalige Finanzminister und Vizekanzler Hannes Androsch über eine stille Beteiligung an der in die Errichtung des AKH eingebundenen (und aufgrund auffallend lukrativer Aufträge ebenfalls skandalisierten) Beratungsfirma ÖKODATA involviert zu sein. Diese Firma war 1975 vom Miteigentümer und Geschäftsführer von Hannes Androschs Steuerberatungsfirma Consultatio, Franz Bauer, gegründet worden. Androschs stille Beteiligung an der ÖKODATA konnte 1987 vor Gericht nicht »mit endgültiger Sicherheit« nachgewiesen werden.

Neben den Affären um Korruption und Parteienfinanzierung betrifft ein anderes Muster die Skandalisierung von Sonderregeln für die politische Klasse. Hannes Androsch mußte – vor allem aufgrund des politischen Drucks von Bundeskanzler Kreisky und gegen starke parteiinterne Widerstände – aus der aktiven Politik ausscheiden. Der langjährige Finanzminister (1970 bis 1981) hatte Mitte der 1970er Jahre den Bau seiner Villa teilweise mit Schwarzgeld finanziert – ein Finanzminister als Steuerhinterzieher! Den offiziellen Grund für Androschs Ausscheiden aus dem Ministeramt 1981 bildete aber weder seine mögliche Verwicklung in den AKH-Skandal, noch seine (damals zwar vom Nachrichtenmagazin *profil* skandalisierte, aber von hohen Beamten seines Ministeriums öffentlich gedeckte) Steuerhinterziehung, sondern die politische Unvereinbarkeit seines Amtes mit seinem Mitbesitz an der Consultatio, die während seiner Amtszeit als Finanzminister wirtschaftlich aufgeblüht war. Als Trostpflaster wurde Androsch Generaldirektor der verstaatlichten Creditanstalt. Ende 1987 mußte er aufgrund einer gerichtlichen Verurteilung wegen einer 1981 erfolgten Falschaussage vor dem parlamentarischen AKH-Ausschuß seine Bankerkarriere vorzeitig (wenngleich mit hoher finanzieller Abpolsterung) beenden; die Verurteilung bedeutete zugleich das Ende seiner weiteren politischen Karriere, auch wenn Androsch im öffentlichen Leben (zum Beispiel als begehrter Wirtschaftsberater) nach wie vor aktiv ist.

Auch die Affäre Lucona[14] bediente die Ressentiments der Bevölkerung gegen die politische Klasse. Kernpunkt der Anklage war die Versenkung eines Schiffs mit einer

hochversicherten, aber wertlosen Ladung (angeblich eine Uranerzaufbereitungs-
anlage) im Indischen Ozean. Bei dem versuchten Versicherungsbetrug kamen sechs
Matrosen ums Leben. Politisch skandalös waren die von Udo Proksch, dem Eigentümer
der Ladung, souverän genützten persönlichen Beziehungen (als Eigentümer der traditionsreichen Hofzuckerbäckerei Demel fungierte er zugleich als Quartiergeber des
SPÖ-nahen Club 45) zu den höchsten Repräsentanten der Regierung, der Bürokratie
und der Justiz, die zu einer jahrelang erfolgreich betriebenen Verhinderung der Ermitt-
lungen der Justiz und der Polizei führten. Der »Fall Lucona« hat schließlich dazu
geführt, daß erstmals ein parlamentarischer Untersuchungsausschuß medienöffentlich
durchgeführt wurde, der eine neue Qualität der parlamentarischen Kontrolle in Österreich brachte. Die Erhebungen dieses Untersuchungsausschusses setzten der politischen Karriere der bereits durch ihre Verwicklungen in den Noricum-Skandal (siehe
unten) angeschlagenen Spitzenpolitiker, Nationalratspräsident Leopold Gratz und Innenminister Karl Blecha, ein Ende.

Generell gab es durch den starken Einfluß von Partei und Staat auf Teile der
Wirtschaft immer wieder Fälle, in denen aufgrund von wirtschaftlichem Fehlverhalten
auch die jeweils zuständigen Politiker oder Parteien angegriffen werden konnten.
Skandale um bankrotte Wohnbaugenossenschaften und um fragwürdige Praktiken im
öffentlichen Bauwesen hatten beinahe regelmäßig eine politische Komponente, die
auch im Beinahe-Bankrott der Verstaatlichten Industrie Mitte der 1980er Jahre zum
Tragen kam. Ein besonders anschauliches Beispiel bietet die Affäre Noricum.

Von 1981 bis 1983 belieferte die VOEST-Waffentochter Noricum den Irak über das
getarnte Empfängerland Jordanien mit Kanonen des Typs GHN 45. Dies war ein klarer
Verstoß gegen ein gerade erst verschärftes Bundesgesetz, das Waffenlieferungen an
kriegführende Staaten untersagte, und in der Folge auch gegen das Strafrecht (Neutra-
litätsgefährdung). Ab 1985 wurde der Kriegsgegner Iran dann via Libyen beliefert. Als
eigentlicher Noricum-Skandal gilt in der Öffentlichkeit vor allem das Iran-Geschäft,
da bereits bei dessen Abwicklung Medienberichte auftauchten, denen zufolge die
Kanonen in den Irak geliefert würden. Der österreichische Botschafter in Athen sandte
vier Telexe an das Außenministerium, die ebenfalls klare Belege für diese Transportwege darstellten. (Er verstarb kurz darauf unter ungeklärten Umständen.) Innenminister Blecha und Außenminister Gratz beharrten entgegen den immer dichter werdenden
Vorwürfen der Nachrichtenmagazine *Basta* und *profil* sowie der grünen Oppositionspartei darauf, daß kein hinreichender Verdacht auf Waffenlieferungen in ein kriegfüh-
rendes Land bestanden habe. Schließlich wurden die politischen Verwicklungen von
einem parlamentarischen Untersuchungsausschuß aufgearbeitet.

Parallel zu den kurz skizzierten Skandalen gab es in der Zweiten Republik zahlreiche
innenpolitische Konflikte, deren Austragung oder Ergebnis von Teilen der Bevölkerung
als Skandal empfunden wurde. In den 1960er Jahren fällt in diese Kategorie etwa die
Habsburg-Krise, vor allem aber der »Fall Olah«.[15] Bei letztgenanntem ging es zwar
vordergründig auch um den Vorwurf krimineller (oder zumindest unsauberer) Regelverstöße: Aufbau einer paramilitärischen Gruppe nach der Niederschlagung des Gene-
ralstreikversuchs von 1950, vor allem aber eigenmächtige Finanzierung des Starts der
*Neuen Kronen Zeitung* durch Gewerkschaftsgelder. Tatsächlich handelte es sich aber um
den innerparteilichen Kampf zwischen zwei unterschiedlichen Ansichten über die

Politik und die politische Führung in der SPÖ. Olah stand für einen autoritär-populistischen und medienorientierten Führungsstil, seine innerparteilichen Gegner verfochten eher das traditionelle Konzept der geschlossenen Klassen- und Weltanschauungspartei. Erst nach Olahs Parteiausschluß und Rücktritt als Innenminister und den darauffolgenden Protesten seiner Anhänger wurden die Regelverstöße öffentlich nachgereicht.

## Die Waldheim-Affäre als Fallstudie für »unbewältigte Vergangenheit« als Skandal

Fragen der österreichischen NS-Vergangenheit bildeten ab den ausgehenden 1940er Jahren in den innenpolitischen Debatten ein – nur selten angerührtes – Tabuthema; ähnliches gilt auch für das zumeist eng damit verknüpfte Thema Antisemitismus und für die Infragestellung der österreichischen Nation. Eine Ausnahme bildete in den 1960er Jahren die Affäre um den Professor an der Hochschule für Welthandel Taras Borodajkewycz, der in seinen Lehrveranstaltungen offen nationalsozialistische Aussagen traf und erst nach längeren öffentlichen Auseinandersetzungen, die das erste politische Todesopfer der Zweiten Republik forderten, zwangspensioniert wurde.

1975 führte die Affäre Peter-Kreisky-Wiesenthal noch zu keiner breiten Diskussion über die NS-Vergangenheit: Simon Wiesenthal, Leiter des jüdischen Dokumentationszentrums in Wien, veröffentlichte knapp nach der Nationalratswahl 1975 ein Dossier über den damaligen FPÖ-Chef Friedrich Peter, aus dem hervorging, daß dieser als Obersturmbannführer in einer mit Massenmorden in Verbindung stehenden SS-Einheit freiwillig gedient hatte. Kreisky, durch das eigene Schicksal der Verfolgung und des Exils gegenüber jedem Verdacht der Sympathie für den Nationalsozialismus erhaben, stellte sich nicht nur schützend vor seinen politischen Partner Peter, sondern beschuldigte auch Wiesenthal, mit Mafiamethoden zu arbeiten. Kreisky unterstellte Wiesenthal sinngemäß, als KZ-Insasse mit der Gestapo kollaboriert zu haben.

In den 1980er Jahren wurde Österreich von den ›Schatten der Vergangenheit‹ endgültig eingeholt. Eine erste Beeinträchtigung der politischen Reputation Österreichs trat 1985 ein, als der in SS-Kriegsverbrechen involvierte und von der italienischen Regierung begnadigte Walter Reder vom damaligen Verteidigungsminister Friedhelm Frischenschlager am Flughafen mit Handschlag empfangen wurde: Ausländische Medien griffen das Verhältnis der Österreicher zur NS-Vergangenheit auf. Die Diskussion ebbte zwar rasch ab, bildete aber den Auftakt für eine weitaus heftigere Debatte: um die Vergangenheit von Bundespräsident Kurt Waldheim. Der Ablauf dieses Konflikts[16] soll hier exemplarisch für den Ablauf politischer Skandale genauer nachgezeichnet werden.

Als die ÖVP im März 1985 Waldheim als Kandidaten für den Präsidentschaftswahlkampf aufstellte, beging die SPÖ-Führung in der Hoffnung, die Wahlchancen ihres knapp darauf nominierten Kandidaten, des Gesundheitsministers Kurt Steyrer, verbessern zu können, einen folgenschweren Fehler: Sie machte Waldheims bislang verschwiegene Kriegsvergangenheit am Balkan und seine Mitgliedschaft in NS-Organisationen (SA-Reitersturm und NS-Studentenbund) zum Wahlkampfthema. Die Vorgehensweise gegen Waldheim nahm dabei Formen einer Kampagne an, deren Steuerung den Initiatoren entglitt. Dafür sorgten die systematischen Enthüllungen im Nachrichtenmagazin *profil* und in weiterer Folge auch in der internationalen Presse, die nahezu zwei Jahre anhielten. Ohne zunächst auf den Inhalt der vorgebrachten Kritik einzugehen, antworteten Waldheim und ÖVP mit einer innenpolitisch erfolgreichen Gegenkampagne, in der sie die Form der Skandalisierung (und hier speziell die ›Einmischung von außen‹) zum Skandal machten.

Waldheim hatte seine Kriegsvergangenheit tatsächlich nur unvollständig dargestellt und auf Nachfragen mißverständlich geantwortet. Dieser Vorwurf wurde von der SPÖ allerdings nicht direkt erhoben, sondern via Medien lanciert, wofür der Regierung nahestehende SPÖ-Funktionäre als Aufdecker vorgearbeitet hatten. Den Startschuß setzte das Nachrichtenmagazin *profil*, das in seiner Titelgeschichte vom 3. März 1986[17] Waldheims SA-Mitgliedschaft thematisierte und von Woche zu Woche dessen Rolle in der NS-Zeit systematisch zu enthüllen begann. Dabei wurde zwar durchwegs betont, Waldheim sei weder Kriegsverbrecher noch überzeugter Nationalsozialist gewesen, aber seine mangelnde Glaubwürdigkeit doch deutlich hervorgehoben. *Washington Post* und *New York Times* – letztere bekam Dokumente vom World Jewish Congress (WJC) zugespielt – veröffentlichten die Information, daß Waldheim einem SA-Reitersturm angehört hatte. Die WJC-Aktivitäten blieben auf die inneramerikanische Politik nicht ohne Wirkung. Am 25. März 1986 beantragte der WJC nach einer Reihe von Verlautbarungen die Eintragung Waldheims in die watchlist des amerikanischen Justizministeriums.

*Die »Junge Generation« reagierte auf die »Waldheimaffäre« mit einer Wandzeitung des Cartoonisten Manfred Deix. (Ausschnitt)*

Der amtierende Bundespräsident Rudolf Kirchschläger, der von Teilen der Öffentlichkeit als Schiedsrichter empfunden wurde, erklärte vor der Bundespräsidentenwahl in einer Fernsehansprache, er würde es aufgrund der vorgelegten Materialien als Staatsanwalt nicht verantworten können, Anklage gegen Waldheim zu erheben. Als Ordonnanzoffizier habe Waldheim jedoch in seinem militärischen Zuständigkeitsbereich über die Aktionen der Wehrmacht am Balkan informiert sein müssen.

Mit dem herannahenden Wahltermin hielt sich *profil* zurück, auch weil Kirchschlägers Urteil anerkannt wurde. Als Skandalisierer fungierte in weiterer Folge vor allem der WJC. Er griff das Thema gezielt auf und versorgte amerikanische Printmedien mit Informationen. Die Debatte erhielt spätestens dadurch eine internationale Dimension, wobei Waldheim und die Österreicher, der Nationalsozialismus und der Holocaust in eins gesetzt wurden. Waldheims wenig überzeugende Rechtfertigung, er hätte nur seine Pflicht getan, ließ die Auffassung an Glaubwürdigkeit verlieren, daß Österreich das erste Opfer Hitlers gewesen sei, und stempelte diese Haltung zu einer opportunen Teilwahrheit der Generation des Staatsvertrags. Waldheims Diktum von der Pflichterfüllung für die Deutsche Wehrmacht lenkte (in Form einer unbeabsichtigten Nebenfolge) die Aufmerksamkeit der Öffentlichkeit auf die Frage der Mitwirkung von Österreichern an den Verbrechen im Zweiten Weltkrieg. Zwar war die als Schlüsselaussage bewertete Äußerung Waldheims authentischer (für die Einstellung der Kriegsgeneration) als andere Erklärungen, sie stand aber in krassem Widerspruch zu Staatsräson und Gründungsdoktrin der Zweiten Republik.

Die vom WJC und von Teilen der ausländischen Medien geäußerte Kritik an Waldheim führte zu einem Mitleids- beziehungsweise Solidarisierungseffekt in der österreichischen Öffentlichkeit und zu verbalen Entgleisungen von Politikern. Mit Ausnahme der *Salzburger Nachrichten* und des *profil* überzeichneten alle großen österreichischen Printmedien die ›Angriffe von außen‹. Hierbei wurde auch nicht zwischen der Kritik an der Glaubwürdigkeit und den Anschuldigungen von Kriegsverbrechen unterschieden. Letztere wurden sogar bevorzugt aufgegriffen, um die Unseriosität der Waldheim-Kritiker herauszustellen. Es wurde nicht mehr vom WJC gesprochen, sondern undifferenziert von »den Juden«, und der Verdacht der »Weltverschwörung« offen artikuliert. Die Kritiker an Waldheims Umgang mit seiner Vergangenheit wurden jedoch nicht müde, vor den negativen Folgen für das außenpolitische Image der Republik zu warnen. In der Stichwahl vom 8. Juni 1986 errang Waldheim bei einer 87,17prozentigen Beteiligung 53,89 Prozent der Stimmen – das beste Ergebnis, das ein nicht amtierender Bundespräsident in Österreich bisher erzielt hat. Bundeskanzler Fred Sinowatz, der Hauptexponent der SPÖ-Kritik am ÖVP-Präsidentschaftskandidaten, zog daraufhin die Konsequenzen und trat am 9. Juni 1986 zurück. Der von Waldheims Anhängern und einem großen Teil der ÖVP gefeierte Wahltriumph entpuppte sich bald als Pyrrhussieg, zumal der Bundespräsident – der zum Symbol der ›österreichischen Lebenslüge‹ wurde – das Land in eine mehrjährige außenpolitische Isolation führte.

Anschuldigungen gegen Waldheim wurden weiterhin erhoben. Sie kreisten nicht mehr nur um NSDStB- und SA-Mitgliedschaft, sondern zielten auf seine Position in der Deutschen Wehrmacht am Balkan, wobei er mit Kriegsverbrechen und Verbrechen gegen die Menschlichkeit direkt in Verbindung gebracht wurde. Die Diskussion erfuhr eine weitere Emotionalisierung, nachdem das US-Justizministerium am 27. April 1987 verfügte, Waldheim die Einreise in die USA zu verwehren (watchlist-Entscheidung). Obwohl es sich hierbei um einen Verwaltungsakt und nicht um ein gerichtliches Urteil handelte, war er durch die Stellung des Bundespräsidenten von fundamentaler politischer Bedeutung, sowohl hinsichtlich der bilateralen als auch der Beziehungen Österreichs zu Drittländern. Der mediale Skandal zog Mitte 1987 immer größere Aufmerksamkeit auf sich. Eine Audienz Waldheims beim Papst belastete das österreichisch-israelische Verhältnis zusätzlich. Nach der Präsidentschaftswahl hatte Israel bereits seinen Botschafter aus Wien abberufen.

Die Bundesregierung versuchte infolge der watchlist-Entscheidung verschiedene Entlastungsmaßnahmen. So setzte sie mit Beschluß vom 5. Mai 1987 eine Expertengruppe ein, die die einschlägigen Materialien in den Archiven in Belgrad studieren sollte. Die Experten konnten »nichts erkennen«, »was die Argumentation stützen würde, Dr. Waldheim hätte eine wichtige und mit Befehlsgewalt verbundene militärische Stellung innegehabt und sich in den aufgelisteten Fällen schuldig gemacht«. Die als Sonderbotschafter fungierenden ehemaligen Außenminister Karl Gruber, Botschafter Hans Reichmann und Verleger Fritz Molden versuchten außenpolitische Schadensbegrenzung – mit geringem Erfolg. Im Herbst 1987 lebte die Debatte über die Involvierung in die NS-Verbrechen am Balkan durch die Arbeit einer von der Bundesregierung eingesetzten internationalen Historikerkommission verstärkt auf. Bereits am 27. November 1987 – noch vor Abschluß der Arbeiten der Kommission – wurde zur Entlastung des Präsidenten von seinen Verteidigern ein Weißbuch präsentiert. Die Herausgeber gaben darin ihrer Überzeugung Ausdruck, Waldheim wäre weder Mitglied einer NS-Organisation gewesen noch hätte er an Kriegsverbrechen oder an der Deportation von Juden mitgewirkt. Die Historikerkommission würde, so die Vermutung des Weißbuches, kaum zu anderen Ergebnissen kommen.

1988 erlebte die Waldheim-Debatte anläßlich des vor 50 Jahren erfolgten »Anschlusses« Österreichs an das Deutsche Reich ihren dramaturgischen Höhepunkt. Mit dem lang vorbereiteten hochoffiziellen Gedenkakt schien angesichts der Präsidentschaft Waldheims ein besonders heikles und emotional aufgeladenes Ereignis bevorzustehen, das internationale Beachtung finden würde. Dies machte die knapp zuvor erwartete Präsentation des Berichts der Historikerkommission besonders brisant. Zuvor publizierte das bundesdeutsche Nachrichtenmagazin *Der Spiegel* ein faksimiliertes Telegramm, das Waldheims Verantwortung für Deportationen von Zivilisten zu belegen schien. Das Dokument erwies sich kurz darauf als plumpe Fälschung.

Am 8. Februar 1988 legte die Historikerkommission Waldheims Rolle bei Weitergabe und Austausch von Nachrichten (»Feindlageberichte«) offen, die der Festlegung von Zielen für »Säuberungsaktionen« gedient hatten. Die Kommission nannte dies »konsultative Unterstützung von Unterdrückungsmaßnahmen«.[18] Ferner bestätigte sie Waldheims Mitgliedschaft in SA und NSDStB, die das Staatsoberhaupt bisher stets abgestritten hatte. Waldheim, der den Bericht zunächst nicht annehmen wollte und von der Regierung eine kategorische Zurückweisung verlangte, bezeichnete das Historikerurteil kontrafaktisch als »umfassende Entlastung«. In einer Fernsehansprache erklärte er eine Woche später, daß er »nicht der Verleumdung weichen« werde. Der Historikerbericht entspreche »in Teilen nicht der Wahrheit«. Simon Wiesenthal bezeichnete das Urteil der Historikerkommission als Chance für Waldheim, ohne Gesichtsverlust im

Sinne einer »Entscheidung für Österreich« zurückzutreten. Waldheims Anhänger sprachen sich hingegen für einen Verbleib im Amt aus, weil eine demokratisch zustandege-
kommene Entscheidung zu respektieren sei. Waldheim entschied sich fürs Bleiben.

Durch die Affäre Waldheim geriet das System des »Geheimpaktes«[19] zwischen den
Großparteien bezüglich der Ausklammerung und Tabuisierung der NS-Vergangenheit
zum ersten Mal außer Kontrolle. In der Frage der Bundespräsidentschaftswahl kolli-
dierten die parteipolitischen Interessen, wobei es zu einer Offenlegung mental ange-
legter Vorurteilsstrukturen kam. Während in den Jahren von 1986 bis 1988 die Rolle
der Österreicher in der NS-Zeit so heftig wie noch nie diskutiert worden war, versuchte
die kurz nach den Wahlen gebildete Große Koalition Vranitzky-Mock, die in der
Debatte zutage getretenen Konflikte wieder zuzudecken. Zwar kam es zu einer Sensibilisierung der veröffentlichten Meinung gegenüber NS-Themen, gleichzeitig begannen rechtsgerichtete Meinungen in den öffentlichen Diskurs einzufließen. Dies hat
langfristig zu einer Entladung bewältigt geglaubter Ideologiepotentiale geführt. Der
Fall Waldheim bewirkte nicht nur den Rücktritt der Initiatoren der Affäre, Fred
Sinowatz und seiner Mitarbeiter, sondern auch deren moralische Diskreditierung: Ein
Verfahren im Zusammenhang mit der Initiierung der Kampagne durch SPÖ-Führungs-
kreise und die gerichtliche Verurteilung brachten den Exkanzler sogar in politisches
Zwielicht. Die für politische Vorteilsbeschaffung instrumentalisierte Beschäftigung mit
der NS-Vergangenheit erwies sich so als Bumerang.

Kontinuität oder Wandel?

Einige gleichbleibende Grundmuster der Wahrnehmung politischer Skandale, und
speziell der Resonanz bei der Bevölkerung, fallen auf. Die wichtigsten Skandalmuster
der 1950er und 1960er Jahre waren einerseits Korruptionsfälle, meist in Verknüpfung
mit illegaler Parteienfinanzierung, andererseits Ereignisse, die eher den Charakter von
Lagerkonflikten hatten, dabei aber von weiten Teilen der Bevölkerung (aus unterschiedlichen beziehungsweise sogar konträren Motiven) als besonders skandalös empfunden wurden. Die Korruptionsfälle Krauland und Müllner stehen für den einen, der
Fall Olah und die Habsburg-Krise für den zweiten Bereich. Die Wahrnehmung dieser
Skandale durch die Bevölkerung entsprach aber dabei eher dem Lagermuster.

Das Leitmotiv der zahlreichen Skandale seit Beginn der 1980er Jahre könnte man
mit Sonderregeln für die politische Klasse beschreiben. Der Skandal besteht in der
öffentlichen Wahrnehmung darin, daß sich Politiker oder von ihnen protegierte Personen Vergünstigungen beschaffen können, die für ›normale‹ Bürger nicht denkbar sind.
Skandale fungieren so als Bestätigung von Vorurteilen gegen ›die da oben‹, die es sich
›richten können‹.[20] Dies ist auch durch die politischen Folgen von Skandalen auf das
Wählerverhalten belegbar: Bis Ende der 1960er Jahre war es die (in der Großen
Koalition stärkere) ÖVP, die in Skandale verwickelt war, was in der Bevölkerung auch
durchaus so wahrgenommen wurde. Dies hat ihr in Wahlen offenkundig wenig bis gar
nicht geschadet. Seit den ausgehenden 1970er Jahren ist es – wohl wesentlich als Folge
ihrer Alleinregierung auf Bundesebene (und bereits seit Jahrzehnten in führender Rolle
auch in Wien) – die SPÖ, die das ›Sündenregister‹ anführt. Dennoch bleibt sie auch in

den 1990er Jahren noch eindeutig führende Partei auf Bundesebene (wenngleich sie auf Landesebene starke Erosionstendenzen aufweist). Faßt man den Befund allgemeiner, so kamen in früheren Jahrzehnten der Zweiten Republik politische Probleme einer der Großparteien zumindest tendenziell der anderen Großpartei zugute; daß die aktuellen politischen Skandale seit der Neubildung der Großen Koalition zu einem zu Lasten der etablierten Parteien gehenden Wahlverhalten geführt haben (trotz ihrer jeweils doch sehr unterschiedlichen Involvierung), verweist auf die bereits im historischen Aufriß beschriebenen tiefer gehenden Veränderungen in der politischen Kultur der Zweiten Republik.

## ANMERKUNGEN

1  Aus der aktuellen wissenschaftlichen Literatur zu politischen Skandalen vgl. Ebbighausen u. Neckel Hg., Anatomie, 1989; Käsler Hg., Skandal, 1991; Markovits u. Silverstein Hg., Politics, 1988; Schütze, Skandal, 1985. Heute haben sich im deutschsprachigen Raum vor allem die im Sammelband von Ebbighausen u. Neckel herausgearbeiteten Kriterien durchgesetzt. Die Verfasser geben 1995 einen eigenen Sammelband heraus, der die wichtigsten politischen Skandale in Österreich im vergangenen Jahrhundert dokumentiert. Dort wird auch sehr viel ausführlicher auf die theoretische Literatur eingegangen (vgl. Gehler u. Sickinger, Skandale, 1995); der folgende Aufsatz stützt sich u.a. auf Beiträge der Verfasser in diesem Sammelband. Vgl. auch Nick u. Sickinger, Skandale, in: Nick u.a. Hg., Corruption, 1989 105–135; Müller u. Bubendorfer, Rule-breaking, in: Corruption and Reform 4 (1989), 131–145.
2  Vgl. Neckel, Stellhölzchen, in: Ebbighausen u. Neckel Hg., Anatomie, 1989, 57.
3  Vgl. Schütze, Skandal, 1985, 19–38.
4  Vgl. Neckel, Stellhölzchen, in: Ebbinghausen u. Neckel, Anatomie, 1989, 66, in Anschluß an Luhmann, Rechtssoziologie, Bd. 1, 1972, 66.
5  Vgl. Gehler u. Sickinger, Skandale, 1995.
6  Vgl. Gerlich, Korruption, in: Brünner Hg., Korruption, 1981; Sickinger, Politikfinanzierung, 1994, 165–181.
7  Vgl. Müller, Patronage, in: Pelinka u. Plasser Hg., Parteiensystem, 1988, 467–476.
8  Vgl. Plasser, Parteien, 1987.
9  Vgl. Hölzl, Propagandaschlachten, 1974.
10 Vgl. Kienzl, Struktur, in: Blecha u.a., Wähler, 1964.
11 Unter anderem wurde der damalige Außenminister und ehemalige Bundeskanzler (1945 bis 1953) Leopold Figl der zweimaligen Falschaussage überführt: Figl hatte von einer ÖVP-Finanzierung von über zweieinhalb Millionen Schilling durch Firmenprovisionen gewußt und war als Bundeskanzler selbst an einer einschlägigen Bewilligung beteiligt gewesen, hatte dies aber abgestritten (vgl. Weiss u. Federspiel, Wer?, 1988, 45; diese Arbeit ist zwar nicht als wissenschaftlich zu betrachten, bietet aber aufschlußreiche Detailinformationen, die im Einzelfall überprüft werden sollten).
12 Vgl. ebd., 128f.
13 Vgl. zur folgenden Darstellung des AKH-Skandals eingehend Worm, Skandal, 1981 sowie die spätere Berichterstattung des *profil* zum ›Fall Androsch‹.
14 Vgl. zu diesem Fall ausführlich Pretterebner, Fall, 1987; ferner Freihofner, Proksch-Prozeß, in: Khol u.a. Hg., Jahrbuch, 1991, 607–625.
15 Vgl. zum Beispiel Mommsen-Reindl, Proporzdemokratie, 1976; Konrad u. Lechner, Millionenverwechslung, 1992; Svoboda, Olah, 1990.
16 Vgl. Mitten, Politics, 1992; Herzstein, Waldheim, 1988; Khol u.a. Hg., Kampagne, 1987.
17 Vgl. Czernin, Waldheim und die SA, in: profil, 3.3.1986, 16–20.
18 Bericht der internationalen Historikerkommission, profil-dokumente, 15.2.1988, 42.
19 Ziegler u. Kannonier-Finster, Gedächtnis, 1993, 244.
20 Vgl. Pelinka, Entwicklung, in: Österreichische Zeitschrift für Politikwissenschaft 18 (1989), 141–149; Plasser u. Ulram, Wahltag, in: ebd., 151–164.

Josef Seiter

# Vergessen – und trotz alledem – erinnern

## Vom Umgang mit Monumenten und Denkmälern in der Zweiten Republik

Den Geist einer Epoche erkenne man am besten an den Denkmälern, die sie hervorgebracht hat. Diese Erkenntnis ist mittlerweile zu einem ähnlichen Gemeinplatz geworden wie die im gleichen Zusammenhang oft zitierte Bemerkung Robert Musils, daß nichts so unsichtbar sei wie Denkmäler.[1] Trotzdem – beide Aspekte sagen Wesentliches zur Funktion von Denkmälern aus, versuchen, das Bewußtsein der Denkmalsinitiatoren und das der Denkmalsbetrachter und -betrachterinnen zu orten, und beide Feststellungen beziehen sich auch auf Form und Standort des jeweiligen Monuments.

Fest steht, daß Denkmäler sowohl Monumente der Erinnerung als auch der Verdrängung sind – unsichtbar als historische Versatzstücke der architektonischen Umwelt und der geschichtlichen Entwicklung, sichtbar, wenn in bestimmten Momenten ihre spezifische Präsentation von Vergangenheit im öffentlichen Raum thematisiert, zelebriert wird.[2] Dann sind die Bilder, die die Feiernden gewählt haben, Kulisse, manchmal auch Zentrum eines von bestimmten Interessen geleiteten Umgangs mit der Geschichte. Hinter diesen Bildern muß keinesfalls die Erkenntnis der Geschichte als Wissenschaft stehen – sie drücken auch die »Empfindungen derer aus, mit denen Geschichte gemacht wurde.«[3] Und allen Beteuerungen zum Trotz: Alle Botschaften, die von Denkmal und Feier ausgehen, sollen, aus der Vergangenheit in die Gegenwart geholt, in der Zukunft wirksam werden – schon der materiellen und formalen Qualität des Monuments ist diese Intention anzusehen.

Denkmäler werden nicht so sehr an dem konkreten historischen Ereignis gemessen. Weil sie sich eben interessens- und empfindungsgeleitet präsentieren, entsteht im Blick auf die gesamte Denkmalslandschaft einer Gesellschaft, je nach der ihr zugestandenen gesellschaftspolitischen Pluralität, ein unterschiedlich zersplittertes Bild einer objektiv zwar identischen, aber subjektiv anders gelebten und erlebten Vergangenheit. Wahrscheinlich stellen sich Gespaltenheit, Widersprüchlichkeit und Inhomogenität des österreichischen Bewußtseins nirgends so manifest dar wie in Denkmälern und den Umständen, unter denen diese zustande gekommen sind – oder bis heute nicht zustande kamen.

Folgende Momente bestimmen im wesentlichen ein Denkmal: der Anlaß beziehungsweise die jeweiligen Umstände des Zustandekommens, der Standort, der Auftrag, den die Initiatoren dem Denkmal übermitteln, und die tatsächliche Form der Ausführung. Die Denkmäler, die die Zweite Republik übernommen hat, weisen wegen ihrer Genese in der Monarchie, der Ersten Republik, im Austrofaschismus und Nationalsozialismus differente Momente von Anlaß und Auftrag auf. Das 19. Jahrhundert mit seiner Denkmalswut hat gerade in der Reichshaupt- und Residenzstadt Wien seine unübersehbar unsichtbaren Spuren hinterlassen, die sich besonders in den Denkmals-

projekten des liberalen Bürgertums entlang der Ringstraße manifestierten. In diese
städtischen Denkmalshaine reihte die Erste Republik einige wenige ideologische
Monumente. Die Republik trat mit der Staatswerdung von 1945 somit eine eher
inhomogene Erbschaft an, die verwaltet werden mußte, auf die reagiert werden mußte,
die auch erweitert wurde, bevor noch die grundsätzliche Sinnhaftigkeit von Denkmälern überhaupt in Frage gestellt wurde.[4]

*Ein Stück österreichischer Identität, stärker ins Bewußtsein eingegraben als die Bilder von
steinernen Denkmälern: Die Europabrücke (1963)*

## Das Österreichbewußtsein in seinen Symbolen

Nach der Staatsgründung von 1945 wurde das Verhältnis der Österreicherin und des Österreichers zu ihrem, seinem Staatswesen um die Fiktion bereichert, daß diese neue Republik aus der Asche des Untergangs nach einer Stunde Null entstanden wäre. Die Moskauer Deklaration nur selektiv wahrnehmend, begannen die Republikaner ein Österreichbewußtsein zu forcieren, das sich von der Nazivergangenheit distanzieren wollte und sich auf der Scheinheiligkeit der Unschuld gründete. Diese Vorstellung hat seither auch die Denkmäler und den republikanischen Umgang mit ihnen geprägt.

Die frühen Ereignisse in der Zweiten Republik waren ganz sicher denkmalsträchtig – zumindest dann, wenn die Eigenständigkeit der Staatsgründung durch österreichische Politiker und Parteien alleiniges Thema wurde. Besonders erinnerungswürdig erschienen solche erhebenden Momente dann, wenn sich der Mitgründer der Ersten Republik aufmachte, auch die Zweite zu gründen: Karl Renners Weg, angetreten am 3. April von seiner Kriegseremitage Gloggnitz über die sowjetischen Kommandostellen im niederösterreichischen Köttlach und Hochwolkersdorf und sein einige Tage dauernder Aufenthalt im Schloß Eichbüchl[5] – ein »path of the republic« beinahe –, führte ihn schließlich am 20. April nach Wien. Alle Stationen dokumentieren sich zumindest durch Erinnerungstafeln, in Hochwolkersdorf durch einen Gedenkraum[6] und in Gloggnitz durch ein Museum.

In Wien hatten sich bekanntlich schon vor Renners Eintreffen die Nachfolgeorganisationen der beiden wichtigsten republikanischen Parteien unter neuen Namen als Sozialistische Partei und als Volkspartei gegründet: die erste am 14. April, im Wiener Rathaus, die zweite drei Tage später im Schottenstift. Auch diese Gebäude tragen erinnernde Steintafeln. In den folgenden Verhandlungen gelang es den Vertretern von ÖVP, SPÖ und KPÖ, innerhalb einer Woche eine Konzentrationsregierung zu bilden und die Proklamation über die Unabhängigkeit Österreichs zu verfassen. An diesen frühen Akt koalitionärer Haltung erinnert das Staatsgründungsdenkmal – allerdings an einem wenig markanten Platz im Wiener Schweizergarten aufgestellt.[7]

Viel tiefer sollte sich aber jene von Renner, dem steten Mitgestalter der Bildsymbolik seiner Partei, betriebene Staatssymbolgestaltung in das Bewußtsein der Österreicherinnen und Österreicher eingraben: Schon in der zweiten Kabinettssitzung vom 30. April entstanden auf Renners Antrag die Staatssymbole. Die neugegründete Republik schloß mit ihren wiedergewählten Staatsfarben Rot-Weiß-Rot und mit dem einköpfigen Adler im Wappen, mit der Mauerkrone, dem Zeichen für die Bürger, der Sichel für den Bauernstand und dem Hammer für die Arbeiterschaft an die Symbole der Ersten Republik an – nur die Fänge des Adlers wurden, als Bild der gerade überwundenen Gewaltherrschaft, von silbernen, nun aber gesprengten Ketten umschlossen: allen Fährnissen zum Trotz ein Bild unverrückbarer Identität.

Das neue Österreich fühlte sich auch weiterhin in Bildergeschichten und Wochenschauberichten treffender widergespiegelt als in versteinernden Monumenten. Österreichs »Stunde Null« war nicht durch den Fall der Grenzbalken zwischen dem faschistischen Österreich und dem nationalsozialistischen Deutschland geschrieben worden, nicht durch die Auslöschung der österreichischen Demokratie durch den Kanzler Dollfuß, sie wurde von den Österreicherinnen und Österreichern erst begriffen, als

Brandschwaden ein kulturell definiertes Zeichen zu vernichten drohten – den Steffl, den so sehr geliebten Wiener Dom. Aus der Asche des Doms entstand das Lug- und Trugbild eines Phönix-Österreich, das es wieder einmal geschafft hätte, sich aus eigener Kraft aus den Trümmern des Untergangs zu erheben. Wolfgang Kos holt einen Vergleich aus der Welt des Sports, dem anderen Potenzbereich österreichischer Identität, um den österreichischen Blick auf die eigene Geschichte im Jahre 1945 zu charakterisieren, der die »deutsche Schreckensherrschaft« gegen ein »unerschütterliches Österreichertum« in einem alles verdrängenden »Ländermatch« antreten sah. Was in diesem damaligen Geschehen zählte, das war das »Ergebnis, der Aufstieg in die Liga der Freien, (...) nicht der tatsächliche Spielverlauf«.[8] Dieser Blick ignorierte aber, daß das demokratische Österreich sowohl 1918 als auch 1945 nur mit Hilfe der Alliierten entstehen und weiterleben konnte.

Weil aber tatsächlich die Kontinuität die österreichische Nachkriegswelt bestimmte und nicht der Bruch mit der Vergangenheit, wurden die Soldaten der Befreiungsarmeen bald als Besatzer erlebt und Bilder von der Befreiung durch die Alliierten aus diesem eingeschränkten österreichischen Blickwinkel verdrängt und gerne ausgelöscht. Deswegen war das sogenannte Russendenkmal am Wiener Schwarzenbergplatz ein besonders inkriminiertes Objekt. Dieses Befreiungsdenkmal, eine Erinnerung an die 18.000 Sowjetsoldaten, die in den Kämpfen um Wien gefallen waren, wurde schon wenige Wochen nach Kriegsende errichtet und am 19. August 1945 enthüllt.[9]

Die anderen Armeen verzichteten weitgehend auf die Darstellung ihres Siegs über Nazideutschland in solch großem Stil und machten es damit dem Nachkriegsösterreich leicht. Ein zurückhaltendes amerikanisches Befreiungsdenkmal befindet sich am

*Das »Russendenkmal« am Wiener Schwarzenbergplatz (1945). Entwurf von Major Jakowiew, Skulpturen von Leutnant Intazarin. Gesamtleitung: Major Ing. Scheinfeld*

Wiener Frankhplatz: Ein kleiner Stein, *The Cornerstone of Freedom*, steht am Rand
einer weiträumigen Parkanlage. Die Inschrift betont die kulturelle Bedeutung Österreichs für Europa und die westliche Zivilisation.[10] Wenig verankert ist im österreichischen Bewußtsein auch der internationale Protest gegen den Einmarsch Nazi-Deutsch-
lands, den Mexiko im Völkerbund einbrachte und dem sich die Sowjetunion, das
republikanische Spanien und Chile als einzige Staaten anschlossen – obwohl auch dafür
ein Gedenkstein gesetzt wurde, der Mexikoplatz in Wien hat daher seinen Namen.

Der österreichischen Rezeption schien es zu genügen, wenn mit dem Thema
Befreiung Wohnbauten dekoriert oder benannt wurden: etwa Carry Hausers Wandbilder an einem Gemeindebau in Wien 18, Simonygasse, und an dem Wohnhaus Wien
14, Leegasse, oder der Freiheits-Turm in der Klosterneuburger Straße im 20. Wiener
Bezirk. Diese Bildwerke der »Kunst am Bau« der 1950er Jahre haben vielleicht einen
noch geringeren Rezeptionsgrad im öffentlichen Bewußtsein als die konventionellen,
die ›erinnernden‹ Denkmäler.[11]

Andere Bildmonumente bestimmten eindrücklicher die österreichische Erinnerung
an die Nachkriegsjahre – quasi ungewollte, ›gewordene‹ Denkmäler: Die Bilder vom
Aufbau, von einer Auferstehung aus den Trümmern waren wesentlich stärkere
Momente als in Stein gehauene Denkmäler. Wenn zudem Antifaschismus mit Wiederaufbau gleichgesetzt wurde,[12] konnte damit auch die nur sehr lückenhaft durchgeführte
Entnazifizierung verdrängt werden. Das bleibendste, dem visuellen Gedächtnis verhaftete Stück Aufbauarbeit war wohl die Fertigstellung des Tauernkraftwerks Kaprun. Als
wesentliche Teile dieses zentralen Symbols für den österreichischen Wiederaufbau
1951 in Betrieb genommen wurden, wurde damit allerdings ein Bau beendet, der schon
1938 begonnen und über das Kriegsende weitergeführt worden war, um schließlich bei
den Eröffnungsfeierlichkeiten als großartige Heldentat des Führungspersonals über alle
Jahre hin – also auch während der Nazizeit – stilisiert zu werden. Der Arbeiter, der
tausenden Zwangsarbeiter, der KZ-Häftlinge und Kriegsgefangenen, die bis 1945 die
wesentlichen Vorarbeiten geleistet hatten, ihrer wurde dabei nicht gedacht.[13] Kaprun
war nicht das einzige Bauwerk, an dem sich das Aufbaubewußtsein aufzurichten
begann. Auch andere Leistungen, die an wirtschaftliche und bauliche Erfolge gekoppelt
waren, begannen das zu stärken, was die österreichische Identität festigte. Dazu
gehörten etwa die Erfolge der verstaatlichten Industrie, die neben vielen weniger
spektakulären Leistungen auch Großes vorweisen konnte: etwa die Straßenbrücke bei
Innsbruck, die Europabrücke, die zwischen 1959 und 1963 gebaut wurde.

Sicher waren auch staatspolitische Ereignisse Faktoren österreichischen Selbstbe-
wußtseins: Der Kanzler Leopold Figl am Balkon des Belvedere, in seinen Händen das
soeben unterzeichnete Dokument des österreichischen Staatsvertrags, bewahrt im Foto
und Wochenschaufilm, oder die Unterzeichnungszeremonie selbst, festgehalten im
geschichtsfälschenden Ölbild von Robert Fuchs oder in dem von Sergius Pauser. Am
Platz der Vertragsunterzeichnung selbst erinnert eine in den Boden eingelassene Schrift
an das Ereignis und in Graz ein Befreiungsdenkmal an den damit verbundenen Abzug
der alliierten Soldaten. Im Jahr danach, 1956, prägten sich die Bilder vom Aufstand im
benachbarten Ungarn in das visuelle Gedächtnis der Österreicherinnen und Österreicher ein. Das identitätstiftende Bild vom Asylland und Ort der Begegnung Österreich
begann zu grünen, eine solche Profilierung kurbelte langsam auch den Fremdenverkehr

an. Daß Faschismus und Antisemitismus nicht bewältigt waren und schließlich auch auf universitärem Boden wieder hoffähig gemacht werden wollten, zeigte die ›Affäre‹ Borodajkewycz. Bilder des totgeschlagenen Gegendemonstranten und Antifaschisten Ernst Kirchweger wurden je nach Lagermentalität unterschiedlich rezipiert – an seinem Begräbnis nahmen doch Hunderttausende teil. Beinahe zur gleichen Zeit wurde das ›monumentale‹ Regierungssystem, das der großen Koalition, aufgegeben, Alleinregierungen folgten. Und ähnlich wie in Frankreich und Deutschland wurden auch in Österreich jugendbewegende und aufklärerische Geschehnisse für das visuelle Erinnern gespeichert, die sogenannten 68er Ereignisse, die ja eine ganze Generation monumentalisierten.

Die österreichische Politik, die die sozialistische Idee zur Staatsidee formte – et vice versa: die Staatsidee in der sozialistischen Idee aufgehen ließ – fand in der Formel »Der österreichische Weg« auch ihre bildhafte Definition. Im konkreten – sozialistischen – Parteibildsymbol bedeutete dies, daß sich das sozialistische Rot ins bundesstaatliche Rot-Weiß-Rot verwandelte. Daß politisch Wankende auch Ruinen zurücklassen können oder – noch besser – gar keine bauen lassen, das zeigen zwei andere ungewollte Denkmäler: Zwentendorf und Hainburg – eine Bauruine und die eben nicht verbaute Aulandschaft. Daß die Opportunität ganz unterschiedliche ›Monumente‹ zwingt, sich einander anzunähern, dafür war die eher schüchterne Begegnung des Ingenieurs des »österreichischen Wegs« mit einem Vertreter einer anderen mächtigen österreichischen Bewußtseinsstütze, nämlich des Sports, Beispiel – von Bruno Kreisky mit Karl Schranz, dem disqualifizierten Olympioniken von Sapporo. Tatsächlich holten die Österreicherin und der Österreicher der Nachkriegszeit Ikonen in ihren Alltag, unter denen der Sport neben dem allgemeinen Wohlstandsdenken den wahrscheinlich wichtigsten Platz einnahm – die Spitzensportler wurden und werden auch von der Politik hofiert: Das von der sozialdemokratischen Gemeindeverwaltung in der Zwischenkriegszeit erbaute Wiener Praterstadion wurde 1993 wenige Tage nach dem Ableben des international erfolgreichen Fußballtrainers in Ernst Happel-Stadion umbenannt. Sollten in dieser Fortsetzung die Huldigungen der Spitzenkräfte des Sports, deren Hand- und Fußabdrücke à la Hollywood auf der Wiener Mariahilferstraße nun (1992) in Beton gegossen sind, dann die letzten Transformierungen steinerner Monumente sein, Huldigungen, aus denen die Österreicherinnen und Österreicher sich ihr eigenes Quentchen an internationaler Bedeutsamkeit zu holen versuchen? Aber auch solche Bilder verharren nur kurzfristig im Gedächtnis. Und so scheint es, als hätte die Republik zu viele dieser ›gewollten‹ Denkmäler vorzuweisen.

Zudem scheidet sich die österreichische Denkmalslandschaft auch in eine städtische und eine ländliche, die eine ist von der Vielzahl der Geehrten geprägt, die andere zeichnet sich durch die große Menge von Monumenten, die derselben Person zugedacht sind, aus. Ganze Landschaften ehren eine Persönlichkeit, wie etwa die Rosegger-, die Haydn- oder die Stifter-Gedenkstätten – je nachdem in der Steiermark, im Burgenland, in Niederösterreich und in Oberösterreich im Land verstreut –, und in den Denkmalshainen der Bundeshauptstadt bedrängen einander die versteinerten Dichter-, Malerfürsten und Musikgenies. Tatsächlich sind solche Denkmäler österreichischen Kulturschaffens relativ indifferente Bilder des öffentlichen, wenn auch nicht immer des allgemeinen Bewußtseins. Für viele dieser Objekte hat die Republik zwar auch eine

Sorgepflicht übernommen, doch mit der Genese des Staates und seiner Entwicklung haben solche Objekte im großen und ganzen wenig zu tun.

## Die Denkmäler der Republik: Erstarrte Varianten zwiespältigen Bewußtseins

Die ›gewollten‹ Erinnerungsbilder, wie die niederösterreichischen Rennergedenkstätten und das Staatsgründungsdenkmal im Schweizergarten am Wiener Landstraßer Gürtel, sind die wenigen staatspolitischen Denkmäler der Zweiten Republik. Das einzige Denkmal, das auch diesen Namen trägt, stammt bekanntermaßen aus der Ersten Republik.

Wahrscheinlich benötigt das System der demokratischen Republik keine in Erz gegossenen oder versteinerten Monumente, doch hat der nie bewältigte Nationalsozialismus seit der Republiksgründung ohne Unterbrechung Entlastung von seiner Schuld gefordert. Gerade in diesem Prozeß eindeutig Position zu beziehen, das fiel und fällt dem pluralistischen, demokratischen Staat äußerst schwer, manchmal scheint die in diesem Bereich gezeigte Toleranz von einer an demokratische Selbstaufgabe grenzenden Fahrlässigkeit geleitet zu sein.[14]

Zentrales Thema dieser in solchem Klima entstandenen Denkmalsformen war natürlich die Gestaltung der Vorgeschichte der Zweiten Republik. Wie stand man zu Konsens und Abgrenzung, wie zu Demokratie und autoritärem, faschistischem System? Die Antwort hieß zumeist: Kontinuität und Inkonsequenz. Der Bürgerkrieg,

*Das Staatsgründungsdenkmal im Wiener Schweizergarten (1966), Gestaltung durch Berthold Gabriel und Heinrich Deutsch*

die austrofaschistische Diktatur und der politische Mord, der Nationalsozialismus, die Weltkriege und ihre Gefallenen und der politische Widerstand, Partisanen, Desertion, die Vernichtung der Juden, der Roma und Sinti, des »unwerten Lebens«, der Homosexuellen, die Justifikationen, die Ziviltoten – das sind die Themen, die sofort nach der Befreiung Österreichs durch die Alliierten zur Bewältigung im Denkmal zu verarbeiten gewesen wären. Doch auch hier war die Denkmalskultur Spiegel der politischen Verhältnisse.

Den Grund für die Wichtigkeit der Themen des Zweiten Weltkriegs und des Holocaust bezeichnen allein die furchtbaren Zahlen der Opferliste. Doch das Gedenken an diese Schreckenszeit gestaltete sich nicht nur zwischen den Parteien koalitionär, sondern auch im Umgang mit der Vergangenheit. Allein in der Bestimmung des Zeitraums, dem die Gedenkstätten und Denkmäler gewidmet wurden, ergaben sich Varianten, die allein durch die politischen Positionen bestimmt wurden. Die Kriegerdenkmäler beziehen sich meist nur auf den Zeitraum zwischen dem Kriegsbeginn 1939 und dem Kriegsende 1945, die politisch konsensuell getragenen Gedenkstätten benennen dann auch die Zeit von Hitlers Einmarsch in Österreich. Das zentrale Grabdenkmal am Wiener Zentralfriedhof, geschaffen von Wilhelm Schütte und Fritz Cremer, verweist zwar grundsätzlich auf die Zeit des Austrofaschismus, enthielt sich aber bei seiner Enthüllung, den Zeitraum von 1934 bis 1938 zu nennen.[15] Ganz selten gelang es den Initiatoren, den gesamten Zeitraum von 1934 bis 1945 als Zeit von Diktatur und Faschismus öffentlich anzuklagen. Dies geschah meist nur dann problemlos, wenn Organisationen der Arbeiterbewegung oder Betriebe der Opfer des Widerstands gedachten. Der zwiespältige Umgang mit der Geschichte wird auch im zentralen Denkmal, dem Äußeren Burgtor am Wiener Heldenplatz, offenkundig: In zwei getrennten Räumen, im Heldendenkmal und im Gedenkraum für die Opfer des Widerstands, wird der Toten gedacht.

In dieser koalitionären Situation blieb für Denkmäler der Ideologien kein Platz, oder sie wurden an den Rand gedrängt. In der Zeit zwischen den Kriegen hatten alle entscheidenden politischen Lager ihre Denkmäler errichtet – ein Denkmal für Ferdinand Lassalle und das Republikdenkmal, eines für Lueger, und den Siegfried-Kopf in der Wiener Universität für die Nationalen. Nach dem Ende der Naziherrschaft entstanden jedoch keine Denkmäler für die wichtigsten Parteipolitiker der Ersten Republik – einzig Straßen- und Platznamen erinnern an Bauer, Seipel oder Kunschak. Für den Einiger der österreichischen Sozialdemokratie, Victor Adler, gibt es eine einfache Gedenktafel mit einem Porträt-Bronzerelief von Fritz Cremer an seinem letzten Wohnhaus in der Wiener Gumpendorferstraße.

Die Denkmäler für führende Politiker der Zweiten Republik blieben an deren Funktionen gebunden. Karl Renner flankiert als Bundespräsident (Porträtplastik von Alfred Hrdlicka, Denkmalsarchitektur von Josef Krawina, 1965 bis 1967) die Wiener Ringstraße, Julius Raab als Kanzler (Relief von Toni Schneider-Manzell, Denkmalskonzept von Clemens Holzmeister, enthüllt 1967 am Jahrestag der Unterzeichnung des Staatsvertrags). Karl Seitz und Theodor Körner stehen in ihrer Funktion als Bürgermeister beziehungsweise als Bundespräsident in dieser Denkmalsreihe.

Die während der beiden Diktaturen abgetragenen Denkmäler wurden größtenteils wieder aufgestellt. Das Republikdenkmal enthüllte man nach der Zusammenführung und Restaurierung der Einzelteile, die in verschiedenen Depots gelagert worden waren, schließlich am 30. Jahrestag der Gründung der Ersten Republik, am 12. November 1948, zum zweiten Mal.[16] Auch andere Denkmäler wurden wieder aus den Lagern geholt: in Wien etwa die Denkmäler für den Sozialreformer Ferdinand Hanusch, für Gotthold Ephraim Lessing und für den Freiherrn von Sonnenfels, in Leoben-Donawitz das Antikriegsdenkmal von Fritz Wotruba. Vom einzigen tatsächlich sozialdemo-

*Das Dr. Karl Renner-Denkmal im Wiener Rathauspark von Alfred Hrdlicka und Josef Krawina (1965/67)*

kratischen Denkmal des Roten Wien, jenem für Ferdinand Lassalle, blieb eine wesentlich verkleinerte Nachbildung des das ehemals riesige Denkmal krönenden, expressiven Porträtkopfes. Sie wurde in die dunkle Hauseinfahrt des Alfred Porges-Hofs in der Gumpendorferstraße gedrängt.

Die Republik besitzt nicht weit von jenem Denkmal, das ihren Namen trägt, ein wesentlich zentraler gelegenes Ehrenmal, das sie in seltsamer Kontinuität aus dem

*Das Julius Raab-Monument von Toni Schneider-Manzell und Clemens Holzmeister am Dr. Karl Renner-Ring (1967)*

Fundus des »Ständestaats« übernommen hat: das Heldendenkmal im Äußeren Burgtor. Seit den 1920er Jahren wurde die Idee vorangetrieben, das Burgtor zum Erinnerungsmal der im Ersten Weltkrieg gefallenen Soldaten umzugestalten. Nach der Wettbewerbsausschreibung 1933 gelangte das Gestaltungskonzept von Rudolf Wondracek zur Ausführung, und das Burgtor wurde im September 1934 als österreichisches Heldendenkmal eingeweiht. Im rechten Seitenflügel befindet sich nun der Raum zum Gedächtnis an die Gefallenen – im Zentrum die liegende Kriegerfigur von Wilhelm Frass. Möglicherweise aber wies dieses Heldendenkmal, das an die verlorene Größe des Habsburger Reichs anknüpften wollte, wie Frass später im *Völkischen Beobachter* schrieb, schon auf den kommenden Nationalsozialismus hin: Frass, ein wichtiger Kunstproponent der NS-Zeit, hatte angeblich unter der marmornen Figur des unbekannten Soldaten ein nationalsozialistisches Pamphlet verborgen. 1965 wurde schließlich im linken Flügel des Torgebäudes ein Weiheraum für die Opfer des Kampfs um die Freiheit Österreichs eingerichtet – das ideologische Konglomerat war komplett.[17] Das Heldentor zwischen Ringstraße und Heldenplatz war somit auch Staffage für verschiedenste Ereignisse. Schon die Einweihung des zum Heldendenkmal umgestalteten Äußeren Burgtors war unter Pomp abgelaufen, vor jubelnden Massen hielt dann Hitler seine Einmarschrede, schließlich war aber der Heldenplatz danach auch Ort anderer, weniger spektakulärer Versammlungen, politischer Ansprachen, religiöser Feiern, militärischer Vereidigungen und Paraden, auch demokratischer Kundgebungen wie etwa des sogenannten Lichtermeers gegen Rassismus und Fremdenhaß mit seinen 220.000 Teilnehmerinnen und Teilnehmern. So sind Platz und Monument immer wieder am Scheideweg republikanischen Ehrens der ›heldenhaft‹ für die Habsburger Monarchie und für Großdeutschland gefallenen Krieger und der getöteten Kämpfer um die Freiheit Österreichs gestanden. Tätern und Opfern

*Kriegerbrunnen in Leibnitz, 1930 erbaut und 1952 erweitert*

zugleich an einem Ort zu gedenken – dies ist nur im breiten republikanischen Pluralismus möglich.

Von solchem Konsens wurde auch ein Denkmalsprojekt getragen, das anläßlich des 50jährigen Gedenkens an die Schlacht um Stalingrad initiiert wurde. Im Zusammenschluß wichtiger Proponenten der drei großen politischen Parteien sollte ein »Mahnmal für den Größenwahn eines Führers und seiner Gefolgsleute«[18] im heutigen Wolgograd für die aus der damaligen »Ostmark« stammenden Gefallenen entstehen. Bis jetzt wurde dieses Monument noch nicht realisiert. Wird es das vorläufig letzte Projekt sein, das den Krieger- und Heldendenkmälern des vorigen Jahrhunderts folgt?


## Versuche der Vergangenheitsbewältigung: Kriegerdenkmäler

Bis ins vorige Jahrhundert wurden, von wenigen Ausnahmen abgesehen, einzig kommandierende Soldaten – Generäle, Feldherrn, Regimentsbefehlshaber – für würdig befunden, im militärischen Heldendenkmal verehrt zu werden. In der näheren Umgebung Wiens, bei Kleinwetzdorf, befindet sich eine besonders kuriose Variante einer solchen Denkmalsstätte: der Heldenberg, eine Ruhmesanlage für die k.u.k. Armee und Feldmarschall Radetzky. Der Finanzier des Heldenbergs war der Heereslieferant Pargfrieder. Denn ähnlich wie beim ›Denkmalboom‹ bürgerlichen Zuschnitts waren es Personen unterschiedlichsten Standes und Ranges, die ähnliche Interessen bewogen, sich militärischer Ereignisse anzunehmen und Erinnerungsmonumente zu stiften. Diese ränge-, stände-, auch klassenübergreifenden Tendenzen veränderten auch die Inhalte der Monumente: Das bezeugt etwa das Wiener Deutschmeisterdenkmal, das des treuen Kameraden gedenkt, der sich selbstlos für den anderen einsetzt, der einfache Soldat für den ranghöheren, der einzelne für die Truppe. Nun war zudem das, was man gemeinhin als Kriegs- und Schlachtenglück bezeichnet, Österreich keineswegs hold gewesen, und die nach dem verlorenen Krieg gegen Preußen entstandenen Gedenkstätten bekamen deswegen die Aufgabe, nicht den Sieg zu feiern, sondern die soldatischen Tugenden zu preisen und über die Niederlage hinwegzuhelfen.

Die Katastrophe des Ersten Weltkriegs brachte mit den Massenschlachten auch ein Massensterben. Das Gefallenendenkmal wurde zum häufigsten Denkmalstyp überhaupt, als zu Kriegsende beinahe alle österreichischen Gemeinden beschlossen, den gefallenen und vermißten Soldaten Denkmäler zu setzen. Diejenigen, die diese Projekte initiierten, waren die heimgekehrten Kriegsteilnehmer selbst, Mitglieder der Kameradschaftsvereine, des Heimatschutzes, der Turnerschaften. So entstanden die Heldendenkmäler für den kleinen Mann, und im idealisierenden Blick zurück[19] fanden die Alleingelassenen ein wenig psychische Hilfe.[20] Nur vereinzelt entstanden auch Gedenkstätten gegen den Krieg, wie das Monument in Leoben-Donawitz von Fritz Wotruba (1932) oder das Denkmal für die Gefallenen am Wiener Zentralfriedhof, in seiner urspünglichen Gestaltung von Anton Hanak.

Die üblichen Kriegerdenkmäler zeigten zumeist die Soldatenfigur, den trauernden Kämpfer, manchmal auch die trauernde Frau und das Kind vor dem Gefallenen, seltener allegorische Darstellungen des Krieges. Diese Monumente des Ersten Weltkriegs waren die Vorgabe für die Gefallenendenkmäler des Zweiten Weltkriegs. Viele dieser

Monumente des Ersten Weltkriegs wurden nur durch zusätzliche Schrift- und Namenstafeln zum Gedenken an die Opfer des neuerlichen Massensterbens ergänzt. Sie sind damit in ihrer Aussage besonders widersprüchlich geblieben.[21] Die neu errichteten Monumente wurden nur mehr selten skulptural gestaltet, die architektonischen Elemente wie Stelen, Nischen, Wände, Mauern dominierten, und doch suchte die Argumentation, von der republikanischen Nachkriegsposition aus, eine zwar nicht ausgesprochene, aber doch angesprochene Verbindung zum totalitären Regime. Die wesentlichen Verbindungsglieder – »Heimat« und »Vaterland« – und die Inschriften rechtfertigen zumeist den Kriegsdienst in der Hitler-Wehrmacht, sprechen von Heldentum und von Pflichterfüllung, auch von Tod und Trauer. Die meisten dieser Monumente betonen die Blutopfer von Militär und Zivilbevölkerung bei der Verteidigung der »Heimat«. Sie appellieren häufig, das so gepriesene soldatische Vorbild der Gefallenen vor Augen, auch in der Zukunft »für die Verteidigung des Vaterlandes notfalls das Leben preiszugeben.«[22] Die überwiegende Zahl der Kriegerdenkmäler beschränkt ihre Erinnerung nur auf die Kriegsjahre 1939 bis 1945, klammert so die vorausgegangenen eineinhalb Jahre der Auslöschung Österreichs und die anderen Opfer der nationalsozialistischen Herrschaft aus. Diese Denkmäler erweisen sich damit geradezu prototypisch als Beispiele selektiver historischer Wahrnehmung.

Weil die Zahl der Krieger- oder Heldendenkmäler wesentlich höher ist als jene aller anderen Gedenkstätten oder Mahnmale in Österreich – um die 5.000 Monumente sind es,[23] die sich hauptsächlich im Bereich der ländlichen Gemeinden befinden – seien hier nur wenige Objekte genannt: das Grenzland-Ehrenmal auf der Riegersburg, das burgenländische Landesehrenmal am Geschriebenstein, die Kriegerdenkmäler in Wien-Jedlersee oder Stammersdorf. Daneben gibt es auch die zahlreichen Soldatenfriedhöfe, für die das Schwarze Kreuz die spezielle Betreuung übernommen hat. Die Leiden des Krieges unter spezifischem Blickwinkel kommentieren auch jene Denkmäler, die für die aus der Gefangenschaft heimgekehrten Soldaten errichtet wurden: die Heimkehrerdenkmäler, häufig an den zentralen Organisationsplätzen der Rückführung der ehemaligen deutschen Soldaten errichtet, wie etwa in Wiener Neustadt.[24]

## Denkmäler unbewältigter Geschichte: Mahnmale für Holocaust und Widerstand

Die selektive und divergente Wahrnehmung der jüngeren Geschichte, besonders von der Zerstörung der österreichischen Demokratie und den Entwicklungen seit dem Anschluß Österreichs an Nazideutschland, machten das Errichten inhaltlich anderer Denkmäler und Gedenkstätten notwendig. Denn in den ihnen oft eigenen, ganz spezifischen Deutungen von Geschichte sind die meisten Denkmäler zwar vereinfachend, aber schließlich doch von so endgültiger Aussage, daß es trotz republikanischen Wollens nicht immer möglich ist, in einem gemeinsamen Monument allen unter der Naziherrschaft Getöteten in gleicher Weise zu gedenken. Zusatztafeln an Kriegerdenkmälern, die alle Kriegsopfer auf dieselbe Art würdigen wollen, zeugen bestenfalls von humanistisch ausgleichendem Denken, täuschen aber über die Ursachen und die unterschiedlichen Umstände hinweg, unter denen die damit geehrten Menschen ums Leben gekommen sind.

Die Reihe der Denkmäler, die an den Widerstand gegen den Faschismus gemahnen, wurde schon zwischen den beiden großen Kriegen begonnen, als Zeichen für die frühen Opfer von Staatsgewalt und »Ständestaat«: für den ersten aus politischen Motiven ermordeten sozialdemokratischen Betriebsrat Birnecker, für die Dutzenden vor dem Justizpalast niedergeschossenen Menschen, für die Opfer des blutigen Sonntags von St. Lorenzen. Den Hunderten getöteten Arbeitern des Februar 1934 wie auch allen anderen Opfern des Faschismus konnten erst nach dem Zusammenbruch des Nazisystems Gedenktafeln gesetzt werden: zumeist an den Orten des Kampfs, in Wien, der Steiermark und Oberösterreich. Auch der im Anhaltelager des Austrofaschismus im niederösterreichischen Wöllersdorf ›verwahrten‹ politischen Gefangenen wird seit 1974 mit einem Denkmal gedacht. Doch gerade die nach politischem Standpunkt unterschiedliche Interpretation der Ereignisse zwischen 1933/34 und 1938 machte auch das Gedenken an die Opfer des Nazifaschismus zu einem schwer zu lösenden Problem: War etwa der von den Sozialdemokraten als Arbeitermörder und Vernichter der Demokratie bezeichnete Kanzler Dollfuß, den die Nazis ermordet hatten, genauso als Opfer des Faschismus zu benennen wie die von Heimwehr und Bundesheer erschossenen Schutzbündler oder die Opfer des Widerstands gegen die Naziherrschaft?

Diese unter koalitionären Bedingungen in Wirklichkeit nicht zu beantwortende Frage behinderte schon den ersten Versuch, die faschistische Vergangenheit in der Zeit der Zweiten Republik zu lösen. Das als großes antifaschistisches Projekt begonnene Ausstellungsunternehmen »Niemals vergessen!« verzögerte sich wegen dieser Diskussion um ein Jahr und kam schließlich nur unter Kompromissen zustande. 1946 wurde dieser, auf besondere Initiative des kommunistischen Kulturstadtrats Victor Matejka

*Das Denkmal in Wöllersdorf (1974)*

gemachte erste Schritt über den Müll der Vergangenheit tatsächlich getan: Doch auch hier begann der Faschismus erst mit 1938, wichtige Streitpunkte wurden ausgeklammert, und der ursprüngliche Gedanke, ein großes antifaschistisches Denkmal zu errichten, nicht umgesetzt.[25] Die Errichtung eines solchen Mahnmals erfolgte erst in den 1980er Jahren: 1988 konnte das lange geplante Wiener Mahnmal gegen Krieg und Faschismus, entworfen und ausgeführt von Alfred Hrdlicka, zumindest im ersten Abschnitt am Albertinaplatz enthüllt werden – fertiggestellt wurde es 1991. Auch dieser Denkmalsgestaltung waren jahrelange Diskussionen um Ort und Art des Denkmals selbst und um den politisch-ästhetisch argumentierenden, antifaschistischen Künstler Hrdlicka vorausgegangen, und die Diskussionen werden bis heute immer wieder entfacht.[26]

Die ersten Gedenktafeln, die in Wien in mahnender Erinnerung an die verbrecherischen Taten der Naziherrschaft angebracht wurden, waren eine Gedenktafel zu Ehren Gustav Mahlers am Wiener Konzerthaus und die Schrifttafel in der Johann Mithlinger-Siedlung, der ehemaligen Rasenstadt in Favoriten, enthüllt am 4. August 1945 zur Erinnerung an Johann Mithlinger und andere Bewohner der Siedlung, die als Widerstandskämpfer ermordet worden waren.[27] In der Folge wurden zunächst sehr rasch, dann aber immer zögernder bis Anfang der 1960er Jahre bedeutendere Denkmäler, auch verschiedene kleinere Monumente und Gedenktafeln in Erinnerung an Widerstand und rassisch ›begründete‹ Menschenvernichtung im Nazifaschismus errichtet. Dann wurden bis in die 1980er Jahre hinein nur mehr wenige Gedenkstätten initiiert. Erst anläßlich des 50jährigen Mementos von Bürgerkrieg, Hitler-Einmarsch und Kriegsausbruch gelang es vielen Personenkomitees, schon länger betriebene Gedenktafelkonzepte zu verwirklichen. Eine vom Unterrichtsministerium begonnene und intensiv geförderte Projektaktion brachte es zustande, besonders an den Schulen neues Interesse für die Ereignisse dieser Jahre zu wecken und ein halbes Jahrhundert danach auch den längst nach dem Krieg Geborenen ein weniger verfälschtes Bild über die Geschehnisse zu vermitteln.

Österreichweit befinden sich jedoch die größeren Monumente, die an die Zeit der nationalsozialistischen Schreckensherrschaft erinnern, auf Friedhöfen: auf dem Wiener Zentralfriedhof und auf einigen Bezirksfriedhöfen, in Salzburg (Kommunalfriedhof), Kapfenberg (St. Martin Friedhof), Graz (Zentralfriedhof), Donawitz, Wilhelmsburg, Ebensee, Gmunden, Ferlach (Parkfriedhof), Seefeld (Waldfriedhof), Mödling, Traisen, Schwechat (Waldfriedhof), St. Pölten (Stadtfriedhof), Villach. Natürlich sind die Friedhöfe als die zentralen Stätten des Todes und der Erinnerung geschützte Räume – und Abschieberäume zugleich. Die Pietät dieser in unserer Kultur sakrosankten Stätten erlaubt es, auch die verschiedensten Mahnmale und Denksteine auf einem Erdengrund zu vereinen: für die Opfer beider Seiten der Kämpfe im Februar 1934, die Opfer und Täter des Nationalsozialismus, die gefallenen Sowjets und die Angehörigen der Deutschen Wehrmacht. So sind viele Einzelschicksale, die durch den Terror der Nazis zugrunde gegangen sind, oft nur auf Grabsteinen dokumentiert.

Andere größere Mahnmale gegen den Faschismus bestehen auf dem Morzinplatz beziehungsweise in jenem Gebäude, das anstelle des berüchtigten Hotel Metropol, dem Sitz der Wiener Gestapoleitstelle, erbaut wurde: der Gedenkraum und das Denkmal *Niemals Vergessen* von Leopold Grausam (ein weiteres, vom ihm entworfenes Denkmal wurde in Linz-Urfahr enthüllt). Am Wiener Reumannplatz trägt ein Denkmal

*Das Internationale Mahnmal am Grazer Zentralfriedhof*

die Namen der Konzentrationslager und der Gefangenenhäuser, in denen Bewohner des Bezirks Favoriten ums Leben kamen. Natürlich gibt es auch in anderen Städten und Gemeinden auf öffentlichen Plätzen oder an den Orten der Geschehnisse entsprechende Hinweise auf Tafeln und auf Mahnmalen. »Widerstandsdenkmäler«, »Freiheitskämpferdenkmäler«, »Denkmäler für die Opfer des Kriegs und des Faschismus«, »Gedenktafel für alle Opfer des Nazi-Terrors« werden sie je nach Intention und politischem Konsens genannt: in Wiener Neustadt, Eisenstadt, Bregenz, Graz, Linz, aber auch in kleineren Gemeinden wie in Bruck an der Mur, Stockerau, Voitsberg, Knittelfeld, Freistadt, Oberwart, Enzesfeld, Deutschlandsberg, St. Michael, Wels, Pinkafeld, Eberndorf, Engerwitzdorf, Proleb. In Braunau, an Hitlers Geburtshaus, befindet sich seit einigen Jahren auch eine Gedenktafel gegen den Faschismus. Manchmal sind Tafeln an Kriegerdenkmälern angebracht. Auch manche Kirchen bewahren das Andenken an die Opfer des Faschismus – in der Wiener Votivkirche erinnern Glasfenster an die Mauthausener Todesstiege und an das Schicksal des Katholiken, Bauern und Wehrdienstverweigerers Franz Jägerstätter. Aber gerade diese Kirche, ursprünglich als österreichische Ruhmeshalle geplant, beherbergt auch zahlreiche Gedenktafeln für die Gefallenen von Heereseinheiten und der Exekutive.

Tatsächlich werden die Gedenktafeln, die an den antifaschistischen Widerstand bestimmter Personen erinnern, immer zahlreicher – sie können in diesem Zusammenhang nicht einmal beispielhaft erwähnt werden. Viele dieser Projekte waren nur der unermüdlichen Arbeit von Personenkomitees zu verdanken und wurden oft gegen den hinhaltenden Widerstand so mancher politisch Verantwortlicher und der Besitzer jener

Gebäude, an denen die Tafeln angebracht werden sollten, durchgeführt. Und trotzdem besitzen viele Gemeinden und Regionen noch immer keine Mahnmale gegen die Greuel der Naziherrschaft, wohl aber Denkmäler für ›ihre gefallenen Helden‹ des Weltkriegs.

Die Stätten der brutalsten Demütigung und Vernichtung des menschlichen Lebens, die Konzentrationslager, waren schon früh Orte der Mahnung und Erinnerung.[28] Wenn aber das KZ Mauthausen wenige Jahre nach der Befreiung Dokumentation und Hintergrund für feierliches Gedenken bot, so mußten die meisten Nebenlager erst wieder aus der geistigen Verdrängung geholt werden.[29] 47 von ihnen befanden sich im heutigen Österreich – darüber hinaus gab es auch Außenlager des KZs Dachau auf österreichischem Gebiet. Dabei sind diverse Arbeitsplätze, an denen KZ-Häftlinge eingesetzt waren, Sägewerke, Ziegelwerke, Industriebetriebe, Werften, Straßen- und Tunnelbaustellen, oft gar nicht mitgezählt. In Gerichtsgebäuden und Hinrichtungsräumen wird der unter der Nazijustiz Hingerichteten gedacht, doch die Erinnerung an die furchtbaren Todesmärsche, auf denen zu Kriegsende KZ-Häftlinge und ungarische Juden zugrundegingen, existiert auch dann kaum, wenn auf den Friedhöfen der jeweiligen Region Grabsteine für diese unbekannten Toten errichtet wurden.

Die vom NS-Staat projektierte Vertreibung und Ausrottung der Juden machte aber auch andere, spezifische Gedenkstätten für jüdische Menschen und jüdische Kultur nötig. Die Auflassung der Gettos, die Zerstörung der Synagogen und anderer Kulteinrichtungen, die schrecklichen Pogrome, allen voran die Novemberpogrome von 1938, die Zerstörung der Friedhöfe zeigen, daß die Juden die besonders verfolgten Opfer des NS-Regimes gewesen sind. Nur manchmal gelang ein Wiederaufbau von Zeremonienhallen und Bethäusern – meist war er auch gar nicht mehr möglich, weil zum einen die jüdischen Gemeinden vieler Ortschaften nicht mehr bestanden, zum anderen die Geldmittel für eine Instandsetzung der Friedhöfe und Gebäude von der Kultusgemeinde allein nicht aufgebracht werden konnten. Zwar wurde mit Erinnerungstafeln der Novemberpogrome gedacht, der Sammelstellen zum Abtransport der Juden in die KZs, der Plätze der alten Synagogen, der Bethäuser (wie etwa in Wien, Graz, Steyr, Oberwart) oder der untergegangenen Gettos (wie in Lackenbach). An anderen wichtigen Orten ist es aber noch immer nicht gelungen, zumindest durch Gedenktafeln entsprechendes Andenken zu bewahren. Solche Defizite werden zumeist erst durch die in letzter Zeit sich wieder häufenden neonazistischen Beschmierungen jüdischer Grabsteine kurzzeitig ins öffentliche Bewußtsein gerückt. Es ist auch zu konstatieren, daß die Denkmäler für die Opfer des Widerstands und des Faschismus die Verfolgung und Ausrottung der Juden wenig bis gar nicht zu ihrem Thema gemacht haben.

Denkmäler sagen eben auch einiges über das Selbstbewußtsein ihrer Betreiber aus, auch über deren Verhältnis zu bestimmten gesellschaftlichen Gruppen, Minderheiten und Randgruppen und über deren gegenwärtige Präsenz und Wertigkeit. Wenn auf manchen Soldatenfriedhöfen wohl noch der standrechtlichen Erschießungen, auch der Deserteure (wie etwa in Weyer, Breitenstein am Semmering, Eichberg an der Enns, Hieflau) gedacht wird, so wird der Kampf der Partisanen gegen die deutschen Truppen noch wenig beachtet, noch immer besonderer Kritik unterzogen oder zumindest verschiedenen rechtskonstruierenden Betrachtungsweisen unterworfen. Der Kampf der Partisanen, der besonders in der Steiermark und in Kärnten verlustreich gegen die deutschen Truppen geführt wurde, ist bis heute desavouiert. Um sie nicht in die Gedenkpflicht einschließen zu müssen, werden diese Partisaneneinheiten den Truppen einer ›fremden‹ Macht, nämlich der jugoslawischen ›Partisanenarmee‹, zugerechnet.[30]

Andere Randgruppen – die Behinderten, die Roma und Sinti, schließlich die Homosexuellen – haben wegen ihrer noch immer geringen Anerkennung in der österreichischen Gesellschaft bis heute keinen würdigen Platz im öffentlichen geschichtlichen Gedächtnis erhalten. Gedenkstätten für die Opfer der Euthanasie, die in den Krankenhäusern und in Schloß Hartheim ermordeten, als »unwertes« Leben deklarierten Patienten, bestehen zumeist nur als unausgeführte Projekte. Die wenigen Gedenkstätten für die ermordeten Roma und Sinti sind nur zurückhaltende, genauso wie die gesamte Kulturgruppe an den Rand gedrängte, bescheidene Gedenksteine, etwa am Friedhof von Kittsee, beim ehemaligen »Zigeunerlager« in Lackenbach oder am antifaschistischen Denkmal in Oberwart. Die Erinnerung an die unter den Nazis ermordeten Homosexuellen konnte einzig durch die langjährigen Aktivitäten einer privaten Initiativgruppe mit einem Denkmal im KZ Mauthausen erreicht werden.

Die Zweite Republik: keine Denkmalstürzerin

Weniger als beim Verzögern solcher Denkmalsprojekte hat sich die Republik als ›Denkmalstürzerin‹ bewährt. Natürlich wurden die braunen Adler von den braunen Häusern und Amtsgebäuden gerissen, aber die austrofaschistischen Symbole, wie die beim Heldentor thronenden Adler von Wilhelm Frass, blieben genauso erhalten wie etwa das Naziwandbild in der Klagenfurter Khevenhüller-Kaserne, wie die Gedenktafeln, die an Nazigeneräle erinnern, zum Beispiel an den Zerstörer von Belgrad, den SS-General Löhr. Auch so manche faschistischen Sgraffiti an Wiener Gemeindebauten sind geblieben. Und inzwischen konnte sogar wieder eine Gedenktafel zur Erinnerung an die Taten der Waffen-SS montiert werden.[31] Noch immer besteht das Monument der SS im steirischen Bretstein; zur Erinnerung des »Anschlusses« Österreichs an das Deutsche Reich steht im burgenländischen Oberschützen noch immer ein Monument, von dem nur der NS-Adler und die Schrift entfernt wurden; noch immer dient der sogenannte Dichterstein im oberösterreichischen Offenhausen Deutschnationalen als Treffpunkt; noch immer ist der kärntnerische Ulrichsberg, trotz gegenteiliger Beteuerungen der Denkmalsinitiatoren, Platz ›nationalen‹ Gedenkens. Auch die akademischen Heldendenkmäler, wie der Siegfried-Kopf in der Aula der Wiener Universität oder das Adler-Denkmal an der Innsbrucker Universität, sind allen Erwiderungen zum Trotz Monumente deutschnationaler Gesinnung geblieben – sogar dann, wenn sie mit antifaschistischen Gedenktafeln ergänzt wurden.[32] Auch im Umgang mit ›ewiggestrigen‹ Straßennamen verhielt sich die Republik eher behutsam denn entschieden, bewahrte sie Kontinuität.

Daß die radikalen Antirepublikaner von *ihrer* Art des Denkmalstürzens dadurch nicht abgehalten werden, davon zeugen immer wieder Anschläge, Brand- und Sprengstoffattentate auf Partisanendenkmäler und andere antifaschistische Monumente, auch auf das Republikdenkmal und besonders auf die jüdischen Einrichtungen und Friedhöfe. So erstaunt schließlich nicht, daß etwa der politisch-ästhetische Hinweis auf die noch immer nicht bewältigte Vergangenheit, wie er im Rahmen eines Projekts des steirischen herbstes von dem Künstler Hans Haacke 1988 vorgenommen wurde, äußerste Emotionen provozieren konnte.[33] In all den Jahren nach der Befreiung fanden im Gegensatz zu demokratisch motivierten Denkmalstürzen – also zur Demontage antidemokratischer, faschistischer Denkmäler oder zumindest zu deren Veränderung durch didaktisch erklärende Schrifttafeln – wesentlich häufiger verzögernde Diskussionen um Denkmäler und das Errichten von Mahnmalen und Gedenkstätten statt.

### Defizite versteinernder Erinnerungsarbeit

Trotz eines spezifisch neuen Österreichbewußtseins, das sich seit 1945, auch in Abgrenzung zu Deutschland, entwickelt hat, eines Bewußtseins, das sich zu Recht an der nationalen, politischen, kulturellen und wirtschaftlichen Eigenständigkeit Österreichs orientiert, ist das Verhältnis der Österreicherinnen und Österreicher zu ihrer jüngeren Geschichte noch immer ›problematisch‹. Wie stellen sie sich tatsächlich zu den ›zwei Wahrheiten‹ der Vergangenheit und zu der daraus erwachsenen Frage nach Schuld? Und dieses zwiespältige Bewußtsein beweist nicht nur der Geist, der hinter vielen seit 1945 entstandenen Denkmälern steht, es spiegelt sich auch noch immer in politischen Aussagen oberster Repräsentanten des österreichischen Staates wider. In einer erst jüngst vor der israelischen Knesset gehaltenen Rede fand der österreichische Bundespräsident Thomas Klestil die beachtlichen Worte, daß so mancher der brutalsten Schergen der NS-Diktatur aus Österreich gekommen sei, daß auch in der Republik im

*Mahnmal von Hans Kuppelwieser in St. Pölten (1988)*

Rahmen der Wiedergutmachung große Versäumnisse ganz besonders den ehemaligen jüdischen Mitbürgern gegenüber einzugestehen seien. Doch stellte Klestil deswegen keine noch so verspäteten Wiedergutmachungen in Aussicht und betonte schließlich, daß das neue Österreich mit dem Land von damals nicht mehr zu vergleichen wäre. Widersprechen dem nicht zumindest die jüngsten, vom österreichischen Staat verhängten Einreisebeschränkungen für Asylsuchende und Flüchtlinge?[34]

Dieses spezifische Verhältnis zur eigenen Geschichte ist auch ein Grund dafür, daß der Gründungsmythos der Republik schließlich in die Aufbaujahre verschoben und nicht mehr an die Befreiung von den Nazis gebunden wurde, daß schließlich das Jahr 1955 und der Abmarsch der ausländischen Soldaten als Zäsur definiert und der Tag der Befreiung, »der Tag der Fahne«, der Staatsfeiertag, nicht von der Befreiung vom Nationalsozialismus abgeleitet wurde. Die Auseinandersetzung mit dem Nationalsozialismus blieb unbewältigt und damit alle Forderungen, die seither an Österreich gestellt worden sind – auch die Schuld, die sich in steinernen Monumenten dokumentiert. Die Republik blickt noch immer auf zwei Vergangenheiten zurück, die Denkmäler beweisen dies.

Die Frage, ob Denkmäler heute und in Zukunft noch nötig sind, muß bejaht werden: Solange es noch wesentliche Defizite bei der Errichtung von Gedenkstätten gibt, solange der bewußten Erinnerungsarbeit an die Opfer von Krieg, Faschismus und Nationalsozialismus große Hindernisse in den Weg gelegt werden, solange die zentralen Gedenkstätten für die Ermordung der Juden, für die Todesmärsche der KZ-Häftlinge, für die Ermordung der Sinti und Roma, für die Homosexuellen, für die Toten der Euthanasieprogramme und der Vernichtung des »unwerten« Lebens, für die Verfolgung der Zeugen Jehovas, schließlich die Gedenktafeln an jüdischen Gebetshäusern und anderen jüdischen Kulteinrichtungen immer noch fehlen, und solange es nötig ist, mit dem Bild eines Denkmals die Öffentlichkeit auf die gegenwärtigen politisch-humanitären Verhältnisse hinzuweisen, solange ist es auch notwendig, Denkmäler und Mahnmale zu errichten.

## ANMERKUNGEN

1    Musil Robert, Nachlaß zu Lebzeiten, Reinbek bei Hamburg 1978, 62ff.
2    Vgl. Riesenfellner, Vorwort, in: Riesenfellner u. Uhl, Todeszeichen, 1994, VI.
3    Pelinka, Vorwort, in: Gärtner u.a., Kriegerdenkmäler, 1991, 7; vgl. Pelinka, Umgang, in: Bundesministerium für Unterricht und Kunst Hg., Denkmal, 1993, 17.
4    Vgl. Adam, Denkmäler, in: Bundesministerium für Unterricht und Kunst Hg., Denkmal, 1993, 10.
5    Vgl. Nasko, Wahlkreis, in: Gewerkschaft der Eisenbahner Hg., Hochwolkersdorf, 1990, 18ff. 1979 wurde am Hauptplatz von Gloggnitz eine Gedenktafel zur Erinnerung an Renners erste Intervention bei den Sowjets enthüllt. Das Schloß Eichbüchl besitzt auch eine Erinnerungstafel.
6    1981 wurde in Hochwolkersdorf gegenüber vom Sitz des ehemaligen sowjetischen Kommandos ein Gedenkraum eingerichtet (vgl. Nasko, Gedenkraum, 1981).
7    Das Staatsgründungsdenkmal (1966) im Wiener Schweizergarten ist einer der wenigen abstrahierenden Denkmalsentwürfe. Der Auftraggeber war die Republik, die beiden Gestalter der Architekt Berthold Gabriel und der Bildhauer Heinrich Deutsch.
8    Kos, Menschenbild, in: Kos, Eigenheim, 1994, 88.
9    Auf einem 20 Meter hohen, schmalen Sockel blickt der Rotarmist über die Stadt. Ihn flankieren zwei Kolonnadenbögen, an deren beiden Endpunkten Gruppen kämpfender Soldaten vorgeschoben sind.

(Entwurf von C. G. Jakowlew, Skulpturen von M. A. Intizarian und Max Krejci, Bauleitung M. S. Scheinfeld; die Ausführung lag in den Händen von etwa 400 österreichischen Arbeitern.) 1990 wurde im Zug von Perestrojka und der Demontage des Sowjetsystems auch gegen das Russendenkmal polemisiert (vgl. AZ, 8.5.1990; AZ 15.5.1990; Kurier, 19.5.1990).

10 Dieser Gedenkstein wurde von der Indiana Limestone Company gefertigt, von den USA gewidmet und der Stadt Wien 1948 anvertraut.

11 Zu dem Begriff »ungewollte«, »erinnernde« Denkmäler vgl. Adam, Denkmäler, in: Bundesministerium für Unterricht und Kunst Hg., Denkmal, 1993, 9–13.

12 Eine Abteilung in der Ausstellung »Niemals Vergessen« von 1946 trug den Titel: »Antifaschismus ist Wiederaufbau«.

13 Der Beschluß zum Bau des Kraftwerks Kaprun war schon in den 1920er Jahren gefaßt worden, das Projekt konnte aber erst 1938 unter der Naziherrschaft begonnen werden. Nach Kriegsende wurden anstelle der Zwangsarbeiter verhaftete Nazis zum Bau herangezogen, bald fanden aber auch viele vor der Entnazifizierung Flüchtende relativ unbehelligt Arbeit.

14 Vgl. Pelinka, Umgang, in: Bundesministerium für Unterricht und Kunst Hg., Denkmal, 1993, 18.

15 Vgl. Feller, Sichtbarmachung, in: Tabor Hg., Kunst, Bd.1, 1994, 287.

16 Das Republikdenkmal wurde am 12. November 1928 im Gedenken an den zehnjährigen Bestand der Republik eingeweiht (Architektur und Büste Victor Adlers von Anton Hanak, Porträt Jakob Reumanns von Franz Seifert, Porträt Ferdinand Hanuschs von Carl Wollek). Beim Abbau des Denkmals im Jahr 1934 wurde der Porträtkopf von Ferdinand Hanusch so sehr beschädigt, daß er für die Wiederaufstellung im Jahre 1948 von Mario Petrucci ›nachempfunden‹ werden mußte.

17 Vgl. Feller, Ort, in: Tabor Hg., Kunst, Bd.1, 1994, 146f; Dvorak, Kreuzen, in: Forum, 411/412 (1988), 22–29.

18 Diesen Ausspruch tat der damalige sozialdemokratische Bürgermeister Helmut Zilk, der sich selbst gemeinsam mit dem freiheitlichen Wiener Landtagspräsidenten Erwin Hirnschall (FPÖ) und dem Verteidigungsminister Werner Fasslabend (ÖVP) um die Sammlung der nötigen Finanzmittel kümmerte. Initiator des Denkmals war der Fernsehjournalist Walter Seledec. Der Architekt Wilhelm Holzbauer entwarf gemeinsam mit Dieter Pal das Monument – eine rostende Eisenpyramide (vgl. Der Standard, 25.6.1993; Wiener Zeitung, 25.6.1993).

19 Vgl. Giller u.a. Hg., Kriegerdenkmäler, 1992, 75f.

20 Vgl. Gärtner u.a., Kriegerdenkmäler, 1991, 43.

21 Vgl. Riesenfellner u.a., Denkmäler, in: Bundesministerium für Unterricht und Kunst Hg., Denkmal, 1993, 31.

22 Vgl. Giller u.a. Hg., Kriegerdenkmäler, 1992, 122.

23 Vgl. Rauchensteiner, Nachwort, in: Giller u.a., Kriegerdenkmäler 1992, 197.

24 Auch am Wiener Leopoldsberg wurde ein solches Erinnerungsmal gesetzt – entworfen von Mario Petrucci und am 12. September 1948 eingeweiht.

25 Vgl. Kos, Schau, in: Kos, Eigenheim, 1994, 7–58.

26 Die neuerliche konkrete Beauftragung für dieses Denkmal erfolgte im Jahr 1983. Ein größeres Projekt, etwa die ebenfalls betriebene Gestaltung eines »Hauses der Republik«, wurde unter anderem auch durch die spezielle Situation des Bauplatzes vor der Albertina verhindert. Dort waren in den letzten Kriegstagen bei einem Bombenangriff im Keller des dadurch zerstörten Philipp-Hofs an die 300 Menschen getötet worden. Im Herbst 1994 wurde eine als antisemitisch auszulegende rabiat politische Äußerung Alfred Hrdlickas als Argument gegen seinen durch Jahrzehnte konsequent vertretenen Antifaschismus eingesetzt und eine Demontage des Denkmals gefordert.

27 Mithlinger wurde 1944 im Wiener Landesgericht enthauptet. In der Siedlung, einem Zentrum des antifaschistischen Widerstands, wurden mindestens 13 Personen als Widerstandskämpfer verhaftet.

28 Vgl. Matz, Lager, 1993.

29 Vgl. Perz, Projekt, 1991.

30 Vgl. Giller u.a., Kriegerdenkmäler, 1992, 141. Schließlich hat sich auch Jörg Haider in seiner Funktion als Kärntner Landeshauptmann geweigert, ehemaligen Partisanen die ihnen von der Bundesregierung zuerkannten staatlichen Auszeichnungen zu verleihen.

31 Die in der Welser Sigmar-Kapelle montierte Gedenktafel der sogenannten Kameradschaft IV, dem Traditionsverband der Angehörigen der Waffen-SS.

32 In Erinnerung an den 1943 in München geköpften antifaschistischen Studenten Christoph Probst wurde am Innsbrucker Denkmal eine Gedenktafel angebracht (vgl. Pelinka, Welche Ehre, welches Vaterland?, in: Der Standard, 7.7.1990).

33 Eine von Haacke 1988 vorgenommene Verkleidung der Grazer Mariensäule in Erinnerung an ihre
   erste Verkleidung von 1938, damals als Mahnmal für die »Blutzeugen« gedacht, erregte schließlich
   nicht nur äußerste Emotionen, die Verkleidung wurde auch in Brand gesetzt (vgl. Riesenfellner u.a.,
   Todeszeichen, 1994, 178f).
34 Die Rede des Bundespräsidenten ist nachzulesen in: Archiv der Gegenwart, 24 (1994); vgl. Naumann,
   Schrebergärten, in: Frankfurter Rundschau, 20.12.1994. Nach über 50 Jahren prüfen die österreichischen Behörden äußerst zögerlich noch immer – oder schon wieder – Hunderte Anträge auf
   Repatriierung ehemaliger Emigranten.

LITERATURVERZEICHNIS
(enthält die von den Autor/inn/en zitierten Publikationen)


100 Jahre Volksschule Frankenfels, Frankenfels 1993

Aarons Mark u. John Loftus, Ratlines. How the Vatican's Nazi Networks Betrayed Western Intelligence to the Soviets, London 1991

Abelshauser Werner, Wirtschaftsgeschichte der Bundesrepublik Deutschland 1945–1980, Frankfurt am Main 1983

Ableitinger Alfred, Die innenpolitische Entwicklung, in: Mantl Wolfgang Hg., Politik in Österreich. Die Zweite Republik: Bestand und Wandel, Wien, Köln u. Graz 1992, 119–203

Achleitner Friedrich, Über das Verhältnis von Bauen und Landschaft, in: ders. Hg., Die Ware Landschaft. Eine kritische Analyse des Landschaftsbegriffs, Salzburg 1977, 61–65

Achleitner Friedrich, Österreichische Architektur im 20. Jahrhundert. Ein Führer in drei Bänden. Bd. 1: Oberösterreich, Salzburg, Tirol, Vorarlberg, 2. Auflage, Salzburg u. Wien 1983

Achleitner Friedrich, Nieder mit Fischer von Erlach, Salzburg u. Wien 1986

Adam Hubertus, Denkmäler und ihre Funktionsweise, in: Bundesministerium für Unterricht und Kunst Hg., Denkmal und Erinnerung. Spurensuche im 20. Jahrhundert. Anregung für Schülerinnen- und Schülerprojekte, Wien 1993, 9–13

Aichholzer Georg u.a., Arbeitsmarktpolitische Qualifizierungsmaßnahmen für Jugendliche, in: Jugendliche auf dem österreichischen Arbeitsmarkt, Wien 1984, 115–141

Aiginger Karl, Top oder Flop – das ist die Frage, in: Wirtschaftspolitische Blätter 30 (1983), 120–130

Aiginger Karl, Zur Funktion der Verstaatlichten Industrie im Jahr 2000, in: Gesellschaft und Politik 4 (1986)

Aiginger Karl, Wirtschaftliches Ost West Gefälle, in: Ost-West-Drift in Österreich. Club Niederösterreich 1 (1989)

Aiginger Karl, Ergebnisse einer Unternehmensbefragung über die Ostöffnung, in: ders. Hg., Chancen und Gefährdungspotentiale der Ostöffnung: Konsequenzen für die österreichische Wirtschaft, Wien 1993, 29–40

Aiginger Karl u. Bayer Kurt, The Top-Aktion. Eine neue Form der Investitionsförderung, in: WIFO-Monatsberichte 10 (1982)

Aiginger Karl u.a., Die Zukunft der Aluminiumindustrie, in: WIFO-Monatsberichte 10 (1986)

Aiginger Karl u. Peneder Michael, Die qualitative Wettbewerbsfähigkeit der österreichischen Industrie, Wien 1994

Aiginger Karl (Projektleitung): Die Internationale Wettbewerbsfähigkeit Österreichs, WIFO, Wien, 1987

Aiginger Karl Hg., Chancen und Gefährdungspotentiale der Ostöffnung: Konsequenzen für die österreichische Wirtschaft, Wien 1993

Alber Jens, Vom Armenhaus zum Wohlfahrtsstaat, Frankfurt am Main u. New York 1982

Altrichter Herbert u.a., Innenansichten guter Schulen. Portraits von Schulen in Entwicklung (Bildungsforschung des BMUK, Bd. VI), Wien 1994

Anders Günther, Die Welt als Phantom und Matrize. Philosophische Betrachtungen über Rundfunk und Fernsehen, in: ders., Die Antiquiertheit des Menschen, Bd.1, München 1986 (1. Auflage 1956), 97–211

Anderson Perry, Die Entstehung des absolutistischen Staates, Frankfurt am Main 1979

Andics Helmut, Bitterer Ziegel, in: Neues Österreich, 9.9.1951

Andics Helmut u.a., 50 Jahre Rundfunk in Österreich, Bd. 4: 1967–1974, Salzburg 1986

Ang Ien, Desperately Seeking the Audience, London 1991

Angerer Marie-Luise, Ohne Echo – Ohne Hall. Medialer Feminismus am Beispiel des Österreichischen Rundfunks, in: dies. u.a. Hg., Auf glattem Parkett, Wien 1991, 111–134

Anonym, Sozialstatistische Daten 1980, in: Beiträge zur österreichischen Statistik 613 (1981)

Appelt Erna u.a. Hg., Stille Reserve. Erwerbslose Frauen in Österreich, Wien 1987

Arbeitsübereinkommen zwischen der SPÖ und der ÖVP über die Bildung einer gemeinsamen Bundesregierung für die Dauer der XVII. Gesetzgebungsperiode des Nationalrates, in: Österreichisches Jahrbuch für Politik 1986, Wien u. München 1987, 641–695

Archiv der Gegenwart. Die weltweite Dokumentation für Politik und Wirtschaft 24 (1994)

Ardelt Rudolf u. Haas Hanns, Westintegration Österreichs nach 1945, in: Österreichische Zeitschrift für Politikwissenschaft 3 (1975), 379–399

Arnold Niederer, Alpine Alltagskultur zwischen Beharrung und Wandel. Ausgewählte Arbeiten aus den Jahren 1956 bis 1991, hg. von Klaus Anderegg u. Werner Bätzing, Bern 1993, 275–279

Ash Timothy Garton, Ein Jahrhundert wird abgewählt, München 1990

Ausch Karl, Licht und Irrlicht der österreichischen Wirtschaftsentwicklung, Wien 1965

Baacke Dieter, Jugend und Jugendkulturen. Darstellung und Deutung, Weinheim u. München 1987

Bacher Gerd, Ankunft in Österreich, in: Jung Jochen Hg., Vom Reich zu Österreich, Salzburg 1983, 256–262

Baethge Martin, Arbeit, Vergesellschaftung, Identität. Zur zunehmenden normativen Subjektivierung der Arbeit, in: Soziale Welt 42 (1991), 6–19

Bailer Brigitte, »Ohne den Staat weiter damit zu belasten ...«. Bemerkungen zur österreichischen Rückstellungsgesetzgebung, in: Zeitgeschichte 11/12 (1993)

Bailer Brigitte u. Neugebauer Wolfgang, Die FPÖ: Vom Liberalismus zum Rechtsextremismus, in: Stiftung Dokumentationsarchiv des österreichischen Widerstandes Hg., Handbuch des österreichischen Rechtsextremismus, Wien 1994, 357–494

Bailer-Galanda Brigitte, Ein teutsches Land. Die »rechte« Orientierung des Jörg Haider. Eine Dokumentation, Wien 1987

Balog Andreas u. Cyba Eva, Soziale Evolution oder Desintegration? Theoretische Aspekte des Wertwandels, in: SWS-Rundschau 32 (1992), 317–339

Bamberger Richard, Jugendlektüre, Bonn u. Wien 1965

Bandhauer-Schöffmann Irene u. Hornung Ela, Wiener G'schichten. Nationalsozialistische Ideologien in zwei Frauenbiographien, in: psychosozial 15 (1992) H. III/51, 34–42

Bandhauer-Schöffmann Irene u. Hornung Ela, Von Mythen und Trümmern. Oral History-Interviews zum Alltag im Nachkriegswien, in: dies. Hg., WIEDERAUFBAU-WEIBLICH, Wien 1992, 24–55

Bandhauer-Schöffmann Irene u. Hornung Ela, Von der Trümmerfrau auf der Erbse. Ernährungssicherung und Überlebensarbeit in der unmittelbaren Nachkriegszeit, in: L'Homme. Zeitschrift für feministische Geschichtswissenschaft 2 (1991), 77–105

Bandhauer-Schöffmann Irene u. Hornung Ela, Vom »Dritten Reich« zur Zweiten Republik. Frauen im Wien der Nachkriegszeit, in: Good David u.a. Hg., Frauen in Österreich. Beiträge zu ihrer Situation im 20. Jahrhundert, Wien 1994, 225–247

Bandhauer-Schöffmann Irene u. Hornung Ela, Von der Erbswurst zum Hawaiischnitzel. Die Hungerkrise im Wien der Nachkriegszeit in ihren geschlechtsspezifischen Auswirkungen, in: Albrich Thomas u.a. Hg., Österreich 1949–1961 (im Erscheinen)

Bandhauer-Schöffmann Irene u. Hornung Ela, Der Topos des sowjetischen Soldaten in lebensgeschichtlichen Interviews mit Frauen, in: DÖW Jahrbuch, Wien 1995, 28–44

Banik-Schweitzer Renate u.a. Hg., Wien wirklich. Der Stadtführer, Wien 1992

Barbey Gilles, WohnHaft. Essay über die innere Geschichte der Massenwohnung, Braunschweig u. Wiesbaden 1984

Barnay Markus, Die Erfindung des Voralbergers. Ethnizitätsbildung und Landesbewußtsein im 19. und 20. Jahrhundert, Bregenz 1988

Bartunek Ewald, Arbeitsplatzwechsel und berufliche Zufriedenheit von Frauen, Wien 1977

Bartunek Ewald, Teilzeitbeschäftigung in Österreich 1974–1990, Wien 1993

Bartunek Ewald u.a., Die wirtschaftliche Rolle der Frau in Österreich, hg. vom Bundesministerium für Soziale Verwaltung, Wien 1984

Bätzing Werner, Bad Hofgastein. Gemeindeentwicklung zwischen Ökologie und Tourismus. Perspektiven für eine Gemeinde im Brennpunkt des alpinen Fremdenverkehrs, Berlin 1985

Bauer Wolfgang u.a. Hg., Sind die Bauern noch zu retten? Über die Zukunft einer alpinen Kultur, Goldegg 1994

Baumgartner Gerhard, Sinti und Roma in Österreich, in: pogrom 130 (1987)

Baumgartner Marianne, Zwischen Mythos und Realität. Die Nachkriegsvergewaltigungen im sowjetisch besetzten Mostviertel, in: Unsere Heimat. Zeitschrift für Landeskunde von Niederösterreich 64 (1993), 73–108

Baumgartner Marianne, »Jo, des waren halt schlechte Zeiten ...«. Das Kriegsende und die unmittelbare Nachkriegszeit in den lebensgeschichtlichen Erzählungen von Frauen aus dem Mostviertel, Frankfurt am Main 1994

Bayer Hans, Strukturwandlungen der österreichischen Volkswirtschaft nach dem Kriege, Leipzig 1929

Beck Bernhard, Die internationale Wettbewerbsfähigkeit der schweizerischen Exportindustrie, Bern u. Stuttgart 1990

Beck Ulrich, Risikogesellschaft. Auf dem Weg in eine andere Moderne, Frankfurt am Main 1986

Beck-Gernsheim Elisabeth, Vom »Dasein für andere« zum Anspruch auf ein Stück »eigenes Leben«. Individualisierungsprozesse im weiblichen Lebenszusammenhang, in: Soziale Welt 3 (1983), 307–340

Beck-Gernsheim Elisabeth, Die Kinderfrage, Frankfurt am Main 1989

Beck-Gernsheim Elisabeth, Arbeitsteilung, Selbstbild und Lebensentwurf. Neue Konfliktlagen in der Familie, in: Kölner Zeitschrift für Soziologie und Sozialpsychologie 44 (1992), 273–291

Beham Martina u. Wilk Liselotte, Alleinerzieherinnen. Ein Bericht zu ihrer sozialen Lage und Erwerbssituation, Wien 1990

Beiersdorfer Dietmar u.a., Fußball und Rassismus, Göttingen 1993

Beirat für Wirtschafts- und Sozialfragen, Qualifikation 2000, Wien 1989

Beirat für Wirtschafts- und Sozialfragen, Wirtschaftsstandort Österreich, Wien 1994

Beiträge zur Geschichte der Kommunistischen Partei Österreichs, Wien 1976

Berchtold Klaus, Österreichische Parteiprogramme 1868–1966, München 1967

Berger Franz S. u. Haller Christiane, Trümmerfrauen. Alltag zwischen Hamstern und Hoffen, Wien 1994

Berger Walter, Kritik der Entwicklung der höheren Schule in Österreich. Beiträge zur Neugestaltung, Klagenfurt 1985

Beratungszentrum für Migranten und Migrantinnen Hg., Die rechtliche Stellung von Ausländer/inne/n in Österreich, Wien 1994

Bergmann Werner u.a. Hg., Der Umgang mit Nationalsozialismus und Antisemitismus in Österreich, der DDR und der Bundesrepublik Deutschland, Frankfurt am Main u. New York 1995

Bernold Monika, Fernsehen in Österreich. Inszenierungen des Privaten in den 50er und 60er Jahren, in: Medien Journal 1 (1994), 19–26

Bernold Monika u. Ellmeier Andrea, »Wählerin, Konsumentin, Zuschauerin«. Konstruktionsformen des konsumierenden Publikums, in: Kaelble Hartmut u.a. Hg., Konsumgeschichte als Gesellschaftsgeschichte (in Druck)

Bezemek Ernst, »Der lange Weg zur Freiheit«. Der Bezirk Hollabrunn unter sowjetischer Besatzung, in: ders. u.a. Hg., Vergangenheit und Gegenwart. Der Bezirk Hollabrunn und seine Gemeinden, Hollabrunn 1993, 210–246

Biffl Gudrun, Entwicklung auf dem Arbeitsmarkt bis zum Jahr 2000, in: WIFO-Monatsberichte 2 (1988)

Biffl Gudrun, Arbeitsvermittlung im internationalen Vergleich, in: WIFO-Monatsberichte 66 (1993)

Biffl Gudrun, Zukunft der Frauenbeschäftigung, Wien 1994

Biffl Gudrun, Die Arbeitswelt der Frauen in Österreich – Erwerbsarbeit und Hausarbeit, in: Good David u.a. Hg., Frauen in Österreich. Beiträge zu ihrer Situation im 20. Jahrhundert, Wien 1994, 120–145

Biographisches Handbuch der österreichischen Parlamentarier 1918–1993, hg. von der Parlamentsdirektion, Wien 1993

Birk Franz u. Traar Kurt, Das Ende einer Ära, in: Khol Andreas u. Stirnemann Alfred Hg., Österreichisches Jahrbuch für Politik, München u. Wien 1983, 45–62

Bittermann Wolfgang, Rinderrassenreduktion von 1880–1985 unter dem Aspekt der genetischen Verarmung, in: Statistische Nachrichten 3 (1990), 164–170

Bittermann Wolfgang, Naturvorratsrechnung Boden – Grundlagen zur Erfassung der Landschaft und ihrer Nutzung im Rahmen der Umweltstatistik, in: Statistische Nachrichten 8 (1990), 543–549

Bittermann Wolfgang, Umweltrelevante Aspekte der Landwirtschaft, Teil 1, in: Statistische Nachrichten 4 (1991), 375–389

Bittermann Wolfgang, Umweltrelevante Aspekte der Landwirtschaft, Teil 2, in: Statistische Nachrichten 8 (1991), 745–754

Bittermann Wolfgang, Ökobilanz Eichenwald, in: Statistische Nachrichten 3 (1993), 208–219

Bittermann Wolfgang, Umweltrelevante Aspekte des Wintertourismus am Beispiel des alpinen Skilaufes, in: Statistische Nachrichten 5 (1993), 374–384

Bittermann Wolfgang, Naturvorratsrechnung Boden. Flächennutzung durch ausgewählte Fremdenverkehrseinrichtungen, in: Statistische Nachrichten 9 (1994), 764–769

Bittermann Wolfgang u. Zethner Gerhard, Landwirtschaft, in: Österreichisches Statistisches Zentralamt und Umweltbundesamt Hg., Umwelt in Österreich, Wien 1994

Blaschke Jochen, Neue Partizipationsformen – Minderheiten als soziale Bewegungen, in: Bauböck Rainer u.a. Hg.: »... Und raus bist Du!« Ethnische Minderheiten in der Politik, Wien 1988, 327–336

Blaschke Sabine u. Cyba Eva, Typisch weiblich – typisch männlich? Einstellungen und Arbeitssituation von Frauen und Männern, in: Haller Max u.a Hg., Österreich im Wandel. Werte, Lebensformen und Lebensqualität 1986–1993 (im Erscheinen)

Blaumeiser Heinz u.a., »Was hab ich denn schon zu erzählen ...« Ottakringer Lesebuch. Lebensgeschichten, Wien 1988

Blimlinger Eva u. Sturm Margit, Politikrelevante Ideologeme einer Wiener Arbeiter/innengeneration, in: Zeitgeschichte 19 (1992), 112–121

Bobikova Lenka, Die Arbeiterbewegung und die Nationalitätenkämpfe vor 1914 – eine Darstellung der Entwicklung, in: Konrad Helmut Hg., Arbeiterbewegung und nationale Fragen in den Nachfolgestaaten der Donaumonarchie, Wien 1993, 35–65

Bobrowsky Manfred, Österreich ohne Presse? Perspektiven der Wiener Tageszeitungen 1945, in: Duchkowitsch Wolfgang Hg., Mediengeschichte, Wien 1985, 113–126

Bock Fritz, Zum 11. März 1938, in: Österreichische Monatshefte 2 (1983)

Böck-Greissau Josef C., Die Industrie in Wien, Niederösterreich und Burgenland, in: Festschrift zum fünfzigjährigen Bestand der Zeitschrift »Die Industrie«, Wien 1950

Bodenhöfer Hans-Joachim, Bildungspolitik, in: Dachs Herbert u.a. Hg., Handbuch des politischen Systems Österreichs, Wien 1991, 546–557

Bodzenta Erich, Änderungen der österreichischen Sozialstruktur in der Ersten und Zweiten Republik, in: Zöllner Erich Hg., Österreichs Sozialstruktur in historischer Sicht, Wien 1980, 156–170

Bodzenta Erich u.a., Österreich im Wandel. Gesellschaft, Wirtschaft, Raum, Wien 1985

Bogdanovic Bogdan, Die Stadt und der Tod, Klagenfurt u. Salzburg 1993

Bogdanovic Bogdan, Architektur der Erinnerung, Klagenfurt u. Salzburg 1994

Bogensberger Wolfgang, Jugendstrafrecht und Rechtspolitik, Wien 1992

Böhm Stephan, Die Keynes'sche Renaissance, in: Wirtschaftspolitische Blätter 29 (1982), H. 3, 65–77

Bolognese-Leuchtenmüller Birgit Hg., Frauen der ersten Stunde 1945–1955, Wien, München u. Zürich 1985

Bourdieu Pierre, Die feinen Unterschiede. Kritik der gesellschaftlichen Urteilskraft, Frankfurt am Main 1989

Botz Gerhard, Groß Wien. Die nationalsozialistische Stadterweiterung im Jahr 1938, in: Österreich in Geschichte und Literatur 17 (1973), 3–14

Botz Gerhard, Theodor Körner, 1873 bis 1957, in: Weissensteiner Friedrich Hg., Die österreichischen Bundespräsidenten, Leben und Werk, Wien 1982

Botz Gerhard, Fernsehen in der Zeitgeschichte, in: Medien & Zeit 4 (1993), 2–5

Brand Karl-Werner u.a., Aufbruch in eine andere Gesellschaft. Neue soziale Bewegungen in der Bundesrepublik, Frankfurt am Main 1986

Breitling Rupert, Populismus, in: Pelinka Anton Hg., Populismus in Österreich, Wien 1987

Breuss Fritz, Das Binnenmarktprogramm und seine makroökonomische Effekte, in: Bundesministerium für Unterricht und Kunst Hg., Informationen zur Politischen Bildung (Heft 4), Wien 1992, 49–61

Breuss Susanne u.a. Hg., Inszenierungen. Stichwörter zu Österreich, Wien 1995

Brock Ditmar, Vom traditionellen Arbeiterbewußtsein zum individualisierten Handlungsbewußtsein. Über Wandlungstendenzen im gesellschaftlichen Bewußtsein der Arbeiterschaft seit der Industrialisierung, in: Soziale Welt 39 (1988), 413–434

Brock Ditmar, Wie verknüpfen Männer Arbeitsorientierungen mit privaten Lebensinteressen? Veränderungstendenzen biographischer Orientierungsmuster bei männlichen Arbeitern seit den fünfziger Jahren, in: Hoff Ernst Hg., Die doppelte Sozialisation Erwachsener. Zum Verhältnis von beruflichem und privatem Lebensstrang, München 1990, 97–124

Brock Ditmar, Der schwierige Weg in die Moderne. Umwälzungen in der Lebensführung der deutschen Arbeiter zwischen 1850 und 1980, Frankfurt am Main 1991

Brock Ditmar u. Otto-Brock Eva, Hat sich die Einstellung der Jugendlichen zu Arbeit und Beruf verändert? Wandlungstendenzen in den Berufs- und Arbeitsorientierungen Jugendlicher im Spiegel quantitativer Untersuchungen (1955 bis 1985), in: Zeitschrift für Soziologie 17 (1988), 436–450

Broda Christian, Der modernen Gesellschaft ein modernes Strafrecht, Wien 1968

Broda Christian, Rechtspolitik, Rechtsreform. Ein Vierteljahrhundert Arbeit für Demokratie und Recht, Wien 1986

Broda Christian, Der Strafvollzug und die Rechtspolitik in der Zweiten Republik, in: Weinzierl Erika u. Stadler Karl Hg., Justiz und Zeitgeschichte V, Salzburg 1986, 287–311

Brödl Günter Hg., Die guten Kräfte. Neue Rockmusik in Österreich, Wien 1982

Bruck Peter Hg., Das österreichische Format. Kulturkritische Beiträge zur Analyse des Medienerfolges »Neue Kronenzeitung«, Wien 1991

Bruckmüller Ernst u.a., Soziale Sicherheit im Nachziehverfahren, Salzburg 1978

Brünner Christian, EWR-Bundesverfassungsgesetz – kein demokratiepolitisches Optimum, in: Journal für Rechtspolitik 1 (1993), 13–15

Brusatti Alois, Entwicklung der Wirtschaft und der Wirtschaftspolitik, in: Weinzierl Erika u. Skalnik Kurt Hg., Österreich: Die Zweite Republik, Wien, Graz u. Köln 1972

Brusatti Alois, 100 Jahre österreichischer Fremdenverkehr. Historische Entwicklung 1884–1984, Wien 1984

Buchegger Franz u. Stamminger Walter, Anspruch und Wirklichkeit: Marginalien zur Geschichte der SPÖ, in: Gerlich Peter u. Müller Wolfgang C. Hg., Zwischen Koalition und Konkurrenz. Österreichs Parteien seit 1945, Wien 1983, 17–51

Büchele Herwig u. Wohlgenannt Lieselotte, Grundeinkommen ohne Arbeit. Auf dem Weg zu einer kommunikativen Gesellschaft, Wien 1985

Buchinger Birgit u. Pircher Erika, Versteckte Diskriminierungen, Wien 1993

Bundeskammer für Arbeiter und Angestellte Hg., Die Lage der Arbeitnehmer 1994, Wien 1994

Bundeskanzleramt, Bericht über die Situation der Frauen in Österreich, Wien 1975

Bundeskanzleramt, Bericht über die Situation der Frauen in Österreich, Wien 1985

Bundeskanzleramt, Bericht über die Situation der Frauen in Österreich, Wien 1995

Bundesministerium für Arbeit und Soziales Hg., Bericht über die soziale Lage. Wien 1992/93

Bundesministerium für Arbeit und Soziales Hg., Bericht über die soziale Lage, Wien 1993

Bundesministerium für Arbeit und Soziales Hg., Bericht über die soziale Lage, Wien 1994

Bundesministerium für Arbeit und Soziales Hg., Frauen in den 80er Jahren, Wien 1989

Bundesministerium für Arbeit und Soziales Hg., Beruf ungelernt. Arbeitsbiographien von Frauen. Tagungsdokumentationen, Wien 1991

Bundesministerium für Inneres Hg., Das Buch des österreichischen Heimkehrers, Wien o.J.

Bundesministerium für Justiz Hg., Volksgerichtsbarkeit und Verfolgung von nationalsozialistischen Gewaltverbrechen in Österreich 1945–1972, Wien 1977

Bundesministerium für Land- und Forstwirtschaft Hg., Gewässerschutzbericht 1993, Wien 1993

Bundesministerium für Soziale Verwaltung Hg., Soziale Struktur Österreichs, Wien 1982

Bundesministerium für Soziale Verwaltung Hg., Jugendliche auf dem österreichischen Arbeitsmarkt, zunehmende Probleme der Integration, Wien 1984

Bundesministerium für wirtschaftliche Angelegenheiten u. Bundeslastverteiler, Betriebsstatistik 1993 – Gesamtergebnisse, Wien 1994

Bundesministerium für Wissenschaft und Forschung, Hochschulbericht 1972, Wien 1973

Bundesministerium für Wissenschaft und Forschung, Das österreichische Hochschulsystem, 2. Auflage, Wien 1992

Bundesministerium für Wissenschaft und Forschung Hg., Das österreichische Bildungssystem in Veränderung. Bericht an die OECD über die geplante Diversifikation des Postsekundarbereiches (Materialien zur Bildungspolitik 2) Wien o.J. (1993)

Bundesministerium für Unterricht und Kunst Hg., Erziehungsplanung und Wirtschaftswachstum 1965 bis 1975. Bildungsplanung in Österreich, Bd.I, Wien o.J. (1967)

Bundesministerium für Unterricht und Kunst Hg., Bildungsbericht 1975 an die OECD, Wien 1975

Bundesministerium für Unterricht und Kunst Hg., Denkmal und Erinnerung. Spurensuche im 20. Jahrhundert. Anregung für Schülerinnen- und Schülerprojekte, Wien 1993

Bundesministerium für Unterricht und Kunst u. Dokumentationsarchiv des österreichischen Widerstandes Hg., Amoklauf gegen die Wirklichkeit. NS-Verbrechen und »revisionistische« Geschichtsschreibung, Wien 19

Burckhardt Lucius, Landschaftsentwicklung und Gesellschaftsstruktur, in: Achleitner Friedrich Hg., Die Ware Landschaft, Salzburg 1977, 9–15

Burckhardt Lucius, Ästhetik der Landschaft, in: Die Eroberung der Landschaft: Semmering–Rax–Schneeberg, Katalog der niederösterreichischen Landesausstellung 1992, Wien 1992, 63–68

Burger Rudolf, Nach der Utopie oder man lache nicht über Fukuyama, in: ders., Abstriche. Vom Guten. Und Schönen. Im Grünen, Wien 1991, 9–20

Burger Rudolf, Überfälle. Interventionen und Traktate, Wien 1993

Burger Rudolf, Determinanten der europäischen Integration, in: Werkstattblätter 1 (1994), 13–26

Burgstaller Manfred u. Csaszar Franz, Ergebnisse der Strafrechtsreform, in: Khol Andreas u. Stirnemann Alfred Hg., Österreichisches Jahrbuch für Politik, München u. Wien 1983

Burkhart Günther, Liebe mit und ohne Trauschein. Ergebnisse einer empirischen Studie über Milieudifferenzierung im Bedeutungswandel von Ehe und Elternschaft, in: Demographische Informationen (1990/91), 60–67

Butschek Felix, Die österreichische Wirtschaft im 20. Jahrhundert, Wien 1985

Butschek Felix, Der österreichische Arbeitsmarkt. Von der Industrialisierung bis zur Gegenwart, Stuttgart 1992

Carson Rachel, Silent Spring, New York 1962

Chovanec Andreas u.a., Wasser, in: Österreichisches Statistisches Zentralamt und Umweltbundesamt Hg., Umwelt in Österreich, Wien 1994, 139–164

Christel Josef u. Wagner Michael, Geschlechtsspezifische Einkommensunterschiede: Österreich 1953–1979, Wien 1981

Coleman James S. u.a., Equality of Educational Opportunity, Washington 1966

Conrad Kurt, Tourismus und alpine Baukultur, in: Pöttler Burkhard u. Kammerhofer-Aggermann Ulrike Hg., Tourismus und Regionalkultur. Referate der Österreichischen Volkskundetagung 1992 in Salzburg, Wien 1994, 277–284

Coop Himmelblau, Architektur ist Jetzt, Stuttgart 1983

Cremer-Schäfer Helga u. Steinert Heinz, Herrschaftsverhältnisse. Politik mit der Moral und moralisch legitimierter Ausschluß, in: Kriminologisches Journal 23 (1991), 173–188

Csoklich Fritz: Massenmedien, in: Weinzierl Erika u. Skalnik Kurt Hg., Das neue Österreich, Graz, Wien u. Köln 1975, 259–274

Cyba Eva u.a., Räumliche Bedingungen der privaten Reproduktion, in: Fischer-Kowalski Marina u. Bucek Josef Hg., Lebensverhältnisse in Österreich, Frankfurt am Main 1980, 153–189

Cyba Eva u.a., Arbeitsbedingungen und Rationalisierungen, in: Fischer-Kowalski Marina u. Bucek Josef Hg., Lebensverhältnisse in Österreich, Frankfurt am Main 1986, 401–428

Cyba Eva u.a., Arbeitsbedingungen und Rationalisierungen, in: Fischer-Kowalski Marina und Bucek Josef Hg., Lebensverhältnisse in Österreich, Frankfurt am Main 1986

Cyba Eva, Frauen – Akteure im Sozialstaat, in: Österreichische Zeitschrift für Soziologie 1 (1991), 25–42

Cyba Eva, Geschlecht und Beruf – konkurrierende Bezugspunkte?, in: Bundesministerium für Arbeit und Soziales Hg., Beruf ungelernt. Arbeitsbiographien von Frauen, Tagungsdokumentation, Wien 1991, 15–23

Cyba Eva u.a., Chancen und Barrieren. Bedingungen der Durchsetzung betrieblicher Fraueninteressen, Wien 1993

Cyba Eva, Benachteiligungen und Interessen von Frauen in der Arbeitswelt, in: Prisching Manfred u. Schützenhöfer Hermann Hg., Soziale Sicherheit im Umbruch, Graz 1994, 141–148

Czeike Felix, April und Mai 1945 in Wien. Eine Dokumentation, in: Wiener Geschichtsblätter 30 (1975), H. 3, 221–236

Dachs Herbert, Grünalternative Parteien, in: Dachs Herbert u.a.: Handbuch des politischen Systems Österreichs, Wien 1991, 263–274

Dachs Herbert u.a. Hg., Handbuch des politischen Systems Österreichs, Wien 1991

Dax Thomas u.a., Bäuerliche Welt im Umbruch. Entwicklung landwirtschaftlicher Haushalte in Österreich (Forschungsbericht Nr. 32 der Bundesanstalt für Bergbauernfragen), Wien 1993

De Mare Heidi, Die Grenze des Hauses als ritueller Ort und ihr Bezug zur holländischen Hausfrau des 17. Jahrhunderts, in: Kritische Berichte. Zeitschrift für Kunst- und Kulturwissenschaften 4 (1992), 64–79

De Swaan Abraham, Coalition Theories and Cabinet Formations, Amsterdam 1973

Dell'mour René u. Landler Frank, Quantitative Entwicklungstendenzen der österreichischen Hochschulen 1970–2010, in: Schriften des Instituts für Demographie der Österreichischen Akademie der Wissenschaften 10 (1994)

Deppe Wilfried, Drei Generationen Arbeiterleben. Eine soziobiographische Darstellung, Frankfurt am Main 1982

Der soziale Wohnungsbau der Stadt Wien, Wien 1956

Dermutz Susanne, Der österreichische Weg: Schulreform und Bildungspolitik in der Zweiten Republik, Wien 1983

Die europäische Groß-Stadt. Licht und Irrlicht. Europa Gespräch 1963, Wien 1963

Die Verwaltung der Stadt Wien, Wien (o.J.)

Diestler Getraud u. Moser Evelin, Analytische Arbeitsbewertung und Frauenlohndiskriminierung im Betrieb, Wien 1993

Diezinger Angelika, Frauen: Arbeit und Individualisierung, Opladen 1991

Dimmel Nikolaus u.a., Sozialhilfe, Wien 1989

Dobler Helmut, Der persistente Proporz: Parteien und verstaatlichte Industrie, in: Gerlich Peter u. Müller Wolfgang C. Hg., Zwischen Koalition und Konkurrenz. Österreichs Parteien seit 1945, Wien 1983, 317–333

Doderer Klaus Hg., Zwischen Trümmern und Wohlstand. Literatur der Jugend 1945–1960, Weinheim u. Basel 1988

Dokumentationsarchiv des österreichischen Widerstandes Hg., Widerstand und Verfolgung in Wien 1934–1945, Bd. III, Wien 1975

Dokumentationsarchiv des österreichischen Widerstandes Hg., Rechtsextremismus in Österreich nach 1945, 5. Auflage, Wien 1981

Dokumentationsarchiv des österreichischen Widerstandes Hg., Das Lachout-»Dokument«. Anatomie einer Fälschung, Wien 1989

Dorrer Rosemarie, Arbeitsmarktpolitik für Frauen oder: Die Zeiten werden härter, in: Appelt Erna u.a. Hg., Stille Reserve. Erwerbslose Frauen in Österreich, Wien 1987, 23–47

Duchkowitsch Wolfgang Hg., Mediengeschichte, Wien 1985

Dunlap Riley E. u. Gale R.P., Politics and Ecology: A Political Profile of Student Eco-Activists, in: Youth and Society 3 (1972), 379–397

Dunlap Riley E. u. Mertig Angela G., The Evolution of the U.S. Environmental Movement from 1970 to 1990: An Overview, in: Society and Natural Resources 4 (1991), 209–218

Durth Werner, Die Inszenierung der Alltagswelt. Zur Kritik der Stadtgestaltung, Braunschweig u. Wiesbaden 1988

Dvorak Josef, Von Krucken-, Haken- und anderen Kreuzen, in: Forum 411/412 (1988), H. 35, 22–29

Dye Thomas R., Understanding Public Policy. Fourth Edition, Englewood Cliffs 1981

Ebbighausen Rolf u. Neckel Sighard Hg., Anatomie des politischen Skandals, Frankfurt am Main 1989

Eder Ferdinand, Wichtig, aber stressig: Schule als Teil der Lebenswirklichkeit, in: Herbert Janig u.a. Hg., Schöner Vogel Jugend, Linz 1988, 373–399

Eder Hans, Vom »österreichischen Weg« zur Sanierungspartnerschaft. Die SPÖ und die Wirtschaftspolitik der Bundesregierung in den achtziger Jahren. Dissertation, Salzburg 1992

Ehmer Josef, Die kommunistische Partei Österreichs, in: Dachs Herbert u.a. Hg., Handbuch des politischen Systems Österreichs, Wien 1991, 275–285

Ehmer Josef u. Herzog Rupert, Der Kampf um die gesellschaftliche Ordnung, in: Historische Kommission Hg., Die Kommunistische Partei Österreichs. Beiträge zu ihrer Geschichte und Politik, Wien 1987

Einwitschläger Arno, Amerikanische Wirtschaftspolitik in Österreich 1945–1959. Dissertation, Wien 1985

Eisenbach-Stangl Irmgard u. Stangl Wolfgang Hg., Grenzen der Behandlung. Soziale Kontrolle und Psychiatrie, Opladen 1984

Ellis John, Visible Fictions. Cinema, Television, Video, London u. New York 1982

Elsaesser Thomas, TV through the Looking Glass, in: Quaterly Review of Film and Video 1/2 (1992), 5–22

Eltbogen Ursula, Umweltschutzinstitutionen in Wien und Umgebung. Eine Analyse der institutionellen Ebene des Umweltschutzes unter besonderer Berücksichtigung der Marketingsituation dieser Institutionen, in: Schriftenreihe des Institutes für Technologie und Warenwirtschaftslehre der Wirtschaftsuniversität Wien 1 (1987)

Emrich Stefan u. Geosits Stefan, Nach dem Zweiten Weltkrieg, in: Geosits Stefan Hg., Die Burgenländischen Kroaten im Wandel der Zeiten, Wien 1986, 291–295

Enderle-Burcel Gertrude u.a. Hg., Protokolle des Kabinettsrates der Provisorischen Regierung Karl Renner 1945, Bd. 1: »...im eigenen Haus Ordnung schaffen«. Protokolle des Kabinettsrates 29. April 1945 bis 10. Juli 1945, Wien 1995

Eppel Peter, »Concordia soll ihr Name sein ...«. 125 Jahre Journalisten- und Schriftstellerverein »Concordia«, Wien 1984

Ergert Viktor, 50 Jahre Rundfunk in Österreich, Bd. 2: 1945–1955, Bd. 3: 1955–1967, Salzburg 1975 u. 1977

Erker Paul, Revolution des Dorfes? Ländliche Bevölkerung zwischen Flüchtlingszustrom und landwirtschaftlichem Strukturwandel, in: Broszat Martin u.a. Hg., Von Stalingrad zur Währungsreform. Zur Sozialgeschichte des Umbruchs in Deutschland, München 1988, 367–425

Erker Paul, Ernährungskrise und Nachkriegsgesellschaft. Bauern und Arbeiterschaft in Bayern 1943–1953, Stuttgart 1990

Ermacora Felix, Die Obsoleterklärung von Bestimmungen des österreichischen Staatsvertrags 1955, in: Austrian Journal of Public and International Law 42 (1991)

Ernst Andrea u.a., Giftgrün – Chemie in der Landwirtschaft und die Folgen, Köln 1986

Ernst Andrea u.a. Hg., Sozialstaat Österreich. Bei Bedarf geschlossen, Wien 1987

Ernst Werner, Zu einer Theorie des Populismus, in: Pelinka Anton Hg., Populismus in Österreich, Wien 1987

Europäische Wirtschaft, Die Wettbewerbsposition Europas in der Triade, Jahreswirtschaftsbericht 1994, 56 (1994)

Fabris Hans-Heinz u. Hausjell Fritz Hg., Auf der Suche nach Identität. Protokoll eines Gesprächs über den Journalismus in der Zweiten Republik, Salzburg 1987

Fabris Hans-Heinz u. Luger Kurt Hg., Medienkultur in Österreich. Film, Fotografie, Fernsehen und Video in der Zweiten Republik, Wien 1988

Fabris Hans-Heinz, Zwischen Politik und Politikinszenierung. Medienkurse der achtziger Jahre, in: Österreichische Zeitschrift für Politikwissenschaft 2 (1989), 119–228

Fabris Hans-Heinz u. Hausjell Fritz Hg., Die Vierte Macht. Zu Geschichte und Kultur des Journalismus in Österreich seit 1945, Wien 1991

Farin Klaus u. Seidel-Pielen Eberhard, Skinheads, München 1993

Farnleitner Johann u. Schmidt Erich, The Social Partnership, in: Arndt S.W. Hg., The Political Economy of Austria, Washington u. London 1982, 87–97

Faßmann Heinz u. Münz Rainer, Eintopf, Schmelztiegel oder Wiener Melange? Zum Verhältnis von Zuwanderern und Eingesessenen, in: Busek Erhard Hg., Brücken in die Zukunft, Wien 1989, 107–114

Faßmann Heinz u. Münz Rainer, Einwanderungland Österreich? Gastarbeiter – Flüchtlinge – Immigranten, 4. Auflage, Wien 1992

Faßmann Heinz u. Münz Rainer, Immigration and Integration. Manuskript, Wien 1993

Faßmann Heinz u. Münz Rainer, European East-West Migration 1945–1992, in: International Migration Review 28 (1994), 520–538

Faßmann Heinz u.a., Die Auswirkungen der internationalen Wanderungen auf Österreich. Szenarien zur regionalen Bevölkerungsentwicklung 1991–2031, in: ÖROK-Schriftenreihe 89 (1991)

Feichtinger Doris, Die Lage der berufstätigen Frauen Österreichs von 1950 bis 1960, Diplomarbeit, Wien 1987

Feigl Susanne, Frauen in Österreich: 1975–1985, Wien 1986

Feigl Susanne, Frauen in Österreich 1985–1990, Wien 1990

Feller Barbara, Sichtbarmachung der Vergangenheit. Kunst-am-Bau und neue Monumente in Österreich 1930–1938, in: Tabor Jan Hg., Kunst und Diktatur. Architektur, Bildhauerei und Malerei in

Österreich, Deutschland, Italien und der Sowjetunion 1922–1956, Ausstellungskatalog, Bd. 1, Wien 1994, 282–287

Feller Barbara, Ein Ort patriotischen Gedenkens. Das österreichische Heldendenkmal im Burgtor in Wien, in: Tabor Jan Hg., Kunst und Diktatur. Architektur, Bildhauerei und Malerei in Österreich, Deutschland, Italien und der Sowjetunion 1922–1956, Ausstellungskatalog, Bd. 1, Wien 1994, 142–147

Fend Helmut, Die Pädagogik des Neokonservatismus, Frankfurt am Main 1984

Fend Helmut, Sozialgeschichte des Aufwachsens. Bedingungen des Aufwachsens und Jugendgestaltens im zwanzigsten Jahrhundert, Frankfurt am Main 1988

Ferchhoff Wilfried, Jugend an der Wende des 20. Jahrhunderts. Lebensformen und Lebensstile, Opladen 1993

Fessel-Institut, Jugendstudie 1960, Wien 1960

Fessel+GfK-Institut, Trendanalyse 1992, Wien 1992

Finder Ruth, Umfang und Auswirkungen geringfügiger Beschäftigungsverhältnisse. Studie im Auftrag des Bundesministeriums für Arbeit und Soziales, Wien 1992

Findl Peter, Ehe, Familie, Haushalt, in: Sozialstatistische Daten (1990), 43–76

Findl Peter u. Münz Rainer, Demographische Struktur und Entwicklung der weiblichen Wohnbevölkerung, in: Bundeskanzleramt Hg., Bericht über die Situation der Frau in Österreich, Heft 1, Wien 1985, 3–55

Firnberg Hertha u. Rutschka Ludwig S., Die Frau in Österreich, Wien 1967

Fisch Jörg, Reparationen nach dem Zweiten Weltkrieg, München 1992

Fischer Heinz, Die Dringliche Anfrage: Neue Dimensionen, in: Zukunft 15/16 (1969)

Fischer Heinz, Die parlamentarischen Fraktionen, in: Fischer Heinz Hg., Das politische System Österreichs, Wien 1974, 111–150

Fischer Heinz, Die Kreisky-Jahre 1967–1983, Wien 1993

Fischer-Kowalski Marina, Soziale Distribution von Zeit und ihre Inhalte, in: Fischer-Kowalski Marina u. Bucek Josef Hg., Lebensverhältnisse in Österreich. Klassen und Schichten im Sozialstaat, Frankfurt am Main 1980

Fischer-Kowalski Marina, Die gesellschaftliche Entwicklung seit 1945 oder Die Verallgemeinerung der »bürgerlichen Lebensweise« und ihre Krise, in: Politische Bildung, Sondernummer 2 (1981), 127–146

Fischer-Kowalski Marina, Halbstarke 1958, Studenten 1969: Eine Generation und zwei Rebellionen, in: Preuss-Lausitz Ulf u.a. Hg., Kriegskinder, Konsumkinder, Krisenkinder. Zur Sozialgeschichte seit dem 2. Weltkrieg, Weinheim u. Basel 1983, 53–70

Fischer-Kowalski Marina, The Social Structure of OECD-Countries 1960–1980 and its Implications for Selected Aspects of Wellbeing, in: Research Report 223 (1985)

Fischer-Kowalski Marina Hg., Öko-Bilanz Österreich. Zustand, Entwicklungen, Strategien, Wien u. Köln 1988

Fischer-Kowalski Marina, Was, zum Teufel, ist umweltschädlich?, in: Aufrisse 1 (1992), 11–16

Fischer-Kowalski Marina, Social Change in the Kreisky Era, in: Bischof Günther u. Pelinka Anton Hg., The Kreisky Era in Austria (Contemporary Austrian Studies 2), New Brunswick 1993, 96–118

Fischer-Kowalski Marina u. Bucek Josef Hg., Ungleichheit in Österreich. Ein Sozialbericht, Wien 1979

Fischer-Kowalski Marina u. Seidl Peter, Von den Tugenden der Weiblichkeit, Wien 1986

Fischer-Kowalski Marina u.a., Analyse des postsekundären Bildungswesens in Österreich, Forschungsbericht am Institut für Höhere Studien (IHS), Wien 1981

Fischer-Kowalski Marina u.a., Bildung, in: Frauenbericht 1985. Bericht über die Situation der Frau in Österreich, Wien 1985

Fischer-Kowalski Marina u.a. Hg., Bildung. Bericht über die Situation der Frau in Österreich 1985. Heft 2, Wien 1985

Fischer-Kowalski Marina u.a., Kinder an Alternativschulen und Regelschulen. Ein Vergleich, (Bildungsforschung des BMUK IV), Wien 1993

Fiske John, Reading the Popular, Boston 1989

Flora Peter, Introduction, in: Flora Peter Hg., Growths to Limits, Bd. 1, Berlin u. New York 1986, XI–XXXVI

Foucault Michel, Überwachen und Strafen. Die Geburt des Gefängnisses, Frankfurt am Main 1976

Fraiji Adelheid u. Lassnigg Lorenz, Mädchen und Frauen im Bildungssystem – Quantitativ-Deskriptive Darstellungen, in: Bundeskanzleramt Hg., Bericht über die Situation der Frauen in Österreich (im Erscheinen)

Frankfurter Bernhard, Rund um die »Wien-Film«-Produktion, in: Waechter-Böhm Liesbeth Hg., Wien. 1945 – davor/danach, Wien 1985, 185–196

Freihofner Gerald, Der Proksch-Prozeß und seine politischen Implikationen, in: Khol Andreas u.a. Hg., Österreichisches Jahrbuch für Politik, München u. Wien 1991, 607–625

Friedrich Gerhard, Organisationsentwicklungskonzept zum Ausbau der Dezentralisation, Autonomie und der Mitbestimmungsmöglichkeiten an den Schulen (Forschungsbericht für das BMUK), Wien 1993

Fritz Angela, Lesen in der Mediengesellschaft, Wien 1989

Fritz Walter, Kino in Österreich 1945–1983. Film zwischen Kommerz und Avantgarde, Wien 1984

Fromm Erich, Theoretische Entwürfe über Autorität und Familie. Sozialpsychologischer Teil, in: ders., Studien über Autorität und Familie. Forschungsbericht am Institut für Sozialforschung, Paris 1936

Gallhuber Heinrich, Rechtsextremismus und Strafrecht, in: Stiftung Dokumentationsarchiv des österreichischen Widerstandes Hg., Handbuch des österreichischen Rechtsextremismus, Wien 1994, 625–647

Gamillscheg Fritz, Der österreichische Presserat 1979–1989, Wien 1989

Gärtner Reinhold u. Rosenberger Sieglinde, Kriegerdenkmäler. Vergangenheit in der Gegenwart. Vorwort von Anton Pelinka, Innsbruck 1991

Gehler Michael u. Sickinger Hubert Hg., Politische Skandale und Affären in Österreich von Mayerling bis Waldheim (im Erscheinen)

Gehler Michael u. Steininger Rolf Hg., Österreich und die europäische Integration 1945–1993, Wien 1993

Gepp Johann, Gefährdete Vielfalt, in: Katzmann Werner u. Schrom Heinrich Hg., Umweltreport Österreich, Wien 1986, 212–227

Gerbel Christian u.a., Die »Schlurfs«. Verweigerung und Opposition von Wiener Arbeiterjugendlichen im »Dritten Reich«, in: Tálos Emmerich u.a. Hg., NS-Herrschaft in Österreich 1938–1945, Wien 1988, 243–268

Gerersdorfer Johann, Entwicklung der österreichichen Sozialdemokratie in der Zweiten Republik seit dem Zerfall der großen Koalition, Dissertation, Wien 1974

Gerhards Jürgen, Emotionsarbeit. Zur Kommerzialisierung von Gefühlen, in: Soziale Welt 39 (1988), 47–65

Gerhold Susanne, Naturvorratsrechnung Boden – Flächenverbrauch durch Straßenbau in größeren Gemeinden, in: Statistische Nachrichten 5 (1993), 385–390

Gerhold Susanne, Erhöhte Kosten der Trinkwasseraufbereitung, in: Statistische Nachrichten 8 (1993), 635–638

Gerlich Peter, Korruption im Systemvergleich, in: Brünner Christian Hg., Korruption und Kontrolle, Wien, Köln u. Graz 1981

Gerlich Peter, Österreichs Parteien: Rahmenbedingungen und Fragestellungen, in: Gerlich Peter u. Müller Wolfgang C. Hg., Zwischen Koalition und Kokurrenz. Österreichs Parteien seit 1945, Wien 1983, 3–14

Gerlich Peter u.a. Hg., Sozialpartnerschaft in der Krise, Wien 1985

Geschichtswerkstatt Leoben Hg., Leben und Arbeiten im Bezirk Leoben, Wien u. Köln 1989

Giller Joachim u.a., Wo sind sie geblieben ...? Kriegerdenkmäler und Gefallenenehrung in Österreich, Wien 1992

Gisser Richard u.a., Familiale Wirklichkeit aus demographischer und soziologischer Sicht, in: Familienbericht der österreichischen Bundesregierung, Wien 1990, 57–98

Gisser Richard u.a., Der Familienbericht der Österreichischen Bundesregierung 1990, Wien 1990

Glatz Harald, Rahmenbedingungen und Instrumente für eine sozialdemokratische Umweltpolitik, in: ders. Hg., Die ökologische Herausforderung, Wien 1991, 25–52

Glazer Nathan u. Moynihan Daniel P., Beyond the Melting Pot, Cambridge/Massachusetts 1963

Gleitsmann Sylvia, Carl Merz, Dissertation, Wien 1987

Goessler-Leirer Irmtraud u. Steinert Heinz, »Sicherheitspropaganda« und »Kriminalitätspanik« im Wahlkampf. Eine explorative Untersuchung der Meinungskommentare in vier österreichischen Tageszeitungen, Forschungsbericht, Wien 1979

Goldberg Christine, Männer bei der Hausarbeit – Frauen im Beruf, in: Österreichische Zeitschrift für Soziologie 3 (1992), 15–34

Goldmann Harald u.a., Jörg Haider und sein Publikum, Klagenfurt/Celovec 1992

Goldthorpe John H. u.a. Hg., Der »wohlhabende« Arbeiter in England, 3 Bde., München 1970/71

Good David u.a. Hg., Frauen in Österreich. Beiträge zu ihrer Situation im 20. Jahrhundert, Wien 1994

Gottschlich Maximilian u. Karmasin Fritz, Beruf: Journalist, Wien 1979

Gottweis Herbert, Zur Entwicklung der ÖVP: Zwischen Interessenpolitik und Massenintegration, in: Gerlich Peter u. Müller Wolfgang C. Hg., Zwischen Koalition und Konkurrenz. Österreichs Parteien seit 1945, Wien 1983, 53–68

Gottweis Herbert, Neue soziale Bewegungen in Österreich, in: Dachs Herbert u.a. Hg., Handbuch des politischen Systems Österreichs, Wien 1992, 309–332

Greß Franz u.a., Neue Rechte und Rechtsextremismus in Europa. Bundesrepublik Deutschland, Frankreich, Großbritannien, Opladen 1990

Griller Stefan, Wird Österreich das dreizehnte EG-Mitglied? Neutralität und Grundprinzipien des österreichischen Bundesverfassungsrechts als Prüfsteine des Beitrittsantrags, in: Europäische Zeitschrift für Wirtschaftsrecht 22 (1991), 679–690

Griller Stefan, Gesamtänderung durch das EWR-Abkommen?, in: ecolex 7 (1992), 539–464

Grillitsch Karl u.a., Entwicklung und Verteilung des Volkseinkommens, in: Bundesministerium für Arbeit und Soziales Hg., Bericht über die soziale Lage, Wien 1993

Gross Beatrice u. Gross Ronald Hg., The Great School Debate. Which Way for American Education?, New York 1985

Gross Inge, Wer betreut die Kinder und wer hilft dabei? in: Statistische Nachrichten 6–8 (1984), 346–349, 417–421, 505–508

Gross Inge, Frauenerwerbstätigkeit in Österreich: Ein Überblick über die heutige Situation, in: Bundesministerium für Arbeit und Soziales Hg., Sozial- und wirtschaftswissenschaftliche Aspekte: Frauen im Erwerbsleben, Wien 1993

Gstettner Peter, Zwanghaft Deutsch? Über falschen Abwehrkampf und verkehrten Heimatdienst, Klagenfurt/Celovec 1988

Gugenberger Eduard u. Schweidlenka Roman, Mutter Erde. Magie und Politik. Zwischen Faschismus und neuer Gesellschaft, Wien 1987

Gürses Hakan, Wechselspiel der Identitäten. Bemerkungen zum Minderheitenbegriff, in: SWS-Rundschau 4 (1994)

Gyr Ueli, Kultur für Touristen und Touristenkultur, in: Kramer Dieter u. Lutz Ronald Hg., Reisen und Alltag. Beiträge zur kulturwissenschaftlichen Tourismusforschung, Frankfurt am Main 1992, 19–38

Haas Hanns u. Stuhlpfarrer Karl, Österreich und seine Slowenen, Wien 1977

Haas Hanns u.a. Hg., Weltbühne und Naturkulisse. Zwei Jahrhunderte Salzburg-Tourismus, Salzburg 1994

Haas Karl, Zur Frage der Todesstrafe in Österreich 1945–1950, in: BMJ und BMWF Hg., 25 Jahre Staatsvertrag. Protokolle des wissenschaftlichen Symposiums »Justiz und Zeitgeschichte«, Wien 1981, 132–139

Haberl Veronika, Geschlechtsspezifische Einkommensunterschiede in Österreich und der Bundesrepublik Deutschland im Vergleich, Diplomarbeit, Passau o.J.

Haberler Gottfried, Austria's Economic Development after the Two World Wars: A Mirror Picture of the World Economy, in: Arndt Sven W. Hg., The Political Economy of Austria, Washington u. London 1979, 61–75

Haerpfer Christian, Wahlverhalten, in: Dachs Herbert u.a. Hg., Handbuch des politischen Systems Österreichs, Wien 1991, 475–497

Haerpfer Christian, Postmoderne Demokratie in Österreich. Die Zukunft des politischen Systems und des Parteiensystems, in: Vranitzky Franz Hg., Themen der Zeit, Wien 1994

Hafner Gerhard, L'Obsolecence der certaines dispositions du traité d'état autrichien de 1955, in: Annuaire Français de Droit International 37 (1991)

Haller Max, Die Sozialstruktur Österreichs – Entwicklungstendenzen und Charakteristika im internationalen Vergleich, in: Dachs Herbert u.a. Hg., Handbuch des Politischen Systems Österreichs, Wien 1991, 37–77

Haller Max u.a., Strukturen der sozialen Ungleichheit in Österreich, 3 Bde., Wien 1978

Haller Max u.a. Hg., Österreich im Wandel. Werte, Lebensformen und Lebensqualität 1986–1993, Wien 1995

Hamel Stephan, »Eine solche Sache würde der Neutralitätspolitik ein Ende machen«. Die österreichischen Integrationsbestrebungen 1961–1972, in: Gehler Michael u. Steininger Rolf Hg., Österreich und die europäische Integration 1945 – 1993, Wien 1993, 55–87

Hammer Gerald, Lebensbedingungen ausländischer Staatsbürger in Österreich, in: Statistische Nachrichten 11 (1994), 914–926

Hanak Gerhard u. Pilgram Arno, Der andere Sicherheitsbericht. Ergänzungen zum Bericht der Bundesregierung, Wien 1991

Hanak Gerhard u.a., Probleme der Sicherheits- und Kriminalpolitik in Wien in Zusammenhang mit der Ostgrenzöffnung (Forschungsbericht des Instituts für Rechts- und Kriminalsoziologie, 3 Bde.), Wien 1992

Hanisch Ernst, Der lange Schatten des Staates. Österreichische Gesellschaftsgeschichte im 20. Jahrhundert, Wien 1994

Hanslmayr Johanna, »... denn sie wissen nicht, was sie tun sollen«. Reaktionen auf die sogenannte »Halbstarken-Welle« im Wien der 50er Jahre, in: Österreichische Zeitschrift für Politikwissenschaft 4 (1985), 455–466

Hareiter Angela, »...man sollte fleischfarben sein«. Die Alltagskulisse bleibt, die Requisiten ändern sich, in: Wächter-Böhm Liesbeth Hg., Wien. 1945 – davor/danach, Wien 1985, 35–50

Haßlacher Peter, Tourismussteuerung durch Raumplanung. Zur Situation in Salzburg, in: Dachs Herbert u. Floimair Roland Hg., Salzburger Jahrbuch für Politik 1991, Salzburg 1991, 52–74

Hauff Volker Hg., Unsere gemeinsame Zukunft, Greven 1987

Hausjell Fritz, Journalisten gegen Demokratie oder Faschismus, 2 Bde., Frankfurt am Main 1989

Hausjell Fritz, Zu Entnazifizierung und Umgang von Journalistinnen und Journalisten mit der nationalsozialistischen Vergangenheit nach 1945, in: Fabris Hans-Heinz u. Hausjell Fritz Hg., Die Vierte Macht, Wien 1991, 29–49

Hausjell Fritz, »Redaktionskultur«. Zur Veränderung der Arbeitsräume von Journalisten und Journalistinnen, in: Fabris Hans-Heinz u. Hausjell Fritz Hg., Die Vierte Macht, Wien 1991, 179–216

Hecht Michael u. Muzak Gerhard, Zur Geltung der für obsolet erklärten Bestimmungen des Staatsvertrags von Wien 1955, in: Juristische Blätter 116 (1994)

Hechter Michael, Internal Colonialism. The Celtic Fringe in British National Developement 1536–1966, London 1978

Heer Hannes u. Naumann Klaus Hg., Vernichtungskrieg. Verbrechen der Wehrmacht 1941 bis 1944, Hamburg 1995

Heidenheimer Arnold u.a. Hg., Political Corruption. A Handbook, New Brunswick u. Oxford 1989

Heindl Gottfried, 25 Jahre Arbeit für Österreich. Der Weg der Österreichischen Volkspartei 1945–1970, Wien 1970

Heinrich Hans-Georg, Wien: Politische Kultur im Umbruch. Patronagesystem und politische Identität, in: Swoboda Hannes Hg., Wien. Identität und Stadtgestalt, Wien u. Köln 1990, 130–143

Heinrich Hans-Georg, Osteuropa im Wandel, in: Informationen zur politischen Bildung 6 (1993), 7–17

Heinzlmaier Bernhard, Jugend in Österreich. Die Generation der Widersprüche, in: Renner-Institut Hg., Rechts Marsch – in die Zukunft. Orientiert sich die Jugend nach Rechts?, Wien 1992, 63–75

Helczmanovski Heimold, Die Bevölkerung in den letzten hundert Jahren, in: ders. Hg., Beiträge zur Bevölkerungs- und Sozialgeschichte Österreichs, Wien 1973, 113–116

Herzstein Robert Edwin, Waldheim. The Missing Years, New York 1988

Hicks J.R., Mr. Keynes and the »Classics«. A Suggested Interpretation, in: Econometrica 5 (1937), 147–159

Hieden Josef, 15 Jahre der Reform – Überlegungen zur sozialistischen Schulpolitik, in: Fröschl Erich u. Zoitl Helge Hg., Der österreichische Weg 1970–1985. Fünfzehn Jahre, die Österreich verändert haben, Wien 1986, 207–216

Hieden-Sommer Helga, Alterssicherung der Frauen, in: Renner Institut Hg., Der Sozialstaat in Österreich. Was bleibt er den Frauen schuldig?, Wien 1993, 54–67

Hirsch Joachim u. Roth Roland, Das neue Gesicht des Kapitalismus. Vom Fordismus zum Post-Fordismus, Hamburg 1986

Historische Komission beim Zentralkomitee der KPÖ Hg., Die Kommunistische Partei Österreichs. Beiträge zu ihrer Geschichte und Politik, Wien 1987

Hollerer Siegfried, Verstaatlichung und Wirtschaftsplanung in Österreich (1946–1949), Wien 1974

Höllinger Sigurd u. Steinbacher Walter, Universitätsorganisation: Selbstläufigkeit, Planlosigkeit und Veränderungschancen, in: Forster Rudolf u. Richter Rudolf Hg., Sozialwissenschaftliche Beiträge zur Diskussion um die Universitätsreform, Wien 1993, 31–52

Holzer Willibald I., Rechtsextremismus – Konturen, Definitionsmerkmale und Erklärungsansätze, in: Stiftung Dokumentationsarchiv des österreichischen Widerstandes Hg., Handbuch des österreichischen Rechtsextremismus, Wien 1994, 12–96

Holzinger Helmut, Der 10. Bundeskongress des Österreichischen Gewerkschaftsbundes, in: Khol Andreas u.a. Hg., Österreichisches Jahrbuch für Politik 1983, Wien 1984

Hölzl Norbert, Propagandaschlachten: Die österreichischen Wahlkämpfe 1945–1971, Wien 1974

Horowitz Michael, Helmut Qualtinger, Wien 1987

Horvath Elisabeth, Ära oder Episode. Das Phänomen Bruno Kreisky, Wien 1989

Horvath Alexander u.a. Hg., Avantgardefilm. Österreich 1950 bis heute, Wien 1995

Hovorka Gerhard u. Niessler Rudolf Hg., Die Einkommensentwicklung in der österreichischen Landwirtschaft 1975 bis 1990, in: Forschungsbericht, Wien 1991

Hradil Stefan, Wohlstand, Wohlfahrt, Lebensweise. Die Modernisierung sozialer Paradigmen und soziologischer Ansätze zur Erforschung sozialer Ungleichheit (Vortrag am IHS), Wien 1994

Huber Joseph, Die soziale und wirtschaftliche Dimension der Umweltpolitik, in: Informationen zur Umweltpolitik 97 (1993)

Huber Sigbert, Bodenmineralstoffhaushalt, Ernährungszustand und Kronenverlichtung von Eichenwäldern im nordöstlichen Niederösterreich, in: Österreichische Gesellschaft für Waldökosystemforschung und experimentelle Baumforschung, FIW Forschungsberichte 3 (1993)

Huemer Peter, Die Angst vor der Freiheit, in: Jagschitz Gerhard u. Mulley Klaus-Dieter, Die »wilden« fünfziger Jahre. Gesellschaft, Formen und Gefühle eines Jahrzehnts in Österreich, St. Pölten u. Wien 1985, 208–221

Hummer Waldemar, Von den Freihandelsabkommen Österreichs mit EGKS und EWG (1972) zum Beitrittsantrag zu den EG (1989), in: ders. Hg., Österreichs Integration in Europa 1948 – 1989, Wien 1990, 69–114

Hummer Waldemar Hg., Österreichs Integration in Europa 1948 – 1989, Wien 1990

Huter Michael, Die Idee der Landschaft, in: Die Eroberung der Landschaft: Semmering–Rax–Schneeberg. Katalog der niederösterreichischen Landesausstellung 1992, Wien 1992, 49–62

Hutschenreiter Gernot, Verdichtungen innovativer Aktivitäten in der österreichischen Wirtschaft, Wien 1994

IMAS-Institut, Risse durch die Generationen, in: IMAS-Report 23 (1993)

Inglehart Ronald, Kultureller Umbruch. Wertwandel in der westlichen Welt, Frankfurt am Main u. New York 1989

Institut für Angewandte Sozial- und Wirtschaftsforschung Hg., Materialien zur Sozial- und Wirtschaftspolitik 2: Zur Paritätischen Kommission für Preis- und Lohnfragen, Wien 1966

Institut für Kommunikationsplanung, Die nicht-kommerzielle Jugendarbeit in Österreich (Forschungsbericht), Salzburg 1989

Institut für sozial-ökologische Forschung, Sustainable Netherlands. Aktionsplan für eine nachhaltige Entwicklung der Niederlande, Frankfurt am Main 1993

Institut für Publizistik und Kommunikationswissenschaft der Universität Salzburg Hg., Massenmedien in Österreich, Wien 1977

Institut für Publizistik und Kommunikationswissenschaft der Universität Salzburg Hg., Massenmedien in Österreich – Medienbericht II: Berichtszeitraum 1976–1982, Wien 1983

Institut für Publizistik und Kommunikationswissenschaft der Universität Salzburg Hg., Massenmedien in Österreich – Medienbericht III: Berichtszeitraum 1983–1986, Salzburg u. Wien 1986

Institut für Publizistik und Kommunikationswissenschaft der Universität Salzburg Hg., Massenmedien in Österreich – Medienbericht 4: Berichtszeitraum 1986–1992, Wien 1993

International Energy Agency, Climate Change Policy Initiatives, Paris 1992

Inzko Valentin, Die Wiederentstehung des kulturellen und politischen Lebens bei den Kärntner Slowenen nach 1945, in: Deutsch-Slowenischer Koordinationsausschuß der Diözese Gurk Hg., Das gemeinsame Kärnten – Skupna Koroska 10, Klagenfurt/Celovec 1985, 269–272

Itzlinger Andrea u.a. Hg., Verstaatlichte Industrie. Handbuch der Österreichischen Wirtschaftspolitik, 3. Auflage, Wien 1989, 421–442

Ivan Franz u.a. Hg., 200 Jahre Tageszeitung in Österreich, Wien 1983

Jagschitz Gerhard, Der Einfluß der alliierten Besatzungsmächte auf die österreichische Strafgerichtsbarkeit von 1945 bis 1955, in: BMJ und BMfWF Hg., 25 Jahre Staatsvertrag. Protokolle des wissenschaftlichen Symposiums »Justiz und Zeitgeschichte«, Wien 1981, 114–131

Jagschitz Gerhard, Österreichplanungen und die Wiedererrichtung der Demokratie, in: Rettinger Leopold u.a. Hg., Zeitgeschichte. Bericht über die gesamtösterreichischen Seminare: Zeitgeschichte I (1918–1938) 1978 in Mattersburg, Zeitgeschichte II (1938–1955) 1979 in Klagenfurt, Zeitgeschichte III (1955–1980) 1980 in Innsbruck, Wien 1982, 287–310

Jagschitz Gerhard u. Mulley Klaus-Dieter Hg., Die »wilden« fünfziger Jahre. Gesellschaft, Formen und Gefühle eines Jahrzehnts in Österreich, St. Pölten u. Wien 1985

Jahrbuch der Österreichischen Außenpolitik. Außenpolitischer Bericht, 1991

Jahrbuch der Österreichischen Außenpolitik. Außenpolitischer Bericht, 1992

Jahrbuch der Stadt Wien 1979

Jänicke Martin, Ökologisch tragfähige Entwicklung: Kriterien und Steuerungsansätze ökologischer Ressourcenpolitik, in: Schriftenreihe des Zentrums für europäische Studien 15 (1994)

Janig Herbert u.a., Kein Handlungsbedarf? Gründe und Hintergründe für die nicht vorhandene Jugendpolitik in Österreich, in: Janig Herbert u.a. Hg., Schöner Vogel Jugend. Analysen zur Lebenssituation Jugendlicher, 2. Auflage, Linz 1990, VII-XVI

Janig Herbert u. Rathmayr Bernhard Hg., Wartezeit. Studien zu den Lebensverhältnissen Jugendlicher in Österreich, Innsbruck 1994

Jennings Kent u.a., Continuities in Political Action, Berlin u. New York 1990

John Michael u. Lichtblau Albert, Assimilation und Integration der ArbeitsmigrantInnen in Wien. Eine Skizze politischer, sozialer und kultureller Faktoren: Rückblick, Bestandaufnahme und Prognose, in: Bauböck Rainer u.a. Hg.: »... Und raus bist Du!« Ethnische Minderheiten in der Politik, Wien 1988, 234–257

John Michael u. Lichtblau Albert Hg., Schmelztiegel Wien – einst und jetzt. Zur Geschichte und Gegenwart von Zuwanderung und Minderheiten. Aufsätze, Quellen, Kommentare, Wien u. Köln 1990

Jonas Anton, Problemkind Wald, in: Ökoenergie 7 (1992)

Jurczyk Karin u. Rerrich Maria S. Hg., Die Arbeit des Alltags. Über wachsende Anforderungen der alltäglichen Lebensführung, Freiburg 1993

Kaase Max, Partizpation, in: Nohlen Dieter Hg., Pipers Wörterbuch zur Politik, Bd. 1: Politikwissenschaft, München u. Zürich 1985, 682–684

Kafka Gustav E., Die gelähmte Regierung. Der Parteien- und Verbändestaat am Beispiel Österreichs II, in: Wort und Wahrheit. Monatsschrift für Religion und Kultur 6/7 (1962), 590–612

Kaiser Konstantin, Die Karrieren des Kleinen Mannes, in: Mitteilungen des Instituts für Wissenschaft und Kunst 1/2 (1985), 7–14

Kapeller Kriemhild, Tourismus und Volkskultur. Folklorismus – Zur Warenästhetik der Volkskultur. Ein Beitrag zur alpenländischen Folklorismusforschung am Beispiel des Vorarlberger Fremdenverkehrs mit besonderer Berücksichtigung der Regionen Montafon und Bregenzerwald, Graz 1991

Kapner Gerhardt, Der Wiener Wohnbau: Urteile der Zwischen- und Nachkriegszeit, in: Kadrnoska Franz Hg., Aufbruch und Untergang. Österreichische Kultur zwischen 1918 und 1938, Wien u.a. 1981, 135–163

Karazman-Morawetz Inge u. Steinert Heinz, Jugend und Gewalt. Forschungsbericht des Instituts für Rechts- und Kriminalsoziologie, Wien 1993

Karisch Artur, Staat, Parteien und Verbände, in: Österreichs Wirtschaftsordnung, Wien 1965

Karmasin Matthias u.a., Die Moral des österreichischen Journalismus. Eine empirische Studie (Forschungsbericht), Wien 1994

Kaser Karl u. Stocker Karl, Bäuerliches Leben in der Oststeiermark seit 1848, 2 Bde., Wien u.a. 1986–1988

Käsler Dirk Hg., Der politische Skandal, Opladen 1991

Kasperowsky Elfriede u. Sonderegger Gabriele, Boden, in: Österreichisches Statistisches Zentralamt und Umweltbundesamt Hg., Umwelt in Österreich, Wien 1994, 165–185

Kastner Martin, Das Landschaftsbild, Dissertation, Wien 1985

Katzmann Werner u. Schrom Heinrich, Umweltreport Österreich, Wien 1986

Kehlmann Michael u. Biron Georg, Der Qualtinger. Ein Porträt, Wien 1987

Keller Fritz, Wien, Mai 68 – Eine heiße Viertelstunde, Wien 1983

Kern Horst u. Schumann Michael, Industriearbeit und Arbeiterbewußtsein, 2 Bde., Frankfurt am Main 1970

Kern Horst u. Schumann Michael, Das Ende der Arbeitsteilung? Rationalisierung in der industriellen Produktion, München 1984

Kerschbaumer Gert, Tourismus im politischen Wandel der 30er und 40er Jahre, in: Haas Hanns u.a., Hg., Weltbühne und Naturkulisse. Zwei Jahrhunderte Salzburg-Tourismus, Salzburg 1994, 120–128

Kerschbaumer Gert u. Müller Karl, Begnadet für das Schöne. Der rot-weiß-rote Kulturkampf gegen die Moderne, Wien 1992

Keynes John Maynard, The General Theory of Employment. Interest and Money, London 1936

Khol Andreas u. Stirnemann Alfred Hg., Österreichisches Jahrbuch für Politik 1984, München u. Wien 1985

Khol Andreas u.a. Hg., Die Kampagne. Kurt Waldheim – Opfer oder Täter? Hintergründe und Szenen eines Falles von Medienjustiz, München u. Berlin 1987

Kienzl Heinz, Die Struktur der Wählerschaft, in: Blecha Karl u.a. Hg., Der durchleuchtete Wähler, Wien 1964

Kienzl Heinz, Identität oder Zusammengehörigkeitsgefühl, in: Österreichische Zeitschrift für Politikwissenschaft 21 (1992), 221–224

Kienzl Heinz, Gesamtstabilität, der Weg und das Ziel – Einkommenspolitik und Währungspolitik seit 1951, in: Weber Fritz u. Venus Theodor Hg., Austro-Keynesianismus in Theorie und Praxis, Wien 1993, 63–72

Klambauer Hans-Peter, Badgastein. Kritische Bestandsaufnahme eines Fremdenverkehrsortes mit Tradition, in: Dachs Herbert u. Floimair Roland Hg., Salzburger Jahrbuch für Politik 1989, Salzburg 1989, 233–256

Klambauer Otto, Zur Frage des Deutschen Eigentums in Österreich, in: Jahrbuch für Zeitgeschichte, Wien 1978

Klaus Josef, Macht und Ohnmacht in Österreich: Konfrontation und Versuche, Wien 1971

Klaus Josef, Die Ära Rehor – oder der Sozialstaat ist kein sozialistisches Reservat. Festschrift für Grete Rehor, hg. von Maria Hampel Fuchs u.a., Wien 1980

Kleindel Walter, Österreich: Daten zur Geschichte und Kultur, Wien u. Heidelberg 1978

Klenner Fritz, Die österreichischen Gewerkschaften, Bd. 2, Wien 1953

Klenner Fritz, Die Renaissance Mitteleuropas, Wien 1978

Klotz Volker, Dramaturgie des Publikums, München 1976

Knapp Gudrun-Axeli, Industriearbeit und Instrumentalismus. Zur Geschichte eines Vor-Urteils, Bonn 1981

Knappe Bernhard, Das Geheimnis von Greenpeace, Wien 1993

Knight Robert, Restitution and Legitimacy in Post-War Austria 1945–1953, in: Leo Baeck Institute Hg., Year Book XXXVI (1991)

Kommission der Europäischen Gemeinschaften Hg., Soziale Sicherheit in Europa 1993, Luxemburg 1994

König René, Großstadt, in: Handbuch der empirischen Sozialforschung, Bd. 10, Stuttgart 1977, 42–145

Konrad Helmut, Zurück zum Rechtsstaat (Am Beispiel des Strafrechts), in: BMJ und BMWF Hg., 25 Jahre Staatsvertrag. Protokolle des wissenschaftlichen Symposiums »Justiz und Zeitgeschichte«, Wien 1981, 67–69

Konrad Helmut u. Lechner Manfred, »Millionenverwechslung«. Franz Olah. Die Kronenzeitung. Geheimdienste, Wien, Köln u. Weimar 1992

Köppl Franz u. Steiner Hans, Sozialhilfe – ein geeignetes Instrument zur Bekämpfung sozialer Not?, in: Kammer für Arbeiter und Angestellte Wien Hg., Sozialhilfe. Strukturen, Mängel, Vorschläge, Wien 1990, 33–110

Kos Wolfgang, Über den Semmering. Kulturgeschichte einer künstlichen Landschaft, Wien 1984

Kos Wolfgang, Horizont-Verschiebungen. Zum Stellenwert von Nähe und Ferne, Enge und Exotik in den fünfziger Jahren, in: Jagschitz Gerhard u. Mulley Klaus-Dieter Hg., Die »wilden« fünfziger Jahre. Gesellschaft, Formen und Gefühle eines Jahrzehnts in Österreich, St.Pölten u. Wien 1985, 174–187

Kos Wolfgang, Landgemacht & handgemacht. Bemerkungen zur kulturellen Handschrift im »alternativen« Milieu, in: Kunstforum 93 (1988), 126–134

Kos Wolfgang, Eigenheim Österreich. Zu Politik, Kultur und Alltag nach 1945, Wien 1994, hier vor allem: Die Schau mit dem Hammer, 7–58; Zukunftsfroh und muskelstark – Zum öffentlichen Menschenbild der Wiederaufbaujahre, 59–149

Kostelka Peter, Die Kleine Koalition, in: Pelinka Peter u. Steger Gerhard Hg., Auf dem Weg zur Staatspartei. Zu Geschichte und Politik der SPÖ seit 1945, Wien 1988

Köstlin Konrad, Reisen, regionale Kultur und die Moderne. Wie die Menschen modern wurden, das Reisen lernten und dabei die Region entdeckten, in: Pöttler Burkhard u. Kammerhofer-Aggermann Ulrike Hg., Tourismus und Regionalkultur, Wien 1994, 11–24

Kosz Michael Hg., Action Plan »Sustainable Austria«. Auf dem Weg zu einer nachhaltigen Entwicklung in Österreich, Wien u. Nestelbach 1994

Kramer Dieter, Kulturwissenschaftliche Tourismusforschung, in: ders. u. Lutz Roland Hg., Reisen und Alltag. Beiträge zur kulturwissenschaftlichen Tourismusforschung, Frankfurt am Main 1992, 11–18

Kramer Dieter, Kulturanthropologie des Tourismus, in: Hahn Heinz u. Kagelmann Hansjürgen Hg., Tourismuspsychologie und Tourismussoziologie, München 1993, 56–59

Kramer Dorit u. Kramer Helmut, Jugend und Gesellschaft in Österreich, in: Fischer Heinz Hg., Das politische System Österreichs, Wien 1974, 537–570

Kramer Helmut, Strukturentwicklung der Außenpolitik, in: Dachs Herbert u.a. Hg., Handbuch des politischen Systems Österreichs, Wien 1991, 638–657

Kramer Helmut u.a., Problemstellung und theoretische Betroffenheit, in: Aiginger Karl Hg., Chancen und Gefährdungspotentiale der Ostöffnung: Konsequenzen für die österreichische Wirtschaft, Teil 1, Wien 1993.

Krammer Josef, Landleben als Ideologie – Entwicklung und Funktion der Bauerntumsideologie, in: Zeitschrift für Agrargeschichte und Agrarsoziologie 1 (1989)

Krammer Josef, Interessenorganisation der Landwirtschaft, in: Dachs Herbert u.a. Hg., Handbuch des politischen Systems Österreichs, Wien 1991, 365–376

Krammer Josef, Folgen der europäischen Integration für die Landwirtschaft im Alpenraum, in: Haller Max u. Schachner-Blazizek Peter Hg., Europa – wohin?, Graz 1994

Krammer Josef u. Scheer Günter, Ursachen und Erscheinungsformen der Ungleichheit in der Landwirtschaft, in: Fischer-Kowalski Marina u. Bucek Josef Hg., Lebensverhältnisse in Österreich, Frankfurt am Main 1980, 352–372

Kreisky Bruno, »Der österreichische Weg«, in: Fröschl Erich u. Zoitl Helge Hg., Der österreichische Weg 1970–1985. Fünfzehn Jahre, die Österreich verändert haben, Wien 1986, 299–311

Kreisky Bruno, Im Strom der Politik. Der Memoiren zweiter Teil, Wien 1988

Kreisky Bruno, Regierungserklärung 5. November 1971, in: Gottschlich Maximilian u.a. Hg., Was die Kanzler sagten. Regierungserklärungen der Zweiten Republik 1945–1987, Wien u. Köln 1989, 201–222

Kreisl Reinhard, Regionale Waldausstattung in Österreich, Wien 1982

Krenn Ferdinand, Der »Umbruch«. Das mittlere und südliche Burgenland 1944–1946, Dissertation, Wien 1991

Kresser Werner, Umweltbewußtsein 1950–1985 am Beispiel der Wasserwirtschaft, in: Jagschitz Gerhard u. Mulley Klaus-Dieter Hg., Die »wilden« fünfziger Jahre. Gesellschaft, Formen und Gefühle eines Jahrzehnts in Österreich, St.Pölten u. Wien 1985, 102–111

Kriechbaumer Robert, Österreichs Innenpolitik 1970–1975, München u. Wien 1981

Krippendorf Jost, Die Landschaftsfresser. Tourismus und Erholungslandschaft – Verderben oder Segen?, Bern u. Stuttgart 1975

Krippendorf Jost, Die Ferienmenschen, Zürich 1984

Kubacek Andreas, Der Herr Karl. Eine sprachliche Untersuchung, Diplomarbeit, Wien 1989

Kunnert Gerhard, Spurensicherung auf dem österreichischen Weg nach Brüssel, Wien 1992

Kunnert Gerhard, Österreichs Weg in die Europäische Union, Wien 1993

Kuratorium für künstlerische und heilende Pädagogik Hg., Die Privatschule als Wirtschaftsfaktor (Symposium), Wien 1994

Kydland Finn u. Prescott Edward C., Rules Rather than Discretion: The Inconsistency of Optimal Plans, in: Journal of Political Economy 85 (1977), 473–491

Kytir Josef u. Münz Rainer Hg., Alter und Pflege, Berlin 1992

Kytir Josef u.a., Jugend – eine Lebensphase aus demographischer Sicht, in: Janig Herbert u. Rathmayr Bernhard, Bericht zur Lage der Jugend, Wien 1993, 11–55

Lacina Ferdinand, Austro-Keynesianismus, in: Weber Fritz u. Venus Theodor Hg., Austro-Keynesianismus in Theorie und Praxis, Wien 1993, 15–20

Landesamt für Verfassungsschutz Baden-Württemberg Hg., Skinheads. Musik–Bands–Magazine (Manuskript), Stuttgart 1992

Lang Siegfried Hg., Lexikon österreichischer U-Musik-Komponisten im 20. Jahrhundert, Wien 1986

Langer Edmond, Die Verstaatlichungen in Österreich, Wien 1966

Langthaler Ernst, Thesen zur Gesellschaftsgeschichte des Nationalsozialismus am Beispiel Frankenfels 1932–1956, in: Mitteilungen des Instituts für Wissenschaft und Kunst 4 (1991), 22–38

Langthaler Ernst, Heinrich, die Kamera und die Militärzeit. Ein Versuch, die Kriegs-Bilder eines jugendlichen Dorfbewohners zu verstehen, in: Österreichische Zeitschrift für Geschichtswissenschaften 5 (1994), H.4, 517–546

Langthaler Ernst, Das »Einzelne« und das »Ganze«. Oder: Vom Versuch, die Geschichte der »Heimat« zu rekonstruieren, in: Unsere Heimat 63 (1992), 80–98

Langthaler Ernst, Die Mythen und ihre Jäger. Reflexionen zum Symposion »Niederösterreich/Südmähren 1945«, in: Österreichische Zeitschrift für Geschichtswissenschaften 4 (1994), 581–585

Langthaler Ernst, Die Normalität des Terrors. Oder: Der gewaltsame Tod des Frankenfelser Hilfsarbeiters Robert Wagner (1904–1940), in: Zeitgeschichte 21 (1994), 183–202

Langthaler Ernst, Die »braune Flut« im »schwarzen Land«? Zur Struktur der NSDAP-Wählerschaft in Niederösterreich 1932, in: Unsere Heimat 65 (1994), 13–41

Larkey Edward, Rhapsodie in Kleinlaut. Zur Auseinandersetzung mit der österreichischen Popmusik der fünfziger Jahre, in: Medien Journal 4 (1990), 209–223

Larkey Edward, Austropop: Popular Music and National Identity in Austria, in: Popular Music 2 (1992), 151–185

Larkey Edward, Pungent Sounds. Constructing Identity with Popular Music in Austria, New York 1993

Lassnigg Lorenz, Abstimmung zwischen Bildungswesen und Arbeitsmarkt in Österreich seit 1945, Dissertation, Wien 1979

Lassnigg Lorenz, Die zeitliche Dynamik des Bildungswesens und Widersprüche in der Bildungspolitik (Forschungsbericht des IHS 214), Wien 1985

Lassnigg Lorenz, Längerfristige Entwicklungstendenzen der Akademikerbeschäftigung: Befunde, Probleme, Perspektiven (Forschungsbericht des IHS), Wien 1991

Lassnigg Lorenz, Bildungspolitik im Wohlfahrtstaat – der »Geist aus der Flasche«?, in: Österreichische Zeitschrift für Politikwissenschaft 22 (1993), 73–84

Lassnigg Lorenz u. Loudon Susanne, Die aktuelle Bildungsstrukturdebatte in Österreich (Forschungsbericht für das BMUK), Wien 1991

Lassnigg Lorenz u. Pechar Hans, Bildungsforschung in Österreich (Forschungsbericht für das BMWF), Wien 1994

Lauber Volkmar, Umweltpolitik zwischen Pluralismus und Staatsversagen, in: Dachs Herbert u. Floimair Roland Hg., Salzburger Jahrbuch für Politik 1991, Salzburg 1991, 9–28

Lauber Volkmar, Umweltpolitik, in: Dachs Herbert u.a. Hg., Handbuch des politischen Systems Österreichs, Wien 1992, 558–567

Lautmann Rüdiger, Die Gleichheit der Geschlechter und die Wirkung des Rechts, Opladen 1990

Laver Michael u. Schofield Norman, Multiparty Government. The Politics of Coalition in Europe, Oxford 1990

Lazarsfeld Paul F., The Pre-History of the Vienna Institute for Advanced Studies, in: Felderer Bernhard Hg., Wirtschafts- und Sozialwissenschaften zwischen Theorie und Praxis, Heidelberg 1993, 9–50

Lehmbruch Gerhard, Proporzdemokratie, Politisches System und politische Kultur in der Schweiz und in Österreich, Tübingen 1967

Lehner Oskar, Die österreichische Familienrechtsreform. Analyse eines 70jährigen Kampfes um die Gleichberechtigung der Frau im österreichischen Familienrecht, in: Bundesministerium für Arbeit und Soziales Hg., Frauen in den 80er Jahren, Wien 1989, 26–38

Leirer Herbert u.a., Über die »aktive Öffentlichkeit« als System der Interessenartikulation, in: Österreichische Zeitschrift für Politikwissenschaft 3 (1974), 217–231

Leitner Gregor, Der Weg nach Brüssel. Zur Geschichte des österreichischen EG-Beitrittsantrages vom 17. Juli 1989, in: Gehler Michael u. Steininger Rolf Hg., Österreich und die europäische Integration 1945 – 1993, Wien 1993, 87–108

Leo H., Technological Position and Industrial Structure of Austria, in: Böhm Bernhard u. Punzo Lionel F., Economic Performance. A Look on Austria and Italy, Berlin 1994

Leser Norbert, Die Entwicklung des Demokratieverständnisses in Österreich, in: Fischer Heinz Hg., Das politische System Österreichs, Wien 1974, 13–29

Leser Norbert, Salz der Gesellschaft. Wesen und Wandel des österreichischen Sozialismus, Wien 1988

Lichtblau Albert u. Winter Michael, Die Entwicklung der KPÖ im Spiegel ihrer Parteitage, in: Gerlich Peter u. Müller Wolfgang C. Hg., Zwischen Koalition und Konkurrenz. Österreichs Parteien seit 1945, Wien 1983, 91–108

Lichtenberger Eva u. Meusburger Birgitta, Transit: Harte Auseinandersetzungen zu erwarten, in: Voggenhuber Johannes u. Floss Franz Hg., Österreichs Europa-Integration als Walze-Walzer?, Wien 1992, 33–59

Lipstadt Deborah, Betrifft: Leugnen des Holocaust, Zürich 1994

Lucas R.E., Econometric Policy Evolution: A Critique, in: Journal of Monetary Economics (1976), 19–46

Lüdtke Alf Hg., Alltagsgeschichte. Zur Rekonstruktion historischer Erfahrungen und Lebensweisen, Frankfurt am Main 1989

Luger Kurt, Medien im Jugendalltag, Wien u. Köln 1985

Luger Kurt, Mozartkugel und Musikantenstadl. Österreichs kulturelle Identität zwischen Tourismus und Kulturindustrie, in: Medien Journal 2 (1990), 79–96

Luger Kurt, Die konsumierte Rebellion. Geschichte der Jugendkultur 1945–1990, Wien u. St. Johann 1991

Luger Kurt, Jugendkultur und Kulturindustrien im Österreich der fünfziger Jahre, in: Schildt Axel u. Sywottek Arnold Hg., Modernisierung im Wiederaufbau. Die westdeutsche Gesellschaft der 50er Jahre, Bonn 1993, 493–512

Luger Kurt, Salzburg als Bühne und Kulisse. Die Stadt als Schauplatz der internationalen Unterhaltungsindustrie, in: Haas Hanns u.a. Hg., Weltbühne und Naturkulisse. Zwei Jahrhunderte Salzburg-Tourismus, Salzburg 1994, 176–187

Luger Kurt u. Rest Franz, Vom Massentourismus zum sanften Reisen, in: Haas Hanns u.a. Hg., Weltbühne und Naturkulisse. Zwei Jahrhunderte Salzburg-Tourismus, Salzburg 1994, 200–210

Luhmann Niklas, Rechtssoziologie, Reinbek 1972

Luif Paul, Die Beitrittswerber: Grundlegendes zu den Verhandlungen der EFTA-Staaten um Mitgliedschaft bei der EG/EU, in: Österreichische Zeitschrift für Politikwissenschaft 1 (1994), 21–37

Lury Celia, Cultural Rights. Technology, Legality and Personality, London u. New York 1993

Lutz Burghart, Der kurze Traum immerwährender Prosperität, Frankfurt am Main 1989

Lutz Hedwig u.a., Von Ausgrenzung bedroht. Struktur und Umfang der materiellen Armutsgefährdung im österreichischen Wohlfahrtsstaat der achtziger Jahre, in: Bundesministerium für Arbeit und Soziales Hg., Fortschungsberichte aus Sozial- und Arbeitsmarktpolitik 50, Wien 1993

Maase Kaspar, Vergebliche Kriminalisierung. Zum Platz der Halbstarken in der Geschichte des Alltags, in: Kriminologisches Journal 23 (1991), 188–203

Magenschab Hans, Demokratie und Rundfunk in Österreich, Wien 1973

Manoschek Walter, »Serbien ist judenfrei«. Militärische Besatzungspolitik und Judenvernichtung in Serbien 1941/42, München 1993

Manoschek Walter Hg., »Es gibt nur eines für das Judentum: Vernichtung«. Das Judenbild in deutschen Soldatenbriefen 1939–1944, Hamburg 1995

Marin Bernd, Die Paritätische Kommission. Aufgeklärter Technokorporatismus in Österreich, Wien 1982

Marko Joseph, Verbände und Sozialpartnerschaft, in: Mantl Wolfgang Hg., Politik in Österreich, Wien 1992, 429–478

Markovits Andrei u. Silverstein Mark Hg., The Politics of Scandal. Power and Process in Liberal Democracies, New York 1988

März Eduard u. Szecsi Maria, Stagnation und Expansion. Eine vergleichende Analyse der wirtschaftlichen Entwicklung in der Ersten und Zweiten Republik, in: Wirtschaft und Gesellschaft 2 (1982)

Mattl Siegfried, Frauen in Österreich 1945, in: Ardelt Rudolf u.a. Hg., Unterdrückung und Emanzipation. Festschrift für Erika Weinzierl, Wien u. Salzburg 1985, 101–126

Matz Reinhard, Die unsichtbaren Lager. Das Verschwinden der Vergangenheit im Gedenken, Reinbek bei Hamburg 1993

Maurer Philipp, Danke, man lebt. Kritische Lieder aus Wien 1968–1983, Wien 1987

Mayer Wolfgang, Die nationalsozialistische Gebietsreform, in: Czeike Felix Hg., Wien 1938. Forschungen und Beiträge zur Wiener Stadtgeschichte, Wien 1978, 77–128

Maynes Mary u.a. Hg., Frauen in Österreich (siehe Good David)

Mayr Hans, Statement Wien, in: Kammer für Arbeiter und Angestellte Wien Hg., Wiener Regionalkonferenz, Wien 1993

Mayrzedt Hans, Österreich und die handelspolitische Spaltung Westeuropas (1957–1972): EWG und EFTA als getrennte Integrationssysteme, in: Hummer Waldemar Hg., Österreichs Integration in Europa 1948 – 1989, Wien 1990, 49–68

Mayrzedt Hans u. Hummer Waldemar, 20 Jahre Österreichische Neutralitäts- und Europapolitik, Bd.1, Wien 1976

Meadows Dennis u.a., Die Grenzen des Wachstums. Bericht des Club of Rome zur Lage der Menschheit, Stuttgart 1972, 1990

Mederer Wolfgang, Österreich und die europäische Integration aus staatsrechtlicher Perspektive 1945–1992 – unter Berücksichtigung des EWR-Abkommens, in: Gehler Michael u. Steininger Rolf Hg., Österreich und die europäische Integration 1945 – 1993, Wien 1993, 109–148

Medick Hans, Missionare im Ruderboot, in: Lüdke Alf Hg., Alltagsgeschichte, Frankfurt am Main 1989

Melchior Josef, Zur sozialen Pathogenese der österreichischen Hochschulreform, Baden-Baden 1993

Menasse Robert, Das Land ohne Eigenschaften. Essay zur österreichischen Identität, Wien 1992

Miklau Roland, Die Überwindung der Todesstrafe in Österreich und Europa, in: Weinzierl Erika u. Stadler Karl Hg., Justiz und Zeitgeschichte V, Salzburg 1986, 147–171

Milward Alan S., The Reconstruction of Western Europe, 1945–1951, London 1984

Mitscherlich Alexander u. Mitscherlich Margarete, Die Unfähigkeit zu trauern, München 1983

Mitten Richard, The Politics of Prejudice. The Waldheim Phenomenon in Austria, San Francisco u. Oxford 1992

Mitten Richard, »Die Sühne ... möglichst milde zu gestalten«. Die sozialdemokratische ›Bearbeitung‹ des Nationalsozialismus und des Antisemitismus in Österreich, in: Bergmann Werner u.a. Hg., Schwieriges Erbe. Der Umgang mit Nationalsozialismus und Antisemitismus in Österreich, in der DDR und der Bundesrepublik Deutschland, Frankfurt am Main u. New York 1995, 102–119

Mittersteiner Reinhard, »Fremdhäßige«, Handwerker und Genossen. Die Entstehung der sozialdemokratischen Arbeiterbewegung in Vorarlberg, Bregenz 1994

Mölzer Andreas, Der Eisbrecher. Jörg Haider und die Freiheitlichen – Perspektiven der politischen Erneuerung, Klagenfurt 1990

Mommsen-Reindl Margareta, Die Österreichische Proporzdemokratie und der Fall Habsburg, Wien, Köln u. Graz 1976

Mommsen-Reindl Margareta, Österreich, in: Wende Frank Hg., Lexikon zur Geschichte der Parteien in Europa, Stuttgart 1981

Moroder Joachim u. Peter Benno, Hotelarchitektur. Bauten und Projekte für den Tourismus im alpinen Raum 1920–40, Innsbruck 1993

Moser Evelin u. Rinner Karoline, Mangelware Zeit. Arbeitszeit und Belastungstrukturen von Frauenarbeitsplätzen in steirischen Handelsbetrieben, Graz 1992

Moser Helmut Hg., L'Eclat c'est moi. Zur Faszination unserer Skandale, Weinheim 1989

Mueller Carol, The Politics of the Gender Gap. The Social Construction of Political Influence, Newbury Park 1988

Müller Hansruedi u.a., Freizeit und Tourismus. Eine Einführung in Theorie und Politik, Bern 1991

Müller Michael, Die Verdrängung des Ornaments. Zum Verhältnis von Architektur und Lebenspraxis, Frankfurt am Main 1977

Müller Wolfgang C., Die Rolle der Parteien bei Entstehung und Entwicklung der Sozialpartnerschaft, in: Gerlich Peter u.a. Hg., Sozialpartnerschaft in der Krise, Wien 1985, 135–224

Müller Wolfgang C., Die neue große Koalition in Österreich, in: Österreichische Zeitschrift für Politikwissenschaft 18 (1988), 321–347

Müller Wolfgang C., Patronage im österreichischen Parteiensystem. Theoretische Überlegungen und empirische Befunde, in: Pelinka Anton u. Plasser Fritz Hg., Das österreichische Parteiensystem, Wien, Köln u. Graz 1988, 457–487

Müller Wolfgang C., Das Parteiensystem, in: Dachs Herbert u.a. Hg., Handbuch des politischen Systems Österreichs, Wien 1991, 181–196

Müller Wolfgang C., Die Österreichische Volkspartei, in: Dachs Herbert u.a. Hg., Handbuch des politischen Systems Österreichs, Wien 1991, 227–246

Müller Wolfgang C. u. Bubendorfer Heidemarie, Rule-breaking in the Austrian Cabinet, in: Corruption and Reform 4 (1989), 131–145

Müller Wolfgang C. u. Hartmann Martin, Finanzen im Dunklen: Aspekte der Parteienfinanzierung, in: Gerlich Peter u. Müller Wolfgang C. Hg., Zwischen Koalition und Konkurrenz. Österreichs Parteien seit 1945, Wien 1983, 249–279

Muhar Susanne, Eingriffe in die großen Flüsse Österreichs – ein Bilanzierungsversuch, in: Technische Universität Wien Hg., 12. Seminar Landschaftswasserbau, Wien 1992, 31–49

Mulley Klaus-Dieter, Wo ist das Proletariat? Überlegungen zu »Lebensstandard und Bewußtsein« in den fünfziger Jahren, in: Jagschitz Gerhard u. Mulley Klaus-Dieter Hg., Die »wilden« fünfziger Jahre. Gesellschaft, Formen und Gefühle eines Jahrzehnts in Österreich, St.Pölten u. Wien 1985, 20–28

Mulley Klaus-Dieter, Der ÖGB und der »Oktoberstreik« 1950, in: Ludwig Michael u.a. Hg., Der Oktoberstreik 1950, Wien 1991, 41–52

Münz Rainer, Die ökonomische Entwicklung Österreichs seit dem Zweiten Weltkrieg, in: Politische Bildung, Sondernummer 2 (1981), 63–90

Murschetz Paul, Die rechtlichen Grundlagen von Hörfunk und Fernsehen in Österreich 1945–1955, Wien 1995

Musil Robert, Nachlaß zu Lebzeiten, Reinbek bei Hamburg 1978

Muzik Peter, Die Zeitungsmacher, Wien 1984

Nagl Hubert, Die Wasserreserven Österreichs, in: Fischer Hans u.a. Hg., Geographischer Jahresbericht aus Österreich 50 (1993), 11–35

Nasko Siegfried, In seinem ursprünglichen Wahlkreis hatte Karl Renner nicht nur ein Zuhause, hier stellte er auch die Weichen zur II. Republik, in: Gewerkschaft der Eisenbahner Hg., Hochwolkersdorf. Geburtsort der II. Republik. 100 Jahre 1. Mai, Wien 1990

Nasko Siegfried u. Hagenhofer Johann, Gedenkraum 1945. Hier entstand Österreich, Wiener Neustadt u. Hochwolkersdorf 1981

Naßmacher Karl-Heinz, Das österreichische Regierungssystem. Große Koalition oder alternierende Regierung?, Köln 1968

Natter Bernhard, Die »Bürger« versus die »Mächtigen«. Populistischer Protest an den Beispielen Zwentendorf und Hainburg, in: Anton Pelinka Hg., Populismus in Österreich, Wien 1987

Natter Ehrenfried u. Reinprecht Christoph, Achtung Sozialstaat. Wem er nützt. Wen er vergißt. Wie man mit ihm zurechtkommt. Ein Handbuch, Wien 1992

Naumann Klaus, Schrebergärten, in: Frankfurter Rundschau, 20.12.1994

Naumann Uwe, Zwischen Tränen und Gelächter. Satirische Faschismuskritik 1933 bis 1945, Köln 1983

Neckel Sighart, Das Stellhölzchen der Macht, in: Ebbighausen Rolf u. Neckel Sighart Hg., Anatomie des politischen Skandals, Frankfurt am Main 1989, 55–80

Nemschak Franz, Zehn Jahre österreichische Wirtschaft 1945–1955, Wien 1955

Nentwich Michael, Institutionen und Rechtsetzung im EWR, in: ecolex 7 (1992), 533–538.

Nentwich Michael u. Falkner Gerda, Demokratie oder Hegemonie? Das EWR-Abkommen im österreichischen politischen System, in: International 3 (1992), 4–8

Neuhold Hanspeter u.a. Hg., Österreichisches Handbuch des Völkerrechts, 2. Auflage, Wien 1991

Neuwirth Barbara Hg., Frauen, die sich keine Kinder wünschen – Eine liebevolle Annäherung an die Kinderlosigkeit, Wien 1988

Nevlacsil Anton, Regierung und Opposition im parlamentarischen Prozeß, in: Khol Andreas u. Stirnemann Alfred Hg., Österreichisches Jahrbuch für Politik 1983, München u. Wien 1984

Nevlacsil Anton, Die SPÖ in der XI. Gesetzgebungsperiode des Nationalrates, Dissertation, Wien 1986

Neyer Gerda, »Genossen, räumt die Plätze und fühlt euch entlastet«, in: Jansen Mechthild Hg., Halbe-Halbe. Der Streit um die Quotierung, Berlin 1986, 112–119

Neyer Gerda, Alleinerziehende in Österreich, in: Demographische Informationen (1990/91), 68–73

Neyer Gerda u. Köpl Regina, Politik/Gesetz. Bericht über die Situation der Frau in Österreich, Wien 1985

Nick Rainer u. Sickinger Hubert, Politische Skandale als Indikatoren und Beschleuniger politischen Wandels in Österreich, in: Nick Rainer u.a. Hg., Political Corruption and Scandals. Case Studies from East and West, Wien 1989, 105–135

Niederer Arnold, Wir Bergler in den Bergen. Soziokulturelle Aspekte des Bergbauernproblems, in: ders., Alpine Alltagskultur zwischen Beharrung und Wandel. Ausgewählte Arbeiten aus den Jahren 1956 bis 1991, hg. von Klaus Anderegg u. Werner Bätzing, Bern 1993, 109–115

Niederer Arnold, Regionaltypische Bauten und Identitätswahrung, in: ders., Alpine Alltagskultur zwischen Beharrung und Wandel. Ausgewählte Arbeiten aus den Jahren 1956 bis 1991, hg. von Klaus Anderegg u. Werner Bätzing, Bern 1993, 275–279

Nierhaus Irene, Die sichtbare Seele. Zur Topologie der Geschlechter im bürgerlichen Wohnen des 19. Jahrhunderts, in: Frauen Kunst Wissenschaft (1992), 69–79

Nierhaus Irene, Kunst-am-Bau im Wiener kommunalen Wohnbau der fünfziger Jahre, Wien 1993

Nierhaus Irene, Die Braut. Zur räumlichen Semantik der Geschlechter, in: Um Bau. Österreichische Gesellschaft für Architektur 14 (1993), 59–65

Niethammer Lutz, Privat-Wirtschaft. Erinnerungsfragmente einer anderen Umerziehung, in: ders. Hg., »Hinterher merkt man, daß es richtig war, daß es schiefgegangen ist.« Nachkriegserfahrungen im Ruhrgebiet, Berlin u. Bonn 1983, 17–105

Niethammer Lutz u.a. Hg., »Hinterher merkt man, daß es richtig war, daß es schiefgegangen ist.« Nachkriegserfahrungen im Ruhrgebiet, Berlin u. Bonn 1983

Niethammer Lutz u. Plato Alexander von Hg., »Wir kriegen jetzt andere Zeiten«. Auf der Suche nach der Erfahrung des Volkes in nachfaschistischen Ländern, Berlin u. Bonn 1985

Niklas Luhmann, Rechtssoziologie, Bd. 1, 1972

Nowakowski Friedrich, Der Entwurf der Strafrechtskommission, in: Der Österreichische Anwaltskammertag 1960, Wien 1961

Nowotny Ewald, Die Wirtschaftspolitik in Österreich seit 1970, in: Fröschl Erich u. Zoitl Helge Hg., Der österreichische Weg 1970–1985. Fünfzehn Jahre, die Österreich verändert haben, Wien 1986, 37–59

Oblak Reinhold W., Machtpolitik macht Schule. Ausgrenzung und Ghettoisierung der slowenischen Volksgruppe am Beispiel der zweisprachigen Volksschule in Kärnten (1984–1988), Klagenfurt/Celovec 1990

OECD Hg., Trends in Youth Unemployment: Employment Outlook, Paris 1994

Ökobüro Hg., Das ökologische Arbeitsübereinkommen, Wien 1994

Offe Claus, Der Tunnel am Ende des Lichts, Frankfurt am Main 1994

Opaschowski Horst, Pädagogik und Didaktik der Freizeit, Opladen 1987

Österreichische Außenpolitische Dokumentation–Sonderdruck: Jugoslawische Krise

Österreichische Außenpolitische Dokumentation, Texte und Dokumente, Dezember 1990

Österreichische Außenpolitische Dokumentation, Texte und Dokumente 1, Februar 1992

Österreichische Außenpolitische Dokumentation, Texte und Dokumente 1, Februar 1993

Österreichische Bundesregierung u.a. Hg., 25 Jahre Staatsvertrag, 4 Bde., Wien 1981

Österreichische Mineralölverwaltung Hg., Daten zur österreichischen Energieversorgung, Wien 1994

Österreichisches Bundesinstitut für Gesundheitswesen (ÖBIG), Beiträge zur Darstellung der Umweltsituation in Österreich, Wien 1981

Österreichisches Jahrbuch (ÖJB) 1945–1946, Wien 1947

Österreichisches Jahrbuch (ÖJB) 1947, Wien 1948

Österreichisches Statistisches Zentralamt Hg., Demographisches Jahrbuch Österreichs 1992, Wien 1993

Österreichisches Statistisches Zentralamt Hg., Der Außenhandel Österreichs in der Zeit zwischen den beiden Weltkriegen, Wien 1946

Österreichisches Statistisches Zentralamt u. Umweltbundesamt, Umwelt in Österreich. Daten und Trends 1994, Wien 1994

ÖSTAT Hg., Mikrozensus – Jahresergebnisse 1983

ÖSTAT, Mikrozensus – Tagesablauf 1981, in: ÖSTAT Hg., Sozialstatisches Daten 1990, Wien 1990

ÖSTAT Hg., Sozialstatistische Daten 1980, Wien 1981

ÖSTAT Hg., Sozialstatistische Daten 1990, Wien 1990

ÖSTAT, Fremdenübernachtungen in Österreich, jährlich, in: Kammer für Arbeiter und Angestellte, Wirtschafts- und sozialstatistisches Handbuch 1945–1969, Wien 1970

ÖSTAT, Fremdenübernachtungen in Österreich, jährlich, in: Kammer für Arbeiter und Angestellte, Wirtschafts- und sozialstatistisches Taschenbuch 1993, Wien 1993

ÖSTAT, Konsumerhebung 1954/55, 1964, in: Kammer für Arbeiter und Angestellt Hg., Wirtschafts- und sozialstatistisches Handbuch 1945–1969, Wien 1970

ÖSTAT, Häuser- und Wohnungszählung, in: Kammer für Arbeiter und Angestellte Hg., Wirtschafts- und sozialstatistisches Handbuch 1945–1969, Wien 1970

ÖSTAT, Häuser- und Wohnungszählung, in: Kammer für Arbeiter und Angestellte Hg., Wirtschafts- und sozialstatistisches Taschenbuch 1993, Wien 1993

ÖSTAT, Reisegewohnheiten der Österreicher im Jahr 1972, 1975, in: ÖSTAT, Sozialstatistische Daten 1977, Wien 1977

ÖSTAT, Reisegewohnheiten der Österreicher im Jahr 1972, 1975, 1990, in: Kammer für Arbeiter und Angestellte Hg., Wirtschafts- und sozialstatistisches Taschenbuch 1993, Wien 1993

Österreichisches Volksgruppenzentrum Hg., Roma und Sinti, Wien 1993

Österreichisches Volksgruppenzentrum Hg., Tschechen und Slowaken, Wien o.J.

Österreichs Kammern im Spiegel der Meinungsforschung, in: SWS-Rundschau 30 (1990), 571–578

Ostleitner Herbert, Die Budgetpolitik des Austro-Keynesianismus, in: Weber Fritz u. Venus Theodor Hg., Austro-Keynesianismus in Theorie und Praxis, Wien 1993, 105–112

Ottomeyer Klaus u. Schöfmann Ines, Die Haider-Inszenierung als Schiefheilung und faschistische Männerphantasie, in: Journal für Psychologie 1 (1994)

Panerai Philippe u.a., Vom Block zur Zeile. Wandlungen der Stadtstruktur, Braunschweig u. Wiesbaden 1985

Parnreiter Christof, Migration und Arbeitsteilung. Ausländerbeschäftigung in der Weltwirtschaftskrise, Wien 1994

Paupie Kurt, Handbuch der österreichischen Pressegeschichte, 2 Bde., Wien 1966 u. 1969

Pazelt Astrid, Österreichische Mädchen in Familie, Schule und Gesellschaft, in: Jugend zu Beginn der achtziger Jahre (Österreichischer Jugendbericht 1), Wien u. München 1981, 177–222

Pelinka Anton, Von der Konkurrenz zur Konvergenz, in: Rettinger Leopold u.a. Hg., Zeitgeschichte. Bericht über die gesamtösterreichischen Seminare: Zeitgeschichte I (1918–1938) 1978 in Mattersburg, Zeitgeschichte II (1938–1955) 1979 in Klagenfurt, Zeitgeschichte III (1955–1980) 1980 in Innsbruck, Wien 1982, 82–95

Pelinka Anton, Aspekte der Nachkriegspolitik, in: Rettinger Leopold u.a. Hg., Zeitgeschichte. Bericht über die gesamtösterreichischen Seminare: Zeitgeschichte I (1918–1938) 1978 in Mattersburg, Zeitgeschichte II (1938–1955) 1979 in Klagenfurt, Zeitgeschichte III (1955–1980) 1980 in Innsbruck, Wien 1982, 241–257

Pelinka Anton, Hainburg – mehr als nur ein Kraftwerk. Bewertung der Ereignisse um den Kraftwerksbau in Hainburg, in: Österreichisches Jahrbuch für Politik (1985), 93–107

Pelinka Anton, Die Ära Kreisky. Zur symbiotischen Adaptionsfähigkeit der Sozialdemokratie, in: Die Neue Gesellschaft (Frankfurter Hefte 34, 1987), 920–925

Pelinka Anton, Minderheitenpolitik im politischen System Österreichs, in: Bauböck Rainer u.a. Hg., »... Und raus bist Du!« Ethnische Minderheiten in der Politik, Wien 1988, 23–27

Pelinka Anton, Zur Entwicklung einer Oppositionskultur in Österreich. Bedingungen politischen Erfolgs in den achtziger Jahren, in: Österreichische Zeitschrift für Politikwissenschaft 18 (1989), 141–149

Pelinka Anton, Zur österreichischen Identität, Wien 1990

Pelinka Anton, Vorwort, in: Gärtner Reinhold u. Sieglinde Rosenberger, Kriegerdenkmäler. Vergangenheit in der Gegenwart, Innsbruck 1991, 7–9

Pelinka Anton, Österreich: Was bleibt von der Besonderheit? in: Aus Politik und Zeitgeschichte 47/48 (1992), 12–19

Pelinka Anton, Die Kleine Koalition: SPÖ-FPÖ 1983–1986, Wien 1993

Pelinka Anton, Vom Umgang mit der Geschichte. Denkmäler und historische Erinnerung in der Zweiten Republik, in: Bundesministerium für Unterricht und Kunst Hg., Denkmal und Erinnerung. Spurensuche im 20. Jahrhundert. Anregung für Schülerinnen- und Schülerprojekte, Wien 1993, 14–18

Pelinka Peter u. Scheuch Manfred, 100 Jahre AZ, Wien 1989

Pelinka Peter u. Steger Gerhard Hg., Auf dem Weg zur Staatspartei. Zu Geschichte und Politik der SPÖ seit 1945, Wien 1988

Pelinka Anton u. Welan Manfried, Demokratie und Verfassung in Österreich, Wien, Frankfurt u. Zürich 1971

Pelinka Anton u.a., Ausweg EG? Innenpolitische Motive einer außenpolitischen Umorientierung, Wien 1994

Pelz Monika, Selbstdarstellungen, in: Bundeskanzleramt Hg., Bericht über die Situation der Frau in Österreich. Heft 1, Wien 1985, 101–244

Pelz Monika, Kinderlosigkeit – eine lebenslange Entscheidung, in: Neuwirth Barbara Hg., Frauen, die sich keine Kinder wünschen – Eine liebevolle Annäherung an die Kinderlosigkeit, Wien 1988, 229–251

Peneder Michael, Politik und Ökonomie im Umbruch, in: Informationen zur politischen Bildung 6 (1993), 89–96

Peneder Michael, Pattern of Industrial Competitiveness, Wien 1994

Perchinig Bernhard, National oder liberal: Die Freiheitliche Partei Österreichs, in: Gerlich Peter u. Müller Wolfgang C. Hg., Zwischen Koalition und Konkurrenz. Österreichs Parteien seit 1945, Wien 1983, 69–90

Perchinig Bernhard, Ist das Volksgruppengesetz ein geeignetes Instrument zur Verbesserung der rechtlichen Stellung der Arbeitsmigranten?, in: Österreichische Zeitschrift für Soziologie 3 (1988), 39–53

Perchinig Bernhard, Ethnizität, Minderheit, Assimilation: Einige kritische Anmerkungen, in: Bauböck Rainer u.a. Hg., »... Und raus bist Du!« Ethnische Minderheiten in der Politik, Wien 1988, 129–142

Perchinig Bernhard, »Wir sind Kärntner und damit hat sich's ...«. Deutschnationalismus und politische Kultur in Kärnten, Klagenfurt/Celovec 1989

Perz Bertrand, Projekt Quarz. Steyr-Daimler-Puch und das Konzentrationslager Melk, Wien 1991

Petschar Hans u. Schmid Georg, Erinnerung und Vision. Eine semiohistorische Analyse der Austria Wochenschau 1949–1960, Graz 1990

Pfahl-Traughber Armin, Rechtsextremismus. Eine kritische Bestandsaufnahme nach der Wiedervereinigung, Bonn 1993

Pfahl-Traughber Armin, Volkes Stimme. Rechtspopulimus in Europa, Bonn 1994

Pfeil Elisabeth, Wohnung und Stadt, in: Der Aufbau 12 (1967), 482–486.

Pfister Christian, Das 1950er Syndrom, in: GAIA 3 (1994), 71–90

Pilgram Arno, Vom Strafvollzug zum Behandlungsvollzug. Zum Formenwandel in der Kriminalpolitik, in: Österreichische Zeitschrift für Soziologie 6 (1981), 19–27

Pilgram Arno, Der österreichische Strafvollzug in der Medienberichterstattung, in: Weinzierl Erika u. Stadler Karl Hg., Justiz und Zeitgeschichte V, Salzburg 1986, 225–260

Pilgram Arno, Das Ende der Erziehung? Versuch einer kriminalpolitischen Bewertung und Kritik des Modellversuchs, in: Kriminalsoziologische Bibliografie 58/59 (1988), 147–167

Pilgram Arno, Jugendkriminalität in Österreich. Zur jüngeren Geschichte und Gegenwart strafrechtlicher Jugendkontrolle, in: Janig Herbert u.a. Hg., Schöner Vogel Jugend. Analysen zur Lebenssituation Jugendlicher, Linz 1988, 601–620

Pilgram Arno, Zur Sicherheitsinformation in Österreich. Wie das polizeiliche Informationsmonopol über die »innere Sicherheit« hergestellt wird, in: Kriminalsoziologische Bibliografie 69 (1990), 3–36

Pilgram Arno u. Rotter Mechthild, Jugendkriminalität in Österreich, in: Jugend zu Beginn der achtziger Jahre (Österreichischer Jugendbericht 1), Wien 1981, 38–70

Pilgram Arno u. Stangl Wolfgang, Eine kriminalpolitische Zwischenbilanz, in: Maelicke Bernd u. Ortner Helmut Hg., Thema: Kriminalpolitik. Krisenmanagement oder neuer Aufbruch? Baden-Baden 1991, 151–163

Pilgram Arno u. Steinert Heinz, Ansätze zur politisch-ökonomischen Analyse der Strafrechtsreform in Österreich, in: Kriminologisches Journal 7 (1975), 263–277

Pilgram Arno u. Strutz Helmut, Zur symbolischen Produktion von (Un-)Sicherheit. Kriminalität als Thema der politischen Auseinandersetzung in Österreich, in: Österreichische Zeitschrift für Politikwissenschaft 8 (1979), 447–464

Pisa Karl, Das erste Jahr der großen Koalition: Fehlstart oder Bewährungsprobe? in: Österreichisches Jahrbuch für Politik 1987, Wien u. München 1988, 79–90

Plasser Fritz, Parteien unter Streß, Wien 1987

Plasser Fritz u. Ulram Peter, Das Jahr der Wechselwähler. Wahlen und Neustrukturierung des österreichischen Parteiensystems 1986, in: Österreichisches Jahrbuch für Politik 1986, Wien u. München 1987, 31–73

Plasser Fritz u. Ulram Peter A., Wahltag ist Zahltag. Populistischer Appell und Wählerprotest in den achtziger Jahren, in: Österreichische Zeitschrift für Politikwissenschaft 18 (1989), 151–164

Plasser Fritz u. Ulram Peter A., Ausländerangst als Parteien- und Medienpolitisches Problem (Manuskript), Wien 1992

Plasser Fritz u. Ulram Peter, Radikaler Rechtspopulismus in Österreich. Die FPÖ unter Jörg Haider, Wien 1994

Plasser Fritz u. Ulram Peter, Motive der Stimmbürger bei der Volksabstimmung über den EU-Beitritt am 12. Juni 1994, in: Plasser Fritz u.a. Hg., Analyse der EU-Volksabstimmung, Wien 1994

Plasser Fritz u.a., Analyse der Nationalratswahl vom 9. Oktober 1994, Wien 1994

Pohoryles Ronald, Determinanten und Resultate der österreichischen Strafrechtsreform in den siebziger Jahren, in: Österreichische Zeitschrift für Politikwissenschaft 10 (1981), 39–50

Pomezny Waltraud, Hilfe bei den Hausarbeiten, in: Statistische Nachrichten 6 (1994), 302–307

Porter Michael, The Competitive Advantage of Nations, New York, 1990

Portisch Hugo u. Riff Sepp, Österreich II: Die Wiedergeburt unseres Staates. Wien 1985

Posch Alois, Österreichs Landwirtschaft: von der Unter- zur Überversorgung, in: Steger Gerhard Hg., Grünbuch – Krisen und Perspektiven der österreichischen Landwirtschaft, Wien 1988

Posch Peter u.a., Schulautonomie in Österreich (Bildungsforschung des BMUK, Bd. I), Wien 1992

Pöttler Burkhard u. Kammerhofer-Aggermann Ulrike Hg., Tourismus und Regionalkultur (Referate der Österreichischen Volkskundetagung 1992 in Salzburg), Wien 1994

Prader Hans, Die Angst der Gewerkschaft vor'm Klassenkampf. Der ÖGB und die Weichenstellung 1945–1950, Wien 1975

Prahl Hans-Werner u. Steinecke Albrecht, Der Millionen-Urlaub. Von der Bildungsreise zur totalen Freizeit, Darmstadt u. Neuwied 1989

Prammer Anita, Valie Export, Wien 1988

Preglau Max, Fremdenverquer. Kosten und Nutzen des Tourismus am Beispiel Obergurgl, Innsbruck 1985

Pretterebner Hans, Der Fall Lucona. Ost-Spionage, Korruption und Mord im Dunstkreis der Regierungsspitze, Wien 1987

Preuss-Lausitz Ulf u.a. Hg., Kriegskinder, Konsumkinder, Krisenkinder. Weinheim u. Basel 1983

Prisching Manfred u. Schützenhofer Hermann Hg., Soziale Sicherheit im Umbruch, Graz 1994

Pürer Heinz u.a. Hg., Die österreichische Tagespresse. Vergangenheit, Gegenwart, Zukunft (Hefte des Kuratoriums für Journalistenausbildung 5), Salzburg 1983

Purtscheller Wolfgang, Aufbruch der Völkischen. Das braune Netzwerk, Wien 1993

Purtscheller Wolfgang Hg., Die Ordnung, die sie meinen. »Neue Rechte« in Österreich, Wien 1994

Puwein Wilfried, Der Seilbahnverkehr in Österreich, in: Monatsberichte des österreichischen Instituts für Wirtschaftsforschung 7 (1993), 395–401

Rabe-Kleberg Ursula Hg., Besser gebildet und doch nicht gleich. Frauen und Bildung in der Arbeitsgesellschaft, Bielefeld 1990

Rainer Ronald, Diskussionsbeitrag, in: Die europäische Groß-Stadt. Licht und Irrlicht. Europa-Gespräch 1963, Wien 1964

Ranftl Edeltraud u.a., Arbeitslosigkeit von und Arbeitsmarktpolitik für Frauen: Verdrängung vom Arbeitsmarkt oder Integration, in: Österreichische Zeitschrift für Soziologie 1/2 (1986), 82–97

Rathkolb Oliver, Politische Propaganda der amerikanischen Besatzungsmacht in Österreich. Dissertation, Wien 1981

Rathkolb Oliver, NS-Problem und politische Restauration: Vorgeschichte und Etablierung des VdU, in: Meissl Sebastian u.a. Hg., Verdrängte Schuld, verfehlte Sühne, Wien 1986, 74

Rathkolb Oliver, Zur Kontinuität antisemitischer und rassistischer Vorurteile in Österreich 1945–1950, in: Zeitgeschichte 5 (1989)

Rauchensteiner Manfred, Nachwort, in: Giller Joachim u.a., Wo sind sie geblieben ...? Kriegerdenkmäler und Gefallenenehrung in Österreich, Wien 1992, 197–198

Rauscher Hans, Vranitzky. Eine Chance, Wien 1987

Reichold Ludwig, Geschichte der ÖVP, Graz, Wien u. Köln 1975

Renner Institut Hg., Der Sozialstaat in Österreich. Was bleibt er den Frauen schuldig?, Wien 1993

Reiter Erich, Programm und Programmentwicklung der FPÖ, Wien 1982

Reiter Margit, Zwischen Antifaschismus und Patriotismus, in: Bergmann Werner u.a. Hg., Schwieriges Erbe. Der Umgang mit Nationalsozialismus und Antisemitismus in Österreich, der DDR un der Bundesrepublik Deutschland, Frankfurt am Main u. New York 1995, 176–193

Renon Danièle, Les représentations géopolitiques de Mitteleuropa chez Erhard Busek (Manuskript), Paris 1994

Rest Franz, Die Explosion der Bilder. Entwicklung der Programmstrukturen im österreichischen Fernsehen, in: Fabris Hans u. Luger Kurt Hg., Medienkultur in Österreich. Film, Fotografie, Fernsehen und Video in der Zweiten Republik, Wien, Köln u. Graz 1988, 265–316

Rest Franz, Das leicht verdiente Geld. Über die Beziehung zwischen Fremdenverkehr und Landwirtschaft, in: Haas Hanns u.a. Hg., Weltbühne und Naturkulisse. Zwei Jahrhunderte Salzburg-Tourismus, Salzburg 1994, 160–168

Rest Franz u. Luger Kurt, »Urlaub hamma überhaupt nia ghabt ...«. Erfahrungen mit dem Tourismus im Gasteiner Tal, in: Haas Hanns, Hoffmann Robert u. Luger Kurt Hg., Weltbühne und Naturkulisse. Zwei Jahrhunderte Salzburg-Tourismus, Salzburg 1994, 169–177

Reuband Karl-Heinz. Arbeit und Wertewandel – mehr Mythos als Realität?, in: Kölner Zeitschrift für Soziologie und Sozialpsychologie 37 (1985), 723–746

Riedlsperger Max E., The Lingering Shadow of Nazism. The Austrian Independent Party Movement since 1945, New York 1978

Riemer Hans, Perle Wien. Ein Bilderbuch aus Wiens schlimmsten Tagen, Wien 1946

Riemer Hans, Wien baut auf. Zwei Jahre Wiederaufbau, Wien 1947

Riesenfellner Stefan, Denkmäler lesen. Anregungen zur Interpretation von Krieger- und Opferdenkmälern, in: Bundesministerium für Unterricht und Kunst Hg., Denkmal und Erinnerung. Spurensuche im 20. Jahrhundert. Anregung für Schülerinnen- und Schülerprojekte, Wien 1993, 31

Riesenfellner Stefan u. Uhl Heidemarie, Todeszeichen. Zeitgeschichtliche Denkmalkultur in Graz und in der Steiermark vom Ende des 19. Jahrhunderts bis zur Gegenwart, Wien, Köln u. Weimar 1994

Rießland Bernd, Das »Wirtschaftswunder«, in: Jagschitz Gerhard u. Mulley Klaus-Dieter Hg., Die »wilden« fünfziger Jahre. Gesellschaft, Formen und Gefühle eines Jahrzehnts in Österreich, St.Pölten u. Wien 1985, 90–100

Riker William, The Theory of Political Coalitions, New Haven 1962

Rosenberger Sieglinde, Frauenpolitik in Rot-Schwarz-Rot. Geschlechterverhältnisse als Gegenstand der österreichischen Politik, Wien 1992

Rosenberger Sieglinde, Vorwahlen – Chance für die Frauen auf politische Partizipation? in: Frauenreferat Land Tirol Hg., IF:Information für die Frau 1 (1994)

Rosenmayr Leopold, Die Wohnung – ein Angelpunkt der Kultur, in: Der Aufbau 6 (1958), 219–222

Rosenmayr Leopold, Die Schnüre vom Himmel. Forschung und Theorie zum kulturellen Wandel, Wien 1993

Rosenmayr Leopold, Die Stadt – Idee und soziale Wirklichkeit, in: Die europäische Groß-Stadt. Licht und Irrlicht. Europa-Gespräch 1963, Wien 1964

Rosenstone Steven u. Hansen John, Mobilization, Participation, and Democracy in America, New York 1993

Rosian Ingrid, Fraueneinkommen – Männereinkommen, Diplomarbeit, Wien 1991

Rothschild Kurt, Felix Austria? Zur Evaluierung der Ökonomie und Politik in der Wirtschaftskrise, in: Österreichische Zeitschrift für Politikwissenschaft 3 (1985), 261–274

Rowhani-Ennemoser Inge, Problemlagen und Maßnahmen im Bereich der Frauen-Erwerbs-Arbeit, in: Bundeskanzleramt Hg., Bericht über die soziale Lage der Frauen (im Erscheinen)

Rutter Michael u.a., Fifteen Thousand Hours. Secondary Schools and their Effects on Children, London 1979

Sachs Wolfgang Hg., Planet Patient: über die Widersprüche globaler Umweltpolitik / Global Ecology – A New Arena of Political Conflict, Berlin 1994

Sandgruber Roman, Vom Hunger zum Massenkonsum, in: Jagschitz Gerhard u. Mulley Klaus-Dieter Hg., Die »wilden« fünfziger Jahre. Gesellschaft, Formen und Gefühle eines Jahrzehnts in Österreich, St.Pölten u. Wien 1985, 112–122

Sarnitz August, Welzenbacher. Architekt 1889–1955. Monographie und Werkverzeichnis, Salzburg u. Wien 1989

Schachner Max, Tourismus zwischen Inszenierung und Authentizität (Teilbericht aus dem Forschungsprojekt Kultureller Wandel und kulturelle Identität), Salzburg 1994

Schaller Christian, Die österreichische Kernenergiekontroverse: Meinungsbildungs- und Entscheidungsfindungsprozesse mit besonderer Berücksichtigung der Auseinandersetzungen um das Kernkraftwerk Zwentendorf bis 1981, Dissertation, 2 Bde., Salzburg 1987

Schaller Christian, Die innenpolitische EG-Diskussion seit den 80er Jahren, in: Pelinka Anton u.a. Hg., Ausweg EG? Innenpolitische Motive einer außenpolitischen Umorientierung, Wien 1994, 27–270

Scharfetter Hans, Tourismuswerbung im Wandel. Von der Reklame zur strategischen Kommunikation, in: Haas Hanns u.a. Hg., Weltbühne und Naturkulisse. Zwei Jahrhunderte Salzburg-Tourismus, Salzburg 1994, 145–150

Scharpf Fritz W., Sozialdemokratische Krisenpolitik in Europa, Frankfurt am Main u. New York 1987

Scharsach Hans-Henning, Haiders Kampf, Wien 1992

Schaup-Weinberg Wilhelm, Badgastein. Die Geographie eines Weltkurortes. Dissertation, Salzburg 1968

Schausberger Franz u. Steinkellner Friedrich Hg., Protokolle der Landesparteitage der Salzburger Volkspartei, Bd. 1: 1945–1951, Salzburg 1986, 26f

Schebeck Fritz u.a., Die mittelfristigen Folgen der Wechselkurspolitik für Leistungsbilanz und Inflationsrate, in: Empirica (1980), 139–167

Schebeck F. u.a., The Effect of Exchange Rate Changes on Foreign Trade in Manufactured Goods and on Prices in Small Open Economies – Preliminary Results for Austria, in: Frisch H. u. Schwödiauer G. Hg., The Economics of Flexible Exchange Rates (Kredit und Kapital, Beiheft 6, 1980), 419–445

Schelsky Helmut, Auf der Suche nach Wirklichkeit, Düsseldorf 1965

Schmejkal Berndt, Topologie und Dynamik von Mobilitätsstrukturen, in: Österreichische Zeitschrift für Soziologie 3–4 (1978), 19–38

Schmid Georg, Die »Falschen« Fuffziger. Kulturpolitische Tendenzen der fünfziger Jahre, in: Aspetsberger Friedbert u.a. Hg., Literatur der Nachkriegszeit und der fünfziger Jahre in Österreich, Wien 1984, 7–23

Schmidleithner Irmgard, Massenhafte Geringfügigkeit, in: Mitbestimmung 6 (1994), 11–13

Schmidt Ernst, Die Entwicklung des österreichischen Films, in: Kuratorium Neuer österreichischer Film Hg., Neuer österreichischer Film, Wien 1970, 5–35

Schmied Wieland, Malerei nach 1945. In Deutschland, Österreich und der Schweiz, Frankfurt am Main, Berlin u. Wien 1974

Schmolke Michael, Medien und Massen. Wettstreit der Meinungen, in: Sebestyen György Hg., Spectrum Austriae, Wien 1990

Schneider Heinrich, Alleingang nach Brüssel. Österreichs EG-Politik, in: Institut für Europäische Politik Hg., Europäische Schriften 66, Bonn 1990

Schneider Heinrich, Gerader Weg zum klaren Ziel? Die Republik Österreich auf dem Weg in die Europäische Union, in: Österreichische Zeitschrift für Politikwissenschaft 1 (1994), 5–21

Schneidewind Peter u.a., Mindestlebensstandard in Österreich, in: Bundesministerium für soziale Verwaltung Hg., Forschungsberichte aus Sozial- und Arbeitsmarktpolitik 11, Wien o.J.

Schnurbein Stefanie von, Göttertrost in Wendezeiten. Neugermanisches Heidentum und Rechtsradikalismus, München 1993

Schondorff Erica Hg., Möbel, Haus und Wohnung, Wien 1956

Schöner Josef, Wiener Tagebuch 1944/1945, hg. von Csáky Eva-Marie, Wien, Köln u. Weimar 1992

Schramm Brigitte, Entwicklung und Struktur der Frauenerwerbstätigkeit, in: Bundeskanzleramt Hg., Bericht über die soziale Lage der Frauen (im Erscheinen)

Schrom Heinrich, Landschaft, in: Katzmann Werner u. Schrom Heinrich Hg., Umweltreport Österreich, Wien 1986, 282–289

Schrutka-Rechtenstamm Adelheid, Kommunikationsmodelle im Tourismus, in: Greverus Ina Maria u.a. Hg., Kulturkontakt-Kulturkonflikt, Frankfurt 1988, 349–356

Schrutka-Rechtenstamm Adelheid, Beobachtungen und Überlegungen zu neuen Tendenzen des Urlaubs am Bauernhof, in: Kramer Dieter u. Lutz Ronald Hg., Reisen und Alltag. Beiträge zur kulturwissenschaftlichen Tourismusforschung, Frankfurt am Main 1992, 131–146

Schrutka-Rechtenstamm Adelheid, »Die Gäste fühlen sich wohl bei uns« – Begegnungen durch Tourismus, in: Pöttler Burkhard u. Kammerhofer-Aggermann Ulrike Hg., Tourismus und Regionalkultur, Wien 1994, 85–94

Schulte Bernd, Soziale Grundsicherung, in: Vobruba Georg Hg., Strukturwandel der Sozialpolitik, Frankfurt 1990, 81–181

Schulz Wolfgang, Wertorientierungen im Bereich Ehe und Familie, in: Haller Max u.a Hg., Österreich im Wandel. Werte, Lebensformen und Lebensqualität 1986–1993, Wien 1995

Schume Helmut, Vegetations- und Standortkundliche Untersuchungen in Eichenwäldern des nordöstlichen Niederösterreich unter Zuhilfenahme multivarianter Methoden, in: Österreichische Gesellschaft für Waldökosystemforschung und experimentelle Baumforschung Hg., FIW Forschungsberichte 3 (1992)

Schunter-Kleemann Susanne Hg., Herrenhaus Europa – Geschlechterverhältnisse im Wohlfahrtsstaat, Berlin 1992

Schunter-Kleemann Susanne, Österreich: Österreichischer Korporatismus – Sozialpartnerschaftliches Arrangement auf Kosten der Frauen?, in: dies. Hg., Herrenhaus Europa – Geschlechterverhältnisse im Wohlfahrtsstaat, Berlin 1992, 249–256

Schütze Christian, Skandal. Eine Psychologie des Unerhörten, München 1985

Schwarzl Reinhold, Privater Inländerkonsum 1954–1983, in: Statistische Nachrichten 40 (1985), 46–52

Schweiger Günter, Österreichs Image in der Welt. Ein Vergleich mit Deutschland und der Schweiz, Wien 1992

Seel Helmut, Die Schule in der Gesellschaft – Widerspiegelungen und Wechselwirkungen, in: Achs Oskar u.a., Umbruch der Gesellschaft – Krise der Schule? Wege der Schulentwicklung (2. Glöckel-Symposion), Wien 1988, 18–37

Seeßlen Georg, Sissy – Ein deutsches Orgasmustrauma, in: Marsiske Hans-Arthur Hg., Zeitmaschine Kino. Darstellungen von Geschichte im Film, Marburg 1992, 65–79

Seidel Hans, Der Austro-Keynesianismus, in: Wirtschaftspolitische Blätter 29 (1982) H. 3, 11–15

Seidl-Hohenveldern Iganz, Die Staaten, in: Neuhold Hanspeter u.a. Hg., Österreichisches Handbuch des Völkerrechts, Bd.1, 2. Auflage, Wien 1991

Seiter Josef, »Blutigrot und silbrig hell ...«. Bild, Symbolik und Agitation der frühen sozialdemokratischen Arbeiterbewegung in Österreich, Wien 1991

Seiter Josef, Politik in der Idylle. Die plastischen Monumente der Ersten Republik, in: Das Rote Wien 1918–1934, Ausstellungskatalog, Wien 1993, 74–90

Sickinger Hubert, Politikfinanzierung in Österreich: Bestandsaufnahme, Trends, Reformvorschläge, Dissertation, Innsbruck 1994

Sieder Reinhard, »Vata, derf i aufstehen?« Kindheitserfahrungen in Wiener Arbeiterfamilien um 1900, in: Ehalt Hubert C. u.a. Hg., Glücklich ist, wer vergißt ...? Das andere Wien um 1900, Wien 1986, 39–89

Sieder Reinhard, Sozialgeschichte der Familie, Frankfurt am Main 1987

Sieder Reinhard, Sozialgeschichte auf dem Weg zu einer historischen Kulturwissenschaft?, in: Geschichte und Gesellschaft 20 (1994), 445–468

Siegmund-Ulrich Silvia, Zur Ambivalenz des gleichen Rechts, in: Österreichische Zeitschrift für Politikwissenschaft 2 (1994), 152–162

Silverman Kaja, Dis-Embodying the Female Voice, in: Doane Mary Ann u.a. Hg., Re-Vision. Essays in Feminist Film Criticism, Los Angeles 1984, 131–149

Simma Bruno u.a. Hg., Charta der Vereinten Nationen – Kommentar, München 1991

Sloterdijk Peter, Die Zukunft städtischer Kultur, in: Swoboda Hannes Hg., Wien. Identität und Stadtgestalt, Wien u. Köln 1990, 94–111

Smeral Egon, Tourismus 2005. Entwicklungsaspekte und Szenarien für die Tourismus- und Freizeitwirtschaft, Wien 1994

Smith Bradley F., The Shadow Warriors, New York 1983

Smoliner Christian u.a., Kulturlandschaftsforschung – von der Idee zum Programm, in: Moser Franz Hg., Mensch und Landschaft 2000, Graz 1994, 5–7

Sommer Franz, Ergebnisse, Trendmuster und regionale Strukturen im Abstimmungsverhalten, in: Plasser Fritz u.a. Hg., Analyse der EU-Volksabstimmung, Wien 1994

Sonne Jasna u.a., Wie lange fahren wir noch?, Wien 1984

Sozialpartnerstellungnahme »Österreich und die Europäische Integration«, Wien 1.3.1989

Sozialwissenschaftliche Studiengesellschaft, Österreich und seine Identität, in: SWS-Rundschau 2 (1994), 209–224

Sozialwissenschaftliche Studiengesellschaft, Sicherheit und Aufgaben Österreichs im »neuen Europa«, in: SWS-Rundschau 4 (1992), 513–528

Sozialwissenschaftliche Studiengesellschaft, Umweltbewußtsein in Österreich, in: SWS-Rundschau 1 (1994)

Spann Gustav, Jugendliche und Rechtsextremismus, in: Stiftung Dokumentationsarchiv des österreichischen Widerstandes Hg., Handbuch des österreichischen Rechtsextremismus, Wien 1994, 562–582

Spreitzer Hannes u. Wolf Walter, Verbreitung verschiedener Arbeitszeitformen, in: Bundeskanzleramt Hg., Bericht über die soziale Lage, Wien 1993, 149–169

Spreitzhofer Felix, Wer dominiert die österreichische Wirtschaft?, in: Fischer-Kowalski Marina u. Bucek Josef Hg., Lebensverhältnisse in Österreich. Klassen und Schichten im Sozialstaat, Frankfurt am Main u. New York 1980, 321–351

Stadler Friedrich Hg., Vertriebene Vernunft, 2 Bde., München u. Wien 1988/89

Stadler Karl R., The Kreisky Phenomenon, in: West European Politics 4 (1981), H. 1, 5–18

Stadlmeier Sigmar, Dynamische Interpretation der dauernden Neutralität, Berlin 1991

Stangl Wolfgang, Die neue Gerechtigkeit. Strafrechtsreform in Österreich 1954–1975, Wien 1985

Stangl Wolfgang, Die Kriminalpolitik in der Ersten Republik (Forschungsbericht des Instituts für Rechts- und Kriminalsoziologie), Wien 1988

Stankovsky Jan, Direktinvestitionen Österreichs in den Oststaaten, in: WIFO-Monatsberichte 8 (1992), 415–420

Steiner Gertraud, Die Heimatmacher. Kino in Österreich 1946–1966, Wien 1987

Steiner Hans u. Wolf Walter, Armutsgefährdung in Österreich, in: WISO 2 (1994), 121–146

Steinert Heinz, Widersprüche, Kapitalstrategien und Widerstand oder: Warum ich den Begriff »Soziale Probleme« nicht mehr hören kann. Versuch eines theoretischen Rahmens für die Analyse der politischen Ökonomie sozialer Bewegungen und »Sozialer Probleme«, in: Kriminalsoziologische Bibliografie 8 (1981), H. 32/33, 56–88

Steinert Heinz, Die Entwicklung der Sozialstruktur der Bundesrepublik. Versuch einer Phaseneinteilung (Manuskript), Frankfurt am Main 1985

Steinert Heinz, 1938, Waldheim, der Antisemitismus und die erzwungene österreichische Identität, in: Babylon. Beiträge zur jüdischen Gegenwart 3 (1988), 27–38

Steinmaurer Thomas, Forward to the Past. Ein Streifzug durch die Fernsehempfängergeschichte, in: Medien Journal 1 (1992), 23–34

Sterk Harald, Wohnbau zwischen Ideologie, Politik und Wirtschaft. Entwicklungsparallelen im Massenwohnbau der Gemeinde Wien, in: Wächter-Böhm Liesbeth Hg., Wien 1945 – davor/danach, Wien 1985, 117–126

Stern Frank, Im Anfang war Auschwitz. Antisemitismus und Philosemitismus im deutschen Nachkrieg, Gerlingen 1991

Steurer Anton, Stoffstrombilanz Österreich 1970–1990, in: IFF Hg., Schriftenreihe Soziale Ökologie 34 (1994)

Steurer Anton, Umweltschutzausgaben und Ökosteuern, in: Österreichisches Statistisches Zentralamt u. Umweltbundesamt Hg., Umwelt in Österreich. Daten und Trends 1994, Wien 1994, 257–266

Stiefel Dieter, Entnazifizierung in Österreich, Wien 1981

Stiftung Dokumentationsarchiv des österreichischen Widerstandes Hg., Handbuch des österreichischen Rechtsextremismus, 3. Auflage, Wien 1994

Stockinger Alfred, Parteien und Sachverstand, Dissertation, Wien 1982

Stourzh Gerald, Die Regierung Renner, die Anfänge der Regierung Figl und die Alliierten Kommission für Österreich, September 1945–April 1946, in: Archiv für österreichische Geschichte (1966), 321–340

Stourzh Gerald, Geschichte des österreichischen Staatsvertrags, Graz 1980

Stourzh Gerald, Geschichte des Staatsvertrages 1945–1955: Österreichs Weg zur Neutralität, 3. Auflage, Graz, Wien u. Köln 1985

Stromberger Karl, Untersuchung über Maturantenbeschäftigung und Bedarfsentwicklung an Maturanten in der Steiermark, Graz 1986

Sully Melanie A., The 1983 Austrian Election, in: West European Politics 7 (1984), H. 1, 119–123

Svoboda Wilhelm, Franz Olah. Eine Spurensuche, Wien 1990

Svoboda Wilhelm, Die Partei, die Republik und der Mann mit den vielen Gesichtern. Oskar Helmer und Österreich II – Eine Korrektur, Wien, Köln u. Weimar 1993

Swoboda Hannes, Die gesellschaftspolitische Bedeutung des Kommunalen Wohnbaus nach 1945, in: Kommunaler Wohnbau in Wien. Die Leistungen der 2. Republik, Wien 1978.

Swoboda Hannes Hg., Wien. Identität und Stadtgestalt, Wien u. Köln 1990

Szebéreny Ludwig, Die ungarische Volksgruppe im Burgenland und ihr Volksgruppenbeirat, Wien 1986

Szinovacz Maximiliane, Lebensverhältnisse der weiblichen Bevölkerung in Österreich. Teilnahme am Erwerbsleben und familiäre Situation, Wien 1979

Tálos Emmerich, Staatliche Sozialpolitik in Österreich, Wien 1981

Tálos Emmerich, Sozialpolitik in Österreich seit 1970, in: Fröschl Erich u. Zoitl Helge Hg., Der österreichische Weg 1970–1985. Fünfzehn Jahre, die Österreich verändert haben, Wien 1986, 93–114

Tálos Emmerich, Alles erreicht? Sozialdemokratische Sozialpolitik in der Zweiten Republik, in: Pelinka Peter u. Steger Gerhard Hg., Auf dem Weg zur Staatspartei. Zu Geschichte und Politik der SPÖ seit 1945, Wien 1988, 248–265

Tálos Emmerich, Sozialpolitik und Arbeiterschaft 1945 bis 1950, in: Ludwig Michael u.a. Hg., Der Oktoberstreik 1950, Wien 1991, 25–40

Tálos Emmerich, Umbau des Wohlfahrtsstaates. Konträre Begründungen und Optionen, in: Österreichische Zeitschrift für Politikwissenschaft 22 (1993), 37–55

Tálos Emmerich Hg., Sozialpartnerschaft. Kontinuität und Wandel eines Modells, Wien 1993

Tálos Emmerich u. Falkner Gerda, Politik und Lebensbedingungen von Frauen. Ansätze von ›Frauenpolitik‹ in Österreich, in: Tálos Emmerich Hg., Der geforderte Wohlfahrtsstaat. Traditionen – Herausforderungen – Perspektiven, Wien 1992, 195–234

Tálos Emmerich u. Falkner Gerda, Sozialpolitik auf dem Rückzug?, in: Wirtschaft und Gesellschaft 2 (1994), 247–279

Tálos Emmerich u. Wiederschwinger Margit, Arbeitslosigkeit. Österreichs Vollbeschäftigungspolitik am Ende, Wien 1987

Tálos Emmerich u. Wörister Karl, Soziale Sicherung im Sozialstaat Österreich, Baden-Baden 1994

Tálos Emmerich u.a., Verbände und politischer Entscheidungsprozeß, in: Tálos Emmerich Hg., Sozialpartnerschaft. Kontinuität und Wandel eines Modells, Wien 1993, 147–185

Tálos Emmerich u.a. Hg., Handbuch des politischen Systems der Ersten Republik, Wien 1995

Teichler Ulrich, Europäische Hochschulsysteme. Die Beharrlichkeit vielfältiger Modelle, Frankfurt am Main u. New York 1990

Thiem Marion, Tourismus und kulturelle Identität. Die Bedeutung des Tourismus für die Kultur touristischer Ziel- und Quellgebiete, Bern u. Hamburg 1994

Thonhauser Josef, Erziehung und Bildung, in: Mantl Wolfgang Hg., Politik in Österreich. Die Zweite Republik: Bestand und Wandel, Wien 1992, 620–644

Thurner Erika, »Dann haben wir unsere Arbeit gemacht«. Frauenarbeit und Frauenleben nach dem Zweiten Weltkrieg, in: Zeitgeschichte 15 (1988), 403–419

Thurner Erika, »Zigeunerleben« in Österreich – Rechtliche und soziale Stellung von Sinti und Roma nach 1945, in: Bauböck Rainer u.a. Hg., »... Und raus bist Du!«. Ethnische Minderheiten in der Politik, Wien 1988, 57–68

Tichy Gunther, Sozialpartnergespräche als Instrument zur Stabilisierung in Österreich, in: Schweizerische Gesellschaft zur Konjunkturforschung, Berichte der Konjunkturforschungsstelle 130 (1973)

Tichy Gunther, Leistungsbilanz oder Inflationsbekämpfung als die Ziele der Wechselkurspolitik in großen und kleinen Ländern, in: Bombach Gottfried u.a. Hg., Zur Theorie und Politik internationaler Wirtschaftsbeziehungen, Tübingen 1981

Tichy Gunther, Strategy and Implementation of Employment Policy Austria, in: Kyklos 37 (1984), H. 3, 363–386

Tichy Gunther, Die Folgen von Wechselkursänderungen für Terms of Trade und Verteilung, in: Hesse Helmut u.a. Hg., Außenwirtschaft bei Ungewißheit, Tübingen 1985, 213–241

Tichy Gunther, Wie funktioniert die österreichische Wechselkurspolitik, in: Wirtschaftspolitische Blätter 5 (1985)

Tichy Gunther, Konjunkturschwankungen – Theorie, Messung, Prognose, 2. Auflage, Berlin 1991

Tichy Gunther, The Credibility of Monetary Integration, in: David F. Good u. Randall W. Kindley Hg. (in Druck)

Tichy Heinz, Ethnische Gruppen in der Großstadt und das Volksgruppengesetz, in: Integratio XV (1982), 21–43

Tichy Herbert, Two Recent Cases of State Sucession – An Austrian Perspective, in: Austrian Journal of Public and International Law 44 (1992)

Tränkle Margret, Von Kommune und WG, in: Bucher Willi u. Pohl Klaus Hg., Schock und Schöpfung – Jugendästhetik im 20. Jahrhundert, Darmstadt u. Neuwied 1986, 201–208

Traxler Franz, Evolution gewerkschaftlicher Interessenvertretung, Wien 1982

Traxler Franz, Gewerkschaften und Unternehmerverbände in Österreichs politischem System, in: Dachs Herbert u.a. Hg., Handbuch des politischen Systems Österreichs, Wien 1991, 335–352

Tscherkassky Peter, Die rekonstruierte Kinematografie. Zur Geschichte der Filmavantgarde in Österreich, in: Horwath Alexander u.a. Hg., Avantgardefilm. Österreich 1950 bis heute, Wien 1995 (in Druck)

Tschernutter Josef, Das Europa der Jugend, Diplomarbeit, Salzburg 1993

Tschögl Rudolf, Tagespresse, Parteien und Alliierte Besatzung. Grundzüge der Presseentwicklung in der unmittelbaren Nachkriegszeit 1945–1947, Dissertation, Wien 1979

Ucakar Karl, Die Entwicklung des Verbändewesens in Österreich, in: Fischer Heinz Hg., Das politische System Österreichs, Wien 1974, 397–420

Ulram Peter, Politische Kultur der Bevölkerung, in: Dachs u.a. Hg., Handbuch des politischen Systems Österreichs, Wien 1991, 466–474

Ulram Peter, Political Culture and Party System in the Kreisky Era, in: Bischof Günther u. Pelinka Anton Hg., The Kreisky Era in Austria, New Brunswick u. London 1993, 78–95

Ulram Peter u.a., Auszug aus dem Parteienstaat. Jugend und Politik in Österreich, in: Janig Herbert u.a., Schöner Vogel Jugend. Analysen zur Situation Jugendlicher, Linz 1990, 139–157

Umweltbundesamt, Umweltsituation in Österreich (Umweltkontrollbericht – Teil A), Wien 1993

Urlesberger Franz, Die Marginalisierung Österreichs im europäischen Integrationsgeschehen nach Auflösung der OEEC/EZU, in: Hummer Waldemar Hg., Österreichs Integration in Europa 1948 – 1989, Wien 1990, 19–48

Urrichio William, Fernsehen als Geschichte, in: ders. Hg., Die Anfänge des Deutschen Fernsehens: kritische Annäherungen an die Entwicklung bis 1945, Tübingen 1991, 235–281

Vas Oskar, Wasserkraft- und Elektrizitätswirtschaft in der Zweiten Republik, Wien 1956

Venus Theo, Vor 30 Jahren: Die Fernsehlawine rollte nur langsam. Zur Frühgeschichte des Fernsehens in Österreich, in: Medien Journal 1/2 (1985), 36–54

Verba Sidney u.a., Participation and Political Equality, Cambridge 1978

Verband der Österreichischen Zeitungsherausgeber und -verleger (VÖZ) Hg., Pressehandbuch 41, Wien 1993

Verein zur Erarbeitung der Geschichte der Photographie in Österreich, Die Geschichte der Fotografie in Österreich, 2 Bde., Bad Ischl 1983

Verdross Alfred u. Simma Bruno, Universelles Völkerrecht, 3. Auflage, München 1984

Verlag der SPÖ Hg., Von der Klassengesellschaft zur sozialen Demokratie – Die österreichische Sozialdemokratie im Spiegel ihrer Programme 1889–1978, Wien

Vetschera Heinz, Die Rüstungsbeschränkungen des österreichischen Staatsvertrags aus rechtlicher und politischer Sicht, in: Österreichische Militärische Zeitschrift 23 (1985), 500–505

Vocelka Karl, Trümmerjahre Wien 1945–1949, Wien u. München o.J.

Vodopivec Alexander, Der verspielte Ballhausplatz, Wien u.a. 1970

Voß G. Günter, Das Ende der Teilung von »Arbeit und Leben«? An der Schwelle zu einem neuen gesellschaftlichen Verhältnis von Betriebs- und Lebensführung, in: Beckenbach Niels u. van Treek Werner Hg., Umbrüche gesellschaftlicher Arbeit, Göttingen 1994, 269–294

Vranitzky Franz, im Gespräch mit Armin Thurnher, Frankfurt am Main 1992

Vranitzky Franz, Internationale Umweltcharta. Ein österreichischer Beitrag, Wien 1991

Wächter-Böhm Liesbeth Hg., Wien 1945 – davor/danach, Wien 1985

Wagner Eva u.a., Bautenkonflikte in Österreich 1960–1987, Teil I: Vollerhebung und Analyse umstrittener Großbauprojekte, in: SWS-Rundschau 4 (1989), 467–491

Wagner Wolf, Verelendungstheorie – die hilflose Kapitalismuskritik, Frankfurt am Main 1976

Wagnleitner Reinhold, Coca-Colonisation und Kalter Krieg. Die Kulturmission der USA in Österreich nach dem Zweiten Weltkrieg, Wien 1991

Warnke Martin, Zur Situation der Couchecke, in: Habermas Jürgen Hg., Stichworte zur ›Geistigen Situation der Zeit‹, Bd. 2.: Politik und Kultur, Frankfurt am Main 1979, 673–687

Warnke Martin, Politische Landschaft. Zur Kunstgeschichte der Natur, München u. Wien 1992

Weber Fritz, Der Kalte Krieg in der SPÖ. Koalitionswächter, Pragmatiker und Revolutionäre Sozialisten 1945–1950, Wien 1986

Weber Fritz, Rechtsvorrang. Wie die Linken 1945 in die Sackgasse gerieten, in: Maimann Helene Hg., Die ersten 100 Jahre. Österreichische Sozialdemokratie 1888–1988, Wien u. München 1988

Weber Hermann, Vom Völkerbund zu den Vereinten Nationen, Bonn 1987

Weihsmann Helmut Hg., Kommunaler Wohnbau in der Zwischenkriegszeit, Wien o.J.

Weinmeister Hans, Schutz vor Natur-/Kulturkatastrophen, in: Moser Franz Hg., Mensch und Landschaft 2000, Graz 1994, 18–35

Weinzierl Erika, Die Anfänge des Wiederaufbaus der österreichischen Justiz 1945, in: BMJ und BMWF Hg., 25 Jahre Staatsvertrag. Protokolle des wissenschaftlichen Symposiums »Justiz und Zeitgeschichte«, Wien 1981, 14–45

Weinzierl Erika und Skalnik Kurt Hg., Österreich: die Zweite Republik, 2 Bde., Graz, Wien u. Köln 1972

Weiß Florian, »Gesamtverhalten: Nicht sich in den Vordergrund stellen«. Die österreichische Bundesregierung und die westeuropäische Integration 1947–1957, in: Gehler Michael u. Steininger Rolf Hg., Österreich und die europäische Integration 1945 – 1993, Wien 1993, 21–54

Weiß-Gänger Anita, Kleine Verwandlungen – die Sprach- und Körpermasken des Herrn Karl, Dissertation, Wien 1988

Weiss Hans u. Federspiel Krista, Wer?, o.O. Wien 1988

Weiss Walter, Literatur, in: Weinzierl Erika u. Skalnik Kurt Hg., Österreich: die Zweite Republik, Bd. 2, Graz, Wien u. Köln 1972,

Weissel Erwin, Die Arbeiterkammer, in: Dachs Herbert u.a. Hg., Handbuch des politischen Systems Österreichs, Wien 1991, 353–364

Welzig Elisabeth, Die 68er. Karrieren einer rebellischen Generation, Wien u. Köln 1985

Weninger Thomas, Das österreichische Nationalbewußtsein am Vorabend eines EG-Beitritts, in: SWS-Rundschau 4 (1991), 479–496

Westle Bettina, Politische Partizipation, in: Gabriel Oscar Hg., Die EG-Staaten im Vergleich, Bonn 1992, 135–171

WHO Projekt, Wien – Gesunde Stadt. 1. Wiener Ernährungsbericht, erstellt vom Institut für Ernährungswissenschaften der Universität Wien, Wien 1994

Wiederschwinger Margit, Zur Bestimmung von Arbeitslosigkeit, Definition und Messung, Versteckte Arbeitslosigkeit in Österreich, in: Tálos Emmerich u. dies. Hg., Arbeitslosigkeit. Österreichs Vollbeschäftigungspolitik am Ende, Wien 1987, 51–90

WIFO (Monatshefte des österreichischen Institutes für Wirtschaftsförderung), 1–2 (1945); 1–6 (1946); 10–12 (1946); 1–3 (1947)

WIFO-Monatsberichte, Der technische und naturwissenschaftliche Nachwuchs in Österreich, Beilage 45 (WIFO), Wien 1957

Williams Linda, When the Woman Looks, in: Doane Mary u.a. Hg., Re-Vision. Essays in Feminist Film Criticism, Los Angeles 1984, 83–99

Williams Raymond, Television, Technology, and Cultural Form, Glasgow 1973

Willms-Herget Angelika, Frauenarbeit. Zur Integration der Frauen in den Arbeitsmarkt, Frankfurt am Main u. New York 1985

Wimmer Norbert u. Mederer Wolfgang, EG-Recht in Österreich, Wien 1990

Wimmer Rudolf, Demokratisierung von oben. Untersucht am Beispiel des Schulunterrichtsgesetzes 1974, in: Österreichische Zeitschrift für Politikwissenschaft 6 (1977), 459–479

Windisch Brigitta, Kommen – Bleiben – Gehen. Südosteuropäische Flüchtlinge in der Steiermark (1945–1992), Wien 1994

Winker Klaus, Fernsehen unterm Hakenkreuz. Organisation–Programm–Personal, Köln, Weimar u. Wien 1994

Winkler Erika, Im Dorf geschah in den fünfziger Jahren ein »Wunder« ... Am Beispiel der Waldviertler Gemeinde Groß-Schönau, in: Jagschitz Gerhard u. Mulley Klaus-Dieter Hg., Die »wilden« fünfziger Jahre. Gesellschaft, Formen und Gefühle eines Jahrzehnts in Österreich, St. Pölten u. Wien 1985, 30–40

Wirgler Gertrud, Fördermaßnahmen im Grundschulbereich in Österreich, in: BMUK Hg., Forschungen und Berichte über Entwicklungen im Grundschulbereich (Schulentwicklung 13, 1985), 76–90

Withalm Hermann, Aufzeichnungen, Graz u.a. 1973

Wodak Ruth u. Matouschek Bernd, Wir und die anderen: Diskurse über das Fremde, in: Journal für Sozialforschung 3 (1993), 293–303

... wohnen in Wien. Ergebnisse und Folgerungen aus einer Untersuchung von Wiener Wohnverhältnissen, Wohnwünschen und städtischer Umwelt, Wien 1956

Wolf Irene u. Wolf Walter, Wieviel weniger ... ? Einkommensunterschiede zwischen Frauen und Männern in Österreich, Wien 1991

Wolf Walter u. Kronsteiner Christa, Lebenshaltung, in: Statistische Nachrichten 1 (1995), 22–33

Worm Alfred, Der Skandal. Das AKH: Story, Analyse, Dokumente, Wien 1981

Wörrister Karl, Geringfügig Beschäftigte. Daten der Sozialversicherung (Manuskript), Wien 1994

Wuppertal Institut für Klima, Umwelt, Energie Hg., Zukunftsfähiges Deutschland. Zwischenbericht. Schriftenreihe des Wissenschaftszentrums Nordrhein-Westfalen, Wuppertal 1994

Ziegler Meinrad u. Kannonier-Finster Waltraud, Österreichisches Gedächtnis. Über Erinnern und Vergessen der NS-Vergangenheit, Wien, Köln u. Weimar 1993

Zielinski Siegfried, Die Ferne der Nähe und die Nähe der Ferne, in: CheSchahShit. Die sechziger Jahre zwischen Cocktail und Molotow, Berlin 1984, 50–61

Zielinski Siegfried, Audiovisionen. Kino und Fernsehen als Zwischenspiele in der Geschichte, Reinbek bei Hamburg 1989

Zink Wolfgang Hg., Austro-Rock-Lexikon. 20 Jahre Austro-Rock von A-Z, Neufeld 1989

Zöllner Erich, Geschichte Österreichs. Von den Anfängen bis zur Gegenwart, 7. Auflage, Wien 1984

Zulehner Paul u. Denz Hermann, Vom Untertan zum Freiheitskünstler, Wien 1991

## BILDNACHWEIS

Atelier Breidenstein  *602*
Atelier Hofmann  *604, 612*
W. Bittermann, Wien  *626, 627*
City Cops, Wien  *495*
Contrast, Wien  *327*
J. Dapra/Residenz Verlag, Salzburg  *617*
M. Deix/Junge Generation  *679*
Dokumentationsarchiv des Österreichischen
   Widerstandes, Wien  *308*
Einschaltung in »Neues Österreich« vom
   23.10.1995)  *227*
H. Ernstbrunner  *234*
Die Erste, Wien  *422*
Europakardiogramm, Wien  *338*
Große Österreich Ilustrierte, Nr. 31 (1953)  *658*
J. Gürer, Wien  *433, 528*
Haus-Rucker-Co./Ritter Verlag, Klagenfurt  *616*
Hausner/Contrast, Wien  *346*
H. Hütter/Salzburger Nachrichten  *296, 297, 298*
Illustrierter Film-Kurier, Wien  *501*
Inst. f. Zeitgeschichte, 60, 62, 81, 87, 89
K. Kaindl, Salzburg  *641, 653*
I. Karazman-Morawetz  *421*
Katholische Sozialakademie, Wien  *257*
W. Kos, Wien  *620, 622*
A. Konrad, Rotterdam  *702*
P. Ledermann, Wien  *419*
B. Lenart, Graz  *694, 699*
Lichenegger  *606*
K. Luger, Salzburg  *507*
L'Espresso  *322*
I. Nikolavcic  *104*
J. Marsam, St. Pölten  *36*
Museum und Archiv für Arbeit und Industrie im
   Viertel unter dem Wienerwald –
   Industrieviertelmuseum, Wr. Neustadt  *697*
R. Nemec/Oberösterreichische Nachrichten  *618*
R. Newald, Wien  *692, 693*
Max Peintner/Edition neue Texte  *614*

Oliver/Der Standard, Wien  *347*
ÖSTAT, Wien  *395*
Österreichische Fremdenverkehrswerbung  *600*
Österreichische Nationalbibliothek/Bildarchiv,
   Wien  *690*
Österreichischer Bundesverlag, Wien  *486*
Österreichisches Filmarchiv, Wien  *134, 135,
   138 (2), 141, 142, 143, 146, 148 (2), 150 (2)*
B. Pflaum-Gebhardt/Die Presse  *646*
B. Pflaum/Orac  *240, 242*
A. Pilgram, Wien  *494*
Presse-Foto Fritz Kern, Wien  *155*
Renner Institut, Wien  *437, 442, 448*
F. S., Wien  *518*
W. Schweinöster  *664*
H. Silecki/atom  *387*
Slg. Brettschuh, Trautenfels  *572, 575, 576*
Slg. Gütlein, Hollstadt/BRD  *47*
Slg. Härtensteiner, Frankenfels  *51*
Slg. Barbara Hundegger  *125*
Slg. Niederer, Frankenfels  *49*
Slg. Nierhaus  *582, 583, 584, 585, 586, 587,
   588, 590, 591, 593, 595*
Slg. Karl Stocker  *180, 181, 182*
Slg. Weghofer, Pöllau  *570*
Slg. Winter, Frankenfels  *37*
Tourismusgemeinschaft Tannheimer Tal,
   Tannheim  *622*
Verlag Grasl, Baden  *99*
Verwertungsgesellschaft Bild-Kunst, Bonn  *95*
Votava, Wien  *115, 116, 117, 124, 159, 170,
   171, 189, 192, 195, 202, 203, 218, 230,
   232, 241, 243, 274, 282, 283, 284, 358,
   360, 388, 418, 428, 429, 491, 540, 541,
   675, 687*
N. Walter, Feldkirch  *259*
Max Weiler/Edition Tusch  *608*
Wiener, Die Stadtillustrierte, Nr. 10 (1980)  *505*
Simon Wiesenthal Center  *310 (2)*

Der Verlag bemühte sich, die Rechtsinhaber der einzelnen Fotos ausfindig zu machen. Bei einigen ist ihm dies trotz intensiver Recherche nicht gelungen. Er ist selbstverständlich bereit, nachträgliche Forderungen im branchenüblichen Rahmen abzugelten.

# ÖSTERREICHISCHE ZEITSCHRIFT FÜR GESCHICHTSWISSENSCHAFTEN (ÖZG)

Erscheinungsweise: vierteljährlich seit 1990

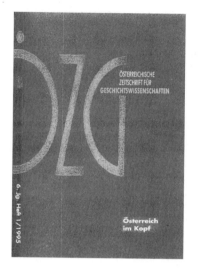

Jahresabonnement: öS 480,-
Student/inn/en: öS 400,-
(mit Inskriptionsbestätigung)
+ Versandspesen :
Inland öS 50,-/Europa öS 100,-
Übersee öS 170,-

Einzelheft öS 150,-
(+ Versandspesen)

Schwerpunktthemen 1995:

1/95  Österreich im Kopf
2/95  Frauen/ Geschlecht/Geschichte
3/95  Historische Geographie
4/95  Jugendkulturen

Die ÖZG dient dem Diskurs der verschiedenen historischen Disziplinen, Ansätze und Schulen. Sie bringt AUFSÄTZE zu aktuellen Forschungen aus Zeitgeschichte, Wirtschafts- und Sozialgeschichte, Kultur- und Geistesgeschichte, Mediävistik, feministischer Geschichtswissenschaft und Geschichtstheorie. Das FORUM der ÖZG enthält Essays, Repliken, Berichte und Polemiken. Im INTERVIEW kommen Personen zu Wort, die die Entwicklungen der Geschichtswissenschaft maßgeblich prägen. REZENSIONEN wichtiger Neuerscheinungen und ANNONCEN bevorstehender Tagungen beschließen jedes Heft.

Bestellungen bitte an den Verlag für Gesellschaftskritik, Kaiserstraße 91, A-1070 Wien
Tel. 0222/526 25 82, Fax: 0222/526 35 82-76

# ÖSTERREICHISCHE ZEITSCHRIFT FÜR POLITIKWISSENSCHAFT (ÖZP)

Erscheinungsweise: vierteljährlich seit 1972

Jahresabonnement: öS 380,-
Student/inn/en: öS 270,-
(mit Inskriptionsbestätigung)
+ Versandspesen:
Inland öS 50,-/Europa öS 100,-
Übersee öS 170,-

Einzelheft: öS 130,-
(+ Versandspesen)

Schwerpunktthemen 1995:

1/95 50 Jahre Zweite Republik
2/95 Re-Visionen und Kontroversen um
Fortschritt und Universalität
3/95 Vereinte Nationen
4/95 Rechtsextremismus – Neue Rechte

Die ÖZP dient der Darstellung und Diskussion der verschiedenen politikwissenschaft-lichen Ansätze. Die ÖZP publiziert Beiträge zu aktuellen Forschungsthemen aus der Politikwissenschaft und aus anderen sozialwissenschaftlichen Fächern. Die Schwer-punktthemen der einzelnen Hefte werden durch Kommentare und Forschungsberichte ergänzt. Rezensionen wichtiger Neuerscheinungen und Annoncen bevorstehender Tagungen ergänzen jedes Heft.

Bestellungen bitte an das Institut für Politikwissenschaft, Hohenstaufengasse 9/7, A-1010 Wien
Tel. 0222/401 03 / 33 58, Fax.: 0222/533 44 03